COLEÇÃO

HISTÓRIA DA IGREJA DE CRISTO

DANIEL-ROPS

COLEÇÃO

HISTÓRIA DA IGREJA DE CRISTO

III

A IGREJA DAS CATEDRAIS E DAS CRUZADAS

4ª edição

Tradução
Emérico da Gama

QUADRANTE

QUADRANTE

QUADRANTE EDITORA
Rua Bernardo da Veiga, 47 | Tel.: 3873-2270
CEP 01252-020 | São Paulo - SP
atendimento@quadrante.com.br
www.quadrante.com.br

Direção geral
Renata Ferlin Sugai

Direção de aquisição
Hugo Langone

Direção editorial
Felipe Denardi

Produção editorial
Juliana Amato
Gabriela Haeitmann
Ronaldo Vasconcelos
Roberto Martins
Karine Santos

Capa
Gabriela Haeitmann

Diagramação
Sérgio Ramalho

Título original: *L'Église de la Cathédrale et de la Croisade*
Edição: 4ª

Dados Internacionais de Catalogação na Publicação (CIP)

Daniel-Rops, Henri, 1901-1965
A Igreja das Catedrais e das Cruzadas / Henri Daniel-Rops; tradução de Emérico da Gama – 4ª ed. – São Paulo: Quadrante Editora, 2024.

Título original: *L'Église de la Cathédrale et de la Croisade*
ISBN (capa dura): 978-85-7465-751-6
ISBN (brochura): 978-85-7465-739-4
ISBN (3ª edição): 978-65-89820-44-4

1. Igreja - História - Período medieval, 1050- 2. Igreja Católica - História I. Gama, Emérico da. II. Título III. Série.

CDD–270.2

Índices para catálogo sistemático:
1. Cristianismo : História da Igreja 270.2

Sumário

I. TRÊS SÉCULOS DE CRISTANDADE

Um afresco florentino

Numa das paredes da sala do capítulo, no convento dominicano de Santa Maria Novella, em Florença, há um afresco diante do qual a maioria dos visitantes passa apressadamente e que, no entanto, se presta a uma inesgotável reflexão. Intitulam-no "os cães de Deus", por causa dos molossos malhados de branco e negro que, na parte inferior do quadro, combatem uma horda de lobos. Na verdade, porém, esta batalha significa algo mais do que a luta dos *domini canes*, dos filhos de São Domingos, contra a terrível matilha de tentações, pecados e heresias que ronda ininterruptamente a pobre humanidade. Seu autor, Andrea de Firenze, não é um mestre de primeira fila; a sua obra não poderia ser comparada aos Duccio, aos Ghirlandaio, aos Orcagna ou aos assombrosos Paolo Uccelo que, a dois passos dali, a ofuscam. Contudo, talvez nenhum outro artista cristão tenha sabido captar melhor do que ele, utilizando apenas alguns metros quadrados de superfície mural, tudo o que uma sociedade inteira quis, sonhou e tentou realizar na terra. Plasmada numa composição única, resume-se nesse afresco a síntese de uma civilização, tal como ela própria se concebeu.

Em primeiro plano vê-se o Papa, de pé, revestido de serena majestade, representante visível dos poderes do alto.

A seu lado, quase da mesma altura, o imperador, que diríamos estar com ele em plano de igualdade se não trouxesse nas mãos uma caveira, lembrando que os domínios da terra perecem, ao passo que os do céu não passam. De cada lado, dispõem-se, numa hierarquia estrita, os cargos religiosos e as dignidades laicas: cardeais, bispos e doutores à direita, e à esquerda reis, nobres e cavaleiros. Na base, o rebanho inumerável dos fiéis, ricos e pobres, piores e melhores, todos aqueles que levam para diante na terra a aventura humana do destino e do combate cotidianos. Estão representadas todas as categorias sociais, e cada uma ocupa o seu lugar nesta ordem, cada uma tem um papel a desempenhar. Qual? A obra indica-o por meio de dois símbolos, pois trata-se de uma dupla tarefa: concretamente, edificar com meios humanos a Igreja da terra, a assembleia dos batizados, cuja imagem visível é a recém-construída cúpula de Florença que se ergue no fundo da pintura; e sobrenaturalmente, participar da Igreja mística, transcender as misérias e as insignificâncias da terra, para elevar-se, ao longo do árduo caminho pelo qual avançam as filas dos eleitos, até o trono inefável em que Cristo, o Deus vivo, reina sobre o mundo, entre os cânticos dos anjos e as preces dos santos.

Esta grandiosa imagem, que por uma coincidência irônica o artista florentino pintou em meados do século XVI, ou seja, quando já deixara de corresponder à verdade, foi a imagem que dez gerações de homens albergaram no coração como o ideal da sua existência, como um desígnio e uma promessa, e tentaram transformar em realidade com o seu sangue e os seus esforços. Esta visão do mundo explicava-lhes tudo o que deviam fazer na terra e esperar do além; mostrava-lhes a humanidade perfeitamente ordenada, submetida a Deus, dirigida pelos seus mandamentos, regida por leis justas. Fazia-os compreender que não havia nenhuma instituição válida que não se encontrasse inserida no quadro das intenções divinas e não devesse ajudar o homem a ascender ao céu. Tudo possuía uma finalidade, um sentido, uma razão de ser; a aventura dos mortais não parecia nem absurda nem desesperadora, e cada um sabia por que trabalhava, sofria, vivia, e também por que devia morrer. Imagem grandiosa que a humanidade bem pode apreciar com nostalgia, num momento em que perdeu o sentido do porquê e do como, num momento em que procura inutilmente reencontrar a sua escala de valores e em que o abandono desse ideal se traduziu para ela num trágico caos[1].

A primavera da cristandade

Durante três séculos — entre 1050 e 1350, aproximadamente —, a concepção do mundo que prevaleceu foi essa noção de *cristandade*. Formou-se lentamente, à custa de sangue e lágrimas, e foi-se também perdendo aos poucos. Por trezentos anos impôs a sua lei, e, evidentemente não por acaso, foi esse talvez o período mais rico, mais fecundo e, sob muitos aspectos, mais harmonioso de todos os que a Europa conheceu até os nossos dias. Saindo das trevas invernais da época bárbara, a humanidade cristã viveu a sua primavera.

O que inicialmente impressiona a quem analisa o conjunto destes trezentos anos é a sua riqueza de homens e de acontecimentos. À semelhança da seiva que jorra por todos os lados na primavera, tudo parece agora germinar e desabrochar numa abundância de folhagem sobre o solo batizado por Cristo. Em todos os âmbitos se manifesta o fervor criativo, a exigência profunda de empreender, de encaminhar a caravana humana para o futuro. Os mais minuciosos quadros cronológicos não seriam suficientes para captar este impulso. Constroem-se catedrais; parte-se para a conquista do Santo Sepulcro, da Espanha que ainda se encontra submetida ao poder mouro, das regiões bálticas ainda pagãs; nas universidades, discutem-se as grandes questões humanas; escrevem-se epopeias, criam-se mitos eternos; milhares de pessoas transitam pelas rotas de peregrinação; no ímpeto de descobrir o mundo, chega-se até o secreto coração da Ásia; elaboram-se novas formas políticas... E tudo isso simultaneamente, num ardor de vida em que todos os acontecimentos se precipitam e interagem, numa complexidade que desencoraja por antecipação quem quiser abarcá-la.

Este impulso prodigioso, contudo, não é uma improvisação de frágeis resultados, não desemboca numa dessas florações prematuras que os primeiros ventos de abril lançam ao chão. Traz frutos, e que frutos! Perto de algumas das criações mais imperecíveis que o gênio europeu produz nesta época, as mais ousadas obras modernas tornam-se irrisórias. É o tempo das altas naves góticas, do Pórtico Real de Chartres e das fachadas de Reims e de Amiens, dos vitrais da Sainte-Chapelle e dos afrescos de Giotto. É o tempo em que se erguem, paralelamente aos edifícios de pedra e como eles desafiando os séculos, essas catedrais de sabedoria que são a mística de São Bernardo e a de São Boaventura, a *Suma teológica* de São Tomás, as canções de gesta, a obra profética de Roger Bacon e a de Dante. É o tempo ainda em que nascem instituições, tanto religiosas como civis, que servirão de base às gerações futuras, como o Conclave dos cardeais, o Direito Canônico e as diversas formas de governo. Insigne fecundidade. Somente os séculos de Péricles, de Augusto e de Luís XIV podem rivalizar em poder criativo com este período de tempo que vai de Luís VII da França à morte do seu bisneto São Luís, da eleição de Inocêncio II à de São Celestino[2].

É claro que semelhante fecundidade pressupõe uma enorme riqueza de talentos. A Europa dá-nos a impressão de ter possuído nesta época, em todos os âmbitos, personalidades de primeira ordem, com uma abundância que não voltaria a encontrar depois. A lista é infindável. São os santos, cujo valor de exemplo e de irradiação se mostram admiráveis: São Bernardo, São Norberto, São Francisco de Assis, São Domingos, que podemos citar entre centenas. São os expoentes do pensamento: Santo Anselmo, São Boaventura, São Tomás de Aquino, e Abelardo, e Duns Escoto, e Bacon, e Dante... São os artistas geniais, os inventores de técnicas e os criadores de formas, mestres e artistas cujos nomes estamos longe de conhecer em muitos casos. São os homens de Estado, eminentes pela sua sabedoria, como Filipe Augusto ou São Luís, ou pela profundidade da sua visão política, como o grande Frederico Barba-Roxa e o inquietante Frederico II. São os chefes guerreiros à testa de tropas imensas, desde Guilherme o Bastardo, que conquistou a Inglaterra, e os seus primos, que instalaram no Sul da Itália a dominação normanda, até os grandes cruzados, um Godofredo de Bulhões e um Balduíno, ou aqueles que, com o Cid Campeador, travaram na Espanha batalhas semelhantes. Não faltam representantes das mais altas categorias, os que fazem progredir a humanidade: escritores, escultores, músicos, sábios, juristas. E qualquer outra categoria que citemos possuirá, entre 1050 e 1350, nomes que a posteridade há de respeitar. E no cimo destas nobres coortes, vemos os papas, muitos dos quais foram personalidades excepcionais, quer se trate de um Gregório VII ou de um Inocêncio III.

Os empreendimentos, os conflitos e até os dramas em que estes homens se envolveram trazem também o sinal da grandeza. Há períodos da história em que os acontecimentos têm qualquer coisa de mesquinho: os tempos merovíngios, por exemplo, ou os do desmembramento do Império de Carlos Magno. Durante os três séculos da Baixa Idade Média, porém, tudo transcorre de outro modo: a cruzada é uma empresa grandiosa, mas também o é a invasão mongol, apesar da sua crueldade e violência, ou a própria entrada em cena dos almorávidas na Espanha. E mesmo nas desastrosas lutas entre o papado e as potências terrenas, subsiste uma intensidade dramática que atinge a dimensão de um confronto decisivo entre duas concepções do mundo.

Mas esta época dá a impressão de ordem e equilíbrio tanto como de vitalidade e de frondoso desabrochar. As instituições políticas e sociais, bem como o sistema econômico, surgem como entes concretos e reais, proporcionados à estatura do homem. Não se observa neles essa tendência para o desmedido e para a abstração desumana que caracteriza o mundo moderno. Toda esta época assemelha-se à sua mais bela criação — a catedral —, cuja infinita complexidade e cujos múltiplos aspectos testemunham um caudal inesgotável, mas que obedece a uma evidente ordem preestabelecida, graças à qual o conjunto ganha o seu sentido e cada detalhe o seu alcance.

Muitos filósofos da história, de Oswald Spengler a Toynbee, pensam que as sociedades humanas, à semelhança dos seres individuais, obedecem a uma lei cíclica e irreversível que as faz percorrer estágios bastante parecidos aos da infância, juventude, maturidade e velhice do ser fisiológico. Se tais comparações são válidas, é indubitável que, ao longo destes três séculos, a humanidade cristã do

Ocidente conheceu a primavera da vida, a juventude, com tudo o que esta traz consigo de vigor criativo, de violência generosa e por vezes inútil, de combatividade, de fé e de grandeza.

"Idade Média"

É bastante discutível o termo "Idade Média" com que se designa habitualmente este período e aqueles que o precederam e o seguiram. Como é lógico, essa fórmula e a própria ideia que exprime não foram conhecidas pelos homens que viveram nessa época. Nenhum deles experimentou a sensação de que se dera uma ruptura entre o seu mundo e o precedente, a Antiguidade, ou de que pertencia a um tempo intermédio, a uma espécie de parêntese da história. O homem comum, obviamente, não refletia muito sobre estes problemas; limitava-se a viver, aliás com uma jovialidade que o preservava do penoso sentimento de encontrar-se numa mera época de transição. Possuía o sentido da filiação e da fidelidade num grau infinitamente superior ao do homem moderno, que está inteiramente voltado para o porvir e avidamente inclinado a admitir que uma coisa ou uma instituição, por aparecer no futuro, valerá mais do que a sua homóloga do momento presente. A Idade Média, pelo contrário, considerava respeitável e exemplar todo o legado do passado. Até o século XIV, a maior parte dos europeus julgava-se continuadora da civilização antiga no que esta tinha de melhor.

O termo e a noção só apareceram a partir do século XV. Em 1469, Giovanni Andrea, bibliotecário pontifício, distinguia "os antigos da Idade Média dos modernos do nosso tempo". Tinha ele a impressão de que acabava de se dar uma reviravolta na trajetória da humanidade. Expressões semelhantes surgiriam da pena de muitos letrados — Joachim von Watt, John Heerwagen, Adriano Junius no século XVI, e mais tarde, na era clássica, Cellarius, Canisius, Goldast, Voss, Horn e o célebre autor do *Glossário da literatura medieval*, Du Cange. O termo há de impor-se paulatinamente, mas só em 1829 é que surgirá a primeira *História geral da Idade Média*, de Desmichels, reitor de Aix-en-Provence.

Esta noção faz-se acompanhar de um certo tom de desprezo. Ronsard fala do "desprezível monstro da ignorância" que reinou nos tempos anteriores; Heinsius assegura que a cultura teve de "renascer"; o polígrafo italiano Paolo Giovio evoca os "túmulos góticos no fundo dos quais foram miseravelmente sepultadas" a arte e as letras. O próprio termo "gótico"[3] já traduz esse desprezo. Os "renascentistas", embriagados com o entusiasmo pela Antiguidade, cometeram uma injustiça gritante contra a época que os precedeu. Como, além do mais, eram muitos os "reformistas", às apreciações estéticas uniram-se os preconceitos religiosos: desacreditar a Idade Média era menosprezar a Igreja Católica, que fora a inspiradora e a mentora de toda aquela sociedade.

Houve, no entanto, mesmo em plena efervescência renascentista, espíritos capazes de formular juízos mais equitativos, como o erudito Pico della Mirandola ou o escultor Ghiberti. No limiar do século XVIII, quando a "barbárie gótica" já se transformara num lugar-comum, um honesto professor alemão, Polycarp Leyser, publicava um extenso panfleto sobre a "pretensa barbárie da Idade Média" e, em 1721, uma *História dos poetas da Idade Média*; pouco depois, em 1733, os beneditinos, dando início à *História literária da França*, homenageavam os tempos de São Bernardo, das canções de gesta, do *Roman de la Rose*. Coube aos românticos, e muito especialmente a Chateaubriand, a honra de terem restituído à Idade Média a sua dignidade e o seu lugar de primeiro plano na história da Europa. E é significativo que o livro decisivo para esta reviravolta tenha sido consagrado à glória da Igreja: *O gênio do cristianismo*, de Chateaubriand.

Hoje, todos reconhecem a nossa dívida para com a Idade Média. As suas obras literárias ou artísticas são estudadas, a sua história é aprofundada, a sua espiritualidade é posta em prática com um zelo infinitamente mais sólido do que a exaltação romântica. "Se alguma época na história da nossa cultura merece ser glorificada como uma era de regeneração e restauração, é esta!", escreve Johan Nordström, o grande historiador sueco. Diante das maravilhas de Chartres, Amiens e Reims, que a fotografia e o cinema nos ajudam a compreender melhor de dia para dia, quem não experimenta a verdade dessas palavras? Quem não sente que estamos na presença de um dos grandes momentos do espírito humano?

Contudo, mesmo desembaraçado da crosta do desprezo, o termo "Idade Média" presta-se ainda a muitas ambiguidades. Tomado no seu sentido etimológico, pressupõe a existência de uma divisão tripartida do tempo, de uma sucessão hegeliana, dialética, de três épocas. A Idade Média, assim concebida, seria apenas uma transição entre a Antiguidade e os tempos modernos. Se se quer dizer com isso que está cronologicamente situada entre uma época e outra, não se diz nada de especial: "Que século não é a passagem entre aquele que o precedeu e aquele que o seguirá? Toda a idade é uma idade média, e nós mesmos seremos um dia medievais para os nossos sucessores"[4]. Mas se se quer dizer que foi apenas um tempo de preparação, de procura, de elaboração, destinado a fazer surgir uma sociedade mais perfeita na terra, é provável que se cometa uma grave injustiça: os acontecimentos de que hoje somos testemunhas não conseguem persuadir-nos de que, da Idade Média aos nossos dias, o progresso moral e social tenha sido flagrante.

O conceito de Idade Média está, pois, eivado de erro. Não se trata de maneira nenhuma de uma época de transição, ainda incerta quanto aos seus fins e meios, mas de um desses momentos originais da história, em que a sociedade adquiriu uma profunda compreensão de si mesma e do seu destino, em que se efetuou uma obra inigualada — e talvez inigualável —, e em que a humanidade conheceu uma unidade e um equilíbrio excepcionais. É impossível renunciar ao termo usual, demasiado usual, de Idade Média, mas convém utilizá-lo pensando na grandeza das realizações que abrange.

De resto, é necessário precisar o seu emprego, porque as suas delimitações cronológicas dão margem a vários mal-entendidos. A maioria dos historiadores admite que a Idade Média começou com as grandes invasões germânicas, ou seja, no início do século V, e que terminou com a tomada de Constantinopla pelos turcos em 1453. Com isso, englobam-se num milênio fases que contrastam violentamente entre si, e em que o espírito, instintivamente, estabelece cortes. Quando pensamos nas "obras-primas da arte medieval", referimo-nos à parte central do período, que vai de 1050 a 1350; mas quando evocamos "a noite da Idade Média", os horrores que se atribuem a este tempo, impõe-se à nossa mente a época merovíngia ou a da decomposição carolíngia. E Joana d'Arc? Será uma personagem "medieval" essa mulher cujo santo patriotismo esteve ligado à corrente dos nacionalismos nascentes e cujos soldados se serviram da arma moderna por excelência, o canhão? Com efeito, nesta milenar Idade Média há três períodos distintos: o tatear às cegas, o equilíbrio e, por último, o deslizar para a ruína. O primeiro é o dos tempos bárbaros e o terceiro coincidirá com o século XIV e com o início do século XV; mas como designar o período da máxima expansão?

Talvez por duas das suas grandes realizações, a *catedral* e a *cruzada*. Quase tudo o que caracterizou esta época nos planos moral, social, intelectual e artístico culmina ou tem a sua correspondência quer nos monumentos de pedra que testemunham a sua grandeza, quer na aventura em que se exprimiram a sua fé e a sua esperança, a sua ânsia de viver e a sua impaciência perante os limites. A Igreja da catedral e da cruzada é a Igreja dos três primeiros séculos do segundo milênio, em que a raça dos batizados atingiu um dos seus ápices.

Seria necessário reconhecer ainda que, mesmo no interior desse período, se produziram mudanças. Aliás, em que período da história não as encontramos? O nosso clássico século XVII não principia com os rabelaisianismos do reinado de Henrique IV e se encerra com as delicadezas requintadas da Regência? De 1050 a 1350, notam-se igualmente diferenças profundas. A cristandade do Ocidente começa por tomar consciência dos esforços realizados pelos seus predecessores imediatos. Depois, vem o florescimento do século XII, sólido, simples e forte. E, no século XIII, atinge-se o cume, com a construção das catedrais, a *Suma* de São Tomás e o triunfo do papado. Depois disso, ir-se-ão delineando no belo edifício as linhas de menor resistência, que amanhã serão as linhas de ruptura...

Entre esses momentos sucessivos, as diferenças são muito reais, e por isso muitos se entregaram ao exercício de contrapô-los, perguntando-se qual o mais fecundo ou o mais cristão, se o século XII ou o XIII, o século de São Bernardo ou o de São Francisco e São Domingos, o século do românico ou o do gótico. Essas diferenças, porém, não prevalecem sobre uma unidade essencial, e convém reservar toda a sensibilidade para o que une esses momentos diferentes, para o que fundiu homens de três séculos numa mesma história grandiosa: um comum sentido da vida e do destino e a aceitação dos mesmos princípios, das mesmas certezas e das mesmas esperanças.

A Europa cristã em 1050

A grande época "da catedral e da cruzada" começa por volta de 1050. Seis séculos de admiráveis esforços[5] são finalmente coroados de êxito. Essa Igreja que no século V enfrentara sozinha o perigo do desmoronamento, que com São Bento reconstituíra as elites dirigentes, não cessou de preparar o renascimento da civilização nesses seiscentos anos em que trabalhou por Deus. Foi ela que, enviando os seus missionários ao núcleo das massas bárbaras e convertendo os reis, preparou a fusão das raças de que nasceria a Europa; foi ela que, nos seus conventos, protegeu os embriões da cultura e da arte. Infatigável, sem nunca desesperar, perseverou na sua tarefa gerações após gerações. E quando, após o curto amanhecer do reinado de Carlos Magno — para cuja glória tanto contribuiu —, as trevas se abateram novamente sobre o Ocidente, foi ela ainda quem impediu as forças da anarquia de destruir a Europa. Foram seis séculos de lutas terríveis, durante os quais a sua paciência e a sua coragem só rivalizaram com a sua fé e a sua esperança; em torno de 1050, pôde enfim contar os pontos ganhos.

Os meados do século XI marcam, portanto, uma reviravolta. Enquanto o Oriente, atacado pelos turcos e atormentado pelas crises em que mergulhava a poderosa dinastia macedônia, vê Bizâncio entrar em declínio após ter optado por isolar-se no seu hieratismo e no seu cesaropapismo, enveredando pelo cisma, soa a hora do Ocidente. Produzem-se dois fatos decisivos.

Primeiro, terminam as invasões, isto é, desaparece o terror da agressão bárbara, que não cessara de obscurecer o horizonte dos ocidentais. A ameaça turca afetará apenas o Oriente, e o Ocidente só será atingido episodicamente pelas incursões mongóis, em meados do século XIII. Por que terminaram as invasões? Por razões obscuras, tão obscuras como as que as determinaram, e que correspondem com certeza a modificações internas nas longínquas regiões em que os bárbaros tiveram origem. Mas também porque a Igreja, ao batizar esses povos, contribuiu para imprimir neles o desejo de se integrarem na comunidade dos civilizados: uma ação muito feliz, que foi especialmente decisiva entre os normandos e os húngaros. O fim desse grande perigo revestiu-se de importância capital para o desenvolvimento da Europa cristã.

Não menos decisivo, embora mais difícil de delimitar, foi outro acontecimento de ordem social e moral. O desmembramento da autoridade carolíngia estivera a ponto de instalar o caos; o sistema feudal, fundado sobre o necessário recurso à força, surgira paulatinamente dessa anarquia, mas era de temer que dele resultasse uma sociedade exclusivamente brutal e baseada nas armas, isto é, o contrário da civilização. A Igreja soube aplicar o remédio a esta perigosa situação. Nos inícios do século X, correu o risco de vir a ser mais ou menos esmagada pela violência e absorvida pela anarquia feudal, mas graças a um assombroso esforço dos papas e monges, e com o auxílio de alguns príncipes católicos, conseguiu suplantar o perigo. Agora, era ela que dava diretrizes aos guerreiros, que não hesitava em puni-los e que se atrevia a opor os princípios da justiça e da caridade aos da força. Houve um momento em que se chegou a pensar que o Ocidente acabaria por dividir-se em duas linhagens — a dos guerreiros, por um lado, e a do clero e dos burgueses, mais civilizados, por outro —; por volta de 1050, porém, graças aos cuidados da Igreja, a síntese das duas estava praticamente consumada ou, pelo menos, havia já a certeza de que se consumaria um dia.

Existe, pois, um mundo cristão já em meados do século XI. E quais são as suas fronteiras? Não é fácil traçá-las exatamente, pois alteram-se constantemente. A massa cristã, agredida, cede terreno em diversas regiões, mas em outras progride; se a sul e a leste do Mediterrâneo, sofre perdas consideráveis devido ao islamismo, possui ainda núcleos cristãos nas zonas infiéis, além de que, em muitos setores outrora pagãos, a semente do Evangelho se encontra agora relativamente bem enraizada.

Na Europa, os núcleos mais sólidos concentram-se no Sul e a Oeste. Embora o Império bizantino só se mantenha durante vinte e cinco anos na Ásia Menor, controla no entanto a Trácia, a Macedônia, as ilhas do Mar Egeu e a Grécia. Os normandos expulsam-no da Itália do Sul, mas estes audaciosos conquistadores são demasiado hábeis para permanecerem na situação de piratas e bandidos; em 1059, o seu chefe mais aventureiro, Roberto Guiscard, para frisar que também ele é membro da comunidade cristã, faz-se receber entre os "protegidos" de São Pedro. A Itália central e setentrional, as regiões situadas entre o Ródano e os Alpes, as extensões da Alemanha compreendidas entre o Mosa e o

Elba dependem do Sacro Império Romano-Germânico, que foi restaurado em 962 por Otão o Grande e cujas relações com o papado, por volta do ano mil, são excelentes.

À margem dos impérios, dois países prolongam até o Atlântico os domínios mais profundamente cristianizados: a França, terra profunda de fé, onde os Capetos escrevem a partir de 987 as primeiras páginas de uma história que durará oito séculos, e onde Roberto o Piedoso (+ 1031) acaba de mostrar que se pode ser ao mesmo tempo príncipe e fiel a Cristo; e a Grã-Bretanha, ainda nas mãos dos reis anglo-saxões, cujas igrejas se destacam pela sua fidelidade à Santa Sé. Na Escócia, na Irlanda e no País de Gales, continua vigoroso o velho monaquismo céltico, que tanto trabalhou outrora para despertar a fé no continente europeu.

Itália, Alemanha, França e Grã-Bretanha — essas são as bases do cristianismo no Ocidente. Nestes quatro países, a hierarquia eclesiástica encontra-se solidamente constituída. Na Itália, multiplicam-se pequenas dioceses, cujos limites quase sempre coincidem com os das antigas *civitates* romanas, mas que estão congregadas ao redor de alguns centros maiores — Roma, Milão, Ravena, Aquileia, Cápua, Benevento, Salerno, Nápoles, Amalfi. Para além dos Alpes, o reino da Borgonha, que avança até o Ródano, está bem organizado; conta com cerca de trinta e cinco dioceses, entre as quais sobressaem Lyon, Vienne, Arles e Besançon. Já na França, ao norte do Loire, encontram-se as sés de Sens, Reims, Rouen e Tours (Paris não passa, nessa época, de sufragânea de Sens), e os duques da Bretanha esforçam-se por ter a sua própria metrópole em Dol; e ao sul do Loire, quatro sés concentram a influência: Bordeaux, Bourges, Narbonne e Auch. A Lotaríngia e a Germânia, por fim, estão divididas em seis províncias e quarenta dioceses. Numa palavra, esse conjunto dá a impressão de uma organização sólida e coerente, bem implantada nos diversos países. Acrescentemos que, se por volta de 1050 a maioria dos bispos são ainda de origem romana, à medida que avança a miscigenação entre as raças os elementos germânicos vão tendo acesso ao episcopado, sobretudo na Alemanha, onde a dinastia otoniana nomeia inúmeros bispos.

É necessário sublinhar que em toda a Europa cristã é considerável a influência do monaquismo. Neste ponto, aliás, o Oriente nada tem a invejar ao Ocidente. Após a *querela das imagens*, que quase sepultou a instituição monástica, esta conheceu um período de verdadeira euforia, a tal ponto que o governo teve de regulamentar as vocações. No Ocidente, já nos referimos à importância que o monaquismo celta alcançou em diversas regiões das ilhas britânicas. Mas também na Itália e na França os conventos ocupam um lugar preponderante: são simultaneamente centros de irradiação espiritual, escolas e bibliotecas, entrepostos comerciais, capitais econômicas. Animado por um magnífico movimento de reforma, o monaquismo define-se verdadeiramente no dobrar do século XI como elemento motor da sociedade cristã, e, nos territórios em que os missionários lutam por ganhar a população para Cristo, os conventos servem de baluartes da expansão.

Com efeito, para além dos territórios em que a hierarquia já se encontra organizada e que os monges fecundam, a cristandade registra novos avanços. Partindo de Hamburgo, os missionários estendem a sua ação sobre a Escandinávia pagã, ajudados pelos reis Gundhild da Dinamarca, Santo Olavo da Noruega e Olavo da Suécia. Os primeiros bispados da Silésia, Ribe e Aarhus, fundados em meados do século X, tinham sido aniquilados, mas uma nova ofensiva evangelizadora recupera-os rapidamente e, no início do século XI, sob o reinado de Knut o Grande

(1017-1035), esse impulso alcança as ilhas dinamarquesas e a Suécia. Os vikings, navegadores intrépidos, levam a sua jovem fé à Islândia e à própria Groenlândia.

A leste do Elba, começam os países eslavos. Instalado no quadrilátero limitado pelos rios Elba e Oder, pelo mar Báltico pelos montes da Boêmia, esse povo amalgamado que se designa com o nome de vênedos suscita nos monges alemães uma apreensão justificada: os bispos de Brandeburgo, teoricamente, estendem a sua influência até o Oder, mas na realidade o paganismo ainda é muito forte ali, e há de demonstrá-lo em repetidas ocasiões; na Saxônia, será apenas nos últimos anos do século XI que os missionários se aventurarão a ir até à margem direita do Saale.

Em contrapartida, a conversão das outras massas eslavas integrou a Europa central e oriental no mundo cristão. Um trabalho obscuro, marcado por diversos fracassos, precedeu a obra decisiva do século IX. Esta revestiu-se de múltiplos aspectos: Carlos Magno e seus sucessores, por um lado, e os basileus, por outro, enviaram missionários que rivalizaram em zelo. Na parte oeste, os pontos de partida eram os bispados fronteiriços, Salzburgo e Ratisbona. Na parte leste, dois homens foram os heróis desta grande história: São Cirilo e São Metódio, apóstolos da Boêmia, cujos esforços por evangelizar pela compreensão, mais do que pela força, se revelaram notáveis. Ao trabalho missionário acrescentaram-se outros elementos, tais como a influência dos soldados e comerciantes, os casamentos e a ação de reis e rainhas, como Santa Ludmila e São Venceslau, mártires da Boêmia. E assim o mundo eslavo do centro europeu tornou-se cristão. Os núcleos de batizados dividiram-se entre Bizâncio e Roma, embora, por volta de 1050, não seja fácil fixar os contornos dessa divisão. A traços largos, a Boêmia e a Morávia são fiéis à Sé de São Pedro desde que o papa João VIII aceitou o uso do eslavônio na liturgia. Bastante desastradamente, o bispado de Praga, ainda em 973, anexou-se à metrópole de Mogúncia[6].

Mais a leste, a Polônia torna-se cristã, em grande parte por causa do casamento entre a boêmia Santa Dombrowska e o duque Mieczyslaw, mas também porque ali trabalharam missionários germânicos. O seu primeiro bispo, instalado em Posen, esteve inicialmente sob a dependência de Magdeburgo, mas o rei Boleslau o Valente (+ 1025) obteve a criação de uma metrópole nacional em Gniezno e chamou os beneditinos e os camaldulenses para as suas terras, a fim de fortalecer as bases da religião. Depois dele, em 1033, uma violenta reação pagã massacrou sacerdotes e queimou conventos, até que o *Restaurator* Casimiro I pôs fim a esse ataque em massa.

No médio Danúbio, os húngaros, inseridos entre os eslavos do Norte e os do Sul, tornaram-se uma vanguarda do cristianismo em face dos Bálcãs do Norte, desde que o seu chefe, Santo Estêvão, feito "rei apostólico" em 1001, pôs o seu povo sob a guarda de Cristo e do papa. Em 1007, funda-se em Gran o primeiro bispado e nascem muitos conventos de onde, seguindo os passos de São Bruno, partem missionários em direção à selvagem Transilvânia.

A noroeste dos Bálcãs, o cristianismo tem raízes muito antigas; não datam elas dos tempos de São Paulo? Um número reduzido de bispados latinos depende do patriarca de Aquileia ou do arcebispo de Spalato. O clero romano expande-se para o Norte até o Savo. Mas o rito bizantino triunfa nas agrestes montanhas de Montenegro e da Sérvia, bem como na Bulgária, cujo rei Bóris se convertera em 863, e na Rússia, onde a pequena igreja de Kiev, aberta em meados do século IX, se transformara em igreja nacional com a conversão de São Vladimir, em 987, e passara a ser governada por um metropolita grego. Há cristãos espalhados pelas florestas e estepes até o Volga!

Estes núcleos recém-constituídos, da Dinamarca às planícies ucranianas, têm algo de frágil. A adesão frequentemente espetacular dos seus príncipes à fé evangélica não suprimiu do dia para a noite a superstição e a selvageria. Houve terríveis recaídas no paganismo, que varreram as primeiras sementes cristãs. E a ameaça não está afastada. O antigo clero conservou alguns fiéis; há ainda árvores sagradas, cerimônias secretas, sacrifícios... Aliás, pode-se considerar como uma submissão suficientemente sincera o batismo que Vladimir impusera aos seus súditos, ordenando-lhes sob pena de morte que mergulhassem nas águas do Dniepr, depois de os seus ídolos terem sido despedaçados e o deus Perun, com a cabeça de ouro e a barba de prata, ter sido açoitado no meio de um concerto de gritos horrorizados?

Por fim, no seu limite meridional, o mundo cristão tem por vizinho o islã, que volta a mostrar-se agressivo. A leste, os turcos seldjúcidas pressionam constantemente as terras bizantinas da Ásia Menor e em breve as farão desaparecer. O Império possui ainda a península anatólia, o planalto da Armênia, o alto Eufrates, a Cilícia, Antioquia e a costa síria, mas não por muito tempo. As suas imponentes fortalezas só abrigam fracas guarnições, e os turcos, ocupando Melitene a partir de 1057, vão empreender a sua primeira grande ofensiva sobre a Armênia, monofisita e por isso hostil aos bizantinos ortodoxos. A mesma adesão à doutrina de uma só natureza caracteriza os jacobitas da Síria, enquanto a igreja melquita, estabelecida no litoral, permanece fiel à verdadeira fé e a Roma, e os maronitas do Líbano se colocam à margem de todas as obediências. Diversidade de credos, antagonismo de raças: situação deplorável às vésperas do grande assalto turco.

Todo o Mediterrâneo está dominado pelos muçulmanos, cujos piratas assolam o Egeu ou o Mar Tirrênio. A Sicília e a costa da África estão em suas mãos. Quase toda a Península Ibérica foi ocupada por eles, com exceção de uma heroica franja de pequenos reinos que conseguem sobreviver, fincados nas suas montanhas há trezentos anos. No quadro da fidelidade cristã, existe um marco, Santiago de Compostela, a noroeste da Península, capital espiritual que os mouros puderam atacar mas não destruir, e para onde, já em 950, se dirige uma peregrinação francesa conduzida por Godescale, bispo de Puy[7].

Mas o cristianismo não resiste ao islã apenas nos altos vales hispânicos do Norte e nas pequenas comunidades orientais. Subsistem fortes núcleos cristãos na Espanha ocupada, os quais chegam a obter dos invasores um estatuto legal. E muitos também na Sicília. E até na África há herdeiros distantes dos fiéis de São Cipriano e de Santo Agostinho.

E isto não é tudo. Para completar a largos traços o panorama do universo batizado na metade do século XI, seria preciso ainda evocar outras igrejas longínquas, infectadas de heresias, frequentemente decadentes[8], mas que permanecem fiéis à Mensagem: a igreja copta do Egito, eivada de monofisismo e de monotelismo; a igreja da Etiópia, também monofisita, engastada nos rebordos escarpados dos maciços da Abissínia; e sobretudo a igreja nestoriana que, com o seu centro em Bagdá, domina a Pérsia e a Mesopotâmia, igreja ao mesmo tempo dissoluta e fervorosa, que dá médicos, letrados e sábios aos califas, e que, numa aventura espantosa, lança os seus missionários através da Ásia, pelos caminhos das caravanas, até os mongóis e a China[9].

Este era o estágio de desenvolvimento que a planta evangélica tinha alcançado depois de mil anos. O resultado era admirável, mas outros bem mais admiráveis estavam prestes a ser atingidos. Porque, em meados do século XI, este mundo cristão que tomou consciência de si e da sua força quer crescer e realizar-se. Durante os tempos bárbaros, chegara a encolher-se perante os perigos; agora, as posições vão inverter-se e dar lugar a uma explosão de vitalidade.

Por volta de 1050, são numerosos os sinais dessa explosão, sobretudo nos planos territorial e político. A Espanha cristã movimenta-se, pede ajuda a voluntários do Ocidente, prepara-se para tirar proveito do declínio dos califas de Córdova. No Mediterrâneo, pisanos e genoveses dão trabalho aos corsários do islã e reinstalam-se na Sardenha. Os normandos atacam a Sicília e, em 1060, arrebatam a Maomé a mais bela das suas ilhas. Aqui e ali, começa-se a falar numa possível arrancada para libertar o Santo Sepulcro. Ao norte, o cristianismo trabalha vivamente na Escandinávia e prepara-se para ocupar as terras do Báltico. Mais adiante, a conquista normanda subtrairá a Inglaterra ao universo nórdico e a unirá ao Ocidente. Por toda a parte, o mundo cristão agita-se ou está prestes a agitar-se.

E isto não é menos verdadeiro em outros campos. O entusiasmo conquistador faz-se sentir em todos os domínios. No plano espiritual, observamo-lo na reforma empreendida por Cluny e seus êmulos — continuada depois pelos papas[10] —, que está a ponto de operar na Igreja a mais profunda das transformações. Observamo-lo na ordem intelectual e artística, em que vemos surgir a "branca floração de igrejas" evocada por Raul Glaber, e em que o gosto pela cultura é novamente colocado no seu lugar de honra. Em meados do século XI, não se pode duvidar de que o mundo cristão está pronto para obter um grande êxito. Vai conhecê-lo — e, com ele, os novos perigos.

Quando a árvore produzia frutos

Certos fatores práticos contribuirão para o florescimento da Europa cristã, sobretudo no Ocidente. Em primeiro lugar, os demográficos. Eis um aspecto acerca do qual não se realizou nenhum estudo sistemático, mas todas as informações que se puderam coligir concordam em estabelecer que, entre os séculos XI e XIV, *a população europeia não parou de crescer em proporções extraordinárias*. Em alguns casos, possuímos cifras. Na Inglaterra, por exemplo, baseando-nos em registros fiscais, podemos dizer que a população saltou de 1,1 milhão de almas em 1086 para 3,7 milhões em 1346 — mais do que o triplo! No continente, os documentos são mais raros, mas outros sintomas autorizam-nos a concluir que o crescimento foi análogo: é o que revelam as genealogias das famílias nobres ou o contínuo desenvolvimento das cidades, assinalado tão frequentemente (como em Paris) pelo constante alargamento da sua periferia, pela multiplicação das paróquias no perímetro urbano e pela ampliação das igrejas. E não é que se trate de um êxodo rural, pois neste mesmo momento observa-se que as antigas propriedades familiares são divididas entre os numerosos filhos, que a floresta recua perante novos campos de cultivo, que em todos os países surgem novas aglomerações rurais, "vilas novas" e "vilas francas", por falta de terras aráveis.

A que atribuir este fenômeno? É algo bastante misterioso. Por que há épocas em que o povo cresce e outras em que deixa de crescer? As causas econômicas e políticas não explicam tudo. Não foi somente porque os sarracenos, os normandos e os húngaros deixaram de pilhar as terras do Ocidente que este viu triplicar a sua população em três séculos. Não há dúvida de que é necessário pensar também na influência da moral cristã do casamento: naqueles tempos, o aborto era raro e não se falava em controle da natalidade. Mas talvez, em última análise, o fenômeno dependa dessas leis cíclicas a que já aludimos e que regem a vida dos povos e dos seres.

Esta vitalidade demográfica terá consequências importantes em todos os terrenos. As zonas antigamente ocupadas serão povoadas pouco a pouco, e nelas começará a desenvolver-se uma vida intensa. As jovens massas humanas necessitarão de novas terras e, naturalmente, não as encontrando já em tão grande quantidade na Europa batizada, irão procurá-las em outros lugares, fornecendo assim contingentes para a Reconquista espanhola, para os exércitos da cruzada, para as tentativas de povoamento do Báltico. A mesma causa explica a enorme quantidade de mão-de-obra que se concentrou na construção das catedrais; e deve ser lembrada também ao evocar-se o desenvolvimento das comunidades religiosas e as gigantescas dimensões alcançadas pelos conventos. Sob qualquer aspecto que se considere esta época, não se pode perder de vista que é um tempo em que o Ocidente produziu homens em profusão.

Alguns opõem a este quadro vigoroso as calamidades e misérias de que teriam sido vítimas os homens destes três séculos. É preciso tomar cuidado para não confundir as datas e atribuir aos séculos XII e XIII o que poderia ser mais exato em relação aos séculos anteriores. Aliás, não terá havido um certo exagero? A célebre fome de 1037, descrita por Raul Glaber, teria sido realmente tão terrível e, sobretudo, tão generalizada como se é levado a crer? O bom monge tinha a imaginação um pouco aquecida, ele que via tão facilmente o diabo na sua cela e que, por outro lado, não se responsabilizava totalmente pelas suas aterradoras afirmações, matizando-as com um prudente "pelo que se diz". Não deixa, porém, de ser verdade que houve fome nos séculos XII e XIII, como aliás em todos os sistemas econômicos cujas vias de comunicação são insuficientes e que não podem transferir rapidamente reservas alimentares de um ponto para outro; numa organização compartimentada — uma diocese ou uma província —, bastava um ano de seca para que a população se visse a braços com a fome. Geralmente, porém, o mal era um mal localizado, tal como aconteceu nos países ocupados durante a segunda guerra mundial, ou, depois, em diversas províncias da Índia ou da China.

Quanto às epidemias, não é menos verdade que devastaram diversas partes do mundo cristão; mas, salvo algumas exceções — das quais a mais terrível foi a peste negra de 1348, de que voltaremos a falar —, não parecem ter sido de caráter geral. As doenças, como a peste, a lepra e uma espécie de erisipela gangrenosa, impressionavam muito, tanto mais que a medicina estava desarmada contra elas; mas a humanidade desta época sofria muito menos que a nossa dos ataques da tuberculose, das doenças venéreas e do câncer. Se a expectativa média de vida era menor que a de hoje, sobretudo por causa da mortalidade infantil, não é menos certo que o homem deste tempo dava uma impressão geral de força física, de apetite, de resistência, próprios de uma raça em plena vitalidade.

Do esforço feudal à ordem dos reis

Esta sociedade cristã que veremos florescer não era somente vigorosa e fecunda; beneficiava-se ainda de um notável equilíbrio sócio-político. Também aqui é importante distinguir os períodos: a expressão *anarquia feudal*, tão frequentemente utilizada, caracteriza bem o fim dos tempos bárbaros, os séculos IX e X, em que o desmembramento do Império carolíngio provocou uma imensa desordem que não permitiu atingir o equilíbrio de forças. O termo, porém, é falso se o aplicarmos ao sistema que regeu a Europa a partir do século XI e ao longo dos três séculos seguintes, isto é, ao período das grandes audácias criadoras e das grandes realizações.

Durante os tempos bárbaros, estabelecera-se uma organização geral da sociedade que correspondia à dualidade de poderes que nela se instalara, e também, em certa medida, à dualidade de raças. Era a famosa divisão em três classes. Acima da massa dos que sustentavam a sociedade — trabalhadores, agricultores, comerciantes —, elevavam-se duas classes superiores: uma, instituída pela força, a classe militar que se tornara nobreza; a outra era a do clero, cuja autoridade conseguira impor-se graças unicamente aos meios espirituais. Esta ordem continuará a ser fundamental, mas é claro que uma divisão tão didática e superficial, embora identifique os agrupamentos e a divisão de forças, não revela as suas origens nem as suas relações. As "classes" deste período não estão compartimentadas como virão a estar as da França do *Grand Siècle*; o clero, e mesmo o alto clero, é recrutado em todos os meios; e a nobreza encontra-se aberta a novos elementos que tenham valor. Nem por isso é menos verdade que estamos na presença de um sistema coerente, em que cada categoria social sabe que tem um papel a desempenhar em vista do bem comum e não simplesmente dos seus interesses egoístas. É como retrata tão bem o *Poema de Caridade* do Recluso de Molliens:

A espada diz: É minha justiça[11]
Defender os clérigos da Santa Igreja
E aqueles que a carne procuram[12].

Uma classe que reza, uma classe que combate, uma classe que trabalha: é nesta harmonia tripartida que se reconhece a fórmula ideal da sociedade.

O comando pertence à espada, porque assim fora na época das trevas, quando todos tremiam e a autoridade central se mostrava incapaz de garantir ordem e proteção ao povo. As vagas invasoras lançavam-se alternadamente sobre as áreas civilizadas; depois dos lombardos, os árabes; depois dos árabes, os normandos e os húngaros. Fora então que os mais fracos tinham pedido ajuda aos homens fortes; os *minores*, os mais humildes, tinham-se confiado aos *maiores*, aos *boni homines*, aos grandes e poderosos. Constituíra-se assim uma sociedade por estratos, em que a autoridade era exatamente proporcional à proteção que se podia assegurar eficazmente. Aperfeiçoada e institucionalizada, essa organização transformou-se na *sociedade feudal*, que veio a ser a armadura do mundo cristão, mesmo depois de ter terminado a era do medo.

O regime feudal assenta num duplo sistema de relações: o que concerne aos homens e o que concerne aos bens, ou seja, às terras, únicos valores reais da época. Aquele que temia pela sua vida "recomendava-se" a um poderoso que pudesse protegê-lo; daí nasceu uma dependência do mais fraco em relação ao mais forte que se conservou sob o nome de *vassalagem*. Confiando-se ao seu *suserano*, o *vassalo* obtém dele garantias de segurança que o poder central já não consegue oferecer-lhe. O suserano, por sua vez, encontra-se na dependência de um mais poderoso do que ele, que, por seu turno, é vassalo de outro ainda mais forte. Trata-se, portanto, de um sistema hierárquico, piramidal, baseado na proteção e no compromisso pessoal. Teoricamente, é possível existirem ainda "homens livres", que não dependam de nenhum suserano além do rei; na prática, constituem uma raríssima exceção.

Para que o suserano lhe garanta os bens, o vassalo passa-lhe a propriedade, reservando para si, hereditariamente, o usufruto. A própria terra, portanto, entra no sistema hierárquico. E entra ainda de outro modo: para assegurar a fidelidade de um protegido, o senhor concede-lhe às vezes um bem, um *benefício*, para pagar os seus serviços. A princípio vitalício e pessoal, o benefício não tardou a tornar-se hereditário. Praticamente, qualquer que fosse a sua origem, a terra tinha sempre o mesmo estatuto. É este estatuto de dependência, de partilha entre a nua propriedade e o usufruto, que caracteriza o termo *fief*, "feudo", palavra proveniente do alemão *Vieh*, onde significava "rebanho", depois "fortuna" (como *pecus* se tornou *pecunia*), e por fim se transformou em *feodum*. Em princípio, havia terras que não entravam neste sistema — os *alódios* —, de que subsistirá um certo número no Sul da França e muito poucos no Norte. O famoso "reino de Yvetot", celebrado pela canção de gesta, é um deles.

Esse sistema de subordinação dos homens e das terras era próprio dos meios sociais elevados, caracterizados pela homenagem militar. Mas no nível inferior, o da massa rural que constituía a imensa maioria da população, as relações de dependência davam-se também num agrupamento que se costuma confundir com o feudalismo: o *senhorio*. As suas origens remontavam aos grandes latifúndios do Baixo Império romano ou aos que tinham surgido no tempo das invasões. O seu princípio baseava-se na posse da terra, dividida pelo proprietário em duas partes: uma que era explorada diretamente, a reserva senhorial, e outra que era concedida a rendeiros, livres ou servos. Quem vivesse num *senhorio* devia pagar ao senhor em espécie pelo uso da terra. Além disso, devia dedicar dias de trabalho à reserva do senhor, semeando, colhendo e realizando outros serviços. Enfim, podia utilizar o moinho, o forno, o lagar e a forja do seu senhor, mediante o pagamento das *banalidades*. Este sistema completava a hierarquia das terras até o nível mais baixo. O senhorio, distinto do sistema feudal na sua origem e na sua essência, interpenetrava-se com ele, uma vez que todo o nobre, fosse suserano ou vassalo, era ao mesmo tempo senhor rural.

Dentro do próprio senhorio existia também uma subordinação de pessoas: os lavradores dependiam juridicamente do senhor. Esta dependência tornou-se oficial, institucional, quando paulatinamente (a partir do século IX) entrou em uso uma nova prática: a *imunidade*. Os soberanos, mesmo os mais poderosos como Carlos Magno, pensaram que seria mais cômodo governarem os seus súditos por meio dessa pirâmide de agentes. Em princípio, pareceu razoável que a autoridade pudesse limitar-se a governar apenas uns senhores mais altos, que mandariam sobre outros, e estes por sua vez sobre os menores, até o mais humilde dos vassalos e camponeses. Mas, na realidade, era uma aberração, e em breve o poder central se veria aniquilado pela dispersão dos seus meios de ação. Esta forma de encarar as coisas, no entanto, determinou a conduta da maior parte dos soberanos, de tal modo esse sistema correspondia ao ambiente da época. Os altos funcionários e os generais passaram a comportar-se nas terras que tinham sob sua jurisdição como se as tivessem recebido a título de benefícios, isto é, apropriando-se delas na prática. Além disso, os soberanos abdicaram em favor de quase todos os seus vassalos dos "direitos reais", deixando nas mãos destes o controle das estradas e pontes, a fiscalização dos mercados, os regulamentos de polícia, bem como a administração da justiça e a cunhagem da moeda. No âmbito do seu feudo, portanto, o senhor passava a ser o dono absoluto e único, à parte o vínculo pessoal com o seu suserano. O Estado quase desaparecera, substituído por uma multidão de pequenos estados.

No século XII, verifica-se o apogeu do sistema feudal. Encontramo-nos perante uma hierarquia de títulos que corresponde a uma dupla hierarquia de pessoas e de bens. Com pequenas diferenças conforme as regiões, a enumeração é aproximadamente esta: em baixo, os simples nobres, cavaleiros e "vavassalos" (vassalos de vassalos); acima, os senhores castelãos — que possuem um castelo — e os barões; mais acima, segundo uma ordem variável de região para região, os viscondes, condes, marqueses e duques, que ocupam (ou se dá por suposto que ocupam) antigas circunscrições administrativas do reino; e por último, no cimo, o rei, em princípio suserano de todos.

De um escalão para outro, existem compromissos recíprocos de proteção e fidelidade. O suserano deve ajudar e garantir os direitos do seu vassalo, e, em qualquer circunstância, correr em seu socorro. O vassalo deve ao seu suserano *consilium* e *auxilium*, ou seja, deve servi-lo na corte, a fim de ajudá-lo a governar, a administrar, a fazer justiça, e, por outro lado, servi-lo na guerra, pondo à sua disposição "a hoste e a cavalgada", a fim de fornecer-lhe tropas em caso de hostilidade. Além disso, deve-lhe "auxílio nos quatro casos", isto é, ajuda pecuniária quando o suserano arma cavaleiro o seu filho, casa a sua filha mais velha, parte para as cruzadas ou é feito prisioneiro.

Um rito espetacular sela estes compromissos que unem estreitamente suserano e vassalos. Quem entra no sistema por herança ou por doação deve submeter-se a esse rito. O vassalo começa por *prestar homenagem* ao suserano; ajoelhando-se diante dele e pondo as suas mãos nas dele, jura cumprir as suas obrigações e declara-se "seu homem". A seguir, o suserano confere-lhe a *investidura* dos seus bens, faz-lhe um "inventário" desses bens e entrega-lhe a seguir um objeto, um punhado de terra, por exemplo, ou um ramo de videira no caso de um feudo laico, uma chave ou a corda de um sino no caso de um feudo religioso.

Foram estes, portanto, os princípios do sistema feudo-senhorial que quase toda a Europa conheceu. É evidente que, na prática, houve diferenças marcantes de um país para outro, conforme as circunstâncias históricas, os meios de ação de cada rei, os êxitos pessoais dos senhores. Na própria França, o vínculo feudal foi mais estreito no Norte, onde as autoridades dos Capetos se fazia sentir diretamente, do que no Sul, onde tinha muitas vezes um caráter quase verbal. Na Alemanha, os grandes senhores feudais pareciam possuir mais poder do que os imperadores, ao passo que, na Inglaterra, dificilmente se pode falar de "feudalismo", tal era o poder dominante do rei, que se prolongou por muito tempo até vir a ser limitado por um regime em que o direito de fiscalização não pertencia exclusivamente aos nobres.

Estas diferenças são suficientes para fazer compreender que o sistema feudal possuía tantos adversários externos quantos os perigos e contradições que abrigava no seu seio. Era uma bela máquina, bem adaptada às condições econômicas da época, às aspirações profundas dos homens. Nascera da terra e a ela estava incorporado. Baseava-se no homem, no seu valor enquanto pessoa e nas suas qualidades dentro da sociedade, em suma, naquilo que é essencial nos períodos difíceis. Tinha, porém, graves defeitos. Sem ir mais longe, bastava que num degrau qualquer da pirâmide um elemento fosse infiel aos seus deveres para que se fizessem sentir ameaças de anarquia. Bastava também que as paixões opusessem dois senhores, e que o seu suserano comum não pudesse ou não quisesse reconduzi-los à ordem, para que eclodisse a guerra. Estes vícios inerentes ao sistema eram tolerados pelas massas enquanto o perigo externo era maior, quer se tratasse de resistir aos normandos ou aos húngaros, mas não se demorou a compreender como era perigoso ter por senhores uns militares desocupados.

De 1050 a 1350, assiste-se a uma constante alteração no equilíbrio do sistema. No plano senhorial, a reserva tenderá a diminuir, as rendas em espécie serão substituídas por rendas em dinheiro e os poderes de comando debilitar-se-ão. Novas forças virão opor-se às dos feudais em diversos países. Uma delas é a das *cidades*, que tinham experimentado um sério recuo durante as grandes invasões; encolhidas atrás das suas muralhas, as populações urbanas haviam cedido o passo aos povoamentos rurais, que os senhores procuravam ampliar e controlar. A chamada "revolução urbana" foi um movimento dos começos do século XII, ligado à extraordinária expansão comunal que se verificou na Itália. Desde o século X, Veneza vinha-se aproveitando das crises internas do islã e das dificuldades de Bizâncio para organizar a sua marinha, e ao longo dos tempos foi aperfeiçoando continuamente as suas posições. Gênova e Pisa reviveram em 1015, e tornaram-se tão fortes que arrebataram a Sardenha aos muçulmanos. O enorme movimento das cruzadas, no fim do século XI, veio reforçar este renascimento comum do qual todo o Ocidente passou a participar: a Lombardia, a Toscana e a Provença com Marselha. O movimento alcançou a Champagne, depois Flandres, a região renana pelo Ródano, e a região danubiana pelo estreito de Brenner. Começaram a nascer as indústrias e, com elas, os grandes centros, como Gaud, Ypres e Arras; criaram-se feiras em Messina, Lille, Colônia e Mogúncia, na região parisiense, em Beaucaire e Lyon.

O resultado deste prodigioso enriquecimento não se fez esperar, como já se tinha comprovado na Itália. Os burgueses dos *Castra* e dos *Burgi* levantaram-se contra os senhores, leigos ou eclesiásticos. Todas essas cidades tornaram-se centros de individualismo, de liberdades, de direito, em face da hierarquia feudal, autoritária e baseada na força. A torre de rebate ergueu-se como rival do torreão do castelo fortificado. Os conselhos municipais dos burgueses — aliás, desdenhosos em relação ao povo comum — opuseram a sua autoridade à da nobreza. Um vasto movimento de emancipação sacudiu as cidades da Itália, da França e de Flandres: a revolução urbana, econômica, transformou-se numa verdadeira revolução política, a revolução comunal.

O regime feudal não teve de enfrentar somente esta oposição. Nos lugares onde a realeza se encontrava muito longe, como na Itália, ou limitada nos seus direitos pela eleição, como na Alemanha, os senhores feudais puderam conservar os seus poderes, mesmo à custa de entrarem em composição com as cidades, que por sua vez se tinham tornado poderes feudais. Em outros lugares, sobretudo na França, a situação foi diferente. À medida que a dinastia dos Capetos tomava consciência da sua força e intenções, suportava com menos paciência a oposição dos senhores. Os Capetos concentrarão obstinadamente os seus esforços em dois objetivos: no direito de exercerem a justiça e, mais tarde, no de controlarem as finanças. Com a finalidade de assegurarem mais solidamente a sua autoridade, trocarão o sistema piramidal das suseranias pelo apoio do povo, que desejava ver acima de todos uma autoridade superior, e em especial pelo apoio dos burgueses, cujos interesses coincidiam com os da monarquia e que em breve forneceriam homens à sua administração.

O renascimento urbano e o desenvolvimento do poder real provocaram simultaneamente a ressurreição do Direito. Em lugar de um regime baseado na força, surgiram princípios jurídicos nascidos das relações estabelecidas no interior das comunidades burguesas, e foram exatamente esses princípios que os reis procuraram impor. Explica-se, assim, o papel dos "juristas" burgueses junto aos grandes Capetos. A substituição da ordem feudal pela real correspondeu, portanto, a uma profunda transformação da concepção das relações humanas entre os séculos XI e XIII.

Os reinos da terra

Este foi o quadro dentro do qual a Igreja teve de agir, e não se pode compreender a sua história sem tê-lo presente a todo o instante. Precisamente por ter alcançado um lugar de primeira importância, esta sociedade sobrenatural encontrava-se estreitamente ligada às instituições e aos homens da sociedade temporal. O reino do seu Mestre não era deste mundo, mas era com os reinos da terra que ela estava em contato, e eram os súditos desses reinos que formavam o rebanho dos seus fiéis. E se esse rebanho compreendia a massa total dos homens da época, como poderia ela desinteressar-se das autoridades que mandavam sobre eles? Os acontecimentos da história da Igreja e os acontecimentos da história dos homens estarão tão entrelaçados que frequentemente será impossível dissociá-los.

Das quatro partes do Ocidente que, por volta de 1050, constituíam as bases sólidas do mundo cristão, três tiveram nestes trezentos anos uma história política fortemente estruturada, em que se notam sinais claros de um destino, e a quarta — a Itália — atravessou um período extremamente confuso, que se prolongaria ainda por muito tempo.

Para a França, estes três séculos compõem um capítulo admirável da sua história — o dos *Capetos diretos*. Pode-se resumi-lo em algumas palavras. Em 987, quando o duque de França Hugo, que adotaria depois o cognome de Capeto, cinge a coroa, tem diante de si um mosaico de quinze principados feudais, muitos dos quais o ultrapassam de longe em poder. Mas, em torno de 1300, há uma única França e uma monarquia que sabe fazer-se respeitar.

A sorte desta família foi ter soberanos que com muita frequência revelaram dotes excepcionais e, em todos os casos — ou quase em todos, porquanto Luís VII foi uma exceção — se mostraram cheios de bom senso, de espírito de continuidade e de sadio realismo. Evitando as quimeras, concentraram todos os seus esforços unicamente na França. O princípio da hereditariedade, que souberam impor, permitiu-lhes fundar uma verdadeira dinastia que — outro golpe da fortuna — teve filhos de 987 a 1328. O amor rústico que devotavam à sua terra fê-los compreender que deviam aplicar-se a fundo aos seus domínios, a fim de consolidá-los e de reunir os feudos em torno de si e da sua capital, Paris. Imbuídos de uma grandiosa consciência da sua missão, souberam aproveitar do sistema feudal o que lhes podia ser útil, exigindo a homenagem de todos e negando-se a prestá-la a qualquer outro, e rejeitando ao mesmo tempo o que os pudesse prejudicar, sobretudo o esfacelamento dos feudos por herança. Passaram a legar o reino inteiro ao filho mais velho, deixando que os mais novos se contentassem com os *apanágios*. Proprietários de terras, suseranos, soberanos, os Capetos diretos souberam ser tudo isso, trabalhando num só sentido: a construção da França.

Seguiram-se na sua história cinco períodos, cada um deles marcado por uma figura significativa. Hugo Capeto, Luís VI, Filipe Augusto e, em violento contraste, São Luís e Filipe o Belo. O primeiro período — de 987 a 1060 — ainda evocou os costumes carolíngios; os primeiros Capetos, Hugo, Roberto o Piedoso e Henrique I (1031-1060) olharam excessivamente para as regiões periféricas do país, como por exemplo a Aquitânia, e pouco para a parte central. Henrique chegou a amputar os bens da coroa para doar a Borgonha a um dos seus irmãos, e este reizinho, vencido pelo duque da Normandia em Mortemer, em 1054, tornou-se um pouco ridículo quando se arvorou em herdeiro de Carlos Magno para reivindicar a Lorena.

Tudo muda com Filipe I (1060-1108). Este homem forte, glutão e rapace, cuida muito de não envolver a sua pequena coroa nas aventuras a que se entregavam tantos franceses na Inglaterra, na Itália, em Portugal, na Síria e na Palestina. Trabalha para unir a boa terra francesa, para assegurar a sua autoridade. Seu filho, Luís VI o Gordo, continua a obra do pai (1108-1137); gigante, pálido, precocemente obeso, desenvolve uma infatigável atividade que lhe mereceu o epíteto de "Luís, o que nunca dorme". No seu reinado, livrou-se dos senhores dados à pilhagem que o rodeavam, estabeleceu os primeiros alicerces de um verdadeiro governo com Suger e assentou a autoridade real na amizade com o povo.

Luís VII o Jovem (1137-1180) fez o reino atravessar um período difícil com as suas fantasias matrimoniais. Divorciando-se de Eleonora da Aquitânia, deixou que ela levasse o seu enorme dote para o rei inglês, o que constituiu uma ameaça para a França. Mas a monarquia dos Capetos já era tão sólida que não corria o risco de declinar.

Foi o que se viu com Filipe Augusto (1180-1223), esse belo jovem que inaugurou a tradição dos Capetos de grande estatura e bem constituídos, cujo encanto físico impressionava a multidão. O domínio real foi triplicado com a incorporação do Vermandois, Valois, Normandia, Maine, Anjou e Poitou; as principais casas feudais desmembraram-se, submetidas à obediência e mais ou menos incorporadas à flor-de-lis por uniões entre os seus filhos mais novos; a coalisão germano-britânica foi destruída pela base em Bouvines (1214). Tais foram os resultados mais notáveis de um reinado que se conta entre os maiores. Como que um apêndice deste, o de Luís VIII (1223-1226) foi muito breve, mas concluiu a instalação dos Capetos no Sul da França, o que era melhor do que sonhar com a exportação para a Inglaterra ou para a Itália.

Mas agora, eis o auge, a chama alta e pura. De 1226 a 1270, impõe-se à admiração da França e do mundo uma figura na qual se realiza o tríplice ideal do cristão, do soldado e do rei — *São Luís*. Pelo seu prestígio, literalmente sobrenatural, este homem domina a Europa no plano moral. Sem esquecer nenhum dos seus deveres de Estado, mas sabendo ao mesmo tempo harmonizá-los com a concepção cristã que possuía da política, trabalha muito pela sua coroa, limitando mas consolidando as conquistas do seu pai e do seu avô, assentando a autoridade real numa administração aperfeiçoada, e impondo sobretudo aos olhos do seu povo a seguinte identificação: realeza capetíngia igual a justiça.

Os descendentes de São Luís concluíram ou quase chegaram a concluir o seu trabalho propriamente político, a grande unificação das terras francesas, o estabelecimento de uma irrecusável autoridade da coroa sobre o feudalismo esfacelado. Souberam, porém, salvaguardar o luminoso prestígio com que ele enobrecera o brasão da flor-de-lis? Referimo-nos a Filipe III o Audaz (1270-1285), bom unificador de terras, e Filipe IV o Belo (1285-1314), esse atleta magnífico, essa "estátua viva", mas com um coração de pedra ou coisa pior. Com ele, a autoridade acabará por coincidir com o reino; inaugurar-se-á a corrida para leste e a organização administrativa fará progressos decisivos. Mas demasiados eventos desagradáveis constituirão uma contrapartida a esta glória para que possamos admirar sem reservas o último grande Capeto do ramo mais antigo. Depois dele, os outros breves reinados de seus três filhos, Luís X o Teimoso (1314-1316), Filipe V (1316-1322), o mais importante, e Carlos IV o Belo (1322-1328), surgem aos olhos dos contemporâneos como uma série de advertências do céu ou de punições.

Tomada em conjunto, portanto, a obra dos Capetos diretos é admirável. Ao mesmo tempo que "faziam a França", criavam os seus organismos essenciais, o sentido da justiça fundada no direito e exercida por uma autoridade superior; do mosaico feudal, extraíam uma nação. Em larga medida, foi graça a eles que a França se tornou o povo guia do seu tempo, o foco mais vivo de luz, ou, como dizia um contemporâneo, "o forno onde era cozido o pão do Ocidente". Menos avançada do que a Itália ou Flandres do ponto de vista econômico, a França foi, na encruzilhada dos caminhos e das ideias, o cadinho privilegiado das criações artísticas e do pensamento, bem como das grandes iniciativas cristãs. É difícil esquecer o que esta fulgurante primazia deveu à família que, durante esse período, assumiu os seus destinos.

Enquanto o reino da França evolui no sentido de um constante fortalecimento da autoridade central, os dois Estados cristãos vizinhos fazem um trajeto diametralmente oposto. A grande história da Inglaterra começa em 1066, quando Guilherme o Bastardo, duque da Normandia, com os seus cavaleiros armados de machados e as suas brigadas internacionais, atravessa a Mancha, realiza um desembarque memorável em Senlac, perto de *Hastings*, e, substituindo a dinastia anglo-saxônica de Eduardo o Confessor (1035-1066) e matando o pretendente Haroldo, funda uma nova dinastia. Este *Guilherme o Conquistador* (1066-1087) estabelece a autoridade da sua coroa à maneira de um líder guerreiro. Exige a obediência de todos; o *Domesday Book* organiza um cadastro de todos os bens para que o fisco possa operar mais facilmente; a submissão de todos ao rei impede a rivalidade racial entre vencedores e vencidos.

Mas esta obra esteve a ponto de soçobrar depois da morte de Guilherme, pois este cometeu o erro de dividir os seus bens entre os filhos. Foi um erro pago com setenta anos de incertezas, sob os reinados do rude Guilherme II o Ruivo (1087-1100), de Henrique Beauclerc (1100-1135) e de Estêvão de Blois (1135-1154). O único resultado deste período foi estender os domínios ingleses no Anjou dos Plantagenetas. A subida ao trono de uma personalidade notável, Henrique II Plantageneta (1154-1189), um Hércules ruivo, obeso e sensual, mas de uma inteligência invulgar, restabeleceu a situação, retomando e consolidando a obra do Conquistador. Eleonora da Aquitânia, repudiada por Luís VII da França, ofereceu os seus imensos domínios a Henrique, que se tornou senhor de um Estado firmemente coeso, da Escócia aos Pireneus. Se não fossem as graves dificuldades que experimentou com os seus filhos, e as não menos penosas com a Igreja e São Tomás Becket — e sobretudo com a aparição na França de Filipe Augusto —, talvez tivesse conseguido selar a sorte dos Capetos dois séculos antes da Guerra dos Cem Anos.

Mas depois deste grande soberano sobrevém o declínio; um herói sem prudência, Ricardo Coração de Leão (1189-1199), e um medíocre, João Sem-Terra (1199--1216), malbaratam as possibilidades da coroa. A nação inglesa insurge-se contra um déspota que é derrotado e perde os domínios da França; nobreza e clero unem-se para impor-lhe a *Magna Carta* (1215), e uma assembleia, que bem cedo se chamará Parlamento, associa ao governo os eleitos das classes altas. A partir desse momento, será inútil qualquer tentativa da coroa de recuperar uma autoridade sem controle. O devoto e frívolo Henrique III (1216-1272) procurará consegui-lo, mas não fará mais do que atrair sobre si o ódio do seu povo que, conduzido por Simão de Montfort, impõe ao rei as *Provisões de Oxford* (1258), um novo mecanismo de controle. Um grande rei, Eduardo I (1272-1307), compreende que é mais prudente aceitar o fato consumado e trabalhar de acordo com a nação — à qual permite votar os seus próprios impostos —, tendo em vista o interesse comum. Os direitos da coroa são restringidos, mas ela reúne em torno de si a realidade livre e viva da Inglaterra. Esta concepção enraíza-se tão profundamente na consciência do país que, quando o mesquinho Eduardo II (1307-1327) procura rejeitá-la, é ele o rejeitado, mediante um ato de força do Parlamento. A sua morte conclui a evolução de uma monarquia autoritária para um Estado "parlamentar", bastante adiantado em relação à época.

Esta sabedoria e este profundo senso do possível e do impossível, que caracterizam tão bem os reis mais destacados da França e da Inglaterra, ainda que de modos diferentes, faltaram por completo aos senhores desse complexo ítalo-alemão que se denomina *Sacro Império Romano-Germânico*. Ao invés de considerarem de frente os mais graves problemas que se lhes apresentavam na própria Alemanha — como a ameaça dos bárbaros nas suas fronteiras e a ameaça dos grandes senhores feudais propensos a arvorar-se em verdadeiros reizinhos —, esses homens preferiram sonhar... Sonhavam com a Itália e as suas riquezas faustosas; sonhavam com as façanhas do Império de Carlos Magno; sonhavam até com um domínio universal. As suas bases, porém, eram demasiado frágeis para se lançarem a desígnios tão audaciosos. Depois da morte de Henrique II o Santo, em 1024, a coroa imperial passou a ser eletiva, ou seja, os soberanos dependiam, no fundo, dos grandes senhores que, em princípio, lhes deviam obediência. A Itália, sacudida por mil paixões, onde o papado assumia de dia para dia mais peso, onde os normandos constituem um reino de aço, é mais um obstáculo do que uma ajuda, levando os imperadores germânicos a dispersar as suas forças. Todos vão esbarrar nas mesmas dificuldades e encontrar idênticas decepções.

O nó do problema, para eles, estará nas suas relações com o papado[13], e será no conflito com o sacerdócio que, em última análise, o Império esgotará as suas forças vivas. Um Henrique IV (1090-1106), um Frederico Barba-Roxa, um Henrique VI (1190-1197), um Frederico II (1218-1250) — todos homens de mérito e, pelo menos dois, talvez geniais — desperdiçarão dons e meios notáveis em tentativas demasiado ambiciosas. A Alemanha e a Itália passarão assim por alternâncias de ordem rígida e anarquia sangrenta, de que algumas grandes cidades comerciais saberão tirar proveito, mas que, no conjunto, lhes serão muito prejudiciais. Depois de Conrado (1254) e Conradino (1268), de trágico destino, com o qual se encerra a dinastia dos Hohenstaufen, e do *Grande Interregno* (1250-1273) que deixou o Império sem imperador durante vinte e três anos, será praticamente impossível às famílias devolverem a ordem e a paz ao seu país, e a hereditariedade à sua coroa; nem a casa de Habsburgo, da Áustria, com Rodolfo (1273-1291) e Alberto I (1298-1308), nem a casa de Luxemburgo, com Henrique VII (1308-1314), nem Luís IV da Baviera (1314-1347), conseguirão realmente impor-se. Nos meados do século XIV, o Sacro Império Romano-Germânico cairá numa tristeza e numa desagregação que perdurarão por muito tempo.

Havia uma Europa

Esses estados, que acabamos de ver evoluir de formas tão diferentes, não viveram isolados uns dos outros, sem que se produzissem entre eles contatos amigáveis ou violentos. Houve, como hoje em dia, guerras entre as nações, agravadas — também como hoje — pelas reações da política interna sobre a política internacional. Os séculos XII e XIII assistiram a uma "primeira Guerra dos Cem Anos" entre a França e a Inglaterra, quase tão rude como a dos séculos XIV e XV, pois os Capetos de Paris não podiam admitir que o rei inglês possuísse metade do solo francês. Se as relações entre a França e o império germânico foram melhores, houve, no entanto, momentos de violento antagonismo, como em 1214, quando Otão IV, aliado a João Sem-Terra e a senhores feudais franceses rebeldes, tentou derrubar o jovem monarca capetíngio Filipe Augusto, mas foi derrotado em Bouvines.

Exteriormente, a Europa dos séculos XII e XIII, não parece, portanto, muito diferente da nossa, e se os conflitos não atingiam as proporções cósmicas dos nossos, se tivermos em conta as dimensões do mundo de então, eram igualmente graves. Existe, contudo, uma diferença fundamental entre a vida internacional dessa época e a de hoje. Os antagonismos entre reis e príncipes não correspondiam ao dramático embate que faz dois povos arriscarem o seu destino. Se havia um relativo patriotismo, como se vê pelo ardor dos franceses em Bouvines, o nacionalismo ainda não conferia aos conflitos o seu caráter irredutível. Politicamente cindida, e às vezes dilacerada por duras guerras, vivia *uma* Europa.

Esta evidência domina todo o quadro político da época: para além dos conflitos, manifesta-se de muitos modos uma unidade. A Europa conheceu durante estes trezentos anos uma era de profunda harmonia, tal como não experimentara desde o fim da *pax romana* nem viria a experimentar até os nossos dias. O jogo brutal da política não impedia que os europeus sentissem — inconsciente mas fortemente, e sem terem de apelar para termos como "Europa unida" ou "Comunidade europeia" — que eram membros de uma única família e defendiam os mesmos valores de civilização.

São inúmeras as provas deste estado de espírito. Mesmo em plena guerra, os governantes dos países beligerantes nunca se lembraram de prender e de mandar para um campo de concentração quem abastecesse o inimigo. Cruzar uma fronteira não era de modo algum uma operação que envolvesse esse inútil desperdício de passaportes, vistos de entrada e outros papéis vexatórios que são privilégio do século XX. Os peregrinos podiam ir livremente a todos os países para rezar ao santo da sua devoção, e não só não deparavam com nenhum obstáculo administrativo como recebiam proteção dos poderes públicos das regiões que atravessavam. A passagem de massas enormes como as das cruzadas provocou muitos incidentes, mas unicamente porque determinados bandos de cruzados-saqueadores cometiam excessos lamentáveis. Nenhum governo teve a menor hesitação em reconhecer o direito à liberdade de locomoção. Nenhuma guerra impediu tampouco que os comerciantes enviassem as suas mercadorias às feiras internacionais, ou que os banqueiros da França e da Lombardia trocassem cartas de crédito. Só quando o rumo imprevisível das guerras não o permitia é que os conflitos prejudicavam os negócios, porque os governos não proibiam "o comércio com o inimigo".

Inúmeras vezes, os povos europeus davam-se as mãos para realizarem juntos uma ação comum. O exemplo mais surpreendente disso são as cruzadas, mas viu-se também os franceses e os ingleses ajudarem os espanhóis e os portugueses no seu esforço por reconquistar a Península Ibérica, os alemães unirem-se aos húngaros para penetrarem na selvagem Transilvânia, e os poloneses enviarem tropas em auxílio dos germanos. Mais ainda: muitas vezes pôde-se ver que, ao invés de chegarem às vias de fato, os príncipes ou as cidades pediam a arbitragem de uma alta personalidade moral, um santo, um papa, para resolverem os seus litígios.

Esta unidade da Europa era manifesta em todos os terrenos. Na Sé de São Pedro sucediam-se italianos, franceses e ingleses. As grandes ordens monásticas deslocavam os seus homens de país para país sem se preocuparem com as fronteiras. Um estatuto cisterciense chegava a estabelecer que não se devia ter em conta nenhum critério nacional na eleição dos superiores. Frequentemente, os bispos e os abades eram totalmente estranhos ao mosteiro ou à diocese que deviam governar. Assim, Santo Anselmo, que nasceu em Aosta, foi abade de Bec, na Normandia, e depois arcebispo da Cantuária; São Hugo, um saboiano, foi bispo de Lincoln, e João de Salisbury, que era inglês, exerceu o seu múnus episcopal em Chartres.

O mesmo internacionalismo existia também no domínio do pensamento e da cultura. Ninguém concebia que a um homem de grande competência fosse negado o direito de ensinar em determinado país simplesmente por ser estrangeiro. Paris tinha muitos estrangeiros professores: Sigério de Brabante era belga, Santo Alberto Magno renano, São Tomás de Aquino e São Boaventura italianos. E o que era verdade no caso dos mestres também o era no dos estudantes: em Paris, havia ingleses, alemães, escandinavos, portugueses e até bizantinos e levantinos. O uso exclusivo do latim como língua internacional permitia que esses auditórios heterogêneos compreendessem as lições dos mestres. O resultado foi que havia uma teologia, uma filosofia e uma literatura da Europa de que todos os países participavam, um tesouro a que todos tinham acesso. Toda a atividade do espírito estava orientada para um mesmo fim: tinha um sentido e uma ordem.

Acontecia o mesmo no campo das artes. Os mestres-de-obra eram apreciados bem longe dos seus países de origem — houve franceses que trabalharam na Hungria, na Espanha, na Inglaterra —, e as oficinas de canteiros deslocavam-se por todo o mundo católico, de modo que as obras eram influenciadas incessantemente por milhares de correntes sutis. O homem moderno, que julga candidamente que os intercâmbios intelectuais datam dos meios mecânicos de comunicação, dificilmente compreende esta animação fecunda e prodigiosa.

Cristandade

O sentido de tudo isso é claro: se a sociedade estava infinitamente menos dividida do que está hoje, se a Europa cristã tinha o sentimento de constituir uma unidade, era porque uma ordem superior se impunha a todos os homens que a formavam. Unidade de fato, unidade de princípios, tudo andava ao mesmo passo. A causa era única: a influência profunda da fé cristã, a ação determinante da Igreja.

O cristianismo colhia o benefício dos esforços seis vezes seculares que os seus membros tinham realizado. A Igreja, durante o grande período de crise, tinha dirigido tão bem os destinos do mundo que ninguém pensava em recusar a sua autoridade. Fizera que se reconhecessem os seus preceitos como os da própria civilização e os seus homens eram eficazes em toda a parte. Surgia realmente como a mentora das nações e era ela que dava aos homens o sentido do seu destino comum. Ensinando-lhes que eram todos filhos de Deus, resgatados todos pelo sangue de Cristo, fazia-os ver que estavam unidos entre si, para além de quaisquer interesses antagônicos. Incutia-lhes, pois, uma solidariedade, que o bom poeta Ruteboeuf definiu tão bem em três versos simples e profundos:

Todos são um corpo em Jesus Cristo,
segundo vos mostro por escrito:
cada um é membro do outro.

Dava-lhes também o próprio sentido da vida, do esforço humano. Cada um sabia que, no lugar onde Deus o colocara na terra, tinha uma tarefa definida a realizar, em vista de um fim perfeitamente delineado. Cada um podia, pois, situar-se dentro de hierarquias estritas, e, trabalhando ao longo da sua existência, tinha a certeza de colaborar numa grande obra que o ultrapassava. Para os homens desta época, o universo era um vasto conjunto, previsto e ordenado por um poder superior, em que nada, por conseguinte, podia ser absurdo ou inútil. Ora bem, para uma sociedade humana, é uma grande coisa saber para onde caminha.

São três séculos, portanto, em que a concepção agostiniana, tal como o gênio de Hipona a formulara, tentará concretizar-se em realidades. A "Cidade da Terra" encontra o seu sentido em função da "Cidade de Deus" que ela prepara. Como se vê no afresco de Santa Maria Novella, estão vinculadas uma à outra. Todos os batizados constituem desde já, na terra, uma entidade viva, fraternal, harmonizada pelos mesmos princípios, unida num mesmo esforço. Essa entidade recebe agora um nome: chama-se *cristandade*.

No sentido preciso em que convém tomá-lo, o termo apareceu — e o conjunto de nações que abrange começou a fixar-se — em fins do século IX, quando um velho papa com um quê de gênio, João VIII[14], em face de perigos extremos, apelou para o sentimento que os cristãos podiam ter de uma comunidade de interesses. A palavra fora utilizada até então no seu sentido abstrato, para designar a doutrina cristã ou o fato de se ser cristão. Sobrepondo-lhe o sentido concreto de comunidade humana e de sociedade temporal, João VIII orientava-a para um novo futuro.

O termo entra no uso corrente a partir do século XI. Fala-se agora da cristandade, das ameaças que pesam sobre ela, dos objetivos que ela se propõe; fala-se também, no mesmo sentido, de "povo cristão", de "comunidade cristã", de "fraternidade cristã". Cada um dos grandes pontífices que utiliza a palavra enriquece-a de novos matizes. Com Gregório VII, surge a ideia de que a palavra corresponde a um território determinado, onde vivem os batizados, e de que, onde quer que esteja plantada uma cruz, existe a cristandade. Urbano II, ao empreender a cruzada, propõe-se selar a sua unidade, orientando-a toda para um fim admirável. Alexandre III introduz nela uma noção jurídica, segundo a qual os interesses da cristandade exigem a harmonia entre os povos batizados. E por fim Inocêncio III leva a ideia da cristandade à sua plenitude, procurando fazer dela uma verdadeira "organização das nações unidas" cristã, uma internacional da Cruz, em que os princípios evangélicos teriam força de lei e em que toda a autoridade dependeria do Papa, do Vigário de Cristo na terra.

O que é então a cristandade no momento em que atinge o seu pleno desenvolvimento, isto é, no século XII? Dependendo da perspectiva com que se olhe (do céu ou da terra), podem-se dar duas definições, ambas solidárias. Em sentido lato, a cristandade é o conjunto de homens regenerados por Cristo, que aspiram ao seu reino; em sentido estrito, é a sociedade dos cristãos enquanto vivem na terra e buscam fins temporais, partindo, porém, da base de que esses fins devem ser ultrapassados e realizados em Deus. A cristandade é, portanto, um povo, a linhagem que nasceu de Cristo, que se nutre dEle e se dessedenta no seu sangue. É uma "nação", uma comunidade que não está necessariamente ligada a um quadro geográfico e na qual todos os membros se sentem em sua própria casa. É uma sociedade, *populus christianus*, em que todas as desigualdades sociais e profissionais devem conciliar-se. É, enfim, uma pátria, por cujos interesses cada membro deve estar disposto a sacrificar a vida. As ordens religiosas militares serão os exércitos internacionais da pátria cristã, e, como disse com tanta justeza Étienne Gilson, a Palestina será a "Alsácia-Lorena" da cristandade[15].

Identifica-se com um território bem delimitado? Em princípio, não: os batizados sabem muito bem que a mensagem de Cristo se dirige a todos e que, virtualmente, a cristandade é cósmica. Nem o Oriente, nem o Ocidente, nem a Europa podem apropriar-se dessa ideia. Mas, por causa da malícia dos homens, só uma parte da terra viu germinar a boa semente e por isso é essa parte — *hic et nunc* — que corresponde à área da cristandade e é ela que deverá ser reforçada e defendida[16]. Esta "terra de cristandade" é definida pelo batismo; onde houver batizados, ali haverá cristandade: as dissidências provocadas pelo cisma e pelas heresias não prevalecerão sobre este sentimento profundo. As afrontas que Bizâncio fará à Santa Sé não impedirão que os papas queiram socorrer os gregos ameaçados pelos turcos. Mais ainda: os mais distantes grupos de cristãos heréticos, perdidos no coração da Ásia, serão vistos como irmãos pelos filhos da cristandade, e São Luís enviará embaixadores aos cristãos mongóis nestorianos.

É, pois, a ideia da cristandade que impõe aos batizados o sentido da sua profunda unidade. O sonho da unidade não deixara de povoar as consciências desde o fim do Império Romano. Carlos Magno e depois os Otões tinham-se apoiado nele para levarem a cabo os seus grandes desígnios. Mas a partir do século XI a perspectiva muda. O Sacro Império Romano-Germânico já não pode continuar a servir de marco para esta grande esperança; já não exerce a sua autoridade sobre regiões muito importantes do mundo cristão e, além disso, já não é possível alimentar a ilusão de que o Ocidente e o Oriente são duas partes de um mesmo todo. Uma vez que o Império já não realiza a unidade, é a cristandade que o fará: a concepção de um mundo submetido à autoridade central do imperador é substituída pela da comunidade dos povos cristãos.

E quem regerá essa comunidade? A Igreja. No entanto, a *Igreja não é a cristandade*. Enquanto a palavra "Igreja" designa a Igreja docente, a *Magistra*, não se identifica com a cristandade, porquanto a cristandade é guiada, instruída e governada pela Igreja. Enquanto designa o conjunto dos batizados, também não se confunde com a cristandade, porque os anseios dos homens enquanto batizados não são os mesmos que eles têm como indivíduos que vivem no plano temporal. A Igreja e a cristandade são duas sociedades de cristãos, intimamente unidas, das quais uma tem por fim conduzir os seus membros para a vida eterna e a outra quer somente ajudá-los a cumprir o seu destino humano. Como membro da Igreja, o cristão submete-se à autoridade dos sacerdotes; como membro da cristandade, submete-se à jurisdição dos chefes temporais.

A distinção é clara e unanimemente aceita. Quando, por exemplo, se fala "do povo cristão, dos reis e do clero", o que se faz é pôr de manifesto esta distinção. Mas não será possível confundir os termos? E, para alguns, não estará aí uma verdadeira tentação? Se a cristandade não é a Igreja, quem é que, no entanto, lhe dá os princípios? A Igreja. Suprimir a Igreja é tornar a cristandade inconcebível. E se o fim último da sociedade terrena é sobrenatural, poderá ela ser independente da autoridade que guarda o depósito desse tesouro sobrenatural? "A cristandade não é a Igreja enquanto hierarquia, mas é constituída intrinsecamente pela Igreja"[17]. E é aqui que se encontra a origem de todas as dificuldades que esta época virá a sofrer.

A tentação será confundir a cristandade com a Igreja. Ao invés de deixar que cada uma atue na sua ordem, tender-se-á a associá-las. Para que os princípios de Cristo sejam mais bem compreendidos e seguidos, para que a ordem cristã seja aceita pelos homens, os chefes da Igreja serão frequentemente levados a sair do plano espiritual para agir no temporal. A distinção fundamental entre a cidade de Deus e a cidade da terra será mais ou menos esquecida; acreditar-se-á ou fingir-se-á acreditar, e em qualquer caso nutrir-se-á a esperança de que uma ordem temporal controlada pela Igreja venha a ser uma projeção na terra da ordem perfeita do céu. É o que Maritain denominou a "utopia teocrática".

Utopia? Talvez. É verdade que este belo sonho nunca foi atingido e que o despertar foi cruel. O reino de Deus não é deste mundo e a ferida do pecado vicia as obras terrenas. Mas não é menos verdade que a ideia de uma cristandade que possuísse o céu partindo desta terra levou gerações inteiras à exaltação e à superação de si mesmas, fez que os cristãos vivessem mais profundamente o cristianismo e suscitou obras grandiosas. Pode-se falar de sonho quando esse sonho atinge semelhantes resultados? E as grandes obras humanas não são, em última análise, utopias realizadas pela vontade, pelo sacrifício e pela fé?

Notas

[1] Foi meditando diante deste mesmo afresco de Santa Maria Novella que Ernest Lavisse, o grande historiador, decididamente agnóstico, pelo menos ao que se sabe, confessou o seu desgosto pela inexistência nos nossos dias "de uma instituição fundada sobre a fé na unidade fraterna do gênero humano sob a paternidade de Deus". Prefácio à tradução do livro de Bryce, *Le Saint Empire Romain Germanique*, Paris, 1890.

[2] Também do ponto de vista material a fecundidade desta época foi imensa, embora se trate de uma realidade geralmente muito pouco conhecida. Basta aludir aqui à instalação das lareiras domésticas, que substituem o fogareiro situado no meio da sala; à descoberta da vidraça e à do relógio de corda, que aparece no século XIII, bem como à da bússola, descrita em 1269 por Pérignon de Maricourt. Algumas invenções, como a da coleira rígida para a atrelagem de animais de tiro, a da ferradura e a do leme de cadaste tiveram repercussões sociais consideráveis (cf. cap. VII, par. *O respeito pela pessoa e a libertação dos servos*).

A história das missões nos fará ver igualmente todo o conhecimento a respeito do mundo proporcionado pelos homens do século XII ao XIV, como por exemplo Marco Polo (cf. cap. XII, par. *Viagens e aventuras dos missionários na Ásia*).

[3] Cf. cap. IX, par. *A arte gótica*.

[4] Joseph Calmette, *Trilogie de l'histoire de France*, Paris, 1948.

[5] Cf. *A Igreja dos tempos bárbaros*, cap. X, par. *Ao fim de dez séculos de esforços*.

[6] Para a história da conversão dos eslavos e outros povos, cf. *A Igreja dos tempos bárbaros*, cap. X, par. *Novas conquistas para a Cruz*.

[7] Cf. mais adiante, cap. XII, par. *Reconquista*.

[8] Cf. cap. XII, par. *Viagens e aventuras dos missionários na Ásia*.

[9] Cf. cap. XI, par. *O terror mongol*.

[10] Cf. *A Igreja dos tempos bárbaros*, cap. X, pars. *Cluny e a reforma monástica* e *O espírito da reforma conquista a Igreja*.

[11] Isto é, meu ofício, minha tarefa.

[12] Isto é, aqueles que se ocupam da vida material. A palavra "carne" designava até o século XVII qualquer tipo de alimento.

[13] Esta questão será analisada detidamente no cap. V.

[14] Cf. *A Igreja dos tempos bárbaros*, cap. VIII, par. *Os supremos esforços de um velho papa*.

[15] A Alsácia-Lorena foi, nos últimos séculos, um dos principais territórios disputados entre França e Alemanha (N. do T.).

[16] Encontra-se uma ideia similar na concepção que os comunistas sustentaram a propósito do papel da URSS. Também para eles a revolução marxista era internacional e devia acabar por englobar a terra inteira, mas, uma vez que só a URSS, *hic et nunc*, era a sua plena realização, devia ser ela o lugar de eleição e o modelo do marxismo realizado.

[17] Jean Rupp.

II. A FÉ QUE TUDO SUSTENTA

Com o seu sangue tingidos

Estaria condenado a não compreender nada dos homens nem dos acontecimentos da Idade Média quem perdesse de vista, por um instante sequer, que tudo e todos só existem em função da fé cristã. Ela é a pedra angular do edifício. A religião impõe-se aos espíritos como um absoluto que ninguém discute. Não se vê o menor traço de indiferentismo e menos ainda de ateísmo. Do mais humilde ao mais importante, é uma sociedade inteira que *crê*. Poderão os homens do nosso século compreender o que significa e que consequências acarreta, em todos os terrenos, essa submissão a um imperativo sobrenatural?

A Igreja soubera inculcar essa fé nos espíritos durante os tempos bárbaros, e dela fizera, para o homem em luta com as trevas sangrentas, a única luz salvadora, o único guia da vida moral, o único meio de civilização. Mas — é preciso confessá-lo — era ainda uma fé mal ordenada, mal depurada, mal desbastada, cheia de superstições e de selvageria, em que o melhor e o pior caminhavam lado a lado[1]. É óbvio que a passagem de uma época para a outra não modificou instantaneamente essas condições: a fé da Idade Média, a fé de um São Bernardo, de um São Francisco de Assis, de um São Luís, não saiu totalmente armada do caos do ano mil, como Atenas da cabeça de Zeus. Durante muito tempo, conservou muitas características de rusticidade e de violência que a Igreja combateu obstinadamente. Muito longe de ser estática, congelada no seu êxito, representou esforço, evolução e luta de um extremo ao outro de três séculos, e por isso se tornou tão intensamente viva.

Um quadro geral da fé medieval deveria, portanto, apresentar divisões cronológicas muito nítidas. No limiar do século XI, é ainda muito pouco desinteressada, nem sempre exemplar, de acordo com um tempo em que a sociedade não possui segurança nem estruturas. Mas esta situação altera-se rapidamente: à medida que o sistema feudal endurece e as monarquias nascem, a Igreja purifica-se e a sua ação sobre as almas cresce; testemunham-no a obra de Cluny, a reforma gregoriana e o lançamento da cruzada. No século XII, numa sociedade já organizada, a Igreja entra numa fase de irradiação; o dinamismo das novas ordens religiosas, o fim da Questão das Investiduras, as teorias teocráticas, o domínio do saber, a construção das catedrais são provas do seu êxito. A fé progride tanto em intensidade como em qualidade. São Bernardo resume esta época e Inocêncio III põe-lhe o remate. Mas não demoram a aparecer fissuras nesta bela harmonia espiritual e a sociedade começa a manifestar sintomas inquietantes. O desenvolvimento dos Estados nacionais, o fracasso das cruzadas, a fermentação intelectual e as correntes heréticas são sinais de uma nova situação. A Igreja contra-ataca com as ordens mendicantes, com a *Suma* de São Tomás e com a Inquisição, mas tem de abandonar algumas partes dos vastos domínios em que reinara. Ainda controla a vida privada e a arte, mas já não a política nem a civilização material. E a fé dos seus filhos sofre o embate de uma ação obscura e dolorosa que prepara a crise do século XIV.

Houve, portanto, durante três séculos, uma evolução evidente. Mas não houve momento algum em que não se tivesse atingido a unanimidade da fé, que, na verdade, nunca foi questionada e é o traço psicológico decisivo em todas as manifestações da atividade humana neste período. Nada se fará na terra sem que, direta ou indiretamente, Deus seja o fim, o meio, a testemunha ou o juiz. Toda a civilização medieval será sagrada.

Os testemunhos desta fé unânime são inúmeros e surgirão em todas as páginas deste livro. Testemunhos de santos, de heróis cristãos, de homens e mulheres para quem o amor de Cristo é a única realidade que confere sentido à vida e exige até que esta lhe seja sacrificada. Mas há também o testemunho daqueles cuja conduta é um insulto ao sangue de Cristo e que, no entanto, O confessam, como o do soldado violento, divorciado e casado pela segunda vez que, de espada em punho, se aproxima de um bispo e lhe grita: "Absolve-me ou eu te mato!" Mas, quando o bispo simplesmente lhe estende o pescoço e diz: "Fere!", o soldado tem estas palavras extraordinárias: "Não, não te amo a ponto de mandar-te diretamente para o Paraíso!" Esse homem furioso, esse pecador, era afinal um homem de fé.

Este exemplo responde ao argumento clássico: se a fé cristã era tão unânime, tão fervorosa, por que os costumes estavam tantas vezes em desacordo com ela? Porque nada seria mais absurdo do que ver na Idade Média uma época paradisíaca de inocência e de doçura universais; mesmo batizados, os homens continuam a ser homens. No entanto, quando se comportam mal, sabem que cometem uma falta e referem-se incessantemente a princípios superiores. É este respeito pelas verdadeiras hierarquias que funda a ordem do mundo. Com os seus grandes pecados, com a sua credulidade mais ou menos supersticiosa, com a sua doutrina de salvação um pouco barateada, o homem da Idade Média está, apesar de tudo, no caminho real do cristianismo, porque é humilde diante de Deus e possui uma confiança absoluta na redenção. Ninguém neste tempo poderia ter imaginado a maior heresia do mundo moderno, que não é combater a Deus, negar a sua sabedoria e o seu poder, mas preteri-lo, pensar e viver como se Ele não existisse. Deus, nesta época, não está morto: está intensamente vivo!

A fé, portanto, faz parte da substância deste tempo. É ela que ilumina a civilização com a suave luz da esperança cristã. É ela que está unida à admirável vitalidade cujas provas acabamos de ver, ao desenvolvimento demográfico da época, ao seu poder criador. É porque acredita em Deus e na Providência que o homem ousa, empreende e arrisca. A sociedade medieval não tem nada de triste ou de inquieto; pelo contrário, transmite uma impressão de alegria e de audácia criadora. Um poeta deste tempo, Eustache Deschamps, indica o motivo ao pôr como refrão de uma balada este belo verso: *Julgo que Deus tudo faz para o melhor*. Tranquila e sublime confiança! Sem ela, a catedral e a cruzada seriam inexplicáveis e nem sequer existiriam.

Eis o tempo em que Deus nos vem buscar,
de braços estendidos, com o seu sangue tingidos!

Estes dois versos de Ruteboeuf, contemporâneo de São Luís, não se aplicam somente às cruzadas, mas a toda a sociedade medieval, que reconhece que Deus a "vem buscar" em todas as coisas, que Jesus Cristo é o único Senhor dos acontecimentos e do mundo, e que cada homem, por mais miserável que seja, está "com o seu sangue tingido".

O sobrenatural e os seus limites

A presença indiscutível da fé nas consciências acarreta uma atitude perante o conhecimento e os seus métodos que é preciso compreender bem para apreciar com exatidão o que poderia dar a impressão de se tratar de desoladoras aberrações. O homem do século XX, mesmo que tenha fé, respira uma atmosfera intelectual de componentes científicos; está imbuído da ideia de que existem leis naturais que regem o universo e pensa em função do princípio da causalidade. O homem da Idade Média apoia-se em outras bases. Como Deus existe e é todo-poderoso, os acontecimentos da terra só obedecem à lógica humana na medida em que Ele o permite, em que Ele não intervém para lhes mudar o curso. E como não há dúvida de que a explicação final da vida se encontra para além desta vida, e portanto é uma explicação sobrenatural que tem as suas raízes no mistério, por que admirar-nos com a presença do misterioso em toda a parte, com a irrupção do sobrenatural em tudo? Eis umas perspectivas diferentes das nossas[2]. "Todo o visível baseia-se no invisível, e tudo o que pode ser conhecido, no incognoscível". Este verso de um poeta exprime em profundidade o pensamento do homem medieval e explica o que ele pode ter de desconcertante para nós, em especial a sua famosa "credulidade". Muito antes de que Baudelaire no-lo aconselhasse, o nosso antepassado do século XII ou do século XIII já considerava a terra e os seus espetáculos como uma *correspondência do céu*.

Escolhamos um exemplo: o comportamento do cristão medieval perante o *milagre*. Hoje, quando se aponta um milagre, a primeira reação do espírito é desconfiar, submeter a uma crítica rigorosa as informações recebidas. Na Idade Média, não era assim. Isto não significa que a Igreja não verificasse a veracidade das testemunhas e a exatidão do que acontecera. Temos conhecimento de muitas investigações de milagres levadas a cabo por ordem das autoridades religiosas. Não significa também que os melhores teólogos não avaliassem o perigo de as massas basearem a sua fé em milagres: São Tomás considerava os milagres mais como *sinais de fé* do que como *provas de fé*. Não é menos verdade, porém, que a reação mais universal era admitir o prodígio, alegrar-se com ele e encará-lo como uma prova convincente de que Deus governa o mundo.

Numa tal atmosfera, como era possível surpreender-se de que abundassem os milagres? As manifestações do Senhor, da Virgem Maria e dos santos são de uma frequência admirável. Existe uma relação evidente entre os traços dominantes da fé nesta época e os milagres que se produzem. Veremos, por exemplo, que uma das características da piedade medieval é a devoção à humanidade de Cristo, que traz como corolário a veneração da hóstia, na qual o dogma reconhece a presença real de Deus encarnado. Ora bem, é precisamente neste período que surgem muitos milagres eucarísticos deveras impressionantes. Em 1229, por exemplo, em Santo Ambrósio de Florença, uma gota de vinho consagrado, que permanecera no fundo do cálice, passa a flutuar na superfície da água das abluções, transformada em sangue. Em Bolsena, no ano de 1264, um padre que celebra a Missa perturbado por dúvidas quanto à presença real, vê subitamente escorrer sangue da hóstia que acaba de partir, embebendo o corporal e chegando a espalhar-se sobre o altar[3]. Quando reconhecidos pela Igreja, esses milagres são indiscutíveis; mas devemos admitir todos os que a crônica, a epopeia e até a hagiografia nos relatam?

A crença no sobrenatural é, certamente, um dos elementos admiráveis da mentalidade medieval. Ela exaltou o homem, deu-lhe a certeza — criadora de grandes coisas — de que ele podia ultrapassar-se, mergulhou-o numa atmosfera de poesia e assombro de que a arte se beneficiou muito. Essa crença, porém, tem os seus limites, bastante difíceis de precisar. Como distinguir o sobrenatural autêntico do maravilhoso imaginário? As multidões de todos os tempos nunca são muito ricas em espírito crítico, e as da Idade Média menos ainda.

Daí a confiança depositada em tradições de origem frequentemente suspeita e em muitas das quais a Igreja não reconhece nenhuma solidez. Mas por que são elas apreciadas? Porque acrescentam ao sobrenatural discreto do Evangelho certos elementos maravilhosos que afagam a imaginação. Por exemplo, como a Sagrada Escritura não diz quase nada acerca da infância de Jesus, referir-se-ão com gosto os "milagres" que o Senhor teria feito aos oito ou nove anos de idade, dando vida a passarinhos de barro modelados por suas mãos ou transformando num jumento o colega que o importunava. O livro dos *Atos dos Apóstolos* não nos fala da velhice de Nossa Senhora, e por isso contar-se-á que um anjo veio avisá-la do seu fim e que, milagrosamente advertidos, todos os apóstolos se reuniram à cabeceira do seu leito. Este amor pelo maravilhoso vai tão longe que acaba por inventar episódios deploráveis, como o da escabrosa intervenção de uma parteira no nascimento de Jesus.

De onde provêm estes elementos acrescentados à Escritura? Na sua maior parte, dos *apócrifos*. São textos estranhos, elaborados entre os séculos primeiro e quinto, sabiamente postos de parte pela Igreja[4], mas que, transmitidos de geração em geração e veiculados pelos peregrinos e cruzados, acabaram por incorporar-se aos fatos tidos por verdadeiros. Émile Mâle mostrou o lugar que ocupam na arte das nossas catedrais: são apócrifos o burro e o boi na mangedoura, as coroas reais dos magos, os milagres que envolvem a fuga do Menino para o Egito. No entanto, nem tudo nesses textos é falso, e a prova é que a Igreja acolheu alguns dos episódios que relatam, como a história de São Joaquim e Santa Ana, a descida de Cristo aos infernos e a Assunção de Nossa Senhora. Mas a Idade Média não distinguiu entre o que é aceitável e o que não é.

É óbvio que se encontra a mesma mistura de verdade e lenda quando se trata da vida dos santos. Não há dúvida de que eles fizeram autênticos milagres, mas já não é tão certo que o maravilhoso lhes transbordasse por todos os poros, como se pensava. Quando, por volta de 1270, o bom dominicano Giacobo de Voragine, arcebispo de Gênova, utiliza os seus tempos livres para compilar os capítulos da *Legenda áurea*, vê-se que não se preocupa de analisar as suas fontes com espírito crítico. Aliás, há muitas razões para atribuir generosamente aos santos eventos maravilhosos. Como cada santo está mais ou menos domiciliado no lugar onde viveu e onde se encontram as suas relíquias, os habitantes desse lugar de culto têm grande interesse em garantir que o seu santo fez milagres em vida e continua a fazê-los depois da morte. Algumas hagiografias não conseguem dissimular as industriosas intenções dos seus autores...

É nesta época que se instalam definitivamente em muitas dioceses as tradições — mais veneráveis do que indiscutíveis — segundo as quais estes ou aqueles bispos fundadores teriam sido personagens do Evangelho. São tradições de que ninguém duvidava. Assim, Limoges tem por certo que o seu padroeiro, São Marcial, foi o menino que Jesus abraçou; Toulouse sustenta que o seu amado São Sernin foi quem segurou as vestes de Jesus enquanto era batizado por João; Rocamadour, lugar de peregrinação muito conhecido, verá no seu fundador, Santo Amador, o bom publicano Zaqueu. O sucesso mais extraordinário de uma dessas tradições é Compostela, que aparentemente tem por origem um episódio quase inacreditável da biografia do Apóstolo Tiago. Dizemos "aparentemente" porque veremos depois que pode ter havido razões mais realistas que expliquem a grande afluência de peregrinos a esse lugar.

Senso autêntico do sobrenatural, credulidade popular, gosto pelo maravilhoso, interesses excessivamente materiais — tudo se mistura em mil formas na religião medieval. Em nenhum caso esta mistura é mais clara do que no do *culto das relíquias*. Inicialmente, nada mais legítimo e bom em si mesmo do que venerar as recordações tangíveis daqueles que serviram muito a Deus. Que o cavaleiro guarde uma relíquia no punho da sua espada, que o viajante faça o mesmo num pequeno saco que traz ao pescoço, que as multidões montem um verdadeiro cerco em torno dos relicários — tudo isso está bem. Mas é preciso que tais práticas não se convertam em idolatria e que o interesse pelas relíquias não degenere em esquecimento das grandes lições dadas pelos santos. Ora, esta é, incontestavelmente, a tendência popular: possuir uma relíquia é ter à disposição um instrumento sobrenatural, um meio poderoso de ação.

Desde a sua origem, no século III, a devoção às relíquias deslizara para o fetichismo, e mais ainda durante os tempos bárbaros. Surgiram nessa época muitas histórias, às vezes trágicas, às vezes divertidas, envolvendo relíquias fabricadas, roubadas ou transportadas de um lugar para outro[5]. E o período seguinte não fica atrás. Possuir muitas relíquias é para uma igreja ou um mosteiro um modo infalível de atrair as multidões, e por isso todos os meios são válidos para obtê-las. Há verdadeiros centros de comércio — dos quais o principal é Constantinopla — bastante concorridos. Para satisfazerem mais clientes, os orientais não hesitam em retalhar os corpos dos santos. Se o comércio honesto não permite adquirir as relíquias que se querem, lança-se mão de outros meios. É o caso dos monges de Conques: desolados por não terem conseguido os ossos de São Vicente de Saragoça, pedem a um deles que vá a Agen com a incumbência de introduzir-se entre os guardas do relicário de Sainte-Foy, arrombá-lo e trazer o corpo. O monge encarregado dessa estranha missão tardou dez anos em cumpri-la, mas por fim conseguiu ter êxito! Fala-se ainda da corrida que travaram os marinheiros de Bari e os de Veneza para chegarem primeiro ao porto de Mira, na Ásia, a fim de se apoderarem do corpo de São Nicolau.

Estas relíquias tão desejadas são de todos os tipos, mas, como é natural, as de Cristo são as mais apreciadas. Por isso, a Vera Cruz, trazida de Constantinopla quando a invasão árabe atingiu a Palestina, foi fragmentada ao longo dos séculos, e os seus pedaços distribuídos pelos santuários, mosteiros e príncipes estrangeiros, encerrados em pequenos relicários ricamente ornados — as *estaurotecas*. O imperador latino Balduíno I, que andava precisado de dinheiro, vendeu a São Luís a coroa de espinhos, para a qual se construiu esse maravilhoso relicário de vitral que é a Sainte-Chapelle[6]. E, à falta de objetos tocados pelo Senhor, as pessoas contentam-se com os que pertenceram a Nossa Senhora, aos apóstolos, aos santos...

Quem garante a autenticidade dessas relíquias? Para não faltarmos à verdade, temos de reconhecer que muito poucos se preocupavam com isso: essa foi a razão pela qual proliferou o charlatanismo das relíquias. Sabe-se, através de textos, que foram propostos à veneração dos fiéis um relicário contendo pão mastigado por Jesus, a esponja que lhe foi levada aos lábios na Cruz, os cestos da multiplicação dos pães, os panos com que foi envolvido no presépio, as gotas do suor que verteu no horto de Getsêmani (venerados em Vienne), e até um dos seus dentes, o que, apesar de tudo, chegou a parecer um pouco estranho, pois — como observavam uns tristes céticos — ao subir para o céu, o Senhor devia ter ido com o corpo inteiro... É preciso notar que a Igreja reagiu muitas vezes contra semelhantes loucuras, denunciou os inescrupulosos fabricantes de relíquias — os *perdoadores*, dizia-se então — e, no Concílio de Latrão de 1215, proibiu a veneração de um objeto sem permissão expressa das autoridades.

Mas não são apenas Deus, a Virgem e os santos que atuam entre os homens. É de fé que existem seres invisíveis, superiores à natureza humana, que intervêm na terra, e a Bíblia fala deles frequentemente. Que alegria encontrar um tema em que o sobrenatural e o maravilhoso se unem tão belamente! Também os *anjos* ocupam um lugar importante nas tradições populares. Acredita-se na sua existência — nem é preciso dizê-lo —, e certamente com uma convicção mais íntima e mais fervorosa do que a da maioria dos cristãos de hoje. Não há livros cujas miniaturas ou catedral cujas esculturas e vitrais não retratem essas admiráveis figuras aladas, como o notável anjo que sorri na fachada de Reims, ou os que em Chartres, no tímpano esquerdo do pórtico real, voam tão graciosamente para acompanhar Cristo na sua Ascensão. Os anjos cumprem missões recebidas do Senhor, protegem o homem nos momentos de perigo, ajudam o moribundo a transpor as terríveis portas, um deles pesa o bem e o mal, e precisa-se pelo menos de uma coorte para conduzir todos os eleitos ao Paraíso. Felizmente, os anjos bons estão aí, sempre prontos a travar a batalha sob o comando de São Miguel, pois cada um deles sabe que Satanás e o seu bando de maus espíritos, sempre ameaçadores, "rondam como um leão que ruge, buscando a quem devorar".

O *medo do demônio* é um dos traços da mentalidade medieval, característica também da sua aceitação do sobrenatural e do seu gosto pelo maravilhoso. Se a crença no inferno faz parte do dogma católico, é normal que uma sociedade cristã a possua; mas não se observa neste ponto algum exagero? A fé medieval, como teremos ocasião de referir, compreende bem a noção de pecado e valoriza a virtude da penitência: a crença no inferno é uma consequência disso. Aqui também Émile Mâle mostrou de um modo magistral a importância do demônio na psicologia desta época. Basta ler o *De miraculis*, de Pedro o Venerável, para avaliar tudo o que a imaginação era capaz de contar sobre os estragos do Maligno. É o diabo que vem atormentar as almas fiéis, atacando de preferência as mais virtuosas. É ele que, sob aparências ora temíveis, ora perturbadoras, devasta os mosteiros. É ele que, como *íncubo*, violenta as virgens e gera em seu seio filhos malditos, ou, como *súcubo*, arrasta para a tentação homens consagrados ao Senhor. Pode-se duvidar de tudo isto, se Santo Agostinho o afirma no livro XV da *Cidade de Deus*? Por isso o demônio é representado com muita frequência: fazendo caretas nos capitéis das igrejas, participando com as suas terríveis coortes do Juízo Final dos dintéis, surgindo nos afrescos e nas miniaturas, bem como nas peças teatrais. Está em toda a parte!

Por outro lado, Satanás nem sempre tem uma aparência tão sinistra, mas apresenta-se muitas vezes sob a máscara de uma carinha mimosa... A mulher aparece-lhe associada frequentemente: recordação do pecado de Eva! Em Vézelay, e também em Autun, vê-se a tentadora passear sem véus, deixando apenas flutuar uma flâmula, sob o olhar fascinado de um rapaz. Por trás, encontra-se o diabo em atitude zombeteira[7]. Felizmente, a Virgem Maria, que é toda pureza, protege os seus fiéis, uma *Ave* garante-nos contra os perigos de Eva e, se a mulher é um *espinho* na nossa vida, a *Rosa* do céu nos consola!

Subjacente a esta demonologia cotidiana, porém, não faltava uma boa dose de ironia, e os fiéis da Idade Média deviam rir desses monstros familiares. Se o século XII representou os demônios de modo terrífico, o século XIII encarou-os sobretudo como seres grotescos. Mas também não é menos certo que, nos espíritos crédulos, semelhante obsessão pelo Maligno provocou verdadeiras psicoses, misturando-se com esse fundo antigo e ainda não trabalhado pela fé que se chama *superstição*.

Porque, durante toda esta grande época, em que o homem atinge um dos seus momentos mais altos, a superstição, lepra espiritual dos tempos bárbaros, continua a ser uma ameaça. As suas origens são múltiplas: primitivismo proveniente de antepassados muito distantes, heranças da mitologia romana, resíduos do druidismo, contribuições germânicas e até árabes. Nos começos do século XI, Burchard de Worms redige um tratado contra os que ainda veneram fontes e árvores sagradas, consultam magos e lançam sortes. O seu livro continuará a ser lido durante vários séculos. Nos séculos XII e XIII, ainda existem pessoas que consagram a quinta-feira a Júpiter, que festejam o 1º de janeiro à moda pagã, que acreditam nas Parcas e lhes preparam banquetes. Quando a ventania faz balançar os alpendres e os tetos de colmo, diz-se que é a

Mesnie Hellequin que passa, isto é, a fantástica cavalaria das Valquírias germânicas. As lendas bretãs da morte não guardam também a lembrança dessas antigas angústias?

A superstição, forma degradada da fé no sobrenatural, pode trazer consequências penosas, especialmente quando leva a tomar por verdadeira a *bruxaria* e a espalhar o medo. Neste ponto, a crença nos demônios liga-se às mais antigas tradições de magia, que a Igreja nunca conseguiu desarraigar. E o que é mais estranho: parece que estas práticas e a convicção de que são eficazes, ao invés de diminuírem entre os séculos XI e XIV, cresceram em importância. A bruxa, a mulher maléfica, a envenenadora e a nigromante veem aumentar o seu campo de ação. Assegura-se que é possível utilizar as forças infernais contra um inimigo, fabricando uma estatueta de cera com a sua imagem e atravessando-a com um punhal — é a feitiçaria. Conta-se que os homens podem transformar-se em animais e correr pelos campos para cometer inúmeros crimes — são os licantropos ou lobisomens. Sustenta-se que as mulheres possessas voam de noite para irem participar do *sabbath* de Satanás.

A Igreja levanta-se energicamente contra semelhantes loucuras. Gregório VII censurará o rei da Dinamarca Haakon por ter mandado queimar mulheres acusadas de bruxaria. Um beneditino de Weihenstephan indigna-se com a execução de três outras infelizes, condenadas pelo mesmo motivo, e diz com razão que elas foram "mártires da loucura do povo". João de Salisbury, bispo de Chartres nos fins do século XII, escreve, com um certo toque de humor, que a única maneira de combater as bruxas é não falar delas. Por volta de 1280, a pedido do bispo de Valência, na Espanha, Arnaldo de Villeneuve chega a redigir um tratado contra essas aberrações. Mas elas nunca desaparecerão, porque são o lado sombrio dessa inclinação pelo maravilhoso que um povo infantil traz consigo.

Os guias: santos e mártires

Limitar-se a verificar que existem formas inferiores da religiosidade neste período seria dar uma ideia singularmente falsa do clima espiritual da Idade Média. Seria também cometer uma traição insistir — como fazem muitos historiadores "laicos" — nas superstições e nos processos contra a feitiçaria, negligenciando a contrapartida luminosa dessas sombras. O fato de ter havido no cristianismo desta época aspectos penosos não anula o testemunho admirável de milhares de figuras sublimes a favor de uma fé que nada tinha de fácil credulidade. Os verdadeiros guias desta sociedade são os místicos e os santos.

Santidade da Idade Média! Seria inútil pretender traçar o seu quadro, e irrisório elaborar uma relação dos nomes mais destacados. Ela germina por toda a terra cristã e desabrocha em flores infindáveis. Surgem santos em todos os países, classes e condições: padres e monges, bispos e papas, e também simples leigos, reis, príncipes, artesãos, camponeses. Há intelectuais e soldados, contemplativos e homens de ação. Para chegar a Deus, há os que fogem do mundo, encerrando-se num convento, isolando-se na solidão absoluta de um eremitério ou na prisão voluntária dos reclusos[8], renunciando a qualquer eficácia imediata para trabalharem melhor pela salvação dos homens através do poder das suas orações e a reversão de seus méritos. Mas existem também os que acolhem de braços abertos a massa humana, lutam corpo a corpo com o mal e a incredulidade, pregam a palavra de Deus por toda a parte, ou simplesmente oferecem o seu sangue nas batalhas. E o mais admirável é que estas duas maneiras de buscar a Deus se complementam com frequência num mesmo homem, numa síntese eficaz entre ação e contemplação. Para aqueles que veem em todo o místico um ser anormal, um sonhador maníaco, um "esquizofrênico", e em todo o contemplativo um desertor da vida, o exemplo de inumeráveis santos da Idade Média é uma resposta peremptória. Basta pensar num São Bernardo, num São Domingos, num São Luís! É possível imaginar personalidades mais equilibradas, almas magnânimas mais bem alojadas em corpos tão cheios de energia? "Os grandes místicos, diz Bergson, foram geralmente homens e mulheres de ação, dotados de um bom senso superior".

Santidade da Idade Média! É suficiente evocá-la aqui em esboço, deixando que as páginas seguintes a ilustrem com muitas figuras. A única força determinante que se distingue na raiz desses esforços e desse heroísmo é o amor de Deus. A Idade Média é essencialmente um tempo *místico*, se entendermos esta palavra no seu verdadeiro sentido, e não segundo as interpretações que hoje a rebaixam ao plano sensível e passional. A *mística*, que é propriamente o ato de amor que faz tocar e sentir a Deus, ocupa um lugar decisivo nesta época, a tal ponto que falsearíamos o quadro se a negligenciássemos.

Com que profundidade e sabedoria os fiéis deste tempo conceberam e definiram essa atividade mística! Compreenderam e testemunharam que esse esforço humano que coroa todos os outros não depende apenas do homem, mas é uma graça e tem como causa primeira o próprio Deus, que manifesta de um modo muito espiritual a sua presença e perfeições, chamando a alma a Si. Observaram também que, se o exercício moral do autodomínio é indispensável a quem queira elevar-se, não é o essencial, pois a mortificação situa-se num grau inferior e quase elementar da vida espiritual: pessoalmente ascetas exemplares, os místicos da Idade Média sabem ver na ascese um meio e não um fim. Melhor ainda, numa sociedade em que o sobrenatural se confunde tão facilmente com formas inferiores e não raciocinadas da afetividade, ou com a procura equívoca do mistério, há muitos textos claramente reveladores de que a atividade mística não é um prolongamento da sentimentalidade, uma espécie de efusão, e que indicam que o seu fim só se atinge para além do sensível, nesse "silêncio total", nessa "absoluta tranquilidade" de que fala João de Fécamp. Não há dúvida de que se produziam manifestações místicas espetaculares[9], mas as grandes personalidades, como um São Bernardo e um São Francisco, mostravam-se extremamente discretos quando as experimentavam.

A respeito dos métodos e graus a seguir nas vias de ascensão para Deus, os místicos medievais chegaram a precisões que a posteridade não fez mais do que confirmar. "Existem quatro coisas por meio das quais a vida dos justos se exercita e se eleva, como que por degraus, até à perfeição futura: a leitura ou estudo, a meditação, a oração e a operação (que é o impulso amoroso que de algum modo chama por Deus); em quinto lugar vem a contemplação, como fruto do que a precede e pela qual, já nesta vida, se saboreia antecipadamente a futura recompensa". Quando lemos esta análise de Hugo de São Vítor, percebemos que, no campo da experiência espiritual, a Idade Média não deixou muita coisa por descobrir...

Esta fecundidade mística exprime-se numa diversidade de tendências. Do mesmo modo que os grandes músicos compõem melodias inteiramente diferentes sobre um mesmo tema, as escolas místicas estabelecerão regras espirituais pouco parecidas entre si em torno do tema único do amor de Deus. Um beneditino, um cisterciense, um franciscano, um dominicano não utilizarão as mesmas normas de aperfeiçoamento. Para um filho de São Bento, a busca da perfeição estará na obediência à Regra, na liturgia, no louvor a Deus no coro, na vida retirada em comum, muito ordenada, pacífica, com atividades moderadas e não absorventes, no estudo piedoso e, enfim, no amor à beleza posta a serviço de Deus. Quando a reforma de Cister imprimir o seu cunho peculiar nos monges brancos, a contemplação ganhará mais espaço entre eles, a ascese tornar-se-á mais intensa, o trabalho manual ocupará mais tempo e a beleza formal será menos procurada do que um sóbrio despojamento; mas o que há de austero nesta espiritualidade ver-se-á compensado por um duplo entusiasmo pela humanidade de Cristo e por Nossa Senhora. O mesmo tipo de diferenças profundas existirá entre duas ordens nascidas no mesmo momento, nos começos do século XIII, mas incluídas sob o mesmo qualificativo de "mendicantes". Entre os filhos do *Poverello* de Assis enfatiza-se a renúncia, a pobreza absoluta e, simultaneamente, um amor apaixonado por Cristo e uma delicada veneração pelo mundo criado, imagem de Deus: é a espiritualidade franciscana, repassada de ternura e doçura. Já a dos dominicanos parece, à primeira vez, mais austera e mais orientada para a especulação, embora o seu fundador tenha sido um grande contemplativo e o costume mariano do rosário tenha desabrochado no ambiente criado por ele. Os traços espirituais mais salientes dos filhos de São Domingos serão o estudo considerado como meio de elevação e o apostolado (a caridade em ato) concebido como meio de alcançar a Deus.

É impossível querer abarcar aqui tão grande riqueza. Os homens e os livros são infinitamente numerosos, e a dificuldade aumenta porque nem sempre são muito claras as fronteiras entre a teologia e o pensamento místico. O máximo que podemos fazer é citar, a título de exemplo, os nomes mais significativos de algumas das principais escolas.

Na tradição dos "monges negros", encontram-se *Pedro o Venerável* (+ 1156), o mais célebre dos abades de Cluny, defensor vigoroso do ideal da sua ordem, e *Santo Anselmo* (1033-1109), o grande doutor, sucessivamente abade de Bec e arcebispo da Cantuária, cuja figura encontraremos na base de muitos episódios e correntes de pensamento da época. Em Cister, multiplicam-se os personagens de primeira grandeza: *São Bernardo*, tão exemplar que será conveniente considerarmos mais a fundo a sua personalidade[10]; *Guilherme de Saint-Tierry* (+ 1147), cuja *Carta de ouro* é um dos textos místicos mais penetrantes e substanciais que já se produziram; o *Bem-aventurado Joaquim de Fiore* (+ 1202), cuja vida santa foi talvez mais valiosa do que as suas visões apocalípticas; *Santa Gertrudes* (1256-1301), a grande mística alemã, cuja espiritualidade afetiva e ao mesmo tempo prática, expressa nos seus *Exercícios*, influenciou profundamente o seu tempo; e *Santa Brígida da Suécia*, princesa de sangue real, que entrou no convento depois de enviuvar e contribuiu muito para a reforma da Igreja. Na *Escola de São Vítor*, criada por Guilherme de Champeaux, no sopé da colina de Santa Genoveva, mestres eminentes renovam o agostinismo e fundem a ascese e o estudo num todo único ordenado pela aspiração mística; o mais célebre é *Hugo de São Vítor* (1039-1141), que deixou uma notável obra sobre os sacramentos e dois pensamentos complementares que todo o intelectual cristão deveria guardar: "Ignorar é debilidade" e "O amor supera a ciência".

Em que parte dessa cristandade medieval não se encontram figuras semelhantes? Entre os cartuxos, destacam-se os dois *Guigues* (século XII), um deles autor do *Escada do Paraíso*. Entre os premonstratenses, os discípulos imediatos de *São Norberto*: Hugo de Fosses, Gauthier de Saint-Maurice e o autor de uma das grandes sínteses da Idade Média, *Filipe da Boa Esperança*. Quando enfim *São Francisco* (1181-1226) e *São Domingos* (1170-1221) lançarem as suas redes, numerosos místicos avançarão atrás deles. Sob o burel franciscano, surge *São Boaventura* (+ 1274), o "Doutor Seráfico" que amplia o pensamento teológico sob o impulso recebido do seu mestre; é ele o autor anônimo da *Meditação da vida de Cristo*. Surgem também Davi de Augsburgo e *Santa Ângela de Foligno* (+ 1309), uma mulher mundana que entrou na ordem Terceira franciscana e cuja voz ainda nos parece tão próxima. E se dentro da branca corte de São Domingos se destacam pela sua talha um *São Tomás de Aquino* (1225-1274) e um *Santo Alberto Magno* (+ 1280), nem por isso deixa de haver muitos outros que aparecem como grandes espirituais do seu tempo. E a esta enumeração seria ainda preciso acrescentar muitos nomes de sacerdotes seculares e de leigos que também puseram em prática a sublime experiência e deram testemunho dela. Há nos países germânicos os que se agrupam entre os "amigos de Deus", como Henrique de Langerstein e Rulman Merswin, e na França o misterioso Honório d'Autun, Ricardo de Saint-Laurent e ainda o ilustre rei *São Luís*, cujos *Ensinamentos ao filho* são um verdadeiro tratado de vida cristã.

Em toda a sociedade, existe uma correspondência entre a religião do povo e a das pessoas que encarnam o que há de mais elevado na fé: a primeira é o reflexo da segunda. Pensemos, por exemplo, nas relações que se observam entre a espiritualidade de um São Francisco de Sales, ou de um cardeal de Bérulle, ou de um Olier, e a fé dos homens comuns do seu tempo; o próprio gênio da nação francesa, tal como se exprime na arte e na literatura, moldou-se à semelhança desses homens. O que se depreende de testemunhos tão numerosos é que a alma da Idade Média é tudo menos supersticiosa, crédula ou tenebrosa. Ao contrário, irradia um fervor lúcido, uma inteligência que crê. A sua fé sobrenatural colocou-a sob a luz de Deus.

Quatro características da religião medieval

A religião cristã, por muito fiel que seja a si própria e por mais unida que esteja à sua tradição, adquire, no entanto, matizes peculiares de acordo com cada época. Hoje, no catolicismo francês, enfatiza-se mais o aspecto social do Credo, o necessário retorno às fontes bíblicas e patrísticas, e um conhecimento mais profundo da liturgia. Durante os grandes séculos medievais, observam-se também algumas características, quatro das quais mais acentuadas.

A primeira e a mais essencial é o *caráter profundamente escriturístico* da vida religiosa. A Sagrada Escritura, a Bíblia, é sem dúvida alguma conhecida pela generalidade dos homens, ao menos por alto. Nos conventos e nas universidades leem-se muitos outros textos, especialmente os dos Padres da Igreja e em particular Santo Agostinho, mas o que o conjunto dos fiéis conhece é o Evangelho, que é o próprio *Cristo* ensinado e manifestado; é o restante do *Novo Testamento*, que evoca os começos da história cristã e que, no *Apocalipse*, desemboca no misterioso amanhecer do além; e é o *Antigo Testamento* porque, segundo uma concepção herdada dos Padres da Igreja e universalmente difundida, os seus personagens e episódios contêm o anúncio profético e a prefiguração do Novo Testamento.

A prova de que os cristãos da Idade Média conheciam as Sagradas Escrituras está nas esculturas e nos vitrais das catedrais. Por que motivo os mestres-de-obras teriam multiplicado as páginas dessas "bíblias de pedra" e desses evangelhos transparentes, se os que frequentavam esses edifícios só podiam ver nelas um enigma? Já se disse que a catedral "falava aos iletrados", o que é o mesmo que admitir que estes eram capazes de compreender a sua linguagem.

As Sagradas Escrituras são conhecidas porque são estudadas e ensinadas. Mas isso não acontece apenas nos conventos, onde a *lectio divina*, parte essencial da *Regra de São Bento*, deve ocupar um terço do dia; nem apenas entre os especialistas e os intelectuais, que assimilam os textos sagrados a tal ponto que — como se vê de maneira impressionante no caso de São Bernardo — o seu pensamento se amolda aos dois testamentos e o seu estilo se impregna de expressões que evocam a linguagem bíblica. O texto santo não está reservado apenas aos padres que sabem latim. Houve senhores feudais amigos das letras que encomendaram traduções de partes que lhes interessavam, como Balduíno de Ardres e Guines que, no século XII, admiravam muito o *Cântico dos Cânticos*.

As traduções da Bíblia multiplicam-se entre os séculos XI e XII: os quatro livros dos Reis aparecem em francês por volta de 1100 e, por volta de 1150, os *Provérbios de Salomão* em anglo-normando, seguidos logo depois pelos célebres *Saltérios de Oxford* e de *Cambridge*. Mais ainda: o cônego Herman de Valenciennes publica em 1190 uma Bíblia traduzida em versos alexandrinos! Este interesse pela Bíblia é tão grande que as autoridades se inquietam, temerosas de que as suas ovelhas se alimentem, à margem do magistério, de textos de difícil compreensão. E era um temor justificado, porquanto os hereges valdenses e albigenses basearam os seus argumentos em passagens da Bíblia[11]. É, portanto, na própria Escritura, na Palavra de Deus, que a fé encontra em primeiro lugar a sua fonte, e essa é, sem dúvida, a razão do seu frescor e da sua vivacidade.

O segundo traço característico é a importância assumida pelo *culto dos santos*, que mergulha as suas raízes nos substratos mais profundos das fidelidades cristãs, mas atinge daqui por diante uma amplitude difícil de ser ultrapassada. Acabamos de ver que não se tratava de uma prática que estivesse a salvo de críticas, pois resvalava facilmente para a credulidade e a superstição, mas é preciso compreender tudo o que havia nele de tocante e profundo. O homem medieval sente-se humilde e desarmado diante do Eterno, e por isso experimenta a necessidade de situar intermediários entre ele e o Todo-Poderoso, de valer-se de homens como ele que, tendo elevado à perfeição a sua natureza, conquistaram o céu. Este desejo da alma — que Nietzsche formulará numa frase célebre: "O homem é algo que quer ser ultrapassado" — é o que impelirá o cristão da Idade Média a admirar os santos, numa atitude que é sem dúvida mais valiosa do que a de idolatrar campeões de boxe e estrelas de cinema.

As vidas dos santos fazem, pois, concorrência à Sagrada Escritura e, a bem dizer, é com dificuldade que o povo simples distingue esta daquelas; para ele, a história das grandes figuras que serviram a Deus é o terceiro painel de um tríptico do qual os dois primeiros são o Antigo e o Novo Testamento, e que merece tanta credibilidade como estes. Os textos que narram essas vidas exemplares são inumeráveis, mas nem todos — muito longe disso — são destinados à leitura na igreja, ao lecionário ou ao breviário; muitos pertencem ao repertório dos jograis e dos poetas itinerantes, como acontece com as canções de gesta, das quais aliás se aproximam. O *Miroir historique* de Vicente de Beauvais desenvolve a história do mundo balizando-a com santos do Antigo e do Novo Testamento; o beneditino Guy de Chartres, os dominicanos Pedro Calo e Bernardo Guy, reúnem a vida de centenas de santos de todos os tempos em grande compilações que alcançam muito sucesso. Também não são esquecidos os santos contemporâneos: mal foi martirizado sob o gládio dos cavaleiros reais, São Tomás Becket tem a sua vida narrada com apaixonada eloquência pelo padre francês Guernes de Pont-Saint-Maxence. E se Giacobo de Voragine, na sua *Legenda áurea*, mistura grãos de verdade com gavelas de fábula, nem por isso a sua famosa compilação deixa de incutir-nos uma comovente veneração pelos santos.

Os santos são incontáveis e aparecem em todo o lugar. Cada província, cada diocese reivindica para si dezenas deles. Quer na vida corrente, quer na geografia, tudo está sob a proteção desses homens de Deus. Já ao nascer, a criança recebe o nome de um "padroeiro", que deve venerar com predileção. Para conservar a saúde, deve-se confiar mais nos santos do que nos médicos. Todos sabem que Santa Genoveva cura as febres, que Santa Apolônia e São Brás curam os males de garganta e que Santo Humberto preserva da raiva. No trabalho cotidiano, o camponês invoca São Médard para salvar a vinha da geada, Santo Antão para proteger os porcos e muitos outros para muitas outras necessidades. O pedreiro reza ao apóstolo São Tomé, o cardador de lã a São Brás, o curtidor a São Bartolomeu, o sapateiro a São Crispim, e todo o viajante sabe que não pode partir tranquilo sem a proteção do Arcanjo São Miguel ou de São João Hospitaleiro. Até as estações do ano são colocadas sob a intercessão dos santos: São Marcos e São Jorge são invocados na primavera, São João no verão e no inverno, São Martinho no outono, e tantos e tantos outros, que até hoje são lembrados entre os camponeses!

Santos e santas têm, naturalmente, o seu lugar nas esculturas e vitrais das catedrais. Acompanhando familiarmente as grandes personagens bíblicas, compõem uma guarda de honra nos pórticos; os episódios da sua vida são evocados juntamente com as cenas dos dois Testamentos, e o povo cristão conhece-os e reconhece-os. É uma fidelidade comovedora. A presença de um santo constitui um vínculo entre os cristãos: a cidade inteira, e até toda a região, reúnem fundos para que as veneráveis ossadas sejam colocadas num relicário digno, em que os esmaltadores empregam todos os tesouros de uma arte sutil. Em certos dias do ano, ou para conjurar um flagelo, organiza-se uma procissão com o relicário do protetor ou com a sua estátua, e há uma alegria transbordante quando o objeto venerado avança pelas ruas, levado sobre um cavalo bem ajaezado, enquanto ao redor jovens clérigos fazem ressoar címbalos e tocam trompas de marfim!

Mas neste culto aos santos há algo mais do que uma ingenuidade comovente. Em primeiro lugar, há uma permanente lição de fé e de progresso moral. De cada um desses heróis, o cristão recebe um exemplo sublime; da vida deles, extrai uma norma de conduta para a sua. A expansão do culto dos santos corresponde ao desenvolvimento do dogma da comunhão dos santos. São Bernardo detém-se a descrever a sociedade espiritual que une entre si todos os cristãos da terra e do céu, e que os une a Cristo, sua cabeça. São Boaventura ressalta em termos surpreendentes a teologia dessa noção sublime. Santa Mechtilde de Hackeborn distingue nas suas visões a imagem emocionante dessa Igreja reunida para além da morte. E o que será a *Divina Comédia* senão a "epopeia da comunhão dos santos"? Não é de fé que as boas obras realizadas pelos santos, mais meritórias porque associadas aos méritos infinitos de Cristo, constituem uma espécie de fundo de reserva para pagar a imensa dívida dos pecadores? O grande dogma de reversão dos méritos é o pano de fundo e dá o seu verdadeiro sentido a uma devoção que, à primeira vista, parece demasiado simples e popular, mas que na realidade foi um dos meios mais eficazes que a Igreja utilizou para elevar a vida moral do homem por meio da fé.

O amor às Escrituras e o culto aos santos já eram dois elementos religiosos de muito peso nos séculos anteriores. O que confere um colorido peculiar e emocionante ao cristianismo medieval são outros dois dos seus traços característicos: a *devoção à humanidade de Cristo* e o *culto a Nossa Senhora*: "A grande novidade e o incomparável mérito religioso da Idade Média — escreve Rousellot — é a compreensão e o amor, ou melhor, a paixão pela humanidade de Cristo. O Verbo encarnado, *homo Christus Jesus*, já não é somente o modelo que se deve imitar, o guia que se deve seguir ou, por outro lado, a luz incriada que ilumina o interior das almas; é o esposo da alma que atua com ela, é o Amigo".

Sem dúvida, não se deve exagerar a importância desta corrente de fé, a ponto de considerar que exclui as outras, como não se deve sobrevalorizar a sua originalidade. Ao concentrar a atenção na figura de Cristo, a Idade Média não desprezou as outras Pessoas da Trindade. Na arte, as três são muitas vezes representadas juntas, e é nesta época que João XXII institui a festa da Santíssima Trindade. Outro sinal neste sentido é a popularidade alcançada por hinos como o *Veni Creator*, herança dos séculos anteriores, e o *Veni Sancte Spiritus* que Estêvão Langton, arcebispo da Cantuária, escreveu por volta de 1200. Por outro lado, também não se deve exagerar a originalidade absoluta da devoção medieval por Cristo-homem, da qual se podem encontrar antecedentes até entre os Padres dos primeiros séculos, como Santo Inácio de Antioquia.

No entanto, não é menos verdade que agora se põe um novo acento nessa devoção. "Eu te saúdo, Jesus a quem amo. Tu sabes por que desejo atar-me à tua cruz. Abre-te a mim! Do alto dessa cruz, onde foste levantado, olha-me, meu bem-amado, atrai-me totalmente a ti e dize-me: — 'Eu te curo, eu te perdoo!' E, num impulso de amor, ruborizado, eu te abraçarei". São frases típicas desta nova devoção, neste caso compostas por São Bernardo, o místico que foi verdadeiramente o seu iniciador. Antes dele, Santo Anselmo e João de Fécamp tinham exteriorizado belos "transportes de amor" ao Deus feito homem, mas não com a mesma intensidade nem com a mesma pungente ternura. O cristianismo não esquecerá este canto lancinante de fé; inúmeras almas piedosas haverão de repeti-lo, e São Francisco de Assis, "que é acima de tudo o amigo de Jesus", multiplicará os seus ecos.

A intenção desta devoção é claramente análoga à do culto dos santos. Também aqui a insistência no elemento humano da segunda Pessoa divina aproxima-a do homem, faz sentir melhor que Jesus é o supremo intermediário entre o pecador e o seu Juiz. Também aqui se exalta um homem plenamente homem, mas superior aos homens, o único modelo. Isto corresponde sem dúvida nenhuma a um decisivo aprofundamento dos dados da Revelação.

Daqui por diante, todos os aspectos humanos do Senhor serão trazidos à luz, estudados nos livros, comentados nos sermões. Falar-se-á do recém-nascido do presépio, de quem São Bernardo evoca até os paninhos que o envolviam. São Aelred de Rievaulx escreverá todo um tratado, aliás requintadíssimo, sobre o Menino aos doze anos. Analisar-se-á o comportamento do Senhor durante os anos da vida pública, para perscrutar melhor os seus ensinamentos. E principalmente meditar-se-á o seu fim, a sua agonia e a sua morte; sentir-se-á "paixão pela sua Paixão"[12].

O desenvolvimento desta devoção à humanidade de Cristo traz consequências em todos os domínios. Refletir-se-á na liturgia, em que a hóstia consagrada, sinal visível do corpo de Cristo imolado, é a partir de agora rodeada de um fervor especial, e em que a festa da Eucaristia, do *Corpus Domini* — a nossa festa do *Corpus Christi* —, é criada pela religiosa premonstratense Santa Juliana após o célebre milagre de Bolsena, e depois instituída em 1264 na diocese de Liège e estendida pelo papa Urbano IV a toda a cristandade; será para esta festa que São Tomás de Aquino comporá essa obra-prima que é o hino *Lauda Sion*. Deve-se à mesma corrente o costume de colocar por toda a parte o monograma de Cristo, IXR — *Iesus Christus Rex* — que a ordem sueca dos *Serafins* trará no peito, ao mesmo tempo que os *Jesuatos* tomam o nome sagrado para se designarem.

É sobretudo na arte que mais se nota esta devoção. Devido a ela, os escultores e mestres vitralistas representarão todas as cenas da vida do Senhor, e haverá fachadas inteiras de catedrais majestosamente ordenadas em torno de Jesus, invocando passo a passo a sua Encarnação, o seu destino na terra e a sua glorificação, como se vê no pórtico real de Chartres. Se a escultura românica e gótica nos emociona pelo seu caráter tão humano, não esqueçamos que é porque essa arte se submeteu à fé que, em Deus, soube amar o homem[13].

Outro aspecto novo da religião medieval é a enorme importância que assume o *culto à Mãe de Cristo*. Não se trata, como se pretendeu, de uma invenção deste tempo, denunciada por alguns como "mariolatria". Nascida desde as origens da Igreja[14], a devoção a Nossa Senhora não cessou de crescer ao longo dos séculos, sobretudo no Oriente, onde a atitude ultrajante de Nestório despertou como reação um extraordinário acréscimo de fervor. A partir do século XI, porém, é no Ocidente que se forma uma verdadeira corrente de amor dirigida à Mãe de Jesus. Por quê? Pela mesma razão por que cresceu o culto dos santos e se acentuaram os aspectos humanos de Cristo: o desejo de contar com mediadores entre o homem e a temível majestade de Deus; quem melhor do que a Mãe poderia interceder junto do Filho? O certo é que o culto a Maria está intimamente associado ao de Jesus. "Todo o louvor à Mãe pertence ao Filho", dizia São Bernardo, e Conrado de Saxônia acrescentava: "Para louvar Nosso Senhor, nada melhor do que louvar a sua gloriosa e dulcíssima Mãe".

Geralmente, atribui-se esta corrente mariana à ação de São Bernardo, aos ensinamentos de São Boaventura e à pregação das ordens mendicantes. Mas, na realidade, não há nenhuma figura espiritual destes três séculos que não tenha trabalhado para reforçá-la e difundi-la. São sucessivamente Santo Anselmo e o seu discípulo Eadmer, os mestres Ricardo e Adão da abadia de São Vítor em Paris, os premonstratenses Filipe da Boa Esperança e o Bem-aventurado Hermann Joseph, e São Francisco, e São Domingos, e muitos outros que deveríamos citar para sermos justos. Se, no entanto, queremos captar ao vivo os sentimentos dos séculos XII e XIII em relação a Maria, devemos recorrer aos sermões de São Bernardo, ou ao *Espelho da Bem-aventurada Virgem Maria*, de Conrado de Saxônia, ou ainda a essa verdadeira "Suma" mariana em que, em doze livros, Ricardo de Saint-Laurent escreve *Os louvores à Bem-aventurada Virgem Maria*.

É a época em que são compostas as antífonas *Salve Regina* e *Alma Redemptoris Mater*, a primeira talvez pelo bispo de Puy Ademar de Monteil, o animador da primeira cruzada (sabe-se que os cruzados a cantaram ao entrarem em Jerusalém), e a segunda por um monge de Reichenau, Hermann Contract. É a época em que os cistercienses difundem o costume, proveniente da cavalaria e do amor cortês, de chamar a Maria "Nossa Senhora". É a época em que os trovadores e menestréis cantam os milagres atribuídos à Virgem, especialmente o do bom Teófilo. É sobretudo a época em que a *Ave Maria* começa a espalhar-se entre o povo cristão e em que não demorará a nascer o Rosário. É ainda o momento — seria difícil esgotar a matéria — em que a festa da Imaculada Conceição, celebrada na Irlanda desde o século IX, chega à Inglaterra no século XI e dali se difunde por toda a Europa, e em que a festa da Conceição da Virgem é estabelecida pelo capítulo geral dos franciscanos em 1263.

Maria, Mãe de Cristo, é amada com um amor sem igual, como uma mãe a quem se confiam os sofrimentos, como uma advogada que defende a causa dos pecadores, quase como uma amante sobrenatural. O franciscano Tiago de Milão, em *O aguilhão de amor*, chama-lhe a "arrebatadora dos corações". Procuram-se no Antigo Testamento as figuras que a profetizam. Medita-se — *Eva, Ave* — no mistério que se esconde no fato de a culpa da primeira mulher ter sido resgatada por outra mulher. Cantam-se as alegrias da Virgem, mas também as suas angústias; ao lado da Maria exultante da Natividade, contempla-se, de pé, a Virgem das sete dores, a Mãe do *Stabat*.

Evidentemente, este fervor traduz-se na arte em páginas admiráveis. São inúmeras as igrejas dedicadas à Virgem. Em torno de Notre Dame de Paris, outras sete "Notre Dame" se desenham como as pétalas de uma flor. Nas esculturas dos pórticos, nos tímpanos, Nossa Senhora aparece cada vez mais frequentemente, a princípio com o seu Filho, depois sozinha e até "em majestade", atitude outrora reservada a Cristo. Os artistas rivalizam em evocar as suas feições com uma graça requintada. Assim, ocupando na religião o lugar eminente que lhe conhecemos, o culto à Virgem confere ao cristianismo o matiz de uma ternura única e insubstituível: é um dos florões da Idade Média.

Uma arte oratória bem sucedida: a pregação

Como é que a Igreja difunde as grandes noções dogmáticas que estão na base destas devoções, os dados da Escritura e da hagiografia? Essencialmente, pela *pregação*, cuja importância na época só compreenderemos se abstrairmos dos nossos hábitos modernos. Hoje, cada um de nós tem à sua disposição numerosos e cômodos meios de informação e entretenimento, mas devemos lembrar-nos de que na Idade Média não existiam jornais, nem rádio, nem televisão, nem cinema, nem reuniões políticas. Tudo isso, que absorve muito tempo e atenção dos nossos contemporâneos, era substituído naquela época pelas cerimônias da Igreja. Por mais paradoxal que possa parecer, na Idade Média as recreações instrutivas eram a Missa e o sermão!

Ao longo dos tempos confusos que se tinham seguido à decadência carolíngia, a pregação tinha sido quase abandonada. Enquanto possuímos muitos sermões dos séculos IV, V e VI, é com muita dificuldade que podemos citar alguns posteriores, até que no século XII o gênero readquire a sua importância. Este renascimento deve-se, certamente, ao mesmo impulso que a levantava em todos os âmbitos a alma deste tempo, bem como à sede de conhecer as coisas de Deus. A pregação reaparece primeiro nos meios religiosos, em que os mestres do século XII se dirigem a uma elite de clérigos. Não demora, porém, a sair dos capítulos e mosteiros: Pedro o Calvo (+ 1197), Maurício de Sully, bispo de Paris (+ 1196), Raul Ardent (+ 1101), cuja "palavra era um gládio", dirigem-se às multidões[15].

A partir deste momento, a pregação experimenta um desenvolvimento inaudito, e é a ela que numerosas celebridades religiosas da época devem a sua glória. São Norberto, fundador dos premonstratenses, São Bernardo, voz poderosa num corpo frágil, São Francisco de Assis, São Domingos, são oradores que fazem acorrer as multidões. O mais célebre é Santo Antônio, dito de Pádua, de origem portuguesa, orador sacro de categoria internacional. Também foram pregadores célebres São Boaventura e São Tomás de Aquino, Pedro o Eremita, Foulques de Neuilly, Gilberto de Nogent, Urbano II e Inocêncio III, bem como esse Guichard de Beaujeu que foi qualificado pelos seus ouvintes, talvez um tanto indulgentes, como o "Homero dos leigos". Mesmo quando coligidos por escrito — e Deus bem sabe até que ponto são indigestos nesta forma! —, os sermões são lidos, estudados, comentados, como acontece com o *Miroir de l'Église*, de Honório de Autun (+ 1129), compilação de sermões para cada dia do ano, escritos num latim sofrível e vagamente rimado, mas que Émile Mâle demonstrou ter influenciado muitos artistas.

Prega-se incessantemente a partir do século XII. Todas as ocasiões são oportunas: na Missa, nas peregrinações, nas cerimônias religiosas, nas tomadas de hábito ou na consagração das igrejas, como também nas cerimônias civis, nas coroações, nos enterros, nas negociações de paz e até nos torneios. Prega-se nas feiras, do alto das pontes e nas esquinas das ruas. Nas praças, é frequente construírem-se púlpitos de pedra ou instalar-se um estrado de madeira.

E como se desenvolve um sermão na Idade Média? Certamente não tem nenhuma relação com a nobre arte de Bossuet. Parece-se mais com as pregações enérgicas e vigorosas que um São Cesário de Arles ou um Santo Hilário de Poitiers pronunciavam diante de auditórios apaixonados. O tom é vivo, cheio de familiaridade e confiança, e por vezes chega a aproximar-se da trivialidade e da bufonaria. Para atrair a atenção, o orador não hesita em intercalar notícias grandes e pequenas de que teve conhecimento ao longo das suas viagens. Anunciará, por exemplo, a tomada de Jerusalém pelos cruzados ou a humilhação do imperador em Canossa, mas também um incidente cômico que agitou o mercado da cidade vizinha ou a história da vaca que teve quatro bezerros. E se é o pároco que fala às suas ovelhas, será capaz de aludir aos pequenos e até grandes escândalos, porque todos gostam de reconhecer neles o seu vizinho.

Mas se o orador toma essas liberdades, o público não lhe fica atrás. O sermão é uma espécie de melodrama em que se chora e se ri, e em que a assistência intervém de vez em quando. Se o pregador expõe uma tese que surpreende, interrompem-no e fazem-lhe perguntas. Um dia em que um dominicano desenvolvia a ideia de que a mulher de Pilatos, cujo papel no processo de Cristo foi bastante apagado, teria podido, com a sua intervenção, impedir o sacrifício da Cruz e, por conseguinte, pôr obstáculos à nossa Redenção, uma castelã levantou-se indignada e saiu, declarando que não estava disposta a ouvir insultos ao seu sexo!

Este molho apimentado serve para fazer tragar o prato principal, que é copioso... A finalidade é com certeza ensinar as verdades da religião, mas sem a menor preocupação de apresentá-las metodicamente. Na maior parte do tempo, o pregador desfia desordenadamente citações bíblicas, comentários patrísticos ou pessoais, alegorias, pequenas histórias. A Sagrada Escritura ocupa o primeiro lugar neste *pot-pourri*: "Os dois testamentos são os peitos. Pregadores, bebei!" exclamava Hildeberto. Os textos bíblicos são, pois, citados em abundância, e servem como argumentos decisivos. Mas a todos eles se atribuem pelo menos quatro sentidos. Quando, por exemplo, o pregador fala de Jerusalém, tanto pode querer designar a cidade propriamente dita como a Santa Igreja de que ela é a figura, ou a alma do fiel que aspira a possuir Deus — como a capital judaica possuía o Templo —, ou, enfim, o lugar inefável em que o eleito contempla a Deus. Esta simbologia seria complicada para os ouvintes? De qualquer modo, era a usual[16], e aliás completava-se com muitos outros dados igualmente sutis, como a significação secreta das plantas e dos animais, das pedras preciosas, dos astros e de mil outras coisas mais, não menos apaixonantes...

Felizmente, para desanuviar o ambiente e tornar as lições mais acessíveis, existem os "exemplos", os episódios e os apólogos. Uns tirados da história, da crônica cotidiana, das lendas; outros das fábulas, como a da raposa e o corvo, a do sapateiro e do ricaço, a da leiteira e do pote de leite, a da rã que queria ser do tamanho do boi. Todos os sermões medievais transbordam de vida, de cor, e terminam com uma mensagem moral edificante, facilmente compreensível. Como estranhar que, em tais condições, um bom sermão durasse tranquilamente duas horas?

Os sete sacramentos

A Igreja não oferece aos seus fiéis apenas a Palavra Sagrada, mas põe-lhes à disposição também os meios sobrenaturais que permitem participar de Deus: os *sacramentos*.

O sentido da palavra "sacramento" é definido no século XII. Até então, confundia-se o que entendemos por esse termo com ritos eclesiásticos cuja instituição nada tinha de divino, como a recepção da água benta ou das cinzas, que Hugo de São Vitor ainda qualificava como "sacramento". Foi discutindo com os hereges que os teólogos se viram obrigados a precisar mais o pensamento cristão. Fixou-se em sete o número desses auxílios divinos, conforme se lê pela primeira vez na *Vida de Otão de Bamberg* (1139), e foi sobretudo *Pedro Lombardo* quem estabeleceu a doutrina correspondente, a mesma que o Concílio de Trento sancionaria no século XVI e que é a da Igreja dos nossos dias.

Quando a criança nasce, conferem-lhe o *Batismo*; nesta época, o Batismo na idade adulta tornou-se já uma exceção. A Igreja insiste agora na necessidade de batizar o recém-nascido o mais depressa possível, dentro de quarenta dias no máximo, como se costuma fazer na Itália. Já não é preciso esperar pelos tempos canônicos — a Páscoa da Ressurreição, principalmente — em que era tradicional celebrar os batismos.

Como se administra o sacramento? Entre os gregos, subsiste o antigo costume da tríplice imersão. Entre os latinos, a Igreja autoriza também a tríplice infusão de água, mas o costume da imersão, mais complicado e que em alguns casos pode ser prejudicial à saúde ou à decência, acaba por subsistir apenas em Milão e em algumas dioceses alemãs. Por isso, os batistérios tendem a ser substituídos pelas pias batismais. A cerimônia do Batismo é acompanhada pelas mesmas orações, simples e admiráveis, que ainda hoje abrem as portas da Igreja ao recém-nascido.

O ato de fé que o padrinho e a madrinha pronunciaram em nome da criança deverá ser repetido pelo batizado quando tiver adquirido consciência das suas responsabilidades: é a *Confirmação*. É apenas em caso de perigo de vida é que este sacramento é administrado logo a seguir ao Batismo; normalmente, espera-se a adolescência, a idade adulta. Para marcar a importância de que se reveste, reserva-se a sua administração ao bispo, a não ser que por dispensa do papa se autorizem os simples sacerdotes a conferi-lo.

A *Eucaristia*, o sacramento que permite ao fiel participar da carne e do sangue do Crucificado, é considerada o mais santo dos ritos, e é por isso que, como veremos, só com parcimônia se concede aos simples fiéis o benefício de recebê-la. O antigo hábito de comungar com pão fermentado, do qual se deposita um pedaço na mão do comungante, subsiste no Oriente. No Ocidente, o fiel recebe na língua a *hóstia*, um pequeno disco de pão ázimo, não fermentado, em memória daquele que Cristo comeu na Páscoa. Quanto à prática da comunhão sob a espécie do vinho, começou-se por distribuir o precioso líquido por meio de um canudo, a fim de evitar excessos e indelicadezas, mas depois essa distribuição foi suprimida.

Se a comunhão é rara, a *Penitência* é, em contrapartida, muito apreciada, porque a alma medieval tem firmemente gravado o sentido do pecado. Muitos teólogos, como Pedro Lombardo e Graciano, insistem sobre a importância deste sacramento. Se o homem se sente e é pecador, que rito lhe pode ser mais útil do que aquele que o reconcilia com Deus? Chega-se a sustentar que, em caso de risco de morte, o fiel deve confessar-se com qualquer pessoa, mesmo que se trate de um simples leigo, e assim o fizeram os heróis das Canções de Gesta ou dos escritos de Joinville...

A Penitência tem duas modalidades. É pública para o pecador cuja conduta tenha causado escândalo; mas este costume está em declínio e o seu rigor é atenuado pela comutação, pelo resgate e pelas indulgências. Em contrapartida, generaliza-se a Penitência privada, à qual o fiel se submete voluntariamente. A Confissão auricular, preconizada na época anterior pelos monges irlandeses, difunde-se por toda a parte. É feita a um padre, a quem o IV Concílio de Latrão, em 1215, impõe o sigilo absoluto; os *penitenciais* proporcionam aos confessores numerosas listas de casos de consciência, com o modo de resolvê-los. Levado a sério e muito praticado, este sacramento é sem dúvida um dos grandes meios de ação sobre as almas.

Aos que querem dedicar-se a Deus, confere-se o sacramento da *Ordem*, segundo ritos que não variaram muito até o Concílio Vaticano II. A lenta majestade das cerimônias em que é conferido, os *interstícios* ou intervalos exigidos entre a recepção dos diversos graus, mostram claramente toda a importância atribuída a este sacramento.

O *Matrimônio*, sacramento pelo qual a Igreja consagra a união dos esposos e assegura a sua solidez, está rodeado de garantias. A bênção do padre é obrigatória. A indissolubilidade é proclamada categoricamente, mesmo em caso de adultério. Muito sabiamente, a Igreja exige o livre consentimento dos futuros cônjuges, não considera a recusa dos pais como motivo para invalidar o sacramento e cria impedimentos para as uniões consanguíneas[17]. Valorizando este sacramento, a Igreja assentou uma das bases mais sólidas da sociedade.

E, por último, quando chega a hora de o homem sair desta vida, a Igreja oferece-lhe ainda a possibilidade de receber a *Extrema Unção* que, santificando este corpo condenado à destruição próxima, acompanhando a alma com exortações e súplicas, constituirá um derradeiro viático. Muitos concílios ordenam aos sacerdotes que cuidem de administrar este sacramento a todos os moribundos.

Assim, do nascimento até à morte, todo o ciclo de acontecimentos marcantes da vida do cristão está devidamente consagrado.

A fé do cristão comum

Resta saber como é que o fiel recebe e adere a estes ensinamentos, como participa das possibilidades de salvação que os sacramentos lhe oferecem. Como era a vida religiosa das massas, de todos esses anônimos que não são mencionados nos livros nem se manifestaram com atos extraordinários? Temos motivos para pensar que foi uma vida ativa: os homens que edificaram as catedrais e derramaram o seu sangue nas cruzadas alimentavam-se certamente das fontes da água viva, como nos provam inúmeros textos. Mas já nos é mais difícil dizer de que modo o faziam.

Sob alguns aspectos, a fé medieval lembra a dos tempos bárbaros, cheia de sombras e luzes, caracterizada por contrastes surpreendentes[18]. Tendemos a julgá-la superficial, formalista e fácil, pensando nos excessos do culto das relíquias e na aceitação complacente do maravilhoso. Nada menos exato. Ao lado dessas aberrações, existem muitos exemplos de uma fé lúcida e profunda. Antes do século XII, dava-se prioridade à conduta moral e à obediência aos preceitos, mas a partir de agora atribui-se cada vez mais importância à vida interior da alma, preparando-se assim o modo de crer que desabrochará, no fim da Idade Média, nessa obra-prima que é a *Imitação de Cristo*.

Obviamente, seria impossível pretender abarcar a fé medieval no seu conjunto; expressões como "a fé do carvoeiro" ou "fé ingênua" nada significam. Na Idade Média, como hoje, se a fé em Cristo Redentor é única na sua essência, assume, no entanto, segundo as pessoas, matizes os mais diversos.

Para começar, existem diferenças no próprio nível dessa fé. É evidente que, entre um grande místico e um humilde camponês de um lugarejo bretão ou das montanhas da Auvergne, a unidade de fé é apenas exterior, porque os dois só se compreendem plenamente e se unem na prática das virtudes e no impulso de amor. Mas, por outro lado, impõe-se uma observação: dizer que a fé das massas é grosseira e desprovida de inquietações intelectuais é esquecer que os monges místicos e os intelectuais apaixonados pela teologia procedem dessas mesmas massas, e é esquecer que na literatura popular se encontram sinais dos conflitos ideológicos que agitavam as universidades.

Nas esferas superiores, onde a fé é objeto de pensamento, de reflexão, as diferenças são também flagrantes e até mais profundas do que na Igreja dos nossos dias. A fé era então a base aceita por todos, o que deixava uma margem de liberdade muito maior do que na situação atual, em que o cristianismo, ameaçado nas suas obras vivas, corre o risco de ser esfacelado pelo erro, tornando indispensável o rigor doutrinal, sob a vigilância do Sumo Pontífice dotado de infalibilidade. Na Idade Média, o cristianismo dota a sociedade de um sólido esqueleto, o que possibilita que o pensamento se mostre audacioso, como o de um Abelardo no século XII ou o de um São Tomás no século XIII, dois homens de fé profunda que, no entanto, não creem do mesmo modo, assim como nenhum dos dois crê como um São Bernardo.

Mesmo estas diferenças, porém, têm o valor de um símbolo. Mostram que a fé da Idade Média, muito longe de ser "ingênua", simplista e limitada, tem os olhos bem abertos. Ao invés de obscurecer os espíritos, constitui um meio de conhecimento — *fides quaerens intellectum*, já ensinava Santo Agostinho —, e a pesquisa apaixonada da verdade divina, para a qual tende, provoca a intensa atividade intelectual das universidades de Paris, Chartres, Oxford, e as sensacionais disputas públicas entre os teólogos. É um fermento de vida. Mas, ao mesmo tempo, os seus princípios seguros mantêm as discussões dentro da ordem e impedem-nas de deslizar para a anarquia. Para todos os cristãos, seja qual for o seu nível intelectual ou social, sejam quais forem as diferenças de temperamento, a regra única e a única exigência profunda é ir para Deus por meio de Cristo.

Portanto, como vive espiritualmente o cristão da Idade Média? Em primeiro lugar, reza, e reza muito. São inúmeros os textos em que um personagem formula uma prece quando está em perigo ou enfrenta alguma situação difícil ou importante na sua vida. Utiliza as fórmulas tradicionais de oração, como o *Pater* e o *Credo*, que ninguém deve ignorar, conforme recomendam diversos concílios. A *Ave-Maria*, que ao longo do século XII se completa com a segunda parte que rezamos atualmente, adquire um caráter oficial a partir de 1198, com Sully, bispo de Paris. Estas orações vocais são repetidas com verdadeiro gosto, e tanto é assim que, a partir do século X, se tem o hábito de recitar uma série de *Pai-Nossos*, passando por entre os dedos as contas enfiadas num cordão. Nos séculos XII e XIII, este costume será transferido para a *Ave-Maria*, sob a dupla influência dos cistercienses e dos dominicanos, e assim nascerão o *terço* e depois o *rosário*[19].

Mas os cristãos medievais não se contentam com a oração vocal. Os autores místicos explicaram perfeitamente que existe também a oração mental, uma oração mais interior, e é frequente que, mesmo em textos profanos — como uma canção de gesta —, o herói apareça "orando em silêncio". Geoffroy de Vendôme (+ 1132) chega a falar de "oração das lágrimas", e parece que o cristão da Idade Média a praticava assiduamente.

Uma das provas que se podem ter da considerável importância da oração é a multiplicação de obras que propõem fórmulas ao público, como o *Livrinho* de Fleury, o *Livrinho* de Beda o Venerável, coletâneas de Alcuíno, *Meditações* de João de Fécamp, piedosas heranças do passado às quais se acrescentam as obras de Santo Anselmo, os *Exercícios* de Santa Gertrudes, as orações de São Francisco de Assis, de São Boaventura, de São Tomás de Aquino, do Bem-aventurado Raimundo Lúlio... Sabemos que estas obras tiveram grande sucesso e foram o que hoje nós chamaríamos *best-sellers*.

A oração é acompanhada, quase obrigatoriamente, por atitudes também tradicionais. Conservou-se o costume de orar voltando-se para o Oriente, para Jerusalém; também não se perderam os grandes gestos das antigas preces, como abrir os braços em cruz ou levantá-los em súplica, à maneira dos orantes das catacumbas. Multiplicam-se os sinais-da-cruz, as genuflexões, as prostrações (a que chamam *venies*, "vênias" ou "aflições"). São Domingos, esse homem admirável que sabia o que era orar, dava muita importância às exteriorizações da oração, a essas belas atitudes que muitas estátuas das nossas catedrais fixaram para sempre.

Por que se reza? Sobretudo para pedir a Deus a sua proteção e os seus benefícios. A oração de "louvor", embora não seja desconhecida, é menos comum do que a de petição. Ulrico de Estrasburgo define a oração como "a elevação do espírito para Deus, como autor que é do bem que se deseja". Um místico da altura de Hugo de São-Vítor, perguntando-se por que é bom rezar recitando os Salmos, que, no entanto, não contêm nenhum pedido, conclui que essas fórmulas inspiradas "obtêm muito mais de Deus". Este é um dos lados realistas da alma medieval, de que encontraremos muitos outros sinais.

Há uma outra causa para esta tendência: o profundo sentimento que o homem tem da sua miséria. Analisando os dois tipos de oração e explicando muito bem que a oração de louvor "está penetrada de alegria espiritual", João de Montmédy acrescenta que "a oração de petição se compõe basicamente de contrição e gemidos". É um dos aspectos mais tocantes da fé medieval. A alma deste tempo experimenta esmagadoramente o peso do pecado; nada ignora da sua miséria e humilha-se diante de Deus. É isso o que tantas vezes torna simpático os maiores pecadores desta época, que não perdem o sentimento dos seus erros, mesmo quando cometem as piores violências. Assim acontece com o *Cavaleiro da concha* que, segundo a lenda, não suportando mais as suas blasfêmias e crimes, procura um eremita e recebe em penitência a ordem de encher de água uma simples concha. Durante semanas a fio, tenta cumprir essa tarefa à primeira vista tão fácil, mas, assim que mergulha numa fonte o pequeno recipiente, este esvazia-se imediatamente, até que, um dia, o vê transbordar milagrosamente quando, verdadeiramente arrependido, deixa cair nele uma lágrima dos seus olhos... É este sentido do pecado, é esta tocante humildade que leva os penitentes à confissão[20], que lança pelos caminhos das peregrinações multidões incontáveis de arrependidos e que fornece operários cheios de boa vontade para a construção das catedrais. Se o cristão medieval, apesar de todos os seus defeitos, está na luz de Cristo, é graças a esta característica comovente.

Em contrapartida, há um aspecto que nos surpreende na prática religiosa: a raridade da comunhão. No século XI, São Pedro Damião e Gregório VII recomendam que se comungue diariamente, como "meio notável de fortalecer-se na prática da castidade". Esses conselhos não foram seguidos; admite-se que os padres comunguem todos os dias, mas os leigos não. O IV Concílio de Latrão, em 1215, julga útil promulgar a obrigação atual de confessar e comungar uma vez por ano. Em geral, os cristãos recebem a hóstia santa na Páscoa, no dia de Pentecostes e no Natal. São Luís comunga seis vezes por ano. Será preciso esperar pelo século XIV e sobretudo pela publicação da *Imitação de Cristo* para que o sacramento seja encarado como um viático que fortalece a alma no combate cotidiano. Esta reserva pode surpreender-nos, mas testemunha não tanto uma indiferença como uma exigência, um profundo respeito pela Eucaristia[21].

No final das contas, porém, a vida religiosa do cristão comum parece situar-se num nível bastante elevado, e outra prova disso é o hábito da *direção de consciência*, que se desenvolve consideravelmente nesta época. São Bernardo recomenda-a formalmente: "Quem se erige em seu próprio mestre não escuta senão um tolo". Muitos capítulos da ordem de São Domingos hão de queixar-se de que os padres estejam tão ocupados com a direção espiritual que não tenham tempo para mais nada. Este aspecto, em todo o caso, testemunha uma incontestável intensidade do sentimento religioso[22].

A consagração da vida cotidiana

De resto, esta vida cristã não é favorecida pelo ambiente geral da época? Trata-se de um ponto de vista difícil de ser compreendido pelo homem moderno. Hoje, na maioria dos países, respira-se um clima "laicista"; o sagrado só aparece subrepticiamente e sem que a sociedade o perceba. Mesmo quando marca a sua presença de modo mais evidente, como nas datas festivas, a secularização está tão generalizada que esse traço se perde com muita frequência. Todos os que comemoram o Natal com uma alegre ceia sabem por acaso qual é o sentido dessa festa que celebram com champagne e peru?

Na Idade Média, pelo contrário, respira-se um ambiente cristão. Como não há de sentir-se envolvido, sustentado e guiado pelo cristianismo o homem cujo dia está compassado pelo repicar dos sinos e especialmente por essa oração admirável, o *Angelus*, que começa então a desenvolver-se; cujo ano segue o curso do ciclo litúrgico; cujos dias de lazer e expansão são as festas religiosas e cujo trabalho está santificado pelos ritos religiosos das *jurandes*? Evocando a beleza da catedral, "o seu murmúrio latente, as suas trevas esfuziantes, os seus inumeráveis conselhos", Claudel exclamou: "Alma cristã, assim é o teu mundo interior, assim é o teu silêncio". Não é apenas a catedral, é a sociedade inteira que, rodeando o homem de realidades religiosas, mantém a fé no centro do seu universo interior.

Este ambiente sagrado que envolve a existência reflete-se também no calendário. O ano inteiro está ocupado por Cristo, pela evocação da sua vida e morte. Em dezembro, quando a natureza adormece, a Igreja anuncia a chegada do Salvador que vencerá as trevas: os quatro domingos do *Advento* preparam a sua vinda (*adventus*). O dia de glória, *natalis dies*, o Natal, está rodeado de cerimônias maravilhosas, repletas de cânticos alegres. (Também começam a montar-se presépios, desde que São Francisco de Assis armou o primeiro, em 1223). Seguem-se as festas da *Circuncisão* (1º de janeiro) e da *Epifania* (6 de janeiro), recordando os momentos solenes em que Jesus se manifestou ao mundo. Durante algumas semanas, continua-se a comemorar a vinda do Senhor e a evocar a sua mensagem, mas o mistério central do cristianismo, a *Redenção*, não demora a impor-se às consciências.

Desde a *Quarta-Feira de Cinzas*, em que começa o jejum de quarenta dias — que evoca o de Cristo, antes de dar início à sua vida pública —, todas as atenções se voltam para o drama que se aproxima. A festa da *Anunciação* (25 de março), estabelecida no Ocidente a partir desta época, dificilmente interrompe com o sorriso de um anjo esta meditação patética. E eis que chega a Semana Santa: no *Domingo de Ramos* (ou *páscoas floridas*), Jesus entrou na cidade. Passo a passo, depois da noite da quarta-feira, acompanha-se o seu drama. A *Sexta-feira Santa* é um dia de grande desolação e tristeza.

Dois dias depois, eclode a alegria da *Páscoa*, um dia iluminado por cerimônias tão belas que, em diversos países, especialmente na França capetíngia, se tornou o primeiro dia do ano. Esta alegria prolonga-se por outros quarenta dias — quarenta dias de vida ressuscitada que são a contrapartida da inquieta tristeza da Quaresma —, até o momento em que o Senhor realiza a sua *Ascensão* e, logo depois, envia do céu o Espírito Santo sobre os seus no dia de *Pentecostes*.

Assim, todo o ano está balizado por festas. E não são apenas as de Cristo! Muitos santos beneficiam também de cerimônias igualmente imponentes. As da Virgem Maria ocupam um lugar único: a festa da sua *Natividade* (8 de setembro), a festa da *Purificação* ou *Candelária* (*festum candelarum*, 2 de fevereiro, festa dos círios...), a festa da *Assunção* (15 de agosto), celebrada com fervor por toda a parte.

Todas estas datas importantes do calendário religioso e todos os domingos são acompanhados de uma prescrição: o descanso consagrado, cuja importância também escapa ao homem dos nossos dias. Para este, o ritmo do trabalho e do descanso é fixado pelas leis do Estado, e, mesmo quando esses dias "laicos" correspondem a festas cristãs (Natal, Páscoa, Pentecostes), são muitos os que esquecem totalmente o seu sentido religioso. Na Idade Média, acontece o contrário: o trabalhador descansa porque o domingo é um dia dedicado ao Senhor, ou porque, em outros dias determinados, é preciso honrar os santos. Veremos mais adiante, ao estudarmos a ação social da Igreja, como este fato foi importante.

A Igreja, portanto, proíbe o exercício de trabalhos servis — como também os divertimentos mundanos — no domingo e nas "festas de guarda". O número destas últimas vai aumentando com o tempo; um concílio de Oxford, em 1222, fala de 53, o que, com os domingos, o dia 15 de agosto e a Ascensão, perfaz um total mínimo de

107 dias de descanso. Mais adiante haverá uma reação no sentido de diminuí-los.

Por outro lado, os jejuns marcam com um sinal religioso, em determinados períodos do ano, o que o homem tem de mais humilde e de mais animal em si: a necessidade de alimentar-se. Este venerável costume, herdado de Israel e muito desenvolvido na Igreja primitiva, reveste-se de uma grande importância. Sujeitar-se a fazer apenas uma refeição por dia — tolera-se uma refeição leve à noite — é impor ao corpo que pense em Deus e renuncie a si próprio por Ele. Jejua-se durante a Quaresma, nas têmporas, nas vigílias das festas e em todas as sextas-feiras, em comemoração do dia da Paixão. Os jejuns do Advento e do sábado, frequentes na época anterior, desaparecem aos poucos, mas ninguém pensa em esquivar-se aos jejuns obrigatórios.

É preciso observar ainda que esta espécie de enquadramento resultante da religião corresponde a um traço psicológico característico do homem desta época que, sem estar de modo algum "padronizado", tem a convicção de fazer parte de um todo. Quer se trate de um monge na sua congregação, de um artesão no seu ofício ou de um burguês na sua cidade, o indivíduo sacrifica-se com gosto em benefício da comunidade. Este sentimento comunitário existe também no plano religioso. Contrariamente ao que acontece hoje, o cristão não se sente só no seu esforço espiritual. Tem firmemente arraigado o *sentido da Igreja*, esse sentido que nasceu nas origens da "Assembleia", da *Ecclesia*, que se fortaleceu nos tempos heroicos das perseguições, que selou a união dos fiéis contra os perigos bárbaros e que, nos séculos XI, XII e XIII, se manifesta nesses grandes empreendimentos da comunidade cristã que são a cruzada e a catedral. A este sentido comunitário, a *liturgia* dá a sua expressão grandiosa e o seu alcance sobrenatural.

Um espetáculo sagrado: a liturgia

Os ofícios da Igreja — lembremo-nos do que foi dito mais acima sobre os sermões — são muito concorridos. O comparecimento é praticamente total, como ainda acontece nos nossos dias nas cidadezinhas de alguns cantões da Suíça, em Valais, por exemplo, ou no Canadá francês, em que a população inteira assiste à Missa e acompanha a procissão. Ninguém fugia a esta obrigação sem causar escândalo. E a multidão não acorre somente à Missa do domingo e das festas, mas também aos ofícios hoje esquecidos, como as Vésperas, por exemplo. O homem medieval sente-se em casa quando vai à igreja, e vai de muito boa vontade.

A alma do cristão encontra-se assim em contato com essa expressão elevada, total e universal da fé que é a liturgia. Melhor do que o sermão mais eloquente, melhor do que o tratado mais erudito, é ela que torna Deus sensivelmente presente. Esse conjunto de gestos e palavras pelo qual a Igreja regulamenta as relações oficiais e comunitárias dos seus fiéis e com que acompanha os grandes momentos da vida pública e privada, ocupa, portanto, um lugar eminente no fato religioso medieval, um lugar que o cristão de hoje não é capaz de aquilatar se o seu contato com essa realidade estiver reduzido a uma rápida Missa no final de uma manhã de domingo...

A liturgia atua nas almas antes de mais nada pela sua beleza formal. A riqueza dos paramentos sacerdotais, a pompa serena das cerimônias, o poder arrebatador dos órgãos, a simplicidade encantadora do cantochão, tudo contribui para envolver os assistentes numa atmosfera sublime e numa luz espiritual penetrante. Naquela imensa nave de pedra, sob a luz multicolorida que desce dos vitrais, podia o fiel não se sentir — como se lê na liturgia de dedicação das igrejas — no seio da "Jerusalém celeste, com paredes feitas de pedras preciosas, vestida como a esposa para o esposo"?

Mas esta beleza exterior não é nada em comparação com as luzes que o cristão descobre ao refletir no sentido de todas essas palavras e gestos. Para ele, o rito inscreve-se numa tradição secular e cada momento da Missa lembra-lhe um acontecimento da história sagrada ou uma fidelidade ancestral. Sente e sabe que está perante o drama da sua própria salvação, perante mistérios mais importantes do que a sua própria vida: a Encarnação, a Redenção, a Ressurreição. Compreende-se que um místico como São Luís se deixasse penetrar de tal modo pelo esplendor da liturgia que chegasse a cair em êxtase durante a Missa[23].

No Ocidente, a liturgia usual é a romana, introduzida em toda a igreja latina ao longo da época carolíngia. Só se toleram formas diferentes nos raros casos em que as dioceses podem provar a antiguidade da sua tradição, como Lyon, Milão, Toledo, ou em determinadas ordens, como a de São Domingos, que obtiveram privilégios especiais. Tal como nós a conhecemos, está estabelecida nos seus traços principais há muito tempo. A Idade Média acrescenta poucos textos ao missal (especialmente três, em prosa: o *Stabat Mater*, o *Lauda Sion* e o *Dies irae*). A bênção final, outrora reservada aos bispos, é dada a partir de agora por todos os sacerdotes. Tendo-se deixado de observar a separação dos sexos, a Igreja considerou prudente abandonar a prática do ósculo da paz. Foi São Luís que inaugurou na sua capela o hábito de dobrar o joelho no *et incarnatus est* do Credo. E é sobretudo a esta época que remonta o gesto tão belo da *Elevação*, essa exposição da hóstia, essa apresentação à adoração dos fiéis do corpo de Cristo transubstanciado, em protesto contra as heresias, como a de Berengário[24], que negavam a presença real[25].

A beleza da liturgia romana possui algo de simples, de claro, de contido, ao passo que, no Oriente, os ritos são extremamente complicados e se rodeiam aparentemente de mistério. As liturgias orientais siríaca, copta e bizantina (esta última com as suas três variantes, de São Basílio, São João Crisóstomo e dos pré-santificados) estão carregadas de símbolos, de longas cerimônias, de ritos obscuros para o público. A *iconóstase*, barreira que separa os fiéis do altar, faz com que o essencial do drama sagrado — a Consagração — se passe longe de todo o olhar, no "ritual do silêncio". O conjunto dos cantos e das procissões preparatórias pode ser belo, mas não atua tão diretamente sobre as almas. Mais do que o Cristo imolado, o Redentor, quem é lembrado aqui é o temível Verbo, Aquele que é rodeado pelas milícias celestes.

No Ocidente, a Missa é verdadeiramente um drama, que o fiel pode acompanhar e cujas etapas lhe são familiares. Apesar das reduções introduzidas nos ofícios a partir da Idade Média, não é verdade que muitas das cerimônias do ciclo litúrgico de hoje — como as da Semana Santa, do Natal e da Páscoa — ainda sugerem irresistivelmente a ideia do drama? As respostas alternadas, os cantos e mesmo os paramentos tendem a suscitar nas consciências o sentimento dramático. O próprio texto sagrado não se presta diretamente a esta interpretação? No Domingo de Ramos, o longo evangelho da Paixão é frequentemente lido por vários diáconos. Um deles recita as palavras de Cristo, um segundo personifica os outros atores do drama, um terceiro lê as passagens narrativas e, de tempos em tempos, explodem as imprecações da multidão, representando os judeus.

O efeito é impressionante. Não são verdadeiros trechos dramáticos o diálogo das duas Marias com o anjo, na manhã da Páscoa: "– Quem procurais neste sepulcro? – Jesus de Nazaré, o crucificado...", ou essa conversa dos discípulos de Emaús com o seu companheiro desconhecido?

A partir da segunda metade do século XI, nasce na Igreja, muito naturalmente, uma espécie de liturgia dramatizada. "Representam-se" o Natal, a Epifania, a Paixão, a Ressurreição, tomando-se embora algumas liberdades com o texto evangélico para acentuar os efeitos. Um sermão falsamente atribuído a Santo Agostinho, em que os apóstolos são intimados a explicar o seu comportamento, origina o *Drama dos profetas* que inaugura as festas do Natal em São Marcial de Limoges. Ao sóbrio relato da visita dos magos, acrescentam-se muitos detalhes pitorescos, provenientes dos *apócrifos*. O simbolismo não perde os seus direitos, e assim os discípulos de Emaús tornam-se peregrinos que vão pela estrada à busca de Deus e são representados — como também o próprio Cristo — com as roupas típicas dos peregrinos: turbante, sacola para mantimentos, concha e bordão.

A multidão entusiasma-se com tudo isso. Durante horas, acompanha apaixonadamente esses episódios que cada um conhece, mas que tem tanto gosto em reconhecer. Os clérigos que atuam desempenham os seus papéis com toda a alma, conscientes do caráter sagrado da sua função. Cada personagem se veste e se caracteriza de um modo tradicional. Todos sabem que Cristo tem barbas, usa uma coroa e uma túnica vermelha; que Moisés é reconhecido pelos chifres na testa, símbolo dos feixes de luz; que João Batista se veste com pele de camelo e que São José (há uma certa malícia nisso) usa roupas amarelas. Em breve surgirão "truques" mecânicos, como o de esconder dois homens debaixo de uma pele para representar a burra de Balaão, o que permite que o animal profético fale, conforme se lê na Bíblia; e os leões de Daniel terão um assustador maxilar móvel. O bom povo delicia-se com isso. Quando os magos se exprimem numa pitoresca algaravia que pretende ser persa, ou quando o pequeno publicano Zaqueu se encarapita no sicômoro, como a gente ri! Mas quando Nosso Senhor expira na Cruz, que silêncio e que lágrimas...

No final do século XIII, o gênero desenvolve-se e sofre transformações. A representação desloca-se do interior da igreja para o adro, e tanto os episódios como os efeitos e dispositivos mecânicos se tornam mais complexos. Os clérigos já não serão os únicos atores e já se anunciam os *Mistérios* dos séculos XIV e XV. Oferecendo antecipadamente aos sociólogos uma prova insofismável da origem religiosa da tragédia, a Igreja medieval ressuscita o teatro, sepultado no esquecimento desde a morte do mundo greco-romano. Este é um dos exemplos mais curiosos da sua onipresença em todas as formas da atividade humana e da sua surpreendente criatividade.

Um povo que caminha: as peregrinações

Teríamos uma imagem muito incompleta deste cristianismo medieval, tão diversificado e vivo, se esquecêssemos um dos aspectos mais pitorescos com que exprimia a sua fé: as *peregrinações*. O costume de acorrer em grandes massas a um lugar de culto venerado, que se observa em todas as religiões e em todas as latitudes, era tão antigo como a Igreja. Israel, povo errante, cultivara o hábito de "subir a Jerusalém" por ocasião das grandes festas, em longas filas e entoando salmos, e os cristãos adotaram esse hábito, transformando-o.

Desde o século II, houve viajantes que, por trajetos perigosos, iam rezar junto dos túmulos dos apóstolos Pedro e Paulo, em Roma. No século IV, numerosos peregrinos iam à Terra Santa; entre eles, essa dinâmica religiosa espanhola, Sílvia Etéria, que deixou um relato tão curioso da sua viagem. Nem as invasões, nem o período bárbaro, nem a vaga islâmica puderam arrefecer esse entusiasmo. Durante esses períodos confusos, milhares de cristãos enfrentaram todos os perigos para se ajoelharem junto do Santo Sepulcro ou da Confissão de São Pedro. E, quando os tempos se tornaram menos agitados, as peregrinações adquiriram uma importância extraordinária.

É difícil imaginar esses enormes deslocamentos, essas caravanas intermináveis. As cifras que se conhecem são quase inacreditáveis: anualmente, meio milhão de pessoas a caminho de Compostela; no primeiro Ano Santo, Roma recebeu mais de dois milhões de peregrinos, e nunca houve menos de duzentos mil ao mesmo tempo na cidade; e até para a longínqua e pouco acessível Jerusalém, ainda nas mãos do islã, o bispo Gunther de Bamberg conduziu de uma só vez, em 1064, sete mil peregrinos. Não só se tem como ponto de honra fazer pelo menos uma grande peregrinação na vida, como não são poucos os que repetem esse notável ato de piedade. O Bem-aventurado Thierry, pároco de Saint-Hubert nas Ardenas, foi a Roma sete vezes, e Geoffroy de Vendôme esteve lá doze vezes[26].

E por que se faz uma peregrinação? A resposta é muito simples: por Deus. Porque se tem alguma coisa a pedir-lhe, como os doentes que se põem a caminho para obter a sua cura. Porque se cometeu um grande pecado e se tem de cumprir uma penitência imposta pelo confessor. Ou para manifestar ao Senhor a sua fé, a sua alegria, o seu amor ou mesmo a sua grande inquietação, como a Anne Vercors do *Anúncio feito a Maria*, de Claudel. Por todas estas razões, os *jacquots* ou *jacobitas* vão a Compostela, os *romieux* ou *romitas* à Cidade Eterna, os *paulmiers* a Jerusalém, ou, mais modestos nos seus projetos mas igualmente fervorosos, os *miquelots* ao Mont Saint-Michel, na Normandia.

A peregrinação é um ato pelo qual a pessoa se põe a serviço exclusivo de Deus durante um período de tempo. É a forma eminente da oração e da penitência. Participam dela as três igrejas: a militante, que sofre e ganha méritos ao longo do trajeto; a padecente, isto é, a dos mortos que seguiram antes o mesmo caminho e esperam que o amor dos seus filhos os ajude a ganhar o céu; e a triunfante, a dos santos que são honrados nessa dura caminhada. Por outro lado, todo o peregrino beneficia de graças extraordinárias. No tímpano de Autun, na cena do *Juízo Final*, todos os mortos saem do túmulo nus como Adão, exceto dois peregrinos que trazem aos ombros as suas sacolas de mantimentos, uma delas marcada com a cruz da Terra Santa e a outra com a concha de Santiago. Sob a proteção desses emblemas, pode-se enfrentar o julgamento de Deus.

Todos vão ou desejam ir em peregrinação, sejam grandes ou humildes, prelados ou príncipes, artesãos ou lavradores. Nessa enorme multidão, vestida com o mesmo hábito tradicional, as classes confundem-se fraternalmente. Há também peregrinos de todas as idades, desde crianças de doze anos até octogenários, todos eles percorrendo penosas etapas. Aguardam-nos dificuldades e perigos sem conta. Em princípio, o caráter sagrado da marcha deveria protegê-los, mas são atacados por salteadores sem fé. A longa caminhada a pé, o cansaço e o frio são rudes penitências. Não há dúvida de que existem cristãos generosos que abrem aos romeiros a sua casa e a sua mesa, chegando a matar um cisne em honra deles, como se lê na cantiga de *Raoul de Cambrai*. Não há dúvida de que existem também lugares para abrigar esses errantes de Cristo, como essas abadias de generosa hospitalidade e os "hospícios", albergues construídos por obras pias. Mas a prova é dura e tem muito mérito aos olhos de Deus.

Imaginemos um desses cristãos lançados na grande aventura. Chegou o momento de cumprir o voto que fez. A esposa ou os pais geralmente preocupam-se e protestam: por que partir? Deus pede tanto? E se é realmente indispensável, por que não escolher um lugar de peregrinação mais próximo, Conques, Vézelay ou Puy? Compostela está tão longe! Mas o *jacquot* não escuta ninguém e começa a seguir o seu sonho. Pelos amigos, sabe das maravilhas que o esperam: vitrais, esculturas, altares gigantescos, a famosa estátua de São Tiago sobre o seu trono de prata, as suntuosas cerimônias que se realizam no santuário e, sobretudo, o próprio corpo do santo, "iluminado por rubis paradisíacos, ornado com o brilho dos fachos celestes". A sua decisão está tomada e ninguém conseguirá demovê-lo. Além do mais, já se confessou e recebeu o bilhete que, garantindo que parte em paz com Deus e a Igreja, lhe permitirá ter, quando voltar, o título muito respeitado de "irmão de São Tiago". Já foi recebido pelo bispo, que lhe entregou uma carta de recomendação dirigida às autoridades do trajeto. Isso provará que não se trata de um desses bandoleiros que se infiltram nos grupos de piedosos, Deus sabe com que intenções. E, por uma questão de prudência, fez também o seu testamento...

O seu equipamento é simples, já fixado pelo costume: um grande chapéu de aba levantada, guarnecido de conchas, símbolos das virtudes do santo, ou de piedosas estatuetas compradas ao longo do caminho. Sobre os ombros, uma espécie de murça de couro, uma ampla romeira a tiracolo, a indispensável cuia; na mão, o bastão curvado ou bordão, companheiro fiel, e, por fim, a bolsa para as provisões ou escarcela, presa na cintura.

Os mais prudentes documentam-se para a viagem com guias que são os ancestrais dos nossos guias geográficos e turísticos; o mais famoso é o dos peregrinos de Santiago, escrito em 1140 por Aimery Picaud. Contam tudo: as curiosidades e dificuldades do itinerário, os locais de hospedagem e os trechos perigosos. Não te carregues com muita coisa, aconselha sabiamente o guia. Ao atravessares pântanos, desconfia das areias, onde podes afundar-te, e protege-te das moscas chamadas tavões. Toma cuidado com os alimentos cozinhados com azeite, que são "um verdadeiro veneno", e também com as fontes de água, pois nem todas são de confiança. Economiza o teu dinheiro porque a viagem pode demorar mais do que o previsto, e não hesites em dormir ao relento para poupares os teus fundos.

Chega o dia da partida, geralmente na época da Páscoa. Centenas de alegres peregrinos reúnem-se no local combinado — em Paris, a Torre de Saint-Jacques (São Tiago). Assistem à Missa e acompanham as orações que se rezam especialmente para esta circunstância. O padre asperge-os com água benta e entrega a cada um o bordão e a escarcela. Há um último dia para as despedidas, e, ao cair da noite, a turba põe-se em movimento. Um imenso "aleluia" sai de todos os pulmões, e pelo caminho vai-se ouvindo, até que se extingue, o refrão encorajador: "Em frente, peregrinos, sempre em frente!"

A caravana terá de atravessar vários países, seguindo caminhos fixados pela tradição. Homens, mulheres e crianças avançam misturados e a pé; são raros os que podem dar-se ao luxo modesto de um cavalo ou de um jumento. Há jograis que escoltam os caminhantes e cujas vozes alternam com os cânticos entoados pela multidão em coro. Só os penitentes públicos, que se reconhecem pelo capuz sombrio marcado com cruzes vermelhas, é que caminham em silêncio, meditando e rezando. É a grande aventura que começa a desenrolar-se, o povo cristão que caminha. Vai-se por etapas, de lugar santo em lugar santo, pois o trajeto está balizado por recordações de fé[27]. Aos olhos dos peregrinos, o mapa da cristandade está constelado de pontos de referência que são as catedrais, os túmulos, as basílicas. Este piedoso empreendimento vai durar semanas e semanas: nove meses para Santiago, um pouco menos para São Pedro, às vezes três anos para o Sepulcro de Deus!

Para que pontos veneráveis se dirigem estas verdadeiras colunas piedosas em marcha? O primeiro grande centro de peregrinação — em dignidade e pelos méritos que faz adquirir — é a Terra Santa, *Jerusalém*. Começou a sê-lo no século IV, durante os tempos bárbaros, e assim continuou sempre, mesmo depois que o violento califa Hakem, numa crise de fanatismo, destruiu a igreja do Santo Sepulcro e se tornou extremamente perigoso viajar à Palestina. Mas só os audaciosos, como o terrível Foulques Nerra, conde de Anjou, estiveram lá mais de uma vez, para cumprir uma penitência que na verdade lhes era muito necessária. No século XI, a peregrinação aos Lugares Santos continua difícil, porque os seldjúcidas, quando lhes dava na veneta, chacinavam os peregrinos ou os reduziam à escravidão; aliás, será a cólera provocada por essas sevícias infligidas aos caminhantes de Deus que constituirá um dos motivos para que o papado desencadeie a cruzada. Mesmo quando os príncipes francos estiverem instalados em Jerusalém, a partir de 1099, a peregrinação continuará a ser uma verdadeira façanha.

O peregrino atravessará primeiro a Itália, pela Via Emília, e embarcará em Brindisi, não sem antes ter saudado o arcanjo São Miguel no Monte Gargano. Mesmo que tenha escolhido outro porto de embarque, como Pisa, Gênova ou Veneza, terá de vencer muitas etapas para lá chegar. Depois, navegará durante algumas semanas a bordo de um navio abarrotado com a sua piedosa carga. Desembarcará então em algum porto sírio, e ainda terá vários dias de marcha pela frente até chegar ao seu destino. Mas isso não tem importância, pois será grande a sua alegria quando se ajoelhar nos lugares sagrados referidos pelo Evangelho: em Belém, onde a estrela de prata indica o lugar exato — ninguém duvida disso — da Natividade; à beira do lago tão belo que ouviu ressoar a Palavra; e sobretudo no Sepulcro que abrigou durante três dias o Corpo adorável. Quando regressar, e até os últimos dias da sua vida, contará com orgulho mil coisas admiráveis, evocará a basílica cujos alicerces foram assentados por mestres-de-obras francos, mostrará as preciosas lembranças trazidas de lá, um pouco de terra do túmulo, um ramo de oliveira cortado no Horto da agonia, uma medalha, uma estatueta, e sobretudo uma *palma* semelhante àquela cuja imagem o *paulmier* usa no pescoço.

Ir a Roma, a outra Cidade Santa, é menos difícil, mas quase igualmente meritório. Já se disse que a "romaria", *roumavage* ou *roumayage*, era a peregrinação do coração, pois um grande impulso de amor impele os fiéis cristãos para esse lugar onde pulsa o sangue mais vivo da Igreja. E não se imagine que a viagem seja mais tranquila, já que, precisamente porque os peregrinos são mais numerosos, é maior o número de ladrões que os espreitam nos terríveis desfiladeiros dos Alpes. No entanto, todos os caminhos são incessantemente percorridos por milhares de grupos piedosos, a tal ponto que a caridade de São Bernardo de Menthon o levará a construir albergues nos pontos mais perigosos. Os cristãos franceses são tão numerosos que os caminhos por onde passam recebem o nome de *via francigena* ou *via francesca*. Em toda as cidades há santos a venerar e igrejas notáveis a visitar, mas sobretudo ninguém se esquece de dar a volta por Luca para ali adorar a "Santa Face", o *Saint Vou*, como dizem os provençais, esse grande Cristo esculpido, com olhos de cristal que dão ao seu rosto um aspecto de terrível majestade, e ao qual se atribuem muitos milagres.

Assim, depois de terem percorrido cerca de dois mil quilômetros, os viajantes chegam ao cume do Monte Mário, esse promontório que se debruça sobre a Terra Prometida, também chamado "Monte da Alegria" — o *Montjoie* do antigo grito de guerra franco —, de onde se vê toda a Cidade Eterna, a Roma de ouro. Uma enorme emoção se apodera de todos os corações, e perante a fulva maravilha das casas, dos palácios, das igrejas e das grandes ruínas, brota de todos os lábios o famoso cântico: "Salve, ó Roma, senhora do mundo, vermelha com o sangue dos Mártires, branca com o lírio das Virgens! Sê bendita, ó Roma, pelos séculos dos séculos!"

Já na Cidade Eterna, o peregrino dirige-se imediatamente à Basílica de São Pedro, a igreja da cristandade. Ali admira tudo: a estátua de São Pedro, cujo dedo do pé deve beijar, o seu túmulo, e essa relíquia sublime, o véu da Verônica, onde está impressa a imagem da Santa Face, de cuja autenticidade ninguém duvida. Sentir-se-á ainda mais feliz se conseguir saudar o papa, pai de todos, e beijar o seu anel pastoral... Mas há muitos outros lugares memoráveis para visitar: a igreja de São Paulo, no local onde o apóstolo foi enterrado depois do seu martírio; São João de Latrão; a igreja do Santo Sepulcro, que lembra a de Jerusalém; o Coliseu, cheio de lembranças dos mártires; Nossa Senhora da Rotonda, o antigo Panteão. Há excelentes roteiros que lhe indicam tudo o que deve ver: o *Itinerário de Einsiedeln* e principalmente a *Total descrição da cidade*, que não esquece nenhum monumento, nenhuma legenda, nenhum albergue para peregrinos, como aquele que ainda hoje se vê na margem do Tibre, o *Albergo dell'orso*.

A importância de Roma como centro de peregrinação não cessou de aumentar durante toda a Idade Média, ligada à importância crescente dos papas. Atingiu o auge em 1300, quando Bonifácio VIII reatou a antiga tradição judaica do jubileu proclamando o *Ano Santo*. O apelo do Santo Padre, com a promessa de graças excepcionais, fez com que os peregrinos invadissem Roma. Foram tantos que não se sabia onde metê-los, e Dante, que esteve lá naquela altura, relata em quatro versos da *Divina Comédia* que foi necessário estabelecer uma direção única para os romeiros que atravessavam a ponte de Sant'Angelo. Havia peregrinos de todas as classes e de todas as nações, delegações inteiras de países e cidades, dentre as quais sobressaía, pelo seu fausto, a de Florença. Que resultou de tudo isso? As más línguas disseram que os verdadeiros beneficiários do Ano Santo foram os comerciantes de Roma, mas não se pode negar que tal afluxo de piedade fortaleceu os laços entre os cristãos e difundiu amplamente o amor à Igreja e a fidelidade à sua cabeça visível[28].

As peregrinações a Jerusalém e a Roma assentam sobre acontecimentos históricos: a vida e a morte de Cristo, a chegada de São Pedro a Roma e o seu martírio. Já a importância que adquiriu a peregrinação a Compostela, a ponto de ter chegado a rivalizar com as outras duas, é um verdadeiro mistério. Na *Vita nuova*, Dante chega a dizer que "em sentido estrito, entende-se por peregrino aquele que vai à casa de São Tiago". Estranha glória a deste humilde pescador de Betsaida, Tiago o Maior, filho de Zebedeu e irmão de São João Evangelista, que, segundo os *Atos dos Apóstolos*, foi o primeiro dos Doze a receber o martírio. Um apócrifo afirma que ele se dirigira à Espanha para converter os infiéis, mas foi sobretudo depois da sua morte que a sua epopeia se tornou fabulosa.

Diz a tradição que, em 45 da nossa era, uma barca vinda de muito longe, trazendo sete homens e um esquife de cedro, apareceu na costa da Galiza e lá naufragou. Eram os discípulos de Tiago que procuravam um lugar para abrigar o corpo do seu mestre. Naquela região erguia-se uma cidade, cercada por temíveis muralhas, na qual reinava uma princesa druida, a Loba. Depois de uma peripécia dramática, durante a qual a terrível sacerdotisa esteve a ponto de entregar os sete cristãos ao governador romano, mas por fim pressionada pelos prodígios que a mão divina fez chover sobre ela, rendeu-se e pediu o Batismo, oferecendo aos discípulos dois touros para puxarem a carroça com o esquife e um terreno onde pudessem construir um túmulo. Assim começou o culto a São Tiago na Galiza. Queremos saber por que se deu ao lugar o nome de *Compostela*, que quer dizer "Campo da Estrela"? Porque, tendo o túmulo desaparecido durante as invasões, um santo eremita o encontrou em sonhos guiado por uma estrela. Que estas tradições tenham podido gerar uma corrente de piedade tão viva, é algo que só se compreende se relacionarmos a peregrinação com um acontecimento histórico: a firme vontade dos cristãos da Espanha de expulsar os muçulmanos do país. Não é verdade que São Tiago aparecera por ocasião da batalha de Clavijo para comandar os exércitos cristãos? Não é verdade que lhe chamavam o "Mata-mouros"? A peregrinação de Compostela representou sem dúvida um dos elementos dessa atenção vigilante que a Igreja dedicou à Espanha e que se concretizou na Reconquista.

O certo é que, iniciada no século IX (o sarcófago de pedra foi identificado por volta de 870 e em 950 realizou-se a primeira grande peregrinação francesa, a de Godescale), e organizada em grande escala por Gelmirez, o primeiro arcebispo da nova sé, no século XII, esta peregrinação atrai a Compostela, ao longo de toda a Idade Média, milhões de pessoas do Ocidente. São germanos, flamengos, ingleses, poloneses, húngaros e principalmente franceses, razão pela qual, também aqui, os caminhos que eles trilham são chamados "caminhos franceses".

Quatro grandes estradas, com muitos lugares de descanso, permitem-lhes atravessar a França: a estrada de Paris que, partindo da Torre de São Tiago se dirige para Tours, onde liga com a estrada de Chartres; a estrada da Borgonha, que começa em Vézelay; a estrada da Auvergne, que começa em Clermont; e a estrada do Sul, que parte de Arles e cuja etapa mais bela é Toulouse. Todos estes itinerários se reúnem ao sul dos Pireneus, em Puente-la-Reina, de onde, por Pamplona, Burgos e Vilafranca, os romeiros de Deus chegam ao santuário. São muitas as recordações que estes *jacobitas* deixaram ao longo das estradas, e os escultores representam-nos frequentemente com as suas conchas características. Ao grito ritual de "*Outrée! Susée!*", avançavam em caravanas extensas pelos planaltos ora abrasadores, ora gelados. Quantos tesouros espirituais não terão eles acumulado na escarcela de Deus?

São estes, portanto, os três grandes centros que movimentam as multidões. Mas, ao lado destes cumes de piedade, existem outros que não lhes ficam muito aquém em glória, como, na Inglaterra, São Tomás da Cantuária, onde se venera a memória do arcebispo assassinado, e, em Colônia, a igreja dos Reis Magos. E muitos outros, ainda que mais modestos, atraem também grandes massas de fiéis. Na Provença, é a *Santa Gruta*, onde São Maximiano escondeu os restos mortais da Madalena, fato que deixa de ser discutido desde que Carlos de Salerno exumou o corpo em 1279 e encontrou intacta a língua da santa... Muitos papas, reis e santos foram em peregrinação ao lugar. Na Borgonha, destaca-se *Vézelay*, outro santuário da Madalena, porque ali se guardam uma parte dos seus ossos e alguns dos cabelos. Em *Tours*, o túmulo de São Martinho conserva o seu prestígio e para lá se dirigem numerosos visitantes, sobretudo no dia 11 de novembro, aniversário da sua morte, e no dia 4 de julho, data em que se comemora o traslado das suas relíquias. Na Normandia, no limite com a Bretanha, o *Mont Saint-Michel*, o maravilhoso ilhéu, é o santuário inviolado do arcanjo que, segundo o *Apocalipse*, salva o Filho da Mulher dos ataques do dragão de sete cabeças. São Miguel é o protetor dos guerreiros, o primeiro barão da França (as suas armas trazem as três flores de lis), mas atrai também multidões de todos os gêneros: artesãos, comerciantes e até crianças — os "Pastorzinhos" de 1333 —, todos eles fanáticos do seu título de *miquelots*. Na Itália, os maiores locais de peregrinação nasceram seguindo as pegadas de São Francisco: *Assis* e seus anexos, São Damiano e os Carceri, como também o Monte *Alverno*, onde o santo recebeu os estigmas, e todos os lugares — Gubbio, por exemplo — onde se situam episódios da sua vida.

E como não evocar, como uma piedosa ladainha, todos esses lugares de peregrinações consagrados à *Virgem*, a mais doce das imagens? A imemorial Nossa Senhora de Chartres, cuja cripta abriga uma Virgem debaixo da terra; Nossa Senhora do Puy, nascida de uma cura milagrosa; Nossa Senhora de Fourvière, que reza por Lyon do alto da sua colina; Nossa Senhora da Guarda, erigida pelo Mestre Pedro de Accoules por volta de 1210, e que é um farol espiritual sobre o porto marselhês; Nossa Senhora de Liesse, no nordeste da França, construída por cruzados, e que se tornou célebre quando Enguerrand de Coucy, graças à sua intervenção, encontrou seus dois filhos que haviam sido sequestrados por ladrões. No país de Santa Odília, Nossa Senhora de Dusenbach e Nossa Senhora de Marienthal multiplicam as preces. E existem ainda Nossa Senhora de Rocamadour, Nossa Senhora de Font-Romeu e Nossa Senhora de Bétharram, ancestrais de Lourdes, Nossa Senhora da Délivrande, santuário normando muito antigo, sem esquecer Rumengol, Folgoat e muitos outros lugares na Bretanha...

Peregrinações mundiais, nacionais, provinciais e locais... "Dir-se-ia", escreve Jacques Madaule, "que estamos perante um vasto sistema de veias e artérias que não cessa de movimentar as populações e que não atua menos sobre os que se deslocam do que sobre os que percorrem as estradas. A República cristã experimenta a sua unidade nesta contínua agitação que anima os ofícios, inspira os artistas e faz cantar os jograis". Esta marcha para Deus faz sentir o que havia de exaltante na religião deste período, o seu desejo apaixonado de infinito, a sua impaciência perante os limites.

As armas da Igreja são espirituais

Uma fé unânime, viva, arrebatadora — admirável, em suma, por mais que com ela se misturem elementos suspeitos —, eis o traço característico do mundo medieval, o que explica ao mesmo tempo uma realidade historicamente considerável: a influência decisiva da Igreja enquanto corpo constituído. Se há algo de evidente, é que durante estes séculos a história profana e a história da Igreja praticamente se confundem, mais ainda do que nos tempos bárbaros. Toda a gente crê e vive a sua religião, e por isso a Igreja, depositária da fé e orientadora dos costumes, dispõe de um crédito moral e de uma influência que se manifestam em todos os âmbitos.

Como é que, sendo por definição uma potência *espiritual*, ela pôde exercer uma autoridade *temporal?* A resposta é simples, se pensarmos na unanimidade da fé. Que elementos psicológicos fundamentam essa autoridade? Em primeiro lugar, o respeito que um cristão sente por aqueles que representam a Deus na terra. Quando o papa Inocêncio IV declara que o seu poder, enquanto Vigário de Cristo, é superior a todo o poder leigo, "como a alma o é em relação ao corpo, e o sol à lua", emite uma opinião universalmente admitida.

Em segundo lugar, é necessário levar em conta uma espécie de confusão, de imbricação que existe entre a obediência devida às leis do Estado e a que se deve às leis de Deus. Assim como a heresia, que é um crime religioso, é assimilada ao crime civil de lesa-majestade, do mesmo modo, em sentido inverso, por um delito ou um crime que hoje acarretaria sanções penais, os tribunais civis infligem frequentemente uma penitência, como, por exemplo, uma peregrinação. São raros os nossos contemporâneos, mesmo cristãos, que, ao desobedecerem às leis ou decretos do Estado, pensam ter cometido um pecado; na Idade Média, porém, a vida inteira desenvolve-se dentro de limites rigorosamente estabelecidos por Deus, e quem os transpõe comete uma falta religiosa. Desta maneira, a Igreja controla *de facto* a estrutura da sociedade.

Graças a esta autoridade tão solidamente fundamentada nas consciências, a Igreja — que, na medida do possível, já fizera o mesmo nos tempos bárbaros — vai poder exercer uma dupla ação. Uma, exterior, cujas etapas podemos acompanhar observando as novas instituições e o seu relacionamento com as potências desse tempo; e outra, muito íntima e que não se pode analisar com precisão, sobre as almas. A combinação dos dois esforços resultará no desabrochar de um tipo humano e de uma forma de civilização que, apesar dos seus defeitos, dignificarão o homem.

Como se exerce esta autoridade? Por meios de ordem religiosa, *penitenciais*. Aos que transgridem os seus preceitos, a Igreja pode impor castigos públicos ou privados, aos quais, segundo a mentalidade da época, é difícil esquivar-se: peregrinações, flagelações, esmolas, jejuns e orações. Mas pode também diminuir-lhes o peso, porque sabe que "o que ela ligar na terra será ligado no céu, e o que desligar na terra será desligado no céu". Foi por isso que admitiu o *resgate*, uma espécie de transposição cristã do *Wehrgeld* germânico; o pecador público é autorizado a resgatar as obras de penitência que lhe foram impostas, quer substituindo-as pelos méritos de uma terceira pessoa, quer pela esmola. A partir do século XI, a Igreja concede *indulgências*, isto é, remissões parciais ou plenárias das penas canônicas a todo aquele que preste serviços significativos à comunidade cristã ou manifeste em certas condições o seu zelo piedoso. Podem-se citar muitos exemplos de indulgências, como as que se concediam pela construção de catedrais ou hospitais, de pontes e diques, pelo alistamento na cruzada ou nos exércitos que combatiam na Espanha, ou até por uma visita ou uma confissão num lugar de veneração. Sabe-se, por exemplo, que ao Ano Santo de 1300 se associou uma medida de "Jubileu", isto é, a remissão plenária a todos os peregrinos a Roma que se submetessem às diversas prescrições de visitas às basílicas, preces e sacramentos.

Falta ainda que a Igreja consiga que as suas decisões sejam levadas à prática. Mas ela não dispõe de nenhum meio diretamente coercitivo: não tem polícia nem gendarmes. Se, na maior parte dos casos, recebe apoio das autoridades, é porque soube impor-lhes o seu ascendente. As suas armas, portanto, são exclusivamente espirituais e, se têm eficácia, é porque os homens desta época creem, temem o inferno e receiam a grave ruptura com a comunidade que resultaria de uma exclusão da comunhão cristã.

Ninguém, nem o pecador mais empedernido e violento, escuta de ânimo leve os brados da eloquência sagrada. Quando um pregador, do alto do púlpito, aponta um culpado e o ameaça com o fogo eterno, até o mais cínico se sente atingido. "Vós sois lobos vorazes" — gritava Jacques de Vitry aos senhores feudais que espoliavam os pobres — "e, como lobos, haveis de uivar no inferno!" A Pedro de Courtenay, que maltratara o bispo de Auxerre, Inocêncio III dirige publicamente esta terrível repreensão: "A tua consciência será a primeira testemunha contra ti. Com os pés e as mãos amarrados, serás lançado nas trevas exteriores e as chamas vingadoras te consumirão. Suplicarás inutilmente ao bispo de Auxerre que mergulhe a ponta do dedo na água para refrescar a tua língua. E o que poderás dizer em tua defesa, infeliz, quando o Senhor te disser: 'O que fizeste a um dos meus servos mais humildes, foi a mim que o fizeste'?"

A estas terríveis advertências, a Igreja acrescenta as suas sanções. Uma, sobrenatural, é o *anátema*, a maldição solene. Eis, por exemplo, a fórmula que o cabido de São Juliano de Brioude pronuncia contra o ladrão que roubou o inestimável relicário doado à sua igreja por Carlos Magno: "Que ele seja maldito, esteja vivo ou morto, comendo ou bebendo, de pé ou sentado! Que a sua vida seja curta e os seus bens saqueados pelos seus inimigos! Que uma paralisia incurável ataque os seus olhos, o rosto, a barba [?], a garganta, a língua, a boca, o peito, os pulmões, as orelhas... [e a enumeração continua por mais quatro linhas]. Que seja como um cervo sedento perseguido pelos caçadores! Que os seus filhos fiquem órfãos, e a sua mulher viúva e louca!" De acordo com a mentalidade da época, uma pessoa que se visse coberta por semelhantes imprecações não devia sentir-se nada à vontade...

Mas isto não é tudo. A Igreja ainda dispõe de duas penas estritamente religiosas que, no entanto, implicam graves consequências de ordem social e política: a *excomunhão* e o *interdito*. Pela primeira, o culpado é afastado da comunhão dos fiéis. A Igreja rejeita-o, e ele deixa de pertencer à comunidade humana, visto que os laços sociais são de essência religiosa. A esposa poderá abandoná-lo e os filhos escarnecerão impunemente da sua autoridade. Os seus servos fugirão dele e ninguém defenderá os seus bens, se forem atacados. É um banido da sociedade. O cerimonial da excomunhão é dramático, próprio para impressionar os espíritos: é como uma liturgia fúnebre pronunciada sobre um vivo, que não tem por fim abrir-lhe o céu, mas enterrá-lo na morte. Haverá algum cristão que não se angustie quando os padres, vestidos de negro, apagam os círios, repetindo o nome do excomungado? Mesmo que o condenado seja o maior rei da terra, não poderá escapar às consequências dessa sanção: ao entrar numa das suas cidades, as igrejas fecharão as portas, os sinos ficarão silenciosos e as ruas desertas. Todos fugirão dessa alma pestífera!

O *interdito* é ainda pior, porque se aplica a uma região inteira e, se o atingido for um rei, a todo um reino. Fecham-se as igrejas; viram-se as cruzes do avesso; não se administra nenhum sacramento, a não ser o Batismo. Não se celebram casamentos nem enterros religiosos e, como é a Igreja que possui o que chamamos hoje o "registro civil", desmoronam-se as bases da existência legal. A vida social fica interrompida e deixam de existir domingos e dias de festa. Podemos imaginar a angústia que se abate sobre uma população cristã que se vê privada dos bens que ela sabe valerem mais do que a vida. Nasce a revolta, que explodirá se o príncipe culpado não se submeter.

Mas em que casos e contra quem a Igreja utiliza estas armas eficazes? A excomunhão atinge grandes e pequenos, quando culpados de infrações às leis morais e religiosas: casamentos ilegítimos, atos de pilhagem e ataques ao clero ou ao direito das gentes. Entre os soberanos, Filipe I da França, Godofredo de Lorena, Filipe Augusto, Luís VII, Afonso IX de Leão e muitos outros foram excomungados. O interdito é aplicado quando se trata de uma reincidência ou de uma recusa categórica de submissão às leis da Igreja. Luís VII, João Sem-Terra e Frederico de Hohenstaufen sofreram essa punição. É extremamente raro que os que foram condenados a essas penas não se arrependam[29], embora por vezes não o façam sem reservas mentais ou sem hesitações e sobressaltos. No fim das contas, o sentido dos seus interesses e o desejo do perdão aliam-se nos seus corações para obrigá-los a ajoelhar-se, como acontecerá com o imperador germânico Henrique IV em Canossa.

A fé cristã está na base de tudo

Eis, portanto, uma sociedade literalmente dominada pelo cristianismo porque os homens creem no Evangelho. Nada, ou quase nada, do que vai acontecer nesta época poderá ser avaliado adequadamente a não ser em função dos princípios cristãos. Cada homem sente-se "tingido com o sangue de Cristo" e tudo o que lhe pertence traz a marca da Cruz.

A organização política é agora essencialmente inseparável do cristianismo. Com efeito, em que se baseia o vínculo feudal, senão num ato religioso, num juramento prestado sobre o Evangelho? Desde Carlos Magno, o que dá ao imperador o seu caráter de delegado de Deus na terra é a *sagração*, repetição do augusto cerimonial da noite de Natal de 800. E se os reis "cristianíssimos", sejam eles da França, da Espanha ou da Inglaterra, recebem a unção, não é para sublinhar de um modo prestigioso que, acima dos direitos hereditários ou adquiridos pela força, se encontra o poder que procede do céu? E esta presença de um elemento *religioso* na própria base do poder explica por que a Igreja, para acompanhar o seu exercício, foi levada a intervir no plano *político*, proferindo um julgamento cristão sobre acontecimentos que, aparentemente, estavam fora do seu domínio.

No que diz respeito à vida social, é o cristianismo que determina o papel de cada classe na procura do bem comum, que permite às pessoas mais humildes subirem na escala social e que, pela caridade, socorre os deserdados, impedindo-os de afundar-se no desespero e na revolta. É ele ainda que afirma, quase isoladamente, as exigências da justiça social, quer se trate da moral do trabalho ou da condição servil.

A própria atividade econômica sofre um influxo direto do cristianismo, não somente no plano estritamente material — pois a Igreja, como poder temporal, nela intervém necessariamente, na medida em que os mosteiros são centros de produção e de comércio, e as catedrais são evidentemente as "grandes obras" desta época —, mas ainda porque a atitude de desconfiança da Igreja em relação ao dinheiro, a sua condenação da especulação e a sua noção do "preço justo" estabelecem um estado de alma inteiramente diferente do nosso, cujas consequências na vida prática são imensas — apesar das múltiplas transgressões a esses princípios.

Tocamos assim a ação moral do cristianismo, que é um fato decisivo deste período. É a fé, são os dez mandamentos e as leis da Igreja que regulam o comportamento de cada um. Como aconteceu desde as origens, os representantes de Cristo na terra lembram obstinadamente aos homens os princípios da vida perfeita, e o cristianismo, impondo a todos uma moral indiscutível, acima dos erros, dos excessos e das violências, mantém viva uma exigência de aperfeiçoamento.

É também o cristianismo que, por ser católico, isto é, universal, suscita na sociedade esse desejo de expansão, essa vontade de conquista para Deus que se traduzirá tão bem nas lutas da Reconquista da Espanha, nas missões de um São Francisco, de um Raimundo Lúlio, de um João de Piano del Carpino e, sobretudo, nessa epopeia inigualável que se estendeu por quase dois séculos — a cruzada.

É ele ainda que impregna a inteligência, que ordena as atividades do espírito e que orienta as pesquisas, porque, diz São Bernardo, "o Verbo se fez carne e habita entre nós, como também habita na nossa memória, como também no nosso pensamento". O cristianismo fornece os seus temas à filosofia e à poesia, inspira e anima tudo o que se situa no domínio do Espírito. Há necessidade de voltar a dizer até que ponto está presente e é criador na arte, quando temos diante dos olhos a catedral, essa inegável obra de fé, essa "grande nau que ruma para o céu"?

Esta foi a fé da Idade Média e a sua eficácia. Mas não basta analisar os seus elementos, e, para corrigir o que esta dissecação tem de árido, é preciso tentar repor o cristianismo na torrente da vida, observando como agia uma das figuras de primeira grandeza dentre as que, durante séculos, foram testemunhas do homem perante o Senhor. É embaraçoso escolher entre tantos que, procurando unicamente o reino de Deus e a sua justiça, receberam por acréscimo, segundo a promessa, os dons que os fizeram tão poderosamente criadores no meio dos seus contemporâneos.

Escolhamos, portanto, um, sem com isso pretender afirmar que ele tenha sido superior, por exemplo, ao angélico São Francisco de Assis ou ao sólido São Domingos, nem que tenha aberto um sulco mais profundo na história da Igreja. Mas encarnou todos os aspectos que o cristianismo medieval pôde manifestar e trabalhou em todos os âmbitos com eficácia. É de tal ordem a consonância entre ele e as aspirações dos seus contemporâneos que a sua personalidade simboliza só por si toda uma época. Referimo-nos a São Bernardo de Claraval.

Notas

[1] Cf. *A Igreja dos tempos bárbaros*, cap. X.

[2] Houve, no entanto, espíritos que debateram problemas em termos análogos aos nossos e perceberam a existência de leis naturais. Bacon, por exemplo. Voltaremos a eles mais adiante (cap. VIII).

[3] Por ordem do papa Urbano IV, este milagre foi estudado por dois ilustres teólogos, São Boaventura e São Tomás, que o reconheceram como verdadeiros. São Tomás proclamou-o como "o milagre dos milagres". Rafael evocou-o num afresco célebre da *Sala de Heliodoro*, no Vaticano. Em grande parte, a celebração do *Corpus Christi* deve-se a este milagre, e a admirável catedral de Orvieto foi construída para servir de grandioso relicário das roupas e objetos sagrados tocados pelo sangue divino.

[4] Cf. *A Igrejas dos Apóstolos e dos Mártires*, cap. VI, par. *A Igreja fixa a sua escolha: o cânon*. Cf. também Daniel-Rops, *Les Évangiles de la Vierge*, Laffont, Paris, 1948, e F. Amiot e Daniel-Rops, *Les Évangiles Apocryphes*, Paris, 1953.

[5] A respeito do culto das relíquias na época precedente, cf. *A Igreja dos tempos bárbaros*, cap. V, par. *A fé no seio das trevas*; e sobre os deslocamentos das relíquias, cap. VIII, par. *Os homens do Norte*.

[6] Lembremo-nos de que, na opinião de alguns, foi no início do século XIII que apareceu a famosa mortalha de Cristo, que traz miraculosamente impressa a sua imagem e é conhecida pelo nome de *Santo Sudário de Turim* (cf. sobre este assunto a nota correspondente em Daniel-Rops, *Jesus no seu tempo*).

[7] Mas sejamos justos. A Idade Média também sabe que o demônio se faz de belo galã para conquistar as moças. Assim, no *Jeu d'Adam*, sob as aparências de um Don Juan, murmura a um ouvido delicado mas demasiado complacente: "Tu és frágil e terna, / mais fresca do que uma rosa, / mais clara do que o cristal / e do que a neve caindo no vale".

[8] O eremitismo e a reclusão constituem um dos aspectos mais assombrosos da chamada que Deus dirige à alma. Correspondem a uma aspiração mística para a solidão, tal como foi sentida pelos iniciadores desta prática: São Paulo da Tebaida e Santo Antão eremita. O primeiro monaquismo nasceu daí. São Bento, a princípio, pensava em viver assim, e nos tempos de São Honorato e São Martinho as congregações monásticas incluíam eremitas, como ainda se vê nessa "República de monges" que é o Monte Athos. É eremita todo aquele que se retira para longe do mundo durante um certo tempo, impelido por intenções penitenciais ou contemplativas, e se esforça por viver em total solidão. Na mesma linha de Lérins e Ligugé, fundações recentes como Vallombrosa tinham procurado na época anterior, de modo bastante paradoxal, organizar esta forma anárquica de vida espiritual (sobre estes diversos pontos, cf. *A Igreja dos Apóstolos e dos Mártires* e *A Igreja dos tempos bárbaros*, índice onomástico). A diferença entre o eremita e o recluso é que o primeiro mantém a cela aberta, acessível; pode abrir e fechar a porta quando quiser; pode sair para meditar nos bosques ou visitar algum irmão. O recluso, ao contrário, está encerrado num compartimento pequeno e impenetrável, um quartinho de dez pés de comprimento por outros tantos de largura, cuja única comunicação com o exterior é um postigo por onde o prisioneiro voluntário recebe o seu alimento. O costume existia há muito tempo (cf. *A Igreja dos tempos bárbaros*, cap. X, nota 11, o que se diz sobre a vida reclusa e a cerimônia de reclusão). Do século XI ao XIV, todas as cidades europeias têm as suas casas de reclusão. Em Paris, encontram-se vestígios na Tour-Roland, onde a castelã se recluiu depois de o seu marido ter morrido nas cruzadas. Em Lyon, existiram dezoito reclusos. Entre estes reclusos e reclusas, alguns eram "iluminados", mas a maioria foi gente normal, que só queria viver mais plenamente em Deus, rezando pela humanidade. Muitos foram beatificados ou canonizados.

[9] Num esboço da espiritualidade medieval, é necessário levar em conta os numerosos videntes e profetas cujas mensagens nos parecem às vezes verdadeiramente delirantes. Por volta do fim do século XI, *Joaquim de Fiore*, alma mística muito elevada, monge austero e muito respeitado, interpreta o *Apocalipse* segundo as visões pessoais que teria tido, e anuncia a vinda iminente do Espírito Santo. Os seus escritos terão profunda repercussão durante dois séculos (cf. cap. XIV, *Uma intensa e dolorosa fermentação*). *Santa Hildegarda e Santa Isabel de Schoenau*, no século XII, declaram ter recebido revelações em que o Senhor lhes mandava que exigissem dos seus contemporâneos a reforma dos costumes. Mais tarde, a *Bem-aventurada Ângela de*

Foligno, ela também uma vidente, tirará dos seus êxtases lições para o seu aperfeiçoamento pessoal. No século XII, *Santa Mechtilde de Hackeborn* fará descrições interessantíssimas dos seus frequentes fenômenos místicos. É preciso observar que a frequência destas visões aumenta de um século para outro, ou seja, que a atividade visionária cresce à medida que nos afastamos do ponto de equilíbrio perfeito da Idade Média e nos dirigimos para os tempos inquietos do século XIV. No século XII, Santa Hildegarda é quase uma exceção. No século XIII, observa-se uma avalanche de mulheres videntes e, na passagem do século, a influência de Joaquim de Fiore provocará verdadeiras aberrações, a que a Igreja terá de se opor.

[10] Cf. o cap. seguinte. As grandes figuras cujos nomes nos limitamos a citar aqui — São Norberto, São Francisco de Assis, São Domingos, São Tomás de Aquino, etc. — serão estudadas mais detidamente nos capítulos seguintes.

[11] Em 1199, Inocêncio III tomou medidas neste sentido, e mais tarde Alexandre III lembrará o castigo em que incorrem os charlatães que ensinam os textos sagrados a seu modo.

[12] Entre alguns continuadores de São Bernardo, podemos até discernir a origem remota da devoção ao Sagrado Coração; assim, por exemplo, em Guerric d'Igny, que fala com emoção da ferida aberta pela lança no Coração divino.

[13] Cf. esta ideia em Daniel-Rops, *Le Porche du Dieu fait homme.*

[14] Cf. Daniel-Rops, *Les Évangiles de la Vierge.*

[15] O púlpito, tribuna especialmente prevista para falar, parece ter sido inventado pelos dominicanos na sua igreja de Toulouse. Antes, existiam *ambões*, tribunas baixas, situadas no coro, que serviam principalmente para as leituras da Epístola e do Evangelho. É no século XV que se generaliza o uso do púlpito (móvel ou fixo), embora os liturgistas continuem a ignorá-lo (G. A. Lecoy de la Marche, *La chaire française au Moyen Âge*, Paris, 1886).

[16] Havia manuais para orientar os pregadores mais jovens ou menos experientes. Alain de Lille, Pedro de Limoges e Santo Antônio de Pádua compuseram alguns, volumosos como dicionários; mais tarde, foram escritos os de Guilherme de Mailly, Nicolau de Gorran, João de San Giminiano, autor do *Universum praedicabile*, cujo título já de per si é um programa! Em 1303, um decreto do Reitor da Universidade de Paris fixará taxas de aluguel para estes "sermológios", tal a quantidade de amadores que os pediam emprestados à biblioteca.

[17] Até o IV Concílio de Latrão, o impedimento estendia-se em linha colateral até o sétimo grau, mas depois foi reduzido ao quarto grau inclusive.

[18] Cf. *A Igreja dos tempos bárbaros*, cap. X, pars. *Cristãos do ano mil: o lamaçal* e *A água viva.*

[19] O rosário — *Rosenkranz* dos alemães — recebe o nome de uma bonita lenda em que um monge (cisterciense ou dominicano, dependendo do narrador), ao terminar de recitar cinquenta aves marias, teve uma visão em que a Virgem lhe apareceu coroada de rosas. Será chamado também "saltério de Nossa Senhora", porque se compõe de cento e cinquenta aves marias, tal como o livro bíblico tem cento e cinquenta salmos.

[20] Este sentimento chega a excessos como a prática da flagelação voluntária, não apenas em privado (as disciplinas estão em uso desde há séculos), mas também pública, o que se aproxima da exibição. As primeiras procissões de flagelantes ocorreram na Itália, em Perugia, em 1260. Cf. mais adiante o cap. XIV.

[21] A razão é simples: o medo de cometer um sacrilégio. A vidente Santa Hildegarda, assistindo à Missa, viu durante o ofertório uma luz intensíssima que descia sobre o altar, e, sob a ação dessa claridade fulgurante, contemplou nitidamente o interior das almas daqueles que se

preparavam para comungar. Muitos deles apareceram-lhe como "cadáveres amarelados, almas devoradas pela lepra". Depois de receberem a hóstia, uns pareceram-lhe "resplandecentes de viva claridade" e outros "cheios de trevas".

[22] Acompanhemos os nossos antepassados à Missa. A igreja onde vamos entrar é uma igreja rural, rodeada pelo cemitério onde os mortos repousam com simplicidade, sem o vão desfile desses "monumentos" funerários que transformam os nossos cemitérios de hoje num campo de beterrabas. Antes de entrarmos, notamos na parede uma abertura circular cuja utilidade conheceremos em breve. Estamos na igreja. Não há cadeiras nem bancos (os bancos só aparecerão na época da Reforma); e no chão, apenas palha. Os homens têm a cabeça coberta. Começa a cerimônia e eles continuam com os seus chapéus sem que ninguém se espante (o costume persistirá até a época das cabeleiras, isto é, até Luís XIV), de pé, apoiados num bordão. Descobrem-se na hora do Evangelho. No momento da elevação da hóstia, produz-se uma grande agitação. Ao invés de se entregarem a uma prosternação muda e recolhida, as pessoas acotovelam-se para verem a hóstia que acabou de ser consagrada; dão tanto valor a esta vista que alguns sobem ao parapeito das janelas. Não há tabernáculo (só os haverá a partir do século XVII), e por isso, quando as sagradas espécies não são guardadas numa píxide (uma pomba oca de cobre, suspensa da abóbada), são depositadas numa cavidade da parede que dá para o exterior através daquela abertura que percebemos antes de entrar e que se chama *oculus*. Por dentro, esta cavidade é protegida por uma grade, e o conjunto constitui o *armário eucarístico*. À noite, acende-se um círio, e a sua luz atravessa a hóstia diáfana para embalar o sono dos mortos.

[23] Este amor à liturgia, no entanto, convivia com atitudes de verdadeiro descaso por parte dos fiéis e até dos sacerdotes. Ia-se à igreja com cães, gatos e falcões; os homens nunca tiravam o chapéu e tinham-se conversas mundanas que amenizavam agradavelmente a lentidão dos ofícios. Celebravam-se também cerimônias de caráter nitidamente escandaloso, como a *Missa satírica em honra de Baco*, na Borgonha. A Igreja teve de combater esses abusos e de vigiar de perto a própria celebração da Missa pelo padre. Exigiu a presença pelo menos de um ajudante e, a partir de 1065, proibiu que cada sacerdote rezasse mais de uma Missa por dia (alguns, para aumentarem os estipêndios, rezavam uma dúzia), a não ser nas exceções previstas, como o Natal. Por outro lado, havia padres que nunca celebravam a Missa e por isso o concílio de Ravena, em 1314, ordenou que todo o presbítero celebrasse ao menos uma vez por ano, e o de Toledo, em 1324, um mínimo de quatro. Evidentemente, estes costumes diferem muito dos nossos e denotam na religião medieval, aliás tão bela, faltas graves de que voltaremos a falar (cf. cap. IV).

[24] Sobre esta heresia, cf. o cap. XIII deste volume.

[25] Sobre a história da liturgia, cf. D.-R, *Missa est*, Fayard, Paris, 1951. É também nesta época que, para expor melhor a sagrada hóstia aos fiéis, nasce o hábito da *Exposição solene do Santíssimo Sacramento* e das procissões pelas ruas com o Corpo do Senhor.

[26] A organização material das peregrinações medievais mereceria um longo estudo. O capítulo do transporte marítimo foi magistralmente tratado por Charles de La Ronciére, o historiador da marinha francesa. Eis os termos em que descreve o embarque dos peregrinos: "Quando um grupo de peregrinos aparecia nos cais de Veneza, Gênova ou Marselha, ouvia-se uma grande gritaria a bordo dos navios cujo porto de destino estava escrito sobre as velas com uma cruz vermelha. De todos os lados choviam convites, ofertas, censuras e imprecações sobre os infelizes. Os serventes dos diversos patrões dos navios disputavam-lhes as bagagens, injuriando-se, denegrindo os concorrentes e dizendo-se cada qual o mais dedicado. Os peregrinos, atordoados e indecisos, deixavam-se seduzir pelas suculentas colações expostas na popa, pelos vinhos de Creta, pelos doces de Alexandria, que o capitão lhes servia" (*Histoire de la Marine française*, t. I, pág. 273). Havia empresas para transporte dos peregrinos. Nas embarcações, existia uma espécie de comissário, o *cargator*, que fornecia mantimentos por atacado aos peregrinos; mas os linguistas que julgam haver uma ligação entre *cargator* e *gargotier* (mau cozinheiro) dão-nos uma ideia muito verossímil a respeito da qualidade desses

mantimentos... Como desconfiavam desse homem, estava proibido de fabricar os biscoitos de mar ou de mandá-los fabricar por membros da sua família, e, com medo de que guardasse para si parte dos comestíveis embarcados, obrigavam-no a jogar ao mar o que restasse depois da viagem.

[27] É curioso verificar que, nas grandes rotas de peregrinação, as recordações cristãs dos santos se juntavam às do heróis fabulosos das *canções de gesta*. Assim, em Blaye, na Gironda, num dos caminhos para Compostela, veneravam-se São Romano e Rolando. Em Bordeaux, o bispo São Seurin e outra vez Rolando, cuja trompa de marfim se conservava na igreja do santo. Em Arles, nos Alyscamps, a memória dos primeiros mártires da Gália e a dos mortos de Roncevaux. Na Itália, a caminho de Jerusalém, encontram-se muitos vestígios dos heróis da Gesta: em Módena, por exemplo, há um retrato representando Artur e os cavaleiros do ciclo bretão, e em Verona, sobre a espada de um dos personagens esculpidos na fachada da catedral, está gravado o nome *Durindarla* ou Durindana, que é a espada de Rolando.

[28] O Jubileu de 1300 criou uma tradição que dura até hoje. Clemente VI, em 1343, resolveu que a celebração do Ano Santo se realizaria a cada cinquenta anos a partir de 1350. (Em 1389, Urbano VI reduziu o prazo para trinta e três anos, em memória dos trinta e três anos que o Senhor passou sobre a terra).

[29] No entanto, conhecem-se casos em que chefes da Igreja morreram por terem utilizado estas armas espirituais. Em 1220, por exemplo, o bispo Roberto de Meung foi assassinado por um cavaleiro que ele tinha excomungado.

III. Uma testemunha do seu tempo perante Deus

Quando Cristo chama...

Ao norte de Dijon, a "cidade dos belos campanários", a colina de Fontaines é apenas um contraforte do Monte África, onde César acampou com as suas legiões. Embora a altura seja modesta, o declive é bastante escarpado e, do cume dessa colina inspirada, descortina-se o panorama das planícies do rio Saône, os picos do Jura e, no horizonte, o fulgor dos Alpes com os seus reflexos azuis. Não muito longe, para sudoeste, começam as encostas da Borgonha, com os magnificentes vinhedos do Richebourg, do Pommard e do Corton. Mas aquele jovem que, pelos fins do verão de 1111, contemplava demoradamente essa paisagem do terraço da casa paterna, olhava menos para essas nobres perspectivas e para o equilíbrio harmonioso das massas e dos planos do que para uma mancha sombreada que se estendia pela planície úmida, onde o emaranhado de uma floresta escondia um convento.

Tinha exatamente vinte anos, pois nascera em 1091, e era o terceiro dos sete filhos de Tescelin, castelão de Fontaines, e de Aleth, filha do poderoso senhor de Montbard. Provinha, portanto, de duas famílias da nobreza da Borgonha e, pelo lado da mãe, aparentada com os condes de Tonerre, recebera um pouco de sangue ducal. Esta origem, da qual por modéstia ele não se vangloriava, explica certos traços dominantes do seu caráter: a sua violência instintiva, a sua audácia à hora de enfrentar os perigos e o seu comportamento, que sempre será o de um cavalheiro.

Nesta Borgonha, que a natureza dispôs de modo a ser uma encruzilhada, uma dessas regiões fecundas em que os diversos elementos que formam a França se ordenam em sínteses criadoras[1], Tescelin era um personagem de destaque. As suas terras parecem ter sido muito extensas e ele exercia altas funções na corte do duque Eudes. Deu sempre lições perfeitas aos seus filhos, e, entre elas, a mais eficaz de todas: a do exemplo.

Aleth, por sua vez, era uma santa, uma mulher distinta e uma dona de casa perfeita. Enquanto cumpria com graça os deveres próprios da sua posição social, viam-na com frequência meter mãos à obra, cozinhando ou lavando a louça. A sua caridade para com os pobres era inesgotável. Os seus seis filhos e a sua filha não podiam ter conhecido mãe mais completa; de todos eles, se lhe era permitido ter alguma preferência no fundo do seu coração, o mais querido era o terceiro, Bernardo. Um biógrafo do santo conta que, durante a gravidez, Aleth teve um sonho em que viu um cãozinho branco soltar latidos descomunais, o que lhe pareceu anunciar que a criança seria um excepcional porta-voz de Deus. Trata-se de uma história encantadora, que se encontra também nas biografias de Estêvão Harding e de São Domingos, mas que não devemos tomar mais a sério do que a história das abelhas que teriam passado nos lábios de Platão quando era menino, em prenúncio da sua eloquência. Seja como for, o sonho realizou-se plenamente.

Quando chegou a hora de os seis rapazes começarem os estudos, Aleth mudou-se para Châtillon-sur-Seine, onde a sua família tinha uma casa e onde existia uma escola capitular muito conhecida, a da igreja de Saint-Vorles, dependente do bispo de Langres. Os cônegos regrantes que lá ensinavam eram pedagogos de elite e, se podemos julgar os mestres pelos seus alunos, os de Bernardo foram bons, "pois ele não poderia ter adquirido em nenhum outro lugar aquele estilo latino claro, brilhante e incisivo que fez dele um dos prosadores latinos mais cativantes e originais da Idade Média"[2]. Foi, pois, em Châtillon que ele cursou o *trivium* — gramática, retórica e dialética — e leu e compreendeu Horácio, Virgílio, Ovídio, Cícero, Lucano, Estácio e Boécio, sem esquecer os Padres da Igreja e, sobretudo, Santo Agostinho. Na época, eram estes os "estudos secundários". Quanto ao *quadrivium* — geometria, aritmética, astronomia e música, os "estudos superiores" —, teve dele apenas noções bastante elementares, exceto em música. As suas biografias descrevem-no em Saint-Vorles como um estudante atento, um discípulo tímido e respeitoso, e um colega delicado. Já amava apaixonadamente a solidão e lia as Sagradas Escrituras com ardor.

Regressou a Fontaines para assistir à morte da mãe, e foi admirável a última lição que recebeu dela. Sentindo-se sem esperanças de cura, Aleth quis morrer na mais extrema discrição. Proibiu que se alterassem as cerimônias previstas para a festa paroquial que teria lugar naquela ocasião e exigiu que, conforme o costume, o clero viesse ao banquete no castelo, enquanto ela morria. Com uma fé sublime, recebeu no seu quarto a Unção dos enfermos e a Comunhão, e, quando os clérigos reunidos em torno do seu leito entoaram a ladainha de todos os santos, não deixou de acompanhá-los com uma voz cada vez mais fraca, até que, com as últimas invocações, adormeceu em Deus. Cenas como esta jamais desaparecem da memória de um adolescente[3].

Em 1111, Bernardo era um rapaz magnífico, franzino e de aspecto distinto. O olhar dos seus olhos azuis era suave, mas radiante. A fronte, muito ampla, denotava uma inteligência extremamente viva. Todos os seus contemporâneos são unânimes em afirmar que tinha um prestígio singular, o prestígio daqueles cuja beleza física corresponde à grandeza espiritual. No entanto, apesar de tantos dons, não havia nele qualquer arrogância nem vaidade humana. A timidez da infância transformara-se, no adulto, nessa "incrível reserva" de que fala um biógrafo; uma reserva, porém, que nunca o impediria de manifestar-se com uma energia sem desfalecimentos. Era afável, modesto, de uma delicadeza em carne viva que se ressentia ao menor embate, mas essa doçura era daquelas que desfazem todos os obstáculos, porque são, na verdade, o revestimento cuidadosamente guardado de uma alma de fogo.

A um rapaz tão tentador, o mundo estende muitas armadilhas. Os biógrafos deixaram-se certamente levar por uma boa dose de imaginação quando, para fazerem sentir a gravidade dos perigos vencidos pelo seu herói, acharam por bem contar a história de uma certa hospedeira que se teria introduzido no leito de Bernardo, e a da tentação que a imagem de uma linda mulher teria despertado no seu coração, uma tentação tão violenta que, para escapar a ela, o adolescente se teria lançado num açude gelado. A verdade, porém, deve ter sido menos romanesca e mais interior.

As maiores tentações que um jovem de inteligência fulgurante pode experimentar são as do espírito, e nenhum banho frio lhes põe remédio. Bernardo sentiu-se intimado a escolher entre o estudo das coisas profanas e a preocupação pelas coisas divinas, e, neste conflito desencadeado numa idade caracterizada por vacilações, o sangue guerreiro de Tescelin pode muito bem ter desempenhado o seu papel. O coração do rapaz hesitou por um momento, e um dos seus tios, Gaudry, alma profunda, recebeu as suas confidências. E Bernardo começou a pensar que era chamado para o meio daqueles que tinham dado tudo a Deus.

Mas surgiram novas dificuldades, que não foram apenas interiores. Quantas vezes a resistência dos parentes não torna mais difícil a escolha de um jovem que vem procurando o seu caminho! Partir para a Alemanha, onde tantas escolas célebres eram tão atrativas? Solicitar algum cargo elevado, semiadministrativo e semirreligioso, como os que seu pai poderia conseguir-lhe? Durante longas horas, postado no terraço de Fontaines, detinha-se de olhar fixo a procurar na planície, por entre a espessa floresta, as paredes sem glória do convento que ele sabia existir ali.

Este debate interior, esta escolha que decide de uma vida, só podem ser compreendidos se os situarmos no ardor inquieto dos vinte anos. Iluminam o homem que venha a resolvê-los, mas toda a sua vida permanecerá repleta dessa violência interior, disposta a optar entre o sim e o não sem meios-termos. A primavera de 1111 foi para Bernardo um tempo de trevas e de miséria, como costumam atravessar todas as almas nobres, e do qual não saem senão pela porta estreita de uma decisão firmemente assumida. A tensão e o desgosto de si mesmo unem-se a mil esperanças confusas, à sensação íntima de haver mil possibilidades, a muitas das quais será necessário renunciar. Impõe-se uma escolha, e Bernardo fê-la dirigindo-se para Cister[4].

Numa página célebre do *Panégyrique*, Bossuet evocou assim este adolescente: "Saberia dizer-vos o que é um jovem de vinte e dois anos? Quanto ardor, quanta impaciência e quanta impetuosidade de desejos! Essa força, esse vigor, esse sangue quente e borbulhante como um vinho embriagador não lhe permitem nada de convencional ou de moderado". Mas Bernardo, depois de Cristo o ter chamado, soube que essas energias frementes da juventude, que outros utilizam para desígnios bem diferentes, só atingem a sua finalidade quando orientadas para a única verdade e para o único fim que vale a pena, e, por isso, todas as forças contraditórias que experimentava dentro de si, transformou-as na loucura da Cruz.

Catorze anos antes, em 21 de março, num domingo de Ramos e festa do santo patriarca Bento, um grupo de noviços saíra de Molesmes, abadia clunicense imbuída do espírito da reforma, para um lugar totalmente solitário, entre os *cistels*, os canaviais do Saône, a fim de ali estabelecerem uma abadia da nova observância: Cister[5]. Desde 1098, sob a direção de homens santos como Roberto, Alberico e Estêvão Harding, a fundação conseguira manter-se no meio de uma extrema escassez material e de pessoas. Em 1110, esta primeira comunidade cisterciense tinha uma merecida reputação de severa austeridade, de privações e até de miséria. A resistência de Tescelin ao desejo do seu filho era compreensível. Esse convento onde se vivia como um servo da gleba, cavoucando a terra e abrindo canais de drenagem, não lhe parecia corresponder nem um pouco ao que o Senhor esperava do seu filho.

Mas surge aqui esse misterioso poder de persuasão que irradiará da pessoa de Bernardo durante toda a sua vida. Forma-se em torno do prosélito uma santa conspiração. Seu tio Gaudry apoia-o e acabará por segui-lo na sua decisão. Um a um, todos os irmãos sem exceção se deixam arrastar pelo seu exemplo. A maioria são homens de guerra e um deles até é casado, mas Bernardo prediz a todos que Deus saberá tocá-los. Gerardo, ferido num combate, olha o sangue escorrer-lhe e exclama, como se tivesse sido batizado pela segunda vez: "De hoje em diante, sou monge de Cister!" E Guy, o jovem casado, abandona a esposa que, por sua vez, corre para o claustro com as duas filhas pequenas. Resta um, Nivardo, o mais novo, que tem quinze anos e ainda não pode entrar para o mosteiro. "Vê como serás rico!", dizem-lhe os irmãos, perante a herança que lhe abandonam. "Como? Ficais com o céu e deixais-me a terra?", replica o rapaz. "Não aceito semelhante partilha". E partirá também para Cister. Que dique poderia Tescelin opor a essa torrente mística? "Sede moderados", limitou-se a dizer aos filhos. "Eu vos conheço e sei que será difícil conter o vosso zelo!"[6]

Em abril de 1112, um grupo de nobres — cerca de trinta, porque muitos amigos quiseram seguir o exemplo dos jovens de Fontaines — chegava ao limiar de Cister. "Que desejais?", perguntou o abade, Estêvão Harding. E Bernardo, em nome de todos, caindo de joelhos, respondeu com a fórmula ritual: "A misericórdia de Deus e a vossa!"

Um monge

Ao entrar em Cister, Bernardo experimentou essa alegria quase indizível — a tal ponto atinge as raízes profundas do ser humano — que provém de se ter correspondido à sua verdadeira vocação. A rude ascese da nova observância agradou-lhe desde o primeiro momento. Conforme a Regra, principiou pelo ano de noviciado e, sem dificuldade alguma, foi-se integrando na vida austera e praticando as mortificações estabelecidas, a que ele mesmo não demorou a acrescentar algumas; se a Regra previa duas refeições diárias no verão e uma no inverno, ele limitava-se a comer um pouco de pão e legumes, o suficiente para não morrer de fome.

Muito mais do que um tempo de provas corporais, esse ano representou para ele uma aprendizagem da alma, pois aguçou-lhe esse apetite espiritual que só se apaziguaria com a morte. Foi um monge que orava sem cessar e que lia apaixonadamente a Escritura e os Santos Padres; que se aproveitava do curto período de sono da comunidade para meditar mais sobre as verdades eternas, e que, absorto em Deus, permanecia tão recolhido na capela que, como relata um biógrafo, ao perguntarem-lhe um dia quantas janelas existiam ali, confessou que não sabia. Para aumentar o silêncio, punha estopa nos ouvidos e, durante as horas do trabalho manual obrigatório, os companheiros notavam pelo seu rosto iluminado que, cavando ou ceifando, prosseguia o seu diálogo com Deus. "Eu colhia então, e ia depositando no meu coração" — diria mais tarde —, "um feixe formado pelas angústias do Mestre, por todos os seus sofrimentos e por todas as suas amarguras".

Bernardo é fundamentalmente um monge: este é o fato central. E continuará a sê-lo no meio das suas viagens, das negociações políticas, das disputas de ideias, e entre os poderes e glórias da terra. Poderão oferecer-lhe títulos, honras — e até a própria tiara —, que os recusará sumariamente, preferindo a tudo a sua humilde condição de monge de Cister. "Nunca se insistirá suficientemente em que Bernardo não é um escritor fechado na sua individualidade; é um monge que vive numa comunidade de monges, que reza como eles, que age como eles e que não se afasta em nada do espírito da Regra e da sua observância diária"[7].

Aos vinte e dois anos, Bernardo é, portanto, um monge, e um monge para sempre. Vestiu a singela túnica de sarja que desce até os joelhos, a cogula de lã branca cujo capuz lhe protege a cabeça rapada contra o sol ou as intempéries. Mas, uma vez monge, não será por muito tempo o mais obscuro do rebanho, como teria desejado na sua humildade.

A chegada de Bernardo pareceu atrair sobre Cister os olhares da Providência. Essa casa, que apenas vegetava, começou a crescer prodigiosamente. Um ano depois, conta com monges suficientes para fundar La Ferté e, passado mais um ano, é a vez de Pontigny. Com a sua juventude, Bernardo traz sangue novo à ordem, e em breve adquire a autoridade de uma alma irradiante e de uma inteligência que se impõe a todos. Quando em 1115 o conde de Troyes, Jobert de la Ferté, solicitar a honra de uma fundação cisterciense, Bernardo será designado para dirigir o grupo que irá fundar o novo convento nos elevados planaltos onde nasce o rio Aube. Um rapaz de vinte e cinco anos escolhido para assumir o risco de semelhante empresa? Essa escolha do prudente Estêvão Harding mostra até que ponto era grande a autoridade do filho de Aleth.

Será preciso dizer que a nova fundação foi uma verdadeira aventura ao longo de vários anos? Os doze monges de Cister chegaram às terras de Jobert de la Ferté em fins de junho de 1115 e escolheram uma vasta clareira no meio da selva, no lugar chamado Vale do Absinto, batizado por eles com o belo nome de Claraval (Claro Vale). Traçaram-se os limites de um cemitério, ergueu-se um altar, e algumas cabanas fizeram as vezes dos edifícios conventuais. O erudito Guilherme de Champeaux, bispo de Châlons-sur-Marne, conferiu a ordenação sacerdotal a Bernardo. Em breve começaram a levantar-se do chão os muros, erguidos com uma modéstia e um despojamento difíceis de imaginar. Nada nas paredes, nem mesmo nas da igreja.

Nenhuma lâmpada na nave. O refeitório não era lajeado e a luz entrava parcimoniosamente pelas janelas estreitas. O dormitório parecia um conjunto de caixões enfileirados, porque as camas não passavam de caixotes formados por quatro tábuas. Quanto à cela do abade, estava debaixo de uma escada, num vão escassamente iluminado, onde uma cavidade na parede fazia o papel de cadeira.

Assim, Bernardo quis estar desde o princípio no limiar da "porta estreita", conforme o preceito do Mestre. Vencer em si o animal, segundo o conselho de São Paulo, era para ele a primeira etapa indispensável da ascensão para Deus. A vida monástica devia ser a realização de um sacrifício total, uma existência de renúncia, de jejum, de trabalho e de sacrifício perpétuo. E o convento, uma escola de santidade, em que cada monge deveria esquecer-se de si mesmo, imolar-se por amor a Deus.

Bernardo levará até à morte essa vida de renúncia. Deixa-nos estupefatos a austeridade deste homem que veremos entregar-se a uma ação extenuante. Em breve terá a saúde abalada. Nos inícios de Claraval, a alimentação reduzia-se a pão de cevada, sorgo e ervilhaca, folhas de faia cozidas, raízes e bolotas. O único tempero eram sal e azeite. Não é de estranhar que um jovem submetido a esse regime não resistisse por muito tempo. Guilherme de Champeaux teve de intervir terminantemente, porque o doente teimava em não se deixar tratar. O capítulo afastou o jovem do governo da abadia por um ano e obrigou-o a descansar. Mas o médico a quem o confiaram era um charlatão, e os remédios que prescreveu tornaram-se uma penitência suplementar para o infeliz paciente. Os pratos que lhe recomendou, segundo dizem, eram tão insuportáveis que nem uma pessoa de boa saúde conseguiria tolerá-los, e, no entanto, Bernardo comia-os com absoluta indiferença[8]. Ao invés de melhorar, o seu organismo acabou por definhar, e ficou doente pelo resto da vida. Podemos dizer dele, como se dizia de São Paulo, que Deus, com a fraqueza dos seus santos, "confunde os fortes deste mundo".

Quando um homem é capaz de se dominar até este ponto, como é que a sua autoridade não se há de impor necessariamente aos outros? Era unânime a admiração que o rodeava na comunidade de Claraval. Revelara-se um líder aos vinte e um anos, e assim permanecerá durante toda a vida, mas para ele a altura do cargo que ocupava era apenas um motivo para exigir mais de si mesmo. É preciso ler nos seus sermões o retrato que traçou do superior: essa "pureza de coração", essa "intenção sempre reta", essa caridade "forte como a morte", essa vontade de nunca deixar de dar exemplo, ninguém duvida de que ele as praticou pessoalmente.

O risco de um temperamento tão inclinado a ultrapassar a natureza humana podia ser o de exigir muito dos outros, até demais, porque ele também exigia sem medida de si próprio. Amava os seus monges como filhos; falava deles como uma mãe fala dos seus filhos. E não era metaforicamente que dizia: "Amo-os mais do que às minhas próprias entranhas". É emocionante ler as cartas que escrevia de longínquas terras à sua querida comunidade de Claraval, a primeira na ordem dos seus afetos: "Se a minha ausência vos custa, a vossa custa-me muito mais. Ninguém poderá duvidar disso, porque a partilha entre nós é desigual; não sofremos a mesma pena. Vós estais privados apenas de mim, mas eu sinto a falta de todos vós..." Não é primoroso?

Mas não é por eles, nem por si mesmo, que ama tanto os seus filhos: é por Deus. A felicidade que ambiciona para eles é aquela que nunca termina. O que lhes pede é a oblação extrema dos instintos, dos prazeres, dos gostos pessoais. Ele mesmo confessa que o esforço que reclama dos seus "está acima das forças humanas, contra o costume e contra a natureza". A verdadeira dificuldade, neste tipo de propósitos, é captar o ponto exato em que começa o excesso e em que o rigor pode levar ao fracasso. Terá o abade de Claraval ultrapassado esse ponto?

No início, talvez. Ao exaltar os princípios da renúncia absoluta, nos quais via o único modo de promover uma "reforma" indispensável à Igreja, Bernardo impôs aos seus monges uma existência de extrema dureza. São Francisco de Sales, que se refere a este aspecto com a sua conhecida prudência, assegura que ele "impelia de tal modo à perfeição esses pobres aprendizes, que, à força de incitá-los, os afastava desse objetivo, porque, de tanto se verem urgidos a subir uma encosta tão íngreme, acabavam por perder a coragem e o fôlego". Mas Bernardo era demasiado inteligente para não perceber o mal-estar que se alastrava entre os seus. Refletiu, pediu conselho ao seu mestre Guilherme de Champeaux e compreendeu que tinha ido longe demais. Alguns anos depois da fundação de Claraval, encontrou o ponto de equilíbrio entre a ascese necessária e as exigências da natureza humana, conforme se estabeleceu na *Charte de Charité*. São Francisco de Sales diz que Bernardo se tornou "doce, suave, amável, afetuoso e condescendente — fazendo-se tudo para todos, para ganhar a todos". Mas podemos apostar que as condições materiais dos conventos sob a sua direção continuariam a assustar a maior parte dos nossos contemporâneos...

O que causa admiração — e permite entrever as ânsias de Deus que caracterizam este tempo — é que a reputação de rigor de um Bernardo, longe de afastar dele as almas, as atraía em massa. Pouco depois da sua fundação, Claraval exerce uma atração enorme. Em 1116, a escola de Châlons-sur-Marne perde metade dos seus alunos, que partem para o Vale do Absinto. Chega depois um beneditino de Chaise-Dieu e, a seguir, os cônegos regrantes de Honnecourt. O Claro Vale transforma-se numa santa emboscada onde, subjugados por Bernardo, caem prisioneiros, indistintamente, um salteador de estradas, cavaleiros a caminho de um torneio, monges e padres. Da família do santo, só permanecia no século a filha única de Aleth, Hombelina. Mas no dia em que ela foi visitar o irmão, rodeada de um séquito ruidoso, ficou tão impressionada com a nudez dos edifícios conventuais que, sentindo-se repentinamente desgostosa com o seu luxo irrisório, exclamou: "Não passo de uma pecadora, mas foi pelos pecadores que Jesus morreu. Bernardo pode desprezar o meu corpo, mas não a minha alma. Que ele venha e mande, porque obedecerei..."

Quando Bernardo sai dos muros de Claraval, esta caça às almas torna-se de uma importância ainda mais surpreendente. A sua figura irradia e impõe-se por toda a parte. Bernardo aparece, fala, e, como se ouvissem a flauta mágica da fábula alemã, milhares de almas ficam enfeitiçadas. Wibald, abade de Stavelot, descreve-o pregando "com o rosto emaciado pela fadiga e pelos jejuns, pálido, de aspecto espiritualizado, e tão impressionante que só de vê-lo os ouvintes se deixam persuadir, mesmo antes de ele abrir a boca". E refere-nos ainda "a sua emoção profunda, a sua arte incomparável, fruto de muito exercício, a sua dicção clara, o seu gesto sempre apropriado".

E qual é o resultado? "Uma pesca milagrosa que não cessa de se repetir". Prega em Saint-Quentin? Trinta ouvintes suplicam-lhe que os leve com ele. Visita os estudantes de Paris? Vinte e um trocam a colina de Santa Genoveva pelo Vale do Absinto. A sua fama atravessa o mar e alcança a

Inglaterra, de onde lhe chegam postulantes. No meio dessa multidão, há personalidades ilustres como Henrique, irmão do rei da França, que, tendo vindo pedir um conselho a Bernardo, abandona a sua comitiva e mergulha na austera vida conventual; Filipe, arcediago de Liège; Alexandre, cônego de Colônia, que será abade de Cister por volta de 1167. No momento em que Bernardo morreu, Claraval contava setecentos monges!

Mas isto não é tudo. Claraval fez mais do que crescer: formou um enxame. Em 1118, é fundada uma primeira "filha" em Trois-Fontaines, na diocese de Châlons; pouco depois, nascem Fontenay, perto de Montbard, e Foigny, perto de Vervins; a seguir, alcançam-se outras regiões mais distantes: a Champagne com Igny, a região de Vaud com Boumont, as margens do Reno com Eberbach, perto de Mogúncia, a Itália com Chiaravalle e a Inglaterra com Fountains. Em 1153, cento e sessenta comunidades dependem de Claraval, várias delas na Irlanda, na Hungria, na Escandinávia e na Espanha. E estas fundações propagam-se por sua vez, contribuindo para imprimir o cunho de Bernardo por toda a parte.

É possível imaginar o fardo que ele pôs sobre os ombros? Tendo permanecido como abade de Claraval durante toda a vida, assumiu plenamente as responsabilidades do seu cargo, e nem por isso deixou de encontrar tempo — no meio, além disso, das maiores preocupações com a política mundial — para resolver um problema de rendas, de vedação de terrenos ou de venda de gado, e para fiscalizar pessoalmente as obras de caridade do seu mosteiro (que sustentava mil pobres...). Como cabeça da ordem, velará por tudo, restabelecerá a paz numa comunidade desavinda, ajudará outra a sair de uma situação difícil, deixará em todas a marca da sua inesgotável solicitude. É uma atividade prodigiosa, que pressupõe não só o exercício das virtudes mais altas e uma energia pouco comum, mas também um poder de organização, uma acuidade e uma prontidão de inteligência inigualáveis, e um desejo constante de elevar-se acima de si mesmo. Para honra da humanidade, ainda existem almas que têm o gosto do "mais", como outras, infinitamente mais numerosas, têm o gosto do "menos".

Um homem perfeito

Tal como acabamos de vê-lo, quer na aventura da sua juventude, quer na sua grande atuação como monge, Bernardo mostrou profundamente aquilo que foi: uma estranha amálgama de doçura e paixão, de ternura e ardor, um homem violento e cheio de sensibilidade. Essas contradições, que se conciliam todas em Deus, conferem à sua fisionomia um encanto infinito. Aquele que muitas vezes tem sido apresentado como o carrasco de si mesmo e um algoz dos outros, aquele de quem se chegou a escrever que era "um facínora", possuía, na verdade, uma sensibilidade requintada. Foi humano, no sentido mais completo da palavra.

Já observamos essa sensibilidade nas suas relações com os monges. Em quantas outras circunstâncias não encontraremos manifestações parecidas? Não há nele nada do profeta fanático ou do polemista impiedoso, no estilo de um Pedro Damião, por exemplo. Também neste ponto ele é testemunha e expressão da sua época: rude e violento na aparência, mas interiormente banhado por uma doçura que se chama caridade.

Vemos o filho da terna e santa Aleth envolver os seus irmãos segundo a carne numa afeição delicada. Existem por acaso gritos de amor fraterno mais belos que os que arrancou de Bernardo a morte de Gerardo, um dos primeiros companheiros da aventura e um dos seus colaboradores preferidos? Um dia, em que comentava no capítulo um versículo do *Cântico dos Cânticos*, a lembrança do morto acode-lhe ao coração e obriga-o a calar-se. Começa a chorar e, como todos se admirassem, diz-lhes: "Vós me dizeis: — Não chores! Arrancaram-me as entranhas e dizem-me: — Sê insensível! Mas se eu sofro e sinto toda a minha dor! Não tenho a força da rocha e o meu coração não é de bronze. Reconheço o meu sofrimento. Dizem-me que é uma dor muito carnal. Ela é humana, confesso, mas confesso também que sou homem. É carnal, bem o sei, mas sei também que sou carnal, vendido ao pecado, votado à morte e sujeito ao sofrimento. Que quereis? Não sou insensível à dor. Tenho horror à morte — pelos meus e por mim. Gerardo deixou-me e eu sofro. Estou ferido de morte". Será este o tom de uma alma desumana, de um fanático da renúncia, de um iluminado da ascese?

E quantos outros exemplos não poderíamos relatar desta sensibilidade! Foi um irmão perfeito, mas também um amigo delicado. "Repousemos no coração daqueles que amamos, como aqueles que amamos repousam no nosso coração", gostava de dizer. Era uma confiança total, que ele pôs realmente em prática. Algumas das suas amizades foram exemplares, como aquela que o ligou a Guilherme de Saint-Thierry. Quando este adoeceu, Bernardo esqueceu as suas inúmeras tarefas e correu para a cabeceira do enfermo, oferecendo-se para ficar ali e cuidar dele pelo tempo que fosse necessário. Mesmo em relação aos que combateu, como soube preservar a caridade! No auge das ásperas discussões que teve com Pedro o Venerável, a propósito das tradições dos beneditinos e da nova observância cisterciense, soube ser tão amistoso que o abade de Cluny lhe escreveu com uma gentil ironia: "Cândido e terrível amigo, o que é que poderia extinguir a minha afeição por ti?" E no duelo com Abelardo, em que foi obrigado a mostrar-se implacável — porque estava em jogo algo que contava mais do que todos os laços humanos —, o seu último gesto para com o vencido foi de verdadeira caridade, como veremos mais adiante.

É errado, pois, pensar que a vida de renúncia paralisou em Bernardo o desenvolvimento dos seus dons ou limitou a sua capacidade de amar e sentir. O seu exemplo desfaz por completo a ideia tão generalizada de que toda a ascese praticada pelo ser humano lhe inflige uma espécie de amputação. Quanto mais pratica a renúncia, mais eficaz se torna; quanto mais domina em si a natureza humana, mais humano é. E isto é verdade, não só no plano da sensibilidade, como em todos os outros. Bernardo, esse grande espiritual, inteiramente voltado para o sobre-humano, podia repetir — e aliás o repetiu em termos análogos — aquele pensamento de Terêncio: "Sou homem e nada do que é humano me é estranho".

Considerá-lo apenas como combatente de Deus seria amesquinhar a sua personalidade a ponto de torná-la irreconhecível. Há nele muitas outras riquezas: uma curiosidade sempre desperta, uma busca sólida e equilibrada de conhecimento, e o "sentido do tempo", essa qualidade indefinível pela qual um homem adere à sua época e a compreende e exprime. Bernardo interessa-se por tudo, pela política, pela criação literária, pela arte, sem falar de mil outras coisas mais terra-a-terra. Este aspecto verdadeiramente atraente da sua rica natureza configurou a sua própria concepção de vida: realista, de vistas largas e segura, à altura dos homens.

Como todos os que amam verdadeiramente o ser humano, Bernardo não alimenta acerca dele nenhuma ilusão; conhece perfeitamente as sombras que se adensam no fundo dos corações. Mas não pensa que a miséria humana seja incurável. Não há nada nele que lembre um Calvino! Retrata frequentemente a situação dolorosa dos filhos de Adão depois da queda, evoca a tristeza do seu viver e o seu profundo desgosto, mas nunca se esquece de que essa natureza ferida, viciada, traz em si uma semelhança divina e de que uma luz está sempre pronta a invadir essa noite. O *humanismo* de São Bernardo caracteriza-se pela mistura de uma perfeita lucidez sobre o homem com uma plena confiança sobrenatural nele: "Lembra-te da tua nobreza" — diz ele — "e, na deserção, mede a tua vergonha. Não ignores a beleza, se não queres ser humilhado pela fealdade".

Chegou-se a dizer que São Bernardo propõe um "socratismo" cristão. Admitindo que a fórmula não seja contraditória nos seus termos, é preciso pôr o acento no adjetivo, porque foi a fé que constituiu para ele o meio de o homem se conhecer e de conhecer, como foi também o poder que ordena para os seus fins todas as virtualidades humanas. Aos seus olhos, é só em Deus, só por Deus, que o homem pode alcançar a sua plena realização.

A vida em Deus

Está aí o essencial. Mas seria um erro não ver no caráter de Bernardo e no seu pensamento senão elementos que o aproximam de nós, quando, na verdade, se apresentam engrandecidos pela fé e pelo amor de Deus. Se Bernardo é um homem completo, é-o antes de mais nada porque tudo o que existe nele de humano encontra-se iluminado pelo clarão do Espírito Santo. "Se ele se tornou (e quem duvida disso?)" — dizia Montalembert no seu *Moines d'Occident* — "um grande orador, um grande escritor e uma grande personalidade, foi quase sem o saber e contra a sua vontade. Ele era e sobretudo quis ser outra coisa: foi monge e foi santo".

Santo, não apenas no sentido corriqueiro do termo, de alguém que elevou ao ápice as virtudes fundamentais, não apenas pela sua humildade maravilhosa, pela sua caridade constante ou por esse esforço permanente por subir os "doze degraus" dessa escada de que falava e que conduz à salvação. Santo no sentido mais profundo, como só pode sê-lo o homem que ordena todo o seu ser, todos os seus atos e pensamentos para Aquele que é o fim e o meio supremo de todas as coisas. Quando pensamos na sua vida, de uma plenitude tão assombrosa, e na sua ação entre os homens, temos que discernir nele a luz de Deus. A única palavra que o caracteriza por inteiro é *místico*; em tudo o que faz e em tudo o que diz, é preciso reconhecer que o fator determinante é a atividade mística. É por isso que Bernardo foi testemunha cabal da sua época, da sua fé profunda e unânime, da sua submissão a Deus. Ele é um dos cumes mais altos da sociedade em que viveu. Mas por acaso uma montanha não faz corpo com as planícies que a rodeiam? Não é a partir delas que se eleva?

O ardor místico está presente em toda a existência de São Bernardo, é ele que lhe arranca gritos como este: "Meu Deus, meu amor, como me amais!, como me amais!" Ou ainda: "Ó amor incomparável, veemente, inflamado, impetuoso, que não me deixais pensar senão em Vós!, que desdenhais todo o resto!, que tudo desprezais e Vos bastais a Vós mesmo!" E nunca se retratou melhor a imensidade desse amor e a da sua inefável reciprocidade do que nestas poucas linhas: "Compreendei com que medida — ou antes como sem medida — Deus merece ser amado — Ele que, sendo tão grande, nos amou primeiro, gratuita e completamente, a nós que somos tão pequenos e tão miseráveis! Se o nosso amor remonta a Deus, remonta, por conseguinte, à imensidade, ao infinito, porque Deus é infinito e sem limites. Quais poderiam ser então — pergunto-vos — o termo e a medida do nosso amor?"

Assim, este homem, que alguns quiseram apresentar-nos como duro e brutal, abisma-se no pensamento de que Deus o ama, de que Ele ama este ser miserável que é o homem. Nada mais merecido, portanto, do que o qualificativo de *Doutor melífluo* que Mabillon lhe dará, caracterizando perfeitamente essa amálgama feliz de ternura, de força insinuante e de firme doçura no comportamento, tão manifesta nele que deveria chamar-se "unção", na acepção própria da palavra. Estava banhado, impregnado desse amor, ao pé do qual todos os outros sentimentos são vãos.

São Bernardo também representa tipicamente o seu tempo pelos aspectos fundamentais da sua religião. Uma vez que Deus é o *Alfa* e o *Ômega*, todo o conhecimento só pode vir dEle. Ler, estudar, trabalhar para acumular saber? Vã curiosidade! A única escola é a de Cristo. "Pedro, André, os filhos de Zebedeu e os seus condiscípulos não foram escolhidos numa escola de retórica ou de filosofia; no entanto, foi por intermédio deles que o Senhor realizou a obra da salvação". Daí provém o caráter quase exclusivamente escriturístico do seu pensamento e da sua eloquência, traço saliente da fé medieval. O texto sagrado ocupa o primeiro lugar nas suas leituras; perscruta-o com uma minúcia infinita, comenta durante cerca de vinte anos o *Cântico dos Cânticos*, confronta as passagens, esforçando-se por esclarecer as dificuldades. Se cultua a Antiguidade cristã, é porque Santo Ambrósio, Santo Agostinho e São Gregório estiveram impregnados da Sagrada Escritura e se situam em cheio na corrente da Tradição. Bernardo leva tão longe a sua dedicação à Bíblia que alguns dos seus sermões se compõem de uma sequência de fragmentos bíblicos, ordenados segundo um ritmo bebido por sua vez nos Salmos e nos Profetas.

A sua sensibilidade mística, tão viva, situa-o na própria origem dessa corrente que levou a fé medieval à devoção pela humanidade de Cristo. "Aquele que está repleto de amor a Deus deixa-se comover facilmente por tudo o que diz respeito ao Verbo feito carne. Quando ora, tem diante de si a imagem sagrada do Homem-Deus; vê-o nascer, crescer, ensinar, morrer, ressuscitar, subir ao céu..." Frases como esta resumem perfeitamente a causa e o alcance dessa devoção tão característica da Idade Média. Para São Bernardo, Cristo não é somente o modelo admirável, o arquétipo: o Verbo verdadeiramente se fez carne; é o Irmão e o Amigo. Por isso Bernardo medita em todos os pormenores de Jesus e da sua vida humana. O ciclo dos seus sermões constitui uma biografia mística completa do Salvador. Para falar do recém-nascido de Belém, emprega palavras muito simples, pungentes, em harmonia com essa humildade; e o estábulo, a palha e até os pobres paninhos fornecem-lhe matéria para inúmeros símbolos de significado glorioso. Quando, porém, evoca Cristo na Cruz, o seu estilo despoja-se e o seu discurso reduz-se à enumeração angustiada de todas as dores do agonizante; o efeito emotivo procede do emprego de meios admiravelmente simples.

Cristo, Deus feito homem, tão próximo de nós e, no entanto, tão exemplar, é quem se encontra, portanto, no cerne da religião de São Bernardo. Não nos custa imaginar como o grande pregador devia identificar-se com o seu auditório e como devia contagiá-lo de fervor quando lhe descrevia o Senhor nestes termos: "Exteriormente, era belo entre todos os filhos dos homens; e, interiormente, era a glória da luz eterna e ultrapassava os anjos em esplendor. Ao vê-lo, sabia-se que Ele era o homem sem defeito, a carne sem pecado, o cordeiro sem mancha. Ah! Donde te vem, alma humana, donde te vem esta glória inestimável de desposar Aquele cuja contemplação é a felicidade dos anjos? Donde te vem a felicidade de conhecer Aquele cuja beleza é venerada pelo sol e pela lua, e a cujo sinal todas as coisas obedecem?" Pensemos na majestade de Cristo no pórtico real de Chartres ou na inesquecível figura do "Deus formoso" no pórtico de Amiens, e compreenderemos por que esse estilo se harmonizava tão bem com a época. Na basílica de Nossa Senhora do Sagrado Coração, em Issoudun, vê-se um vitral que representa Cristo e São Bernardo frente a frente; e para sublinhar bem os sentimentos dos dois personagens, o artista escreveu na altura do coração do Senhor o nome de Bernardo, e sobre o peito do monge branco o nome de Jesus. Profunda compreensão da alma do grande místico e das suas intenções!

Já que aludimos a uma obra de arte, vamos pedir a uma outra que nos mostre mais um aspecto da devoção do místico de Claraval: o famoso quadro de Murillo, a "Lactação de São Bernardo", ou um vitral de Laines-au-Bois, na diocese de Troyes, que reproduz a mesma cena simbólica. O grande abade está de joelhos, com os braços abertos e o olhar fixo na Virgem Maria, que, como uma mãe, descobre o seio para alimentar o seu servo. A graciosa imagem exprime uma verdade. O amor à Mãe de Jesus, a sua reverência apaixonada por Aquela que Bernardo foi um dos primeiros a chamar *Nossa Senhora*, ocupam um lugar de primeiro plano no seu pensamento místico. Conta uma tradição que, ao ouvir os seus irmãos cantarem a *Salve Regina*, Bernardo não pôde resistir à torrente de amor que o inundava e exclamou: "Ó clemente, ó piedosa, ó doce!", palavras que teriam sido incluídas nessa oração em sua memória. Seja como for, do que não há dúvida é de que foi com palavras suas que se compôs a maravilhosa súplica do *Lembrai-Vos*. A piedade mariana da Idade Média é verdadeiramente inseparável de São Bernardo.

Enganar-nos-íamos, no entanto, se pensássemos que, na devoção à Virgem, o coração de São Bernardo se expande sem nenhuma regra ou medida. Estritamente fiel à ortodoxia, nunca foi além do ponto em que os textos sagrados lhe pareciam deter-se: rejeitando com justiça os apócrifos, recusou-se — sem razão, sabemo-lo hoje — a acreditar na ressurreição antecipada de Maria e combateu a crença na Imaculada Conceição. Não ousou chamar a Maria "sua Mãe" porque, na tradição dos Padres, o termo era reservado à Igreja e à graça[9]. Foi nos estreitos limites dos dogmas e da Escritura que esta alma de fogo encontrou a matéria da qual extraiu os tesouros que as almas cristãs herdariam e desenvolveriam mais amplamente. Mas onde São Bernardo se revela incomparável é no fervor com que interpreta o papel de Maria como Medianeira: "Quereis um advogado junto de Jesus?", exclama ele, "recorrei a Maria. Digo-o sem hesitar: Maria será atendida pela consideração que lhe é devida. O Filho ouvirá a sua Mãe e o Pai ouvirá o seu Filho. Esta é a escada dos pecadores: uma absoluta confiança. É nisto que se baseia a minha esperança".

Esta noção de intercessão, esta necessidade instintiva de contar com uma medianeira ou um mediador junto do Juiz todo-poderoso, são características essenciais da piedade medieval. Por outro lado, para São Bernardo, a Virgem não é a única que intercede junto de Deus, pois menciona muitas vezes a intervenção dos santos. Chegaram até nós muitos dos seus panegíricos destes ou daqueles santos, nos quais desperta o fervor dos seus ouvintes e lhes mostra como essas almas de eleição são intérpretes da humanidade junto da soberana Misericórdia. Também deste ponto de vista — mas sem cair nos conhecidos exageros, sem falar de milagres maravilhosos[10] e sem dar muita importância às relíquias —, Bernardo foi verdadeiramente um homem do seu tempo.

Todas estas manifestações de um zelo devorador pelo sobrenatural, toda esta vida santificada culminará naquilo que é o auge da atividade mística: um amor a Deus maravilhosamente puro e desinteressado. Não vamos analisar aqui a mística de São Bernardo — simultaneamente doce e exigente, que sintetiza portanto as duas tendências opostas da mística em geral —, nem apontar os elementos que a distinguem das outras escolas de espiritualidade. Observemos apenas que ele mostrou perfeitamente que todas as formas de devoção só têm sentido quando referidas a Deus, e que o fim do homem “não é amar a Deus pelo homem, mas por Ele mesmo”; ou seja, São Bernardo levou muito longe essa exigência do sobrenatural e essa ânsia de romper os limites que são, como vimos, os traços mais belos da alma medieval. Teve, sem dúvida, em alguns momentos raros e privilegiados, de que fala com perfeita discrição[11], a percepção espiritual da Presença inefável. Mas esse impulso para o alto nunca o fez perder o contato com as realidades humanas. Era um místico com os dois pés no chão. “A sua mística”, escreve Étienne Gilson, “é puramente interior e psicológica. Tem por base a análise da nossa miséria interior e o conhecimento próprio”. Isto explica que esse grande contemplativo tenha sido, ao mesmo tempo, um admirável homem de ação.

A sua influência propriamente religiosa foi imensa no seu tempo. Todos os místicos da Idade Média procedem mais ou menos diretamente dele, e muitos beberam do seu espírito a mãos cheias. Foi lido e estudado quase tanto como Santo Agostinho. Todas as grandes formas da piedade medieval trazem a sua marca, não somente nos seus elementos mais profundos, como nas suas manifestações, quer se chamem cruzada ou catedral. O esforço do grande abade por elevar o homem não se manifestou só pela oração, pelo ensino e pelo exemplo, antes projetou-se em todos os terrenos, mesmo os mais temporais. É impressionante verificar todo o alcance religioso de que se revestiu a fria cela de um monge, convertida em centro do Ocidente. Quanto a ele, mesmo depois de se ter envolvido nas tarefas exigidas pelo seu papel de consciência do seu tempo e de árbitro dos poderes, nunca se esqueceu de que a sua única e verdadeira força para agir era de origem sobrenatural. "O meu fogo", dizia ele, "sempre se ateou na meditação".

A consciência do seu século

E que fogo! Quando vemos este homem agir, é impossível não nos lembrarmos daquela frase do Senhor: "Vim trazer fogo à terra, e que hei de querer senão que arda?" Para uma consciência cristã exigente, não existe pior sofrimento que o de ver a chama de Cristo arder mediocremente, reduzindo a cinzas o que deveria ser um braseiro de amor. "Os assuntos de Deus são os meus", exclamou ele um dia, "e nada do que lhe diz respeito me é estranho". Sente-se responsável por essa verdade que tem a dita de possuir, e quer que todos a reconheçam; quer que a Igreja, da qual é filho, seja totalmente fiel — como uma Esposa mística — ao seu divino Esposo.

Por isso, quando os "assuntos de Deus" estão em perigo, com que violência Bernardo se levanta! E não poupa nada nem ninguém; passa por cima de qualquer interesse! É direto e incisivo, e as suas ironias e censuras não perdoam ninguém. Queremos exemplos? "Mostrais-vos tão odioso e intratável, que eu já decidira nada mais fazer por vós. Desencorajais antecipadamente os vossos defensores e despertais os vossos próprios acusadores. Em qualquer circunstância, a única lei que conheceis é a do vosso prazer. Procedeis como um déspota, sem nunca pensar em Deus nem temê-lo". A quem se dirige esta censura? A um arcebispo! "Poderia recolher-me no silêncio e na solidão, que nem por isso a Igreja inteira murmuraria menos contra a Cúria de Roma, enquanto ela continuar com os seus erros atuais..." A quem é enviada esta seca advertência? Ao próprio papa...

Devemos reconhecer aqui um sinal da grandeza desta época: os poderosos prestavam-se a ouvir palavras desse calibre e, quase sempre, concordaram em submeter-se às injunções do santo. É difícil imaginar um dos nossos déspotas modernos ouvindo uma voz assim sem afogá-la imediatamente no calabouço mais profundo.

São Bernardo concebe os "assuntos de Deus" de duas maneiras. Por um lado, o Senhor está em causa quando se viola a sua lei, quando se desprezam os preceitos que Ele deu aos homens; por conseguinte, o santo estará no próprio coração da grande corrente da *reforma* que já tinha sido[12] e seria ao longo de toda a Idade Média, na consciência da Igreja, uma força perpétua de renovação. Mas Deus está igualmente em causa quando a sua Igreja é ameaçada na sua liberdade, na sua soberania e na sua respeitabilidade. E Bernardo também não deixa de intervir.

Conhecemos o caso de Thibaut II da Champagne, senhor direto de Bernardo, pois Claraval estava situado nas suas terras. É um dos grandes senhores da França e a extensão dos seus bens ultrapassa a do domínio real. Embora piedoso e generoso, é por vezes arrogante e brutal. Bernardo chama-o à ordem constantemente. Thibaut recusa-se a prestar homenagem ao bispo de Langres, de quem é feudatário numa das suas terras (a organização feudal levava às vezes a essas situações...). Estão em causa os direitos da Igreja: Bernardo intervém, dirigindo ao conde uma admoestação tão categórica que este se submete. Noutra ocasião, é o segundo caso que se apresenta: a caridade é desrespeitada. Depois de um duelo judiciário, o conde manda vazar os olhos do vencido e confisca-lhe os bens. Bernardo protesta contra esse ato de barbárie e consegue a devida reparação para os filhos do infeliz.

Encontramos episódios análogos e igualmente surpreendentes nas relações entre o abade de Claraval e o próprio rei da França. Bernardo conheceu dois capetos bem diferentes. Luís VI o Gordo é um soberano prudente, amado e apreciado pelo monge, mas que tende a fazer da Igreja um instrumento do seu poder. Bernardo rechaça terminantemente essa atitude. Quando, em 1127, o rei nomeia senescal — isto é, chefe supremo do exército — o arcediago de Notre-Dame de Paris, Estêvão de Garlande, o grande monge critica severamente essa confusão de dignidades que tanto mal pode fazer à Igreja. A sua ironia flagela o novo senescal: celebrará ele a Missa com armadura ou conduzirá as tropas paramentado com alva e estola? Os protestos do santo são tão veementes que o rei volta atrás e anula a nomeação. A mesma intransigência se manifesta pouco depois, a propósito do conflito que surge entre Luís VI e Estêvão de Senlis, bispo de Paris. Este bispo pretendia reformar o seu cabido, mas o rei, que não desejava cônegos menos dóceis às suas ordens, atacou o prelado indiretamente, confiscando-lhe os bens regulares. Em protesto, o bispo lançou o interdito sobre a diocese, refugiou-se em Sens e avisou São Bernardo. Que carta o rei não recebeu de Claraval? "A Igreja depõe aos pés do Senhor uma queixa desesperada contra vós, que antes fostes seu defensor e agora sois seu opressor". São quatro longas páginas no mesmo tom. Em outro protesto, o monge vai mais longe e trata o mesmo Luís VI de "novo Herodes", o que é talvez exagerar um pouco. Mas repitamos: é realmente admirável que o rei nem por um momento tenha pensado em desembaraçar-se de um profeta tão incômodo. Quanto ao medíocre Luís VII, cujo *divórcio* de Eleonora de Aquitânia causaria tantos prejuízos à França, Bernardo repreendeu-o dez ou quinze vezes, num tom ainda mais vivo, talvez por ter conhecido e estimado o rei desde pequeno, e sentir-se por isso profundamente decepcionado com ele[13].

Testemunha da Igreja perante os poderes civis, São Bernardo é com o mesmo ardor testemunha do Senhor perante a Igreja. Teremos ocasião de vê-lo[14] depois de o desejo de reforma, nascido na alma cristã no início do século XI, se ter traduzido nas medidas decisivas de Gregório VII, São Bernardo e os seus irmãos de Cister enveredaram seriamente, no século XII, pelo caminho traçado por esse grande papa e enfatizaram sobretudo a obediência ao pontífice e a disciplina clerical. Haverá alguma diferença entre os princípios que regem uma ordem monástica e os que devem reger a vida de todos os cristãos? Bernardo julga que não; quando muito, admite uma diferença na intensidade do esforço que se exige e no grau de perfeição que se pretende atingir. Bernardo quer que toda a Igreja ouça o mesmo apelo à santidade que ele ouviu — a começar pelos mais altos chefes dessa Igreja, os papas.

O seu comportamento em relação ao papado é muito característico: admira-o e venera-o. Pensa, como Gregório VII, que o papa "é o único homem a quem todas as nações devem beijar os pés". Mas essa situação especial implica uma exigência também especial para aquele que a ocupa. Ninguém expôs os deveres do Pastor melhor do que o austero monge que, por humildade, recusou a tiara. Em 1145, ofereceu-se-lhe a oportunidade de dizer alto e bom som o que pensava: um dos seus "filhos", Bernardo de Pisa, acabava de ser eleito papa sob o nome de Eugênio III. A partir desse momento — de 1145 a 1152 —, Bernardo escreveu-lhe cinco admiráveis cartas que constituem o seu famoso tratado *De consideratione*, a sua obra suprema, verdadeira carta magna do papado. São Bernardo ama esse homem e fala-lhe com uma delicadeza cativante: "Que importa que tenhais sido elevado à cátedra de Pedro? Mesmo que tivésseis sido arrebatado nas asas do vento, não poderíeis subtrair-vos à minha afeição; mesmo sob a tiara, o amor reconhece um filho". Mas, ao mesmo tempo, com que sublime gravidade lhe lembra a eminente dignidade do título que usa!

"Vós sois o bispo dos bispos; os apóstolos, vossos antepassados, receberam a missão de depositar o universo aos pés de Jesus Cristo. Vós sois herdeiro deles e o universo é a vossa herança. Pastor de todas as ovelhas e pastor de todos os pastores. Se for preciso — se a falta o merecer —, podeis fechar o céu a um bispo, depô-lo, abandoná-lo a Satanás. Sois, por excelência, o Vigário de Cristo.

"No entanto, qual é o vosso poder? Um domínio a fazer render? De modo algum: uma tarefa a assumir. A cátedra pontifícia orgulha-vos, mas é somente um posto de vigilância, um lugar elevado de onde, como uma sentinela, podeis passear o vosso olhar sobre o mundo, um mundo que não é propriedade vossa e está apenas sob a vossa responsabilidade; a posse é de Cristo.

"— Mas como?, direis vós. Concordais em que eu governo o mundo e me proibis que o domine? — Sim, certamente. Não será governar excelentemente governar por amor? Fostes colocado à cabeça do rebanho de Cristo para servi-lo e não para reinar sobre ele. E acrescento: não há ferro nem veneno que eu receie tanto para vós como o orgulho de dominar".

Eugênio III seguirá esses preceitos e viverá no meio da glória pontifícia a austera existência de um monge de Cister, "considerando o dinheiro como um simples fiapo de palha". Pessoalmente, será um verdadeiro "reformado".

Mas isso não é suficiente. Bernardo sabe que os princípios que permanecem no plano das ideias puras são irrisórios e, por isso, põe os pingos nos is. O papa está cercado de pessoas corrompidas. A Cúria está cheia de gente inescrupulosa, de padres indolentes, mundanos, e — assegura o santo — tende até a tornar-se "um covil de ladrões" (vale a pena ver com que mordacidade retrata esses rapaces!). Os próprios legados pontifícios estão contaminados: "sacrificariam a salvação do povo ao ouro da Espanha". É necessário mudar tudo isso. Que o papa escolha homens desinteressados e cheios de experiência! Que não se rodeie apenas de romanos, já bastante corrompidos, que procure "em todo o universo aqueles que devem julgar o universo!"

A verdade que Bernardo diz a Roma, não a cala onde quer que seja necessário gritá-la. Um dos exemplos mais célebres da sua ação foi a "conversão" de Suger. Em

Saint-Denis, abadia real, o fausto da corte levara de vencida a austeridade monacal, e Suger, o poderoso abade, era o chanceler de Luís VI. Bernardo ousa dizer-lhe que o seu luxo é indigno, que um servidor de Deus deveria ter vergonha de se deslocar acompanhado de um séquito de sessenta cavalos ou mais; e a corte, estupefata, assistiu então a este espetáculo: um primeiro ministro que renuncia a tudo e passa a viver como um verdadeiro monge. O político que vinha suplantando nele o religioso transformou-se subitamente; se Suger se tornou o grande Suger, foi porque Bernardo o convenceu a ser um sacerdote que servia a Deus como ministro de um rei, em vez de ser um ministro que, por acaso, era beneditino.

Bernardo esteve igualmente envolvido em todos os episódios da reforma que se empreendeu no século XII. As discussões que travou com Cluny ficaram célebres. As suas críticas à grande ordem podem ter ultrapassado de certa forma a medida justa, mas não se pode negar que foram eficazes, mesmo entre os monges negros. Manteve relações muito estreitas com esse reservatório de ascese que era a Cartuxa, cujo prior Guigues era tão seu amigo que Guilherme de Saint-Thierry assegura que os dois formavam "um só coração e uma só alma". Interveio também na reorganização dos cônegos regrantes e manteve-se em contato com os premonstratenses de São Norberto.

Também o clero secular não escapou à sua estrita solicitude. O quadro da situação, tal como Bernardo o descreve, era bastante sombrio. De um extremo ao outro da cristandade, "os bens das igrejas são dissipados em vaidades e coisas supérfluas". Os próprios bispos davam mau exemplo, e São Bernardo denuncia-os com o seu dedo intrépido: Simão, que acumula Noyon e Tournai, e engorda com os rendimentos dos dois bispados; ou

Henrique, que foi elevado à sé de Verdun graças à sua venalidade. Reforma! E eis o tratado sobre *Os costumes e deveres do bispo*, que Bernardo redige a pedido do arcebispo de Sens, Henrique o Javali: "Por que usais adornos femininos, se não quereis ser criticados como mulheres? Distingui-vos pelas vossas obras e não pelos vossos bordados e peles! Achais que podeis fechar-me a boca dizendo que um monge não tem o direito de julgar os bispos? Prouvesse ao céu que me fechásseis também os olhos! Mas, mesmo que eu me calasse, haviam de falar todos os que são pobres, todos os que andam nus e todos os que passam fome; todos eles se levantariam para gritar-vos: — É a nossa vida que sustenta o vosso luxo! As vossas vaidades roubam-nos o necessário!"

Acentos de profeta.., mas o mais espantoso é que o escutam! Chegarão até a recorrer a ele para decidir sobre eleições episcopais contestadas em Tours, Langres, Rennes e York: este simples monge torna-se a consciência do alto clero. E quando, em contrapartida, apontar à admiração pública um cristão como Malaquias, o grande bispo irlandês falecido em Claraval em 1148, este será colocado nos altares.

Mas a Igreja não se compõe apenas de clero, e Bernardo jamais esqueceu que a Igreja são todos os batizados. O zelo devorador da testemunha de Deus não descura a sociedade laical. As instituições parecem-lhe respeitáveis na medida em que obedecem ao ideal cristão. Os príncipes recebem os seus poderes de Deus e devem, portanto, governar segundo a lei, proteger os bons, punir os maus e fazer justiça aos oprimidos. À rainha de Jerusalém, por exemplo, escreve estas palavras admiráveis: "Aprendei de Jesus a reinar". Mas não livrará das suas críticas acerbas os que traem esse ideal.

As pessoas da alta sociedade recebem dele corretivos aplicados com mão certeira. Vede esse cavaleiro montado em cavalos ajaezados com ouro e seda, o elmo flamejante de pedrarias e as abas de uma fina capa flutuando ao longo das pernas: essa é a maneira de se vestir de um combatente de Cristo? Vede essas mulheres que caminham altivamente, paramentadas como um templo, com os seus vestidos pesados e suntuosos, e um diadema de ouro a prender-lhes o toucado: apresentam-se como mulheres cristãs? As ocupações em que esses batizados insuficientes se entretêm não valem mais que os seus trajes. Os homens vão para o combate pelo puro prazer do perigo e da violência; não se perguntam "se a causa é justa e se a intenção é reta". Multiplicam guerras privadas, torneios, e não compreendem que "a melhor ocupação é agradar a Deus". Quanto aos costumes das mulheres, é melhor nem falar...

Mas não se pense que Bernardo reserva as suas críticas apenas aos ricos. Não poupa os mais humildes, os lavradores e os burgueses. Não hesita em acusá-los de ambiciosos, egoístas e pouco inclinados à fidelidade conjugal. Todas essas diatribes não são meras exortações platônicas de pregador: a um apelo tão vigoroso, os homens transformam-se verdadeiramente e a luz de Cristo penetra nas suas almas. Consciência do seu tempo, São Bernardo agiu, sem nenhuma dúvida, do modo mais eficaz para que o sal da terra não se tornasse insípido.

O defensor da fé

São Bernardo defendeu a lei de Cristo não somente no plano do comportamento moral, mas também no plano doutrinal, e com a mesma energia. A sua atitude foi muitas vezes mal interpretada; chegaram até a ver nele um arrebatado, um fanático, pronto a desencantar pretensos erros e a combater ferozmente os que lhe pareciam defendê-los. Mas as testemunhas que descrevem assim o abade de Claraval são suspeitas. Berengário de Poitiers, por exemplo, diz dele que tinha "a alma cheia de rancor", mas, sendo discípulo de Abelardo, é possível que fosse ele próprio quem cedesse ao rancor...

Apresentaram-no também como um torturador zeloso em atear fogueiras, um predecessor de Torquemada. É verdade que concordou em que os hereges fossem entregues ao braço secular e queimados — o que, é preciso dizê-lo, era a opinião mais difundida no seu tempo. Mas ele próprio explicou a atitude que a Igreja deve assumir perante o erro: não deve recorrer às armas sem mais nem menos, mas usar de todos os meios possíveis para convencer os que erram. Se eles persistem no erro, isto é, se se tornam um perigo público, então que se deixe "morrer os que preferem morrer a voltar para Deus".

Veremos[15] o que foi nesta época a fermentação dos erros, como se desenvolveram doutrinas confusas, de tendências neomaniqueístas, sobretudo no Languedoc, com os *albigenses*. Alertado em 1143 pelo seu amigo Evervin, preboste de Stanfeld, São Bernardo iniciou uma vigorosa polêmica contra os partidários dessas doutrinas, principalmente Pedro de Bruys e Henrique de Lausanne. Em 1145, acompanhou o legado Alberico ao Sul, pregou com algum êxito e obrigou Henrique de Lausanne a fugir da discussão, impressionando as multidões com o seu exemplo e os seus milagres, mas sem participar de qualquer das violências insensatas que se desencadearam antes mesmo que a propagação da heresia exigisse a dolorosa "cruzada dos albigenses"[16].

Bernardo, portanto, não só não foi um fanático, como chegou até a mostrar, numa ocasião bem característica, que a defesa da verdade cristã não poderia desvincular-se da defesa da caridade. Quando estava em andamento a segunda cruzada, um religioso da sua ordem, chamado Rodolfo, suscitou com a cumplicidade de certos nobres um movimento popular antissemita, que se espalhou por Colônia, Mogúncia, Worms, Spira e Estrasburgo. Informado do que se passava, Bernardo deixou rapidamente Flandres, onde se encontrava pregando a Guerra Santa, e correu ao Reno para impedir o massacre dos judeus.

Houve um caso, porém, em que ele pôde parecer um fanático, e não somente um fanático, mas o típico monge "obscurantista" que se opõe ao progresso: foi o célebre duelo contra Abelardo.

Não teria sentido apresentar São Bernardo como um ignorante. Toda a sua obra testemunha uma imensa erudição, que não resiste ao prazer de citar Estácio, Ovídio e Lucano ao correr da pena. Étienne Gilson diz com toda a razão que São Bernardo "renunciou a tudo, menos à arte de bem escrever". A sua obra literária é de uma riqueza extraordinária, tanto em quantidade — com não menos de trezentos e trinta e dois sermões e catorze tratados, sem falar de uma correspondência de que possuímos ainda mais de quinhentas cartas —, como em qualidade, em variedade e numa elegância por vezes requintada. A sua *Vida de São Malaquias*, que nos ensina tantas coisas curiosas sobre a Irlanda do século XII, o seu imenso *Comentário ao Cântico dos Cânticos*, com noventa e seis sermões de uma fecundidade inesgotável, os seus tratados dogmáticos tão seguros sobre o *Conhecimento de Deus* e sobre *A graça e o livre-arbítrio*, as suas peças polêmicas tão mordazes, e o seu testamento espiritual, o *De consideratione*, do qual tiramos atrás a sua definição dos deveres dos papas, são elementos extremamente diversos que nos dão a conhecer o orador e o escritor. Aliás, longe de desprezar a inteligência e as suas atividades, não dizia ele com bom humor: "Não convém que a Esposa do Verbo seja estúpida"?

Acontece, porém, que, na ordem das faculdades do conhecimento, São Bernardo deixava essas atividades da inteligência em segundo plano. Para ele, não era nem pela dialética nem pela ciência que se pode atingir o único objeto do conhecimento que merece ser atingido. Como o seu amigo Guilherme de Saint-Thierry, pensava que "o amor humilde de um coração puro vale mais do que a razão e as suas pesquisas sutis". Antes de compreender e explicar o dogma, é preciso vivê-lo... Esta é a essência do seu tratado sobre o *Conhecimento de Deus*.

O princípio sobre o qual não transigia era, pois, o de que a fé vivida é superior a todo o esforço da inteligência, e foi para defendê-lo que entrou em conflito com Abelardo. Evocaremos mais adiante[17] este homem extraordinário, uma das figuras mais admiráveis do pensamento medieval. Mas do eremitério de Nogent-sur-Seine, onde vivia com alguns discípulos, partiam ideias que dificilmente se conciliavam com o princípio que acabamos de formular. Não que o grande filósofo fosse um ateu, um livre-pensador, pois nessa época palavras como essas careciam de significado. Tinha uma fé viva e falava de Cristo com uma ternura que o próprio São Bernardo não teria desaprovado. Mas esse homem sentia-se devorado pela paixão de pensar, como outros são devorados pelas paixões carnais. Dizia de si mesmo que não podia ficar impassível perante um problema: era preciso encontrar-lhe uma solução. Semelhante atitude, aplicada aos mistérios da fé, arriscava-se a provocar catástrofes. Se se tivesse prestado ouvidos a esse paladino da razão e do espírito crítico, que teria sobrado das afirmações claras do dogma, dos princípios da fé? Apenas alguns temas para discussões sutis, em que cada qual teria divagado a seu bel-prazer. Por uma evolução que seria mais tarde a do racionalismo, ter-se-ia chegado a suprimir qualquer distinção entre o que pertence à razão e o que a ultrapassa, entre o saber humano e a Revelação.

Basta sabermos que era esse o fim visado pelos ensinamentos de Abelardo — aliás, só mais ou menos conscientemente visado —, para compreendermos os motivos que levaram São Bernardo a combatê-lo. Um dia, o seu amigo Guilherme de Saint-Thierry remeteu-lhe a *Teologia cristã* de Abelardo, dizendo-lhe simplesmente: “O vosso silêncio é um perigo”. A princípio, o abade de Claraval tentou esquivar-se, argumentando que era muito pouco dialético para enfrentar o melhor esgrimista da dialética. Mas em 1140, no meio de um grupo de estudantes que a sua voz atraíra a Cister, encontrou um aluno de Abelardo e apercebeu-se da influência nefasta do filósofo. O seu primeiro passo foi procurar agir diretamente sobre o mestre, mas este, que estava no auge da fama, resistiu; cortando as varas com que iriam bater-lhe, exigiu a convocação de um concílio diante do qual defenderia as suas teses. O concílio teve lugar nesse mesmo ano de 1140, em Sens, e São Bernardo compareceu a ele.

Os dois adversários viriam a tomar atitudes bem diferentes. Um era intelectual, seguro de si, do seu pensamento e dos seus métodos dialéticos; pulverizaria o monge borgonhês em dois tempos. O outro era um espiritual, uma alma repleta de Deus, que não procurava a glória pessoal e só queria dar testemunho da Palavra. Abelardo via no concílio uma espécie de academia, diante da qual poderia entregar-se à esgrima das ideias; Bernardo considerava-o um tribunal que devia julgar um suspeito. Por isso, o cisterciense não permitiu que o seu adversário escolhesse o terreno e atacou-o impetuosamente desde o primeiro momento. Afirmou que precisamente os assuntos que Abelardo pretendia discutir não eram assuntos passíveis de discussão. A fé ou se aceita ou se recusa; o dogma é um bloco e não pode ser desmanchado ao gosto de cada um. Surpreendido por esse ataque, desconcertado, esmagado logo de entrada sob uma saraivada de citações extraídas da Escritura, identificado sucessivamente com Ário, Nestório e Pelágio, Abelardo sentiu que o terreno lhe fugia debaixo dos pés e vacilou.

Nesse duelo, o homem do seu tempo, o cristão medieval típico, era incontestavelmente São Bernardo. Representava a tendência característica da época, segundo a qual o passado é o elemento exemplar e decisivo em si, e a fé é o *alfa* e o *ômega*; já o seu adversário encarnava um movimento audacioso e, talvez, temerariamente progressista. É verdade que as ideias de Abelardo viriam a desempenhar mais tarde um papel importante na evolução do pensamento cristão; mas, *hic et nunc*, constituíam um perigo para aquela sociedade cujo padrão era uma fé mais rígida. Há casos em que se pode ser culpado simplesmente por estar excessivamente adiantado em relação ao tempo.

Vencido, Abelardo tentou apelar do concílio para o papa, mas não teve tempo de chegar a Roma. Adoeceu em Cluny e a condenação romana acabou de abatê-lo. Avisado do que se passava, São Bernardo correu imediatamente para junto do adversário, a fim de que não levasse para o túmulo a dor acerba dos golpes que recebera. Por intervenção de Pedro o Venerável, os dois homens trocaram o ósculo da paz. Pouco depois, transferido para o priorado de São Marcelo, junto de Châlon-sur-Saône, o antigo mestre do *Quartier latin* era surpreendido "pelo visitante angélico, na santa oração e no temor do Senhor"[18].

O homem de ação

Para dar a Cristo o seu pleno testemunho, São Bernardo saíra, pois, da sua cela e lançara-se na batalha dos homens. Ao proceder assim, pensava cumprir o seu dever. "Nunca me lamentarei", escreveu ele, "de ter interrompido uma meditação repousada, se vir germinar numa alma a semente da Palavra". Isto explica que esse contemplativo tenha sido paradoxalmente, desde 1127 até à sua morte, sempre por montes e vales, uma "avezinha desplumada, sempre exilada do seu ninho", e que tenha desempenhado um papel de primeiro plano em todos os grandes acontecimentos da sua época.

Não é que sentisse qualquer prazer nisso, nem que procurasse ocasiões para figurar como vedete. Ao contrário, quando era chamado a intervir, resistia, hesitava, esperava, refletia e queria saber com detalhes por que tinham recorrido a ele. E se, por fim, aceitava, era para obedecer às ordens de um superior, por caridade para com os seus irmãos e para com a Igreja, ou por fidelidade à verdade e à justiça. Podia sentir-se despedaçado entre o seu ideal monástico e a ação obsessiva a que se lançava, mas sabia muito mais ao certo que, procedendo assim, era fiel àquilo que Deus esperava dele e que obedecia à sua vocação. São Bernardo não foi um homem de ação *apesar* de ser um místico, mas *porque* era um místico.

No jargão do nosso tempo, dir-se-ia que o grande abade foi um homem "engajado", comprometido, no sentido de que assumiu riscos e enfrentou as mais perigosas barafundas. Mas esse "engajamento" que, para tantos, esconde por trás de uma agitação estéril o vazio da alma, para ele era consequência lógica desse outro compromisso, mais decisivo, que assumira quando, aos vinte e um anos, batera à porta de Cister. E se chegou a ser, como dizem, um "homem de Estado"[19], um homem político, toda a sua ação temporal se resumiu em fazer triunfar os princípios da verdade e da equidade.

Seria impossível enumerar todos os casos em que a intervenção de São Bernardo veio a ser decisiva. As ocasiões que teve de agir podiam ser grandes ou pequenas, mas, a partir do momento em que os princípios de Cristo eram violados, jamais pensava que estivesse perdendo o tempo. E, quando entrava em ação, era verdadeiramente o homem de Deus, livre de qualquer ressentimento, de qualquer preconceito pessoal. Assim o vemos interpor-se entre Thibaut de Champagne — de quem tivera de queixar-se tantas vezes — e o rei Luís VII, protestando com toda a indignação de que era capaz contra a devastação das terras do conde pelas tropas reais, e conduzindo os dois a uma aproximação tão sólida que dela resultaria o casamento de que nasceria Filipe Augusto.

Dois grandes acontecimentos da época revelam até que ponto chegava o prestígio do santo. O primeiro foi o *cisma de Anacleto*, tristemente célebre. A forma como São Bernardo interveio é tão característica do seu estilo e tão reveladora da sua influência que vale a pena contar o episódio em pormenor.

O papa Honório II está à beira da morte. As famílias Pierleone e Frangipani agitam-se no seio do Sacro Colégio. Arrastam o moribundo até o mosteiro de São Gregório e expõem-no à multidão, que se agita. O papa expira na noite de 13 para 14 de fevereiro de 1130, e seis cardeais, que haviam permanecido no mosteiro, elegem Gregório de Sant'Angelo, partidário dos Frangipani, que toma o nome de Inocêncio II. Outros cardeais confirmam a escolha, mas o cardeal Pedro Pierleone, homem aliás notável e popular em Roma, denuncia imediatamente a rapidez do processo, agrupa os seus amigos e faz-se eleger sob o nome de Anacleto II. Os dois papas são sagrados em 23 de fevereiro, um em Santa Maria Novella e o outro em São Pedro. Mas, como político hábil que sabe distribuir ouro com arte consumada, Anacleto força o seu rival a deixar Roma e Inocêncio vai para a França.

A cristandade está com duas cabeças. Canonicamente, o conflito é insolúvel, porque as duas eleições estão manchadas de irregularidades. Os países dividem-se conforme os seus interesses. Luís VI convoca um concílio para que delibere sobre os méritos dos dois pretendentes, e manda chamar o abade de Claraval. Bernardo hesita, mas uma visão divina convence-o a comparecer. Ei-lo, pois, árbitro da Igreja universal. Invoca argumentos de três espécies a favor de Inocêncio II: é moralmente mais digno; foi eleito pela parte "mais saudável" do Sacro Colégio, a maioria dos cardeais-bispos, aos quais o decreto de Nicolau II confere, desde 1059, um papel eminente na eleição do pontífice; e foi sagrado pelo bispo de Óstia, segundo a tradição. O concílio aceita a sentença e Luís VI proclama a sua fidelidade a Inocêncio.

Mas de que serve essa decisão, se a cristandade permanece dividida? Bernardo quer ligar os outros Estados cristãos a Inocêncio II. Encontra-se com o rei da Inglaterra, Henrique I Beauclerc, e vence as suas reticências. Na Alemanha, paralelamente, São Norberto, então arcebispo de Magdeburgo, traz Lotário para a boa causa: o papa e o rei da Germânia encontram-se em Liège em março de

1131. O príncipe conduz o cavalo de Inocêncio e multiplica os sinais de reverência; será para melhor preparar o terreno das reivindicações de natureza demasiado política? Bernardo "opõe-se a isso como uma parede", diz o seu biógrafo, e Lotário promete reconduzir o papa a Roma. Entretanto, Inocêncio passa por Claraval, onde partilha da humilde refeição dos monges. Em Reims, Bernardo está ao lado do papa quando Aragão e Castela lhe prestam adesão. Depois, intervém na Aquitânia, onde o duque Guilherme, arrastado pelo bispo Gerardo de Angoulême, reconhecera Anacleto. O seu sucesso, porém, é efêmero; Gerardo volta a estar por cima e obtém a sé de Bordeaux. Bernardo fustiga-o com dura ironia e convence os seus sufragâneos a excomungá-lo.

Entretanto, Inocêncio chega à Itália, onde Lotário enceta operações militares. Em janeiro de 1133, chama Bernardo para reconciliar Gênova e Pisa, cujo entendimento é indispensável para neutralizar Rogério II da Sicília que, desejoso de aumentar o seu poder, se declarara pragmaticamente partidário de Anacleto. O cisterciense torna-se diplomata; prepara a paz, e o povo de Gênova acolhe-o triunfalmente. Lotário, que se encontra a pouca distância de Roma, fica sem dinheiro, e Bernardo pede subsídios ao rei da Inglaterra e consegue-os. Por fim, em 30 de abril, Inocêncio entra na Cidade Eterna e, em 4 de julho, coroa Lotário. Bernardo volta a toda a pressa para o seu querido mosteiro, julgando ter concluído a sua tarefa.

Contudo, em setembro, privado do apoio do exército imperial e assediado pelos soldados de Anacleto, que ocupam o castelo de Sant'Angelo, Inocêncio tem que deixar Roma outra vez. Bernardo volta a entrar em cena e, ao chegar às terras de Guilherme da Aquitânia, diz-lhe: "Só existe uma Igreja: é a arca que contém a salvação do mundo; fora dela, por um justo juízo de Deus, tudo deve perecer, como nas horas do Dilúvio". Depois de uma Missa, a que teve de assistir fora da igreja, pois estava excomungado, Guilherme reconcilia-se com Inocêncio. É o fim do cisma na França.

Mas a situação continua grave porque o antipapa Anacleto acaba de coroar o normando Rogério II como rei da Sicília. Paralelamente, Lotário, em conflito com os Hohenstaufen, vê-se impossibilitado de empreender uma nova expedição ao sul dos Alpes. É preciso, portanto, regularizar os assuntos alemães e Bernardo corre para lá. Em princípios de 1135, atravessa o Reno e aparece em Bamberg, onde o imperador recebe a submissão dos seus inimigos. Depois, passando os Alpes em pleno inverno, desce à Itália, em direção a Pisa, onde Inocêncio II convocou um concílio para calcular os seus partidários. "São Bernardo", diz um historiador da época, "foi a alma do concílio".

Anacleto é excomungado e as terras de Rogério feridas de interdito. Delegados de Milão trazem a adesão da grande metrópole, contanto que seja confirmada a deposição do orgulhoso arcebispo Anselmo. O concílio concorda e manda Bernardo à Lombardia para prevenir qualquer incidente. À sua passagem, a multidão agita-se, todos querem vê-lo, ouvi-lo, tocá-lo e cortar um pedaço da sua túnica. Oferecem-lhe um arcebispado, mas ele recusa. Por caminhos de montanha, escoltado por pastores, regressa a Claraval.

Terminou tudo? Ainda não. Trabalhava no *Cântico dos Cânticos*, quando recebeu um novo apelo do papa e se dirigiu à Itália pela terceira vez. O exército de Lotário conquistara quase toda a Península, mas Anacleto ocupava firmemente certos bairros de Roma e Rogério era inexpugnável na Sicília. Surgem conflitos entre o papa e o imperador a propósito da Apúlia e do cargo de abade de Monte Cassino. Bernardo soluciona esses problemas e chega até a governar a famosa abadia por algum tempo. Depois, em outubro de 1137, como Lotário, decepcionado e doente, tivesse voltado para o Norte, Bernardo concorda em negociar diretamente com Rogério. Está também muito mal de saúde; ele próprio se compara ao "pálido espectro da morte". No entanto, corre para Salerno, a fim de encontrar-se com o rei da Sicília e com Pedro de Pisa, o canonista, que apresenta a defesa de Anacleto. As exortações do santo em prol da unidade da Igreja não convencem o rei, mas comovem o canonista, que vem prostrar-se aos pés de Inocêncio.

Mas aproxima-se o fim. Lotário morre em 4 de dezembro e Anacleto em 25 de janeiro de 1138. Alguns obstinados, entre os quais o normando, fazem eleger um novo antipapa, Vítor IV. Este, porém, horroriza-se com o seu sacrilégio e, uma noite, foge do palácio, procura Bernardo e implora a clemência de Inocêncio II. Estava salvo, portanto, tudo aquilo que Bernardo defendera. Pouco lhe importava que Rogério II, vitorioso sobre o exército pontifício e tendo o papa à sua mercê, lhe extorquisse uma absolvição e o reconhecimento da sua coroa. Bernardo só teria desejado que o pontífice vencedor não abusasse do seu triunfo. Aconselhou moderação, mas não conseguiu impedir as represálias que atingiram os partidários de Anacleto e o próprio Pedro de Pisa. O seu último ato foi protestar com veemência, mas sem resultado.

Nessa luta de oito anos, em que esteve em jogo nada menos do que a unidade da Igreja, Bernardo foi o grande combatente e o verdadeiro vencedor. No entanto, no auge das honrarias e do triunfo, a que aspirava o interlocutor dos monarcas, a figura central de tantas assembleias? Única e exclusivamente à austera tranquilidade da sua cela. "Volto a toda a pressa", escreve ele ao prior de Claraval, "e levo uma recompensa: a vitória de Cristo e a paz da Igreja".

Foi também a vitória de Cristo — e só ela — que Bernardo teve em vista em outra ocasião em que a sua ação se tornou decisiva: *a segunda cruzada*. Não há quem não conheça a grandiosa cena: o monge de vestes brancas que, do terraço de Vézelay, fala a uma multidão entusiasmada na Páscoa de 1146, reacendendo a chama sagrada e lançando a cristandade no segundo episódio da batalha pelo Santo Sepulcro.

Havia já quase meio século que, depois de tantos sofrimentos e à custa de tanto heroísmo, os barões de Godofredo de Bulhões tinham tomado Jerusalém. Mas, depois do triunfo de 14 de julho de 1099, tornara-se patente a fragilidade da conquista; o feudalismo levara para a Terra Santa os seus hábitos de indisciplina. No final de 1144, Zenghi, governador turco de Mossul, tendo-se tornado senhor de Alepo, tomava dos cristãos a cidade de Edessa, posição avançada que vigiava o caminho para a Mesopotâmia; e no ano seguinte, seu filho, Nur-ed-din, voltava a tomar Edessa, libertada por algum tempo, e chacinava todos os seus habitantes. A cristandade ficou transtornada com os gritos de dor que lhe chegavam do Oriente.

O rei Luís VII sonhou então com uma grande iniciativa que o levasse à celebridade. Uma primeira assembleia reunida em Bourges mostrou-lhe, no entanto, que o entusiasmo da nobreza já não era como o do século anterior. Avaliavam-se agora muito melhor os riscos e sabia-se o que é que a aventura do Oriente representava em dinheiro e em sangue. Mas o que por vezes faltava a Luís VII em prudência, sobrava-lhe em coragem. Marcou um encontro com todos na colina de Vézelay e chamou São Bernardo.

O abade de Claraval era partidário da cruzada, sem dúvida, e, como sempre, por razões profundas, de ordem espiritual. No entanto, era um homem demasiado ponderado para não adivinhar as dificuldades da empresa. Quis contar com uma ordem do papa. Eugênio III — o antigo monge de Claraval, que naquele momento enfrentava motins e intrigas romanas — demorou um certo tempo a decidir-se, mas depois assinou a bula e Bernardo entrou em ação. Pelos resultados, podemos imaginar o que foi o apelo do santo. As multidões, sacudidas até à alma, reclamaram a honra de alistar-se sem mais delongas. Faltou pano para as cruzes que cada um queria coser imediatamente nas próprias vestes, e Bernardo teve que distribuir pedaços da sua túnica entre os que o escutavam. Depois, prolongando a ação iniciada em Vézelay, começou a percorrer as províncias para mobilizar o exército.

Visitou a Borgonha, Lorena e Flandres. Mandou dizer ao conde da Bretanha: "Vamos, generoso soldado, cingi os vossos rins; não abandoneis o vosso rei, o rei dos francos. Que digo? Não abandoneis o Rei dos céus, pelo qual o rei dos francos empreende uma viagem tão laboriosa".

Chegando às margens do Reno para conter os massacres antissemitas, aproveitou a ocasião e convidou Conrado III e os alemães para a cruzada. Em 27 de dezembro de 1146, conseguia que o soberano comandasse o corpo germânico e entregava-lhe solenemente o estandarte sagrado. Ao mesmo tempo, em Saint-Denis, Eugênio III entregava ao próprio Luís VII o bordão de peregrino.

Que esta segunda cruzada foi organizada com uma leviandade espantosa e teve como resultado um fracasso[20] é infelizmente a pura verdade. Mas São Bernardo não teve nada que ver com os erros cometidos por Luís VII e Conrado III. Sofreu muito com isso e, no *De consideratione*, sentiu a necessidade de justificar o seu comportamento, acrescentando que o insucesso não devia ser atribuído à Providência, mas aos erros dos cristãos. E concluiu com estas palavras admiráveis: "Recebo de bom grado os ataques da maledicência e os dardos envenenados da blasfêmia, para que não cheguem a Deus. Concordo em perder a honra, desde que não se toque na glória divina". A prova de que o seu prestígio não foi atingido é que Suger, no momento em que a morte o surpreendeu, amadurecia o projeto de uma cruzada de desforra, cujo comando efetivo queria confiar ao cisterciense. Nessa manifestação da cristandade em ação, São Bernardo foi, como em tudo, um elemento motor, um homem decisivo.

A imensidão da sua atividade deixa-nos estupefatos, sobretudo se nos lembrarmos das condições em que viveu. As viagens, naquele tempo, estavam muito longe de ser seguras e cômodas. Podemos imaginar esse homem franzino, extenuado pelos jejuns, indo por etapas intermináveis de Paris à Sicília, de Roma a Flandres e do Languedoc ao Reno? É possível imaginá-lo atravessando os Alpes a cavalo, em pleno inverno? O seu estado de saúde era sempre precário. Dormia mal e tinha o estômago tão avariado que se via na necessidade de "reconfortá-lo sem cessar com um pouco de líquido, pois o seu organismo continuava a rejeitar inexoravelmente todos os sólidos". Além disso, as mãos e os pés inchavam-lhe por menos que nada...

O ambiente moral em que desenvolveu a sua ação não foi mais fácil. Não nos esqueçamos de que este santo, em cuja presença as dificuldades pareciam esfumar-se, trabalhou no meio de uma humanidade em que imperavam a astúcia, a violência, a ambição de poder e o interesse, tal como nos nossos dias. Teve que vencer resistências e intrigas, mas de tudo saiu vencedor.

Tudo isto prova não somente a sua santidade, mas a sua genialidade. Ter até esse ponto o sentido dos homens e dos acontecimentos; ser capaz de levar a bom termo tantas tarefas diferentes; saber dirigir a imensa rede dos seus irmãos de hábito, de modo a estar sempre devidamente informado e a conseguir que se cumprissem as suas instruções; manter uma correspondência gigantesca com todas as figuras de proa na cristandade do Ocidente, sem nunca deixar de ser o homem de pensamento, de oração e contemplação que conhecemos — eis o testemunho irrecusável de um valor único. "Não conseguiremos avaliar a sua grandeza", diz Pascal, "observando apenas um dos extremos; é preciso olhar simultaneamente para os dois e abranger o que se contém entre eles".

Parte da admiração que se deve ao guia recai sobre a sociedade que se deixou guiar. Uma vez que Bernardo era um homem sobrenatural, considerava-se normal acatarem-se as suas ordens em questões que, nos nossos dias, seriam ciosamente reservadas aos "especialistas": política, diplomacia, a própria economia. E, porque era um santo, que não dispunha de outras armas além da sua palavra e podia ser detido à sua passagem pelo mais medíocre fidalgote, os seus ditames e vereditos eram acolhidos pelos soberanos mais altos. A sociedade dos nossos dias, que mais do que nunca considera a força como a *ultima ratio*, bem poderia refletir sobre esta lição.

São Bernardo e a arte do seu tempo

Vimos a influência que o grande monge branco exerceu nos mais diversos terrenos; mas há um em que a sua atuação foi muito discutida e chegou a ser considerada prejudicial: o terreno da arte. Afirmou-se que São Bernardo desprezava a beleza e que, nessa "nova querela das imagens" a que se lançou, se comportou como um abutre hostil a qualquer iniciativa estética. Assim formulada, a tese é inaceitável: a atitude de São Bernardo perante a arte só se compreende em função da sua profunda espiritualidade e da homenagem que quis prestar a Deus.

No momento em que Bernardo aparece, Cluny domina a cristandade ocidental. Os seus monges construtores trabalham por toda a parte, na linha da sua tradição, segundo a qual a beleza estimula a oração e louva a Deus nas suas formas. Onde quer que os clunicenses construam, a ornamentação é sempre rica. Por sobre as arcadas, correm as sábias geometrias; multiplicam-se os detalhes fascinantes nas curvas das abóbadas e nas cornijas. Os capitéis tornam-se jogos fantásticos de animais; nos pórticos, a estatuária povoa de reis e santos os dintéis e os tímpanos. O interior resplandece em afrescos. A Cruz está ornada com esmeraldas, ouro cinzelado e pedrarias. A obra-prima desta arte gloriosa é Cluny, a basílica-mãe, construída por São Hugo: igreja gigantesca, possui sete campanários, dois transeptos, oito colunas de mármore raro que sustentam o santuário, e está repleta de objetos sem preço, como o famoso candelabro da rainha Matilde da Inglaterra, que media dezoito pés de altura e iluminava o altar-mor.

É contra este luxo inaudito que São Bernardo protesta na *Apologia*. Parece-lhe inadmissível que homens que renunciaram ao brilho do mundo e sacrificaram tudo o que encanta os sentidos para possuírem Cristo, estejam rodeados de esplendores que só podem ser verdadeiras tentações. Condena, pois, "a altura imensa das igrejas, o seu comprimento extraordinário, a inútil amplidão das naves, a riqueza dos materiais polidos e as pinturas que atraem os olhares. Vaidade das vaidades, mais do que inútil, insensata! A Igreja brilha nas suas muralhas, mas está nua nos seus pobres; cobre de ouro as suas pedras, e deixa os seus filhos sem roupa".

São Bernardo não foi o único a brandir esses argumentos contra o grande fausto dos clunicenses. Pedro o Cantor estigmatizava o abuso das construções e o poeta Rutebœuf indignava-se com o luxo dos claustros. Temos uma amostra de que essas críticas impressionavam as almas nas palavras de um abade de Cluny ao visitar Suger na sua cela de Saint-Denis: "Este homem condena-nos a todos porque construiu, não como nós, para nós mesmos, mas para Deus".

Trata-se, pois, de uma transposição para o plano da estética da atitude ditada pela ascese espiritual. Acabaria ela com a beleza? As admiráveis abadias cistercienses espalhadas pelo Ocidente respondem que não. Mesmo arruinadas, transmitem-nos uma beleza grave e uma elegância despojada que atingem o sublime. Assim são Fontenay, Pontigny, Fontfroide, Silvacane, Sénanque, e a adega de Claraval, único elemento preservado de destruições estúpidas, e também Boquen, que ostenta, renascendo das ruínas, a tão nobre fachada da sala do capítulo; e tantas outras, até à longínqua Alcobaça, em Portugal. Disciplina suave, ascetismo sensível, a mesma "embriaguez sóbria" que São Bernardo queria na vida interior, tudo isso se percebe nessas naves de linhas perfeitas, nessas pedras enobrecidas apenas pela pureza das formas, nessas ondas de luz nacarada que, através dos vitrais monocromáticos, não se sobrecarregam com nenhum elemento estranho, mas transportam qualquer coisa de fluido e secreto que fala mais intimamente às almas do que a cor. É uma estética diferente daquela que, nas catedrais, se exprime por uma gloriosa abundância; mas quem pode dizer se a arte cisterciense, rejeitando o conformismo faustoso, não deteve durante um tempo a arquitetura na encosta pela qual viria a deslizar mais tarde: a do excessivo e gratuito, em que se transformou no "gótico flamejante"?

Além disso, as concepções de São Bernardo dizem respeito unicamente aos edifícios dos conventos. Ele sempre pensou que a arte "episcopal" (por oposição à arte monástica) devia "falar aos ignorantes". Disse que convinha recorrer aos "ornamentos materiais para incitar à devoção esse povo carnal que se impressiona pouco com as coisas espirituais". Longe de desprezar a estatuária e o vitral, animou a desenvolvê-los, mas não onde a preocupação pelo espiritual devesse dominar as almas, não entre homens que tivessem renunciado a tudo por amor de Deus.

As ideias de São Bernardo sobre a arte espalharam-se por todo o Ocidente, para o que contribuiu também a elevação de muitos monges cistercienses às sés episcopais. Os mosteiros da ordem, disseminados por toda a parte, impuseram-se aos olhos de todos como exemplos[21]. Especialistas como o monge Teófilo, autor de uma suma sobre o assunto — *Ensaio sobre as diversas artes* — inspiraram-se tanto nele que se podem pôr em paralelo passagens do grande abade com fragmentos desses tratados.

Chegamos a perguntar-nos se a sua ação não terá influído sobre a evolução da arte de uma forma mais decisiva do que se pensou outrora[22]. A renovação das técnicas que fez a arte evoluir no século XII do românico para o gótico parece associada à obra de Claraval. O mestre de noviços deste mosteiro, Achard, era o arquiteto-inspector das abadias da ordem, e o célebre Godofredo d'Ainay, grande construtor, era um veterano do mesmo mosteiro. Muitos elementos essenciais da arquitetura gótica procedem de

São Bernardo. Veríamos nas nossas catedrais a capela da Virgem — no prolongamento do coro — ultrapassar em importância todos os outros absidíolos, se o monge branco não tivesse propagado tanto a piedade mariana? Na simbólica dos vitrais e das estátuas, voltamos a encontrar, imediata, a influência do grande simbolista, mais nítida ainda que a de Suger ou de Honório, o pregador de Autun. O seu estilo distingue-se até nos detalhes. Um vitral de Saint-Denis, do tempo de Suger, mostra o carro de Aminadab encimado por uma cruz verde e arrastado pelos evangelistas, exatamente como São Bernardo o descreveu. E já se perguntou se a representação, bastante frequente, de Deus-Pai sustentando com os braços abertos a Cruz de onde pende o Filho, não é a transposição figurada do famoso sermão do cisterciense, *Jesus crucificado sob o Pai*. É também verossímil que tenha resultado do seu *Discurso sobre a Páscoa* o hábito, que vem do século XII, de mostrar os pormenores concretos da Ressurreição: o túmulo aberto, a mortalha bem nítida, o anjo levantando a lousa. Longe de ter sido um inimigo da arte, São Bernardo foi um dos seus animadores e, neste aspecto, como em tantos outros, gravou profundamente a sua marca na cristandade.

Bernardo, o cavaleiro

No plano temporal, o único fim que este grande homem de ação teve em vista foi, em última análise, o de promover a cristandade. Os seus monges deviam constituir a vanguarda espiritual que arrastaria a sociedade para a luz de Cristo. Mas, realista como era, compreendia bem que semelhante esforço espiritual devia ser acompanhado por outro: que era necessário que os leigos também se deixassem seduzir por esse mesmo ideal e o materializassem.

Quando vemos Bernardo de Claraval viver e agir, percebemos nele imediatamente uma semelhança assombrosa, uma profunda afinidade com as grandes figuras em cuja ação se encarnou o mais alto ideal da Idade Média. O monge branco, "que não tinha por armas senão lágrimas e preces", é da mesma linhagem de um Godofredo de Bulhões ou de um São Luís. O filho do senhor de Fontaines nunca perdeu de vista o ideal que herdara dos seus antepassados; sob a túnica do cisterciense, os seus contemporâneos reconheciam a invisível armadura do cavaleiro.

Muitos episódios da sua vida revelam essa afinidade. Vimos que Suger pensou em confiar-lhe o comando efetivo de uma cruzada; pois bem, nenhum contemporâneo se teria surpreendido com isso. Na preparação estratégica da segunda cruzada, foi chamado a dar conselhos, que Luís VII e Conrado III não seguiram. Foi ele também que mostrou aos príncipes alemães a necessidade de pôr termo à ameaça das tribos vênedas, ainda pagãs[23], em bem da cristandade. Aliás, todo o cristianismo que ele ensina é enérgico, conquistador, e possui algo de militar. O próprio modo que tem de se dirigir a Maria, a delicada expressão: "Nossa Senhora", provém da linguagem do feudalismo; considera-se súdito da Virgem, e serve-a como um vassalo serve o seu suserano.

São Bernardo tentou encarnar esse cristianismo viril e sonhou com uma ordem que, no meio da sociedade da época, fosse a sua viva realização: a *ordem do Templo*. No concílio de Troyes, em 1128, ao qual levou as suas luzes a pedido do papa Honório II, foi encarregado de estabelecer os princípios dessa milícia cuja missão seria defender a Terra Santa dos contra-ataques dos infiéis. Mandou redigir os estatutos e escreveu o *Elogio da nova cavalaria*, em que comentava com ardor o ideal desses soldados de Cristo. O hábito branco dos templários lembrava, aliás, que eles tinham nascido da linhagem de Cister (só mais tarde é que foi acrescentada a grande cruz vermelha). Ao contrário dessa cavalaria mundana escarnecida pelo santo, os monges guerreiros deviam viver "como pobres soldados de Cristo", na renúncia e na ascese. Os mais antigos brasões dos templários representam dois cavaleiros montados num só cavalo, para lhes lembrar a virtude da pobreza.

Na concepção de Bernardo, a cavalaria encontraria na nova ordem a sua expressão mais total, consubstanciada em homens que representariam ao mesmo tempo o ideal temporal mais alto da época, o do soldado intrépido, sempre disposto a morrer pela causa que serve, e o mais alto ideal espiritual do cristão. A "nova milícia" seria o elemento mais perfeito e mais ativo da sociedade, porque nela se realizaria a união entre o sagrado e o profano. A serviço da Igreja, e mais particularmente das grandes intenções do papado, essa milícia teria uma eficácia sobre-humana.

Sabe-se o que aconteceu com a ordem do Templo, como se tornou um verdadeiro banco, cujas comendadorias foram os cofres-fortes, como fazia empréstimos aos reis, e em que medida a sua honestidade comercial nem sempre esteve acima de qualquer suspeita. Assim se degradam as coisas do homem. A tragédia em que a poderosa ordem se afundou está rodeada de muitos mistérios para que se possa formar uma opinião imparcial acerca dela. No entanto, há uma observação a fazer: foi o próprio rei Filipe o Belo quem, no triste caso do atentado de Anagni, deu o sinal de rebelião das potências laicas contra a supremacia do espírito, e despedaçou essa "milícia de Cristo" que, embora tivesse decaído da sua pureza original, nem por isso deixava de continuar a ser o símbolo vivo da força submetida ao espírito[24]. Os tempos tinham mudado: as duas ideias-mestras do santo de Claraval estavam em ruínas e a época moderna desenhava-se nas brumas do futuro.

Os historiadores não insistem muito neste episódio da vida de São Bernardo, mas podemos perguntar-nos se ele não foi fundamental. Em qualquer caso, ocupou um lugar considerável na lenda que se formou em torno dessa grande figura, logo após a sua morte. No ciclo da *Demanda do Graal*, é mais do que provável que os principais temas remontem à tradição templária. O cavaleiro do Santo Graal, puro, desinteressado e heroico, não será a expressão literária da "nova milícia" definida por Bernardo? No poema de Wolfram von Eschenbach, numa passagem relacionada com a obra do poeta francês Guyot, Parsifal torna-se rei dos templários. O autor não cessa de admirar a ordem do Templo e põe na boca do eremita Trevrizent estas palavras: "Bem-aventurada a mãe que trouxe ao mundo um filho para semelhante serviço!" E muitos comentaristas têm-se perguntado se o protótipo de Galaad, o cavaleiro ideal, o homem corajoso e sem mácula, não terá sido Bernardo de Claraval.

Lembremo-nos também de que, no Canto XXXI do *Paraíso*, para guiar Dante até às últimas regiões da felicidade eterna, Beatriz cede o lugar a "*um velho, vestido como a gloriosa família*". Vestido como a gloriosa família? Tem-se discutido se se trata da túnica cisterciense ou do manto dos cavaleiros do Templo, igualmente imaculados. Mas alguns pensam que Dante pertencia a alguma das secretas tradições que sobreviveram à desaparição dos templários. Seja como for, o guia que ele designa é o abade de Claraval.

"A fim de que, diz o velho, realizes perfeitamente a tua viagem, visto que uma prece e um santo amor me chamaram para junto de ti. — Voa com os teus olhos por este jardim, porque, ao contemplá-lo, o teu olhar ganhará mais força para te elevar às alturas da luz sagrada. — E a Rainha do céu, por quem ardo todo inteiro de amor, dar-nos-á toda a graça, pois eu sou Bernardo, o seu fiel".

As núpcias do Esposo

Assim foi Bernardo, francês da Borgonha, filho da Igreja e santo de Deus. É uma dessas personalidades significativas e radiantes que se veem surgir no decorrer da história e que, exprimindo a sua época no que ela tem de essencial, inscrevem ao mesmo tempo no âmago das sociedades o cunho do seu gênio. Se considerarmos a misteriosa sintonia que existiu entre o monge branco e as aspirações dos seus contemporâneos, se enumerarmos os pontos em que a sua ação foi decisiva, não teremos inconveniente em qualificar o século XII como "o século de São Bernardo", muito mais legitimamente do que quando nos referimos aos séculos "de Augusto" e "de Luís XIV". Mas, se medirmos a altura espiritual que ele atingiu, o impulso que deu ao cristianismo do seu tempo e que se estendeu até os nossos dias, é preciso dizer que a luz que projetou no plano da história não é nada em comparação com a que inunda o seu rosto, nesse ponto em que a luz incriada resplandece sozinha e em que toda a figura é um reflexo de Deus. Ombreando com São Paulo e Santo Agostinho, um pouco inferior a eles, mas não muito; ao lado dos seus imediatos sucessores na terra, São Francisco de Assis e São Domingos, São Bernardo encontra-se entre os maiores heróis do cristianismo, como um dos cumes mais altos.

Os seus contemporâneos já lhe tinham dado esse lugar. Cercava-o a glória, que para ele não era senão poeira. As palavras com que um dos seus biógrafos o qualifica — "as delícias do seu século" — não são um exagero; amavam-no e festejavam-no onde quer que aparecesse. Em Milão, esteve a ponto de morrer sufocado pela multidão entusiasmada; no *Quartier Latin*, os estudantes aclamavam-no. Pouco antes da sua morte, encontrando-se em Metz, teve de entrar numa barca, no Mosela, para evitar a pressão do povo à sua volta. Da margem, um cego gritou que queria ser levado até ele, e de outra barca um pescador atirou-lhe a extremidade da sua capa de peregrino, para que o puxassem até o batel onde se encontrava o santo. Quando São Bernardo morreu, foi necessário enganar o povo sobre a hora do funeral. Temia-se que os fanáticos se apoderassem do seu corpo para fazer relíquias!

A contrapartida desta celebridade foi, como não podia deixar de ser, a inveja ranheta, o ressentimento. Ninguém desempenha impunemente o papel de Natã diante de Davi ou de Elias diante de Acab, e não é sem riscos que se apregoa a justiça e a verdade. "Eu sei", dizia ele mesmo, "que, fazendo a guerra aos desregramentos, atiço contra mim os desregrados". Chegou a ser denunciado ao Sacro Colégio e recebeu uma carta muito pouco amável do cardeal Aimerico sobre esses "monges que saem dos claustros para perturbar a Santa Sé e os cardeais". Essas gritarias, porém, não o incomodavam muito, embora se fizessem ouvir de muito alto; e ao príncipe da Igreja respondeu, com um matiz ironicamente respeitoso, que as vozes discordantes que perturbavam a paz da Igreja lhe pareciam ser as das rãs barulhentas de que estavam cheios os palácios cardinalícios ou pontifícios.

Nem a morte o faria calar. Ela atingira tudo à sua volta: amigos e parentes. Sucessivamente, tinham morrido Malaquias, o grande irlandês; Suger, o ministro que ele aproximara de Cristo; Thibaut, conde da Champagne, com quem tivera de ajustar contas, mas a quem amava como o primeiro protetor da sua obra; e Eugênio III, seu filho segundo o espírito, o papa muito querido.

A sua saúde declinava, mas não aceitava nenhuma atenuação nos rigores da Regra; no convento ou em viagem, vivia como o último monge. Tremendo de febre, teve forças para ir à Lorena numa derradeira missão pacificadora, uma arbitragem entre o duque e os Messins. Quando regressou a Claraval, estava completamente exausto.

Viu aproximar-se a morte com um grande amor. Extenuado pelo sofrimento, o seu corpo parecia deixar-lhe o espírito mais vivo e a alma mais ardente. Tinha esperado por esse instante como o da luz definitiva; à medida que se sentia debilitar fisicamente, alcançava espiritualmente os últimos degraus, e os seus derradeiros sermões sobre o *Cântico dos Cânticos* testemunham esse esforço supremo. Era chegado o momento das suas núpcias místicas; não devia estar plenamente feliz? Sobre o seu catre, naquela pobre cela, esperou em paz a visita do Esposo.

No dia 20 de agosto de 1153, às 9 horas da manhã, adormeceu em Deus; tinha sessenta e três anos. "No momento em que expirou", diz a crônica, "viu-se aparecer à sua cabeceira a muito misericordiosa Mãe de Deus, sua padroeira especial; vinha buscar a alma do Bem-aventurado". Os seus monges, antes de enterrarem o corpo, moldaram-lhe a efígie mortuária, de onde provêm todas as imagens em que se vê Bernardo com as faces encovadas, cheias de rugas profundas, mas cuja testa ampla revela inteligência e cuja fisionomia irradia uma pureza maravilhosa.

O texto do *Grande exórdio* conta que, logo depois de morto, fez milagres mais numerosos do que em vida. Um epilético aproximou-se do corpo e ficou livre da sua doença. Uma jovem mãe colocou sobre o corpo do santo o seu filho paralítico, e este começou a mexer-se imediatamente. Os prodígios continuaram depois de o cadáver estar enterrado, e era tão grande a multidão que acorria ao Vale de Absinto que os monges já não tinham sossego para se dedicarem à oração. Quando soube disso, o abade de Cister foi a Claraval e, junto do túmulo, proibiu que a alma do santo, em nome da obediência, continuasse a fazer milagres. E o humilde monge, do lado de lá da morte, obedeceu. É uma bela tradição: mal tinha morrido, Bernardo passava à lenda.

Mas a obra que ele deixava não tinha nada de lendário. O impulso que dera à sua ordem iria permanecer igualmente vigoroso depois da sua morte. As abadias cistercienses continuariam a sair da terra em abundância, como plantações de grandes cristãos. Claraval fornecerá à Igreja um papa, quinze cardeais e inúmeros bispos. Quantos místicos não se colocarão na esteira de Bernardo? Guilherme de Saint-Thierry, Guerric d'Igny, Gilberto de Hoy, Alain de Lile, Beatriz de Tirlemont, Mechtilde de Hackeborn, Gertrudes e muitos outros. Antes que o século XII termine, ter-se-ão escrito quatro *Vidas* do santo; a *Vita Prima*, redigida por amigos diretos do herói — Guilherme de Saint-Thierry, depois Arnaldo de Bonneval e, por fim, Godofredo de Auxerre (um aluno de Abelardo conquistado por Bernardo, que se tornou secretário do santo) —, é uma mina de documentos escolhidos com toda a seriedade; o *Liber miraculorum*, abundante em prodígios, prova até que ponto os contemporâneos de São Bernardo o amaram.

A Igreja ratificou em pouco tempo o juízo admirativo das multidões. Aquele que, enquanto vivo, o papa Inocêncio II denominava "a muralha inexpugnável que sustenta a Igreja", não mereceria ser incluído entre os santos? Assim o fez o papa Alexandre III em 18 de janeiro de 1174, menos de vinte e um anos depois da morte do grande cisterciense, por meio de cartas apostólicas que deixam transparecer um verdadeiro fervor para com a sua memória. Antecipando-se à decisão do século XIX, decidiu que na Missa do novo eleito se usaria o Evangelho próprio dos Doutores da Igreja: *Vos estis sal terrae*, "Vós sois o sal da terra", e, pouco depois, em 1201, o papa Inocêncio III compôs uma oração em que denominava Bernardo *Doctor egregius*.

Até o século XVII, São Bernardo foi lido, estudado e meditado. Para nos convencermos disso, basta consultarmos Mabillon, que o chamava "o último dos Padres". A *Imitação de Cristo* deve-lhe muito. Nicolau V, esse papa amigo das artes, cujo nome está unido aos de Piero della Francesca e de Fra Angélico, mandou copiar o texto do *De consideratione* em caracteres magníficos. Bossuet, Pascal e Fénelon nutriram-se do seu pensamento. No entanto, com o decorrer dos anos, a sua glória obscureceu-se. Não será que — como Santo Agostinho, que também conheceu semelhante desfavor passageiro — começaram a considerá-lo "demasiado jansenista", como dizia Mme. de Sévigné? É certo que, como o bispo de Hipona — e mesmo como São Paulo —, suscitou certas admirações comprometedoras, principalmente as de Lutero e Calvino: não dizia o ditador religioso de Genebra que o *De consideratione* era "a própria verdade que fala pela boca de São Bernardo"?

Coube ao papa Pio VIII — o homem que dizia não conhecer outra política "que não fosse a do Evangelho" — proclamar São Bernardo Doutor da Igreja universal, pelo breve *Quod unum*, de 23 de julho de 1830. A partir de então, a glória do novo Doutor voltou a brilhar. Se, infelizmente, continua desconhecido das crianças das nossas escolas, que não podem avaliar a sua talha excepcional pelas breves alusões que se fazem ao seu papel, está agora situado no devido lugar, é estudado em inúmeros livros e vê-se cercado de uma grande veneração.

Para a história da Igreja de Cristo, continua a ser a imagem mais perfeita do homem, tal como a Idade Média o pôde conceber, um dos supremos guias da cristandade no seu caminho de luz, uma testemunha do seu tempo diante de Deus.

Notas

[1] O papel da Borgonha foi muito bem definido por Pierre Gaxotte, na sua *Histoire des Français* (Paris, 1951, tomo 1°, pág. 247): "Apontemos uma evidência de geografia humana: Cluny e Cister, as duas capitais monásticas, estão situadas na Borgonha. Coincidência? Talvez, mas essa coincidência ajuda-nos a compreender melhor a alma e a natureza desta província. Região feita de trechos desiguais, a Borgonha é uma encruzilhada, uma região de estradas, um lugar de passagem e de encontros. É o contrário de uma barreira, porque une muito mais do que separa, e os povos do Ocidente encontraram ali o seu campo de ligação. Neste sentido, é uma articulação vital da França, já que a França geográfica e histórica representa a circulação fácil e rápida do Mediterrâneo para o Mar da Mancha e para os países ribeirinhos do Mar do Norte. Se a Borgonha tivesse ficado fora da unidade francesa, a nossa pátria não teria podido desempenhar o seu papel decisivo nos destinos da Europa. Mas, no seio de um mundo cristão, poucas regiões como esta estiveram tão confortavelmente localizadas para serem um foco de apostolado, um centro de influência, de onde fosse possível aos homens e às ideias expandirem-se em todos os sentidos". Não devemos perder de vista esta observação profunda ao analisarmos a vida de São Bernardo, um borgonhês que soube ser ao mesmo tempo o maior francês do seu tempo, talvez o maior cristão, e o mais eficaz dos europeus.

[2] Étienne Gilson.

[3] Por isso é particularmente justa a homenagem que os sucessores de São Bernardo prestaram a Aleth quando, em 1250, transportaram o seu corpo da cripta de São Benigno (em Dijon) para a igreja do seu convento. Esta nobre êmula de uma Branca de Castela foi honrada pela Igreja com o título de Bem-aventurada.

[4] Lê-se no *Exordium magnum Ordinis Cisterciensis* que "o Senhor falou ao coração de um jovem chamado Bernardo, o qual, embora muito novo, de origem nobre, sensível e instruído, desprezou todos os prazeres e delícias do século, como também as dignidades eclesiásticas, e, inflamado no fogo do amor divino, resolveu com todo o fervor da sua alma abraçar a rigorosa vida dos cistercienses".

[5] As origens da ordem cisterciense serão estudadas no próximo capítulo.

[6] Mais tarde, o próprio Tescelin vestirá a túnica branca dos cistercienses, unindo-se àqueles que oferecera a Deus.

[7] V. Berlière, *L'ascèse bénédictine*.

[8] Um pormenor realista dá-nos a medida do seu permanente estado de doença: ao lado da sede abacial que Bernardo ocupava, foi preciso abrir no chão um buraco onde pudesse aliviar a irreprimível vontade de vomitar que o atormentava frequentemente.

[9] Sobre a piedade mariana de São Bernardo, aconselhamos o excelente livro do Pe. Aubron, citado nas notas bibliográficas.

[10] São Bernardo fez um bom número de milagres em vida, embora o seu quarto biógrafo, o autor do *Livre des miracles*, pareça deixar-se levar por um certo exagero neste ponto. Curou doentes e expulsou demônios. Os seus biógrafos sublinham muitas vezes que ele sofria com os pedidos que lhe faziam as pessoas simples para que as ajudasse com o seu poder sobrenatural. Sentia-se dividido entre a caridade e a humildade.

[11] Eis uma passagem em que fala da união mística com toda a precisão possível num testemunho deste gênero; descreve apenas o que pode ser descrito. "Perdoai por um instante a minha loucura. Quero dizer (comprometi-me a fazê-lo) como isso acontece comigo... Confesso (sou insensato ao dizer estas coisas) que o Verbo veio a mim, e mais de uma vez. Se entrou em mim frequentemente, nem sempre tomei consciência da sua chegada. Mas senti-o em mim e lembro-me da sua presença...

"Subi à parte superior de mim mesmo e vi que o Verbo reina mais alto ainda. Explorador curioso, desci ao fundo de mim mesmo e encontrei-o ainda mais abaixo. Olhei para fora e avistei-o para além de tudo. Olhei para dentro: Ele está no meu íntimo mais do que eu próprio...

"Quando entra em mim, o Verbo não manifesta a sua presença com nenhum movimento ou sensação: é apenas o secreto tremor do meu coração que o descobre. Os meus vícios fogem e as minhas afeições carnais são dominadas; a minha alma renova-se; o homem interior renova-se e é em mim como a própria sombra do esplendor divino".

[12] *A Igreja dos tempos bárbaros*, cap. X, par. *Cluny e a reforma monástica* e seguintes.

[13] A seguinte passagem dá uma ideia muito exata desse tom intrépido e sereno, em que se nota como Bernardo se sentiu decepcionado: "Desde que tive a honra de conhecer Vossa Alteza, dediquei-me ardentemente ao seu serviço. Não viu Vossa Alteza como, no ano passado, me apliquei infatigavelmente a acertar com os seus ministros as maneiras de restabelecer a paz no reino? Mas temo que Vossa Alteza torneis inúteis os meus trabalhos. Parece, com efeito, que Vossa Alteza abandona de ânimo leve o bom partido em que se encontrava, e que um conselheiro, inspirado pelo demônio, o impele a renovar os males e estragos que se arrependera de ter causado. Vossa Alteza, sem dúvida por um secreto desígnio de Deus, concebe tudo às avessas; tem por ofensivo o que é honroso e por honroso aquilo que o cobre de vergonha. Quanto a mim, qualquer que seja a resolução que Vossa Alteza tome contra o bem do seu Estado, contra a sua própria salvação e a glória do seu nome, não posso, como filho da Igreja, encobrir o ultraje e a desolação que atinge a minha Mãe. Estou decidido a resistir e a combater até à morte, se for necessário. E à falta de escudos e de espadas, empregarei as armas do meu estado: as preces e as lágrimas.

"Sim, até o presente — o céu é testemunha! – tenho desejado a paz do reino e a prosperidade da pessoa de Vossa Alteza. Tomei o partido de Vossa Alteza junto do papa, mas começo a lamentar-me por ter desculpado sem medida a sua juventude. A partir de agora, quero ater-me somente à verdade. Se continuar assim, *Sire*, ouso predizer-lhe que o seu pecado não ficará impune por muito tempo. Com todo o zelo de um servidor fiel e devotado, exorto-o a pôr fim à sua maldade. Eu lho peço duramente, é verdade, mas lembre-se das palavras do sábio: 'Feridas de amigo valem mais do que beijos de inimigos!'"

[14] Cf. o capítulo seguinte.

[15] Cf. cap. XIII.

[16] São Bernardo lutou também contra Arnaldo de Bréscia, tribuno cristão, apóstolo de uma pobreza total, que negava ao clero todo o direito à propriedade, pregando uma espécie de comunismo anticlerical. Quando Arnaldo procurou refúgio em Paris junto de Abelardo, São Bernardo exerceu pressão sobre o rei Luís VII, não para que o prendessem, mas para que o proibissem de continuar a sua propaganda subversiva na França. Sabe-se que Arnaldo de Bréscia acabou por cair mais fundo na heresia e morreu decapitado após o fracasso da comuna antipontifícia de Roma, em 1155. (Cf, sobre Arnaldo de Bréscia, o cap. V, par. *Frederico Barba-Roxa e o seu sonho de domínio universal*; cf. também o cap. XIII, par. *As pequenas seitas*).

[17] Cf. cap. VIII, par. *O primeiro período da Escolástica.*

[18] São Bernardo envolveu-se também num violento debate com Gilbert de la Porrée, antigo chanceler da Escola de Chartres, depois bispo de Poitiers, que, ao tratar da distinção entre Deus e a divindade, defendera teses heterodoxas. Denunciado a São Bernardo por dois dos seus próprios padres, o bispo, muito bem protegido pela amizade de vários cardeais, escapou aos raios do seu adversário, mas concordou em corrigir os seus textos, sob controle de Gotescale, preboste dos premonstratenses.

[19] Em Dijon, as placas indicadoras da praça que o evoca, dizem: "São Bernardo, homem de Estado". Intenção laicista, mas uma bela homenagem.

[20] Cf. cap. XI, par. *O apelo de São Bernardo e o seu fracasso.*

[21] Cf. o álbum de fotografias *Abbayes cisterciennes*, publicado pela marquesa de Maillé e Henrique de Ségogne, Paris, 1943.

[22] Cf. nas notas bibliográficas as referências aos notáveis trabalhos de Anne-Marie Armand.

[23] Cf. cap. XII, par. *Expansão cristã para Norte e para Leste.*

[24] Cf. o cap. XIV, par. *O drama dos templários.*

IV. O FERMENTO NA MASSA

A recaída perpétua

Nem todos os homens da Igreja eram êmulos de Bernardo, nem todos na Idade Média eram santos, como nem todos são santos hoje em dia. E quem se surpreende ou se indigna com isso confessa simplesmente que desconhece a natureza da Igreja e o seu mistério.

É sem dúvida lamentável e monótona a história da recaída perpétua dos cristãos nas mesmas rotinas, uma história cujo desenrolar cada um de nós pode seguir num terreno que conhece muito bem: no seu próprio coração profundamente cúmplice. A Igreja não é somente a realidade sobrenatural, o Corpo Místico de Cristo que, na eternidade, associa o homem a Deus pelo mistério da Redenção. Compõe-se humildemente de toda a massa humana, de todos aqueles por quem o sangue foi derramado no Calvário, e é por isso que se verifica uma permanente contradição entre a grandeza do seu ideal e a fraqueza daqueles que afirmam segui-lo, entre "a dignidade do cristianismo e a indignidade dos cristãos"[1]. Temos de admitir este doloroso paradoxo. Ao condenar os heresiarcas Montano, Novaciano, Donato[2] e, mais tarde, os cátaros, a Igreja afirmou que não é constituída apenas por justos e predestinados, mas também por esses miseráveis pecadores que são atraídos pelo abismo e estão sempre prontos a deixar-se arrastar para lá.

No entanto, no seio desta "assembleia" de batizados, existem homens que têm especialmente a responsabilidade de dar testemunho de Deus e de zelar por essa instituição que detém o depósito da fé, os privilégios apostólicos e o direito de administrar os sacramentos. Frequentemente, identifica-se a Igreja com os homens investidos nesses cargos, com os detentores desses poderes. O seu papel fundamental é o do fermento na massa; devem robustecê-la e impedi-la de recair. "O clero santo faz virtuoso o povo...", diz Blanc de Saint-Bonnet. E isto era mais verdade na Idade Média do que em qualquer outra época, porque a Igreja, como instituição, desempenhava na sociedade inteira um papel estruturador, e, por conseguinte, a menor fraqueza da sua parte repercutia em todos os domínios.

Mas como poderia deixar de haver essas fraquezas? Mesmo consagrados, os clérigos continuavam a ser homens e traziam em si a mesma ferida que o restante do rebanho. As invasões e as convulsões que se seguiram a elas tinham provocado uma verdadeira barbarização da sociedade. Durante seis séculos, a noite caíra sobre o Ocidente, e o clero não escapara à degradação geral. É certo que, ao longo desses seis séculos, a luta fora conduzida por santos que se renovavam sem cessar, figuras sublimes que protestavam com o seu exemplo e a sua palavra contra os indignos. Mas nos tempos bárbaros tinha havido muitos padres fornicadores, prelados que eram mais homens de guerra do que de Deus, párocos salteadores e traficantes de cargos eclesiásticos. No dobrar do ano mil, a vitória ainda não estava assegurada e, apesar das importantes conquistas obtidas, muitos dos que deviam dirigir a Igreja não se encontravam à altura de tamanha responsabilidade[3].

A situação continuará a ser praticamente a mesma durante os três séculos seguintes. Haverá progressos, alguns heroicos e decisivos, mas permanecerá a contradição, o cruel paradoxo: esta Igreja, com tantas figuras admiráveis e aureolada de santidade, está, ao mesmo tempo, manchada em muitas das suas autoridades, até nas mais altas.

Não é nada agradável insistir nestas taras, nem é útil multiplicar os exemplos. Limitando-nos apenas aos textos de testemunhas indiscutíveis, traçaríamos um panorama atroz de um clero ignorante, cúpido, libidinoso, às vezes até criminoso, um panorama que, evidentemente, devemos contrabalançar com a galeria de inumeráveis padres, monges e bispos, conhecidos ou anônimos, que foram santos e deram testemunho das virtudes mais insignes. A história não tem o direito de desconhecer nenhum dos dois lados.

Nada neste tempo escapa à crítica. Lembremo-nos das violentas reprimendas de São Bernardo; a elas podemos acrescentar outros testemunhos não menos arrasadores. Desde a Cúria romana, da qual Jacques de Vitry[4] diz que "todos ali estão tão ocupados em assuntos temporais e mundanos que as coisas espirituais são totalmente silenciadas", até esses párocos que São Bernardo descreve como "escravizados pela avareza, governados pelo orgulho e amigos de fazer gala das suas abominações nos mesmo santos lugares", ninguém sai incólume. O *Journal des visites pastorales* do arcebispo de Rouen, Eudes Rigaud, amigo de São Luís, pinta num francês saboroso e sem rodeios os clérigos que se entregam a farras nas tabernas, mantêm concubinas e uma filharada em suas casas, e frequentam estabelecimentos que a moral reprova (um deles esqueceu lá a roupa...). Os normandos, certamente, não detinham o monopólio desse comportamento.

Poderíamos até organizar uma singular antologia dos textos oficiais em que a Igreja denuncia determinadas práticas consideradas repreensíveis. Depreenderíamos, deles, por exemplo, que os clérigos assistiam muito pouco aos ofícios, que muitos entaramelavam propositadamente as palavras litúrgicas para camuflarem a sua completa ignorância, que participavam de orgias, que alguns transformavam as suas casas em pontos de jogo e que, por vezes, se entoavam canções eróticas na igreja... Se os papas e os concílios sentiram a necessidade de condenar esses erros, é porque realmente existiam!

Na base destas misérias está, evidentemente, a mediocridade da seleção. É geral a ignorância no baixo clero, que se encontra no mesmo nível das suas ovelhas. Muitos párocos conhecem apenas as grandes linhas do Evangelho, os episódios mais chamativos, e, mesmo assim, misturam-nos mais ou menos com lendas. Quanto à teologia moral, nem se fala disso. O clero vive como o rebanho porque não lhe ensinaram métodos de existência superiores, apesar dos esforços de alguns bispos[5]. Essa situação prolongar-se-á até que se realizem profundas reformas e os seminários se encarreguem da formação eclesiástica.

Um clero despreparado, degradado nos seus elementos inferiores por uma vida de princípios incertos, contaminado nos seus membros superiores por influências laicas, estava mal armado para defender-se contra as duas tentações do homem: a da carne e a do dinheiro. A continência dos sacerdotes, que, sem ser exigida inicialmente, fora proposta desde o século IV como o ideal da Igreja, sofrera muitas investidas no decorrer dos tempos bárbaros. Tinham sido numerosas as mulheres de diáconos, padres e bispos que aparentemente não viviam com eles, mas de fato... O grande relaxamento dos séculos IX e X agravara este mal — o *nicolaísmo*, como se dizia —, relacionando os clérigos fornicadores com uma seita herética dos primeiros tempos a que se refere o *Apocalipse* (2, 6-15) e que também Santo Irineu menciona. Será este um dos pontos que a Igreja se esforçará por reformar. Oficialmente, diminuirão os casamentos dos padres, mas os desregramentos continuarão a ser grandes. Limitando-nos ao século XIII, podemos coligir em menos de vinte anos uma centena de documentos pouco edificantes: em Norwich, há padres que se casam; em Tournai, outros têm concubinas; em Ratisbona, muitos párocos são pais de famílias numerosas, e não evidentemente é por acaso que o concílio de Paris de 1212 pune com toda a severidade as "faltas carnais contra a natureza" cometidas por clérigos...

O pecado do dinheiro está ainda mais difundido. A *simonia* — assim chamada em lembrança desse Simão Mago que, segundo os *Atos dos Apóstolos*, ofereceu dinheiro a São Pedro para obter o poder de comunicar o Espírito Santo — era a falta cometida por quem pretendesse conseguir um cargo eclesiástico em troca de bens temporais. A reforma atacará também este hábito deplorável, alcançando resultados substanciais; a situação melhorará, mas o erro não será totalmente extirpado. Continuarão a entrar em jogo muitos interesses temporais à hora de atribuir bispados e abadias, e a Igreja nunca se libertará inteiramente dessa servidão. De um modo geral, a avareza, o gosto pelo luxo e a desonestidade entre certos elementos do clero continuarão a ser censurados não só por panfletários como Estêvão Fougères ou o autor da *Bíblia de Guyot*, por fabulistas e escritores populares, mas também pelas bulas pontifícias e pelas decisões dos concílios.

Sim, lamentável e monótona história a dessa recaída perpétua e a desse fermento que já não consegue exercer a sua ação. No limiar do século XIV, o papa Clemente V, o prefeito de Angers, Guilherme, e o franciscano Álvarez Pelayo apontarão exatamente os mesmos erros que São

Bernardo denunciava no século XII e São Domingos e Inocêncio III no século XIII. Basta abrirmos Dante para termos um resumo de todas as críticas. A *Divina Comédia* apresenta o Inferno e o Purgatório povoados de cardeais "tão gordos que é preciso carregá-los", de "lobos vorazes com roupas de pastores", de clérigos impudicos. E o poeta indigna-se quando recorda que "Pedro e o vaso escolhido do Espírito Santo — São Paulo — iam descalços e magros, e comiam onde podiam!"[6] Maravilhosos gritos de protesto, dor dilacerante de almas verdadeiramente cristãs. Com efeito, se esta Igreja mereceu as críticas mais severas, a sua grandeza consistiu em nunca ter aceitado essa mácula e em ter sabido, não poucas vezes, reencontrar o fermento que tornaria a levedar a massa.

Uma "revolução permanente": a reforma

Se a massa humana tem muita tendência a recair, existe no seio do cristianismo um elemento indestrutível que lhe fornece periodicamente um novo fermento: o *espírito de reforma*. Já se tinha manifestado nas piores trevas dos tempos bárbaros[7], encarnado sucessivamente num São Bento, num São Columbano, num São Bento de Aniana e, mais tarde, nos monges de Cluny, em São Romualdo, em São Pedro Damião. Todos eles — e ainda outros — tinham-se erguido intrepidamente contra os vícios que maculavam a Esposa de Cristo, e, durante os séculos seguintes, outros homens continuarão a combatê-los com a mesma coragem.

Em que consiste o espírito de reforma? Antes de mais nada, numa lúcida tomada de consciência dos perigos que ameaçam a alma cristã: perigos de rotina, de desagregação interior, de conivência com o mundo pecador; e, ao mesmo tempo, num esforço heroico por romper com essas forças de morte, por tornar a encontrar intacto o impulso original, o fervor santo e livre. Passa-se com a Igreja, no plano espiritual, exatamente o mesmo que se passa, no plano político, com os partidos que se propõem transformar radicalmente a sociedade. Uma minoria revolucionária que toma conta do poder deixa-se seduzir rapidamente pelos interesses, minar pelas covardias e complacências, cristalizar em hábitos, e, por fim, "aburguesa-se". É necessário que possa de vez em quando retornar às suas origens, reencontrar a sua consistência e pureza iniciais, romper com as perigosas vantagens da sua vitória. É o que, em estilo marxista, Trotsky chamava a "revolução permanente". A *reforma* é a revolução permanente do cristianismo.

Quais as características que distinguem uma reforma autêntica — necessária ao desenvolvimento histórico do cristianismo — de um desses movimentos anarquizantes que por vezes se desencadeiam na Igreja, produzem perturbações e se perdem na heresia e no cisma? A exigência da reforma só é válida em determinadas condições. Deve apoiar-se num conhecimento exato dos erros a serem corrigidos e dos verdadeiros interesses da evangelização, e não numa mística *a priori*. Deve situar-se no plano da caridade e da fraternidade cristã. Não deve procurar inovar a qualquer preço, mas acima de tudo retornar às fontes, alicerçar-se na Tradição, no que esta tem de mais vivo e mais fecundo, no seu duplo princípio de progresso e de fidelidade. E, por último, não deve ceder ao orgulho, mas permanecer na humildade de coração, submetida à autoridade, à hierarquia, que é a responsável perante Deus e a única que pode aceitar e tornar eficazes essas iniciativas[8].

A sorte da cristandade medieval foi que essas condições se cumpriram em diversas ocasiões. Viram-se surgir entre os cristãos muitas almas heroicas, repletas de amor a Cristo e de respeito pela Igreja, que não desejavam verdadeiramente senão o reino de Deus e a sua justiça, que se remontavam visivelmente aos fiéis dos primeiros tempos, aos mártires e aos apóstolos, e nem por um momento pensaram em fugir da obediência. Esses homens chamaram-se sucessivamente Gregório VII, São Bernardo, São Bruno, São Norberto, São Francisco de Assis, São Domingos, Inocêncio III; foram eles que realizaram a "revolução permanente" cristã, sem deixá-la soçobrar na vã anarquia.

Houve dois elementos que favoreceram grandemente a reforma. O primeiro foi a extraordinária liberdade deixada no próprio seio da Igreja à crítica ou — para utilizar ainda um termo da linguagem política — à "autocrítica". Vimos já a altiva independência com que um São Bernardo se dirigia não somente aos bispos, mas aos papas; e não foi nem de longe o único. Santa Brígida, o *Poverello* de Assis e muitos outros falarão tão claramente como Bernardo. Em 1248, o cônego Tomás de Cantimpré podia contar tranquilamente, no seu curioso livro simbólico *Sobre as abelhas*, que um pregador, no momento em que ia começar um sermão perante um concílio, viu aparecer-lhe o diabo que lhe disse: "Não sabes o que dizer-lhes? Ora, diz apenas isto: — Os príncipes do inferno saúdam os príncipes da Igreja!"; e esse cônego não foi imediatamente julgado e condenado! Se existiam na Igreja vícios graves, havia também independência suficiente para combatê-los, sem que a crítica às pessoas envolvesse falta de respeito para com as funções e a instituição. Esses violentos profetas tinham a fé necessária para não confundirem a Santa Igreja com este ou aquele servidor infiel.

O outro elemento a observar é que a Igreja como hierarquia soube reconhecer a pertinência dessas críticas e tomou-as em consideração. Os que encarnavam a autoridade não tiveram a reação humana, excessivamente humana, de fechar a boca àqueles que podiam incomodá-los com as suas palavras. E se alguns tiveram essa tentação, não cederam a ela. Este foi o mérito de vários grandes papas, como Gregório VII, Pascoal II, Inocêncio III, Honório III, que souberam ver e ouvir. A reforma tornou-se assim um esforço da própria Igreja, porque esses papas compreenderam a sua importância e assumiram a correspondente responsabilidade. E entre os grandes papas reformadores, *São Gregório VII* ocupa um lugar de destaque.

Gregório VII, o reformador

Em 21 de abril de 1073, morreu o papa Alexandre II. O cardeal *Hildebrando*, que era a personagem mais influente da Cúria romana, ordenou preces públicas para que o céu abençoasse a nova eleição. Mas, no dia seguinte, a multidão que assistia à deposição do defunto no túmulo gritou violentamente: "Hildebrando papa! Hildebrando bispo!". Os cardeais, a quem desde 1059 incumbia a tarefa de nomear o sucessor de Pedro, apressaram-se a confirmar a escolha popular. O novo eleito, no entanto, não estava nada feliz: "Apesar dos meus gemidos, foi colocado sobre mim o peso da Igreja", viria ele a escrever. Mas Deus tinha falado; como desobedecer? Hildebrando tomou por nome de pontificado o de Gregório, em memória do mestre amado da sua juventude; em 22 de maio, foi ordenado sacerdote, porque este modesto monge, no auge das honrarias, era ainda um simples diácono. Em 29 de junho, festa dos apóstolos Pedro e Paulo, foi sagrado bispo de Roma.

Tinha cinquenta e três anos; estava, portanto, em pleno vigor da idade. Era corpulento, curto de pernas e de pequena estatura, de aspecto pouco sedutor, mas de um poder espiritual contagiante. Uma inteligência magnificamente lúcida, uma vontade férrea, uma capacidade de trabalho inesgotável e uma sublime firmeza perante a adversidade — tais eram as suas qualidades humanas mais impressionantes. Os seus inimigos pintaram-no como um ambicioso sem escrúpulos, um político para quem todos os meios eram bons, um homem violento e perverso. Nada mais falso; há inúmeras provas da sua delicadeza, da sua caridade e da sua moderação. "Amar os homens detestando os vícios" era um dos seus princípios. Para esta alma sobrenatural, o amor de Deus constituía o objetivo último e "toda a lei se resumia em duas palavras: humildade e caridade". Não praticou uma única ação sem se lembrar de que devia prestar contas dela ao Juiz supremo, e nas honras da tiara via apenas a grave responsabilidade que pesava sobre os seus ombros. Poucos pontífices tiveram em grau tão elevado o sentido da Igreja, dessa Igreja cuja fé ele defendeu condenando os hereges como Berengário, dessa Igreja que há vinte anos se dividira em Oriente e Ocidente e que ele queria ver novamente soldada, dessa Igreja que ele, antecipando-se ao seu tempo, sonhava lançar numa cruzada, dessa Igreja sobretudo que ele desejava apaixonadamente pura e santa, digna do seu Mestre.

A lenda quis ver em Hildebrando o chefe oculto da Igreja, o verdadeiro promotor do movimento de reforma que atravessou a cristandade a partir do ano 1050 aproximadamente. É ir longe demais. Contudo, se os seus amigos e inimigos quiseram exagerar o seu papel para o louvarem ou execrarem, não resta dúvida de que o destino deste filho de um operário toscano, que se tornaria o árbitro da Cúria por méritos próprios, foi belo e admirável.

Nascido em 1020, em Soana, entrara ainda criança como oblato no mosteiro de Santa Maria do Aventino, filho de Cluny. Nomeado secretário do papa Gregório VI (1045-1046), fora-lhe fiel na desgraça e ajudara vigorosamente o seu amigo Brunon, bispo de Toul, a eleger-se papa. Com menos de trinta anos, desempenhara um papel importante junto do grande santo Leão IX (1049--1054), o papa que, querendo manifestar claramente o seu propósito de reforma, entrara em Roma descalço no dia da sua sagração. Assumiu depois diversas missões sob Vítor II (1055-1057) e Estêvão IX (1057-1058), contribuiu para elevar Nicolau II à Sé de São Pedro (1059-1061) e foi o braço direito de Alexandre II (1061-1073), que o queria como sucessor. Encarregado sucessivamente de embaixadas e inspeções, guia do papa e membro de vários concílios, adquiriu um extenso conhecimento da cristandade. Muitos dos seus atos foram decisivos em inúmeros terrenos; foi ele, por exemplo, que obteve o apoio da Igreja ao duque da Normandia, Guilherme, para o grande ataque à Inglaterra. Os seus contatos, as suas observações e a sua meditação pessoal ensinaram-lhe que a reforma era a tarefa mais indispensável do seu tempo.

Mas não foi ele que a inventou[9]; a chamada "reforma gregoriana" não começou com ele. Quando Hildebrando nascia, havia já mais de cem anos que Gerardo de Brogne, João de Gorze, Erluin de Gembloux, Bruno de Colônia e outros tinham lançado a ideia. Havia mais de cem anos que a abadia de Cluny, fundada na Borgonha (910), se transformara na capital da reforma e viria a desempenhar um papel decisivo durante um século e meio sob a direção dos santos abades Odão, Maïeul, Odilão e Hugo.

A vontade de viver plenamente em Deus já fizera surgir os eremitas camaldulenses de São Romualdo e os monges valombrosianos de São João Gualberto. Essa mesma vontade levara as multidões ardentes da *Pataria* a invadirem as luxuosas residências clericais. E o contemporâneo de Hildebrando, São Pedro Damião, esse profeta hirsuto e temível, fora nomeado cardeal pelo papa Estêvão IX.

A seguir, o espírito de reforma saíra dos conventos, chegara ao povo e fora retomado por uma série de papas, a quem o terrível cardeal Humberto, autor do livro *Contra os simoníacos* (1057), mostrara o caminho: Clemente II, Dâmaso II, Leão IX, Vítor II, Clemente V, Nicolau II e Alexandre II. Uma sucessão de decretos e de decisões de concílios tinha denunciado os erros e condenado os abusos. Restaurar a Igreja na sua pureza fora o desígnio de inúmeras almas santas.

Não se deve, portanto, separar Gregório VII da sua época, nem se pode exagerar os seus méritos em detrimento dos seus predecessores e contemporâneos. Mas não é menos verdade que o seu pontificado se reveste de uma profunda significação, porque foi com ele que o movimento desembocou em atitudes decisivas, e foi graças a ele que ficou patente a interdependência de dois problemas que a Igreja teve de enfrentar, e que se formulou a doutrina que permitiria resolver um e outro.

Efetivamente, quando Hildebrando fora investido num posto de comando, sob o pontificado de Alexandre II, distinguiam-se duas — ou talvez três — atitudes em relação à reforma. As consciências retas consideravam-na necessária, mas discrepavam quanto aos métodos. Uns, sobretudo na Itália, eram partidários do método direto, apostólico e moral: pregar contra as desordens — e, antes de mais nada, pregar com o exemplo —, castigando severamente os culpados; o principal representante desta tendência era o abrupto asceta Pedro Damião. Outros afirmavam que a verdadeira causa do desregramento se devia à intromissão dos leigos na escolha do clero, e por isso preconizavam um método institucional e político que libertasse a Igreja da tutela dos senhores e reis; assim pensavam muitos clérigos eminentes da Lotaríngia, bons canonistas e políticos experimentados, e sobretudo o cardeal Humberto. É claro que estas duas posições não eram inconciliáveis, e uns e outros concordavam no essencial. Por fim, não é de excluir que uma certa nostalgia do passado, principalmente da grandiosa época de Carlos Magno, tivesse levado alguns espíritos a sustentar que se devia restaurar a ordem cristã, em decadência desde o ocaso carolíngio, como verdadeiro meio de reconduzir o clero ao cumprimento dos seus deveres e de limitar as interferências dos príncipes. O grande mérito de Gregório VII foi ter compreendido — aliás, ao preço de uma experiência cruel — que essas três noções constituíam apenas uma perante as exigências da história.

No início do seu pontificado, tentou o primeiro método: quis empreender a reforma entendendo-se com os príncipes. Tentou até uma aproximação com simoníacos declarados, como Henrique IV, o imperador germânico, e Filipe I o Capeto, ambos adúlteros públicos. Tudo parecia aproveitável a este santo, se se tratava de servir a causa de Deus. Em março de 1074, um concílio em Roma emitia quatro decretos: "Todo aquele que tenha obtido por simonia uma ordenação ou um cargo espiritual deve ser excluído da hierarquia da Igreja. — Todo aquele que seja possuidor de uma igreja ou de uma abadia por tê-la comprado fica desapossado dela *ipso facto*. — Nenhum clérigo fornicador poderá celebrar Missa ou mesmo exercer no altar as funções das ordens menores. — Quando um clérigo desobedecer publicamente a qualquer das três prescrições anteriores, o povo cristão ficará proibido de assistir aos seus ofícios e deverá pressioná-lo até que se submeta".

Os decretos de 1074 formulavam perfeitamente os princípios da indispensável reforma e Gregório VII destacou imediatamente legados incumbidos de aplicá-los. Mas estes depararam quase por toda a parte com uma oposição variável quanto à forma, mas idêntica quanto ao fundo. Os bispos e prelados simoníacos, apoiados pelos soberanos, lançaram mão de todos os meios para tornar ineficazes as decisões conciliares. Alguns insurgiram-se abertamente. Na Alemanha, chefiaram a oposição Hermann de Bamberg e Liemar de Bremen, apoiados por milhares de padres. Chegou-se a apelidar correntemente o papa de herege. "Se ele não quer que os clérigos se encarreguem dos ofícios, que procure os anjos", gritava-se numa assembleia do clero alemão. O santo bispo Altmann de Passau esteve a ponto de ser massacrado por ter recordado as ordens pontifícias, mas o seu colega Otão de Constança encorajava o casamento dos padres. Os fornicadores corriam os legados à pedrada. Na França, todos os esforços do legado Hugo de Die foram inúteis. O concílio de Paris virou-se bruscamente contra ele, e Gauthier, abade de Pontoise, foi espancado por ter defendido a reforma. O concílio de Poitiers terminou em tumulto, sob o olhar placidamente malicioso de Filipe I que, não contente com leiloar bispados e abadias, organizava nos seus domínios a pilhagem dos peregrinos. Não era nada fácil servir a Deus.

Apesar deste fracasso, e até por causa dele, a ação de Gregório VII viria a ser decisiva. Tornou-se evidente que não bastava a reforma moral e que era necessário cortar o mal pela raiz. A partir de fevereiro de 1075, o papa passou a combater a influência dos leigos na Igreja mediante um duplo programa de reformas morais e de decisões políticas, estas com o intuito de libertar a Igreja da tutela laica. Os seus decretos, tal como se podem ler nos célebres *Dictatus Papae*, não fizeram mais do que reeditar as quatro decisões de 1074. Mas, subitamente, o pontífice viu-se envolvido num conflito com os que se beneficiavam do estado de coisas condenado — os soberanos —, e foi levado a encarar a questão das relações religiosas com o poder civil. Do plano moral, a luta pela reforma passava para o plano institucional e político. Foi a espinhosa "Questão das Investiduras", logo transformada na "luta do Sacerdócio contra o Império"[10], cujos episódios foram patéticos e dolorosos.

Refugiado em Salerno, Gregório VII sentiu a morte chegar. Era o ano de 1085. Angustiado com o seu aparente fracasso, conta-se que exclamou: "Amei a justiça e odiei a iniquidade; por isso morro no exílio". Estas palavras correspondem à verdade. Se, momentaneamente, o mal parecia vencer, os traços inscritos na história pelo grande papa eram indeléveis: a simonia recebera um golpe mortal e o celibato eclesiástico fora restaurado. E esse esforço por restituir à Igreja a sua antiga pureza, apesar das circunstâncias difíceis em que a Santa Sé se encontrava, deu ao papa um prestígio incomparável. O espiritual voltava a encontrar o seu brilho através deste homem semiderrotado.

O retorno às fontes e as novas ordens

Restituir à Igreja a sua pureza inicial foi o desígnio de todos os reformadores dos séculos XI e XII, empreendido com uma profunda percepção das exigências cristãs. Paralelamente à ação dos papas, e encorajada por ela, levou-se a cabo outra tarefa, animada da mesma intenção, mas num plano bastante diferente. A reforma monástica não teve em vista em primeiro lugar a luta contra a simonia e a fornicação clerical, mas, mais profundamente, o retorno às fontes de água viva, a fim de se eliminarem os abusos pela raiz.

Isto não quer dizer que não existissem graves erros de conduta num bom número de conventos. Mesmo Cluny, a grande Cluny, que soubera mostrar tão bem o caminho a seguir, merecia censuras que o seu abade Pedro o Venerável não ocultava. "Com exceção de um pequeno grupo de monges, o resto não passa de uma sinagoga de Satanás. Que podem eles reivindicar como monges, a não ser o nome e o hábito?" Mas mesmo onde os abusos não eram flagrantes, impunha-se reformar as comunidades por uma razão mais essencial. No decorrer dos séculos, o monaquismo desviara-se do caminho fixado pelas regras. Em vista do sucesso alcançado, os mosteiros tinham transigido em maior ou menor medida com as estruturas temporais: muitas riquezas, muitas terras para administrar, talvez também muitos estudos e até muitos ofícios em detrimento do trabalho e da luta ascética. Quando Cluny enveredou por esse caminho, os rigoristas disseram que o verdadeiro espírito da Regra estava perdido e que era preciso reencontrá-lo. O retorno às fontes incluía, pois, a reforma moral, aquilo a que então se chamava a *vita apostolica*.

Com o desenvolvimento da vida eremítica, tinha-se configurado e configurou-se ainda mais uma reação contra os desvios da época. O ideal de muitas almas foi não só fugir do mundo, mas dos próprios claustros, considerados excessivamente brandos, e mergulhar na solidão absoluta, como tinham feito os primitivos anacoretas. Já existira uma ligação direta com o Oriente dos Padres do deserto na pessoa de São Nilo, o grande monge basiliano cuja vida austera maravilhara a Itália por volta do ano mil, e cuja memória era cultuada no mosteiro de Grottaferrata. Pouco depois, São Romualdo, fundando os camaldulenses (1012), e São João Gualberto, criando Vallombrosa (por volta de 1013), levavam a cabo o mesmo desígnio. Aliás, não pretendiam fundar novas congregações; todos esses loucos de Deus tinham apenas um sonho: o da total solidão, face a face com o Único, e foi quase a contragosto que estabeleceram disciplinas coletivas, quando viram multiplicar-se o número de discípulos. Querendo fugir do mundo, esses anacoretas acabaram por fundar ordens.

O mesmo fenômeno se repetiu várias vezes ao longo dos séculos XI e XII. Quando *Estêvão de Muret*, filho de um senhor feudal de Auvergne, instalou a sua cabana na solidão de uma floresta no Limousin (1077), não imaginava que dessa iniciativa nasceria uma ordem, a ordem de Grandmont (1124), que em breve reuniria 2000 monges em 70 casas. O Bem-aventurado *Roberto d'Arbrissel*, bretão com alma de fogo, também não sabia que, ao abandonar a vida de cônego para ser "missionário apostólico" e denunciar com ardor os vícios do clero, arrastaria inúmeras pessoas atrás da sua silhueta de profeta; tantas, que, para alojá-las, se veria obrigado a fundar *Fontevrault* (1096), curiosa abadia dupla do Anjou, onde homens e mulheres eram recebidos em duas casas do mesmo estilo, germe de uma congregação (1116) que ele não queria fundar e que conquistaria 3000 seguidores na França, Inglaterra e Espanha. Esses dois homens efetuaram verdadeiras reformas, indo buscar o essencial à *Regra de São Bento*, mas tornando-a muito mais rigorosa, a ponto de se proibir — como fez Estêvão de Muret — a posse do menor pedaço de terra fora do mosteiro e de se exigirem renúncias prodigiosas.

O mesmo estado de espírito e a mesma vontade de retorno ao eremitismo animaram a ordem na qual ainda hoje reconhecemos o modelo de uma vida de renúncia na santa solidão: *a Cartuxa* (1084). Que procurava São Bruno, nobre da Renânia, antigo estudante de Colônia e Paris, quando deixava Reims e os seus cargos de professor de teologia e chanceler, para não continuar sob a jurisdição de um bispo indigno? Apenas um lugar de silêncio absoluto, onde pudesse entregar-se sozinho à oração. Aconselhado pelo seu antigo aluno Hugo, bispo de Grenoble, instalou-se com seis amigos numa floresta virgem que se tornaria célebre. Um outro discípulo seu, que fora elevado ao sólio pontifício sob o nome de Urbano II, chamou-o a Roma em 1100, mas ele não suportou a vida agitada da Cidade Eterna e voltou para a solidão, desta vez na Calábria, onde fundou uma nova casa. A sua obra no Dauphiné sobreviveu-lhe e, em 1127, o prior Guigues redigiu os correspondentes estatutos.

Qual é a originalidade da Cartuxa? Um misto de eremitismo e cenobitismo. Na pequena casa de três quartos que lhe é cedida, cada religioso vive como um eremita, mas, no coro, onde se junta aos outros para cantar as matinas, laudes e vésperas, e no refeitório, aos domingos e nos dias festivos, sente-se membro de uma comunidade. O silêncio perpétuo só é interrompido por breves recreios e passeios semanais. O jejum é obrigatório desde o dia 14 de setembro até à Páscoa, bem como em todas as sextas-feiras e vigílias; está totalmente proibido comer carne. É, portanto, uma vida muito semelhante à dos eremitas primitivos, mas humanizada e mais confortável graças à proximidade dos irmãos. O êxito provou que este ideal correspondia aos tempos. A primeira fundação, a de Portes em Bugey, data de 1115. No fim do século XII, a Cartuxa contava trinta e sete casas (embora as da Calábria tivessem passado para Cister), duas das quais eram de monjas. Aquelas duras exigências atraíam os corações.

Camaldulenses, valombrosianos, monges de Grandmont, de Fontevrault e da Cartuxa, todos eles eram fruto da ideia eremítica e, se acabaram por entrar em cheio na corrente da reforma monástica, foi quase sem o quererem, mais pelo ideal que se propunham atingir do que por desejarem transformar as estruturas. Inteiramente diferente foi a atitude tomada pela grande ordem que iria polarizar e impor a vontade de reforma no século XII: *Cister*.

O começo desta ordem foi modesto e difícil. Por volta de 1075, alguns religiosos retiraram-se para a floresta de Collon, não muito longe de Tonnerre, e obtiveram de Gregório VII que lhes designasse como superior um monge cuja reputação de santidade era grande. Chamava-se *Roberto*, e era prior de Montier-la-Celle. Um homem estranho, um pusilânime, como às vezes se disse, mas em todo o caso uma pessoa sensível, um tímido capaz de súbitas audácias seguidas de recuos, um contemplativo mal adaptado às contingências humanas. Abadia "reformada", mas onde a estrita observância beneditina continuava a misturar-se com "costumes clunicenses" (embora não dependesse de Cluny), a nova casa — *Molesmes* — celebrizou-se rapidamente. Choveram donativos que, por fraqueza, foram aceitos. E São Roberto em breve se perguntava a si mesmo em que é que a sua abadia se distinguia das clunicenses... Não havia relaxamentos, mas muitas pequenas facilidades, muitas observâncias adventícias que dificultavam a aplicação da pura Regra original.

Um grupo de monges, comandado por Alberico e por Estêvão Harding, pensava em "reformar" Molesmes, e Roberto encorajava-os. A ideia originou uma crise entre os partidários e os adversários da reforma, uma crise violenta, tão grave que o abade abandonou o mosteiro por uns tempos e Alberico foi espancado. Por fim, os reformadores decidiram partir e, em 21 de março de 1098, Roberto, Alberico, Estêvão Harding e mais uns vinte monges fundaram no vale do Saône uma abadia nova: Cister.

O início desta casa foi duro. Passado um ano, Roberto voltou para Molesmes, depois de o legado Hugo de Die e um concílio o terem convencido de que era esse o seu verdadeiro dever. Sob a direção de Alberico, a jovem comunidade teve de lutar contra a fome e a indigência, enquanto desbravava a floresta e construía o seu mosteiro. Mas a vida que levava era exatamente a que tinha desejado: pobreza absoluta, renúncia a todo o luxo, trabalho, jejum, penitência, obediência... Em 1100, a Sé Apostólica, posta ao corrente, concedeu a sua proteção aos "pobres monges do novo mosteiro". Mas a fama de austeridade de Cister inquietava e afastava possíveis adesões. E a situação não melhorou muito quando, em 1108, Estêvão Harding sucedeu a Alberico.

Sabemos como a chegada de uma jovem alma de fogo, servida por uma inteligência genial[11], fez daquela aventura precária o ponto de partida de uma história grandiosa. A entrada de São Bernardo em Cister, na primavera de 1112, com os seus trinta companheiros, mudou a situação. O mosteiro dos pântanos notabilizou-se e, um ano mais tarde, era pequeno para tantos monges. La Ferté, Pontigny, Claraval e Morimont — as quatro "filhas mais velhas" de Cister — nasceram em menos de quatro anos. Animada agora por uma inteligência luminosa e por uma energia infatigável, a nova congregação partiu para a conquista do mundo: oitenta casas em 1134, por ocasião da morte de Estêvão Harding; trezentas e cinquenta, vinte anos mais tarde, quando morreu São Bernardo; quinhentas e trinta no fim do século XII; setecentas um século mais tarde! A partir de 1125, as abadias de monjas rivalizaram com as dos homens, e, como estes eram poucos para lhes assegurarem a direção espiritual, foram proibidas de fundar outras novas. Para manter firmemente a unidade da ordem, Estêvão Harding publicou em 1119 uma Constituição, a *Charte de Charité*, na qual se estabeleciam duas bases sólidas: a fiscalização hierárquica das abadias "filhas" pelas "mães" e o governo da ordem pelo "Capítulo geral", reunião regular dos abades e dos delegados dos conventos[12].

Em que consistia a reforma cisterciense? Em nada mais nada menos do que num retorno à *Regra de São Bento*, desembaraçada de elementos acrescentados ao longo dos séculos. Ficava proibido tudo o que não estivesse formalmente autorizado por ela. Instalados de preferência em vales pantanosos — e não nas orgulhosas alturas a que Cluny tanto se afeiçoara —, os conventos cistercienses deviam ser lugares de renúncia total aos bens deste mundo. Vestuário: uma simples túnica de lã, uma cogula e um escapulário da mesma natureza. Nutrição: a autorizada pela primitiva *Regra de São Bento*, com um jejum reforçado de 14 de setembro até a Páscoa. Para dormir: um colchão de palha sem lençóis, onde os monges se deitavam completamente vestidos. No meio da noite, ao som do único sino do mosteiro, levantavam-se para rezar e cantar matinas. As igrejas eram austeras e desprovidas de quaisquer ornamentos. Os mosteiros não aceitavam doações ou dízimos, e só deviam possuir as terras necessárias para que os monges pudessem viver. Austeridade inaudita e admirável, mas mais admirável ainda foi o sucesso que acolheu esta iniciativa. A veste branca dos cistercienses[13] passou a simbolizar em toda a Igreja uma vida mais perfeita. Esta ordem nascida nos pântanos do Saône vinha marcar profundamente o seu tempo, graças ao exemplo e à ação dos seus filhos.

Um dos aspectos mais curiosos que resultaram da nova fundação foi uma espécie de luta travada entre os monges brancos da nova observância e os monges negros da tradição clunicense, que se sentiram visados. Num plano superior, a luta caracterizou-se pelas discussões epistolares, aliás magníficas, entre Pedro o Venerável, abade de Cluny, e São Bernardo. Num plano menos elevado, ocasionou algumas faltas de caridade. Mas, em última análise, foi uma emulação útil, que glorificou a Deus.

Temos uma prova disso no que se passou em Cluny. O grande mosteiro da Borgonha decaíra depois da morte de São Hugo (1109), a quem sucedeu um abade medíocre, Pons de Mergueil. A ordem possuía 1450 casas com 10000 monges e construía em todos os países mosteiros belíssimos, mas a verdade é que estava em declínio. Encontrava-se excessiva e perigosamente empenhada na posse de bens para que o entusiasmo dos começos não se convertesse em rotina.

No entanto, a corrente "reformista" continuava a circular na alma clunicense, como se notava nos fins do século XI, em terras germânicas, em Rüggisberg, perto de Friburgo na Suíça, em Santo Albano de Basileia e em Siegburg. Surgiu como uma fonte impetuosa quando Guilherme, abade de *Hirschau*, impelido pelo legado gregoriano Bernardo de Marselha, decidiu transformar a sua comunidade. Os costumes antigos de Cluny foram retomados com um caráter talvez mais combativo. Exteriormente, os monges de Hirschau distinguiam-se pelo hábito branco e enviaram pregadores a toda a Alemanha. Cento e cinquenta comunidades decidiram filiar-se a esta congregação, que forneceu ao papado os seus aliados mais preciosos na Questão das Investiduras.

Mas o homem que, mesmo dentro de Cluny, compreendeu realmente a gravidade da situação e a remediou foi *Pedro o Venerável*, abade de 1122 a 1156, homem santo, de uma inteligência acima do comum, místico e prático ao mesmo tempo, digno êmulo dos grandes abades do passado. Em 1132, levou a sua ordem a observar melhor a lei do jejum e do silêncio, restabeleceu o "antigo e santo trabalho das mãos", reorganizou a seleção dos candidatos, sem, no entanto, sacrificar a originalidade e a tradicional importância de Cluny — o amor aos estudos, à arte e aos ofícios divinos. O seu exemplo foi seguido por muitas abadias da ordem, que se reformaram da mesma maneira. O caso mais notável foi o de Saint-Denis, a ilustre abadia real próxima de Paris, presa de um luxo malsão, que o abade Suger, tocado pela graça, como vimos, reformou a partir de 1127, imprimindo nas almas a marca do novo espírito que lhe fora ensinado, em termos tão afetuosos como categóricos, pelo seu amigo São Bernardo.

Neste abrangente movimento de reforma, é preciso mencionar os *Cônegos regrantes*. A instituição de colégios de padres que, colocados ao lado dos bispos, lhes asseguravam o serviço do coro e lhes forneciam auxiliares, assumira grande importância nos tempos carolíngios. Mas os abusos entre eles tinham-se tornado numerosos. Muitos desses cônegos estavam mais preocupados em receber os rendimentos do cabido do que em cantar matinas. Muitos deles, verdadeiros giróvagos, estavam continuamente longe do seu posto, e não eram poucos os defeitos e mesmo vícios que manifestavam, além de se entregarem a atos de violência e de má conduta.

Para extinguir esses abusos, era necessário, mais uma vez, retornar às fontes. Santo Agostinho, em Tagaste e, depois, durante o seu episcopado em Hipona, rodeara-se de colaboradores e amigos, com os quais vivia em comunidade. Não se sabe ao certo se estabeleceu ou não uma Regra, mas, de qualquer modo, os princípios encontravam-se na sua obra[14]. Era desejável, portanto, retomá-los e "monaquizar" o clero secular, para torná-lo digno da sua missão. Fora essa a ideia de São Chrodegang, bispo de Metz, vários séculos antes (746-766), e ressurgia agora. O programa dos reformadores consistiu em levar os cônegos a viver em comunidade, em fazê-los renunciar à propriedade individual e em impor-lhes mortificações. Não há dúvida de que a vida em comum eliminava o concubinato e outros desregramentos. A "Regra" de Santo Agostinho, pela sua flexibilidade, adaptava-se perfeitamente às circunstâncias em que esses grupos tinham de viver. E eles se multiplicaram numa extrema variedade.

O movimento dos cônegos assumiu vários aspectos. Umas vezes, os cabidos, tocados pela graça, reformavam-se e adotavam a Regra; assim aconteceu em São Martinho de Tours, onde todo o cabido abandonou os seus bens e instalou-se pobremente na ilha de São Cosme; e em Roma, onde o papa Gregório VII louvou os cônegos por terem "abraçado a vida em comum, a exemplo da primitiva Igreja". Outras vezes, eram os bispos que impunham a reforma, como em Cambrai, onde todo o cabido secular foi literalmente expulso e substituído por regrantes, ou ainda em Jerusalém, onde o patriarca Arnulfo queria que os seus cônegos levassem "a própria vida dos apóstolos". Outras vezes ainda, eram todos os monges de um convento que se tornavam cônegos regrantes, pensando que dessa maneira seriam mais eficazes, como aconteceu na Trinité de Vendôme, que se proclamou "colegiada". Por fim, chegaram a instituir-se centros novos, para abrigar um clero canonical que aspirava à perfeição: Mortain, Saint-Quentin de Beauvais,

Saint-Jean-des-Vignes em Soissons, São Vítor em Paris e São Rufo em Avinhão. E, rematando todo esse movimento de renovação, houve santos que, olhando mais longe, pensaram em unir essas comunidades colegiais em verdadeiras congregações. Nasceram assim as casas de cônegos de Murbach na Alsácia, fundadas por Manegold de Lautenbach, e as de Arrouaise em Artois, fundadas por São Gervásio. Três desses movimentos viriam a desenvolver-se muito mais: os de São Rufo, de São Vítor e dos premonstratenses.

Os primeiros estão hoje praticamente esquecidos, mas o seu papel foi importante. Fundados em Avinhão, em 1039, os *cônegos regrantes de São Rufo* mudaram-se em 1158 para Valence, onde permaneceram até à Revolução. Deve-se ver neles as primícias da série: o papa Urbano II louvava-os, em 1095, por terem "renovado a vida primitiva do clero", e o Bem-aventurado Pons, cartuxo nomeado bispo de Grenoble, dizia-lhes em 1129: "Vós tendes servido de modelo e de norma a todos os mosteiros de cônegos, mesmo àqueles que estão situados longe". Mais de oitocentos cabidos canonicais, da Noruega até Portugal, da Grécia até à Islândia, estavam ligados a esta organização. Três papas saíram das suas fileiras. Sem negligenciarem as coisas do espírito, impulsionaram as artes e influenciaram toda a Provença, a Catalunha e Chartres. Com certeza intervieram na redação dos estatutos dos cartuxos e no nascimento do famoso centro de São Vítor.

Em Paris, *Guilherme de Champeaux*, grande erudito, professor de renome, célebre pelas suas discussões com Abelardo, fundou *São Vítor*, mesmo nome de um eremitério próximo, na colina de Santa Genoveva, para onde se retirara em 1108. Erigido em congregação por Gildwin, bispo de Châlons, protegido por Estêvão de Senlis, bispo de Paris, o centro de São Vítor, verdadeira universidade-mosteiro, pôs em prática os princípios da vida regrante com uma austeridade e um fervor que atraíram milhares de almas. A sua projeção foi inversamente proporcional ao pouco apreço que se tinha pela reforma na região parisiense. Quando se tentou transferir para lá o cabido da catedral, produziram-se sérios incidentes, como o assassinato do prior do centro pelos próprios sobrinhos do arcediago. Para obrigar os cônegos regrantes de Santa Genoveva a aceitar a presença dos regrantes, Suger, homem de Estado de pulso forte, chegou a ameaçá-los de "amputar-lhes os membros e vazar-lhes os olhos".

São Norberto (1085-1134), fundador dos *premonstratenses*, ultrapassou todos os outros. A sua história é bonita e muito característica do tempo. Era um nobre e jovem alemão, nervoso e sensível, mais preocupado com boas peles e equipamentos de caça do que com o Evangelho. Tendo dissipado as suas energias até os trinta anos, viu-se subitamente chamado por Deus por meio de um trovão que matou o seu cavalo. Cônego de Xanten, na Prússia, preferia o arcebispado de Colônia ou a corte de Henrique V ao seu cabido, mas, quando Deus o chamou, começou a pregar contra os erros com uma santa violência. Pediu aos seus colegas que se reformassem e tentou impor-lhes a observância regrante. Mas as suas boas intenções só lhe trouxeram maus tratos, os escarros que um triste clérigo lhe atirou ao rosto e uma denúncia perante o concílio de Fritzlar. Abandonou Xanten e todos os seus bens e lançou-se pelas estradas da Alemanha, da Bélgica e da França, pregando por toda a parte o regresso à vida divina, a necessidade da penitência, tal como o fazia, quase ao mesmo tempo, Roberto de Arbrissel. O seu nome começou a tornar-se célebre. Interveio como árbitro em muitas discórdias feudais, e os seus contemporâneos compararam-no ou até o consideraram superior a Bernardo de Claraval.

Em 1119, Calisto II encontrou Norberto e aconselhou-o a fixar-se. Era um conselho prudente. Numa época em que a abadia se tornara o verdadeiro centro da vida religiosa, o melhor meio de ação era ter uma base comunitária e estável: ainda não tinha soado a hora dos pregadores itinerantes. Foi assim que se fundou, em Prémonté, na floresta de Saint-Gobain (1121), uma nova comunidade de cônegos que praticavam a Regra agostiniana. Mas a febre do apostolado continuava a consumir o fundador. Voltou a partir, recomeçou a pregar, foi chamado pouco depois a assumir o arcebispado de Magdeburgo, onde aplicou as suas ideias reformadoras, e envolveu-se na luta contra o antipapa Pedro de Leão.

Felizmente, deixava atrás de si o seu amigo e colaborador, Hugo de Fosses, que deu à ordem a sua constituição. Indo buscar em Cister a ideia do capítulo geral e da visita às filiais pelas casas fundadoras, Hugo teve a ideia, verdadeiramente genial, de utilizar os seus cônegos como um fermento na massa do clero. Os premonstratenses viverão exatamente como monges, em comum, cantando os ofícios e entregando-se a práticas de mortificação. Mas não ficarão fechados no claustro. Consagrar-se-ão ao ministério paroquial, e os seus conventos e priorados serão centros de ativa vida cristã. Em suma, os premonstratenses serão a síntese do monge e do pároco. O êxito que os acompanhou veio a provar o acerto e a necessidade dessa intenção: a França pareceu dividir-se entre eles e Cister e, por volta de 1350, contava mil e trezentas casas. A cristianização dos campos, na Alemanha e na Europa central, deveu-se a esta ordem.

Assim, ao lado dos monges, por princípio separados do mundo, estas diversas formações de cônegos regrantes que viviam no mundo trabalharam para infundir o espírito da reforma no núcleo mais denso da massa cristã.

A tentativa de Pascoal II

Esse espírito está agora tão fortemente estabelecido que seria impossível renunciar a ele. Todos os sucessores de Gregório VII cuidarão de não retroceder e serão, mais ou menos, "reformadores". Mesmo homens medíocres, como Vítor III (1086-1087), renovarão a legislação nesse campo. Ao ascender ao pontificado, Urbano II (1088-1099) exclamará: "Tende confiança em mim, como outrora no nosso bem-aventurado Padre Gregório: em todas as coisas quero seguir os seus passos. Condeno o que ele condenou; amo o que ele amou; aprovo o que ele considerou justo e católico. Sobre todos os pontos, enfim, penso como ele". Pronunciadas por esse homem — o papa que iniciou as cruzadas —, como é que essas palavras não haviam de ser eficazes?

A propósito de um ou outro pontífice, chegou-se a falar de "reações antigregorianas". A expressão só é exata no plano político, em que a ação do papado foi considerada excessiva por alguns. No essencial, isto é, quanto à necessidade da reforma, nenhum deles manifestou opinião contrária: Calisto II (1119-1124), Inocêncio II (1130-1144), Eugênio III (1145-1157), discípulo e amigo de São Bernardo, destinatário do *De consideratione*, e Celestino III (1191-1198), o octogenário que mostrou tão corajosa independência ao censurar a conduta pessoal dos reis da França e de Leão — Filipe Augusto e Afonso IV —, todos se mantiveram fiéis ao espírito de São Gregório VII.

Semelhante firmeza é mais admirável se nos lembrarmos das circunstâncias em que esses papas tiveram de agir. Durante todo o século XII, a barca do pescador foi duramente sacudida por contínuas tempestades. O conflito com o imperador a respeito das exigências da reforma inquietou cinco pontificados sucessivos. Surgiram antipapas na crista das ambições rivais, e nem sempre se encontra um São Bernardo para fazer face à ameaça de cisma que pesa sobre a Igreja[15]. Roma é disputada pelas facções do papa, do imperador, do Senado claramente demagógico e dos grandes senhores feudais. Lúcio II (1144-1145) morrerá das feridas recebidas ao invadir o palácio senatorial. Desencadear-se-á na própria Cidade Eterna uma revolução social, amanhecer da heresia que proclamará a república de Arnaldo de Bréscia[16]. É surpreendente que os caminhos da Igreja não se desvirtuem, apesar de tantos obstáculos.

O ponto culminante deste itinerário foi assinalado pelo *nono Concílio ecumênico*, reunido em Latrão, em 1123. Com a questão da influência laica nas nomeações eclesiásticas praticamente resolvida, o papa Calisto II julgou necessário consagrar os resultados obtidos numa assembleia plenária, a primeira dessa natureza no Ocidente. Estiveram presentes trezentos bispos ou prelados. Não se promulgou nenhum novo dogma nem nenhuma lei disciplinar nova, mas os princípios da reforma foram definitivamente formulados com um vigor que os tornou sagrados.

Entre os pontífices reformadores, houve um que merece ser citado à parte. Não se pode dizer que tenha feito mais do que os outros; em certo sentido, fez até menos. Mas a ideia que lançou antecipava-se prodigiosamente ao seu tempo, com uma nobreza talvez quimérica, mas grandiosa. Era um monge — não se sabe ao certo se de Vallombrosa ou de Cluny —, uma alma meditativa, um espírito talvez um pouco acanhado e uma inteligência pouco dotada para as coisas práticas. Ao ser eleito, escolheu o nome de *Pascoal II* (1098-1118). Nas circunstâncias dramáticas em que a Igreja se encontrava, com a Cidade Eterna ameaçada pelos exércitos do imperador Henrique IV, não era certamente a pessoa mais qualificada, e teria sido preferível um político.

Mas o que Pascoal II pensou foi precisamente que era necessário arrancar a Igreja da escravidão da política e situá-la apenas no terreno espiritual. Para isso, um único meio lhe pareceu bom: a renúncia total a todas essas terras e a todos esses títulos que enredavam o clero nos laços do sistema feudal. Uma Igreja pobre, sem outros recursos que os ofertados pelos fiéis, não teria maior liberdade de ação? Em outras palavras: este papa, talvez excessivamente cândido (ou inspirado!), queria resolver os problemas políticos da Igreja pelos métodos da reforma moral. O que era bom para cada cristão, individualmente, não seria também salutar para a comunidade cristã?

É claro que a ideia não encontrou o menor apoio. Ao sonho de uma idade de ouro, em que os bispos e os abades, desembaraçados de todas as preocupações temporais, só cuidariam das almas, os dignitários acharam mais lógico preferir os seus rendimentos. Uma rebelião respondeu a tão generosa oferta, e dela se aproveitou o imperador para apoderar-se do papa e obrigá-lo a capitular[17].

Geralmente, os historiadores da Igreja são severos com Pascoal II, e talvez com razão, porque a sua ação mais atrasou do que adiantou a solução do difícil problema político. Nessa época, repudiar o poder temporal equivalia simultaneamente a enfraquecer o papado. Mas se o sonho generoso tivesse tomado corpo, quem pode dizer o que teria sido o futuro da Igreja, quantos compromissos, erros e até dramas não se teriam evitado?

Erros antigos, problemas novos

Tantos esforços e tão grande perseverança não foram suficientes para cortar o mal pela raiz. Houve muita resistência — resistência, nem sempre tácita, dos interesses e das paixões —, à ação dos papas e às decisões conciliares. Em princípio, a simonia e o casamento dos padres estavam condenados em toda a parte desde o início do século XIII, e isso já era uma grande vitória, mas na prática as coisas não iam tão bem.

Certamente, a situação moral da Igreja não era nem de longe comparável à do ano mil, a esse desmoronamento que exigira a reforma gregoriana. Mas os velhos erros e as antigas tentações continuavam a existir e, além disso, o tempo exercia a sua conhecida ação desagregadora. Os mesmos que tinham estado na linha de frente do combate traíam o ideal de Cristo; tanto os monges brancos como os negros ofereciam o flanco à crítica. Em Vézelay, ilustre abadia clunicense, o abade, simoníaco e incontinente, dissipava os bens do mosteiro para dotar um filho e uma filha. Os descendentes de São Bernardo não eram melhores; uma carta de Inocêncio III, escrita em 1202 aos abades de Claraval, Morimont, Pontigny e La Ferté, alude a rumores verdadeiramente deploráveis. Em Grandmont, havia rixas durante os ofícios e, entre os premonstratenses, os cônegos de Saint-Martin-de-Laon agrediam-se até chegarem ao derramamento de sangue. Quanto à Igreja secular, oferecia os mesmos espetáculos, sobretudo nas dioceses afastadas, onde a influência reformadora fora fraca.

A situação era até mais inquietante do que no século XI. É preciso não esquecer que, nos fins do século XII, se produzem profundas transformações na sociedade. Surgem novos costumes, trazidos do Oriente pelos cruzados e viajantes.

O enorme desenvolvimento do comércio faz afluir o dinheiro e os seus perigos. É o momento em que o regime feudal começa a declinar, em que os servos se emancipam, as cidades se desenvolvem e os espíritos modificam as suas atitudes fundamentais, arrastados pelas novas curiosidades. Literalmente, o mundo europeu mudava de bases.

Neste clima de fermentação geral, como é que o clero poderia ter resistido? "O pastor degenerou em mercenário", gemia Inocêncio III, "e deixa que os lobos façam o que quiserem. Com a sua traição, protegeu o mal que devia destruir. Quase todos os clérigos desertaram da causa de Deus e, entre os que continuam fiéis, muitos são ineficazes". Esta confissão dolorosa diz tudo.

Perante a aparição dessas novas forças[18], que iria fazer a Igreja? Saberia desembaraçar-se da sociedade feudal, à qual se prendera por tantas raízes? Dava a impressão de que se produzira um certo descompasso entre ela e as profundas aspirações da época. Nos tempos bárbaros, a Igreja assumira a enorme tarefa de impedir o caos. A ordem chamara-se "feudalismo" e ela soubera ocupar no seu seio um lugar decisivo: fizera da abadia a réplica do castelo; sacramentalizara o juramento, o liame da sociedade guerreira; abençoara as armas do cavaleiro, instituíra obras de caridade e criara à sombra dos seus conventos um notável sistema de educação. Como é que os homens, mesmo os consagrados a Deus, passaram em algumas décadas a considerar ultrapassada uma organização mundial tão visivelmente abençoada por Deus e que lhes assegurava tantas vantagens concretas? Gregório não rompera esse compromisso da Igreja com o mundo do seu tempo, e a sua reforma fizera-se no plano moral e espiritual, por uma espécie de reforço dos poderes da Igreja e pelo próprio exercício da sua autoridade universal em todos os domínios.

Pascoal II, propondo a ruptura, fora considerado um visionário. Mas uma reforma especificamente moral seria suficiente para adaptar a Igreja à vida de um tempo tão profundamente trabalhado?

Com efeito, a fermentação geral dos espíritos atingia os domínios da vida espiritual. Surgiram profetas e profetisas, que gritavam contra os escândalos e anunciavam castigos. "Desgraça sobre todas as nações!", exclamava Isabel de Schönau, "porque o mundo está mergulhado em trevas; a vinha do Senhor pereceu; a cabeça da Igreja está doente e os seus membros estão mortos!" Ao que respondia Santa Hildegarda: "A justiça de Deus vai irromper e os seus decretos vão ser executórios. O papado e o imperador, igualmente decaídos, vão igualmente desabar". Mas acrescentava, mais otimista: "Das suas ruínas, o Espírito Santo fará surgir um povo novo; a conversão será geral, e os anjos, confiantes, voltarão a habitar entre os filhos dos homens".

De todos estes visionários, o mais conhecido foi *Joaquim de Fiore* (1143-1202), abade de um convento cisterciense da Calábria, santo e místico, coração cheio de mansidão e de poesia. Apaixonado pela exegese apocalíptica, chegou a conceber uma nova divisão da história do mundo: depois do reino de Deus Pai, correspondente ao Antigo Testamento, tinha vindo o reino do Filho, intermediário entre a escravidão e a liberdade total; em breve começaria o reino do Espírito Santo, em que seria praticado "o Evangelho eterno", diferente do de Cristo, que não procederia de um livro escrito, mas de uma compreensão espiritual direta da verdade. Nesse momento, a Igreja, definitivamente regenerada, poria fim aos escândalos; seria pura e santa, e a cidade dos homens seria a Cidade de Deus.

Na medida em que estes vaticínios encorajavam as almas a caminhar em direção ao céu, não eram perigosos, a não ser talvez pelo risco de revirarem algumas cabeças fracas, como aconteceu mais tarde. Mas ouviam-se também outras vozes, que não estavam dispostas a participar do coro comum dos fiéis. E havia críticas por parte dos hereges, cujo número e influência ia crescendo. Tinham surgido os *valdenses* e, mais tarde, os *cátaros*[19], cujos chefes, os *Perfeitos*, davam, com a sua vida, uma dura lição a muitos dignitários da Igreja. O papa Lúcio III condenou os valdenses em 1184, e começava-se a pensar em resolver a crise albigense pelo recurso às armas. Mas de que serviria tudo isso, se a Igreja não mudasse os seus métodos? Era preciso evitar que os "patarinos" fossem os únicos a combater pelo exemplo a desordem dos costumes, e que a ignorância clerical não ficasse tão mal-parada em face das inquietações intelectuais de um número crescente de homens. Essa Igreja poderosa e florescente arriscava-se a ver uma enorme massa deslizar para fora do terreno da verdade e da graça.

Tornava-se indispensável, pois, uma nova reforma, de um tipo diferente. Devia visar uma restauração dos valores morais, uma reanimação da massa pelo fermento do entusiasmo e da fé, mas também devia corresponder às novas expectativas. Uma vez mais, surgiram na cristandade almas que compreenderam essa exigência da época e que, reforçando a autoridade da Igreja, adaptaram as fórmulas autoritárias e ainda feudais a uma concepção mais popular, mais universalista. Empenharam-se nisso, acima de tudo, um grande papa e dois santos.

Inocêncio III, reformador

Quando, em 8 de janeiro de 1198, na própria noite da morte do papa Celestino III, o Sacro Colégio, reunido em

Conclave, elegeu por unanimidade o mais jovem dos seus membros para substituí-lo, ninguém duvidou de que começava um pontificado muito importante. Lotário de Segni, que tomou o nome de *Inocêncio III*, era um homem fino, de porte nobre. No seu rosto liam-se inteligência e energia, combinadas com algo de meditativo e quase de inquieto. Antigo estudante da Universidade de Paris e depois da de Bolonha, onde assistira às aulas de Uguccio de Pisa, adquirira sólidas bases intelectuais, tanto clássicas como jurídicas. Tinha trinta anos quando seu tio Clemente III o fez cardeal-diácono, e aos trinta e oito subia à Sé Apostólica, que viria a ocupar durante dezoito anos (1216).

Este homem tem sido muitas vezes mal julgado. Numa das suas visões, Santa Ludgarda afirma tê-lo reconhecido no purgatório, fazendo penitência até o Juízo final. Os seus grandes desígnios políticos mascararam as intenções verdadeiramente cristãs da sua alma. É bem verdade que o seu pontificado foi um dos mais agitados da história cristã. Afastou da Itália o imperador, estabeleceu a sua tutela sobre a Sicília e a sua suserania sobre a Inglaterra, dispôs da coroa germânica, controlou a Hungria, Aragão e Castela, voltou a lançar a cristandade na cruzada e abateu a heresia pelas armas; numa palavra, revelou nas suas atividades sem conta um caráter de uma envergadura excepcional. Mas não é menos verdade que todo esse gigantesco desdobramento de meios temporais nunca teve senão um único fim: a glória da Igreja, pois trazia dentro de si o sentido da sua grandeza e soberania.

Foi considerado orgulhoso e brutal, pelo tom vivo e incisivo com que falava. Quando estava em jogo o interesse da Igreja, podia tratar um adversário de "asno fétido" ou de "porco chafurdeiro", o que, realmente, não era nada próprio da linguagem pontifícia. As grandes qualidades do homem de ação têm geralmente algo de abrupto. No entanto, se nos reportarmos à sua correspondência, como nos parece diferente este papa combativo! Surpreendemos nele uma caridade maravilhosa, pronta a tratar as feridas que a sua justiça tivera que causar, um amor sincero pelos pobres, cativos e doentes, uma piedade quase mística, alimentada nas obras de São Bernardo, de Hugo de São Vítor e de São Pedro Damião, e uma real humildade. Tudo isso matiza singularmente o retrato de um homem que as circunstâncias e o seu gênio colocaram no ponto culminante da curva histórica seguida pela Igreja medieval. Se cometeu erros, sempre agiu exclusivamente para a glória de Deus.

Inocêncio III conhecia suficientemente a situação da cristandade para não estar imbuído da ideia da reforma. Já quando era um jovem padre e depois um jovem cardeal, no decorrer das suas viagens, tinha-se irritado várias vezes ao encontrar bispos que não ousavam gritar bem alto a verdade da Palavra, "cães mudos incapazes de ladrar". Estudara tão a fundo as frases do *De consideratione* de São Bernardo que elas aflorarão com muita frequência aos seus escritos. Desde o início do seu pontificado, as suas bulas revelarão a sua vontade inexorável de combater os velhos erros, a simonia e o nicolaísmo. Numa das primeiras, lembrou aos clérigos a dignidade no vestir, proibindo-os de andar com roupas de janota. Ameaçou com os seus raios aqueles que se entregassem à embriaguez e fustigou os que desconhecessem a sua vocação a ponto de andarem armados. Uma das suas decisões imediatas foi reduzir a ostentação da corte pontifícia.

Inocêncio III procurou aplicar com uma obstinação notável os princípios que formulara desde a sua eleição. É difícil enumerar todas as suas bulas "reformadoras". A Cúria romana foi reorganizada e tratou-se de afastar dela os nobres inescrupulosos que ali pululavam, os fabricantes de bulas falsas, os funcionários suspeitos de venalidade. A escolha dos bispos foi fiscalizada de perto, e os que não tivessem as condições canônicas de idade e sabedoria eram rejeitados. O papa estava em contato estreito com os mais dignos, lembrando-lhes os seus deveres e repetindo-lhes o que escrevia a um bispo de Liège: "Aquele a quem incumbe o serviço das almas deve brilhar pelo exemplo e pela ciência, como um facho".

Quando tinha notícia de algum abuso cometido numa diocese, advertia o bispo e mandava-o agir. Se o bispo se mostrava pouco enérgico na repressão, encarregava pessoas da sua confiança de repreendê-lo. Em Norwich, Inglaterra, em Gniezno, Polônia, e na Dinamarca, censurou severamente os padres incontinentes e denunciou por toda a parte o acúmulo de benefícios e o gosto pelo lucro. Os monges beneficiavam da mesma solicitude rigorosa. Em todos os casos, agia baseado em informações exatas e com um sentido de oportunidade admirável. Foi uma ação pessoal, que prolongava a dos concílios nacionais e provinciais, por ele estimulados a reunir-se com frequência, e que tinham por tarefa adaptar as suas decisões às circunstâncias locais.

Este esforço imenso encontrou a sua consagração no *quarto Concílio de Latrão*, o décimo segundo ecumênico, convocado pelo papa em 1215, um ano antes da sua morte. Essa grandiosa reunião de 412 bispos, 800 abades ou priores e embaixadores de todos os países, marcou o auge do pontificado tanto no plano político como no que concerne à cruzada[20]. Mas o que ocupou o primeiro lugar nos trabalhos foi a reforma moral. Mais de vinte cânones tiveram em vista definir detalhadamente o ideal do clero. Para formá-lo, decidiu-se que todas as dioceses deveriam ter "um mestre de teologia" que ensinasse os jovens. Todas as teses reformadoras de Inocêncio III se encontraram resumidas nesses cânones, formulados com um brilho solene.

Por mais importante que fosse esta ação, teria sido insuficiente se se tivesse limitado a isso. Essa reforma moral, em suma, apenas confirmava e punha em prática, num plano mais alto, as ideias que se tinham tornado clássicas desde Gregório VII. Mas o grande papa teve intuitivamente consciência das mudanças que se operavam; compreendeu que o retorno ao Evangelho devia ser feito por caminhos novos.

É característico, neste sentido, ver como agiu no caso das ordens e congregações. Procurou visivelmente entre elas os elementos que permitissem à Igreja manter um contato vital com essa massa humana que a conjuntura histórico-social encaminhava para novos destinos. Apoiou os premonstratenses, porque esses clérigos regrantes podiam desenvolver as mais altas virtudes pessoais sem deixarem de ser os homens das paróquias do rebanho comum. Encorajou os religiosos que, estendendo a sua ação para fora do claustro, se consagravam à caridade, como a *ordem do Espírito Santo*, que teve inícios modestos, mas tornou-se uma ordem internacional com múltiplas ramificações, dotada de uma Regra em 1213. Também graças a ele, o provençal *São João da Mata* pôde fundar, em 1198, essa admirável *ordem dos Trinitários*, cuja vocação era libertar do islã os cristãos cativos[21]. Na Lombardia, muitas almas piedosas se agruparam com o propósito de santificar-se; padres, religiosos, leigos, fabricantes de tecidos e comerciantes, todos se comprometiam a praticar a caridade e a viver castos e pobres. As autoridades desconfiaram destes *humiliati* ou *humilhados*, que podiam ser confundidos com os hereges, mas Inocêncio III captou a boa-vontade desses cristãos e aprovou-os em 1201.

Mais ainda. Entre os valdenses e os cátaros, havia pessoas que quereriam voltar ao seio da Igreja, mas continuando a praticar o mesmo gênero de vida, trabalhando através da pregação por uma regeneração moral da sociedade, sob a vigilância da hierarquia. Inocêncio III compreendeu-os, acolheu-os e, contrariando os bispos desconcertados, estendeu-lhes a mão calorosamente, dotou-os de um estatuto e eles passaram a ser os *Pobres de Cristo*, dirigidos por Durand de Huesca. Foram as primeiras tentativas do moderno apostolado leigo.

Mas o grande papa via ainda muito mais longe. Percebeu que, para lutar contra a heresia, para reintroduzir o fermento na massa cristã, já não seriam suficientes os métodos antigos. Nasceu nele o projeto de suscitar uma nova forma de pregação, mais próxima do povo e mais bem armada. Sonhou com homens de muita fé, inspirados no ideal evangélico, desprendidos dos bens deste mundo, capazes de dirigir-se aos humildes com as mãos abertas para lhes dizer outra vez palavras de amor e de verdade.

Pensou a princípio que Cister poderia fornecer-lhe esses homens. O contemplativo São Bernardo não fora um maravilhoso semeador da Palavra? Escolheu, pois, alguns monges brancos, o irmão Reyner e o irmão Guy, e ditou-lhes a famosa bula de 19 de novembro de 1206, na qual recomendava que se selecionassem "homens provados que, imitando a pobreza de Cristo, o grande pobre, vestidos humildemente, mas com ânimo ardente, não temessem ir ao encontro dos hereges para os arrancar do erro — com a ajuda de Deus —, pelo exemplo de suas vidas e pela persuasão de suas palavras". Mas Cister já não era a Cister de São Bernardo. A ordem tinha agora os seus costumes fixos, as suas rotinas; o ideal da pobreza já não era vivido ali como no século anterior; e o apelo do papa, com algumas exceções, não foi ouvido.

Mas já não era admirável que o tivesse lançado? A Providência iria responder a esse apelo, porque no momento em que Inocêncio escrevia a sua bula profética, começavam a surgir no núcleo mais vivo da comunidade cristã aqueles a quem caberia levedar mais uma vez a massa cristã numa encruzilhada decisiva da história: as *ordens mendicantes*. E talvez, diante de Deus, o principal mérito do grande papa teocrático tenha sido compreender e apoiar os dois santos que iriam voltar a ensinar à Igreja o princípio da renúncia: *São Francisco de Assis* e *São Domingos de Gusmão*.

São Francisco, "a imagem perfeita de Cristo"

No decorrer do verão de 1210, Inocêncio III viu apresentar-se numa audiência um rapaz franzino, de olhar ardente, vestido com a grosseira túnica e capuz dos camponeses da época, a cintura apertada com uma corda e os pés nus dentro de sandálias. Vinha de Assis, um povoado da Úmbria, rodeado de doze companheiros tão indigentes como ele — doze discípulos como os apóstolos —, e, conforme se dizia, desejava expor ao Santo Padre as suas observações sobre a situação da Igreja e as suas ideias sobre o apostolado. "Mais um...", pensou sem dúvida o papa, que possivelmente não teria recebido esse maltrapilho se homens piedosos e equilibrados, como o bispo Guido de Assis e o cardeal João Colonna, não se tivessem responsabilizado por ele. Não, o pequeno úmbrio nada tinha de comum com todos esses profetas errantes que pululavam na época, que brandiam o Evangelho contra a Santa Igreja e agitavam as dioceses sob o pretexto de viverem um cristianismo integral, sem que se soubesse ao certo se não seriam valdenses ou patarinos.

O homenzinho começou a falar com uma voz veemente e doce, sem nenhum constrangimento, com a serenidade e a força persuasiva daqueles que se entregaram por completo a um alto desígnio. Exprimia-se com uma espécie de eloquência ingênua, que lhe punha nos lábios comparações poéticas e expressões que atingiam o coração. Era como o eco das parábolas do Mestre. Ao escutá-lo, em silêncio, o pontífice sentiu-se invadido por uma angústia estranha, mas alegre. Não tivera ele, nessa mesma noite, um sonho que correspondia aos seus mais dolorosos pensamentos? A basílica de Latrão, igreja-mãe da Igreja, oscilava, prestes a desmoronar-se, mas surgia um homem enviado por Cristo, que, sozinho, apoiando-se contra as muralhas vacilantes, impedia a catástrofe. Era um homem magro, jovem, rosto de asceta, olhar inflamado, vestido com um humilde burel, o retrato exato daquele que estava ali de pé na sua frente.

Inocêncio III sabia julgar os homens; num instante, esse que tinha diante de si conquistou-lhe a estima. Nenhum orgulho, nenhuma dessas teorias que faziam mais mal do que bem; não pretendia fundar uma nova ordem nem expor os méritos da Regra que havia elaborado. Quando o interrogavam sobre os seus princípios, citava três frases do Evangelho: aquela em que se diz que, para servir a Cristo, é preciso abandonar todos os bens (Mt 19, 21); aquela em que se ordena às testemunhas da Palavra divina que partam pelos caminhos sem ouro e sem túnica, sem alforje e sem bordão (Lc 9, 3); e, finalmente, aquela que formula a única lei definitiva: *Todo aquele que quiser seguir-me renuncie a si mesmo e tome a sua cruz* (Mt 26, 24). Comovido com tanta simplicidade e impressionado pelo espírito de submissão que se notava nas menores palavras do seu visitante, Inocêncio III pensou que a Providência acabava de satisfazer a sua expectativa. Tinha diante de si um desses fiéis do Grande Pobre, tal como o havia desejado. Rompendo por fim o seu longo silêncio, exclamou: "Na verdade, é por meio deste homem piedoso e santo que a Igreja de Deus será restabelecida nas suas bases!" Depois desceu do seu trono, abraçou aquele pequeno pobre e, dirigindo-se ao reduzido grupo dos discípulos, acrescentou: "Ide com Deus, meus irmãos, e pregai a penitência segundo a inspiração do Senhor. E, quando o Todo-Poderoso vos tiver feito crescer, voltai a procurar-me e eu vos concederei então muito mais do que hoje".

Foi assim que *Francisco Bernardone*, vindo a Roma simplesmente para confiar ao pai comum as suas esperanças e os seus juramentos, se encontrou, juntamente com os seus irmãos, devidamente autorizado a chamar os batizados a viverem como verdadeiros cristãos. O pequeno grupo dos Penitentes de Assis tornara-se uma ordem, a *ordem dos Irmãos Menores*, tal como seis anos mais tarde a deveria denominar o seu fundador. E assim acabava de abrir-se uma admirável página no livro em que a história escreve os grandes acontecimentos da Igreja.

Francisco era então um jovem de vinte e oito anos apenas, de estatura que mal chegava à média, magro e dotado de grande distinção. Todos os retratos que se conhecem dele coincidem em mostrá-lo como uma pessoa franzina, de pouca barba, traços regulares e finos, grandes olhos negros e brilhantes, e os lábios entreabertos num sorriso. Mas o mais impressionante de todos esses retratos, o de Cimabue, na igreja de Assis, deixa-nos adivinhar também uma alma meditativa e exigente, um caráter de ferro sob a aparência de doçura.

Os que o conheceram e descreveram enquanto vivo pintaram um caráter que combina com esses traços. Nobres qualidades e simpáticos defeitos aliavam-se desde a sua juventude para fazerem dele um ser que era um misto de ardor extremo e de requintada doçura. Era generoso, quase até ao excesso, serviçal — com uma simplicidade que vinha do coração —, cortês — com uma gentileza constante —, um desses homens, enfim, tão visivelmente comunicativos que a pessoa mais grosseira não lhes pode resistir. Mas tanta graça ocultava a mais enérgica virtude, uma vontade sem brechas e um temperamento que o poderia ter levado a extremos, se ele não o tivesse dominado, como afirmam os seus biógrafos. Esta mistura de moderação e de audácia era a chave do seu encanto. Nunca se servia de termos grosseiros, mas também não hesitava em dizer aquilo que entendia ser verdadeiro e justo. Nunca o viram cometer a menor vilania nem infringir o código de exigências interiores e de fina delicadeza que regia os seus atos de cavaleiro de Cristo.

Depois, este homem maravilhoso era poeta. Irmão dos trovadores que, vindos dessa Provença cuja língua tanto gostava de falar, cantavam a alegria do amor e a beleza do mundo, sabia escutar em si a voz fraternal da Criação e fazê-la ecoar no seu coração. A sua alma abria-se de todo às forças da natureza, puras e intactas, como aconteceu ao primeiro homem na primeira primavera. A fé, que outros teriam reduzido a umas fórmulas ásperas, não era para ele a secura dos dogmas e a dureza dos mandamentos, mas um fervor alegre e uma gratidão mística. O plano do mundo criado desdobrava-se diante dos seus olhos numa espécie de inocência paradisíaca; e é por isso que o vento, o fogo, a água e a própria morte lhe eram fraternais, as cotovias obedeciam às suas ordens e os lobos ferozes lhe estendiam gentilmente a pata. Por meio dele, introduzia-se um novo som na sinfonia cristã, um som de uma pureza e de uma profundidade inefáveis, porque ele era o próprio modelo daqueles que Jesus amou.

Quando, em 1210, se apresentou perante o soberano pontífice, havia já anos que Francisco se lançara ao seu caminho e corria a aventura de Deus. No entanto, o Senhor tivera de golpear com força e advertir várias vezes o filho do rico comerciante de lanifícios de Bernardone, para que se tornasse o *Poverello*, o Pobrezinho. Vários sonhos inspirados, o milagre de um crucifixo que começara a falar e, mais modestamente, a experiência dolorosa do cativeiro e da doença — tudo isso fora preciso para que o belo rapaz de sangue ardente, que a louca juventude de Assis aclamara como um dos seus líderes, se transformasse nesse humilde penitente, vestido como um rústico, que, ajoelhado diante do papa, recebia a tonsura dos servos de Deus.

Nascido em 1182, nessa terra da Úmbria feita de ocre ruivo e de luz, Galileia da Itália, onde a nobreza resplandece nos menores horizontes, nessa cidade de Assis que, orgulhosa sobre a sua colina, se agarra aos flancos fulvos do Monte Subásio, tinha levado a existência de um rapaz da sua condição, certamente cristão de Batismo e de fé, mas menos preocupado com "oremos" e "pai-nossos" do que com a poesia satírica e as danças, com escudos gloriosamente conquistados e até com belos golpes desferidos nessas pequenas batalhas ferozes em que se envolviam os burgos italianos da época. Foi precisamente um desses conflitos que o levou a fazer o seu primeiro retiro forçado. Prisioneiro em Perugia, Francisco começou a cair em si. Tendo regressado a casa, depois de um ano de prisão, em tão precário estado de saúde que ficou acamado, dispôs de longas horas de silêncio que, mais do que a dissipação da vida ativa, são propícias à vinda do Senhor. E foi então que se apercebeu da aproximação de Deus. Contava cerca de vinte e um anos.

Dali por diante, estava cativo nas mãos do Mestre. Pensou em alistar-se na cruzada, esperando ganhar até a armadura de cavaleiro, mas Cristo advertiu-o por duas vezes de que não era esse o caminho.

Dividido durante algum tempo entre os seus gostos passados e a exigente expectativa daquilo que já sabia agora o que era, vagueava um dia na planície úmbria, ao longo de uma colina eriçada de ciprestes, quando, de repente, envolvido por uma estranha perturbação, percebeu que Cristo estava ali, junto dele, dentro dele, humilhado e trágico, trespassado por cinco chagas. A sua sorte estava decidida.

Quando o Senhor fala, quem pensa em afastar-se?, diz o profeta. O Senhor!... Foi Ele que Francisco reconheceu nesse leproso cheio de pústulas que encontrou no caminho e que beijou na boca; foi Ele que Francisco pressentiu — inefável presença — nas horas de oração solitária nas grutas da montanha; foi a Ele também que em Roma, por ocasião de uma peregrinação, Francisco quis servir durante horas, mendigando entre os mendigos, por humilhação; foi a Ele, sobretudo, que, num dia de deslumbramento e mistério, enquanto orava diante do velho crucifixo bizantino da capela arruinada de São Damião, Francisco ouviu ordenar-lhe com uma voz doce, mas irresistível: "Francisco, vai e reconstrói a minha casa, porque está a ponto de desabar".

Modesto, sem imaginar sequer que o Senhor pudesse confiar-lhe a missão de reconstruir, não as igrejas de pedra, mas a Igreja das almas, entregou-se durante algum tempo e com as próprias mãos à tarefa de restaurar algumas capelas, oratórios e outras santas edificações que estavam realmente em mau estado. Mas não era esse o seu verdadeiro destino. E Deus, que se serve de tudo para alcançar os seus fins, usou de outros meios para se fazer compreender. O pai Bernardone, enfurecido ao ver o seu filho, um jovem de vinte e cinco anos, esquivar-se ao dever evidente de vender tecidos e ganhar escudos, resolveu agir. O pároco de São Damião, velho sacerdote amigo que acolhera como filho o jovem louco de Deus, teve de ouvir inúmeros impropérios, num tom áspero, acusado de abusar da credulidade de um semidesequilibrado. Mas, intimado a regressar ao lar paterno, chamado pelo próprio pai à presença dos magistrados, Francisco não cedeu. Sabia agora o que significava ser chamado pelo Senhor a segui-lo, à custa de deixar tudo, mesmo a família; quanto a ele, estava firmemente decidido e para sempre. Teve lugar então essa cena patética de que Assis foi testemunha: na praça, diante do bispo Guido, chamado para deliberar sobre o seu caso, Francisco, o elegante Francisco de ontem, apareceu quase nu, lançando as suas roupas e o resto do seu dinheiro aos pés do pai, e dizendo que dali por diante não conheceria outro pai senão Aquele que reina nos céus. Entretanto, o bispo, adotando esse filho em nome da Igreja, cobria-o com uma aba do seu manto.

Na vida, certos gestos são definitivamente comprometedores, faça-se depois o que se fizer. Sacrificar tudo, abandonar tudo, obedecer a essa ordem que o jovem rico do Evangelho recebera e não escutara: esse é o único modo de ser discípulo dAquele que quis ser na terra o mais despojado dos homens, viajante sem bagagens, sem sequer um lugar para reclinar a cabeça. Aos vinte e cinco anos e para sempre, Francisco compreendeu que a sua missão era ser pobre ao lado do maior dos pobres. A partir desse momento, casava-se com a santa Pobreza.

Pelo resto da sua vida, repetirá e ensinará sempre o mesmo: a pobreza, a recusa absoluta de possuir o menor desses bens do mundo que nos possuem. A uma Igreja que o dinheiro ameaçava destruir, trazia como solução essa verdade evangélica que é sem dúvida a mais difícil de todas as verdades. A pobreza não seria para ele, como fora para os grandes monges como São Bernardo, e como iria ser nessa mesma ocasião para o seu êmulo São Domingos, o meio de libertar o cristão de todos os entraves, a fim de torná-lo mais apto para servir a Deus. Não; para ele, a renúncia total e a privação absoluta seriam o fim supremo, ao mesmo tempo meio e objetivo de toda a santidade, fome do reino de Deus e da sua justiça, à qual fora prometido que tudo seria dado por acréscimo.

Mas seria isso bastante? A vida de solitário contemplativo a que se entregara o filho de Bernardone devia ser, sem dúvida, aos olhos do Senhor, muito rica em méritos infinitos, mas, para se converter em exemplo, faltava-lhe ser irradiante, e não era apenas de reclusos e de eremitas que a Igreja precisava naquele momento. Num dia de fevereiro de 1209, quando Francisco assistia à Missa sozinho na pequena igreja de São Damião, restaurada por suas mãos, o seu coração foi atingido em cheio por um versículo do Evangelho: "Ide e pregai! Dizei: o Reino dos Céus está próximo!..." Ir... pregar.., e não apenas permanecer nessa feliz solidão em que o Senhor se deixava encontrar na paz dos campos ou entre o chilrear dos pássaros. Era ao mundo que se impunha ir e gritar a Palavra! Vestindo uma túnica cinzenta de camponês e cingindo os rins com uma corda, Francisco subiu a íngreme encosta que leva a Assis e começou a pregar na praça da sua cidade. À sua vocação de pobre acrescentava-se a de pregador: estavam lançadas as duas bases do que viria a ser a ordem franciscana.

Este é o mistério e a grandeza desses tempos em que os costumes não eram melhores do que os nossos, mas em que o impulso de uma alma tinha qualquer coisa de espontâneo e instintivo! Quando, depois de ter entoado um doce canto para atrair a multidão, Francisco se punha a falar de Deus e da sua justiça, da necessidade da penitência e da renúncia, encontrava almas que vibravam em uníssono e homens que se dispunham a seguir os seus passos: Bernardo de Quintaval, Pedro de Catânia, Egídio, Silvestre, Morico, Bárbaro, Sabatino, Bernardo de Viridante, João de São Costanzo, Ângelo Tancredo, Filipe o Longo, e mesmo aquele que devia ser o Judas do novo colégio apostólico, João do Chapéu. Havia de tudo entre eles: ricos burgueses, camponeses, um cavaleiro, um artista e dois padres que, aliás, em nada se distinguiam dos demais. Quando atingiu a cifra de doze, Francisco julgou necessário submeter-se ao julgamento daquele que tem as chaves, para que aprovasse as suas retas intenções.

O encorajamento de Inocêncio III deu à nova ordem o impulso decisivo. Uma vez que o papa os tinha autorizado a pregar, os pequenos irmãos vestidos de cor cinza podiam dirigir-se aos párocos e obter deles permissão para ensinar as verdades da fé. Do escalavrado convento de Rivo Torto, por baixo da colina de Assis, onde construíram cabanas com as suas mãos, os irmãos partiam de dois em dois para todos os pontos da região: Spoleto, Perugia, Gubbio, Montefalco e, mais longe, Arécio e Sena. Quando apareciam, espalhava-se à volta deles um clima novo, de doçura fraternal. Em Assis, as facções, reconciliadas pela voz do jovem santo, davam tréguas às suas querelas. As vocações afluíam; depois de Rivo Torto, Santa Maria dei Angeli — que devia tornar-se célebre por causa da indulgência da Porciúncula — via erguer-se o novo convento dos pobrezinhos. Em pouco tempo, toda a Itália central se habituou a ver nas suas estradas os irmãos cinzentos que mendigavam o pão cotidiano, não tinham morada certa, mas falavam tão bem de Cristo, com cantos e músicas de anjos, numa voz alegre e ardente.

Uma das mais admiráveis adesões ao grupo de Francisco foi a dessa jovem delicada, de traços tão puros, cujo próprio nome parecia projetar luz e cujo retrato, numa das paredes da basílica de Assis, comove ainda hoje o visitante com o seu encanto misterioso e penetrante: *Clara*. Rica e formosa, filha de nobre linhagem, também ela teria podido aceitar a vida fácil que a esperava, mas quando ouviu Francisco falar de Deus e do único amor, na catedral de Assis, com palavras que não eram da terra, resolveu abandonar tudo para seguir a testemunha de Deus. No domingo de Ramos de 1212, deixou a família, confiou a sua vocação ao bispo Guido, e depois, numa radiosa noite da Úmbria, fugiu como se estivesse sendo raptada, para deixar o seu destino nas mãos do *Poverello*. Nascia nesse momento a ordem das *Damas Pobres* — as nossas atuais *clarissas* —, que dentro em pouco instalaria em São Damião a primeira comunidade das filhas de São Francisco; chamada por ele "a minha plantinha", não demorou a proliferar em inumeráveis ramos.

Quando, em 1215, Inocêncio III reuniu o Concílio de Latrão, Francisco foi a Roma. Não lhe dissera o papa que voltasse quando a Providência os tivesse multiplicado? As condições pareciam ter-se já cumprido, e certamente o grande pontífice se convenceu disso, porque, quando o concílio, alarmado com a proliferação anárquica das ordens, decretou que não seria autorizada nenhuma nova congregação e que quem quisesse fundar uma associação religiosa devia adotar uma Regra já aprovada, o papa declarou à ilustre assembleia que, no que dizia respeito aos Penitentes de Assis, ele já lhes dera a sua permissão.

Este reconhecimento oficial marcou a terceira grande etapa. A ideia muito simples de Francisco correspondia às expectativas da época. A nova ordem, formada por todos aqueles que quisessem servir a Deus e gritá-lo ao mundo, na qual os leigos ocupavam o mesmo lugar dos clérigos, uma ordem de monges que não se prendiam a ricas abadias, mas iam através do mundo na maravilhosa liberdade de Cristo, viu afluir cada vez mais almas, entre elas inúmeros intelectuais desejosos de se fazerem humildes entre os humildes, sacrificando o orgulho da inteligência como todos haviam sacrificado o orgulho da fortuna. Em breve os *Irmãos Menores* — como passaram a ser designados — tornaram-se tão numerosos que foi possível enviá-los muito mais longe pelos caminhos do mundo. Uma primeira missão enviada à França, Alemanha, Espanha e Oriente não foi muito bem sucedida, mas eles não desanimaram e recomeçaram com tanta obstinação que a semente acabou por germinar. Por volta de 1221, a ordem errante, a ordem móvel entre todas, enxameava toda a cristandade.

Uma outra "planta" feliz vinha brotar sobre a sólida cepa: a *ordem Terceira*, que abria às pessoas de ambos os sexos, embora retidas no mundo pelos deveres da sua vida, a possibilidade de viverem segundo uma regra de comportamento análoga à dos irmãos. Assim, a aspiração a uma vida de renúncia que se manifestava entre tantos leigos, que os valdenses e os cátaros tinham desvirtuado e para a qual os Humilhados lombardos e os Pobres Católicos não ofereciam quadros suficientemente sólidos, encontrava-se realizada por essa grande ordem e canalizada por ela. Era uma ideia profunda, que levaria a mensagem franciscana ao seio da massa cristã e multiplicaria de certa forma o efeito do novo fermento. Veremos nessa milícia laica figuras sublimes como, entre outras, Santa Isabel da Turíngia e São Luís, rei de França, ambos membros da ordem Terceira franciscana.

No entanto, o extraordinário sucesso do *Poverello* tinha a sua contrapartida de dificuldades. O êxito é um grande problema, e não é fácil encontrar-lhe solução. O que convinha à minúscula comunidade dos primeiros irmãos, essa anarquia sublime guiada apenas por Deus, ou mesmo o que pudesse ajustar-se aos agrupamentos conventuais de Rivo Torto e da Porciúncula, era porventura adequado àquela ordem que se tornara imensa, com ramificações em todos os países, e da qual milhares de almas esperavam orientação espiritual? Era necessário prever uma organização, uma administração, regulamentos. E era este o drama: como institucionalizar a obra, conservando o seu caráter de liberdade divina?

Se Francisco tivesse de cuidar apenas de si, não teria feito outra coisa senão semear a mãos cheias o bom trigo do Evangelho, sem se preocupar de saber como germinaria. A febre de anunciar a Palavra era nele tão ardente como nos primeiros dias. Pensou em ir ao Marrocos muçulmano converter os infiéis e, não o tendo conseguido, mandou para lá seis irmãos que, mais felizes, chegaram ao país do "Miramolim" e, pouco depois, ali morreram mártires. Ele próprio embarcou para a Palestina, rezou sobre o Santo Sepulcro, atingiu Damietta e chegou até a conversar com o sultão do Egito; o seu misterioso prestígio revelou-se tão claramente aos olhos desse muçulmano que os dois puderam tratar de assuntos de religião num clima que beirava a amizade.

Mas esta pregação livre, eficaz quando é levada a cabo por santos, poderia ser confiada a todos os que eram atraídos pela irradiação da nova ordem? Já em 1218, compreendendo a necessidade de ter a seu lado um homem mais organizador, Francisco desejara que a sua obra tivesse um "protetor" na pessoa do santo e enérgico Hugolino, o futuro Gregório IX. Depois, em 1220, aceitou que aos que quisessem ser irmãos menores se impusesse um ano de noviciado. Apesar da sua suave teimosia em não permitir transformações, em recusar-se a conceder aos clérigos as funções de superiores na sua ordem, em declinar toda a oferta de isenção em relação aos bispos e outras autoridades, pouco a pouco foi tolerando uma certa evolução, que se traduziu nas sucessivas redações da Regra, em 1221 e 1223. O último texto insistiu menos no trabalho manual e reforçou o dever da obediência. A fim de evitar o abuso da vagabundagem, os Menores foram obrigados a ter residências — *loca* ou *conventos* —, de onde partiriam para as suas missões. À frente de cada convento, foi colocado um superior chamado "guarda"; numa mesma região, o conjunto dos conventos ficava sob a autoridade de um "custódio"; vários "custódios" constituíam uma "província", dirigida por um "ministro provincial", e a totalidade das províncias formava a ordem dos Irmãos menores, dirigida por um "ministro geral". A esta sistematização, que viria a ser fecunda, acrescentava-se uma "clericalização" por força dos padres que afluíam à ordem; a partir de 1223, os franciscanos passaram a ter de "celebrar todos os dias o ofício, conforme o uso da Igreja romana".

Toda esta evolução não se fazia sem grandes angústias e profundos despedaçamentos na alma do santo fundador. Ele se perguntava se era isso, na verdade, o que Cristo desejava, se o seu ideal não teria sido traído. "Quem são os que ousaram separar de mim os meus irmãos?", sussurrava nos dias de maior inquietação. Sentia-se despedaçado entre duas concepções: a da inspiração e a da eficácia. Fatigado, de saúde abalada, abandonou a direção da ordem e nomeou como ministro geral Pedro de Catânia, substituído logo depois pelo irmão Elias, cujas qualidades de organizador não se harmonizavam talvez com as intenções puras e simples da graça.

Tendo regressado às suas origens, Francisco vivia cada vez mais em Deus, ora numa ilha do lago Trasimeno, ora na gruta de Subíaco, onde São Bento vivera como eremita, ou ainda no cume do austero monte Alverno, num lugar que um amigo lhe havia dado para a sua meditação. Mais do que nunca, tinha apenas um desejo: viver em Cristo, assemelhar-se a Ele. Que importavam, comparados com este propósito, os acontecimentos relativos à vitalidade da ordem e à sua eficácia?

O Senhor deu-lhe por fim a resposta mística que esperava. No mês de setembro de 1224, subiu ao cume do Alverno, numa bela tarde cheia de cantos de pássaros. Ao longo de dias e dias, a sua oração foi-se tornando cada vez mais ardente, semelhante a uma agonia de amor. Subitamente, na manhã do dia 17, num deslumbramento de amor, mostrou-se aos seus olhos extasiados um serafim que batia o ar com as suas seis asas, e que tinha, desenhada sobre o seu ser sobrenatural, a imagem de Cristo crucificado. Quanto tempo durou essa visão? O que foi que Francisco experimentou? Ao sair do êxtase, sentiu-se penetrado por uma dor múltipla, ao mesmo tempo dilacerante e suave. Nas suas mãos, nos seus pés, no seu flanco, eram visíveis e sangravam as chagas da Paixão. A testemunha de Cristo trazia na sua carne os estigmas do seu Deus.

Esta alegria inefável seria o alimento espiritual dos seus dois últimos anos. Parece que só sobreviveu a esse instante único para cantar as maravilhas de Deus e louvá-lo de mil maneiras. Dos seus lábios inspirados jorravam poemas que exaltavam a glória do Senhor na sua criação — como esse *Cântico do Sol*, um dos mais belos salmos que os homens já proferiram. Doente, esgotado, quase cego, torturado por médicos cruéis que pretendiam tratar as suas oftalmias com ferros em brasa aplicados sobre as fontes, conservava a sua serenidade alegre, a sua paz sublime, e louvava o Senhor pelas suas tribulações. Ditara o seu testamento, no qual lembrava a essência da mensagem que trouxera à Igreja. Mais doce do que nunca, parecia ter-se tornado amor.

Quase agonizante, quis que o levassem para Santa Maria dei Angeli, que lhe lembrava a sua juventude, e, no caminho, mandando parar os que transportavam a padiola, abençoou a sua cidade pela última vez. Ao *Cântico do Sol* acrescentara uma estrofe para louvar "a nossa irmã a morte", e pediu ao irmão Ângelo e ao irmão Leão que lhe cantassem mais uma vez e integralmente esse seu Cântico. No sábado, 3 de outubro de 1226, a sua garganta quase muda proferiu ainda as palavras do salmista: "Gritei para Deus com toda a força da minha voz". Depois morreu. E assegurou-se que um grande bando de cotovias voou para o céu, como se acompanhassem a alma do trovador de Deus.

Esta foi a obra prodigiosamente fecunda daquele que Bento XV viria a designar como "a imagem mais perfeita que já existiu de Nosso Senhor". Dotou a Igreja de uma nova milícia adaptada às exigências do tempo, que opunha às forças de desagregação o poder irresistível do simples e puro Evangelho. A sua fé tão espontânea e tão terna propôs aos cristãos uma nova forma de piedade, mais humana ainda do que a de São Bernardo, mais ligada às maravilhas do mundo criado por Deus, feita de entusiasmo e gratidão. Dois anos depois da sua morte, em 1228, a sua doce e radiante figura era colocada sobre os altares. Serão inúmeros os livros e obras de arte que os cristãos consagrarão à sua memória. Mas talvez seja a um apóstata que devamos pedir o testemunho que resume tudo. De todos os homens, escreveu um dia Renan, Francisco de Assis foi aquele que teve "o sentimento mais vivo da sua relação filial com o Pai".

São Domingos, atleta e construtor de Deus

Enquanto o *Poverello* travava a luta heroica de uma vida orientada contra as obras do dinheiro, outro homem combatia o segundo perigo que ameaçava a Igreja, o perigo da facilidade, da rotina intelectual, da ignorância, que entregava a fé aos desvios doutrinais. A sua obra acabaria por suscitar um clero capaz de lutar com armas iguais contra os adversários da verdade. Mas esta ordem não devia nascer de um desígnio *a priori*, de uma ideia abstrata: surgiu, como a maior parte das instituições da Igreja, da providencial necessidade.

Num dia de verão de 1205, apresentou-se diante de Inocêncio III o bispo da modesta diocese espanhola de Osma, D. Diogo ou Didácio de Azevedo. Viajava há dois anos, encarregado por Afonso VIII de Castela de trazer da Dinamarca uma noiva para o Infante herdeiro. Mas como a jovem princesa havia morrido antes da sua chegada, ele não quis regressar à Espanha sem antes rezar junto do túmulo de São Pedro. Era um homem santo, uma alma sacerdotal com ânsias de servir melhor a Deus. A sua pequena diocese já tinha sido "reformada" pelo seu antecessor Martinho de Bazan e o cabido dos cônegos seguia os usos dos premonstratenses. Mas D. Diogo não considerava suficiente desempenhar o melhor possível as suas pacíficas atribuições de bispo. Pensava nos milhões de almas mergulhadas nas trevas, às quais o Senhor queria que fosse levada a luz. Ouvira falar dos cumanos, bárbaros acampados nos confins da Hungria, cujos costumes tinham fama de ser particularmente ferozes, e por isso vinha pedir ao papa autorização para se demitir do seu cargo episcopal e ir batizar os remotos selvagens. Acompanhava-o, como uma espécie de conselheiro de embaixada, o subprior do seu cabido, um jovem que D. Diogo estimava como um filho. Era um padre de feições serenas, testa alta e olhar limpo; emanava dele uma impressão de força calma e de firmeza inquebrantável. Chamava-se *Domingos de Calahorra*.

Nunca se soube exatamente o que o papa disse aos seus dois visitantes, mas, pelos resultados, pode-se fazer uma ideia. "Para que ir tão longe levar o Evangelho a pagãos, quando, a dois passos de vós, do outro lado dos Pireneus, há tantas almas, igualmente preciosas, que estão perdidas para Cristo? A difícil missão que desejais está ao vosso alcance nesse Languedoc cristão devastado pela heresia". Era precisamente a altura em que Inocêncio III, angustiado pelo progresso da heresia albigense, pensava em procurar pregadores que fossem combater os cátaros em sua própria casa e, para esse fim, se dirigia a Cister. Diogo rendeu-se às razões do pontífice. Voltou para a Espanha, passando primeiro pela Borgonha, para saudar de passagem a grande abadia e vestir a cogula dos filhos de São Bernardo; pouco depois, juntava-se com o seu discípulo Domingos aos quarenta missionários pontifícios que trabalhavam no Languedoc.

Essa luta, em que o papa o lançava com o seu bispo, foi uma experiência magnífica para um jovem ardente como São Domingos. Era uma prova de grande valor formativo, porque a situação da Igreja, em todo o Sul da França, era então terrivelmente difícil. Os chefes cátaros, os "Perfeitos", provocavam os chefes católicos em discussões públicas de ideias, e estes nem sempre saíam vencedores. A forma simultaneamente coerente e simplista das doutrinas que brandiam conquistava as multidões; ao mesmo tempo, esses homens davam o exemplo de uma austera simplicidade de vida e de uma incontestável caridade. Sucessivamente, Reynier e Guy de Cister, Pedro de Castelnau, arquidiácono de Maguelona, e o próprio abade de Cister, Arnaldo Amalrico, legados do papa para a luta anticátara, deixaram-se invadir pelo desânimo.

Logo que se juntaram aos missionários, os dois espanhóis avaliaram a dificuldade do combate. Puderam apreciar a habilidade dialética dos hereges e a insuficiência dos argumentos que se lhes opunham. E, sobretudo, fizeram uma outra constatação. Foi Diogo ou foi Domingos quem a formulou? Durante o verão de 1206, em Castelnau, às portas de Montpellier, assistindo a uma assembleia de abades e de dignitários cistercienses, ousaram dizer alto e bom som o que tinham visto: todos esses legados, encarregados de transmitir a palavra de Cristo, percorriam as estradas confortavelmente equipados, com cavalos, carros, bagagens e servos, coisas que lhes pareciam necessárias à sua categoria. Os Perfeitos, pelo contrário, viviam como pobres, andavam a pé e mostravam-se humildes entre os humildes. Dos dois grupos, qual pareceria mais evangélico ao povo? Não se devia procurar a causa do fracasso em outro lugar. E era essa exatamente a conclusão a que Inocêncio III chegaria, umas semanas mais tarde, na célebre bula de 19 de novembro. Diogo e Domingos não eram "homens experimentados e decididos a imitar a pobreza do Grande Pobre"? Pondo em prática as suas ideias, mandaram o seu séquito de volta para Osma e anunciaram que, dali por diante, percorreriam as estradas sem comitiva, a pé, como os primeiros apóstolos. Assim, do seu primeiro contato com a ação, Domingos tirou a lição de uma dupla experiência: descobriu o fim que devia ter em mira — um pensamento solidamente fundado a serviço da verdade de Cristo — e o modo de o testemunhar pelo exemplo, pela renúncia absoluta, pela santa pobreza.

Era então um homem de cerca de trinta e cinco anos, ao mesmo tempo calmo e apaixonado, como são os melhores filhos do seu país. Lei permanente da história espanhola: todas as personalidades que deixaram a sua marca nas páginas dessa história foram moldadas pela velha Castela, essa região áspera e sublime do mais maciço planalto. É uma província de vida intensa, de violência patética, onde o compacto céu azul cai com todo o seu peso sobre as mesetas desérticas, onde a sombra espessa embate contra as claridades mortíferas, onde a noite cintilante com milhões de estrelas se alterna com o dia ofuscante; uma província que tempera os corpos e forja os caracteres: Cid o Campeador, Gusmão o Bom, os conquistadores da América deveram-lhe a vida, da mesma forma que a grande Santa Teresa e São João da Cruz.

Domingos nascera em 1171, no áspero vale do Douro, como terceiro filho de Félix e de Dona Joana, no seio de uma família que estava ligada à ilustre linhagem dos Gusmões. Como Calahorra, burgo sem importância, não oferecia meios de educação, foi enviado para junto de um tio, arcipreste de Gumiel d'Izan, e depois para a Universidade de Palencia, em Leão, onde ficou perto de dez anos. Os seus pais parecem ter adivinhado nele uma inteligência sólida e dotada para o estudo. Aliás, a sua mãe, como a de São Bernardo, não tivera durante a gravidez um sonho premonitório? Não vira sair das suas entranhas um pequeno cão inflamado, com uma tocha na boca que abrasava toda a terra? A verdade desta profecia parece ter-se verificado em Domingos desde a juventude, pois, feito cônego regrante de Osma, logo passou a ser o verdadeiro chefe do cabido; com menos de trinta anos, era eleito subprior e escolhido como conselheiro do bispo D. Diogo.

Todos os seus biógrafos — e a sua filha espiritual, a bem-aventurada Cecília Cesarini, melhor do que ninguém — são unânimes em afirmar que era um homem belo, bem constituído, de estatura média, mas de proporções perfeitas, cujo rosto viril reluzia sob um olhar luminoso, de mãos compridas e finas, e todo o porte cheio de dignidade. Dimanava dele uma espécie de esplendor sereno que inspirava afeição e respeito. Pronto para a luta, ardoroso em ir ao encontro do adversário, havia nele algo do atleta de Cristo, do cruzado. Mas louvava-se a sua extrema simplicidade, o seu coração compassivo para com todas as misérias, a sua sensibilidade delicada e generosa, a sua caridade sempre alerta. Persuadia tanto com a sua presença como com os seus argumentos.

O seu gênio, inteiramente diferente do de São Francisco de Assis, não era feito de uma intuição fulgurante, consolidada depois por uma suave obstinação. Para Domingos, o estudo lúcido da realidade e a reflexão baseada em conhecimentos sólidos eram os meios de que se servia para determinar os seus objetivos; e, uma vez determinados, aplicava-se a eles com uma energia serena. Era um "construtor"[22], como se disse, e essas qualidades de organização, de método criador, quando se associam à audácia e ao impulso entusiástico, tornam um homem singularmente eficaz. Tinha o dom de exprimir com eloquência as suas ideias claras, os seus projetos e raciocínios. Todos os seus biógrafos estão também de acordo neste ponto; quando falava, num tom de voz simultaneamente afetuoso e vibrante, ninguém resistia à sedução da sua linguagem, à força dos seus raciocínios e à emoção que se apoderava dele visivelmente e se tornava comunicativa. Parecia verdadeiramente que Deus se exprimia por seu intermédio.

E era verdade, porque este homem de ação, este pensador, este grande construtor, foi ao mesmo tempo, e mais essencialmente, um místico, uma alma totalmente entregue a Cristo e ardentemente desejosa de modelar-se pela sua imagem. O seu pensamento, nutrido pela Sagrada Escritura, cujos livros nunca o deixavam, estava literalmente impregnado do Evangelho. A sua fé era daquelas às quais foi prometido que removeriam montanhas, e não nos admiram os inúmeros milagres que lhe são reconhecidos, porque tamanho poder de convicção era bem capaz de ressuscitar quatro mortos. Homem da Igreja, sentia-se apaixonadamente filho da *Ecclesia Mater*, guardiã das tradições e das fidelidades. E há alguma coisa que nos comove quando vemos este homem de ferro, empenhado em lutas tão ásperas, tornar-se uma verdadeira criança aos pés de Nossa Senhora; a ordem que fundou traria, por sua vontade expressa, o cunho da devoção mariana. Um místico de ação, conforme o tipo que a Idade Média produziu em muitos casos, de São Bernardo a São Luís, e ao mesmo tempo um homem de pensamento, assim era São Domingos: um exemplar completo do que há de melhor na humanidade.

Depois do regresso de D. Diogo a Osma, onde morreria em dezembro de 1207, Domingos assumiu sozinho a responsabilidade do novo apostolado, ajudado, sem dúvida, por alguns companheiros. As cidades e aldeias do Languedoc viram surgir esses missionários de um gênero inusitado, tão abnegados, tão modestos e tão caridosos como os Perfeitos cátaros. Encontravam-nos em Caraman, perto de Toulouse, em Carcassonne, em Verfeil e em Fanjeaux, não longe de Pamiers. Os confrontos com os hereges multiplicaram-se e começaram a tornar-se mais favoráveis à fé cristã. Não apoiava o Senhor a ação dos seus fiéis? Um dia — numa prova ou ordálio —, um escrito do santo foi lançado ao fogo e repelido indene pelas chamas, enquanto o livro concorrente dos cátaros ardia por inteiro. Desta maneira, as conversões começaram a multiplicar-se.

Foi então que Domingos fez a sua primeira fundação, um pouco antes da partida de Diogo, mas sem dúvida por iniciativa própria. Havia em Prouille, pequeno burgo situado entre Montreal e Fanjeaux, no sopé dos Pireneus, um lugar de peregrinação mariana. Domingos rezara muitas vezes a Nossa Senhora de Prouille, e foi dEla que recebeu a inspiração de fundar um convento onde se recebessem as mulheres e moças que abjurassem a heresia, mas desejassem continuar a viver a mesma existência pura e austera que haviam conhecido no ambiente dos Perfeitos. Era uma ideia profunda, porque esse centro viria a exercer uma influência exemplar sobre a elite feminina, ao mesmo tempo que lhe seria confiada mais tarde a educação das crianças de uma escola. Ao mesmo tempo, os missionários itinerantes teriam assim um centro do qual poderiam espalhar-se por toda a região herética e comunicar-se facilmente com Toulouse.

Acabava de constituir-se esse núcleo ativo do cristianismo quando o assassinato do legado Pedro de Castelnau, em 15 de janeiro de 1208, atraiu sobre o Languedoc a cruzada dos albigenses[23]. Os exércitos nórdicos semearam o terror por toda a parte. Domingos não participou dessa guerra horrível, que, em tese, poderia achar necessária, mas cuja desumana crueldade nunca poderia aceitar. Se, conforme lhe foi pedido, teve de proceder à "convicção" de certos hereges, isto é, à discriminação entre eles e os fiéis, isso estava dentro da sua vocação; nada prova, porém, que o santo tenha alguma vez prestado a sua colaboração a um processo criminal, e é absolutamente certo que, em qualquer caso, nunca participou de atos de guerra; durante a batalha de Muret, em que os cruzados nórdicos neutralizaram a intervenção do rei de Aragão, Domingos permaneceu em oração na igreja.

Deixando Prouille e a função de "prior das monjas", e quase sozinho, porque a maior parte dos cistercienses tinha desertado, Domingos voltou a pôr-se a caminho e retomou a pregação. Impressiona-nos esta energia, esta obstinação em manter aberta a porta do redil às ovelhas desgarradas. O novo bispo cisterciense de Toulouse, Foulques, um antigo trovador provençal que tinha o sentido das almas, apelou para ele e para os seus companheiros; um burguês da cidade deu-lhes uma casa perto da igreja de Saint-Romain. Assim se transpunha uma segunda etapa: Domingos tornava-se oficialmente chefe de uma comunidade de missionários diocesanos, sob a autoridade do bispo. Semelhante iniciativa estava na linha das instruções pontifícias, mas representava muito mais: era o germe da nova ordem que o santo começava a conceber. Eram apenas sete os hóspedes do pequeno convento toulousiano, mas sabiam que Deus os chamava para uma tarefa imensa, e o bispo Foulques deu-lhes o nome que a ordem não tardaria a usar — Irmãos Pregadores — e que Honório III viria a ratificar.

Quando, em 1º de novembro de 1215, se abriu o Concílio ecumênico em Latrão, Foulques e Domingos pensaram que era chegada a hora de alargarem o seu raio de ação. Não tinha Inocêncio III desejado esse mesmo tipo de pregação que eles lhe iam propor? Mas esbarraram com os decretos do Concílio que proibiam a constituição de novas ordens e exigiam que todo aquele que quisesse servir a Deus adotasse uma das Regras já existentes. Domingos e os seus companheiros receberam muitas palavras de estímulo, mas nada de efetivo. Já que era necessário escolher uma Regra, havia uma que o cônego de Osma conhecia bem e cuja maleabilidade permitiria adaptá-la à ação desejada: a de Santo Agostinho. Foi assim que os Irmãos pregadores adotaram costumes muito semelhantes aos dos cônegos regrantes premonstratenses. Seriam, portanto, cônegos pela Regra, monges pelo espírito e missionários pelo modo de vida. Estavam encontrados os dados fundamentais da futura ordem.

Esta situação de expectativa não duraria muito. Em 12 de julho de 1216, encontrando-se em Perugia, Inocêncio III morreu. O Conclave, reunido imediatamente na mesma cidade, deu-lhe por sucessor o cardeal Savelli, já muito velho, que tomou o nome de Honório III. Este admirável ancião — que viria a morrer onze anos depois, em 1227, mais do que centenário — era tão lúcido quanto enérgico. Muito bem informado sobre o perigo cátaro, conhecia a ação desenvolvida no Languedoc pelo pequeno grupo de Saint-Romain. Em 22 de dezembro, enviou a Toulouse a sua calorosa aprovação, escrevendo a Domingos que os irmãos da sua ordem deviam ser "os campeões da fé e as verdadeiras luzes do mundo". O papa confirmava formalmente a ordem e tomava-a sob a sua proteção. Este ato, repetido em janeiro de 1217, instituía, portanto, os *Irmãos Pregadores*. Estava vencida a terceira e decisiva etapa.

Quantos eram? Um punhado. Exatamente dezesseis: seis espanhóis, um normando, um inglês, um francês, um provençal, um navarro e cinco do Languedoc; era flagrante o caráter universal da ordem desde os seus começos. O hábito que passaram a usar foi-lhes fornecido pelas circunstâncias: a túnica de lã branca dos cônegos regrantes e o grande manto negro dos padres espanhóis em viagem, o que não quer dizer que a própria Virgem não tivesse tido o cuidado de lhes detalhar os pormenores do vestuário, especialmente o uso do escapulário, como se refere de um êxtase do irmão Reginaldo de Orléans. Estavam determinadas as características da nova ordem: pregadores e homens de estudo, homens da palavra e da pobreza.

Pregadores, em primeiro lugar: seriam porta-vozes de Cristo, conquistadores do Espírito Santo. Iriam falar nas igrejas, credenciados junto dos párocos pelas autoridades, mas também onde quer que surgisse a menor oportunidade: nas universidades, nas escolas e até nas praças públicas. A ordem mal acabava de ser instituída, e já Domingos dispersava os seus irmãos pelos quatro cantos da cristandade, visando sobretudo os grandes centros intelectuais, onde a luta das ideias podia ser mais áspera, mas também mais frutuosa.

Para triunfar nesses combates, era necessário que os dominicanos estivessem devidamente armados. O fundador sabia o que devia aos anos que passara na Universidade da Palencia e aos estudos que fizera das ciências divinas. Seus filhos deveriam aperfeiçoar os conhecimentos, antes de se lançarem ao mundo. Já quando partira para Roma, em setembro de 1216, Domingos confiara o seu pequeno grupo a um mestre de Toulouse. Obtida a aprovação pontifícia, a ordem voltou-se para as universidades célebres do tempo, primeiro para formar os seus membros e, pouco depois, para ingressar no corpo docente.

A terceira característica dos Irmãos Pregadores foi-lhes dada pessoalmente por São Domingos: a renúncia, a pobreza. Descobrira a necessidade dessa virtude quando lutava contra os Perfeitos cátaros. À medida que a sua ordem se desenvolvesse, poderia crescer a tentação de enredar-se nos bens que lhe dessem ou em igrejas que lhe pedissem para administrar. O lado "canonical" da sua fundação corria o risco de fazê-la perder a liberdade de movimentos. Já em 1216, em Toulouse, quisera impor o princípio da pobreza absoluta, mas não o pudera fazer porque o bispo Foulques se tinha oposto, com medo de que os seus missionários, sem terem nada que os prendesse, se dispersassem para longe da sua diocese. Mas, em Roma, Domingos encontrou São Francisco de Assis, provavelmente na casa do cardeal Hugolino. Os dois homens de Deus, por mais diferentes que fossem, compreenderam-se profundamente. Diz uma tradição que, no segundo capítulo dos franciscanos, em 1217, sobressaiu uma túnica branca entre as túnicas cor de cinza, e conhece-se a cena, representada por Andrea della Robia na Loggia de São Paulo, em Florença, em que se vê São Domingos pedindo ao *Poverello* que lhe ofereça como relíquia a corda de cânhamo que usava à cintura. Confirmado nas suas ideias sobre a pobreza pelo exemplo de São Francisco, Domingos voltou a insistir no assunto e, no Pentecostes de 1220, no capítulo geral de Bolonha, fez os irmãos decidirem que os Pregadores renunciariam à posse de igrejas e conventos, bem como a toda a propriedade de terras, e seriam também mendicantes, para que pudessem estar totalmente livres para o serviço de Deus.

Tais eram, em 1220, os elementos constitutivos da nova ordem. A Regra dominicana não estava ainda codificada (só o seria em 1228), mas o fundador tinha visto o essencial daquilo que seria indispensável à pequena semente para se tornar árvore. O que estava feito, só por si, era suficiente para mostrar o gênio deste homem. A organização precedeu a expansão, e os seus sucessores teriam apenas de seguir as suas pegadas, o que, entre outras vantagens, evitaria à ordem dominicana as crises de autoridade que abalaram a de São Francisco. A sua amplidão de vistas, o sentido da realidade, a compreensão das necessidades da época e a vontade de ir até ao fim fazem de São Domingos um dos mais notáveis fundadores de ordens que jamais existiram.

Tal como a concebeu, a ordem, inspirada em Cister, mas levada bem mais longe, realiza uma síntese entre a autoridade dos chefes e a sua dependência em relação aos subordinados. Assemelha-se simultaneamente às duas formas políticas que se desenvolviam nessa ocasião: a monarquia e a comuna. Em cada casa, a autoridade recai no prior, eleito por todos os religiosos por um período determinado; concluído esse período, regressa à situação anterior. O capítulo conventual constitui um freio aos excessos do poder. No plano superior da província, o capítulo provincial confirma a eleição dos priores e elege o prior provincial, cuja principal tarefa é visitar todas as casas que dependem dele. Este capítulo provincial é formado pelos priores conventuais, cada um assistido por um "definidor" eleito, e por pregadores gerais, isto é, irmãos que têm o direito de pregar em todas as dioceses. O papel dos "definidores", homens de confiança escolhidos pelos religiosos, viria a ser muito importante; passaram a ser os conselheiros dos provinciais e seus intermediários junto dos seus irmãos. Por fim, o mestre geral é eleito pelo capítulo geral, composto pelos provinciais e pelos definidores. Por sua vez, este capítulo geral desdobra-se de certo modo, para que esteja assegurada uma vigilância superior e haja uma espécie de válvulas de segurança para possíveis descontentamentos: de três em três anos, reúnem-se todos os provinciais; nos outros dois, reúnem-se os definidores, e estes capítulos anuais tomam conhecimento de todas as queixas que lhes sejam dirigidas. As constituições dominicanas mostraram-se bastante maleáveis para se adaptarem às novas necessidades, mas tão sólidas que nunca foram reformadas. A melhor prova da genial lucidez do seu fundador é que esta organização permaneceu quase idêntica desde o século XIII até os nossos dias.

Foi também a São Domingos que se ficou a dever uma iniciativa original e fecunda: o regime de *dispensa individual*. Originariamente cônegos regrantes, os dominicanos tinham obrigações tradicionais de ofício coral e de observâncias monásticas. Mas estas obrigações eram dificilmente conciliáveis com as exigências de uma vida ativa. Como faria um irmão, se, longe do convento, não pudesse cantar as Primas ou as Terças? Tornava-se necessário adaptar as obrigações regulares à vocação, às funções e aos temperamentos. Daí surgiu a dispensa individual: um superior pode, em qualquer circunstância, dispensar um religioso das obrigações da Regra, a fim de que esteja nas melhores condições possíveis para desempenhar a sua verdadeira missão, que é pregar.

Paralelamente à fundação da ordem masculina, nasceram outras instituições. A ordem feminina, que havia precedido a dos pregadores em Nossa Senhora de Prouille, desenvolveu-se numa ordem contemplativa e em breve assumiu uma grande importância, quando as religiosas de Santa Maria do Trastevere, em Roma, resolveram colocar-se sob a obediência dominicana. Mais tarde, a ordem contemplativa completar-se-á com "ordens terceiras regrantes", dedicadas ao ensino e ao cuidado dos doentes.

A penetração da ideia dominicana ver-se-á reforçada pela criação da *ordem Terceira*. Bastante diferente da franciscana nas suas intenções, pelo menos quanto à origem, definiu-se a princípio como uma "Milícia de Jesus Cristo", encarregada de defender a Igreja e, depois, como uma "Fraternidade da Penitência"; mas o ideal não demorou a ser o mesmo que São Francisco propusera aos seus discípulos leigos: aplicar o melhor possível na vida comum os princípios religiosos da ordem. Assim se criava uma elite de cristãos capazes de introduzir o fermento na massa; o escapulário dominicano será usado debaixo da couraça dos guerreiros e do manto dos reis.

A aprovação pontifícia foi o sinal para a arrancada decisiva. Surgiram vocações, muitas delas de qualidade eminente, entre estudantes e intelectuais. Passados quatro anos, várias centenas de missionários percorriam as estradas: belo resultado para aquele minúsculo punhado de dezesseis homens que, em 1217, se dispersava para conquistar o mundo!

Mais ainda do que a importância destas adesões, o que impressiona nos começos da expansão dominicana é a justeza de visão e de intenções, em que é impossível não reconhecer a lucidez genial do fundador. Os lugares em que a nova ordem se instalou foram exatamente aqueles em que a cristandade podia preparar o seu futuro: Roma, Paris, Bolonha. Em Roma, bem próximo do chefe supremo da Igreja, o convento de São Sisto, pouco depois do de Santa Sabina no Aventino, estabeleceu firmemente a presença dominicana. Em Paris, capital da teologia, e em Bolonha, centro eminente do direito, os irmãos de branco e negro começaram por estar entre os alunos dos grandes mestres da época, para depois fazerem parte do corpo docente. Se bem cedo o pensamento dominicano se qualificou para operar uma modificação nas ideias, se esse pensamento foi capaz de integrar no cristianismo aspirações que, de outra maneira, teriam desembocado na rebelião e na heresia, foi porque São Domingos situou os seus irmãos nesses pontos estratégicos. E não nos esqueçamos de que, sem ele, a Igreja não teria tido São Tomás de Aquino.

Mas agora que a sua obra estava consagrada, ele pessoalmente retomou a vida a que a sua vocação o chamava. Voltou a pôr-se a caminho, ensinando e pregando, sempre simples, sempre humilde. Viram-no percorrer as planícies lombardas, o Tirol, os vales da Suíça e as estradas da França. Depois, como que impelido pelo pressentimento do fim, quis rever as paisagens da sua juventude. Regressou à Espanha, essa pátria que deixara há mais de quinze anos. Chegou a Segóvia, a cidade abrupta no sopé da Serra de Guadarrama, e ali se deteve; Osma e o castelo dos Gusmões não ficavam longe. Instalou-se numa gruta e não demorou a ser assediado por todos os cristãos piedosos do país. Foi então que estabeleceu a sua primeira fundação espanhola, o convento de Santa Cruz, que confiou a Corbolan, futuro bem-aventurado. Dirigiu-se depois a Madri, pregando continuamente e caminhando sem cessar, embora já estivesse doente.

Voltou a Bolonha, exausto. Mas podia contemplar a sua obra com orgulho, se é que este humilde era capaz de se orgulhar a não ser de Cristo. Existiam oito províncias: a Espanha, a Provença, a França, a Lombardia, Roma, a Alemanha, a Inglaterra que o irmão Gilberto de Fraxineta acabava de ganhar — e onde, das obras dominicanas, nascia Oxford —, e ainda a Hungria, que o irmão Paulo tinha conquistado. O Servo de Deus sabia que ia deixar a terra. Um anjo de maravilhosa beleza revelara-lhe que seria arrebatado antes da festa da Assunção de Nossa Senhora. Pôs-se a caminho pela última vez e foi a Veneza, onde se encontrava o cardeal Hugolino, a fim de confiar à sua benévola autoridade os assuntos da ordem. No fim de julho de 1221, regressou ao convento de São Nicolau em Bolonha, com uma enxaqueca terrível e uma disenteria que o esgotava.

A sua morte teve a dignidade simples e calma da sua vida. Quis dar aos jovens noviços os seus últimos conselhos, e depois mandou chamar para junto do seu catre doze irmãos dos mais antigos. Fez-lhes as últimas admoestações sobre o desenvolvimento da ordem, e depois confessou-se publicamente diante deles. Ao narrar essa confissão, o bem-aventurado Jordão da Saxónia, seu biógrafo, refere um pormenor que põe na austera face do santo uma nota singelamente humana: "Embora a bondade divina me tenha preservado até agora de toda a mancha, quero confessar que não escapei à imperfeição de encontrar maior prazer na conversa com mulheres novas do que com mulheres idosas..." No dia 6 de agosto, antes do meio-dia, pediu que todos os irmãos se juntassem em volta do seu leito, como no coro, para que entoassem no último instante a prece dos agonizantes. Teve ainda forças para lhes dizer: "Começai!" e, no momento em que retiniam as palavras: "Santos de Deus, vinde em seu auxílio; anjos do Senhor, correi ao seu encontro", entregou a sua alma. Conta-se que, no mesmo instante, no convento de Bréscia, o santo prior Guala teve um êxtase. Como Jacó, viu os céus abertos e, subindo uma escada, os anjos levarem até o trono de Cristo um homem vestido com a túnica dominicana. Mas não pôde reconhecer quem era o eleito, porque tinha o capuz descido sobre o rosto, como se costuma fazer aos mortos[24].

O novo fermento

A entrada em cena das ordens mendicantes foi o acontecimento mais notável na vida íntima da Igreja no século XIII. Já não era do fundo de um convento, nem mesmo nas salas de aula de uma escola, que este novo tipo de monges ia trabalhar o povo dos batizados, mas diretamente, por meio de uma pregação adaptada às necessidades das almas.

O imenso êxito que os mendicantes alcançaram prova que eles corresponderam às expectativas do tempo. As vocações afluíram torrencialmente. A partir da segunda metade do século XIII, os Menores contavam 1100 casas com 25000 religiosos; em 1316, terão 30000 irmãos, distribuídos por 1400 conventos. A ordem dominicana cresceu um pouco mais vagarosamente, porque o seu lado intelectual limitava as vocações, e também, sem dúvida, porque o aspecto afetivo da devoção era nela menos acentuado do que no apostolado do *Poverello* de Assis. No entanto, teve 7000 membros em 1256, 10000 em 1303, repartidos por 600 conventos, e 20000 em 1337.

Isto não quer dizer que esse crescimento se fizesse sem dificuldades. Tanto os franciscanos como os dominicanos as encontraram em grande número. As primeiras foram de ordem interna; nasceram do conflito inevitável entre as exigências do puro ideal e as das aplicações práticas. A renúncia absoluta aos bens deste mundo é compatível com a eficácia que uma grande ordem deve desejar? E o trabalho intelectual, necessário nos combates de Cristo, não corre o risco de tornar-se um fim em si, isto é, de desviar o espírito de Deus? À sombra deste conflito doutrinal, podiam ganhar terreno as ambições e as invejas, e seria uma maravilha que milhares de homens estivessem livres delas só por usarem um capuz.

Essas crises não foram graves entre os dominicanos, em primeiro lugar porque a sua organização, extremamente sólida, eliminava muitos motivos de perturbações, e depois porque São Domingos tomara uma posição firme e sábia sobre os dois pontos doutrinais essenciais. Quando São Tomás de Aquino vir na pobreza um meio de atingir a perfeição, mas não a própria perfeição, estará na linha exata do fundador, que, ao apontar aos seus filhos o caminho das universidades, especificara bem que o estudo tinha como único fim o conhecimento de Deus e a vitória da Cruz. Por outro lado, como ordem de clérigos, os dominicanos não viam levantar-se entre eles a delicada questão das relações entre irmãos e leigos no interior das comunidades. Mas nem por isso se evitaram todas as crises entre os mendicantes vestidos de branco e negro; não foram raras as faltas contra a pobreza e a disciplina, e a deposição de um mestre geral por Roma, em 1291, provocou agitações. Mas essas crises não foram nada ao lado das que sofreram os seus irmãos franciscanos.

O conflito, como nos lembramos, estava latente desde os últimos anos da vida de São Francisco. A sublime loucura do *Poverello* expressara-se no seu próprio testamento: "Proíbo formalmente a todos os irmãos que aceitem dinheiro seja de que maneira for, quer pessoalmente, quer por intermédio de outra pessoa. — Que todo aquele que nada sabe renuncie a aprender". Semelhante radicalismo na pobreza, mesmo intelectual, podia acomodar-se a uma ação permanente num plano tão vasto?

A primeira crise franciscana não foi, no entanto, provocada pelas questões doutrinais, mas pela insuficiência de organização constitucional. O irmão Elias de Cortona, ministro geral em 1232, mostrou-se tão déspota que foi deposto pelo capítulo geral de 1239. Aproveitou-se a ocasião para melhor alicerçar e "democratizar" a ordem. O capítulo geral passaria a reunir-se todos os três anos e os provinciais seriam eleitos pelos capítulos das províncias.

Ao mesmo tempo, ocorreu uma outra evolução que aproximou também a ordem de São Francisco da de São Domingos: o papel dos leigos reduziu-se sensivelmente, e em breve estes deixaram de ter acesso às funções de governo. Elias foi o último ministro geral que não era padre.

Surgiu também — e de forma aguda — o duplo problema doutrinal. Houve um violento embate entre os observantes do rigor primitivo e os que, por motivos intelectuais ou práticos, desejavam uma evolução. Quando se colocou um mealheiro de mármore para esmolas na basílica de São Francisco de Assis, o irmão Leão, um dos mais queridos amigos do *Poverello*, despedaçou-o a pauladas, o que lhe valeu uma flagelação pública. Na Alemanha, o irmão Cesário da Saxônia pagou simplesmente com a vida a sua fidelidade às ideias do santo. Mas a corrente da vida caminhava no sentido de um abrandamento da Regra; a partir de 1230, a bula *Quo elongati* admitia-o como princípio. Inventou-se uma ficção jurídica segundo a qual "ninguém é considerado proprietário daquilo que *detém* se, em consciência, não se julga como tal, recusando-se a *retê-lo* e a *reivindicá-lo*". Ao lado dos Menores, em princípio pobres, alguns "amigos espirituais" e *nuntii* foram autorizados a possuir e receber dinheiro e administrar bens. Em 1245, Inocêncio IV pensou resolver a questão declarando propriedade da Santa Sé todos os bens dos mendicantes. O justo meio foi quase encontrado por São Boaventura, ministro geral de 1257 a 1273, que procurou salvar o que restava do ideal de pobreza, do *usus pauper*, reduzindo esse uso à "medida indispensável sobre as coisas indispensáveis".

A partir da segunda metade do século XIII, dominicanos e franciscanos são ordens formadas por clérigos, que trocaram os eremitérios por conventos nas cidades e passaram a cuidar de igrejas, sem abandonarem a sua tarefa de pregadores itinerantes. Esta modificação contribuiu para a sua eficácia prática imediata, mas pode-se perguntar se o seu papel não teria sido muito maior se, atendo-se ao rigor das regras primitivas, tivessem deixado ao clero secular as tarefas tradicionais, reservando-se eles para estimulá-lo com o exemplo do seu ascetismo. Em qualquer caso, isso teria evitado outras dificuldades que as ordens mendicantes encontraram na sua ação.

Porque, na verdade, eles não foram nem constante nem unanimemente bem acolhidos... Os padres estiveram longe de receber por toda a parte com alegria esses monges que vinham ocupar-se das ovelhas das suas paróquias... e receber delas orações e benefícios. Um escrito anônimo, obra sem dúvida de um pároco da Picardia, exprime francamente as suas queixas: "Eis que chegam para desapossar todo o clero das suas funções na Igreja. Administração dos sacramentos, penitência, batismo, extrema-unção dos doentes e enterro dos defuntos nos seus cemitérios — tudo chamam a si. Pior ainda: para nos desconsiderarem completamente e para afastarem os nossos fiéis das nossas reuniões de piedade, criaram duas confrarias novas, nas quais filiam homens e mulheres em tão grande número que é difícil encontrar hoje um fiel cujo nome não figure num ou noutro registro". Os monges das antigas ordens não lhes tinham mais afeto do que os párocos. Quanto aos bispos, desconfiavam desses religiosos que eram vistos como agentes e espiões da Santa Sé, e cuja organização centralizada escapava a todo o controle episcopal. O arcebispo de Sens, por exemplo, proibiu-lhes a entrada na sua diocese durante muito tempo.

Apesar destas dificuldades, a extensão e o aumento de poder dos mendicantes não cessariam durante dois séculos.

As queixas do pároco da Picardia exprimem exatamente esse sucesso, as condições e os meios em que se deu. Muitas "ruas dos franciscanos", "mercados dos capuchinhos" e "praças dos dominicanos" são testemunhas dessa penetração. Encorajados pela Santa Sé e bem vistos pelo povo e pela burguesia, que os consideravam mais acessíveis que os monges das altivas abadias, multiplicaram as suas fundações. Só na França ao norte do Loire e na Bélgica, abriram-se em menos de vinte e cinco anos doze conventos dominicanos e vinte e cinco franciscanos. O convento dominicano de *Saint-Jacques* em Paris, "o grande convento" franciscano ou *Sacro Convento* em Assis, e em Roma *Santa Sabina* para os Pregadores e o *Ara Coeli* para os Menores abrigavam centenas de religiosos. Pádua, Bolonha, Lyon, Oxford e Gênova não lhes ficavam atrás em importância. Em breve, a Igreja pedia dignitários às novas ordens. Das fileiras dominicanas não saíram menos de quatrocentos e cinquenta bispos, doze cardeais e dois papas. E, se os franciscanos só contaram duzentos bispos e oito cardeais, essa proporção mais fraca deve ser atribuída à tradição de humildade legada por São Francisco e também, sem dúvida, a uma seleção menos intelectual.

Esta influência nos quadros da Igreja acentuou-se ainda de outra maneira. Vários dos métodos de organização dos mendicantes foram imitados pelas antigas ordens: os cônegos regrantes, principalmente os premonstratenses, que tinham estado mais ou menos na origem dos dominicanos, sofreram por sua vez a influência destes últimos, sobretudo no que se refere à teologia e à forma de apostolado. O exemplo dos mendicantes arrastou para as universidades as ordens antigas: beneditinos de Cluny, cistercienses, premonstratenses e trinitários. O clero secular, fustigado pelas críticas, mostrou-se mais fiel às suas obrigações sacerdotais.

E toda a vida monástica, estimulada pelo surto das duas ordens, e não obstante o famoso 13º cânon do Concílio de Latrão, que proibia a fundação de novas instituições, enriqueceu-se na primeira metade do século XIII com uma verdadeira floração de novas congregações.

Na Palestina, houve cruzados que quiseram viver como eremitas nas famosas grutas do Monte Carmelo; por volta de 1156, tinham fundado, sob a direção de *São Bertoldo de Malifay*, um pequeno agrupamento briosamente empenhado em reanimar uma tradição várias vezes milenar, que remontava aos profetas Elias e Eliseu. Por volta de 1209, o patriarca Alberto de Jerusalém deu a Regra definitiva a esses "Eremitas do Carmelo" ou *carmelitas* e o papa Honório III aprovou-a em 1226. Era uma Regra austera, de grande penitência e solidão. Pouco depois (em 1229), a vida do Carmelo tornou-se difícil por causa dos turcos, e a saída foi instalarem-se na Europa, consagrando-se ao apostolado e vivendo em conventos. Em 1248, Inocêncio IV reconheceu--os como "terceira ordem mendicante" sob o nome de *ordem de Nossa Senhora do Monte Carmelo*.

Uma quarta ordem mendicante veio também à luz na mesma ocasião: os *Eremitas de Santo Agostinho*. Além dos cônegos regrantes, a *Regra de Santo Agostinho* era seguida por pequenas congregações de eremitas como os *guilhermitas*, fundados antes de 1157 por São Guilherme de Maleval, os *jambonitas*, instituídos por volta de 1129 pelo Bem-aventurado João Bom de Mântua, e os *britinianos*, nascidos perto de Fano, nas imediações do eremitério de São Brás de Britino. Em 1256, o papa Alexandre IV uniu--os sob o nome de *agostinhos*. A despeito do seu título de eremitas, instalaram-se nas cidades e tiveram uma expansão comparável à dos dominicanos. Chegou-se a dizer que eram 30000 por volta do ano 1300, o que parece um exagero. Em todo o caso, certos nomes de ruas, como a rua dos "Pequenos Padres" e o cais dos "Grandes Agostinhos" atestam a sua presença maciça. Penetraram nas universidades e ali tiveram mestres de primeira plana, como o Bem-aventurado Agostinho Trionfo. Exerceram tal influência que, a partir de 1319, lhes foram conferidos os títulos de sacristão, bibliotecário e confessor dos papas. Se os agostinhos têm sido um pouco menosprezados pela história católica, talvez seja porque Lutero havia de sair das suas fileiras.

Ao mesmo tempo que nasciam estas ordens masculinas, constituíam-se também ordens femininas e surgiam ordens terceiras em torno dessas santas casas. Quantas outras congregações poderíamos citar ainda! Uma das mais curiosas, porque mostra a ação do fermento novo entre os simples leigos, foi a dos *Servi Beatae Mariae* ou *servitas*, criada em 15 de agosto de 1223 pelo Bem-aventurado *Bonfiglio Monaldi*, mercador florentino a quem a Virgem apareceu enquanto cantava as suas laudes; seis dos seus amigos acreditaram na visão e esses "sete irmãos fundadores" retiraram-se para o Monte Senário. Também eles viriam a ser reconhecidos — em 1255 — como ordem mendicante e também eles se instalaram em conventos urbanos, ocuparam cátedras do magistério e tiveram uma ordem feminina e uma ordem terceira. Foram eles que propagaram o culto de Nossa Senhora das Dores. Os franciscanos e os dominicanos suscitaram, portanto, êmulos nessa obra de revivescência que empreenderam, mas não nos devemos esquecer de que é a eles que cabe o grande mérito, tanto pela originalidade das suas duas fundações como pelo seu extraordinário desenvolvimento.

Se a ação deste novo fermento, direta ou indireta, se revelou tão nitidamente no clero, foi sem dúvida muito mais considerável na própria massa do povo cristão. O cronista beneditino Mateus Paris e os miniaturistas do tempo mostraram-nos esses mendicantes, caminhando a pé, tendo por bagagem apenas uma espécie de bolsa de caçador cilíndrica a tiracolo, onde traziam um manual de piedade, um sermonário, uma "suma de autoridade", isto é, uma seleção de citações dos Padres e de "exemplos" ou episódios de que faziam uso constante. Paravam em toda a parte, nas igrejas, nos conventos, nos castelos, nas praças públicas, nos locais das feiras e nos recintos dos torneios. Simples, austeros, pobres, vivendo do que lhes davam, cativavam as multidões. Quando falavam, não recuavam perante nenhum poder nem dissimulavam qualquer verdade. Alguns desses pregadores, como o português Santo Antônio de Pádua ou Bertoldo de Ratisbona, adquiriram um renome extraordinário. A linguagem rude que empregavam — acompanhada pelo ministério da penitência — causava grande impressão.

Em que medida o ideal de pobreza que tinham abraçado exerceu influência na sociedade? É bastante difícil dizê-lo. Gustav Schnürer afirma que "o princípio da pobreza pregado por eles pôs um freio ao desenvolvimento desmedido da civilização materialista", e que "a Igreja do século XIII, que tinha necessidade de uma advertência, foi por eles admoestada a não se preocupar com questões temporais a ponto de esquecer a sua missão divina". A sua ação teve também resultados no domínio da concórdia: a "grande devoção" de 1233, ano em que dominicanos e franciscanos se espalharam por toda a parte num esforço extraordinário, foi assinalada por espetaculares reconciliações entre famílias, entre clãs e entre cidades; em Paquara, o dominicano João de Vicenza falou tão expressivamente do amor fraternal que, sob o seu olhar, se operou uma ampla reconciliação. Deste movimento resultaram "associações de paz", confundidas muitas vezes com as duas ordens terceiras, por meio das quais Menores e Pregadores mantinham a sua ação na sociedade.

Esta atuação dos mendicantes assumiu inúmeras formas. Uma das mais curiosas foi a promoção de alguns deles a postos de verdadeiras ditaduras teocráticas em diversos lugares; assim, João de Vicenza, depois do seu grande sucesso de 1233, foi nomeado podestade , depois reitor, e por fim duque de Verona e Vicência, com plenos poderes; e o seu exemplo foi seguido por outros. Anunciava-se já o reinado de Savonarola em Florença.

Sem chegarem a esse ponto, muitos assumiram, junto dos príncipes, funções que lhes permitiram desempenhar papéis políticos. Não foram poucos os confessores dos reis e de suas famílias. Quando São Luís, desejoso de implantar em toda a sua administração os princípios da caridade e da justiça, ressuscitou os *Missi dominici* carolíngios sob a forma dos "grandes inquiridores", chamou mendicantes para exercerem essas delicadas funções. Além de confessores e conselheiros dos príncipes, eles foram também os amigos das cidades livres; os seus conventos não se situaram nas regiões clunicenses nem nos pântanos solitários de Cister, mas nas cidades, e tornaram-se centros de vida intelectual, espiritual e até política. O seu regime "democrático", em que cada religioso assumia as suas responsabilidades nos capítulos, não correspondia ao sistema comunal? Esses homens rejeitavam o paternalismo abacial na mesma altura em que as cidades repudiavam a autoridade feudal. Foram assim os agentes de uma nova concepção do bem comum.

Foi também a eles que a Igreja recorreu quando teve que defender-se contra as heresias: aliás, não fora já nesse mesmo combate que São Domingos tomara consciência da sua vocação? Os mendicantes encontraram-se, pois, envolvidos na difícil obra da *Inquisição*[25], principalmente os dominicanos, que suportaram o maior peso dos ódios que esta instituição provocou. E, quando a cristandade compreender que não vencerá o islã pelas armas, serão também os mendicantes que veremos[26] liderar esse grande movimento missionário que se lançará entre os infiéis, procurando ganhá-los para Cristo pelo amor.

Há ainda um último ponto em que a ação dos mendicantes se mostrou decisiva: na ordem intelectual. Num momento em que se produzia uma imensa fermentação nos espíritos, estas novas equipes encontravam-se — mais que os seculares e as antigas ordens — especialmente preparadas para assumir e orientar as curiosidades dos seus contemporâneos. A sua penetração nas universidades não se fez sem grandes dificuldades; as querelas de Paris deram matéria abundante às crônicas da época. O êxito obtido nas cátedras de teologia pelos dominicanos Rolando de Cremona e João de Saint-Gilles, bem como pelo franciscano Alexandre de Hales, desencadeou protestos. O panfleto de Guilherme de Saint-Amour, *Sobre os perigos dos últimos tempos* (1256), denunciou o ensino dos mendicantes com uma verve apaixonada. Não se tratava apenas de uma questão de cargos ou de dinheiro: estava em gestação uma nova maneira de pensar, de raciocinar e de fazer teologia. Aristóteles seria o lance em jogo nessas lutas, cujo ilustre vencedor seria São Tomás de Aquino[27].

Assim, em última análise, as ordens mendicantes deram à "reforma" do século XIII uma eficaz originalidade. É fácil demonstrar que o retorno ao evangelismo, que eles preconizavam, foi a sua característica em todos os domínios, tanto no direito canônico — por exemplo, na concepção da justiça criminal —, como na vida social e mesmo nas formas de devoção. Conforme um paradoxo constante e misterioso na Igreja, ao procurarem restabelecer a pureza original do cristianismo, esforçaram-se por encarnar o Evangelho nas novas formas de vida: graças a eles, as indispensáveis transformações não se realizaram fora da Igreja, nem contra ela, mas no seu seio.

Qual foi o papel dos papas nesta imensa atividade renovadora? É interessante verificar que, enquanto no século XII o esforço reformador incidiu em diversos setores, não sem que Roma o soubesse, mas paralelamente à obra pontifícia, no século XIII, pelo contrário, levou-se a cabo em íntima união com os sumos pontífices e sob a sua dependência. Tanto os Menores como os Pregadores tinham-se colocado desde a sua origem sob a mais estrita obediência à Santa Sé. Num êxtase, São Francisco vira a sua ordem como um bando de pintainhos ameaçados pelos gaviões e defendidos pela águia romana. Embora nem o *Poverello* nem São Domingos tivessem pedido o privilégio da "isenção", as bulas que regulamentaram o funcionamento das duas ordens acabaram por instituir uma isenção de fato: dominicanos e franciscanos dependiam exclusivamente dos seus gerais, que trabalhavam em íntima ligação com o papa.

Praticamente todos os papas do século XIII manifestaram a maior simpatia pelas ordens mendicantes. Vimos Inocêncio III vigiar-lhes com bondade os primeiros passos e Honório III (1216-1227) dar-lhes as bases canônicas. Gregório IX (1227-1241) mostrou-se, na Sé de São Pedro, tão amigo delas como nos tempos em que era o cardeal Hugolino. Os seus sucessores mantiveram a mesma atitude, fossem italianos ou franceses, ingleses ou portugueses. Mesmo quando foram muito pouco "reformadores" — como Inocêncio IV (1243-1254), que, de vida particular irrepreensível, se deixou dominar por conselheiros indignos —, continuaram a proteger os porta-vozes da reforma, a tal ponto o movimento era irresistível[28].

Os dois acontecimentos marcantes deste período foram os *concílios de Lyon* de 1245 e 1274 — este último reunido pelo reformador Gregório X (1271-1276) —, que se inquietaram com a reorganização das novas ordens e com as usurpações que faziam dos direitos do clero secular, mas não lhes contiveram o impulso. Quando o Conclave elegeu em 1276 um papa dominicano, Pedro de Tarentaise — Inocêncio V —, já não houve dúvidas de que a causa dos mendicantes e a do papado eram uma só[29].

Os mendicantes constituíram, pois, uma milícia inteiramente devotada ao papa, uma organização de propaganda maravilhosamente ativa em difundir o seu pensamento, e um corpo de diplomatas para as missões difíceis ou perigosas. Viram-nos, por exemplo, por ordem pontifícia, sustentar Carlos de Anjou na Sicília, preparar a paz entre São Luís e a Inglaterra, e minar o poder de Frederico II. Essa eficácia valeu-lhes ódios terríveis; assim, o imperador chegou ao extremo de decretar em 1249 a pena da fogueira contra os dominicanos e os franciscanos que, "sob o manto da religião, fazem o papel de Lúcifer"!

Não foi, portanto, apenas no plano da reforma moral que a aparição dos mendicantes constituiu um acontecimento notável. Pois, se eles ajudaram os papas nas suas lutas temporais, não se limitaram a isso: foram os instrumentos de uma nova concepção da Igreja e do seu papel, mais universalista do que unitário, em que o brilho do poder feudal cederia o lugar a prestígios interiores: Igreja das missões, Igreja das universidades, em que se levou a cabo a promoção do pensamento, Igreja mais adaptada a uma sociedade ampliada. Assim, uma vez mais, como muitas vezes se verificou na história, a mensagem permanente de Cristo encarnava-se numa forma de cristandade particular; mais uma vez o fermento levedava a massa.

Notas

[1] Nicolau Berdiaieff.

[2] Cf. *A Igreja dos Apóstolos e dos Mártires*, cap. X, e *A Igreja dos tempos bárbaros*, caps. I, III e IV.

[3] Cf. *A Igreja dos tempos bárbaros*, cap. X, par. *Cristãos do ano mil: o lamaçal.*

[4] Patriarca de Jerusalém, depois cardeal, visitou em 1216 a Cúria pontifícia, instalada em Perugia, e ficou escandalizado.

[5] Cf. cap. VI, par. *Párocos e paróquias.*

[6] Cf. cap. XIV, par. *A voz da última testemunha: Dante.*

[7] Cf. *A Igreja dos tempos bárbaros*, cap. V, par. *A reforma, princípio fundamental da Igreja* e cap. X, par. *Cluny e a reforma monástica.*

[8] Estas noções serão desenvolvidas no volume seguinte desta coleção, *A Igreja da Renascença e da Reforma.*

[9] Cf. *A Igreja dos tempos bárbaros*, cap. X, os par. sobre *Cluny e a reforma monástica* e *O espírito da reforma penetra na Igreja.*

[10] Cf. cap. V, pars. *A Questão das Investiduras* até *A perigosa vitória.*

[11] Cf. cap. III.

[12] A instituição do Capítulo geral será adotada pouco depois por outras ordens: Cartuxa, templários, premonstratenses, cônegos de São Vítor e, mais tarde, franciscanos e dominicanos. O Concílio de Latrão de 1215 estendeu-o a todas as congregações. Os abades e os próprios priores beneditinos deviam reunir-se em capítulo todos os meses, em cada reino.

[13] A veste branca foi adotada também por outras congregações: premonstratenses, cartuxos, monges de Hirschau, etc.

[14] Cf. *A Igreja dos tempos bárbaros*, cap. I, par. *Um bispo africano.*

[15] O cisma de Anacleto foi estudado no capítulo precedente sobre São Bernardo, par. *O homem de ação.*

[16] Essa revolução será estudada no cap. V, par. *Frederico Barba-Roxa e o seu sonho de domínio universal.*

[17] Cf. cap. V, par. *A Questão das Investiduras.*

[18] Cf. cap. I, par. *Do esforço feudal à ordem dos reis.*

[19] Cf. o cap. XIII.

[20] Cf. cap. VI, par. sobre os concílios.

[21] Cf. cap. VI, par. *Da caridade de Cristo à previdência social.*

[22] Mons. Gilliet, antigo mestre geral dos dominicanos.

[23] Cf. cap. XIII.

[24] Efetivamente, a Igreja canonizou São Domingos em 1234.

[25] Cf. cap. XIII, par. *A Inquisição, tribunal cristão de salvação pública.*

[26] Cf. cap. XII, par. *O pai da missão: São Francisco de Assis.*

[27] Estas questões serão estudadas mais detalhadamente no cap. VIII, par. *O apogeu da Escolástica: São Tomás de Aquino.*

[28] Foram dois mendicantes, o franciscano São Boaventura e o dominicano São Tomás de Aquino, que Urbano IV (1261-1264), "papa político", se é que o foi, encarregou de compor o ofício da festa do Santíssimo Sacramento.

[29] A única exceção verificou-se no fim do pontificado de Inocêncio IV, que pareceu deixar-se influenciar pelos colaboradores e receou que os êxitos dos mendicantes fizessem sombra ao papado; mas esse receio não durou muito e foi o próprio papa que rendeu às novas ordens esta bela homenagem: "Filhos da obediência, estão prontos a enfrentar tudo para defender a justiça".

V. A Igreja perante os poderes

No mundo sem ser do mundo

O problema moral e espiritual que a Igreja se empenhou tão corajosamente em resolver não era o único que lhe fora posto. Para poder cumprir a sua missão sobrenatural, viu-se obrigada a precisar as suas relações com os poderes da terra. Mas que ligação pode haver entre essas duas ordens de preocupações? Na aparência, nenhuma; na verdade, porém, não é possível separá-las. De acordo com o próprio preceito recebido do seu Mestre, a Igreja não é "deste mundo". Por tudo o que nela existe de mais puro, tende a situar-se acima dele, mas é "neste mundo" que ela tem de agir, entre os homens, no âmbito dos seus interesses e das suas instituições. Não pode abstrair das leis que lhe concedem ou lhe recusam liberdade de ação, nem dos recursos que permitem aos seus ministros levar adiante a sua obra sobrenatural. Desta maneira, embora seja uma sociedade espiritual, prefiguração e promessa da cidade de Deus, é levada a manter um íntimo contato com a cidade da terra. E isso não se faz sem dificuldades.

O problema é de todos os tempos, e não existe outro mais difícil que os cristãos tenham que resolver: se até hoje ainda não se encontrou uma solução satisfatória, é porque não existe, e porque faz parte da condição do homem que persista sempre uma tensão entre o espiritual e o temporal.

São possíveis três situações. Os poderes da cidade terrena opõem-se à Igreja por razões ideológicas ou simplesmente políticas: é a perseguição. O Estado ignora as atividades religiosas e considera a sociedade espiritual (pelo menos em princípio) como inexistente: é a neutralidade. A partir do século IV, cessara a primeira situação, e a segunda era inconcebível para os homens da Idade Média. Restava a terceira: a da íntima colaboração.

O papel eminente assumido pela Igreja durante os séculos das trevas, a universalidade da fé nas almas e a submissão dos governantes ao credo cristão tiveram por resultado uma contaminação entre o domínio espiritual e o temporal. Imprimindo o seu selo na fronte dos imperadores e dos reis, fornecendo-lhes administradores e homens de comando, recebendo bens e domínios, e obtendo uma proteção que certamente lhe foi útil, a Igreja alienou uma grande parte da sua liberdade e ficou sob a dependência de homens com os quais julgava apenas caminhar de mãos dadas. No decurso dos tempos bárbaros, ganhara uma partida extremamente difícil, mas o êxito constituiu o seu maior perigo. Chegou um momento em que tomou consciência disso e reagiu.

Isto não quer dizer que as relações entre a Igreja e os poderes se tenham caracterizado na Idade Média por um antagonismo permanente. O ruidoso embate da Questão das Investiduras, da luta entre o sacerdócio e o Império, dos penosos conflitos em que São Tomás Becket encontrou a morte pelo martírio e em que um enviado da França insultou um papa, tudo isso enche os capítulos das histórias, mas não foi uma regra geral. A grande maioria dos homens pensava como São Bernardo: "Eu não sou daqueles que dizem que a paz e a liberdade da Igreja prejudicam o império ou que a prosperidade deste prejudica a Igreja.

Deus, com efeito, que é o autor de um e do outro, não os vinculou num comum destino terrestre para que se destruíssem mutuamente, mas para que um se fortificasse pelo outro". Na maior parte das vezes, a regra foi o acordo entre os poderes; os conflitos, por muito espetaculares que possam ter parecido, foram a exceção.

O que tornou esses conflitos tão graves e complicados foi a presença simultânea de todos os elementos do complexo histórico-social. Levantar o problema da posse de bens por parte da Igreja era questionar os mais altos princípios e abalar a ordem estabelecida. O encarniçamento em defender interesses temporais podia perfeitamente justificar-se em nome de supremos interesses espirituais. Podemos considerar nociva a absorção do clero pelo sistema feudal, mas, nas circunstâncias históricas em que se encontravam, uma Igreja sem terras e um papado sem domínios não teriam sido privados de toda a liberdade e abandonados ao jogo das ambições rivais? Moral, economia e política, tudo está ao mesmo tempo envolvido nestes debates, sem falar dos egoísmos, do amor-próprio e das paixões daqueles que, nos dois campos, conduziam o jogo.

É um erro de perspectiva, portanto, ver em tudo isso apenas um caso de antagonismo político, uma luta entre potências igualmente desejosas de dominar o mundo: mesmo os mais teocratas dos papas nunca puseram a ambição política no primeiro plano dos seus objetivos. Qual foi, com efeito, o ponto de partida do grande conflito cujos episódios se sucederam durante cerca de três séculos? Foram exigências profundas, foi a vontade que a Igreja tinha de ser fiel à sua vocação. A intrusão dos poderes civis constituía um obstáculo, e ela procurará derrubá-lo. Uma vez declarado o conflito, a Igreja tinha de apurar quem detinha a supremacia, se a autoridade espiritual ou o poder civil, para que a lei divina pudesse ser mais bem observada na terra. Tudo isto ultrapassa o plano da simples política. Unidade da cristandade, primazia do espiritual e liberdade das consciências perante o poder: o que está em causa nesses conflitos que nos parecem conspurcados pela violência ou por uma sórdida astúcia não é nada menos do que isso.

O conluio laico e o problema das investiduras

Na alta Idade Média, as relações entre a Igreja e o Estado tinham transcorrido num clima de colaboração que tivera o seu ponto alto em três datas capitais: 380, em que Teodósio ordenara que todo o seu povo abraçasse "a religião trazida aos romanos pelo Apóstolo Pedro"; 499, em que os bispos gauleses, batizando o jovem rei franco Clóvis, haviam tomado nas mãos os destinos do mundo bárbaro; e o Natal de 800, em que São Leão III, papa, dispusera da antiga coroa imperial em benefício de um descendente dos invasores, Carlos Magno. Durante mais de seis séculos, graças a uma paciência e a um heroísmo sem desfalecimentos, a Igreja conservou a sua mão pousada sobre o ombro dos homens terríveis que dominaram a Europa, e o resultado foi a lenta ascensão da sociedade para a luz.

Este admirável resultado teve, porém, a sua contrapartida. A Igreja, poder espiritual, trabalhou bem no plano temporal, mas não sem uma certa confusão de valores. Os homens que a dirigiam esqueceram com demasiada frequência o preceito evangélico e, à força de se misturarem com o mundo, acabaram por ser *do* mundo. Toda a história dos tempos bárbaros é a de um conluio constante entre o espiritual e o temporal[1], conluio que Carlos Magno elevou ao nível de princípio de governo. À medida que o duplo sistema do senhorio e do feudalismo se impôs, a Igreja viu-se envolvida nele pela força das circunstâncias. Devido às doações dos fiéis, todos os bispos e abades encontraram-se à frente de vastas extensões de terras, as *manses*, e, por esse título, tornaram-se senhores rurais e passaram a comportar-se como qualquer outro senhor, possuindo uma "reserva" e caseiros, impondo corveias e administrando a justiça. Por outro lado, devido às indispensáveis "recomendações", emaranharam-se nos laços da dependência e da fidelidade do regime feudal, porque as suas terras eram feudos e dependiam, portanto, de um suserano, a quem deviam os serviços normais de um vassalo, incluído o serviço militar, que delegavam a um leigo, o *vidama*, uma vez que a lei divina não lhes permitia pegar em armas. O procedimento dos carolíngios, que de bom grado concederam aos bispos direitos sobre terras, encarregando-os de administrá-las como vassalos e, por outro lado, a intromissão dos leigos nos domínios da Igreja, foram responsáveis por essa situação: a Esposa de Cristo encontrou-se intimamente associada à ordem feudal estabelecida.

Foi feliz este resultado? É bastante duvidoso. O dignitário eclesiástico assemelha-se extraordinariamente ao seu vizinho leigo. Como ele, tem vastas edificações, servidores domésticos, administradores para os seus domínios e cobradores para os seus rendimentos. Não é de admirar, portanto, que a sua vida seja muitas vezes "senhorial", cercada de fausto e muito pouco evangélica. O problema moral e os elementos sociais e políticos encontram-se misturados.

A Igreja tenta libertar-se dessa opressão, mas sem se separar do sistema, procurando apenas obter uma situação privilegiada dentro dele. Certos senhores clericais beneficiam-se de *dispensas de homenagem*, que os poupam de ter de reconhecer um suserano acima deles.

A *isenção*, que coloca uma abadia sob a dependência direta do papado, liberta-a de toda a ingerência senhorial ou real; mas esse privilégio de forma alguma põe fim ao caráter "feudal" do principado eclesiástico, que nem por isso deixa de ser uma peça do sistema, no qual os homens da Igreja gozam de certas regalias. Quanto ao outro remédio inventado, a *patronagem*, revela-se muitas vezes pior do que o mal; os *patronos*, encarregados de proteger um domínio clerical contra os ataques dos vizinhos, tornam-se titulares de um direito irrevogável e hereditário, e comportam-se muitas vezes como verdadeiros proprietários dos bens que protegem. Com a ajuda dos reis, pouco a pouco o clero foi-se desembaraçando deles. A Igreja da Idade Média, no seu conjunto, é, portanto, invadida pelo feudalismo; consciente ou sobretudo inconscientemente, cometeu o erro de associar em excesso o seu destino às realidades sociológicas entre as quais se estabelecera. Todas as crises que sofreu durante este período, e o abalo que experimentou no fim, resultaram única e exclusivamente desse fator.

Houve, no entanto, um momento em que o perigo do conluio pareceu tão grave que a Igreja, abrindo os olhos, teve de pôr-lhe fim, pois estava em jogo a sua própria alma, a profunda fidelidade aos seus princípios. Foi em torno dele que surgiu o primeiro grande conflito da época: a *Questão das Investiduras*. Formulou-se assim: o conluio chegaria a tal ponto que se poderia entregar aos leigos a missão de designar os chefes da Igreja? Não era só à Igreja, depositária do Espírito Santo, que competia escolher os que falariam em nome de Deus? Para avaliar a importância do problema, é preciso remontar ao passado e considerar como a Igreja, desde as suas origens, sempre designou os seus chefes.

Na Igreja primitiva, por exemplo na da África do tempo de São Cipriano, essa designação comportava dois elementos. O bispo era eleito pelo povo, mas só entrava no exercício das suas funções depois de ter sido *sagrado* por outro bispo; era uma investidura divina que, em virtude da tradição ininterrupta que ligava os bispos aos apóstolos, fazia dele o herdeiro direto dos poderes dados por Cristo. Até o momento das invasões, no Império tornado cristão, nunca o poder interviera nas nomeações dos bispos. Mas tudo mudou a partir de Clóvis. O astuto sicâmbrio apercebeu-se de que a aliança com o episcopado era um excelente trunfo para a sua jovem realeza, e desejou ver à frente das dioceses homens que lhe merecessem confiança. É claro que não exerceu qualquer pressão sobre os clérigos ou sobre os fiéis, mas encontrou maneira de que nenhum deles ignorasse o nome do seu candidato preferido... Lançados por essa via, os seus sucessores foram mais longe e, apesar da resistência de diversos concílios, os merovíngios não hesitaram em intervir nas eleições a seu modo, que era bastante rude: passou-se a admitir que um bispo não podia ser escolhido sem a aprovação do soberano. Carlos Magno, "piedoso guardião dos bispos", não teve o menor constrangimento em nomeá-los. Se as suas escolhas foram boas, isso não tornava o princípio menos inquietante. A partir do século IX, as provisões episcopais passaram praticamente a ser feitas pelos reis, e o clero e o povo limitavam-se a aclamar servilmente o prelado designado. E esse estado de coisas chegou a ser considerado tão normal que se viram reis concederem aos clérigos a "permissão de eleger"!

Quando se instaurou o regime feudal, no decorrer do século X, o deplorável costume estava já tão em voga que se incorporou naturalmente ao sistema. Os imperadores, os reis, os senhores não só designavam os bispos como passaram a fazer algo ainda pior. Dos dois elementos constitutivos da nomeação — a escolha do novo titular e a sagração —, não confiscaram apenas o primeiro. Uma teoria, aliás muito vaga, pretendia que o suserano só entregava ao candidato escolhido a posse das terras referentes ao seu título; mas, na realidade, o público captava mal a diferença entre a entrega temporal e a escolha espiritual. Na cerimônia chamada *investidura*, o senhor dava ao novo bispo a cruz e o anel, dizendo-lhe: *Accipe ecclesiam*. Um cronista mostra-nos o imperador Otão o Grande conferindo a um bispo a *cura pastoralis*, isto é, o direito de governar as almas que só a autoridade sacerdotal podia conferir. Havia, portanto, nesse ponto uma confusão intolerável. Em meados do século XI, mesmo os senhores profundamente cristãos consideravam os bispados e os mosteiros como feudos análogos aos outros, cujos titulares estavam excepcionalmente adstritos a funções religiosas, mas sobre os quais esses senhores entendiam poder exercer direitos indiscutíveis. Não havia sequer a mais leve suspeita de que pudessem estar em causa interesses espirituais.

O mesmo processo de usurpação se verificou no nível das paróquias. Com poucas diferenças, o resultado era o mesmo. A igreja da paróquia, no sentido atual do termo, era frequentemente[2] criada e dotada pelo grande proprietário, e quem lhe sucedesse considerava-se também seu senhor absoluto. Exigia, particularmente, que a paróquia partilhasse com ele os rendimentos que produzia com os dízimos e as taxas pagas por ocasião dos batismos, casamentos ou enterros. A igreja pertencia ao senhor, como o forno, o moinho e o lagar. E o senhor designava-lhe um clérigo da sua escolha, que lhe prestaria juramento de fidelidade e receberia o cargo de suas mãos.

O próprio papado não esteve livre desta usurpação dos leigos. Desde o dia em que a mão firme de Carlos Magno deixou de manter a ordem na Cidade Eterna, a Sé de São Pedro tornou-se muitas vezes objeto de disputa entre as facções[3]: desde o pontificado de Sérgio II (904-911) até por volta de 960, os papas foram todos, ou quase todos, criaturas de aristocratas ambiciosos, quando não de mulheres desavergonhadas. A restauração do Império em 962, por Otão o Grande, pôs fim à tirania dos nobres romanos, mas não libertou o papado. Até oficialmente, em virtude da "declaração otoniana", o soberano pontífice não devia ser sagrado antes de ter jurado fidelidade ao imperador[4]. Desde então, os imperadores germanos, quer estivessem cheios de boas intenções, como Otão III, ou mesmo de santidade, como Henrique II, mantiveram a Santa Sé numa dependência próxima da sujeição.

Que podiam valer esses papas nomeados pelos imperadores, esses bispos escolhidos pelos reis e esses párocos designados ao acaso pelos senhores? O mais extraordinário é que muitos deles, talvez a maioria, obedeceram à sua vocação e viveram como excelentes clérigos. O grande perigo era que se colocassem homens indignos em postos de comando; porventura os dois males de que sofria a Igreja de então — a simonia e o nicolaísmo — não tiveram por causa o conluio laico? Num tempo em que os aristocratas de Roma dispunham da Sé apostólica, vimos sentar-se nela um João XII, de quem o *Liber Pontificalis* diz unicamente que viveu "no adultério e na vaidade". Se os imperadores em geral tinham intenções puras, bastou no entanto que um Conrado II (1024-1039) sucedesse a Santo Henrique, para que a nomeação dos bispos fosse objeto de um tráfico escandaloso. Como se podia impedir que os senhores feudais vendessem as investiduras de que dispunham e como se podia exigir que os seus candidatos tivessem costumes dignos das suas funções? Quanto aos párocos, que garantia se podia ter das suas qualidades morais, e mesmo de um mínimo de cultura sacerdotal, se o senhor que os designava conseguia que qualquer bispo complacente os ordenasse? Mas foi precisamente o flagrante perigo moral e espiritual que despertou a consciência da Igreja.

A vontade de reforma que surgiu no seu seio ao longo do século X[5] está na origem da crise política que a levou a opor-se aos poderes laicos. Foi preciso muito tempo para que se compreendesse que os dois problemas — o moral e o espiritual, de um lado, e o político do outro — estavam intimamente ligados. Um São Pedro Damião ainda pensava que era indispensável o apoio dos príncipes para operar a reforma que ele próprio exigia. E aqueles que pregavam com o exemplo, como um São Romualdo e um São João Gualberto, não suspeitavam que o regresso à prática das virtudes implicava um problema político.

Em contrapartida, na Lorena, houve homens que se mostraram mais clarividentes: no século X, Rathier de Liège, mais tarde bispo de Verona, reclamava que o episcopado fosse subtraído a toda a influência laica e não dependesse senão do "*mondebour* de Deus". Cem anos mais tarde, Wason, bispo também de Liège, defendia os direitos dos bispos perante os príncipes e ousava censurar o imperador Henrique III por ter deposto o papa Gregório VI. E o cardeal Humberto de Moyenmoutier, no seu livro *Contra os simoníacos*, de 1057, escrevia: "Terão os leigos o direito de distribuir funções eclesiásticas, de investir com o báculo e o anel, um gesto pelo qual se realiza em toda a plenitude a sagração episcopal?" A Questão das Investiduras está toda ela em germe na indignada interrogação do impetuoso cardeal. E os acontecimentos iriam encarregar-se de lhe dar razão.

A eleição do Papa confiada aos cardeais

O primeiro dos atos que libertariam a Igreja verificou-se no breve pontificado de um enérgico borgonhês, Nicolau II (1059-1061). Foi ele quem pôs fim à escolha do Papa pelo imperador. As circunstâncias eram-lhe favoráveis: Henrique III morrera em 1056, e seu filho Henrique IV era apenas uma criança sob a tutela da imperatriz Inês. O clero romano aproveitou-se da situação para, com a morte em 1054 de Leão IX e a de Vítor II, que o seguiu rapidamente no túmulo, antecipar-se à corte germânica e à nobreza da cidade, e eleger um papa da sua escolha, o abade de Monte Cassino, Frederico, irmão do duque de Lorena, amigo do cardeal Humberto e ardoroso defensor das ideias libertadoras. O reinado de Estêvão IX só durou uns meses, mas abrira-se um precedente; fora eleito um papa à margem da vontade do imperador, a quem se pedira apenas que desse a sua vênia.

Quando Estêvão IX morreu, as facções apressaram-se a nomear o seu papa, um certo João, bispo de Velletri, que tomou o nome de Bento X. O grande monge borgonhês Hildebrando, futuro Gregório VII, encontrava-se então na Germânia. Pôs-se em contato com a imperatriz Inês, que se sentia irritada contra os tiranetes romanos por causa dessa nomeação, e que, com a ajuda do marquês Godofredo de Lorena, fez eleger papa o seu compatriota Gerardo, bispo de Florença, que tomou o nome de Nicolau II. Para evitar que se voltasse a cair em semelhantes intrigas, algumas semanas depois, o novo pontífice promulgou o famoso *decreto de 13 de abril* de 1059 sobre a eleição do Papa.

"Decidimos" — dizia esse texto capital — "que, por morte do Soberano Pontífice da Igreja romana e universal, os cardeais-bispos regulem com o maior cuidado a questão do seu sucessor. Depois recorrerão aos cardeais-clérigos, ao resto do clero e ao povo, a fim de obterem o seu consentimento para a nova eleição. Que façam recair a sua escolha de preferência no seio da Igreja romana, se nela encontrarem um homem capaz; caso contrário, busquem-no em outra igreja, salvaguardando a honra e a reverência devidas a Henrique, presentemente rei e futuro imperador se Deus o quiser".

O decreto comportava, portanto, dois elementos: um, definitivo e categórico, criava um direito novo, retirava dos leigos o poder de escolher o Papa e confiava-o a esses dignitários, os "cardeais", que, desde o século X, tinham assumido um lugar proeminente na Igreja[6]; o outro constituía uma saudação polida ao imperador. Ninguém se enganou sobre o significado dessa decisão nem sobre o seu alcance. A nobreza romana agitou-se com grandes tinidos de armas; a corte da Germânia não quis receber o legado que lhe foi enviado para notificá-la do decreto.

Mas Nicolau II não se deixou surpreender por nenhuma contraofensiva. Derrubando item por item a política dos seus predecessores, estabeleceu uma aliança com os melhores soldados da Itália — para dizer a verdade, uns malfeitores —, os normandos que, instalados no Sul da Península[7], tinham vencido e capturado Leão IX sete anos antes, sob as ordens de Roberto Guiscard e Ricardo de Cápua; depois, porém, temendo o domínio germânico, tinham concordado em entrar em negociações e, em 1059, no concílio de Melfi, proclamaram-se vassalos do papa. No juramento que Guiscard prestou a Nicolau II, uma frase comprometia-o formalmente a ajudar os cardeais, no caso de morte do pontífice, a eleger o seu sucessor. Uma aproximação com a França completou a manobra. A nobreza romana, à vista dos soldados normandos, abandonou o seu antipapa, e a corte germânica manteve-se reservada, limitando-se a difundir um decreto falso em que se afirmavam os direitos do imperador.

Verificando a repercussão do seu gesto, Nicolau II confirmou-o no ano seguinte, em agosto de 1060. Desta vez, porém, suprimiu no texto do decreto a "reverência" devida a Henrique e mesmo o consentimento do povo. A partir desse momento, a eleição pertencia apenas aos cardeais, e além disso chamava-se a atenção para um cânon do concílio de 1059, o sexto, em que se lia: "Nenhum clérigo ou padre poderá receber de forma alguma uma igreja das mãos de um leigo, quer por dinheiro, quer gratuitamente". Nicolau II podia morrer após trinta meses de reinado, que o seu curto pontificado ficava assinalado na história.

A sua obra iria sobreviver-lhe? Num determinado momento, houve quem duvidasse. O seu sucessor Alexandre II (1061-1073), eleito sob o regime do decreto de 1059, teve de enfrentar uma violenta resistência, não só por parte da aristocracia romana, mas também da corte germânica. Surgiu de novo um antipapa, Cádalo, bispo de Parma. Tudo parecia voltar à situação anterior. O novo papa não era amigo de turbulências. Soube multiplicar as suas aparentes concessões, mas, no fundo, permaneceu firme. A seu lado, o arcediago Hildebrando representava a fidelidade inquebrantável aos princípios libertadores, e a ele caberia travar o novo combate.

A Questão das Investiduras

Eram os últimos dias do mês de fevereiro de 1075. Em Roma, vinha-se realizando um concílio havia uma semana. A atmosfera era tensa. Acabavam de ser tomadas medidas graves contra diversas personalidades importantes; cinco conselheiros do rei da Germânia tinham sido excomungados, e um arcebispo e uma dúzia de bispos italianos e alemães tinham sido suspensos "em razão da sua orgulhosa desobediência". Jogava-se uma partida decisiva, sob a orientação de um homem moreno, de baixa estatura, de um caráter de bronze, que havia dois anos ocupava a cátedra do apóstolo. Esperavam-se graves acontecimentos.

E não tardaram. Um ano antes, um sínodo semelhante tinha promulgado os célebres decretos sobre a reforma moral da Igreja, ordenando a deposição dos padres simoníacos e proibindo que os padres fornicadores se aproximassem do altar. Mas, como vimos, essas medidas de salvação tinham provocado terríveis resistências; sobretudo na Alemanha e na França, os legados pontifícios tinham sido mal recebidos. Perante o fracasso, o papa viu-se a princípio "assaltado por uma imensa dor e uma tristeza universal"; mas um homem da sua têmpera não podia ceder a tais sentimentos. Daqueles episódios, extraiu uma lição: não bastava castigar os homens, excomungar ou suspender os recalcitrantes. Já que as medidas de reforma eram ineficazes, era preciso ir mais longe e atacar o mal pela raiz. Mudando de método, Gregório VII promulgou um novo decreto.

"Que nenhum eclesiástico receba de qualquer forma uma igreja das mãos de um leigo, quer gratuitamente, quer a título oneroso, sob pena de excomunhão para aquele que a dá e para aquele que a recebe". Esta disposição repetia, palavra por palavra, com uma terrível ameaça, esse cânon sexto do concílio de 1059 que a morte prematura de Nicolau II não permitira aplicar. Os termos eram, ao mesmo tempo, muito claros e, no entanto, bastante confusos. A intenção não oferecia a menor dúvida; mas, proibindo todo o clero de receber "de qualquer maneira uma igreja das mãos de um leigo", o decreto não absorvia o temporal no espiritual e não confundia a função do clero com os bens que a ela estavam ligados? Talvez o papa tenha suspeitado de que existia nesse ponto um erro, injusto e inquietante; seriam necessários cinquenta anos para desfazer a confusão. Mas a situação era grave; apenas uma decisão radical podia remediá-la. O *decreto de 1075, condenando toda a investidura laica*, fez a Igreja enveredar por um caminho novo e enfrentar o mais sério conflito político que já conheceu.

A questão que se levantava era, com efeito, política. Os detentores do poder não iriam considerar-se despojados dos seus direitos? Renunciar a investir bispos, abades e párocos não era, para eles, abandonar direitos que, segundo as perspectivas do tempo, julgavam perfeitamente legítimos? Para alguns, isso seria a ruína; para outros, como o imperador germânico, representaria o desmembramento dos seus Estados. Gregório VII apercebeu-se disso? As decisões de 1075 eram categóricas no plano dos princípios e o papa repeti-las-ia em 1078 e 1080, acrescentando-lhes novas precisões. Mas, na prática, não se mostrou inicialmente muito empenhado em fazê-las aplicar. Não promulgou o decreto em reinos como a Inglaterra — o do seu querido Guilherme o Conquistador — ou como a Espanha, onde a simonia era quase inexistente; e mesmo na França, onde no entanto Filipe I era pouco recomendável deste ponto de vista, mostrou-se contemporizador. As suas intenções eram visivelmente dominadas pelo propósito da reforma, mas se os soberanos não levantassem obstáculos, encontrariam o sumo pontífice disposto a suavizar o rigor dos cânones.

Mas na Alemanha as coisas correram de maneira diferente, por razões que se prendiam com as instituições e os homens. No Império, os grandes senhores feudais clericais constituíam um elemento fundamental do regime; os bispos, verdadeiros administradores, eram os auxiliares do poder contra o feudalismo laico. Renunciar à investidura seria para o imperador o mesmo que pôr em xeque o direito de nomear os seus melhores funcionários, o cumprimento dos deveres militares dos seus vassalos e os meios financeiros do seu governo.

O jovem príncipe franconiano, *Henrique IV* (1056-1106), que cingia a coroa desde 1056, era quem menos estava disposto a submeter-se a esses sacrifícios. Inteligente e tenaz, realista e astuto, tornara-se mais consciente dos seus direitos e orgulhoso da sua dignidade ao presenciar o espetáculo das revoltas entre as quais decorrera a sua juventude. Lançado desde o começo do seu reinado numa difícil luta contra a nobreza alemã, estivera prestes a ser vencido em 1073 pelo duque da Saxônia, e vira-se obrigado a fugir, em plena noite, do seu castelo no Hartz. Mas conseguira assenhorear-se de novo da situação e, exatamente no momento em que Gregório VII presidia em Roma ao seu famoso concílio, Henrique IV desbaratava as tropas dos rebeldes, para vir a esmagá-las nas margens do Unstrutt, em junho de 1075. Um homem dessa natureza estaria pouco disposto a renunciar aos seus direitos; não tinham os seus antecessores nomeado os papas? Por que lhe vinham agora falar em luta contra a simonia ou a fornicação dos padres? Para ele, estavam em jogo interesses muito diferentes. Assim, a promulgação do decreto, que, aliás, se fez sem drama, iria opor, como numa guerra, o papa e o imperador, o sacerdócio e o Império.

Se é no plano político que se vai desenrolar a Questão das Investiduras, quais as forças que estarão presentes? O Império tem apenas as forças materiais, aliás incertas;

e ainda que a memória de Carlos Magno permaneça nas consciências, é vaga e pesada de suportar. Para o imperador, a Alemanha é, sem dúvida, uma terra de soldados e a Itália uma terra de rendas; mas, ao longo do caminho que vai do Reno a Roma, os grandes põem-se de acordo, segundo o dito, "para depenar a águia imperial". Esse vasto domínio que, acavalado sobre os Alpes, reúne alemães, italianos e franceses, é governado com dificuldade e à custa de constantes deslocamentos. E há, sobretudo, duas instituições que colocam o seu titular numa deplorável dependência; para ser imperador, o rei da Germânia necessita da unção que só o papa lhe poderá conferir; as três coroas que cinge — da Germânia, da Itália e do Império —, tornadas eletivas, submetem-no aos grandes senhores que o designam.

Aparentemente, o papado é ainda mais fraco. O Estado sobre o qual se apoia é minúsculo, menor que o ducado da Saxônia ou o da Normandia: o patrimônio de São Pedro, apoiado sobre o Tibre, a Romagna e a Marca de Ancona. É certo que está garantido ao norte pelos feudos da condessa Matilde da Toscana, viúva do loreno Godofredo, inteiramente devotada à causa pontifícia, e ao sul, desde o tempo de Nicolau II, por esses normandos que, por volta de 1030, haviam instalado na Apúlia o seu domínio e acabavam de retomar a Sicília aos muçulmanos. Mas a amizade de um Roberto Guiscard e dos seus bandoleiros estava sujeita a eclipses e, no fim das contas, mostrava-se bastante prejudicial para os domínios pontifícios. A Toscana e a Marca de Ancona, duplo caminho que conduzia à Sicília, estavam expostas aos apetites imperiais. Em todo o Estado pontifício, as guerras civis continuavam a ser endêmicas, e em Roma era preciso levar em conta as ambições do Senado, da Comuna e de uma aristocracia que não se resignava a ficar na sombra.

A essas medíocres forças materiais acrescentavam-se, porém, outras infinitamente mais consideráveis: a excomunhão e o interdito, armas eficazes nas mãos do papa. O seu direito de sagrar o imperador mostrava de que lado estava o verdadeiro poder; não havia imperador sem papa, mas, desde 1059, não era necessário um imperador para fazer um papa. Além disso, a ideia de cristandade era então uma ideia-força infinitamente mais atuante do que a da glória imperial, bastante nostálgica. No conflito, os poderes espirituais pesariam muito mais.

O decreto de 1075 causou um grande reboliço nos Estados de Henrique IV. Até esse momento, as relações entre o príncipe e o pontífice tinham sido cordiais, mas agora, irritado com as novas medidas e instigado sem dúvida pelos seus auxiliares, entre os quais figuravam conselheiros excomungados por simonia, o rei fingiu ignorar as decisões pontifícias. Encontrando-se vaga a sé de Milão, nomeou para lá um dos seus protegidos. Depois, fez o mesmo em Fermo, Spoleto, Spira, Bamberg, Liège e Colônia. Uma veemente carta de Gregório VII intimou-o a pôr fim a esses procedimentos. Essa carta chegou a Goslar, onde se encontrava Henrique IV, no dia 1º de janeiro de 1076, e antes do fim do mês o rei, furioso, respondia-lhe à sua maneira.

No dia 24, reuniu-se em *Worms* um sínodo constituído por padres e prelados hostis ao papa. O "falso monge Hildebrando" foi coberto de injúrias, acusado de ter perturbado a paz da Igreja, de usurpar um poder a que não tinha nenhum direito, de ter tentado roubar a coroa da Itália e, ainda por cima, de ter costumes imorais. Por último, foi declarado incapaz e enviaram-se legados a Roma para convidarem o povo e o clero a dar-lhe um sucessor. Na Itália do Norte, um grupo de prelados mais ou menos simoníacos ousou confirmar essa decisão.

Mas Gregório VII não era homem para se impressionar com esse insolente desafio. Reuniu o sínodo romano em 14 de fevereiro e declarou: "Proíbo o rei Henrique, que, com um orgulho insensato, se levantou contra a Igreja, de governar o reino da Alemanha e da Itália; desligo todos os cristãos do juramento que lhe tenham prestado e proíbo quem quer que seja de reconhecê-lo como rei". Sentença inaudita até então: o papa depunha um soberano!

A repercussão foi enorme. Os partidários da reforma levantaram a cabeça; aqueles que, em Worms, tinham obedecido um pouco apressadamente às ordens reais começaram a pensar que seria imprudente indisporem-se com um papa tão enérgico. Fez-se o vácuo em torno do rei excomungado. Os seus inimigos também levantaram a cabeça; uma assembleia de senhores e de bispos reunida em Tribur reconheceu que o papa tinha razão e que Henrique IV não devia continuar a reinar. Houve bispos que se dirigiram a Roma, enquanto os nobres se agitavam na Alemanha. Em princípios de 1077, estudava-se a conveniência de reunir uma assembleia que confirmasse a condenação do rei e lhe desse um sucessor. Henrique IV compreendeu a lição.

Desenrolou-se então uma cena prodigiosa, que impressionaria os espíritos do tempo e daria lugar a uma expressão proverbial que conserva a memória do episódio a nove séculos de distância: *Henrique IV foi a Canossa* (25 de janeiro de 1077). Transpôs os Alpes com uma pequena escolta, atravessou a Itália do Norte e, sem prestar atenção à matilha de aduladores que o aconselhavam a manter-se firme, fez saber a todos que não passava de um filho pródigo que regressava à casa do pai. O inverno italiano nesse ano era frio e a neve cobria a cadeia apenina, no coração da qual o papa procurara refúgio. O castelo de Canossa, ninho de águia nas terras da condessa Matilde, teria podido resistir a um cerco, mas foi um penitente que se apresentou diante das suas muralhas, sem insígnias reais, vestido de burel e descalço.

É pelo próprio papa que conhecemos o acontecimento: a espera de três dias nas imediações da fortaleza, as súplicas do rei derrotado, as intervenções da condessa Matilde e de diversos cardeais e, por fim, a última cena, em que "o herdeiro dos Otões, com uma majestade e uma beleza dignas de um Imperador", se prosternou diante daquele homem de baixa estatura em quem se exaltava o poder do apóstolo. Tudo isso perturbou os homens da época. O vencido prestou um juramento, aliás bastante vago, em que a expressão *Henrique, rei*, parecia anular o esforço político realizado um ano atrás. A excomunhão estava levantada. A coroa, tão abalada, tinha dali por diante todas as possibilidades de se conservar sobre a cabeça do sálico.

Muitos historiadores pensam que o verdadeiro vencido de Canossa foi o papa, que a astúcia do rei venceu a sua firmeza e que o perdão representou um erro político. É verdade que essa absolvição, formulada em termos equívocos, comprometia o plano do papa, mas o gesto que Gregório acabava de realizar revestia-se, para o santo que ele era, de um significado bem diferente do político: era a expressão da infinita misericórdia para a qual nenhum pecador apela sem ser acolhido. Nunca o pontífice foi tão grande como naquele instante.

No entanto, no plano político, os resultados foram desastrosos. Os príncipes alemães, estupefatos com uma reconciliação que estorvava as suas intrigas, recusaram-se a reconhecer como rei o penitente absolvido. Reuniram-se no dia 13 de março em Forchheim e ali, não obstante a presença dos legados pontifícios, declararam deposto Henrique IV e substituíram-no pelo seu cunhado Rodolfo de

Rheinfelden, duque da Suábia e governador da Borgonha. Eclodiu uma furiosa guerra civil, agravada pela rebelião religiosa de Henrique IV contra o papa, que ele julgava aliado dos seus inimigos. Deposto de novo em março de 1080, o rei ripostou por meio do concílio de Brixen, que proclamou outra vez a incapacidade de Gregório VII, "falso monge, devastador de igrejas e nigromante", e elegeu papa em seu lugar o arcebispo de Ravena, Gilberto, que tomou o nome de Clemente III.

Por momentos, pensou-se que as armas resolveriam o assunto. Henrique foi vencido em Gera, entre o Elster e o Saale, mas Rodolfo foi morto. Lançando-se na Itália, o rei cingiu a coroa de ferro em Milão e marchou sobre Roma, apoiado pelo seu antipapa. A situação de Gregório VII era crítica. Roberto Guiscard, excomungado por causa das suas pilhagens desenfreadas, mostrava-se agastado; na Toscana, as cidades da condessa Matilde entregavam-se à Alemanha, que lhes restituía os seus privilégios. Gregório VII apressou-se inutilmente a negociar com Guiscard e a reconhecer-lhe a investidura das terras que ele e os seus companheiros tinham tomado; o normando, ocupado contra Bizâncio, não interveio na Itália. Em dois anos, Henrique IV estabeleceu a sua autoridade sobre todo o Norte da Península. Depois de longas lutas, entrou em Roma e entronizou o seu papa que, por sua vez, o sagrou imperador em 31 de março de 1084.

É difícil compreender a confusão que se criou. O imperador e o antipapa ocupavam São Pedro e o Latrão; mas, entre os dois, não havia quem desalojasse Gregório VII do castelo de Sant'Angelo, e dois grupos dos seus partidários resistiam no Capitólio e no Palatino. Realizaram-se conversações em que o burlesco se misturou com o trágico: o papa, recusando-se a deixar a sua fortaleza, propôs a Henrique coroá-lo rei... descendo a coroa na ponta de uma corda! Nas ruelas da cidade, os dois clãs travavam batalhas de *gângsters*. Tomado o Capitólio, Gregório VII não esperava senão o último assalto contra a sua fortaleza quando Roberto Guiscard, compreendendo por fim que tinha tudo a perder com o triunfo de Henrique, avançou com todas as suas forças. O rei fugiu. Mas o remédio era pior do que a doença. As hordas de bandidos, a maior parte muçulmanos, que formavam o exército de Guiscard, só queriam roubar, violar, profanar e matar. Os romanos revoltaram-se, sob o comando do partido imperial, mas Guiscard afogou a insurreição em sangue; milhares de inocentes foram massacrados, e outros, principalmente mulheres e crianças, bem como membros de famílias senatoriais, foram vendidos como escravos. Conta-se que um marabu recitou as preces islâmicas na basílica de São Pedro, já meio arruinada.

O papa sofria o indizível. Sabia que os princípios por ele estabelecidos eram verdadeiros, mas a sua consciência delicada inquietava-se com as ruínas que a aplicação política dessas medidas acumulara. Não podia continuar em Roma, e deixou-se conduzir para as terras do normando, em Salerno. Quando morreu, pouco depois, em 25 de maio de 1085, parecia que a sua ação só trouxera insucessos. Mas, na iluminação da sua alma santa, recusava-se a desesperar. A sua última encíclica lembrara os seus supremos princípios e gritara a sua fé indefectível na barca de São Pedro, que as tempestades do mundo podem abalar, mas nunca farão naufragar.

Na prática, a questão reduzia-se a saber se se devia continuar a luta ou era preferível procurar uma plataforma de entendimento. Depois do breve pontificado de Vítor III (1085-1087), assinalado por uma crise em que se enfrentaram moderados e intransigentes, o enérgico francês Eudes de Châtillon, que passou a ser o papa Urbano II (1088-1099), optou pela firmeza, proclamando-se discípulo de Gregório VII. Durante anos, a situação manteve-se confusa. Ora percorrendo a Itália para encorajar os seus partidários, ora permanecendo em Roma sob a ameaça dos partidários do antipapa, o pontífice encarnava a fidelidade aos princípios. Pouco a pouco, a fortuna inclinou-se para o campo da Igreja, ajudada, aliás, pela flexível diplomacia do papa. Rogério da Sicília, irmão de Roberto Guiscard, que acabava de conquistar a ilha, proclamou-se e foi reconhecido como legado do papa nas suas terras. Por esse lado, Roma estava segura.

Agrupadas em volta de Milão, as cidades italianas do Norte constituíam, contra Henrique IV, uma liga aliada à condessa Matilde, que acabava de desposar o duque da Baviera; a Lorena e a Saxônia uniram-se a Urbano II e, por último, o filho mais velho do rei, Conrado, revoltou-se contra seu pai e entrou na obediência ao papa. No famoso concílio de *Clermont* de 1095 — onde foi anunciada a cruzada —, Urbano II parecia ter restituído ao papado toda a sua estatura. Mas o problema das investiduras estava longe de ter sido resolvido; acabava de se agravar na Inglaterra, onde o triste Guilherme o Ruivo, sucessor do Conquistador desde 1087, se entregava a um tráfico desenfreado dos títulos eclesiásticos, e na França, onde Filipe I, malquistado com a Igreja depois de um casamento adúltero, reincidira nos velhos erros simoníacos.

Ascendendo à Sé de São Pedro, Pascoal II (1099-1118), um piedoso monge, de intenções tão nobres e puras, mas tão pouco político[8], encontrou-se perante as piores dificuldades. Na Inglaterra, os problemas resolveram-se porque Guilherme o Ruivo desapareceu e seu irmão Henrique I

(1100-1135), sob a influência de Santo Anselmo, voltou à política de entendimento com a Igreja; a concordata de 1107 estabeleceu um *modus vivendi* aceitável. Na França aconteceu a mesma coisa, sob a influência de Luís (o futuro Luís VI), filho de Filipe. Mas, no território germânico, a situação piorou. A princípio, parecia que tudo se resolveria rapidamente; o segundo filho de Henrique IV, designado para substituir Conrado, o rebelde, revoltou-se por sua vez em 1104, e Pascoal II julgou que era chegado o momento de esmagar o seu adversário.

Realmente, o velho imperador morreu de esgotamento e de desgosto em 7 de abril de 1106. Mas Henrique V revelou-se ainda mais perigoso do que ele. Dissimulado, ávido, tinha desempenhado maravilhosamente bem o seu papel de filho devotado da Igreja enquanto se tratara de conseguir que lhe fosse prometida a coroa; uma vez coroado, porém, reivindicou os mesmos direitos de seu pai. Em 1110, depois de ter dominado a Itália revoltada, chegou a Roma, cheio de palavras melífluas, mas com um profundo ódio pelo papa no coração. Pascoal II sonhava com o seu grande projeto: a ruptura total entre a Igreja e o regime feudal, em troca da renúncia dos reis a toda a investidura.

No mesmo dia em que o papa devia coroar Henrique V imperador (12 de fevereiro de 1111), explodiu entre eles uma oposição violenta, no meio da emoção de todos aqueles que corriam o risco de arruinar-se com a oferta de Pascoal II. Preso e mantido confinado durante dois meses, o infeliz papa teve uma fraqueza: capitulou, concedendo a Henrique V o direito de investidura pelo báculo e anel. A cristandade lançou um grito de indignação. Ao ser libertado, Pascoal II retratou-se e excomungou o imperador. Até o fim da vida, conservou-se firme, recusando-se a transigir, e manteve a condenação do rebelde. Este pontificado agitado, em que tanta boa vontade só aumentou a desordem, não fez avançar a questão um único passo.

Entretanto, as consciências cristãs sentiam-se invadidas por um grande cansaço. Enquanto os diplomatas se enfrentavam e os exércitos travavam batalhas, os homens de pensamento refletiam sobre a questão. O principal deles foi um francês, o bispo *Yves de Chartres*, que morreria em 1116, antes de ver triunfar a sua tese. A solução que propunha era simples: consistia em distinguir num título eclesiástico o elemento espiritual e as vantagens temporais aferentes. Um bispo, um abade, eram, ao mesmo tempo, homens de Deus, depositários dos poderes transmitidos pelos apóstolos, e titulares de domínios concedidos pelos leigos. Na investidura, era portanto, necessário separar a sagração, a entrega do báculo e do anel, e a entrega dos bens temporais; a investidura espiritual só podia ser realizada pela autoridade religiosa e a investidura temporal pertencia por direito próprio ao suserano. Esta solução, tão clara e tão lógica, foi ganhando os espíritos lentamente. Calisto II (1119-1123) era partidário dela. Depois da sua eleição, escreveu a Henrique V: "Que a Igreja obtenha o que é de Cristo e que o imperador tenha tudo o que lhe compete".

A *Concordata de Worms* (23 de setembro de 1122) estabeleceu o acordo sobre essas bases. O imperador renunciou a toda a investidura pelo báculo e anel, reservada ao papa ou ao bispo sagrante, e prometeu respeitar a liberdade das eleições canônicas. Por sua vez, o papa reconheceu a Henrique o direito de assistir à eleição dos bispos e dos abades, mas sem recorrer à violência nem à simonia: "O eleito receberá dele as regalias e cumprirá fielmente os seus deveres de vassalo". No ano seguinte, um concílio reunido em Roma confirmava essas sábias decisões.

A Questão das Investiduras estava encerrada e a Igreja achava-se livre da tutela civil. Os resultados desta libertação foram incontestavelmente felizes. Instalou-se à frente das dioceses uma geração de bispos inteiramente partidária da reforma. No entanto, isso não queria dizer que todos os problemas estivessem resolvidos. A Igreja continuava comprometida com a ordem feudal, o que, no plano moral, era causa de uma frequente recaída da consciência cristã nos mesmos erros. No plano político, continuavam a existir outras causas de rivalidade, que fariam ressurgir o conflito.

Para quem o primado?

Foi no ardor da luta que apareceu a questão do princípio. Gregório VII tinha uma ideia muito elevada da autoridade pontifícia, a mais elevada que qualquer papa concebera. "O Papa", escrevia ele com toda a sinceridade de consciência, "é o único homem cujos pés todos os povos devem beijar; se foi eleito canonicamente, tornou-se santo pelos méritos de São Pedro". Antecipando em oito séculos o dogma da infalibilidade pontifícia, afirmava ainda: "A Igreja nunca pode errar: a Escritura atesta que nunca errará". E concluía: "Todo aquele que queira executar as ordens de Deus não pode desprezar as nossas, quando elas interpretam as decisões dos Santos Padres, e deve acolhê-las como se viessem do próprio Apóstolo".

Que atitude essas convicções determinavam em relação aos leigos? "Foi o orgulho humano que inventou o poder dos reis; foi a piedade divina que estabeleceu o dos bispos". Desta superioridade por essência do poder religioso derivavam muito naturalmente certas consequências, que

Gregório VII não hesitou em formular. Logo no início do seu pontificado, nos começos de 1075, redigiu uma série de vinte e sete proposições lapidares — os *Dictatus Papae* — que resumiam as suas intenções reformadoras e formulavam a doutrina pontifícia do primado romano. Uma vez que o Papa, testemunha de Cristo na terra, é herdeiro dos poderes recebidos pelos apóstolos, nenhum outro poder do mundo pode rivalizar com o seu. Todos lhe estão subordinados. A décima segunda proposição dizia formalmente: "É permitido ao Papa depor os imperadores". Foi este axioma que Gregório VII aplicou ao excomungar Henrique IV. O que se estabelecia nesse poderoso feixe de proposições era a *teocracia pontifícia*, isto é, o governo dos homens por Deus, por meio de um hierarca supremo — o Papa.

Tais ideias, contrariamente ao que se disse muitas vezes, não nasceram na consciência de Gregório: eram já antigas na Igreja. O que se chamou "agostinismo político" (porque essas ideias procediam, de um modo mais ou menos deformado, de Santo Agostinho) tinha-se consolidado havia muito tempo. No século VII, Santo Isidoro de Sevilha afirmava a subordinação dos poderes laicos à autoridade religiosa; e mesmo no apogeu do poder de Carlos Magno, quando, em 800, o rei franco mantinha o pobre papa Leão III numa dependência tão manifesta, Alcuíno, embora muito devotado ao príncipe, dizia-lhe explicitamente: "A Santa Sé não está submetida ao julgamento de ninguém!"[9] Ao longo da decadência carolíngia, a Igreja teve toda a ascendência sobre o imperador[10]; afirmava que o dever dos príncipes consistia em "prover ao serviço de Deus" e, em suma, fazia derivar o poder imperial da sua dependência em relação à Igreja. Esmaragdo, Hincmar, Agobardo e Jonas de Orléans tinham comentado essa tese, que a fraqueza dos imperadores deixara medrar. As *Falsas Decretais*[11] formulavam-na em termos tão perfeitos que, no seu *Dictatus*, Gregório VII procurou nelas muitas das expressões que usou. O grande papa podia, pois, reivindicar o apoio de uma venerável tradição para a sua tese.

Mas o imperador também podia recorrer a excelentes argumentos para apoiar a sua tese. Quando, em 1076, Henrique IV comunicou a Gregório VII que estava deposto, escreveu-lhe: "Tu te declaraste contra mim, embora eu esteja, apesar da minha indignidade, no número daqueles que foram ungidos para a realeza e, segundo as tradições dos Santos Padres, só possa ser julgado por Deus e deposto por um crime — que Deus não permita! — contra a fé". A restrição mostrava até que ponto era viva a fé entre esses leigos, mesmo quando se opunham à Igreja. Mas nem por isso a fórmula era menos categórica. Ungido do Senhor, o imperador depende apenas do julgamento de Deus e não pode ser deposto pelo papa. Perante a teocracia, erguia-se o absolutismo imperial; aos princípios da Igreja, opunha-se o axioma formulado por um servidor de Frederico Barba-Roxa: "O que agrada ao príncipe tem força de lei".

Entretanto, à medida que se desenrolavam os episódios da Questão das Investiduras, os homens mais lúcidos da Igreja compreendiam que era preciso fundamentar doutrinariamente a superioridade da autoridade religiosa. Era evidente que o poder espiritual e o temporal não são da mesma essência nem operam no mesmo campo. Mas porventura conclui-se daí que a Igreja não deva intervir no domínio do Estado? De maneira alguma. O raciocínio possui uma lógica perfeita. O primeiro dever dos governantes é trabalhar pela salvação do mundo e, neste plano, não há dúvida de que dependem da Igreja. Por outro lado, não é verdade que, nos negócios humanos, se violam frequentemente os princípios espirituais e que os homens políticos cedem ao pecado? Portanto, em razão do pecado, *ratione peccati*, a Igreja tem o direito de fiscalizá-los. Além disso, em política, é difícil separar o que constitui uma falta moral do que resulta da defesa de interesses legítimos...

Esta doutrina foi expressa na célebre teoria das *duas espadas*, que recebeu a plenitude do seu significado com São Bernardo. As "duas espadas", a que se refere o Evangelho (Lc 22, 38), não representam o poder espiritual e o poder temporal? "Uma e outra pertencem a Pedro. Uma está na sua mão, e a outra às suas ordens, sempre que for necessário desembainhá-la. Com efeito, Cristo disse a Pedro, a respeito daquela que ele não deveria utilizar: mete a tua espada na bainha. Portanto, essa espada pertencia-lhe, mas ele não podia utilizá-la pessoalmente". Estes argumentos escriturísticos parecem-nos um pouco forçados, mas a verdade é que impressionavam os homens da Idade Média. São Bernardo, ao escrever essas frases, expunha a única teoria que os seus contemporâneos consideravam válida: no plano espiritual, a Igreja, por intermédio do seu chefe, o Papa, tem evidentemente todos os direitos e, portanto, o de julgar todos os cristãos, entre eles os príncipes, quando cometem pecados. Mas, ao lado deste poder *direto*, dispõe de um poder *indireto*, que é o de fazer com que os senhores laicos lhe obedeçam, a fim de que as instituições da terra estejam de acordo com os princípios divinos.

Será esta a posição de todos os papas dos séculos XII e XIII. À medida que passarem os anos, tornar-se-ão mais graves os problemas que o papado precisará de resolver, e mais os papas reforçarão o rigor dessa atitude. Pouco a pouco, ocorrerá uma mudança de plano. Gregório VII reivindicava o direito de fiscalizar o poder; cem anos mais tarde, Inocêncio III (1198-1216) chegará quase a substituir-se ao imperador. "Representante dAquele a quem pertence a terra e tudo o que ela contém, bem como os que a habitam", porque é "o plenipotenciário dAquele pelo qual os reis reinam e os príncipes governam, dAquele que dá os reinos a quem quer", o Papa tem "o poder de derrubar, destruir, dispersar, dissipar, edificar e plantar". Está "acima de todos os príncipes, pois lhe compete julgá-los". O primado *espiritual* reivindicado por Gregório VII tendia a converter-se em primado *total*, tanto no Império como na Igreja, num poder que o Papa não partilharia com ninguém.

Desta maneira, a distinção entre os dois poderes, cada um com o seu campo de ação próprio, esvaía-se perante a afirmação de uma diferença de dignidade e de valor. "O poder real recebe o seu esplendor da autoridade pontifícia, como a lua reflete o esplendor do sol". Era uma confusão de planos extremamente grave. Para realizar essa doutrina até o fim, seria necessário realizar um governo gigantesco, ao mesmo tempo espiritual e temporal, do qual o Papa seria o senhor e no qual os príncipes executariam as suas decisões. Este era o resultado de um agostinismo político mal compreendido, "a utopia teocrática", que tendia muito simplesmente a absorver na Igreja toda a sociedade civil. Se essa utopia pudesse existir, a Cidade de Deus seria confundida com a cidade dos homens. Como é que os soberanos laicos poderiam aceitar semelhantes princípios?

É, portanto, sobre este esquema doutrinal que se desenvolverão os graves acontecimentos que, nos séculos XII e XIII, arrastarão a Igreja para novos conflitos com os poderes civis. Até o fim, até a terrível crise dos começos do século XIV, os papas manterão essa posição. Inocêncio IV (1243-1254) estabelecerá fórmulas ainda mais categóricas do que as de Inocêncio III e, em 1302, na célebre bula

Unam Sanctam, Bonifácio VIII reafirmará o direito de a Igreja governar com as duas espadas.

Em virtude dos dramas que essas ambições desencadearam, somos levados a julgar severamente essa doutrina e a condenar "a utopia teocrática" que repugna à nossa mentalidade e que a Igreja, aliás, já abandonou[12]. Mas não devemos esquecer que as intenções dos papas eram nobres e puras, e que não era o orgulho o que os movia, mas uma fé profunda e exigente na sua missão sobrenatural, a legítima altivez de quem se sabe testemunha do espiritual.

Uma tal concepção correspondia à lógica da alma medieval: era o resultado da fé universal e o coroamento da grande ideia de cristandade. "Correspondia à aspiração dos povos, salvaguardando a justiça cristã e criando o direito nessa sociedade de nações cristãs que era a cristandade da Idade Média"[13]. Se não triunfou, não foi por falta de uma vontade boa e de uma intenção reta; foi talvez por uma razão mais profunda... "Nós fomos instituídos príncipe sobre toda a terra!", dirá Inocêncio III; mas uma voz mais decisiva, murmurando simplesmente: "O meu Reino não é deste mundo", tinha-lhe já respondido antecipadamente.

Frederico Barba-Roxa e o seu sonho de domínio universal

Apenas trinta anos depois da Concordata de Worms, a questão do primado, saindo das discussões teóricas, passava para um plano terrivelmente prático. Um príncipe iria escrever: "Já que, por disposição divina, me chamo e sou imperador dos romanos, se não tenho o governo de Roma, tenho apenas a sombra do poder". Ir-se-iam reviver as pretensões de Carlos Magno e dos Otões? Os papas não o poderiam aceitar.

O príncipe que ousou servir-se dessa linguagem era, em 1152, por ocasião da sua subida ao trono germânico, um homem de trinta anos, em quem o sentido da grandeza e a paixão da glória se apoiavam em eminentes qualidades. Alto, aprumado, de perfil esbelto, era exatamente o tipo desses jovens alemães em quem o equilíbrio moral e a saúde física se combinam ao serviço do desejo de poder e do instinto de combatividade. Nada nele anunciava as complicações em que se envolveriam o seu filho e o seu neto: era um soldado, um condutor de homens, um animal de ação, aliás não desprovido de inteligência e discernimento. Não podemos deixar de render homenagem ao seu caráter, no qual a crueldade não fazia sombra à nobreza e cuja violência se mesclava com a generosidade. Profundamente cristão, era praticante e caridoso, e nunca a sua fé foi posta em dúvida, mesmo nos piores momentos das suas batalhas contra a Santa Sé. Tinha a pele clara, os olhos azuis e vivos, uma bela boca vermelha com dentes brilhantes, rodeada por uma barba espessa, com reflexos de ouro e fogo. Os italianos chamavam-lhe *Barbarossa* e o cognome passou para a história. De 1152 a 1190, a política vai ser dominada pela elevada estatura de *Frederico I Barba-Roxa*, o maior dos imperadores alemães.

Havia trinta anos que o mundo germânico mergulhara num eclipse. Ao morrer sem filhos (1125), Henrique V deixara uma situação confusa, em que as ambições feudais se expandiam à rédea solta. Três famílias tinham entrado em disputa: a da *Saxônia* que, desde a menoridade de Henrique IV, abalava a autoridade imperial; a dos *Welfen* ("guelfos") poderosos nas imediações do lago de Constança, duques hereditários da Baviera desde 1070; e, por último, a dos duques da Suábia e Francônia, solidamente instalados entre Basileia e Mogúncia — tão ricos que "arrastavam um castelo na cauda do seu cavalo", segundo dizia um provérbio —; e os *Hohenstaufen*, que eram também chamados *Weiblingen* ("gibelinos"), do nome da sua terra. A competição entre gibelinos e guelfos (conforme a pronúncia italiana) tinha deixado subir ao trono o saxônio Lotário (1125-1137); mas, por morte deste, o gibelino Conrado III (1138-1152) adiantou-se aos seus concorrentes, cingiu a coroa e bateu os guelfos revoltados. Um casamento da viúva do guelfo vencido com o irmão do Staufen vencedor pôs fim à luta por um curto período, e desse casamento nasceu Frederico, guelfo e gibelino ao mesmo tempo, predestinado, segundo parecia, para conduzir a altos desígnios uma Alemanha reconciliada.

Simultaneamente, o papado atravessara também uma época de pouco brilho. Roma e a cristandade tinham sido abaladas por graves perturbações. Depois da morte de Calisto II, erguera-se um antipapa contra Honório II; após a morte deste, Inocêncio II vira surgir outro Anacleto —, o que levara ao terrível cisma de mais de dez anos, que obrigara São Bernardo a intervir com toda a sua autoridade para apaziguá-lo[14]. Seguiram-se dois papas de pouco peso, Celestino II[15] e Lúcio II. Eugênio III (1145-1153), cisterciense, conseguiu uma verdadeira restauração do papado, consolidou a vida intelectual e moral, reavivou o entusiasmo pela cruzada e derrotou diversos hereges; mas, depois dele, o velho Anastácio IV (1153-1154) parecia muito fraco para enfrentar o empreendedor rei da Germânia.

Entretanto, a situação na Itália complicara-se devido a dois elementos novos. Um era a formação do reino normando da Sicília. Em 1101, sucedera ao conquistador Rogério I seu filho Rogério II, tão bom diplomata como chefe de guerra, um verdadeiro Hauteville. Com ele (1101-1154), a aventura normanda atingiu toda a sua grandeza. Vencedor e depois herdeiro de seu primo Guilherme, Rogério II unificou a Itália, sem dar importância aos protestos do papa Honório, cujo exército se deixou bater; em 1128, em Benevento, no meio de uma pompa bárbara e ao clarão de tochas, o normando recebeu a investidura do ducado da Apúlia. Desejoso de ir mais longe, Rogério soube habilmente tirar partido das dificuldades em que o cisma de Anacleto colocara a Igreja. Apesar das súplicas que São Bernardo lhe dirigiu pessoalmente, indo a Salerno, apoiou o antipapa e, em 23 de dezembro de 1130, no meio do farfalhar de tecidos preciosos e do brilho de armas com embutidos de ouro, fez-se coroar rei. Com a morte de Anacleto, apoiou outro antipapa — Vítor IV — que, aliás, se submeteu quase imediatamente a Inocêncio II. Mas, quando o papa tentou quebrar a resistência do normando pelas armas, Rogério conseguiu vencê-lo e exigiu a investidura real na Sicília, a ducal na Apúlia e a de príncipe em Cápua. A partir de então, o reino normando, onde imperava uma disciplina rara nesse tempo, tornou-se um elemento importante da política italiana.

O outro era o desenvolvimento das cidades. O começo do século XII corresponde, na Itália, ao movimento de libertação comunal. Foi um elemento complicador de uma política que já não era muito simples, porque os ódios entre as cidades eram ferozes. Milão detestava Pavia; Veneza, Gênova e Pisa cobriam-se de ultrajes mutuamente. Dentro das cidades, os antagonismos não eram menos severos, como nos lembra a lenda de Romeu e Julieta, que imortalizou o ódio dos Montecchi contra os Capuleti. Hostis a esse movimento comunal, a Igreja e o Império iam entrar num jogo complicado; a questão alemã dos guelfos e dos gibelinos transpunha-se para a Península como luta a favor ou contra o papado.

Mesmo em Roma, o movimento comunal explodiu como uma bomba. Até então, o papa detinha sozinho a autoridade; era ele quem nomeava o prefeito, comandava a polícia e julgava os crimes; os "cônsules romanos", apesar do título pomposo, eram apenas seus funcionários. Mas, por mais poderoso que fosse, tinha muitos adversários turbulentos, aristocratas que sentiam saudades do tempo em que faziam os papas, e a plebe urbana que se agitava por qualquer coisa. Em 1143, um motim apoderou-se do Capitólio e instalou nele um Senado. Lúcio foi ferido mortalmente ao tentar em vão retomá-lo. Eugênio III resignou-se a reconhecer o Senado, feliz de poder reservar para si o direito de investidura (1145).

A situação piorou quando apareceu em Roma um homem estranho, maravilhoso orador, hábil em fanatizar as multidões — *Arnaldo de Bréscia*. Era um cônego regrante, de vida austera, saturado de ideias apocalípticas, um visionário e um tribuno. As ideias que professava não estavam muito longe das que, na sua sublime generosidade, haviam inspirado Pascoal II, mas ele acrescentava-lhes elementos sociais e políticos que o faziam herdeiro da *Pataria*, essa plebe violentamente reformadora que tanto agitara a Itália no século anterior. Fim à contaminação dos poderes! A autoridade civil unicamente para os leigos! O clero abandonaria os seus domínios e as suas terras e passaria a viver apenas dos dízimos e da caridade pública! Condenado pelo seu bispo em 1139, passou para a França, onde o seu amigo Abelardo o acolheu com alegria; depois foi expulso do reino a pedido de São Bernardo, e assim chegou a Roma, no preciso momento (1140) em que Eugênio III era obrigado a abandonar a Cidade Eterna. Ali, os seus discursos exaltados contra as taras da Igreja tiveram uma repercussão enorme. A maior parte do povo e mesmo muitos elementos do clero uniram-se a ele. Transformado numa espécie de ditador, sublevou os romanos, prometendo-lhes reconstruir a antiga glória da cidade, a Roma dos conquistadores, a República com o seu Senado, a sua ordem equestre e o tribunato do povo... Mesmo quando, em 1145, com a ajuda de Rogério da Sicília, Eugênio III pôde voltar a Roma, foi obrigado a entrar em acordo com o terrível tribuno. Surgia agora uma terceira concepção do domínio universal, que rivalizava simultaneamente com a do papa e a do imperador.

Mal chegou ao poder, Frederico Barba-Roxa voltou os seus olhos para Roma. O seu modelo era Carlos Magno. Não lhe satisfazia o imenso apetite unificar sob uma autoridade única — de que os reis da França, da Inglaterra e da Sicília davam tão felizes exemplos — todos os seus domínios da Alemanha e da Itália. O que visou desde o início e, com paciência, até o fim, foi nada menos do que a restauração da autoridade imperial por todo o orbe. Não se proclamava ele: *Romanorum imperator semper Augustus, divus, piissimus, imperator et gubernator urbi et orbi*? Carlos Magno não dissera tanto. Era herdeiro, desde 1133, do reino de Arles — era tudo o que restara da antiga Lotaríngia —, mas o seu trono não anexara essa região francesa. Em 1156, desposou a herdeira da Alta Borgonha e cingiu em Arles a coroa borgonhesa. Todos os reis lhe pareciam lugares-tenentes às suas ordens: o da Polônia, Boleslau o Valente, que concordou em ajoelhar-se diante dele; o da Hungria e o da Dinamarca, que se reconheceram seus vassalos, e o da Boêmia, que ele criou, dando ao duque Ladislau uma coroa de ouro mais simbólica do que real. Apenas os da França e da Inglaterra, Luís VII e Henrique Plantageneta, embora manifestassem para com esse grande homem uma deferência protocolar, lhe recusaram a submissão. Frederico chamava-lhes "regentes de província" ou "reizinhos".

Como é que um homem desses podia concordar em ver levantar-se diante dele o primado pontifício? O governo de Roma era indispensável ao sucesso do seu vasto programa. Dois anos depois da sua aclamação, pôs-se a caminho. Por um instante, pensou-se que o sonho do germano e o do tribuno de Roma iriam aliar-se: Arnaldo de Bréscia, "o Senado e o Povo romano" reconheceram Frederico e propuseram-lhe a coroa imperial. Em resposta, não receberam senão a célebre carta: "Por que me gabais a glória da vossa cidade, a sabedoria do vosso Senado e o valor da vossa juventude? Roma já não está em Roma. Quereis rever a antiga glória romana, a majestade da púrpura senatorial, o valor e a disciplina da ordem equestre? Olhai o nosso Estado. Tudo isso passou para nós com o Império. Eu sou o vosso legítimo senhor"! A comuna romana pesaria muito pouco perante o exército alemão. O velho papa Anastásio estava à beira da morte, e assim o caso parecia liquidado.

Foi então que surgiu o homem providencial que iria fazer fracassar essas pretensões. Era um inglês, um desses homens de dura cerviz e inteligência viva, tenazes como mastins, tal como se costumam ver nas Ilhas Britânicas. Seu pai era um camponês, brutal segundo dizem, que, nos últimos anos da vida, se fizera irmão leigo num convento. Ele mesmo crescera entre clérigos, e tornara-se cônego regrante de São Rufo em Avinhão. Eugênio III criara-o cardeal e enviara-o como legado para a Escandinávia. Quarenta e oito horas depois de Anastácio IV ter morrido, em 3 de dezembro de 1154, o Sacro Colégio, por unanimidade, elegia como seu sucessor Nicolau Breakspear, que tomou o nome de *Adriano IV* (1154-1159).

Frederico estava na Itália do Norte. Reunira os seus vassalos na planície de Roncaglia, perto de Placência, e, na presença dos representantes das cidades, prometera-lhes reformas, anunciando-lhes ao mesmo tempo a sua intenção de cingir em Pavia a coroa de ferro dos reis lombardos e ir depois a Roma. Momentaneamente, os interesses do papa e do imperador coincidiram; Frederico não simpatizava com Arnaldo de Bréscia e Adriano IV acabava de lançar um interdito sobre Roma, onde fora assassinado um cardeal. Estabeleceu-se entre eles um entendimento, cheio de recíproca desconfiança. Quando se encontraram, Frederico recusou-se, a princípio, a fazer o serviço de escudeiro, conduzindo o cavalo e segurando o estribo do papa, coisa que era protocolar havia séculos, e só concordou quando lhe explicaram que se tratava de uma tradição que remontava a Carlos Magno.

Levando o papa consigo, Frederico Barba-Roxa avançou, portanto, para Roma e ocupou de surpresa a Cittá Leonina, enquanto o resto da cidade continuava em poder da comuna. Em 18 de junho, por trás das portas de São Pedro devidamente fechadas, desenrolou-se a cerimônia da coroação imperial. Quando, alertada pelas ovações dos soldados, a multidão se precipitou para a Basílica, foi repelida por uma carga mortífera. "Vede", disse aos vencidos um parente do imperador, "em vez de ouro, dão-vos ferro; é esta a moeda de que se servem os germanos". Pouco depois, Arnaldo foi preso, enforcado, queimado, e as suas cinzas lançadas ao Tibre; o papa reconstituía o seu poder sobre as ruínas da República. Quanto ao imperador, foi-se embora, inquieto com os estragos que a "malária" fazia entre os seus soldados. O seu orgulho e a sua dureza deixaram atrás rastro de desconfiança geral.

Livre de um sócio incômodo, Adriano IV começou a refletir e viu que, como contrapeso, precisava de aliados. Milão, a primeira das cidades lombardas, nutria para com o germano os mesmos sentimentos que o papa. Por outro lado, o filho de Rogério II da Sicília, Guilherme (1154-1166) — aquele que chamavam, com bastante razão, "o Mau" —, depois de ter entrado em luta com o papado e repelido também as tropas pontifícias, curiosamente aliadas aos bizantinos de Manuel Comneno, inquietava-se com as ameaças germânicas; Adriano IV não hesitou em confirmar-lhe os títulos e os direitos que havia herdado de seu pai, incluída a excepcional independência de que a Sicília gozava em matéria eclesiástica. A corte imperial viu com maus olhos estas aproximações cujo sentido era claro. Junto de Barba-Roxa, a alma da luta antipontifícia era o chanceler Reinaldo de Dassel, uma espécie de aventureiro da diplomacia, para quem o respeito à palavra dada pouco valia. A tensão entre os dois senhores da cristandade cresceu rapidamente.

Um incidente fez explodir o conflito: a prisão do arcebispo de Lund pelo imperador. O papa escreveu uma carta categórica, que dois legados foram levar a Besançon, onde Frederico, nessa primavera de 1157, reunira uma *dieta*. A missiva teve o efeito de uma provocação nessa assembleia imperial. Em termos ambíguos, talvez premeditados, Adriano IV lembrava ao imperador os benefícios (*beneficia*) que lhe devia, entre eles a coroa imperial que lhe conferira (*collata*). Reinaldo de Dassel gritou que era um insulto. *Beneficia!* Era essa a palavra com que se designavam os feudos concedidos por um suserano a um vassalo. A assembleia urrou os mais veementes protestos, mas os dois legados não se deixaram intimidar. "E de quem recebeu o imperador a coroa senão do papa?", perguntou o cardeal Rolando. Nesse momento, um ajudante-de-campo lançou-se sobre ele com a espada desembainhada e tê-lo-ia matado se o próprio Frederico não o tivesse protegido com o corpo. Perante uma tal explosão de cólera, Adriano IV julgou ter ido muito longe? Ou considerou suficiente o efeito produzido? Seja como for, precisou que tinha querido falar em "benefícios" e não em "feudos": *beneficium non feudum sed bonum factum*. Mas os legados foram proibidos de inspecionar a Alemanha e Reinaldo organizou uma propaganda antipontifícia. As palavras injuriosas cruzaram-se como lâminas. A guerra estava virtualmente declarada.

A carta foi jogada claramente quando, no ano seguinte, na nova *dieta de Roncaglia* (1158), Frederico mandou que os quatro mais célebres juristas do tempo expusessem a doutrina da autoridade imperial absoluta, tal como a concebia o direito romano, então em pleno renascimento[16], isto é, a doutrina mais radicalmente oposta à tese pontifícia. Depois, passando às aplicações práticas, publicou um edito sobre a reorganização da Itália, inspirada nas *Pandectas* e nos métodos bizantinos, que impunha a autoridade imperial, proibia as federações de cidades e chegava a instituir uma moeda única. Era um plano grandioso, mas que não podia ser posto em prática sem o recurso à força. Foi então que o drama começou.

Para dominar as cidades italianas, Frederico quis impor-lhes oficiais imperiais, os podestades. Organizaram-se resistências em Gênova, Bréscia, Cremona e Piacenza. Em Milão estalou uma revolta e, durante dois anos e meio, a heroica cidade desafiou o exército imperial; depois, por falta de víveres, teve de capitular na primavera de 1162, e os milaneses quebraram solenemente o símbolo da sua liberdade — o *carroccio*, que era arrastado por quatro bois e conduzia o estandarte comunal desfraldado. Frederico cometeu a crueldade de pôr fogo a toda a cidade, incluídas as igrejas, dispersando a população e condenando-a a trabalhos forçados. Para se distraírem, os soldados germânicos jogavam bola com as cabeças dos prisioneiros decapitados...

Adriano IV, em Roma, acompanhou todo o drama com angústia. Os bens da falecida condessa Matilde foram tomados pelo duque da Baviera, embora ela os tivesse querido legar à Santa Sé. Certos arcebispados importantes, como Colônia e Ravena, foram entregues a favoritos de Frederico. E, quando o papa protestou, a Chancelaria respondeu-lhe que a posse de Roma era necessária para a execução dos planos estabelecidos em Roncaglia, e que em breve o imperador ali iria instalar-se. Refugiado em Anagni, Adriano IV preparava-se para excomungar Frederico, quando morreu em 1º de setembro de 1159.

Esta morte prematura iria entregar a Igreja ao poder imperial? Por uma maioria esmagadora, os cardeais elegeram papa aquele mesmo cardeal Rolando que, em Besançon, desafiara a ira germânica. Alexandre III (1159-1181) era um homem afável e firme, um jurista da melhor qualidade e um diplomata como os que se formavam na Toscana. O imperador compreendeu imediatamente o significado dessa eleição e lançou-se à luta. Como três cardeais dissidentes tinham elegido um antipapa, Vítor IV, o imperador reconheceu-o sem demoras.

A tentativa cismática imperial não obteve o menor resultado. Apenas a Alemanha aceitou o antipapa como pontífice. Refugiado em Sens, Alexandre III era tratado com todas as atenções por Luís VII, reconhecido por Henrique II da Inglaterra e por quase todo o Ocidente. Mesmo o terrível drama que, pouco depois, iria pôr em confronto os ingleses e a Igreja e custar a vida a São

Tomás Becket[17] não abalou a autoridade de Alexandre. Frederico sentiu-se enfraquecido por essa unanimidade, mas já não podia recuar. Quando Vítor IV morreu, conseguiu eleger um segundo antipapa, Pascoal III[18], e, com a morte deste, um terceiro, Calisto III. Mas que peso tinham esses fantoches?

Chegara para Alexandre III o momento de agir. Tendo regressado a Roma em novembro de 1165, foi acolhido como um libertador e lançou-se numa atividade diplomática que fez dele o centro da resistência ao imperador. A Sicília renovou a sua aliança e Veneza ofereceu-se também como aliada. Nasceram ligas urbanas, uma em torno de Verona e outra em torno de Cremona, da qual Milão, renascendo das próprias cinzas, quis também participar. Homem hábil, o papa procurava formar um bloco único com Veneza. Um conselho geral de reitores escolhidos em dezesseis cidades governou essa aliança: era o contrário das decisões de Roncaglia.

Frederico atravessou os Alpes pela quarta vez, em 1166, percorreu a Itália do Norte e apoderou-se de Roma, onde teve a estranha ideia de se fazer coroar de novo, ao mesmo tempo que Alexandre III fugia disfarçado de peregrino. Tudo em vão. Abateu-se sobre o imperador uma catástrofe que parecia um castigo de Deus: uma terrível epidemia matou mais da metade do seu exército e muitos dos seus parentes, entre os quais Reinaldo. Teve de fugir então para a Alemanha entre agosto e setembro de 1167, no meio de incríveis dificuldades; a própria imperatriz alemã teve de manejar a espada, e o imperador, para não ser preso, foi obrigado a disfarçar-se de criado. No ano seguinte, para impedir a retirada aos germanos, erigia-se, na confluência do Tánaro e do Bormida, uma nova praça forte, à qual se deu o nome do grande papa: Alexandria. "Cidade de palha!", exclamou com desprezo Barba-Roxa, mas não seria qualquer fogo que a deitaria abaixo.

Durante sete anos, Frederico ruminou a sua cólera. O seu terceiro antipapa não lhe atraía mais proteção do céu do que os outros dois. Em 1174, voltou a atacar. Foi o desastre. Os seus súditos já estavam cansados dos morticínios na Itália; mal conseguiu reunir oito mil homens, que foram batidos diante de Alexandria. Pediu reforços, mas só pôde reconstituir um exército de seis mil homens. Em 29 de maio de 1176, em *Legnano*, entre o lago Maggiore e Milão, as milícias urbanas e as tropas pontifícias — no total de dez mil homens — fizeram frente aos germanos. Sobre o *carroccio* reconstituído, flutuavam os estandartes das cidades. O combate durou algumas horas. Barba-Roxa foi derrubado do cavalo e salvo no último instante por um oficial que lhe cedeu a sua montada. O seu porta-bandeira foi morto, o estandarte tomado e as tropas postas em fuga.

Legnano, grande data da história medieval, consagrava no terreno dos fatos o primado pontifício. Quando se assinou o tratado, o imperador ajudou Alexandre III a montar o cavalo, e o papa, em sinal de perdão, deu-lhe o ósculo da paz. Nunca talvez um sucessor de São Pedro tenha parecido tão grande; o *terceiro Concílio de Latrão*, décimo-primeiro ecumênico, reunido em 1179[19], foi o triunfo do papa[20]. No entanto, não estavam resolvidas as dificuldades que haviam perturbado o seu pontificado. Barba-Roxa pensava na desforra e preparou-a com a paz de Constança, obtendo o juramento das comunas romanas, cumulando Milão de favores, desfazendo-se de Henrique o Leão na Alemanha e olhando para a Sicília. Em Roma, havia novos tumultos, e foi no exílio, em Civita Castellana, que o pontífice veio a falecer, em 30 de agosto de 1181. Mas, seis anos mais tarde, com a tomada de Jerusalém por Saladino, que levantou a cristandade inteira, Frederico Barba-Roxa, como bom cristão que era, partiu para a cruzada. Talvez esperasse acalmar desse modo, com uma vitória por Cristo, o prurido de domínio que não conseguira satisfazer nas planícies da Itália[21]. Não retornaria do Oriente.

O apogeu do papado

Mas o sonho do imperialismo não desapareceu nas águas do Cidno, quando Barba-Roxa ali morreu afogado. O filho e o neto continuariam a alimentá-lo, colorindo-o com outras tintas. Estes dois homens, tocados na fronte pelas asas do gênio, tiveram a intuição de que a Alemanha, minada pela anarquia, já não podia servir de base a vastas ambições. A evolução econômica do tempo punha em primeiro plano o Mediterrâneo (ou mais exatamente as relações marítimas, porque nessa mesma época a Mancha assumia também grande importância — a Mancha cujas costas eram disputadas pela França e pela Inglaterra). Henrique VI, e depois Frederico II, conceberam a ideia de um Império mediterrâneo, inspirado mais diretamente nas tradições romanas; mais do que em Carlos Magno, far-nos-ão pensar nos dois Antoninos ou em Constantino. O antagonismo entre o papado e o Império vai, portanto, mudar de sentido, e já não se tratará de ocupar a Itália para salvaguardar a independência da Santa Sé. Vão-se enfrentar duas concepções do mundo: a do papa, visando manter florescente a cristandade e intacta a ortodoxia, por uma crescente centralização dos poderes em suas mãos; e a do imperador, procurando restabelecer a unidade mediterrânea pela reconciliação das diversas religiões e pela independência do poder civil perante a Igreja.

A bem dizer, talvez a primeira ideia deste plano tivesse germinado já no cérebro de Barba-Roxa quando, em 1184, conseguira casar Henrique, seu filho mais velho, com Constança, tia de Guilherme da Sicília, filha póstuma de Rogério II e herdeira do reino normando, não obstante ser uma espécie de freira rançosa, dez anos mais velha do que o marido, que nunca viria a amá-la. O papa de então, Lúcio III (1181-1185), nada dissera, mas o seu sucessor, Urbano III (1185-1187), um Crivelli que, como todos os milaneses, detestava Frederico, tentara protestar. Mas um rude golpe de manopla sobre os Estados da Igreja fizera-o calar-se. Esta manobra era uma espécie de cerco que inquietava o papado.

A manobra tornou-se ainda mais ameaçadora quando *Henrique VI* sucedeu a seu pai em 1190. Este príncipe de vinte e quatro anos, ambicioso, baixo, pálido e de fronte muito alta, que herdara de sua mãe toda a finura provençal, mal subiu ao trono, correu para a Sicília, disposto a apossar-se da herança do seu sogro Guilherme II, que Tancredo, um filho adulterino de Guilherme I, lhe disputava. Vencido uma primeira vez, voltou à Sicília para resolver o assunto, mas enfrentou muitas dificuldades, porque os sicilianos não desejavam ser germanizados, e o papa Celestino III, que o sagrara imperador muito a contragosto, apoiava Tancredo secretamente. Só depois que o bastardo morreu, em 1194, é que o alemão triunfou. Queimaram os vencidos com betume, esfolaram-nos, serraram-nos entre duas pranchas ou divertiram-se enterrando-os vivos até o pescoço, para depois lhes cortarem a cabeça rente à terra. A piedosa imperatriz Constança, que se conservava normanda de coração, manifestou o seu desgosto por esses processos; foi acusada de adultério e o seu pretenso amante morreu dentro de um círculo de ferro posto ao rubro.

Uma disciplina centralizadora, imitada dos Capetos, fez do reino siciliano uma espécie de modelo de monarquia moderna. Apoiado desde então num rico território, o imperador germânico podia pensar nos seus vastos desígnios.

Desígnios de que não fez qualquer mistério. Conseguiu que seu irmão Filipe da Suábia desposasse uma filha do basileu Isaac o Anjo e, quando este foi destronado (1195), anunciou que saberia "vingar as traições bizantinas". Depois fez-se cruzado, na esperança de que o seu exército voltaria vitorioso de Jerusalém por Bizâncio. O rei da Inglaterra, Ricardo Coração de Leão, preso por ele no seu regresso da cruzada — ao arrepio de todo o direito e com uma inqualificável má-fé —, foi obrigado a prestar-lhe homenagem, manobra que faria o Capeto Filipe Augusto refletir. Passo a passo, parecia que o Staufen se tornaria senhor do mundo branco, e não seriam os papas que poderiam impedir essa ambição: nem Gregório VIII, que só ocupou a Sé de São Pedro durante dois meses, nem Clemente VIII, às voltas com uma nova agitação romana, nem o venerável ancião de oitenta e cinco anos que tomou o nome de Celestino III, se destacariam na sua passagem por Latrão. Mas a Providência interveio e destruiu, não só esses sonhos, mas também esse espantoso destino; uma febre maligna — talvez ajudada, segundo se murmurou, por algum veneno ministrado por Constança... — matou o jovem imperador em 28 de setembro de 1197. A sua armada, reunida em Messina, já não partiria para a conquista do Oriente. O imperador tinha então trinta e dois anos.

Umas semanas depois, em 8 de janeiro de 1198, subia ao trono pontifício uma das mais poderosas personalidades da Igreja medieval, Lotário de Segni, *Inocêncio III*. A sua idade, a sua nobreza, a sua vasta cultura, todos os dons que a história, como o seu tempo, se compraz em reconhecer-lhe[22], qualificavam-no para desempenhar um papel de primeiro plano numa conjuntura aliás favorável. Enérgico e infatigável, porá em prática ao longo de dezoito anos as suas ideias sobre o primado absoluto da Santa Sé[23]. É possível que o seu conhecimento dos homens não estivesse ao nível da sua ciência; é possível ainda que as suas origens feudais o impedissem de discernir o que estava em jogo no debate e o levassem a agir mais como testemunha do passado do que como homem do futuro. Mas o que é certo é que existia nele o sentimento das exigências cristãs, a vontade tenaz de que Deus triunfasse e — mesmo numa política teocrática em que talvez estivesse presente o orgulho — a certeza de ser instrumento da Providência, a humildade de um verdadeiro cristão.

Inocêncio III encontrou Roma nas mãos de uma comuna insolente, os Estados da Igreja ocupados pelos germânicos e a Sicília domesticada por funcionários imperiais. Enquanto Henrique VI viveu, teria sido impossível remediar essa perigosa situação, mas a sua morte mudava tudo. Aproveitando-se do isolamento em que se encontravam os romanos, o papa derrubou o Senado, que ficou reduzido a dois membros e, depois, a um só. O prefeito perdeu todos os seus poderes. A comuna conservou a sua autonomia, as suas assembleias no Capitólio, os seus soldados, as suas finanças e mesmo o direito de cunhar moeda, que exerceu em concorrência com o papa; mas, enquanto estivesse no Latrão um homem tão enérgico, a demagogia romana não teria a menor oportunidade.

O Estado pontifício foi reconstituído; Spoleto, Ravena e Ancona foram reocupados. Aliado às cidades da Toscana, Inocêncio III expulsou os vassalos do imperador dos antigos domínios da condessa Matilde. Ao norte, portanto, estava tudo tranquilo. Quanto ao sul, realizou uma operação magistral. Para salvaguardar os direitos do seu jovem filho Frederico Rogério, ameaçados pelas ambições dos alemães, a imperatriz Constança ofereceu-se para reconhecer ao papa a sua suserania; pouco tempo depois morreu, deixando a tutela do filho ao pontífice. Inocêncio III, por meio dos seus legados, administrou o belo reino que tanto trabalho dava à Santa Sé.

Na Alemanha, a situação não lhe foi menos favorável. O pequeno Frederico Rogério usava o título de rei dos romanos, mas os príncipes germânicos não queriam essa criança como rei; uns escolheram Otão de Brunswick e outros Filipe da Suábia. Entre o gibelino Filipe, arrogante como todos os Staufen, e o guelfo Otão, que parecia flexível e de boas intenções, Inocêncio III não hesitou: excomungou o primeiro. Foi uma opção feliz? Bravo no combate, Otão carecia de constância e, muito menos rico do que o seu adversário, dispunha de um exército pouco numeroso. Derrotado em toda a parte, era um fraco apoio para a causa pontifícia. Por sua vez, Filipe começava a aproximar-se da Santa Sé, mas foi assassinado numa querela de família. Reconhecido por toda a Alemanha, Otão pediu a coroa imperial, que Inocêncio III lhe concedeu em 1209.

"Queridíssimo filho", escrevia o papa ao imperador, "eis-nos unidos na mesma alma e no mesmo coração! Quem nos poderá resistir, a nós que possuímos essas duas espadas que os apóstolos mostraram um dia ao Senhor, dizendo-lhe: Aqui estão duas espadas! E o Senhor respondeu: Basta!" Aludindo à teoria por todos conhecida, Inocêncio III queria certamente acentuar que confiava a Otão a espada temporal, que também dependia do pontífice. Mas esta retórica foi logo desmentida pelos acontecimentos. Conciliador e modesto antes da coroação, Otão mostrou-se depois um perfeito sucessor de Barba-Roxa. Ocupou as cidades da Toscana, colocou nobres da sua confiança em Spoleto e Ancona, estabeleceu podestades em Vicenza, Ferrara e Bréscia, advertiu o prefeito de Roma de que lhe devia homenagem e ousou fazer uma incursão militar até Nápoles. Inocêncio III ripostou. Excomungou o imperador (1210) e reconheceu depois como rei o seu pupilo, então com dezessete anos, que tomou o título de Frederico II e desenvolveu uma atividade prodigiosa contra Otão. Na Itália, o papa despertou o patriotismo contra a tutela alemã e, sobretudo, participou da luta da jovem realeza de Filipe Augusto contra as ambições coligadas de João Sem-Terra e de Otão. Em 27 de julho de 1214, a vitória das milícias francesas em *Bouvines* fez triunfar ao mesmo tempo a causa capetíngia e a pontifícia. No ano seguinte, o quarto Concílio ecumênico de Latrão consagrava a glória de Inocêncio III[24].

Deste modo, o papado saía vitorioso e o pontífice surgia, conforme queria a teoria teocrática, como o primeiro homem do seu tempo. Aliás, a política alemã esteve longe de ter esgotado as suas forças e monopolizado a sua atenção; simultaneamente, viram-no prosseguir a reforma da Igreja, lançar a cristandade na luta contra os albigenses e mil coisas mais. Interveio soberanamente na Inglaterra, criou o reino de Portugal, que lhe pagava tributo, impôs a sua tutela a Aragão e mais ou menos também a Leão e Castela. Na Noruega, na Suécia, nas margens do Báltico, onde trabalhavam os Cavaleiros Teutônicos, bem como na Polônia, a sua influência era direta, e a Hungria era um feudo pontifício. O soberano da Europa ocidental... Talvez isso fosse indispensável para que a cristandade resistisse às forças que trabalhavam contra ela. Mas essa formidável situação de risco poderia persistir por muito tempo? O sacerdócio poderia verdadeiramente governar o mundo? A resposta seria dada por *Frederico II* (1218-1250).

A morte de Otão IV, em 19 de maio de 1218, fez de Frederico Rogério o senhor da Alemanha. Dois anos antes, tinha-o também desembaraçado do seu autoritário tutor, o papa. E os contemporâneos repetiam uns aos outros, como um presságio, o estranho incidente que marcara o fim do grande pontífice: pela calada da noite, uns ladrões haviam despojado o seu cadáver, abandonando-o completamente nu. Já como rei dos romanos e herdeiro da Sicília, o novo príncipe tinha nas mãos as cartas de um jogo prodigioso. Até então, mostrara-se gentil, polido, sempre disposto a escutar o querido papa! Falava-se em cruzada? Seria também cruzado! Diziam-lhe que era preciso organizar uma manobra diversionista na Alemanha, nas costas de Otão? Cumpriria essa missão com uma coragem incontestável. Inocêncio III, ao morrer, teria suspeitado que este adolescente, seu preferido, se tornaria um inimigo muito mais perigoso para a Igreja do que o primeiro Frederico?

Este homem baixo, de aparência bastante franzina, que ficaria precocemente arqueado e calvo, em nada se parecia com o seu grande antepassado da Suábia. Um cronista árabe diz dele que, se fosse vendido como escravo, não valeria mais do que duzentos soldos, mas que o seu rosto irradiava ardor e que era difícil sustentar o seu olhar penetrante. Nervoso, instável, tenaz agora e depois desanimado, abrigava demasiadas heranças contraditórias para que a sua personalidade pudesse ser simples. O que ele mais gostava de acentuar era a sua ascendência normanda e siciliana, amálgama de audácia e paixão, o sangue que lhe fora legado por sua mãe, Constança, essa viking de quem se suspeitara que, por vingança, tinha envenenado o marido. A sua inteligência era de uma acuidade prodigiosa, mas faltava-lhe o sentido da medida e, mais ainda, consciência, pois era um homem muito inclinado a acreditar que a habilidade substitui os princípios. A sua atividade era devoradora, pronta a explorar incessantemente todos os recursos do seu ser. Um dos seus contemporâneos, entre admirado e escandalizado, qualificou-o como *stupor mundi*. Era um gênio, mas um gênio desequilibrado.

O traço mais espantoso do seu caráter — traço que se acentuará com a idade e com os acontecimentos — era a sua atitude religiosa. É um dos raríssimos homens da Idade Média em quem se nota o ceticismo. Para ele, todas as religiões eram equivalentes e não valiam grande coisa. Espírito curioso da ciência, só admitia o método experimental e a lógica. Os sábios muçulmanos de quem se rodeou iniciaram-no nas pesquisas físicas e químicas, das quais concluiu a inanidade dos dogmas cristãos. Conta-se — contam-se sobre ele tantas coisas... — que um dia mandou encerrar um homem num barril hermeticamente fechado, para provar que, depois de esse homem ter morrido por asfixia, nenhuma alma voaria para o céu quando se abrisse o barril! Não é de admirar que os seus contemporâneos o considerassem o Anticristo, "a besta que sobe do mar, com a boca cheia de blasfêmias, garras de urso, corpo de leopardo e fúria de leão!"

Seria muito simples ver nele um anticristão vulgar, uma espécie de fanático. Tudo nele é complexo, ainda que lógico. Pupilo da Igreja, será excomungado diversas vezes, mas nunca elegerá um antipapa; amigo dos prazeres, admira São Francisco de Assis; mais ou menos ateu, trava uma luta encarniçada contra os hereges; anatematizado pela Santa Sé, parte para a cruzada, mas, como cruzado, trafica com os muçulmanos e entende-se com eles; por fim, morre com o hábito cisterciense e é enterrado com ele. Nenhuma personalidade medieval está envolta em tantos enigmas nem oferece — é preciso confessá-lo — tantos atrativos a um estudioso de psicologia.

A Igreja teria de jogar uma partida muito dura com um homem dessa natureza. "A terra inteira", dizia ele, "aspira com felicidade ao domínio imperial". Aliás, o imperador não é "a lei viva"? O seu chanceler, Pedro de la Vigne, chamá-lo-á "César, luz admirável do mundo". Como seu avô, quer ser Carlos Magno; como seu pai, sonha com o império mediterrâneo da antiga Roma, com "águias vitoriosas que têm de ser levantadas ao alto, fachos e louros de triunfo". O conflito entre ele e o papado era inevitável.

Logo que subiu ao trono, Frederico II cuidou de impor a sua autoridade na Sicília de uma forma tão incontestável que a grande ilha pôde servir-lhe de ponto de partida para a realização dos seus grandes desígnios. Amava loucamente essa ilha maravilhosa, onde as belezas da natureza e as riquezas da história se unem numa síntese perfeita, e onde quatro gerações sucessivas — a grega, a romana, a bizantina e a muçulmana —, amassadas finalmente pelo cimento normando, tinham imprimido a sua marca. Palermo, a capital, tornara-se uma cidade de glória, encimada por campanários e zimbórios, e perfumada por inúmeros jardins. A rutilância dos mosaicos de ouro misturava-se com a delicadeza dos rendilhados árabes. As colunas de mármore das basílicas sustentavam as cúpulas imitadas de Bizâncio, e a igreja gótica adornara-se com as estalactites sarracenas. Entre os seus sábios muçulmanos e os seus guardas mamelucos, Frederico II viveu ali como um califa suábio. Nem sequer lhe faltou um harém povoado por belezas orientais. Em quatro ou cinco anos, a ilha converteu-se numa monarquia centralizada, onde toda a resistência foi castigada com massacres e deportações. As "Constituições de Melfi" formaram um código inspirado no de Bizâncio, que rivalizou com as grandes obras jurídicas de Roma. E os impostos reais foram estritamente cobrados.

Depois disso, Frederico voltou-se para a Alemanha. Compreendendo que nesse caso não podia aniquilar a nobreza, procurou dividi-la. Apoiou-se na Santa Sé, que o ajudara na sua luta contra Otão, e na ordem Teutônica, então em plena força, cujo grão-mestre, Hermann von Salza, foi para ele um dócil agente. A não ser pelo breve incidente da revolta do seu filho Henrique, as suas terras germânicas não lhe inspiraram nenhuma preocupação. Além disso, casado com Isabel de Inglaterra, o que lhe permitia manter a França numa atitude respeitosa, jogando a cartada de Raimundo IV de Toulouse para melhor importunar o Capeto, avançava para o poder universal. E, quando, em 1237, a Liga Lombarda, reconstituída, lhe manifestou desconfiança, serviu-se dos cavaleiros da Suábia e dos cavaleiros muçulmanos para esmagá-la em *Cortenuova*: o *carroccio* foi tomado e levado em triunfo para o Capitólio. Depois disso, para segurar a Itália, absteve-se com uma habilidade maquiavélica de colocar nas cidades velhos soldados germanos; para levar a cabo a sua política, utilizou colaboradores locais, isto é, gibelinos italianos.

O papado nada dissera. O velho papa Honório III (1216-1227) estava convencido de que era possível um entendimento com um soberano que falava tão bem da necessária reforma, que perseguia os hereges e que por três vezes prestara o juramento de cruzado. Chegou a coroá-lo imperador em 22 de setembro de 1220. Talvez começasse a abrir os olhos quando morreu. Com o seu sucessor, tudo mudou. É comum verificar que um papa combativo sucede a um pontífice cheio de mansidão, e um enérgico a um contemporizador. *Gregório IX* (1227-1241) não era outro senão esse cardeal Hugolino que vimos[25] ocupar um lugar tão considerável na Igreja desde o princípio do século XIII, e que não se mostrava nem enfraquecido nem moderado por estar à beira dos oitenta anos. Este fogoso ancião não era homem para permitir que o rei da Sicília e da Alemanha rematasse tranquilamente as suas operações sobre toda a Itália. Frederico II oferecia o flanco a um ataque, porque não cumprira o seu repetido juramento de participar de uma cruzada. Gregório IX excomungou-o e, quando o imperador acabou por embarcar, o papa perseguiu-o com as suas maldições até Jerusalém, por causa dos estranhos procedimentos que este cruzado tinha de negociar com o islã, em vez de combatê-lo. Depois de um breve período de reconciliação, em que o papa se apercebeu de que Frederico tinha obtido importantes resultados na Terra Santa, a luta recomeçou. Vencida a Liga Lombarda, o pontífice aliou-se a Gênova e a Veneza, e excomungou pela terceira vez o seu adversário, porque detinha indevidamente a Sardenha, feudo pontifício; chegou até a desligar os súditos de Frederico do seu juramento de fidelidade.

Mas já passara o tempo em que uma única palavra pontifícia bastava para levar um imperador a Canossa. Frederico II dominava bem os seus vassalos e a excomunhão não passou de letra morta; aliás, que efeito poderia produzir sobre os cavaleiros mamelucos lançados através das terras pontifícias? Expulso de Roma, onde os tumultos cresciam, o papa via com horror Frederico varrer a Itália com grandes incursões impunes, e nomear seu filho natural, Enzio, governador da Península. O filho mais velho do imperador, legítimo, que se revoltara contra o pai, fracassara na sua tentativa e morria de desgosto na prisão da Apúlia. Desesperado, o papa ofereceu a coroa do Império ao irmão de São Luís, a fim de levar este a intervir, mas o prudente rei da França preferiu não envolver-se nesse vespeiro. Ao mesmo tempo, a invasão mongólica de Gêngis-Khan mergulhava a Europa no terror; os cavaleiros amarelos tinham esmagado os russos, os poloneses e os cavaleiros teutônicos do Leste, e estavam subindo, irresistíveis, em direção a Viena e ao Adriático. A rivalidade das duas cabeças da cristandade não assumia a feição de um duplo suicídio? Mas como encontrar uma plataforma de entendimento? Para tentar abater o seu adversário, Gregório IX convocou um concílio. A maioria dos prelados que deviam assistir embarcou para Gênova, mas a armada imperial interceptou os barcos e os padres do concílio, em vez de julgarem o rebelde, tiveram de esperar sob ferros que lhe aprouvesse libertá-los. Foi nestas circunstâncias penosas que o papa morreu, quase centenário, em 21 de abril de 1241. O poder temporal parecia ter vencido.

Durante dois anos, Frederico II foi o senhor do Ocidente. O sucessor de Gregório IX, Celestino IV, reinou apenas quinze dias; depois da sua morte, o Sacro Colégio, minado pela peste e trabalhado pelas intrigas imperiais, demorou dois anos em dar-lhe um sucessor. Assumindo verdadeiramente a responsabilidade da Europa, o imperador concebeu para os seus cavaleiros uma estratégia notável, que esgotou os esforços dos amarelos e os fez recuar. Ao mesmo tempo, fortaleceu o seu poder sobre os seus domínios, afastando deliberadamente os senhores feudais alemães e mesmo os príncipes eclesiásticos, para se apoiar principalmente nas cidades. Mas o infatigável aventureiro envelhecia. O seu ódio à Igreja tornava-se uma mania. Perseguia as ordens mendicantes e maltratava os teutônicos. Diante do embaixador do Egito, elogiava a instituição do califado, ligada diretamente ao Profeta, "bem superior a esse costume estúpido, entre os cristãos, de eleger quem quer que seja como chefe". Diante do genro, o imperador grego cismático, arrastava o papado pela lama.

Subitamente, a situação inverteu-se. São Luís não estava disposto a permitir que um Frederico II comandasse a cristandade. Começou por dizer-lhe que tinha de libertar os cardeais franceses sequestrados com os outros. "Que a vossa prudência imperial", escreveu ele ao déspota de Palermo, "não ceda à embriaguez de uma vontade arbitrária, porque o reino da França não é tão fraco que não reaja contra as esporadas". Depois, intimou o Sacro Colégio a proceder à eleição de um papa.

Inocêncio IV (1243-1254) era um jurista, um grande senhor genovês, homem de uma firmeza sem brechas. Quando tudo parecia perdido para a causa da Igreja, conseguiu salvar tudo. Não foi por acaso que escolheu para si o nome do grande papa teocrata; a sua encíclica *Aeger cui levia* enunciou a doutrina do primado pontifício com fórmulas talvez ainda mais categóricas do que as de Inocêncio III. Iria empreender uma luta de morte contra o ambicioso imperador.

Instalado em Gênova para maior segurança, convocou um concílio que devia acertar as contas com Frederico II. Em vão o imperador aludiu ao perigo mongol que se propunha combater, e ao perigo muçulmano, porque Jerusalém acabava de cair nas mãos do sultão do Egito. O concílio reuniu-se em Lyon em 1245 e, com medo de uma intervenção da França, Frederico II não ousou interferir, embora Lyon fosse cidade imperial. A assembleia nem mesmo quis ouvir os mensageiros desse "Proteu", como lhe chamava o papa. Um extenso requisitório enumerou todas as suas usurpações e crimes. Perjuro, sacrílego e herege, Frederico II foi excomungado e declarado destituído de todos os seus tronos.

A sentença repercutiu profundamente. Em desespero de causa, o imperador procurou interessar os reis pela sua sorte, argumentando que através dele se visavam todos os soberanos. Depois tentou jogar a cartada da revolta social em nome dos princípios evangélicos. Tudo fracassou. Na Alemanha, com seu filho Conrado IV, que fizera eleger, manteve-se sem problemas, mas, na Itália, o patriotismo das cidades foi-lhe fatal. Partindo de Parma, a revolta alcançou Florença, Milão, Ferrara e Mântua. Frederico tentou retomar Parma, mas o seu acampamento foi atacado de surpresa e ele teve de fugir. Foi o sinal da derrota: o seu querido filho Enzio foi preso, e os que lhe eram fiéis começaram a traí-lo, como o seu chanceler Pedro de la Vigne, a quem mandou vazar os olhos. No auge do furor, o vencido reunia as suas últimas forças quando a disenteria o matou no acampamento dos seus soldados mouros, a 13 de dezembro de 1250.

Inocêncio IV declarou maldita para todo o sempre a raça dos Hohenstaufen e o céu obedeceu à sua imprecação: quatro anos mais tarde, Conrado IV morria prematuramente, aliás seguido pouco depois pelo seu grande adversário, o papa (21 de maio de 1254, 7 de dezembro de 1254); a Itália do Sul mergulhava num banho de fogo e sangue devido à rebelião de um bastardo que Frederico II tivera com uma italiana, Manfredo. Este, por sua vez, foi morto em Benevento em 1265 pelos soldados de Carlos de Anjou, irmão de São Luís, e passeado por eles, nu, escarranchado sobre um asno. Para coroar este destino trágico, Conradino, filho de Conrado, morreria em 1268, com dezesseis anos, no cadafalso. A Igreja tinha triunfado...

A perigosa vitória

A Igreja tinha triunfado.., mas essa vitória, tão laboriosamente conquistada, não trazia no seu bojo contrapartidas inquietantes? No momento em que acabava de atingir o seu apogeu temporal, o papado estava quase tão gravemente ferido como o seu rival. A luta entre o sacerdócio e o Império fizera dois vencidos.

Para o Império, isso foi flagrante. Depois da deposição de Frederico II, a mais ilustre coroa pousou sobre diversos fantoches. Primeiro, um certo Guilherme da Holanda, que dois arcebispos fabricaram. Depois da sua morte, em 1258, sete príncipes reuniram-se para dispor do trono, e assim deram origem ao colégio de eleitores, ao qual, daí por diante, pertenceria o direito de designar o imperador. Homens práticos, puseram a coroa em leilão. Afonso de Castela e Ricardo da Cornualha quiseram tomá-la para si, mas foram tão pouco levados a sério que nenhum papa quis sagrá-los. Costuma-se chamar *Grande Interregno* a este período de quase vacância do trono que vai de 1250 a 1273. Mas, nesta última data, a eleição de Rodolfo de Habsburgo — escolhido pelos eleitores ao invés de Filipe o Ousado, precisamente pela sua fraqueza — não pôs fim à decadência do trono imperial; nem Rodolfo (1273-1291) nem o seu filho Alberto I (1291-1308) conseguiram estabelecer a hereditariedade com base na casa de Áustria, e menos ainda Henrique VII (1308-1314) na de Luxemburgo ou Luís IV (1314-1347) na da Baviera. A Alemanha e a Itália, presas da anarquia feudal e urbana, suportariam longa e dolorosamente a herança de Barba-Roxa, de Henrique IV e de Frederico II.

Mas a Santa Sé saiu mais airosa da batalha? À primeira vista, pareceu que o papado continuava a dominar a cristandade, mas, entre os doze papas que sucederam a Inocêncio IV, quantos foram dignos dessa pesada sucessão? Uns, como Alexandre IV (1254-1261), foram verdadeiramente um joguete nas mãos de conselheiros indignos; outros, como Nicolau III (1277-1280), nas mãos dos seus sobrinhos; outros ainda, como Urbano IV (1261-1264), Clemente IV (1265-1268) e Martinho IV (1281-1285), não se mostraram de forma alguma à altura das circunstâncias. A Providência parecia ter-se enfurecido com os papas, pois três deles morreram em menos de um ano (1276-1277): o dominicano Inocêncio V, um sobrinho de Inocêncio IV que tomou o nome de Adriano V, mas só reinou durante trinta e seis dias, e o infeliz papa português João XXI, que um acidente estúpido — o desmoronamento do teto do seu quarto — matou depois de seis dias de pontificado. Mesmo alguns espíritos superiores, como Honório IV (1285-1287), o amigo da Universidade de Paris, ou Nicolau IV (1288--1292), um franciscano também apaixonado pelos estudos, não tiveram meios nem tempo para retomar o leme da barca de São Pedro. Apenas um, São Gregório X, eleito em 1271, teve as qualidades de um líder e planos de grandeza, como a retomada da cruzada, o fim do cisma grego e a reconciliação dos gibelinos e guelfos. Mas reinou apenas durante cinco anos. O interregno pontifício de dois anos (1292-1294), durante o qual se viu os cardeais dividirem-se em clãs e lutarem nas ruas, e depois a estranha eleição de Celestino V em 1294[26], mostrariam em que estado de desorganização se encontravam os espíritos no fim deste século XIII que conhecera a grandeza do papado.

Politicamente, a sua influência não cessou de declinar. Na Alemanha, as cidades não o suportavam, e os senhores feudais preparavam o golpe de 1356: a evicção do papa na designação do imperador, que foi homologada pela *Bula de Ouro*. Na Itália do Norte, a anarquia urbana acarretava as mesmas consequências: a contínua rivalidade entre guelfos e gibelinos fazia da obediência ao papa mais um motivo para uma perpétua batalha. Quanto ao reino da Sicília, os papas que o concederam a Carlos de Anjou, irmão de São Luís, não tardaram a arrepender-se de tal escolha, porque esse homem ambicioso, bastante estabanado, opunha ostensivamente os seus cardeais angevinos aos cardeais italianos, ao mesmo tempo que, com as suas injustiças, irritava os seus vassalos: quando, em 31 de março de 1282, os sinos de Palermo tocaram para as *Vésperas sicilianas*, que levaram à chacina de todos os franceses residentes na ilha, o papa francês Martinho IV não pôde impedir, nem mesmo com excomunhões, que Pedro de Aragão, genro de Manfredo, cingisse a coroa dos reis normandos. Estava perdido o antigo feudo do papado.

Mas temos de julgar mais profundamente os resultados desta luta e desta vitória. Um deles só viria a fazer-se sentir progressivamente. Para combater, o papado fora obrigado a concentrar nas suas mãos todos os poderes, mas, enveredando por esse caminho, modificava a antiga estrutura da Igreja, em que o primado romano era certamente reconhecido havia séculos, mas não era sinônimo de centralização. "Um instrumento de reforma, salutar no seu tempo, pode tornar-se mais tarde fonte de grandes males", escreve um eminente historiador. "A centralização eclesiástica, que libertou a Igreja do sistema feudal, provocou abusos muito sérios a partir do século XIII"[27].

Para começar, defendendo uma concepção da cristandade que continuava feudal nos seus princípios, visando ser o suserano dos suseranos, não deixava o papa de compreender a evolução que se esboçava desde o século XII? As possibilidades de futuro da Igreja estarão na linha das ordens mendicantes. As novas forças das cidades e das monarquias centralizadas escaparão à soberania teocrática. E, na passagem para o século XIV, o insulto dirigido por um ministro francês a Bonifácio VIII e o exílio do papado em Avinhão serão, em certo sentido, a desforra de Henrique IV, de Barba-Roxa e de Frederico II.

A Igreja perante o movimento comunal

A partir de 1150 aproximadamente, a civilização urbana pesou cada vez mais sobre os destinos do Ocidente cristão. As cidades, transformadas em centros de vida social, desempenharam um papel eminente como elementos ativos na produção, nas trocas comerciais e na vida do espírito. Que atitude tomaria a Igreja perante este novo poder?

Ela mesma contribuíra para o desenvolvimento dos centros urbanos. Ao redor de um lugar de peregrinação ou de uma abadia, tinham-se fixado muitas vezes núcleos populacionais que se sentiam felizes por estarem sob a proteção do clero, da sua justiça mais branda, e por só pagarem impostos ao abade. Saint-Denis, Vézelay, Charité-sur-Loire, Conques, Saint-Sernin e muitas outras povoações tinham essa origem. Muitas vezes, os próprios mosteiros criavam "vilas novas", devido às isenções que ofereciam[28]. Uma permuta de serviços regulava as relações entre citadinos e clérigos. As instituições urbanas, nos seus inícios, eram vizinhas das da Igreja. Como ela, a burguesia queria a paz, por razões evidentemente mais mercantis; as milícias paroquiais, criadas para defender a "Trégua" e a "Paz de Deus", constituíram os primeiros germes das associações comunais; os deslocamentos de massas que integravam peregrinações e cruzadas, originariamente religiosos, favoreciam as permutas e o desenvolvimento do comércio urbano; e a liberdade que a Igreja concedia àqueles que viviam à sua sombra dava-lhes o gosto pela independência e os meios de a alcançarem.

No entanto, quando o movimento comunal eclodiu, o clero mostrou-se hostil, por duas razões: uma ideológica e outra prática. Acostumado a mandar no campo espiritual, um clérigo estava mal preparado para compreender essa reivindicação de liberdade, rebelde e anárquica. Por outro lado, a integração da Igreja no feudalismo levava-a a olhar com desconfiança esses burgueses que procuravam despojá-la dos seus bens. Os senhores mitrados não hesitaram em combater aquilo que consideravam uma revolta inadmissível. Daí surgiram as breves mas sangrentas convulsões que, na Itália e depois na França, assinalaram os inícios do movimento comunal, e em que o alto clero lançou mão da força: em Cremona, por volta de 1030; em Parma, em Milão e em Mântua, um pouco antes de 1050; em Cambrai em 1077, em Beauvais em 1099 e em Laon em 1212. O drama de Laon tornou-se célebre. Gilberto de Nogent narrou-o cuidadosamente, ressaltando o erro que a Igreja cometia ao mergulhar no sistema feudal e as razões que as comunas lhe opunham.

A cidade de Laon dependia do bispo Gaudry, exemplo perfeito desses barões mitrados indignos do seu título. Apoiado por um mordomo negro, terror dos habitantes, comportava-se como um verdadeiro tirano. Não se passava uma semana sem que um membro da pandilha episcopal atraísse um burguês a uma armadilha para o espoliar. Choviam multas, dízimos e impostos. Aproveitando-se de uma ausência do seu senhor, os burgueses entenderam-se com o clero e a nobreza, e, oferecendo-lhes dinheiro à vista, compraram o direito de se erigirem em comuna. Que fúria a de Gaudry ao regressar! Os burgueses julgaram que podiam apaziguar-lhe a ira com uma doação, mas, depois que a recebeu, o bispo empenhou-se por todos os meios em desembaraçar-se da liga burguesa.

O rei foi convidado a resolver a questão. "Quatrocentas libras, se autorizardes a comuna!", disseram os burgueses; "Setecentas, se a suprimirdes!", contrapôs o arcebispo. Luís VI deixou que os habitantes arranjassem a maneira de entender-se com o tirano. Em consequência, houve uma greve geral; os sapateiros e cordoeiros fecharam as suas tendas, os estalajadeiros e os taberneiros recusaram-se a vender. E como o bispo anunciasse a sua intenção de recuperar sob a forma de impostos as famosas setecentas libras entregues ao rei, uma raiva assassina tomou conta da população. Prevenido, Gaudry riu da ameaça. "Essa gente quer matar-me? Se o meu negro Jean puxar pelo nariz o mais valente, ele nem se atreverá a soltar um gemido!" Mas o motim explodiu. Ressoou pelas ruas o grito de vingança: "Comuna! Comuna!" Armados de espadas e machados, os burgueses invadiram o palácio do bispo. Aterrorizado, Gaudry fugiu para a adega e escondeu-se num tonel. Foi ali que o encontraram. Depois de ter sido reduzido a um estado repugnante e lamentável, foi esquartejado, enquanto a populaça incendiava o palácio e, por acréscimo, a catedral. Foi necessária nada menos que a vinda das tropas reais para restabelecer a calma em Laon.

O movimento comunal foi, pois, no seu conjunto, mal visto pela Igreja. Em muitas ocasiões os papas tomaram posição contrária a ele. Assim, Inocêncio II, em 1139, reclamando o auxílio de Luís VII contra os burgueses de Reims, intimava-o a "dissolver as culpadas associações de Rémois". Eugênio IV escrevia ao mesmo rei, dizendo-lhe que devia intervir em Vézelay para obrigar os burgueses "a abjurar da comuna que estabeleceram e regressar à sujeição do seu abade". Inocêncio III, no preciso momento em que, na Itália, se apoiava nas cidades contra o imperador, fulminava a comuna de Saint-Omer, e mais tarde Gregório IX classificará os burgueses de Reims como "mais ferozes do que víboras". Os pregadores trovejavam dos púlpitos contra "essas comunidades, ou melhor, essas conspirações, formadas por grupos de pessoas que são como feixes de espinhos entrelaçados, por burgueses vaidosos que, confiantes no seu número, oprimem os seus vizinhos e os submetem pela violência"! Era esta a opinião do abade Gilberto de Nogent, bem como do bispo Ives de Chartres, do pregador Jacques de Vitry ou de São Bernardo de Claraval... que, no entanto, nada tinham de um Gaudry!

Assim, o antagonismo entre as cidades e a Igreja não cessou de se manifestar até o século XIII[29]. O alto clero censurava as comunas — e muitas vezes com razão — por usurparem impostos, extorquirem os bens eclesiásticos e pretenderem obrigar o clero a pagar as taxas comunais. Por sua vez, os burgueses, cônscios da sua força, impacientavam-se cada vez mais com o que restava da tutela episcopal ou abacial. Além disso, sentiam-se tacitamente apoiados pelos reis capetíngios que, embora reprimissem o movimento comunal nos seus domínios, não se importavam de ver o mesmo movimento desenvolver-se entre os seus vassalos, e que, a partir de Filipe Augusto, começaram a chamar os burgueses para postos de governo. De tudo isso resultaram numerosos incidentes que pareciam anunciar o anticlericalismo da Revolução Francesa: mosteiros saqueados, bispos insultados e farsas sacrílegas. "Babilônias modernas!", gritava Jacques de Vitry às comunas.

Este antagonismo foi geral. Na Alemanha, onde o movimento comunal foi uma peça importante no tabuleiro em que o imperador e o papa se enfrentavam, as cidades estavam do lado imperial. Por isso, Henrique IV e Henrique V concederam muitos privilégios aos burgueses de Worms ou de Spira e a "cidade nova" de Friburgo de Breisgau foi dotada de um estatuto tão liberal que muitas cidades reclamaram um análogo: Frankfurt, Munique, Viena, Aix-la-Chapelle e Dortmund. Frederico II, no momento em que se lançou na luta decisiva contra a Santa Sé, apoiou-se nas cidades, e até as que eram episcopais, comprimidas até então porque o imperador se aliara ao alto clero, enveredaram pelo caminho da independência, para em breve se tornarem verdadeiras repúblicas. Durante o Grande Interregno, a emancipação das cidades continuou a fazer os seus progressos, e as ligas urbanas tornaram-se a única força real que permaneceu numa Alemanha abandonada à anarquia. Foi uma emancipação que se fez muitas vezes contra a Igreja e violentamente. Em Colônia, de 1263 a 1266, os burgueses revoltados atacaram os bens do bispo e mesmo a sua pessoa, o que lhes valeu a condenação de um concílio. Em Liège, a revolta eclodiu contra o bispo Henrique de Gueldre, prelado tão lamentável que os papas se recusaram a apoiá-lo.

Na Itália, a situação foi um pouco diferente, complicada pela luta contra o Império, isto é, contra o germanismo, que ameaçava o papa. A Igreja aparecia como a defensora do patriotismo e das liberdades. Foi por isso que o movimento comunal que, no século XI, tinha principiado contra os bispos, entrou no jogo dos papas, e as ligas urbanas se tornaram suas aliadas. Mas a história da comuna de Roma mostra perfeitamente que, não só no tempo de Arnaldo de Bréscia, mas mais tarde, o fundo dessas relações continuou a ser a desconfiança. O domínio de Inocêncio III sobre o Senado não perdurará depois dele; veremos que os seus sucessores serão muitas vezes obrigados a abandonar Roma, onde o único senador falará como senhor, em nome do "povo romano".

Seria falso concluir deste antagonismo que o movimento comunal foi anticristão. É possível que alguns elementos burgueses tenham utilizado a heresia cátara como alavanca de oposição, mais por razões políticas do que por convicção, mas, na sua imensa maioria, essa burguesia urbana que combatia os bispos não pensava de maneira nenhuma que estivesse atacando a Igreja. A cidade de Colônia, que se revoltara contra o seu bispo, nem por isso deixou de usar no seu selo a legenda: *Sancta Colonia Dei gratia Romanae Ecclesiae fidelis filia*. Zombava-se do clero, atacavam-se as suas prerrogativas, mas, como diz perfeitamente Henri Pirenne, "este espírito laico aliava-se ao mais intenso fervor religioso". Depois de enxovalharem o seu bispo, os burgueses lotavam as confrarias piedosas, multiplicavam as casas de caridade, e a catedral era o testemunho mais belo da sua jovem força.

Esta situação evoluiu com o decorrer dos anos. O enorme enriquecimento da burguesia lançou-a por novos rumos. Os negócios tornar-se-ão a primeira preocupação, e pouco a pouco criar-se-á um clima em que o material lutará contra o espiritual, muitas vezes vitoriosamente. Na Itália e na Alemanha, na idade de ouro das cidades que se abrirá com o *Quattrocento*, o materialismo será bem evidente, e o mesmo acontecerá na França, onde as cidades declinarão muito depressa, frequentemente mal administradas, divididas pelo antagonismo entre os altos burgueses e os pequenos artesãos, incapazes de se unirem em ligas, e finalmente absorvidas pelo poder real todo-poderoso.

A Igreja, ao contrário do que se tem dito, não foi hostil ao comércio, e os arrazoados de alguns canonistas, como Paucapalea de Bolonha, condenando todo o lucro comercial, nunca foram tomados ao pé da letra. Podiam-se mesmo ler ou ouvir elogios fundamentados aos negociantes, provindos de personalidades cristãs notáveis, como o eremita Honório de Estrasburgo ou o pregador Bertoldo de Ratisbona. Mas o excesso de enriquecimento acabou por inquietar os verdadeiros portadores da mensagem evangélica e, a partir do século XIII, a crítica ao dinheiro tornou-se um dos temas mais constantes dos sermões. Não foi por acaso que o movimento da Igreja em direção à pobreza, encarnado num São Francisco, coincidiu exatamente com a expansão plutocrática, nem foi também por acaso que os Menores se instalaram nas cidades[30]. É verdade que a ação do "novo fermento" reanimou muitas vezes o fervor de uma forma magnífica, mas não foi suficiente para impedir a crescente primazia da riqueza e do materialismo.

Por volta de 1300, a tensão entre a Igreja e a classe burguesa assumirá um significado ainda mais grave. O espírito burguês estará na origem do movimento que pretenderá emancipar a consciência humana da fé. As grandes universidades urbanas, reconstituindo o direito romano, fornecerão argumentos que irão contestar as teses pontifícias de soberania. É no seu seio que aparecerão os teóricos — e até os teólogos — que proclamarão a independência do temporal: os Marsílio de Pádua, Guilherme de Ockham, Pedro de Ailly e esse John Wiclef, que cairá na heresia[31]. Aliás, não serão apenas as coisas da política que se discutirão nas cidades; é revelador que, já em 1270, o bispo de Paris tenha sido obrigado a condenar proposições que tinham livre curso na sua diocese e que eram todas contrárias às verdades doutrinais, como, por exemplo, quanto à criação do homem, à imortalidade da alma, ao livre arbítrio e à ressurreição da carne. É nas cidades que se instalará o espírito novo, que tanto fará sofrer a Igreja.

Os reis: aliados, vassalos ou adversários da Igreja

No entanto, se nos começos do século XIV se rompe o equilíbrio medieval, se o primado da Cátedra de Pedro e a autoridade da própria Igreja são questionados, as transformações sociais e psicológicas serão, sem dúvida, menos responsáveis por essa situação do que um grande acontecimento de ordem política — a formação das nacionalidades. Como todas as mudanças que revolucionam uma sociedade, esta foi sendo preparada lentamente durante três séculos; podemos acompanhar a sua elaboração nas relações entre a Igreja e as diversas realezas.

Ao longo dos tempos bárbaros, a Igreja tinha sido um auxiliar dos reis. E isso não foi menos verdade nos dias agitados em que os Capetos inauguraram laboriosamente a sua gloriosa carreira do que na prestigiosa manhã do Batismo de Clóvis[32]. A Igreja escolheu e dotou de um prestígio incomum uma família senhorial que, sem isso, teria ficado em segundo plano. Na época feudal, a aliança entre a Igreja e a realeza é um elemento capital da evolução histórica. Contra as brutalidades dos senhores, o clero apela para os reis, e o sistema de "patronagem"[33] é substituído pela proteção real. No decurso do século XII, multiplicam-se as "cartas de guarda", em que os reis declaram que tomam sob a sua tutela uma igreja ou uma abadia; no século XIII, a guarda real estende-se a todas as igrejas, e essa proteção é levada muito a sério pelos grandes Capetos.

Este papel dos reis é, aliás, apenas um aspecto daquele que eles desempenham num plano maior — o de pacificadores. Ora, a Igreja serve e quer a paz, pois apercebera-se durante a decadência carolíngia de que a fraqueza orgânica do poder central fora um permanente fator de desordem. Deseja um regime político sólido, mais unitário, que semeie paz. O propósito dos reis é exatamente o mesmo. Quando São Luís disser que a sua missão é "assegurar a tranquilidade da ordem", e explicitar a bem-aventurança evangélica declarando "bem-aventurados os pacificadores", estará plasmando numa fórmula a regra de ação que fora a de todos os seus antepassados. E às generosas instituições pacificadoras da Igreja, a "Trégua de Deus" e a "Paz de Deus", o realista Filipe Augusto acrescentará a "Quarentena do Rei".

Há uma instituição que manifesta esta aliança entre a Igreja e a realeza: é a *sagração*, cuja tradição remonta aos reis de Israel e que, a partir do século XI, vigora na maior parte dos países cristãos. Os seus três elementos são religiosos: o *juramento*, em que o príncipe jura proteger a Igreja e fazer reinar a justiça; a *eleição*, proposta pelo arcebispo, ratificada pelos prelados presentes e, em seguida, apresentada à aclamação do povo; e, por fim, a *unção*, que impõe ao soberano o seu caráter de eleito do Senhor. Na Inglaterra, chegar-se-á ao ponto de reconhecer à sagração dos reis um caráter sacramental, e um cronista, chamado o Anônimo de York, indagará se o soberano não é membro do clero! Na França, atribuem-lhe poderes sobrenaturais de taumaturgo, sobretudo na cura das escrófulas, e a *auriflama*, o pendão real que aparece na história a partir de 1100, é o símbolo explícito da fidelidade cristã; segundo as tradições, provém de um legado de São Pedro ou da clâmide de São Martinho, e o rei ergue-o como "procurador de São Dinis".

A sagração de um rei é uma cerimônia grandiosa, à qual a Igreja procura dar toda a pompa de que é capaz. Uma *ordo* redigida em Reims no reinado de São Luís dá-nos uma ideia precisa de como se desenrola. Na catedral de Reims[34], ornamentada com ricas tapeçarias, ergue-se uma alta tribuna no meio do transepto. É domingo. Na tarde da véspera, o rei, recebido solenemente pelo cabido, veio fazer uma longa oração. Ao romper do dia, entoaram-se as Matinas e a Prima, enquanto os barões e dignitários se apresentavam às portas de honra. Os arcebispos e bispos tomam os seus lugares em volta do altar. Às nove horas, entra o príncipe ao som do repicar dos sinos. Os monges de São Remígio, numa longa procissão, trazem sob um pálio a santa ampola, a mesma que um anjo fizera descer do céu para o Batismo de Clóvis; o arcebispo recebe-a à porta principal e vai depositá-la sobre o altar. Segue-se a Missa, com toda a majestade da liturgia. É o momento do juramento: com a mão sobre o Evangelho, o rei jura observar os direitos e os mandamentos da Santa Igreja, administrar bem a justiça e combater os hereges. Entretanto, colocaram-se sobre o altar o cetro, a longa e fina vara da justiça, a espada e a coroa. Depois, ao lado, os sapatos de seda tecidos de lis de ouro, a túnica e a capa violetas que o abade de Saint-Denis trouxe do seu mosteiro, cuidadosamente conservados. Peça por peça, o rei é vestido com esses nobres atavios, o camareiro-mor amarra-lhe os cordões de prata dos sapatos, o duque da Borgonha coloca-lhe as esporas e o arcebispo cinge-lhe a espada, que depois o senescal segurará, desembainhada e erguida, diante do príncipe. Chegou o momento solene. Com a ponta de uma agulha de ouro, o arcebispo tira da ampola uma gota de óleo. O rei está agora ajoelhado diante do altar, e o óleo com que é ungido sucessivamente sobre a fronte, sobre o peito, nas costas, sobre os ombros e na juntura dos braços, confere-lhe a força que vem do céu, ao mesmo tempo que se ouve a antífona: "Assim foi sagrado o rei Salomão". Revestido agora da túnica e da capa, quase semelhante a um sacerdote, tendo o cetro na mão direita e a vara da justiça na esquerda, o rei sobe ao trono, a fim de que todo o seu povo o contemple e aclame, enquanto o arcebispo e os pares do reino, segurando todos juntos a coroa, a colocam vagarosamente sobre a sua fronte.

Desta aliança com a Igreja, liturgicamente ressaltada, os reis não deixam de tirar grandes vantagens. Em primeiro lugar, políticas: prontificando-se a coroar o herdeiro em vida do pai — como faria durante os duzentos primeiros anos da dinastia dos Capetos —, a Igreja estabeleceu essa família sobre bases que nenhuma revolta feudal poderia abalar. Mas há também vantagens militares: nas lutas que teve de empreender contra senhores desonestos ou príncipes rebeldes, a realeza encontrou a Igreja a seu lado, como se vê no famoso episódio do castelo de Puiset, em que o cruel senhor Hugo foi vencido pelas tropas de Luís VI e pelos camponeses conduzidos pelo seu pároco. E vantagens econômicas, visto que, em troca da sua proteção à Igreja, a realeza obtém dela subsídios que, ocasionais a princípio, se vão regularizando cada vez mais, graças a um papado propenso a ajudar as monarquias em detrimento do Império.

Mas a Igreja esperava que esses reis, sobre os quais estendia a sua mão tutelar, se comportassem como verdadeiros cristãos ou, melhor, como representantes de Deus sobre a terra. A famosa fórmula pronunciada no concílio de Paris de 829 é repetida frequentemente: "O ofício real é governar e reger o povo de Deus com equidade e justiça, e procurar que haja paz e concórdia". De São Bernardo a São Tomás de Aquino, todos os pensadores cristãos estabelecem como princípio: "O povo não é feito para o príncipe, mas o príncipe para o povo". O poeta Eustache Deschamps enumerará assim os deveres do rei cristão:

A Deus e à Igreja deve amar primeiro,
ter coração humilde, piedade e compaixão;
sobre todos os bens preferirá o bem comum,
e seu povo amará com especial dileção.
Será sábio e diligente;
deve ser verdadeiro regente.
Não irá punir ou trazer aos bons contrariedades,
e os maus julgará com todo o direito,
para que se veja nele toda a bondade.

São, evidentemente, os mais nobres princípios; mas o que acontecerá, se os soberanos se afastarem deles? *Ratione peccati*, a Igreja reivindicará o direito de censurar os monarcas, para reconduzi-los à ordem. A teoria das "duas espadas" é válida para eles tanto como para o imperador.

Mas onde começam e onde acabam as faltas de um soberano? Há casos que, na aparência, são simples; quando o rei, como indivíduo, se comporta mal, está sujeito às condenações canônicas. É um caso corrente, porque muitos príncipes revelam em matéria matrimonial um modo de proceder nada cristão, repudiando a esposa, casando-se de novo, vivendo em concubinato e desprezando todos os impedimentos derivados do parentesco. Não há nenhuma família real que não esteja nalgum desses casos, e seria difícil enumerar todos os reis que foram excomungados por isso. Nada parece mais simples: a Igreja pune o pecador, seja quem for; na realidade, porém, quando se trata de um monarca, as questões da moral privada e da política misturam-se inextricavelmente; uma excomunhão por adultério público pode lançar um rei no campo dos inimigos da Igreja, e acontece que não raras vezes o papa se vê obrigado a fazer vista grossa sobre o escândalo, para evitar esse resultado funesto. O exemplo de Filipe

Augusto mostra suficientemente a sobreposição dos dois elementos, a moral privada e o interesse político.

Mas não é só contra o sexto e o nono mandamentos que os soberanos podem pecar, pois muitas vezes são injustos e violentos. Que fará a Igreja? Ao intervir num conflito, não será obrigada a tomar certas atitudes políticas? O princípio é claro e Inocêncio III formulou-o em termos precisos: "Nós, que por disposição divina estamos à testa do governo da Igreja, temos a vontade firme de que nem a morte nem a vida nos impeçam de abraçar e observar a justiça". Mas, quando passa para a vida, esta doutrina suscita mil dificuldades. Assim, quando o papa tenta impedir uma guerra entre a França e a Inglaterra, pensa agir, não em virtude do direito feudal, cujo exercício compete ao rei, mas em virtude de um direito superior, para evitar as injustiças e as misérias que a guerra acarretaria. Mas como negar que a intervenção da Igreja provoca resultados políticos e reações igualmente políticas? É por uma espécie de necessidade que a Igreja se vê obrigada a intervir nos assuntos dos reis. Não se trata agora de uma questão de primado universal, como acontecia nas relações com o imperador, mas essa intervenção pode ferir os interesses que os monarcas têm como legítimos, o que ocasiona numerosos conflitos.

A solução no campo dos princípios procede ainda da *doutrina das duas espadas*. A Igreja dispõe de dois poderes: um direto sobre as almas e outro indireto sobre os corpos, em razão das faltas que os homens podem cometer e que o "braço secular", a pedido da autoridade religiosa, terá de punir. Na prática, embora esta doutrina não tivesse chegado a ser formulada, muitos reis aceitaram essa espécie de fiscalização da Igreja, pelo menos no âmbito propriamente religioso, como, por exemplo, no da luta contra as heresias. Mas, quando se tratava de interesses mais concretos, a situação se complicava. Se a questão das investiduras não assumiu nas diversas monarquias a forma dramática de que se revestiu no Império, nem por isso deixou de obliterar as relações do papado com estes ou aqueles soberanos; as grandes ideias reformadoras não foram acolhidas com igual entusiasmo por todos os príncipes.

Seja como for, ao longo do século XII e do século XIII, à medida que o papado tomou consciência de si mesmo, dos seus direitos e do seu poder, tendeu a impor a sua autoridade direta aos reis e a intervir junto deles como um verdadeiro suserano. Deste modo, o papa estaria à frente de uma federação de Estados, de uma ONU, à qual imporia a obrigação de estabelecer por toda a parte o reino de Cristo e a combater para aumentar a cristandade. Chegava-se assim a uma verdadeira absorção do sistema feudal pela Igreja, e levava-se ao cúmulo essa confusão entre o espiritual e o temporal cujos perigos tivemos ocasião de ver.

A ambição teocrática encontrou o seu campo de aplicação em alguns casos. Certos reis, ameaçados por ambições desmedidas ou que tinham necessidade de um trunfo para o seu jogo, bem como príncipes que desejavam o título real, prontificaram-se a reconhecer-se vassalos do papa e a pagar-lhe o respectivo censo anual. O exemplo clássico é o de Aragão, Estado meio espanhol e meio francês (porque detinha parte do Languedoc), que estava envolvido na complicada disputa entre cinco pequenos reinos da Espanha. Em 1204, o rei Pedro II foi a Roma para se fazer sagrar por Inocêncio III, e nessa ocasião depôs sobre o túmulo do apóstolo, na Basílica de São Pedro, o cetro e a coroa que acabava de receber e comprometeu-se diante do papa a um verdadeiro ato de doação. "Constituo este reino censitário de Roma à taxa de 250 peças de ouro, que o meu tesouro pagará todos os anos à Sé Apostólica. E juro, por mim e pelos meus sucessores, que permaneceremos teus vassalos e teus súditos obedientes".

Foram numerosos os reinos que resolveram prestar homenagens análogas. Assim, vimos os reis normandos das Duas Sicílias servirem-se desse meio para assegurarem a aliança pontifícia diante do perigo das ambições imperiais. A Hungria foi uma espécie de réplica de Aragão, submetida à Santa Sé; o fundador Santo Estêvão recebeu a sua coroa das mãos do papa Silvestre. Na Boêmia, foi um legado quem entregou a Ottokar a sua coroa. Portugal tornou-se reino em 1179, quando Alexandre III fez rei Afonso I o Conquistador, que se notabilizara nas suas lutas contra os mouros. Em guerra com a França e ameaçado pela agitação dos seus barões, João Sem-Terra, pobre rei da Inglaterra, declarou que "daí por diante não queria ter o seu reino senão do Papa e da Igreja de Roma, a título de vassalo" e que pagaria anualmente à Santa Sé mil libras esterlinas de censo. O reino de Jerusalém, o império latino de Constantinopla, as realezas da Sérvia e da Dinamarca, o reino da Polônia, bem como simples senhorios e muitos Estados entraram no sistema, e até sobre o longínquo reino de Kiev a Santa Sé exercia uma suserania, embora muito nominal.

Não é difícil compreender os riscos que trazia para a Igreja semelhante "ONU" sob a suserania do papa. Convertido em soberano laico, o papado encontrou-se envolvido em todas as dificuldades financeiras ou outras que são o quinhão dos governantes; mesmo no seu muito querido reino de Portugal, enfrentou tão graves dificuldades com Sancho I e Afonso II, por causa de censos não pagos, que teve de excomungar os dois. Por outro lado, quisesse ou não, via-se implicado nos conflitos políticos que afetavam os seus vassalos. Foi assim que, a partir do momento em que João Sem-Terra se reconheceu seu vassalo, Inocêncio III o tomou sob sua proteção; quando, em 1215, os súditos revoltados impuseram ao rei a *Magna Carta*, o papa tomou o seu partido, condenou a Carta, censurou os bispos e prelados que se aliaram aos rebeldes e, quando por fim os barões e os clérigos se revoltaram e ofereceram a coroa ao filho de Filipe Augusto, excomungou uns e outros e intimou o rei da França a não atacar a Inglaterra. Seriam unicamente religiosos os motivos que pesaram sobre a sua determinação?

Além disso, esta tutela só podia ser exercida sobre Estados relativamente fracos ou que, devido a certas circunstâncias, fossem obrigados a aceitá-la. A partir do momento em que as monarquias souberam impor aos seus governados uma autoridade firme, centralizadora e consciente da sua força, deixou de haver razão para que se declarassem vassalos da Santa Sé. O sentimento nacional, que começou a formar-se com os progressos decisivos da realeza — na França, por ocasião de Bouvines —, opunha-se substancialmente às grandes teses pontifícias da unidade do mundo cristão. Resultou daí uma tensão crescente entre Roma e as monarquias mais importantes, especialmente a Inglaterra e a França.

O reino da Inglaterra, tal como Guilherme I (1066-1087) o constituíra, afirmara convictamente a sua dedicação à Sé de São Pedro, em gratidão pela ajuda moral que Hildebrando obtivera da Igreja local durante a grande expedição de 1066, mas abstivera-se cuidadosamente de se declarar vassalo do papa. E o Conquistador, embora guardasse as aparências, comportara-se muito livremente nas nomeações dos bispos. Eclodiu um primeiro conflito, a propósito das investiduras, quando Guilherme II o Ruivo (1087-1100), "mais feroz e maldoso que nenhum homem", substituiu o pai; o seu cinismo em praticar a simonia valeu-lhe censuras ásperas de Urbano II, das quais não fez o menor caso.

O herói da fidelidade cristã foi, nessas circunstâncias, *Santo Anselmo* (1033-1109), esse nobre do Vale de Aosta que, tendo sido abade de Bec, na Normandia, durante trinta anos, adquirira tão grande renome pelos seus escritos de filosofia religiosa, bem como pela irradiação da sua generosa personalidade, que em 1093 fora chamado para a sé da Cantuária. Enfrentando o rei, que se recusava a aplicar os decretos sobre a investidura laica, e resistindo aos outros arcebispos que, apavorados, lhe aconselhavam a submissão, preferiu exilar-se a capitular. Somente quando Henrique I Beauclerc (1100-1135) adotou princípios mais cristãos o santo arcebispo consentiu em voltar a ocupar a sua sé. Mas o grande drama da oposição entre a monarquia inglesa e a Igreja, que devia agitar os contemporâneos e que os escultores e mestres vitraleiros evocariam em Coutances, em Sens, em Paris e em outras catedrais, foi o que, em 1170, levou *São Tomás Becket* à morte.

Com *Henrique II Plantageneta* (1154-1189), a monarquia anglo-normanda toma consciência da sua força incomparável. Herdeiro da Inglaterra e da Normandia e, por seu pai, de Anjou, marido dessa Eleonora da Aquitânia que Luís VII cometera a tolice de repudiar, detém metade da França. É um homem pesado, de ombros largos e membros robustos. Infatigável, sempre a cavalo, exibe de um extremo ao outro dos seus vastos domínios a sua face leonina e o seu vigor expeditivo. Bom cristão, cumula a Igreja de bens e de atenções, mas entende que o clero não deve escapar ao seu decidido absolutismo. Por outro lado, sendo um rei estrangeiro — nunca falará inglês —, como poderia ele, sem despotismo, manter sob controle os seus imensos domínios?

Existe um homem que o ajuda a dominar a nobreza: Tomás Becket, fino, inteligente e de um orgulho sutil. É um ministro muito ativo e de um devotamento sem limites. O Plantageneta gosta tanto dele que, apesar dos protestos da Igreja, o nomeia arcebispo de Cantuária. Produziu-se então um fenômeno psicológico espantoso e admirável. A graça penetra neste homem político e ele, convertido em homem da Igreja, dedica-se a ela de corpo e alma. Dali por diante, o despotismo real não terá inimigo mais hábil nem mais ardente. O soberano decide lançar sobre as terras eclesiásticas um tributo ilegal? Tomás protesta. Quer reformar a legislação penal, de forma que o clero fique sujeito aos tribunais civis? O arcebispo insurge-se. Furioso, o rei move-lhe um processo, mas Becket recusa-se a comparecer; por contumácia, é declarado traidor. De Sens, onde se refugiou, o prelado dirige a resistência, ao mesmo tempo que a sua alma se eleva por meio de macerações e jejuns inauditos. O seu espírito nutre-se da Escritura e da teologia. Em 1170, depois de ter recebido garantias, retorna à Inglaterra, mas para novamente se indignar. Henrique II fizera coroar o filho mais velho sem respeitar as regras e as tradições da Igreja: Becket excomunga os prelados que se tinham prestado à coroação. A cólera do rei não conhece limites. "Como?", grita ele. "Entre todos os poltrões que eu sustento, não há um que seja capaz de me desembaraçar desse miserável clérigo?" Palavras assassinas. Em 29 de dezembro, enquanto o arcebispo oficia na sua catedral, um grupo de soldados precipita-se sobre ele. É uma carnificina, uma crueldade espantosa. Aterrado e sentindo crescer o horror à sua volta, o rei vai ao encontro dos legados que lhe vêm notificar a excomunhão, encontra-se com eles em Avranches e aceita a humilhação, a penitência pública, a flagelação sobre o dorso nu. No mesmo dia, fica-se a saber que as suas tropas alcançaram uma vitória na Escócia e conclui-se que o mártir o absolveu[35]. Mas a Igreja triunfou.

Triunfou ainda cinquenta anos mais tarde, quando João Sem-Terra (1199-1216) tentou levar a cabo uma política autoritária sem ter meios para isso. Lançou ataques brutais contra a Igreja, obrigou o arcebispo de York, que se recusava a pagar um subsídio, a exilar-se, não quis reconhecer Estêvão Langton, nomeado por instigação de Inocêncio III arcebispo da Cantuária, e tentou até apoderar-se de todos os bens temporais do clero inglês. Mas todas essas tentativas acabaram em desastre. Associando-se aos barões na rebelião que levaria à *Magna Carta*, os prelados obrigaram-no a ceder. E foi então que, julgando escapar do vespeiro, o rei se constituiu vassalo da Santa Sé. Mas essa submissão seria efêmera. Os ingleses nunca a tomaram a sério. Henrique III (1216-1272), para lutar contra os seus barões, continuou a manter um estreito entendimento com a Igreja, mas o seu sucessor Eduardo I afirmará a sua independência perante Roma e, na passagem para o ano de 1300, a monarquia inglesa será tão "laica" como a francesa.

Foi na França dos Capetos — à qual, no entanto, a Igreja dera todo o seu apoio e cujos príncipes, sem serem todos como São Luís, foram todos cristãos convictos e militantes — que surgiu mais nitidamente o problema das relações entre a Igreja e a realeza. Se a história não registra neste caso nenhum acontecimento que tenha a gravidade trágica da morte de São Tomás Becket, é todavia na França que, mais lucidamente, os reis tomaram consciência da sua independência política em relação à Santa Sé. É um aspecto digno de ser considerado, se pensarmos na importância da França capetíngia na cristandade da época; e quando se qualificam como "galicanismo" certas teorias e práticas que tendiam em diversos países à limitação da autoridade pontifícia, alguma razão existe para isso.

A França mostrava-se extremamente amiga dos papas; quando estes enfrentavam dificuldades em Roma, encontravam sempre na França um asilo seguro. Muitos doutrinadores franceses, desde São Bernardo, tinham proclamado o primado pontifício, que, em 1274, no Concílio de Lyon, seria reconhecido por unanimidade pelos prelados franceses. Às grandes vozes da Igreja que, em Clermont e em Vézelay, tinham convocado a cristandade para a cruzada, os franceses tinham sido os que haviam respondido com maior ardor. Mas, à medida que os Capetos sentiram crescer o seu valor, mostraram-se cada vez mais hostis a uma ingerência pontifícia.

Há numerosos episódios que atestam essa vontade de independência. O primeiro Capeto consciente da sua força é Luís VI (1108-1137). É um cristão que cumula a Igreja de privilégios, mas que vigia de perto os bispos e as abadias, intervém nas nomeações eclesiásticas e não perde nenhuma ocasião para fazer sentir que é ele quem manda na sua casa. Quando Suger, seu amigo, é eleito abade pelos monges de Saint-Denis sem a sua prévia autorização, Luís VI manda prender os enviados que vêm trazer-lhe a notícia. Quando Calisto II pretende que o arcebispo de Lyon (então em terras do Império) tem direito de primazia sobre todas as Gálias e deve fiscalizar a igreja de Sens, da qual depende Paris, o rei protesta e ganha a causa. É surpreendente encontrar a mesma atitude de independência em Luís IX, o mais santo dos reis. Este maravilhoso cristão não hesita em fazer à Cúria algumas observações sobre os aumentos exagerados de taxas eclesiásticas e permite que os seus bispos formulem queixas análogas contra o fisco pontifício. Não tolera a menor intervenção de Roma na sua política e nem sequer se coloca ao lado de Inocêncio IV, quando este derruba Frederico II; tanto sabe levantar a voz para obter a libertação dos cardeais franceses sequestrados pelo imperador, como mostrar-se reticente para não se associar ao grito de vitória contra o vencido.

Em tudo isto, é um herdeiro exato de seu avô Filipe Augusto (1180-1223) que, numa longa e áspera discussão, tinha fixado os princípios que regulariam as relações da sua coroa com o papado. Este homem de aço, cujo alto sentimento da sua missão real se aliava a uma ambição pouco preocupada com os escrúpulos, trazia no coração o axioma que mais tarde viria a ser formulado pelos "legistas": "O rei da França é imperador no seu reino". Não era homem para se deixar influenciar pelo clero, por mais que se proclamasse um bom cristão.

O conflito de Filipe Augusto com Inocêncio III complicou-se ainda mais pela conduta privada do rei, que caiu sob a censura da Igreja. Em 1193, Filipe tinha desposado Ingeborg da Dinamarca, mas não demorou a repudiá-la, sem razões válidas, para se casar de novo. Desde a sua aclamação, Inocêncio III advertira-o: "A dignidade real não pode estar acima dos deveres de um cristão e, neste ponto, é-nos proibido estabelecer qualquer distinção entre príncipe e fiéis. Se, contra toda a expectativa, o rei da França desprezar o presente aviso, seremos obrigados, contra nossa vontade, a levantar a nossa mão apostólica". A posição do papa era inexpugnável. Como o rei se recusasse a abandonar a segunda esposa, Inocêncio III lançou-lhe o interdito sobre o reino. Mas — vemos aqui como crescera a autoridade dos Capetos — a maioria dos bispos ousou desobedecer ao papa e aliou-se ao rei; os que executaram as ordens pontifícias viram os seus bens confiscados. Foi o rei, portanto, quem venceu, numa questão em que o papa tinha toda a razão.

A questão tornou-se mais complexa quando se tratou de moral política. Depois da tomada de Jerusalém por Saladino, Clemente III mandou pregar a cruzada e Filipe entendeu que era uma excelente ocasião para atacar a Inglaterra. O papa protestou e ameaçou lançar novo interdito sobre o reino. O rei respondeu: "Não cabe à Igreja romana censurar o rei que castiga vassalos rebeldes. O legado farejou, sem dúvida, as esterlinas inglesas... Não receio a vossa sentença, que é injusta". O assunto ficou em suspenso, mas quando, em 1203, Inocêncio III quis a todo o custo pôr fim ao antagonismo anglo-francês, a resposta do rei foi dupla: exigiu que todos os seus barões jurassem ajudá-lo, *mesmo contra o papa*, e colocou a questão no campo dos princípios. "Em matéria feudal, o rei não deve receber ordens da Santa Sé; o papa não pode intervir em assuntos que os reis discutem". Inocêncio III replicou imediatamente: no plano feudal, nada tinha a dizer, mas a sua jurisdição *ratione peccati* era absoluta, e tinha o direito de condenar uma guerra entre cristãos. Por mais forte que fosse, não conseguiu, porém, que o Capeto cedesse, e este subtraiu de João Sem-Terra a Normandia, o Anjou e a Touraine. Entre a tese espiritual do papa e a tese política do rei, triunfava a segunda. Os domínios do Estado e o da Igreja estavam muito misturados para que esta não sofresse um grande dano. Inocêncio não conseguiu vencer a resistência do tenaz Capeto nem no caso de Ingeborg, mantida presa, nem no da Alemanha, em que Filipe Augusto protestou contra a escolha de Otão de Brunswick, nem no da Inglaterra, em que o rei aceitou para o seu filho a coroa inglesa que os barões pretendiam tirar de João Sem-Terra, agora vassalo do papa.

Desta maneira, as relações da Igreja com os poderes laicos evoluíam no sentido de uma crescente separação dos dois elementos. A brecha aberta por Filipe Augusto no majestoso edifício do papado ir-se-á alargando, até que, no século seguinte, outro Filipe de França derrubará uma muralha inteira. Uma força imperiosa da história obrigava a estas centralizações, a esta coagulação da massa feudal, e as novas realezas só podiam desenvolver-se afirmando orgulhosamente a sua personalidade. Por outro lado, o ideal terreno da cristandade — a utopia teocrática — tinha comprometido excessivamente o papado em lutas políticas, para que este não sofresse o instável destino que é de regra neste domínio. Para vencer os imperadores, foi obrigado a apoiar-se em jovens realezas e a utilizar forças novas, mas as monarquias em breve se tornariam "o junco que fere a mão que sobre ele se apoia"[36]. Confundindo o seu papel espiritual e o exercício de um poder sobre a terra, embora movido pelas mais elevadas intenções, o papado esqueceu talvez a sua verdadeira missão; em qualquer caso, comprometeu o seu futuro.

Notas

[1] A este respeito, cf. *A Igreja dos tempos bárbaros*, caps. IV-X.

[2] Frequentemente, mas nem sempre. Cf. *A Igreja dos tempos bárbaros*, cap. X, par. *As estruturas da Igreja.*

[3] Cf. *A Igreja dos tempos bárbaros*, cap. X, par. *São Pedro e os tiranos de Roma.*

[4] Cf. *A Igreja dos tempos bárbaros*, cap. X, par. *A Igreja e as novas forças.*

[5] Cf. *A Igreja dos tempos bárbaros*, cap. X, e o cap. IV deste volume.

[6] Cf. *A Igreja dos tempos bárbaros*, cap. X, par. *As estruturas da Igreja.*

[7] A instalação dos normandos na Itália do Sul será estudada no cap. X, dedicado a Bizâncio, pois talharam o seu domínio nos despojos do Império bizantino.

[8] Cf. cap. IV, par. *A tentativa de Pascoal II.*

[9] Cf. *A Igreja dos tempos bárbaros*, cap. VII, par. *A coroa de ferro e o Estado pontifício.*

[10] Cf. *A Igreja dos tempos bárbaros*, cap. VIII, par. *A Igreja retoma o ascendente sobre o imperador.*

[11] Cf. *A Igreja dos tempos bárbaros*, cap. VIII, par. *A expectativa de um papado forte.*

[12] A atitude atual da Igreja é completamente diferente. Leão XIII, na Encíclica *Immortale Dei*, de 1º de novembro de 1885, declarou formalmente que o poder temporal e o poder espiritual, cada um no seu âmbito, são soberanos e se exercem dentro de limites perfeitamente determinados.

[13] Esta frase é do historiador que, sem dúvida, melhor estudou este problema, Mons. Arquillière (cf. notas bibliográficas).

[14] Cf. cap. III, par. *O homem de ação.*

[15] Todos conhecem a célebre profecia atribuída a São Malaquias O'Margair, o irlandês, amigo de São Bernardo, relativa aos pontífices romanos designados cada um por uma divisa. Este curioso documento, publicado apenas em 1595 pelo beneditino Arnaldo de Wion no seu *Lingnum Vitae*, começa pelo papa Celestino II (Cf. Vacandard, *Études de critique et d'histoire religieuse*).

[16] Sobre o renascimento do direito romano, cf. cap. VIII, par. *Do direito canônico ao direito romano.*

[17] Cf. adiante, neste cap, o par. *Os reis: aliados, vassalos ou adversários da Igreja.*

[18] Pascoal III resolveu canonizar Carlos Magno. Acabavam de se encontrar em Aix-la-Chapelle as ossadas do grande antepassado, e Frederico mandou-as depositar numa urna de ouro, encimada por um tabernáculo com uma coroa de luzes. As festividades que se organizaram depois (29 de dezembro de 1165) nessa cidade deslumbraram os contemporâneos pela sua suntuosidade.

[19] O historiador alemão K. Hampe, na sua excelente obra sobre a *Alta Idade Média*, escreve: "O inglês João de Salisbury exprimiu por certo a profunda convicção da maioria ao exclamar: — Quem nomeou os alemães juízes das nações? Quem deu a esses seres selvagens e duros o direito de nomear a seu bel-prazer um senhor que dominasse os chefes dos filhos desta terra?" Esta confissão honesta deve ser retida: a Europa insurgia-se contra o *Faustrecht.*

[20] Foi neste Concílio que, entre outras coisas, se decidiu que apenas seria papa aquele que, na eleição pelos cardeais, tivesse obtido a maioria de dois terços.

[21] Cf. cap. XI, par. *O Ocidente contra Saladino: a terceira cruzada.*

[22] Cf. o retrato de Inocêncio III no cap. anterior, no parágrafo que lhe é dedicado.

[23] Cf. neste cap, par. *Para quem o primado?*

[24] Cf. cap. IV, par. *Inocêncio III, reformador.*

[25] Cf. cap. IV, pars. *São Francisco, "a imagem perfeita de Cristo"* e *São Domingos, atleta e construtor de Deus.*

[26] Cf. cap. XIV, par. *O eremita sobre o trono de São Pedro.*

[27] Cf. Joseph Lecler, *Études*, setembro de 1951.

[28] O grande historiador Henri Pirenne nega às abadias (erguidas muitas vezes "em plena natureza") qualquer papel no nascimento das cidades medievais. Num trabalho sobre *Le Bourg Saint-Germain*, belo monumento de erudição, Françoise Lehoux mostra como o caso da abadia de Saint-Germain-des-Prés, berço do burgo do mesmo nome, desmente essa tese. A opinião de Pirenne está longe de obter os sufrágios de todos os historiadores. Não são poucos os que consideram que as abadias foram "sementes de cidades".

[29] O baixo clero, o dos simples párocos, tomou muitas vezes o partido das comunas. Foi uma aliança que anunciava a desse clero com o terceiro Estado em 1789. Por outro lado, mesmo no alto clero, houve exceções, bastante numerosas, que permitiram a Petit-Dutaillis, o historiador do movimento comunal, refutar Luchaire que, no seu livro *Les communes françaises*, exagerou a hostilidade da Igreja. Petit-Dutaillis repõe as coisas no seu lugar. O clero, segundo ele, nada compreendeu do movimento comunal (como Renan, diz ele, nada compreendeu da Comuna de Paris em 1871). Seja como for, houve casos em que os bispos favoreceram o estabelecimento de uma comuna para destronarem um tirano local. Assim, em Mans, no ano de 1069, o bispo tomou parte na conjura contra o senhor, Godofredo de Mayenne; em Beauvais, o bispo apoiou-se na comuna e, em Noyon, o bispo gabou-se de "ter organizado uma comuna" (Abel Lefranc, o historiador de Noyon, enganou-se sobre o papel do prelado).

[30] Cf. cap. IV, *O novo fermento*.

[31] Cf. cap. XIV.

[32] Cf. *A Igreja dos tempos bárbaros*, cap. X, par. *A Igreja e as novas forças*.

[33] Cf. o par. *O conluio laico e o problema das investiduras*.

[34] Sens, e mesmo Orléans, disputam-lhe esta honra. Luís VI fez-se sagrar em Orléans e o arcebispo de Reims protestou, afirmando que Roma lhe tinha concedido o direito exclusivo de sagrar. A isso respondeu Yves de Chartres, dizendo que a *eficácia do sacramento* (note-se a expressão: a sagração é identificada com um sacramento) não pode depender daqueles que o administram.

[35] São grandes as semelhanças entre o martírio de São Tomás Becket e o de Santo Estanislau de Cracóvia, vítima, em 1079, do rei da Polônia Boleslau II.

[36] K. Hampe.

VI. UMA SOCIEDADE NA SOCIEDADE

Um Estado sem fronteiras e sem exército...

Essa Igreja que acabamos de ver envolvida numa luta severa, conduzindo guerras e estabelecendo alianças, enfrentando os Estados, não será também um Estado? Em certo sentido, sim: mas que Estado estranho! Estado feudal pelas terras que possui[1], é também um Estado sem fronteiras, que ultrapassa todas as fronteiras; um Estado sem armas, no meio de uma sociedade militarizada, e que, no entanto, se impõe aos guerreiros. Os homens que dependem dele pouco se distinguem do resto do rebanho, e, de qualquer modo, não pelo nascimento. Vestem-se de maneira não muito diferente da do homem comum, e é só nas cerimônias litúrgicas que o clero usa alva, dalmática, casula e capa douradas. Parte integrante da sociedade medieval, o clero está literalmente incorporado nela, e contudo totalmente separado.

Isso se deve, antes de mais nada, ao seu caráter sagrado e à sua função particular, mas também ao fato de pertencer a uma hierarquia douta, escrupulosa, ao mesmo tempo flexível e sólida, que se governa por princípios muito ordenados e rígidos. Inteiramente internacional, a "classe que reza" constitui um verdadeiro superestado. Por último, o que torna ainda mais surpreendente esse Estado é que não tem por fim administrar nem tornar felizes os homens neste mundo, e, no entanto, pela confiança que nele depositam os que estão sob a sua alçada, e pela experiência muitas vezes secular que tem da psicologia de todos eles, consegue governá-los e fazê-los aceitar e até amar a sua autoridade.

A Igreja medieval não está isenta de defeitos, como sabemos. Também não constitui, desde meados do século XI, aquele conjunto harmonioso e aquela sólida máquina que admiramos no século XIII. Foi pouco a pouco, sob a pressão dos acontecimentos, que precisou os seus métodos e desenvolveu as suas instituições. Mas, comparada com os regimes políticos contemporâneos, mostra-se sempre à frente do seu tempo e, sobrenatural nos seus princípios, notavelmente realista e prática no seu comportamento.

O recrutamento dos clérigos

Deve-se destacar um aspecto primordial: a Igreja dispõe, proporcionalmente, de um conjunto de homens muito mais considerável do que nos nossos dias: talvez dez vezes mais! Trata-se, acima de tudo, de uma consequência da unanimidade da fé, mas há outras considerações que intervêm. A "classe que reza" atrai inúmeras vocações porque a sua função é considerada eminente e porque, além disso, confere privilégios. Não existe nenhum problema quanto ao recrutamento sacerdotal. Os candidatos ao sacerdócio afluem em massa; os coros de cônegos estão cheios; qualquer paróquia, por mais pequena que seja, tem o seu pároco e, frequentemente, vários coadjutores. É uma torrente caudalosa, que não deixa de arrastar elementos de valor desigual, mas que possibilita que se faça uma seleção sobre quantidades consideráveis. O que há de melhor na sociedade, se não pode atingir os postos guerreiros, vai para a Igreja.

Este afluxo é particularmente notável no clero regrante, que, como sabemos, constitui de um modo geral a elite, o elemento motor da Igreja. O desenvolvimento das ordens monásticas é algo que nos deixa estupefatos. Recordemos algumas cifras. Cluny, fundada no início do século X, conta em 1100 com dez mil monges distribuídos por mil quatrocentas e cinquenta casas, a maior parte delas na França, mas que enxamearam todo o Ocidente europeu. Cister, em menos de cinquenta anos, possui trezentos e quarenta e oito mosteiros, e o biógrafo de São Bernardo não exagera quando descreve o grande abade como "o terror das mães e das esposas, porque, onde ele falava, todos — maridos e filhos — tomavam o caminho do convento". Quando São Francisco e São Domingos, por sua vez, convidam os cristãos a segui-los no caminho para Deus, encontram idêntica acolhida: em 1316, os franciscanos terão mil e quatrocentas casas e mais de trinta mil religiosos; os dominicanos, em 1303, seiscentas casas e dez mil irmãos. O mesmo se observa em todas as outras ordens. Além disso, as congregações que compreendem *irmãos leigos*, monges que só estão obrigados pelos votos de castidade, obediência e estabilidade, sem serem sacerdotes, veem afluir inúmeros pretendentes; estes *conversos*[2] ou *irmãos barbados* descarregam os outros monges das tarefas materiais e dos assuntos exteriores. Os *oblatos*, também numerosos, semileigos e mais cultos que os leigos, vivem ao lado da comunidade e participam dos ofícios. Mesmo que estejam longe de ser sempre dignos de admiração, é nos conventos que se encontram os verdadeiros líderes da Igreja.

De onde sai este clero tão abundante? De todas as classes sociais sem exceção. Os cargos mais elevados da Igreja podiam ser alcançados por quem quer que fosse, desde que os merecesse pela sua inteligência, estudo e virtudes.

E assim se operava esse fenômeno de renovação das elites que é indispensável à vida de uma sociedade e que não se verifica de forma alguma nas sociedades anquilosadas e envelhecidas. O princípio fora formulado pelo famoso arcebispo carolíngio Adalberão: "A lei divina não admite distinção alguma de natureza entre os membros da Igreja. Ela torna-os a todos de igual condição, por mais desiguais que os tenham feito a posição social e o nascimento; aos seus olhos, o filho do artesão não é inferior ao herdeiro do monarca". Sociedade aristocrática, organização monárquica, a Igreja, pelo seu recrutamento, é democrática: retempera-se incessantemente nas fontes vivas do povo. Exemplos? Eis alguns, entre os dignitários: Suger, abade de Saint-Denis, era filho de um servo da gleba; Maurício de Sully, bispo de Paris, que mandou construir a igreja de Notre-Dame, era filho de um mendigo; São Pedro Damião, futuro cardeal, guardou porcos, como Wason, bispo de Liège. Mais impressionante ainda é a lista dos sucessores do pescador galileu: o filho de um carpinteiro será Gregório VII; o filho de um açougueiro será Bento XII; o filho de um sapateiro, Urbano IV; o filho de um pastor de cabras, Bento XI, sem falar de outros, como Urbano II e Adriano IV, cuja origem é muito obscura. Compreende-se bem que esta oportunidade dada a qualquer pessoa de se sobrepor aos acasos do nascimento e da riqueza tenha arrastado para a Igreja o que havia nela de melhor.

O clero não constitui, portanto, de forma alguma, uma casta fechada, o que não quer dizer que não existam entre os seus membros laços de afeição e de interesses, um "espírito de classe". Todos estes dignitários eclesiásticos, que desempenham um papel político, constroem catedrais, lançam multidões nas peregrinações e nas cruzadas, todos eles têm o sentimento de constituírem uma classe dirigente;

apoiam-se mutuamente e formam, nos Estados, um bloco espiritual, isolado do mundo feudal e muitas vezes contrário a ele. Colocam os seus amigos nos postos-chave de comando, como Eudes de Sully, bispo de Paris, que nomeia Aubry de Humbert para Reims e Hervé para Troyes. Existem verdadeiras "famílias clericais", como a desse outro bispo de Paris, Pedro de Nemours, cujos três irmãos são bispos de Meaux, Noyon e Châlon. Grandes administradores de homens e de dinheiro, estes bispos e estes abades são verdadeiros homens de empresa.

Mas não são os únicos agentes da influência da Igreja. Veem-se por toda a parte padres e monges: são onipresentes. Veem-se como homens de Estado, funcionários, diplomatas, professores, chefes guerreiros se for preciso, e guias dos barões que partem sob a Cruz. Mesmo os monges não estão num mundo separado, porque o monaquismo mergulha as suas raízes em toda a sociedade, negocia com ela serviços e homens, e os seus membros saem do convento quando as exigências de Deus os reclamam cá fora: basta lembrarmo-nos do exemplo de São Bernardo!

A Igreja está, pois, encarnada na sociedade. Sabemos que nem tudo é felicidade neste "clericalismo" e que a contrainfluência laica sobre o clero foi prejudicial. Mas não podemos abstrair dessa realidade, se quisermos compreender as instituições medievais e o desenrolar dos acontecimentos, e se quisermos explicar a ação do cristianismo em toda a atividade humana e o papel de fermento que desempenhou em todos os domínios.

A cabeça da Igreja: o papado

O clero tem um chefe: o pai comum dos fiéis de Cristo, o *Papa*. Cada vez mais, no decurso dos três grandes séculos da Idade Média, a Igreja pretende organizar-se numa monarquia fortemente centralizada, com o seu governo, os seus agentes locais de execução, os seus inspetores e diplomatas. O papado, mesmo discutido e maltratado ao sabor dos acasos da política, não deixa de ver crescer o seu papel.

Como se elege o Papa? Depois do decreto de Nicolau II, em 1059, pelos *cardeais*. Este termo, já antigo na Igreja, designara a princípio, de um modo vago, os clérigos que eram como que o gonzo (*cardo*) da Igreja: *incardinar* um clérigo numa igreja era fixá-lo nela como se fixa um gonzo numa porta. No decorrer do século X, o termo, no sentido mais geral de "principal", de "muito importante", aplicava-se a personalidades eclesiásticas de posição elevada, como os arcebispos ou patriarcas de diversas sés. Mas foi em Roma que o "clero cardeal" assumiu um lugar decisivo e se encontrou ligado às antigas glórias da cidade de Pedro. Os *cardeais-bispos* eram os bispos "suburbicários" das sete dioceses que rodeavam a capital, como Óstia ou Albano, das quais a mais afastada, a de Palestrina, não distava mais de vinte quilômetros do Latrão; os *cardeais-presbíteros* eram os párocos das principais paróquias de Roma, que deviam também prestar serviço nas grandes Basílicas de São Pedro, de São Paulo Extramuros e de São Lourenço; e, por fim, os *cardeais-diáconos* eram considerados descendentes dos diáconos regionais que administravam os sete bairros da cidade, mas o seu número ultrapassara já o tradicional de sete. No total, o Colégio dos cardeais compunha-se, no século XIII, de cinquenta e três membros: sete bispos, vinte e oito padres e dezoito diáconos. Foi Alexandre III o primeiro que conferiu o título cardinalício a prelados estrangeiros, chamando-os, fictícia ou realmente, para funções dentro da Igreja romana.

A importância dos cardeais não cessou de aumentar. Não só foram encarregados de eleger o Papa, mas constituíram uma espécie de conselho da Igreja ou senado. Desde o fim do século XI, os cardeais-bispos tinham precedência sobre todos os bispos e, nos dois concílios de Lyon de 1245 e 1274, os cardeais-presbíteros e os cardeais-diáconos gozaram do mesmo privilégio. Em 1245, Inocêncio IV dotou os seus legados de um chapéu vermelho que, pouco a pouco, passou a ser usado por todos os cardeais[3]. "Pilares da Igreja", "sucessores dos apóstolos", foram os títulos que se tornaram correntes para designar estes altos prelados.

O mais curioso é que a esta pompa se liga um elemento quase cômico, que diz respeito à origem do *Conclave*. Encarregados de eleger o Papa, aconteceu muitas vezes que os cardeais não mostravam nenhuma boa vontade em pôr-se de acordo. O decreto de Alexandre III, de 1179, exigia a maioria de dois terços, e isso dificultou ainda mais a eleição. Temos dados para calcular o tempo durante o qual a sede pontifícia esteve vaga entre 1241 e 1305: dez anos em sessenta e quatro! Depois da morte de Clemente IV (1268), os príncipes da Igreja estiveram dezessete meses sem se entenderem. Encerraram-nos então no palácio onde residiam, em Viterbo, e como, passado um ano, nada tinham resolvido, a multidão precipitou-se sobre o palácio e destelhou-o, para que a chuva, que caía torrencialmente, os obrigasse a tomar uma decisão. Ao mesmo tempo, um semi-ultimato de São Luís intimava-os também a decidir-se. Elegeram São Gregório X e este, para evitar a repetição de semelhantes escândalos, estabeleceu no segundo Concílio de Lyon, de 1274, um regulamento muito rigoroso para a eleição. Após a morte do Papa, os cardeais deveriam reunir-se num prazo de dez dias no palácio pontifício, cada um acompanhado por um único criado, e não sair de lá antes de terem dado um sucessor a Pedro. No interior haveria apenas um "conclave", onde todos habitariam em comum. A porta seria fechada e ninguém poderia sair, sob pena de excomunhão. Se, ao fim de três dias, não tivessem concluído a eleição, só teriam direito a uma refeição por dia, durante cinco dias; passado esse prazo, ficariam a pão e água! Excetuadas as restrições alimentares, este cânon de 1274 continua em vigor nos nossos dias.

O regulamento do Conclave é prova das servidões que as circunstâncias da época impunham ao papado, mas isso não prejudicava a sua grandeza. Esses papas ameaçados, insultados, exilados e até presos, tinham um sentimento tão vivo da dignidade única da sua função que o impunham a todos, mesmo aos seus inimigos. Gregório VII afirmava, como vimos, que "o Papa é o único homem cujos pés os povos devem beijar", e, mais ou menos, toda a Idade Média o admitia.

Quando um homem como Gregório VII ou Inocêncio III ocupa a cátedra de São Pedro, um pontificado é verdadeiramente algo de grandioso. Trabalhando sem cessar pelo bem das almas e pela glória de Deus, o Papa vela pela imensa Igreja como um chefe e como um pai. Quer ver, saber e fazer tudo. Chama bispos ou abades, muitas vezes de bem longe, e informa-se sobre tudo e sobre todos. Da sua chancelaria sai uma enorme correspondência, que resolve grandes e pequenos assuntos. Os legados — fiéis entre os fiéis — levam o seu pensamento e executam as suas ordens; com prudência, mas com firmeza, o Papa saberá moderar-lhes a intemperança e excitar-lhes o ardor. Desta maneira, vai realizando uma obra administrativa, diplomática e até militar. É ele que anima a Igreja. E toda esta ingente atividade alimenta-se nas fontes profundas da contemplação e da prece, porque os maiores papas da Idade Média foram santos.

A autoridade de um papa desta talha quase não tem limites. Desde que respeite as Escrituras e os cânones dos concílios, decide soberanamente em todas as matérias relativas ao dogma e à disciplina. A infalibilidade pontifícia não é ainda de fé, mas é admitida na prática. "A Igreja romana nunca errou e a Escritura atesta que ela nunca errará". Esta fórmula de Gregório VII, que já conhecemos, é exatamente a de Hormisdas, de 516. São Tomás apoia a infalibilidade pontifícia baseado na passagem evangélica em que o Senhor declara a Pedro: "Eu roguei por ti, para que a tua fé não desfaleça, e tu, uma vez convertido, confirma na fé os teus irmãos" (Lc 22, 32). Cita também o texto da *Epístola aos coríntios*, em que São Paulo pede unidade na fé (cf. 1 Cor 1, 10), unidade de que o Papa é o guardião e o penhor. Revoltar-se contra ele é, portanto, revoltar-se contra Deus e merecer os piores castigos. Por isso, todos os soberanos que se opõem a um papa — exceto Frederico II — especificam que não é contra o princípio da autoridade pontifícia que se insurgem, mas contra um homem que consideram um mau papa.

Queremos saber quais os principais pontos em que se manifestou a ampliação dos poderes pontifícios? Gregório VI exigiu de alguns prelados, em virtude da reforma, o *juramento de obediência canônica*, que depois foi imposto a todos os metropolitas por Gregório IX e estendido a todos os bispos por Martinho IV. O direito de *confirmar* as nomeações episcopais, antes reservado aos metropolitas, passou a pertencer ao Papa que, aliás, nomeou muitas vezes, *motu proprio*, os titulares das dioceses e das abadias "isentas". A *canonização*, a que os bispos procediam outrora livremente, foi reservada ao Papa por Alexandre III em 1170. A *autenticidade das relíquias* não foi deixada à apreciação das autoridades locais, mas passou a ter de ser garantida por Roma. A *absolvição* dos pecados graves — como o saque de igrejas, as relações com excomungados ou a falsificação de documentos pontifícios — pertence exclusivamente ao Papa. Veremos mais adiante a importância do seu *direito de apelo*. Tudo isso funda as bases de uma autoridade efetiva, que o pontífice de épocas anteriores estava longe de conhecer.

O prestígio do Papa manifesta-se por muitos sinais externos. Se, nos atos oficiais que dimanam da sua chancelaria, toma humildemente o título de "servo dos servos de Deus", noutros casos, referindo-se a si mesmo, designa-se mais altivamente como "Vigário de São Pedro" ou "Vigário de Cristo". A expressão "Santo Padre" é usada correntemente para dirigir-se a ele, e a de "Santidade", imitada das liturgias imperiais do Oriente, não é rara.

Se o Papa ainda não veste a batina branca[4], já usa a *tiara*, mitra especial que o distingue de todos os bispos; o *phrygium* ou *camelaucium*, que tinha em comum com as personalidades romanas de maior relevo, ostenta uma coroa de ouro na orla inferior, como símbolo do poder soberano. Em que data? Talvez no tempo de Nicolau II. Bonifácio VIII, no início do século XIV, acrescentará uma segunda coroa, e depois um papa de Avinhão, Clemente V ou Bento XII, uma terceira; dir-se-á na época que estas três coroas são a imagem da soberania que o Papa exerce sobre as três igrejas: a militante, a padecente e a triunfante. Além da tiara, o Papa tem ainda diversos ornamentos litúrgicos particulares, como o *subcingulum*, espécie de manípulo marcado com três cruzes e suspenso da cintura. Na mão direita, usa o anel do pescador, com a imagem do apóstolo lançando as redes. Quando celebra pontificalmente a Missa, segue um cerimonial particular, não tão amplo como o que seria estabelecido no Renascimento, mas também majestoso. Regras estritas já caracterizam as suas audiências. É costume que os seus visitantes, mesmo reais, lhe beijem a mão ou a aba do manto, e que, se estiver a cavalo, o príncipe mais categorizado entre os presentes lhe segure o estribo e conduza a sua montada.

A sua residência é também digna de tanto prestígio. Os papas habitam no *Latrão* desde que, no início do século IV, o imperador Constantino ou a sua segunda mulher, Fausta, lhes doaram o antigo domínio dos Laterani, subtraído outrora aos seus proprietários pelo fisco de Nero. Tantos séculos haviam associado o papado a este lugar que a posse do Latrão parecia ser a prova tangível da legitimidade de um pontífice. É um conjunto esplêndido, adaptado à sua finalidade, com três partes: o palácio, a basílica e o batistério, com a sua enorme sala de cinco ábsides onde se reúnem os concílios, com relíquias inestimáveis como as recordações da Antiga Lei e essa *Scala santa*, a escada que asseguram ser a do pretório de Pilatos, aquela mesma que Jesus subiu...

Fora da cidade (o Latrão fica na parte interior da muralha aureliana) ergue-se São Pedro, catedral da cristandade, erigida sobre o túmulo ou "confissão" do apóstolo, onde ele confessou a fé pelo martírio. É ainda a basílica constantiniana, com o seu "quadripórtico", sob o qual dormem tantos papas, com o grandioso mosaico da ábside e as doze colunas torcidas ornadas de videiras, que sustentam a *pergula* ou galeria. De século para século, sobrecarregaram-na tanto com pequenos santuários, altares e túmulos que o resultado é uma pitoresca confusão, bem diferente da ordenada distribuição da atual São Pedro. Ao lado, no local das modestas casas construídas pelo papa Símaco por volta do ano 500, e restauradas em 800 por Carlos Magno, Inocêncio III mandou construir um palácio rodeado de jardins, onde os seus sucessores residirão com gosto até a sua partida para Avinhão: o Vaticano.

Para assegurar o governo da Igreja, são indispensáveis numerosos serviços. Os assuntos multiplicam-se sem cessar: exame das candidaturas às dignidades eclesiásticas, recursos, redação das "bulas" e outros documentos pontifícios, sem falar de inumeráveis outros problemas em que é solicitada a intervenção do Papa. A *Cúria* constitui o conjunto desta enorme administração. Ao lado do Papa, os consistórios formados por cardeais substituem os sínodos anuais que antes se reuniam em Roma por ocasião da Quaresma, e informam e aconselham o Papa: é a esta assembleia que ele confia os seus projetos e notifica as principais nomeações, sobretudo as dos cardeais.

Entre os serviços da Cúria, os mais importantes são os da *Chancelaria*. Todos os grandes assuntos da cristandade passam por ali. Desde os começos do século XIII, é dirigida por um chanceler e um vice-chanceler, assistidos por notários encarregados de redigir os documentos, e por agentes subalternos, clérigos ou leigos. Já desde esse tempo funciona admiravelmente, por meio de quatro repartições: a das "minutas", que elabora o esquema ou rascunho dos atos pontifícios; a da "expedição", que redige as expedições originais; a do "registro", que transcreve e guarda no arquivo a redação definitiva de tudo o que sai das repartições; e, por último, a da "bula", que apõe nos documentos o selo (*bulla*) do Papa, peça redonda de chumbo, achatada nas duas faces, uma das quais traz o nome do pontífice entre os braços da cruz e a outra as figuras de São Pedro e de São Paulo. Para garantir a autenticidade dos atos, tomam-se os cuidados mais minuciosos; para redigi-los e apresentá-los, há toda uma arte e uma tradição. Assim, as fórmulas variam conforme o tipo e o fim visado por cada um; o estilo é escandido, ritmado e, por vezes, quase poético; e a maneira de datar, de fixar o selo e de escolher as fitas que pendem dele deve obedecer a um regulamento. É necessário que os falsários tenham um engenho infernal para poderem imitar semelhantes modelos, o que, não obstante, acontece com certa frequência. As regras da *diplomática* pontifícia serviram de modelo a todas as chancelarias da Europa; nenhum Estado, com exceção da Inglaterra, possuiu arquivos tão bem montados e nenhum, como é óbvio, teve um alcance tão universal.

Para fazer executar as suas ordens e vigiar os bispos, o papado cria uma instituição importante, a dos *legados*. A ideia, inspirada nos *missi dominici* carolíngios, começou a desenvolver-se desde o período gregoriano. São Pedro Damião, os cardeais Humberto e Hildebrando tinham sido enviados "em legação" para resolverem certos assuntos. Eleito papa, Hildebrando desenvolve e aperfeiçoa a instituição. Até então, a missão dos legados fora temporária, e os papas conservarão o hábito de enviar homens de confiança com a missão de, em certos casos, serem portadores diretos das suas ordens: estes *legati apostolicae sedis* ou *legati Sanctae Romanae Ecclesiae* estão revestidos de uma autoridade superior durante a sua missão; todos os outros poderes devem ceder perante o deles e por isso, mesmo que eles próprios sejam simples clérigos ou monges, têm autorização para depor os bispos.

Mas, por mais importante que fosse o seu papel, os legados temporários não podiam obter resultados duradouros, pois, por definição, não se mantinham muito tempo no exercício dessa missão. Em vista disso, Gregório VII estabelece alguns deles definitivamente. Tornam-se o homem do papa num determinado setor. Representam a fidelidade absoluta, a obediência sem a menor hesitação ou crítica.

Muitas vezes, tomam o título arquiepiscopal do país onde devem agir, e é assim que, em muitos casos, um arcebispado passa a deter o *primado*, título antigo mais ou menos em desuso. O "grande legado" de Gregório VII é feito "primaz das Gálias"; Urbano II dará ao arcebispo de Reims o primado sobre a Bélgica e ao de Narbonne o primado sobre a Narbonense; o arcebispo da Cantuária é feito primaz da Inglaterra, e o de Salerno, primaz da Itália do Sul. E não se trata de um título honorífico, mas de um direito de fiscalização. O arcebispo de Aix foi duramente censurado por não ter manifestado a devida *oboedientia* e *reverentia* ao seu primaz.

É natural que a instituição dos legados permanentes, sobretudo quando se transformavam em primazes, não agradasse a todos. Não faltaram protestos; a carta enviada em 1078 pelo clero de Cambrai ao de Reims é um verdadeiro requisitório, em que os legados são acusados de pretender um despotismo pessoal, de se portarem como verdadeiros tiranos, de se deixarem corromper com muita frequência e de não respeitarem os veneráveis costumes das dioceses. Com o tempo, a questão dos primados provocará numerosas querelas. De qualquer modo, esta centralização, que não deixou de ter contrapartidas prejudiciais, tendendo a suprimir a diversidade fecunda do universo cristão, ampliou os meios de ação e de supervisão.

Mas não é apenas sobre o clero que os legados fazem sentir a autoridade pontifícia. Outros são enviados para junto dos reis, como os atuais "núncios", e há ainda os que são embaixadores na Inglaterra, na França e no Império. Sobretudo nos países que reconheceram a supremacia da Santa Sé, os legados exercem uma influência enorme. Reclamam por toda a parte e muitas vezes obtêm o *óbolo de*

São Pedro. Nenhum soberano, nesta época, possui semelhantes meios de governo à sua disposição.

Os concílios ecumênicos, suportes da cristandade

Uma autoridade tão vasta estava limitada pela das assembleias que constituíam os suportes da cristandade, os *concílios ecumênicos*? De maneira nenhuma. As teorias que mais tarde se chamarão "conciliaristas", isto é, que sustentarão a superioridade dos concílios sobre os papas, começarão a ser formuladas somente nos começos do século XIV, com Ockham. Do século XI ao século XIII, pode ter havido resistências esporádicas à autoridade pontifícia, mas essas resistências nunca assumiram o caráter de uma luta doutrinal.

Um concílio ecumênico é sempre convocado pelo Papa. Quando? Quando ele vê a necessidade de se apoiar sobre toda a Igreja para fixar um ponto dogmático ou tomar graves decisões. É a Cúria que prepara minuciosamente a ordem do dia e, muitas vezes, elabora os "cânones" que os padres do concílio deverão aprovar ou não. O soberano pontífice preside às sessões, com todo o brilho da pompa romana. Em grande medida, os concílios aparecem, portanto, muito mais como uma câmara consultiva do que como um parlamento que exprime uma vontade própria. Seria falso, aliás, ver aí a prova de um injustificado autoritarismo; entre os padres dos concílios e o Papa, o acordo é quase sempre total nos pontos essenciais, e a autoridade que ele exerce não é discutida por ninguém.

A lista tradicional dos concílios ecumênicos compreende apenas vinte e um, desde que a Igreja existe; a Idade

Média presenciou sete. O Concílio de Latrão reunido por Inocêncio III em 1215 é considerado o décimo segundo. Os oito primeiros foram comuns à igreja oriental e à ocidental, mas, a partir do nono, em 1123, os gregos deixaram de participar deles. Por outro lado, essas assembleias, "ecumênicas" no seu princípio, isto é, universais, reuniam um número de delegados extremamente variável; ao passo que, em 1215, chegaram ao Latrão três mil clérigos de todas as categorias e de todas as nacionalidades, o Concílio de Lyon de 1245, máquina de guerra contra Frederico II, contou apenas com três patriarcas, cento e quarenta bispos, quase todos franceses ou ingleses, e algumas centenas de padres e monges. Um papa em dificuldades que reunisse um concílio tinha muito menos probabilidades de ver afluírem as multidões do que um papa poderoso, temido e venerado por todos.

O concílio típico, o concílio supremo de toda a Idade Média, é o que Inocêncio III reuniu no Latrão em 1215 e que marcou o apogeu do seu pontificado. A partir de 19 de abril de 1214, o grande papa dirigiu a todos os patriarcas, arcebispos, bispos, abades, príncipes e reis do mundo cristão um convite para se encontrarem em Roma no dia 1º de novembro de 1215. O prazo previsto entre a convocação e a reunião era significativo: um ano e meio; queria-se que todas as coisas fossem bem preparadas e que ninguém se esquivasse. Aliás, as ordens do papa a respeito da presença no concílio eram estritas: apenas dois prelados por província poderiam permanecer nas suas sedes, a fim de solucionar os assuntos urgentes, e ainda assim deveriam fazer-se representar. O mesmo acontecia com os capítulos e congregações. Fora desse caso, não se admitiria nenhuma desculpa. O arcebispo dinamarquês de Lund tentou esquivar-se e foi chamado à ordem.

Foi por isso que, a partir do princípio do outono de 1215, toda a Europa cristã se dirigiu a Roma. Quatrocentos e doze bispos responderam ao apelo do papa. Puseram-se também a caminho oitocentos abades ou priores — todo o monaquismo do Ocidente! Os poderes civis estavam também presentes nessa reunião da cristandade, na pessoa de embaixadores escolhidos entre os príncipes de alta linhagem. O imperador latino de Constantinopla, os reis da Germânia, da França, de Jerusalém, de Aragão, de Portugal e da Hungria enviaram o que tinham de melhor na sua corte. E muitos senhores vieram em pessoa, principalmente o conde de Toulouse e diversos nobres do Sul da França, porque o caso dos albigenses estava na ordem do dia. Do Oriente, só compareceram três ou quatro bispos gregos, mas, em contrapartida, a Polônia e a Dalmácia afirmaram a sua dedicação à Igreja com representações extraordinariamente ilustres. Quanto aos simples clérigos, eram milhares — pelo menos três mil!

Podemos imaginar o que foi a sessão de abertura no dia 11 de novembro. A Basílica de São João de Latrão foi pequena para conter toda aquela multidão. Quando Inocêncio III apareceu, as aclamações foram imensas, apaixonadas. Perante a cristandade assim reunida, o grande papa encarnava a manifesta supremacia da Igreja sobre todas as potências. A ordem do dia esgotou-se em três sessões públicas: 11, 20 e 30 de novembro. Os debates tinham sido tão bem preparados que nenhum se eternizou. Os padres do concílio votaram conforme os desejos do papa e com uma rapidez exemplar sobre a libertação da Terra Santa, a reforma moral, o caso dos albigenses e muitas outras questões espinhosas. Simultaneamente realizaram-se as reuniões para a redação definitiva dos setenta cânones que fixaram as decisões solenes. Manifestação brilhante da unidade da Igreja, o décimo segundo concílio ecumênico consagrava a glória do passado.

Bispos e dioceses

No plano regional, a organização da Igreja assentava, desde as suas origens, sobre um elemento fundamental, espiritual e administrativo: a *Igreja*, comunidade humana dirigida pelo *bispo*. No decorrer dos séculos, acrescentara-se a noção da divisão territorial: o bispo, já muito antes das invasões, havia-se tornado o homem consagrado que dirigia os cristãos numa determinada região. Esse território esteve inicialmente ligado à *civitas* romana, e, na verdade, a autoridade do bispo estava associada praticamente a uma cidade; era ali, no interior das muralhas, que ele tinha a sua catedral e o seu palácio, sede da sua administração. À medida, porém, que o cristianismo penetrou nos campos e se criaram as paróquias rurais, a autoridade episcopal estendeu-se a um território mais vasto, a um *suburbium* campestre. No decurso do século X, adquiriu-se o hábito de aplicar a este território a velha designação administrativa do Império — *diocese* —, e a palavra passou a ser de uso corrente.

A importância das dioceses era extremamente variável[5]. Antes de mais nada, quanto às dimensões: havia uma grande diferença entre os 754227 hectares da diocese de Nantes e os 191387 da de Lyon na mesma província, e não podemos pôr no mesmo plano a diocese de Bourges, que contava 1841667 hectares, e a de Orange, com apenas 34582. A cifra dos fiéis variava também, não só com a superfície, mas também com a densidade da população; na Normandia, a densidade era de 30 por quilômetro quadrado, mas devia ser pelo menos o dobro em Flandres. Havia, portanto, dioceses grandes e pequenas, pobres e ricas, o que equivale a dizer que havia entre os bispos diferenças de "peso", que os méritos pessoais podiam atenuar, mas não suprimir inteiramente[6].

Grande ou pequeno, rico ou pobre, o bispo goza de indiscutível prestígio e detém uma considerável autoridade. Fala de igual para igual com os mais poderosos senhores e quase sempre é tão respeitado por eles como pelo povo simples. Quando, na sua catedral — a igreja em que tem a sua "cátedra" —, sobe os degraus que o conduzem à sua sede, a sua glória brilha aos olhos da multidão. Veste uma fina túnica de linho, estola franjada de ouro, dalmática e casula bordadas, e, na cabeça, a alta mitra pontiaguda que se vê nas esculturas de Chartres. A mão esquerda segura a Cruz, e a direita, com o anel de ouro, abençoa o povo. Se é um arcebispo, ou um bispo particularmente estimado pela Santa Sé, cai-lhe até o meio do corpo o *pallium*, uma faixa de lã branca que o papa envia àqueles que quer honrar.

Os seus poderes são muito grandes, no que se refere à ordem e à jurisdição. É ele quem confere as ordens maiores e o sacramento da Confirmação, e é ele quem, em princípio, ordena todo o novo bispo, abençoa os novos abades e abadessas, consagra o óleo da Quinta-Feira Santa, benze os sinos, os paramentos sagrados, as novas igrejas e os cemitérios. Tem sobre os seus clérigos um poder administrativo e jurídico, e pode até desterrá-los por faltas graves; vigia, direta ou indiretamente, todo o ensino e é dele que dependem as obras de caridade, como também o controle indiscutível sobre tudo quanto se refere aos costumes e à fé.

Acima do bispo está, em princípio, o *arcebispo metropolitano* — na França, são dezoito —, que tem autoridade sobre os "sufragâneos" ou bispos da sua província. A partir da época carolíngia, os poderes dos metropolitas não cessam de decrescer, até que, no século XVI, o Concílio de Trento os reduzirá praticamente a nada. Se confirmam e ordenam os seus sufragâneos, é mais em virtude de uma antiga deferência do que de um direito. As visitas que fazem a todas as dioceses da sua província, salvo alguma exceção[7], são sobretudo protocolares. Resta-lhes o direito de julgar em segunda instância, antes do recurso ao Papa, e o de presidir aos concílios provinciais, o que não é grande coisa. A concepção piramidal da Igreja, tão cara a São Bonifácio e a alguns dos seus contemporâneos, não prevaleceu, e, por mais respeitado que seja, o bispo já não tem na Igreja a importância, a liberdade e os meios de ação que detinha nas épocas precedentes. A fórmula *Ecclesia in episcopo* será tão válida em 1200 como fora em 400 ou 600? Sem dúvida que não. O fortalecimento do poder e da centralização dos pontífices acarretou uma diminuição da autoridade dos bispos, que começaram a tornar-se — mesmo sem serem legados ou primazes — simples representantes do Papa nas suas dioceses. O domínio romano sobre o episcopado efetivou-se sobretudo a propósito das eleições episcopais e da colação dos benefícios ligados à sé.

Toda a Questão das Investiduras tivera por fim impedir que os leigos nomeassem os bispos. Voltaria a Igreja à antiga forma de eleição, em que intervinham ao mesmo tempo os cônegos do cabido, os monges da diocese e o povo? Quando a reforma triunfou, o Concílio de 1245 confiou as eleições apenas aos cabidos, mas, na realidade, os cônegos nunca tiveram condições de nomear os seus bispos. O papa reservou para si o direito de verificar os méritos do candidato e as condições canônicas da eleição, e sublinhava-se que eram bispos eleitos "pela graça de Deus e da Sé apostólica". Quando se discutia o nome de vários candidatos, sem que o cabido pudesse escolher entre eles, o apelo ao Papa resolvia a questão, e o Concílio de Lyon de 1274 diz que "é inconcebível o número destes apelos". Se acrescentarmos ainda que muitas vezes os bispos eleitos pediam a sagração, não ao metropolita, mas ao soberano pontífice[8], compreende-se que a influência de Roma nas dioceses passasse a ser enorme; atingiu o auge em Castela, onde o rei Afonso X reconheceu ao papa o direito exorbitante de depor e de restabelecer os bispos, bem como de anular uma eleição "ainda que o eleito fosse digno".

Por outro lado, uma evolução constante impeliu o papado a reclamar — e muitas vezes a obter — o direito de dispor como bem entendesse dos benefícios. Quer para recompensar um bom servidor, quer para ser agradável a um rei, o papa concedia os rendimentos de um cargo eclesiástico a um titular nomeado por ele mesmo. Esta imposição começou modestamente com Inocêncio II, para se tornar mais acentuada no tempo de Alexandre III e de Inocêncio III. Desta maneira, um clérigo da chancelaria ou um empregado romano recebia benefícios em diversos lugares da cristandade. Em 1125, Honório III decretou "que em toda igreja, toda catedral será deixada uma prebenda à disposição da Santa Sé". Chegou-se ao ponto de prometer um benefício a um futuro beneficiário durante a vida do titular! Urbano IV multiplicou este tipo de colação e Clemente IV estabeleceu como princípio que "a livre disposição dos cargos eclesiásticos antes ou depois da morte dos titulares compete a quem possui as atribuições apostólicas". Ou seja: o papado dispunha da imensa riqueza da Igreja! Que grande instrumento de ação! Compreende-se que tenha havido protestos. Um bispo inglês, Roberto

Grosseteste, tornou-se célebre pela sua franqueza ao denunciar, por ocasião do Concílio de Lyon, os abusos destas colações de benefícios, acusando Roma de concedê-los a pessoas indignas. Mesmo levando em conta o temperamento colérico do bispo de Lincoln, amigo de Simão de Montfort, podemos admitir que nem tudo era falso nas suas críticas. Estas resistências foram, porém, ineficazes, e os bispos perderam praticamente quase todos os seus direitos neste terreno.

Mas havia outros elementos de oposição aos poderes episcopais. Em primeiro lugar, os *cabidos*. Os cônegos que os compunham tinham sobretudo o direito de administrar a diocese durante a vacância da sé. De um momento para outro, os bispos viram-se obrigados a acatar as decisões que tomavam e mais ou menos a partilhar com eles o poder. É fácil adivinhar os conflitos que daí resultaram. O mais célebre ocorreu em Bordeaux, onde o arcebispo Geffroy de Loroux foi pura e simplesmente obrigado a fugir para não ser morto! Era comum que a maioria dos cônegos cumprisse mal os seus deveres. Não viviam em comunidade, mas cada um em sua casa, recebendo uma parte dos rendimentos do cabido, a "prebenda". Acontecia mesmo que, para aumentar essa prebenda, o cabido limitava o número dos seus membros, mandando vigários cantar os ofícios. No entanto, os cônegos regrantes reagiram contra esses abusos, principalmente os premonstratenses[9]. Era entre os cônegos que o bispo recrutava os seus funcionários — o *chantre*, o *chanceler*, o *teologal*, o *ecólatra*, o *penitenciáro* e o *custódio* ou tesoureiro. É bastante compreensível que dois poderes vizinhos e tão emaranhados tivessem acabado por tornar-se rivais[10].

Mas havia mais. Desde os tempos bárbaros, os bispos eram ajudados no seu trabalho pelos *arcediagos*, que inspecionavam, fiscalizavam e presidiam em seu nome. Mas, pouco a pouco, muitos foram entrando na posse de benefícios que lhes davam direitos e rendimentos diferentes, e assim, com interesses e funções próprias, era-lhes difícil continuarem a ser mandatários dos bispos que, por vezes, se queixaram dos seus abusos de poder. E o seu papel foi declinando, até ser suprimido pelo Concílio de Trento.

Entretanto, em fins do século XII, aparece na diocese um novo personagem: o *vigário geral*. Originariamente, os vigários gerais eram substitutos temporários dos bispos, quando estes tinham de fazer uma viagem ou participar de uma cruzada, mas a partir de Gregório IX tornaram-se uma espécie de procuradores ou delegados revogáveis, que ajudavam mais diretamente o seu chefe nas tarefas administrativas e na aplicação da justiça. Por último, os bispos já idosos ou doentes tinham coadjutores que lhes sucediam depois da morte; eram muitas vezes titulares de bispados criados no Oriente por ocasião das cruzadas, mas reocupados pelos muçulmanos; e mantinham-se na posse desses títulos por um sentimento de fidelidade bastante comovente. Chamavam-lhes bispos *in partibus infidelium*.

Por fim, ao lado do bispo, outro organismo: o *concílio* ou *sínodo diocesano*. Sem periodicidade fixa, reunia os padres encarregados de cuidar das almas, bem como os representantes das ordens. O metropolita podia também convocar *concílios provinciais*, e de tempos a tempos chegavam até a reunir-se *concílios nacionais*. Estas assembleias tinham sido extremamente importantes na época precedente. Na Espanha[11], os concílios de Toledo desempenharam um papel de primeiro plano, de verdadeiro senado do país. Mas o crescimento dos poderes dos reis, por um lado, e o dos papas, por outro, não permitiram que estas assembleias se desenvolvessem.

Párocos e paróquias

A divisão elementar da sociedade cristã é a *paróquia*. O termo é amplamente utilizado a partir de agora. O regime paroquial, nascido nos tempos merovíngios, não cessou de se desenvolver e de aumentar as malhas das suas redes[12] mesmo nos países de cristianismo mais recente, como a Alemanha do Leste, a Boêmia e a Polônia, há paróquias — isto é, unidades eclesiásticas — por toda a parte, tanto no campo como na cidade. Foi assim que se estabeleceu a moderna Europa cristã.

Como as dioceses, as paróquias são via de regra muito diferentes umas das outras. Existem aquelas cujo território é muito exíguo e outras que são imensas. As condições históricas fixaram características muito distintas. Assim, na Itália do Sul, muitas vezes devastada pelas guerras, e sobre a qual pesou a ameaça sarracena, as paróquias — denominadas com o significativo nome de *castra*, "fortes" — estão reunidas e centralizadas; na Itália do Norte, onde lhes chamam *plebes*, "povos", têm muitas capelas longe do centro. Na tranquila Normandia, subdividem-se em inumeráveis elementos de culto.

O clero das paróquias é designado por nomes muito diversos. Durante bastante tempo, o titular foi chamado apenas *presbyter* ou *rector ecclesiae*, termo que se conservou na Bretanha, onde ainda hoje se fala dos *reitores*. No século XIII, prevaleceu o uso da palavra *cura*; o cura é o padre que tem a seu cargo a cura, o cuidado das almas; é o pastor. Mas também se empregam outros termos, sem que estejam associados exatamente a uma função ou a um título: *deões, capelães, priores, vigários*[13].

Quem nomeia este baixo clero? Em princípio, o bispo, mas os senhores reclamam o direito de "patronagem" e de "apresentação". Um cânon do III Concílio de Latrão proibiu que se instalasse um "curato" — uma povoação pastoreada por um cura — sem a permissão do bispo, mas os abusos são inumeráveis, e frequentemente o titular da paróquia não é senão um empregado subalterno do castelo.

No entanto, fizeram-se grandes esforços para remediar esses abusos. Alexandre III tinha especificado bem que só o bispo podia escolher o pároco, embora consentisse que a escolha recaísse sobre um dos candidatos apresentados pelo senhor. O IV Concílio de Latrão insistiu na necessidade de os padres das paróquias terem uma sólida instrução religiosa: foi até resolvido que os bispos velassem pelo nível dessa instrução. O Concílio de Lyon de 1274 tomou medidas muito acertadas, proibindo que se nomeassem párocos com menos de vinte e cinco anos, exigindo que fossem realmente ordenados ou que, pelo menos, se comprometessem a receber as ordens no prazo de um ano, e ameaçando com graves sanções os que contribuíssem para a nomeação de um cura indigno. Apesar de tudo, é preciso reconhecer que houve muitas infrações a esses regulamentos.

O clero rural era muito pobre. Em princípio, cada paróquia tinha os rendimentos suficientes para sustentar o seu clero, mas, além de que esses rendimentos podiam ser desviados por um senhor ou por um prelado, havia casos em que eram assustadoramente baixos. Pelo estudo das taxas reais, vê-se que existiam muitas paróquias não tributadas, porque as suas rendas anuais eram inferiores a 10 e mesmo a 7 libras, aproximadamente um terço de um soldo por dia, ao passo que um operário ganhava no mínimo meio soldo. Nas regiões de montanha ou na argilosa Champagne, havia muitas paróquias nessas condições. Quanto aos vigários, tinham para viver apenas o produto do "direito de estola", isto é, proventos casuais.

É de surpreender que um clero nessas condições tenha dado por vezes exemplo de uma conduta pouco edificante? Mesmo aqueles que, pelos seus costumes ou pela sua ignorância, não ofereciam o flanco à crítica, sentiam-se tentados a conseguir algum dinheiro em troca de serviços espirituais. O Concílio de Latrão de 1215 enfrentou sérias dificuldades para resolver o dilema entre a administração dos sacramentos, que devia ser gratuita, e o legítimo desejo dos sacerdotes de não morrerem de fome. Não nos admiremos, portanto, de ver um cura exigir as roupas dos recém-nascidos que acabava de batizar, para as revender, ou apoderar-se da cama e outros pertences de um morto a quem acabava de dar a Extrema-Unção! Foi preciso que os bispos estabelecessem algumas tarifas, como fez o de Noyon, que, não sem esperteza, permitia que o pároco recebesse três soldos por um casamento e doze por uma reconciliação.

Esta última disposição revela-nos a autoridade do pároco e o papel multiforme que desempenhava. A paróquia constituía uma comunidade infinitamente mais fechada do que a dos nossos dias. Só o pároco tinha o direito de batizar, casar e enterrar. Era formalmente proibido assistir à Missa dominical de um padre de fora, e um arcebispo de Bordeaux ameaçava com a excomunhão todo o cura que aceitasse um paroquiano infiel à sua própria paróquia. Na Bretanha, essa infidelidade era punida com vinte soldos de multa, o que representava dois meses de salário mínimo!

O pároco está, portanto, em contínua união com o seu rebanho, que conhece pessoa por pessoa. É para ele que afluem todas as súplicas e reclamações. Vela pela saúde pública bem como pelo estado moral da sua paróquia; cuida dos leprosos; é uma espécie de delegado de polícia, a quem se entrega o dinheiro achado e a quem se apresentam todas as queixas. Além disso, é ele quem registra os batismos, casamentos e óbitos. E, como provém desse mesmo povo que dirige, ninguém se admire de que intervenha familiarmente em todos os assuntos e, em pleno púlpito, denuncie um ladrão ou um adúltero. Assim, apesar dos seus defeitos evidentes, este clero medieval foi o elemento de ligação da sociedade cristã; foi ele que manteve viva a fé do povo mais simples.

Os regrantes

Dos arcebispos aos párocos, todos constituem o clero *secular*, aquele que está diretamente encarregado de conduzir à salvação o rebanho fiel e que vive entre as suas ovelhas, no "século". Mas, ao seu lado, um outro clero ocupa na Igreja um lugar igualmente considerável, como já observamos[14].

Este clero distingue-se por viver segundo uma Regra. É um povo inumerável de *regulares*, que compreende *monges* ou religiosos e *monjas* ou religiosas, sob a direção de superiores que, segundo os casos, usam os nomes de *abade, prior, preboste, abadessa* ou *prioresa*. Os séculos XII e XIII serão a idade de ouro do monaquismo, o auge da evolução que o leva nesta época a uma fecundidade e a uma variedade prodigiosas. Pelo seu número, pela influência que exerce na Igreja e junto dos poderes públicos, pelos homens que transfere para a hierarquia secular, para os postos superiores de bispos, cardeais e até papas, pela sua ação econômica e social, a instituição monacal é, sem dúvida, um dos alicerces da cristandade.

A abundância e a variedade das ordens monásticas desencorajam qualquer enumeração e tornam difícil toda a classificação. Será preciso distinguir as ordens de espírito antigo, orientadas pela *Regra de São Bento*, das de nova índole, que seguem regras mais recentes, como a de São Francisco? Mas há ordens de espírito ainda mais novo, como a dos premonstratenses e a dos dominicanos, cujos métodos se inspiram na venerável *Regra de Santo Agostinho*. Bastará destacar as grandes ordens — os beneditinos, os cistercienses, os franciscanos e os dominicanos —, se a múltipla complexidade das "pequenas" ordens forma também um conjunto de enorme influência? Uma divisão mais lógica poderia basear-se nos fins que elas procuram: contemplativos ou ativos. Mas, se os cartuxos entram na primeira categoria, outros, como os cistercienses, unem a ação e o apostolado à oração. Por outro lado, esta ação especializa-se e impõe-lhes características particulares, conforme se consagram sobretudo à obra da reforma, como os premonstratenses e outros cônegos regrantes, ou à caridade, como os Hospitalários, os Irmãos do Espírito Santo, os Irmãos de São Lázaro, ou ainda à luta armada a favor de Cristo e da Santa Igreja, como as ordens militares do Templo e Teutônica. E quando São Francisco e São Domingos fazem nascer do solo cristão as suas magníficas messes de mendicantes, o que fazem é suscitar um modo inédito de vida religiosa.

Procuremos imaginar um grande mosteiro, um daqueles que seguem a mais célebre observância, a de São Bento, na época do seu maior esplendor: Cluny, por exemplo, ou Saint-Gall ou Fulda. É um mundo, uma aglomeração humana de que os nossos atuais conventos não são capazes de dar a menor ideia. Cercado de altos muros, o mosteiro estende as suas construções ordenadas de acordo com um plano rígido e adaptadas às várias funções da vida comunitária: sala do capítulo, claustro, *scriptorium*, celas ou dormitórios, refeitório e enfermaria, sem falar dos lugares necessários para as provisões e para as safras agrícolas. Este conjunto imenso é dominado pela igreja conventual, cujos campanários — em Cluny eram sete — se erguem para o céu numa sólida manifestação de fé e altivez.

Mas, ao redor do mosteiro propriamente dito e dos cem ou duzentos monges que ali residem, há toda uma *familia*, uma verdadeira cidade monástica, a dos *famuli*, cujas casas cercam os edifícios conventuais e, muitas vezes, serão a origem de cidades. São os *gestores, vicarii, villici* e *majores*, que administram os domínios da abadia; são os *ministeriais*, detentores do feudo hereditário da cozinha, da padaria e da pelaria; é o povo miúdo dos assalariados, que substituem nos trabalhos mais duros os religiosos, a partir de agora mais preocupados com ofícios e cópias do que com lavras e ceifas; são os queridos *oblatos*, que deram à abadia os seus bens e as suas pessoas para terem a felicidade de viver na paz do claustro e aos quais é conferido o hábito da ordem; são ainda os *servos voluntários*, homens e mulheres livres que, levados pela sua própria piedade, literalmente se escravizaram à comunidade e aos quais, numa cerimônia significativa, o abade passou em volta do pescoço a corda do sino conventual. No conjunto, os que formam estas diversas categorias são pelo menos tantos como os que formam a população monástica. Todos trabalham nas imediações do convento, mas uma "clausura" os separa da comunidade, para que a vida dos monges permaneça recolhida. Em Corbie, existia um claustro entre a dispensa, onde os fâmulos preparavam os alimentos, e a cozinha, onde os monges, observando ritos precisos e entoando salmos, os cozinhavam. Um provérbio expressava com toda a franqueza como este humilde grupo de trabalhadores se sentia feliz com a sua sorte: "É bom viver à sombra do báculo".

Mas essa é a *família* estrita. Há uma outra, maior, formada por cristãos piedosos inscritos em associações de oração, em sociedades caritativas que dependem do mosteiro, o que lhes dá direito a assistir aos ofícios rezados em sua intenção e de, ao morrer, serem enterrados na santa terra monástica. Conservaram-se listas dessas "confraternidades", que geralmente trazem o nome de *Liber vitae*; em Saint-Gall, os associados eram mais de 1700. E é preciso acrescentar ainda os membros de inumeráveis confrarias, cujo vínculo com a abadia é menos forte, mas que, nos dias festivos, se agrupam em torno dessa casa que amam; contam-se por dezenas de milhares!

À frente da abadia está o abade, eleito por toda a vida, e cuja autoridade sobre o seu rebanho é, em princípio, absoluta. Deve ser um líder, um verdadeiro pai, um guia espiritual e um administrador, qualidades que o santo fundador Bento exigia e que o papa Gregório Magno enumerou na biografia que escreveu dele. É auxiliado por subordinados como o prior e o mestre de noviços, e conta além disso com os "oficiais" e com o "celeireiro", responsável pelo celeiro, ou seja, o ecônomo, ajudado por sua vez pelo encarregado do refeitório, pelo cozinheiro, pelo *custos panis*, pelo *custos vini* e pelo hospedeiro. Mas, em última análise, todo o edifício repousa sobre os ombros do abade. A comunidade vale o que valer o seu abade. E esse é o problema.

Em princípio, o abade é eleito por todos os monges, os "professos". O Concílio de Latrão de 1215 recorda essa norma, precisando que a eleição pode ser feita de três modos: por "inspiração", em caso de unanimidade, por escrutínio conventual ou então *via scrutinii mixti*, em dois momentos, quando o conjunto dos religiosos designa dez ou vinte delegados, e estes, reunidos, escolhem o eleito. Neste caso, porém, como no dos bispos, o grande mal da época é a ingerência laica; os príncipes intervêm nas eleições e enviam embaixadores às comunidades para sugerirem um nome, quando não entronizam o seu candidato à força. Estas intervenções chegam a beirar o escândalo, como em Hautmont, onde o monge Guy, apoiado pela condessa de Blois, invadiu o convento com cento e vinte guardas e lançou na prisão os religiosos recalcitrantes. É óbvio que as eleições contestadas foram muitíssimas e sempre férteis em dificuldades inextricáveis, e a única solução era o apelo ao Papa (algo sempre custoso), a não ser que um leigo das proximidades resolvesse o assunto com um estrondoso golpe da sua manopla.

Cada mosteiro beneditino deve ser autônomo: a centralização clunicense foi-se pulverizando pouco a pouco. Isto não significa, porém, que as comunidades vivam isoladas; formam-se fraternidades entre elas, para troca de serviços espirituais e mesmo materiais, hospitalidade, assistência recíproca, sem necessidade de um controle da ordem sobre cada mosteiro. Quando o espírito de reforma triunfou, sobretudo quando Cister pregou com o exemplo[15], chegou-se a um modo de organização mais centralizada. Os abades beneditinos da província de Reims foram os primeiros a reunir-se em assembleias plenárias. Apesar das resistências, o método impôs-se e Inocêncio III mandou que fosse adotado em toda a parte. O Concílio de 1215 ordenou a criação de *capítulos provinciais*, que se reuniriam de três em três anos, mas não estabeleceu nenhuma autoridade central capaz de impor uma fiscalização rigorosa. A ordem beneditina não conheceu a organização hierárquica de Cister, em que o abade da abadia "mãe" supervisionava as abadias "filhas" e o *capítulo geral* era um verdadeiro parlamento da ordem, ao qual eram submetidas todas as causas e dificuldades. E é, sem dúvida, a essa falta que se deve atribuir o nítido enfraquecimento dos monges negros, que se observará sobretudo a partir do século XIV[16].

No entanto, quer estejam hierarquizadas à maneira cisterciense, centralizadas como os franciscanos e dominicanos, ou permaneçam mais independentes como os beneditinos, as ordens religiosas, por estarem disseminadas por toda a cristandade, desempenham até o século XIII — data em que as permutas universitárias se tornaram muito mais importantes no cadinho das ideias — um papel de laço moral entre as diversas dioceses. É perfeitamente possível identificar a sua influência em muitos casos, como o dos beneditinos normandos na Inglaterra (onde tinham priorados) e o dos clunicenses na Espanha. Se se desenhassem as regiões onde a abadia parisiense de Saint-Denis exerceu a sua ação, teríamos um território tão vasto como o da França. Abadias como São Norberto, Clúsia na Itália, Santo Urso no Vale de Aosta e Saint-Maurice no Valais venciam as difíceis montanhas e mantinham contato com as suas filiais, como também com os leigos que se consideravam seus amigos. Mais tarde, no século XIII, os conventos dos mendicantes serão verdadeiros acampamentos onde essas "tropas de assalto" permanecerão sempre de prontidão para servirem o Mestre, e, colados às cidades, estabelecerão uma rede de influência "mais ou menos compacta, que se esforça, no entanto, por não deixar muitos espaços vazios"[17]. Ao lado, por conseguinte, do clero secular que conduz o povo cristão, os regrantes são, no cristianismo da Idade Média, o elemento propulsor, um meio permanente de contato, de permutas e de vivificação.

A justiça da Igreja e o direito canônico

Com a sua sólida organização e a sua hierarquia, a Igreja surge, pois, como uma sociedade dentro da sociedade, como um Estado acima dos Estados. Goza de uma independência e de um poder acrescidos, além disso, por uma dupla realidade: como Estado, a Igreja possui a sua justiça e as suas finanças próprias.

A *justiça eclesiástica*[18] data das origens do cristianismo, praticamente do tempo em que os primeiros cristãos, perseguidos pelas autoridades imperiais, não podiam admitir que os seus litígios fossem levados aos tribunais dos seus carrascos, e os apresentavam à arbitragem dos seus próprios chefes religiosos. Nos tempos bárbaros, os bispos exerceram o papel de juízes no propósito de defender princípios mais humanos, ao lado de um direito germânico selvagem e sumário. Carlos Magno, misturando política e religião, e confiando frequentemente aos clérigos as funções judiciárias, trabalhou no mesmo sentido. Nos dias conturbados dos séculos IX e X, a Igreja foi a única instituição que conservou prestígio suficiente para constituir uma autoridade jurídica válida. Do século XI ao XIV, vê-se, pois, funcionar, ao lado dos tribunais civis, uma justiça da Igreja cuja importância deriva da grandeza do papel que ela desempenha na sociedade.

Quem está sujeito a essa justiça? Qual é a competência dos seus tribunais? O princípio é simples: a Igreja reivindica o direito de ser a única a julgar os seus membros. Foi o que se chamou o *privilégio do foro*, que excluía da competência dos juízes quem quer que estivesse consagrado a Deus. Tratava-se de uma competência em razão do sujeito, *ratione personae*, e a Igreja lutou por mantê-la a todo o custo: o concílio de Avinhão de 1279 excomungará todo o agente laico que, tendo detido um clérigo — mesmo em flagrante delito —, não o entregue aos juízes eclesiásticos. O qualificativo "clérigo" é, aliás, entendido em sentido muito amplo: embora hesite um pouco, a Igreja concede o privilégio dos seus tribunais mesmo aos clérigos casados ou até degradados por ela, só abandonando aos leigos os clérigos bígamos, falsários ou hereges inveterados. Nada mais pitoresco do que os debates entre os juízes reais de Paris — do Parlamento e do *Châtelet* — e os seus colegas da Igreja, em torno dos *goliards*, bandos de indivíduos de maus costumes, bêbados, ladrões e desordeiros, que infestavam a capital: bastava que vestissem um traje clerical e rapassem a cabeça numa vaga tonsura para que a Igreja estendesse sobre eles o seu manto e lhes assegurasse o privilégio da clerezia.

Este privilégio também é concedido legalmente a certas categorias de pessoas, em nome dos interesses da Igreja ou da caridade de Cristo: as viúvas, os órfãos, os estudantes, os cruzados, os peregrinos. E como a justiça da Igreja é geralmente superior à dos leigos e o seu processo é mais preciso, mais rápido e também mais humano, uma vez que, do ponto de vista das penas, ela não aceita o "juízo de Deus" nem os "ordálios"[19], são muitos os que apelam para o privilégio do foro eclesiástico. Em fins do século XIII, a competência dos tribunais da Igreja é quase ilimitada.

Ainda uma outra causa contribui para aumentar essa competência. Os tribunais eclesiásticos não são apenas competentes *ratione personae*, mas também *ratione materiae*, isto é, em razão do objeto do delito e da matéria em causa. Esta segunda definição da competência eclesiástica era menos clara do que a do "privilégio do foro", devidamente fixado em diversas capitulares carolíngias, mas, na prática, impôs-se com uma amplitude extraordinária. É normal que a Igreja reclame competência para julgar todos os processos em que estão em jogo os seus interesses (dízimos, benefícios, doações, testamentos) e queira apreciar sem interferências os crimes de caráter religioso como os sacrilégios, as blasfêmias, os atos de feitiçaria e os que se cometem em lugares santos. Mas quando inclui na sua competência todas as causas espirituais, isto é, não só as que dizem respeito aos votos e à disciplina eclesiástica, mas também aquelas em que está em causa um sacramento, ou quando se proclama guardiã dos juramentos — do juramento feudal, por exemplo — e habilitada a julgar os que os transgridem, já não há nenhum limite às suas intervenções, porque tudo, na sociedade, se vincula a um sacramento ou depende de um juramento.

Não demoraram a explodir protestos e a manifestar-se resistências. Primeiro na Inglaterra, onde Henrique III, na sua luta contra São Tomás Becket, criticou asperamente a excessiva influência da justiça do clero. Na França de Filipe Augusto, os barões uniram-se contra os tribunais da Igreja e dirigiram ao rei uma queixa formal; São Luís regulamentou a questão por meio de concordatas. Na Alemanha, Frederico II não deixou escapar uma ocasião tão boa de pregar uma peça à Igreja e mandou aprovar solenemente, pelos seus juristas, a superioridade da função judiciária do Estado. À medida que as monarquias se tornarem mais fortes, os privilégios da justiça eclesiástica irão declinando. Em 1329, a famosa assembleia de Vincennes formulará sessenta e seis agravos contra ela e, pouco depois, em meados do século XIV, o Parlamento de Paris exigirá dos juízes da Igreja que o deixem julgar as "causas como de abuso". O uso tenderá a limitar a competência eclesiástica às causas verdadeiramente espirituais.

Quem administra esta justiça? É claro que o número crescente e a complexidade das causas impediram que o próprio bispo se encarregasse dessa tarefa, como fazia ainda nos começos do século XII, quando julgava no "seu sínodo" ou na "sua corte". Sob o pontificado de Alexandre III, aparece o *oficial* encarregado de exercer a justiça em nome da autoridade, e, pouco depois, desenvolve-se um organismo completo, uma verdadeira instituição que, a partir do século XIV se denominará *oficialidade*. O oficial é assistido por assessores; o *selador* é uma espécie de escrivão e o *promotor* é talvez a origem do ministério público. Há também advogados e notários. Pouco a pouco, o sistema aperfeiçoa-se: acima dos *oficiais*, cuja jurisdição se limita a uma circunscrição, o *oficial principal* julga causas de toda a diocese e tem competência para apreciar recursos. Certas causas particulares, as que diziam respeito a heresias, foram retiradas da competência dos tribunais ordinários, quando essas enfermidades espirituais alcançaram as proporções que veremos; constituíram-se, portanto, tribunais especiais encarregados de "investigar a perversidade herética": era a *Inquisição* que, injustamente atacada, levou muitas vezes a compreender mal a justiça eclesiástica.

Por fim, coroando todo o edifício, o papado tem os seus tribunais, aos quais todo o cristão condenado pode recorrer, pelo menos em princípio, porque o direito de apelar para o Papa foi bastante fluido durante muito tempo. Os papas, à medida que se fortaleceram, viram afluir grande quantidade de apelos e, já no século XII, São Bernardo se indignava porque o palácio pontifício "retinia todos os dias com o ruído das leis de Justiniano e não com o das leis do Senhor", e porque se ouviam "da manhã até à noite os gritos e protestos dos litigantes". Inocêncio III e Inocêncio IV foram obrigados a tomar medidas para precisar o direito de apelo e restringir o seu exercício.

Esta enorme atividade jurídica teve pelo menos um bom resultado, para o qual contribuiu a ambição dos papas de estabelecerem solidamente os seus direitos: a Igreja foi a grande jurista da época, e o seu direito, o *direito canônico*, assumiu uma importância análoga à do direito romano no mundo antigo. Em tese, os "cânones" eram as decisões disciplinares estabelecidas pelos concílios, as regras — *cânon*, em grego, quer dizer "regra" — que a Igreja achava que se deviam observar. Mas como os negócios particulares, civis, dependiam todos mais ou menos de princípios religiosos, o direito canônico alargou o seu campo e chegou a incluir inúmeros preceitos e prescrições que hoje nos parecem muito distantes da competência dos padres.

O direito canônico teve, portanto, do século XII ao XIV, a sua idade de ouro. Durante muito tempo, a Igreja vivera sem um código; a partir do século VI, utilizara uma compilação de cânones organizada pelo monge cita Dionísio o Pequeno, o mesmo que fixou a era cristã. Depois, Carlos Magno impusera um *corpus* um pouco mais desenvolvido, chamado *Hispana*, porque provinha da Espanha. Depois dele, um falsário fabricara as famosas *Falsas Decretais*, que atribuíam a antigos papas diversas decisões e editos, aliás bastante sábios[20]. A partir de meados do século XI, a Igreja sentiu a necessidade de sistematizar os textos jurídicos em que se apoiava o seu clero.

Um trabalho inicial, empreendido pelos canonistas franceses, especialmente por Yves de Chartres, foi ultrapassado pelo do grande mestre da Universidade de Bolonha, *Graciano*, que em 1142 publicou a *Concordia discordantium canonum*, verdadeiro tratado de ciência canônica, em que se completavam, corrigiam e depuravam os antigos *corpus*. Sem ser verdadeiramente oficial, o "tratado de Graciano" tornou-se um clássico nas Faculdades de Direito e foi adotado pelos tribunais. Inocêncio III avocou para o papado o controle do direito, encarregando um grupo de notários de atualizar Graciano e completá-lo com as novas decretais e os novos cânones publicados desde então. O trabalho foi apresentado à Universidade de Bolonha, mas estava repleto de lacunas e era prolixo, Gregório IX, por volta de 1230, pediu ao seu capelão, o dominicano *São Raimundo de Peñafort*, que elaborasse um código sistemático. Finalizada em quatro anos e publicada em 1234, esta obra atingiu uma grande notoriedade. Sob o título de *Cinco livros de Gregório IX*, foi adotada por toda a Igreja, complementada com a *Sixta* de Bonifácio VIII e, mais tarde, com as *Clementinas* de Clemente V, publicadas em 1317 por João XXII. O conjunto destas três obras, que constituíram o *Corpus iuris canonici*, seria o fundamento do direito da Igreja até à promulgação do *Codex* de 1917. Belo exemplo de permanência e prova do que a Igreja medieval trouxe de válido e sólido.

E também de humano. Se a Igreja recebeu do direito romano muitos dos seus elementos e sobretudo dos seus métodos[21], se às vezes também sofreu a influência dos costumes germânicos, soube introduzir no conjunto jurídico original que constituiu princípios infinitamente mais generosos que os que absorveu de um e dos outros. Foi ela que fixou os limites do poder e pôs condições ao exercício da guerra; foi ela que fundou o direito dos fracos, das viúvas e órfãos; foi ela que elaborou a noção de casamento, simultaneamente sacramento e contrato, como o é ainda hoje, admitindo a igual dignidade dos cônjuges, sem retirar ao marido o papel de chefe; foi ela que limitou a autoridade paterna e que mandou respeitar a última vontade do homem expressa no seu testamento. Em quantos pontos jurídicos o direito canônico não abriu caminho? Por exemplo, a teoria das faltas e da sua repressão seria a que conhecemos hoje, se os canonistas não tivessem definido a diferença entre um *crimen* e um *peccatum*, entre um crime e um delito?

Há até certos pontos em que a sociedade moderna retrocedeu claramente em relação aos princípios jurídicos da Idade Média, sobretudo quanto ao *direito de asilo*. Se um malfeitor, um adversário político ou um condenado conseguisse refugiar-se num "asilo" da Igreja, tornava-se inviolável, e isso se entendia não só quanto ao edifício da igreja ou do convento, mas aos povoados colocados sob tutela eclesiástica, até à cruz que marcava o seu limite extremo[22]. Este recurso à misericórdia podia, sem dúvida, salvar um criminoso que devesse legitimamente pender da forca, mas, por outro lado, pelo menos tornava a justiça menos implacável e constituía uma possibilidade última, que as justiças do nosso tempo recusam cada vez mais ao homem que capturam nas suas malhas — a possibilidade do arrependimento e do perdão.

Os recursos da Igreja

A Igreja tinha a sua justiça e as suas finanças. Durante os três grandes séculos da Idade Média, os seus bens cresceram consideravelmente no seu conjunto, ainda que de modo desigual.

O papado tinha os seus próprios recursos. Eram, em primeiro lugar, os rendimentos dos seus Estados, que um clérigo romano dado às finanças, Cencio Savelli, futuro papa sob o nome de Honório III, computara minuciosamente no

Liber censuum. Havia, por outro lado, o *Óbolo de São Pedro*, pago sobretudo pelos países que se reconheciam vassalos da Santa Sé; a Inglaterra, no tempo de João Sem-Terra, pagava um tributo de 700 libras e a Irlanda de 300; Frederico II, pela Sicília, prometera um imposto de mil peças de ouro. Contribuíam também para o orçamento do Papa os "direitos de proteção", pagos pelas igrejas e pelos conventos que dependiam diretamente da Sé Apostólica; as taxas pagas pelos altos dignitários para serem confirmados nos seus cargos e pelos arcebispos para a obtenção do *pallium*; os direitos ligados às bulas e outros textos pontifícios, e os que se pagavam por diversas dispensas e indulgências, sem falar em determinados impostos extraordinários cobrados do clero nas mais diversas ocasiões.

É preciso reconhecer que os assuntos pecuniários adquiriram excessiva importância no papado medieval, sobretudo a partir de meados do século XIII. O fisco de Inocêncio IV tornou-se célebre pelas suas perpétuas exigências de dinheiro, pela sua habilidade em provocar liberalidades voluntárias, pelas suas *combinazione* com os banqueiros florentinos para depenar os arcebispos que vinham *ad limina*. Estes métodos persistiram no tempo dos seus sucessores, e as cúrias de Alexandre IV, Urbano IV e Clemente IV fixaram as "oblações gratuitas" com uma precisão exemplar. No fim do período, os pontífices de Avinhão deram o exemplo — nem sempre edificante — de desenvolver ainda mais o fisco.

O resto da Igreja tinha quatro fontes de rendimento: os *dízimos*, o *casual*, as *doações* e os *benefícios*.

O dízimo, isto é, a dádiva dos fiéis ao seu clero, prática extremamente antiga na Igreja, fora codificado por capitulares de Carlos Magno e depois pelo Concílio de Paris de 870. Em princípio, era devido por todos os leigos e incidia sobre os rendimentos de qualquer natureza. O montante devia ser, segundo a etimologia, de um décimo. Abrangia os produtos do campo e, neste caso, devia ser levado ao local de arrecadação dos dízimos. Na prática, porém, as coisas não corriam tão bem. Muitos rendimentos "decimáveis" obtinham dispensa por compra ou por favor. A taxa variava muitíssimo; sobre o trigo, por exemplo, o dízimo era calculado umas vezes como "um feixe de cada dez", outras como o "décimo primeiro feixe", o décimo segundo ou o décimo terceiro. Quanto à obrigação de levar o dízimo ao seu destino, muitos camponeses dispensavam-se de cumpri-la e o pároco via-se obrigado a ir buscar o que lhe era devido.

O casual, que em algumas regiões se chamava "pé-de--altar", procedia do "direito de estola". Para salvar da miséria muitos padres ameaçados por ela, as autoridades consentiram que as funções pastorais, gratuitas segundo as regras canônicas, fossem, na prática, remuneradas. Os presentes que se ofereciam ao pároco por ocasião de um batismo ou de um casamento tornaram-se, pouco a pouco e por toda a parte, taxas fixas.

A prática das doações foi o que mais aumentou os recursos da Igreja. Algumas eram estabelecidas pela lei canônica. Os eclesiásticos deviam deixar à Igreja tudo o que tivessem adquirido no exercício das suas funções, regra que, aliás, foi seguida cada vez menos rigorosamente. Muitos leigos, porém, legavam à Igreja bens consideráveis, por piedade, por gratidão ou para assegurarem orações pela sua alma.

Por fim, os benefícios eram os rendimentos dos bens que se encontravam ligados a uma função eclesiástica. Um bispo ou abade de mosteiro dispunha de recursos, não raramente apreciáveis, provenientes de terras, herdades, casas de campo, oficinas e outras fontes que dependiam da sé ou do convento. Em princípio — e os concílios dos séculos XI e XII lembraram-no muitas vezes —, estava proibido "acumular", isto é, cobrar rendimentos de uma sé diferente da que se ocupava; a partir do século XIII, este excelente princípio caducou, como também o da "residência", que obrigava os clérigos a ocupar a sé de que eram titulares. Desde então, passou a haver cônegos que recebiam o benefício de paróquias onde nunca punham os pés, fazendo-se substituir por vigários remunerados (muito mal), e altos dignitários que colecionavam benefícios de cargos com os quais não se preocupavam absolutamente nada. Os mais severos teólogos e canonistas, principalmente os da Universidade de Paris, condenaram com veemência esta prática, que nem por isso deixou de existir.

Da leitura desta enumeração de rendimentos não se deve concluir que todos os clérigos viviam na opulência. As desigualdades eram enormes e escandalosas. O vigário de uma paróquia cujo beneficiário morava longe tinha de se contentar com o que se chamava, sem dúvida por antífrase, a "porção côngrua", que nunca representava mais da metade do benefício, e frequentemente não chegava a um terço: era a miséria. Entre o rendimento desse vigário e o do riquíssimo bispo, a proporção era muitas vezes de 300 e até de 1000...

Mas, mesmo tomados em conjunto, os recursos da Igreja variavam enormemente de região para região. Quando manuseamos os documentos do fisco real, verificamos que o rendimento das dioceses oscilava entre três e trinta e cinco libras por quilômetro quadrado, e ainda a França era o "paraíso de Deus", porque, na Itália ou na Espanha, os rendimentos eram bastante mais medíocres.

Por outro lado, todos estes recursos tinham inimigos ou amigos muito zelosos. Em primeiro lugar, os soberanos.

Em princípio, os rendimentos do clero estavam isentos de impostos, mas essa isenção era mais teórica do que real. Os reis, protetores da Igreja, não tinham o menor constrangimento em pedir-lhe, com uma delicadeza que se sabia imperativa, os mais diversos subsídios. Para nos atermos à França, vemos o clero ser tributado — e pesadamente — para se empreender uma cruzada, para aniquilar a heresia albigense ou para guerrear em Aragão. Até o fim do século XIII, estes subsídios só serão recolhidos com permissão do papa, mas os governos ganham rapidamente o hábito de cobrar impostos, e Filipe o Belo resolverá tributar os clérigos como bem entender. O mesmo fenômeno se produziu por toda a parte: na Itália, o clero foi extorquido pelas comunas, sem que o papado pudesse dizer uma palavra, pois tinha grande necessidade das ligas urbanas para resistir ao imperador.

Um outro modo engenhoso de que os soberanos se serviam para apoderar-se do dinheiro eclesiástico era o que se chamava o *direito de regalia*. Resíduo das secularizações carolíngias e dos privilégios de investiduras outrora reivindicados pelos reis, era um costume bastante estranho: com a morte de um bispo ou de um abade, o rei passava a substituí-lo enquanto a sé estivesse vaga, recebendo os respectivos rendimentos[23]. Esta prática não era geral em todos os países e, mesmo num reino como a França, não se observava em todas as províncias; mas é óbvio que os beneficiários procuravam espalhá-la. Podemos imaginar a solicitude com que os "conservadores das regalias", durante a vacância da sé, cuidavam de cortar as florestas, esvaziar de peixe os açudes e vender os rebanhos, as colheitas e as vindimas, quando não a própria mobília do bispo ou do abade defunto[24]. Os protestos dos concílios, como o de Lyon em 1274, não tiveram o menor eco.

Esta maneira de retomar do clero uma parte das suas riquezas era algo que talvez fosse mais ou menos lícito, mas muitos leigos faziam também frutuosas extorsões por conta própria. Havia barões que, a braços com problemas financeiros, sobretudo nos séculos XI e XII, assaltavam os bispados ou conventos. O movimento comunal também não deixou de permitir-se essas arbitrariedades. De forma menos brutal, numerosos leigos desviavam os dízimos em proveito próprio, chegando a constituir com eles um dote para as suas filhas. Com a cumplicidade dos poderes públicos e de membros do clero, este costume enraizou-se de tal forma que Inocêncio III teve de tolerar os "dízimos enfeudados". O dízimo tornou-se objeto de comércio...[25]

Além desses prejuízos (ocasionais, em suma), a Igreja, sem o perceber, experimentou um outro infinitamente mais profundo e, em certos casos, muito mais nocivo. O renascimento das cidades e o desenvolvimento do comércio trouxeram, como vimos, a multiplicação de permutas em moeda, o que acarretou uma queda generalizada do valor do metal. O fenômeno correspondeu àquilo que hoje chamaríamos inflação, e é sabido que, numa época de inflação, os rendimentos fixos se desvalorizam. Os beneficiários eclesiásticos que tiveram a prudência de exigir os foros em espécie nada sofreram, mas aqueles que preferiram fixá-la em moeda foram atingidos irremediavelmente, porque, como se compreende, era quase impossível convencer os devedores a aceitar uma elevação das tarifas. O fenômeno afetou sobretudo as grandes abadias beneditinas e contribuiu muito para o seu enfraquecimento pelos fins do século XIII.

Nem tudo, portanto, era florescente nas finanças da Igreja. Mesmo que, no conjunto, dispusesse de grandes recursos, mesmo admitindo que fosse a maior potência econômica, temos de levar em conta as suas grandes despesas. O papado tinha de pagar inúmeros funcionários e manter o palácio e o fausto tradicional, a que nem os pontífices mais santos podiam renunciar. Devia ainda subvencionar as cruzadas, a propaganda da fé e as construções religiosas. Alguns empreendimentos constituíam verdadeiros sorvedouros de dinheiro, como, por exemplo, o plano quimérico em que os papas se empenharam a partir de 1261: a reconstituição do Império latino de Constantinopla. Quanto ao clero, encarregava-se — sozinho — de garantir serviços que hoje dependem do Estado, e para os quais os contribuintes do nosso século pagam impostos que bem gostariam de ver reduzidos à décima parte. Ensino[26], instituições de caridade e albergues, administrações comunais e certos trabalhos públicos — quantas não eram as atividades que dependiam dos clérigos e que hoje cabem aos leigos! Os rendimentos da Igreja estavam bem longe de ser aplicados unicamente em comodidades e no conforto do clero[27].

A Igreja, potência econômica

Não convém, portanto, ver a Igreja — sociedade na sociedade — como um corpo estranho, que sugava da coletividade homens e recursos sem dar nada em troca. A Igreja participava da vida coletiva e ocupava nela um lugar de primeiro plano. Não há nenhum historiador, por mais "laico" que seja, que se tenha recusado a reconhecer esta "ação civilizadora", este papel da Igreja na produção e nas trocas (aliás, deixando muitas vezes de dizer que as trocas e a produção não eram de maneira nenhuma a sua finalidade e que a sua ação civilizadora, vasta e permanente, não foi expressamente procurada por ela). A Igreja não se propôs aumentar os seus rendimentos nem auferir lucros ou estender o seu domínio comercial, mas tudo isso lhe foi dado por acréscimo, visto que buscou somente "o reino de Deus e a sua justiça".

A doutrina econômica da Igreja na Idade Média esteve tão longe quanto possível das teorias e das práticas modernas. Era uma economia sem espírito de lucro, em que a riqueza nunca era procurada por si mesma, em que as operações comerciais não tinham qualquer intenção mercantil, em que a produção se relacionava com o consumo, em que as despesas — as despesas gratuitas para Deus — tinham prioridade sobre qualquer desejo de economizar ou gerir um capital. Era, além disso, uma economia extremamente próxima dos homens que trabalhavam para ela. O grande ministro inglês Disraeli prestou-lhe há cem anos esta homenagem: "Nós queixamo-nos agora dos proprietários ausentes; os monges tinham residência permanente e gastavam os seus rendimentos no meio daqueles que os produziam pelo seu trabalho". Poderíamos transpor a observação e dizer também que a Igreja nada tinha de comum com esses expoentes do capitalismo de hoje, que não têm o menor contato com a massa humana de que depende a produção. A economia eclesiástica mantinha-se à altura do homem.

Sabemos qual foi o papel econômico desempenhado pelos monges durante os tempos bárbaros. Enquanto os senhores e os proprietários leigos se limitaram a manter os centros da vida econômica — sobretudo rural — existente no mundo romano, os monges empreenderam uma grande tarefa de colonização. Os filhos de São Columbano, e depois os de São Bento, modificaram completamente o aspecto de regiões imensas, transformando florestas e pântanos em campos e pastagens. Um convento fundado na mais impenetrável das selvas germânicas tornava-se imediatamente um centro de cultura, de produção e de trocas. Toda a região ficava transfigurada.

Os monges dos séculos XI e XII tiveram evidentemente menos ocasião de desempenhar o papel de desbravadores, exceto nos confins da Alemanha, da Polônia e da Europa central, pois esse primeiro estágio econômico já estava ultrapassado. Cada abadia, porém, continuou a assumir uma função econômica importantíssima, aglutinando à sua volta um vasto conjunto de oficinas, de instrumentos de trabalho, de serviços e dependências; em torno de Saint-Riquier, contavam-se mais de duas mil e quinhentas casas! O que é que estava na origem desse fenômeno? A *Regra de São Bento*, pois ordenara aos beneditinos que dispusessem em volta das abadias de tudo aquilo de que precisassem, sem terem de recorrer a elementos externos.

É preciso observar também que o modo de vida monástico favorecia o desenvolvimento de uma grande atividade econômica. Os monges — e sobretudo os beneditinos —, cujo tempo era consagrado na maior parte à *lectio divina* e ao ofício, não podiam ser "produtores"; o trabalho manual, imposto pela Regra, mas em vias de cair em desuso, não podia ser suficiente para sustentar uma comunidade numerosa. Um mosteiro era, portanto, uma entidade que gastava, que fazia circular dinheiro à sua volta.

Quais eram as suas despesas? Antes de mais nada, diziam respeito à subsistência dos monges, à sua alimentação e vestuário, o que devia ser considerável, se pensarmos nas cifras dos membros de cada comunidade. Depois, vinha o serviço do culto — tecido para os paramentos, cera para as velas, azeite para as lâmpadas —, e tudo isso era muito dispendioso. Mas infinitamente mais pesadas eram as despesas com as construções. Basta visitar um mosteiro da Idade Média para ter uma ideia dos gastos que a sua construção e manutenção exigiam. Como os monges trabalhavam para Deus e para as gerações futuras, as suas construções eram sempre grandes, sólidas e ricas. Sem procurarem o conforto, preocupavam-se com a higiene e com a comodidade geral. Fontenay, por exemplo, mosteiro cisterciense, possuía latrinas bem instaladas. Um convento do século XII tinha uma circulação de água corrente superior à do palácio de Versalhes.

A atividade econômica dos mosteiros estava muito longe de se limitar aos gastos de construção e conservação dos edifícios. A vocação dos monges não era apenas contemplativa, mas também caritativa. Podemos ter por certo que a maior parte dos rendimentos que obtinham era aplicada em fins não-religiosos. Quais? Essencialmente, fins de caridade sob as mais diversas formas. Teremos ocasião de referir a importância dessa atividade no plano em que ela se colocava, o plano da fraternidade humana, mas é evidente que não era menos considerável no plano econômico. E, nesse domínio, a Igreja secular rivalizava com os regrantes. Pensemos no que deviam ser as verbas que a Igreja destinava à caridade, tomadas no seu conjunto, quando tinha a seu cargo toda a organização da previdência social e da assistência pública, sem falar no ensino. Mesmo certas atividades que hoje nos parecem estritamente comerciais dependiam da caridade cristã: por exemplo, a indústria hoteleira, porque a maioria dos lugares em que os viajantes e peregrinos faziam alto nas estradas eram albergues e estabelecimentos religiosos.

Havia até casos em que o orçamento da Igreja para fins de caridade se via gravemente comprometido no seu equilíbrio, como, por exemplo, por ocasião das grandes calamidades públicas, flagelos e fomes. Os Estados eram muito pouco previdentes e não dispunham de reservas. Todos se voltavam então para a Igreja, especialmente para os conventos, cujos celeiros, viveiros e explorações de toda a espécie eram postos à disposição do povo. Foram numerosos os casos de bispados e mosteiros que venderam os seus tesouros, e até mesmo os vasos sagrados, para arrancarem da fome o povo cristão que os rodeava.

Uma das formas mais curiosas sob a qual se manifestou a intervenção da Igreja no domínio econômico foi a *construção de pontes*. É uma página surpreendente da história, pouco conhecida e, aliás, totalmente nimbada de lendas. Começa no Sul da França, por volta de 1084, quando a "confraria de Siberto" lançou uma ponte no lugar antes chamado *Maupas* — "má passagem" — e que se tornou *Bonpas*. O exemplo foi seguido, e cristãos corajosos empreenderam a construção de pontes sobre o Ródano. Foi assim que, no ano de 1177 — segundo se conta —, a cidade de Avinhão viu chegar o piedoso pastor *Benézet*, que Deus encarregara de empreender a construção de uma ponte num lugar onde a travessia do rio era particularmente larga e difícil. Benézet e os seus "irmãos pontoneiros" trabalharam durante sete anos, e das suas mãos saiu a notável ponte cujas ruínas se veem ainda hoje. Bem mereceu ser canonizado pela Igreja. Um pouco mais ao norte, em Saint-Saturnin du Port, em 1265, os beneditinos clunicenses resolveram também construir uma ponte. Recorreram aos "irmãos pontoneiros do Espírito Santo", originários de Nîmes, ou foi a terceira Pessoa da Trindade que, segundo diz a lenda, participou dos trabalhos?[28] Seja como for, quando, quase um século depois, a ponte ficou terminada, foi chamada Ponte do Espírito Santo e deu o seu nome a um burgo muito agradável.

Os exemplos podem multiplicar-se facilmente: em Lyon, uma confraria religiosa reconstrói em pedra a ponte de madeira que ruíra; em Saumur, são os monges de Saint-Florentin; em Portugal, é a Bem-aventurada princesa Mafalda que cria uma ordem de pontoneiros para lançar uma ponte sobre o Tejo. Toda a Igreja se interessa por esta útil tarefa e concede indulgências especiais aos que a assumem. Quando, em 1275, se desmoronou a ponte de Maestrich, fazendo submergir uma procissão inteira, foram prometidos quarenta dias de indulgência àqueles que fossem trabalhar na sua reconstrução. Os bispos não ficaram atrás: em Grenoble, em 1219, o bispo João reuniu pessoalmente o dinheiro necessário para refazer a ponte levada pelo Isère. Os bispos de Rodez, Bourges, Metz, Basileia, Minden, York, Durham, Orvieto e tantos outros fizeram o mesmo. O exemplo mais curioso foi o de Conrado de Scharfeneck, bispo de Metz, que decretou em 1233 que se vendesse a melhor roupa de cada defunto da sua diocese para se construir uma ponte sobre o Mosela, "a ponte dos Mortos", que ainda existe. Estas pontes construídas sob o impulso da Igreja eram, além disso, santificadas com uma capela no meio ou numa extremidade, ou com uma cruz ou um simples nicho, para que um santo velasse sobre a própria ponte. E que santo? Evidentemente, o bom São Cristóvão, o pobre barqueiro que, segundo a *Legenda áurea*, teve um dia a glória de transportar sobre os seus ombros Jesus Cristo em pessoa.

Não foi somente construindo pontes e albergues, ou mesmo estradas e diques, que a Igreja desempenhou um papel importantíssimo. Os mosteiros, pelo ritmo normal da sua vida em comunidade, viram-se envolvidos numa série de atividades que repercutiam à sua volta e, muitas vezes, bem mais longe. Foi assim que as oficinas monásticas — moinhos, forjas, serrarias e outras — deram origem a diversas indústrias em muitos lugares; por exemplo, no

Dauphiné, os cartuxos foram os primeiros "mestres forjadores", e certas abadias exploravam, bem longe das muralhas conventuais, determinados trabalhos como pescarias no litoral, ou mesmo, como a abadia de Lobbes, em Hainaut, os vinhedos da região de Laon.

Por outro lado, a afluência de população em torno de um convento, de um centro de culto ou de um lugar de peregrinação determinava também um fluxo comercial muitas vezes considerável. As grandes feiras tiveram quase todas uma origem eclesiástica, como a do Lendit perto da abadia de Saint-Denis e as de Tarascon-Beaucaire, de Provins, de Troyes, de Frankfurt, de Colônia, e até as de Wisby no Báltico ou de Novgorod na Rússia. Todas as feiras tinham lugar num dia de festa religiosa, e não é por acaso que os camponeses da França falam sempre do mercado de São Martinho ou do de São João, ou que na Alemanha se designam ainda hoje as feiras pela palavra *Messe*, "Missa".

De maneira geral, nos séculos XI e XII a atividade econômica da Igreja foi principalmente monástica. Coincidiu, aliás, com o período de desenvolvimento espiritual dos conventos. Quando, durante o século XIII, a grandeza da instituição monástica se ofuscou por causas ao mesmo tempo financeiras e morais, produziu-se um duplo declínio: no seu papel econômico — onde a penúria substituiu às vezes a antiga opulência — e na vitalidade propriamente religiosa. Mas surgiu então na Igreja outro grande fenômeno econômico, concomitante com o novo desenvolvimento dos centros urbanos e, em ampla medida, relacionado com ele: a *construção das catedrais*[29]. Desta vez, não foram os monges que tomaram a iniciativa, mas os bispos e o povo cristão; no entanto, o resultado econômico foi o mesmo. Durante anos e anos, essas construções atraíram uma prodigiosa mão-de-obra, geraram milhares e milhares de horas de trabalho e convocaram artesãos de todos os ofícios. Pode-se imaginar o que seria a animação econômica da França no momento em que, por volta de 1250, nasciam no seu território mais ou menos cinquenta catedrais e grandes igrejas? Mais uma vez, como acontecera com os mosteiros no século anterior, era a Igreja que comandava aquilo que hoje chamaríamos "um programa de grandes obras".

Da caridade de Cristo à previdência social

Se quisermos avaliar os benefícios que a Igreja medieval prestou à sociedade em que vivia, temos de considerar também a sua ação num terreno que hoje se enquadra na assistência pública e na previdência social. Praticamente, a Igreja foi a única a atuar nesse campo. O Estado como tal, quer se denominasse império, reino ou república, não pensava ter deveres para com os membros da coletividade que regia, mesmo que fossem fracos, pobres ou doentes. Foi a muito custo que, no fim do período, apareceram alguns hospitais, municipais ou reais, aliás confiados a religiosos. Mas a Igreja ensinava aos seus filhos que cada um é responsável por todos.

Foi um dos paradoxos da Idade Média: uma sociedade que, no seu conjunto, era mais violenta e mais dura do que a do Ocidente no século XX, dá provas, no entanto, de uma generosidade e de uma delicadeza admiráveis. Milagre permanente da caridade de Cristo! Não é surpreendente que, sem nenhuma organização oficial, sem qualquer intervenção da administração pública, a generosidade dos cristãos tenha sido suficiente para fazer funcionar instituições de beneficência tão importantes como as nossas? A caridade privada, sobre a qual, evidentemente, é mais difícil obter informações, era ampla e generosa. É o que se depreende da leitura de biografias em que o herói faz doações aos desventurados, de crônicas em que se fala de "mesas de Deus" e "refeições de pobres" e do que se reservava aos miseráveis que pudessem bater à porta, ou ainda dos inúmeros testamentos em que se instituíam legados a favor dos pobres[30]. Este movimento da caridade não deixou de crescer e ganhou o seu maior impulso no tempo de São Francisco de Assis e de São Luís; estimulado pela concessão de indulgências e animado pelas ordens mendicantes, manifestar-se-á num incalculável número de donativos e na criação de congregações votadas "aos nossos senhores, os pobres"[31].

A Igreja, por meio dos seus clérigos, tinha aberto o caminho e prosseguiu essa tarefa com uma dedicação inesgotável. A partir do século IX, pelo menos, cada paróquia tinha organizado o auxílio aos pobres e possuía um registro, a *matrícula*, daqueles que recebiam ajuda. O pároco e os seus vigários eram os administradores dessa obra de beneficência que, em princípio (desde uma capitular em 818), era subsidiada pela quarta parte dos dízimos e metade dos donativos feitos à paróquia. No entanto, não era fácil proteger esse orçamento contra ambições de toda a espécie, apesar de se ter determinado que apenas seriam socorridos os realmente indigentes que fossem da região. Os mosteiros tinham também a sua "matrícula", sob a responsabilidade do monge "esmoler". Em geral, distinguiam-se duas espécies de pobres: havia um grupo, com doze pessoas em média, que vivia no convento e dispunha de alojamento, alimentação e roupa, e outro, com um número variável de indigentes — por vezes enorme —, a quem se dava o necessário para viverem. Saint-Riquier servia todos os dias mais de quinhentas refeições; Corbie distribuía cinquenta pães e Cluny reservava anualmente para os pobres duzentos e cinquenta porcos salgados. Esta solicitude pelos infelizes era tão fundamental que São Bernardo, no meio de todas as graves preocupações que lhe advinham do seu papel de árbitro da Europa, nunca se desinteressou de velar pelo bom andamento desses serviços.

A partir do século XI, começaram a aparecer ao mesmo tempo as ordens especialmente dedicadas à caridade e as instituições coletivas de beneficência. A ordem hospitalária mais antiga e difundida era a dos *Antoninos*. Nasceu perto de Vienne, no Dauphiné, em 1095, na paróquia de Mota, onde se encontravam as relíquias do grande eremita Santo Antão. A região acabava de ser vítima desse misterioso *mal des ardents* que parece resultar do contato com o centeio espigado[32]. Os que eram atacados por esse mal ficavam com a pele enegrecida e morriam rapidamente. Dois senhores da região, Gastão de la Valloire e seu filho Guérin, foram curados milagrosamente e, em sinal de reconhecimento, fundaram uma congregação que se dedicaria a tratar desses doentes. Eram os *Irmãos hospitalários de Santo Antão*, que em 1297 Bonifácio VIII reorganizou como congregação de cônegos regrantes. Os antoninos foram muito célebres em toda a parte, até na Livônia e na Transilvânia. O manto negro dos irmãos coletores, marcado com um T azul chamado "cruz de Santo Antão", bem como a sineta com que avisavam da sua presença, eram sempre acolhidos com alegria. Quando chegavam a uma região que estivesse sob interdito, a terrível pena era suspensa imediatamente e, quando lhes davam porcos, estes eram marcados com a cruz de Santo Antão e uma sineta ao pescoço, e podiam vagabundear livremente e comer o que lhes apetecesse[33].

Os antoninos não eram, porém, os únicos que se ocupavam dos doentes. A *ordem do Espírito Santo*, fundada em 1178 por Guy de Montpellier, ocupava-se de hospitais e recolhia crianças abandonadas. Embora fosse religiosa, era dirigida por um grão-mestre leigo e, por volta do fim do século XIII, contava mais de oitocentas casas. Duas outras ordens rivalizavam, num plano mais modesto, com os antoninos: os *cruciferi*, que Bolonha vira nascer por volta de 1150 e que Alexandre III aprovou em 1160, e os *stelliferi* da Boêmia e da Silésia, que se reconheciam pela sua cruz vermelha e por uma estrela da mesma cor com seis pontas. Em 1099, logo após a tomada de Jerusalém pelos cruzados, alguns nobres fundaram a *ordem de São Lázaro*, destinada a cuidar dos leprosos no Oriente. Luís VII, vendo-os tão entregues à sua missão, trouxe doze deles para a França. A congregação cresceu a passos largos e chegou a possuir na Europa e na Ásia cerca de três mil leprosários. Inocêncio IV reorganizou-a e fez dela a ordem dos *Cavaleiros de São Lázaro*, que subsiste até os nossos dias. Por fim, os *cruzados*, cônegos regrantes fundados em 1210 por Teodoro de Celas, do cabido de Liège, tinham uma finalidade admiravelmente cristã: ir às regiões devastadas pela heresia, principalmente a albigense, para cuidar dos doentes e ajudar os pobres, demonstrando assim qual era a verdadeira caridade de Cristo.

Desta maneira, com o esforço conjugado da hierarquia eclesiástica, das novas ordens e da generosidade particular, criou-se uma multidão de instituições de caridade. Não é por acaso que, até uma época muito recente, os hospitais se chamavam *Maison-Dieu* ou *Hôtel-Dieu* (hospitais de Deus). A sua fundação remontava a um bispo, a um mosteiro, a uma ordem, a um leigo rico, a um príncipe ou a um rei, e, mais tarde, a uma comuna, mas sempre se revestiam de um cunho profundamente religioso. O pessoal era constituído por homens e mulheres consagrados a Deus, chamados "irmãos" e "irmãs", e que, mesmo que não fossem membros de uma congregação, seguiam uma regra, geralmente inspirada na do Hospital de São João de Jerusalém. Tinham quase sempre à sua frente um padre ou um monge. As *Maison-Dieu* eram geralmente construções bastante amplas — Milão era célebre pela beleza das suas — onde eram recebidos tanto os doentes e inválidos como os anciãos. Os cuidados, por mais dedicação que revelassem, careciam por vezes de valor científico, mas os deserdados da sorte encontravam pelo menos abrigo e conforto.

Entre estes estabelecimentos, havia alguns que já estavam especializados. Era o que acontecia em Paris com o que São Luís mandou abrir para os cegos e que teve o nome, ainda hoje conhecido, de *Quinze-Vingts*, porque podia receber 15 x 20 = 300 doentes; já antes Guilherme o Conquistador tinha criado um na Inglaterra e, mais ou menos em 1220, o bispo de Chartres fundou na sua cidade o dos *Six-Vingts*[34]. As crianças abandonadas, que a Igreja pedia que fossem deixadas às portas dos santuários ou dos mosteiros para impedir que fossem mortas, tiveram também as suas casas, dirigidas pelos irmãos da ordem do Espírito Santo ou mantidas pelos hospitalários de Jerusalém, que deixaram o seu campo de ação na Palestina para se dedicarem a esta generosa tarefa na Europa. Alguns desses asilos eram enormes e acompanhavam as crianças até à idade adulta, após o que procuravam trabalho para os rapazes e davam um dote às moças que não quisessem entrar num convento.

Dentre as casas especializadas, as mais impressionantes eram as destinadas aos *leprosos*. A lepra, muito mais espalhada do que nos nossos dias, era o terror daqueles tempos. Não tinha o bom Joinville respondido a São Luís que preferia cometer trinta pecados mortais a ser atacado por essa doença terrível? Mas o cristianismo tinha aprendido a respeitar, no miserável cheio de úlceras repugnantes, um irmão de Cristo; o beijo de São Francisco de Assis nos leprosos, os cuidados dispensados aos "lázaros" (daí a palavra "lazarento") por São Luís, por Santa Isabel da Hungria e por Santa Hedviges, provam de modo inefável que os santos, também neste domínio, pregavam com o exemplo. O leproso, o desgraçado por excelência — *misellus*, em latim — era comparado a esse pobre Lázaro, cuja parábola assegura que é feliz no céu.

Quem não leu alguma narrativa dessa dolorosa cerimônia em que se conduzia o leproso para a casa de onde não poderia sair senão agitando uma espécie de matraca, um sinal especial cosido na sua roupa? A humanidade moderna não conservou os mesmos métodos? A história do padre Damião mostra-nos até que ponto essa reclusão dos leprosos pode ser desumana. Na Idade Média, pelo menos, eles ouviam palavras de esperança sobrenatural, nos muitos estabelecimentos que lhes eram reservados; só na França, em 1225, o rei Luís VIII comprovou a existência de mais de dois mil leprosários. E esta luta contra o terrível flagelo teve o seu patrono, *São Roque* (1293-1327), filho de uma ilustre família dos senhores de Montpellier, de onde descendem ainda hoje os Castries, que consagrou toda a sua vida a cuidar dos leprosos, desprezando de tal forma a sua pessoa que, segundo a lenda, o cão fiel que o seguia tinha de ir em busca de pão para o seu dono. Roque morreu vítima do terrível mal e a sua personalidade luminosa viria a ser uma das mais célebres na Idade Média, e mesmo até hoje, a avaliar pelo número de quadros que lhe foram consagrados por Tintoreto, Carraci, Rubens, David e muitos outros[35].

É impossível enumerar todas as formas assumidas pela caridade cristã e as instituições a que ela deu origem. Entre as mais curiosas, algumas se consagraram à *recuperação das prostitutas*. Essa chaga social existiu durante toda a Idade Média, mas aumentou no século XIII com o desenvolvimento das cidades e das universidades. Havia mulheres de má vida por toda a parte e até nos exércitos dos cruzados! São Luís foi obrigado a tomar medidas para regulamentar o seu tráfico, e o papa Inocêncio III, numa bula de 1198, prometeu a remissão total dos pecados aos homens piedosos que desposassem mulheres públicas, reconduzindo-as ao bom caminho. Em 1204, *Foulques*, pároco de Neuilly, maravilhosa figura de pastor, o mesmo que viria a ser o Pedro o Eremita da quarta cruzada com o seu ajudante Pedro de Rossiac, pregou às pecadoras nas praças e ruas, e depois fundou uma congregação para salvá-las. Do seu generoso esforço nasceu em breve uma abadia que adotou a regra de Cister. Mas Foulques não foi o único; teve imitadores, como o burguês de Marselha Bertrand que, em 1272, criou também uma comunidade com intenções análogas, reconhecida pelo papa Nicolau III como ordem monástica. Outras iniciativas, muito semelhantes, foram tomadas em Roma, Bolonha, Messina, Bourges, Dijon e mesmo em São João d'Acre, na Palestina. A mais interessante e a que obteve melhores resultados foi a do cônego Rodolfo de Hildesheim que, encarregado pelo arcebispo de Mogúncia de reconduzir ao rebanho as *fahrende Weiber* (as "mulheres que corriam por aí"...), fundou a ordem das *Irmãs penitentes de Santa Madalena*, cedo conhecidas pelo nome de "madalenetas", e na qual, submetidas a uma Regra severa, as arrependidas corriam pelo caminho que leva ao céu.

Mas tanta generosidade ainda não esgotava o zelo do amor cristão. Se os doentes e os inválidos eram os protegidos de Deus, havia ainda outra categoria de homens a quem o Senhor mandava prestar socorro — lembremo-nos da parábola do bom samaritano — e que eram os *viajantes*, muito especialmente os peregrinos, esses caminhantes de Cristo, para os quais também se fundaram congregações. Na Itália, os Hospitalários d'Altopascio guiavam os viajantes na perigosa região dos pântanos de Luca; na Espanha, os Cavaleiros de Santiago protegiam os peregrinos de Compostela; na Palestina, essa era uma das funções dos templários. Nos Alpes, como as estradas dos desfiladeiros eram difíceis, principalmente no inverno, um jovem nobre oriundo do Vale de Aosta, filho de um barão que fixara morada junto do lago de Annecy, *São Bernardo de Menthon* (996-1081), depois de uma longa vida de apostolado, fundou albergues cuja memória se conserva no Grande São Bernardo e no Pequeno São Bernardo; em muitos desfiladeiros dos Alpes, os seus cônegos regrantes, escoltados pelos seus célebres cães, ainda hoje prestam assistência aos viajantes. Mais tarde, no século XIII, quando se abriu a nova estrada da Suíça central para a Itália, os monges de Disentis, que ali construíram uma casa, batizaram-na com o nome de *São Gotardo*, em memória do santo bispo que tinha iluminado Hildesheim com a sua caridade. Assim, em todas as estradas da cristandade, erguiam-se albergues, grandes abrigos da hospitalidade cristã, onde viajantes e peregrinos podiam alojar-se, alimentar-se, reparar o vestuário e o calçado, dispor de um barbeiro, sem falar em serviços de outra natureza, porque ali também podiam confessar-se devotamente.

Tudo isto é prova tangível de que a ideia de cristandade não era uma noção abstrata e de que a Igreja, sociedade original no seio da sociedade civil, a animava com a própria força de Cristo. E se fosse necessário dar uma prova final da grandeza desta caridade, encontrá-la-íamos nessa extraordinária instituição que foi a das *ordens redentoras*. Era admirável a intenção que animava os que as fundaram. Na África e na Ásia, havia cativos dos infiéis, tratados como escravos e muitas vezes em perigo de morte. Muitos cristãos se uniam para os libertar e se cotizavam para pagar o resgate. Iam mais longe: os mais heroicos partiam para os países muçulmanos e ofereciam-se para ocupar o lugar destes ou daqueles cativos, cuja salvação eterna estava em perigo. Era uma missão extraordinária, exposta a grandes riscos; em 1240, por exemplo, São Raimundo Nonato foi martirizado pelo rei de Argel por causa do seu zelo incansável.

Duas ordens exerceram a sua ação neste campo: os *trinitários*, fundados em 1198 por *São João da Mata*, jovem provençal, e *Félix de Valois*, aos quais Inocêncio III deu todo o seu apoio, e cujo hábito branco com uma cruz vermelha e azul não demorou a tornar-se célebre; na França, o seu principal centro parisiense foi o convento de Saint-Mathurin, razão pela qual foram conhecidos pelo nome de *maturinos*, ou ainda de "irmãos dos asnos", porque os seus pedintes se contentavam com essa humilde montada. Pouco depois, os *mercedários* — a ordem de Nossa Senhora das Mercês — foram criados em 1223 pelo francês São Pedro Nolasco e pelo célebre espanhol *São Raimundo de Peñafort*; foram eles que introduziram na sua Regra o voto de se substituírem aos cativos. Desde a sua fundação até a Revolução Francesa, estas duas ordens viriam a libertar mais de seiscentos mil cativos, entre os quais Cervantes, o grande mestre das letras espanholas. Não se pode imaginar caridade que vá mais longe em abnegação do que a destas ordens redentoras.

Esta foi a contrapartida viva do enorme espaço que a sociedade medieval ofereceu à Igreja. Situando-nos no terreno econômico e institucional, falsearíamos a perspectiva se não frisássemos bem que esta imensa obra de beneficência não resultou do frio cálculo de um Estado preocupado em manter a ordem e evitar a miséria que provoca agitações, nem teve nada a ver com as burocracias da Previdência Social ou com o anonimato da Assistência Pública. O regulamento dos hospitais de Paris, em 1230, dizia que se deviam receber "pobres e doentes como ao Senhor", e que era preciso "servi-los e honrá-los como a Deus". Nossos Senhores, os pobres, eram realmente amados... Porque a Igreja não se colocava apenas no plano administrativo, ao ensinar os seus filhos a serem caridosos. Pura e simplesmente, ensinava-os a ser fiéis à mensagem de Cristo[36].

Notas

[1] Vimos, no cap. V, que o papado possuía uma base territorial: os Estados da Igreja, que trariam muitas complicações. Os contemporâneos, porém, julgavam esse poder temporal indispensável e, até desenvolverem o seu fisco, foi dele que os papas obtiveram a maior parte dos seus rendimentos (cf. mais adiante *A Igreja, potência econômica*). Inocêncio III esforçou-se por fazer deste Estado uma barreira desde o Tirreno até o Adriático. Os seus elementos eram díspares: o "patrimônio de São Pedro", a planície de Perugia, as marcas de Ancona e da Romagna, doadas pelos carolíngios, a Toscana e os territórios ao norte dos Apeninos, legados pela condessa Matilde em 1155.

[2] O termo "converso" procede do verbo "converter" e explica-se porque muitos deles se encaminharam para a vida religiosa depois de uma vida agitada e de uma "conversão". (Cf. o número de dezembro de 1949 da *Vie spirituelle*, dedicado aos conversos, e Othon, *De l'Institution des convers* in *Saint Bernard et son temps*, II, 147).

[3] O manto vermelho data de Paulo II (1464-1471), e o título de Eminência de Urbano VIII (1630). Os cardeais que pertenciam a ordens religiosas conservavam o hábito da sua ordem e só a partir de Gregório XIII (1572-1585) é que foram autorizados a usar as insígnias cardinalícias.

[4] A batina só será adotada como regra a partir do grande restaurador da Igreja do século XVI, São Pio V (1566-1572), que era dominicano e conservou o hábito branco dos Pregadores.

[5] Cf. a interessante comunicação, apresentada no Congresso internacional de Ciências Históricas de 1950 por J. de Font-Réaulx, sobre *A estrutura comparada de uma diocese nos séculos XIII e XIV*, e publicada pela *Revue d'histoire de l'Église de France*, no seu número de julho-dezembro de 1950.

[6] Daí provém o curioso provérbio: *Blé vaut mieux que sac* ("O trigo vale mais que o saco": as dioceses de *B*ayeux, *L*isieux e *É*vreux valem mais do que as de *S*éez, *A*vranches, *C*outances).

[7] Cf, no entanto, as observações do cardeal Baudrillart na introdução do livro de M. Andrieu Guitrancourt sobre *L'archevêque Eudes Rigaud et la vie de l'Église au XIIIème siècle*. Eudes Rigaud, arcebispo de Rouen, visitou várias vezes todas as dioceses da sua província, e inspecionava muito de perto a administração dos seus sufragâneos.

[8] Foi nesta época que se estabeleceu o costume da viagem *ad limina* para os bispos recentemente eleitos. O papa desejava conhecê-los em pessoa; se não pudessem fazer a viagem, um dos seus representantes deveria vir prestar-lhe homenagem.

[9] Cf. cap. IV, par. *O retorno às fontes e as novas ordens.*

[10] Existiam também agrupamentos de cônegos fora das catedrais, que serviam uma igreja e viviam dos rendimentos ligados a ela. Não seguiam obrigatoriamente uma regra nem viviam necessariamente em comum. Designavam-se com o nome de "Colegiada". A Charité-sur-Loire, por exemplo, era uma colegiada antes de se tornar regrante. Em Aosta, a colegiada Santo Urso era o verdadeiro centro espiritual da região.

[11] Cf. *A Igreja dos tempos bárbaros*, cap. IV, par. *O retorno dos arianos ao seio da Igreja.*

[12] Cf. *A Igreja dos tempos bárbaros*, cap. V, par. *Uma obra de longa paciência*, e cap. X, par. *As estruturas da Igreja.*

[13] O *arcipreste* (ou deão) tinha em princípio a missão de fiscalizar certo número de paróquias; esta fiscalização era bastante vaga. Dava-se também o mesmo título ao vigário da catedral.

[14] Cf. cap. I, par. *A Europa cristã em 1050*. Sobre as origens e desenvolvimento do monaquismo, cf. *A Igreja dos Apóstolos e dos Mártires*, cap. XI, par. *Uma força nova: o monaquismo*; e também o índice de *A Igreja dos tempos bárbaros.*

[15] Cf. cap. IV, par. *O retorno às fontes e as novas ordens.*

[16] A organização das ordens mendicantes é diferente da das ordens de "espírito antigo". Cf. cap. IV, par. *O novo fermento.*

[17] J. de Font-Réaulx, *op. cit.* (n. 5).

[18] É preciso não confundir a *justiça eclesiástica* com a *justiça clerical*. Esta depende do sistema feudal, e um bispo que fosse senhor laico de uma terra tinha sobre ela os direitos de justiça análogos aos de qualquer senhor e totalmente independentes dos que detinha como chefe espiritual. Foi o caso, por exemplo, dos bispos de Metz, que possuíam no plano temporal uma cidade — Épinal — que não fazia parte da sua diocese. Do mesmo modo, os arcebispos de Rouen eram senhores e justiceiros-mor de Louviers, cidade que, no plano espiritual, dependia de Évreux.

Esta justiça, "clerical" pelo seu titular, mas laica na sua essência, colidia com a justiça da Igreja. Maurice Veyrat, que publicou um notável estudo sobre *La haute justice des archevêques de Rouen, Comtes de Louviers* (Rouen, 1948), mostra-nos o arcebispo de Évreux reclamando em vão que lhe entreguem um clérigo preso em Louviers. Nesta cidade, o sinal mais evidente dos direitos do arcebispo era uma forca com quatro pilares, que permitia "liquidar doze criminosos ao mesmo tempo". Símbolo da Igreja envolvida nos assuntos temporais!

[19] Sobre os ordálios e o juízo de Deus, cf. *A Igreja dos tempos bárbaros*, cap. V, par. *A idade das trevas*, e também, neste volume, o cap. VII, par. *A Igreja luta contra a violência.*

[20] Cf. *A Igreja dos tempos bárbaros*, par. *A expectativa de um papado forte, in fine.*

[21] Perante o direito romano, a Igreja teve uma atitude complexa. Os papas e as grandes universidades (religiosas, é claro), principalmente a de Bolonha, impulsionaram o seu estudo. Santo Ivo, futuro *oficial* de Tréguier, estudou-o em Orléans. Mas, ao mesmo tempo, uma corrente queria impedir que o clero estudasse o direito romano, suspeito de ensinar princípios não cristãos e de favorecer o poder dos príncipes (Concílio de Latrão de 1139). Mais tarde, Roger Bacon zombará com inúmeros sarcasmos do clero fanático pelos *Digestos* e *Pandectas*. No século XIII, o renascimento do direito romano encorajado pelos reis será dirigido contra a Igreja (cf. cap. VIII, par. *Do direito canônico ao direito romano*, e cap. XIV, par. *A crise do espírito*).

[22] Esta é a origem dos cruzeiros que se veem na entrada das nossas aldeias e cuja lembrança algumas cidades ainda conservam nos toponímicos.

[23] C. Laplatte, no seu estudo sobre *L'administration des évêchés vacants* (*Rev. Histoire de l'Église de France*, 1937), mostrou que a regalia temporal não era uma grande fonte de rendimentos para o rei, mas trazia anexa a "regalia espiritual", o direito de o titular dos benefícios dispor deles em favor de quem quisesse, o que permitia arrumar a vida de muitas pessoas.

[24] Talvez provenha daqui a palavra "regalar-se".

[25] Isto explica por que o dízimo que, em si, não era exorbitante (sobretudo se tivermos em conta os serviços que a Igreja prestava), não demorou a tornar-se impopular. O bom povo indignava-se ao ver essa piedosa contribuição desviar-se dos seus fins legítimos e os "bens do Crucificado" serem tão mal utilizados. A partir de 1200, aproximadamente, o movimento de resistência aos dízimos cresceu. Chegaram ao rei queixas e reclamações, e houve verdadeiras greves do dízimo. O *oficial* de Sens condenou os fiéis por não pagarem os seus dízimos... havia quatro anos! Os monges de Saint-Bertin escreveram ao papa pedindo-lhe que lhes permitisse anatematizar os contribuintes recalcitrantes. E houve incidentes ainda mais graves: párocos espancados quando vinham receber os dízimos, e até mortos, como sucedeu em Dunquerque, em 1126.

[26] O papel da Igreja no ensino será estudado no cap. VIII.

[27] É interessante observar a maneira como o papado remunerava os seus servidores. Preocupava-se apenas com os vencimentos dos mais importantes, concedendo-lhes benefícios e deixando o pagamento dos funcionários inferiores a cargo dos beneficiários das graças apostólicas a quem correspondiam determinadas taxas. Por outro lado, até 1310, a remuneração era paga em espécie: o oficial curial retirava da cozinha certo número de "rações", ao mesmo tempo que os serviços de ferragem punham porções de feno e de aveia à disposição das montadas, indispensáveis numa época em que o papado se deslocava sem cessar. Os estribeiros recebiam o vestuário. No século XIV, triunfa a economia monetária. As contas, aliás, revelam que as guerras sustentadas na Itália absorviam a maior parte das receitas.

[28] A ponte de Avinhão é a primeira ponte construída em pedra; a data em que a construção terminou é, pois, uma data histórica. A construção da Ponte do Espírito Santo foi objeto de um sábio estudo de Guy Dupré: *Un pont au Moyen Âge: le Pont-Saint-Esprit* (1947). Empreendida pelo prior, a construção foi confiada a uma confraria. Certos operários eram pessoas que se haviam *dado* (donati) à obra para fazerem penitência. Vestiam um hábito

branco decorado no peito com uma cruz de tecido carmesim. Por volta de 1438, permitiu-se aos padres que trabalhassem na obra, mas os operários entraram muitas vezes em conflito com o prior. Chegou a haver uma ordem de "irmãos pontoneiros"? O grande erudito Leopoldo Delisle tem as suas dúvidas. A história ainda não disse a última palavra sobre este assunto. (*Académie des Inscriptions*, t. XXX, 1892, pág. 540).

[29] Cf. cap. IX, pars. *A prodigiosa fecundidade* e *Construir para Deus*.

[30] Em alemão, havia uma palavra que designava os donativos feitos por um cristão para assegurar a salvação da sua alma: o *Seelgerät*, que figurava no testamento.

[31] A rubrica deste parágrafo em que se lê a expressão moderna "previdência social" foi-nos sugerida por um artigo de grande interesse do doutor Fleurent sobre *Une assurance-maladie à Colmar pendant le Moyen-Âge*, aparecido no *Annuaire de Colmar* de 1950. Este estudo apresenta o funcionamento da "caixa dos doentes" da confraria dos alfaiates de Colmar. Os companheiros que adoeciam tinham um quarto reservado para eles no hospital, em virtude de um acordo entre a sua confraria e esse estabelecimento. O diretor da confraria era obrigado a visitar os seus doentes pelo menos uma vez por dia, para "ouvir as suas queixas, confortá-los e manter-lhes o moral". Esta "caixa econômica primitiva", que tão bem sabia fazer as coisas, chamava-se a *boite* dos artesãos.

[32] Atualmente, os médicos chamam-lhe *ergotismo*. No verão de 1950, na região de Pont--Saint-Esprit sobre o Ródano, certos casos de intoxicação pelo pão foram atribuídos ao ergotismo. O *mal des ardents* foi estudado a fundo pelo Dr. Henry Chaumartin (Paris, 1947). O famoso retábulo de Grünewald, de Colmar, executado para um mosteiro de Santo Antão, mostra sinais das doenças que os antoninos tratavam.

[33] Esta é a origem do famoso *porco de Santo Antão*, que se tornou proverbial. Os artistas medievais reproduziram muitas vezes o grande eremita acompanhado do suíno. Teólogos mais recentes, à falta de melhor explicação, pretenderam ver nesse útil animal um símbolo das tentações carnais que o santo vencera...

[34] Parece que não houve manicômios antes de 1375, data em que se fundou em Hamburgo a *Tollkiste*, a "caixa dos loucos".

[35] Cf. prof. Jeanselme, *Comment l'Europe au Moyen-Âge se protégea contre la lèpre*, *Bull. Hist. de lá Médicine*, 1931. Para conhecer a vida, muito curiosa, de um leprosário, cf. C. Schmidt, *Notice sur l'eglise rouge et la léproserie de Strasbourg*, Estrasburgo, 1879.

[36] A Idade Média teve a mística, a nostalgia da pobreza. Mais um pouco, e teria feito da pobreza um sacramento... Em todos os testamentos parisienses que datam da Idade Média, encontra-se um legado a favor do *Hôtel-Dieu* de Paris (E. Coyecque, *L'Hôtel-Dieu de Paris au Moyen-Âge*).

VII. O HOMEM SOB O OLHAR DE DEUS

"Onde houver homens, aí estará presente a condição humana"

A Igreja só pedia aos seus filhos que fossem fiéis à mensagem de Cristo. Em todos os tempos, porém, foi difícil obter deles essa fidelidade. "Onde houver homens, aí estará presente a condição humana", disse Montaigne algures; por mais poderosa que seja uma fé religiosa, não pode fazer com que o homem deixe de ser de carne e sangue, inteiramente impregnado de violência e pecado. Por que motivo a "condição humana" da Idade Média havia de ser melhor que a dos nossos dias?

Os tempos bárbaros tinham-se caracterizado por um terrível retrocesso dos valores morais e da civilização[1]. Durante anos, as ocupações correntes de muitos indivíduos tinham sido saquear, devastar, violar e matar. Impusera-se o direito da força, o *Faustrecht*. Seria inconcebível que em algumas décadas os costumes tivessem mudado a tal ponto que levassem de vencida a violência e a imoralidade. Profundamente cristã sob muitos aspectos, a sociedade da Idade Média nem por isso deixou de ser uma sociedade brutal, feroz para com os humildes e vencidos, e de uma vida sexual nada exemplar. E era neste rude clima que a Igreja, sem se cansar, prosseguia a sua obra de civilização, de justiça, de dignidade humana e de paz.

A característica mais impressionante foi a violência. O tipo representativo era o guerreiro que, vestido com a loriga, cuja cota de malha o cobria do capuz aos tornozelos, o elmo de aço na cabeça, as polainas de ferro nas pernas, o escudo enfiado no braço esquerdo e a espada na mão direita, galopava à frente dos seus homens. Quando o ódio e o furor agitavam estes animais da ação, era melhor não estar no seu caminho... E esses sentimentos eram os únicos que um verdadeiro guerreiro julgava digno de si. "Pensar é o mesmo que enlouquecer", dizia um poema da época. Lançar-se sobre o vizinho, sobre os bens da Igreja ou sobre os camponeses indefesos eram tarefas de certo modo profissionais, em que os homens de guerra se treinavam para operações de maior envergadura. Aliás, instalados nos seus castelos maciços, que eram fortalezas e casernas ao mesmo tempo, o que fariam eles quando a caça e os torneios — esses simulacros de guerra — não lhes bastassem para evitar o tédio?

"Eles preferem o combate ao ouro fino e à comida", diz a *Chanson d'Antioche*, e um cavaleiro confessa sem rodeios: "Se eu tivesse um pé no paraíso e outro num castelo, e fosse entrar em combate, retiraria o pé que tivesse lá em cima". Basta abrir qualquer "gesta" para sentir o cheiro do sangue fresco, da "terra juncada de miolos", e para encontrar em todas as páginas os grandes massacres, os moribundos arfando no chão, os feridos tentando recolocar "os intestinos no ventre". Os laços familiares não constituíam obstáculo algum a semelhantes violências, e era frequente que um guerreiro mandasse um pai, um irmão ou um primo para o outro mundo. Um homem que rachasse um adversário ao meio ou que, abrindo-lhe o peito, lhe arrancasse o coração, ou um soldado que esmigalhasse crianças contra uma parede, ou que organizasse uma orgia sobre as ruínas de um convento, depois de ter assassinado as suas freiras, não eram considerados animais ferozes, mas heróis cujas proezas deviam ser perdoadas. São assim os protagonistas das canções de Raoul de Cambrai ou do ciclo loreno. Para que explodisse a indignação, era preciso que esses guerreiros se indispusessem com regiões inteiras ou que as suas chacinas fossem especialmente cruéis, como as que tornaram célebres o senhor de Coucy e esse Bernardo de Cahuzac que, em Sarlat, vazou os olhos de cento e cinquenta prisioneiros, enquanto a sua esposa se distraía cortando os seios e arrancando as unhas de uma mulher que acabava de ser presa![2]

Estes usos e costumes não eram privilégio da casta feudal; as guerras burguesas não ficavam atrás das dos barões em matéria de horror. As querelas entre cidades italianas desembocavam em violências inimagináveis, em províncias totalmente incendiadas e transformadas em desertos, em suplícios infligidos aos vencidos com requintes de crueldade — em Forli, chegaram a ferrar os prisioneiros como se fossem gado —, em execuções com betume e azeite fervente, e muitos outros processos ainda piores.

Estas violências, em muitos casos, não tinham sequer a desculpa da guerra: muitos desses velhos soldados não passavam de salteadores de estrada. Suger dizia que o senhor de Coucy "devorava como um lobo raivoso". Os monges de Saint-Martin du Canigou encheram dez páginas de um grande in-fólio com a simples enumeração das sevícias que lhes foram infligidas pelo senhor de Pons du Vernet. Muitas das atuais famílias de excelente nobreza descendem de facínoras feudais que, escondidos, espiavam os viajantes de um lugar elevado; o nome de "Hohenzollern" — "altos alfandegários" — é significativo. Ainda por cima, esses malfeitores eram gente de bons sentimentos! A respeito do conde de Blois, dizia Abelardo com uma ironia desiludida: "Thibaut dá muito dinheiro aos religiosos, mas, quanto mais rouba, mais dinheiro tem para distribuir. Seria melhor que nada roubasse e nada desse".

A violência e a crueldade faziam por conseguinte parte da vida corrente, e todos estavam tão acostumados a isso que a capacidade de indignação estava embotada. Nada é mais impressionante, a este respeito, do que os métodos utilizados pela justiça. É conhecido o incidente que revoltou São Luís a propósito da aplicação feita por Enguerrand de Coucy do direito feudal que reservava ao senhor a caça nas suas terras: por um coelho caçado furtivamente, três rapazes foram enforcados e, quando o autor dessa brutalidade foi levado à presença do rei e censurado como um criminoso, muitos barões protestaram, afirmando que de modo algum se tinha ferido a justiça! Não cessou de crescer o emprego da *tortura*, quer depois da condenação, como agravamento da pena, quer antes, para arrancar confissões. O costume germânico dos *ordálios* continuou em vigor: obrigavam-se os acusados a mergulhar as mãos em água fervente ou a caminhar descalços sobre um braseiro. E havia ainda o *duelo judicial*, estranha maneira de julgar um litígio, permitindo que os adversários lutassem até que um cortasse a garganta do outro, para que a Providência designasse o vencedor!

Pelo menos as mulheres seriam melhores? Mesmo sem chegarem ao caso da terrível torturadora de Sarlat, viviam em castelos que mais pareciam casernas, e muitas delas dão a impressão de terem sido temíveis viragos. Viam-nas conduzir os seus exércitos para a batalha, como Branca de Navarra, condessa de Champagne, que incendiou Nancy, ou como Aubrée d'Ivry, que aproveitou a ausência do marido para mandar construir um torreão fortificado com o propósito de impedir-lhe o retorno, pretensão a que uma punhalada pôs fim.

Nem é preciso dizer que os princípios da moral sexual eram também mal observados. Acabamos de falar de mulheres, e sabe-se que é estudando as mulheres de uma época que melhor avaliamos o nível moral desse tempo. Se nos reportarmos à literatura (tão licenciosa e realista que desanimaria os romancistas do século XX), os costumes das mulheres parecem ter sido pouco exemplares. Diz-se que passavam tantas horas arrumando-se que sempre chegavam à Missa "muito depois da consagração da hóstia". E, quanto ao modo de se vestirem, há um pequeno poema de Roberto de Blois que dá uma ideia bastante exata de uma técnica de sedução que certamente ainda não envelheceu:

Uma deixa o peito descoberto
Para que se veja à vontade
Como é branca a sua carne.
Outra descobre muito as pernas...
O homem discreto não louva essas artes.

Mas isso não eram senão pecadilhos. Mais graves eram os adultérios, de que as trovas e as gestas nos oferecem um espetáculo constante. A avaliar pelos textos, toda a sociedade manifestava uma grande desenvoltura em relação à moral sexual. Os pregadores não cessavam de trovejar contra a dissolução dos costumes, e, mesmo levando em conta o caráter profissional das suas diatribes, não podemos deixar de admitir que não inventavam tudo. Se os manuais dos confessores descreviam minuciosamente todos os pecados da carne, não era apenas por um prurido de documentação...

É óbvio que os homens não eram melhores do que as mulheres. Se fosse preciso apresentar uma prova da extrema desordem dos costumes, encontrá-la-íamos em profusão nas extravagâncias matrimoniais dos mais altos príncipes, dos reis e dos imperadores. Divórcios, segundos casamentos e concubinatos públicos são tão abundantes que não há necessidade de citar exemplos. Alguns são pitorescos, como o do Capeto Filipe I, que, abandonando a esposa Berta da Frísia por ter engordado precocemente e perdido os seus encantos, apressou-se a substituí-la pela mulher de um dos seus melhores vassalos, Bertrade, condessa d'Anjou. Outros mantinham no castelo uma ou várias amantes. O imperador Henrique IV ficou tristemente célebre pelas humilhações que infligiu às suas duas esposas sucessivas: Adélia (ou Berta) de Turim e Praxedes. Certo conde de Poitiers expulsou com toda a tranquilidade a esposa e os filhos para instalar em lugar deles uma mulher mais jovem que, aliás, era também casada. Os reis da Sicília notabilizaram-se neste campo: todos os filhos de Rogério II tiveram abertamente verdadeiros haréns e sabemos que o seu descendente Frederico II os imitou à risca. Príncipes de boa conduta, como Guilherme o Conquistador, na Inglaterra, ou São Luís na França, eram considerados anomalias. E, como é natural, os menores seguiam o exemplo dos maiores. Depois da tomada de Barbastro, na Espanha, os senhores franceses deram provas de uma incontinência tal que os cronistas muçulmanos se indignaram, e, no Oriente, os cruzados ofereceram os mais tristes exemplos do que era a moralidade ocidental. As cruzadas, aliás, como as peregrinações e as guerras, submeteram o laço conjugal a duras provas. Os maridos ausentes viam-se muitas vezes suplantados por rivais, quando regressavam. Enguerrand de Coucy tornou-se célebre, não só pelos seus ferozes julgamentos, como também pela maneira como raptou Sibila, condessa de Namur, enquanto o marido combatia longe dali. As próprias igrejas não estavam ao abrigo de episódios culposos: o poeta satírico Mateus de Vendôme afirma que "Santa Genoveva, Notre-Dame des Champs e Saint-Maur corromperam as damas de Paris", e não foi sem razão que um sínodo de Rouen, em 1231, proibiu as vigílias nas igrejas, e que outro, mais categórico, fala dos "lobos" que se aproveitavam dessa ocasião para virem "solicitar" as piedosas ovelhas...

É claro que não devemos generalizar. Em todas as épocas, os documentos conservam mais traços do mal do que do bem. Se a história nos fala das mulheres que prevaricaram, omite o imenso número daquelas que se conservaram fiéis à castidade e à honra conjugal. A impressão de conjunto que a sociedade medieval nos oferece nas suas classes superiores em nada é melhor do que a que nos dá a nossa; quanto às classes inferiores, o pouco que se sabe delas pelas trovas ou pelas crônicas leva-nos a suspeitar que o nível era muito baixo e se aproximava frequentemente da pura animalidade.

A Igreja opôs-se a estas forças de degradação. As virtudes cristãs — essas virtudes que os artistas representaram nos pórticos das catedrais sob a figura de mulheres jovens, castas, simples e heroicas — eram constantemente lembradas por ela a uma humanidade que se mostrava mais fraca perante a tentação do que essencialmente má, e que não se recusava a receber as suas lições. Isto não quer dizer que os que ousavam apregoar a palavra de Cristo não corressem perigo, como aconteceu com o bispo Roberto de Meung, assassinado em 1220 por um senhor desumano a quem acabara de excomungar; ou com o bispo Roberto de Clermont, três vezes aprisionado por Gui II, conde de

Auvergne, grande saqueador de abadias. Tudo o que havia de maus súditos e de escória social — aventureiros, vagabundos e bandoleiros — odiava os padres ou religiosos, e nem podemos descrever os terríveis pormenores das sevícias acompanhadas de blasfêmias que muitos clérigos sofreram nas mãos desses brutos. Mas não importa: no meio de dificuldades incessantemente renovadas e com um esforço empreendido durante gerações, a Igreja realizou o prodígio de elevar pouco a pouco o nível moral da sociedade e de pôr fim a muitos horrores e injustiças, obrigando o animal humano a sentir-se sob o olhar de Deus.

O respeito pela pessoa e a libertação dos servos

O que temos de reconhecer como essencial na base desse esforço é o respeito pelo homem, pela pessoa humana. Não dissera Jesus Cristo que Deus se preocupa com cada homem em particular, que se interessa por todos, e que a sua solicitude se estende ao menor dos pássaros? Essa ideia de que o homem vale enquanto ser único e pessoal, a Igreja encontrava-a apoiada pelos próprios dados do sistema feudal, no qual todas as relações sociais eram pessoais, de homem para homem, e para o qual, segundo o adágio desse tempo, *nihil praeter individuum*, nada existia fora do indivíduo. A noção de massa, a terrível realidade do anonimato, em que o ser é aniquilado e reduzido ao número de uma matrícula nos sistemas administrativos e de produção, teriam causado horror aos homens da Idade Média, muito mais próximos do real e da vida.

A pior degradação da pessoa é, para o homem de hoje, a *escravidão*, tal como a Antiguidade a conheceu, ou seja, a situação de um homem que pertence a outro homem como um animal ou um objeto. Esta triste instituição não desapareceu na Idade Média; o tráfico de escravos foi mesmo um mal do tempo: judeus e sarracenos praticavam-no em larga escala. O rebanho humano vinha sobretudo da Ilíria, da Dalmácia e das regiões eslavas. Mas os barões alemães não se envergonhavam também de vender pagãos do Báltico e, por ocasião da reconquista de Roma pelos normandos, apesar dos esforços de Gregório VII, milhares de habitantes foram simplesmente vendidos por um preço vil aos muçulmanos. No século XII, ainda havia comércio de escravos na Inglaterra e na Irlanda, bem como em Lyon, Florença e até em Roma, e esse comércio não parecia ilícito, desde que os indivíduos vendidos não fossem cristãos no momento da sua captura.

A Igreja dos primeiros tempos — sem nunca deixar de ensinar aos que tinham escravos que estes eram seus irmãos — não condenara a escravidão, e os Padres tinham admitido, de acordo com Platão e Aristóteles, que essa instituição era de direito natural. "O escravo deve resignar-se com a sua sorte, e, obedecendo ao seu senhor, obedece a Deus", dizia São João Crisóstomo; e Santo Agostinho afirmava também: "Deus introduziu a escravidão no mundo como castigo do pecado". Mas, a partir do século V, os homens da Igreja insurgiram-se contra a iniquidade dos senhores e podemos citar cinquenta concílios regionais que, entre 451 e 700, promulgaram cânones para proteger os escravos. Muitos bispos recusaram-se a consenti-los nas suas terras e forçaram os proprietários a libertá-los. O concílio de Toledo viu-se até obrigado a tomar medidas contra santos prelados que podiam arruinar as dioceses com o que despendessem para pagar as alforrias.

A partir do século XII, o movimento antiescravagista acentuou-se notavelmente; certos concílios, como o de

Londres em 1102, proibiram o "ignóbil comércio pelo qual se vendem homens como se fossem animais". Os papas fizeram o que puderam para que a conversão dos escravos lhes valesse a liberdade; houve resultados positivos na França, no tempo de Filipe Augusto, com a decretação de que "todo o escravo que viva dentro do reino será libertado, no caso de vir a ser batizado", e o mesmo aconteceu em Florença, em 1289. É verdade que não deixou de haver bispos que fecharam os olhos a alguns tráficos escandalosos, mas, de modo geral, o cristianismo esforçou-se por condenar moralmente a escravidão e melhorar a sorte dos escravos, a cuja salvação as ordens de São João da Mata e de São Pedro Nolasco consagraram uma caridade sem limites[3].

Ao lado dos escravos propriamente ditos, pouco numerosos, existia uma categoria de homens que se tende habitualmente a confundir com eles, porque o seu nome provém da palavra latina *servus*, que quer dizer escravo: os *servos* da gleba. O servo não era de maneira nenhuma um escravo e não era tratado como um animal, mas como uma pessoa. Possuía uma família, um lar e um campo, e ficava quite perante o seu senhor desde que pagasse a sua dívida. Não estava, portanto, submetido a um homem, mas vinculado a uma gleba, segundo a concepção profundamente medieval do liame entre um homem e uma terra que, na outra extremidade da escala social, proibia ao nobre que alienasse as suas propriedades. Ao passo que o *vilão*, camponês livre, tinha o direito de "abandonar", de deixar a sua terra, o servo estava preso a ela. Em contrapartida, a sua terra não era embargável e, em caso de guerra, ele não tinha obrigação de prestar qualquer serviço militar, ficando assim ao abrigo das vicissitudes que ameaçavam o seu vizinho "livre". Era uma situação tão vantajosa sob tantos aspectos, que se falou do "privilégio que os servos têm de não poderem ser arrancados à sua terra", e sabe-se de inúmeros camponeses livres que se tornavam servos para estarem protegidos. Pôde-se afirmar[4] que a servidão, mantendo as famílias na mesma terra durante gerações seguidas, contribuiu para constituir a sólida massa dos camponeses franceses.

No entanto, o vínculo que prendia o servo à gleba implicava restrições à liberdade. O senhor tinha sobre ele o *droit de suite*, isto é, podia reconduzi-lo à força, caso fugisse. Possuía também o *droit de formariage*, que, na sua origem, comportava a proibição de o servo se casar fora do feudo, mas que, mais tarde, se reduziu a uma compensação em dinheiro pela perda sofrida pelo senhor[5]. Por fim, quando o servo morria, o senhor tinha o *droit de main-morte*, isto é, podia recuperar os bens adquiridos em vida pelo servo, um direito teoricamente exorbitante, mas na prática atenuado muitas vezes pela permissão de fazer testamento ou pelo costume da "comunidade tácita", isto é, da família considerada globalmente proprietária, e portanto livre da "mão-morta".

A Igreja preocupou-se muito cedo com os servos e com o seu teor de vida. O primeiro bispo que promulgou um decreto regulamentando a sua condição foi Burchard de Worms (+ 1025). Proibiu que lhes impusessem novos ônus, e o exemplo foi seguido em muitas dioceses. Por ocasião das cruzadas, a Igreja admitiu que todo o servo teria o direito de alistar-se, sem que o seu senhor o pudesse impedir de fazê-lo, e que com isso ficaria *ipso facto* livre. Um dos pontos em que a Igreja interveio mais vigorosamente para fazer respeitar a dignidade humana do servo foi a questão do seu casamento. Opôs-se à separação dos casais pela venda de um dos cônjuges com a terra onde residia: o decreto de Graciano declarou que "o casamento dos servos não pode ser dissolvido, mesmo que os dois cônjuges pertençam a dois senhores diferentes", e o papa Adriano IV, por uma decretal de 1155, incluída mais tarde no corpo do Direito canônico, foi mais longe e afirmou a indissolubilidade do casamento entre servos, mesmo que tivesse sido contraído sem a permissão do senhor. O casamento entre servo e livre, a que os senhores eram evidentemente hostis, foi autorizado pela Igreja e até encorajado em muitas terras pertencentes a mosteiros ou a outros. Em 1185, o papa Urbano III decretou que seria livre qualquer filho nascido dessas uniões.

A Igreja procurou, assim, impor o respeito pela classe servil. É impressionante verificar a diferença de tom entre os textos religiosos e as canções de gesta e outras narrativas medievais em que se expressa o espírito das classes dirigentes, a propósito dos servos. A descrição que deles se faz na canção de *Garin le Lorrain* ou no idílio de *Aucassin et Nicolette* é simplesmente brutal e desprezível.

No limiar do século XI, porém, no seu *Poème satirique*, Adalberão fala em termos comoventes desses homens "sem os quais nenhum homem livre poderia viver, e dos quais o rei e os próprios prelados são como que escravos, de tal modo dependem deles em todas as coisas". E que melhor homenagem poderia a Igreja prestar aos servos do que admitir-lhes os filhos no seu seio? Ela nunca lhes negou a entrada nas ordens e muitos alcançaram os mais altos postos na hierarquia, chegando a ser bispos e até papas...[6]

A Igreja foi mais longe e, sem ser a única responsável pelo grande movimento que devia levar entre os séculos X e XIII à supressão da servidão no Ocidente, não há dúvida de que lhe deu um forte impulso. E as circunstâncias também a ajudaram nesse sentido. A Idade Média foi, como vimos[7], um período de invenções admiravelmente fértil.

Muitas delas puseram à disposição do homem maiores fontes de energia: a coleira de atrelagem colocada no corpo do cavalo, em substituição do cabresto que lhe cingia o pescoço, permitiu que as bestas de tiro arrastassem alguns milhares de quilos em vez dos quinhentos que constituíam o seu limite no sistema antigo; o emprego da ferradura aumentou também o seu poder de tração, e o dispositivo que tornava as rodas da frente independentes, permitindo que os cocheiros manobrassem mais facilmente, contribuiu para desenvolver os transportes por terra, da mesma forma que a invenção das comportas facilitou os transportes por via fluvial. Esse aumento de energia acarretou o emprego da força animal nos moinhos, substituindo a mão-de-obra. No mar, o leme de cadaste, em vez do remo reto, possibilitou a navegação de veleiros de maior tonelagem e eliminou em parte o trabalho servil dos remos. Estes progressos técnicos repercutiram no terreno social. "A partir do século X, o trabalho animal, já inteiramente dominado, libera o trabalho servil, abre caminho aos transportes por terra e favorece o emprego da turfa branca e das suas aplicações mecânicas... A genial invenção de um anônimo, surgida verossimilmente na França durante a 'noite' da Idade Média, mudou a face da terra..."[8] Foi no decurso deste mesmo período que a servidão morreu no Ocidente. Se acrescentarmos que o enriquecimento da burguesia, trazendo consigo o desejo de agilizar a circulação do dinheiro, trabalhava também nesse sentido, verifica-se que o desaparecimento da servidão se encontrava na linha geral do tempo.

E é aqui que observamos mais uma vez a inteligência com que a Igreja sempre soube valer-se das circunstâncias, e a força que teve para orientá-las em proveito da fé. Não se trata de forma alguma de uma aplicação do materialismo histórico, mas, como já se davam todas as condições técnicas para levar a cabo um decisivo progresso humano, a Igreja aplicou os seus princípios permanentes aos novos dados da conjuntura histórico-social e impulsionou a libertação dos servos.

Seria impossível elaborar a lista das alforrias gerais — incidindo sobre toda a população de um domínio — que a Igreja promoveu. Só na França, várias delas causaram sensação. Em 1197, o abade de Saint-Remy em Sens libertou todos os servos de Vareilles e de Liège; em 1200, o de Vézelay libertou todos os que viviam nas terras da célebre abadia; em 1225, o cabido de Santa Cruz de Orléans libertou quinhentos servos em Étampes; em 1246, os de Saint-Denis beneficiaram da mesma generosidade dos monges; depois, é o abade de Saint-Germain-des-Prés que liberta em 1249 todos os servos de Villeneuve-Saint-Georges e, em 1250, os de Thiais; em 1290, para encerrar esta enumeração, é o abade de Saint-Gildas, em Châteauroux, que dá o mesmo passo em Saint-Marcel-lès-Argenton. Quanto às alforrias individuais, foram inumeráveis: certos abades, como o de Saint-Fère de Chartres e o de Marmoutier, libertaram cada um mais de mil servos e, na Normandia, todas as grandes abadias fizeram o mesmo, de sorte que, nos fins do século XIII, não restava praticamente nenhum servo nas suas terras[9]. Se admitirmos que a liberdade individual é um dos privilégios reconhecidos ao homem numa sociedade civilizada, devemos afirmar que, paralelamente à monarquia[10], a Igreja foi um eminente fator de civilização.

Santidade e dignidade do trabalho

Desde sempre a Igreja reconheceu o homem como livre e responsável, mas também sempre esteve muitíssimo longe de lhe ensinar o individualismo. Sem sombra de dúvida, é à influência cristã e aos princípios de comunhão recebidos do Evangelho que deveremos atribuir, em grande medida, aquilo que Mandonnet[11] designou como "o fenômeno mais característico da vida da Europa nos séculos XII e XIII: a força da afinidade", isto é, essa espantosa capacidade que encontramos nos homens desse tempo para formarem agrupações e para trabalharem lado a lado. Quantas vezes não deparamos, nos forais das comunas e dos ofícios, o apelo à lei do amor de Cristo!

Considerando-se ligado aos outros por um princípio superior, o homem medieval sentia fortemente que tinha deveres para com a comunidade. O trabalho não lhe aparecia, portanto, como um meio indispensável de ganhar a vida, mas como uma atividade que comportava um valor em si e era criadora de virtudes. Também neste plano a doutrina cristã era eficaz. Esse trabalho que São Bento exigira dos seus filhos, tanto para a sua santificação pessoal como para a obra comum, era respeitado pela Igreja, que ensinava a estimá-lo propondo como modelos José, o carpinteiro, Crispim, o sapateiro, Elói, o ourives, e todos esses trabalhadores que se tornaram santos. "Quem não trabalha que não coma!" A fórmula de São Paulo estava na memória de todos. O camponês que trabalhava no seu campo, o operário que forjava o ferro ou lidava com a madeira ou o couro, praticavam uma obra piedosa e preparavam-se para o céu. O desprezo pelo trabalho manual, mais ou menos subjacente em tantos intelectuais dos nossos dias, não existia no tempo das catedrais. Quem sabe que só depois do século XVIII é que as línguas latinas começaram a distinguir entre o "artista" e o "artesão"?[12]

Se o trabalho era uma forma de crescer na virtude cristã, a própria organização da classe trabalhadora trazia a marca do cristianismo. Em teoria, distinguem-se dois tipos de agrupamentos: as *confrarias* e o que, em sentido muito lato, se podem chamar as *corporações*, duas realidades que, no entanto, se compenetravam e se confundiam em grande medida. Na sua origem, as confrarias de artesãos não se distinguiam das numerosas irmandades pias, nascidas do culto de um santo, da participação numa determinada peregrinação ou do desejo de garantir orações pela própria alma após a morte. Eram chamadas *candelles* ("velas") ou *frairies* ("irmandades"), por causa da vela que os confrades ofereciam à Igreja ou da refeição que faziam juntos para confraternizarem. Quando estes agrupamentos passaram a reunir homens da mesma profissão, conservaram o duplo caráter de piedade e ajuda mútua; os seus membros deviam participar de certos ofícios, principalmente por ocasião da festa do santo padroeiro, e a caixa comum concedia pensões aos membros idosos, doentes ou desempregados. Foram também as irmandades ou confrarias que originaram um sistema — em vigor em quase todos os países cristãos — que permitia a um dos membros em viagem ser alimentado e alojado pela secção local da sua irmandade.

Mas, ao lado deste organismo de piedade e de auxílio mútuo, existia outro, intimamente ligado a ele. Como poderíamos chamá-lo? A palavra *corporação* não era usada no decorrer da verdadeira Idade Média e só se vulgarizará muito tardiamente; falava-se antes de *jurandes*, porque os associados prestavam os seus juramentos no seio da corporação, ou *maîtrises*, porque esta era presidida por uma organização hierárquica que compreendia os mestres, os companheiros e os aprendizes. É preciso saber ainda que este sistema rigorosamente hierárquico só se impôs por volta do século XIV, com o triunfo da burguesia, e que nos séculos XII e XIII era fácil passar do grau de aprendiz para o de mestre. Tratava-se essencialmente de agrupamentos profissionais, em que todos os trabalhadores de uma profissão se reuniam sem a intervenção de qualquer autoridade. Quando São Luís ordenar a Étienne Boileau que redija o *Livro dos Ofícios*, desejará unicamente fixar costumes já adquiridos, mas não estabelecer regulamentos reais.

A Igreja, de modo geral, apoiou o nascimento destas associações de trabalho. Podemos mesmo pensar que ela preferia ver os seus fiéis porem o acento na solidariedade profissional, talvez porque as irmandades ou confrarias poderiam tornar-se grupinhos fechados e semear a cizânia no seu seio. Foi grande, portanto, a influência cristã sobre as *jurandes* e outras associações profissionais. São numerosas as legislações corporativas em que se nota um comovente tom religioso: "Irmãos, nós somos imagens de Deus. É com este pensamento que nos unimos, e, com a ajuda divina, poderemos realizar a nossa tarefa se existir entre nós um amor fraternal, pois é pelo amor ao próximo que se sobe até o amor de Deus".

Na prática, a corporação ia haurir na confraria os seus costumes piedosos, as suas tradições litúrgicas e as suas obras de caridade. Ainda hoje se reconhecem nos vitrais das catedrais a obra coletiva e a fé dos trabalhadores dessa época. Tanoeiros, curtidores, vendedores de peles e padeiros, para glorificarem os seus santos padroeiros, cotizavam-se e ofereciam o vitral, que trazia em baixo uma vinheta designando as ocupações do seu estado. No tempo de Filipe Augusto, quando Eudes de Sully doou à igreja de Notre-Dame de Paris as relíquias de São Marcelo, seu ilustre predecessor do século V, os ouvires de Paris reuniram-se e ofereceram um cofre de grande valor para as guardar, o que representa uma longínqua origem desse *may des orfèvres* que devia durar até à Revolução[13].

Assim, colocado sob o olhar de Deus, o trabalho enobrece o homem, e o homem está feliz com o seu trabalho. É esse o "orgulho da obra bem feita" que Péguy louvou na antiga França. As narrativas que giram em torno dos ofícios contêm muitos testemunhos a esse respeito, como este axioma que se lê na obra de Thomas Deloney sobre os tecelões e sapateiros de Londres: "Todo o filho de sapateiro é príncipe nato", e a arte de consertar sapatos é um "nobre ofício". As corporações regulavam as normas da produção. Queria-se evitar que o trabalho fosse desprestigiado por pessoas sem consciência, e, como homenagem à dignidade dos diversos ofícios, os regulamentos iam ao ponto de determinar quantos fios devia ter um tecido por cada vara, a espessura das pedras utilizadas para construir uma casa, e até a madeira com que se deviam fazer os esquifes.

Muito provavelmente, foi nesta época — em que trabalhavam lado a lado arquitetos, escultores, talhadores de pedra, aparelhadores e amassadores de cal, em convivência fraterna nos canteiros de obras das catedrais — que surgiu, como uma verdadeira ordem, a *Compagnonnage*[14], a associação de operários de uma mesma profissão. Um dos descendentes deste agrupamento definiu-o como "uma comunidade fiel a uma regra livremente consentida, reunida com o propósito de guardar integralmente e mesmo preservar, se for necessário, as razões profundas, geralmente muito simples, que tornam a humanidade florescente". Na raiz deste esforço por agrupar numa associação todos aqueles que tinham o sentido das crenças profundas do seu ofício, fizeram-se sentir também noções cristãs. Assim o indicam as lendas sobre a origem dos "companheiros", lendas que pretendem relacioná-los com os construtores do Templo de Jerusalém, ou com a ordem dos templários, ou ainda com os beneditinos e certos construtores de catedrais como o mítico padre Soubise. A franco-maçonaria renegaria mais tarde estas origens cristãs, mas foi no seio da Igreja e nos seus canteiros de obras que essa associação nasceu.

Esta ação de princípios superiores, espirituais, sobre a organização do trabalho teve bons resultados para o público, pois garantia-lhe a honestidade do produto, e também para o trabalhador, pois defendia tanto a sua nobreza de alma e grandeza moral como as condições materiais da sua vida, proibindo os abusos da concorrência, impedindo salários muito baixos e condenando as jornadas de trabalho excessivas.

Devemos ainda acrescentar que os dias santos de guarda eram inteiramente respeitados e constituíam dias de férias legais. Além do domingo, eram de descanso as festas litúrgicas da Epifania, da Páscoa, de Pentecostes, do Natal, da Purificação, da Anunciação, de São João, de São Martinho e de São Nicolau, frequentemente acompanhadas de dois ou três dias de repouso. O número de dias assim consagrados ao descanso e à oração variava, segundo as dioceses, entre um mínimo de 33 (além dos domingos) e um máximo de 53 ou mesmo 74, cifra que pareceu tão grande que, no século XIII, houve uma reação e tendeu-se a diminuí-la. E estes regulamentos relativos ao descanso religioso eram cumpridos com precisão e rigor; ai daquele que trabalhasse num domingo ou num dia de festa! As punições eclesiásticas eram severas e só muito raramente é que se abriam exceções: os ourives parisienses, por exemplo, tinham permissão para trabalhar aos domingos de manhã e nas festas dos apóstolos, mas era para custear as despesas de uma refeição monstro que ofereciam a todos os pobres de Paris no dia da Páscoa.

Assim, sem intervenção do Estado, pelo simples impulso da alma coletiva do povo cristão, elaborou-se uma legislação do trabalho e estabeleceu-se um código de produção, talvez mais eficaz que as leis modernas. É um exemplo impressionante do papel de estímulo e vigilância que a fé desempenhou num tempo em que ela impunha ao homem os seus princípios, porque verdadeiramente palpitava dentro dele.

O dinheiro colocado no seu devido lugar

Nesta concepção de vida, em que o trabalho devia fazer o homem individual progredir e, ao mesmo tempo, servir a comunidade inteira, qual poderia ser o lugar da riqueza e do lucro? Ainda sob este aspecto, a ideia fundamental da cristandade medieval mostrou-se sábia e humana, respeitadora das justas hierarquias, mesmo que muitas vezes a prática estivesse em contradição com a doutrina. Para uma sociedade, é completamente diferente ver uns ou outros dos seus membros caírem na tentação de acumular muitos bens, mais ou menos justamente adquiridos, mas condenando os abusos do dinheiro, e prostrar-se ela mesma por inteiro diante da riqueza, chegando a proclamar, conforme as terríveis palavras de Péguy, que "o dinheiro é o senhor no lugar de Deus". No primeiro caso, a dignidade do homem é respeitada, como é respeitada a sua liberdade em face do deus da riqueza; no segundo, tudo tende para a sua escravização e aviltamento. Na Idade Média, houve certamente maus ricos, mas o princípio econômico em que a sociedade se baseava não era o célebre "Enriquecei!", mas o da Bem-aventurança: "Bem-aventurados os pobres em espírito!"

De modo geral, as noções de propriedade, de trabalho e de ganho não eram definidas de um ponto de vista estritamente econômico, como hoje, mas em função dos serviços prestados. A propriedade não pertencia a um indivíduo por ele a ter recebido ou comprado, como acontece nos nossos dias, em que o proprietário de um imóvel só pode perdê-lo se tiver que pagar dívidas, mas não se fizer mau ou nenhum uso dele. Na Idade Média, sucedia exatamente o contrário. Se um senhor afogado em dívidas não podia ser despojado das suas terras, podia no entanto vê-las confiscadas se fosse indigno do seu cargo ou traísse o seu juramento. O princípio moral tinha primazia sobre o princípio econômico.

O mesmo acontecia a propósito do trabalho. Nos nossos dias, o dinheiro é a medida do trabalho. As relações entre os homens reduzem-se essencialmente ao princípio do salário: receber certa quantia de dinheiro em troca de certo volume de serviços e de mercadorias. O homem da Idade Média fundava as relações e justificava os serviços com base em noções totalmente diferentes — de fidelidade, de dedicação, de proteção e de caridade —, todas elas dominadas pela noção do bem comum. Ainda aqui as exceções podiam ser numerosas e existiam muitos avarentos, mas os princípios continuavam a ser morais e não econômicos.

Qual foi exatamente o papel da Igreja neste aspecto é coisa que se vê na famosa questão do *empréstimo a juros* ou, como diziam os teólogos e canonistas, da *usura*. A palavra não designava simplesmente os juros superiores a uma taxa legal, mas, mais geralmente, todo o juro recebido por ocasião de um empréstimo em dinheiro. Entravam nesta categoria diversas operações que a ciência econômica atual distingue: o empréstimo a juros propriamente dito, as coligações ou monopólios de produção e de venda, as transações a prazo e mesmo a especulação.

A Igreja, desde os seus princípios, tomou uma posição contra a usura. No mundo romano, o empréstimo a juros era de uso corrente, e sabemos por Cícero que no seu tempo atingia 12%. Mas pareceu abominável que um irmão emprestasse dinheiro a um irmão necessitado e tirasse daí um lucro. Os Padres da Igreja aplicaram a este gênero de operações a ordem do Mestre: "Dai uns aos outros sem nada esperar em troca" (Lc 6, 34). No século IV, muitos concílios proibiram a usura ao clero. Nos fins do século VIII e começos do IX, a proibição estendeu-se aos leigos, e chegou-se ao ponto de ameaçar os padres usurários com a destituição, e todos — clérigos ou leigos — com a excomunhão. Durante toda a Idade Média, estas medidas foram retomadas e repetidas — prova de que talvez não fossem muito eficazes... Em 1049, era o concílio de Reims, presidido pelo papa Leão IX, que abrangia numa mesma reprovação os usurários e os fornicadores. Mais tarde, em 1139, o Concílio de Latrão declarava os usurários "infames", e esta atitude severa foi retomada noutro Concílio de Latrão, em 1179, no de Lyon, em 1274, e no de Vienne, em 1311. Neste último, chegou-se até a declarar que era uma heresia considerar permitido o empréstimo a juros. Os nomes dos usurários eram afixados nas portas das igrejas. O terceiro Concílio de Latrão declarou excomungados todos os cristãos que negociassem com usurários. Inocêncio III aconselhou que se castigassem os maiores usurários, para que por esses exemplos bem escolhidos se pudessem induzir os outros à reflexão.

Evidentemente, a Igreja visava sobretudo os abusos, que eram tanto mais intoleráveis quanto se tratava quase unicamente, pelo menos no princípio do período, de empréstimos de gêneros de primeira necessidade, a que as pessoas pobres, atingidas por qualquer catástrofe, se viam obrigadas a recorrer; ainda não existia o empréstimo de tipo financeiro, especulativo. Por outro lado, a própria Igreja emprestava; os seus tesouros constituíam uma abundante poupança e bastava-lhe mandar fundir algumas peças de ourivesaria para poder emprestar dinheiro aos infelizes. Mas eram empréstimos sem juros e quase sempre a fundo perdido, pois a esperança de o empréstimo ser reembolsado era ínfima: esse tipo de empréstimos não podia levar à insolvência os que os recebiam. Henri Pirenne assim o sublinhou[15] "Ao proibir a usura por motivos religiosos, a Igreja prestou um assinalado serviço à sociedade agrícola da alta Idade Média, pois lhe poupou a chaga das dívidas de caráter alimentar, que a Antiguidade sofreu tão dolorosamente. A caridade cristã pôde aplicar aqui, com todo o rigor, o preceito do empréstimo sem juros, e verificou-se que o *mutuum date nihil inde sperantes* correspondia à própria natureza de uma época em que, não sendo ainda o dinheiro um instrumento de riqueza, toda a remuneração pelo seu emprego só podia ser considerada uma exação"[16].

A Igreja não condenava apenas o empréstimo a juros, mas também o lucro comercial excessivo. Em contrapartida, o Concílio de Latrão de 1123 ameaçou com a excomunhão todos aqueles que oprimissem os comerciantes com taxas e pedágios insuportáveis, e esta decisão passou para o direito canônico. Foi também a Igreja que condenou em primeiro lugar o direito de pirataria, universalmente admitido. Mas entendeu também dever fixar certos limites às próprias intenções do comércio. Um texto do século V, que Graciano incluiria no seu decreto, dizia expressamente: "Todo aquele que compra uma coisa para revendê-la intacta, tal como está, auferindo um lucro, assemelha-se ao mercador que foi expulso do Templo". Tomada ao pé da letra, esta sentença teria proibido todo o comércio. Os canonistas, e sobretudo Rufino, que estudou a questão na sua *Súmula dos decretos*, precisaram muito sabiamente que o que era condenável era a compra e a venda sem trabalho e sem riscos. Se o comércio exigia investimentos e um trabalho pessoal, era considerado lícito. Mas sem dúvida alguma a tendência geral era então pôr em contato direto o comprador e o produtor, evitando os intermediários, e, ao mesmo tempo, vigiar os comerciantes, para que não cometessem qualquer tipo de fraude. A Igreja pensava que, para um produto, existia um *preço justo*, baseado no trabalho que exigira; esta concepção era, sem dúvida, preferível àquela que deixa os preços na dependência do capital e da publicidade.

Esta doutrina evoluiria no decorrer da Idade Média sob a pressão das circunstâncias. O grande comércio nunca deixara de existir, mesmo nos piores momentos da época bárbara. Por volta dos começos do século XI, podiam-se apontar poderosos homens de negócios como esse São Godrico (ou Goodrich, "bom rico") de Finchale que, depois de ter ganho uma fortuna na cabotagem ao longo das costas inglesas, flamengas e dinamarquesas, bem como em felizes especulações, fora tocado pela graça, dera todos os seus bens aos pobres e se fizera eremita. Mas foi sobretudo no decurso do século XII que as vastas operações comerciais assumiram toda a sua extensão. Multiplicou-se então o tipo do grande comerciante, como Romano Mairano, de Veneza, que envolvia nos seus negócios o equivalente a vinte ou trinta milhões de francos-ouro e auferia lucros da ordem de 50% nas suas especulações com armamento marítimo. Nessas condições, já não era possível realizar a dinheiro as operações comerciais de envergadura, como as que levavam a cabo os tecelões renanos ou flamengos e que incidiam sobre centenas de fardos de lã. A intervenção do crédito comercial e do empréstimo bancário, por meio do saque, do desconto e da letra de câmbio, tornou-se, portanto, uma necessidade.

A Igreja procurou adaptar os seus princípios à nova situação, aprofundando as suas bases. O que entendia ela que devia condenar? A pura especulação, ou seja, o dinheiro ganho sem trabalho e sem riscos. Mas, se aquele que emprestava corria o risco de uma perda eventual ou ficava claramente sem lucro, não seria justo que recebesse em troca uma indenização? E se o devedor tardasse voluntariamente a reembolsar o empréstimo? Foi por isso que os canonistas do século XIII distinguiram o *titulus morae* (direito em caso de demora), o *titulus poenae* (direito em caso de perda), o *titulus periculi* (direito em caso de perigo certo para o capital) e o *titulus lucri cessantis* (direito em caso de falta de lucro). No princípio do século XIV, o teólogo Alvarez Pelayo afirmará que a proibição da usura não se aplicava a estes casos.

Nem por isso a Igreja deixava de manter os seus princípios: todo o lucro resultante de dinheiro simplesmente emprestado, sem esforço nem risco, era ilegítimo. Não hesitou até em dispensar do pagamento devedores de dívidas consideradas excessivas (conhecem-se contratos em que os devedores se comprometiam a não lançar mão deste meio capcioso...). Não há dúvida de que, em diversos casos, a Igreja foi levada a fechar os olhos sobre determinados abusos, como é inegável que alguns papas foram obrigados a recorrer aos banqueiros e a deixá-los administrar com muito pouca moralidade os rendimentos pontifícios. Mas eram exceções que confirmavam a regra. A Igreja refreou tanto quanto pôde o desenvolvimento da primazia do dinheiro e quis submetê-lo também à lei divina. E foi precisamente nesses tempos em que defendeu tais princípios e em que os seus maiores santos pregaram o ideal da pobreza, que ela alcançou o seu apogeu.

A Igreja luta contra a violência

Mas é necessário que nos refiramos ao mais essencial, a esse perigo muito pior e mais elementar que ameaçava a pessoa humana: a violência desenfreada, os massacres individuais e coletivos. Caberá à Igreja a honra de encabeçar o movimento que iria despertar a consciência humana e conduzir gradativamente a uma restauração da ordem pública. Foi em pleno caos dos séculos IX e X, quando normandos e sarracenos espalhavam o terror, e bem ou mal o feudalismo se constituía numa hierarquia, que a Igreja teve a audácia e a perseverança de voltar a ensinar aos homens os princípios da paz[17]. A pior chaga do tempo era — e seria ainda durante um século — a guerra privada, que não respeitava lugares, pessoas ou tempos, e desembocava frequentemente nesses atos de uma selvageria quase inconcebível que evocaremos daqui a pouco. As principais vítimas desses conflitos eram obviamente os inocentes e os fracos, vilões e servos indefesos, clérigos e monges, cujos bens pagavam os gastos das expedições. Tinha sido expressamente contra o hábito da guerra privada que a Igreja lançara o movimento a favor da *Paz de Deus*.

Esse movimento começou modestamente em fins do século IX, quando os concílios de Charroux no Poitou (989) e de Narbonne (990) trataram da defesa contra os ataques à mão armada e contra as pilhagens. O concílio de

Puy do mesmo ano (990) esboçou uma liga de amigos da paz; clérigos, leigos e outros seguiram por esse caminho. Em breve, a Igreja descobriu o método a ser empregado para reprimir a violência: o recurso ao juramento prestado sobre relíquias ou sobre o Evangelho. A fé estava tão profundamente consolidada nas almas que se podia ter como certo que um juramento prestado por guerreiros seria relativamente eficaz e, em qualquer caso, colocava o contraventor sob a jurisdição da Igreja, guardiã dos juramentos. O concílio de Verdun-sur-Saône, em 1016, foi o primeiro a aplicar esse método. Seguiram-se depois muitos outros, nos quais os participantes da Paz de Deus se comprometeram a "não atacar os clérigos, não apoderar-se do boi, da vaca (seguia-se uma longa enumeração de animais...), não matar camponeses, não atacar os viajantes e não favorecer qualquer roubo ou violência". Foram previstas sanções e, desde 1031, a região onde o pacto de paz fosse violado seria castigada com o interdito. Por volta de 1050 estava, pois, dado um passo importante que, segundo diz Raul Glaber, foi acolhido com o maior entusiasmo popular.

O movimento assim lançado venceu todas as resistências, algumas das quais bastante vivas e inesperadas: houve bispos que chegaram a opor-se à Paz de Deus, argumentando que não podiam excomungar todos os seus barões! Mas o movimento introduziu-se vitoriosamente na Itália, na Espanha e na Germânia. Em 1081, o bispo de Liège obrigava todos os seus diocesanos a jurarem a Paz de Deus e logo a seguir quase todos os seus colegas do Império seguiram-lhe o exemplo. Na Itália, os sínodos de Melfi (1089) e de Troia (1093) decretaram-na para a Apúlia e a Calábria. Na Espanha, um concílio de Gerona promulgou-a em 1068. Os grandes príncipes territoriais tinham muito interesse em manter a ordem nos seus domínios e não podiam deixar de aliar-se à Igreja; já Roberto o Piedoso e Henrique II da Alemanha, que sonhavam com a paz universal, tinham tomado medidas em 1021 para oficializar a instituição. Todos os Capetos foram firmes protetores da Paz de Deus. Em 1155, Luís VII proclamou uma paz geral e absoluta de dez anos e, na entrevista que manteve com Frederico Barba-Roxa em 1164, conversou com ele sobre a questão.

A Igreja foi ainda mais longe: suscitou voluntários para a defesa da paz, milícias armadas cuja missão era punir os contraventores e obrigá-los a ceder pela força das armas. "Guerra aos fautores da guerra!", era a palavra de ordem, à qual numerosos homens de todas as categorias sociais responderam com entusiasmo. A princípio, a experiência não parece ter sido das mais felizes. Pouco treinados na arte da guerra, estes combatentes da paz foram muitas vezes maltratados pelos soldados experientes que eles queriam chamar à razão. Assim, nas margens do Cher, em 1038, o guerreiro e salteador Eudes de Déols chacinou com a maior sem-cerimônia a santa milícia liderada contra ele por Aimon, arcebispo de Bourges. Mas o sistema melhorou quando as associações de paz contrataram soldados de carreira e formaram uma espécie de gendarmaria ou guarda móvel custeada pelo *paxagium*, o imposto da paz. As milícias de voluntários colocaram-se muitas vezes sob as ordens dos oficiais reais e sabe-se que os Capetos, principalmente Luís VI o Gordo, encontraram nelas uma grande ajuda na luta contra os senhores salteadores.

A instituição das milícias de paz mostra que a Igreja reconhecia que uma guerra podia ser justa na sua causa e que estava longe de professar aquilo que hoje se entende por "pacifismo". Um papa como Gregório VII declarava "maldito todo aquele que se recusasse a temperar a sua espada em sangue!" A diferença é que a Igreja introduzia a noção de justiça na de guerra. O *Liber feudorum*, código cristão de cavalaria, diz formalmente que o vassalo não é perjuro se se recusar a ajudar o seu suserano numa guerra injusta. Se o uso das armas era, não somente autorizado, mas recomendado pela Igreja, era em nome de princípios superiores: o princípio da justiça, que definia o agressor e lhe impunha a paz, se necessário, por meio de sanções; e o princípio da caridade, que exigia que se ajudasse o fraco, injustamente atacado, contra o forte. Tratava-se de ideias que os cânones de inúmeros concílios e atos pontifícios acolheram e que os juristas e canonistas, desde Manegold de Lautenbach até Yves de Chartres, não cessaram de estudar e aprofundar.

Foi em virtude do segundo princípio — o da caridade — que a Igreja lançou um segundo movimento, mais ou menos relacionado nas suas origens com o primeiro — o da *Trégua de Deus*. Sem mesmo procurar saber se esta ou aquela guerra era em si legítima, queria suspender toda e qualquer guerra durante um certo lapso de tempo. A ideia, embora mal sucedida, fora do papa João XV, em 950, por ocasião de um conflito entre o duque da Normandia e o rei da Inglaterra. No ano de 1027, em Elne, perto de Perpignan, um sínodo proibiu qualquer operação de guerra "desde a nona hora de sábado até a primeira da segunda-feira", e, em 1041, o de Nice ordenou a trégua desde a noite da quarta-feira até a manhã de segunda-feira, visto que a quinta-feira era o dia da Ascensão do Senhor, a sexta o da Paixão, o sábado o da Sepultura e o domingo o da Ressurreição. Pouco a pouco, a Trégua estendeu-se a dois períodos do ciclo litúrgico: a Quaresma e o Advento, e depois a determinadas festas da Santíssima Virgem, de São João Batista, dos apóstolos e às vigílias das quatro têmporas. Em 1054, o concílio de Narbonne codificava essa regulamentação estabelecendo este admirável princípio: "Um cristão que mata outro cristão derrama o sangue de Cristo".

O movimento da *Treuga Dei* não parou de conquistar terreno. Penetrou na França do Norte, na Alemanha renana, e depois na Itália, na Inglaterra e na Espanha. O papado lançou mão dela a partir da segunda metade do século XI. No famoso concílio de Clermont, em 1095, no sensacional discurso em que conclamava a cristandade para a cruzada, Urbano II apelou para a Trégua geral: "Vistes que o mundo foi por muito tempo perturbado por todas as injustiças, a tal ponto que em certos lugares não se podia passar tranquilamente por uma estrada. De dia, mal se podia estar em segurança contra os bandidos, e, à noite, os ladrões espiavam-nos com violência e astúcia no interior e no exterior das nossas casas. É por isso que aquilo que se chama a *treuga*, instituída há muito tempo pelos Santos Padres, deve ser melhorada, para que cada um de vós possa aplicá-la no seu bispado. Se alguém romper conscientemente a Trégua, induzido pela ambição ou pela insolência, deverá sofrer a pena prevista de excomunhão, devido à autoridade que vos foi confiada por Deus e em virtude das decisões deste concílio..." Em 1123, 1139 e 1179, os três primeiros concílios de Latrão prescreviam a Trégua de Deus para toda a Igreja e as suas decisões eram inseridas no direito canônico.

Estas nobres intenções foram eficazes na prática? Não há dúvida de que sim, pois muitos senhores souberam reprimir a tentação da violência e submeteram-se aos princípios que uma autoridade puramente moral pretendia impor-lhes[18]. O problema tornou-se infinitamente mais complicado quando não se tratava já de guerras privadas, nem de conflitos entre senhores relativamente pouco importantes, mas de antagonismos entre reis ou entre interesses nacionais. No entanto, mesmo nestes casos difíceis, a Igreja não hesitou em intervir.

O papado assumiu, pois, o papel de testemunha da paz. Transcendente por definição — pelo menos em princípio... — a toda a querela política e a todo o partido, transcendente porque a origem da sua autoridade era divina e porque gozava de uma projeção universal, o papado tinha, para desempenhar o papel de árbitro, a eminente qualidade de ser uno, de reunir numa só pessoa o julgamento e a decisão. Tudo o que se viu em relação aos poderes dos papas, aos seus direitos diretos e indiretos de intervir no mundo civil, e à doutrina das duas espadas, deve estar presente no nosso espírito, se quisermos compreender a psicologia dos homens que consideravam legítima a ação do papado entre beligerantes, bem como a dos pontífices que a exerciam. Mas não se tratou apenas da ação dos papas! Várias vezes, principalmente no caso de São Bernardo e, mais tarde, no de São Luís, chegou-se a reconhecer um homem como autêntico árbitro político, simplesmente por ser um santo: o seu julgamento era considerado julgamento do próprio Todo-Poderoso.

Vários estudos têm sido consagrados a esta obra pacificadora[19]. "Não poderíamos multiplicar as citações de casos levados ao tribunal de Roma? Depois do de Guilherme o Conquistador e de Haroldo da Inglaterra, e depois da Questão das Investiduras, foram as intervenções de Clemente III entre os reis da França e da Inglaterra, a de Inocêncio III entre Filipe Augusto e Ricardo Coração de Leão, numa sucessão de exortações e ameaças, e entre João Sem-Terra e Filipe Augusto; a condenação do imperador Frederico II, opressor da liberdade pública, por Gregório IX, em

1236, e a sua deposição em 1245 por Inocêncio IV; a atitude de Bonifácio VIII para com Filipe o Belo, ordenando-lhe que respeitasse as tréguas com a Inglaterra; a arbitragem de João XXII, que tomou partido por Luis da Baviera contra Frederico da Áustria e que, numa carta a Filipe V, se refere ao 'exercício do direito que a Sé Apostólica tem de impor as tréguas'; a intervenção geral de Nicolau V, que, para permitir um recrutamento em massa contra o invasor turco, prescreveu que o mundo cristão estivesse em paz, conferiu aos dignitários eclesiásticos o poder de intervir no que fosse necessário e pediu que fossem concluídos e respeitados os armistícios". No domínio das arbitragens propriamente ditas, a lista das intervenções pontifícias não seria menos significativa. "A de Gregório VII entre Filipe I e Guilherme o Conquistador, a de Inocêncio III entre a Inglaterra e a Escócia; as mediações de Clemente III e Celestino III entre a França e a Inglaterra. Inocêncio III intervém nos assuntos da Itália, de Portugal, da Sérvia, da Armênia e da Bulgária"[20].

O resultado prático não foi, evidentemente, fazer com que a paz reinasse por toda a parte e indefinidamente, mas pelo menos levou a reconhecer como superior a todo o recurso às armas uma *Paz cristã*, rival da antiga *Pax romana*, que se impôs aos homens durante um bom tempo, o suficiente para que se possa afirmar que o período da alta Idade Média usufruiu, no seu conjunto, de uma tranquilidade internacional muito superior à que conhecera o período precedente e à que conheceria o seguinte. Foi graças a essas bulas pontifícias e a essas decisões conciliares que nasceu, pouco a pouco, um embrião de direito internacional, cujo monopólio pertencia às coletâneas do direito canônico e ao qual somente elas podiam dar uma projeção universalista.

Este esforço, simultaneamente institucional e de direito privado, não foi o único. De maneira geral, a Igreja trabalhou para diminuir a violência e a crueldade nas consciências dos homens desse tempo. Não há dúvida de que houve o que se pode chamar uma "opinião pública" que quis a paz e que impeliu a estabelecê-la, mas essa consciência comum foi dirigida e educada pela Igreja. Repetindo incessantemente os preceitos do Evangelho: "Paz na terra aos homens de boa vontade! Amai-vos uns aos outros! Eu vos deixo a minha paz!", a Igreja suscitou um movimento de opinião que, em última análise, impôs a sua força aos guerreiros. Se este movimento de opinião não tivesse existido, se esta consciência comum não tivesse sido cristã, teriam as armas espirituais chegado a ser tão eficazes e teríamos visto tantos príncipes excomungados submeterem-se a clérigos desarmados?

Há dois casos em que se capta diretamente esta ação no sentido de baixar o nível da violência e do horror. Um diz respeito aos *ordálios* e ao *duelo judicial*. Estes métodos de justiça estavam tão enraizados nos costumes que a Igreja não pôde opor-se a eles imediatamente. Alguns sínodos provinciais chegaram a aceitá-los, mas o papado opôs-se sempre, tanto no campo dos princípios como na prática. Nunca os tribunais eclesiásticos recorreram a eles. Em 1215, o Concílio de Latrão proibiu formalmente aos padres que dessem a sua bênção àqueles que se submetessem a esses métodos. O duelo judicial foi denunciado desde o início como uma monstruosidade e Agobardo já dizia: "Não é uma lei, mas um assassinato" (*non lex, sed nex*). O papa Nicolau I acrescentou que era tentar a Deus. Honório III, em 1216, proibiu que se recorresse a ele e, na sua grande coletânea jurídica, São Raimundo de Peñafort escreverá: "O duelo e todos os outros ordálios são proibidos porque acabam por condenar inocentes; recorrer a eles é o mesmo que tentar a Deus".

Outro exemplo notável da ação da Igreja: os *torneios*, esses jogos muitas vezes sangrentos a que a nobreza guerreira se entregava com incrível brutalidade. Inicialmente, o torneio fazia-se com armas de gume embotado, mas, desde princípios do século XII, começaram a empregar-se armas cortantes, e cada um desses jogos passou a ser uma espécie de pequeno combate, em que os dois lados se enfrentavam sob os olhos das belas damas que seriam a recompensa do vencedor. A disputa terminava sempre com feridas e às vezes com mortes. A Igreja opôs-se também aos torneios: "Tanto o corpo como a alma estão em perigo", dizia o concílio de Clermont em 1130, e o de Latrão, em 1179, proibiu essas "festas detestáveis", ordenando aos padres que recusassem sepultura cristã àqueles que morressem nessas lutas[21]. No entanto, é preciso reconhecer que a Igreja foi pouco escutada neste ponto e que os adeptos de semelhante divertimento desafiavam muitas vezes a excomunhão, a tal ponto essa imitação da guerra estava arraigada nos costumes do tempo.

Com efeito, por mais enérgico e paciente que fosse o esforço da Igreja, a violência estava tão enraizada nas consciências que teria sido uma quimera pretender extirpá-la. Por isso, a Igreja, com a sua profunda sabedoria humana, recorreu a um segundo meio: cristianizar o emprego da força. Fê-lo de dois modos. O primeiro foi propor aos guerreiros uma válvula de escape para a sua paixão: a *Cruzada*. Na sequência do seu grande discurso de Clermont, Urbano II exclamava: "Daqui por diante, todos aqueles que tenham abusado dos seus direitos de cartel contra os fiéis devem partir para uma luta digna de ser empreendida e que levará à vitória. Daqui por diante, todos aqueles que, durante muito tempo, não tenham passado de bandidos devem tornar-se soldados de Cristo. Daqui por diante, todos aqueles que partiam para a guerra contra os seus irmãos lutarão com justiça contra os bárbaros. Daqui por diante, todos aqueles que estavam a soldo de outros por algumas moedas ganharão uma recompensa eterna". Se "matar um cristão é derramar o sangue de Cristo", matar um infiel torna-se uma tarefa santa e obra de salvação. Que bela ocasião oferecida a todos aqueles que perdiam a cabeça por um combate!

Quanto ao outro meio que a Igreja utilizou para batizar as armas dos guerreiros, ocupou um lugar tão proeminente na sociedade cristã que teremos de considerá-lo devagar: foi a instituição da *cavalaria*.

Um ideal cristão: a cavalaria

O cavaleiro! Entre todos os tipos representativos da Idade Média que se impuseram à nossa memória, haverá algum que mais nos impressione o espírito e nos comova o coração? Tudo o que o homem traz em si de paixão animal e de vontade de poder, tudo o que, nas zonas obscuras da sua consciência, tende tragicamente para a violência e para a destruição, encontra-se realizado e ultrapassado nessa nobre imagem do guerreiro justo e reto, nimbado de intacta pureza, e cujo fim último é não tanto a vitória como o sacrifício, não tanto o sangue derramado como o sangue oferecido.

A cavalaria não nasceu em terra cristã, mas nas tradições das tribos germânicas, onde um jovem só usava as armas — capacete, escudo e lança — que tivesse recebido da mão de seu pai ou do seu chefe[22]. Com que lentidão e paciência não trabalhou a Igreja para fazer da investidura militar essa espécie de sacramento em que se tornaria a cerimônia em que se armava um cavaleiro! Passaram-se séculos até que se realizasse em todos os planos a íntima fusão das duas tradições — a do Norte selvagem e a do Sul, romano e batizado —, síntese de que a cavalaria seria o símbolo mais completo. Foi no próprio coração da época bárbara que a Igreja começou a realizar essa união, abençoando as armas de todos aqueles que iam combater e propondo-lhes santos-e-senhas. Por volta do ano mil, o sacerdote orava assim pelo adolescente prestes a tornar-se guerreiro: "Ouvi, Senhor, as nossas orações e abençoai com a vossa mão majestosa esta espada que o vosso servo deseja cingir para poder defender e proteger as igrejas, as viúvas, os órfãos e todos os servos de Deus contra a crueldade dos pagãos, e para amedrontar os traidores!" A partir de meados do século XI, este ideal foi-se aprofundando e cristianizando ainda mais. No limiar do século XII, a instituição estava inteiramente estabelecida e era universalmente venerada nos países mais civilizados.

O que era um *cavaleiro*? Que qualidades e virtudes se exigiam naquele que usava esse título? Era um soldado, um homem a *cavalo* (porque combater a cavalo era um privilégio), um homem de guerra, cuja primeira vocação era o combate. Mas era também um homem a quem se propunham princípios morais que ele se comprometia por juramento a defender, um homem que reconhecia existirem, acima da força, valores a que ele passava a dedicar-se. Desse modo, os mandamentos que regiam a sua vida traziam indissociavelmente unidas a marca militar e a marca cristã. Como soldado, devia acima de tudo ser corajoso, nunca recuar e enfrentar o inimigo onde quer que os seus chefes dispusessem. Estes eram os seus deveres de estado e, para que lhes fosse inteiramente fiel, exigia-se dele força física, saúde perfeita e destreza; não havia mirradinhos ou homens de pernas tortas entre os cavaleiros. Mas essas qualidades indispensáveis não eram suficientes.

> *É tão gentil-homem como parece*
> *aquele que tem ambas estas coisas juntas:*
> *valor de corpo e bondade de alma.*

O que entendia o ditado por "bondade de alma"? As mais altas virtudes, todas elas, tanto as religiosas como as humanas e sociais. A fé ocupava o cume, e dava às outras o seu sentido e alcance. Por ser um homem de fé, o cavaleiro devia venerar a Igreja e defendê-la em todas as ocasiões, e era necessário que tudo aquilo que acometesse na dura tarefa das armas fosse feito por Deus. Se alguma vez um tipo de homem teve o sentimento de viver sob o olhar de Deus, foi certamente o cavaleiro perfeito, tal como o encarnavam um Godofredo de Bulhões, um Balduíno o Leproso ou um São Luís, ou seja, o soldado que entregava antecipadamente a vida e a morte nas mãos do Todo-Poderoso.

Todas as qualidades requeridas nesse homem eram a aplicação prática dos mandamentos cristãos. Era fiel, devotado aos seus chefes, rigoroso no cumprimento dos deveres de vassalo. Era leal, odiava a mentira e olhava de frente a verdade, como olhava o inimigo. Era justo ou, melhor ainda, fiel servidor do ideal da justiça, "a fim de que", dizia o *Pontifical* de Guilherme Durand, esse código da liturgia cavaleiresca, "a justiça tenha um apoio aqui em baixo". Era caridoso, devotado à proteção dos fracos, dos clérigos, das mulheres e das crianças, e era generoso com os que estavam sob as suas ordens, e mesmo com o inimigo. Ideal admirável, que nenhuma civilização ultrapassou!

É verdade que raramente foi atingido e que as cobiças humanas o prejudicaram muitas vezes, mas já é muito que uma sociedade inteira o tenha considerado válido e que os seus melhores membros tenham procurado difundi-lo por toda a parte[23].

A entrada para a cavalaria fazia-se por meio de uma minuciosa e grandiosa cerimônia em que se armava o cavaleiro. O seu caráter propriamente religioso mostra que a instituição era realmente uma ordem; constituía uma espécie de "sacramento". O cerimonial — poderíamos dizer, a liturgia —, simples no século XI, não parou de se aperfeiçoar e de se enriquecer com símbolos. Os velhos ritos germânicos, como o do banho purificador e o da entrega da espada, continuaram a existir, mas integrados num ritual místico, que tinha em vista fazer sentir ao postulante a extensão das responsabilidades que iria assumir perante Deus.

É noite, uma noite santa, vigília da Páscoa ou de qualquer outra grande festa. Encerrado na igreja, no meio de um profundo silêncio, sozinho com alguns círios que oram com ele a Deus, o jovem "donzel" vela e medita. Tem vinte anos e está cheio de coragem e de energia. Desde há muitos anos, na convivência com o seu suserano, habituou-se a andar a cavalo, a manejar a espada e a derrubar com a lança o boneco de pano que representa o inimigo. Na noite da véspera, devidamente confessado, tomou banho numa cerimônia, para que corpo e alma estivessem igualmente limpos, e vestiu uma longa túnica branca como que para um segundo batismo, pois efetivamente propõe-se entrar numa vida nova.

Na manhã do grande dia, a longa cerimônia vai desenrolar a sua pompa passo a passo. Chegaram as testemunhas, geralmente doze, todas conhecidos cavaleiros, bem como a família e todos os vizinhos. Um alto dignitário da Igreja celebra a Missa, rodeado por numeroso clero. Depois de a sagrada comunhão ter confirmado nele as resoluções da piedosa vigília, começa a cerimônia. Diante do padrinho, o postulante declara que quer entrar para a cavalaria. As testemunhas vestem-lhe o novo hábito: duas delas põem-lhe uma farda de tecido espesso, apertando cada uma das mangas, outra veste-lhe a loriga, outras duas colocam-lhe uma espécie de fraldão de ferro e ainda outra as esporas. Enquanto colocam cada uma das peças, lembram-lhe que essa armadura deve "servir retamente a justiça" e ele responde de cada vez: "Que Deus me faça assim!"

O padrinho aproxima-se agora com a espada desembainhada e estende-a ao donzel, para que a beije. Depois bate com ela nos seus ombros[24], em lembrança do antigo ritual germânico. A seguir, pronuncia a fórmula consecratória, que começa com uma invocação a São Miguel e São Jorge, e o jovem é admitido na ordem da cavalaria. Depois de cingir a espada, o novo cavaleiro perfila-se diante do altar e, com a mão direita estendida, presta o seu juramento.

Esta era a solene mistura de ritos militares e litúrgicos que constituía a cerimônia de ingresso na cavalaria, e nada melhor do que ela para assinalar o modo como a Igreja introduziu o seu ideal naquilo que, no fim das contas, não passava de uma simples formalidade de incorporação.

Quem podia ser admitido a essa cerimônia? Ao contrário de uma opinião muito difundida, não era de forma alguma um privilégio do sangue ou da fortuna. "Ninguém nasce cavaleiro", dizia o adágio. Os plebeus podiam — em princípio[25] — ingressar na cavalaria pela sua coragem e dedicação; "cavalaria confere nobreza" e "o meio de entrar na nobreza sem título é ser feito cavaleiro". Era por isso que a instituição despertava entusiasmo entre a juventude. Francisco Bernardone, filho de um comerciante de Assis, sonhará aos vinte anos em tornar-se cavaleiro, antes que Cristo o chame para outro serviço, e a isca desse título contribuiu certamente para o fervor com que tantos jovens quiseram alistar-se nas cruzadas. Foi apenas no fim do século XII que em certos países (o primeiro foi a Sicília normanda, por volta de 1160) se decidiu que só os filhos de cavaleiros podiam tornar-se cavaleiros, salvo em casos muito excepcionais. Mas isso era falsear o próprio sentido da instituição, fossilizá-la, anquilosá-la e tirar-lhe o caráter essencial de renovação permanente das elites.

Podia-se perder a cavalaria, do mesmo modo que se podia merecê-la. Quem faltasse aos seus deveres e se mostrasse traidor, covarde ou cruel, arriscava-se a ser rebaixado numa cerimônia confrangedora, em que lhe eram cortadas as esporas rente aos calcanhares. "Maldito seja quem não tem nobreza de alma". A nobreza de alma tinha, pois, de andar de mãos dadas com o valor no combate.

Este tipo de humanidade superior evoluiu no decorrer dos séculos, no sentido de um refinamento, de uma espécie de depuração. O primeiro cavaleiro-tipo foi Rolando, o Rolando da *Canção*, escrita por volta de 1120, mas herdeira de tradições já antigas. Era ainda um temível guerreiro, que experimentava um grande prazer em rachar um inimigo ao meio ou em fazer-lhe saltar os miolos, e cuja fé assentava na tranquila certeza de que vencer os pagãos era a tarefa mais piedosa de todas. Nessa consciência ainda tão rude, despontava no entanto uma ideia admiravelmente cristã — a ideia do sacrifício, da vida oferecida a Deus, tal como Rolando a formulou enquanto agonizava. O cavaleiro segundo a *Canção* viria a exercer uma profunda influência, e muitos cruzados teriam como ponto de honra imitar tão nobres exemplos. Pouco tempo depois — quando o *Cantar do Cid* apresentava como modelo, idealizando-o muito, o grande aventureiro espanhol que, nos fins do século XI, combatera tão valentemente os mouros, e também quando, por volta de 1200, a epopeia dos *Nibelungos* despertava as antigas recordações do heroísmo germânico —, o tipo do cavaleiro, sem deixar de ser puro e nobre, tornou-se mais realista, mais preocupado com a eficácia do que apenas com a bravura. Era a época em que o Santo Sepulcro, mais uma vez ameaçado pelo islã, iria necessitar de novos combatentes.

Mas o ideal da cruzada ganhou um matiz bem diferente entre os cavaleiros: em vez de basear-se nas qualidades militares e nos fins temporais, pôs o acento, em diversos casos, na elevação espiritual. O cavaleiro passou a considerar-se não tanto um "soldado cristão", como um cristão que servia a Deus acima de todas as coisas, mesmo nos seus combates. É o tipo do cavaleiro místico que encontramos na *Demanda do Santo Graal*, tal como aparece nas narrativas do provençal Guyot e do alemão Wolfram von Eschenbach, no decorrer do século XII. Em volta do cálice misterioso — receptáculo do sangue sagrado de Jesus Cristo e que é, em última análise, como diz o poeta, a "graça do Espírito Santo" —, agrupam-se as figuras de um Perceval, "todo candura e simplicidade", de um Bohort, que expia os seus pecados com tanto fervor que lhe são abertas as portas do Paraíso, e de um Galaad, encarnação da pureza perfeita —, figuras sublimes de cavaleiros que viviam quase como monges e nos quais se reflete o vivo modelo de um São Bernardo ou dos cruzados fundadores da ordem do Templo. São Luís será o herdeiro desses homens.

Rolando, o Cid e Galaad. Três tempos, três variedades de uma mesma grandiosa imagem que a Idade Média colocou no âmago da sua ordem política e social, numa situação única e exemplar. Foi tal a sua projeção, e a sua influência exerceu-se durante tanto tempo que, muitos anos após o desmoronamento da cristandade, esse ideal viria ainda a ser suficientemente poderoso para impor o seu estilo de vida àquele que, perante o inimigo, devia morrer, no tempo de Lutero e de Maquiavel, exatamente como Rolando em Roncesvales: o cavaleiro de Bayard.

A Igreja e a educação do amor

Houve outro campo em que a ação da Igreja sobre os costumes foi eficaz, talvez mais ainda do que no da sua luta contra a violência: o do amor humano. Perante os desregramentos de que a sociedade feudal dava exemplos demasiado abundantes, a Igreja estabeleceu os próprios princípios que viriam a tornar-se o alicerce firme de toda a sociedade europeia. Estabeleceu-os, evidentemente, em obediência aos mandamentos de Deus, aos preceitos de pureza de Cristo e à permanente doutrina que, desde São Paulo, foi sempre a sua; e ainda em virtude desse respeito pela pessoa humana que a levava a colocar a mulher num plano de igualdade espiritual e moral com o homem[26], um respeito delicado e misericordioso, de que o próprio Jesus dera muitas vezes exemplo, e que acabara por enraizar na consciência cristã o papel desempenhado por tantas mulheres heroicas e santas desde a época das perseguições até os piores dias bárbaros. Ao mesmo tempo, empreendendo esse esforço de moralização, a Igreja entrava na corrente que tendia a estreitar os laços entre as comunidades vivas e a tornar mais sólida a família, célula da sociedade.

Obstinadamente, a Igreja lutou com todo o empenho por rodear o casamento de toda a sua dignidade. O adultério, chaga do mundo feudal, foi condenado inúmeras vezes, mesmo quando se tratava de personagens importantes ou se procurava atenuá-lo com um novo casamento. "Enquanto a esposa vive", escrevia no século XI Anselmo de Luca, "não é permitido ao homem desposar outra mulher". A recíproca também era verdadeira; a Igreja inclinava-se até a julgar o adultério feminino mais grave do que o do homem, sem autorizar por isso o assassinato da mulher culpada, porque "para compensar um ato ilícito, não se deve cometer outro ato ilícito". Em caso de adultério flagrante, o que procurava antes de mais nada era fazer cessar o escândalo e, depois, se fosse possível, reaproximar os esposos na doçura do arrependimento e do perdão; houve um concílio húngaro que multiplicou os mais sábios conselhos neste sentido.

Por meio dos seus escritores e pregadores, a Igreja sempre procurou exaltar o laço matrimonial, que ela queria sagrado e indissolúvel. Jacques de Vitry dizia que as pessoas casadas "pertencem também a uma ordem, a ordem do casamento". O dominicano Henrique de Provins usava as mesmas palavras: "A ordem do casamento é uma ordem cujos estatutos não datam de ontem; existe desde que existe a humanidade. A nossa ordem e a dos Irmãos Menores foram estabelecidas recentemente, e mesmo todas as outras ordens religiosas são da era que começou com a Encarnação. Mas a ordem do casamento é tão velha como o mundo. Direi mais: a nossa ordem é obra de um simples mortal, mas a ordem do casamento foi instituída pelo próprio Deus na origem dos tempos". E o excelente dominicano acrescenta este argumento decisivo: "Quando foi do dilúvio, o Senhor preferiu salvar primeiro as pessoas casadas". Roberto de Sorbon chamava ao casamento a "ordem sagrada" (*sacer ordo*), e Peregrino acrescentava que o próprio Deus era o abade dessa ordem. Guilherme Péraud pormenorizava os "doze pontos de honra" próprios do casamento. Quanto a São Tomás de Aquino, arrematou esses louvores ao sacramento conjugal com esta fina observação: "Ainda que o estado de virgindade — assevera na sua *Suma teológica* — seja melhor do que o estado matrimonial, pode no entanto uma pessoa ser mais perfeita no estado matrimonial do que outra no de virgindade".

Os teólogos e canonistas sempre condenaram as faltas contra a moral conjugal e louvaram os méritos desse estado. Empenharam-se em estabelecer a legislação correspondente e, desde Anselmo de Luca até Graciano e seus sucessores, não houve nenhum trabalho canônico sério que deixasse de tratar do assunto. O *corpus* reservar-lhe-á um lugar importante. O casamento era um sacramento; mas em que consistia exatamente? Os canonistas responderam: "Essencialmente, no consentimento dos dois esposos"; estes são os verdadeiros ministros desse sacramento e o padre é apenas uma espécie de testemunha de Deus, que sanciona o acordo. A sua bênção — chegavam a dizer alguns — não é senão "um ornamento" ou um "detalhe de decoração".

A Igreja sempre se insurgiu, portanto, contra o casamento à maneira feudal, em que um pai dava a sua filha a um vassalo para conceder a este uma terra; um casamento sem o mútuo consentimento dos corações parecia-lhe sem valor. E, para que esse consentimento fosse bem certo e patente, proibia os casamentos clandestinos e exigia a presença de testemunhas[27]. Indignava-se também contra os cálculos à volta do dinheiro nesta matéria: "O senhor Fulano de tal pretende casar-se com o dinheiro da senhora Fulana?", perguntava Jacques de Vitry. Por conseguinte, o grande interesse de muitos membros do clero pelos problemas das relações conjugais não data de ontem, e disso temos muitas provas nos textos religiosos da Idade Média. Alguns autores, rigoristas, pretendiam dificultar as relações sexuais entre os esposos, proibindo-as em determinados dias, como a sexta-feira, ou em determinados períodos, como a Quaresma, e parece — pelo exemplo de São Luís — que essas prescrições chegaram a ser cumpridas nalguns casos. Outros clérigos, mais humanos, indignavam-se contra essas severidades excessivas, nas quais, no século XII, o pregador Pedro o Cantor via "um meio oblíquo de destronar o casamento".

A celebração do sacramento do Matrimônio rodeava-se de belas e minuciosas cerimônias, das quais herdamos algumas. O noivado era comemorado com grande solenidade e os futuros esposos comprometiam-se *per verba de futuro*. A Igreja abençoava os anéis que eles trocavam entre si, e que eram a réplica mística do anel episcopal ou abacial, ou do das religiosas. O uso da "aliança" tornou-se corrente no século XII, como símbolo de fidelidade e de amor, "que se usa", dizia graciosamente Honório de Autun, "no dedo em que pulsa a veia do coração". A Missa do casamento era também acompanhada por ritos muito expressivos. Os jovens esposos, por exemplo, eram colocados sob o mesmo véu, e o padre abençoava o primeiro pão e o primeiro vinho que comeriam e beberiam juntos. Em diversos países, havia também o costume de incensar e aspergir com água benta o leito conjugal, onde os esposos se sentavam lado a lado e rezavam.

Assim santificado, o casamento era indissolúvel. Ao contrário do direito romano e do direito germânico, que aceitava o divórcio por mútuo consentimento ou mesmo por vontade de um dos cônjuges, o direito canônico recusou-se terminantemente a admiti-lo. Mesmo em caso de adultério, a Igreja repetia com insistência o famoso texto em que Santo Agostinho, no *De bono conjugali*, afirma que "o laço conjugal só pode ser dissolvido pela morte de um dos esposos". Também não podia ser dissolvido "por causa de religião", e os concílios ordenavam que a esposa que entrasse para um convento contra a vontade do marido deveria ser-lhe restituída, porque, segundo São Paulo (1 Cor 7, 4), não era ela quem dispunha do seu corpo, mas o marido. Quanto às causas de anulação, eram raríssimas as que a Igreja reconhecia: três ao todo — quando um dos cônjuges tivesse sido ordenado antes de se casar; quando houvesse impedimento de parentesco (e mesmo nestes casos a jurisprudência eclesiástica tendia a não aplicar literalmente os preceitos, a fim de evitar que servissem de pretexto para divórcios) e, finalmente, quando havia "fraqueza da carne", mas, neste caso, exigia que se observasse um prazo de dois ou três anos, e que pelo menos sete parentes confirmassem perante o juiz eclesiástico que deixara de haver relações entre os esposos.

Vê-se, portanto, o cuidado com que a Igreja procurou dar ao casamento toda a sua importância. Foi ela quem levou a cabo a educação do amor, estabelecendo uma série de regras onde só existiam instintos prestes a desencadear-se. Daí resultaram grandes consequências, duas das quais devem ser sublinhadas. A primeira diz respeito à *família*. As fantasias libidinosas e a paixão desenfreada tê-la-iam infalivelmente arruinado se o cristianismo não lhes tivesse oposto o seu dique. A própria trama da sociedade encontrou-se assim reforçada e ganhou uma solidez que persistiria admiravelmente ao longo dos séculos; e não é nenhum exagero atribuir em certa medida à ação do casamento cristão o enorme desenvolvimento demográfico da época.

Este esforço da Igreja teve outro resultado que viria a gravar-se profundamente na consciência da Europa cristã e que contribuiria para distinguir a civilização ocidental das outras civilizações, como a do islã ou a da Índia e da China: levou a uma verdadeira *promoção da mulher*. A evolução é extremamente significativa. No limiar do período, a mulher ocupava visivelmente um lugar insignificante numa sociedade em que imperava a força; a única coisa que contava era a sua função de reprodutora. Tinha de se manter submissa ao seu senhor e dono, correndo o risco, se ousasse desaprovar-lhe a conduta, de receber "um punho grosso e quadrado no meio do nariz", como dizia a gesta lorena, ou de ser arrastada pelas tranças, como Blanchefleur pelo seu marido Guilherme de Orange (que, no entanto, veio a ser santo...). Quanto à sua opinião pessoal, não tinha nenhum peso e, se se atrevia a exprimi-la, o marido mandava-a voltar imediatamente aos seus trabalhos. Os costumes transformaram-se entre os séculos XI e XIII. A Igreja impôs aos homens a obrigação de respeitarem a dignidade da mulher, que deixou de ser propriedade do marido e joguete dos seus instintos ou dos seus interesses. A sua função social de maternidade continuou a ser considerada fundamental, mas foi-lhe reconhecido o direito de não ser absorvida por ela. O tipo da mulher escrava e, em sentido inverso, o tipo da virago que usurpava funções masculinas bateram em retirada, substituídos por outro tipo infinitamente mais delicado, aquele que um trovador do século XII evocava nestes termos graciosos:

> *Obra de Deus, digna, louvada,*
> *mais que nenhuma outra criatura,*
> *de todos os bens e virtudes dotada,*
> *tanto de espírito como de natureza.*

É conhecida a célebre frase — aliás, bastante pertinente — de Charles Seignobos: "O amor? Uma invenção do século XII!" O eminente especialista da Idade Média, Gustave Cohen, pensa da mesma forma: "O amor é uma grande descoberta da Idade Média e, em particular, do século XII francês. Antes dessa época, não tem o mesmo sabor de eternidade e de espiritualidade". E surge aqui uma questão que tem sido objeto de obras apaixonantes e apaixonadas[28] em que medida essa transformação do amor ou, mais precisamente, essa aparição e esse desenvolvimento gigantesco do amor-paixão na consciência europeia foram resultado de uma influência cristã?

No decorrer do século XII, aparece — sobretudo no Sul da França, onde os costumes eram muito mais refinados — um ideal novo, chamado *ideal de cortesia*, difundido pelos poetas da *langue d'oc*, os trovadores: Guilherme de Poitiers, Macabru, Jauffré Rudel, Bernard de Ventadour e Arnaud Daniel, cujos versos deliciosos conhecemos em grande parte.

Em que consistia a cortesia? Num código de delicadeza, de polidez e de fidelidade que regia o amor. Assim definido, o amor podia perfeitamente inscrever-se numa perspectiva cristã e constituía um progresso em relação à sexualidade animal, podendo até realizar-se em Deus. Era por isso que se via o célebre e trágico amor de Abelardo e Heloísa esforçar-se dolorosamente por repelir as tentações carnais e elevar-se às eternas consolações. E mesmo na admirável lenda de *Tristão e Isolda*, em que a paixão parecia aprisionar as almas dos dois amantes, havia uma sublime ressonância cristã nesse recurso ao arrependimento, marcado pela cena patética em que o compassivo eremita lhes reabre os caminhos de Deus.

O amor cortês conservou essas características cristãs? Na prática, podemos duvidar de que o impulso exaltado que lançava o homem nos braços da mulher fosse sempre platônico e de que, mesmo quando as intenções eram puras, o diabo não interviesse nessas expansões. No entanto, o rude Macabru afirmava: "O amor verdadeiro e o amor sexual gritam quando se encontram juntos"... No plano histórico e psicológico, que lugar ocupa o cristianismo nesta evolução? Denis de Rougemont sustentou que "o amor-paixão apareceu no Ocidente como uma das reações contra o cristianismo (e especialmente contra a sua doutrina sobre o casamento) nas almas em que ainda vivia um paganismo natural ou herdado", e levou a sua tese ao ponto de admitir — e a isso outros historiadores como Pierre Belperron se opuseram vivamente — que houve contaminação entre os trovadores do amor cortês e os hereges albigenses; nessa perspectiva, o amor-paixão seria uma heresia... Outros pensaram também que pôde ter havido influências árabes, principalmente as da corte de Córdova, onde os costumes eram muito requintados, ou a dos exemplos observados pelos cruzados no Oriente. O que se pode verificar, sem pretender determinar as causas do fenômeno, é que a promoção da mulher, cujo mérito original pertence certamente à Igreja, acabou por inverter totalmente a ordem dos valores no tempo do amor cortês. A mulher, ser fraco e desarmado, deixou de ser um acessório do guerreiro e passou a ser objeto da sua veneração.

Aliás, podia a Igreja deixar à margem das suas perspectivas essa exaltação da mulher? Sem que se trate de confundir as duas ordens e de querer discernir no amor cortês uma espécie de sucedâneo do amor místico, verifica-se que foi esta mesma época que presenciou o desenvolvimento dos dois, e que esses dois impulsos, um espiritual e outro carnal, se juntaram muitas vezes até na própria linguagem. "Não há, na Idade Média cristã", escreve ainda Gustave Cohen, "de um lado, o amor divino e, do outro, o amor humano, o amor celeste e o amor terrestre, o amor espiritual e o amor carnal; há o amor em toda a sua complexidade, motor da vida". Esta exaltação da mulher é obra do cristianismo, que lhe apôs o selo supremo quando apresentou a imagem da Mulher mais pura, mais bela, ornada de todas as graças: a Virgem Maria. No momento em que todos os amores da terra desfaleciam, não era Ela que sabia consolar os homens e dar-lhes um amor que não conheceria desânimo nem desgastes? Assim, ao alistar-se nas cruzadas, o bom poeta Thibaut IV da Champagne, depois de tantos versos compostos em honra daquela que amava — a rainha Branca de Castela, de quem ia afastar-se — escrevia:

Dama dos céus, grande rainha poderosa,
Socorrei-me em grande necessidade.
Possa eu sentir o excelso ardor de vos amar!
Quando dama perco, Dama me socorra!

O culto mariano foi o coroamento dessa tarefa de educação do amor que a Igreja medieval levou a cabo.

Um cristão leigo: São Luís

Viver sob o olhar de Deus: eis o ideal que a Igreja prescreveu à sociedade medieval através de tantas dificuldades e obstáculos. E houve homens e mulheres que, sem deixarem o mundo e sem entrarem nos quadros da clerezia, souberam praticá-lo com uma sublime perfeição. Se queremos penetrar nas lições de exemplo que nos dão estes santos leigos, basta-nos considerar o mais representativo, o príncipe que, de 1226 a 1270, ocupou — e com que soberana grandeza! — o trono da França: Luís, nono de nome, que, para a história, será sempre *São Luís*. Nele culminam e se realizam todas as virtudes que mil e duzentos anos de cristianismo fizeram germinar no homem. Ele domina e ilumina a sua época, a ponto de falsear um pouco a perspectiva e beneficiar com os seus méritos todo o século XIII, que, no entanto, foi menos cristão que o século XII. Aos olhos da posteridade, São Luís não se tornou somente o tipo ideal de homem que a Idade Média concebeu, mas também uma dessas figuras insuperáveis que são, no decorrer dos tempos, os penhores da grandeza humana. É preciso falar dele com um sentimento de respeito e de verdadeira afeição.

Não é difícil descrevê-lo. Fisicamente[29], é um homem alto e magro, um pouco franzino, de rosto regular, cabelos louros e olhos de um puro azul-claro. No menor dos seus traços, descobrem-se a força e a bondade como reflexos da sua alma. Moralmente[30], um santo, mas sem nada de santarrão, de beato, de hipócrita. Alegre, sabe gracejar, prefere os *quolibets*[31] aos livros, e imprime à sua corte a atmosfera mais patriarcal possível. No entanto, sem aquela excessiva indulgência que é quase sempre fraqueza, e sem uma familiaridade a que sempre se mistura a grosseria, guarda as distâncias, não trata ninguém por "tu" e, quando é necessário, sabe mostrar-se de uma firmeza de aço. Raras vezes um homem viveu na terra com uma convicção tão firme de em breve pertencer ao céu, mas também raramente um místico esteve tão próximo do real nem se embrenhou tão totalmente na ação.

Para ele, na base de tudo estava a fé, uma fé admirável, refletida e sólida. "Querido filho, a primeira coisa que te ensino", diz ele ao seu filho mais velho, Filipe, na carta testamentária que lhe deixou, "é que o teu coração deve empregar-se em amar a Deus, porque, sem isso, ninguém pode salvar-se. Livra-te de fazer qualquer coisa que desagrade a Deus". Em nenhum momento da sua vida desobedeceu a esse princípio, do qual dimanam todos os outros. Tal como foi educado, sob a sábia autoridade de Branca de Castela, essa mãe que lhe dizia com toda a espontaneidade que preferia vê-lo morto a vê-lo pecador, assim viveu toda a sua vida. No meio das suas pesadas tarefas, encontrava tempo para recitar diariamente as Horas litúrgicas; lia assiduamente a Sagrada Escritura e os Padres; confessava-se frequentemente e exigia que, como penitência, o açoitassem com golpes de disciplinas. Jejuava, usava cilício e vivia numa frugalidade e numa modéstia extremas, pelo menos sempre que a sua posição não o obrigava a vestir os trajes de etiqueta. "Costumes não só de um rei, mas de um monge", diz um biógrafo: costumes, pelo menos, de um terciário franciscano.

Haveria excesso em tudo isso? Pensamos que não. Voltaire, num texto abjeto, sustentou que esse monge coroado realizou mal as suas tarefas, mas não parece ser verdade, em vista das condições em que deixou a França. "O trono resplandecia como o sol que espalha os seus raios", diz Joinville, e essa frase não é de maneira nenhuma uma adulação. Neto de *Filipe II* (1180-1223), que mereceu o nome de *Augusto* pelo seu grande esforço por reunir terras e pela vitória na batalha de Bouvines, e filho de *Luís VIII* (1223-1226), cujo curto reinado bastou para revelar a sua coragem e dons, São Luís nunca permitiu que a sua fé entrasse em conflito com a sua missão de responsável pela França, e o seu grande milagre foi ter sempre sabido conciliar os interesses naturais e os sobrenaturais.

Se notamos alguns excessos na sua fé, isso se justifica pela propensão que teve em toda a sua vida para se entregar a uma tarefa de proselitismo feita a tempo e a destempo, para pregar e moralizar. Podemos sentir-nos tentados a sorrir ao vermos esse pai dar como presente de Natal à sua filha mais querida... um cilício e umas disciplinas; mas isso era um sinal de amor, maior do que qualquer outro, e Isabel assim o entendeu. Houve uma ocasião em que esteve tentado a ultrapassar as exigências da sua fé, traindo a tarefa a que Deus o havia chamado: falou de retirar-se e ir viver com esses homens de Deus cujas humildes refeições e fadigas tanto gostava de partilhar, fossem eles cistercienses ou franciscanos. Bastou, porém, que sua mulher, mostrando-se digna da sua missão de rainha, lhe lembrasse que ele não tinha por dever fugir do mundo, mas reinar segundo as leis de Deus, para que renunciasse ao seu sonho.

Porque a fé, para ele, não era uma espécie de couto fechado, isolado no segredo da alma e sem influência sobre o comportamento. Ela devia reger todos os seus atos. E porque crer em Cristo e seguir o seu exemplo significa antes de mais nada amar os homens, essa fé traduzia-se numa generosidade maravilhosa. "Teve caridade com o próximo", escreve Guilherme de Saint-Pathus, "e uma *compaixão ordenada e virtuosa* (gostaríamos de sublinhar e comentar estas palavras profundas...). Cumpriu as obras de misericórdia albergando, alimentando, matando a sede, vestindo, visitando, confortando, ajudando pessoalmente e amparando os pobres e os doentes, remindo os mais humildes prisioneiros, enterrando os mortos e ajudando a todos virtuosa e abundantemente".

Andava a pé pelas ruas das suas cidades, distribuindo pelos pobres dinheiro a mãos-cheias; na *Maison-Dieu* de Compiègne, cuidava dos doentes mais dignos de lástima, indiferente ao pus que as chagas dos cancerosos espirravam sobre ele; convidava para a sua mesa vinte pobres, tão sujos e fétidos que os guardas do palácio ficavam chocados; corria para junto de um leproso, mal ouvia ao longe o som da sua matraca, e beijava-o fraternalmente: todos estes episódios e centenas de outros não foram tirados da *Legenda áurea*, mas das crônicas mais dignas de crédito. Quanto às obras e instituições de caridade que promoveu, são inumeráveis: *Hôtel-Dieu* de Pontoise, *Hôtel-Dieu* de Versalhes, *Quinze-Vingts* para os cegos em Paris, albergues e orfanatos, sem falar de todos os conventos de beneditinos. "Iluminou o seu reino", diz Joinville, "com a grande quantidade de *Maisons-Dieu* que fundou", e depois acrescenta à maneira de conclusão: "Muitos padres e prelados desejariam ser semelhantes ao rei nos seus costumes e virtudes".

O mais admirável é que essas virtudes propriamente religiosas nunca representaram um obstáculo às qualidades do homem nem ao aperfeiçoamento da sua personalidade. E ele era consciente de que corria esse perigo. Joinville conta que, num dia em que estava de bom-humor, convidou-os a ele e ao capelão Sorbon a dizer se era preferível ser *prudhomme* (gentil-homem) ou devoto e, depois de os ter escutado a rir, concluiu gravemente: "Quanto a mim, gostaria de ter esse nome de *prudhomme* e de o ser realmente; deixar-vos-ia todo o resto, porque o nome de *prudhomme* é uma coisa tão boa e tão grande que, só de pronunciá-lo, a boca fica cheia". E o que entendia ele por isso? O que toda a Idade Média entendeu e o que se deve compreender quando se lê nas gestas que Rolando ou Perceval eram *prudhommes*. A *prudhommie* era a realização perfeita do homem na situação querida pela Providência, a submissão completa às exigências da moral, a orientação de todo o ser para o melhor e o mais alto. Sendo o que era por nascimento, São Luís, para ter *prudhommie*, não deveria ser apenas um homem interior, mas também cavaleiro sem medo e sem mancha, e rei consciente dos seus deveres, como realmente foi.

Cavaleiro durante toda a vida, soldado a quem a coragem parecia fácil, visto que se apoiava na certeza da vida eterna, soldado para quem combater o inimigo era motivo de alegria e fervor, e que sempre, na batalha, se colocava nos lugares mais perigosos, sem nunca ter recuado ou recorrido a qualquer astúcia — São Luís parece mais ter saído da *Demanda do Santo Graal* do que das páginas da história. Era tal a irradiação da sua personalidade que se impunha aos próprios inimigos: quando caiu prisioneiro dos muçulmanos, a maneira como o sultão o tratou foi tão honrosa para o mouro como reveladora do ascendente que o cristão exercia sobre ele. São inúmeros os relatos que testemunham o seu prestígio. Certo dia, um chefe do islã chamado Faress-ed-Din, depois de ter assassinado cruelmente o seu senhor, veio procurar o rei prisioneiro e pediu-lhe, a título de recompensa, que o armasse cavaleiro. São Luís recusou, não sem ironia, pois perguntou ao bandido se estava disposto a abjurar o Alcorão. Surpreendentemente, o homem baixou a cabeça e retirou-se sem um gesto de vingança. Tal era a autoridade do santo.

Não possuía somente as qualidades militares do cavaleiro, pois nunca deixou de cultivar as virtudes da humanidade e da delicadeza que tornavam um cavaleiro não apenas um guerreiro de elite, mas também uma testemunha de Deus. A sua mansidão para com os humildes, o seu desejo de proteger os fracos, a sua generosidade para com os adversários, enfim, todos esses rasgos que ainda hoje caracterizam o termo "cavalheiresco", foram nele tão naturais que nos esquecemos de pensar que, num homem como ele, de temperamento vivo e propenso à cólera, podiam ser meritórios.

Ao mesmo tempo, havia nele em grau supremo aquela qualidade que o poeta atribui a Perceval e sobretudo a Galaad: era *nice*, isto é, simples, sem segundas intenções, puro de alma e de desejos, sem qualquer conivência com essas forças que arrastam o homem para baixo e para a lama.

Há um ponto em que essa *niceté* — essa ausência de duplicidade — resplandece sobremaneira: a sua vida conjugal[32]. Ao contrário de tantos príncipes cujas loucuras matrimoniais e extramatrimoniais enchiam de escândalos as crônicas, ao contrário de um Frederico II, seu contemporâneo, e mesmo de tantos outros Capetos, incluído o seu caríssimo avô, São Luís demonstrou que se podia ser rei e obedecer ao 6º e 9º mandamentos, sem no entanto ter nada de puritano ou de impotente, pois este homem de Deus teve nada menos que onze filhos. Para viver essa fidelidade conjugal, talvez tivesse tido que adquirir méritos que só o Senhor conhece. Tendo desposado no limiar da adolescência a princesa Margarida da Provença, provocante menina de catorze anos, Luís, depois de alguns anos de ardente paixão pela sua bela esposa, não tardou a julgá-la demasiado frívola, demasiado *coquete*, e muito pouco sintonizada com as suas profundas aspirações místicas, capaz de se mostrar uma verdadeira rainha, como foi durante o drama da cruzada, mas também capaz de pequenas maquinações e semitraições que não deixavam de inquietá-lo. No entanto, o rei santo conservou-se totalmente fiel a esse casamento que, no fundo, seria um longo e muitas vezes penoso mal-entendido. Aos olhos de Deus, aos olhos dos homens, não houve um só gesto da sua parte que desmentisse a divisa que mandara gravar no interior da sua aliança: “Neste anel, todo o meu amor”[33].

Por mais elevadas que possam ser as virtudes pessoais de um homem, não são verdadeiramente cristãs se não se manifestam e se exteriorizam de algum modo na conduta diária e no cumprimento dos deveres de estado. Durante toda a sua vida, São Luís seria a criança a quem a mãe inculcara esses princípios, o adolescente que ela acostumara, durante a regência, a acompanhar os trabalhos dos ministros, a escutar os juristas, e também a aparecer em toda a parte onde o seu povo sofresse qualquer miséria, epidemia, inundação ou má colheita. Mesmo no fim da vida, quando era notório que o sonho de se unir inteiramente a Cristo, de viver e morrer no seu amor, era a única coisa que o animava, cumpria a menor das suas tarefas de rei com uma seriedade e uma aplicação magníficas, porque o Senhor as tinha confiado à sua solicitude. O seu sentido de responsabilidade era tão grande que se considerava parte do seu povo e partícipe do seu destino. Uma frase admirável que pronunciou diante de Damieta, em 4 de junho de 1249, resume a sua atitude de rei cristão: "Meus amigos e fiéis, seremos invencíveis se formos inseparáveis na nossa caridade; eu não sou o rei da França, eu não sou a Santa Igreja; sois vós, enquanto unidos, que sois o rei, que sois a Santa Igreja". Que chefe encontrou alguma vez palavras tão belas para definir a sua missão?

Praticamente, esses princípios comandaram uma atitude política que faria do seu reinado um dos mais felizes que a nação francesa já conheceu. Nos conselhos que deu ao seu filho Filipe, lê-se esta pequena frase: "Deves pôr todo o teu cuidado em fazer com que os teus familiares e os teus súditos vivam sob o teu domínio em paz e justiça..." Paz e justiça: São Luís nunca teve outro desígnio em vista. A justiça era antes de tudo combater todos os que perturbassem a ordem e infligissem sofrimentos aos mais fracos; por isso, as guerras privadas foram severamente proibidas e, se São

Luís não conseguiu impedi-las totalmente, pelo menos no seu reinado foram uma exceção.

A justiça era ainda reconhecer e impor o respeito pela pessoa humana, mesmo que se tratasse dos mais humildes e mais deserdados. Foi por isso que, no grande movimento de libertação dos servos, ele ocupou um lugar de primeiro plano. As palavras que um dia Jacques de Vitry proferira do púlpito haviam calado fundo no seu espírito: "A verdadeira nobreza é a da alma; nós não nascemos, uns de pais de ouro ou de prata, outros de pais de barro; não viemos, uns da cabeça, outros do calcanhar; descendemos todos do mesmo homem e todos saímos das suas entranhas". A partir de 1246, começou a tomar medidas para que os servos dos seus domínios fossem libertados e, sempre que pôde, encorajou os senhores a imitar o seu exemplo, ajudando monetariamente alguns que hesitavam diante dos prejuízos que esse gesto lhes acarretaria. A classe trabalhadora não teve um amigo mais atento às suas necessidades e mais generoso para com as suas profissões do que esse rei que fez de Étienne Boileau — o grande organizador dos ofícios no tempo de Filipe Augusto — seu conselheiro, seu amigo e um dos seus mais altos magistrados.

Mas a paz e a justiça implicavam uma obrigação ainda mais flagrante: aquela mesma à qual, há vários séculos, os Capetos tinham tido o mérito de ser admiravelmente fiéis — a de serem "reis bons e justiceiros". É célebre o pequeno quadro pintado por Joinville, em que São Luís aparece sentado no bosque de Vincennes, depois da Missa, encostado a um carvalho e escutando, "sem o estorvo de qualquer vigia", todo aquele que tivesse uma demanda a apresentar. A cena tem o valor de um símbolo: mesmo quando não administrava pessoalmente a justiça, esta foi sempre a sua constante preocupação. E, aliás, as suas intervenções neste domínio estavam longe de terminar sempre em indulgência. Alguns tiveram uma dura experiência, como aquele cozinheiro que, acusado de violências, esperava escapar da forca porque pertencia aos quadros da casa real, e o rei pessoalmente mandou enforcá-lo; ou como aquela nobre dama de Pontoise, acusada de ter mandado o amante matar o marido, pela qual intercederam franciscanos, dominicanos, altas damas da corte e a própria rainha, e que o rei ordenou que fosse queimada no próprio lugar do seu crime, "porque a justiça feita aos olhos de todos é boa". Muitos casos, no seu tempo, ficaram célebres pela firmeza e independência com que o rei os julgou. O de Enguerrand de Coucy deixou estupefatos os contemporâneos: um barão ilustre, aparentado com toda a nobreza do reino, foi preso, condenado a pagar uma multa pesada e a expiar o seu crime fazendo sucessivas peregrinações simplesmente por ter mandado enforcar três rapazes que caçavam nas suas terras — uma decisão inconcebível para os costumes da época. Outro caso, embora menos citado hoje em dia, não causou menor escândalo na época: aquele em que o próprio irmão do rei, o conde de Anjou, tendo mandado prender um cavaleiro das suas terras por ter apelado para o rei contra uma sentença local, foi intimado a comparecer em Vincennes; fez-se acompanhar pelos seus melhores juristas, mas encontrou contra eles, como advogados do queixoso e por ordem do rei, os mais ilustres conselheiros jurídicos da coroa. Podemos imaginar qual foi a sentença.

A influência de São Luís no campo da justiça foi profunda e duradoura. Uma ordenação de 1260 proibiu o duelo judiciário e, "em lugar de batalhas, passaram a ser apresentadas provas e testemunhas". Os casos em que se podia apelar para o rei foram precisados e aumentados, depois de submetidos ao parlamento. A escolha dos juízes foi vigiada de perto; exigiu-se deles o juramento de que não receberiam das partes litigantes nem ouro, nem prata, nem outros benefícios, e foram até proibidos de frequentar as tabernas e de jogar dados! O prebostado de Paris, até então vendido aos seus beneficiários — um feudo da rica burguesia —, sofreu uma boa transformação e foi confiado a Étienne Boileau, do qual Joinville diz que "se comportou tão honestamente que nenhum ladrão, malfeitor ou assassino se atreveu a ficar em Paris sem ter sido imediatamente enforcado ou exterminado; nem pais, nem ouro, nem prata podiam salvá-lo". E o cronista acrescenta que o povo foi o primeiro a reconhecer a justiça que ali se fazia.

São Luís seguiu o mesmo ideal de justiça no que se referia ao dinheiro. Pessoalmente, era muito reservado nas suas despesas particulares, e foi esse o conselho que deu ao filho no seu testamento. Se, no entanto, os impostos não sofreram nenhuma redução no seu reinado, a causa foram as guerras que teve de sustentar contra os senhores feudais revoltados e contra o rei da Inglaterra, e depois as duas cruzadas que a França financiou quase sozinha. Mas também neste terreno São Luís se mostrou escrupuloso e consciencioso, recusando-se a recorrer aos expedientes dos homens de finanças, velando pela repartição equitativa das cargas tributárias e não querendo de forma alguma envolver-se em nada de parecido com as manipulações monetárias que dariam ao seu neto Filipe o Belo uma fama tão triste.

Desta maneira, conservando-se fiel aos seus deveres de cristão, São Luís cumpriu também plenamente os seus deveres de rei. Por isso, a França do seu tempo foi, aos olhos de toda a cristandade, "a terra mais feliz e abençoada", o país onde certamente a paz e a harmonia, de mãos dadas com uma constante preocupação de eficácia, criaram uma "conjuntura" — como a chamariam os nossos economistas — extremamente favorável. Durante todo o seu reinado, o país dá a impressão de uma imensa atividade criadora. É a ocasião em que Roberto de Sorbon, capelão do rei, cria o colégio que se tornará célebre até hoje — a *Sorbonne*. É a ocasião em que todo o reino da França — e sobretudo, em Paris, toda a colina de Santa Genoveva — se cobre de institutos, colégios e casas de estudantes. É a ocasião em que se erguem as torres de Notre-Dame de Paris e as suas capelas laterais, em que Chartres reconstrói a sua catedral, destruída pelo incêndio de 1194, e em que os canteiros de obras de Reims, Bourges, Amiens, Beauvais e Rouen trabalham incansavelmente. É finalmente a ocasião em que, como símbolo deste reino, e dirigindo-se como ele para o céu, se ergue, para abrigar a mais santa relíquia, a Coroa de espinhos, essa aérea audácia de pedra cinzelada e de misteriosos vitrais que se chama a Sainte-Chapelle.

Os povos sabem distinguir entre os seus senhores aqueles que, no poder, procuram apenas os seus interesses e aqueles que só exercem a autoridade tendo em vista o bem comum. Não escapava a ninguém que Luís IX pertencia ao segundo tipo. Quando morreu, uma lamentação exprimiu em termos comoventes a dor da França: "A quem poderão os pobres recorrer, agora que morreu o bom rei que tanto os amava?" E muito antes que Bonifácio VIII promulgasse oficialmente, em nome da Igreja, a bula em que o canonizava, os pobres já lhe tinham concedido a canonização em seus corações.

Mas não foi só a França; a cristandade inteira admirou São Luís e considerava-o um homem de Deus ainda em vida. É que ele soube ser fiel aos princípios que regiam a sua vida também num terreno em que é mais constante vê-los desprezados: o das relações com os outros Estados.

Pensava — e disse-o muitas vezes — que não existem duas morais, uma válida para o homem individual e outra para o homem em grupo, e que axiomas como "amai-vos uns aos outros" não deixam de ser obrigatórios quando se passa para o plano da política internacional. Este é um dos aspectos da sua ação que têm sido mais mal julgados e mais desprezados; o fanatismo nacionalista dos tempos modernos falseou o julgamento sobre esta matéria, a tal ponto que pessoas muito honestas pretendem pôr em prática uma espécie de maquiavelismo provinciano e consideram quimérica e perigosa uma política cristã. Os resultados estão à vista.

Esta "política tirada da Sagrada Escritura" — para nos servirmos das palavras de Bossuet — prejudicou a coroa francesa? É muito discutível. Em qualquer caso, é evidente que nunca envolveu, por parte do mais santo dos Capetos, qualquer servilismo em face da Igreja, nem, por outro lado, qualquer tipo de descuido pelos interesses franceses. São inúmeros os exemplos em que vemos o rei manifestar uma absoluta independência política perante essa *Mater Ecclesia* da qual, no entanto, se declarava, como homem privado, o mais submisso dos filhos. Alguns bispos do reino vinham procurá-lo para que o braço secular os ajudasse a aplicar as penas de excomunhão? São Luís respondia-lhes que, na sua opinião, tais sentenças tinham com frequência pouco fundamento; recusava-se a intervir e ainda conseguia que o papa convidasse esses bispos a não proceder inconsideradamente. Por outro lado, quando altos prelados romanos, e até papas como Inocêncio IV, se deixaram arrastar, em matéria de bens eclesiásticos, por uma falta de discrição que beirava a rapacidade[34], São Luís apoiou com toda a sua autoridade os protestos do clero nacional e redigiu pessoalmente o memorial enviado ao Latrão sobre o assunto.

Muito mais característica foi a sua atitude em face do grande e trágico debate entre o sacerdócio e o Império: nem por um instante submeteu-se à política pontifícia. Desde 1240, Branca de Castela e ele vinham recusando ao irmão do rei, o conde de Artois, a coroa de Roma que Gregório IX lhe oferecia por ódio a Frederico II; mais tarde, trabalhou por reaproximar os adversários, e quando, em 1245, Inocêncio IV convocou para Lyon o Concílio ecumênico que viria a abater Frederico II, São Luís recusou-se a comparecer pessoalmente e lançou mão de todos os meios para implorar a clemência pontifícia. E se não pôde impedir que se lesse do alto do púlpito a sentença de excomunhão, pelo menos absteve-se de aprová-la com o menor comentário. Ao considerarmos os resultados desta dolorosa questão, temos o direito de pensar que, pregando a reconciliação e a união de todos para a cruzada, o santo rei via talvez mais claro que o pontífice romano.

Houve um caso em que ele se submeteu de forma particularmente exemplar aos eminentes ditames da equidade cristã, já que agiu aparentemente contra os interesses da coroa. Nas suas relações com o rei Henrique III da Inglaterra, Filipe Augusto, em reparação pela injúria que lhe fizera o seu vassalo João Sem-Terra, confiscara a quase totalidade dos seus bens na França, incluído o domínio patrimonial dos Plantagenetas. Os ingleses não paravam de protestar contra esse confisco e estavam dispostos a recomeçar a guerra na primeira ocasião. São Luís perguntava-se muitas vezes a si mesmo se o seu antepassado teria agido de modo justo: "a consciência remordia-o". Certamente, o rei da Inglaterra, cujos barões procuravam incessantemente envolvê-lo em disputas, não parecia muito de temer, mesmo apoiado pelo seu irmão o conde de Cornualha, convertido por vontade do papa num "rei dos romanos" muito nominal. Se São Luís tivesse escutado apenas o interesse político, teria podido, com um simples golpe de espada, varrer para fora da França o que restava do inglês. Mas foi bem diferente a solução que adotou. Mandou dizer a Henrique III: "Se renunciardes absolutamente à Normandia, ao Anjou, à Touraine, ao Maine e ao Poitou, e aceitardes que essas províncias sejam definitivamente francesas, e se, por outro lado, me prestardes homenagem pela Guyenne, abandonar-vos-ei, a título de feudos pelos quais me prestareis homenagem, tudo quanto possuo no Limousin, Quercy e Périgord; e, mais tarde, se Afonso de Poitiers morrer sem filhos, podereis, nas mesmas condições de vassalagem, tomar posse da Saintonge e de Agenais". Esta proposta espantou os conselheiros do rei, que lhe perguntaram que finalidade tinha ele em vista. E o santo respondeu: "Quero despertar o amor entre os meus filhos e os dele, pois são primos coirmãos".

O surpreendente acordo foi criticado não só pelos contemporâneos, mas mesmo por muitos historiadores até os nossos dias. Para o compreendermos, devemos colocar-nos nas perspectivas do tempo, em que prestar homenagem por uma terra era algo extremamente grave, e em que um suserano da estatura do rei da França exercia uma autoridade fiscalizadora sobre os feudos do seu vassalo. Deixava de haver uma só polegada de solo francês que o rei da Inglaterra ocupasse como soberano independente; a Normandia e todo o vale do Loire voltavam com pleno direito para a França, e essa Guyenne longínqua, que, na prática, seria difícil conquistar, entrava na jurisdição francesa, a tal ponto que Bordeaux devia submeter-se ao tribunal de apelação de Paris. Em 4 de dezembro de 1259, no pomar real — atualmente Place Dauphine —, o rei da Inglaterra, de cabeça descoberta, sem manto, sem cinto e sem esporas, ajoelhou-se diante do rei da França e, com a sua mão pousada sobre a dele, jurou-lhe fé e lealdade. Obedecendo a um propósito cristão, São Luís não prejudicara a França, e a prova foi dada pelos próprios ingleses, que manifestaram uma grande cólera: "É um ato que ultrapassa todos os limites do bom senso!", exclamou John Peckham, arcebispo da Cantuária.

Seja como for, gestos como esse conferiam ao rei toda a sua grandeza e calavam fundo na opinião geral. Num tempo em que as forças morais tinham na política das nações uma importância que hoje perderam, São Luís era venerado por todos porque era verdadeiramente cristão. Prova disso foi o papel de árbitro internacional, de "*sire* do século", que teve de desempenhar, um papel perfeitamente análogo àquele que, no século precedente e pela mesma razão, fora confiado a São Bernardo, mas infinitamente mais decisivo, em certo sentido, do que o desempenhado por certos papas, como Inocêncio III, visto que não era como detentor de uma autoridade específica, de um poder de condenar e obrigar, que São Luís devia agir, mas unicamente em virtude da sua sabedoria em Deus. Assim, vemo-lo sucessivamente regular a sucessão do Hainaut e de Flandres, absolutamente indiferente aos interesses pessoais de seu irmão Carlos de Anjou, e resolver também a de Navarra, contra os interesses do seu futuro genro, Thibaut V da Champagne. Entre o conde de Chalon e seu filho, o conde da Borgonha, entre a própria Borgonha e a Champagne, entre Henrique de Luxemburgo e Thibaut de Bar, foi ele, sempre ele, quem interveio, sem que ninguém desconfiasse da retidão das suas intenções. Aos conselheiros que lhe sugeriam que deixasse os vassalos e vizinhos digladiarem-se entre si, respondia, indignado, que, se agisse assim, "ganharia o ódio de Deus!" Foi por vezes chamado a intervir mesmo na política interna de alguns

Estados estrangeiros, como, por exemplo, no conflito que, em 1258, opôs os altos barões ingleses ao seu rei, e em que São Luís condenou e — de um modo talvez sumário e pouco diplomático — rejeitou como injustas as *Provisões de Oxford*; ou ainda na política italiana, quando quis impedir seu irmão Carlos de Anjou de aceitar a coroa da Sicília e, não o tendo conseguido, se recusou a enviar as suas tropas para que ocupassem o perigoso reino[35].

A cruzada seria o coroamento desta política cristã. Se, tentada por duas vezes, foi um fracasso, a culpa foi unicamente da falta de preparação e da temeridade de São Luís? Ou não terá sido de todo o mundo cristão, incluído o papado, que não lhe deu a necessária ajuda? Essas duas expedições, admiráveis sob tantos aspectos, marcaram o ponto, o único ponto em que a santidade de São Luís, fazendo-o deixar o chão da realidade, o arrastou para o sonho e para a falta de medida. Poderíamos talvez censurá-lo com razão, se o heroísmo que demonstrou na sua cruzada do Egito, e a beleza sublime da sua morte em Túnis, não tivessem dado ao seu retrato um toque supremo de grandeza cristã[36].

Assim foi Luís de Poissy[37], rei da França e testemunha do homem diante do Pai. Não tenhamos dúvidas: em qualquer condição em que se tivesse encontrado pelo nascimento, teria sido aquilo que acabamos de ver: um cristão perfeito, um justo segundo o coração de Cristo, um santo. A Providência fez com que, no posto que ocupou, a sua figura fosse especialmente significativa e luminosa. Reconhecemos nele o mais completo exemplo do que a fé cristã — essa característica dominante da Idade Média — podia fazer de um homem, quando ele se submetia inteiramente às exigências dessa fé e, por isso mesmo, atingia o ápice da condição humana.

Notas

[1] Cf. *A Igreja dos tempos bárbaros*, cap. X, par. *Cristãos do ano mil: o lamaçal.*

[2] São muitos os documentos que nos informam sobre os dolorosos resultados que a brutalidade dos senhores causava ao país. Eis, por exemplo, a narrativa de uma expedição senhorial na *Geste de Lorraine* (citamo-la conforme *L'histoire des Français* de Pierre Gaxotte): "Começa a marcha. Os corredores e os bota-fogos tomam a dianteira; atrás vão os forrageadores encarregados de recolher as presas e conduzi-las para um grande carro de transporte. Começa o tumulto; os camponeses que acabam de chegar ao campo correm de volta no meio de grande gritaria, e os pastores recolhem os animais e os enxotam para um bosque vizinho, na esperança de salvá-los. As aldeias são incendiadas e pilhadas; os habitantes que vagueiam perdidos são queimados ou amontoados de mãos atadas, junto do que foi roubado. Ouve-se por todos os lados o sino de alarme, o pavor cresce e torna-se geral. Veem-se brilhar os elmos e flutuar os pendões. Os cavaleiros percorrem a planície. Roubam o dinheiro, levam os bois, os jumentos e os rebanhos, enquanto a fumaça se espalha e as chamas se elevam..." Nada mais resta nos lugares por onde os cavaleiros passaram. "As chaminés deixam de fumegar, os galos já não cantam e os cães já não ladram. O mato cresce nas casas e por entre o empedrado das igrejas, porque os padres abandonaram o serviço de Deus e os crucifixos quebrados jazem por terra. O peregrino caminharia seis dias sem encontrar quem lhe desse um pedaço de pão ou uma gota de vinho. Os homens livres já não têm mais litígios com os seus vizinhos; no lugar das antigas aldeias, crescem agora o matagal e os espinheiros".

[3] Cf. no cap. VI o que se diz sobre as ordens redentoras, no par. *Da caridade de Cristo à previdência social.*

[4] G. Roupnel, na sua admirável *Histoire de la Campagne française*. Alguns historiadores do direito vão até mais longe. Afirma-se que os ônus que pesavam sobre os servos — *formariage, main-morte* e *chevage* — eram na realidade comuns a eles e aos vilãos que ocupavam a terra de um senhor. Estes ônus eram de origem puramente dominial.

Chegou-se a negar que houvesse servos que formassem uma classe distinta. Assim, na Champagne, "todos os vilãos eram olhados como servos". De qualquer modo, parece que na Idade Média não houve senão uma minoria de servos (cf. Jean Imbert, *Histoire du droit privé*, pág. 42).

[5] É esta a origem do *droit de cuissage* — "direito à primeira noite" – sobre o qual se disseram e escreveram tantas tolices. O senhor devia autorizar o servo ou a serva a casar-se, mas como, na Idade Média, tudo se traduzia em gestos simbólicos (por exemplo, a entrega do feudo era simbolizada pela dádiva de um torrão de terra), o senhor manifestava o seu acordo pousando a mão sobre a perna ou sobre o leito conjugal. A partir daí, imaginaram-se muitas coisas... (cf. L. Veuillot, *Le droit du seigneur*).

[6] Cap. VI, par. *O recrutamento dos clérigos.*

[7] Cf. cap. I, nota 2.

[8] Cf. Lefebvre des Noettes, na importante obra citada nas notas bibliográficas. Encontrar-se-á um resumo desta questão (e uma tentativa de aplicação destas observações aos problemas da nossa época) nos dois livros do autor: D. R, *Eléments de notre destin* e *Par-delà notre nuit.*

[9] A Igreja foi muito censurada por ter exigido, segundo o costume da época, uma indenização dos servos libertados. No entanto, não é caso para estranhar, porque essa libertação representava uma considerável perda de rendimentos e punha a Igreja em risco de não ter mão-de-obra.

Muitas vezes, exigia-se desses libertados o compromisso de fornecerem um certo número de dias de trabalho "por ajuste". De resto, exagerou-se muito o valor da indenização pela alforria, que era geralmente de uma gabela por doze — "a gabela libertadora". As resistências, tantas vezes evocadas, que os servos opunham à libertação foram raras nas terras da Igreja, mas muito mais numerosas nas dos leigos, que por vezes reclamavam indenizações e impostos enormes.

[10] Luís VI foi o primeiro capetíngio que libertou servos nos seus domínios; Luís VII chegou a declarar que a liberdade era de direito nacional, e São Luís, principalmente, libertou muitos servos e animou os vassalos a seguirem o seu exemplo. Mas estas libertações foram quase sempre bastante onerosas, porque o rei e os senhores tinham grande necessidade de dinheiro para retomarem a cruzada. Cf. G. Tenant de la Tour, *L'homme et la terre de Charlemagne à saint Louis*, Paris, 1942.

[11] No seu *Saint Dominique*, citado nas notas bibliográficas do cap. IV. Um historiador das instituições, Georges Espinas, analisou este *animus societatis* que se desenvolveu tanto na Idade Média (*Les origines du droit d'association*, Lille, 1942).

[12] Não devemos enganar-nos sobre o caráter um tanto anticlerical do movimento operário medieval. Os gracejos e os escárnios lançados sobre os cônegos e os monges não passavam de um punhado de farpas que todo o povo gostava de lançar contra o clero, muito simplesmente porque este pertencia à alta sociedade e os pequenos sempre gostaram de zombar dos grandes. Mas isso não ia longe e aqui temos como prova o divertido poema do *Dit des fèvres* — o *fèvre*, "faber" era o operário — que data do século XIII:

Penso que os operários são aqueles / a quem mais se deve pedir. / É bem verdade e todos sabem / que eles não são de molengar. / Seus bens não vêm da usura! / Os operários vivem lealmente / do seu labor, do seu trabalho. / E dão generosamente / e gastam daquilo que têm / mais do que esses inúteis usurários: / os cônegos, os monges, os vigários.

[13] Cf. M. Auzas, *La traditionnelle offrande de la Corporation des orfèvres*, in *Ecclesia*, Paris, maio, 1951. Nenhum historiador mostrou melhor o laço de filiação entre corporação e confraria do que Georges Espinas (*op. cit.*).

[14] Cf. *Compagnonnage*, Paris, in *Présences*, 1951, principalmente o notável estudo histórico *La Fidélite d'Argenteuil.*

[15] Na sua *Histoire économique de l'Occident médiéval*, citada na bibliografia, pág. 266.

Este papel econômico da Igreja foi particularmente estudado na Normandia por R. Genestal, na sua obra *Rôle des monastères comme établissements de crédit*, Paris, 1901. Este erudito mostrou claramente como os mosteiros normandos se tornaram verdadeiros bancos agrícolas, adiantando dinheiro aos pequenos agricultores, graças ao sistema de renda perpétua. O papel que desempenharam neste ponto foi muito importante.

[16] Realmente, a proibição de empréstimos a juros e de operações especulativas originou a criação de agrupamentos semiclandestinos (ou, em qualquer caso, rejeitados em princípio) de pessoas que se entregavam a tráficos condenados, como sobretudo os italianos do Norte, os "lombardos", e, em menor grau, os judeus. A importância destes traficantes e usurários não se tornou verdadeiramente considerável senão no momento em que, no século XII, se desenvolveu o grande comércio e, com ele, o negócio bancário. Os maus sentimentos que os devedores experimentavam muito naturalmente contra os credores manifestaram-se contra os lombardos e judeus, sobretudo contra estes últimos que, na sua qualidade de infiéis, eram mantidos à margem, mais ou menos encerrados nos seus *guetos*. Tal é a origem dos *pogroms*, de que eles foram vítimas por várias vezes em muitos países, e que constituem uma das páginas mais tristes da história da cristandade medieval. Mas, no seu conjunto, a Igreja, pela voz dos seus chefes, opôs-se a esses movimentos de furor popular; vimos São Bernardo prestar socorro a judeus maltratados na Renânia, e vários papas tomarem-nos sob a sua proteção.

Em 1261, o duque Henrique de Brabante ordenou no seu testamento que os judeus fossem expulsos dos seus domínios, mas São Tomás de Aquino pediu à viúva que não o fizesse.

Para termos ideia das discussões que se travaram em volta desta interdição e da "casuística" a que deu lugar, leia-se o artigo de M. Louis Vereecke sobre a *Licéité du "cambium bursae" chez Jean Mair*, que aparece na *Revue historique de droit français et étranger* de 1952, pág. 124. Ali se encontra o texto de uma resposta dada pela Sacratíssima Faculdade de Teologia de Paris a uma consulta sobre a questão da licitude do comércio de dinheiro.

[17] Cf. *A Igreja dos tempos bárbaros*, cap. X, par. *A paz de Cristo*.

[18] Esta submissão verificou-se mesmo antes de a autoridade dos reis ter sancionado essas medidas, apoiando-as com toda a sua força, como fizeram Filipe Augusto e os seus sucessores ao imporem a *Quarentena do Rei*, trégua que suspendia as hostilidades e permitia a intervenção dos seus serviços.

[19] Cf. principalmente os de Delos e G. Drouard, citados nas notas bibliográficas.

[20] G. Drouard.

[21] As exceções que a Igreja fez a esta regra foram raras; no entanto, uma delas viria a tornar-se célebre: a do grande torneio de Ecry-sur-Aisne, em 1199, que foi abençoado pelos bispos porque os vencedores tinham prometido alistar-se na quarta cruzada.

[22] Cf. o cap. XIII da *Germânia* de Tácito.

[23] Gustav Schnürer fez uma observação profunda sobre a mudança operada no próprio sentido da palavra *honra*. "A honra cavaleiresca — concluiu ele — cercou-se de um prestígio particular; houve um grande progresso moral na formação, levada a cabo pela Igreja, desta concepção da honra, progresso não só em relação ao passado imediato, mas mesmo em relação à Antiguidade. Na Antiguidade pagã, a palavra *honor* não significava senão prestar honras exteriores. Esta ideia foi aprofundada. As honras exteriores só deviam ser prestadas àquele que as merecesse interiormente, ao homem de honra que tivesse a dignidade em si mesmo. O essencial na nova concepção era, portanto, o laço que se estabelecia entre a honra exterior e a dignidade interior. Para o cavaleiro, a honra da categoria era apenas uma forma particular da honra do cristão. A honra devida a Jesus Cristo e a Deus devia ser a sua honra; era por Ele que devia combater, sofrer e morrer. O cavaleiro permanece fiel até a morte à causa de Cristo, e assim a fidelidade, que é uma obrigação particular da Cavalaria, torna-se uma obrigação cristã".

[24] Esta pancada chamava-se em provençal *colada*. Dava-se-lhe também o nome de *palmada*, porque a princípio se dava com a mão.

[25] Em princípio. Na verdade, era bastante raro: até o século XIII, além de pessoas bem nascidas, só eram admitidos na cavalaria soldados que subissem a postos elevados e oficiais senhoriais. Mas, quando se desenvolveu a burguesia das cidades, os seus membros mostraram-se muito impacientes em tornar-se cavaleiros. Temendo uma invasão burguesa, os que eram guerreiros de origem formaram então a "Ordem da Cavalaria" e a nobreza tornou-se pouco a pouco nobreza de nascença. Mas os reis reservaram para si o privilégio de autorizar quem quisessem a entrar na ordem, por meio da chamada "carta de nobreza". Foi assim que Filipe o Belo recompensou um açougueiro que combateu corajosamente em Mons-en-Pévèle.

[26] Sobre esta doutrina, cf. Claude Schall, *La doctrine des fins du mariage dans la théologie scolastique*, Paris, 1948, e o artigo de Riquet, *Christianisme et population*, na revista *Population*, de outubro de 1948.

[27] A Igreja era muito rigorosa quanto aos impedimentos do casamento. Exigia que não houvesse laços de sangue entre os esposos e proibia os casamentos entre primos até o décimo

desinteressado no sentido de que os homens da Igreja, trabalhando com o cérebro e com os músculos, não tiveram em vista a satisfação pessoal, mas a glória de Deus. A essa glória estava subordinada toda a atividade da inteligência, como todos os esforços humanos: a cultura estava submetida à religião. Não haveria conhecimentos escriturísticos nem bela liturgia sem o conhecimento do latim; não haveria verdadeira fé sem um estudo sério dos livros sagrados e dos Padres. Compreendendo isso, os papas, os bispos e os abades dos mosteiros empenharam-se em salvaguardar a cultura numa sociedade que tinha por ela o mais completo desprezo. Mais ainda: o que a Igreja compreendeu também foi que não podia defender a sua causa sem estar armada para os combates da inteligência. Era necessário pôr ao serviço do conhecimento de Deus todo o imenso patrimônio adquirido pela literatura, pelo pensamento e pelos antigos, e bastou que alguns homens, nos seus conventos, tivessem cultivado essa ideia, para que grandes autores pagãos fossem salvos do naufrágio.

Esta penetração recíproca entre as atividades intelectuais e as religiosas refletiu-se no próprio vocabulário. Eram *clercs* não só os homens consagrados a Deus, mas também os intelectuais, os especialistas das coisas da cultura, essa "terceira espécie de pessoas" que todos olhavam com profundo respeito; as outras eram os cavaleiros e os *laboriers* (trabalhadores). Com o termo *clergie* (corpo de letrados), designava-se ao mesmo tempo o clero propriamente dito e os professores e estudantes. Esta confusão de termos assinala nitidamente o papel que a Igreja assumiu num tempo em que, juntamente com todos os valores humanos, a cultura esteve em grande perigo.

Na época mais feliz, que começa em meados do século XI, a Igreja continuou a desempenhar esse papel, mas de um modo diferente. Já não havia necessidade de defender as coisas do espírito contra as ameaças da brutalidade. Era preciso, porém, continuar a ordená-las para o seu verdadeiro fim, o serviço de Deus; era preciso ainda impedir que, na efervescência em que se encontrava a sociedade cristã, a atividade intelectual afastasse o homem do seu verdadeiro caminho. A Igreja trabalhou, portanto, de outra maneira para salvaguardar o espírito, fazendo da fé a base da cultura e do pensamento. Do século XI ao século XIV, salvo raríssimas exceções, toda a cultura se manterá, portanto, fundamentalmente religiosa: as pessoas dedicadas ao ensino e às letras serão quase inteiramente da Igreja e procurar-se-á manter a orientação propriamente cristã da atividade intelectual até o momento em que ela começar a querer considerar-se autônoma e a pretender passar sem a fé.

Mas o que vai diferenciar essencialmente esta época da que a precedeu é que a Igreja, mantendo-se embora vigilante em relação à vida intelectual, não pretende monopolizá-la. Essa vida intelectual já não é apanágio de uma elite de teólogos ou de monges encerrados nos seus conventos. A Igreja quer que as massas, mais ou menos numerosas, se beneficiem dessa vida, sobretudo nesses aglomerados urbanos que a renovação econômica e social vinha gerando. Esses valores da inteligência, que ela salvou do desastre, receberão das suas mãos um magnífico impulso.

Bibliotecas e copistas

No seu esforço de salvaguarda intelectual, o que a Igreja ensinou em primeiro lugar à humanidade foi o respeito pelo livro. Amava-se, venerava-se e rodeava-se de zelosos cuidados esse pesado caderno de pergaminho que continha a palavra de Deus ou de um dos seus fiéis, e que, aliás, era raro e custava caro: uma biblioteca de 900 manuscritos era considerada imensa e causava espanto. "Morre desonrado quem não ama os livros", dizia um provérbio; e "um claustro sem livros é um castelo sem arsenal", dizia São Bernardo. As preciosas obras andavam de convento em convento, para que pudessem ser copiadas, e, no período negro das invasões normandas, a perda das bibliotecas era um dos desastres mais cruelmente sentidos.

A imagem do monge copista, debruçado sobre a sua escrivaninha ao longo de toda a jornada, caligrafando ou iluminando as páginas de um Evangelho ou um Saltério, é uma daquelas que se fixam em todas as memórias. Essas multidões de anônimos a quem devemos o conhecimento que temos de Boécio, Santo Agostinho, São Jerônimo, como também de Virgílio, Terêncio, Ovídio e Horácio — esses escribas de Deus, graças aos quais a inteligência humana conservou o contato com o seu passado —, deixaram-nos uma recordação viva, acompanhada de gratidão. Havia séculos que existiam centros muito célebres de cópias — e continuaram a existir do século XI ao século XIV: Saint-Gall, Reichenau, Fleury-sur-Loire, Corbie e Mont Saint-Michel. Outros foram-se desenvolvendo, como Saint-Germain-des-Prés em Paris, ou Saint-Martial em Limoges. Cada um tinha o seu estilo no modo de traçar a letra — a antiga ou, depois, a uncial, derivada da minúscula carolíngia —, e sobretudo na arte de iluminar as maiúsculas iniciais ou de compor, numa página inteira, as maravilhosas miniaturas que nos encantam os olhos. Assim, em Corbie, manteve-se um estilo proveniente da tradição carolíngia, constituído por uma extraordinária amálgama de vida e de abstração. Em Saint-Martial de Limoges, os iluminadores filiaram-se visivelmente à escola dos vitralistas e esmaltadores, o que resultou num gênero novo, com pequenas cenas regularmente dispostas. Já das oficinas de Paris começaram a sair essas obras-primas de realismo e liberdade que são os *Saltérios de São Luís*, em exposição na Biblioteca Nacional e no Museu Condé de Chantilly.

É difícil imaginar o tempo que era necessário para realizar essas obras. O número de linhas, em certas cópias da Bíblia, deixa-nos confusos. E a cor das miniaturas, obtida por camadas sucessivas, exigia, depois da secagem de cada uma, semanas de espera para o mais ínfimo pormenor. E assim, valendo-se do tempo, os copistas puseram-no a seu serviço e, no brilho do seu ouro, dos seus azuis luminosos, das suas púrpuras e dos seus tons profundos de violeta, esses artistas do manuscrito apresentam-nos ainda hoje a sua obra na intacta perfeição de uma eterna juventude.

Quando, no século XIII, a cultura saiu dos conventos e das catedrais, e se instalou nas universidades, os copistas seguiram o mesmo caminho. Sob a direção de mestres que eram clérigos, criaram-se oficinas dirigidas por leigos. As de Paris, centro intelectual da Europa, foram numerosas. Guillebert de Metz, no princípio do século XIV, assegura que, espalhados pela capital e em torno dela, havia sessenta mil copistas. O manuscrito tornou-se então uma indústria e a miniatura passou a ser feita em série. Mas isso não impediu que continuassem a surgir verdadeiras obras-primas, como o *Breviário de Belleville*, que Jean Belleville e a sua oficina realizaram por volta de 1320[1].

Escolas de paróquias, de mosteiros, de catedrais

Se há uma ideia comumente admitida, é certamente a da ignorância das massas na Idade Média. Um povo iletrado e, por isso mesmo, dócil às instruções supersticiosas de um clero tirânico — essa é a imagem que muitas vezes se apresenta desses homens que, no entanto, deixaram às gerações futuras tantos testemunhos de uma admirável fecundidade intelectual. Voluntário ou não, deve existir forçosamente aqui um mal-entendido.

Em primeiro lugar, é preciso perguntar se o número de iletrados na Idade Média era realmente tão grande como muita gente superficial pensa. Ultrapassaria a proporção que se observa nos nossos dias em certos países do Ocidente europeu? Ainda hoje encontramos nos nossos arquivos um grande número de atas notariais cujas testemunhas assinaram os seus nomes. E ao vermos a multidão de clérigos e de professores de renome que saíram das fileiras da plebe, somos obrigados a concluir que, mesmo nos meios mais humildes, a instrução das crianças não devia ser tão negligenciada como se imagina.

Além do mais, ao pensarmos nesta época, não podemos nem devemos identificar o conhecimento do alfabeto com a instrução. Se nos nossos dias a pedagogia e a cultura assentam sobre dados acima de tudo visuais, adquiridos pela leitura e pela escrita, na Idade Média, na qual o livro era raro e custoso, o ouvido desempenhava um papel muito mais importante. Num capítulo dos Estatutos municipais da cidade de Marselha, do século XIII, lê-se uma enumeração das qualidades requeridas num bom advogado, que termina com estas palavras: "*litteratus vel non litteratus*", quer seja letrado ou não; conhecer o direito e os costumes era mais importante que saber ler e escrever bem.

E, quanto a admitir que a Igreja tinha interesse em manter a ignorância para melhor estabelecer a sua autoridade, é o mesmo que aceitar uma pura calúnia, contra a qual se insurgem os fatos. Já no século VI se ouvira o grande

São Cesário de Arles expor no concílio de Vaison (529) as razões imperiosas que exigiam a criação de escolas no campo. Seria longa a enumeração de bispos que eram da mesma opinião: um São Nizier de Lyon, um Teodulfo de Orléans, um Leidrade, um Hincmar notabilizaram-se pelo seu esforço nesse sentido. Da mesma forma, foi a Igreja que ditou a Carlos Magno a sua política escolar, a primeira que foi praticada com seriedade no Ocidente. E se, no decurso do trágico século X, as escolas decaíram, como todas as atividades ligadas à civilização, logo que o clima melhorou, a Igreja retomou a sua tarefa educadora, reabriu as suas escolas e voltou a pregar do púlpito a necessidade da instrução. É com admiração que se releem os cânones de um concílio como o de Latrão em 1179, sob a presidência de Alexandre III, nos quais se ordena ao clero que abra escolas por toda a parte para instruir gratuitamente as crianças, mesmo "os estudantes pobres". A necessidade, numa sociedade bem ordenada, de manter o povo estagnado na sua ignorância, não foi a Igreja medieval que a defendeu: foi Voltaire!

As categorias escolares que conhecemos já estavam definidas: primária, secundária e superior. Na base, encontravam-se as escolas paroquiais, "as pequenas escolas". As paróquias estavam muitas vezes na dependência dos senhores; eram eles, na realidade, que criavam a sua escola, como aquele senhor de Rosny-sur-Seine, que celebrou em 1200 — conhecemos o texto — um contrato cheio de sabedoria com o seu pároco para abrir uma escola nas suas terras. Por vezes, eram os habitantes de uma aldeia que se associavam para contratar um mestre, e chegou até nós um texto divertido, uma reclamação de uns pais solicitando a demissão de um professor tão frouxo que os alunos o bombardeavam com os seus estiletes. Em princípio, todas as crianças deviam ir a essas escolas; muitos contratos de aprendizagem estabeleciam o compromisso assumido pelo patrão de enviar o aprendiz para lá. A imagem tradicional dos escolares caminhando ao longo das estradas não data do tempo da escola "laica e obrigatória"; num país como a França, tem certamente mil anos de antiguidade.

O ensino era ministrado num local contíguo à igreja ou mesmo na própria igreja. O mestre era geralmente um leigo que exercia simultaneamente as profissões de sacristão, de participante do coro e, como diríamos hoje, de secretário do conselho paroquial. Recebia ordinariamente dos alunos uma modesta remuneração em espécie: favas, peixe e vinho, e mais raramente um soldo. Antes de ser nomeado, devia, em princípio, ser confirmado pela autoridade eclesiástica; em certas dioceses, como Paris, Reims, Lyon, Toulouse e Montpellier, os futuros professores eram submetidos a uma espécie de exame. O que é que ensinavam? Antes de mais nada, ministravam instrução religiosa, explicavam o catecismo; mas ensinavam também a ler, a escrever, a contar — utilizando tentos —, davam umas noções de gramática e mesmo de latim. Como os livros eram inacessíveis, usavam-se quadros murais, feitos com peles de bezerro ou de carneiro, nos quais estavam pintadas as genealogias do Antigo Testamento, a lista das virtudes e vícios, e modelos de escrita. Alguns desses quadros chegaram até nós.

Podemos, pois, ter como certo que, nos séculos XII e XIII, nos países mais avançados do Ocidente, havia um sistema de instrução primária bastante espalhado, um sistema em que se difundia a moral tanto como os conhecimentos. Um homem viria a prestar homenagem a esse antigo ensino medieval, em que a educação e a instrução jamais se separavam, um homem que não tem nenhuma fama de clerical — Thiers — e que exclamava, há cem anos, durante a discussão da lei sobre a liberdade de ensino: "Ah! se a escola sempre permanecesse a cargo do pároco e do seu sacristão, como outrora, eu estaria longe de me opor a que crescesse a rede de escolas para todos os filhos do povo!"

Num plano superior, encontravam-se as escolas monásticas, por um lado, e, por outro, as escolas catedrais e capitulares, que correspondiam ao nosso ensino secundário, com, mais ou menos, um pouco de ensino superior. Eram, em primeiro lugar, os mosteiros que, fiéis à sua missão de "cidadelas do espírito", tinham abrigado as primeiras escolas cujo nível de ensino era um pouco mais elevado. Saint-Riquier, Gembloux, Reichenau, Luxeil, Marmoutier, Saint-Remy em Reims, mais tarde Fleury, Saint-Martial de Limoges e, em Paris, Santa Genoveva, São Vítor e Saint-Germain-des-Prés foram prestigiosos centros de ensino; de Fleury saiu o rei Roberto o Piedoso; de Saint-Remy saiu Gerberto, o futuro papa Silvestre II, que foi a glória do seu mosteiro, depois de ter começado a estudar em Saint-Géraud d'Aurillac. No limiar do século XII, contavam-se na França setenta abadias dotadas de escolas, entre as quais algumas eram célebres, como Bec-Hellouin na Normandia, conhecida pelo prestígio de mestres como o Bem-aventurado Lanfranc e Santo Anselmo; Saint-Denis, de onde saíram o rei Luís o Gordo e o seu ministro Suger; e, finalmente, Cluny, onde Pedro o Venerável incentivava muito a atividade docente dos monges. Para as moças, era notável Argenteuil, onde foi educada Heloísa e onde Abelardo lecionou.

No entanto, em meados do século XII, as escolas monásticas entraram em declínio, pois o espírito de reforma inquietava-se com a coexistência de uma escola "interna" para os noviços e de um escola "externa" para os alunos.

Depois de Pedro o Venerável, Cluny deixou periclitar a sua. Em Cister, recusaram-se a admitir crianças "no interior ou nas dependências do mosteiro". Dali para a frente, já não foi a Igreja regular, dos monges, que teve o ensino nas mãos, mas — favorecida aliás pelo renascimento urbano — a secular, cuja atividade neste campo em breve seria excelente.

As escolas dos bispados ou dos cabidos — muitas vezes uma ao lado da outra — nasceram pouco depois das dos conventos. Todos os grandes bispos quiseram ter estabelecimentos de ensino; foi o que aconteceu com a escola de Orléans, onde o próprio Santo Aignan gostava de ensinar. No limiar do século XII, não existiam na França menos de cinquenta escolas episcopais, e o terceiro Concílio de Latrão obrigou todas as dioceses a abrirem uma. Várias delas conheceram um sucesso inaudito, como a de Chartres, ilustrada sucessivamente por Fulberto, Yves, e depois João de Salisbury, e que foi verdadeiramente um cadinho onde fervilhavam as ideias do tempo, mesmo as mais inquietantes; a de Avranches, que se beneficiou da projeção de Bec e de Santo Anselmo; a de Besançon, que Frederico Barba-Roxa sempre procurou encorajar; a de Châlons-sur-Marne, onde ensinou Guilherme de Champeaux; a de Châtillon-sur-Seine, que teve São Bernardo como aluno; e, finalmente, a de Paris, verdadeiro celeiro de bispos e de grandes personalidades, embrião da mais célebre universidade da época. Fora da França, destacam-se Cantuária e Durham na Inglaterra, Toledo na Espanha, Bolonha, Salerno e Ravena na Itália.

Em todas essas casas, a autoridade religiosa exercia uma vigilância e, mais do que vigilância, uma influência direta e estimulante. O *écolâtre*, geralmente um cônego designado pelo bispo ou pelo deão do cabido, entregava-se de corpo e alma à sua tarefa, e não se pode duvidar de que tinha muito que fazer, porque a vida escolar, nessa época, estava longe de ser um mar de rosas*.

Que tipo de estudantes acolhiam estas escolas, quer monásticas, quer episcopais? Desde os sete aos vinte anos, todos eram recebidos, sem distinção de classes: "filhos de homens ricos e filhos de fanqueiros", diz Gilles Le Muisis. A única distinção estabelecida consistia na retribuição que se pedia a alguns. Originariamente, e em princípio, o ensino era gratuito, e assim se conservou nas escolas monásticas; nas diocesanas, estabeleceu-se o hábito de fazer com que os ricos pagassem, sem recusar o acesso aos cursos àqueles que nada possuíam. Certos mestres de renome, que exigiam dinheiro de todos, foram várias vezes censurados pelos concílios. Os exames eram gratuitos; o Concílio de Latrão proibiu que se exigisse qualquer gratificação "dos candidatos ao professorado para a concessão da licenciatura". As moças se beneficiavam também do ensino, menos apurado, sem dúvida, porque as casas de educação feminina eram menos numerosas, e diversos concílios tinham proibido que elas frequentassem as escolas de rapazes; no entanto, certas casas que lhes estavam reservadas deviam ser de alto nível, visto sabermos que, em Argenteuil, Heloísa não só aprendeu a Sagrada Escritura e os Padres da Igreja, mas também medicina e cirurgia, sem falar desses cursos de grego e hebraico em que tanto gostava de escutar as lições de Abelardo...

* Parece que era difícil manter a disciplina nessas escolas; aliás, não tinham locais especiais e os assistentes sentavam-se no chão e escreviam sobre os joelhos com os seus estiletes e tábuas de cera. A grande afluência de alunos também contribuía evidentemente para tornar a disciplina mais difícil. São Bernardo criticou energicamente os costumes escolares do seu tempo, acusando os estudantes das escolas catedrais de muitos vícios e crimes, entre os quais a fornicação e até o incesto. A literatura dos *goliards* conservou vestígios desses desregramentos, cuja tradição será mantida pelos estudantes universitários até Villon.

O ensino mantinha-se fiel às divisões tradicionais. Como no tempo em que Alcuíno o organizara por ordem de Carlos Magno, dividia-se em *trivium* (gramática, dialética e retórica) e *quadrivium* (aritmética, geometria, astronomia e música). No entanto, a avaliar pelos tratados pedagógicos da época — os de Hugo de São Vítor e de João de Salisbury, por exemplo —, verificamos que os mestres procuravam sair dessas categorias sistematizadas. Um grande pedagogo, Thierry de Chartres, observava com muita razão que o *trivium* e o *quadrivium* eram apenas meio e que o fim era formar alunos na verdade e na sabedoria. O que se pretendia inculcar era sobretudo um método que permitisse atingir o conjunto do saber humano. Assim, a dialética, que aguça o espírito e lhe dá flexibilidade para o jogo do conhecimento, ocupava um lugar de honra. Da mesma forma, ciências que nunca figuravam nos cursos clássicos dos estudos eram ensinadas por mestres que, muito mais livres diante dos programas do que hoje, exerciam sobre os seus alunos um ascendente mais direto. Assim, enquanto Bernardo de Chartres ensinou nessa cidade, a "gramática" foi na verdade um curso geral de literatura latina. Em certas escolas, ministravam-se até conhecimentos técnicos, como na de Vassor, perto de Metz, onde os alunos aprendiam a trabalhar o ouro, a prata e o cobre. Pouco a pouco, foram aparecendo verdadeiras especializações: ia-se a Chartres para as letras, a Paris para a teologia, a Bolonha para o direito, a Salerno e Montpellier para a medicina, uma especialização que viria a refletir-se na organização das universidades.

Assim, no meio de uma extraordinária fermentação intelectual, tende-se, por volta de 1200, a criar um ensino superior. Os alunos mais velhos das escolas catedrais reclamavam um alimento intelectual mais rico. Ao passo que, até esse momento, os que verdadeiramente queriam obter uma cultura superior tinham de frequentar a escola dos árabes na Espanha, como Gerberto, que frequentou os cursos de Toledo, ou a dos bizantinos, onde o principal filósofo, Miguel Psellos, contava muitos ocidentais entre os seus ouvintes, daí por diante, os amadores da alta cultura passaram a encontrar no Ocidente o modo de a adquirirem.

Reduzidas as escolas episcopais ao ensino secundário, o ensino superior iria desenvolver-se numa nova formação: a das universidades.

Esse "luzeiro resplandecente": a universidade

As universidades! Orgulho da Idade Média cristã, irmãs das catedrais segundo o espírito! A sua aparição marca uma data na história da civilização ocidental, uma etapa no caminho do pensamento humano. Todas, de modo geral, tiveram origens análogas e idêntica linha de desenvolvimento. Nascidas à sombra das catedrais, bem cedo procuram escapar ao controle um tanto quanto detalhista dos chanceleres episcopais e dos cabidos, para se esforçarem por avançar por conta própria em direção a uma cultura mais sólida. O apoio das autoridades da Igreja nesse sentido foi imediato. Os papas, que estavam então no auge do seu poder e das suas santas ambições, desejavam naturalmente exercer sobre esses centros vivos do pensamento a autoridade que julgavam dever estender a toda a cristandade. Graças a essas intervenções pontifícias, o ensino superior procurou aumentar a sua independência. E, assim, a Igreja passou a ser a matriz de onde saiu a universidade, o ninho de onde levantou voo.

Queremos acompanhar esta evolução através de um exemplo concreto? A história da universidade mais ilustre — a de *Paris* — é bem típica. Estamos em fins do século XII. As escolas das catedrais encontram-se em declínio, mesmo a de Chartres, que ainda na véspera era célebre. A multidão de jovens ávidos de instruir-se dirige-se agora para Paris, a capital capetíngia, então em pleno desenvolvimento. A escola episcopal da ilha da *Cité* está repleta; as das abadias de São Vítor e de Santa Genoveva são objeto de verdadeiras invasões; inúmeros mestres ensinam particularmente, aqui e ali, em todas as ruas que descem da colina onde o relicário da santa protege a cidade que ela salvou de Átila. Começa a haver mestres e estudantes por toda a parte: nas encostas ainda verdejantes, em torno de Saint-Julien-le-Pauvre (onde se reúne o Conselho da Universidade), nos coutos fechados de Garlande, de Bruneau, do Chardonnet, ao longo da Rua de Saint-Jacques, tão cara aos peregrinos de Compostela, da praça Maubert — que conservará até nós a memória de um mestre amado, *Magnus Albertus*, Santo Alberto Magno — e dessa rua do Cardeal Lemoine, cujo nome comemorará um insigne benfeitor da população acadêmica[3]. Todo esse mundo fervilha e agita-se — e não apenas no plano das ideias. Inutilmente o chanceler de "Notre-Dame" tenta submeter à sua autoridade esse povo barulhento. E, para melhor lhe resistirem, como é o momento em que proliferam as comunas urbanas e em que se organizam os elementos corporativos, os mestres e estudantes unem-se para formar uma coletividade do espírito, a *universitas magistrorum et scholiarium Parisiensium*.

Em 1200, ocorre um incidente. Alguns estudantes alemães saqueiam uma taberna e deixam o taberneiro meio morto; um grupo de burgueses armados riposta, incitado pelo preboste real e pela sua polícia; cinco estudantes são mortos. A universidade apela para o rei, e Filipe Augusto compreende como é importante que a sua capital possua a elite da cultura. O preboste é destituído, os burgueses são castigados e a universidade obtém o "privilégio do foro eclesiástico", que a liberta de todo o controle policial. Mas eis que, de um momento para o outro, mestres e estudantes ficam assim submetidos oficialmente à autoridade do chanceler episcopal! Há apenas um meio de se libertarem dela: recorrerem a instâncias superiores. O papa — Inocêncio III — concorda perfeitamente com a ideia de tomar sob a sua proteção a nascente universidade, e em 1215 o seu legado Roberto de Courçon confere-lhe os seus estatutos, em que os direitos do bispo são praticamente nulos. Dali por diante, a universidade estará armada para sacudir o jugo de Notre-Dame. Torna-se forte e ri-se das excomunhões com que diversos bispos a ameaçam e que os papas anulam. Em 1229, produzem-se novos tumultos e, como a polícia de Branca de Castela foi violenta, os mestres unem-se aos estudantes e decidem fazer greve. Mais ainda: emigram para Toulouse, Angers, Reims, Orléans, e até para a Inglaterra, Itália e Espanha. O papa Gregório IX, ao invés de punir, regulamenta. A bula *Parens scientium* de 1231 acaba por tornar a universidade parisiense uma associação internacional que só depende de Roma, um verdadeiro pequeno Estado dentro da Igreja e dentro do Estado. Após dois anos de ausência, mestres e estudantes regressam vitoriosos a Paris.

Devido a essa ausência, porém, novos elementos entram em cena: as ordens mendicantes, dominicanos e franciscanos, então em pleno crescimento, penetram nas fileiras da universidade. O irmão pregador Rolando de Cremona abre uma escola de teologia no convento de Saint-Jacques;

um mestre ilustre, João de Saint-Gilles, veste o hábito branco de São Domingos, ao mesmo tempo que o famoso Alexandre de Hales se faz franciscano. A universidade deseja a autoridade do Papa, mas com a condição de que esteja longe; essas ordens novas, muito devotadas às instruções pontifícias, deixam-na inquieta. Surge um conflito violento entre os clérigos universitários e os mendicantes; durante cinco anos, de 1252 a 1257, impera o tumulto, pois os seculares pretendem impedir aos religiosos o acesso às cátedras. Inocêncio IV hesita diante dessa resistência. Quando Alexandre IV, antigo dominicano, sobe ao trono de São Pedro, fala alto, exige e chega a ameaçar os recalcitrantes com a excomunhão. Alguns mestres seculares, inimigos declarados dos religiosos — principalmente Guilherme de Saint-Amour, que os difamou num livro — são destituídos. A universidade tem de ceder; a partir de então, terá mestres vestidos de branco e de cinza, mas não se arrependerá, pois verá integrarem-se no seu corpo docente intelectuais como o franciscano Boaventura e o dominicano Tomás de Aquino.

Assim, as lutas que a universidade sustentou concorreram, no fim das contas, para o progresso da alta cultura. Libertando-se dos interesses, por vezes muito imediatos e materiais, dos chanceleres episcopais e dos cabidos, ela pôde conferir aos títulos que concedia um valor mais sólido e aceitar para a "licenciatura do ensino" somente aqueles que lhe parecessem dignos. Submetendo-se à vontade pontifícia, melhorou a seleção dos seus mestres e beneficiou-se do vigor ainda jovem das ordens mendicantes. Em fins do século XIII, quando o papado deixou debilitar-se a sua influência, a universidade passou a sentir-se cada vez mais livre, o que não quer dizer que encarnasse um movimento de emancipação em relação à fé; os seus mestres e estudantes continuaram a ser, na quase totalidade, clérigos tonsurados, e no seu brasão a Virgem Maria com o Menino nos braços dominava no compartimento superior. Continuou a ser uma corporação religiosa. Mas, em suma, fez com que se reconhecesse a autonomia da inteligência e da cultura na sua própria ordem e, por isso mesmo, imprimiu ao espírito um progresso decisivo.

A universidade era agora uma instituição de peso e estava rodeada de um respeito unânime: "Rio de ciência que rega e fecunda o solo da Igreja universal", dizia Inocêncio IV, enquanto Alexandre IV a comparava ao "luzeiro que resplandece na casa de Deus". Os privilégios que papas e reis porfiavam em conceder-lhe eram simplesmente a expressão tangível da veneração que se tinha pelas "nobres e científicas pessoas". A de Paris, irradiando glória teológica, era correntemente designada como a "Nova Atenas" ou o "Concílio perpétuo das Gálias". O reitor, seu mestre eleito — a princípio, por um mês e, mais tarde, por três —, era um personagem. O seu título oficial era "Amplíssimo Senhor"; nas cerimônias, tinha precedência sobre os núncios, embaixadores e mesmo cardeais; quando um rei da França entrava na sua capital, era o reitor que o recebia e o cumprimentava. Cada ano, seguido por todos os mestres, revestidos com a toga, epítoga e barrete, e pela enorme multidão de estudantes, ia à feira do Lendit comprar o pergaminho necessário para a universidade, e ninguém podia comprar a preciosa mercadoria antes dele. Se morria no exercício do cargo, este humilde professor recebia as honras devidas aos príncipes de sangue e era sepultado em Saint-Denis. São necessárias provas mais concludentes do respeito que esta época devotava ao saber?

A celebridade das grandes universidades atraía multidões incríveis de estudantes. Para a de Paris vinham não só de todas as províncias da França, mas também da Alemanha, de Flandres, da Itália, e até da Síria, da Armênia e do Egito. Eram numerosos os príncipes que concediam bolsas de estudo aos que quisessem frequentar algum curso superior, como Sancho I de Portugal que, em 1192, concedeu 400 *morabitinos* ao mosteiro de Santa Cruz de Coimbra "para sustentar os cônegos que estudam em terras da França". Quantos seriam, ao todo, esses estudantes? Mesmo que não tomemos ao pé da letra a asserção de Filipe de Harvengt, quando diz que em Paris "o seu número ultrapassava o dos habitantes", podemos pensar razoavelmente que eram entre três a quatro mil numa cidade que mal atingia então os cinquenta mil: devia-se sentir a impressão — que hoje se experimenta em Coimbra ou em Oxford — de que a vida da cidade girava em torno da universidade.

No entanto, não devemos imaginar uma universidade medieval sob os traços que hoje nos são familiares: edifícios, bibliotecas, instrumentos de trabalho e facilidades de todo o gênero para o estudo. Os intelectuais do século XIII não conheciam nada disso. Quando a universidade queria reunir-se em sessão plenária, não dispunha sequer de uma sala suficientemente grande para esse fim e era obrigada a mendigar hospitalidade aos maturinos ou aos dominicanos de Saint-Jacques. Frequentemente, os professores mais famosos tinham de reunir os seus alunos em alguma igreja e lecionar do púlpito. Uma das razões do êxito que o colégio de Sorbon experimentou logo depois de fundado foi a sala muito ampla que possuía e que permitia aos alunos reunirem-se "na Sorbonne".

Os estudos dividiam-se em quatro secções — as *faculdades* –, dirigidas cada uma por um decano: teologia, decreto (isto é, direito), medicina e artes. Esta última correspondia ao que hoje constitui as ciências puras e as ciências humanas: filosofia, matemáticas elementares, retórica superior; a palavra "arte" deve ser tomada no sentido de artes liberais, e por isso agrupava, ela só, três vezes mais estudantes do que as outras reunidas, e o seu professor principal não tardou a ser mestre de toda a universidade. Nas quatro faculdades, os métodos de ensino eram os mesmos. Os mestres davam as aulas, e os estudantes, geralmente sentados no chão, faziam as suas anotações, a não ser que o professor tivesse confiado o *exemplar* das lições aos copistas, que o reproduziam e vendiam.

No ensino, distinguiam-se três elementos: a *lectio*, isto é, o recurso ao texto, a *quaestio*, que era o respectivo comentário, e a *disputatio*, em que estudantes e mestres discutiam juntos os diversos temas. Esta última parte do ensino assumiu uma importância crescente, sobretudo com mestres como Abelardo e São Tomás de Aquino. O *quodlibet*, discussão livre sobre todos os tipos de assunto, foi por assim dizer a extensão da *disputatio*, e entusiasmava os jovens espíritos.

Quanto ao resto, isto é, aos métodos de trabalho, não eram diferentes dos dos nossos dias. Roberto de Sorbon, no seu *De conscientia*, propõe seis regras para ter sucesso nos estudos: utilizar o tempo de modo ordenado, concentrar a atenção, cultivar a memória, tomar notas, discutir com os condiscípulos e, finalmente, rezar. Estes conselhos são válidos para todas as épocas. Seguindo-os, o estudante podia subir os degraus do saber e adquirir os três graus reconhecidos: a *déterminance*, que lhe permitia aceder aos estudos superiores; o *bacharelado*, que o autorizava, se tivesse vinte e um anos, a ensinar um pouco, continuando a aprofundar os textos, e a *licenciatura* que, concedida solenemente, o habilitava a pedir a sua inscrição no consórcio dos mestres e a abrir uma escola, se assim o desejasse.

O *doutorado* era um título complementar e fundamentalmente honorífico.

Todos os estudantes se submetiam aos princípios de Roberto de Sorbon? Há razões para duvidar, se lermos os documentos que nos relatam os costumes nada edificantes que se observavam entre eles. Havia de tudo nessa massa de jovens difícil de governar. Existia um sistema de administração que, para simplificar o controle, os dividia em *nações*; em Paris, distinguiam-se os franceses, os picardos, os normandos e os ingleses[4], discriminação aliás muito flexível, pois italianos e espanhóis dependiam da "nação" francesa, e todos os nórdicos, compreendendo os alemães, da "nação" inglesa. Em Bolonha, distinguia-se entre cismontanos e os transmontanos.

Os estudantes do século XIII não eram muito diferentes dos dos nossos dias: críticos e generosos, entusiastas e violentos, sem maldade mas não sem malícia. Todas as festas lhes serviam de ocasião para algazarras diurnas e, sobretudo, noturnas. Despejar uma carroça de lixo sobre a milícia burguesa ou acender um rastilho de pólvora à passagem da ronda da noite estavam entre as menores das suas gentilezas. Se, entre as centenas desses rapazes, havia muitos que trabalhavam a sério, conheciam-se já os *martinets* (alunos externos) que os professores nunca viam, e esses estudantes do décimo ano que, sob o pretexto de prolongarem uns estudos muito improváveis, erravam de taberna em taberna, mais preocupados com o vinho e com as raparigas do que com as conjugações latinas.

O grande problema para o estudante era — e continua a ser até hoje — de ordem financeira. Encontraram-se cartas de alguns dirigidas a seus pais, em que a questão do dinheiro ocupa sempre um lugar primordial. Os rapazes ricos alugavam quartos e os de alta estirpe tinham até um criado; os pobres alojavam-se onde podiam, trabalhavam como copistas ou encadernadores, e alimentavam-se mal. Estudar saía caro. E foi para encontrar uma solução para o difícil problema social da miséria dos estudantes que, quase por toda a parte e sempre graças a grandes cristãos, se instituíram os *colégios* (residências de estudantes). O primeiro, em 1180, foi o dos *Dezoito*, fundado por um rico burguês de Londres, ao regressar de uma peregrinação à Terra Santa; dezoito jovens pobres e estudiosos deviam ser mantidos ali. Já existiam colégios em Paris quando São Luís subiu ao trono e, por ordem sua, Roberto de Sorbon fundou, para dezesseis mestres em artes que aspiravam aos estudos teológicos, o colégio que tornaria famoso o seu nome. Em toda a região de Paris que hoje abrange os *boulevards* de Saint-Germain e Saint-Michel começaram a surgir novos colégios, e a maior parte das grandes escolas dessa área ocupam o lugar desses colégios de outrora[5]. No século XIV, haverá cerca de cinquenta e, quando essas residências de caridade começarem a contratar um corpo docente e a preparar alunos para as faculdades, como já o fazia a Faculdade de Artes, tornar-se-ão verdadeiros centros de ensino secundário, os antepassados dos nossos liceus.

Podemos dizer, de forma geral, que o que aconteceu em Paris aconteceu em todas as outras universidades, porque foram instituídas simultaneamente um pouco por toda a Europa. Só na França contava-se uma dezena: Montpellier, talvez anterior a Paris, nascida em 1125 e organizada definitivamente em 1220; Orléans, criada em 1200, Toulouse em 1217, Angers em 1220. Mesmo cidades modestas como Gray e Pont-à-Mousson, possuíam a sua universidade; Lyon, Pamiers, Narbonne e Cahors também tiveram a sua nos começos do século XIV. Quando, por volta de 1350, a Universidade de Paris declinar, minada interiormente pela venalidade na concessão dos graus acadêmicos e muito afetada pela grande crise da guerra dos Cem Anos, o bastão passará facilmente para as mãos de outros centros.

Nenhuma região do Ocidente deixou de ter a honra de possuir a sua universidade, ainda que com grandes sacrifícios financeiros. Na Itália, é Salerno, a velha escola, que se torna universidade em 1220; Bolonha, gloriosa desde 1111; Pádua, onde ensinará Santo Antônio; Pavia, Nápoles e Palermo, tão estimadas por Frederico II, e mesmo esse *Studium Curiae*, universidade ambulante que acompanhava a Corte Pontifícia. Na Inglaterra, é Oxford, nascida das abadias de Santa Frideswide e de Oxeney, desenvolvida pela emigração de um certo número de professores parisienses e constituída oficialmente pela Carta de 1214; e Cambridge, ramo destacado de Oxford, e em breve rival do tronco de onde saíra. Na Boêmia, é Praga, já ilustre quando ainda não se tinham fundado as universidades do Império (Cracóvia, 1362; Viena, 1366; Heidelberg, 1386). Na Espanha, é a venerável Salamanca, contemporânea de Paris, e, em Portugal, a rapidamente célebre universidade de Coimbra, à qual todos os reis deram o seu apoio.

Estas cidadelas da inteligência notabilizaram-se em todo o mundo cristão. Conheciam-se os nomes dos professores que ensinavam numa ou noutra, e a presença de um professor de prestígio era suficiente para arrastar para lá multidões de alunos. A maior parte delas eram especializadas. Para ser um bom médico, era preciso estudar em Salerno ou em Montpellier; os juristas saíam de Bolonha, e era inútil querer ser um teólogo qualificado se não se estudasse em Paris. Na imensa e multiforme atividade da sociedade medieval, de que as peregrinações e as cruzadas oferecem outros exemplos, é necessário conceder grande importância às permutas de homens, de ideias e de conhecimentos que se realizavam entre esses centros do espírito.

Um pensamento em palpitante atividade

Na verdade, essas permutas são apenas sinais tangíveis da prodigiosa animação que o domínio do pensamento conheceu durante toda a época medieval. Nada mais absurdo do que a imagem, tantas vezes apresentada, de um pensamento estagnado, congelado pela submissão aos imperativos da Igreja, aterrorizado pelo medo da Inquisição, tímido em face das suas próprias exigências. A verdade é exatamente o contrário. As universidades foram centros de intensa vida intelectual, onde os maiores espíritos se enfrentavam em discussões apaixonadas, onde influências complexas provocavam ações e reações, e onde não se hesitava em abordar frontalmente os grandes problemas, lançando mão dos meios de que então se dispunha. A fé, bem longe de ser esterilizante, era o fermento que atuava na massa, obrigando-a a crescer.

Para começar — e isso foi resultado do universalismo cristão —, as matérias intelectuais escapavam à compartimentação que a Europa experimentou a partir da era dos nacionalismos. Se a clientela escolar era internacional, o corpo docente, como vimos[6], não o era menos.

Mas, ao mesmo tempo que suscitava permutas intelectuais tão fecundas, o ideal da cristandade impedia que se caísse na confusão e na dissonância. Em primeiro lugar, a Igreja, como tutora da escola e da universidade, impunha-lhes a sua língua, o *latim*. Hoje, quando nas assembleias internacionais o uso dos fones de ouvido para tradução simultânea torna tão visível o "babelismo" do nosso tempo, podemos avaliar a vantagem que havia em possuir um único idioma, conhecido a fundo por todos os homens cultos. O italiano Tomás, ao deixar a sua Campânia natal, vinha a Colônia seguir os cursos do alemão Alberto, antes de ele mesmo ir lecionar em Paris. Os mestres, portanto, davam as suas aulas em latim, e os estudantes, para se distinguirem dos homens comuns, falavam latim sem se fazerem de rogados. Chegavam a traduzir os seus nomes para o latim. Todos os Chevalier ou Caballero passavam a ser *Militis*, os Tisserand, Tissier e Weber batizavam-se *Textoris* (tecelão), ao mesmo tempo que os Oudendyck (velho dique) deixavam de ser holandeses para serem *De Veteri Aggere*, e os Hammerlein, alsacianos, proclamavam-se *Malleolus* (pequeno martelo)... Foi devido ao emprego unânime da língua de Cícero que o bairro de Paris onde estavam situadas as escolas tomou o nome de *Quartier latin*, Bairro latino.

Mas não se utilizava apenas a língua latina; era a literatura latina — pelo menos o que dela se conhecia então — que servia de primeira base para os estudos. Para a Gramática, recorria-se a Donato, o mestre de São Jerônimo, a Prisciano, professor bizantino do século VI, e a Capella, cuja enciclopédia causava furor. Onde encontrar os métodos do pensamento senão em Cícero, Quintiliano, Boécio, e nas traduções latinas de Porfírio e de Aristóteles? Ninguém pretendia conhecer as matemáticas sem ter estudado Frontino, Columela, Gerberto e as traduções latinas de Ptolomeu. Não havia músico que não tivesse ao seu lado o *De musica* de Boécio.

Que valor tinha esse latim? Entre os mais cultos, era de tão grande qualidade que se torna muitas vezes difícil distinguir um texto clássico de uma obra medieval: a perfeição beira o pastiche. Floresce, portanto, uma literatura latina em que se fazem representar todos os gêneros, tanto a tese teológica como a poesia, cristã ou profana, e mesmo a comédia. Quantas peças sublimes não nos chamam a atenção para a beleza desse latim medieval! O *Dies Irae* de Tomás de Celano, o *Pange lingua* de São Tomás de Aquino e o comovente *Stabat Mater* de Jacopone de Todi, não serão autênticas obras-primas? É claro que nem tudo tinha essa elegância, e podemos ler muitos documentos de arquivos, deveres escolares e processos administrativos em que o latim é tão macarrônico como em Rabelais. Certas expressões como *être a quia*, ou *couper rasibus*, ou ir *pedibus cum jambis*, conservam no francês moderno uma saborosa lembrança desse latim bárbaro.

Não importa! Era graças ao latim que as pessoas se compreendiam. E essa unidade externa era meio e sinal de uma unidade interna, em virtude da submissão aos mesmos princípios. O desejo de cultura universal era unânime; os homens abriam-se às influências, procuravam alimentar-se em todas as fontes, mas, como por toda a parte se aceitavam os mesmos imperativos, evitavam-se os dois perigos da dispersão e do ecletismo. Do mesmo modo que a arte medieval, proveniente de elementos muito diversos, se impunha ao espírito com uma irrecusável originalidade, assim também a vida intelectual, tal como se desenrolava nessas grandes universidades cosmopolitas, conservava uma impressionante harmonia. E este é o privilégio de uma civilização vigorosa, segura da sua força, segura de si.

Firmemente modelada em princípios, mas, ao mesmo tempo, ardente, curiosa de tudo e em perpétuo trabalho, eis como nos surge a vida intelectual dessa Idade Média tantas vezes caluniada. Temos dificuldade em imaginar a fecundidade desses homens de pensamento: ela confunde o nosso espírito. Sabemos por acaso que a edição Jammy das obras de Alberto Magno se estende por 21 volumes em formato grande? Que a edição Vives de São Tomás se compõe de 32, e a de Duns Escoto de 26? Calculou-se que, se se juntassem as obras dos 305 mestres de teologia que ensinaram na Universidade de Paris durante os cem primeiros anos da sua existência, elas ultrapassariam em número de páginas a *Patrologia latina* de Migne.

Fecundidade material[7], mas também profundidade de pesquisa e vastidão de saber. Os mestres que brilhavam numa determinada matéria não pensavam em estacionar nela; não existia a ideia da especialização. Homens como Abelardo no século XII, Alexandre de Hales, Alberto Magno, São Tomás de Aquino e Bacon, mais tarde, percorreram verdadeiramente todos os conhecimentos do seu tempo. Nada mais característico do que a palavra *Suma*, que com tanta frequência aparece nos títulos das grandes obras do tempo: o que se quer é esgotar todos os assuntos, conferir à expressão do saber um aspecto de eternidade, dar a todos os problemas (por vezes mínimos) respostas definitivas. E através do austero desenrolar de perguntas e respostas, o que é preciso intuir é a paixão das ideias que animava esses homens, paixão dilacerante e dolorosa num Abelardo, patética e sobrenatural num São Bernardo, serena na aparência, embora secretamente violenta, num São Tomás[8].

A Europa intelectual tinha vivido das sobras do Império Romano: letras, filosofia e ciências, tudo procedia de lá quase exclusivamente. A partir do século XII, começa a arder num desejo juvenil de conquistas; adivinha que a herança do passado é infinitamente mais rica e empenha-se em adquiri-la. De todas as universidades partem pesquisadores que, em viagens de estudo, respigam em novas searas. Transportam-se para o Ocidente conhecimentos e métodos de pensamento antes desconhecidos, que servirão de base para iniciativas originais. As bases do pensamento vão mudar.

De onde virá o germe decisivo? De Bizâncio? Em certa medida, sim, mas muito menos do que do islã. Foi este o verdadeiro herdeiro da ciência e da filosofia gregas, que os sábios muçulmanos traduziram e a que deram continuidade. O Ocidente tem múltiplos pontos de contato com o mundo árabe, quer na Síria, onde os cruzados o descobrem, quer na Sicília, onde os normandos recolhem os seus preciosos restos, quer na África, onde Constantino "o Africano" e Leonardo de Pisa vão estudá-lo, ou, sobretudo, na Espanha, onde as universidades como a de Córdova e a de Toledo atraem muitos estudantes pesquisadores e gozam de um prestígio tão grande que, mesmo depois da Reconquista, o árabe continuará a ser utilizado em Toledo como língua de ensino.

A partir do século XII, começam a traduzir-se obras árabes. Cristãos e judeus batizados dedicam-se a esse trabalho em Tolouse, Béziers, Narbonne e Marselha; os ingleses Adelardo de Bath e Miguel Escoto, o italiano Gerardo de Cremona, o espanhol Gondisalvi de Segóvia e o alemão Hermann são fanáticos por esse útil trabalho. Um Raimundo Lúlio conhece tão bem o árabe que escreve livros nessa língua. Graças a tais homens, a ciência árabe espalha-se de mil formas: tabelas astronômicas, tratados de medicina do célebre Ibn Sina — o nosso Avicena —, manuais de álgebra, de geometria e mesmo de trigonometria, a chamada geografia de Ptolomeu, tudo isso chega ao Ocidente e ali exerce uma influência fecundante. Acontece o mesmo com a filosofia e a teologia do islã, que atingem Paris e Oxford, e suscitam controvérsias apaixonantes; as pessoas são a favor ou contra Avicena, Ghazali, Maimônides, Averróis, como hoje se é a favor ou contra Freud ou Heidegger.

É sobretudo a esta influência árabe que se deve uma aquisição — ou melhor, uma ressurreição — de importância capital: a do pensamento grego. Juntamente com as obras originais do islã, traduzem-se do árabe para o latim as obras-primas gregas até então desconhecidas no Ocidente. A partir de 1150 aproximadamente, ocasião em que o arcebispo Raimundo de Toledo se rodeia de uma equipe de tradutores, o entusiasmo pela língua helênica não cessa de crescer. No Sul da Itália e na Sicília, onde o grego não se perdera inteiramente, volta-se a estudá-lo. Em breve, espalham-se pelo Ocidente os *Diálogos* de Platão (o *Timeu* era antes o único conhecido), bem como os textos de Galeno, de Arquimedes, de Hierão de Alexandria, dos Padres gregos, e sobretudo aqueles que iriam provocar uma verdadeira revolução intelectual — os de *Aristóteles*. No século XIII, traduziu-se tudo o que se pôde encontrar do Estagirita, quase sempre duas vezes, do original e a partir da versão árabe. O arcebispo Roberto Grosseteste e Roger Bacon mostraram-se verdadeiros fanáticos desses escritos. De 1250 em diante, o grego foi ensinado nas escolas dominicanas e, a partir de 1312, nas universidades de Paris, Oxford, Bolonha e Salamanca. Abrira-se um novo campo ao pensamento.

A consequência destas aquisições foi o desencadeamento de uma onda de paixão filosófica. Para provar uma proposição de fé, a maioria dos teólogos de outrora limitara-se ao argumento de autoridade, acumulando os testemunhos da Sagrada Escritura, da tradição, dos cânones conciliares: era a "teologia positiva". A *escolástica* — teologia e filosofia da escola, cujos antepassados podem ser encontrados em Santo Agostinho, Cassiodoro, Santo Isidoro de Sevilha e, mais tarde, em Rábano Mauro e Alcuíno — tem outras ambições. Quer apoiar-se na filosofia, demonstrar que os dogmas estão de acordo com a razão e que nenhuma objeção pode rebatê-los. Nasce a "teologia especulativa", e a filosofia torna-se a *ancilla theologiae*. Tudo o que conta nos séculos XII e XIII depende da Escolástica. A filosofia escolástica quer estudar racionalmente os problemas do mundo; a teologia escolástica quer reunir num corpo de doutrina, numa "suma", as verdades reveladas. O método empregado para fazer avançar o conhecimento é sobretudo a dialética, a arte de raciocinar, que procura deduzir consequências lógicas de uma noção dada. O silogismo goza de todas as honras e, se este método de investigação degenerou às vezes em discussões inúteis e em distinções meramente verbais, não se pode negar que contribuiu também para o progresso do pensamento e para o aprofundamento dos grandes problemas.

Sim, este é um dos traços mais surpreendentes e admiráveis da vida intelectual da Idade Média: tratava-se verdadeiramente de enfrentar os grandes problemas. A forma como são apresentados pode chegar a desconcertar-nos, mas, sob os termos absconsos, é preciso tentar ver o que está em jogo, e então acabamos por reconhecer nesses temas preocupações que são nossas. Assim, a grande questão que agitou toda a Idade Média foi a dos *universais*. De que se tratava? De saber se as ideias gerais ou universais, que nós exprimimos por palavras como "gênero humano" e "espécie", correspondem a tipos realmente existentes ou não passam de puras abstrações, de invenções do espírito. Nada nos parece a princípio mais ocioso do que essa discussão sobre palavras, na qual se iriam opor argumentos a argumentos, realismo a nominalismo, Platão a Aristóteles. Mas, se tomarmos atenção, o que é que estava em causa? Nada menos do que o valor do conhecimento, a possibilidade de o homem captar a verdade através do real, o antagonismo entre a essência e a existência. Esses problemas deixaram de ser atuais? Mais ainda: se é o *gênero* ou a *espécie* que existe, e não o *homem*, a pessoa conserva o seu direito à autonomia, à liberdade? Uma questão que está no próprio coração do nosso drama. E os escolásticos viram a sua importância.

Problema do ser, problema do geral e do particular, problema do conhecimento, problema da liberdade e tantos outros, eis o que levava os homens a enfrentar-se em justas ideológicas nas quais a violência podia atingir os extremos da paixão. Bem longe de mostrar-se estagnado, o pensamento medieval dá, portanto, a impressão de uma efervescência que em poucos períodos da história ofereceu um espetáculo tão belo. Foi nesse clima tão excitante que trabalharam Santo Anselmo, São Bernardo, Abelardo e, mais tarde, Santo Alberto Magno, São Boaventura, São Tomás de Aquino, Roger Bacon e Duns Escoto, prodigiosas equipes de gênios ou poderosos talentos que a cristandade produziu em grande número e em menos de duzentos anos.

O primeiro período da Escolástica

Na base de todo esse imenso trabalho intelectual, como de todo o edifício medieval, está a fé. Nenhum problema tem sentido nesta época a não ser em função do problema superior, o do conhecimento das coisas divinas. A teologia é, portanto, indiscutivelmente, a ciência mais elevada, a ciência por antonomásia, aquela da qual tudo parte e para a qual tudo se encaminha. Mas a fé não é um entrave para o espírito; pelo contrário, firmando o homem em certezas, permite-lhe audácias fecundas. Os escolásticos podem aventurar-se: sabem que não lhes faltarão bases inabaláveis. Houve quem os comparasse, muito justamente[9], aos "prodigiosos equilibristas que, com a vara da Revelação nas mãos, para se segurarem no penúltimo minuto, se entregam às acrobacias mais ousadas sobre a corda tensa da especulação".

O problema decisivo é, portanto, o das relações entre a razão e a fé. A razão deve ajudar a fé, ou a fé deve ajudar a razão? *Crer para compreender* ou *compreender para crer*: tal é a alternativa que, muito cedo, os pensadores da Idade Média tiveram de enfrentar. É desnecessário dizer que, para nós, precisamente porque nos beneficiamos das dolorosas pesquisas dos nossos antepassados escolásticos, a alternativa parece não existir; as duas proposições são simultaneamente verdadeiras; a fé ajuda a razão nos seus métodos e a razão assiste a fé nos seus combates; Santo Agostinho e São Tomás de Aquino completam-se e não se excluem. Mas, no ardor das suas descobertas, os escolásticos dividiram-se entre essas duas posições. Crer para compreender, compreender para crer! De um modo geral, podemos dizer que, do século XI ao século XIII, a preferência se deslocou de uma para outra parte dessa fórmula indecomponível. Por volta de 1050, os mestres insistem apenas sobre a primeira, mas, lá por 1250, a segunda está em todos os espíritos. A história do pensamento religioso medieval é a história desta evolução.

No século XI, São Pedro Damião (1007-1072) dizia categoricamente: "Deus não tem necessidade de retórica para atrair as almas a si. Não foram filósofos os que Ele enviou para evangelizar os homens". Essa atitude abrupta podia ser mantida? Já alguns espíritos escolhidos, por mais partidários que fossem da primazia de Deus, haviam pressentido que as fronteiras entre a fé e a razão eram com frequência pouco discerníveis e que a filosofia podia ajudar o dogma. Assim acontecera com o ousado monge alemão Gottschalk, que combatera Hincmar, e com o grande João Escoto Erígena (800-865), também um tanto ou quanto heterodoxo, que sustentara que a verdadeira filosofia é a verdadeira religião e que, reciprocamente, a verdadeira religião constitui a filosofia verdadeira. Explicar tudo por meio de Deus, posto como princípio, não seria a essência do pensamento de Santo Agostinho?

Essa foi a atitude dos mestres do primeiro período escolástico. Recusar o apoio da filosofia pareceu-lhes um erro; se a razão podia ajudar a penetrar melhor nos mistérios da fé, por que descartá-la? *Fides quaerens intellectum.* O *Bem-aventurado Lanfranc* (1005-1089), professor de Bec e depois arcebispo da Cantuária, já pensava, com extrema prudência, que, apoiado nos dogmas, o espírito podia trabalhar por alargar o campo filosófico, e, para combater Berengário e os seus erros sobre a Eucaristia, não hesitara em recorrer aos argumentos filosóficos e à dialética, tanto quanto à tradição.

Para que nascesse a especulação ortodoxa, faltava apenas um homem: foi *Santo Anselmo* (1033-1109), que tem sido chamado às vezes o pai da Escolástica. É comovente a figura deste intelectual para quem o amor era um dos valores mais altos do conhecimento, deste bispo cujas apuradas qualidades do coração não foram afetadas pela sua áspera intervenção nas lutas políticas[10]. Filho da alta nobreza do Vale de Aosta — seu pai era primo da condessa Matilde da Toscana —, criança que gostava de meditar vagueando pelas montanhas da sua terra natal, estudante arrancado por Lanfranc a inquietantes digressões, depois monge de Bec e abade, e por fim arcebispo da Cantuária, Anselmo não teve em toda a sua vida, como viria a dizer, "senão uma consolação e uma satisfação plena": o amor a Deus. As suas pesquisas intelectuais, a sua escolástica e a sua dialética fazem um bloco único com a sua mística. "Amar o que se conhece" e "conhecer melhor para melhor amar" — tais foram os seus verdadeiros princípios. "Não procuro compreender para crer", dizia ele, "mas creio para compreender". Distinguiria bem entre os objetos que a razão pode atingir e as verdades que dependem exclusivamente da fé? Talvez pouco. Quando se esforçou por demonstrar a existência da Trindade, a necessidade da Redenção e a Ressurreição da carne, enveredou por um caminho em que não seria seguido pela posteridade. O seu célebre argumento *a priori* sobre a existência de Deus, que ainda hoje se chama "o argumento ontológico de Santo Anselmo", embora aproveitado mais tarde na sua essência por Descartes, Bossuet e, um pouco modificado, por Leibnitz, não era acolhido sem objeções: já que todo o homem traz em si o conceito de uma suprema grandeza, de uma perfeição total, esse ser imenso e perfeito existe. São Tomás de Aquino demonstraria a insuficiência desse argumento, mas Santo Anselmo teve o mérito de abordar, como homem de pensamento, o problema teológico, de abrir caminho à pesquisa filosófica e de conceber uma união fecunda entre a razão e a fé. A sua obra foi talvez a mais célebre da sua época, obra imensa que, se não foi ordenada numa suma, tanto tratava da lógica e da dialética, dos critérios da *verdade* e do *livre arbítrio*, como dos mistérios de Deus (no *Monologion* e no *Proslogion*), da Trindade, do mal e da redenção, sem esquecer as suas homilias, orações e inúmeras cartas. Primeiro dos grandes pensadores cristãos da Idade Média, viveu muito cedo para realizar as novas sínteses necessárias; no entanto, devemos estar-lhe agradecidos por tê-las preparado.

A sabedoria e a moderação que caracterizavam um Santo Anselmo poderiam expandir-se unanimemente numa época em que o pensamento estava em plena efervescência? O recurso à razão não deixava de representar um perigo para os dogmas. Assim, em Tours, o reitor de Saint-Martin, Berengário (1000-1088), ao pretender submeter o mistério da Eucaristia a um racionalismo simplório, caiu na heresia e, condenado pela primeira vez, voltou ao seu erro, "porque não podia duvidar da sua razão". Também em Compiègne, o cônego bretão Roscelino (1050-1120), tomando ardorosamente o partido do nominalismo na questão dos universais, e querendo aplicar ao mistério da Santíssima Trindade a sua teoria de que só os indivíduos são reais e os gêneros e espécies são apenas "nomes", acabou por negar que fosse possível um só Deus em três pessoas: o concílio de Soissons (1093) foi obrigado a condená-lo. Em Chartres, na célebre escola fundada por Fulberto, onde se ministrava, sem dúvida, o ensino mais livre e mais vivo do seu tempo, num relacionamento constante com Toledo, não cessava de soprar um vento carregado de semi-heresias e de teorias suspeitas, com mestres como Gilberto de la Porrée, Thierry de Chartres, Guilherme de Conches e Bernardo Silvestre, até que em 1210 o panteísmo dessa escola foi também condenado. Mas estas mesmas dificuldades faziam sentido, pois revelavam bem o doloroso trabalho do pensamento. Os homens do século XII experimentaram como é difícil fazer colaborar a razão e a fé. E em nenhuma circunstância o experimentaram mais vivamente do que no conflito que opôs dois espíritos da mais elevada estatura: *Abelardo* e *São Bernardo*.

Já vimos[11] como foi esse conflito; o seu maior interesse é que colocou frente a frente os dois homens que, sem dúvida, melhor encarnavam as duas tendências do tempo.

É difícil ser justo com *Abelardo* (1079-1142), esse gênio desequilibrado cujas audácias, no entanto, contribuíram para fazer progredir o pensamento e até prepararam o desabrochar do século XIII. O jovem nobre de Nantes — cuja ignorância em matemática lhe valera a alcunha de *Abelard, bon à lecher le lard* (bom para lamber toucinho) — tinha manifestado desde a adolescência uma viva paixão pelo conhecimento, aliada, porém, a um inquietante prurido de êxito pessoal e de originalidade. Aluno, sucessivamente, de Roscelino em Compiègne, e do sábio Guilherme de Champeaux na escola de Notre-Dame de Paris, tinha apenas vinte e três anos quando investiu contra a doutrina dos seus dois mestres, o nominalismo de um e o realismo do outro. Atraído a Laon pelo renome de um mestre chamado Anselmo, em breve se afastou dele, declarando caridosamente que "o fogo deste homem lança muita fumaça, mas não ilumina nada"!

Desde então, lançou-se a ensinar por conta própria. A Escola de Santa Genoveva, cujo comando assumiu, eclipsou em breve Notre-Dame de Paris e São Vítor. Em torno da sua cátedra chegaram a contar-se cinco mil alunos, entre os quais futuros bispos, futuros cardeais e, até, um futuro papa: era suficiente para virar qualquer cabeça! Tinha quarenta anos quando a sua vida começou a desequilibrar-se. Ninguém ignora o drama — em que o trágico se mistura com o ridículo — dos seus amores com a sua excelente aluna, Heloísa, de dezoito anos, nem a terrível vingança que sofreu por parte do tio da complacente vítima. Ordenou-se sacerdote na abadia de Saint-Denis, mas não pôde conformar-se com o silêncio do claustro. Deu aulas num priorado de Brie, mas foi condenado pela primeira vez por um concílio provincial a queimar o seu livro sobre a Trindade e a encerrar-se numa cela. Saiu de lá pouco depois e construiu em Nogent-sur-Seine o eremitério do Paráclito, para onde afluíram milhares de estudantes, e perto do qual Heloísa fundou uma comunidade de mulheres. Aos cinquenta e sete anos, regressou por fim a Paris e reencontrou os numerosos auditórios da sua juventude. Glorificado por uns e atacado até a morte por outros, este homem tinha o dom de não deixar ninguém indiferente. Foi precisa nada menos do que a intervenção pessoal de São Bernardo, a personalidade mais destacada do tempo, para o abater.

A sua obra é vasta: tratados filosóficos sobre a dialética, a moral e sobre Porfírio, ensaios exegéticos, principalmente sobre a *Epístola aos Romanos* e — sem esquecer a sua correspondência com Heloísa, que contém tantas maravilhas — sobretudo os seus tratados de teologia, o *Sic et non*, a *Teologia cristã* (1138) e a *Introdução à Teologia*. Mas esta enumeração não reflete bem toda a influência deste professor fascinante e deste entusiasta do pensamento. Dialético de excepcional categoria, contribuiu para aperfeiçoar os métodos da Escolástica: foi ele que introduziu nela a *disputatio* ou crítica dos textos; e a sua teoria do conhecimento esteve certamente na origem de um esforço na direção do concreto e do real, que veremos realizado pelos seus sucessores.

Por que devia ser condenado? Por falta de fé? De forma alguma. Abelardo era profundamente cristão e proclamava-se filho submisso da Igreja, "aceitando tudo o que ela ensina e reprovando tudo o que ela condena". Por heresia? Seria ir longe demais. Os seus adversários acusavam-no "de lembrar Ário quando falava da Trindade, Pelágio quando falava da graça, e Nestório quando falava da pessoa de Cristo" (São Bernardo). Mas, na realidade, tratava-se mais de uma orientação geral do que de um problema específico. Há espíritos que só se satisfazem quando roçam o abismo.

No fundo, o problema estava ligado à sua concepção das relações entre a razão e a fé. "Não se pode crer no que não se compreende", dizia ele, e isso era o contrário das teses de Santo Anselmo. À fórmula *fides quaerens intellectum* contrapunha *intellectus quaerens fidem*. Distinguiria ele suficientemente os motivos de credibilidade e as verdades em que é preciso crer? Seria consciente de que há pontos que o intelecto nunca pode atingir? Levada ao extremo, a sua doutrina teria esvaziado o dogma da sua substância e reduzido a fé a nada. O seu esforço teria sido benéfico se se tivesse mantido no âmbito dos dogmas, submetido ao reconhecimento dos mistérios, mas, para conseguir esse equilíbrio, seria preciso um homem infinitamente menos orgulhoso, infinitamente mais impregnado de Deus e submetido à graça. Esse homem será São Tomás de Aquino.

Perante Abelardo, voltado para o futuro e disposto a todas as audácias, era natural que homens sensíveis ao perigo tomassem uma atitude contrária, empenhando-se em conservar-se fiéis às lições do passado. A Escola de São Vítor, centro de santidade[12], foi uma das fortalezas do espírito tradicional. Guilherme de Champeaux, desgostado com os tumultos da Escola de Notre-Dame, foi procurar a paz ali, antes de ser nomeado para o bispado de Châlons, onde se mostrou grande amigo de São Bernardo. Hugo de São Vítor também ali ensinou, afirmando que as ciências profanas devem ser apenas um alimento para a meditação; Ricardo de São Vítor ali repetiu com São Paulo que só a contemplação permite adivinhar Deus como num espelho e em enigma; Gauthier de São Vítor chegou a escrever um livro contra a Escolástica.

São Bernardo é também, sem dúvida, um homem do passado, mas com matizes, com prudência, com gênio.

A sua infatigável atividade intelectual[13] prova suficientemente que não era de maneira nenhuma o ignaro voluntário que alguns quiseram ver nele. Nunca se mostrou partidário do "Embrutecei-vos". Entre os sábios, distinguia quatro categorias: os que tiram da ciência motivos de orgulho; os que fazem dela um vil comércio; os que dela se servem para fazer bem aos outros, e, finalmente, os que, ao adquiri-la, pretendem simplesmente edificar-se a si próprios. Às duas últimas categorias não tinha nada a censurar. Mas, para ele, o essencial não estava aí: "Que me importa a filosofia? Os meus mestres são os apóstolos; eles não me ensinaram a ler Platão nem a deslindar as sutilezas de Aristóteles, mas ensinaram-me a viver. E, acreditai, essa não é uma pequena ciência". Conhecer a Deus é uma coisa; viver em Deus é outra e mais importante. Foi repetindo isso que São Bernardo exerceu uma considerável influência doutrinal. Se a sua teologia veio a sofrer um eclipse, a sua ação deixou marcas, mesmo na evolução do pensamento. A sua mística, em vez de se opor à Escolástica, penetrou nela; forneceu aos arrebatamentos da dialética um útil contrapeso; tornou-se a zelosa guardiã das verdades tradicionais, sem as quais a teologia em breve se tornaria uma ciência puramente humana; corrigiu com a sua doçura o que o método da Escola tem muitas vezes de árido. Defendendo o que parecia pertencer apenas ao passado, São Bernardo, na realidade, preparou o futuro.

No limiar do século XIII, o imenso esforço que vinha sendo realizado havia cem anos produziu os seus frutos. O pensamento religioso desabrochou, mais seguro nos seus fins e nos seus métodos. Grandes trabalhadores — os *sumistas* — tentaram reunir num só feixe toda a ciência de Deus: foi o que fizeram *Pedro Lombardo*, o "Mestre das Sentenças", cujo manual seria o livro-texto do seu tempo,

Gandulfo de Bolonha, Pedro de Poitiers, Roberto de Melun e vários anônimos. Depois, a esse sonho de síntese universal, *Vincent de Beauvais* dará uma nova forma, a do quádruplo *Espelho* (da Natureza, da Ciência, da Moral e da História), em que pretenderá partir da própria vida, da terra, para conduzir o conhecimento até o Juízo Final. Os *controversistas* passaram os argumentos pelo crivo: João de Salisbury, Alain de Lille, encarniçado inimigo dos hereges, e Pedro de Blois que, ainda em vida, alguns consideraram um novo Padre da Igreja. Chegara o momento do esforço definitivo, do apogeu, em que homens de gênio iriam encontrar o clima propício para o seu pleno desenvolvimento.

O apogeu da Escolástica: São Boaventura

Surge, portanto, um novo período, que vai ser o das mais altas realizações: o século de Santo Alberto Magno, de São Boaventura, de São Tomás de Aquino, de Duns Escoto e de Roger Bacon.

A vida intelectual modifica-se sob diversos aspectos. É a hora em que nascem as universidades. É a hora também em que surgem nas cátedras o burel cinzento dos filhos de São Francisco, a túnica branca e o manto negro dos filhos de São Domingos, em breve imitados mais modestamente pelos representantes das antigas ordens. E a emulação entre religiosos e seculares, viva a ponto de provocar tumultos, nem por isso deixa de ser um eminente fator de progresso.

Mas é sobretudo na sua orientação fundamental que a vida intelectual se altera. Triunfa o método especulativo; o terreno em que Abelardo avançara, com os seus riscos e perigos, está livre a partir de agora. A teologia, "rainha das ciências", vê a sua serva, a filosofia, assumir uma importância crescente. O ensino continua a apoiar-se nas autoridades — e, neste sentido, mantém-se "agostiniano" —, mas, ao mesmo tempo, procura perscrutar os dados da Revelação e cada vez mais apela para a lógica. Neste momento, não há quem não admita a necessidade de *compreender para crer*, o que não quer dizer que não existam tendências opostas. Como compreender? Através da clara razão? Ou antes recorrendo a métodos mais sutis, intuitivos, próximos do impulso místico? O homem tem o poder de instituir uma filosofia estritamente racional, como faziam os antigos, mas, como cristão, tem esse direito? Sobre este ponto grave, dois amigos estarão em desacordo: São Boaventura e São Tomás de Aquino.

Houve, aliás, um acontecimento de importância capital que influenciou o curso do pensamento: *a invasão aristotélica*. Até então, de modo geral, a filosofia cristã, desde os Padres, tinha sido platônica; as célebres doutrinas sobre o papel das ideias, da intuição, da vida espiritual e do êxtase haviam impregnado a maior parte dos pensadores. O aristotelismo, com o seu realismo e os seus métodos racionalistas, era pouco conhecido. Pelo canal dos árabes Avicena e Averróis, ou de judeus como Maimônides, o Estagirita reaparece no Ocidente e, a partir de 1162, multiplicam-se as traduções. Os seus tratados sobre a *Física* e a *Metafísica* são estudados por todos aqueles que se interessam por essas matérias. Desencadeia-se um verdadeiro movimento, com o inglês Alexandre de Hales, o bispo de Paris Guilherme de Auvergne, Vincent de Beauvais, preceptor do filho de São Luís, e o nobre saxão Alberto Magno. A princípio, a Igreja inquieta-se com essa irrupção de dados que, além de serem estranhos à tradição, aparecem — o que é pior — escoltados pelos duvidosos comentários do árabe Averróis. Em 1210, um concílio parisiense *excomunga os aristotélicos*, e a condenação repete-se seis ou sete vezes. Mas em vão! Mudando de método, a Igreja, sob o impulso de Gregório IX, resolve escolher no Estagirita o que ele tem de bom, para fazê-lo servir à glória de Deus. Quando, para levar este genial projeto à sua conclusão lógica, se encontrar um homem de gênio, surgirá essa obra-prima que é a *Suma* de São Tomás de Aquino.

Sucedem-se três gerações na vida intelectual do século XIII. A primeira é a dos precursores, dos homens que, ainda ligados às tradições do passado, estão, no entanto, abertos às novas tendências e pesquisas. *Guilherme de Auvergne* (1190-1245), por exemplo, erudito bispo de Paris, ainda é agostiniano pela sua teoria do conhecimento intelectual, mas partidário de tudo aquilo que pode alargar o campo do espírito. O mesmo acontece com *Alexandre de Hales* (1180-1245), esse professor inglês que os estudantes parisienses chamam o "Doutor irrefutável" (autor de uma *Suma* célebre no seu tempo), um sábio que, sendo um dos primeiros entre os intelectuais, se alista por humildade nas fileiras dos franciscanos. Ainda na linha de Santo Agostinho, de Santo Anselmo, de Hugo de São Vítor, no sentido de que concede um importante papel à iluminação, Alexandre de Hales não recusa à filosofia o direito de explicar esse Deus de quem, por virtude, a consciência tem um conhecimento inato. É ele quem prepara o caminho para São Boaventura.

Se os franciscanos têm Alexandre de Hales, os dominicanos possuem *Santo Alberto Magno* (1206-1280), uma espécie de monstro do conhecimento, um gênio enciclopédico. Jovem nobre alemão, arrastado aos dezesseis anos, enquanto estuda em Pádua, pela torrente desencadeada por São Domingos, professor em Paris e depois chefe do *Studium generale* dominicano de Colônia, a sua autoridade cresce tanto que os meios intelectuais se apoiam numa fórmula para pôr fim a todas as discussões: *Magister Albertus dixit*. O "Doutor universal" falou; todos se calarão. Ciências naturais, física, moral, filosofia, teologia, nada escapa à sua curiosidade. Fiel ao agostinismo em muitos pontos, mergulha contudo no delicado terreno das relações entre a ciência e a fé, e mostra que a razão não pode explicar o mistério, mas ajuda a preparar os caminhos de Deus. Fanático de Aristóteles, afirma que é possível utilizá-lo como Santo Agostinho utilizara Platão, mas, ao mesmo tempo, não hesita em distinguir e rejeitar aquilo que nele é contrário à doutrina cristã. Este imenso esforço, que a Igreja reconhecerá em 1931, proclamando-o "Doutor", vai produzir os seus frutos: o herdeiro de Santo Alberto Magno será São Tomás de Aquino.

São Boaventura e *São Tomás de Aquino*: são esses os dois homens que dominam os meados do século XIII, as testemunhas da segunda geração que, ainda nos nossos dias, nos aparecem revestidos da mais alta significação. Será necessário opor essas duas grandes almas, esses dois santos — o franciscano e o dominicano —, que aliás estavam unidos por uma afeição profunda? Reduzir o primeiro a um defensor da filosofia mística, intuicionista e anti-intelectualista, e o segundo a um estrito racionalista, será falsear as duas imagens, uma e outra infinitamente mais complexas. A bem dizer, eles são inseparáveis e complementares. Cada um encarna uma das duas correntes do pensamento cristão, e é considerando-os em conjunto que podemos apreendê-los na sua plenitude.

Luminosa figura a desse jovem e nobre toscano — João de Fidanza (nascido em 1221, perto de Viterbo) — que, segundo uma encantadora tradição, tendo-se beneficiado de um milagre do próprio *Poverello*, recebeu dele o sobrenome de *Buona Ventura*, porque São Francisco vira profeticamente a estrada de glória que essa criança percorreria. Raramente uma vida se desenrolou de modo mais harmonioso do que a sua, e raramente os fulgurantes dotes da inteligência estiveram em tão perfeito acordo com os da sensibilidade e do coração. Franciscano aos dezessete anos, aluno em Paris de Alexandre de Hales, o seu gênio brilha tão depressa que a universidade, depois dos fortes tumultos que já são nossos conhecidos, lhe abre as portas de par em par. Tem então trinta e seis anos. Depois, destaca-se a tal ponto na sua ordem que é eleito ministro geral, e tem de abandonar o ensino para se ocupar, em circunstâncias muito delicadas, de administrar, arbitrar e apaziguar. Pregando por toda a parte, presidindo a assembleias, amigo dos papas, conselheiro de muitos grandes, continua no mundo a ação inaugurada na universidade, ao mesmo tempo que, infatigavelmente, medita, escreve e multiplica publicações de todos os gêneros. A atividade exterior não será um estorvo para esta alma que se vê perseguida pelo desejo do conhecimento? Talvez, mas ele é muito submisso a Deus para recusar o que a Providência lhe impõe, mesmo que se trate de honras que esmagam. Quando, em 1274, Gregório X o faz cardeal quase à força, para o enviar ao Concílio de Lyon, ele, por obediência, mais uma vez se submete. E foi ao deixar esse concílio que morreu, em 14 de julho de 1274, aos cinquenta e três anos de idade.

Todos os que o conheceram em vida deixaram dele a mesma imagem: a de um homem delicado, de uma sensibilidade inigualável, e, ao mesmo tempo, de uma sobrenatural transparência. "Parece que Adão não pecou nele", dizia o seu mestre Alexandre de Hales. É verdadeiramente um herdeiro direto daquele santo cujo hábito usa, e do qual escreveu uma biografia fervorosa. E esse imperioso amor de Deus, essa ardente doçura que inunda a sua alma mística são os elementos de todo o seu pensamento, a sua base e o seu coroamento.

Que obra "poderosa e complexa a sua!"[14] Causa espanto que tenha sido elaborada em tão poucos anos e no meio de tantas tarefas administrativas. Exegeta, comentador do *Eclesiastes*, do *Livro da Sabedoria*, de São Lucas e de São João, orador que nos deixou mais de cem conferências e perto de quinhentos sermões, autor espiritual da *Tríplice via*, do *Solilóquio*, das *Cinco festas de Jesus*, da *Vinha mística* e de dez outros tratados, teólogo, enfim, cujos *Comentários às Sentenças de Pedro Lombardo*, *Questões Disputadas* e *Itinerário da alma para Deus* marcaram o seu tempo — toda a sua obra é dominada pela mesma vontade, única, de tender para Deus e de para Ele conduzir as almas. O esforço intelectual só tem sentido e alcance para ele quando está ordenado para a fé e para o amor.

É nisso que São Boaventura difere de São Tomás, que estava convencido de que a demonstração das verdades da fé é suficiente. São Boaventura recorre mais às vias do Espírito Santo e da graça. Não admite que a razão, por si só, possa conduzir a Deus; toda a filosofia deve estar subordinada às noções sobrenaturais que iluminam o espírito humano e que nada mais são do que a fé e a sabedoria em Deus; em todas as coisas temos de reconhecer a própria essência da divindade, o seu sinal, a sua unidade. Assim, a sua teologia e a sua filosofia, extremamente interligadas, são místicas e estimuladas pela paixão sobrenatural de Deus. Desta maneira, São Boaventura é bem o herdeiro de Santo Agostinho, seu mestre preferido, de Santo Anselmo e de São Bernardo. Não deixa de recorrer, porém, para as suas demonstrações, a tudo o que lhe possa ser útil; vai buscar argumentos em Aristóteles e, embora não ponha a razão em primeiro plano, entende que, iluminada pela graça, ela trabalha para conduzir o homem ao seu fim supremo. Precisamente porque as coisas são sinais de Deus, é necessário conhecê-las bem. E assim, deste conjunto coerente e sutil, surgem uma teoria do conhecimento, uma doutrina metafísica, uma regra de vida, tudo unido num só impulso, num impulso que, tomando o homem ao nível da terra, o eleva até aos empíreos da graça. A mística especulativa encontrou aqui o seu ápice: nunca seria ultrapassada.

Embora São Boaventura esteja, desde 1587, entre os Doutores da Igreja, a sua obra não teve a projeção da do seu rival dominicano. Mas na estrada em que, desde São Paulo e Santo Agostinho até Bergson, tantos espíritos têm procurado descobrir esse algo que é mais do que a razão, mais do que a própria inteligência, e que permite ao homem aderir aos mistérios de Deus e do mundo, esse algo que os cristãos recebem pela graça de Cristo, São Boaventura assenta um dos marcos miliares mais impressionantes.

O apogeu da Escolástica: São Tomás de Aquino

Entre os estudantes que, no ano de 1248, seguiam os cursos de Alberto Magno no *Studium* dominicano de Colônia, não se fazia notar — a não ser pelas suas dimensões físicas — um rapaz enorme, de rosto plácido, que parecia ruminar sem parar não se sabe que ausência de pensamento. Os condiscípulos chamavam-lhe o "boi mudo", a tal ponto a sua grande calma e a sua espantosa capacidade de ficar em silêncio lhes pareciam estúpidas. Mas quando, por acaso, numa discussão, esse rochedo se movia, era para esmagar, com dez palavras, todos os adversários. E, um dia, o seu mestre, que o conhecia bem e que, como se murmurava, o utilizava como colaborador nos seus prodigiosos trabalhos, referindo-se à alcunha irônica que lhe tinham dado, exclamou: "Sim, um boi mudo, mas eu vos garanto que há de mugir tão alto que abalará o universo inteiro".

Chamava-se *Tomás* e tinha vinte e quatro anos. Nunca dissera a ninguém que essa família *de Aquino*, no seio da qual nascera em 1224, era uma das mais nobres de toda a Itália, que tinha o imperador Barba-Roxa como tio e Frederico II como primo, e que teria tido o direito de esquartelar o seu escudo com quatro ou cinco armas reais se, há muito tempo, não tivesse abandonado não só esse escudo, mas também todas as vaidades do mundo, para só conhecer como brasão a cruz negra de Cristo. Pequeno oblato do Monte Cassino, que, aos seis anos, espantava os mestres perguntando-lhes inopinadamente: "Que é Deus?", tinha encontrado aos quinze anos, quando estudava em Nápoles, a corrente do jovem fervor dominicano, e nela se lançara com alegria. Nada pôde arrancá-lo dessa vocação, que ele considerava providencial: nem os gritos do pai, nem os afagos das irmãs, nem as violências dos irmãos, pouco lisonjeados com a ideia de verem um Aquino mendicante. Enquanto a família o mantinha preso no segredo de um dos seus castelos, resolveram enviar-lhe a mais atraente das tentadoras, mas a "mensageira de Satanás" passou vergonha e escapou por pouco do tição que Tomás brandiu contra ela. Queria ser dominicano e dominicano seria: nem abade do Monte Cassino nem arcebispo de Nápoles! Ninguém seria capaz de vencer a sua santa obstinação.

Foi assim que, em Paris, durante seis anos, e depois, dois anos e pouco em Colônia, Tomás seguiu, como noviço dominicano, os ensinamentos do maior mestre da ordem. Em

1251, estava formado, na posse de uma cultura imensa e de um discernimento cuja maturidade causava espanto. Não seria conveniente que começasse a dedicar-se também ao ensino? Atraiu as multidões instantaneamente. Nunca ninguém comentara com tanta originalidade o famoso *Livro das Sentenças* de Pedro Lombardo nem tirara dessa obra conclusões tão ricas. E isso não agradou àqueles que viam com crescente mau humor o assalto dos mendicantes aos baluartes da inteligência. Por ordem formal de Alexandre IV, em 1256, Tomás entrava para o corpo docente da Universidade de Paris, ao mesmo tempo que São Boaventura, seu amigo franciscano.

Desde então, reconhecido já por muitos dos seus contemporâneos como um luminar, iria prosseguir — com o mesmo impulso maciço que caracterizava a sua maneira de ser — a tríplice tarefa de professor, de escritor e de conselheiro dos papas. Depois de ficar três anos em Paris, foi chamado para a corte pontifícia e assistiu sucessivamente Alexandre IV, Urbano IV e Clemente IV, como uma espécie de teólogo oficial da Cúria. Voltou a Paris por mais três anos, e de lá partiu para Nápoles, onde fundou a universidade e continuou a semear ideias, sempre a mãos-cheias, entre auditórios entusiastas. Mas, ao mesmo tempo — por que milagre? —, escrevia, comentava, discorria ao longo de milhares de páginas marcadas com o selo da originalidade e do gênio: a *Suma teológica* saía das suas poderosas mãos.

O seu destino de pensador parecia traçado de antemão, quando, em 1274, Gregório X lhe ordenou que, como uma das mais seguras testemunhas das suas intenções, se dirigisse a Lyon para assistir ao concílio, onde também estaria São Boaventura. O franciscano ainda pôde tomar parte na assembleia antes de entregar a sua santa alma ao

Senhor. São Tomás, menos feliz, ficou detido no caminho. No convento cisterciense de Fossanuva, a doença, que se desenvolve à vontade nesses organismos robustos, acabou por derrubá-lo. Morreu em 7 de março, com menos de cinquenta anos.

Qualquer esboço de retrato psicológico de um homem desta envergadura seria uma tarefa irrisória. Os contrários harmonizam-se nele numa unidade tão paradoxal que desencoraja toda a análise. Esse gigante calmo, de traços vigorosos e plácidos, de olhar direto, é também aquele cuja brusca violência explode quando se trata de uma causa que lhe é cara, ou que, quando a seiva das ideias referve dentro dele, percorre a passos largos e apressados os corredores de um claustro. Esse manejador de ideias, que julgaríamos ocupado unicamente em alinhar os parágrafos da *Suma*, é o mesmo que, tendo uma questão difícil para resolver, cola a sua fronte na porta do tabernáculo; o mesmo que se emociona até as lágrimas com o mistério de Cristo imolado; ou ainda, o mesmo que, com a simplicidade de um estudante, põe o seu trabalho sob a proteção da Santíssima Virgem; o mesmo também que confessa ter conhecido, em visões místicas, "coisas ao pé das quais todos os seus escritos são simplesmente palha"; o mesmo finalmente que, na hora da morte, pede que lhe leiam o livro mais ternamente espiritual da Escritura, o *Cântico dos Cânticos*.

Que devemos admirar mais neste gênio prodigioso: a capacidade de apreensão, o poder de organização, a fecundidade quase inadmissível, ou essa capacidade quase napoleônica de enfrentar ao mesmo tempo quatro ou cinco problemas, e de ditar a quatro ou cinco secretários respostas pertinentes às questões mais obscuras? Mas temos de admirar também esse dom de ver as coisas com justeza e de longe, de ir diretamente ao essencial, de apreender o transcendente no testemunho dos sentidos, e essa maneira tão simples de aceitar o real e submeter-se às suas lições! E tudo isso, que define a grandeza desse homem perante os outros homens, não é nada ao lado daquilo que o caracteriza aos olhos de Deus: a sua modéstia, a sua fé, a sua pureza angélica, a sua caridade sobrenatural, e essa visível luz que irradiava da sua fronte, a luz de um verdadeiro cristão...

Como escritor, é também muito difícil defini-lo. É uma banalidade louvar a sua lucidez, a sua acuidade de espírito, o seu dom de formulação incisiva e de exposição clara. Mas podemos avaliá-lo de algum modo quando imaginamos a amplitude da fundamentação teórica da sua obra — existem nela mais de oitenta mil referências ou alusões —, o poder genial que era necessário a esse espírito para não sucumbir sob o peso dos seus conhecimentos e para não fazer de todo esse material um saco de gatos, mas uma obra! E, quando o imaginamos como um doutor empoeirado dos pés à cabeça ou como um enorme rato de biblioteca, roendo ao longo dos capítulos o seco pergaminho dos argumentos, devemos lembrar-nos do poeta que ele foi, do autor do *Lauda Sion* e do *Pange lingua*, autênticas obras-primas.

A simples enumeração dos títulos da sua obra escrita encheria páginas e páginas. Não há praticamente nenhum assunto que São Tomás não tenha abordado à sua maneira, que era sempre régia e definitiva. Ninguém como ele concebeu com vistas mais largas e mais genialmente o sonho de ultrapassar os conhecimentos particulares para atingir uma ciência universal, onde se encontrasse, hierarquicamente ordenado e explicado, tudo aquilo que interessa ao homem.

Escritos exegéticos, consagrados tanto a Isaías, a Jó e ao *Cântico dos Cânticos*, como aos Evangelhos ou a São

Paulo; inumeráveis sermões, que só conhecemos imperfeitamente, mas que nos consta que chegavam a comover os auditórios até as lágrimas; tratados de ascética e de mística, entre os quais o dos *Dois preceitos da Caridade* e o da *Saudação angélica* são verdadeiras joias; a grande obra de apologética polêmica, a *Suma contra os gentios*, que arrasa os descrentes e os pagãos; livros filosóficos, em que se perscrutam a Lógica, a Física, as Ciências Naturais, a Moral, a Política e a Metafísica, e esses *Comentários às obras de Aristóteles*, inacabados, que são como os fundamentos do conjunto; e finalmente as obras teológicas, muitas delas provenientes dessas *questões disputadas* que ele abordava com os seus alunos — toda essa lista basta para fazer compreender até que ponto é sumário reduzir São Tomás à *Suma teológica*. Não há dúvida de que ela não deixa de ser a nave do edifício, mas nem as capelas laterais nem o recinto do coro podem ser negligenciados.

Foi em Roma, entre 1265 e 1267, que São Tomás teve a ideia de empreender uma *Suma*, conforme os costumes da época. Já não se sentia à vontade no marco oficial dos *Comentários sobre Pedro Lombardo*. Empenhou-se durante nove anos nessa tarefa que só a morte viria a interromper. Esta obra, que confunde o espírito pela sua extensão e profundidade, era aos olhos do próprio autor uma simples iniciação sumária à teologia especulativa, que certamente teria exposto se tivesse vivido. O seu fim, portanto, não era outro senão oferecer aos estudantes um ensino preciso e sistemático, visto que as sumas anteriores eram desordenadas e incompletas. Mas, ao visar um propósito tão modesto, realizou uma obra de uma importância única. A *Suma teológica* é a suma do seu gênio e é também a experiência mais completa dos conhecimentos que a Idade Média tinha adquirido em matéria religiosa.

Nunca o termo "Suma" teve, como neste caso, o seu pleno sentido.

Redigida sob a forma de perguntas e respostas, como era corrente na Escolástica, a *Suma teológica* é ao mesmo tempo uma obra de análise e de síntese. De análise, porque apresenta as questões determinantes uma após outra, perscrutadas com uma espantosa arte de dissecação intelectual. De síntese, porque os elementos assim identificados são, de certa forma, recriados segundo uma nova ordem, colocados sob perspectivas até então desconhecidas. Deus, objeto central de toda a teologia, está sempre presente ao longo dos capítulos: direta ou indiretamente, é sempre Ele a única questão. Na parte inicial, é estudado como *Ser*, primeiro em si mesmo — Deus uno e Deus trino —, e depois fora de si, como princípio, tal como o podemos conhecer nas suas obras — Deus criador e senhor do mundo — e através do comportamento do universo espiritual e temporal, incluído o da humanidade. A segunda parte considera Deus como *Bem*, isto é, como o fim que as criaturas racionais devem atingir, o que leva o autor a considerar sucessivamente os atos humanos, as paixões, os princípios de comportamento, a lei pela qual Deus nos instrui e a graça com que nos ajuda. Em seguida, tomando no seu conjunto as obrigações morais a que o homem se deve submeter para dirigir-se a Deus, analisa todas as virtudes, teologais, cardeais, humanas, e os vícios contrários, o que o leva a concluir com a análise dos modos de vida e dos dons que permitem praticar as virtudes e evitar os vícios. Finalmente, na terceira parte, quer mostrar Deus como *caminho*, não só para o homem em si, abstrato e teórico, mas para o homem de carne e de pecado, decaído pela falta original, mas que Cristo redimiu pela Encarnação e pelo Sacrifício. Esta parte, a mais curta — que deixou inacabada e que o seu amigo e discípulo Reginaldo de Piperno completou como pôde, segundo algumas notas e outros trabalhos —, teria sem dúvida ultrapassado as anteriores em poder de emoção e ardor, a julgar pelo que dela conhecemos sobre as questões cristológicas e sobre os sacramentos.

Foi um plano prodigioso, que não deixava de fora nenhum dos grandes problemas que o homem enfrenta. Nessa intenção de São Tomás podemos ver uma correspondência com aquela outra que, na mesma ocasião, levava o papa a querer unificar toda a Igreja num só corpo vivo, do qual ele seria a cabeça. A *Suma*, obra de unificação do espírito cristão...

Há um ponto, em todo o caso, em que São Tomás foi plenamente ao encontro dos desejos expressos pelos soberanos pontífices a partir de 1231: em vez de rejeitar Aristóteles, aproveitar para bem da Igreja o que havia nele de válido. E, nesse sentido, iria mais longe, muito mais longe do que o seu mestre Alberto Magno. Estudou toda a obra do Estagirita, que o seu confrade dominicano Guilherme de Moerbeke lhe traduzira fielmente, e esse estudo deixou-o profundamente admirado, pois viu nele o filósofo antigo mais poderoso pela sua dialética e o mais útil pelo seu método experimental. Colocar as suas doutrinas ao serviço de Cristo foi, portanto, um dos primeiros fins que São Tomás se propôs. Longe de pôr em perigo as verdades da fé, o aristotelismo poderia apoiá-la, fornecendo-lhe argumentos, e, em sentido inverso, só um pensamento impregnado do Evangelho e iluminado pela Revelação poderia, na escola de Aristóteles, atingir uma completa compreensão do mundo. É certo que o tomismo não é somente um aristotelismo cristão e que há na obra do grande dominicano muitas contribuições pessoais; mas, resolvendo o problema da difícil integração de Aristóteles no campo da inteligência cristã, São Tomás prestou à Igreja um serviço inapreciável; ofereceu-lhe novos meios de conhecimento e de demonstração[15].

O que ele foi buscar de essencial em Aristóteles foi a ideia de que o homem pode servir-se da razão. Para o neoplatonismo (e para o agostinismo), a razão é uma etapa na vida religiosa, um esboço da iluminação sobrenatural. No aristotelismo, ela vale por si: a sua vocação não é conhecer as coisas sobrenaturais e divinas, mas proceder a um trabalho de abstração sobre os resultados adquiridos pelos sentidos. Portanto, *razão e fé têm cada uma a sua ordem*, o seu campo de ação; e eis assim resolvido o famoso problema das relações entre elas. "O filósofo considera nas criaturas o que as caracteriza segundo a sua própria natureza; o crente não considera nelas senão aquilo que as caracteriza em relação a Deus"[16]. Mas a razão e a fé não podem opor-se, porque a verdade é *una*, sendo Deus a verdade total. A verdade segundo a razão e a verdade segundo a fé devem, portanto, coincidir nos seus resultados e ajudar-se mutuamente. Assim como o astrônomo e o físico, por caminhos diferentes, concluem que a terra é redonda, assim também, pela razão natural e pela revelação sobrenatural, se atingirá a única verdade[17].

O tomismo é, portanto, simultaneamente, uma filosofia e uma teologia, separadas nos seus âmbitos e unidas nas suas intenções. É como uma pirâmide do espírito; as bases assentam firmemente no chão do real, do concreto, do sensível, mas o cume mergulha no infinito e no invisível. O homem é captado por ele no seu conjunto, na sua natureza, na sua vida mortal, com os seus defeitos e os seus limites. Já que é ao mesmo tempo corpo e alma — ontologicamente associados —, nada nos autoriza a desprezar os andrajos carnais, como se inclinavam a fazer os discípulos de Platão; pelo contrário, se Deus dotou o homem de sentidos, é da experiência sensorial que se deve partir para conhecer o mundo e descobrir Deus na sua criação. Ao passo que São Boaventura pensava que deter-se nas coisas da experiência era "desfrutar da árvore proibida do bem e do mal", São Tomás afirma o respeito pelo criado, pelo carnal, pelo humano. Com esta nova posição, a moral cristã ver-se-á renovada e, mais tarde, surgirão daí a sociologia e a economia cristãs.

É sobre estes dados factuais que a razão trabalhará, para abstrair, caracterizar e concluir. Fará progredir o conhecimento, mas segundo a sua ordem, isto é, deixará fora das suas indagações o campo da fé e da Revelação. O seu verdadeiro trabalho consiste em estabelecer a verdade sobre bases tão sólidas que nada as possa abalar, e São Tomás pensa que, sendo Deus a verdade, basta apresentar lucidamente toda a verdade para que ela se manifeste de modo irrecusável. Sem negar o papel das iluminações sobrenaturais, não lhes atribui a importância decisiva que lhes atribuem um Santo Anselmo ou um São Boaventura; sabe perfeitamente que se pode atingir Deus por um arroubo interior ou por um dom da alma, mas essas vias, tão frequentemente subjetivas, são menos seguras aos seus olhos e têm um valor menos universal do que a clara razão. E se nem tudo é explicável por meio da razão, se parece haver antinomias entre a fé e a razão, é porque o espírito do homem é o de um ser finito, incapaz de penetrar no infinito e no invisível, que pertencem propriamente ao domínio da Revelação. A fé, para a qual tende todo o esforço racional, é, portanto, o seu último coroamento.

Todos os grandes problemas se inscrevem neste gigantesco sistema e nele encontram a sua solução: o problema da existência de Deus, do conhecimento, da liberdade e das relações entre a natureza e o sobrenatural. Pela aplicação dos princípios, as questões que se põem à consciência receberão também a sua solução, quer se trate de moral, de sociologia ou de política: o tomismo explica tudo. O poder incomparável do sistema justifica-se pela solidez com que tudo, do mais humilde ao mais importante, se ordena, se articula, se equilibra, enfeixado pelas mãos firmes de um gênio da organização. Não se trata de um laborioso decalque de uma filosofia antiga transposta para o cristianismo, nem de um simples mosaico de ideias e referências. É verdadeiramente uma síntese nova, que atende à imensa expectativa do pensamento cristão. O tomismo não criou os dogmas, mas permitiu que os homens aderissem melhor a eles.

Perante um monumento de tal envergadura, como não ficarmos entusiasmados? Mesmo que hesitemos em admitir o lugar de destaque que São Tomás atribui à razão nas operações do intelecto, mesmo que verifiquemos que algumas das suas referências científicas envelheceram, não podemos deixar de contemplar essa obra como um dos mais admiráveis testemunhos do gênio do Ocidente. Assim foi considerada por muitos, mesmo durante a vida do seu autor. Como prova disso, basta ler a carta que, no dia seguinte ao da morte do santo, os mestres da Universidade de Paris dirigiram ao Capítulo geral dos Pregadores: São Tomás era, diziam eles, "a estrela que guia o mundo, o *luminare maius* de que fala o *Gênesis*, o sol que preside ao dia". Cinquenta anos depois da sua morte, em 1323, a Igreja canonizava-o e, em 1567, aquele que em vida fora chamado o "Doutor Angélico" era oficialmente inscrito na categoria dos Doutores. A partir de Leão XIII e da sua Encíclica *Aeterni Patris*, ele é, com efeito, o guia oficial dos estudos filosóficos e teológicos, e todos os papas, desde então, têm exaltado sempre a sua sabedoria, o seu espírito benfazejo e o seu gênio[18].

No coração do céu, onde reinam as Três Pessoas, ladeado por Aristóteles e Platão, tendo a seus pés Averróis vencido, enquanto um concílio reunido reconhece a sua grandeza, o corpulento dominicano, com a vista tão fixa que parece não ter olhares senão para o interior, meditativo, plana no tempo e no espaço. Foi assim que Benozzo Gozzoli o representou no célebre quadro do Louvre, e é também assim que a história da Igreja o pode representar.

A favor ou contra o tomismo: a terceira geração escolástica e Duns Escoto

A obra de São Tomás impôs-se imediatamente e sem resistências? Isso seria inconcebível. É regra que um pensamento original desencadeie reações vivas, como também não há dúvida de que uma geração, para se afirmar, se opõe àquela que a precedeu.

Logo após a morte do santo, os seguidores do agostinismo e do neoplatonismo levantaram a cabeça, não só entre os franciscanos e os seculares, mas mesmo entre os próprios dominicanos. Por outro lado, era fácil aproveitar certas semelhanças que existiam entre tomismo e averroísmo para fazer deslizar proposições da *Suma* entre as que eram nitidamente não-cristãs. A manobra várias vezes foi bem sucedida: em Paris, em 1277, onde o bispo Tempier mandou redigir um *syllabus* antitomista de duzentos e dezenove artigos; depois em Oxford, no mesmo ano, com o arcebispo da Cantuária, Kilwardby, embora ele mesmo fosse da ordem dos irmãos pregadores. No ano seguinte, um discípulo de São Boaventura, Guilherme de la Mare, declarou guerra ao tomismo e pretendeu "corrigi-lo", e todos os franciscanos que ensinavam receberam ordens de só se servirem da *Suma* com essa famosa "errata".

Como as condenações se multiplicavam, os dominicanos compreenderam que tinham muito a perder nesse debate, e reagiram. Dois capítulos gerais asseguraram a unidade da ordem em volta da doutrina tomista e publicaram-se "anti-erratas" contra a "errata" do franciscano. Acudiram em seu socorro alguns aliados: o cisterciense Humberto de Brouilly, o carmelita Gerardo de Bolonha e sobretudo o agostinho *Gilles de Roma*, que foi o primeiro a ter a ideia de mostrar que Santo Agostinho e São Tomás não eram inconciliáveis, que se completavam, que a *Suma* podia servir de base para acompanhar o gênio de Hipona nos voos do seu pensamento. Mas o duelo duraria muito tempo, até terminar com a vitória do tomismo. Isto quer dizer que a Igreja rejeitou as doutrinas sustentadas pela escola franciscana? Não vemos nos altares São Boaventura ao lado do seu rival e amigo? E na própria Encíclica em que exalta São Tomás, Leão XIII não louvou também o grande franciscano?

O problema que opôs os dois maiores espíritos dos meados do século XIII continuou em discussão depois deles. Provavelmente no mesmo ano em que São Tomás morria, nascia na Escócia um homem cujo pensamento, tão penetrante como o seu, combateria abertamente o tomismo: *João Duns Escoto* (1274-1308). Este gênio jovem e fulgurante, que devido à sua curta vida não pôde mostrar todo o seu valor, está ainda muito longe de ocupar o lugar a que tem direito. Enquanto vivo, era chamado o "Doutor sutil", e fascinava os auditórios com a rapidez do seu pensamento, a lógica compacta dos seus argumentos e uma espécie de leveza superior no manejo das ideias. Aluno e depois mestre em Oxford, mestre a seguir em Paris e em Colônia, por muito mal informados que estejamos sobre ele, temos de imaginá-lo como um jovem combatente no couto cerrado da inteligência, original até o paradoxo, mas capaz de abrir, com grandes clarões, novos campos ao espírito.

A sua obra, cujo catálogo está sujeito a discussão, concentra-se sobretudo em dois grandes trabalhos, que são o resultado do seu magistério: o de Oxford, *Opus oxoniense*, e o de Paris, *Opus parisiense*, este último transmitido por um dos seus alunos. Dialético como São Tomás, e como ele defensor do método crítico, não parte dos mesmos princípios que ele nem chega às mesmas conclusões. Para Escoto, a vontade, no homem, prima sobre a inteligência — daí o termo *voluntarismo* com que se costuma designar a sua doutrina —, e não basta ter demonstrado a verdade para que tudo se submeta à sua lei. Divergindo do tomismo nesta concepção acerca do papel das duas faculdades, separa-se dele quanto ao papel da liberdade e da graça, insistindo sobre o caráter ativo da alma, bem como sobre a liberdade, cujo princípio defende mesmo no domínio espiritual. A sua concepção geral do mundo afasta-se também consideravelmente do grandioso sistema exposto pela *Suma teológica*. Será mesmo tão certo que, ao falarmos do real, saibamos e compreendamos verdadeiramente que há na Criação leis fixas que a razão pode determinar e analisar? A liberdade da Onipotência divina não se opõe a semelhante fixidez? A ciência tem o seu domínio, sim, mas que valor possui fora dele? Não será essencialmente vã? Assim, mais fortemente ainda que São Boaventura, Duns Escoto trazia água para a corrente mística, em detrimento da corrente racional.

Neste sentido, o escotismo é, portanto, uma correção útil a um certo intelectualismo que não é o caso de São Tomás, mas no qual — não se pode negar — muitos dos seus discípulos caíram. Mas daí não se deduz que tudo seja aceitável nesse sistema; os princípios de Escoto, observa Émile Bréhier, "tendiam, quer ele quisesse, quer não, a dissolver a trama que unia a fé e a razão, o dogma e a filosofia". Pior ainda: as suas audácias juvenis beiraram frequentemente o abismo. Se devemos agradecer-lhe por ter sido quase o único no seu tempo a elaborar uma admirável teologia da Virgem Maria, que admitia a sua Imaculada Conceição e estabelecia o seu papel na Redenção, não há dúvida de que as suas teses sobre a função puramente moral dos ritos e dos sacramentos não deixam de inquietar. O seu discípulo, Guilherme de Ockham, levando ao extremo algumas das suas ideias, desembocará numa espécie de empirismo anárquico[19], e o protestantismo utilizará para os seus fins certos elementos do escotismo.

A Igreja, durante dois séculos, tornou-se a pedagoga do pensamento. Tomou a razão humana pela mão e guiou-a, mantendo-a, porém, circunscrita aos quadros em que a fé a impedia de se aventurar muito. Mas, ao saírem da adolescência, os discípulos não fugiriam à influência daqueles que os tinham formado? A razão, a partir de agora consciente de si, vai ceder à tentação do orgulho, e os conhecimentos adquiridos no seio da *Ecclesia Mater* servirão, em última análise, para levantar o homem contra ela. Nesse momento, a Idade Média cristã entrará em agonia e uma nova etapa se inscreverá na história da humanidade[20].

Do direito canônico ao direito romano

Se a teologia, acompanhada da sua seguidora e, mais tarde, aliada — a filosofia —, ocupava o primeiro lugar nas preocupações intelectuais do tempo, à medida que avançava atraía muitas outras disciplinas. E precisamente porque as confundiam mais ou menos com a ciência soberana, estas outras ciências foram estudadas com zelo, até o dia em que, reconhecidas como autônomas, puderam levantar voo.

Assim aconteceu com o *direito*, ou, como se dizia então, com a ciência dos *decretos*, que no decurso dos tempos bárbaros existia apenas em íntima conexão com a retórica ou com a teologia moral. Foi neste ramo que essa ciência se desenvolveu, até que a teologia dos sacramentos e depois a da Igreja lhe deram um novo impulso, especialmente esta última, em consequência das lutas do sacerdócio com o Império. Em Burchard de Worms (+ 1023), teologia e direito estavam inseparavelmente unidos, e o mesmo acontecia nos trabalhos de Yves de Chartres (+ 1117). Mas nos começos do século XII *Irnério* (+ 1139?) compreendeu que o direito era uma disciplina à parte e que merecia ser tratado independentemente.

Por outro lado, nessa época, tornara-se premente a necessidade de juristas. A Igreja reclamava um pessoal competente para as suas chancelarias e oficialatos, e era preciso que os legados estivessem capacitados para discutir com os representantes dos seus adversários. Viu-se já[21] como o *direito canônico* nasceu e se expandiu ao longo do século XII, quando Graciano, empregando para o seu estudo o método escolástico das perguntas e respostas, elaborou a sua *Concordia discordantium canonum*, cuja autoridade foi imensa. Depois dele, Rolando Bandinelli, o futuro papa Alexandre III, Raimundo de Peñafort e muitos outros trabalharam para enriquecer e completar a sua obra, até o limiar do século XIV, ocasião em que foi estabelecido um *Corpus juris canonici* que a Igreja conservaria intacto durante quinhentos anos.

O grande centro dos estudos jurídicos foi *Bolonha*, cuja universidade eclipsou as velhas escolas de direito de Roma, Pavia e Ravena, e que não teve rival na cristandade[22]. Tratava-se de uma universidade bastante peculiar, controlada pela Igreja, mas sujeita também a outra influência antagônica, a da rica burguesia dos comerciantes, para quem o estudo do direito se apresentava como um meio, fortemente laico, de fazer melhores negócios. A história do ensino do direito está repleta de incidentes pitorescos ou violentos, nascidos da oposição entre os dois elementos.

Entretanto, aparecia em Bolonha uma novidade, ou melhor, reaparecia uma ciência esquecida: o *direito romano*. Tentando introduzir um pouco de ordem no direito canônico, os juristas viram-se obrigados a recorrer a modelos, aos grandes tratados que os romanos tinham deixado, aqueles cuja compilação fora ordenada por Justiniano no século VI: *Código, Novelas, Digesto, Institutas*. No início do século XII, Irnério renovava o *Corpus juris civilis*. Mas, no século XIII, foi sobretudo *Acúrsio* (+ 1260), o autor da *Grande Glosa*, quem restituiu ao direito romano todo o seu prestígio. De Bolonha, a disciplina renovada difundiu-se com extrema rapidez: Vacário ensinava-a na Cantuária, Placentino em Montpellier, Jacques de Révigny, Pedro de Belleperche e outros nas recém-nascidas Faculdades de direito de Toulouse e de Orléans.

Este renascimento esbarrou com vigorosas oposições. Romano, e portanto essencialmente imperial, esse direito não fornecia aos imperadores argumentos para a sua tese de domínio universal? Os reis inquietaram-se a ponto de proibirem que fosse ensinado, como fez Filipe Augusto em Paris; recomendavam em seu lugar, como mais próximo das tradições nacionais, o direito consuetudinário que as grandes especulações do século XII na França e na Inglaterra tinham estabelecido em bases sólidas. Só mais tarde é que se aperceberam de que bastava pôr a palavra "rei" onde se lia "imperador", para que o direito romano se tornasse um excelente instrumento de despotismo: com Filipe o Belo, Luís XI, Richelieu e Luís XIV, e até à Revolução Francesa, a história do direito será a de um progresso contínuo do direito romano.

Quanto à Igreja, essa viu também com grande desconfiança o desenvolvimento de uma ciência jurídica sem nenhum princípio fundado no Evangelho e na qual não se reservava nenhum papel à autoridade do papa. Os imperadores germânicos teriam melhores aliados do que os romanistas de Bolonha? De certo modo, a luta entre o papado e o Império foi uma luta do direito canônico contra o direito romano. Em 1219, Honório III proibiu aos padres o estudo do direito romano[23]. Na realidade, porém, esta resistência viria a revelar-se inútil. Também neste ponto, ao incitar o espírito humano a aperfeiçoar os seus próprios métodos, a Igreja trabalhara contra o seu próprio poder. Serão os "legistas" que levantarão o poder laico contra o papa, nos dolorosos dias de Filipe o Belo.

Houve uma ciência medieval?

As escolas monásticas ou catedrais, bem como as universidades, conheceram um movimento científico no sentido que hoje damos ao termo? Formalmente, não. As ciências matemáticas, as ciências físicas e as naturais estavam associadas, quase confundidas, com disciplinas muito afastadas delas. Quando se lê, na pena de Hugo de São Vítor, que as sete ciências fundamentais são a tecelagem, a fabricação de armas, a navegação, a agricultura, a caça, a medicina e o teatro (a teologia era para ele uma arte), avalia-se até que ponto chegava a incapacidade de identificar as ciências. É significativo que as universidades não tenham incluído faculdades de ciências; a única faculdade científica era a de medicina, que, depois da ruína da escola de Salerno, provocada por perturbações e guerras, fez a glória de Montpellier. Mas, neste caso como no do direito, a confusão não deixou de beneficiar a ciência. Como é que um teólogo "sumista", desejoso de explicar o sistema do mundo criado por Deus, teria podido desinteressar-se dos aspectos sensíveis da criação? Quer se chame Pedro Lombardo, Alberto Magno ou São Tomás de Aquino, e seja qual for a extensão dos seus conhecimentos, é obrigado a ter bases científicas.

E que bases eram essas? A ciência medieval surge-nos como algo tão desconcertante que normalmente nos faz sorrir. Para compreendê-la, talvez fosse preciso situarmo-nos no quadro psicológico, tão diferente do nosso, em que o sobrenatural surgia de toda a parte, em que o racional e a lógica não tinham invadido toda a consciência, e em que a fé fazia o homem viver no meio de uma "floresta de símbolos", como diz o poeta[24]. Num *Bestiário* da Idade Média, veem-se frente a frente um elefante desenhado com muita exatidão e um dragão com todas as asas abertas: imagem impressionante da ciência medieval, em que o imaginário e o real se acotovelavam continuamente.

Isto quer dizer que não existiam espíritos que adivinhassem sequer o que seria um verdadeiro esforço científico? Bem longe disso; e foram mesmo homens da Igreja que, refletindo sobre os problemas formulados pela fé, se viram levados a pressentir os futuros métodos. Um Anselmo da Cantuária, um Yves de Chartres e um Abelardo foram, neste sentido, verdadeiros precursores. Quando

Aristóteles entrou em cena, a curiosidade científica deu um salto para a frente; o iniciador das matemáticas, por exemplo, foi Leonardo de Pisa, o grande tradutor dos escritos do Estagirita. O emprego do método aristotélico, dialético e realista, mudou a ótica dos pesquisadores. Até então, o grande argumento era o da autoridade (tal como na teologia de tipo antigo). "Eu digo aos meus alunos: é isto o que ensina Aristóteles; é isto o que diz Platão; é assim que se exprime Galeno e é assim que fala Hipócrates. E eles têm confiança nas minhas palavras, apoiadas por tantos homens ilustres". Assim falava um professor daquele tempo. O afluxo dos tratados gregos e árabes sobre astronomia, geografia, física, alquimia e medicina começou por atrasar as verdadeiras pesquisas; discutia-se sobre os textos, em vez de observar e raciocinar. Mas, à medida que o aristotelismo penetrou nos espíritos, obrigou-os a uma nova atitude.

O primeiro sábio que assumiu essa atitude foi um santo: *Alberto Magno*, cujo papel na evolução da teologia já vimos. Essa inteligência enciclopédica, que fazia experiências em plantas ao mesmo tempo que meditava sobre os mais árduos problemas da metafísica, renunciou totalmente aos métodos antigos. "A ciência natural", dizia ele, "não consiste em homologar o que os outros disseram, mas em procurar as causas dos fenômenos..." Uma conclusão lógica que contrarie a observação deve ser rejeitada; um princípio desmentido pelos fatos é um falso princípio. E toda a orientação futura do pensamento científico separado da teologia estava contida nesta frase: "Nós não temos de procurar na natureza a maneira como o Criador divino, por intervenções imediatas da sua livre vontade, usa as suas criações para operar milagres que manifestem a sua onipotência; devemos antes procurar o que se pode produzir no reino da natureza em razão das causas que lhe são inerentes". Quando se fala da ciência medieval, citam-se sempre as bisbilhotices (aliás saborosas) de Vincent de Beauvais nos seus *Espelhos*, mas esquecem-se muitos homens como Santo Alberto Magno.

Não vem a propósito enumerar aqui as provas de que a Idade Média possuiu uma ciência, certamente ainda elementar, mas não inexistente, e evocar descobertas como a dos algarismos, impropriamente chamados árabes, da agulha magnética, das lentes para ampliação de imagens, dos princípios matemáticos da acústica, do papel dos sais minerais no organismo, do álcool, dos ácidos sulfúrico, clorídrico e nítrico, e muitas outras[25]. Certas pesquisas, que nos parecem tão extravagantes como a da "pedra filosofal", tinham talvez finalidades não muito diferentes das da ciência moderna, pois, como disse acertadamente Paul Tannery, "a falsa ciência salvou a verdadeira". Impelida ao mesmo tempo pela intenção cristã de proselitismo e pela curiosidade científica, a descoberta da terra progrediu bastante[26]. O que importa, do ponto de vista cristão, é que se desenvolveram novos métodos e surgiu no interior do pensamento religioso uma atitude que seria a dos tempos modernos. Alberto Magno não foi o único a lançar-se por esse caminho; São Tomás de Aquino, apesar da sua grande prudência, tomou a mesma atitude; o tão curioso Raimundo Lúlio seguirá a mesma linha, e a nova corrente encontrará o seu gênio na pessoa de *Roger Bacon*.

Este homem causa-nos admiração e espanto. Será pouco dizer que é um enigmático: é uma viva contradição. Por um lado, é uma das mais retrógradas testemunhas da Idade Média, com a sua farmacopeia, que tanto recorre à cabeça do dragão como ao estrume e às ameixas, com a sua crença ingênua na influência dos astros e dos elementos; por outro, é um homem de quem jorra a ciência moderna, em pressentimentos multiformes e em fulgurantes antecipações. Recusamo-nos evidentemente a acompanhá-lo quando afirma que a matemática pode ser aplicada no campo da metafísica, mas não podemos negar que o seu método está na origem, não só do cartesianismo, mas também do método experimental de que resultou a ciência moderna.

De origem inglesa, nasceu em 1214, no condado de Sommerset, proveniente de uma família nobre. Tendo deixado muito cedo o ofício das armas, foi para Oxford estudar matemáticas, teologia e línguas, e partiu depois para Paris, onde trabalhou sob a direção de Alexandre de Hales e de Alberto Magno. Era um temperamento apaixonado, consumido pela angústia da verdade. Em 1251 — tinha então trinta e sete anos —, só a renúncia à vida mundana lhe pareceu capaz de apaziguar a sua inquietação e vestiu o burel cinzento dos filhos de São Francisco. Mas é preciso confessar que a mansidão do *Poverello* nunca o penetrou; lançava-se com um ardor feroz contra todos aqueles que considerava sequazes do erro, como o experimentaram os seus próprios mestres Alexandre e Alberto Magno, e até o seu geral, o pacífico Boaventura. Semeava inquietação por toda a parte, mesmo na sua ordem. Não chegou ele a fazer o horóscopo de Cristo, assegurando que Deus só pôde salvar o mundo por causa de certas conjunturas celestes? Mágico, feiticeiro, associado do diabo! Era comum vê-lo tratado assim e acabou por ser necessário que os papas Clemente IV e Nicolau IV o protegessem com a sua intervenção. Apesar disso, alguns pensam que esteve preso durante quinze anos num calabouço. Seja como for, a verdade é que algumas das suas afirmações foram condenadas em 1277. Todas estas tribulações não o impediram de prosseguir no seu gigantesco trabalho nem de viver muitos anos, pois morreu aos oitenta, em Oxford, em 1294.

Não há ciência alguma que Bacon não tenha abordado: botânica, zoologia, química — dizia-se ainda alquimia —, matemática, ótica, medicina: tudo interessava à sua incansável curiosidade. O seu livro sobre *Os segredos da arte e da natureza* está cheio de visões do futuro: os barcos a vapor, as estradas de ferro, os balões, as alavancas de roldana, os escafandros, o telescópio, o microscópio, os terríveis efeitos da pólvora — tudo é tratado nessa obra. Em ótica, muito antes de Galileu e de Newton, formulou as leis da reflexão e da refração da luz. Foi ele que propôs a Clemente IV a reforma do calendário juliano, que só três séculos depois, em 1582, viria a ser adotado por Gregório XIII. Escreveu um livro inteiro contra a magia, demonstrando a sua inutilidade. Mas foi sobretudo na sua *Opus maius*, redigida em 1266 a pedido do papa, que fez uma exposição genial do que deveria ser o método científico: a principal causa do erro — diz ele — é o excessivo crédito que se dá à opinião de certos homens; o único meio de chegar à verdade é observar com precisão e raciocinar com o máximo de justeza.

Bacon quis aplicar esses princípios num domínio a que eles não tinham tido até então o menor acesso: o das Sagradas Escrituras. Para bem compreendermos a Revelação, comecemos por penetrar no texto sagrado, e para isso estudemos as línguas em que está escrito, utilizemos as ciências profanas, a cronologia, a geografia, o cômputo e a astronomia; a exegese moderna está toda aí. Estaria ele consciente do perigo que o seu método, indevidamente aplicado, poderia trazer à fé? Sem dúvida, porque, franciscano agostiniano convicto, nunca deixou de denunciar o abuso da filosofia (um dos sete pecados capitais, dizia) e de proclamar que à frente de toda a pesquisa está a fé. Antitomista e anti-aristotélico, para ele a verdade última não pertencia ao conhecimento, e a Escolástica era incapaz de demonstrar Deus. O sábio genial que está na origem dos métodos racionais admitia que, para além de uma ciência da qual se fazia vigoroso protagonista, havia ainda uma região que pertencia ao mistério e ao incognoscível. Era a atitude de um verdadeiro cristão e de um místico; mas que aconteceria quando a ciência, separada do dogma, quisesse ser autônoma e não reconhecesse nenhuma autoridade superior à da inteligência? Gênio cristão, Roger Bacon trazia em si as forças antagonistas da sua fé.

Nascimento das letras em língua vulgar

O processo que se observou no campo da filosofia, do direito e das ciências, segundo o qual a Igreja, depois de ter tido a iniciativa do pensamento, o viu insurgir-se contra ela, observou-se também nesse âmbito a que hoje chamamos "literatura"?

Lenta e modestamente, ao lado da literatura em língua latina, e tendendo pouco a pouco a suplantá-la, instaurou-se — primeiro na França e na Inglaterra, e depois na Espanha, na Alemanha e na Itália — uma literatura em língua vulgar que já não se destinava ao clero que compreendia o latim, mas ao povo em geral. Que ligação houve entre essa ascensão da seiva literária e o grande movimento que se produziu na mesma ocasião dentro da Igreja? Certamente, a inspiração foi outra; certas influências não cristãs intervieram de maneira visível no nascimento dos novos gêneros: influências germânicas nas canções de gesta, orientais nos poemas de amor cortês, derivadas de velhíssimas tradições e de fragmentos de antigas recordações nos contos em verso. Mas então tudo isso aconteceu fora do seio da Igreja? Não parece.

Para já, podemos estar certos de uma coisa: quando essa literatura nasce, falar em intelectualidade é falar no clero e, por isso, como não haviam de pertencer também ao clero os autores dos primeiros poemas em língua vulgar? A perfeição que essa poesia mostra desde o princípio faz-nos adivinhar que era obra de homens acostumados a trabalhar os grandes modelos. É muito provável que o famoso *Théroulde*, cuja discreta assinatura aparece num verso da *Canção de Rolando*, seja um bispo ou um clérigo da Normandia de quem se encontraram vestígios nas crônicas. Não nos é difícil imaginar que houvesse clérigos interessados nas línguas populares, como hoje certos especialistas de semântica se interessam pelos dialetos. Não se cita o caso de um bispo da Inglaterra que era tão apaixonado pela poesia saxônica que se disfarçava e ia para uma ponte cantar as aventuras de algum rei do mar? Na Faculdade de Fécamp, clérigos e trovadores formavam uma só "fraternidade".

Por outro lado, a mentalidade da sociedade medieval é tão totalmente cristã que se impõe às formas do pensamento. Joseph Bédier mostrou que muitos dos elementos das canções de gesta procedem das peregrinações ou do clima moral da cruzada. Se ligarmos os pontos onde se detêm os heróis do ciclo de *Guillaume d'Orange*, obteremos exatamente o traçado dos caminhos que levavam a Santiago de Compostela. Pôde-se verificar que, no seu conjunto, as canções de gesta mencionam mais de cinquenta igrejas.

Formalmente, uma grande parte desta literatura em língua vulgar é religiosa. Os primeiros poemas franceses são cristãos: a *Cantilène de Sainte-Eulalie*, escrita no dialeto da Picardia, um pouco antes de 900, e o *Poème de la Passion*, do século X. O gênero poético das *Vidas de Santos* estará em voga ao longo de toda a Idade Média, assim como o dos *Miracles de la Vierge*, coligido por volta de 1210 por Gauthier de Coincy, o mais célebre dos quais continuará a ser o *Jongleur de Notre-Dame*. Na canção de gesta que aparece depois de 1050 e que se vai desenvolver durante quase duzentos anos, sucessivamente trágica e poderosa como no *Roland* e no *Guillaume d'Orange*, rude e selvagem como no *Cycle lorrain* e *Germont et Isembart*, realista e até trivial como na *Pèlerinage de Charles* e no *Couronnement de Louis*, a fé cristã está presente em toda a parte, pondo palavras sublimes nos lábios do moribundo Rolando, inspirando a Guilherme a ideia da renúncia, animando com o espírito da cruzada toda a gesta real ou a de *Garin de Monglane*; e mesmo quando, na *Gesta de Doon* ou na de Lorena, o senhor feudal desarvorado se deixar arrastar pelas piores manifestações de violência, o desenlace que o mostra castigado está sempre de acordo com os ensinamentos cristãos.

Quando surge o romance cortês, evocando aventuras inspiradas pelo amor, o cristianismo, que a princípio não ocupava aí nenhum lugar, entra em cheio no *Ciclo da Távola Redonda*, onde, entre os símbolos gaélicos, aparece, dominador, o tema do Graal, cálice sagrado que conteve o sangue de Cristo. Quanto ao teatro, ninguém ignora, depois dos trabalhos decisivos de Gustave Cohen, que nasceu na Igreja, provindo diretamente do drama litúrgico: drama do Natal e representações de vidas de santos ou de episódios da Bíblia. Saindo da Igreja e instalando-se nos adros, tornou-se semilitúrgico no século XII, com as *Nativités wallonnes*, o *Jeu d'Adam et d'Eve*, e depois ampliou-se, tornando-se o *Miracle à personnages* que produz no século XIII as suas obras-primas: o *Jeu de Saint Nicolas* de Jean Bodel e o *Miracle de Théophile* de Ruteboeuf. Mesmo quanto ao teatro cómico (Gustave Cohen demonstrou-o com precisão), certos elementos procedem diretamente das representações litúrgicas ou paralitúrgicas[27].

Não é, portanto, nenhum exagero dizer que a literatura em língua profana nasceu, em grande parte, no seio da *Ecclesia Mater*. Mas depois não tendeu a escapar? Sem dúvida. Ao lado da corrente cristã infiltraram-se outras que se afastaram dos princípios do Evangelho. Dentro do próprio marco em que a poesia exaltava Galaad, Lancelot e os piedosos cavaleiros, outros "romances antigos" já nada têm de cristão. E o mais belo romance do tempo, *Tristão e Isolda*, evoca simplesmente o drama dos homens perante o amor fatal. Quer se trate do *Aucassin et Nicolette* ou do *Roman de la Violette*, já não há cristianismo nessas aventuras amorosas; mesmo o gênero do *Miracle à personnages* se laicizou ao evocar a comovente história de *Griselidis*. Vimos[28] como a poesia dos trovadores, sem ser herética, se situava fora das perspectivas cristãs.

Quanto à literatura satírica, fábula ou trova, de sabor popular, na qual, como diz Sainte-Beuve, se espraia "o gosto pela jovialidade e o prazer tirado do espetáculo da vida", é também tão pouco cristã quanto possível, não só porque cede a um anticlericalismo trocista e tem prazer em representar padres avarentos, glutões e ainda piores, mas também porque a sua moral é, em muitos casos, completamente amoral. Houve, certamente, trovas religiosas, como a do *Chevalier au barillet* ou do *Dit du vrai anneau*, mas, no seu conjunto, esta literatura popular, à medida que se desenvolveu e penetrou nas massas, afastou-se do clima da fé.

Se é necessário um exemplo, basta citar o livro que teve o maior êxito durante a Idade Média, o célebre *Roman de la Rose*, essa "suma poética" de 22000 versos que foi compilada em duas etapas por dois poetas, Guillaume de Lorris (por volta de 1225-1240) e Jean de Meung (por volta de 1275-1300). Um e outro eram clérigos e o segundo era doutor em teologia. Será, portanto, um livro cristão? Evidentemente, tomaram-se as devidas precauções: "Se há alguma palavra que a Santa Igreja considere errônea", o autor está pronto a corrigi-la. Mas de que se trata? De uma arte de amar, em que os processos da Escolástica são utilizados para um fim que nada tem de edificante.

Na parte de Guillaume de Lorris, são tantos os símbolos complicados que se fica na dúvida e pode-se admitir que se trata de uma alegoria mística. Mas, na parte de Jean de Meung, não é possível qualquer hesitação: a escolástica cortês acaba por exaltar uma moral que nada tem a ver com os mandamentos. A rosa é a alegria, o símbolo da exaltação da vida. É certo que existe também a alegria celeste, mas, assegura o poeta, a melhor maneira de alcançá-la é conhecer a alegria terrena. Embora padre, Jean de Meung escarnece do celibato eclesiástico. Por outro lado, o casamento parece-lhe uma tolice, pois vai contra a lei da natureza, que é... o comunismo sexual. "Todas para todos e todos para todas; cada uma comum a cada um e cada um comum a cada uma"! É estando perfeitamente conforme com a natureza que se pode alcançar "tanta beleza, tantas ervas deleitosas, tantas flores belas, tantas violetas e rosas, e todas as coisas boas", o Paraíso! Nada melhor do que esta surpreendente obra-prima de erotismo cristão para mostrar como os espíritos, por volta dos fins do século XIII, eram trabalhados por forças que, em todos os domínios da vida intelectual, os afastavam da tradição cristã.

A Igreja encerrou, portanto, o seu papel de condutora, e o cristianismo deixou de ter seiva para comunicar aos homens? Estas duas perguntas serão respondidas, na passagem do século XIII para o século XIV, por um gênio que se chamou Dante[29].

Notas

[1] É interessante detalhar os métodos de trabalho dos copistas, segundo pesquisas recentes. O modelo da obra (*exemplar*) era depositado em casa de um "livreiro estacionário", depois de ter sido examinado por mestres especialistas designados pela Universidade. Estava dividido em cadernos ou peças numeradas. O mestre, estudante ou escriba profissional que quisesse transcrever determinada obra, alugava o modelo, peça por peça. Logo que tivesse copiado uma, entregava-a de volta. Podia acontecer que, por qualquer motivo, a peça 3, por exemplo, lhe fosse dada antes da peça 2; neste caso, ou deixava no seu caderno o espaço necessário, com risco de ter de se utilizar das margens, ou, se fosse pouco escrupuloso, não respeitava a ordem das peças, o que, durante muito tempo, deixou os filólogos perplexos. A lista dos *exemplares* disponíveis nos livreiros era anunciada na Itália pelo bedel das escolas; na França, era exposta nos dominicanos ou nos franciscanos, no dia em que os universitários assistiam a um ofício. Esta maneira de proceder originou talvez as nossas expressões: "pagar à peça" e "obra feita de peças e pedaços" (Cf. Jean Destrez, *La Pecia dans les Manuscrits universitaires*, Paris, 1935).

[2] Parece que era difícil manter a disciplina nessas escolas; aliás, não tinham locais especiais e os assistentes sentavam-se no chão e escreviam sobre os joelhos com os seus estiletes e tábuas de cera. A grande afluência de alunos também contribuía evidentemente para tornar a disciplina mais difícil. São Bernardo criticou energicamente os costumes escolares do seu tempo, acusando os estudantes das escolas catedrais de muitos vícios e crimes, entre os quais a fornicação e até o incesto. A literatura dos *goliards* conservou vestígios desses desregramentos, cuja tradição será mantida pelos estudantes universitários até Villon.

[3] Todo esse bairro de Paris conserva ainda a lembrança desses estudantes da Idade Média. Há ainda uma "passagem do clos Bruneau" e uma igreja Saint-Nicolas-du-Chardonnet. A rua dos Forsis-Saint-Bernard lembra o grande monge que foi o ídolo da universidade, e a rua São Vítor evoca a abadia onde ensinaram tantos mestres ilustres. Há quem afirme que a rua do Fouarre (ou da Palha) recebe o seu nome da palha sobre a qual os estudantes se sentavam durante as aulas...

[4] Um dos vestígios desse tempo é, sem dúvida, a rua des Anglais, entre o boulevard Saint-Germain e a rua Lagrange.

[5] O Liceu Saint-Louis ocupa o local do colégio de Harcourt; a Escola de Sainte-Barbe, o da residência dos Chalets (fundado pelo cardeal Cholet); a École Polytechnique, onde era o Colégio de Navarra (fundado pela esposa de Filipe o Belo); o Liceu Louis-le-Grand, o lugar do Colégio de Plessis (fundado por Godofredo du Plessis), etc.

[6] Cf. cap. I, par. *Havia uma Europa.*

[7] A descoberta do papel contribuiu enormemente para difundir os conhecimentos, substituindo por um material pouco custoso os caríssimos pergaminhos. Sabe-se que a ideia de fabricar papel com trapos velhos, conhecida na China há muito tempo, foi trazida para a África e para a Espanha pelos árabes. Propagou-se depois na Itália e na França, no decorrer do século XII.

[8] Era uma paixão pelas ideias que não deixava de ter os seus perigos, porque nessas discussões podia introduzir-se facilmente o orgulho, como aconteceu com um Abelardo ou um Sigério de Brabante. Ou ainda — e muito mais — com esse Simão de Tournai que, em 1200, em Paris, terminou uma conferência com estas palavras: "Ó pequeno Jesus! pequeno Jesus!, como eu reforcei e exaltei a tua doutrina nesta lição! Na verdade, se eu fosse teu inimigo e desejasse fazer-te mal, saberia também tirar-lhe força e refutá-la com provas e raciocínios ainda mais fortes!"... Não terá Beaudelaire tirado daqui a ideia do seu poema *Châtiment de l'Orgueil?*

[9] L. Lefrançois Pillion, em *l'Esprit de la Cathédrale*, pág. 208.

[10] Cf. o papel político de Santo Anselmo perante os reis da Inglaterra, Guilherme o Ruivo e Henrique Beauclerc, no cap. V, par. *Os reis: aliados, vassalos ou adversários da Igreja.*

[11] Cf. cap. III, par. *O defensor da fé.*

[12] Cf. cap. IV, par. *O retorno às fontes e as novas ordens.*

[13] Cf. cap. III, par. *O defensor da fé.* Não nos detemos aqui sobre a obra de São Bernardo, estudada nesse lugar.

[14] Étienne Gilson, *op. cit.*

[15] São Tomás teve muitas vezes que defender o aristotelismo, de que se fizera ardoroso paladino, contra adversários que vinham de dois lados. Uns, os tradicionalistas, viam nele uma novidade inquietante, mais ou menos herética, e esses velhos guardiães agostinianos e neoplatônicos tinham amizades altamente colocadas, como o bispo de Paris, Estêvão Tempier. Os outros, muito mais perigosos, eram aristotélicos extremistas e fanáticos, que procuravam não tanto submeter Aristóteles ao Evangelho como submeter Cristo ao Estagirita. Profundamente influenciados pelo muçulmano Averróis, arriscavam-se a cair num puro e simples racionalismo e, pelas confusões que criavam, comprometiam toda a doutrina do santo. São Tomás teve que travar pesadas batalhas contra o mais notório dentre eles, *Sigério de Brabante.*

[16] *Suma contra os gentios*, II, 4.

[17] *Suma teológica*, I, q. 1, a. 1.

[18] No entanto, a Igreja não impõe o tomismo como filosofia única. Consultada, depois do *Motu proprio* de Pio X (de 29 de junho de 1914), a Congregação de Estudos resumiu o tomismo em 24 proposições, que ela declarou "propor como doutrina segura, mas não impor".

[19] Cf. cap. XIV, par. *A crise do espírito.*

[20] Cf. cap. XIV.

[21] Cf. cap. VI, par. *A justiça da Igreja e o direito canônico.*

[22] Em Paris, onde os juristas trabalhavam há muito tempo à sombra de Notre-Dame, a Faculdade de Decreto, fundada nos começos do século XIII, não tinha nem de longe a importância da de teologia.

[23] Com isso, não fazia mais do que ampliar as medidas tomadas no concílio de Tours (1163) contra os religiosos que saíssem dos seus conventos para estudar direito e física. É preciso acrescentar que esta proibição era suscetível de dispensa. Em 1235, Gregório IX autorizou os leigos a estudar direito romano em Orléans (G. Digard, *La Papauté et l'étude du droit romain au XIIIe siècle*, Bibl. da Escola de Chartres, 1890, pág. 381).

[24] Cf. cap. II, par. *O sobrenatural e os seus limites.*

[25] Bastará, em suma, considerar uma catedral para admitir que homens capazes de calcular o traçado dos arcos, a resistência dos materiais e o corte da pedra com uma tal perfeição não podiam ser ignorantes em matemática e em física.

[26] Cf. cap. XII.

[27] Cf. cap. II, par. *Um espetáculo sagrado: a liturgia.*

[28] Cf. cap. VII, par. *A Igreja e a educação do amor.*

[29] Dante será estudado no cap. XIV, último par.

IX. A CATEDRAL

Essa flor em que desabrochou uma época

Aconteceu algumas vezes na história — não muitas — que uma sociedade humana se exprimiu por inteiro em alguns monumentos perfeitos e privilegiados, e soube conservar, em obras legadas às gerações futuras, tudo aquilo que trazia em si de vigor criativo, de profunda espiritualidade, de possibilidades técnicas e de talentos. Essas flores só desabrocham quando a seiva é pura e abundante, isto é, quando a sociedade é fecunda e harmoniosa, e quando traz no seu âmago esse instinto de criação e esse fervor espiritual que, elevando o homem mortal acima de si mesmo, o impelem a eternizar-se. Tais obras não nascem por acaso, mas resultam de obscuras paciências e de grandes esperanças, num momento favorável do tempo. Marcam por isso o ponto culminante da curva que as sociedades humanas descrevem; são breves flores de perfeição.

Através delas, deixa-se compreender toda a civilização que as criou. No Partenon de Péricles, não é Atenas, guia das artes e senhora do pensamento claro, que se desvenda aos nossos olhos? A Índia dos brâmanes não se deixa apreender por completo no meio dessa ordem caótica que é a prolífera riqueza de Borobudur? E um simples olhar sobre Versalhes não nos descobre toda a França do grande rei? A Idade Média ocidental possuiu também a sua obra representativa e chegou a exprimir-se nela com uma plenitude que não foi igualada em nenhuma parte e em nenhuma época. Essa flor perfeita chama-se a *Catedral*[1]; única e insubstituível, é a testemunha privilegiada do seu tempo.

Imaginemos que, de toda a cristandade medieval, só tivessem subsistido as catedrais; pois bem, seriam suficientes para fazer compreender esse mundo em tudo — ou quase tudo — o que ele tem de essencial: a sua espiritualidade, a sua moral, a sua vida cotidiana, os seus trabalhos, a sua literatura, e, em certo sentido, a sua política. Mas suponhamos que tudo à exceção delas tivesse sobrevivido às destruições, que já não existissem nem Reims, nem Amiens, nem Beauvais, nem Chartres; sentiríamos nesse caso que algo de essencial faltaria ao nosso patrimônio, e compreenderíamos que essa terrível amputação nos condenaria a uma ignorância irremediável.

Expressão concreta de uma época, a catedral dá, no entanto, à primeira vista, a impressão de ali surgir como um bloco errático, esmagando tudo o que a antecedia e tudo o que a cerca. Ao contemplá-la dominando a cidade com a sua massa, parece, ao primeiro olhar, que é um peso excessivo para as humildes casas dos homens. Mas tudo isso é uma ilusão. Se a sua aparição na história tem qualquer coisa de impressionante e de miraculoso, nem por isso é menos verdade que ela nasceu de uma terra, de uma época, de uma forma definida do antigo esforço humano. Péguy sabia-o bem quando, peregrino de Chartres, e vendo surgirem ao longe as suas flechas por entre os trigais, as comparava a algumas plantas nascidas do solo da Beauce e nele mergulhando profundamente as suas raízes vivazes. A nave de Amiens, vista de Moreuil, a de Laon, divisada ao fundo das lonjuras da Champagne, dão a mesma impressão de enraizamento sólido; e, se olharmos melhor as catedrais de Paris, de Rouen ou de Bourges, emergindo da alvura do casario, o que impressiona é como as suas formas gigantescas fazem corpo com essas anônimas massas humanas que elas aglutinam e cujas profundas aspirações traduzem.

Filha de uma terra carnal, ligada a ela pelos mil canais de onde lhe chega a seiva, a catedral é também filha das paciências do tempo. A sua aparição, rápida como o desabrochar de uma flor, procedeu de uma germinação lenta, de uma elaboração orgânica que durou séculos. Resultado ao mesmo tempo de um aperfeiçoamento técnico e de uma tomada de consciência cada vez mais exigente da coletividade criadora, a catedral atingiu o seu ponto de eclosão no momento em que a seiva foi mais abundante e mais rica, exatamente como apareceram, na mesma ocasião, outras expressões de igual vitalidade, com as quais ela mantém visíveis correspondências: a cruzada, a universidade, as peregrinações e as *sumas*. Mas a catedral ultrapassa-as pela pureza sublime que lhe confere a sua intenção de ser exclusivamente *opus Dei*, obra de Deus, e também por tudo o que a beleza acrescenta de imperecível e de tocante às manifestações da alma humana. Mais pura do que a cruzada e mais comovente do que qualquer obra escrita, a catedral vai buscar o seu privilégio ao fato de ser a expressão total de uma fé.

A prodigiosa fecundidade

Os homens que erigiram as catedrais não partiam de uma tábula rasa; tinham um passado inteiro atrás de si. O desmoronamento do mundo antigo arrastara para o abismo a maior parte das formas de arte, juntamente com outros valores da civilização; no entanto, restara o suficiente para que a vida voltasse a brotar dos germes, logo que o desastre tivesse passado. O cristianismo, simplesmente por querer dispor de edifícios para os seus fiéis, salvara a arte com o que a acompanhava. Da tradição romana recolhera o plano das suas basílicas, que devia subsistir até os nossos dias, e recolhera também outros belos exemplos que os bárbaros, instalados no território dos romanos, tinham procurado imitar. De Bizâncio, por outro lado, onde a arte cristã continuava a desenvolver-se gloriosamente, tinham chegado também influências fecundantes. Muito cedo se criara uma arte cristã do Ocidente, com todas as suas tentativas e inevitáveis faltas de jeito. Igrejas merovíngias, estruturalmente pobres, mas suntuosas quanto à ornamentação; basílicas ostrogodas de Ravena, com os seus mosaicos resplandecentes; a "renascença" carolíngia, ensaiando ordenar todo esse esforço — tudo isso prefigurou, durante um certo tempo, as grandes realizações futuras, e trouxe a arte para o primeiro plano das atividades do homem.

Esta ressurreição paciente, progressiva, mais ou menos precoce segundo as regiões, que se operou em todo o Ocidente, tomou na passagem do ano mil um ritmo desconcertante. Foi a época em que[2] o cronista borgonhês Raul Glaber evocava "o branco manto das igrejas" com que o mundo de então se cobria. Surgiram igrejas por toda a parte, ainda modestas, mas que já anunciavam as catedrais nos seus traços. Invenções técnicas acompanharam este despertar de vitalidade. Aprendeu-se de novo a talhar bem as pedras, para se construírem com elas paredes tão aprumadas como as de tijolo; como a igreja se tornava cada vez mais alta, foi necessário encontrar algum elemento diferente da coluna imitada do templo antigo e muitas vezes trazida das suas ruínas, e começaram a aparelhar-se as pedras em forma de pilares. Mais ainda, como surgiu imperiosamente o problema da cobertura — porque as vigas não têm dimensões que se estendam até o infinito — começou-se a estudar a abóbada, que, esquecida durante muito tempo, reaparecera nos tempos merovíngios, mas sob uma forma mais do que modesta. Quantas coisas não se pressentiam nesses dias de fremente expectativa, em que uma absurda fábula pretende mostrar a cristandade curvada sob o peso dos "terrores do ano mil"! Os escultores, com mão inábil mas cheia de unção, esforçavam-se por reencontrar o segredo perdido das formas, e os primeiros capitéis ornados ostentavam no alto das colunas a sua flora e a sua fauna, toda uma estilização bárbara. A pintura com a técnica do afresco começava a evocar nas paredes dos santuários as páginas dos dois testamentos, e apareciam nas janelas os primeiros vitrais que, como dizia Adalberão, arcebispo de Reims, "contavam toda a espécie de histórias". Estava em gestação um novo universo, que a arte ia trazer à luz do dia.

Deixa-nos estupefatos e custa-nos compreender o que foi o nascimento e o desabrochar dessa arte cristã durante os três séculos que começaram em 1050. Em que tempo ou em que região do mundo mostrou ela uma fecundidade tão prodigiosa? Por toda a parte, em todos os países em que a Igreja católica guiava os homens, uma emulação alegre e uma febre de criação lançaram os trabalhadores nos canteiros de obras. As catedrais de Cremona, de *Piacenza*, de Ferrara, de Santa Maria do Trastevere em Roma, assim como Cambridge, Oxford, Glasgow, Worms, Hildesheim, Salamanca ou Coimbra são as exatas contemporâneas de Saint-Gilles-du-Gard, de Saint-Trophine de Arles, de Poitiers ou de Saint-Denis. E mais tarde, quando Noyon, Laon, Bourges, Chartres, Paris, Reims e Amiens erguerem sob o céu da França as suas inesquecíveis silhuetas, também São Lourenço Extramuros em Roma, bem como a basílica de Assis, as de Rochester, Worcester e Westminster na Inglaterra, Magdeburgo, Frankfurt e Colônia na Alemanha, a colegiada de Sainte-Gudule de Bruxelas e muitas outras darão o mesmo testemunho de idêntico fervor.

A que se deve esta extraordinária proliferação? Podem ter intervindo causas fortuitas, sem dúvida. A mais comum foi o fogo, porque, cobertas de madeira, as igrejas de estilo antigo eram pasto das chamas com uma triste facilidade; quase nenhuma deixou de arder mais ou menos completamente quatro ou cinco vezes antes da sua reconstrução definitiva. Outras vezes, a substituição foi exigida pelo aumento do povo fiel. Suger, no seu estilo saboroso, mostra-nos como na sua abadia de Saint-Denis as multidões eram tão densas que os clérigos encarregados de expor as relíquias se viam obrigados a fugir pelas janelas, para evitarem o zelo opressor das suas ovelhas. E as mulheres desmaiavam em tão grande número que foi necessário organizar um serviço especial para retirá-las, de braço em braço, por cima das cabeças dos assistentes. Basta pensar nas massas que se dirigiam aos lugares de peregrinação para compreender que havia necessidade de naves com dimensões incomuns: Saint-Martial de Limoges, Saint-Sernin de Toulouse e, é claro, a basílica de Santiago de Compostela construíram-se com enormes dimensões por essa razão.

Mas, muitas vezes, para explicar a aparição desta ou daquela catedral, bem como a substituição de uma antiga por outra nova, não houve nenhum motivo ocasional; a única razão era o desejo de fazer algo melhor do que os antepassados e dar a Deus uma morada mais digna e mais bela. Possuímos um texto em que se exprime perfeitamente esta intenção, um documento em que o bispo Guilherme de Seignelay explica a razão por que decidiu reconstruir a sua catedral de Auxerre, embora o antigo edifício, que datava de há mais de um século, ainda estivesse em excelentes condições. Queria apenas fazer algo tão belo como o que vira fazer em Paris e nas cidades do Norte do reino, para que, "pondo de parte a forma antiga, a sua catedral resplandecesse em toda a beleza de uma juventude renovada e não fosse inferior a nenhuma em beleza e perfeição". Guilherme de Seignelay não era o único a ter essa opinião: Maurício de Sully, para reconstruir Notre-Dame de Paris, demoliu a igreja que fora concluída apenas setenta anos atrás, e, em Laon, o bispo Gautier de Mortagne erigiu em 1160 uma igreja gótica no lugar da românica que datava apenas de 1114. Em Reims, a catedral que admiramos ergue-se sobre os restos de pelo menos quatro santuários "fósseis", cujos comoventes vestígios se vieram a descobrir. Nada nos fala melhor da jovem vitalidade de um tempo em que crer em Deus era crer no progresso.

Esta rapidez confunde os homens do século XX, a quem, no entanto, o concreto armado acostumou a modos de construção infinitamente menos duráveis do que o da técnica medieval! É preciso imaginar o Ocidente cristão como um gigantesco empreendimento: Noyon em 1140, Angers em 1145, Le Mans em 1150, Senlis em 1153, Laon em 1160, Poitiers em 1162, Sens em 1168, Bayeux em 1175, Agde em 1180, Bourges em 1192, Chartres em 1194, depois Reims, Amiens, Troyes, o Mont Saint-Michel, a Sainte-Chapelle e tantas outras. E poderíamos prolongar a enumeração ano após ano, durante os séculos XII e XIII. Já houve quem observasse que um mestre-de-obras que tivesse iniciado a sua carreira como aprendiz aos vinte anos em Laon ou em Paris, chegaria a Chartres com perto de trinta, teria podido trabalhar nos começos de Reims e viver ainda o suficiente para poder ser testemunha das grandes audácias de Amiens: numa vida humana, quatro obras-primas![3]

Acontece que esta extraordinária fecundidade é sinal de uma profunda vitalidade e não de uma febril improvisação. A prova disso é que, de uma para outra obra-prima, não há absolutamente nenhuma cópia servil nem fidelidade de escola, mas um perpétuo esforço de criação. Se a comparação com o crescimento de um organismo tem um sentido, está bem aplicada a este admirável processo que permitiu durante duzentos anos ou mais que grandes artistas se renovassem constantemente, sem deixarem de permanecer fiéis a um espírito único. Desdenhando a famosa lei da "unidade de estilo", uma geração pensou que não devia simplesmente seguir os passos de seus pais e fazer em 1250 o que se fizera em 1200. Mas, como todos esses homens procediam de um mesmo espírito e viviam de uma mesma tradição, as suas obras sucessivas conservavam uma força superior de coesão, e assim podiam colocar lado a lado, numa harmonia perfeita — como se vê na catedral de Le Mans —, um esplêndido coro gótico e uma admirável nave românica. E foi a essa lei profunda, não formulada mas imperativa, que a arte cristã do Ocidente deveu o desenvolvimento contínuo, o crescimento semelhante ao de uma bela árvore que ela foi a única a apresentar com características tão duráveis e perfeitas.

A quem teremos de atribuir o mérito desta admirável fecundidade? É certo que ela participa da fecundidade geral característica[4] da Idade Média ocidental, durante os seus três séculos de glória. A França, que detinha o primeiro posto entre as nações, ocupou muito naturalmente um lugar inigualável neste imenso esforço criador. Foi no seu solo que a arte românica erigiu as suas mais sólidas obras-primas, e foi também do seu solo que a invenção gótica partiu para a conquista do mundo. Mas essa França criadora era cristã; esse esforço criador, manifestado por toda a parte através das províncias do Ocidente, era comandado pela fé cristã, que lhe conferia o seu verdadeiro sentido. A grande inspiradora de todo esse empreendimento, o guia que indicou aos artistas o seu fim — e muitas vezes os seus métodos — foi a Igreja. Nunca seremos suficientemente gratos para com aquela que, querendo louvar o seu Deus, proclamou e fez os homens reconhecerem "o valor único da arte"[5].

Construir para Deus

Os promotores destes imensos empreendimentos foram homens da Igreja. Em primeiro lugar, os monges, que, tanto neste domínio como em todos os outros, estavam à frente do movimento que reanimaria a civilização. Até meados do século XII, pelo menos, a arte foi sobretudo monástica. A igreja abacial precedeu a catedral e mostrou-lhe o caminho do futuro. Foi ela que lhe ensinou as grandes audácias criadoras, elevando a sua abóbada a trinta metros de altura em Cluny, e alongando a sua nave para além de cem metros. As catedrais românicas de Reims, Limoges, Périgueux e Toulouse, para citarmos apenas quatro exemplos típicos, deviam fazer modesta figura ao lado das abadias vizinhas de Saint-Remy, Saint-Martial, Saint-Front e Saint-Sernin.

À testa do movimento da arquitetura monástica estava Cluny, a grande e fecunda Cluny, cujo nome, melancolicamente, desperta em nós o eco da estupidez humana e das destruições ímpias. Durante todo o século XI e pelo menos na primeira metade do século XII, a ilustre abadia borgonhesa, sob a direção de abades como Santo Hugo ou Pedro o Venerável, esteve verdadeiramente na origem de tudo o que era importante na arquitetura ocidental, e não é um dos menores méritos dos monges negros o terem apresentado à sua época a ideia da arte a serviço de Deus. Que progressos não lhes devemos no que diz respeito às técnicas da abóbada? O grande renascimento da escultura e a sua íntima associação com a arquitetura não foram clunicenses? E as pesquisas sobre a origem do vitral mostram que, também neste ponto, a sua influência foi decisiva[6].

Infelizmente, já não podemos contemplar a gigantesca igreja abacial de Cluny, erigida de 1088 a 1130, contra a qual o século XIX — inteiramente merecedor, neste caso, do epíteto de "estúpido" que um polemista lhe deu — cometeu o mais terrível crime de vandalismo. Só conhecemos por belas ruínas e por gravuras antigas a massa prodigiosa da mais ampla abadia da Europa e a também gloriosa pompa dos seus sete campanários. Mas Cluny semeou tantos campos, muitas vezes bem longe da Borgonha, que são numerosas as obras que dela nasceram e que ainda hoje testemunham a sua grandeza: Vézelay, alta e pura sobre a sua acrópole santa, que foi erigida por volta de 1140 pelo abade Ponce de Monboissier, irmão de Pedro o Venerável; Saint-Benoît-sur-Loire, a antiga Fleury, cujos fundadores quiseram fazer "um modelo para a França inteira"; na Normandia, Jumièges, cujas ruínas conservam até hoje a majestade da obra-prima, e as duas abadias de Caen, e a de Fécamp, e a de Saint-Pierre-sur-Dives, e a de Lessay. Não teria fim a enumeração destas provas ainda tangíveis do gênio que os grandes monges construtores demonstraram.

Um desses monges, no entanto, merece uma menção particular: *Suger*, abade de Saint-Denis, esse filho de um servo da gleba que, pelo seu valor, galgou os primeiros postos do reino da França, esse pequeno homem franzino cuja incansável genialidade se dedicou com a mesma felicidade à meditação teológica, à política, à diplomacia e a todas as artes. Um documento inapreciável, ditado pelo grande abade, permite-nos conhecer com precisão a sua obra neste terreno: vemo-lo decidindo reconstruir a sua igreja, evidentemente muito pequena, montando esse empreendimento com os dotes de organizador que o caracterizavam, fazendo trazer por mar colunas provenientes de alguma ruína romana e escolhendo pessoalmente os troncos para as vigas-mestras. As mais novas técnicas, as formas de arte mais modernas, os materiais mais ricos e os talentos mais pujantes, tudo lhe parecia necessário para tornar a casa de Deus mais admirável. Quanto mais se estuda esta nobre figura, tanto mais decisivo se afigura o seu papel de incentivador da arte.

Mas, a par do trabalho genial de Suger, não houve abade algum de grande abadia que, melhor ou pior, não o levasse também a cabo nesta época, e poucos foram os que não participaram da febre de construção que se apoderou da cristandade. Na Alemanha, casas como Hirschau e Maria-Laach desempenharam um papel análogo ao de Saint-Denis na França. E mesmo quando, reagindo contra o luxo de Cluny, por eles julgado inútil e pecaminoso, São Bernardo e seus filhos preconizaram uma arquitetura monástica mais sóbria, a ação dos cistercienses, como já vimos[7], bem longe de ser, como se tem dito, retrógrada e beócia, fez surgir da terra essas obras-primas despojadas cuja beleza reside apenas na pureza de linhas que ainda hoje admiramos em Fontenay ou em Pontigny, em Fontfroide ou em Alcobaça.

A arte monástica durou tanto como a Idade Média, e até lhe sobreviveu. Com base num plano fixado pela tradição e maravilhosamente adaptado às exigências da vida conventual, a sala do capítulo, o locutório, o refeitório, o dormitório, a biblioteca e a cozinha continuaram a ordenar-se numa grandiosa harmonia. E os inumeráveis claustros, que em todos os países do Ocidente dão ao visitante de hoje a impressão tão pungente da calma beleza das coisas divinas, não cessaram de se multiplicar. Durante muito tempo românica — a tal ponto que se disse, num paralelo demasiado fácil, que a igreja abacial era românica, ao passo que a catedral era gótica, o que é exagerado —, a arquitetura dos monges evoluiu com o tempo e adotou as novas técnicas, mas, a partir de meados do século XII, deixou de ter o papel de guia.

A evolução social e política, que conferiu à civilização urbana o seu lugar no mundo ocidental, também repercutiu no domínio artístico. Quando as cidades passaram a tomar a dianteira aos mosteiros e castelos, não se deixou de construir para Deus, mas os promotores desse novo movimento não foram os mesmos: à igreja abacial sucedeu a catedral.

Quem a empreendeu? Quase sempre o bispo. A catedral era a sua sé, a sua "cátedra"; era, liturgicamente, a sua igreja e a do seu cabido, exatamente como a igreja abacial era a igreja do abade e dos monges. Era natural que o alto prelado a quisesse tão bela e tão grande quanto possível; estava em jogo o seu orgulho perante os homens e a sua glória perante Deus. A história desses altos prelados construtores dos séculos XII e XIII ainda está por ser contada; seria instrutiva. Veríamos gerações e famílias de bispos[8] entregues apaixonadamente a essa tarefa, remexendo o céu e a terra para melhor levarem a cabo a sua empresa e rivalizarem numa santa emulação a fim de atraírem as melhores mãos do tempo para as suas construções. No tímpano da fachada de Santa Ana de Notre-Dame de Paris, vê-se a imagem de um deles, *Maurício de Sully*, que ocupou a sé de Saint-Denis de 1160 a 1196 e foi o mais ativo dos construtores da catedral. É ali que podemos prestar homenagem a todo esse corpo episcopal cuja ação foi decisiva.

Decisiva, mas não única. Porque, para levar a bom termo desígnios tão gigantescos, o bispo não podia estar só. Era preciso que o povo cristão colaborasse com ele, como efetivamente aconteceu. Uma fábula, que Michelet e até Viollet-le-Duc contribuíram para divulgar, assegura que a catedral foi uma espécie de máquina de guerra do povo das cidades contra a tirania dos senhores episcopais. Mas os fatos desmentem essa fábula. É verdade que os burgueses viram na catedral uma prova da vitalidade da sua cidade e se mostraram orgulhosos da sua nave e dos seus vertiginosos campanários, mas esse espírito, num sentido democrático, não chegava ao ponto de os persuadir de que poderiam edificar uma catedral sem aquele cuja presença justificava a construção e que ali deveria oficiar. Um ato do bispo Geoffroy d'Eu — um dos bispos construtores de Amiens — diz, em 1236, que a reconstrução foi "decidida de pleno acordo com o clero da cidade e com o povo", e verificou-se que, mesmo nas cidades onde o movimento comunal se levantou contra a autoridade episcopal, isso não interrompeu de modo algum o trabalho dos construtores.

A célebre miniatura das *Antiguidades Judaicas*, em que Jean Fouquet, para representar a construção do Templo de Salomão, pintou o canteiro de obras de uma catedral, embora retratasse uma época posterior à de maior fervor, mostra com exatidão o que devia acontecer em Chartres, em Laon, em Paris ou em Reims, quando todo o povo, com o labor das suas mãos ou com o seu entusiasmo, participava dos trabalhos. Perguntamo-nos como foi possível que cidades relativamente modestas — algumas dezenas de milhares de habitantes — desenvolvessem o esforço necessário para financiar as obras, nutrir e alojar os operários; e que, com tantas edificações simultâneas, se conseguisse tanta mão-de-obra qualificada. A catedral foi um empreendimento social; desempenhou do ponto de vista econômico o mesmo papel que desempenham hoje as construções de barragens e rodovias; toda a sociedade compreendia que trabalhava para si própria, ao mesmo tempo que construía para Deus.

O próprio povo cristão participava com os seus braços, as suas pernas e o seu esforço nas obras da catedral. Dois textos, mil vezes citados — um do arcebispo de Rouen ao seu colega de Amiens, e uma carta de Aimon, abade de Saint-Pierre-sur-Dives aos monges ingleses de Tonbury — evocam esses mutirões voluntários. Notre-Dame de Chartres beneficiou-se dessa dedicação fervorosa. "Viam-se homens vigorosos, orgulhosos do seu nascimento e da sua riqueza, acostumados a uma vida de ócio, atrelarem-se a uma carroça com correias e transportarem pedra, cal, madeira e todos os materiais necessários... Às vezes, mil pessoas e mais, homens e mulheres, puxavam das carroças, tão pesada era a carga. E tudo num tal silêncio que não se ouvia uma única voz ou murmúrio. Quando paravam ao longo do caminho, apenas se ouvia a confissão dos pecados e uma oração pura e suplicante a Deus, pedindo perdão das faltas cometidas. Os padres exortavam à concórdia; calavam-se os ódios, as inimizades desapareciam, as dívidas eram perdoadas e os espíritos reentravam na unidade. Se aparecia alguém tão aferrado ao mal que não queria perdoar e seguir o conselho dos padres, a sua oferenda era lançada fora do carro e ele mesmo expulso com ignomínia da sociedade do povo santo"[9]. Esta bela cena era algo excepcional ou era frequente? Não se sabe ao certo. Parece que, a partir do século XIII, estes mutirões caíram de moda, embora ainda se encontrem vestígios na construção de Troyes e em Châlons-sur-Marne. Mas ainda restava ao povo cristão outro meio de se associar ao *opus Dei*: as doações.

E como se multiplicavam! Quando era necessário reconstruir a catedral, começava-se por colher as cotizações do bispo, dos cônegos, dos burgueses ricos e dos senhores vizinhos. O rei respondia ao pedido contribuindo com uma oferenda generosa. Fazia-se depois uma coleta em toda a cidade e arredores, e ninguém pensava em eximir-se a tão grande dever, mesmo os mais pobres. "Foi com os óbolos de mulheres já idosas que se construiu, em grande parte, a catedral de Paris", diz Eudes de Chateauroux, cardeal legado. Pediam-se indulgências ao papa. Depois enviavam-se pregadores — que quase sempre levavam consigo as mais preciosas relíquias do santuário a reedificar, e que por vezes iam muito longe[10] — fazer sermões nos quais se anunciavam as coletas. Estes homens eram muito bem recebidos em toda a parte e chegavam a organizar-se festas em sua honra. Deus e os santos associavam-se ao empreendimento, concedendo milagres aos generosos doadores: assim, a Santíssima Virgem apareceu a um estudante inglês que, ao regressar ao seu país trazendo à "sua amada um broche de ouro", o ofereceu num impulso de grande fervor para que a Virgem Maria tivesse a sua catedral. Por vezes, um generoso doador assumia a responsabilidade por uma parte do edifício, e, mais frequentemente, um grupo de artesãos doava um vitral; em Chartres, dezenove deles doaram quarenta e sete. Apenas aos pecadores públicos não era concedido este meio de fazerem penitência, mas os usurários podiam restituir desse modo o dinheiro mal adquirido. Em Paris, a própria "corporação" das mulheres da vida pediu ao bispo que a autorizasse a doar um vitral ou um cálice, e o teólogo moralista encarregado de examinar esse caso escabroso acabou por concordar, desde que a oferta se fizesse discretamente...

Admirável fervor de uma multidão imensa! É verdade que, historicamente, a catedral aparecia como a expressão de uma sociedade em plena expansão, que estava prestes a quebrar os seus moldes e que se sentia bastante forte para pôr a sua exuberante vida a serviço do seu ideal. Mas a esse impulso de vitalidade estava associado um ideal que lhe dava sentido. Se, com o Claudel do *Soulier de satin*, perguntarmos "o que é que se apoderou desses maltrapilhos, desses labregos, desses avarentos e desses campônios" para erguerem pelo mundo tantas maravilhas, a única resposta resume-se em duas palavras: eles tinham fé. Parecia-lhes uma coisa muito simples construir para Deus, tão simples que nem se orgulhavam disso. Como notou André Michel, a literatura contemporânea — epopeia, crônica ou poesia — silencia quase por completo o prodigioso trabalho da arquitetura. A humildade é também um penhor seguro de fé. Alguns — como Louis Gillet — viram na construção das catedrais um contraponto da cruzada, uma réplica burguesa a essa outra sublime loucura que consistiu em reconquistar o Santo Sepulcro. A bem dizer, não parece que tenha havido nem correlação nem influência, mas um e outro empreendimento procediam do mesmo espírito, exprimiam a mesma alma, isto é, testemunhavam a mesma fé.

As mãos que fizeram as catedrais

A serviço dessa grande fé encontravam-se mãos hábeis. Da mesma forma que é preciso renunciar a considerar as obras-primas da Idade Média como milagres da arte, nascidas repentinamente, sem precedentes e sem esboços, assim também é necessário não vermos nos construtores das catedrais uma espécie de inspirados que improvisavam sob a pressão do gênio. Almas fervorosas, sim, mas inteligências lúcidas, concretas, homens profundamente ligados a um ofício, a uma técnica; foi porque eles eram tudo isso ao mesmo tempo que construíram essas obras imperecíveis: "porque o próprio espiritual é carnal", dirá Péguy, discípulo de São Tomás de Aquino neste ponto.

Quem eram os homens cujas mãos fizeram essas maravilhas? Não os designavam ainda com o sábio termo de arquiteto; dizia-se "mestre-de-obras" ou "mestre de pedreiros" ou ainda, mais simplesmente, "mestre-pedreiro", e, quando as profissões se organizaram, foi na corporação dos "britadores e canteiros" que os inscreveram, de tal forma se desconhecia nessa época qualquer diferença entre o artífice e o artista, e de tal forma o respeito pelo trabalho manual andava de mãos dadas com a mais alta inspiração artística. É desnecessário dizer que esses homens não eram operários, no sentido atual da palavra, e menos ainda homens rudes do campo. Alguns possuíam uma cultura bastante vasta e conheciam o latim (embora o último comentador de Villard de Honnecourt tenha feito constar que as notas em latim do seu manuscrito não são do seu punho). Nas numerosas viagens que tinham de fazer, sempre adquiriam conhecimentos, mais empíricos do que livrescos. O epitáfio de um deles, Pedro de Montereau, que esteve muito tempo em Saint-Germain-des-Prés, qualifica-o como "doutor dos canteiros", *doctor latomorum*. Que título cheio de dignidade!

Estes mestres-de-obras e canteiros — os dois ofícios coincidiam frequentemente no mesmo homem, visto que o arquiteto se tornava escultor no inverno, durante as longas horas da noite —, estes construtores das catedrais não nos são desconhecidos. Muitos, mas nem todos infelizmente, deixaram o seu nome inscrito em alguma parte do edifício, a não ser que, ao enterrá-los na sua própria igreja, os seus filhos imortalizassem a sua memória. Acabamos de evocar Pedro de Montereau, autor do novo Saint-Denis e da capela de Saint-Germain-en-Laye; sucedeu-lhe o seu filho Eudes, cuja imagem jacente pôde ver-se durante muito tempo, nos *Cordeliers*, estendida entre as das duas esposas que teve em vida. Uma outra magnífica laje apresenta-nos Hugo Libergier, o autor de Saint-Nicaise de Reims, muito altivo e elegante com o seu capuz e a sua capa de pregas perfeitas. Em muitas catedrais, no cruzeiro das naves, via-se um lajedo singular, com incrustações de mármore negro ou de chumbo, que desenhava uma espécie de jogo da glória bastante complicado. Chamavam-lhe "o labirinto" e tinha um sentido esotérico, aliás pouco compreensível: ganhavam-se indulgências percorrendo-o de joelhos. Era como a assinatura dos artistas; assim, em Reims, o labirinto registra o nome dos quatro primeiros arquitetos: João d'Orbais, João o Lobo, Gaucher de Reims e Bernardo de Soissons; da mesma maneira, em Amiens constam os nomes de Roberto de Luzarches, Tomás e Renaud de Cormont. Outras vezes, são textos contemporâneos que nos evocam essas memórias; assim, vemos Guilherme de Sens chegar a Cantuária e lançar-se alegremente ao trabalho; Mestre João Mignot, parisiense, ser chamado pelos milaneses para dar o seu parecer sobre a famosa catedral; João Langlois, de vida aventurosa, construtor do coro de Saint-Urbain em Troyes e de várias outras edificações na França, bom artista mas um tanto louco, fazer-se cruzado e acabar em Chipre, onde erigiu a catedral de Famagusta. Quanto aos escultores, embora os conheçamos menos, temos alguns dos seus nomes: Robertus, em Notre-Dame du Port de Clermont-Ferrand, Bruno no portal de Saint-Gilles, Gislebert em Autun, Jean de Chelles no braço sul do transepto de Notre-Dame de Paris, Jehan Ravy e Jehan le Boutellier na ábside do coro da mesma catedral.

De todos estes artistas, há um que nos é mais conhecido porque, por uma sorte inaudita, se encontrou o seu caderno pessoal de notas, o álbum em que registrava as suas observações e ideias, ilustrando-as com diversos esboços. São ao todo trinta e três folhas já muito gastas, de pergaminho, conservadas na Biblioteca Nacional. Trata-se de *Villard de Honnecourt*, da Picardia, que viveu em meados do século XIII e pertencia, sem dúvida, à aristocracia do seu ofício. Atribuem-lhe uma parte, pelo menos, da catedral de Cambrai, a abadia de Vaucelles e, na Hungria, para onde foi mandado entre 1241 e 1247, a catedral Santa Isabel de Cassóvia. Que homem singular este Honnecourt! Tudo o interessava e apaixonava; tudo o que via lhe era útil. As suas reflexões e desenhos completavam-se mutuamente, esboçando um vasto friso familiar daquilo que, no seu tempo, podia impressionar um espírito como o seu. Vemos aqui uma janela de Reims que ele desenhou "porque a preferia"; acolá, a torre de Laon, que tanto admirou; mais adiante, animais esboçados em quatro traços: um leão que parece estar vivo, objetos de todas as espécies, e sobretudo personagens: trovadores ou soldados, clérigos ou músicos, em atitudes observadas com exatidão. E quantos monumentos da sua época não estudou! Reims, Laon, Cambrai, Saint-Quentin, Chartres, Meaux, catedrais e igrejas abaciais. Com que prazer, com que ciência fala do seu ofício! Se houvesse necessidade de argumentos para demonstrar — é coisa que salta aos olhos — que a catedral não é obra de ignorantes, o álbum de Villard de Honnecourt seria suficiente para deixar-nos tranquilos.

Obviamente, seria pueril admitir que edificações de uma tal perfeição fossem realizadas empiricamente, como por acaso. Suger já recorria às ciências exatas para calcular o traçado das abóbadas, e encontraram-se, nas paredes das catedrais de Clermont, Limoges, Narbonne, Reims, Estrasburgo e outras, esboços que mostram que as matemáticas, a geometria espacial e a trigonometria eram conhecidas. Antes de serem erigidas em pedra, as catedrais eram desenhadas com tira-linhas, esquadro e compasso na "câmara dos traçados" do mestre-de-obras. Este trabalho preparatório era realizado também na escultura: assim o provam os esboços do álbum de Villard, onde se decompõem os corpos em figuras geométricas — triângulos, cones, paralelepípedos — bastante semelhantes às dos cubistas e pintores abstratos; a estereotomia, essa difícil ciência do corte da pedra, em declínio nos nossos dias, e as leis da resistência de materiais não eram menos conhecidas. Mesmo hoje, não estamos muito certos de termos penetrado completamente no segredo desses conhecimentos...[11]

Como é que os mestres-de-obras e canteiros adquiriam esses conhecimentos? Não os ensinavam nas universidades, nem há vestígios de qualquer "escola de belas-artes". No entanto, não é possível que homens que atingiram tão elevado grau de competência não tenham querido formar discípulos. Houve quem se perguntasse se o álbum de Villard de Honnecourt não seria uma espécie de manual, destinado a ser reproduzido em numerosas cópias para formação dos mais jovens. Verificamos também que houve famílias de mestres-de-obras — como esses Montereau que já citamos, esses Chelles, Claumes e Valrinfroy, ou em Amiens esses Cormont, tio e sobrinho — que se encontram associados em várias edificações e que bem podiam ter pertencido a gerações diferentes. A verdadeira formação devia fazer-se junto de um mestre, que começava por encarregar os rapazes de transportar a argamassa, para depois os iniciar no corte e polimento das pedras e, em seguida, nos difíceis cálculos das abóbadas e na arte de esculpir. Por fim, grandes viagens e verdadeiras excursões pela Europa deviam completar a formação dos futuros mestres.

Os construtores das catedrais eram, portanto, homens de ofício e, ao mesmo tempo, homens de fé. Ah, não eram santos, com certeza, e nem todos tiveram uma vida edificante. Mas, como todos os homens da sua época, tinham fé; iam, de construção em construção, animados pelo propósito de trabalhar "por Deus e pela santa Igreja", com a simplicidade de coração daquele que se sabe no caminho certo. Amando o seu ofício, tinham o anelo de bem servir o Mestre e de preparar para si mesmos um lugar no céu; aliás, não era Deus o grande arquiteto? Na página de abertura da *La Bible moralisée* de Vienne, não o vemos representado com um compasso na mão, medindo o universo? A fé destes homens fundia-se com a sua arte, com o seu ofício, com a sua tarefa cotidiana. Estava-se, neste tempo, o mais longe possível desses artistas modernos que "fazem arte sacra" proclamando que não têm fé...[12]

Assim eram, portanto, os homens que o promotor da catedral, o doador e os bispos iam procurar quando se lançavam no grande empreendimento. E aqui surge um problema: como seriam eles contratados, mantidos e pagos? Também a este respeito a Idade Média difere muito do nosso tempo.

A questão salarial não era tão penosa como nos nossos dias. Entre todos os documentos de arquivos que possuímos sobre a construção de catedrais, não há nenhum que aluda a conflitos de interesses... Modestamente, os mestres-de-obras mais apreciados eram pagos ao ano, em dinheiro, como simples artífices, com prêmios previstos em função do trabalho efetuado. Se o promotor da construção era uma ordem religiosa, o artista era alimentado como os monges, exceto nos dias de jejum, em que se especificava que receberia melhor alimentação do que eles. Muitas vezes, concediam-lhes vantagens em gêneros alimentícios, em vestuário e principalmente em luvas, "para se protegerem da cal"[13]. É bonita esta simplicidade; digamos antes que é profundamente cristã, pois trabalhar para Deus é já por si uma recompensa, e os méritos que se adquirem não podem ser avaliados em dinheiro.

A arquitetura românica, estilo de meditação

Das mãos fecundas dos mestres-de-obras saíram formas cuja história — que a bem dizer não está nas perspectivas deste livro — constitui talvez o capítulo mais apaixonante de toda a história da arte. No entanto, para o historiador da Igreja, será indiferente descrever os templos onde os fiéis da Idade Média oravam e os aspectos de que a casa de Deus se revestia para eles? Lembremo-nos de que são numerosas as que ainda hoje nos abrigam, e as nossas orações sobem muitas vezes até às mesmas abóbadas que ouviram rezar os cristãos do tempo de São Bernardo e São Luís.

No dobrar do ano mil, saindo da crisálida carolíngia, espalhara-se por quase todas as terras outrora governadas pelo grande imperador um estilo arquitetônico bem característico. Não era em nada uma arte "primitiva", mas, pelo contrário, uma arte repleta de reminiscências, em que se acentuavam as mais díspares influências, de Roma, de Bizâncio, do Oriente asiático, do islã, das estepes citas e sármatas. Pouco a pouco, todos estes elementos foram absorvidos, digeridos, e impuseram-se formas novas, que se designam com o nome de *primeira arte românica*. No ano mil, ou imediatamente a seguir, Saint-Philibert de Tournus (928-1019), a abadia de Sainte-Foy em Conques (1030-1080) e Saint-Hilaire de Poitiers (1045-1080) foram admiráveis modelos.

Os mais recentes estudos sobre as origens da arte românica prestam uma atenção particular a um conjunto de igrejas que datam desse período e que se repartem ao longo de uma faixa de países que vai da Catalunha à Suíça, passando pela Saboia, Lombardia e Borgonha. Maciços e atarracados na sua maioria, estes edifícios são construídos com uma curiosa armação de blocos de pedra irregulares, e, no exterior, ornamentam-se com um friso de pequenos arcos cegos na parte inferior das cornijas. Esta ornamentação foi denominada "lombarda" porque o seu centro principal de difusão foi o Norte da Itália. Parece, no entanto, que o impulso mais vivo a esta "primeira arte românica" foi dado pela Catalunha, onde a igreja abacial de Santa Maria de Ripoll (consagrada em 1031) atinge já o monumental.

É que a ambição dos construtores começou a crescer bem cedo. Os primeiros edifícios românicos tinham sido modestos, mas ampliam-se a partir de meados do século XI. As naves alongam-se e tornam-se imensas. Durante algum tempo, caminha-se na direção da igreja de planta circular, imitada de Bizâncio ou do Panteão romano. A Capela Palatina de Aix-la-Chapelle, hoje desaparecida, é um magnífico exemplo disso, mas há edifícios bem mais modestos em solo francês que ainda conservam essa lembrança, como a delicada e pequena igreja de Germigny-les-Prés ou a de Ottmarsheim, na Alsácia. A primeira Saint-Bénigne de Dijon (por volta de 900) foi também uma *rotonda*. Esta planta foi abandonada quase em toda a parte, até o dia em que os cruzados viram no Oriente as mesquitas redondas e os templários se instalaram na famosa mesquita de Omar em Jerusalém. O templo de Paris e o de Londres, hoje destruídos, eram igrejas circulares, como são as igrejas dos templários que subsistem em Laon, Metz, Montmorillon e Segóvia. No entanto, constituem uma exceção.

O tipo que prevaleceu foi inspirado na basílica, mais cômodo para abrigar grandes multidões: uma nave central flanqueada por naves laterais. Simples, sólidas, estas primeiras naves da tradição românica irradiam já uma impressão de poder calmo, que o estilo há de conservar sempre. O uso do transepto, isto é, da nave transversal que corta perpendicularmente a nave principal e dá ao conjunto a forma de cruz, já empregado nas antigas basílicas, bem como um rudimento de corredor em torno da ábside (o deambulatório), em breve davam ao edifício perspectivas mais complexas e jogos de luzes e sombras mais sutis. A nave tenderá também a alargar-se, a elevar-se, ao mesmo tempo que as torres e campanários — que existiam há muitos séculos, muitas vezes isolados do edifício — se incorporam à igreja e se integram na sua fachada, contribuindo para lhe dar uma soberana majestade.

Foi então que surgiu, derivado do próprio aumento das dimensões, o delicado problema técnico da cobertura. O meio mais simples de cobrir uma nave era, evidentemente, colocar vigas apoiadas numa e noutra parede, vigas que podiam ficar a descoberto ou disfarçadas com forros. Este modo de cobertura não foi totalmente abandonado. A antiga basílica de São Pedro de Roma, até o tempo de Bramante, era um edifício com cinco naves com estruturas e telhamento de madeira, e numerosas basílicas da Cidade Eterna oferecem ainda hoje o espetáculo desses tetos de madeira ornamentados com suntuosas decorações. O defeito desse sistema era duplo: não permitia que a nave fosse alargada como se desejava e, além disso, um amontoado de madeira seca era um excelente convite para as chamas. Era bem conhecido um outro processo de cobertura — o da abóbada de pedra que os romanos tinham recebido do Oriente e utilizado bastantes vezes. Nos tempos carolíngios, fora empregado sob formas ainda rudimentares: pequenas abóbadas baixas como as de Jouarre, Vénasque e Saint-Laurent de Grenoble, ou do tipo *cul-de-four* (abóbada esférica) do batistério de Poitiers. Foi este processo que os mestres-de-obras e os monges arquitetos dos séculos XI e XII adotaram cada vez mais deliberadamente.

Abobadar é ajustar pedras, previamente talhadas, de forma que, retirados os andaimes, essas pedras se sustentam pelo seu próprio peso. O processo é dispendioso: quinze a dezoito vezes mais caro do que a cobertura de madeira, mas protege completamente o edifício do fogo. Dois tipos de abóbada herdados dos romanos foram utilizados principalmente pelos arquitetos românicos: a *abóbada de berço*, que é exatamente um semicilindro, e a *abóbada de arestas*, que se define matematicamente como o resultado da intersecção de duas abóbadas de berço, podendo-se dizer mais simplesmente que é feita de quatro compartimentos abaulados, que pelas bases se apoiam sobre suportes, o que diminui a pressão. O terrível defeito da abóbada românica é que esse enorme amontoado de pedras talhadas pesa muitíssimo; mesmo reforçando-a com *nervuras salientes* para distribuir a pressão, essa massa tende sempre a desnivelar as paredes. A igreja da abadia do Bec desmoronou três vezes em cem anos! O único meio de evitar tais acidentes era reforçar as paredes, fazê-las tão pesadas e grossas que pudessem suportar bem aquelas toneladas de calcário ou de granito. Mas dando às paredes espessuras tão prodigiosas — um metro e meio, dois metros —, como abrir nelas os vãos para as portas e janelas e assegurar a iluminação da nave? Os mestres-de-obras da época românica esforçaram-se por encontrar a solução para esse problema, levando em conta ambas as exigências.

No entanto, não se deve considerar a abóbada como o elemento decisivo da arquitetura românica. Outras soluções puderam ser encontradas ou conservadas. Veremos que os admiráveis mestres-de-obras do românico da Normandia, tão audaciosos, se recusaram sempre a utilizar a abóbada, embora as suas esplêndidas naves parecessem reclamá-la. No Sul, onde ainda se erguiam templos romanos, termas e aquedutos, houve muitos que se filiaram à escola dos mestres que haviam realizado essas obras-primas. Por outro lado, havia muito tempo que o Ocidente buscava ensinamentos no Oriente bizantino. Foi assim que um setor inteiro, em vez de cobrir as suas naves com vigas ou abóbadas, erigiu — em Périgueux, em Souillac, em Angoulême — cúpulas que, sob o céu da França, evocam estranhamente Santa Sofia e os Santos Apóstolos de Constantinopla ou São Marcos de Veneza, ao mesmo tempo que em Puy apresentam uma forma completamente diferente, que faz pensar em influências muçulmanas.

Houve, portanto, entre 1000 e 1200, uma época de pesquisas apaixonantes, de prodigiosa animação no trabalho criador. Depois da primeira onda da igreja abacial de Cluny (1088-1109), de Conques (1030-1080), da Trinité de Caen (1062-1083), de Saint-Étienne de Caen (1064-1087), de

Saint-Sernin de Toulouse (1076-1119), que repercutiu em Colônia (1065), Spira (1030-1106), Lincoln (1072-1092), Pisa (1063-1118), houve uma segunda, mais poderosa ainda, que se lançou sobre Vézelay (1104-1132), Saint-Lazare de Autun (1120-1178), Saint-Front de Périgueux (1120-1173), Salamanca (1120-1178), Parma (1130-1150) e Worms (1171-1234). Todas as lições do passado ou de países longínquos, tudo o que os peregrinos, os mercadores e, mais tarde, os cruzados tinham visto, era agora estudado e readaptado.

Não nos devemos admirar, portanto, de que, ao contrário da sua irmã gótica, cuja unidade de formas nos impressiona, a arquitetura românica tenha sido extraordinariamente diversa. A unidade existe, sim, mas é interior, secreta, transcende as próprias formas; é uma unidade de alma, que faz reconhecer à primeira vista, como irmãos e contemporâneos, monumentos completamente diferentes na aparência. O românico torna-se um estilo de pesquisas; só quando o arco ogival se impuser, adaptando-se a todos os planos e a todas as dimensões, é que deixará de haver necessidade de se encontrar outra coisa.

Assim, sob a denominação de *arquitetura românica*, alinham-se edifícios que não se assemelham em nada. É um entretenimento para os arqueólogos dividi-los em escolas. Quantas? Sete, dizia Arcisse de Caumont; quinze, respondia Anthyme de Saint-Paul, ao passo que Viollet-le-Duc hesitava entre sete, quinze e treze, e outros falavam até em vinte e quatro. Será preciso repartir esses edifícios por regiões, conforme a disposição da nave principal e das laterais, ou ainda segundo o tipo de cobertura? São prazeres de especialistas. Digamos apenas, com um historiador que era um artista[14], que, no concerto de fé e de entusiasmo que se eleva da cristandade nesta época, "cada província lança a sua estrofe original e a sua vizinha repete-a como um eco".

Temos a Auvergne, a Auvergne de Notre-Dame du Port em Clermont, de Saint-Julien de Brioude, de Saint-Paul d'Issoire, de Saint-Nectaire, d'Orcival, agrupando num território exíguo tantas obras-primas, com as suas naves centrais com abóbadas de berço, flanqueadas por abóbadas de aresta nas naves laterais, com a luz indireta que se filtra através das tribunas, a sua poderosa torre sobre o cruzeiro da nave, os seus materiais de uma coloração sonora — arenito, lavas, basaltos, calcários e arcóseos —, e, para quem vê de fora, o complexo ordenado das capelas, das cúpulas e das massas em volta do campanário central, todo esse equilíbrio ascendente que faz pensar nas próprias montanhas do país.

Temos o Poitou e seus arredores, Anjou, Angoumois, em parte a Guyenne, a pátria das belas abadias de Sainte-Radegonde e de Saint-Hilaire de Poitiers, de Saint-Eutrope de Saintes, de Fontevrault, e também de Saint-Savin, de Aulnay e dessa joia, Notre-Dame-la-Grande, onde a carga da abóbada de berço é aliviada pelo seu traçado em degraus e pelo emprego de arcos salientes, onde as abóbadas laterais se elevam quase à altura da central e onde, sobretudo, a extraordinária exuberância das esculturas, próxima da dos grandes monumentos da Índia, confere a todo o edifício o aspecto de não se sabe bem que cofre oriental.

Temos depois o Languedoc, que para esses efeitos abrange uma imensa região, até o Loire e até Portugal e Espanha, e que recebe de todas as regiões vizinhas elementos arquitetônicos que transpõe para o seu material preferido, o tijolo, utilizando-os com um sentido de harmonia, um gosto pela simplicidade e pela luz verdadeiramente sublimes. No Languedoc encontram-se algumas joias da escultura da época, como Moissac.

Lembremos também a Provença, a estreita zona onde se reúnem Saint-Trophime de Arles, Saint-Gilles du Gard, Saint-Guillem le Désert, Saint-Victor de Marselha, Montmajour e Maguelonne, bem como a igreja fortificada de Saintes-Maries, monumentos cuja beleza austera reside na própria simplicidade da planta, na rudeza campestre dos pilares, nos tetos planos, em tudo aquilo que se adivinha de profundamente enraizado no passado, de ligado a uma velha tradição.

E surge, por outro lado, a Borgonha, a pátria das grandes audácias, cujos filhos, clunicenses e depois cistercienses, lançarão a semente pela cristandade inteira, essa Borgonha que, adiantando-se ao seu tempo, eleva as suas naves tanto quanto pode, estende-as ao máximo — 171 metros em Cluny —, multiplica-as até ao excesso, procura à força de habilidade técnica que sejam iluminadas por extensas zonas de luz, apesar de todos os obstáculos, e pontilha o céu com tantas torres sólidas e tantos campanários que não se sabe se eles exaltam apenas a glória de Deus ou o orgulho dos homens. Na Borgonha, além da sua obra-prima — Cluny —, podemos admirar ainda as suas filhas e êmulas, Autun, Paray-le-Monial, Saulieu, Bourbon-Lancy, Beaune, Saint-Bénigne de Dijon, Pontaubert e a rara maravilha, ereta sobre a sua colina: La Madeleine de Vézelay. Evocamos já a mais estranha das escolas românicas, essa que, no Périgord e bastante longe à sua volta, dissemina os zimbórios das suas cúpulas, que não cobrem apenas o cruzeiro da nave, mas repetem-se ao longo de todo o edifício: é a escola de Saint-Front e de Saint-Étienne de Périgueux, de Cahors, de Souillac, prolongada até Angoulême e Saintes. Que nota original, de exotismo e tradicionalismo simultaneamente, esta província não empresta ao concerto do românico!

E quanto à Normandia, essa poderosa rival da Borgonha, com as suas igrejas abaciais de Jumièges, de Caen, de Fécamp, de Saint-Pierre-sur-Dives, as suas igrejas e catedrais de Évreux, de Ouistreham, se lhe falta audácia perante o problema da abóbada e continua fiel à cobertura de vigas, ao menos dá exemplo das naves muito altas, cheias de luz, da grandiosa torre central com múltiplos andares, do transepto e desse admirável tipo de fachada com empena central flanqueada por torres, que irá impor-se depois em tantas obras-primas: em Jumièges ou em Saint-Étienne, como em Vézelay ou Paray-le-Monial, já se pressente o gótico; está ali como que em gestação.

Por fim, é preciso reservar um lugar especial, tanto pela sua importância histórica e religiosa como artística, a esse grupo de igrejas magnificamente estruturadas, de dimensões consideráveis, que balizam o caminho da peregrinação dos *Jacquots*: Saint-Martial de Limoges, Saint-Martin de Tours (destruída), Saint-Sernin de Toulouse, Conques e, para terminar, a sua filha da Espanha, meta sagrada dos peregrinos.

A diversidade do estilo românico que se observa através da França encontra-se em todos os outros países. Na Espanha, por exemplo, se Santiago de Compostela ou Santo Isidoro de Leão lembram de forma impressionante Saint-Sernin de Toulouse, Nossa Senhora de la Sierra, perto de Segóvia, parece uma igreja borgonhesa, São Vicente de Ávila equipara-se aos edifícios do centro da França, mas o claustro da catedral de Gerona é irmão do de Saint-Trophime de Arles.

Estas influências misturam-se frequentemente com elementos autóctones e daí saem formas novas. Assim acontece na Itália, país privilegiado do românico, que, durante séculos, resistirá ao gótico. Que variedade nessa arquitetura!

É "lombarda" em Santo Ambrósio de Milão, São Zenão de Verona e nas catedrais de Parma e de Módena, numa simplicidade que se mostra tão evidentemente tradicional; é viva, exuberante de mármore ao sul dos Apeninos, na abadia de Fiesole e em San Miniato de Florença, cobrindo as suas fachadas, em Pisa e em Lucca, com essas rendas de colunetas e arcadas ligeiras que lhes dão um ar tão gracioso; é nua em Roma, onde se constroem no século XIII basílicas quase tão despojadas como no século V; mas gloriosa, amante da cor e das belas pedras no Sul da Itália, onde as influências lombardas se combinam com as bizantino-árabes da Sicília.

Enquanto na Inglaterra o estilo normando desembarca com os conquistadores do duque Guilherme e reverbera nesses esplendores que são Lincoln, Winchester, Durham, Chester e Cantuária, para depois se diversificar conforme as regiões e as épocas; enquanto na Noruega penetra por Santa Maria de Bergen, fazendo concorrência à técnica da madeira dos velhos carpinteiros vikings, na Alemanha erguem-se — provenientes ao mesmo tempo de antigas tradições carolíngias e de influências lombardas — essas catedrais estranhas que diríamos sem rosto, visto que nelas encontramos duas ábsides postas frente a frente, esses edifícios enormes onde as torres maciças se estendem como braços múltiplos, onde as naves despojadas rivalizam com as da Normandia, essas catedrais ao mesmo tempo tão robustas e tão carregadas de poesia, sobretudo quando o arenito rosado lhes dá a sua estranha coloração. De Worms, de Mogúncia, de Spira, sempre ao longo do Reno e mais longe ainda, esta arte, de uma poderosa originalidade, projetar-se-á em direção à Tournai dos belos campanários, à bela Bamberg, à Saxônia, à Polônia, à Dinamarca e à Suécia.

Tal foi o românico, essa primeira testemunha da arte medieval na sua grandeza. Convirá, como se faz tantas vezes, compará-lo com o gótico? Talvez seja, formalmente, menos perfeito; no entanto, escapa ao perigo que ameaçará o seu sucessor: o da aridez, o de uma pureza demasiado matemática para nos comover sempre. É menos impetuoso, mas traz em si um miraculoso sentido dos volumes; é menos harmonioso, mas impõe a ideia de um crescimento orgânico, e sente-se nele a seiva criadora em pleno movimento. Da complexidade das heranças seculares e das influências locais, soube fazer surgir um sistema coerente, banhado numa nova harmonia, em que a ornamentação — o afresco, o vitral e a escultura — engrandece a beleza das massas e das linhas. Profundamente religiosa, esta arquitetura, por assim dizer horizontal, faz-nos pensar na meditação religiosa de um monge; corresponde a uma espiritualidade totalmente interior e tem a fé como virtude dominante. Se esta arte se viu ultrapassada, não foi porque tivesse fracassado nas suas tentativas, mas porque, tecnicamente, o esforço que desenvolveu preparou os homens para encontrarem novas soluções, e também porque, na sua moderação, já não correspondia ao impulso de uma cristandade em pleno vigor, segura de si, e que queria exprimir na pedra a sua virtude predileta: a esperança, que eleva o homem acima de si mesmo e o aproxima de Deus.

A arquitetura gótica, um estilo de impulso

A todo aquele que permaneça de pé em alguma das grandes naves góticas e se deixe penetrar pelo ambiente do lugar, impõem-se simultaneamente duas impressões: sensações físicas e emoções espirituais. Ninguém pode furtar-se a sentir a poderosa sugestão que se desprende das linhas em ascensão vertical, a penetração e o envolvimento da luminosidade. Ao contrário da basílica românica, curvada sobre o chão, fortemente concentrada em si mesma e apoiada nas suas bases, a catedral gótica é um edifício ereto, uma igreja de pé[15]. Ao contrário da pesada abóbada em semicírculo, que requer a excessiva espessura das paredes, estreita as janelas e enche de sombras a nave à medida que esta se expande, a técnica gótica chama com veemência a luz e entrega-lhe todo o edifício para que o atravesse e ali se estabeleça. Os dois traços característicos que os nossos sentidos reconhecem na catedral gótica têm as suas correspondências instantâneas na alma. Alguma coisa se exalta nela quando se sente sobrenaturalmente ligada a esse impulso e a essa chamada das alturas. A instintiva felicidade que a luz derrama em grandes clarões não parece ser a promessa das elucidações definitivas, o reflexo terrestre da luz incriada?

No entanto, seria um erro supor que estes elementos espirituais que reconhecemos nessas obras-primas foram os principais e determinantes. Os mestres-de-obras góticos certamente não se propuseram fazer naves vertiginosamente altas para que correspondessem ao impulso místico das almas, nem pretenderam multiplicar os vãos para que a luz que passasse por eles simbolizasse o conhecimento de Deus. Na raiz de toda a grande realização artística encontra-se sempre uma invenção técnica. O arco ogival — invenção que tornou possível a catedral gótica — não teve em si nenhuma significação religiosa e, aliás, foi usada para cobrir salas, dormitórios ou paióis. Mas — e é nisso que reside o mistério da arte — a invenção técnica produziu-se no mesmo momento e nas condições em que, por um perfeito jogo de concordâncias, pelo encontro de aspirações, ela poderia atingir um êxito total e assumir o seu pleno sentido espiritual.

A invenção decisiva foi, portanto, a *ogiva*. Mas que devemos entender por isso? Ogiva não é de forma alguma sinônimo de arco quebrado, *tiers-point* segundo o termo exato; essa forma de arco, tão elegante nos vãos das igrejas como nas galerias dos claustros, formada por dois segmentos de círculo que se juntam segundo um ângulo mais ou menos agudo, já existia na época românica. E, por sua vez, o arco em semicírculo, que muitas vezes se julga característico do românico, encontra-se normalmente na época gótica. A ogiva, ou melhor, o *cruzamento de ogivas* — "a ogiva que se fecha como as mãos que se juntam" — é apenas um meio técnico descoberto para resolver o problema da cobertura da nave de um modo mais satisfatório do que o da abóbada românica.

Consideremos o espaço, geralmente quadrangular, definido por quatro suportes, colunas, apoios murais ou pilares. De um suporte para outro, lancemos diagonalmente um arco; os dois arcos assim estabelecidos desenharão um X. No ponto de junção, uma pedra talhada especialmente como uma espécie de trevo de quatro folhas — a chave da abóbada — reunirá esses arcos e os tornará solidários entre si. Determinadas assim as quatro secções da abóbada, bastará lançar de um arco ao outro uma cobertura de materiais leves, uma espécie de enchimento. Percebe-se a vantagem. A abóbada românica de aresta tinha procurado dividir o peso e a pressão, mas continuava a ser um só bloco com um peso enorme. A técnica gótica, se, por um lado, alivia prodigiosamente o conjunto, por outro, torna as quatro partes da abóbada independentes; mas sobretudo localiza as pressões, reúne-as, capta-as de algum modo e fá-las convergir para os quatro pontos em que os dois arcos ou *nervuras* se apoiam sobre os pilares. Consequência: esta abóbada que não pesa quase nada poderá elevar-se e atingir a altura que se quiser, e nas paredes, que agora deixaram de ser estruturais, poderão abrir-se vãos que tenderão a ocupar todo o espaço.

O único problema era agora conseguir manter de pé esses quatro pilares sobre os quais se apoiavam as nervuras e que a quádrupla pressão tendia a afastar. A solução encontrada foi simples, empírica na aparência, e inspirou-se no sistema rudimentar da escora. Quando uma parede ameaça cair, um vigamento colocado obliquamente não a segura? A pressão que tendia a desnivelar o edifício foi captada e conduzida por meio de arcobotantes até massas muito pesadas: os contrafortes, pilares tão sólidos, tão bem enterrados na terra, que não correriam o risco de ceder aos maiores pesos. E, para que houvesse maior certeza de que resistiriam, foram carregados com um peso suplementar, uma espécie de torreão de pedra, o *pináculo*, da mesma forma que, para impedir que uma bengala escorregue ou se incline, basta apoiar fortemente a mão sobre o castão.

Este sistema, de uma simplicidade genial, era, em suma, uma homenagem prestada às leis da matéria. Não é um dos menores paradoxos da arquitetura gótica que essa impressão de um impulso para o céu derive, na realidade, de que toda a sua estrutura corresponde a um movimento de cima para baixo. E, quando nos maravilhamos com a leveza do conjunto, não devemos esquecer que esse fantástico arabesco repousa sobre alicerces de um volume enorme, enterrados a uma profundidade de quinze metros. Mas os mestres-de-obras góticos souberam tirar uma grande beleza da obrigação de se submeterem ao inevitável peso da gravidade. Maravilha da lógica — Maritain comparou-a à *Suma* de São Tomás —, solução elegante de um problema de geometria e de física, a catedral foi bela precisamente porque nada há nela de falso ou artificial. Calculando com justeza as dimensões e o desenho dos pilares, traçando de forma perfeita a curva dos arcobotantes, os arquitetos deram uma vez mais a prova dessa grande lei estética segundo a qual é belo todo o objeto totalmente adaptado ao seu desígnio. Nunca se caracterizou melhor a catedral gótica do que com estas palavras: "Um desenho arquitetônico revestido de beleza"[16].

É aqui que entrevemos o misterioso encontro entre os dados da técnica e os da mais alta espiritualidade. Se os mestres-de-obras das catedrais não foram certamente movidos por intenções místicas — pelo menos na sua maioria —, também não se pode afirmar que tenham querido conscientemente construir algo de belo. E, no entanto, porque neles circulava a seiva da fé e da esperança cristãs, produziram naturalmente uma obra bela, grande e espiritual. Resolvido o problema da cobertura, as naves elevaram-se mais ainda, quase além do que era prudente e, por uma lei elementar das proporções, alongaram-se e ultrapassaram tudo o que até então fora feito. E também se multiplicaram: naves triplas e quíntuplas conduziam as multidões por avenidas triunfais até o altar do Deus presente. Os campanários, como que impelidos pela força ascendente que elevava todo o edifício, ergueram-se a alturas nunca atingidas: 82 metros em Reims, 123 em Chartres, 142 em Estrasburgo e 160 em Ulm.

No entanto, esta arte, de uma ambição sobre-humana, permanece profundamente humana; nada nela atinge o colossal e o desmedido que se nota nos templos romanos da decadência. Da mesma forma que a escultura da catedral gótica continuará ligada ao homem, à sua vida, às aparências que lhe são familiares, a sua arquitetura também conservará a medida humana, como se pode verificar observando que as portas, as galerias de serviço, as balaustradas de apoio e os degraus da escada são proporcionais à altura do homem, foram concebidas em função dele[17]. Não será o profundo humanismo da doutrina tomista que aqui se encontra associado?

É esta a arte que na época do Renascimento se quis estigmatizar, qualificando-a de *gótica*[18], e na qual, no século de Luís XIV, um Fénelon só veria um confuso amontoado de ornamentos bizarros. Devemos lançar a crédito do século XIX o mérito de ter restituído ao gótico o seu lugar na primeira fila das épocas artísticas, fazendo-o amar com Chateaubriand e mostrando com Viollet-le-Duc a sua autêntica grandeza. O termo *gótico* continuou em uso e talvez, em certo sentido, se justifique, porquanto lembra que, na elaboração da civilização ocidental — e, por conseguinte, da sua estética —, ao lado dos elementos latinos e clássicos, houve outros, não menos eficazes, ligados por profundas raízes a fidelidades completamente diversas.

No entanto, para caracterizar este estilo arquitetônico, o termo mais exato, segundo a história, seria *estilo francês*. Assim, aliás, o designava, nos dias do Renascimento, o arquiteto Philibert de l'Orme, quando falava da "velha moda francesa". Enquanto o estilo ogival era corrente na França por volta de 1200, na Alemanha, por exemplo, só se desenvolveria em fins do século XIII e produziria as suas obras-primas apenas por volta de 1350. Foi também na França, e principalmente no restrito perímetro que cercava a capital capetíngia, que brotaram as maiores obras-primas desta arquitetura, aquelas que serviriam de modelo por toda a parte.

Tem-se procurado atribuir ao estilo gótico origens longínquas e, às vezes, singulares, como, por exemplo, armênias.

Mas basta considerar, como em Moissac, essas abóbadas, ainda incluídas num edifício românico, onde já se esboçam desajeitadamente as nervuras, uma espécie de arcos dobrados cruzados que prefiguram a ogiva, para nos perguntarmos se a genial invenção não poderia ter nascido em muitos lugares ao mesmo tempo, como fruto da meditação profunda e solitária de mestres-de-obras empenhados em encontrar a solução para o mais difícil dos problemas. Onde foi efetivamente construído o primeiro cruzamento de ogivas? Arqueólogos ingleses reivindicaram a prioridade para as catedrais de Durham e Peterborough, onde a nova técnica teria aparecido sob formas muito humildes e poderia ser datada, conforme alguns textos, de 1093. Mas as mais antigas e numerosas tentativas de ogivas encontram-se numa pequena região que vai do Somme ao Oise, nos confins da Île-de-France; lá se veem ainda hoje em pobres igrejas — em Cambronne, em Airaines — algumas dessas ogivas, mal amanhadas e grosseiras. As mais antigas parecem ser as da abadia de Marienval, na orla da floresta de Compiègne, datadas possivelmente de 1115. Mas tudo leva a crer que a primeira tentativa em ponto grande foi a de Saint-Denis, no tempo em que Suger era o abade; um texto da sua autoria, a propósito da inauguração em 1144, evoca os arcos que, construídos segundo o novo estilo em volta do coro, "sem qualquer suporte ou apoio", tremiam, inacabados, durante uma tempestade que se desencadeara subitamente.

Realizada a invenção da ogiva, os mestres-de-obras não a consideraram uma conquista definitiva e incapaz de ser aperfeiçoada. Foi então, pelo contrário, que se manifestaram os recursos do seu gênio. O problema da abóbada estava resolvido, a arquitetura tinha agora as suas bases racionais. Longe de se submeterem à escravidão das fórmulas, os criadores sentiram-se mais livres para serem ousados, empreenderem novas iniciativas e enriquecerem incessantemente os seus métodos. De geração em geração, tenderam cada vez mais para a obra-prima. Na mesma medida em que o românico fora apaixonante pela sua diversidade no espaço, o gótico deveria sê-lo pela sua variedade no tempo, pelas suas perpétuas transformações, pela sua evolução. Basta comparar uma grande igreja de abadia, como a de Fontenay, de Pontigny ou de Fontfroide — em que a austeridade cisterciense se adapta tão nobremente à técnica despojada do gótico primitivo — com exemplares perfeitos como as naves de Amiens ou de Reims, para medir a distância percorrida e sentir até que ponto a própria unidade do estilo pôde, com o decorrer dos anos, adquirir uma gama tão rica de matizes.

Entre as catedrais «maiores», a que abre o caminho é *Noyon* (1151-1220), a catedral desprezada, ontem mutilada em toda a sua escultura, hoje manchada com uma triste argamassa amarela, mas sempre tão sólida, sempre poderosa no equilíbrio perfeito dos vazios e dos cheios. Entregue ao culto a partir de 1157 — pelo menos o coro —, Noyon tem ainda alguma coisa de atarracado, de prudente, que lembra o românico; mede apenas 22 metros de altura, isto é, menos que Cluny, e os vãos são ainda exíguos. Os suportes, em que se alternam colunas e grossos pilares, são maciços, e as ogivas, que se cruzam sobre os espaços entre duas vigas ao invés de uma, formando uma abóbada "sexpartida", têm qualquer coisa de tímido. *Sens*, que vem a seguir, foi consagrada em 1164 pelo papa Alexandre III, por ocasião do seu exílio na França. Possui uma sobriedade que escapa um pouco ao visitante, que só tem olhos para as maravilhosas fachadas do transepto acrescentadas pelo século XIV. A tribuna abobadada das naves laterais, que tornava Noyon pesada, desaparece aqui, substituída pela galeria leve do *triforium* que Chartres, trinta anos mais tarde, tornará célebre. Sens aperfeiçoa o vocabulário dos arquitetos, sugerindo já essa fuga para a altura, que, daí por diante, irá caracterizar toda a escola.

Subitamente nasce *Laon* (1160-1207), a catedral que Villard de Honnecourt tanto admirava. Dominando toda a cidade, ou melhor, toda a província, parece à primeira vista enorme, ciclópica, com algo de estranho e quase bárbaro, acentuado pelas estátuas de bois que emergem das suas torres. No entanto, quando a examinamos de perto, vemos bem o passo à frente que os seus construtores fizeram dar ao estilo! A planta é de uma rara perfeição de proporções; a fachada, enquadrada por duas torres fortes que dominam um tríplice pórtico, é de uma elegância calma e soberana, e a luz sente-se em casa nesta nave mais alta, filtrando-se por vãos de grandes dimensões. Obra com certeza de um arquiteto original eminentemente dotado, é ao mesmo tempo o coroamento de esforços já longos e o anúncio de uma próxima perfeição.

Com *Notre-Dame de Paris* (1163-1260) abre-se a série das quatro grandes obras-primas: Paris, Chartres, Reims e Amiens, sem falar de todas essas outras "menores", ainda tão belas, que, de Rouen a Bourges, formam como uma coroa em volta da Notre-Dame parisiense. Mas como essas maravilhas são diferentes! Paris, iniciada em 1163, é a igreja sólida e refletida, meditativa e calma, que convinha ao gênio dos seus reis. Nenhuma outra, a não ser Chartres, dá uma impressão de fervor tão grande e simboliza tanto a esperança cristã no que ela tem de forte e quase trágico. A fachada é de um equilíbrio perfeito, embora ainda severa; a nave seria iluminada por uma luz muito fraca se, por volta de 1260, não se tivessem construído esses braços do transepto cujas rosáceas serão uma alegria para a luz. No entanto, que impressão de sereno domínio não nos transmite esta catedral, com as suas belas colunas cilíndricas, os seus arcobotantes perfeitos e esse telhado que é, tão evidentemente, uma "grande nau que ruma para o céu"!

Com *Chartres* (1194-1260), começada depois do desastre do fogo, atinge-se o apogeu. Todas as experiências precedentes — as de Noyon, de Sens e de Paris — foram aproveitadas pelos seus construtores. Assim, o *triforium* alivia consideravelmente a altura da nave, aliás bem iluminada, tal como as naves laterais, por janelas com duas lancetas coroadas por uma rosácea, as mais amplas que se tinham visto até então. Os feixes de colunas que rodeiam os pilares acentuam a impressão de impulso; a abóbada eleva-se, visando os quarenta metros que atingirá em breve. Observada de fora, com os seus robustos arcobotantes, a graciosa curva do coro, o movimento ascensional dos dois campanários da sua fachada e da sua flecha "irrepreensível", é talvez, de todas as catedrais francesas, a que melhor comunica a alegria cristã e a invencível esperança. E, quanto ao interior, quem conseguiu alguma vez traduzir em palavras essa atmosfera cálida e saturada de mistério que a perfeição das linhas e o brilho dos vitrais criam em nós?

Reims (1214-1300) é talvez ainda mais impressionante do que Chartres, mais cheia de maravilhas de grande estilo. Os seus arcobotantes não parecem estar ali para sustentar o edifício, mas como simples detalhe ornamental. E que deliciosa ideia a de alojar no cimo de cada um, no pequeno tabernáculo do pináculo, um anjo prestes a levantar voo! Reconstruída em 1214 — a sua dedicação é exatamente contemporânea de Bouvines —, é uma catedral de prestígio, de glória. Todas as possibilidades que o gótico trazia em si realizam-se agora, mas ainda com que notável prudência! Reims marca o ponto de equilíbrio, para além do qual o anelo de elevação, claridade e amplidão acarretará perigos à técnica. Não ousa suprimir as paredes, como tenderão a fazer os construtores de Amiens, de Beauvais e dessa pequena maravilha que é a Sainte-Chapelle. Não é na arquitetura que Reims será audaciosa, mas na escultura, em que não será ultrapassada, sem falarmos do seu prestígio como a sé da sagração dos reis.

E é com *Amiens* (1120-1270) que se atinge o ponto supremo. Depois, haverá apenas a tentativa de Beauvais, em que se procurará elevar a abóbada até perto dos 48 metros, tornando os suportes tão delgados quanto possível, tentativa absurda, visto que, em 1284, o coro, única parte acabada, desmoronou, tornando-se necessário duplicar os pilares. Em Amiens, a audácia respeita ainda as leis do equilíbrio. A abóbada está a um pouco mais de 42 metros, mas o arremesso ascensional dos pilares em feixes é tão altaneiro que ela parece ainda mais alta, dando a impressão de pairar em pleno céu. A luz entra a jorros, mesmo no coro, onde desapareceu a última massa compacta, substituída pelos vãos de lado a lado. Exteriormente, o sistema dos arcobotantes e dos contrafortes é de uma naturalidade difícil de ser imaginada de outra forma. Aqui já não é, como em Chartres, a harmonia das formas e das cores que se impõe à sensibilidade: é a exclusiva perfeição das linhas. Começada em 1220, Amiens encontra-se no cume da arquitetura gótica. Estamos realmente diante do "desenho arquitetônico revestido de beleza".

Esta progressão contínua, marcada por Noyon, Sens, Laon, Paris, Chartres, Reims e Amiens, pode ser acompanhada para além da estreita e privilegiada região onde se encontram essas obras-primas. Ao lado dessas "maiores", muitas outras "menores" são igualmente admiráveis, uma pelo equilíbrio das suas massas, como Rouen, outra pela sua altura interior verdadeiramente excepcional e pelos seus vitrais, como Bourges, outra ainda, como Le Mans, pela transição do românico para o gótico. E quantas outras! Bayeux, Lisieux, Évreux, Coutances, para citar só a Normandia, são catedrais secundárias, mas de igual riqueza e encanto. E as da Bretanha, por conservarem um ar rústico, têm um sabor sem preço. Muitas destas catedrais "menores", aliás, foram feitas à imagem de uma "maior". Houve famílias de catedrais, e foi possível apontar no mapa as filhas de Paris, as de Reims ou as de Amiens, com a exatidão de um genealogista.

No entanto, a expansão da nova arquitetura não se fez por toda a parte ao mesmo ritmo e sem resistência. Já vimos na Borgonha o românico prevalecer sobre o gótico e harmonizar-se com ele. Mais ao sul, o jogo das formas tornou-se mais variado; do gótico, conservou-se o cruzamento das ogivas, mas sem os seus órgãos complementares, arcobotantes e contrafortes, e suprimiram-se as naves laterais, como em Albi, ou mantiveram-se à altura da nave central, como em Poitiers, ou ainda, como em Angers, deu-se à abóbada dessa mesma nave central um traçado que se avizinha do da cúpula. Este acordo entre a parede e a ogiva, esta espécie de compromisso entre o espírito românico e o espírito gótico não deixou, aliás, de trazer resultados admiráveis, em que parece tornar a encontrar-se a majestade romana; a rosácea da catedral de Albi é, neste gênero, uma obra-prima. Mas eram tendências erráticas, afastadas da verdadeira corrente da arte e do seu desenvolvimento lógico. A grande perfeição — o tipo — permanecia nos limites da terra afortunada que tinha servido de núcleo ao reino da França e de onde partira a centelha da genialidade.

A escultura, filha da arquitetura

A genialidade: a arquitetura não foi a única a prestar-lhe o mais glorificante testemunho. No seu arrebatamento, atraiu todas as outras artes, como uma mãe guia e atrai os seus filhos. E, em primeiro lugar, a escultura, também uma técnica da pedra e da madeira, à qual tem andado associada desde sempre.

Neste domínio, o esforço de renascença era mais difícil de realizar, porque devia partir de mais baixo, quase do nada, para dizer a verdade. A derrocada dos tempos bárbaros tinha, numa certa medida, respeitado a arquitetura, porque o homem não pode passar sem casas, nem o cristão sem igrejas. Mas a plástica, mais ou menos suspeita de paganismo, tinha desaparecido quase por completo. Durante séculos, o Ocidente foi incapaz de talhar uma estátua em relevo; a influência do Oriente e a dos marfins reduziam essa arte a um simples enfeite, aliás de efeitos frequentemente saborosos. No entanto, na época carolíngia, fizeram-se tímidas tentativas. Os capitéis das colunas começaram a ser ornamentados com plantas e animais estilizados, imitados grosseiramente de modelos bizantinos. A ourivesaria, muito apreciada, sobretudo a ourivesaria em relevo — que se obtinha cravando uma folha de metal conforme um desenho feito de antemão — anunciou os primeiros baixos-relevos; certas estátuas-relicários — sobretudo na Auvergne — prefiguraram as estátuas em alto-relevo que iam reaparecer. Pouco depois do ano mil, surgiram tímidos conjuntos de decoração esculpida, como o Cristo glorioso rodeado por anjos de Saint-Genis-des-Fontaines, no Roussillon.

A partir desse momento, foi como se se tratasse de uma exigência vital: a arte cristã aspirou ao relevo. A escultura pôs-se a germinar, a crescer; dir-se-ia que o edifício começava a florir. O capitel, vagamente imitado do modelo coríntio, acrescentou à decoração geométrica, quer vegetal quer animal, a figura humana, ainda tosca e como que "presa" à pedra. Depois, no momento em que o pórtico, rasgado nas paredes muito espessas, se alargou de fora para dentro, e os arquitetos tiveram a ideia de "compensar" a obliquidade das paredes por meio de pilastras que recuavam umas sobre as outras, produziu-se uma invenção genial cuja fecundidade seria inesgotável — a da estátua-coluna, do pilar que tomava a forma humana, da pedra que assumia a imagem da vida. A iniciativa foi sem dúvida do Languedoc, da Borgonha, e da Île-de-France: os pilares do Pórtico Real de Chartres trazem até nós as mais antigas obras-primas desta maravilhosa invenção.

Mas a escultura alcançou rapidamente muitas outras partes do edifício. O tímpano, triângulo com dois braços curvilíneos, sendo o terceiro o lintel do pórtico, ofereceu uma bela superfície para a exposição de grandes cenas. As superfícies curvas, por sua vez, receberam uma decoração, a princípio puramente ornamental, e depois figurada. O conjunto do pórtico românico, depois gótico, estava fixado, tal como permaneceria até a reação neoclássica. No interior do edifício, a escultura, só raramente figurada, ornou os capitéis com uma flora inicialmente muito estilizada, e depois cada vez mais realista. Embora com uma frequência cada vez menor, chegou mesmo a sublinhar a parte inferior dos arcos e a adornar a base de uma colonata, como o demonstram magnificamente as decorações de Semur-en-Auxois. Mas é sobretudo no exterior da catedral de Reims que esta escultura, puramente gratuita, se desdobra em peças fora do alcance dos olhos, testemunho perfeito de um esforço artístico realizado apenas para Deus.

No entanto, esta arte, em que se sente uma vitalidade tão prodigiosa, permaneceu intimamente subordinada à arquitetura; o escultor não procurava cuidar da sua parte por conta própria; submetia-se às exigências do conjunto[19]. Não havia um único pormenor de ornamentação que não estivesse relacionado com um pormenor de arquitetura; mesmo aquilo que parece exuberante, se observado mais de perto revela uma intenção calculada, condicionada pelo útil. Todas as figuras de todas as fachadas são talhadas no mesmo bloco de pedra da coluna ou da pilastra do pé-direito, e o mesmo acontece com todas as estatuetas que decoram o fecho da abóbada[20]. E a famosa rigidez, considerada "ingênua", das grandes figuras dos pórticos — as de Chartres, por exemplo — era, na realidade, deliberada, pois as linhas das estátuas deviam submeter-se às linhas rígidas e paralelas da fieira de colunas que elas substituíam.

Como é que essas esculturas eram realizadas? No próprio edifício, na pedra já disposta no seu lugar? Não. Tudo era calculado tão exatamente e submetido ao plano de conjunto do mestre-de-obras, que o bloco de onde emergia a figura era preparado na oficina, como se verifica por um interessante vitral de Chartres que evoca os entalhadores de pedra entregues ao seu trabalho. A realização devia ser precedida de estudos meticulosos e inúmeros esboços, mais precisos do que aqueles que se encontram nas páginas do álbum de Villard de Honnecourt. Cada escultura tinha uma marca que permitia colocá-la no lugar previsto; era, por exemplo, uma palmilha para a primeira estátua do pórtico, duas para a segunda, e assim sucessivamente. Desse modo, tanto pela técnica como pelo espírito, a escultura era e continuava a ser filha da arquitetura, e não há dúvida de que a catedral ficou devendo a esta submissão a profunda impressão de unidade que nos causa.

No entanto, com o decorrer dos séculos, operou-se uma mudança que correspondia aos constantes progressos da arte. À medida que os escultores se sentiram mais seguros de si próprios, passaram a afastar-se mais ou menos dessas regras, embora se conservassem fiéis às exigências técnicas. As suas obras continuaram a ser esculpidas nos próprios blocos do edifício, mas davam a impressão de se evadirem deles; as roupagens das estátuas ultrapassavam o perfeito alinhamento das linhas arquitetônicas, e as figuras da chave da abóbada mais pareciam suspensas dela do que propriamente a ela associadas. Nesta evolução, o que o conjunto do monumento perdeu talvez em unidade formal, a escultura ganhou em naturalidade, em perfeição e em beleza.

A escultura românica é a do grande despertar. Os problemas ainda não estão todos resolvidos — longe disso —, mas a vida está presente por toda a parte, prestes a explodir. Uma graça robusta, um poderoso encanto, que são os da juventude, dimanam dessas figuras ainda rudes. Perfeitamente adaptada ao espírito do edifício que ornamenta, é uma arte de meditação, de fé simples e profunda, mas é também uma arte maravilhosamente decorativa, em que os animais fantásticos, as plantas desconhecidas e as sábias geometrias se misturam com uma harmonia cujo segredo se esvai numa aparente liberdade. É a arte de Vézelay (1120-1134), de Autun e de Charlieu, a arte de Moissac (1135) e Beaulieu (1140), em que o jogo e a inspiração mística parecem associar-se, unir-se; é a arte de Saint-Benoît-sur-Loire, uma das mais antigas (1095); é, bastante diferente por causa de antigas sobrevivências, a arte de Saint-Trophime e de Saint-Gilles, maravilhas provençais. É também a arte prolífera de Notre-Dame la Grande, em Poitiers. A obra-prima desta estética não será o misterioso e admirável Pórtico Real de

Chartres que, executado entre 1140 e 1160, faz hoje o orgulho da catedral gótica cujas torres o circunscrevem? Com as suas formas ora imóveis, como que hesitantes, ora, pelo contrário, agitadas por uma gesticulação que o frêmito da roupagem acentua, a escultura do Pórtico Real é característica de uma arte que talvez não saiba ainda disciplinar os seus meios de expressão, mas que é animada pelo mais puro dos arrebatamentos espirituais.

A revolução que o gótico operou na arquitetura não foi menos clara na escultura. Os capitéis de histórias piedosas, os animais da lenda e as decorações geométricas, bem como o velho vocabulário românico, tudo foi mais ou menos abandonado, e o que se conservou adquiriu um acento novo. Foi a hora da grande exaltação da escultura, do seu prodigioso desenvolvimento. A estatuária adota plenamente a técnica do relevo e invade tudo o que pode, multiplicando personagens cujas dimensões variam de vinte centímetros a quatro ou cinco metros. De uma catedral para outra, como aconteceu com a arquitetura (embora as duas evoluções não tenham sido sempre paralelas), realizam-se progressos, transmitidos de oficina em oficina, e todo o resultado obtido serve de ponto de partida para novos avanços. Inumeráveis obras-primas balizam esta estrada pela qual os escultores avançaram em direção a uma arte cada vez mais viva, cada vez mais humana. Lembremos Saint-Étienne de Sens, os dois conjuntos do transepto de Chartres, ainda tão evidentemente teológicos, o que resta das maravilhas de Paris, principalmente o admirável tímpano consagrado à glória de Maria, todo o Amiens, tão forte, tão verdadeiro, tão realista, e, no meio tudo isso, o inesquecível *Beau Dieu!* Por mais extensa que fosse, nenhuma enumeração poderia pretender marcar todas as etapas. De uma para outra, não é necessário muito para que se realize um progresso decisivo: a sugestão de derreamento de um corpo, o esboço de um sorriso, uma cabeça que se inclina, um joelho que se adivinha debaixo da roupagem. É preciso voltar sempre a este paralelo: no momento em que a filosofia cristã colocava o homem no centro do conhecimento, e partia dele para chegar a Deus, a escultura manifestava a mesma intenção humanista, até no gosto crescente pela reprodução de traços individuais. O ponto extremo deste esforço será atingido em Reims — Reims da Virgem com o Menino e do Anjo que sorri —, Reims onde a arte conhecerá uma liberdade e uma verdade insuperáveis, para além das quais não haverá senão o risco da virtuosidade gratuita. Tal como aparece, na variedade da sua evolução, a escultura gótica é talvez a única na Europa que pode rivalizar com a escultura grega da grande época; nunca mais a arte sacra voltou a encontrar esse nível. A cristandade do século XIII deu ao Ocidente inúmeros Fídias.

Mas o fim que os construtores tinham em vista, ao concederem à plástica uma importância tão grande, seria apenas estético e decorativo? Certamente, não. Um sínodo reunido em Arras por volta do ano de 1025 tinha aconselhado que, nas paredes dos santuários, se representassem cenas e ensinamentos da Sagrada Escritura, porque "isso permitirá aos iletrados conhecerem aquilo que os livros não lhes podem ensinar". São Gregório Magno, no século VI, já havia dito a mesma coisa. Essa foi a intenção dos artistas românicos e góticos. Principalmente depois de Vítor Hugo, tem-se comparado muitas vezes a catedral a um grande livro de pedra em que os mais humildes podiam instruir-se, ou a uma Bíblia em imagens que falavam com uma voz entendida por todos. É para nós motivo de admiração que um povo imenso pudesse compreender essa linguagem e interessar-se por tantos episódios, histórias e símbolos que são letra morta para a grande maioria dos homens do nosso século.

Para facilitar a compreensão dessa iconografia, os artistas recorreram aos métodos de uma ciência já experimentada. Antes de mais nada, o tipo das personagens era fixado de modo mais ou menos invariável; sabia-se que o nimbo circular colocado por trás da cabeça de uma pessoa indicava um santo, e, se essa auréola estava marcada com uma cruz, designava a divindade. Deus, Cristo, os apóstolos e os anjos eram sempre representados descalços. Havia até um retrato tradicional dos grandes santos; assim, São Pedro tinha os cabelos crespos e a barba espessa, e São Paulo era calvo, mas com uma longa barba. Por outro lado, observava-se uma determinada ordem, previamente estabelecida, mesmo nos pormenores; em Chartres, as personagens colocadas no transepto norte, zona de luz incerta, pertencem ao Antigo Testamento, ao passo que as do Novo estão instaladas na parte sul, em plena luz. Se se representavam os apóstolos, o primeiro à direita de Cristo era obrigatoriamente Pedro, e à sua esquerda Paulo. Na crucifixão, a Santíssima Virgem estava sempre à direita e São João à esquerda. Havia, finalmente, um conjunto de símbolos a que todos estavam tão habituados que ninguém podia ignorá-los. Quem não sabia que as chaves nas mãos de um apóstolo designavam São Pedro, o porteiro do céu? Uma espada desembainhada, uma roda dentada, uma grelha e outros instrumentos de suplício eram outros tantos modos de designar os mártires, que tinham dado testemunho de Deus morrendo vítimas dessas torturas. Os símbolos dos quatro evangelistas — os célebres animais — eram bem conhecidos de todos, e, quando se representavam quatro personagens sobre os ombros de outros quatro, tratava-se dos evangelistas levados pelos quatro grandes profetas, porque o Novo Testamento assenta sobre o Antigo. A forma é o vestuário do pensamento: tal foi uma das grandes ideias desta arte, em que tudo parecia ao homem sinal e símbolo dos mistérios divinos.

Quais os ensinamentos da Bíblia de pedra? Émile Mâle demonstrou luminosamente que, de modo geral, eram extraídos das grandes enciclopédias escolásticas — principalmente dos quatro *Espelhos do Mundo*, de Vincent de Beauvais — e evocavam toda a história do mundo e do homem, um resumo completo dos conhecimentos do tempo. A Criação era o ponto de partida, com a história da tentação e da queda. Seguiam-se os livros do Antigo Testamento, mas procurando neles menos o elemento narrativo e episódico do que o sentido profundo e típico. Aparecia em seguida a série dos precursores de Cristo, os patriarcas e os profetas, e também as cenas que a explicação simbólica relacionava com um dos aspectos dos dogmas e dos sacramentos; por exemplo, Melquisedec, que ofereceu a Abraão o primeiro sacrifício do pão e do vinho, apresentava-se como sacerdote segurando o cálice, e a travessia do Mar Vermelho era o símbolo do Batismo, dessa água milagrosa para além da qual está a salvação. Por fim, vinha Cristo na sequência do tempo e de muitas maneiras: Cristo majestoso e terrível, no tímpano do pórtico central, sob os pés do qual se expande a gloriosa luz do Juízo Final; Cristo dos Evangelhos, cujas cenas decisivas, na sua maior parte, se encontram narradas num ou noutro monumento; Cristo da Ressurreição[21] e Cristo da Ascensão, elevando-se majestosamente no ar. Em volta dEle há todo um cortejo de santos e santas; em primeiro lugar, Maria, sua doce Mãe, a quem muitas vezes se consagra um pórtico inteiro; depois os apóstolos, todos alinhados, e os confessores da fé no decorrer dos tempos. Tudo isso forma já um imponente conjunto: centenas e até milhares de figuras.

Mas a catedral dirigia-se ao homem. A sua escultura, humanista, queria tocá-lo diretamente, associá-lo à grande obra. Para impressionar os corações e despertar a curiosidade, mostrava o próprio homem sob diversos aspectos. Os calendários, evocando os meses do ano, lembravam-lhe os trabalhos familiares; os signos do zodíaco davam-lhe a entender que não devia esquecer-se de que o tempo é obra de Deus. Havia ainda a representação das artes liberais, gramática, aritmética, retórica, música e outras, a fim de que a inteligência humana participasse de todo esse imenso conjunto de glorificação divina. Por fim, encarnando em personagens facilmente reconhecíveis as virtudes e os vícios, o artista criava um verdadeiro catecismo moralizado. O conjunto era ao mesmo tempo coerente e variado, acessível a cada um; mas nem por isso deixava de elevar a alma, tomada na sua realidade mais simples, até o cume da vida espiritual, até Deus.

Foi este o marco dentro do qual trabalharam os escultores românicos e góticos. E essa disciplina imposta, longe de lhes paralisar o poder de criação, tornava-o, pelo contrário, mais livre. "A arte nasce das limitações", diz Gide; dispensados do esforço de procurar um programa e uma ideologia, tão afastados quanto possível do desejo, de que tanto sofre a arte "moderna", de serem originais a qualquer preço, esses artistas podiam, segundo os seus dons, ou copiar modelos que fossem bons por serem fruto de uma tradição, ou criar forças novas, ou pelo menos apresentar saborosas variantes. Na iconografia desta época feliz, não sabemos o que mais admirar: se a sua ordem grandiosa ou a sua prodigiosa diversidade.

Os jogos da cor

A escultura não era a única a querer educar, despertar interesse e comover o povo cristão; as artes da cor intervinham também, porque tinham um papel de primeira importância em todos os monumentos religiosos da Idade Média. "Quando as catedrais eram brancas", diz um arquiteto de vanguarda, sem dúvida mais cheio de boas intenções do que de erudição. Brancas não eram de forma alguma nos dias do seu esplendor, nem eram também desse cinzento sóbrio em que aprendemos a venerar a própria cor do passado. Pelo contrário, eram todas brilho e todas resplendor, tanto exterior como interiormente, um mundo em que a luz brincava sobre o ouro e sobre todos os tons da paleta, uma espécie de pequeno e maravilhoso estojo de que os grandes retábulos ainda hoje nos podem dar uma ideia. As estátuas e os baixos-relevos eram pintados, "estofados", como então se dizia, porque acontecia (sobretudo no interior das igrejas) que, para melhor fazer aderir a cor, se colocava um tecido sobre a pedra; era um trabalho tão apreciado que se pagava à parte e era relativamente caro. O visitador armênio Pedro Mártir, que descreveu Notre-Dame de Paris no século XV, não deve ter gostado muito da nossa catedral na sua atual cor cinzenta de veludo austero, ele que tanto amou as cores resplandecentes de púrpura, azul e ouro.

Os próprios pavimentos tinham uma nota quente, com os seus ladrilhos de cerâmica vermelha com revestimentos amarelos, sobre os quais se viam rosáceas, animais, personagens, ou simples desenhos geométricos que, repetindo-se, produziam um belo efeito. Mais tarde, nos fins do século XIII, passou-se a usar azulejos multicoloridos de influência árabe. Mas, mesmo onde se continuou fiel ao velho pavimento de pedra, as incrustações de chumbo, com os seus desenhos negros, punham uma nota de originalidade, davam um toque que quebrava a monotonia branca do chão.

Durante toda a época românica, as paredes e as abóbadas, as magníficas superfícies que a própria técnica de construção exigia, foram uma festa para a cor, uma ocasião maravilhosa de mostrar aos assistentes dos ofícios cenas que os deviam edificar muito. Foi só recentemente — há apenas um século — que se descobriram os tesouros contidos no afresco românico[22], mas, desde então, não deixaram de maravilhar-nos cada vez mais. Afresco nem sempre é, aliás, o termo exato, porque, ao lado da pintura "a fresco", em que se pintava sobre o revestimento fresco com cores misturadas ao gesso, havia também o processo a aquarela, em que os pigmentos coloridos eram diluídos em água misturada com cola ou outro aglutinante, por vezes até vinho, para dar mais brilho. Substituindo o mosaico, que ficava caro, estas técnicas da pintura permitiam cobrir superfícies enormes, "mobiliar" o que tinham de despojado e de monótono esses planos cortados por muito poucas janelas, essas severas abóbadas em berço. O êxito foi enorme.

Encontraram-se muitas obras-primas da pintura românica quase por toda a parte onde se desenvolveu a arquitetura românica, tanto nos pequenos santuários da Catalunha como em São Jorge de Oberzell (Reichenau), Schwarzheimdorff, São Clemente de Roma, na catedral de Aquileia, mas sobretudo na França, onde existem inúmeros exemplos em muitas províncias: Saint-Savin-sur-Gartempe, Saint-Chef no Dauphiné, Tavant, o velho Pouzauges, e essa lista cresce de ano para ano. No entanto, essas obras são extremamente diferentes entre si, pois nelas se aliam estranhamente e de mil formas um saboroso arcaísmo e uma admirável virtuosidade; mas o encanto que dimana delas é sempre cativante. Umas são resplandecentes, brilham como esmaltes, outras são voluntariamente sóbrias e monocórdicas como um camafeu. Conforme as influências sofridas pelos artistas, algumas, como as do Batistério de Poitiers, fazem pensar nos mosaicos galo-romanos; outras lembram os manuscritos carolíngios, como por exemplo as da catedral de Puy, com as suas personagens de cabelos curtos. Mas em Berzé-la-Ville não parecerá bizantina toda a decoração? Muitas vezes, adivinha-se nestas obras qualquer coisa de rústico, de popular, que acusa uma inspiração puramente local, uma tradição imemorial. Mas, por vezes também, pressentem-se influências estranhas, erráticas, como em Saint-Julien-de-Brioude, onde certas personagens com rostos azeitonados e olhos puxados para cima e certas decorações vagamente fantásticas evocam irresistivelmente a arte cita, que ali ficou ou que veio de qualquer parte da Ásia ou de algum passado longínquo.

E quais eram os temas tratados por esses pintores românicos? De um modo geral, eram os mesmos que os escultores de imagens utilizavam, isto é, principalmente a Sagrada Escritura e o ensino catequético: em Saint-Savin, a história bíblica, o Evangelho e o Apocalipse, que se completam e equilibram ao longo das prodigiosas abóbadas da nave e do pórtico; em Berzé-la-Ville, a glória de Cristo rodeado pelos santos, e em Tavant, a "psicomaquia", combate entre as virtudes e os vícios. É uma bíblia colorida, que acompanha, e muitas vezes precede, a bíblia de pedra.

Na época gótica, a pintura perdeu esse lugar de primeiro plano. O desaparecimento quase total das paredes, a compartimentação da abóbada e sobretudo a concorrência do vitral prejudicaram-na muito. Conservou apenas um papel puramente decorativo nos edifícios mais belos, utilizando o azul, o vermelho e o ouro para fazer frente ao seu rival de vidro, como se pode ver na exata reconstituição feita por Viollet-le-Duc na Sainte-Chapelle. Subsistiu, porém, mais abundante do que se julgava, nos edifícios de proporções mais modestas e de tradição rural, como na igreja do Petit-Quevilly, em cuja abóbada se inscrevem cenas do Novo Testamento.

Mas o grande meio gótico de utilizar a cor foi, acima de tudo, o *vitral*. É ele que acaba de conferir às catedrais a sua vibração sensível e a sua ação persuasiva sobre as pessoas que nelas entram para rezar; aquelas em que falta este complemento notável dão uma impressão de nudez e secura ou, melhor, de viuvez. É preciso ter visto um pôr-de-sol através dos vitrais de Chartres para avaliar tudo o que uma invenção técnica, mais uma vez, acrescentou ao cabedal cristão.

Invenção técnica? Talvez não em termos absolutos, porque as primeiras tentativas de pintura sobre vidro podem ser datadas de um tempo muito anterior à da grande época: a própria perfeição dos primeiros vitrais românicos prova suficientemente que eram herdeiros de uma tradição; já o monge Teófilo, no século XI, escrevia o seu famoso *Tratado das diversas artes* e referia-se aos vitraleiros franceses como técnicos que exerciam um ofício estabelecido há muito tempo. O uso dos painéis de vidro coloridos e embutidos em chumbo pode ter sido conhecido no Baixo Império romano, conservado, conforme se afirmou, na região de Tréveris, ou ter-se desenvolvido por volta do século VII, sob a influência da ourivesaria laminada e dos esmaltes, e, mais tarde, sob a das placas de alabastro cortadas, em cujos espaços vazios se colocava vidro colorido. Do que não há dúvida é de que foi no século XI que se fez sentir a necessidade de colorir os vãos com o valioso conjunto de cores. Desde então, essa técnica não deixou de estar associada à arquitetura cristã.

Essencialmente — será preciso recordá-lo? —, um vitral não é uma pintura sobre vidro; é uma pintura feita com vidros, isto é, um conjunto de peças de vidro colorido na massa e fixado por uma rede de chumbo. Era, portanto, uma arte difícil e refinada, que exigia ao mesmo tempo eminentes conhecimentos técnicos e dotes não menos seguros de artista. Ficava caro, embora Suger, ao dizer que na fabricação dos vitrais de Saint-Denis, foram lançadas pedras preciosas na massa em fusão, estivesse evidentemente cedendo ao gosto do exagero, a não ser que apenas quisesse evocar, como poeta, o custo das peças e, ao mesmo tempo, o seu brilho extraordinário, verdadeiro rival do das gemas. De qualquer modo, fundir o vidro, tingi-lo, estendê-lo, cortá-lo em seguida a ferro quente (o uso do diamante data do século XVI), depois montá-lo conforme os imensos modelos de cartão preparados anteriormente, tudo isso representava uma grande e nobre tarefa. Os mestres do vitral estavam à frente de oficinas móveis, e deslocavam-se com o material e mão-de-obra de construção em construção, estabelecendo-se sempre perto de uma floresta que lhes fornecesse o indispensável carvão vegetal. Eram, ao que parece, quase independentes da tutela dos mestres-de-obras arquitetos, muito mais do que os escultores, e até mesmo independentes da tutela eclesiástica. Tinham os seus métodos, as suas tradições e segredos que nós não conseguimos descobrir...

O mérito dos "românicos" foi, entre muitos outros, terem "elevado a prática do vitral à dignidade da arte monumental, submetendo-a à regra do estilo e da vida das formas" (Raymond Rey). A partir de então, o vidro colorido e cortado participou da honra de interpretar, de figurar a Sagrada Escritura e o ensinamento da Igreja. Foram ainda aqui Suger e o seu Saint-Denis que desempenharam o papel de iniciadores? Ou talvez a equipe anônima dos pintores vitraleiros de Chartres? Na Trinité de Vendôme, em Saint-Denis de Jouhet em Vienne, na catedral de Le Mans e sobretudo no grande vitral do coro de Poitiers, podemos admirar ainda esses primeiros vitrais, de cores inteiras, mas tão profundas, de formas ainda rígidas, mas tão perfeitamente equilibradas e com sonoridades de um vigor incomparável. Parece que os pintores vitraleiros românicos gostavam de vitrais com símbolos e, depois, com "histórias", isto é, daqueles que, divididos em compartimentos, contavam diversos episódios de uma narrativa evangélica ou da vida dos santos. Havia assim uma profusão de relatos que nos pode parecer confusa e pouco legível, principalmente se a altura for grande. Mas essa torrente de motivos e sinais, essa reverberação de enquadramentos maravilhosos, dá um poder incomparável à sensação pura e à alegria da luz, fazendo-nos pensar, perante esse gênero de vitrais, em suntuosos tapetes persas cujos fios seriam feitos com raios de sol.

A época gótica é o triunfo do vitral. Se a parede desaparecia — ou quase — graças às audácias técnicas da arquitetura, por que não se havia de deixar todo o espaço à vidraria luminosa? Pouco a pouco, à medida que a catedral se tornar cada vez mais fiel ao espírito do seu gênio, a pintura sobre vidro adquirirá maior importância; na sala alta da Sainte-Chapelle, acabará por substituir quase totalmente a parede. As armações de ferro que sustentam o conjunto combinarão dali por diante com os contornos dos medalhões e das figuras, o que abrirá novos caminhos aos artistas. Ao lado dos vitrais de "histórias", passam a aparecer, com efeito, aqueles que, consagrados por inteiro a uma só figura, se entendem muito mais facilmente. Figura de Cristo ou da Santíssima Virgem, galerias de profetas e de apóstolos, é uma população inteira — igual à que estava de guarda nos pórticos — que agora se instala nos vãos das naves, para serem ali uma espécie de sentinelas da oração. Em Chartres — catedral da "Virgem do Belo Vitral" —, em Bourges, em Tours, em Angers, desenrolam-se prodigiosos conjuntos que, para felicidade dos olhos, completam os ensinamentos dados pela escultura. E, quando, no mais alto das fachadas, bem como nas duas extremidades do transepto, um anônimo genial tiver a ideia de abrir as "rosáceas" para deixar a luz entrar aos borbotões, nada mais faltará à catedral para que pareça aos seus fiéis o sinal visível e como que a promessa do céu.

A catedral, casa do povo, "suma" das artes do tempo

Como é que, dispondo de um ambiente incomparavelmente superior ao da moradia dos homens, o povo cristão não acorreria para lá com alegria? Sim, a frequência era grande. A catedral era uma "super-paróquia", a igreja-mãe onde nos dias de grandes festas se reuniam fiéis provenientes de todas as paróquias da cidade; nesses dias, as gigantescas naves mal conseguiam abrigar todo o rebanho. Os esplendores dos vitrais, das esculturas e das cerimônias litúrgicas ofereciam-se liberalmente a todos, aos ricos e aos pobres, e não era preciso pagar cadeiras, porque não as havia! Os dias de inverno deviam ser, sem dúvida, terrivelmente frios, visto que não se previra qualquer espécie de aquecimento, mas os mais espertos levavam consigo um braseiro ou uma bolsa de água quente análoga àquela que Villard d'Honnecourt desenhou no seu álbum e que concebeu para que o bispo Messine pudesse "assistir confortavelmente à Missa cantada".

A catedral era, pois, verdadeiramente a "casa do povo", não no sentido laico e reivindicativo que alguns têm querido dar à expressão, mas, muito simplesmente, como um lugar em que o povo gostava de se reunir. Sabe-se ao certo que, desde a sua construção, a catedral foi utilizada como sala comum, "locutório para os burgueses", bolsa ou tribunal de comércio, e para muitos outros fins. Mas não era natural que fosse assim? Já que não havia sala tão vasta e tão cômoda, por que não pedi-la emprestada ao bom Deus? O cristão da Idade Média, precisamente porque era um verdadeiro cristão, não se sentia intimidado pelo Senhor. Tomava liberdades com Ele e com a sua morada que hoje nos surpreenderiam. Apenas as grandes cerimônias de São Pedro em Roma, com as suas multidões apinhadas, com as suas aclamações ao papa, dão hoje uma pequena ideia do que era uma catedral medieval nos dias de grande afluência. E nem vale a pena falar do que acontecia nos lugares de peregrinação, como por exemplo em Chartres, quando aquela gente simples ia tomar o seu lanche na igreja ou ali dormia estendida no chão; eram os *pernoctants*, como diziam os velhos textos.

Casa do povo, a catedral colocava-se maravilhosamente ao seu alcance. Tinha, certamente, um aspecto sério, intelectual, que se revelava apenas aos eruditos, àqueles que, conhecendo a fundo a Sagrada Escritura e a teologia, estavam em condições de compreender os símbolos, mas tinha também um aspecto simples, familiar, popular, que inspirava confiança aos humildes. As mesmas formas revestidas de beleza que ministravam aos sábios o mais alto ensinamento espiritual, tocavam o coração dos simples falando-lhes de fé, de esperança e de amor. E estes eram tanto mais sensíveis a essa linguagem quanto muitos desses elementos eram tirados da sua própria vida e os sentiam muito próximos. Já evocamos os "calendários", em que o homem da terra se via representado nas suas atitudes cotidianas, podando a vinha, ceifando o trigo, acendendo a lareira ou matando o porco. A flora e a fauna, que se mostravam em mil lugares do edifício, inspiravam-se nas plantas e animais de cada dia, juntando-lhes, no entanto, bastantes elementos de fantasia para divertir e despertar a curiosidade. As virtudes e os vícios, figurados em sainetes, não deixavam de impressionar os espíritos. Como essa gente devia rir ao ver a Covardia representada por um belo cavaleiro medroso que foge de uma lebre, ou a Discórdia concretizada numa rixa entre marido e mulher, com a roca desta e o copo de vinho daquele voando pelos ares! Havia até, aqui e ali, pequenos baixos-relevos que eram simplesmente cenas burlescas e farsas, ou brincadeiras nas oficinas, de que temos um excelente repertório no famoso Pórtico das Livrarias de Rouen, como a cena em que se vê um ganso examinando com curiosidade... um urinol, ou uma porca tocando sanfona. Se rir é próprio do homem, a Igreja era suficientemente humana para não se escandalizar com esses risos; já que tudo desembocava na catedral, não lhe parecia normal que os folguedos dos seus filhos e as suas pilhérias estivessem ausentes dela.

Poderemos avaliar a influência que exerceria sobre todo o povo cristão este contato com a catedral? Não é em vão que um homem — ou um povo — se habitua a viver na beleza; algo penetra nele e opõe-se às vulgaridades e às quedas. Ao mesmo tempo que ministrou ao povo cristão o ensino moral e religioso, a catedral deu-lhe a mais pertinente lição de estética. Lugar incomparável de oração, era também como um museu, onde se encontravam reunidas todas as formas de arte.

Tudo quanto existia na catedral apontava para a beleza. A mobília litúrgica era tão trabalhada quanto possível, e a escultura em madeira das cadeiras do coro rivalizava com a que se fazia em pedra na fachada. No fim do período, o *jubé*, essa espécie de ponte lançada através da nave à entrada do coro, tornou-se um pretexto para suntuosos conjuntos; possuímos ainda alguns, como o do Priorado de Bourget du Lac, na Saboia, ou o de Wechselburg, entre Leipzig e Chemnitz, que são puras maravilhas. Também as grades laterais desse mesmo coro, como vemos por exemplo no admirável conjunto de Notre-Dame de Paris e no de Bourget, mais precoce ainda, são, juntamente com alguns fragmentos conservados nos museus, os testemunhos mais comoventes desse tipo de trabalhos. O altar era simples, de vez em quando ornado na frente com alguma delicada escultura; mas, por trás da mesa sacrificial quase nua, estendiam-se cortinas de tecido relacionadas com as cores litúrgicas das festas. A partir do século XIII, esta decoração de tecido e móvel foi substituída por um friso esculpido e pintado a ouro: era o *retábulo*, que iria obter um grande êxito no século XIV. Por fim, sobre o altar ou sobre os atris dos chantres, os magníficos missais e saltérios abriam as páginas das suas caligrafias e miniaturas.

Ao percorrer aquelas vastas naves, quantas coisas não havia para olhar e admirar! Os túmulos, por exemplo, onde se viam jazendo em paz os bispos, os dignitários da Igreja, os senhores e suas damas, ofereciam um espetáculo que não contristava, de tal forma a morte estava representada como descanso, certeza e abandono em Deus. Por vezes, esses túmulos contavam toda uma história, a história daqueles ou daquelas cujos restos mortais ali se dissolviam, mostrando os seus anos, os seus trabalhos, a sua vida cotidiana — como esse túmulo do abade de Aubazines em Corrèze, que representa todo o pessoal da abadia, compreendendo o irmão leigo encarregado de guardar os carneiros — ou, a maior parte das vezes, os seus funerais, associados a alguma evocação religiosa: crucifixão, Juízo Final ou coroação de Maria.

Quantas formas de arte não deviam assim a vida à catedral, ao desejo unânime do tempo de pôr a beleza ao serviço de Deus! Está neste caso essa arte surpreendente que procede da pintura, da ourivesaria, do vitral, a arte dos *esmaltadores* que, já conhecida e amada nos tempos carolíngios, tomou no século XII uma importância enorme e teve Limoges como centro principal. Relicários, báculos, lâminas para encadernação, arcas, painéis decorativos feitos simplesmente para alegrar os olhos, quantas coisas não saíram dessas oficinas de Limoges que, durante três séculos, surpreenderam a Europa! O próprio mosaico bizantino não tinha mais brilho do que os azuis-turquesa, os lápis-lazúli, as púrpuras e as garanças dessa matéria que, intacta desde há séculos, ainda hoje se nos oferece na sua cintilante juventude.

Nos dias das grandes festas, suspendiam-se ao longo de toda a nave, de pilar em pilar, imensas e suntuosas *tapeçarias* cuja textura espessa e cores profundas se harmonizavam tão bem com a pedra e com os vitrais. A arte da tecelagem era conhecida e apreciada desde os começos do século XII; foi então que o cabido de Bayeux encomendou a mulheres anglo-saxãs o célebre friso bordado, com setenta metros de comprimento, que narra a conquista da Inglaterra pelos normandos. E o gosto por essa arte não cessou de crescer. Foi-lhe pedido que contribuísse para a instrução dos fiéis, que lhes mostrasse os episódios mais significativos da Escritura ou lhes contasse a história gloriosa de um santo. Em Sens, em Angers, em Estrasburgo, na Chaise-Dieu e em Aix-en-Provence pode-se ter hoje uma ideia do que essas peças decorativas acrescentavam à beleza de uma nave nos seus tons pouco numerosos, mas perfeitos, sempre de uma composição tão nobre.

Mas toda essa beleza não deve ser considerada como algo imóvel, fixo, como aquela que admiramos nos museus. Todas as artes que a catedral abrigava participavam ao vivo das cerimônias; animavam-se com a seiva cristã que subia de toda a parte pelas mil raízes invisíveis do edifício. A catedral só assumia verdadeiramente todo o seu sentido nos dias de grandes festas, na pompa dessa liturgia cujo esplendor já vimos[23]. Era o que acontecia quando o bispo oficiava pontificalmente, quando se celebrava o casamento ou o funeral de algum personagem importante, no meio de um fausto sem igual e, melhor ainda, quando a sagração de um rei parecia consagrar ali, sob a mão da *Ecclesia Mater*, os esponsais místicos do príncipe com a nação cristã. E é belo, e também humano, que, da própria liturgia, por intermédio do drama litúrgico[24] organizado na catedral, antes de sair para o adro, tenha reaparecido o teatro, distração do povo, exaltação coletiva da sua alma. A tantos méritos decisivos, a catedral acrescentou ainda o de ser a primeira organizadora das horas de lazer...

Foi à *música*, finalmente, que a catedral pediu que arrematasse o seu clima espiritual. O "canto gregoriano", cujas normas São Gregório Magno[25] tinha estabelecido no limiar do século VII, não cessara de se desenvolver desde então, não só em extensão como em perfeição. Em Saint-Gall, por volta do ano 900, o monge músico e poeta Notker o Gago tinha-lhe adicionado definitivamente a "sequência", esse canto escrito sobre os vocalises do Aleluia; por outro lado, talvez em Saint-Martial de Limoges, acrescentara-se o *tropo*, que se adaptava a todos os cantos da Missa. Ensinada no *quadrivium* das universidades, a música era considerada uma arte de insigne nobreza; era objeto de estudo por parte de teóricos eminentes, como Gui d'Arezzo, que deixaria um nome notável[26]. Introduzido em Cluny por Pedro o Venerável, o *canto polifônico* ou *medido* a duas e três vozes, apareceu no século XII e desenvolveu-se no século XIII. Mas São Bernardo julgava-o amolecedor, pouco favorável à piedade, e Roma era da mesma opinião. O canto tipo da Igreja continuava a ser o velho *cantochão*, o *gregoriano*, que tão bem casava as vozes humanas com a do órgão, dando às cerimônias da catedral essa sonoridade misteriosa, ora exaltante, ora pungente, que ainda hoje conhecemos. À sua serena, à sua inigualável beleza, ainda não foi prestada mais bela homenagem do que a de Mozart. "Daria", dizia esse anjo da música, "daria toda a minha obra para ter escrito o *Prefácio* da Missa gregoriana".

Tal era a catedral em plena vida, nos dias em que um povo inteiro participava do arrebatamento comunicado pelas suas abóbadas e em que uma cristandade inteira se reconhecia nela, no que tinha de mais puro e de mais belo. E pensando em tudo o que os seus longínquos antepassados trouxeram, em todos os domínios, para esta criação, por certo nenhum francês do século XX deixará de se sentir atingido por uma admiração que é, ao mesmo tempo, nostalgia. Folheando um dia uma coleção de fotografias de Chartres, o maior criador de formas da nossa época, Auguste Rodin — aquele que tinha sonhado, na *Porta do Inferno*, fazer concorrência aos ancestrais —, deixou escapar este grito de amargura: "Nós não passamos de destroços..."

Quem não terá experimentado o mesmo sentimento sob as abóbadas de Chartres ou de Paris?

A irradiação gótica

Uma arte dessa natureza não permaneceu, evidentemente, localizada na França. A fogueira que ardia com uma chama tão alta projetou-se. Já passou o tempo em que os turiferários românticos da ogiva asseguravam que a obra-prima, o exemplo cabal dessa arte era Colônia, segundo eles a perfeita transposição em pedra das profundas exuberâncias da floresta germânica. Outros optavam pelo *Duomo* de Milão como tipo ideal do gótico. Tais opiniões encontram-se ainda em Michelet e mesmo em Montalembert, mas já estão fora de circulação. Ninguém contesta hoje, mesmo entre os arqueólogos mais patriotas, a influência fecundante que a arte francesa exerceu sobre a arquitetura germânica e, de modo mais complexo, sobre a inglesa, a espanhola e mesmo a italiana.

São inumeráveis os testemunhos que provam a presença de mestres-de-obras franceses em muitos trabalhos de construção do tempo. Vimos já que Villard de Honnecourt foi à Hungria e Guilherme de Sens à Inglaterra. Em Wimfen-im-Thal, na Germânia, um texto de 1268 fala-nos de um arquiteto que fora chamado de Paris para que construísse *more francigeno*, à moda francesa. Em Lincoln era Geoffroy de Noyon, em Toledo Pedro filho de Pedro, em Praga Mateus de Arras e em Comar mestre Humberto. Quando Frederico II, imperador apaixonado pela arte tanto como pelas letras, queria construir ou restaurar uma igreja, não dava nenhum passo sem antes consultar Filipe Chinard, e o seu sucessor na Sicília, Carlos de Anjou, chamou para a ilha outro francês, Pedro de Angicourt. E estes nomes, que conhecemos, são bem poucos ao lado daqueles que desejaríamos conhecer. Como se chamavam esses mestres-de-obras franceses cujas obras nos emocionam em tantas encruzilhadas do Oriente e da Grécia? Quem era esse monge arquiteto que edificou em Portugal, por volta de 1149, a mais bela nave, sem dúvida, de toda a tradição cisterciense — Alcobaça? E o que é verdade em relação à arquitetura não o é menos no que diz respeito à escultura; os talhadores de pedra franceses foram chamados por toda a cristandade. Encontraram-se na fachada de Orvieto, na Úmbria, vestígios dos escultores de Chartres, e os arquivos suecos guardam ainda a memória da vinda a Upsala, em 1287, de Estêvão de Bonneuil e da sua equipe de talhadores de pedra, cuja viagem foi paga por uma subscrição aberta entre os estudantes suecos que se encontravam em Paris.

É evidente que, ao sair da sua terra natal, a arte gótica francesa se transformou em maior ou menor medida, harmonizando os seus elementos com influências locais e adaptando-se por vezes a materiais diferentes da pedra. A Alemanha imperial foi a terra predileta desta propagação; encontram-se ali verdadeiras famílias de igrejas, cuja mãe ou avó é francesa, como Limburgo do Lahn, por exemplo, que procede de Laon. Nossa Senhora de Tréveris, primeiro edifício alemão nitidamente gótico (1240-1260), deriva de igrejas francesas com coro em *triforium*, e o coro de Colônia inspira-se no de Amiens. Quanto à escultura francesa, foi tão admirada na terra imperial que deixou vestígios por toda a parte. Quando contemplamos as estátuas de Naumburg ou Bamberg, parece que estamos em Reims; e em Estrasburgo — cuja nave é irmã da de Amiens — evocamos irresistivelmente muitas das obras-primas de

Chartres ou de Reims. No entanto, por mais ligada que a catedral germânica estivesse às suas origens francesas, revestiu-se de características particulares, tanto no melhor sentido como no menos bom; com muita frequência, dá a impressão de ser mais o resultado de uma vontade sistemática do que de um impulso criador. Exato, lógico, matemático, mais do que espontâneo, o seu poder tem qualquer coisa de incerto que faz pensar nas incertezas da política imperial. Mas, em contrapartida, seja em Colônia, em Estrasburgo, em Friburgo do Breisgau ou em Ulm, que ímpeto admirável, que impulso, que ousadia de proporções e que nobreza de forma nas torres e flechas!

Na Inglaterra, o gótico conheceu uma história diferente. A ilha não se mostrou rebelde e, aliás, descobriu a ogiva ao mesmo tempo que a França, talvez antes. Mas tratou o estilo de outra forma. Ainda durante muito tempo manteve as tendências românicas, tão visíveis no *Early English* nascido em Durham. Depois, quando por volta de 1250 o novo estilo se instalou na ilha — e durante um certo tempo se conservou claramente "francês", como em Cantuária, Chichester, Westminster e Lincoln —, assumiu rapidamente características especiais. As janelas com tríplices lancetas e as ogivas muito agudas deram-lhe uma originalidade incontestável, como se vê em Wells, Salisbury e Exeter. No entanto, o velho amor céltico pelas curvas e contracurvas queria associar-se da melhor forma às exigências da matemática gótica. O estilo "perpendicular" e o estilo "ornado" ou curvilíneo harmonizavam-se numa torrente de decoração, numa superabundância admirável. Toda a fachada viu desaparecerem as suas linhas sob a profusão de colunas, arcadas e estátuas; as abóbadas dissimulavam o seu desenho e os amplos vãos do gótico original estilhaçavam-se em inumeráveis charcos de luz. Arte de riqueza e de pesquisa quase excessiva, mas que produziu requintadas obras-primas, como essa catedral de Litchfield, que os ingleses denominaram *Lady Cathedral*.

A Península Ibérica sofreu também esta tentação da exuberância, mas não da mesma maneira. Assim como tinha necessidade da ajuda militar da França para levar a cabo a sua Reconquista, assim apelava também para os mestres-de-obras franceses a fim de construir igrejas nas terras tomadas ao islã. Depois que os cistercienses introduziram a ogiva — não só no mosteiro português de Alcobaça, a que nos referimos há pouco, mas também na Espanha (em Poblet, em Santa Creus, em Las Huelgas, por exemplo) —, não demoraram a surgir as catedrais góticas. Zamora, Salamanca, Barcelona, Leão, Burgos, Toledo, Sevilha e, no jovem reino que acabava de nascer, Lisboa, Porto, Évora e a meridional Faro inspiravam-se visivelmente em Paris ou Bourges, Chartres ou Reims e até em Albi ou Coutances, pelo menos quanto à arquitetura, ao esqueleto.

Mas a decoração mudou. Fizeram-se sentir, sem dúvida, influências francesas: estilo de Chartres ou de Laon, virgens góticas imitadas pelas virgens espanholas, e essa obra-prima que é a fachada de Santiago de Compostela, onde um certo "mestre Mateus", certamente francês, soube igualar no "pórtico de glória" os maiores êmulos de Paris ou de Amiens. Mas a evolução tomou um rumo diferente. Fizeram-se sentir outras influências, alemãs e árabes simultaneamente, e quis-se acentuar o jogo das sombras e das luzes, executando uma escultura muito desligada da parede, cinzelada como se fosse de metal. Animais monstruosos, amontoados de corpos, ornamentos geométricos que cobriam paredes inteiras, tudo isso, muito diferente das normas originais, iria afogar as linhas sob uma decoração adventícia, de uma riqueza prodigiosa. Catedrais como Burgos ou Toledo, secretas e exuberantes, místicas e cobertas de tesouros, podem deixar desconcertado o visitante de Chartres ou da Sainte-Chapelle, essa "catedral infante"; mas não se pode negar o seu encanto penetrante e estranho.

A exceção italiana e a glória de Giotto

Houve, no entanto, uma exceção à expansão gótica, e de uma importância capital, porque influenciaria o futuro: a da Itália. Não é que a Península, como já vimos, não quisesse participar do grande movimento que levou a cristandade dos séculos XII e XIII a cobrir-se de igrejas. Pelo contrário. O violento tremor de terra que a sacudiu em 1117, juntando-se ao perigo habitual do fogo, contribuiu até para fomentar esse movimento. E todas as cidades que nadavam em dinheiro — Pisa, Gênova, Sena, Florença, Milão, Parma, Bolonha e muitas outras — consideravam uma honra construir para Deus. Mas fizeram-no à sua maneira, procurando ao mesmo tempo afirmar a sua individualidade, que era poderosa, e ligar-se às antigas fidelidades, a essa Itália do passado que fora a rainha do mundo e que agora se despedaçava no meio das sangrentas rivalidades entre guelfos e gibelinos.

Houve muito gótico na Itália. Os cistercienses franceses introduziram nela a sua sóbria arquitetura: Chiaravalle, Fossanuova, Casamari, San Galgano, construídas entre 1171 e 1218, foram as irmãs de Claraval e de Fontfroide. As ordens mendicantes, quando tiveram de multiplicar as igrejas das suas jovens tradições, recorreram muito a esse gótico primitivo e austero de Cister. A igreja erigida entre 1228 e 1253 para glória de São Francisco, na sua pátria, pelo irmão Elias, e que hoje abriga o seu túmulo, foi muito gótica nas abóbadas, mas à moda do gótico do sudoeste da França, isto é, de um gótico que prescindia da matemática dos contrafortes e dos arcobotantes (a igreja de Assis não os tinha originariamente). Foram numerosas em toda a Península as igrejas deste gênero, em que o cruzamento das ogivas se aliava às grandes superfícies planas das paredes, que se conservaram e em que se parecia querer, não abrir a nave à invasão da luz, mas protegê-la dela. As grandes catedrais construídas pelas cidades ricas partiram de um pressuposto análogo, excetuadas a sobriedade e a austeridade. À catedral gótica foram buscar o plano arquitetônico mais rico do que o da antiga basílica primitiva, e também a abóbada com cruzamento de ogivas, mas o próprio espírito do monumento mudou. A miscelânea de cores, o emprego abundante do mármore e o cinzelamento da fachada, que faz lembrar um relicário, deram-lhe um aspecto completamente diferente. Catedrais como Sena (1221), Orvieto (1290) e Santa Maria de Fiore, em Florença (1296), são belas, de uma majestade que não é diferente da das suas contemporâneas francesas. Sentimo-nos, porém, em outro clima[27].

Com efeito, tratava-se de uma fidelidade à terra, à raça, a todo um passado muito profundo. A permanência do estilo românico na Itália durante toda a época em que, do outro lado dos Alpes, se erguiam as naves góticas — São Lourenço extramuros em Roma é contemporânea da catedral de Rouen — foi mais um sinal disso. O românico-lombardo harmonizou-se com o gótico, com as suas colunatas, mantendo na obra uma tendência a permanecer mais maciça do que ereta. No mesmo momento em que se erguia Notre-Dame de Paris, Pisa terminava o seu *duomo* e empreendia o seu campanário e o seu batistério: nada faz sentir melhor a diferença decisiva entre as duas terras cristãs, Itália e França, do que a comparação entre esses dois monumentos. O *duomo* ou zimbório, isto é, a cúpula, mais imitada do Panteão romano do que do modelo bizantino, aparecerá com idênticos batistérios. Foi essa a cúpula com que Brunelleschi, ao lançá-la sobre o cruzamento das naves de Santa Maria de Fiore, simbolizou a própria abóbada celeste, uma parte tão decisiva do edifício que em italiano a catedral seria designada pelo seu nome: *il Duomo*.

A escultura italiana testemunhou também essa mesma fidelidade e essa mesma vontade de abrir um caminho pessoal, utilizando os dados do passado. Houve, sem dúvida, influências francesas, possivelmente por meio das equipes francesas que trabalharam nas construções da Itália, mas essa influência não foi decisiva. Os verdadeiros mestres que os talhadores de pedra italianos tomaram como ponto de referência foram os bizantinos e sobretudo os romanos, os artistas anônimos dos sarcófagos. Foram esses baixos-relevos dos sarcófagos antigos que *Nicolau de Pisa* (+ 1278), em pleno século XIII — quando os escultores de Chartres e de Reims eram tidos como mestres do mundo inteiro —, estudou para esculpir pessoalmente no mármore esses prodigiosos conjuntos de figuras comprimidas, rudes, ardentes de vida, que parecem trabalhadas por não se sabe que esforço dramático. A escultura italiana não se limitou apenas a desenvolver a sua própria estética, mas consagrou-se a partes da catedral a que os artistas franceses não tinham dedicado cuidados especiais. O púlpito tomou as dimensões inesperadas de um palco de pequeno teatro, com tribunas salientes para as leituras, uma profusão de estantes sustidas por leões ou águias, balaustradas que parecem parapeitos guerreiros, e tudo isso coberto de altos e baixos-relevos, de uma inesgotável riqueza de invenção, em que profetas e apóstolos, doutores e evangelistas, sem falar dos anjos e demônios, se misturam com uma decoração de fauna e de flora. Os púlpitos da catedral de Sena, do batistério e da catedral de Pisa, da igreja de Orta e de Santo André de Pistoia oferecem-nos esplêndidos exemplos de tudo isso. E a outra parte da igreja a que os escultores italianos dos séculos XII e XIII deram uma ênfase especial foi a porta — não o pórtico, tão querido dos artistas franceses, com os seus enquadramentos de pés-direitos e de curvas de abóbada —, mas o próprio batente, que foi maravilhosamente ornado. A que imemorial tradição obedeciam eles ao procederem assim, a que secreta disciplina, visto que, desde os tempos bíblicos, "a porta" sempre teve um sentido simbólico e a sua abertura significou sempre o acesso ao divino? De Bizâncio, da venerável basílica romana de Santa Sabina, de Salerno ou de Hildesheim, transmitiu-se o costume de trabalhar os pesados batentes; ornaram-nos com folhas inteiras de bronze e, quando o Renascimento fizer soar a nova hora, André de Pisa e Ghiberti darão a esta tradição a sua forma sublime e teremos então essas portas gloriosas que Miguel Ângelo denominará "portas do Paraíso".

Tudo isto asseguraria, pois, à arte religiosa italiana características de uma profunda originalidade e, ao mesmo tempo, estabeleceria uma espécie de ponte entre as antigas formas e as que o Renascimento iria desenvolver. No entanto, não foi nem na arquitetura nem na escultura que este duplo caráter se acentuou melhor, mas na arte em que ia triunfar a Itália da grande época: a pintura. A permanência do estilo românico e a orientação muito particular do gótico na Península levaram a manter na nave imensas superfícies de paredes. O afresco, que o gótico francês eliminou em benefício do vitral, não tinha aqui razão para desaparecer. A pintura mural, num país em que a abundância de luz não obrigava a desejar vãos muito abertos, continuou, portanto, a sua carreira ou, melhor, tomou um novo rumo.

Esta pintura mural italiana começou por inspirar-se em modelos antigos. Teve diante dos olhos as obras-primas bizantinas, essas de que os mosaicos de Ravena lhe ofereciam valiosos modelos, como também as que se levaram a cabo na mesma ocasião nos dois pontos de contato do Oriente com a Itália — Veneza e Sicília[28]. Foi o que fez *Cimabue* (1240-1301). E essa pintura lembrou-se também da Roma de Constantino, como aconteceu com Cavallini (1250-1316). Assim, os afrescos românicos italianos do início, as escolas tradicionais, foram parentes das francesas, talvez com menos espontaneidade e menos variedade rústica.

Mas no limiar do século XIII produziu-se um fenômeno de uma importância capital. Apareceu um homem, poeta e ao mesmo tempo santo, que ensinou os seus contemporâneos a amar a vida e a natureza, e que proclamou num tom de voz até então nunca igualado a fraternidade dos corações cristãos. A influência de São Francisco de Assis foi tão fecundante no domínio da arte como em todos os outros. Se aparecesse um artista em quem a própria alma do *Poverello* se associasse a todas as conquistas da técnica romano-bizantina, nasceria uma obra de gênio. Esse foi o milagre de *Giotto* (1266-1337).

Três versos de Dante disseram tudo a respeito da posição verdadeiramente única que o pintor de Florença devia ocupar na história da arte ocidental: "*Credette Cimabue nella pintura / tener lo campo, e ora ha Giotto il grido, / si che la fama di collui s'oscura*". A sua aparição, mergulhando na sombra os imitadores de ícones, iria abrir a arte ao seu destino realista e lançá-la num caminho que ela desde então nunca mais abandonaria. "Aos símbolos abstratos de uma hagiografia veemente e rígida sucederão imagens concretas de uma evidência imediata, elementares e fortes como as coisas que representam: pastores, carneiros, árvores, rochedos, o céu azul, o universo familiar de um pequeno guardador de rebanho, tal como é ao natural e para a eternidade, quando o gênio o cristaliza na permanência do estilo"[29]. Perante a intensidade das suas composições, sente-se bem que se abriu ao homem um novo universo. Só por si — porque nenhum dos seus contemporâneos o igualou, nem Simone Martini, nem Taddeo Gaddi, nem os Lorenzetti, nem mesmo Orcagna, apesar do que possam ter de requintado ou de patético —, só por si, Giotto é talvez tão importante como os escultores franceses que encontraram o segredo da forma viva; em pintura, foi ele quem no-la deu.

Na verdade, estamos diante do gênio e da sua inexplicável aparição. Que trazia em si de especial esse pequeno pastor da Toscana que se divertia gravando sobre pedra o perfil dos seus carneiros e que Cimabue descobriu por acaso? Não há dúvida de que os seus dons eram brilhantes, pois logo o reconheceram e foi chamado para Roma, para Sicília, para Pádua, para Rimini, para Nápoles, para Ravena, para toda a Itália e talvez mesmo para Avinhão, transformada em residência dos papas. É evidente também que o seu gênio teve o dom da fecundidade que caracteriza os espíritos superiores, e que ele multiplicou não somente as pinturas murais, mas os trabalhos de oficina, crucifixos e quadros de altar, com uma espantosa facilidade para renovar-se. Mas era necessário que houvesse outra coisa. Um homem não é capaz de inventar o maior poema dramático da pintura, de fazer viver os mais belos símbolos nas formas, sem ter uma alma, uma alma profunda, ardente e voltada para Deus. Aquele que tem sido representado como alegre, jovial, bebedor de *chianti*, amigo de réplicas prontas, trazia constantemente na sua alma a mesma aspiração mística que o seu contemporâneo, Dante, exprimiria sob o aspecto dramático. Giotto era filho espiritual de São Francisco; foi na esperança e no amor que ele deu corpo a essa aspiração.

Além de alguns painéis separados — o Crucifixo de Pádua e de Santa Maria Novella em Florença, a Madona dos Ofícios, a Dormição da Virgem de Berlim — apenas se conservaram três dos conjuntos que realizou: o ciclo franciscano de Assis, asperamente juvenil, a vida de Cristo e da Virgem da capela de Arena em Pádua, obra-prima da sua maturidade, e, em Florença, as composições mais tardias de Santa Cruz, de um classicismo mais amplo e despojado. Dessas imensas séries, nem tudo tem o mesmo poder de emoção, mas em nenhuma das cenas falta a fé profunda, a simplicidade de coração do verdadeiro cristão. Em Assis, o *Milagre da fonte* e a *Pregação aos pássaros* parecem corresponder tão perfeitamente ao próprio espírito do *Poverello*, cuja vida forneceu temas ao artista, que se sente como que a presença viva do santo. Em Arena, o Cristo da *Ressurreição de Lázaro* brilha com uma vitalidade e um esplendor tão sobrenaturais que não se pode imaginar melhor representação do Homem-Deus, vencedor da morte; e na cena, dolorosa de ver, do *Beijo de Judas*, é verdadeiramente todo o homem de miséria que se desvenda aos nossos olhos, na angústia que lhe é dada pela certeza da sua falta e pelo peso das suas infidelidades.

Assim, no momento em que a Idade Média vai encerrar a sua maior época, o gênio cristão, encarnado num pequeno pastor toscano, recolhe a sua mais valiosa herança.

"A consciência do divino na natureza do homem", a religião do Deus feito homem, que fora tão apaixonadamente servida por mestres-de-obras e talhadores de pedra das catedrais, afirma-se sob outras formas com igual poder de verdade. Mais tarde, mesmo quando a arte mudar de rota, ainda será dela que darão testemunho os Fra Angelico, os Signorelli, os Miguel Ângelo, esses filhos mais ou menos longínquos de Giotto.

Notas

[1] Damos a esta palavra um valor de certo modo simbólico e não pretendemos esquecer nem as igrejas abaciais, que foram muitas vezes os primeiros modelos das catedrais, nem as simples igrejas paroquiais, cujas naves foram filhas das gigantescas naves das catedrais. Precisamente porque exprime todo o seu tempo, a catedral resume e caracteriza todo um imenso esforço de criação, de que existem muitos outros testemunhos.

[2] Cf. *A Igreja dos tempos bárbaros*, cap. X, par. "*Um branco manto de igrejas*".

[3] O "mestre-de-obras" medieval acumulava também as funções de arquiteto, projetista e calculista. Designava-se também simplesmente por "mestre" (N. do T.).

[4] Cf. cap. I, par. *A primavera da cristandade*.

[5] Jacques Maritain em *Art et scholastique*.

[6] Cf. *A Igreja dos tempos bárbaros*, cap. X, par. *Cluny e a reforma monástica*.

[7] Cf. cap. III, par. *São Bernardo e a arte do seu tempo*.

[8] Cf. cap. VI, par. *Bispos e dioceses*.

[9] Aimon, *Patrologia Latina*, 181, pág. 1707.

[10] Até na Prússia houve arrecadações para construir Saint-Martin de Colmar.

[11] Ninguém ignora, por exemplo, que, apesar das nossas modernas técnicas de pintura sobre vidro, somos incapazes de descobrir os segredos de fabricação que dão aos vitrais românicos o seu brilho admirável. Quando visitamos a cumeeira de Notre-Dame de Paris, verificamos que a parte antiga do telhado tem vigas muito mais finas do que a parte moderna e que, no entanto, as que foram colocadas por Viollet-le-Duc estão atacadas por insetos, ao passo que as do século XIII estão intactas. Que processo de conservação foi empregado? Teremos de admitir, como alguns partidários de teses mais ou menos ousadas, que se transmitiam segredos muito antigos entre as confrarias de construtores? Sabe-se que, na Idade Média, a medida usual — o côvado — variava conforme as regiões; a que serviu para construir a catedral de Estrasburgo é rigorosamente a mesma que foi utilizada para construir a grande pirâmide...

[12] Tem-se sustentado com muita frequência que, como a arte do tempo refletia as notas características da fé medieval, o seu amor pelo símbolo e pelo mistério devia estar presente nessa arte. Huysmans, como se sabe, foi um defensor fanático da explicação simbólica da arte cristã medieval. Parece existir nisso uma parte de verdade e que, em particular, a "ciência dos números", que atribui a cada algarismo uma significação secreta, desempenhou algum papel: 3, algarismo divino; 4, algarismo da matéria, porque é o dos elementos; 7, algarismo total do homem por adição dos dois primeiros, etc.

As pesquisas feitas sobre a famosa *proporção áurea*, conhecida desde a Antiguidade, não foram ainda cientificamente estendidas à arquitetura. Por outro lado, por que as catedrais se orientam com o coro para leste? Seria a direção de Jerusalém ou do Paraíso? Ou porque a tradição afirmava que Cristo, ao morrer, olhara para o Ocidente? É infinitamente provável que a ligeira obliquidade que se observa na implantação de certos coros em relação à nave tenha uma origem inteiramente fortuita, empírica, e não porque se quisesse expressamente evocar a cabeça inclinada de Jesus ao morrer. Quanto às teorias que asseguram que as janelas eram os doutores, as colunas os apóstolos, e que a rosácea do norte era uma alusão ao inferno e a do sul ao Paraíso, parecem muitas vezes posteriores e acrescentadas.

[13] Daqui provém a expressão *se donner des gants* ("dar-se luvas"), atribuir-se o bom êxito de uma obra.

[14] Louis Gillet.

[15] A comparação foi notavelmente desenvolvida por Lefrançois-Pillion em *Maîtres d'oeuvre et tailleurs de pierres*; o termo "edifício de pé" é do historiador alemão Wörringer.

[16] Lefrançois-Pillion.

[17] Esta é a razão por que temos uma impressão de imensidade muito maior em Reims ou em Amiens do que em São Pedro de Roma, visto que, na vastidão do monumento típico do Renascimento, falta essa escala humana. Quando os anjos de uma pia de água benta têm dois metros de altura, quem poderá aperceber-se disso, se ao lado não há elementos de comparação?

[18] Foi o polígrafo italiano do século XVI Paolo Giovi que, falando do século XIV, o designou como o *felix saeculum* em que a civilização, a arte e a literatura saíram "dos túmulos góticos" em que jaziam havia muito tempo...

[19] Cf. *Le sens de l'équipe dans les chantiers de Cathédrales*, por Jean Alazard, *Rev. des Deux Mondes*, 1º de novembro de 1941.

[20] Para retirar as estátuas das catedrais, os revolucionários só tiveram um recurso, já que não podiam arrancá-las da pedra: quebrá-las com o martelo.

[21] Em contrapartida, a crucifixão quase nunca foi representada; encontramo-la apenas em Saint-Gilles du Gard, em Notre-Dame de Dijon e, muito mais tarde, em Rouen, Bayeux, Reims e Estrasburgo. Dir-se-ia — mas é só uma hipótese — que os artistas da Idade Média tinham um certo escrúpulo em evocar os terríveis sofrimentos do Homem-Deus. Esta arte, tão profundamente religiosa, tinha horror a todo o sentimentalismo, a toda a representação espetacular; abstinha-se cuidadosamente de impor uma emoção.

[22] Graças sobretudo a Prosper Mérimée que, unindo ao seu talento de romancista e dramaturgo as funções de inspetor geral dos monumentos históricos, descobriu ao longo das suas viagens o prestigioso conjunto de Saint-Savin (Vienne). O essencial desses tesouros foi reunido em Paris, sob a forma de cópias de uma fidelidade maravilhosa, no Museu dos Monumentos franceses (Trocadéro).

[23] Cf. cap. II, par. *Um espetáculo sagrado: a liturgia*.

[24] Émile Mâle mostrou que o drama litúrgico influiu nos temas das esculturas da catedral, propondo-lhes cenas típicas.

[25] Cf. *A Igreja dos tempos bárbaros*, cap. IV, par. *São Gregório Magno, papa.*

[26] Sabe-se que foi Gui d'Arezzo quem inventou a escala ou antes o engenhoso meio mnemotécnico que permite designar as notas (método inspirado no hino de São João Batista, cujos semiversos começavam por notas em progressão ascendente: ***ut** queant laxis / **re**sonare fibris / **mi**ra gestorum / **fa**muli tuorum / **sol**ve polluti / **la**bii reatum / Sancte Ioannes*).

[27] A catedral de Milão data de fins do século XIV, mas será a obra-prima desse gótico italiano superabundante, de uma exuberância e de uma riqueza prodigiosas.

[28] Cf. cap. X, par. *Projeção de Bizâncio* nos séculos XI e XII.

[29] Jean Leymarie.

X. Bizâncio cismática caminha para a queda

No dia seguinte ao cisma

Enquanto o Ocidente levantava o monumento de uma das civilizações mais fecundas que já existiram, era bem diferente o espetáculo oferecido pelo Oriente. Não que Bizâncio tivesse deixado de ser a Bizâncio que herdara as glórias de Teodósio e Justiniano, o baluarte de muralhas e de códigos que enfrentara a barbárie desordenada, a capital econômica, espiritual e ao mesmo tempo política em que palpitava o coração do mundo mediterrâneo. Mas, embora ainda digno de admiração e respeito sob muitos aspectos, o vasto Império que a dinastia macedônia acabava de dirigir com pulso tão firme já não dava, em meados do século XI, a impressão de possuir uma vitalidade profunda. O grande navio seguia o seu curso sacudido por inúmeras tempestades: o passado seria, por si só, capaz de garantir o futuro?

Um acontecimento capital acabava de abater-se pesadamente sobre o seu destino: o *cisma* de 1054[1]. O lento desentendimento que se insinuara no decorrer dos séculos entre as duas metades da Igreja tinha múltiplas causas: evolução diferente dos ritos e práticas, mais fixos e uniformes no Oriente, mais variados no Ocidente; desacordos teológicos cuja importância os dois campos aumentavam a seu bel-prazer, tal como o que havia provocado a introdução da expressão *Filioque* no *Credo* por parte dos ocidentais[2]; má vontade do patriarca de Constantinopla em reconhecer o primado da Sé de Roma, sobretudo a partir do momento em que se tornara o único que contava no Oriente, pois os territórios dos outros patriarcas tinham sido ocupados pelo islã (Jerusalém e Alexandria) ou vinham sendo fortemente atacados por ele (Antioquia); e, finalmente, desprezo não dissimulado dos bizantinos, astutos e letrados, pelos bárbaros do Ocidente.

A ruptura foi provocada pela ambição de um homem: *Miguel Cerulário*, patriarca de Constantinopla. Inteligente até o excesso, de uma sutileza que sabia mascarar uma firmeza de aço, esse homem que, na sua juventude, desejara calçar as sandálias de púrpura do basileu, uma vez clérigo, transferiu para o plano eclesiástico os sonhos da sua ambição: ser o chefe único de uma igreja livre de qualquer controle e na qual se incluíssem todas as dioceses do Oriente. Para atingir esse fim, não teve o menor escrúpulo em lançar mão de todos os meios: habilidades suspeitas, perfídias e violências. Insistindo no que aparentemente separava os cristãos, chamando heresias às mínimas diferenças de expressão, qualificando como escandalosos costumes tão inocentes como o de cortar a barba, trabalhou habilmente para introduzir a cizânia entre as duas partes da cristandade. O erro dos ocidentais, e principalmente do papa Leão IX, foi não se aperceberem de que o patriarca desejava a ruptura e de que toda a manifestação inoportuna de autoridade o favorecia. Enviando como legados a Bizâncio dois rudes lorenos, desconhecedores das sutilezas bizantinas — o cardeal Humberto, o célebre reformador, e Frederico de Lorena, futuro papa "gregoriano" —,

Roma precipitou os acontecimentos. A astúcia e a cautela opuseram-se à falta de moderação e de jeito, sob o olhar indiferente do imperador Constantino IX Monômaco, mais preocupado com a literatura e os encantos femininos do que com discussões teológicas. Quando, em 6 de julho de 1054, o cardeal Humberto, julgando dobrar Cerulário, depôs sobre o altar de Santa Sofia o texto de uma excomunhão, deu a vitória ao patriarca. Valendo-se da indignação provocada por esse gesto, o ambicioso pôde reunir todo ou quase todo o Oriente, desde o basileu ao último dos calafates, contra essa Roma bárbara e herética que vinha insultar na sua casa os príncipes da santa igreja bizantina. E, em 24 de julho, um sínodo oriental promulgou cânones que consagravam a ruptura.

Essa ruptura foi fatal? De maneira nenhuma. Certamente, as diferenças entre gregos e latinos eram profundas; as sensibilidades eram dessemelhantes. As atitudes, espiritual e moral no Ocidente, simbolista e escatológica no Oriente, não combinavam. No entanto, os vínculos estabelecidos ao longo dos séculos por trinta gerações uniam ainda as duas partes da cristandade. No princípio do século XI, pudera-se até constatar uma tendência para a aproximação; o duplo perigo dos normandos e dos turcos, a frequência cada vez maior das peregrinações à Terra Santa, um melhor conhecimento no Ocidente das origens orientais da espiritualidade, tudo isso contribuía para a unidade. Constantino IX só manifestava respeito e boas intenções para com o Papa de Roma. Por que, então, eclodiu o drama? É preciso reconhecer aqui um desses casos, mais frequentes do que se julga, em que a personalidade de um homem e as suas intenções são decisivas e podem obliterar os destinos durante séculos.

Pouco importa que o responsável pelo cisma tenha parecido sofrer, já nesta terra, um castigo sobrenatural, visto que, envolvido de perto na conspiração que levou Isaac Comneno ao poder, mas logo indisposto com o basileu, foi preso por sua ordem, difamado por panfletistas pagos por ele, e tão oprimido por sevícias que veio a morrer. Pouco importa também que a igreja oriental, pouco depois, reconhecendo nele o arauto da sua vontade de independência, tenha feito dele um santo. O rasgão na "túnica inconsútil" estava feito; nove séculos e muitos esforços generosos não puderam remediar até hoje uma situação que nenhum coração cristão poderá encarar de ânimo leve, e cujo peso, embora as responsabilidades pareçam desiguais, é suportado coletivamente por todos os filhos de Cristo.

Perante um acontecimento que, na perspectiva do tempo, tem uma importância dramática, qual foi a reação dos contemporâneos? Aperceberam-se eles de que se tratava de um corte doloroso e desastroso que se introduzia no cristianismo? Se Miguel Cerulário tinha querido que fosse assim, a simples ideia do cisma perturbava muitas almas fiéis. Não podemos ler sem emoção a carta que o santo patriarca Pedro de Antioquia escreveu ao seu colega de Constantinopla: "Peço-te", escreve ele, "suplico-te, adjuro-te, e em pensamento lanço-me aos teus joelhos sagrados, rogando-te que a tua divina beatitude ceda a este golpe e se dobre às circunstâncias. Tremo só de pensar que, querendo curar esta ferida, ela pode degenerar em coisa pior, no cisma, ou que, procurando erguer o que está abatido, se prepare uma queda ainda maior. Considera o que resultará evidentemente de tudo isto, quer dizer, desta imensa divergência, que acabará por separar da nossa santa Igreja essa sé magnânima e apostólica. A maldade passará a invadir a vida e o mundo inteiro será subvertido. Se os dois reinos da terra estiverem mergulhados na intranquilidade, por toda a parte haverá lágrimas abundantes; os nossos exércitos em parte alguma serão vitoriosos".

Palavras admiráveis e proféticas! Mas não foi apenas Pedro de Antioquia quem se exprimiu desta forma; Jorge o Hagiorita declarava perante o imperador Constantino Ducas, em 1064, que a fé dos latinos não sofrera qualquer desvio e que o uso do pão fermentado no Oriente só se tornara necessário para provar a certos extraviados que o Corpo do Senhor possuía alma e razão, respectivamente simbolizadas pelo fermento e pelo sal misturados à farinha. João II, metropolita de Kiev, reconhecia que os erros de que os ocidentais eram acusados não feriam os dogmas. Teofilacto, arcebispo de Ácrida na Bulgária, no seu tratado *Sobre os erros dos latinos*, dizia formalmente que esses "erros" não podiam justificar um cisma, criticava duramente a orgulhosa pretensão dos teólogos orientais e afirmava que, no fundo da questão, havia sobretudo rivalidades pessoais ou raciais.

Mas, ao lado dessas vozes serenas, quantas outras injustas e apaixonadas! O fosso do cisma foi aprofundado, como por prazer, pela maldade e pela estupidez. Houve, em Bizâncio, homens, teólogos, que, incapazes de compreender o Ocidente, ou não desejando compreendê-lo, continuaram o trabalho de Miguel Cerulário, acumulando calúnias e acusações sem fundamento. Basta consultar um dos inumeráveis tratados que apareceram então para medir a sua fraqueza e tantas vezes a sua abjeção. Os agravos articulados nessa espécie de libelo são em número de vinte e oito, nem um a menos! Os seis erros maiores, tirados da argumentação de Fócio, referem-se aos ázimos (pão fermentado ou não? Grave questão...), à processão do Espírito Santo, à Confirmação separada do Batismo, às infrações ao jejum da Quaresma e ao do sábado, e, por fim, ao celibato dos padres. Mas, a essas acusações fundamentais, os panfletários acrescentam atabalhoadamente outras, sempre sob o sopro da mesma indignação. Durante os ofícios, os padres latinos têm uma compostura pouco conveniente, levam a luxúria ao ponto de raspar a barba em vez de deixá-la crescer, e o celebrante chega ao altar com a cabeça coberta, o que é verdadeiramente escandaloso; além disso, os fiéis ousam benzer-se com cinco dedos, quando todos sabem que devem fazê-lo apenas com três; e, finalmente, os bispos do Ocidente, quando morrem, são expostos no caixão sem as mãos juntas... E é por bagatelas desse gênero que o Oriente passará a julgar o Ocidente...

Pode-se dizer que, na ocasião em que circulavam esses panfletos, a realidade histórica do cisma foi compreendida pelos contemporâneos? Parece que não. Entre os historiadores bizantinos, nem o marechal palatino João Skylitzés, nem o magistrado Miguel de Atalia, nem sequer o grande letrado Miguel Psellos, que se notabilizou pela magnífica palinódia de ter sido sucessivamente o acusador público de Miguel Cerulário e o seu panegirista oficial, falam do cisma chamando-o pelo seu nome. Será preciso esperar mais de cento e cinquenta anos para que um cronista evoque "os conflitos que surgiram entre o patriarca Miguel e os latinos". Mas se esta omissão, que faz pensar numa conspiração do silêncio, pode ser explicada pelo inveterado costume que os orientais tinham de suscitar querelas teológicas e pela persuasão de que esta era apenas mais uma e não a mais importante de todas, surpreende-nos verificar que no Ocidente o episódio foi também mal compreendido. O cardeal Humberto, no relatório que redigiu, afirmava impavidamente que tinha vencido o patriarca e dava a entender que o imperador estava do lado certo. O cardeal Boson, no século XII, chegará a dizer com candura que "o caso que levou os legados a Constantinopla terminou amigavelmente..." Parece que estamos sonhando. As ilusões só se dissiparam mais tarde, quando a situação surgiu na sua verdadeira perspectiva, ou seja, a de uma terrível convulsão.

Na prática, o cisma não causou uma suspensão de relações entre o Oriente e o Ocidente. O movimento comercial, cada vez mais intenso, atraiu os mercadores italianos a Bizâncio. Genoveses e amalfitanos estabeleceram-se no Corno de Ouro, logo seguidos pelos venezianos, quando o crisóbulo imperial de 1082 abriu aos navios da Sereníssima República o acesso isento de taxas alfandegárias a todos os portos bizantinos. Numerosos ocidentais entraram a serviço do basileu como soldados mercenários: alemães, ingleses e normandos sobretudo, sempre apaixonados por belas aventuras longínquas, como esse Roussel de Bailleul de quem voltaremos a falar. É espantoso o número de casamentos que uniram as famílias reinantes de uma e outra Igreja. Jaroslav, grande *kniaz* de Kiev, era um verdadeiro "avô" da Europa coroada: tio de Filipe I da França e de Olavo III da Noruega, sogro de Gita (filha de Haroldo da Inglaterra), de Salomão da Hungria e de Henrique IV da Alemanha, antes de que as suas bisnetas desposassem os soberanos da Dinamarca e da Noruega. Para tentar reconciliar o seu trono com os normandos, o basileu Miguel VII prometerá seu filho em casamento à filha de Roberto Guiscard e, quando Andrônico chegar ao trono devido ao assassinato de Aleixo II, desposará imediatamente a pequena Ana da França, filha de Luís VII, que fora noiva do seu predecessor. A realeza capetíngia guardará uma recordação destas relações dinásticas entre o Oriente e o Ocidente: o Evangeliário de Reims, que servirá para a sagração real, não será outro senão o livro trazido pela rainha

Ana, quando do seu casamento com o rei Henrique I, e o prenome de Filipe, bizantino de origem, será adotado pela família da França até os nossos dias.

Mesmo no plano religioso, os contatos sobreviveram ao cisma. O itinerário dos peregrinos para a Terra Santa incluía uns dias de permanência em Constantinopla, para que se pudessem venerar, entre muitas notáveis relíquias, o manto, a túnica, o véu e o cinto da mãe de Deus. Na capital, houve igrejas de rito romano que continuaram abertas e estabeleceu-se até um convento clunicense: o da Caridade. Mais ainda: houve latinos que ouviram o chamamento da "Grande Montanha" e fundaram no Monte Athos um mosteiro sob a proteção especial do basileu. Em sentido inverso, os orientais estavam representados no Ocidente pelos melhores dos embaixadores: os santos. Lembremo-nos do traslado das relíquias de Santo Antão para as margens do Ródano e na dos restos de São Mamas para Langres, que devia orgulhar-se deles. E, entre os inúmeros monges bizantinos que vinham praticar as suas devoções no Monte Cassino ou em Roma, quem não conhece o nome do bom São Nicolau, que peregrinou por toda a Itália arrastando uma pesada cruz e gritando: *Kyrie eleison!*, antes de morrer em 1094, em Trani, na costa do Adriático? E foi a igreja do Ocidente que, imediatamente após a sua morte, o colocou sobre os altares.

No entanto, a dissensão entre o Oriente e o Ocidente não cessou de crescer. Desconfiança recíproca, hostilidade latente, desprezo, inveja e incompreensão... Quem se prejudicou com essa ruptura? Bizâncio, principalmente. Numa época em que a fé estava na base de tudo, o cisma não podia deixar de provocar consequências no plano da grande política: destruiu toda a possibilidade de entendimento sólido entre a Europa do basileu e as jovens forças do

Ocidente. Isso foi tanto mais prejudicial quanto Bizâncio, secretamente minada pelos vermes de decadência, tinha de retomar nessa ocasião o papel de baluarte da Europa perante a Ásia em marcha, papel que desempenhara durante séculos e que agora já não podia assumir sozinha.

A anarquia feudal alcança Bizâncio

O período que se seguiu ao cisma foi, para Bizâncio, um dos piores da sua história. Enquanto os basileus se sucediam rapidamente no trono — treze em quarenta anos —, terminando quase sempre o seu reinado por uma abdicação precipitada, quando não no meio de suplícios, desenrolava-se um drama interior em que estava em jogo a vida do Império. Havia muito tempo que se vinham manifestando as ambições da aristocracia militar e o sistema feudal surgia também no Oriente. Chefes de guerra e grandes administradores tinham um único desejo: tornarem-se proprietários dos domínios confiados à sua guarda. Os imperadores macedônios tinham sido bastante fortes para lhes imporem uma barreira, mas, quando os seus herdeiros fraquejaram, vieram a revolta, a guerra civil e a anarquia.

Durante vinte e cinco anos, os verdadeiros condutores do jogo foram esses aristocratas poderosos e cobertos de glória que, tendo desempenhado um papel de primeiro plano nos campos de batalha, achavam que deviam colher os benefícios das suas proezas: os Focas, os Comnenos, os Escleros, os Diógenes, os Botaniates e os Ducas. A eles se uniam os chefes mercenários que Bizâncio tomava ao seu serviço. Nos planaltos da Anatólia, todos encontravam reservas — heteróclitas quanto à origem — de guerreiros fanaticamente devotados aos seus chefes e dispostos a tudo, desde que os recompensassem bem. Invejando-se uns aos outros, prontos a lutar entre si, tão pouco firmes em matéria de fidelidade que se entendiam por vezes com os inimigos de fora para realizarem as suas ambições, estes guerreiros disputavam a tal ponto o Império entre si que o invasor podia dominá-los facilmente.

Que fariam os imperadores para se oporem a essa ameaça? Com exceção de dois, Isaac Comneno e Romano Diógenes, que continuaram a ser verdadeiros soldados no trono, todos seguiram a política insana estimulada por Basílio II: minar sistematicamente o exército. O poder pertence ao clã dos eunucos do palácio e aos intelectuais — filósofos ou teólogos —, dos quais o menos que se pode dizer é que pareciam muito fracos para dirigirem o Estado em circunstâncias tão graves; entre eles, ocupava um lugar de relevo Miguel Psellos, antigo cobrador de impostos que se tornara mestre de filosofia, preceptor e conselheiro dos imperadores. Esses mandarins empenharam-se em minar os guerreiros, suprimir os créditos militares e desarmar a frota. A nobreza parecia perigosa? Propuseram substituí-la por uma hierarquia de funcionários cujos postos — incluído o do imperador! — se preencheriam por meio de exames.

Os guerreiros não tiveram o menor escrúpulo em opor-se pelas armas a esses homens cultivados. Não se podem contar as revoltas, sedições e "pronunciamentos" que eclodiram durantes esses vinte e cinco anos. Não havia chefe de tropa que não acalentasse o desejo de arranjar um belo feudo para poder zombar do basileu. Alguns dentre eles foram heróis de aventuras épicas e picarescas, como esse Roussel de Bailleul, o mais pitoresco de todos eles, normando vindo da França, companheiro de Roberto Guiscard na Sicília, e que, tendo-se posto a serviço do imperador de Bizâncio, atraiçoou-o depois, negociando com os turcos e começando a trabalhar por conta própria. Saqueava indiferentemente muçulmanos e cristãos, e por pouco não tomou Constantinopla. Capturado uma primeira vez, conseguiu libertar-se mediante uma enorme "gorjeta" e aliou-se aos piores ladrões turcos que, por fim, o traíram e o entregaram ao seu adversário: uma vida bem movimentada e característica dos costumes do tempo...

No meio de toda essa confusão, os imperadores sucediam-se no Palácio Sagrado. Nem todos eram incapazes; alguns eram até inteligentes e corajosos, mas faltava-lhes a energia sobre-humana que seria precisa para pôr fim a tantas ambições turbulentas. A *Constantino Monômaco*, que morreu de decrepitude em 1055, sucedeu *Miguel VI* (1056-1057), velho maníaco que se tornou célebre pelo decreto que obrigava os seus súditos a usar cabeleiras. Varrido por uma sedição, apressou-se a raspar a cabeça e a procurar um mosteiro para evitar o pior. Seu vencedor, *Isaac Comneno* (1057-1059), primeiro membro dessa ilustre família a usar a púrpura, teria podido restabelecer a ordem, como soldado que era, e foi ele realmente que libertou o Estado das intrigas do patriarca Cerulário. Mas esse papel de gendarme agradava pouco à sua alma mística e neurastênica, e foi também para um convento. Seu amigo *Constantino X Ducas* (1059-1067) era do tipo letrado; trabalhou, portanto, contra o exército e teve a sorte de morrer a tempo de não ver as consequências do seu antimilitarismo desmedido. Mas, depois dele, *Romano IV Diógenes* (1067-1071), bom soldado que a viúva do antecessor se apressou a desposar para ter assegurada a sua proteção, pagou o tributo daquela política insensata; o exército, cujo comando assumira corajosamente contra os turcos, foi vencido em Mantzikert e ele foi feito prisioneiro. A partir desse momento, acelerou-se a marcha para o abismo. Enquanto *Miguel VII* (1071-1078), que se desonrara mandando supliciar atrozmente o sogro, retomava a política antimilitarista, os inimigos arrancavam a Bizâncio pedaços de carne viva em todas as fronteiras. Era a época em que Roussel de Bailleul praticava as suas proezas, imitado por muitos outros nos quatro cantos do Império que desmoronava. Quando, em 1078, eclodiu uma revolta geral dos exércitos, Miguel VII foi espoliado do trono e da mulher por um dos seus guerreiros que ambicionavam a púrpura: *Nicéforo III Botaniate* (1078-1081). Mas a situação era tal que este corajoso soldado não foi suficiente para moralizar o exército e ao mesmo tempo restabelecer a ordem no Estado. As sedições continuaram cada vez em maior número. Quando o mais brilhante dos generais anatolianos, *Aleixo Comneno*, marchou sobre Constantinopla, o Botaniate apressou-se também a buscar refúgio num mosteiro. O seu vencedor era, por fim, um homem forte, inteligente, hábil, decidido a tirar o seu país da lama sangrenta em que se afundava.

Não sem tempo, porque, vindo dos quatro pontos cardeais, já se erguia avidamente um inimigo a perder de vista, como costuma sempre acontecer com os Estados fracos.

Inimigos do Norte, inimigos do Leste: os turcos

Havia já meio século que Bizâncio era uma praça sitiada e obrigada a permanecer de vigília em todas as suas muralhas. Depois da morte do último grande macedônio, Basílio II, cujas terríveis vitórias lhe tinham dado o cognome "matador de búlgaros" , a múltipla ameaça não cessara de aumentar nas fronteiras. Em 1025, o Império compreendia ainda os Bálcãs até o Danúbio e o Dravo, a Itália do Sul, a Síria, toda a Anatólia e, confinando com o

Cáucaso, a Armênia. Como ficou sessenta anos mais tarde? Olhando para um mapa, podemos avaliar o terrível recuo que experimentou[3].

Ao Norte, se os búlgaros, esmagados por Basílio, se tinham mantido calmos durante algum tempo, muitos outros adversários os tinham substituído no eterno assalto das estepes secas contra as terras férteis. Os mais turbulentos eram os petchenegas, primos desses citas quase lendários que, há séculos, faziam o Oriente tremer, os "descendentes de Gog e de Magog". Por volta de 1049, os funcionários de Bizâncio tinham tentado mantê-los na Trácia, mas em breve retomaram as suas andanças devastadoras. Isaac Comneno conseguiu, bem ou mal, dominá-los, mas a tarefa era sobre-humana, dificultada ainda mais pela ajuda cúmplice que esses inimigos de Bizâncio recebiam dos hereges paulicianos e bogomilos[4] refugiados nas montanhas. E apareciam sempre outros novos! No tempo de Constantino Ducas, surgia uma variedade desconhecida de bárbaros, os uzos, enorme multidão de cerca de seiscentas mil almas que varreu a Península balcânica de norte a sul. Incapazes de vencer essas feras, os basileus tentaram alistá-los nos seus exércitos, mas a sua duvidosa fidelidade tornava-os mais perigosos do que úteis; Romano Diógenes aprendeu-o na própria pele. Excelentes para fornecerem bandos aos generais rebeldes, os uzos e os petchenegas, em 1076, chegaram a ameaçar várias vezes os arredores da capital, e o palácio imperial só se desembaraçava deles enchendo-os de ouro.

Estes continuados golpes de aríete contra a velha fortaleza suscitavam evidentemente em outros adversários o desejo de passarem através das brechas abertas para participarem também do espólio. Assim, os *húngaros* que, cristianizados por Santo Estêvão (1000-1038), tinham mantido excelentes relações com Bizâncio, lançaram um ataque em 1059, como aliados dos petchenegas. Foram repelidos por Isaac Comneno, mas recomeçaram no tempo de Constantino X Ducas, que deixou Belgrado ser tomada em 1064. Da mesma maneira, os *sérvios*, durante muito tempo mercenários no exército bizantino, começavam a saquear as terras, obrigando o Império a rudes expedições nas suas montanhas, e proclamavam a sua independência, chegando a conseguir que o papa Gregório VII lhes desse um rei (1076). Vendo isso, os búlgaros ergueram a cabeça e elegeram *czar* um príncipe sérvio. Como este tivesse sido batido, lançaram mão de um chefe lombardo. Desde o Adriático até o Mar Negro, todo o Norte do Império estava em plena desagregação.

Mas tudo isto não era nada ao lado do drama que se desenrolava no Leste. Ali os inimigos eram os *turcos*, os *seldjúcidas*, embora Bizâncio se julgasse em paz nessa fronteira, pois os califas fatímidas se comportavam como amigos. Um deles, porém, Al-Hakim, que os próprios historiadores muçulmanos apelidam de "o insensato", optou, de 1009 a 1020, por uma política diferente. Demoliu o Santo Sepulcro e perseguiu os cristãos de mil maneiras, obrigando-os a trazer no pescoço uma cruz de cobre de dez libras, enquanto os judeus usavam uma cabeça de bezerro de madeira! Mas esse delírio não durou muito e o próprio insensato mudou de atitude por medo das represálias. Eram, portanto, boas as relações entre Bizâncio e o islã, a tal ponto que os basileus participaram da reconstrução do Santo Sepulcro e mandaram trigo para a Síria muçulmana esfomeada.

A aparição dos turcos por volta do ano mil mudou tudo. À decadência em que o islã se afundava desde os abássidas do século X, à desagregação do seu império entre dinastias provinciais, sucedeu um vigoroso revezamento conduzido por uma jovem raça militar, igualmente temível, mas de forma completamente diferente da desses civilizados amolecidos em que se tinham convertido os árabes e os persas. Saindo das estepes do Aral, onde viviam como nômades, os turcos puseram-se em marcha quando um chefe nimbado de glória, o príncipe Seldjuc, assumiu os seus destinos. Estabeleceram as suas bases no quadrilátero formado pela Sibéria, o Afeganistão, o Mar Cáspio e o Turquestão. Os seus homens, de pele mate, olhos negros e salientes, eram espadaúdos, baixos e de notável valor. Com os seldjúcidas, recomeçaria a guerra santa, até então adormecida.

Em 1038-1040, Toghrul-Beg deu o sinal de ataque. Todas as tribos turcas foram obrigadas, de boa ou má vontade, a reconhecer a sua autoridade. Chefe excelente, a quem deviam suceder no comando do exército generais de mérito como Alp-Arslan e Malek-Shah, o seldjúcida fixou dois objetivos aos seus povos. Por um lado, o Irã, adormecido entre os seus poetas e as suas rosas: a Mesopotâmia foi tomada num abrir e fechar de olhos, Ispahan caiu em 1051 e Bagdá em 1055. Por outro lado, Bizâncio, com as suas suntuosidades, as suas províncias mais vulneráveis e, especialmente, a sua fronteira armênia. Dali para a frente, não houve um só ano em que os basileus não tivessem de se defender das investidas de um inimigo infatigável.

Dois grandes momentos dramáticos marcaram a história desta guerra pela Ásia Menor. Um e outro impressionaram profundamente os contemporâneos. Em 1064, a *Armênia* cristã ruiu. Terá Bizâncio feito o possível para proteger esse baluarte longínquo, mas decisivo? Não havia uma surda desconfiança entre os armênios monofisitas e os bizantinos que os atormentavam com a questão da dupla natureza de Cristo? A velha capital de Ani caiu; seguiu-se um massacre e a cruz de prata que encimava a cúpula da catedral foi retirada para servir de soleira a uma mesquita.

A maior parte dos armênios fugiu para a Capadócia e as imediações do Tauro, e fundou uma nova Armênia — que encontraremos na história das cruzadas —, enquanto a sua pátria se convertia num campo de batalha inundado de sangue.

O outro grande episódio da tragédia foi a batalha de *Mantzikert*, em 1071, que pôs fim ao destino do basileu Romano Diógenes. Chefe resoluto, o imperador tentara reconstituir o exército com mercenários uzos, petchenegas e voluntários normandos. Durante três anos, a sorte parecera sorrir-lhe; conseguira levar a cabo algumas operações felizes a leste de Antioquia e para além da Capadócia, sem no entanto impedir as rapinagens que se estendiam até Icônio, quase até o mar. Em 1070, porém, os turcos sitiaram Mantzikert, ao norte do lago de Van, um dos últimos núcleos armênios que ainda eram bizantinos, e Romano Diógenes lançou-se em seu auxílio. O choque deu-se em 19 de agosto de 1071. Enganado pelos turcos, que fingiram recuar para o atraírem a uma cilada, abandonado pelos uzos e pelos petchenegas que, sendo asiáticos, não queriam bater-se contra outros povos da Ásia, e talvez abandonado também por Roussel de Bailleul, o infeliz imperador defendeu-se como um herói com um punhado de fiéis. Aprisionado pelos turcos, deixou-os tão impressionados com a sua coragem que foi tratado com o maior respeito.

Mantzikert, 1071: data de que os historiadores do Ocidente pouco falam e que, no entanto, é capital. Esta derrota bizantina tinha um sentido preciso; provava que o Império do Oriente se tornara incapaz de continuar a desempenhar o papel de baluarte da cristandade que fizera a sua glória. Era, portanto, indispensável que o jovem Ocidente levasse as suas armas até as fronteiras do Oriente ameaçado. A cruzada será a resposta à demissão das forças bizantinas: 1095 estava em germe em 1071, e Romano Diógenes, vencido, chamava por Godofredo de Bulhões.

Com efeito, pediu-se ajuda ao Ocidente. Miguel VII, abdicando de todo o orgulho, pediu a Gregório VII que lhe enviasse tropas, e o pontífice respondeu lançando aos príncipes um apelo que, aliás, se mostrou totalmente ineficaz devido aos embaraços causados à cristandade pelo conflito do papa com Henrique IV. Mas esse foi o primeiro sinal precursor da cruzada.

A derrota de Mantzikert abriu aos turcos as portas do Oeste. Além disso, as crescentes dissensões entre os chefes bizantinos só os favoreciam. Avançando em todas as direções, os seldjúcidas tinham apenas de explorar as suas vitórias. Em 1076, *entraram em Jerusalém*. A partir de 1078, ocuparam quase toda a Ásia Menor e as suas possessões passaram a estar de tal modo misturadas com as bizantinas que na prática dominavam toda a região. Mais ainda: Nicéforo Botaniate, persuadido de que o dinheiro resolvia tudo, pensou em pôr aqueles bandos a seu soldo, e ele mesmo os instalou no Helesponto, no Bósforo e na Propôntide, em Niceia, em Nicomédia e em Calcedônia.

Quando, em 1081, Aleixo Comneno empreender uma política de restauração, o turco *Solimão*, em princípio vassalo da sua coroa, recusar-se-á a reconhecê-la e proclamar-se-á independente. Niceia será então a primeira capital do futuro sultanato seldjúcida, que durará até 1302. *Quos vult perdere...*

Inimigos do Oeste e do Sul: os normandos

Se ao menos o perigo turco fosse o único! Mesmo desprezando as hordas nórdicas, que os basileus continuavam a tentar domesticar, havia ao sul e a oeste um outro inimigo que não se deixava dominar: os *normandos*. Os homens do Norte[5], esses terríveis piratas diante dos quais o Ocidente inteiro tremera ao longo dos séculos IX e X, procuravam fixar-se em boas terras, como tinham feito na "Normandia" em 911, e atacavam as regiões menos defendidas. Ora a Itália bizantina e a rica Apúlia estavam precisamente nessas condições!

Durante o tempo em que os homens do Norte ainda eram apenas piratas, o Mediterrâneo não escapara às suas investidas; tinham saqueado Arles, Valença e Nimes, e transformado a Camargue num depósito de armas e espólios. A Península italiana tinha sofrido as suas afrontas, e as crônicas contavam a divertida e um pouco mítica história de um dos seus chefes, Hastings, que se fingira de morto a fim de penetrar num burgo próximo de Pisa, para sair todo jocoso do caixão, de machado em punho, depois de os bravos habitantes da cidade terem cometido a imprudência de introduzi-lo no recinto das muralhas. No entanto, as incursões dos vikings no Mediterrâneo tinham sido menos numerosas do que no resto do Ocidente, porque a frota muçulmana andaluza montara guarda diante do rochedo de Gibraltar. Se os normandos puderam pôr o pé na Itália, foi certamente pelo método do cavalo de Troia, ainda que de maneira diferente da do astucioso Hastings.

Nessa Itália dilacerada, onde eram inúmeras as rivalidades, inúmeros eram também os príncipes que precisavam de soldados. Como a península se mostrava pouco entusiasmada em fornecê-los, apelavam para os mercenários. Nada agradava mais aos normandos do que lutar, e uma das suas canções assim o confessava sem hipocrisia: "A nossa única razão de existir na terra é piratear os bens e matar os homens". Acima de tudo, eram excelentes guerreiros, tão audaciosos em terra como no mar, capazes de organizar *raids* de cavalaria a centenas de léguas das suas bases, hábeis estrategistas e vigorosos homens de choque. Quando, por volta de 950, o estribo foi adotado entre os guerreiros franceses do Norte e do Oeste, isto é, entre eles, os normandos da Normandia, cavaleiros revestidos de pesadas armaduras presas às suas selas, formados em falanges compactas, desempenharam nas batalhas contra a infantaria ou contra a cavalaria ligeira o papel dos carros blindados nas nossas guerras modernas. E foi assim que equipes blindadas de normandos se puseram a serviço de algum duque ou conde da Itália.

Isso começou em 1028, quando príncipes lombardos empregaram pela primeira vez os bandos normandos: a sua superioridade era tal que um chefe de dez homens passaria durante muito tempo por uma espécie de general! Em 1029, um duque de Nápoles, para recompensar um soldado normando, Rainulfo, deu-lhe a cidade e o território de Aversa. Belo exemplo para os outros piratas vorazes! No futuro, o cabo normando mais modesto sonhará em conquistar uma terra italiana e instalar-se nela como barão. Temidos, odiados, mas indispensáveis, os normandos infiltraram-se por toda a parte; os funcionários bizantinos, os príncipes de Salerno e de Cápua, a cidade de Nápoles e até os papas e os abades de Monte Cassino aproveitaram-se dos seus serviços. Em todos os castelos do Cotentin ou da região de Ouche, entre as abundantes e necessitadas famílias dos vassalos do duque da Normandia, contavam-se proezas dos irmãos e dos primos que, lá em baixo, no país do sol, faziam fortuna com a ponta da lança. Além disso, não existia entre a Itália do Sul e a Normandia um laço místico e premonitório? Não se conservavam no Monte Saint-Michel os fragmentos vermelhos do manto sagrado, que fora deixado em penhor pelo arcanjo Miguel quando, no século VI, aparecera aos pastores do monte Gargano, e que Santo Aubert levara no século VIII para os poéticos confins da Normandia e da Bretanha? Tão excelentes razões não podiam deixar de provocar uma corrente de emigração da Normandia para a Itália, uma onda de jovens ousados que, nada possuindo a não ser a sua valentia e a sua astúcia para correr à aventura, não tinham nada a perder e tudo a ganhar.

Em torno de 1030, a situação no Sul era esta: a Sicília pertencia inteiramente aos muçulmanos; os bizantinos governavam por meio do *Catapan* a "circunscrição de Longobardia", isto é, a Calábria, a terra de Otranto e da Apúlia, e exerciam uma suserania de princípio sobre os pequenos Estados da costa oeste: as três cidades comerciais de Gaeta, Nápoles e Amalfi, e os três principados lombardos de Benevento, Cápua e Salerno. Em vinte anos, porém, a situação estaria totalmente mudada.

Os basileus macedônios começaram por reagir contra as ameaças dos piratas sarracenos no Mediterrâneo oriental organizando, em 1036, uma expedição na qual se encontravam trezentos normandos, mercenários do príncipe de Salerno. Entre eles, distinguiam-se três irmãos, Guilherme, Onfroy e Dreux, cuja bravura não demorou a tornar-se lendária. Eram os filhos de um modesto senhor do Cotentin, Tancredo de Hauteville, que, à falta de meios de sobrevivência no humilde feudo natal, tinham partido em busca da fortuna. Esta família devia ir longe.

Na verdade, a história dos Hauteville, *gars de Coutances* — rapazes de Coutances ou "custosos" — como dizem com graça Jerôme e Jean Tharaud, é um romance épico, cheio de colorido, fecundo em rudes feitos de armas e em grandes brincadeiras, entremeado de ardis diplomáticos mas dominado por uma grandiosa ambição. Nada lhe falta, nem mesmo os mais encantadores episódios de amor, como tampouco a beleza e a poesia, porque esses terríveis homens eram uma espécie de Apolos nórdicos, de fronte luminosa, olhos claros, e louros como se costuma ver nas gestas wagnerianas. Bizâncio não podia ter piores inimigos do que eles.

Porque, dentro em pouco, cansados de servir esses gregos enganadores, sempre prontos a trair os amigos e a trapacear nas recompensas, Guilherme, apelidado de Braço-de-Ferro, e os seus irmãos compreenderam que era muito mais simples trabalharem para si mesmos. Em menos de cinco anos, os bizantinos viram-se expulsos da Apúlia, e foi com muita dificuldade que conseguiram conservar alguns portos, como Bari e Trani, e o calcanhar da bota. Guilherme distribuiu os retalhos pelos seus irmãos, sobrinhos e amigos, e a Itália do Sul encontrou-se dividida entre doze terríveis normandos, sem falar de uma quantidade de salteadores de voo mais baixo, que ocupavam aqui uma abadia, acolá um cantão.

Foi então que surgiu o homem, em muitos aspectos genial, que ia transpor os apetites dos seus compatriotas para o plano da grande história, e que, tendo começado a vida como chefe de bandidos, ia elevar-se à altura de fundador de um império. *Roberto Guiscard* era também filho de Tancredo de Hauteville. Personalidade mais forte do que os três primeiros, combatente de qualidades excepcionais e, ao mesmo tempo, político, impressionava pelo seu magnífico aspecto. A sua contemporânea, a princesa Ana Comneno, que o viu quando ele já passara dos sessenta anos, descreve-o como homem "de uma estatura mais elevada que a dos maiores guerreiros, a tez viva, os cabelos louros, os ombros largos, os olhos lançando chispas e tão bem proporcionado da cabeça aos pés que era um perfeito modelo de beleza". Acolhido a princípio friamente pelos irmãos — o sentimento de família nos Hauteville não se sobrepunha aos interesses —, aquele que denominavam o *Guiscard*, o "manhoso", conseguiu em pouco tempo talhar para si um pequeno domínio que, a bem dizer, não passava de um couto de ladrões. Um feliz casamento, em 1052, permitiu-lhe compor uma figura mais honorável, e, desde então, não cessou de subir.

O papado ajudou-o nesse sentido. A princípio sem querer, porque, quando São Leão IX tentou pôr fim às rapinas normandas, o Guiscard, aliado a outro chefe da sua raça, Ricardo de Aversa, aprisionou-o e, com todos os sinais exteriores de respeito, exigiu dele o reconhecimento dos direitos dos piratas sobre as terras que ocupavam. Transformado em 1059 em duque da Apúlia, depois da morte de seus irmãos, Roberto já era uma figura de destaque quando o papa Nicolau II, instigado pelo cardeal Hildebrando e desejoso de estar resguardado no Sul para fazer frente ao imperador, e ao mesmo tempo desgostado com Bizâncio, que acabava de separar-se novamente de Roma, resolveu alterar as suas alianças sem rebuços, e propôs ao Guiscard ser seu protegido[6]. Grande data para os normandos a do concílio de *Melfi* (1059), em que o pontífice investiu Ricardo no principado de Cápua e Roberto no ducado da Apúlia. O papado conferia dignidade a esses homens que matavam por dinheiro.

Foi Bizâncio que pagou o preço de uma promoção tão lisonjeira. A partir de 1060, não houve mês em que as poucas terras que restavam ao basileu na Itália não fossem atacadas por Guiscard. A guerra entre normandos e bizantinos estendeu-se por doze anos. Gisolf, príncipe de Salerno, cuja irmã Roberto desposara em segundas núpcias, viu-se expulso dos seus Estados após um cerco de seis meses[7], sem que o seu protetor Miguel VII o ajudasse em nada; foi uma abstenção de que o basileu teve de se arrepender, pois em breve chegou a sua vez de ser destronado. A tomada de Bari, em 1071, depois de um cerco de três anos, seguida da de Bríndisi, anunciou o fim do domínio bizantino na Itália.

Assim se instalou no Mediterrâneo um novo poder, dominado por uma ambição sem limites. Ao mesmo tempo que acertavam contas com os bizantinos, os infatigáveis normandos trataram de roubar a Sicília aos muçulmanos, entre 1060 e 1072. O assunto foi a princípio orientado por Rogério, o último dos "rapazes de Coutances", que chamara para a ilha, como mercenário, um imprudente emir que estava em luta com algum colega. Depois de brilhantes vitórias, o fogoso rapaz tentou opor-se à tutela em que o seu terrível irmão procurava mantê-lo, mas, uma vez vencido, foi obrigado a submeter-se. A conquista da Sicília concluiu-se, portanto, sob a orientação e em benefício de Guiscard. A tomada de Palermo, em 1072, foi o último ato. Os normandos inauguravam assim esse estranho capítulo da história em que, entre belos jardins e fontes, o seu domínio realizaria a fascinante síntese de todos os elementos de civilização que a Grécia, Roma, Bizâncio e o islã tinham deixado na ilha maravilhosa.

Apoiado solidamente na Itália do Sul e na Sicília, contemplando ao longe, num misto de inveja, de admiração e de desprezo, essa Bizâncio reluzente de ouro e de prestígio, cuja real fraqueza tinha avaliado[8], Guiscard, o filho do indigente guerreiro de Coutances, sonhava com o Império do Oriente. Sua filha Helena não era noiva do filho de Miguel Ducas? Em 1081, punha-se em campo para converter o seu sonho em realidade através das armas, quando finalmente apareceu um homem no trono dos basileus.

O século dos Comnenos

A situação era terrível quando Aleixo, verdadeiro fundador da dinastia comnena — porque Isaac apenas passou pelo trono —, se encontrou à frente do Império. A leste, para além do Bósforo, os habitantes da capital podiam avistar as tendas de pelo de camelo dos turcos; a oeste, os normandos de Guiscard desembarcavam no Adriático, à entrada da velha via romana, a Egnácia, decididos a seguir até Tessalônica e Bizâncio. "Via", diz a sua filha Ana no seu poema histórico, a *Alexíada*, "o seu reino na agonia e à beira da morte". Mas Aleixo era um magnífico soldado, de uma bravura lendária, e ao mesmo tempo um hábil diplomata, até esse extremo em que a habilidade se confunde com a intriga. Homem grande e belo, sabia fazer-se temer, mas também sabia fazer-se amar. Vencedor do turbulento Roussel de Bailleul, que trouxera cativo ao seu senhor Miguel Ducas, coberto de honras pelo basileu e casado com a irmã deste, Aleixo chegou ao trono por um adultério, uma conjura e uma sedição, o que, de resto, era bastante comum. Amante da imperatriz, Maria de Alânia, cujo encanto sedutor ficaria célebre, conseguiu escapar à ira do velho imperador e, à frente das tropas da Trácia, acabou por destituí-lo. O seu longo reinado (1081-1118) marcou o fim da anarquia que há vinte e cinco anos arrastava Bizâncio para o abismo.

Aleixo Comneno enfrentou múltiplos perigos com admirável energia. O do Oeste era o mais sério, mas ele entrou em acordo com o seldjúcida Solimão para que os turcos se conservassem quietos e até lhe fornecessem mercenários, e depois voltou-se para enfrentar Guiscard. Este, considerando-se parente do Ducas destronado, pois a sua filha era noiva do filho do ex-basileu, falava em instalar-se na capital! Sábias manobras diplomáticas precederam a entrada em ação. Uma vultosa propina de 144 mil moedas de ouro ajudou o imperador germânico a compreender que não era do seu interesse deixar Roberto tornar-se senhor da Itália. Por sua vez, os venezianos, que odiavam os normandos, concordaram em lançar os seus barcos de guerra contra os do duque da Apúlia, mas, como comerciantes hábeis, obtiveram em troca da sua intervenção o espantoso privilégio de comprar e vender em todo o Império sem pagar nenhum direito alfandegário: esse seria o ponto de partida do prodigioso enriquecimento dos grandes comerciantes da laguna. Mas tudo isso foi inútil. Diante de Durazzo, os cavaleiros blindados de Guiscard esmigalharam o exército bizantino, e o próprio Aleixo só escapou à carnificina fugindo desesperadamente por entre os rochedos (outubro de 1081). Estava aberto o caminho para a capital e esperava-se o pior quando Henrique IV, descendo à Itália, em parte para ajustar contas com Gregório VII, mas também para ajudar Aleixo, obrigou Guiscard a retornar à península. Enquanto o normando saqueava Roma com o coração cheio de raiva, o Comneno pôde retomar a luta contra o filho mais velho de Roberto, Boemundo, que avançava para leste, cansando-o, esgotando-lhe as reservas, desanimando-o de continuar a perseguição. Só a morte de Guiscard, em 17 de julho de 1085, afastou por um tempo o perigo normando.

Mas, exatamente nessa ocasião, surgia outro perigo: ao norte, os petchenegas voltavam a entrar em ação. Ajudados pelos gregos, búlgaros ou sérvios bogomilos, aliados a um corsário turco chamado Tzachas, os agressores espalharam pelo Império uma onda de terror indizível. O inverno de 1090-1091 pareceu assinalar o fim de Bizâncio. Num repente, Aleixo encontrou a solução. Contra um bárbaro,

bárbaro e meio! À custa de dinheiro e de promessas de mais riquezas, lançou as tribos da estepe russa, polovtsianos e cumanos, sobre os petchenegas. Foi uma carnificina: as hordas ferozes, que momentaneamente defendiam a civilização, entregaram-se à chacina com uma alegria extrema: "Espetáculo maravilhoso", diz, com lirismo, Ana Comneno, "o de uma nação inteira exterminada, incluídas mulheres e crianças" e, mais precisa, acrescenta ainda: "Apenas por um dia os petchenegas não viram o mês de maio". A carnificina salvadora ocorreu em 29 de abril de 1091.

Entretanto, no meio da extrema angústia em que se encontrava, Aleixo parece ter tido um gesto de pesadas consequências. Os ocidentais asseguraram que ele escreveu a um senhor franco, Roberto de Flandres — que, ao voltar da Terra Santa, tinha sido seu hóspede —, pedindo-lhe que viesse com cavaleiros em socorro do Oriente. Tem-se discutido muito a autenticidade desta carta, mas não há dúvida de que a intenção existiu. Era uma imprudência: não havia necessidade de chamar a atenção dos ocidentais para as fraquezas do longínquo Império cujas riquezas os faziam sonhar. Esta atitude de Aleixo — verdadeira ou suposta — foi um dos fatores que desencadearam a cruzada. Quando, por volta de 1095, desembaraçado dos petchenegas e dos normandos, o basileu esperava pôr em ordem o seu Império, surgiram nas suas fronteiras os cruzados do Ocidente.

Veremos mais adiante[9] o que foi essa marcha da primeira cruzada através do Império bizantino, a espantosa habilidade com que Aleixo se esforçou por reduzir os estragos, como conseguiu obter dos cruzados um juramento de vassalagem em relação a todas as terras que iriam reconquistar, como não hesitou em combater um deles, Boemundo, filho de Guiscard, que se tornara príncipe de

Antioquia e talhara para si um feudo poderoso. Até o fim, este homem de aço continuou a lutar, chamando à razão os seus antigos aliados cumanos, tentando repelir os turcos para o interior do planalto anatoliano, procurando até diminuir os exorbitantes privilégios dos comerciantes italianos. Quando morreu, podia contemplar a sua obra com orgulho: estava restabelecida a ordem no plano interno; o exército e a marinha estavam reconstituídos: o inimigo era mantido em respeito nas fronteiras. O entusiasmo de sua filha e historiógrafa Ana, comparando-o aos heróis épicos, não era totalmente exagerado.

A sorte quis que os dois sucessores de Aleixo — seu filho *João II Comneno* (1118-1143) e seu neto *Manuel Comneno* (1143-1180) — fossem capazes de explorar os resultados desse trabalho de contenção das forças em ruína. Surpreendentemente, o problema da sucessão não provocou dramas nem para um nem para outro.

João continuou exatamente a política de seu pai. Baixo, moreno, de olhos negros como azeviche, constituiu felizmente uma exceção na série dos basileus da época, porque, sendo um soldado notável, bravo até à temeridade, era ao mesmo tempo reservado e modesto, inimigo do luxo, generoso e profundamente humano. Os seus esforços estenderam-se a todas as fronteiras. Ao Norte, os petchenegas, atacados em sua própria casa, deixaram de ser uma ameaça: uma festa anual viria a comemorar a vitória bizantina durante gerações sucessivas. Quanto aos sérvios, a diplomacia do basileu esforçou-se por colocar homens seus junto dos príncipes. Os húngaros, que tinham ousado atacar o Império (embora a própria imperatriz fosse húngara), foram derrotados e, com a morte de Estêvão II, em 1131, foi o próprio João Comneno que lhes deu um sucessor.

Contra os venezianos, cujas iniciativas insolentes quis limitar, foi menos feliz, e a sua armada não pôde impedir que os navios dos doges tomassem Corfu, Quios e Rodes. A leste, enfrentou os turcos, a quem retomou as praças sobre o Mar Negro, e os príncipes cristãos que, na Cilícia, zombavam do seu poder. Derrotou-os, e a sua entrada em Antioquia foi um triunfo. Por fim, voltando-se para o Ocidente, via com uma fúria crescente o imenso prestígio de que se rodeava o sutil e astuto *Rogério II* (1101-1154) que, herdeiro de seu pai Rogério e de seu tio Guiscard, unia a Itália do Sul e a Sicília, e se aproveitava das dificuldades em que o cisma de Anacleto punha a Igreja[10] para cingir, em 1130, a coroa real. A fim de evitar que o normando concluísse uma aliança contra ele, João II fez um pacto com os imperadores germânicos Lotário e Conrado III, e sobretudo, às escondidas, com os próprios súditos de Rogério. Talvez pensasse em recorrer a uma ação direta quando, em 1143, morreu num acidente de caça: tinha cinquenta e cinco anos.

A política de João II continuou, portanto, a obra de seu pai, e a única censura que se lhe pode fazer é que, ao combater os príncipes cristãos da Cilícia, os deixou tão enfraquecidos que, logo no ano seguinte ao da sua morte, em 1144, os muçulmanos retomavam Edessa. Este acontecimento, que levaria à convocação da segunda cruzada, teria consequências bastante penosas para o seu filho *Manuel*, bravo soldado cuja estatura e feições morenas impressionavam as multidões, que teve de fazer face a uma situação difícil. Possuía grandes qualidades, mas tinha uma tendência para a falta de medida que o impedia de avaliar devidamente as suas forças. A princípio, pareceu retomar a política dos seus antepassados. Desposou — sem excessivo entusiasmo, diz a crônica — a cunhada de Conrado III, a volumosa

Berta de Sulzbach, cuja "sólida beleza se devia unicamente ao brilho das suas virtudes". Fortaleceu os laços com Veneza por uma série de acordos comerciais, para impedir que Rogério II fizesse de Corfu uma base permanente de ataques contra a Grécia, e, quando os cruzados chegaram aos seus domínios, usou da maior astúcia — levada talvez à felonia[11] — para os expedir urgentemente para a Anatólia, onde os turcos carniceiros os esperavam.

Mas cometeu o erro de julgar, logo após a morte de Rogério II, que podia voltar a pôr o pé na Itália e dominar a península como os seus distantes antecessores. Estava enganado. Guilherme I da Sicília (1120-1166), por mais ocupado que estivesse com os prazeres dos haréns e das belas edificações, não era homem para se deixar eliminar. Manuel aprendeu-o às suas custas. Em resposta à sua operação sobre Ancona, uma armada de cento e quarenta galeras normandas empreendeu um *raid* sensacional até Constantinopla, aclamou o seu senhor sob as próprias muralhas da capital e crivou de flechas as janelas do palácio. A ambição de Manuel não teve outros resultados senão indispô-lo com Veneza, que queria tê-lo como amigo mas bem longe, opô-lo a Frederico Barba-Roxa, que tinha exatamente as mesmas pretensões que ele sobre a Itália, e, finalmente, obrigá-lo a negligenciar perigosamente a sua fronteira oriental. Foi evidentemente fácil derrubar com um golpe de manopla o príncipe de Antioquia, Reinaldo de Châtillon, infiel ao seu juramento de vassalo, e obrigá-lo a pedir perdão de pés descalços. Mas quando, em 1176, os turcos voltaram ao ataque, o exército do basileu foi desbaratado nos desfiladeiros da Frígia, em *Myriokephalon*, e a Ásia Menor ficou perdida para sempre... Quando Manuel morreu, em 1180, o Ocidente, reconciliado pela paz de Veneza (1177), desde o papa ao imperador e às cidades italianas, começava a pensar que se tornava necessária uma intervenção decisiva no Oriente. Anunciava-se o drama da tomada de Constantinopla pelos cruzados.

A partir desse momento, acelera-se a marcha para o abismo. A menoridade de um pequeno basileu de doze anos, Aleixo II, a regência de sua mãe Maria, bela imperatriz muito cortejada, e as intrigas de numerosos ocidentais instalados no palácio precipitaram os acontecimentos. A leste, Saladino, general curdo, estava prestes a unificar o Próximo Oriente sob a sua férula, para o lançar contra a Terra Santa. A sudoeste, Guilherme II da Sicília (1153-1189), que Manuel ofendera rompendo o noivado de sua filha com ele, estava decidido a ajustar contas com o Império; e este jovem chefe com menos de trinta anos, por mais letrado e educado que fosse, era conhecido como um excelente guerreiro. Terríveis distúrbios xenófobos eclodiram em Constantinopla, onde a populaça chacinou os latinos, queimou-lhes casas e saqueou-lhes os bens sob o comando de monges que clamavam por uma carnificina. A cabeça do legado pontifício, o cardeal João, foi cortada e amarrada ao rabo de um cão, enquanto um homem forte, semiaventureiro pelo gênio e semibruto pela força, se apoderava do poder, mandava estrangular a formosa viúva de Manuel e calcava publicamente aos pés o cadáver de Aleixo, seu jovem sobrinho. Foi assim que *Andrônico* (1182-1185), o último Comneno, inaugurou o seu reinado.

Parece que estamos no Renascimento italiano quando lemos a história deste homem. Atlético, magnífico, vivo como um adolescente ainda aos sessenta anos, guerreiro infatigável e mais infatigável amante de belezas diversas, este César Bórgia do século XII associava os mais requintados dotes artísticos a uma depravação quase impensável. Em dois anos, Constantinopla conheceu uma admirável renascença, mas também o espetáculo cotidiano de execuções abrilhantadas com torturas que não se podem descrever. Andrônico odiava os latinos; se não colaborou no seu massacre, pelo menos o estimulou, e levou a sua infâmia ao cúmulo de assinar um tratado com Saladino, pelo qual se comprometia a ajudar o sultão a conquistar a Palestina, que o curdo ocuparia como feudo do Império grego... A um insulto tão grande, o Ocidente ripostou.

Na primavera de 1185, uma enorme expedição de oitenta mil homens e duzentos navios, organizada por Guilherme II da Sicília, avançou sobre as terras bizantinas. Depois de tomarem Durazzo, os agressores seguiram a via Egnácia a marchas forçadas, depois foram atacar Tessalônica, mal defendida por alguns batalhões de mercenários, apoderaram-se dela e levaram a cabo uma chacina tão medonha que os próprios contemporâneos se mostraram chocados. Na capital, tomada pelo terror, Andrônico, o glorioso salvador da véspera, tornou-se inimigo público. Um dos seus favoritos, *Isaac o Anjo*, sublevou a população. Preso quando fugia, o basileu foi tratado com uma crueldade pelo menos igual àquela de que dera provas[12].

Era o fim dos Comnenos. Essa família pudera refrear a corrida para o abismo, mas não estava em seu poder impedir a decadência. Constantinopla foi salva do ataque normando, tanto pela sua coragem como porque os agressores, sobrecarregados de despojos e amolecidos pelo clima grego, não souberam aproveitar a vitória de Tessalônica; surpreendidos na passagem do Strymon (ou Estruma) por um exército organizado às pressas entre turcos e russos, os normandos foram completamente derrotados, e a sua frota, que tinha chegado ao Bósforo, arrepiou caminho. Desde então, a Sicília deixou de ser uma verdadeira ameaça para Bizâncio — essa Sicília que também se precipitava rapidamente para o abismo, essa mesma Sicília onde Tancredo o Bastardo se insurgia contra os alemães de Henrique VI, marido de Constança, filha e herdeira de Rogério II, e onde, dentro em pouco, o filho dos dois, o misterioso Frederico II, iria instalar os seus sonhos...[13] Mas já não era verdadeiramente a sudoeste, na Itália do Sul, que se encontrava o perigo.

A família que o capricho das multidões guindara ao trono, os *Anjos*, mostrou-se mais do que medíocre. O leviano Isaac (1185-1195) deixou que a anarquia feudal ressurgisse, sobrecarregou o país de impostos, mas permitiu aos búlgaros e aos turcos que saqueassem terras imperiais. Deposto pelo irmão, teve ritualmente os olhos vazados. Aleixo III (1195-1203) foi mais lamentável ainda. A insurreição ardia por todos os lados. O filho de Isaac, que se chamava, como seu tio, Aleixo, aproveitou-se da chegada da quarta cruzada para restituir o trono a seu pai, e viu-se o basileu cego à frente do Império, tendo a seu lado o filho, associado sob o nome de Aleixo IV. Mas, explorando o furor nacionalista que o comportamento dos cruzados justificava plenamente, um ambicioso da família dos Ducas, Aleixo "Murzuflo" — o homem de sobrancelhas juntas — mandou estrangular Aleixo IV e deixou o cego morrer na prisão. Loucamente, pois só contava com forças irrisórias, Aleixo V tentou opor-se aos ocidentais. O único resultado foi provocar o horrível drama da *tomada de Constantinopla* pelos cruzados. Em 1204, o Império bizantino estava em ruínas. Sobre os seus escombros instalava-se um império latino[14].

Projeção de Bizâncio nos séculos XI e XII

No entanto, nem os desastres nem as sucessivas decadências atingiram Bizâncio nas suas manifestações grandiosas e no seu comportamento cotidiano. As perdas infligidas pelos turcos, pelos normandos e, mais insidiosamente, pelos traficantes de Veneza, podiam ser cruéis, mas o ouro adquirira há tantos anos o hábito de afluir ao "Corno de Ouro" que tudo continuou como antes, nos séculos XI e XII. Tal como a grande dinastia dos macedônios o estabelecera nas suas bases econômicas e no esplendor dos seus monumentos faustosos, o Império continuava externamente a ser o Império. O cronista francês Froissart, que descreverá no século XIV a capital já devastada por tantas rapinas dos ocidentais, nem por isso esconderá o seu espanto perante o volume de riquezas acumuladas ao abrigo das suas muralhas e perante os tesouros artísticos que brilhavam por toda a parte.

A Constantinopla dos Comnenos, e depois dos Anjos, mantinha-se a mesma que se conhecera na época precedente[15]. Os navios traziam até às "escadas" do seu porto gigantesco os produtos do mundo mediterrâneo, mesmo das zonas islamizadas, enquanto as caravanas penetravam na profunda Ásia pela porta de Trebizonda ou avançavam até à Etiópia e ao coração da África, e de lá traziam a seda, o marfim, as peles, os perfumes. A capital não era a única que se beneficiava desta animação; Tessalônica, ponto de descanso no caminho do Adriático para o Bósforo, conhecia análoga fortuna: por ocasião da feira de São Demétrio, em fins de outubro, uma verdadeira cidade de tendas, com umas cem mil almas, enchia a planície do Vardar, onde se acotovelavam todas as raças, dos espanhóis aos chineses, dos mongóis aos etíopes.

Abrigada por trás das muralhas cuja construção fora iniciada no século V por Teodósio II e concluída por Heráclio no século VII, crivada de majestosas torres erguidas pelos Comnenos, Bizâncio, mesmo na hora em que tantos inimigos pensavam em partilhar os seus despojos, podia continuar a acreditar que o passado não estava abolido. Era o que lhe dizia uma plêiade de escritores, em primeiro lugar *Ana Comneno*, de sangue real, que, inspirada em Homero, Tucídides e Políbio, relata com fervor, num imenso poema histórico, a *Alexíada*, os acontecimentos do reinado de seu pai, "o grande Aleixo, luminária do universo". Outros altos senhores cultivavam as letras, como Nicéforo Briena, esposo de Ana, Isaac Comneno, irmão mais novo do basileu, João, erudito comentador da *Odisseia*, o próprio imperador Manuel, e a sua cunhada Irene, aluna do mais ilustre e mais pobre poeta do tempo, Teodoro Pródromos, uma espécie de Verlaine albergado na corte. Muitos cronistas trabalharam também para exaltar a glória da época, como João Kínnamos, Miguel e Nicetas Acominato, Jorge Cedreno, ao mesmo tempo que Eustáquio, arcebispo de Tessalônica, "a mais brilhante luz do mundo bizantino desde Miguel Psellos".

A arte também lançava o seu manto de glória sobre as chagas secretas. Depois da anarquia feudal, teve lugar um magnífico renascimento sob os Comnenos: foi como se se retornasse à idade de ouro macedônia. Abandonando o palácio sagrado, Aleixo escolheu para residência, no Corno de Ouro, o castelo de Blachernas, que ele e os seus herdeiros embelezaram a seu bel-prazer. "Nada iguala a sua beleza exterior", diz Eudes de Deuil, companheiro de Luís VII na cruzada. "Quanto ao interior, ultrapassa tudo o que eu poderia dizer. Está todo coberto de pinturas executadas em ouro e em cores brilhantes; o chão está pavimentado com mármores combinados com a mais sábia arte, e eu não sei o que lhe dá mais valor e beleza: se a riqueza do material ou o requinte da arte". Deambulando pelas imensas salas com colunas de ouro, sentado sobre o seu trono de ouro cinzelado, usando um diadema de ouro e pedras preciosas, como é que o basileu Comneno não havia de parecer o herdeiro direto e continuador de Justiniano, de Teodósio ou de Basílio o Grande?

Mas, se pensaram na sua glória, estes imperadores não esqueceram a de Deus. A época dos Comnenos presenciou um florescimento de igrejas semelhante ao que, na mesma ocasião, recobriu o Ocidente. Na capital, a mais bela foi a do *Pantocrator*, destinada a ser a sepultura dos Comnenos, dos Anjos e, mais tarde, dos Paleólogos; em volta de uma basílica de cruz grega, encimada por cinco cúpulas, havia um formigueiro de santuários anexos, um pulular de cúpulas adventícias. Não demoraram a surgir por todas as regiões do Império as mais diversas réplicas dessa obra-prima: em Atenas, em Tessalônica e até em Chipre e na Capadócia, onde as igrejas rupestres pretendiam inspirar-se nela. No Monte Athos, essa república monástica que a época anterior vira nascer e prosperar[16], a arquitetura procurou aperfeiçoar-se, e a igreja, ainda pesada na Grande Laura, tornou-se — em Iviron, em Vatopedi, e sobretudo no mosteiro sérvio de Khilandar — essa rara síntese de força calma e de impulso espiritual que ainda hoje se admira: a combinação de ladrilhos que ornamentou Khilandar foi um êxito quase único no que diz respeito ao emprego desse material. E foi nessa época que se edificaram os admiráveis refeitórios em forma de igreja, com uma pequena ábside para o lugar do higúmeno, as mesas de mármore branco nas quais eram cavados os pratos, e as cozinhas cobertas por cúpulas encimadas por claraboias abertas para a fumaça passar. São pormenores que ainda hoje o visitante olha com admiração. Trata-se de uma arquitetura grandiosa, expressão de uma fé firme e categórica, ainda que, evidentemente, não isenta de orgulho. No entanto, esta arquitetura sabia ser comedida e delicada, tal como a vemos, não longe de Atenas, na antiga via sagrada de Elêusis, nesse escrínio de pedra e de mosaico que os gregos dedicaram à Dormição da Virgem, em Dafne, e que os cistercienses franceses depois chamariam Dalfinet.

A ornamentação destes templos de Deus nada ficou devendo à dos seus antepassados. Talvez fosse até mais bela, porque, embora ainda faustosa, um certo regresso às concepções helênicas, aos arranjos sóbrios, bem como a feliz harmonia entre a tradição cristã e a da Antiguidade, resultaram numa simplificação de linhas e num amor às formas esculturais que são o sinal de uma arte sábia. Sob a influência da teologia, esta arte tendeu para um hieratismo e um simbolismo que os ocidentais compreenderam mal por não terem penetrado nas suas intenções, mas que, na fixidez voluntária e na escolha convencional das cores, pretendia apenas atingir aquele ponto em que a inspiração criadora, depurando todo o elemento sensível, toca o metafísico e o divino. Sem que, no entanto, a intenção mística impedisse um realismo muitas vezes cheio de sutileza, desprovido de alardes, mas nem por isso menos impressionante.

É por esta arte da época dos Comnenos que nos é dado o mais categórico testemunho da projeção de Bizâncio e da influência que a sua civilização ainda exercia no momento em que a história já a encontrava ferida de morte. Chegou-se a dizer que a arte nascida no Bósforo foi a inspiradora de toda a arte europeia do tempo. Já vimos[17] como a sua ação, sem ser evidentemente a única, exerceu uma influência fecundante na arte ocidental. Onde é que o estilo românico foi buscar a moda dos animais aplicados face contra face sobre o cesto dos capitéis a não ser nos suntuosos tecidos gregos? De onde é que as casulas e as capas pluviais litúrgicas receberam os germes da sua ornamentação? Não está o

São Miguel da catedral de Puy vestido com o traje hierático dos basileus? É provável que o Cristo em majestade que Urbano II contemplou acima do coro de Cluny, quando em 1095 consagrou a igreja abacial, se assemelhasse a algum Pantocrator resplandecente de glória e majestade. No priorado de Bergé-la-Ville, o Cristo majestoso, os mártires São Sérgio e São Brás, o cortejo dos santos revestidos de coroa e roupas carregadas de adornos de ouro fazem pensar irresistivelmente no fausto da corte de Bizâncio. Os grandes fundos de azul vivo que se encontram em muitos afrescos românicos inspiraram-se, sem dúvida, nos mosaicos do Oriente. Ter-se-iam erguido as estranhas cúpulas da catedral de Saint-Front sob o céu de Périgueux, se Santa Sofia não tivesse edificado as suas?

O desenvolvimento da arte bizantina revela a projeção do velho Império em todo o Ocidente, e sob as mais variadas formas. É nesta época que Veneza, trazendo do Oriente, além dos múltiplos carregamentos, dados estéticos precisos, acaba de edificar a sua *basílica de São Marcos*, iniciada em 976, após o incêndio da igreja primitiva, e que, com as suas cinco cúpulas, parece um bloco errático vindo do Oriente até às margens do Adriático. Quando foi dedicada, em 1095, não oferecia ainda aos olhos de quem a contemplava essa rutilância de ouro e mosaicos que, um pouco mais tarde, faria dela o fulgurante relicário que é hoje; não possuía ainda a quadriga de bronze que domina a sua fachada e que os cruzados trariam de Constantinopla depois de 1204. Mas o espírito do monumento era já o que conhecemos. O campanário já lançava os seus vigorosos alicerces a dois passos dali, e o palácio dos doges elevava-se já sobre estacas de madeira enterradas na vasa, como um longínquo rival da bizantina Blachernas.

Veneza podia ainda considerar-se uma zona amiga; mas, mesmo entre povos que olhavam Bizâncio com um misto de ódio e de invejosa admiração, a sua influência foi nítida e profunda. Em Palermo, em Monreale ou em Cefalu, ficamos com a nítida impressão de nos encontrarmos em algum lugar dos arrabaldes de Constantinopla. Da mesma forma, os reis da Sicília, os Rogérios, os Guilhermes, quando quiseram materializar a sua glória em pedra, não descobriram melhor solução do que pedir aos gregos as suas técnicas, e frequentemente os seus arquitetos e artistas, sem no entanto deixarem de misturar aos elementos importados de Bizâncio aqueles que o islã, durante cerca de cento e cinquenta anos de domínio, havia deixado na ilha. Em 1132, Rogério II mandava construir essa *Capela Palatina* que é talvez a insuperável obra-prima da arte oriental, essa joia rutilante de mosaicos de ouro, com as suas colunas antigas e o seu teto muçulmano, em que Cristo, ao abençoar, parece querer reter o seu gesto diante de uma tão esmagadora ostentação de fausto. Quarenta anos mais tarde, em 1174, Guilherme II edificava a catedral de Palermo, infelizmente bastante desfigurada depois, mas onde, sob túmulos de pórfiro e de mosaicos, ainda dormem os grandes sicilianos; e, em 1185, sobre a colina de onde se avista toda a admirável baía, construía a basílica de Monreale, de que queria fazer o panteão da sua família, e onde repousa sob a guarda do colossal Pantocrator com o qual nenhum Cristo de Bizâncio pode rivalizar. Os próprios países árabes, se não deixaram de introduzir, aqui e ali, alguns elementos da sua arte na dos gregos, desta receberam mais. Artistas enviados por Constantinopla trabalharam também em países ocupados pelo islã, como esses mosaístas que Manuel Comneno encarregou de decorar a igreja da Natividade, em Belém. Há mesquitas que revelam vestígios bem nítidos desses infiéis, como, por exemplo, a decoração da mesquita dos Omíadas em Damasco e mesmo a de Omar em Jerusalém. O emprego generalizado do mosaico pelo islã parece ter tido esta origem.

A projeção de Bizâncio alcançou e manifestou-se até em regiões afastadas, nos confins da civilização. O exemplo mais impressionante é o da Rússia. Depois que esse santo tão estranho que foi Vladimir[18] converteu os seus compatriotas ao cristianismo, seu filho, o "kniaz" *Jaroslav o Grande* (1016-1054), esse Carlos Magno russo, esforçou-se por fazer de Kiev uma verdadeira capital, e todos os seus sucessores partilharam da mesma ambição. Estabeleceram-se relações estreitas entre Kiev e Constantinopla, permutas comerciais, casamentos; um Vladimir II (1113-1125), casado com uma grega, era quase um príncipe bizantino. Por isso Kiev, a maravilhosa Kiev, com a sua catedral de Santa Sofia, com as suas centenas de igrejas, o seu mosteiro do Monte São Miguel com teto de ouro, era uma réplica de Constantinopla; os mosaicos de Santa Sofia, feitos por volta de 1054 por gregos, mostravam um Pantocrator e uma Panhágia exatamente copiados nas margens do Bósforo. Centro de influência bizantina no coração da terra russa, e que devia projetar-se sobre todas as regiões onde os eslavos penetraram, Kiev acabou enfraquecida pelos ataques das tribos do Norte e pelos saques dos polovitsianos, antes de a invasão mongólica, nos começos do século XIII lhe infligir um golpe mortal; mas o germe que ela depositou na "santa Mãe Rússia" deveria desenvolver-se durante séculos. E os ícones que os seus príncipes compravam no Império fixariam com tanta precisão o tipo dos que se fabricariam na Rússia que, até os nossos dias, o menor dentre eles é um flagrante testemunho da grande irradiação bizantina.

Fé e costumes religiosos em Bizâncio

Na base dessa sociedade cuja grandeza não se pode ignorar, encontrava-se o mesmo elemento que foi fundamental no Ocidente: a fé. O homem medieval bizantino tinha uma fé tão profunda como a do seu distante irmão do catolicismo, e quase da mesma maneira. Essa Bizâncio cujas casas estavam repletas de milhares de ícones, essa Bizâncio cuja vida cotidiana, oficial ou particular, era regulada pela Igreja, essa Bizâncio cujos missionários tinham sido e continuavam a ser tão corajosos porta-vozes de Cristo, essa Bizâncio cujos conventos não cessavam de se encher e de se multiplicar, pode, sob muitos aspectos, causar-nos admiração e até deixar-nos chocados, mas não é menos verdade que nos deu um irrecusável testemunho cristão[19].

Quando Aleixo Comneno se apoderou do trono em 1081, nas dramáticas circunstâncias que já vimos, os bandos de bárbaros que serviam entre as suas tropas como mercenários aproveitaram-se da desordem para saquear muitas igrejas e até profanar Santa Sofia, em plena Semana Santa. A opinião geral considerou esse ato como um crime, e o novo imperador, assim como a sua mãe, confessaram que a simples lembrança desses acontecimentos não os deixava dormir. Reuniu-se um sínodo para decidir que penitência repararia tão terrível falta. Durante quarenta dias, do basileu ao último vassalo, toda a corte jejuou, sem carne nem peixe, dormiu diretamente no chão, e foram numerosos os que quiseram submeter-se aos mais severos flagelos. O imperador deu o exemplo: usou o cilício sobre a carne nua e dormiu sobre o lajedo, com uma pedra por travesseiro. Durante toda essa inesperada Quaresma, não se encontraria no Império um único mosteiro em que se levasse uma vida tão exemplar como no Palácio Sagrado... Estava ali todo o cristianismo bizantino, com a sua festiva tendência para o espetacular, com as suas violentas manifestações de arrependimento, mas também com a sua autêntica, a sua admirável sinceridade.

A fé estava, pois, presente em toda a parte na vida bizantina, mesmo onde parecia que menos se poderia impor. Assim, no Hipódromo — que continuava a ser, como nas épocas anteriores, o centro da vida coletiva —, todas as cerimônias e manifestações, quer se tratasse de corridas de cavalos, de representações cômicas ou de execuções capitais, começavam pela bênção que o basileu, de pé na sua tribuna, dava ao povo por três vezes, traçando o sinal da cruz com uma aba do seu manto bordado a ouro.

Crer e praticar eram, aliás, obrigações não apenas morais e impostas pela Igreja, mas também ordenadas pelas leis do Estado. Os tribunais civis pronunciavam-se sobre crimes de blasfêmia, de profanação, de sacrilégio e muitos outros. Um excomungado era quase obrigatoriamente lançado na prisão e, para receber esse castigo, não era preciso cometer grandes faltas: bastava faltar à Missa três domingos seguidos! Sentar-se ou ajoelhar-se durante as vésperas das vigílias era punido com multa, porque "aquele que reza de pé é o único que honra a Ressurreição".

Que valor tinha essa fé assim imposta? Diferia muito pouco da fé do Ocidente. Entre os mais notáveis, era elevada e bem fundamentada, nutrida nas Escrituras e nos Padres, mais orientada, aliás, para as indagações metafísicas e escatológicas do que para o esforço moral e social. Mas, no povo, mesmo entre os membros de um clero mal formado e de um proletariado pouco dotado culturalmente, era muitas vezes uma fé medíocre, cheia de superstições, pouco exigente quanto à conduta, mais centrada em ritos do que fiel aos princípios evangélicos, isto é, análoga à religião de milhões de ocidentais.

Bizâncio tinha também o culto dos santos, cujas relíquias constituíam uma parte não desprezível das suas exportações. Acreditava firmemente nas virtudes contra a epilepsia de um punhado de areia molhada com água tirada da fonte milagrosa do Santo Salvador, na eficácia do anel de São Teófrano para os reumatismos, no papel terapêutico de uma cura de sono na igreja dos "Santos Anargiros Cosme e Damião", e em muitas outras práticas. Não havia residência que não tivesse o seu relicário em forma de casa ou de igreja com cúpulas, quando não em forma de cabeça, de braço ou de pé. E o bom povo de Bizâncio, não mais severo quanto à autenticidade das relíquias do que o seu irmão do Ocidente, acreditava piamente na existência do manto do profeta Elias ou da vara milagrosa de Moisés.

Era até frequente que esta fé se misturasse com superstições e práticas muito suspeitas, para não falar de verdadeiras heresias, como a de Ítalos ou a dos bogomilos[20]. A magia e a astrologia conviviam amigavelmente com os princípios cristãos. O patriarca Cerulário participava de sessões de espiritismo, em companhia de uma vidente chamada Dositeia, e as atas correspondentes eram redigidas pelos seus secretários clérigos. Ana Comneno cita a astrologia entre as "ciências" de que Bizâncio se orgulhava, e a própria forma como seu pai Aleixo rejeitava "essa superstição que substitui a esperança em Deus por sonhos envenenados" prova que ela ocupava em torno dele um lugar de relevo. Quanto a feiticeiros e feiticeiras, adivinhos e videntes, negociantes de amuletos e de sortilégios, pode-se dizer que pululavam. Mas por acaso teria o Oriente o monopólio de tudo isso?

Não mais, evidentemente, do que no campo das liberdades que os fiéis tomavam com a moral. Muitos concílios orientais insurgiram-se contra as mulheres que provocavam os homens nas igrejas, contra os comerciantes que rasgavam as páginas dos livros sagrados para venderem as miniaturas, contra os que levavam vinhos e mantimentos para os lugares sagrados e contra os que, com a mulher e os filhos, passavam a morar nas dependências das igrejas... Mas, do lado ocidental, o espetáculo seria mais edificante?

As verdadeiras diferenças entre o cristianismo oriental e o ocidental — à parte a questão da obediência a Roma — consistiam em aspectos meramente externos. A liturgia era infinitamente mais complicada, minuciosa e lenta do que no Ocidente; era a chamada liturgia de São João Crisóstomo, que tinha limitado a dez dias por ano a de São Basílio, e, na Quaresma, a dos Pré-santificados. Com a sua "oblação" (*proskomidê*), a sua Missa dos catecúmenos precedida do Pequeno Intróito, depois a Missa dos fiéis que começava com o Grande Intróito, e estendendo os seus cantos por mais de uma hora, a Missa bizantina era três vezes mais demorada do que as mais solenes do Ocidente[21].

Existia ainda outra diferença, que diz respeito à representação das Pessoas divinas e dos santos. O desenvolvimento dos *ícones*, depois da grave crise que estivera a ponto de destruí-los, terminou num verdadeiro pulular das imagens e numa codificação das técnicas pictóricas. O ícone, imagem de Deus, da Virgem ou de alguma figura venerável, concebido e executado segundo princípios rigorosos, empregando linhas e cores definidas por determinadas intenções simbólicas, desempenhou na vida religiosa bizantina o papel que as esculturas das nossas catedrais desempenharam na do Ocidente. Dirigia-se tanto aos humildes como aos sábios, e falava a todos com uma voz diferente, mas igualmente cativante. Os séculos XI e XII foram períodos de intensa produção de ícones, pintados geralmente em aquarela sobre painéis de madeira, muito ornados de ouro, às vezes também executados em fino mosaico, ou esculpidos em esteatita ou mármore, ou, mais modestos, modelados em terracota; foi nesta época que se difundiu o hábito, não só de emoldurá-los com metais preciosos, mas também de literalmente encouraçá-los com prata e incrustações de pedras raras, de tal maneira que esses revestimentos só deixavam ver o rosto e as mãos. É a técnica dos ícones atuais e isso — é preciso confessá-lo — estava bastante longe dos hábitos do Ocidente.

Em contrapartida, o que era análogo ao Ocidente era a proliferação do clero. Bizâncio estava cheia de padres; viam-se por toda a parte, mesmo na corte do basileu. "Alimenta bem o padre e ganharás o céu", dizia um provérbio cuja origem clerical ninguém punha em dúvida.

O clero secular era muito fraco, a acreditar em Aleixo Comneno, que tomou medidas para melhorá-lo: "A fé cristã está em perigo", dizia ele, "porque os padres se tornam piores de dia para dia". Por isso organizou um plano de reformas, lembrando os decretos disciplinares dos concílios e exigindo dos sacerdotes mais dedicação, conduta exemplar e instrução. O prefeito Purianos teve até a ideia de criar um seminário, "a escola de São Nicolau", onde os jovens "aprenderiam as ciências sagradas antes de ingressarem no sacerdócio". Estas boas intenções produziram resultados? Os *pappas* provinham das classes inferiores; tinham quase sempre que sustentar uma família, pois um padre podia casar-se antes das ordens maiores e não só tinha o direito de conservar a esposa como lhe era proibido abandoná-la; viviam no nível do povo, que os amava, mas não os respeitava. Situação pouco brilhante...

Quanto aos bispos, que eram de melhor qualidade e se escolhiam entre os mestres da Escola Patriarcal ou da universidade imperial, ou, cada vez mais, entre os monges, tinham sem dúvida muito mais instrução e melhor conduta; alguns foram até homens de valor e de mérito, como João Mauropos, Teofilacto de Ácrida, o grande Eustáquio de Tessalônica e os seus discípulos Miguel de Atenas e Eutimo de Neópatras. Mas, muitíssimas vezes, deixavam-se atrair pelas delícias da capital e do palácio; pouco preocupados em residir nas suas sés provinciais, muitos deles tornavam-se prelados mundanos e políticos.

Como na época precedente, os melhores clérigos eram os monges. Obrigatoriamente virgens, os monges de São Basílio permaneciam infinitamente mais fiéis aos princípios do cristianismo. O único mal era que, muito mais isolados e separados do mundo do que os seus irmãos do Ocidente, não desempenharam o papel de fermento na massa cristã que os cistercienses, os premonstratenses, os franciscanos e os dominicanos assumiram com tanta eficácia.

Todas as regiões do Império possuíam conventos muito povoados, instalados nos arredores das cidades ou, sobretudo, em lugares afastados; eram verdadeiras colmeias de santidade e formavam uma espécie de pequenos Estados. Vários desses agrupamentos sobreviveram, intactos, até os nossos dias, e dão-nos a impressão direta do que era o monaquismo no tempo dos basileus. O mais célebre era o *Monte Athos*[22], a gloriosa fundação de Santo Atanásio da Laura, a "Santa Montanha", esse dedo alongado da Calcídica onde, sobre quarenta e cinco quilômetros de norte a sul, se escalonavam conventos de todos os tamanhos, desde priorados até cabanas de eremitas, ao mesmo tempo que, nos buracos cavados no bojo das falésias marítimas, os anacoretas mergulhavam até à morte no silêncio e na oração. Durante séculos, o Athos não cessou de ver os monges instalarem-se sobre os seus declives, enquanto os antigos mosteiros alcançavam dimensões enormes, como a Grande Laura, Vatopedi, Zografu; e nasciam outros, um fundado por príncipes, outro por ascetas russos e outro ainda por georgianos. Já nos referimos a Khilandar, fundado por príncipes sérvios que ali se retiraram, e ao convento latino, patrocinado por mercadores amalfitanos de Constantinopla. Mais admirável ainda é o de Kutlumus, criado por turcos seldjúcidas convertidos!

O Athos não foi o único centro em que prosperaram as repúblicas monásticas. Estas existiram, até a invasão turca, na Capadócia, na região vulcânica próxima de Cesareia, onde os conventos ocupavam em grande parte as cavernas dos montes. Na Tessália, sobre um contraforte escarpado do Pindo, cortado pela erosão em superfícies abruptas ou em agulhas, empoleiravam-se os *meteoros*, bem conhecidos dos turistas; não se podia chegar até eles senão por meio de uma rede presa à extremidade de uma corda que os monges içavam com uma espécie de guincho. Em Patmos, o santo monge Cristódulo, expulso pelos turcos da Capadócia, tentou, com o apoio de Aleixo Comneno, estabelecer um convento modelo no próprio lugar onde São João escreveu o Apocalipse. Tolerados pelos muçulmanos, existiam mosteiros até no fundo da Árabia, nas solidões do Sinai, não longe da montanha onde Moisés recebeu as Tábuas da Lei.

É verdade que nem tudo era perfeito nestes conventos bizantinos e que a negligência causou entre os monges desordens análogas às que se viram no Ocidente. A influência dos leigos foi igualmente deplorável e talvez pior do que no Ocidente, pois muitas vezes os "proprietários" dos mosteiros se instalavam neles com mulher e filhos. Os monges mostravam-se muitas vezes indisciplinados e preguiçosos. No Monte Athos, houve por vezes escândalos pitorescos, como aquele em que se descobriu que o zelo de alguns monges em vigiar os rebanhos se devia a que, entre os pastores, existiam mulheres disfarçadas... Os imperadores insurgiram-se contra isso várias vezes: Aleixo chegou a ameaçar sete religiosos giróvagos, apanhados pela polícia nas ruas de Bizâncio, de que lhes mandaria vazar os olhos se continuassem a sair do convento sem permissão. Alguns bispos procuraram promover uma difícil reforma monástica, principalmente Eustáquio de Tessalônica (1175-1192), alma de escol, cujo tratado, ou melhor, cujo panfleto sobre "a melhoria da vida dos monges", aliás muito divertido, despertou tamanho ódio que o obrigou a fugir da sua sé por correr perigo de vida.

Seria injusto, no entanto, ver no monaquismo bizantino apenas uma instituição muito à margem da vida social e imbuída de um egoísmo piedoso que acamaradava com liberdades desmedidas. Em muitos casos, os monges do Oriente assumiram notáveis tarefas de caridade. Foi a eles que os Comnenos confiaram a administração dos asilos de velhos que fundaram por toda a parte, e também dessas pousadas para viajantes cujos edifícios se veem ainda hoje em muitos desfiladeiros dos Bálcãs e onde, segundo um decreto de Aleixo, "o fogo devia estar aceso noite e dia". Foram também os monges que asseguraram completamente — como os monges ocidentais do Espírito Santo ou os antoninos — os serviços do magnífico hospital do Pantocrator[23]. Um clérigo, geralmente um antigo higúmeno conventual, dirigia a assistência pública, que contava com muitos estabelecimentos; chamavam-lhe o "orfanótrofo", o curador dos órfãos. Havia ainda casas para cegos, bem como para os doentes incuráveis e para os pestíferos. A caridade cristã bizantina não era menor do que a do Ocidente.

Talvez seja necessário sublinhar aqui uma acentuada diferença entre as duas partes da Igreja. No Ocidente, a obra de caridade nasceu, em grande parte, da própria Igreja; se muitos outros homens participaram dela, principalmente os reis, não se pode dizer que a iniciativa tenha partido deles. Era um esforço espiritual, reformador, que a Igreja quis conduzir sozinha e sem intervenção do poder civil. Em Bizâncio, pelo contrário, tudo o que se fez de grande e de necessário teve quase sempre o imperador como iniciador. Foram os basileus que mandaram construir igrejas e que fundaram hospitais; foram eles que decretaram medidas obrigando os monges a obedecer à regra ou os clérigos a frequentar um seminário. Nota-se aqui o traço característico do Oriente bizantino, que vinha de há muitos séculos, e que nos dá o direito de pensar que esse foi o seu pior defeito: o *cesaropapismo*[24], a contaminação entre as coisas religiosas e as da política, a inextricável mistura do que pertence a César com o que pertence a Deus.

Havia muitas gerações que os imperadores se interessavam pela teologia, uma matéria que, por assim dizer, sempre fora em Bizâncio um negócio de Estado. Diz tranquilamente um monge que, "sobre questões concernentes às coisas sagradas, só os Doutores da Igreja e os Imperadores podem discutir". Os basileus dos séculos XI a XIII não se privaram desse direito. Nenhum deles deixou de assinar algum decreto que resolvesse um assunto de fé ou de moral, nenhum deixou de presidir pessoalmente aos concílios. Um Manuel Comneno foi um maníaco da religião, e o seu reinado — diz o seu historiador[25] — foi "um tempo de verdadeira libertinagem teológica". Quando um certo Demétrio de Lampa apresentou uma discutível teoria sobre as relações entre o Pai e o Filho, o basileu não descansou enquanto não o confundiu, procurando ele mesmo os argumentos e as citações para esmagar o ímpio, e impondo a sua opinião baseado no princípio de que "o imperador nunca pode enganar-se!" Em matéria de disciplina e administração, a intervenção do palácio era perpétua. Na prática, nenhum bispo era designado sem consentimento do imperador que, aliás, tinha o direito de modificar as circunscrições eclesiásticas. Não raras vezes um prelado era deposto simplesmente por ter desagradado ao basileu. O próprio calendário litúrgico era controlado por ele: Manuel Comneno submeteu a revisão todas as festas porque lhe pareceu que havia excessivos feriados durante o ano. Um cristão chega a escandalizar-se quando lê as reprimendas dirigidas pelo basileu — cuja vida estava longe de ser exemplar — a arcebispos ou metropolitas, ou a higúmenos de elevada categoria. Por melhores que fossem as intenções, a intervenção do poder civil na Igreja — no momento em que o papado lutava por escapar à tutela dos governantes — não deixa de nos impressionar.

No entanto, algo de novo se nota em Bizâncio: surge uma corrente de opinião hostil a esse tipo de intervenção. O cronista Nicetas Acominato, nos seus libelos, zombava desses príncipes que, "não contentes com governar um Império, se julgam investidos da competência de Salomão quanto aos negócios de Deus". O Salomão de então era Manuel Comneno, cuja mania teológica Nicetas satirizava com espírito.

Mas o verdadeiro centro de resistência à autoridade imperial foi cada vez mais o *patriarcado*, principalmente o de Constantinopla, que predominava desde o eclipse das outras sés. É certo que o patriarca era escolhido pelo imperador. Era o basileu que, numa cerimônia muito solene, "anunciava" o seu nome à multidão e depois o "promovia", isto é, o investia no seu cargo, perante o Senado. A fórmula de nomeação era característica: "A graça divina, assim como a nossa autoridade, que dela procede, decidiram nomear patriarca o muito piedoso fulano". A sagração por um metropolita, em Santa Sofia, só se realizava oito dias mais tarde, e terminava com a deposição, nas mãos do imperador, de um juramento de fidelidade escrito pelo novo eleito. Mas, logo depois de nomeado, este patriarca tornava-se um personagem tão importante que o imperador devia entender-se com ele. Uma imensa veneração rodeava "Sua Santidade" o "patriarca ecumênico", o arcebispo da "Nova Roma". Qualquer ataque contra a sua pessoa constituía um sacrilégio e era castigado como tal. Os bispos e os metropolitas não podiam ser nomeados sem a sua intervenção. Os "crisóbulos", editos imperiais, traziam a sua assinatura e o seu selo. Foi assim que o povo passou a voltar-se para o patriarca, a fim de resistir aos excessos da autoridade imperial, e, por pouco que ele quisesse prestar-se a esse jogo, era-lhe fácil assumir um papel político. Inúmeros patriarcas mantiveram uma correspondência direta com os altos funcionários, negociaram às escondidas com os piores inimigos do regime e trabalharam contra o imperador. Miguel Cerulário, por exemplo, foi sucessivamente amigo de Miguel VI, a quem levou ao poder, depois seu adversário, e a seguir favorito de Isaac Comneno, com quem veio a indispor-se e para quem se tornou um estorvo.

Este antagonismo latente entre os dois poderes, que cresceria à medida que a decadência imperial se acelerava, acentuou-se principalmente num ponto grave: as relações de Bizâncio com Roma. Ao passo que os imperadores, homens políticos, se mostraram diversas vezes inclinados a aproximar-se dos latinos, cujas forças lhes teriam podido ser úteis, ainda que à custa de algumas concessões dogmáticas, os patriarcas, expressão de um nacionalismo exacerbado e de um fanatismo muito populares, mostrar-se-iam contrários a essa aproximação. Sabe-se que uma das razões que levaram Cerulário a provocar o cisma foi o furor que experimentou ao ver Constantino IX aproximar-se do papa para enfrentar os normandos. Os seus sucessores agiram da mesma forma, insurgindo-se contra todo o esforço por aproximar a sua igreja desse papa "que fedia a impiedade", e ao qual um deles declarava ainda preferir os muçulmanos! O papel do patriarca seria, pois, dissimuladamente decisivo na história das relações entre o Oriente e o Ocidente, desde 1054, momento da ruptura, até 1204, data em que os cruzados se apoderaram de Constantinopla. E é preciso confessar que seria desastroso também para os interesses superiores da Igreja de Cristo.

O impossível diálogo

As palavras de ruptura foram pronunciadas em 1054. Recomeçaria alguma vez o diálogo? Durante cento e cinquenta anos, a questão ficou em suspenso, sem que pudesse ser dada qualquer resposta precisa. Nesse problema tão grave da reconciliação da Igreja, as complicações da política e da teologia baralhavam-se de tal forma que o tornavam insolúvel. E o grande golpe de espada de 1204 não conseguiria desfazer o nó górdio. No entanto, não se pode dizer que não se tomaram iniciativas de parte a parte. Três anos depois do cisma, o antigo legado Frederico da Lorena, eleito papa sob o nome de Estêvão IX em 3 de agosto de 1057, tentou retomar as conversações com

Bizâncio. Aliás, os progressos dos normandos provavelmente o preocupavam tanto como a ruptura disciplinar. Designou três embaixadores para irem a Constantinopla. Mas o mau estado do mar retardou o embarque dos mensageiros, e quando o pontífice morreu, em 12 de agosto de 1058, os diplomatas ainda estavam na Itália e não chegaram a partir. Miguel Cerulário não teve, portanto, de enfrentar esses novos legados que, mais prudentes do que os de 1054, teriam conseguido convencer Isaac Comneno a unir-se à Santa Sé contra os normandos.

Não foi mais feliz a embaixada que Alexandre II enviou a Miguel VII Ducas em 1071, com a proposta de se retomarem pela base as questões que separavam o Oriente e o Ocidente. O poderoso Miguel Psellos, que abraçara de corpo e alma a causa do cisma e se tornara turiferário da memória de Cerulário, não teve qualquer dificuldade — ajudado pelo patriarca — em persuadir o imperador a não escutar aquelas vozes tentadoras. Foi preciso nada menos que sobreviesse o desastre de Mantzikert, em 1071, para que o palácio imperial encarasse a situação de outra maneira. Sem um bom exército, paralisada em virtude das suas divisões internas, Bizâncio deixava os turcos espalharem-se através da Ásia Menor. Compreendendo que tinha interesse em restabelecer contato com o Ocidente, Miguel VII mandou dois monges felicitar Gregório VII pela sua eleição. O grande papa desejava a reunião das igrejas e aproveitou a ocasião para tomar audaciosamente a iniciativa.

A sua primeira resposta (9 de julho de 1073) só fazia alusão a uma aproximação religiosa, mas, provavelmente por sugestão do seu representante Domingos, patriarca de Grado, pensou que o melhor meio de obter a reconciliação seria enviar uma ajuda militar, que ganharia para os latinos o reconhecimento dos bizantinos. A ideia da cruzada, que só se concretizaria vinte anos mais tarde, germinou no espírito genial de Gregório a partir desse momento. Esse vasto desígnio ocupou o papa durante todo o ano de 1074. Declarou as suas intenções ao conde da Borgonha, Guilherme I, e publicou uma bula convocando os fiéis de Roma para a defesa de Constantinopla. Reconciliado com Henrique IV, deu-lhe a entender que lhe confiaria a guarda dos direitos da Igreja no Ocidente e tomaria pessoalmente o comando do exército. "O que a isto me incita acima de todas as coisas é que a igreja de Constantinopla, separada de nós pela questão do Espírito Santo, espera a paz da Sé Apostólica, que os armênios se afastam quase todos da fé católica, e que a quase totalidade dos orientais deseja que a fé do apóstolo Pedro decida entre as diversas opiniões". Nunca se exprimiria mais claramente a intenção do papado. Mas o nobre projeto não foi adiante e, a partir de 1075, os documentos silenciam-no. Teria Gregório receado alguma manobra de Roberto Guiscard na sua ausência? O recrutamento do exército teria encontrado dificuldades insuperáveis? De qualquer maneira, o reaparecimento do conflito com Henrique IV entravou rapidamente a política oriental de Roma.

Em seguida, o antagonismo entre as duas capitais aumentou. Quando Miguel VII foi deposto, o papa excomungou o seu vencedor, Nicéforo Botaniate, e, quando soube que o antigo imperador se refugiara junto dos normandos, pediu aos bispos que lhe prestassem auxílio, sem se aperceber de que não havia em tudo isso senão um ardil preparado por Roberto Guiscard, cuja filha tinha sido noiva do filho de Miguel, para justificar as suas pretensões sobre os territórios imperiais. Boemundo desembarcou no Épiro na mesma ocasião em que Aleixo I se apoderava do trono.

O novo soberano só podia experimentar ressentimento contra Roma; vimos como se aliou a Henrique IV e lhe pagou para que atacasse os Estados pontifícios. Ao mesmo tempo, ordenou que se fechassem os santuários latinos de Constantinopla. Não é nada estranho que Ana Comneno dispare críticas acerbas contra Gregório VII e, em geral, contra o papado; ridiculariza os títulos de "Soberano Pontífice" ou "Vigário de Cristo", e prossegue: "Tudo isso é apenas arrogância da sua parte, porque, quando a sede do Império foi transferida de lá para cá, para a nossa cidade imperial, com o Senado e toda a administração, também o foi o primeiro lugar na hierarquia episcopal. E assim, desde o início, os basileus têm concedido todas as honras à sé de Constantinopla; mas sobretudo o Concílio de Calcedônia elevou o bispo de Constantinopla ao ápice da hierarquia e subordinou a ele todas as dioceses do universo".

Foi este o estado de espírito que Urbano II teve de tomar em consideração ao chegar à Sé de São Pedro, em 1088. Mas ele inquietava-se com o seu isolamento perante os dois imperadores, momentaneamente unidos, e desejava tirar todo o crédito ao antipapa Clemente III que, por intermédio do metropolita de Kiev e do arcebispo grego de Reggio, Basílio, esboçava uma aproximação com o Oriente. Percebeu que convinha ser audaz. Em começos de 1088, queixava-se de que já não fossem celebrados em Constantinopla os ofícios de rito latino e de que o seu nome tivesse deixado de ser mencionado nos dípticos. Era a primeira vez que se levantava a questão do cisma, sem que se pronunciasse a palavra. Atormentado pelos perigos que corria o seu país, Aleixo Comneno, como profundo político que era, compreendeu a importância de uma tal abertura, mas, para dispor de uma maior liberdade de movimentos, respondeu que não faria nada sem a opinião de um concílio, para o qual convidava o papa e os seus teólogos, e no qual se discutiria sobre a composição do pão que se destinava ao sacrifício da Missa, um dos principais temas da controvérsia. No fundo, não seria a questão religiosa um simples pretexto? Não pensava cada um sobretudo em melhorar a sua situação política? O sínodo reuniu-se em setembro de 1089. Urbano II não compareceu, e com toda a razão! Refugiado numa ilha do Tibre, viu-se obrigado a deixar que Clemente III governasse Roma e reunisse um concílio em São Pedro! No entanto, dominando a má vontade dos prelados, Aleixo I fazia saber ao sínodo que nenhuma decisão oficial ordenara jamais que o nome do pontífice fosse riscado dos dípticos, e mandou reabrir os santuários latinos. Mas não se travou o debate sobre as questões em litígio. Um dos membros do concílio, Teofilacto de Ácrida, cujo livro apareceu nessa ocasião, escrevia que nunca poderia aceitar a doutrina ocidental do *Filioque*. No entanto, a atmosfera estava já mais distendida.

Seja como for, o alto clero grego não queria que se fosse mais longe. É muito significativa a carta que o patriarca de Constantinopla, Nicéforo III Gramático, enviou então ao papa, pois censurava Urbano II por não lhe ter comunicado a sua eleição, como era costume entre os patriarcas, e lhe chamava "meu muito querido e respeitável irmão", como se se dirigisse a um igual. Ao mesmo tempo, confiava ao patriarca de Jerusalém que nunca usaria pão sem fermento no sacrifício eucarístico. A fidelidade a uma teoria que defendia a autonomia dos cinco patriarcas e a hostilidade às pretensas "inovações" dos latinos eram as objeções dos chefes religiosos de Bizâncio às tentativas de reunificação; na verdade, eles não sentiam a ferida aberta pelo cisma. Por sua vez, o papado, que desejava sinceramente a reconciliação, não podia pôr em discussão, perante um concílio, crenças que estavam confiadas à sua guarda; esperava dos orientais uma submissão filial e não as sutilezas dos seus teólogos. A este respeito, teria sido possível uma solução: a da autoridade. Em virtude dos laços estreitos que subordinavam a Igreja ao basileu, teria bastado que a autoridade imperial se manifestasse para que caíssem pela base muitos obstáculos. Mas a feição que os acontecimentos tomaram e a organização da cruzada iriam justamente inspirar aos imperadores uma duradoura desconfiança em relação aos ocidentais. A questão da união das igrejas assumiria uma nova perspectiva.

Aleixo I, como já vimos, solicitou várias vezes reforços ao Ocidente. Mas, quer tivesse pedido ao conde de Flandres quinhentos cavaleiros, como fez em 1087, quando os petchenegas ameaçavam Adrianópolis, quer tivesse enviado ao papa um pedido mais geral, a verdade é que só pensava em alistar mercenários, em proteger Constantinopla, ou, quando muito, em retomar alguns territórios da Ásia Menor ocupados pelos turcos. Foi com essa intenção que os seus embaixadores se apresentaram no Concílio de Placência e "solicitaram instantemente uma ajuda para a defesa da santa Igreja". Urbano II, efetivamente, apoiou esse pedido.

Ora, quanto ao problema da reconciliação das igrejas, podemos duvidar de que a ajuda militar dos ocidentais tenha sido proveitosa. Porque, em última análise, como se concretizou o apoio solicitado? Sob a forma da cruzada, que teve como causa real (não a única, mas mesmo assim uma causa importante) não tanto prestar auxílio a Bizâncio como revezar na frente da Ásia os vencidos de Mantzikert. Podiam os orientais gostar dessa intenção? Os termos em que se pregou a cruzada, os discursos em que se evocava a conquista de Jerusalém, mas nunca a ajuda amigável a Bizâncio, o papel do papado e dos seus legados no assunto, o entrecruzamento das intenções superiores das cruzadas com a política do Império do Oriente, tudo isso não podia deixar de inquietar o basileu que, além do mais, se sentia horrivelmente preocupado ao ver aquelas massas humanas invadirem de bandeiras desfraldadas as suas terras. O pior foi quando a cruzada se efetivou realmente. Pondo em contato os requintados bizantinos e os rudes guerreiros do Ocidente, tornou-se rapidamente um motivo de incompreensão, embates e hostilidades. Os orientais não tardariam em dizer dos cruzados: "São uns brutos rapinantes", e os ocidentais, por sua vez, pensavam com razão que os bizantinos eram uns pérfidos. Em tais condições, como é que as tentativas de reaproximação entre as igrejas podiam ter muitas possibilidades de êxito?

Essas possibilidades reduziram-se ainda mais com a introdução do clero latino nos Estados francos dos cruzados. Os padres dos vencedores estiveram longe de se mostrar sempre fraternais para com os seus confrades orientais, em quem viam insuportáveis dissidentes. A fundação de numerosos conventos latinos, ricamente dotados, irritou os monges gregos. Surgiram incidentes que revelaram o antagonismo latente, como o do patriarca João V de Antioquia. Este patriarca, que fora torturado pelos turcos, mereceu a princípio o maior respeito por parte dos cruzados e foi reposto na sua sé; todas as igrejas saqueadas foram restauradas e equitativamente divididas entre os dois cleros. Não tardou, porém, a tornar-se alvo dos ataques dissimulados do alto clero, principalmente do irrequieto patriarca romano de Jerusalém, Daimberto de Pisa, e foi obrigado, por fim, a retirar-se para Constantinopla, deixando a sua sé nas mãos de um francês, Bernardo de Valentinois.

Entretanto, apesar de todas essas dificuldades, que não ignoravam, os papas e também vários basileus continuariam a fazer algumas tentativas de reaproximação. Assim,

Urbano II encarregou Santo Anselmo, ilustre arcebispo da Cantuária, de expor no concílio de 1098 a tese latina sobre a processão do Espírito Santo. Moderada e clara, a argumentação do grande doutor conseguiu a adesão dos prelados gregos. Na mesma época, Aleixo Comneno estabelecia relações amigáveis com o abade de Monte Cassino e estudava com ele as possibilidades de um entendimento. Quatro anos depois, Pascoal II, que substituíra Urbano II, recebeu do imperador uma mensagem por intermédio do bispo de Barcelona. E, quando, em 1111, Henrique V desceu à Itália e lançou o papa na prisão, Aleixo protestou com energia contra as sevícias de que o pontífice fora vítima. É certo que ao mesmo tempo punha as manguinhas de fora, porque mandava dizer ao papa que estava pronto para vir a Roma receber a coroa imperial das suas mãos... Pareceu, por um momento, que era iminente a reaproximação. Pascoal II respondeu favoravelmente à sugestão do basileu e este falou em pôr fim ao cisma. Em março de 1112, estudou-se a reunião de um concílio e realizaram-se conferências entre o arcebispo de Milão e prelados bizantinos. Mas foi então que tudo ruiu. Quando mais fácil parecia a reconciliação do ponto de vista diplomático, mais difícil se tornou do ponto de vista teológico. O milanês mostrou-se taxativo, exigindo como condição prévia a toda a discussão uma submissão total dos cismáticos; os bispos orientais multiplicaram as suas argúcias. Aleixo Comneno morreria sem ter obtido qualquer resultado.

O papado, no entanto, não desanimou. Calisto II em 1124 e Honório II dois anos mais tarde propuseram a João II Comneno alguns encontros que acabaram por realizar-se em Constantinopla. Ao mesmo tempo, Pedro o Venerável, o grande abade de Cluny, falava com fervor nos seus sermões dessa "Bizâncio dada por Deus como uma fortaleza contra os assaltos bárbaros". É verdade que São Bernardo não partilhava desse entusiasmo... Em todo o caso, nada resultou de todo esse palavreado, que não saiu do plano acadêmico.

Com a segunda cruzada, recomeçaram os atritos entre ocidentais e orientais. Suspeitou-se que Manuel Comneno, cheio de desconfiança para com Conrado III e os seus alemães, teria conspirado contra eles com os turcos. E as suas relações com os franceses de Luís VII foram tão ruins que um partido junto do Capeto falava nada menos do que em apoderar-se de Constantinopla; sabendo disso, Manuel urdiu uma conspiração que levou ao fracasso total da expedição. No decorrer do complicadíssimo jogo diplomático que se desenrolou durante os trinta anos seguintes, voltou-se a falar da união das igrejas, mas foi mais um exercício de barganha do que um esforço leal de reconciliação. No tempo de Adriano IV, Manuel, que conseguira voltar a pôr o pé em Ancona e queria reconquistar as terras normandas da Itália, mostrou-se atabalhoadamente disposto a sacrificar o seu ouro, as suas tropas e a independência do Patriarcado. Renovou as suas tentativas em 1167, junto de Alexandre III, que precisava dele para pregar uma peça a Frederico Barba-Roxa. Dois cardeais discutiram teologia com os representantes gregos, mas tiveram a brilhante ideia de pedir que a capital do Império fosse transferida para Roma! O problema espiritual e o problema político estavam tão inextricavelmente misturados que não era possível nenhuma solução.

Foi nessa ocasião que eclodiu a revolução xenófoba de 1182, durante a qual, como vimos, a populaça de Constantinopla, exasperada com a crescente influência que os latinos exerciam sobre a regente Maria, chacinou inúmeros cristãos do Ocidente, entre eles o cardeal-legado João.

Foi um acontecimento horrível, a que a frota ocidental ripostou com represálias igualmente abomináveis nas costas do Helesponto e do Arquipélago. Daí por diante, os diplomatas bem podiam retomar as conversações sobre a possibilidade de pôr fim ao cisma: acontecera o irreparável. Em todo o Ocidente, começou a ganhar terreno a ideia de que só o emprego da força podia resolver a situação, de que era preciso quebrar o orgulho dos bizantinos e reconduzir a igreja oriental à obediência impondo-lhe senhores rigorosos. Quanto a Bizâncio, exasperada e horrorizada com as abominações cometidas um pouco mais tarde pelos normandos em Tessalônica, perguntava a si própria se não seria preferível um pacto com o islã, e Isaac II o Anjo entendia-se com Saladino para que a mesquita erguida sobre as margens do Bósforo tivesse regularmente os seus *muezzins*. Apenas Celestino III não desesperava e procurava aproximar-se do basileu, mas sem sucesso.

As coisas estavam neste ponto quando subiu à cátedra de São Pedro o maior gênio político do tempo, *Inocêncio III*. A sua atitude, em assunto tão penoso, foi tão nobre e o seu pensamento tão profundo como em tudo o mais. Para ele, a cruzada e a união das igrejas eram questões que estavam intimamente ligadas. No seu modo de pensar, o Império do Oriente devia sobreviver, desde que participasse da luta contra o islã; e, para que a harmonia fosse completa, devia submeter-se à autoridade pontifícia. A partir de agosto de 1198, o grande papa dava a conhecer as suas intenções ao basileu e ao patriarca, e convidava-os "à humildade perante Deus". Mas Aleixo III era pouco inteligente e não media o perigo. Respondeu que "a hora marcada por Deus ainda não tinha soado" e, com certa insolência, convidou o papa a "conformar-se com a Providência". Ao mesmo tempo, o patriarca João expedia para Roma um extenso memorial em que refutava a pretensão da Sé de Roma ao primado universal. Com paciência, Inocêncio III respondeu falando-lhe do primado de Pedro entre os apóstolos e propondo-lhe a reunião de um concílio universal para resolver a questão. Não há dúvida de que o papa só esperava um gesto conciliador dos gregos para ir mais longe.

Mas a direção dos acontecimentos ia escapar à Cúria; começava a prevalecer o plano daqueles que afirmavam que só a força resolveria a questão bizantina. O pretendente Aleixo IV anunciava que assumia o compromisso, se lhe restituíssem o trono, de voltar a colocar-se sob a autoridade do papa e que, ao mesmo tempo — o que muitos membros da expedição achavam ainda mais valioso —, pagaria duzentos mil marcos de prata e manteria quinhentos cavaleiros em Jerusalém. Entretanto, chegavam a Roma representantes de Aleixo III com um punhado de contrapropostas. No meio dessas horrendas negociações, Inocêncio III, amargurado, manteve-se firme na sua posição, recusando-se a aceitar que a sua cruzada entrasse no jogo das intrigas bizantinas. Mas o poder da força e o dinheiro veneziano conduziam as jogadas. Quando, em 13 de agosto de 1204, os cruzados se tornaram senhores de Constantinopla e ali fundaram um império latino, a união das duas Igrejas, aparentemente tão próxima nos fatos, tornou-se impossível nas almas. E o que teria podido ser a salvação de Bizâncio foi o que a precipitou no abismo.

Notas

[1] O cisma grego de 1054 foi estudado pormenorizadamente no volume precedente, *A Igreja dos tempos bárbaros*, cap. IX. Limitamo-nos aqui, portanto, a uma breve referência aos acontecimentos.

[2] Cf. *A Igreja dos tempos bárbaros*, cap. IX, pars. *O caso Fócio* e *Miguel Cerulário e o cisma grego*.

[3] Cf. o mapa do Império Bizantino de 1025 a 1204.

[4] Quanto aos *paulicianos*, cf. *A Igreja dos tempos bárbaros*, cap. IX, par. *A glória dos Macedônios*; quanto aos *bogomilos*, ver neste vol. o cap. XIII.

[5] Cf. em *A Igreja dos tempos bárbaros*, cap. VIII, par. *Os homens do Norte*.

[6] Cf. cap. V, par. *A eleição do papa confiada aos cardeais*.

[7] A tomada de Salerno deu azo a um episódio pitoresco bem ao estilo desta Idade Média guerreira. Eis como Jean Béraud-Villars o refere: "Guiscard, com a ameaça de terríveis suplícios, despojou o seu cunhado de todos os bens: ouro, pedrarias, objetos preciosos e até relíquias. O príncipe de Salerno possuía no seu tesouro um dente de São Mateus, de que Guiscard desejava ardentemente apoderar-se. Exigiu-o do lombardo que, agarrado apaixonadamente a esse talismã, mandou arrancar o dente de um judeu e enviou-o ao seu vencedor. Mas Roberto percebeu a fraude e mandou dizer a Gisolf que lhe arrancaria no dia seguinte todos os dentes, se não lhe remetesse o autêntico molar do apóstolo. Gisolf suicidou-se".

[8] A sorte da igreja grega na Itália do Sul e na Sicília provocou uma questão irritante e contribuiu para separar o Oriente do Ocidente. Desde o século VIII, os prelados e monges bizantinos tinham procurado difundir a sua liturgia, o seu calendário, a sua língua e a sua salmódia; na ilha, o domínio muçulmano aniquilara esse esforço, mas, na Calábria, o culto oriental continuava vivo por ocasião da conquista normanda. Sem esperar as diretrizes dos novos senhores, os religiosos basilianos resolveram reabrir os conventos; um Bartolomeu (1050-1133) e um Cremos mereceram ser colocados sobre os altares pela própria igreja latina; as suas fundações foram generosamente dotadas. Mas os príncipes normandos impuseram a jurisdição romana; vassalos da Santa Sé desde 1059, escolheram naturalmente todos os metropolitas e a maior parte dos bispos no clero de rito romano. Os bizantinos sentiram-se amargurados. Podemos documentar o seu estado de espírito graças ao bispo Basílio de Reggio — regularmente entronizado pelo patriarca de Constantinopla e não menos regularmente expulso pelos normandos —, que, descontente com essa situação desconfortável, se comprometia em correspondência com o antipapa Clemente III e, ao fim de onze anos, decepcionado com o concílio de Melfi (1059), pedia ao patriarca que o transferisse para uma sé que não sofresse contestação.

[9] Cf. cap. XI, par. *A primeira cruzada*.

[10] Cf. cap. III, par. *O homem de ação*.

[11] Cf. cap. XI, par. *O apelo de São Bernardo e o seu fracasso*.

[12] É preciso ler no cronista Nicetas Acominato a narrativa do seu fim para avaliar até que grau de abjeção podia descer uma multidão — que no entanto era cristã — quando as piores paixões a agitavam: "Foi levado para o forte de Anemas com uma corrente no pescoço e ferros nos pés, apresentado dessa maneira a Isaac e depois coberto por toda a espécie de ultrajes. Deram-lhe socos e pontapés. Quebraram-lhe os dentes e arrancaram-lhe os cabelos. As mulheres cujos maridos ele mandara matar ou cegar esbofetearam-no. A seguir, cortaram-lhe uma das mãos e as partes naturais, e devolveram-no à mesma prisão, sem pão, sem água e sem dar-lhe nenhum alívio. Alguns dias depois, vazaram-lhe um olho e puseram-no sobre um camelo, coberto apenas com uma manta esfarrapada. Tudo o que havia de baixo e de desprezível entre o povo se reuniu para o ultrajar com o maior furor, sem nenhum respeito pela dignidade que tivera nem pela fidelidade que antes lhe haviam jurado. Uns davam-lhe pancadas na cabeça, outros apedrejavam-no e outros ainda espetavam-no com aguilhões. Uma mulher de vida fácil despejou-lhe sobre a cabeça um caldeirão de água fervente. Não

houve ninguém que não lhe fizesse alguma injúria. Quando foi arrastado dessa maneira até o lugar onde se veem sobre duas colunas uma loba e uma porca de bronze em posição de luta, desceram-no do camelo e penduraram-no pelos pés. Ele sofreu todos esses tormentos e muitos outros que não posso exprimir, com uma constância incrível e uma maravilhosa presença de espírito, dizendo apenas, no meio da fúria raivosa dos seus perseguidores, estas palavras: 'Senhor, tende piedade de mim! Por que pisais sobre um caniço já quebrado?' Como a fúria do povo não estava ainda satisfeita com essas monstruosas crueldades, alguns dilaceraram as suas vestes e outro enfiou-lhe uma espada pela boca até as entranhas. Dois italianos, pegando cada um na sua espada com as duas mãos, enterraram-nas com toda a força no corpo, para ver qual deles teria a melhor arma e qual era mais destro. Morreu, enfim, depois de tantos tormentos, levando a mão à boca; alguns acharam que o fez para beber o sangue que lhe corria de uma das feridas".

[13] Cf. cap. V, par. *O apogeu do papado.*

[14] Cf. cap. XI, par. *A cruzada desviada dos seus fins: a quarta.*

[15] Cf. *A Igreja dos tempos bárbaros*, cap. IX, par. *A "renascença" macedônia.* Este parágrafo descreve amplamente Bizâncio e as suas riquezas. Não voltaremos ao assunto porque os dados econômicos e o aspecto externo nada mudaram durante os cento e cinquenta anos que se seguiram à glória dos Macedônios.

[16] Cf. *A Igreja dos tempos bárbaros*, cap. IX, par. *Fidelidade a Bizâncio.*

[17] Cf. cap. precedente, pars. consagrados à *Arte românica*, à escultura e ao afresco.

[18] Cf. *A Igreja dos tempos bárbaros*, cap. IX, par. *A conversão dos eslavos.*19

[19] Cf. *A Igreja dos tempos bárbaros*, cap. IX, par. *Fidelidade a Bizâncio.* Descreve-se ali a fé cristã no cristianismo oriental; remetemos o leitor para essas páginas, evitando voltar a dados que, entre o princípio do século XI e o do século XIV, pouco mudaram.

[20] Que serão estudadas no cap. XIII.

[21] Cf. cap. II, par. *Um espetáculo sagrado: a liturgia*

[22] Cf. *A Igreja dos tempos bárbaros*, cap. IX, par. *Fidelidade a Bizâncio.*

[23] Pelo regulamento que se conservou, vemos como se deviam desinfetar os vestuários dos doentes quando entravam, como lhes davam lençóis, cobertores e camisas, como os médicos eram especializados — patologistas, cirurgiões e até parteiras — e como funcionavam a farmácia, o economato e a esmolaria. Todas estas coisas estavam muito adiantadas para o tempo.

[24] Cf. *A Igreja dos tempos bárbaros*, cap. III, par. *Autocratas teólogos*, e cap. IX, par. *O cesaropapismo e o clero oriental.*

[25] Chalandon, no seu livro *Jean II et Manuel-Comnène.*

XI. A Cruzada

O apelo de Clermont, 1095

Foi em Clermont, na Auvergne, que começou a grande, a mais espantosa aventura da história da Idade Média cristã. Em 18 de novembro de 1095, inaugurou-se nessa cidade um concílio sob a presidência pessoal do papa. Durante nove dias, os bispos, os abades, os prelados tinham estudado as questões que preocupavam a Igreja, a reforma sempre urgente, as relações com o imperador germânico, o inquietante Henrique IV. Subitamente, no décimo dia, como se tivesse querido esperar que o seu projeto amadurecesse perfeitamente, o Vigário de Cristo levantou-se e falou de algo inteiramente diferente. Evocou o Sepulcro em que Jesus permanecera três dias debaixo da terra, antes de ter surgido na glória da sua Ressurreição; descreveu esse lugar de todos o mais sagrado, para o qual tantos peregrinos tinham dirigido os passos das suas fadigas e das suas esperanças, agora nas mãos dos infiéis, profanado e quase inacessível. Jerusalém, Jerusalém, a cidade das fidelidades santas, continuaria cativa? E o papa concluiu com uma voz que deixava transparecer todo o fervor da sua alma: "Homens de Deus, homens eleitos e abençoados, uni as vossas forças! Tomai o caminho do Santo Sepulcro, certos da glória imperecível que vos espera no reino de Deus. Que cada um renuncie a si mesmo e tome a Cruz!"

Aquele que, com algumas frases, acabava de lançar o Ocidente num novo destino, era um francês, um monge de

Cluny, Eudes de Châtillon, que se tornara papa sete anos atrás sob o nome de *Urbano II*[1]. Belo homem, leal e nobre, alma cheia de zelo pelos interesses divinos, pertencia totalmente a esse movimento de revivificação cristã que, tendo partido do célebre mosteiro em que Eudes se consagrara a Deus, tinha transformado a Igreja, com São Gregório e seus sucessores. Nele, a ação dos monges negros, a reforma "gregoriana" e a ideia da cruzada constituíam uma só e a mesma realidade — a realidade da Igreja que se deve servir e da verdade que se deve difundir. Politicamente, a situação era tal que faria hesitar um homem menos forte; a cristandade seguiria numa tentativa tão audaciosa um papa que era combatido por um antipapa, protegido pelo mais poderoso soberano da época? Mas, para Urbano II, tratava-se de algo bem diferente de qualquer negócio da terra; tratava-se de um desses apelos sobrenaturais, semelhantes ao da suprema trombeta, a que nenhum cristão podia permanecer indiferente.

Urbano II não foi o primeiro a conceber de forma mais ou menos nítida o grandioso projeto[2]. Logo após o dobrar do ano mil, Silvestre II havia gritado: "Soldados de Cristo, levantai-vos!" Depois, quando o terrível al-Hakim tinha destruído em 1010 o Santo Sepulcro, Sérgio IV lançara um apelo no qual se pretendeu ver o anúncio do de Clermont. Na véspera da sua morte, o grande Gregório VII tinha falado em organizar uma liga de cristãos contra o islã e proferira esta confissão que tinha o valor de um compromisso: "Preferiria expor a minha vida para libertar os Santos Lugares a comandar o universo". Mas, nos fins do século XI, as circunstâncias chegaram a tal ponto que já não se tratava de falar, mas de agir.

O acontecimento que levaria o papado a agir — e ele o fez com uma prudência inigualável, pesando bem os prós e os contras — foi a invasão turca. Desde o tempo — quatro séculos — em que os árabes tinham conquistado a Terra Prometida, não deixara de se estabelecer um *modus vivendi* entre eles e a cristandade. Os peregrinos tinham podido visitar o Sepulcro sem serem muito incomodados, e contavam com a presença de representantes do clero cristão. A partir do ano mil, a situação mudou; a um clima de indolência tolerante sucedeu uma atmosfera de Guerra Santa reativada. A causa dessa mudança foi a entrada em cena dos turcos seldjúcidas[3], não porque esse povo fosse mais cruel e menos civilizado que os outros muçulmanos — os cruzados virão a reconhecer a sua generosidade e caráter cavalheiresco —, mas porque era uma nação jovem, em plena expansão, extremamente presa à fé do islã e que ignorava as regras tácitas dos acordos com o adversário. Quando Jerusalém lhe caiu nas mãos, em 1076, espalhou-se o terrível rumor de que as peregrinações se tinham tornado impossíveis, de que os visitantes da Terra Santa tinham de pagar um imposto *per capita* aos turcos, e de que muitos eram maltratados, roubados e até reduzidos à escravidão. Um certo Pedro d'Achery, ao regressar dessa penosa viagem, não se cansava de contar horrores.

No espírito de Urbano II, foi esse o primeiro motivo: libertar o Sepulcro, permitir que os fiéis ali fossem rezar. O projeto estava no ar e numerosos ocidentais pensavam nele. Bem informado como é o papado, saberia ele que a situação da Ásia era singularmente favorável à sua realização? O jovem império seldjúcida, depois da morte do seu terceiro sultão, Malek-Shah (1072-1092), estava dividido em quatro partes: a Pérsia, onde os filhos do sultão disputavam o trono; a Síria, onde dois dos seus sobrinhos, irmãos inimigos, reinavam em Alepo e Damasco; e a Ásia

Menor, de Niceia a Konyeh, nas mãos de um filho mais novo da família. Além disso, os árabes do Egito odiavam os turcos que, por sua vez, os consideravam hereges. A desunião do islã favoreceria em larga medida o empreendimento cristão.

O fervor pelo Santo Sepulcro foi a única razão que pesou num espírito tão ponderado como o de Urbano II? No plano religioso, podiam-se invocar ou subentender outros motivos. Depois da severa derrota de Mantzikert, em que Romano Diógenes perdera a liberdade, abrira-se uma larga brecha na muralha que Bizâncio opunha aos assaltos da Ásia. O Ocidente não deveria revezar o Oriente nesse posto avançado? Não se espalhara o rumor de que um basileu, Aleixo Comneno, renovando o apelo que o seu predecessor dirigira a Gregório VII, acabava de escrever ao conde Roberto de Flandres para lhe pedir o auxílio dos cavaleiros do Ocidente?[4] Para Urbano II, socorrer Bizâncio era obedecer a uma lei elementar de caridade fraterna, evitar um perigo que ameaçava toda a cristandade e, sobretudo, talvez, trabalhar a favor do grande desígnio que não deixava de preocupar o papado: terminar com o cisma, costurar a túnica despedaçada...

Outra razão, mais profunda ainda, impelia o papa: a Igreja vinha-se esforçando havia séculos por fazer ceder a violência, mas só o conseguira parcialmente. Na sua sabedoria, tinha perfeita consciência de que lhe era impossível transformar em cordeiros as feras que se contavam no seu rebanho. Orientar a força para um fim grandioso e sagrado não seria o melhor meio de limitar o seu emprego na cristandade? Aliás, no seu grande discurso de Clermont, Urbano II não ocultou esta ideia e chegou a convidar os antigos malfeitores a tornar-se soldados de Deus[5]. Um psicanalista diria que a cruzada representava uma válvula de escape para as paixões recalcadas. A moral do Ocidente ganharia com isso.

Tais foram os motivos decisivos que levaram Urbano II a lançar a cristandade naquela aventura. Teve outros, mais secretos? Teve também a ideia de que a cruzada lhe ofereceria uma ocasião única de estabelecer, por vias diferentes das de Gregório VII, o primado de fato da Igreja sobre o mundo cristão? Nesse momento, tanto o imperador germânico como o rei da França e o rei da Inglaterra estavam, por razões diversas, à margem da Igreja, e, excomungados, não podiam tomar a Cruz. Nas perspectivas do tempo, para um grande papa consciente dos seus deveres, a ambição política, ou coisa semelhante, era apenas um meio de fazer Deus reinar sobre a terra e conduzir os homens para a cidade eterna.

Quanto aos que corresponderiam ao apelo de Clermont, seria com certeza exagerado admitir que todos o fariam com um entusiasmo absolutamente desinteressado. Sem dúvida alguma, houve causas mais terra-a-terra que também intervieram. Urbano II, no seu discurso, aludiu a uma: o superpovoamento de um país como a França, onde não havia lugar suficiente para as numerosas crianças que ali nasciam. Houve também, no plano econômico, o desejo de trazer para o Ocidente os recursos de ouro e de produtos preciosos que pareciam ser a grande riqueza do Oriente. Os grandes portos italianos de Gênova, Pisa e Veneza não perderiam de vista este ponto, e haverá na história da cruzada um aspecto marítimo e mercantil[6] que, embora pouco edificante, não deverá ser desprezado. Mas os jovens barões e os filhos segundos pobres não alimentariam, com vivo apetite, a esperança de encontrarem em terras muçulmanas os feudos que o avaro destino lhes recusava na Europa? Acrescente-se a isto o gosto da aventura, a necessidade de sair de um universo estreito e a eterna miragem do Oriente — sem esquecer a das longínquas princesas —, e teremos quase todas as causas humanas, demasiado humanas, da cruzada. Mas seria injusto pensar que elas foram as primeiras e decisivas. Se, para empregar o vocabulário de Péguy, "a política" se misturou com "a mística", se até "a mística degenerou em política", é preciso não esquecer que a cruzada foi — e desta vez no verdadeiro sentido da palavra — um evento *místico*, a manifestação de um impulso espiritual que jorrou do mais nobre fundo das almas, a expressão heroica de uma fé que só encontrava satisfação no sacrifício, uma resposta ao apelo de Deus.

A resposta ao apelo

Foi bem assim — com um extraordinário arrebatamento de entusiasmo e de fé — que os participantes do concílio de Clermont se manifestaram. Por diversas testemunhas, podemos reconstituir a cena, ver toda a assembleia de pé à voz do papa e ouvir a imensa aclamação que ressoou sob as abóbadas: "Deus o quer!", uma aclamação que o pontífice adotou como lema da aventura. E imediatamente se cortaram cruzes de pano vermelho de mantos e reposteiros, e se costuraram sobre o ombro direito daqueles que decidiam partir. O que de mais impressionante se vê nos nossos dias como movimento de massas — reuniões políticas e peregrinações mundiais — pode dar uma ideia do que foi essa onda de fé. Na noite de 27 de novembro, esgotou-se o pano vermelho em Clermont, e houve quem tatuasse uma cruz sobre o ombro e até quem a gravasse com um ferro em brasa. "Viram-se homens", diz Michelet, "desinteressarem-se subitamente de tudo quanto amavam até então: os barões abandonaram os seus castelos, os artífices os seus ofícios e os camponeses os seus campos, para consagrarem as suas penas e a sua vida a preservar de profanações sacrílegas aqueles dez pés quadrados de terra que haviam acolhido durante algumas horas os despojos terrenos do seu Deus".

Partindo de Clermont, o movimento alastrou-se por toda a parte. Todas as províncias da França se levantaram. Urbano II, depois do concílio, detivera-se em diversas cidades para repetir em cada lugar o seu apelo. Partiram missionários em todas as direções, e, onde quer que chegassem, reuniam auditórios que a sua palavra exaltava. Dentro em pouco, Flandres, a Itália, a Inglaterra, os países escandinavos estavam possuídos daquele santo contágio. A todos os que partissem, a Igreja concedia-lhes uma bênção especial, a remissão das penas do Purgatório, a suspensão ou mesmo o perdão das dívidas, e a proteção das suas famílias e bens durante a sua ausência. A partida estava anunciada para 15 de agosto do ano seguinte e o chefe já estava designado. Era o bispo de Puy, *Ademar de Monteil*, herdeiro dos príncipes de Royans, mas homem da Igreja, para que ficasse claro que se tratava de um serviço a Deus.

Quem partiu? Michelet disse-o bem: homens de todas as idades e de todas as classes sociais. Perante essa torrente de fervor, a Igreja procurou por todas as formas mantê-la dentro de certos limites, reprimindo entusiasmos irrefletidos. Antes de se alistarem, os fiéis deviam obter o consentimento do seu pároco, e os monges só podiam partir devidamente autorizados pelos seus superiores. O voto de cruzado era considerado irrevogável e garantido pelas leis canônicas; quem o violasse incorria em excomunhão. Mas é certamente pouco provável que estas sábias medidas tivessem sido suficientes, pois não impediram que se juntassem aos verdadeiros soldados de Cristo os aventureiros, os eternos nômades, os inadaptados e também os desonestos, os politiqueiros e os salteadores. Não houve nenhuma expedição — salvo talvez a terceira — que não estivesse atravancada de mulheres, crianças e traficantes, sem falar das muitas prostitutas. A história da cruzada estará repleta de episódios em que se patenteiam as piores taras, o egoísmo, uma paixão sexual desenfreada, uma horrível crueldade e uma autêntica rapacidade. Devemos espantar-nos disso? Não se remexem massas humanas sem misturar o pior com o melhor.

Nada mais falso também do que imaginar que, mesmo entre os que comandaram a aventura, se encontravam apenas homens de primeiro plano e santos. Sim, estavam presentes, e em tão grande número que não podemos deixar de admirar-nos; mas, ao lado de autênticos servidores de Deus — um Godofredo de Bulhões, um Balduíno IV, o pequeno rei leproso, um São Luís —, ao lado de verdadeiros líderes como Balduíno II, haverá aventureiros sem escrúpulos como Reinaldo de Châtillon, interesseiros ardilosos como Boemundo, o normando, medíocres como Guy de Lusignan, e até covardes e traidores. E, se conhecemos muitos exemplos de sublime desinteresse, a atitude dos que mercadejavam pelo mar e até, por vezes, a dos templários, será a de terríveis Shylocks.

Estas fraquezas humanas contribuíram para conferir o seu verdadeiro sentido à cruzada: não se tratou positivamente de um romance da Távola Redonda. Empresa grandiosa, esteve à altura do homem — como a sua êmula, a catedral, embora de maneira mais modesta do que ela, e mais maculada. "Epopeia das cruzadas", diz o melhor dos seus historiadores, René Grousset. E é realmente em heróis épicos que pensamos perante esses homens que, numa proporção de quinhentos para vinte mil, travavam as suas batalhas; perante esses gigantes que, com um só golpe de espada, rachavam um inimigo em dois, decapitavam com um simples girar de gládio um camelo adulto, ou que, para se divertirem, suspensos de uma argola, mantinham o cavalo pendente entre as pernas enquanto o esporeavam até sangrar. Se existissem só estes protagonistas, o drama apenas nos interessaria como uma bela lenda. O que nos comove é a multidão anônima, para quem a cruzada foi a grande aventura de uma vida resgatada, embora com esses voluntários se misturassem indivíduos da pior espécie.

Neste imenso movimento, a França ocupou um lugar de destaque. *Gesta Dei per Francos*: a célebre fórmula de Gilberto de Nogent não deve ser tomada num sentido nacionalista, porque, na Palestina e na Síria, a palavra "Francos" designava todos os ocidentais, qualquer que fosse o seu país de origem. Foram, no entanto, franceses os que se lançaram em maior número na aventura. "Desnaturados são os franceses que dizem não aos assuntos de Deus", exclamava o trovador Macabru. A França era a nação mais rica em homens e fora no seu solo que um papa francês lançara a palavra. Cluny, a inspiradora do papado, era obra francesa, e era ainda na França que a cavalaria tinha atingido o seu mais alto ponto de perfeição. Além disso, os barões franceses estavam há muito tempo habituados a combater o muçulmano na Espanha, onde vinham ajudando os seus irmãos cristãos na *Reconquista*. Todas essas causas contribuíram para que os franceses fossem os mais numerosos e, muitas vezes, os melhores cruzados.

Assim, em 1095, ao apelo de um grande papa, a cristandade pôs-se a caminho. Abriu-se uma admirável página da sua história, que iria até o fim do século XIII; no pano de fundo de todos os acontecimentos da época — políticos ou religiosos, espirituais ou artísticos —, a grande sombra do cruzado iria perfilar-se dali para a frente. Tradicionalmente, a aventura divide-se em oito episódios, mas, na verdade, não houve um único ano em que não partissem da Europa grupos mais ou menos numerosos de "cruzados", às vezes sem armas, alistados não por capitães mas por monges, entre os quais o apelo da Terra Santa repercutia tão intensamente que partiam sem demora e sem a devida prudência. "As cruzadas"? Não; antes "a cruzada", impulso único de fervor, ininterrupto durante dois séculos, que levou o melhor do Ocidente a ajoelhar-se diante do Santo Sepulcro.

A primeira cruzada

A primeira onda desta maré foi tão violenta que a Igreja não pôde nem contê-la nem dirigi-la de acordo com os seus planos. Foi a *cruzada popular*, que abriu a história com um desastre. Entre os missionários que se fizeram eco do apelo de Clermont, *Pedro o Eremita* foi o mais célebre. Oriundo de Amiens, era um homem de fé intensa, uma espécie de profeta cabeludo, vestido de um rude burel e curtido pelas macerações. Sabia falar tão bem ao povo que em breve foi considerado um autêntico enviado de Deus. À sua passagem, as multidões acorriam de longínquas terras para se apinharem à sua volta, e, para fazerem relíquias, chegavam a arrancar os pelos do seu jumento.

Somente os ricos, os poderosos, teriam a honra insigne de libertar a Terra Santa? A aspiração popular por um mundo mais justo, mais fraternal, livre das tutelas do dinheiro e da força, que atravessou toda a Idade Média, que se traduziu umas vezes no movimento comunal, outras no apostolado de um Roberto de Arbrissel, outras ainda na pregação dos frades mendicantes, e outras finalmente em sangrentas insurreições de camponeses contra os senhores, harmonizava-se neste caso com o mais comovente impulso da fé. O que não quer dizer que não se acrescentasse a credulidade mais perigosa; só se falava de sinais do céu, de chuvas de estrelas e de promessas proféticas. A libertação estava próxima! Era necessário partir.

Partiram, portanto, essas pobres gentes, homens, mulheres e crianças, jovens e velhos, e até fracos e enfermos. Mais do que lutar, queriam dar testemunho de Deus, e não é verdade que as melhores testemunhas são aquelas que morrem pelo nome do seu Senhor? Venderam por baixo preço tudo o que possuíam; ferraram os bois como cavalos e atrelaram-nos a carroças onde se amontoavam as bagagens e a criançada. Foi uma verdadeira migração. Os franceses, os flamengos, os italianos e os alemães eram em maior número, mas havia também escoceses e ingleses. Constituíram-se quatro grupos: o de Pedro o Eremita, o dos italianos (ignora-se quem o comandava), o de um cavaleiro indigente, *Gautier-sans-Avoir*, acompanhado apenas por oito senhores tão pobres como ele e, por fim, o dos alemães, com Volkmar, Gottschalk e Emich de Leiningen, que, depois de ter chacinado judeus na Renânia e na Boêmia, se deixou aniquilar na Hungria.

A cruzada popular pôs-se em marcha no fim da primavera de 1096. "É ali Jerusalém?", perguntavam os "cruzados" ao verem as muralhas do menor burgo fortificado. As dificuldades surgiram bem cedo. Como alimentar esses milhares de emigrantes? Roubando, evidentemente. A sua chegada à terra bizantina foi acolhida com extrema desconfiança, aliás justificada, porque a primeira cidade imperial, Belgrado, foi saqueada por eles. Aleixo Comneno mandou-os vigiar pelos seus cavaleiros cumanos ou turcópolos. Quando viu essa enorme massa às portas da capital, apressou-se a emprestar-lhe navios para transportá-la até à Ásia; o embarque seria na margem do Mar de Mármara, em Cibitos, que os camponeses picardos chamaram Civitot. Os turcos estavam a dois passos dali. A princípio, não prestaram muita atenção a esse amontoado de bizarros peregrinos; mas quando, em meados de outubro, os homens de Gautier-sans-Avoir quiseram experimentá-los, a resposta foi fulminante. Acutilados com sabres e crivados de flechas, os infelizes bandos recuaram numa tal desordem que os cavaleiros seldjúcidas mal conseguiam abrir passagem para continuarem a chacina. Apenas alguns milhares conseguiram escapar, com Pedro o Eremita, e os bizantinos reembarcaram-nos a fim de se juntarem aos exércitos feudais que vinham chegando.

Porque, entretanto, os nobres tinham-se preparado. A operação, montada por verdadeiros chefes de guerra sob a prudente direção do papado, pretendia garantir todas as possibilidades de êxito. Constituíram-se quatro massas de manobra e previram-se quatro itinerários. A concentração seria em Constantinopla, depois do que todos os cruzados juntos entrariam na Ásia. No total, quantos? As cifras, conforme os cálculos, variam entre cinquenta e quinhentos mil[7]. Seja como for, não há dúvida de que estas grandes concentrações tiveram de se reduzir com os meses e com as léguas a serem percorridas. No momento da tomada de Niceia, parece que o exército dos cruzados não passava de trinta mil homens e, diante de Jerusalém, tinha apenas o efetivo de duas divisões.

O primeiro exército era formado por belgas, franceses do Norte, lorenos e alemães. O seu chefe era *Godofredo de Bulhões*, duque da Baixa Lorena, um homem magnífico, moral e fisicamente, alto, de ombros largos e cabeça altiva, dotado de uma força e uma coragem sobre-humanas, mas ao mesmo tempo modesto, generoso, de uma piedade exemplar, o protótipo do autêntico cruzado, quase um santo[8]. Perto dele, seu irmão, *Balduíno de Bolonha*, mais político mas também guerreiro corajoso, tinha provavelmente intenções mais realistas. *Hugo de Vermandois*, irmão do rei da França Filipe I — excomungado —, comandava os franceses da região central, os normandos trazidos por Roberto Courte-Heuse, filho de Guilherme o Conquistador, os vassalos do conde Estêvão de Blois e os de Roberto II, conde de Flandres; era um grande senhor, elegante, refinado e mais apaixonado pela diplomacia do que pelas batalhas. Os franceses do Sul tinham à sua frente *Raimundo de Saint-Gilles*, conde de Toulouse e marquês da Provença, uma personalidade complexa: antigo peregrino de Jerusalém e combatente na Espanha, tinha sido o primeiro grande a alistar-se como cruzado, mas ficara muito desiludido com a nomeação do bispo Ademar de Monteil como chefe da cruzada; se era capaz de muito heroísmo, também se escudava em aflitivas evasivas, mas não se pode duvidar da sua fé profunda e da sua dedicação à causa de Deus. Por último, o quarto grupo era um "comando" normando constituído por *Boemundo de Tarento*, filho de Guiscard, aquele mesmo que, entre 1081 e 1085, complicara a vida do basileu Comneno. Se o desejo de obedecer ao apelo do Santo Padre podia ser sincero entre estes aliados do papado, é difícil acreditar que essas raposas não tenham visto também na cruzada uma oportunidade de satisfazer o seu apetite...

O primeiro exército partiu em agosto de 1096, seguiu o vale do Danúbio — onde os húngaros, escarmentados com a passagem dos populares, exigiram reféns antes de concederem livre trânsito —, avançou com ordem e disciplina e chegou a Constantinopla em dezembro.

A vanguarda do segundo exército já o tinha precedido, pois, de Roma, onde o papa lhe entregara o estandarte de São Pedro, Hugo embarcara em Bari para Durazzo, e atravessara os Bálcãs, onde os funcionários bizantinos lhe reservaram um acolhimento tão cheio de respeito que mais parecia um cativeiro. Os provençais e os languedoquianos de Raimundo, que partiram com o legado pontifício em outubro, tomaram o caminho da Itália do Norte e dos Bálcãs, onde as suas relações com os croatas e os dálmatas foram fraternais. Quanto aos normandos, retomaram no decorrer do inverno o caminho que conheciam bem, a Via Egnácia, o mesmo que, dez anos antes, tinham percorrido, não como cruzados, mas como adversários. Por volta do mês de agosto de 1097, estava concluída a junção dos quatro corpos em Constantinopla, com o que o basileu pouco se alegrou.

A situação de Aleixo Comneno era delicada. Essa multidão reunida à sombra das suas muralhas inquietava-o, não sem razão. Mas que podia opor-lhes? Algumas brigadas de turcópolos, cumanos e petchenegas que os cavaleiros de ferro enxotariam como moscas. Por outro lado, como diplomata que era, pensava que esses incômodos auxiliares poderiam ser úteis para fazer o turco recuar, desde que estivessem de acordo em trabalhar sob seu controle. É preciso, além disso, fazer esta justiça ao basileu: era suficientemente cristão para querer evitar uma guerra entre cristãos a dois passos dos muçulmanos.

Poderia ele impedir que surgisse o desentendimento entre o seu povo e os ocidentais? O que os bizantinos pensavam dos cruzados, vemo-lo expresso na *Alexíada*, em que Ana Comneno narra o reinado de seu pai. Esta princesa inteligente, que representava bem as altas classes de Bizâncio, não esconde o seu desprezo por essa gente. Mostra os cruzados como cúpidos e tagarelas, volúveis e despudorados, temerários e cruéis; e denuncia-lhes o ponto fraco: a sua admiração infantil pelo ouro, pelas pedras preciosas e sedas; numa palavra: considera-os bárbaros. Os ocidentais, por sua vez, não compreenderam os gregos, as suas intrigas, os seus subterfúgios, nem mesmo a sua maneira de viver. Os padres e monges que pululavam nas suas fileiras diziam-lhes que os bizantinos eram cismáticos, inimigos da Santa Igreja Romana, o que, para a maior parte, significava praticamente que eram sequazes de Satanás e merecedores da forca. Dentro em pouco, a opinião mais difundida entre os ocidentais era que tudo o que acontecia de mau à cruzada era por culpa dos pérfidos gregos.

Numa situação como essa, Aleixo Comneno pôs em prática uma admirável diplomacia. Ora com amabilidade, ora com uma violência disfarçada, cumulando de presentes este ou aquele chefe cruzado, ou paralisando o reabastecimento das tropas, conseguiu ganhar um ascendente que as suas armas nunca lhe teriam podido dar. Depois de algumas semanas de discursos inúteis, Godofredo de Bulhões, o príncipe do Santo Império e soldado do papa, concordou em ajoelhar-se e reconhecer-se vassalo do cismático em relação a todas as terras que tomasse aos infiéis e comprometeu-se a entregá-las aos bizantinos. Aleixo Comneno levantou-o, abraçou-o, declarou adotá-lo como filho e ofereceu-lhe esplêndidos cavalos e cofres cheios de ouro. Os outros generais, na sua maior parte, seguiram-lhe o exemplo: Hugo de Vermandois, porque era suficientemente refinado para não deixar de sentir a atração de Bizâncio, e Boemundo, porque, realista como era, esperava obter um belo território da liberalidade de Aleixo, que, aliás, o cumulou de presentes e lhe prometeu um feudo, sem no entanto lhe conceder o título de "grande servidor do Oriente" que ele ambicionava. Apenas um se recusou categoricamente a prestar o juramento feudal ao basileu: Raimundo de Saint-Gilles. A Terra Santa, uma vez libertada por homens do papa, só a este deveria pertencer. O fogoso provençal não se deixou seduzir.

Com três quartos da cruzada do seu lado, o Comneno apressou-se a oferecer os navios necessários para o transporte até à costa da Ásia, e tudo ficou pronto na primavera de 1097. Para alcançar a Síria, porta da Terra Santa, os cruzados deviam atravessar de ponta a ponta a Ásia Menor, ocupada pelos seldjúcidas da Anatólia. Dezesseis anos antes, a fraqueza do basileu Nicéforo Botaniate deixara que os turcos chegassem a ocupar *Niceia*, de que tinham feito a sua capital. Este foi o primeiro objetivo dos "francos". A sua audácia e a sua incisividade, ajudadas, aliás, pelas máquinas de guerra de Bizâncio e por uma ousada intervenção da armada, venceram rapidamente a resistência (14 de maio a 19 de junho de 1097). Mas quando, no momento em que se preparavam para lançar o ataque supremo, os cruzados viram o estandarte de Aleixo tremulando sobre as muralhas, muitos se julgaram logrados e protestaram. A presa que lhes abandonaram não desfez essa impressão.

Surgiram depois as verdadeiras dificuldades. O tórrido verão que já se fazia sentir nas áridas estepes da Anatólia era um sofrimento horrível para os cavaleiros do Ocidente cobertos de ferro. O reabastecimento não demorou a revelar-se precário. Para facilitá-lo, o exército dividiu-se em dois corpos: o dos normandos da Sicília e da França, comandado por Boemundo, e o de Godofredo de Bulhões e de Raimundo de Saint-Gilles. Era uma boa ocasião para os turcos esmagarem sucessivamente os dois escalões. Em *Dorileia*, no primeiro dia de julho, o corpo normando viu-se subitamente cercado pelo turbilhão dos cavaleiros da Ásia, crivado de flechas, e mal conseguiu reagrupar-se para poder resistir. A fulgurante intervenção de Godofredo salvou tudo. Partindo ao primeiro apelo e cavalgando tão depressa que chegou ao campo de batalha apenas com cinquenta cavaleiros, seguido depois pelo seu exército, enquanto Ademar de Monteil fazia com os provençais um hábil movimento envolvente, o grande cruzado esmagou com os seus homens as forças turcas. Apenas alguns milhares de fugitivos conseguiram refugiar-se na montanha. Um imenso espólio caiu nas mãos dos francos. Estava afirmada por um século a superioridade militar dos cristãos sobre o islã: Mantzikert estava apagada da memória.

Esta bela proeza abria o caminho da Terra Santa, mas não suprimia todos os obstáculos. A travessia do planalto, deserto semeado de crostas de sal ou estepe cortada por pântanos hostis, foi para os cruzados um calvário que eles suportaram com altos e baixos. O ânimo dos chefes começava a azedar; o serviço de Deus era pesado e pagava pouco. Balduíno e Tancredo de Tarento, companheiro de Boemundo, depois de terem tentado ocupar a Cilícia e de terem disputado a sua posse, não tardaram a abandonar o grosso das tropas para procurarem fortuna para os lados de Edessa. Felizmente, quando os cruzados chegaram à cadeia do Tauro, encontraram ali amigos, os cristãos armênios que, depois da ruína da sua pátria, haviam procurado refúgio nessas montanhas[9]: o seu conhecimento do país e a sua habilidade foram uma ajuda preciosa para os francos.

Em 20 de outubro, a vanguarda, comandada por Boemundo, chegou diante de *Antioquia*. A notável cidade causou-lhes grande impressão. Não fora ela a segunda capital da Igreja, depois de Jerusalém e antes de Roma? Pedro e Paulo não tinham vivido ali? Não fora nas margens do Oronte que os discípulos de Jesus tinham recebido o nome de "cristãos"? Militarmente, não era possível nenhuma operação enquanto a praça fosse turca. Portanto, era necessário pôr-lhe cerco. Foi difícil, porque os francos, excelentes nas cargas maciças, pouco valiam como sapadores. O cerco arrastou-se durante oito meses e ter-se-ia prolongado mais se uma armada de genoveses e ingleses não tivesse trazido engenheiros e carpinteiros que ergueram em frente das muralhas um castelo de madeira: a "Maomeria". Só o zelo e a inteligência dos armênios permitiram que os francos não morressem de fome durante essa longa prova, mas a peste apareceu entre eles e causou estragos que os homens não tinham meios de evitar.

Entretanto, soube-se que Balduíno fizera fortuna em Edessa, que o príncipe armênio Thoros (ou Teodoro) o escolhera como genro e sucessor, e que depois uma oportuna sedição, matando a pauladas o sogro, fizera do bolonhês o primeiro príncipe franco instalado no Oriente. Um êxito dessa ordem não podia deixar de criar invejas. Boemundo sonhou em fazer a mesma coisa em Antioquia, e a sua ambição pelo menos serviu à causa comum. Tendo obtido a promessa de que a cidade seria sua, entrou em negociações com os armênios, que lhe abriram as portas em 2 de junho de 1098. E já era tempo, porque, dois dias depois, o emir de Mossul, Curbuca, chegava em socorro da cidade à frente de um exército. Era a terceira vez que o islã tentava salvar Antioquia, mas as duas primeiras intervenções, em 31 de dezembro e 9 de fevereiro, tinham sido repelidas com facilidade. Desta vez, o caso era sério. Passando de sitiantes a sitiados, os cruzados, exaustos, sentiam-se à beira do desespero. Só um milagre podia salvá-los. E o milagre aconteceu, e tão a propósito que pessoas de bom espírito — o legado em primeiro lugar — se recusaram a acreditar nele; o importante era que a massa acreditasse. No dia 14 de junho, por indicações recebidas num sonho pelo peregrino provençal Pedro Bartolomeu, descobriu-se sob o lajedo de uma igreja a Santa Lança, o ferro sagrado que atravessara o flanco do Salvador. Galvanizados pelo acontecimento, os cruzados empreenderam em 28 de junho uma surtida em massa e Curbuca mal teve tempo de fugir em disparada.

Esta terceira vitória deixava a Terra Santa nas mãos dos cruzados, mas eles não tiveram a menor pressa em explorá-la. Até meados de janeiro, arrastaram-se pelas margens do Oronte, numa inação mal humorada e favorável a intrigas. O chefe espiritual da cruzada, Ademar de Monteil, morrera em 1º de agosto, e as suas eminentes qualidades de condutor de homens iriam fazer falta de forma cruel. O papa, solicitado a assumir o comando, não pôde, evidentemente, aceder ao pedido. Os militares divergiam sobre a estratégia a seguir: marchar sobre Jerusalém ou ir primeiro esmagar o islã no Iraque e no Egito. Surgiam cada vez mais rivalidades de interesses. Boemundo anunciava a sua decisão de permanecer em Antioquia, que declarava feudo seu, mas Raimundo de Saint-Gilles não se mostrava satisfeito com isso. Aleixo Comneno, descontente de ver que se constituíam feudos latinos que pouco se importavam com a sua suserania — Balduíno em Edessa e Boemundo em Antioquia —, pensava que talvez não fosse bom para os seus interesses levar a derrota dos muçulmanos até à ruína, e renovava sorrateiramente as relações com os fatímidas do Egito. Quando Hugo de Vermandois o procurou, à frente de uma embaixada, com o pedido de que, com as suas tropas, conduzisse a cruzada até o Santo Sepulcro, esquivou-se.

No próprio plano religioso, notavam-se alguns estremecimentos: os cruzados, que a princípio tinham tratado com respeito o patriarca grego de Antioquia, que tinham reconstruído as igrejas, restaurado os ícones e reposto o clero, não tardaram a irritar-se quando souberam que os gregos criticavam abertamente os seus costumes e a sua fé. O desentendimento foi crescendo, e a evasiva de Aleixo acabou por convencer os ocidentais da má-fé bizantina. A situação tornou-se verdadeiramente incômoda. O patriarca João V não tardou a partir por vontade própria para Constantinopla, e foi substituído por um patriarca latino, Bernardo de Valentinois.

Foi a própria multidão dos soldados, dos cruzados anônimos e dos peregrinos generosos que, incitando os chefes, os obrigou a retomar a marcha para Jerusalém. O fogoso Raimundo de Saint-Gilles deu o exemplo: descalço, pôs-se a caminho pela estrada do Sul. Era o dia 13 de janeiro. Seriam necessários seis meses para que o primeiro cristão se ajoelhasse no Santo Sepulcro; para tanto, percorrer quinhentos quilômetros não era muito. A verdade é que, se continuava a existir entre os cruzados um fervor cristão sublime, começava a surgir também um cansaço muito humano. Os reforços, por vezes consideráveis — como o de vinte mil escandinavos conduzidos por Guynemer de Boulogne — não compensavam as pesadas perdas sofridas. Os realistas perguntavam-se se não era o momento de se instalarem nessa bela "riviera" libanesa, onde a primavera era tão deliciosa. As dificuldades militares, no entanto, pareciam agora aplainadas; em Beirute, em Tiro e em São João d'Acre, os emires rendiam-se à primeira armadura que lhes surgia pela frente. Os maronitas, esse núcleo de resistência ao islã, traziam aos cruzados um apoio precioso. Os batedores francos mal encontravam resistência;

Gastão de Béarn e Roberto de Flandres entraram em Ramla sem desembainhar a espada, e cem cavaleiros conduzidos por Tancredo e Balduíno de Bourges, primo de Godofredo, avançaram até Belém, onde os cristãos gregos e sírios os aclamaram em prantos.

Finalmente, no dia 7 de junho, o exército avistou Jerusalém. À vista dessa cidade cujo nome fora um lema sobrenatural, dessa paisagem em que se fazia presente a memória do seu Deus, os cristãos, esquecendo as suas disputas e misérias, voltaram a encontrar-se tal como o Senhor os tinha chamado. "Quando ouviram esse nome, Jerusalém", diz a crônica, "não puderam conter as lágrimas. Caindo de joelhos, deram graças a Deus por lhes ter permitido chegar ao fim da sua peregrinação, a Cidade Santa onde Nosso Senhor quis salvar o mundo. Como era comovente ouvir então os soluços que subiam de todo esse povo! Foram avançando até que as muralhas e torres da cidade se tornaram bem nítidas. Levantaram as mãos para o céu em ação de graças e beijaram humildemente a terra".

O assédio foi difícil. Ocupada havia dez meses pelos muçulmanos do Egito, que tinham substituído os turcos, a Cidade Santa vinha sendo defendida por uma guarnição sudanesa. O primeiro assalto fracassou. Foi preciso mandar vir material para sitiar a cidade; por sorte, os marinheiros genoveses desembarcaram-no em Jafa. Construíram-se torres de madeira que se encostaram às muralhas e as catapultas iniciaram o bombardeio com blocos enormes. Entretanto, em lembrança do milagre que permitira a Josué tomar Jericó, acrescentando meios sobrenaturais aos técnicos e humanos, os cruzados, com Godofredo à frente e descalços, organizavam em volta da cidade uma imensa procissão. Em *15 de julho de 1099*, teve lugar o assalto geral. Todos os chefes interviram pessoalmente: Godofredo lançou uma ponte entre uma torre e a muralha; Tancredo e Roberto Courte-Heuse lançaram-se através de uma brecha aberta por um aríete. Na tarde desse grande dia, uma sexta-feira, *Jerusalém estava nas mãos dos soldados da Cruz*.

Mas, como que para acentuar bem que esta obra de Deus fora realizada por homens, pobres homens cheios de violência e de máculas, a conquista da cidade foi assinalada por uma horrível carnificina, de que os próprios vencedores acabaram por envergonhar-se. Ao lado de um Raimundo de Saint-Gilles que, nobremente, protegeu os seus prisioneiros, muitos cruzados se comportaram como autênticos carniceiros! Na mesquita de Omar — construída sobre o local do Templo —, foi tão grande o número de degolações que se andava com sangue pelos tornozelos. Foram necessárias horas para que, por baixo da embriaguez de uma cólera insana, reaparecesse a fé cristã. Quando anoiteceu, os vencedores, depois de se terem lavado e acalmado, subiram descalços a via dolorosa, beijando devotamente os lugares onde Cristo caíra. Depois, diante do Sepulcro, lançaram-se por terra e ali permaneceram durante muito tempo, exaustos e felizes, com os braços em cruz.

O reino franco de Jerusalém

Tomada Jerusalém, muitos cruzados pensaram que já tinham cumprido o seu voto e decidiram regressar à Europa. Mas não se podia abandonar a Terra Santa. Era preciso, pois, encontrar um homem que estivesse disposto a ficar, com um punhado de soldados, numa Palestina incompletamente conquistada e rodeada de inimigos. O mais qualificado para essa difícil missão era Godofredo de Bulhões, cuja bravura fora sublime, cuja bondade e firmeza eram notórias e que, acima de tudo, era um perfeito cristão. Apesar da atitude reticente e mal humorada de Raimundo de Saint-Gilles, foi eleito pelos barões. A tradição assegura que ele recusou o título de rei, porque não queria de modo algum usar uma coroa de ouro onde Cristo cingira uma coroa de espinhos. O verdadeiro rei de Jerusalém era Cristo no seu Vigário; ele contentar-se-ia com o modesto título de *defensor do Santo Sepulcro*. Esta nobre humildade apôs o selo no retrato do grande cruzado. Mas um ano mais tarde, quando morreu, em 18 de julho de 1100, seu irmão Balduíno não teve tantos escrúpulos; com ele, o reino franco de Jerusalém passou a ter um rei.

Devia durar — com sortes diversas — perto de dois séculos, e, sem dúvida alguma, o mérito cabe à firmeza e inteligência dos primeiros reis, *Balduíno I* (1100-1118), seu primo *Balduíno II* (1118-1131) e o genro deste último, *Foulques de Anjou* (1131-1143). Houve qualquer coisa dos capetos nestes homens, obcecados em acumular terras, encarniçados em instalar o seu reino sobre o mar, capazes de impor a sua autoridade a senhores cuja obediência não era a virtude dominante.

Na verdade, o regime feudal já fora transposto para o Oriente, prejudicando a tão necessária unidade nacional. Mesmo antes de Jerusalém ter caído, tinham-se constituído vários feudos, como os de Edessa e Antioquia, o condado de Trípoli, onde Raimundo de Saint-Gilles se instalara à falta de um trono, o principado da Galileia e, abaixo, baronias como a da pequena Armênia e senhorios como Beirute, Sidon, Tiro, Naplusa. Em princípio, o rei não podia decidir nada sem o conselho dos altos vassalos e dos oficiais da coroa; como recursos, dispunha dos rendimentos do seu domínio pessoal e do produto das alfândegas.

No entanto, o reino de Jerusalém, que à primeira vista parecia um decalque puro e simples de qualquer monarquia do Ocidente, revelava um progresso sob diversos aspectos. O seu sistema jurídico era muito bom. Havia um tribunal supremo com poderes legislativos, de cujas decisões chegou até nós uma coletânea, as famosas *Assises (sentenças) de Jerusalém*, monumento valioso para o conhecimento do direito medieval. Nas cidades, o visconde representava a autoridade e administrava a justiça, mas um tribunal de doze jurados burgueses decidia as querelas entre pessoas da sua classe. E havia ainda tribunais mistos, que arbitravam entre nobres e burgueses. Por último, existiam tribunais especializados, como o da *Fonde*, que tratava de causas comerciais, e o da *Chaîne*, reservado às causas marítimas.

Do ponto de vista religioso, surgiu uma organização ocidental que se sobrepôs àquela que existia, muito embrulhada. A Terra Santa era um quebra-cabeças de seitas, onde se encontravam todos aqueles que Bizâncio havia perseguido: monofisitas, nestorianos, jacobitas e muitos outros. Todos reconheceram a supremacia nominal da igreja romana, que se mostrou tolerante e fraternal; foi então que se atribuiu a cada uma das seitas cristãs reconhecidas uma parte do edifício da igreja do Santo Sepulcro: a esta uma capela, àquela um altar... O patriarca de Jerusalém era o chefe espiritual, e dele dependiam quatro arcebispados: o de Cesareia, que tinha por sufragâneo o da Samaria; o de Tiro, com os bispados de Acre, Paneias, Sidon e Beirute; o de Tiberíades, com Nazaré; e o de Montreal ou Petra, com o bispado de Jericó e o convento do Sinai. De Jerusalém dependiam diretamente Hebron, Lida e Belém. Antioquia formava um patriarcado à parte, com três arcebispados: Tarso, Edessa e Apameia. É claro que os conventos se multiplicaram: Monte Sião, a Latina, Monte Olivet, Josafat e Santo Sepulcro, que se alinharam ao lado dos cenóbios gregos, como o de São Sabas.

O reino franco de Jerusalém não foi, portanto, um decalque das monarquias ocidentais, mas uma criação original. Não tardou até a diferenciar-se profundamente das longínquas pátrias. Mas nem sempre da melhor maneira, porque, com uma rapidez de que só se admirarão aqueles que ignoram o prestígio do Oriente e as transformações que o ocidental sofre em países "coloniais", os cruzados, uma vez instalados, aclimataram-se tão bem que se tornaram orientais. Godofredo de Bulhões vivera com a austeridade de um monge, mas o rei Balduíno usará um albornoz tecido de ouro, deixará crescer a barba como um basileu, mandará colocar diante de si um broquel dourado e receberá, sentado sobre um tapete e com as pernas cruzadas à moda árabe, os embaixadores que o "adorarão". O seu capelão Foucher de Chartres relata o fenômeno com uma alegria sem rebuços: "Somos ocidentais, e eis-nos transformados em habitantes do Oriente. O italiano ou francês de ontem, transplantado, tornou-se um galileu ou um palestino. Já nos esquecemos dos nossos lugares de origem. Aqui, um possui casa e criadagem com tal segurança que parece tratar-se de um direito herdado desde tempos imemoriais; outro tomou por mulher uma síria, uma armênia ou talvez uma sarracena batizada, e vive com toda a sua bela família indígena. E usamos indistintamente as diversas línguas do país..." A razão desta absorção é formulada com toda a franqueza pelo excelente cronista: "Aquele que não possuía na Europa nem uma aldeia, vê-se senhor de uma cidade inteira no Oriente. Aquele que não tinha senão alguns soldos, encontra-se aqui à frente de uma fortuna. Por que havemos de voltar para o Ocidente, se o Oriente satisfaz plenamente os nossos anseios?"

Mas o que o homem não diz é que o gosto pelo luxo, a facilidade de vida, o contato com civilizações mais "avançadas" em todos os sentidos da palavra, tiveram a mais terrível influência sobre a moral dos cruzados e, mais ainda, dos seus descendentes. A mistura de raças nem sempre teve resultados felizes. Viram-se filhos de sírias, de armênias e de outras mulheres do Mediterrâneo oriental — que eram chamados *poulains*, "potrinhos" — perderem com muita frequência as características dos seus antepassados do Ocidente. Os adultérios e os casamentos desfeitos tornaram-se moeda corrente, e houve até um rei de Jerusalém que era bígamo! No clero, os costumes também se relaxaram, e as decisões de reforma tomadas nas sessões realizadas em Naplusa permaneceram letra morta. A fé, em princípio, continuava intacta, mas procuraram-se soluções acomodatícias, não só quanto aos Dez Mandamentos, mas até quanto aos dogmas: foram numerosos os cristãos que se interessaram pela religião de Maomé.

Nada disso ajudava o reino franco a ser aquele bloco resistente e indivisível que deveria fazer face aos inimigos. Este jovem reino iria ver-se a braços com inúmeras dificuldades, e a mais grave seria a falta de homens. Os ocidentais nunca passaram de uma fina camada senhorial ou comercial que dominava a massa nativa. Por uma fatalidade trágica, nenhuma das "cruzadas de povoamento" pôde chegar à Terra Santa. A mais importante, a de 1101, que Raimundo de Saint-Gilles tomou sob sua responsabilidade quando ela chegou a Constantinopla, deixou-se massacrar nos planaltos anatolianos. Balduíno I teve a engenhosa ideia de atrair para a Palestina todos os cristãos gregos e sírios dispersos pela região, mas isso não substituía uma sólida corrente de imigração francesa, que foi sempre insignificante. Praticamente, os latinos dominavam apenas as cidades; o deserto continuava nas mãos dos sarracenos, que não desistiam de pilhar os camponeses e de atacar as muralhas das praças. O país tinha, pois, de viver em pé de guerra e encher-se de fortalezas cujas guarnições pudessem enfrentar a qualquer hora as incursões do islã.

A esta inferioridade numérica absoluta acrescentava-se a desvantagem do modo de recrutamento. O princípio continuava a ser feudal: o rei devia chamar os seus vassalos que, convocando as suas "bandeiras", vinham — ou não vinham — colocar-se sob as suas ordens. Os mais avisados achavam indispensável um exército regular; mas como pagá-lo? O rei de Jerusalém estava longe de ser rico... Quando muito, podia manter alguns esquadrões de turcópolos.

Foi para atender a essa exigência que surgiu uma instituição extremamente original: a das *ordens militares*. Era bela a ideia de preparar homens que fossem cavaleiros de Deus, prontos para servir Cristo pelas armas até o sacrifício da própria vida, e, ao mesmo tempo, verdadeiros monges, puros e castos, fiéis e pobres. De onde teria nascido a ideia? Dos *Ribats* do islã? Não se sabe. Em todo o caso, o mais alto ideal dos cristãos do tempo iria realizar-se nessa instituição; São Bernardo não se enganou quando se interessou apaixonadamente por ela[10]. Duas ordens militares desempenhariam um papel de primeiro plano no reino franco: os *templários* e os *hospitalários*. Os primeiros foram fundados por Hugo de Payens, em 1118, e a sua casa central era o antigo Templo de Salomão — a atual mesquita El-Aqsã ou de Omar —, razão pela qual tomaram o nome de cavaleiros do Templo; eram formados por capelães e cavaleiros, uns e outros nobres, e por servos plebeus. Usavam um largo manto branco, copiado de Cister, marcado com uma grande cruz vermelha. Com a mesma cruz vermelha, mas sobre um manto negro, os hospitalários de São João eram, na sua origem, uma ordem de caridade dedicada a cuidar dos peregrinos, e que fora criada, mesmo antes da cruzada, por um verdadeiro santo, Gerardo de Martigues. A sua transformação em ordem militar, por volta de 1120, foi obra de Raimundo de Puy, que os destinou à proteção do Santo Sepulcro[11]. As duas ordens deram ao reino o que lhe fazia falta: um exército permanente, cujo heroísmo e espírito de sacrifício estiveram durante muito tempo acima de todo o elogio. Uma e outra construíram temíveis fortalezas, cujas ruínas ainda hoje se erguem, grandiosas, sobre muitos cimos — Tortosa, Toron, Chastel-Blanc e Le Chastel, construídas pelos templários, e, pelos hospitalários, Marjat, Chastel-Rouge, Gibelin e o célebre Krak dos cavaleiros. Por que se degradaram tão rapidamente estes corpos de elite? Em pouco tempo a santa emulação entre templários e hospitalários transformou-se numa acerba inveja. Ricos, orgulhosos, os monges-soldados — sobretudo os do Templo — mostraram-se indisciplinados, arrogantes ou coisa pior; em diversos casos, o seu amor pelo dinheiro sobrepôs-se aos interesses da cristandade. E São Luís ver-se-ia obrigado a castigar com uma humilhação pública uma verdadeira traição... Tristeza das grandes obras do homem e também, neste caso, influência dissolvente do Oriente...[12]

A fraqueza numérica, o recrutamento mal feito do exército, mesmo levando em conta as ordens militares, não foram as únicas dificuldades que o reino conheceu. O sistema feudal, que no Ocidente tendia para a anarquia, a ela conduzia ainda mais num país em que não nascera das exigências da história, mas era algo sobreposto, artificial, fruto das rivalidades entre os nobres. Todos estes pensavam que o rei de Jerusalém era simplesmente um dos seus, nem mais nem menos. Invejando-se e chegando às vezes a combater entre si, os barões francos não souberam preservar o sentido da sua mútua solidariedade perante o islã.

A própria Igreja participou muitas vezes dessas complexas intrigas. Em vez de fazer na Palestina o que fazia na França, isto é, apoiar a monarquia com todas as suas forças, pretendeu tomá-la sob a sua tutela, para fazer sentir ao rei que ele só existia por ela. Houve, certamente, no decurso da história do reino franco, prelados santos e verdadeiramente cristãos, mas houve muitos outros cujas intenções eram mais materiais do que sobrenaturais, e cujo comportamento nada teve de exemplar. Assim, logo após a tomada de Jerusalém, foi eleito patriarca o capelão de Roberto Courte-Heuse, Arnoul Malecorne, clérigo intriguista, cuja vida era tão parca em santidade que foi preciso depô-lo. Foi escolhido a seguir, ou melhor, impôs-se, o arcebispo de Pisa, Daimbert, mas isso não melhorou a situação porque o pisano era também ambicioso, mais brutal e pouco escrupuloso em questões de dinheiro; numa palavra, era um político. O seu primeiro gesto foi convidar Godofredo de Bulhões a abandonar Jerusalém, onde, segundo ele, só devia existir a autoridade patriarcal. Os reis teriam quase tanto trabalho com o alto clero como com os altos barões.

Outra causa de fraqueza proveio da impossibilidade em que os cristãos se viram de estabelecer uma frente única de latinos e de gregos contra os muçulmanos. E nisso, é preciso dizê-lo, a responsabilidade de Bizâncio foi maior que a dos latinos. Os basileus tinham certamente motivos para considerarem com irritação o procedimento de certos barões que, nos seus novos feudos, zombavam da suserania concedida ao imperador pelos acordos de Constantinopla; alguns chegaram até a intervir pela força contra os insolentes, como João II Comneno que, em 1138, tendo-se deslocado com um forte exército para combater na região do Oronte, e tendo notado a pouca pressa com que Raimundo de Antioquia o vinha ajudar, infligiu-lhe a humilhação de entrar na cidade a cavalo, como suserano, fazendo-se acompanhar pelo príncipe que, a pé, lhe servia de escudeiro. Mas se semelhantes manifestações de autoridade pareciam justificadas, nem por isso deixa de ser verdade que Bizâncio nunca quis empenhar-se a fundo na cruzada — onde a sua intervenção teria mudado o rumo dos acontecimentos —, nunca apoiou totalmente os latinos, absteve-se de ajustar contas com os turcos quando teve ocasião de fazê-lo, e chegou até, por diversas vezes, a manter relações mais do que suspeitas com esses e outros muçulmanos.

Por sua vez, a política dos latinos perante o islã foi tão embrulhada que as suas sutilezas contribuíram sem dúvida para os enfraquecer. No meio das relações que se costumam estabelecer necessariamente entre adversários, os turcos não demoraram a mostrar-se aos cruzados como realmente eram: homens corajosos e cavalheirescos. Nasceu então uma estima recíproca. Por outro lado, os latinos compreenderam que havia rivalidades entre os Estados muçulmanos, e, em vez de considerarem o islã como um bloco, ensaiaram uma política muçulmana que pretendia jogar com esses antagonismos, apoiando-se nuns para vencer os outros. Quando essa política era conduzida por um rei clarividente, como Foulques, o resultado era feliz; mas em breve os barões tiveram também a sua pequena política muçulmana, aliando-se a emires, tomando parte nas querelas do islã e, o que é mais grave, fazendo os infiéis interferirem nas suas próprias disputas feudais. Pôde-se assistir, por exemplo, a uma batalha em que o emir Djawali, em luta contra o seldjúcida de Alepo, tinha como aliados os francos de Balduíno de Bourges e Jocelin de Courtenay, enquanto o exército do seu inimigo contava nas suas fileiras com os normandos de Tancredo de Tarento!

Nessas condições, que pareciam tão escabrosas, a duração do Estado franco parece-nos ainda mais surpreendente. Explica-se pela presença no trono de Jerusalém, em princípio, de homens de primeira categoria, mas também pela concomitante fraqueza do islã, que enfrentava uma anarquia interna bem pior. Quando a situação se inverter, quando os chefes francos se tornarem mais fracos e, ao mesmo tempo, lhes surgirem pela frente personalidades vigorosas, decididas a reerguer o império de Maomé, ocorrerá o desmoronamento do belo sonho forjado por Godofredo de Bulhões, um sonho que, na verdade, nunca chegou a lançar raízes na realidade.

O apelo de São Bernardo e o seu fracasso

Edessa, que cobria as terras cristãs em direção ao nordeste, caiu no dia 13 de dezembro de 1143. Havia um mês que morrera Foulques, terceiro rei de Jerusalém, deixando como herdeiros apenas dois rapazinhos. E ninguém se enganou: tratava-se de um terrível aviso.

Até essa ocasião, apesar das dificuldades, os francos tinham mantido a sua superioridade. Balduíno I ocupara todos os portos, desde Cesareia até Acre e Sidon, assegurando ao seu Estado livre comunicação com a Europa. Balduíno II consolidara a conquista, não sem encontrar crescentes dificuldades, pois no seu reinado foi tomada Tiro, em 1124. Mas os seldjúcidas tinham agora um chefe de primeira ordem, o *atabeg* Zenghi, que Balduíno começara por vencer em Alepo, mas do qual estivera depois prisioneiro durante um ano. No tempo de Foulques, atingiu-se um ponto de equilíbrio, em que os francos já não podiam prosseguir nos seus avanços e os muçulmanos passaram a estar em condições de aproveitar-se das fraquezas do adversário. A queda de Edessa foi uma clara demonstração disso.

O condado, que fora outrora fundado por Balduíno de Hainaut, passara, após a promoção deste ao trono real, para Jocelin de Couternay, cujas proezas o haviam tornado um herói lendário. Seu filho, Jocelin II, não se parecia em nada com ele, nem tampouco com os seus antepassados por parte da mãe, que eram montanheses armênios. Entregue a uma vida de bebedeiras e luxúria, pouco se preocupava com a defesa da cidade, onde, aliás, nunca residia. Apesar da heroica resistência do arcebispo Hugo, a praça, atacada por Zenghi, caiu em menos de um mês. Raimundo de Antioquia, a quem se pediu socorro, recusou todo o auxílio, regozijando-se até — o insensato! — de ver em embaraços esse vizinho com quem não mantinha boas relações. A desunião entre os latinos teve o resultado que se podia esperar. A cidade foi tomada no meio de uma orgia de horrores. Dois anos mais tarde, o assassinato de Zenghi numa revolução palaciana permitiu que os armênios de Edessa expulsassem de lá os muçulmanos e chamassem de volta o antigo conde, mas o primeiro gesto de Nur-ed-Din, filho de Zenghi, foi apressar-se a retomar a cidade, e Jocelin II, quase sozinho, só conseguiu escapar à derrota e à carnificina que se seguiu graças à velocidade do seu cavalo.

A cristandade sentiu a queda de Edessa como uma autêntica ferida. A Terra Santa estava ameaçada! Hesitando um momento, porque estava rodeado de dificuldades, o papa Eugênio III lançou em 1º de dezembro de 1145 um apelo para uma nova cruzada. No entanto, a sua voz encontrou pouco eco a princípio. O patético sermão proferido no Natal, perante a corte plenária de Bourges, pelo bispo Geoffroy de Langres, não persuadiu nenhum grande nobre a correr os riscos que, como agora se sabia, acompanhavam a cruzada. Foi preciso que São Bernardo entrasse em cena com a sua palavra veemente. Foi preciso o seu discurso na Páscoa de 1146 em Vézelay, bem como as suas pertinazes diligências, para que nascesse finalmente uma grande chama, a princípio tão alta como a que, cinquenta anos antes, abrasara em Clermont tantos corações[13]. A *segunda cruzada* pôs-se sob o duplo comando de Conrado III e do rei da França, Luís VII, que fora um dos seus mais ardentes partidários.

"Vamos, generosos soldados", gritara Bernardo de Claraval, "preparai-vos para grandes lutas! Não abandoneis o vosso rei! Que digo eu? Não abandoneis o Rei dos céus, por cuja causa o vosso rei empreende uma viagem tão laboriosa!" Laboriosa viagem... O santo não poderia exprimir-se melhor, mas foi mais laboriosa do que ele pensava. A primeira cruzada tivera uma organização; os seus chefes, sem se entenderem bem, tinham admitido, no entanto, nos momentos graves, uma autoridade — a do legado. Na segunda, os dois reis, em vez de conjugarem as suas forças, quiseram agir cada um por conta própria, e não prepararam nada. Conrado III, depois de uma delicada travessia pela Hungria, chegou primeiro a Constantinopla. Bem recebido por Manuel Comneno[14], que tinha desposado a sua cunhada e odiava os normandos tanto como ele, não pôde impedir que os seus cavaleiros saqueassem e importunassem os gregos de mil maneiras. E o basileu tratou de os embarcar rapidamente para a Ásia, sem lhes prestar qualquer auxílio. Mas terá feito algo pior? Terá alertado o sultão de Konyeh, com quem mantinha relações amigáveis? Circulou essa suspeita entre os ocidentais, que tinham a perfídia grega como um axioma, a ponto de acusarem os gregos de envenenarem a farinha que lhes vendiam. No dia 26 de outubro de 1147, em Dorileia, surpreendidos por um enxame de turcos, os germânicos sofreram uma derrota sem remissão.

Na mesma ocasião, chegava Luís VII a Constantinopla. Os franceses, informados do procedimento dos gregos, não falavam de nada menos do que de apoderar-se da capital! Manuel serviu-se então de um estratagema: espalhou o boato de que os alemães acabavam de alcançar brilhantes vitórias, convencido de que os franceses, dados a festas como eram, estariam ciosos de participar da colheita dos louros. A desilusão foi severa. Encurralados na costa, perdendo muita gente com a vitória em Meandro e mais ainda com a derrota em Laodiceia, os cruzados pagaram muito caro a imperícia dos seus chefes; estes, aliás, abandonando pouco honrosamente as suas tropas às carnificinas turcas, embarcaram para a Síria.

Na primavera de 1148, pareceu que se retomava a ofensiva graças ao jovem rei de Jerusalém, Balduíno III, que o seu adversário, Nur-ed-Din, considerava "um príncipe como não há outro igual". Luís VII e Conrado III juntaram-se a ele em Tiberíades. Os cristãos iam por fim agir em conjunto? O alemão e o francês invejavam-se. As complicadas intrigas da Terra Santa eram para eles incompreensíveis, e convenceram-se de que, em vez de avançar sobre Alepo e Edessa, era preferível atacar o emir de Damasco, cuja política, no entanto, era há muito tempo de colaboração com os francos. Sobre tudo isso pairavam, ao invés do espírito de fraternidade heroica, as ameaças de discórdia, sem falar dos escândalos que a rainha Eleonora começava a provocar na França.

Conseguiram invadir Damasco, mas a cupidez dos vencedores, prolongando o saque, permitiu que a guarnição se refizesse e que Nur-ed-Din acorresse em seu socorro. O fiasco foi completo. Conrado III e Luís VII voltaram a embarcar, sem saberem muito bem se deviam responsabilizar pelo seu fracasso o papa Eugênio III, os gregos, os templários ou São Bernardo: todos menos eles. Algumas semanas mais tarde, Raimundo de Antioquia era massacrado e Nur-ed-Din avançava cada vez mais. O monge de Claraval voltou a falar de cruzada, e Suger, por seu lado, estudou o projeto. Mas o Ocidente duvidava de si e do seu grande empreendimento. Teria a Terra Santa de combater sozinha a partir de agora?

Saladino e Jerusalém

Trinta anos iam ser suficientes para colocar o reino franco à beira do abismo. Este lapso de tempo parece à primeira vista surpreendente. Persuadido de que o Ocidente, apático, não interviria tão cedo, e não menos persuadido de que Bizâncio não voltaria a incomodá-lo, por que motivo Nur-ed-Din não se lançou sobre Jerusalém? Porque entre ele e a Cidade Santa se levantou um homem, Balduíno III (1142-1160), em quem René Grousset vê "o modelo do chefe franco". Inteligente, firme, corajoso e hábil, o jovem rei resistiu em todas as frentes. Embora importunado pelas dissensões que a sua própria mãe provocava entre os seus súditos — bem como pelas confusões que começava a causar à coroa o impossível aventureiro Reinaldo de Châtillon, que acabava de desposar a jovem Constança, herdeira de Antioquia —, conseguiu uma primeira vez impedir que Nur-ed-Din se instalasse em Damasco, derrotou um exército de turcomanos, tomou Áscalon depois de um cerco severo, mas não pôde impedir que o grande *atabeg* turco tomasse Damasco e ali instalasse a sua capital (abril de 1154). O perigo aproximava-se. O casamento do rei com uma princesa bizantina, e o de Manuel Comneno com Maria, filha de Raimundo de Antioquia, pareceram de favorável augúrio. Mas a desunião continuava a esterilizar todos os esforços. Uma brilhante vitória alcançada nas margens do lago de Tiberíades, pela carga heroica dos templários, não pôde ser explorada. Pouco depois, a sorte hostil que parecia impedir que os reis da Palestina vivessem o tempo suficiente para realizarem uma obra duradoura, abateu-se sobre Balduíno III e ele morreu com trinta e dois anos, tão subitamente que se chegou a falar em voz baixa de envenenamento.

Seu irmão Amaury (1162-1174) esteve longe de o igualar. Não que a sua bravura fosse menor que a dele. Na verdade, era superior ao seu irmão mais velho em sabedoria e santidade. Mas era uma espécie de Harpagão taciturno, e a avareza obscurecia o seu senso político. Apelou inutilmente para o Ocidente; dispunha cada vez de menos tropas contra as arremetidas ininterruptas dos muçulmanos, que chegavam até às próprias muralhas do Krak. Nesse momento, uma nova ameaça surgiu para os lados do sul, no Egito, onde o governo fatímida, totalmente em decomposição, parecia prestes a desabar. Quem lhe sucederia? Enquanto Nur-ed-Din mandava o seu hábil lugar-tenente Chirkuh para as margens do Nilo, Amaury apresentou-se lá pessoalmente. Mas a falta de tato dos latinos, a sua incapacidade para se entenderem com os bizantinos e, por fim, a avareza de Amaury, que reclamou do califa somas exorbitantes, tiveram precisamente o resultado que se queria evitar: o confisco do Egito pelos turcos. No momento em que, em 1174, vencido pelo tifo, Amaury morria também jovem, com trinta e nove anos, a situação do reino franco revelava-se precária, tanto mais que o islã acabava de encontrar o seu chefe, o homem genial que faria dele um bloco inquebrantável lançado na nova guerra santa: *Saladino*.

Curdo de origem, sobrinho e herdeiro (em 1169) do vizir Chirkuh, que rapinara o Egito, Saladino não tinha nada do ambicioso vulgar, que se satisfaz com explorar um belo reino. Pertencia à raça dos Alexandres, dos Césares, dos Carlos Magnos, desses homens que parecem nascer num momento preciso da história para fundir vastos domínios num todo orgânico e conferir a uma civilização inteira o sentido da sua unidade. Era um caráter de aço, cortante e flexível, uma excepcional inteligência política e, acima de tudo, uma alma nobre. Viria a impor-se como um modelo de virtudes cavalheirescas mesmo aos cristãos; Ricardo Coração de Leão será seu amigo, e Dante, na *Divina Comédia*, colocá-lo-á nesse lugar à parte do Inferno onde se reúnem, sob uma luz benévola, as almas puras que tiveram a infelicidade de não conhecer Cristo. Depois de se ter desembaraçado rapidamente do califa fatímida do Egito, Saladino liquidou não menos prontamente a sucessão de Nur-ed-Din. Damasco caiu em suas mãos e o Egito e a Síria passaram a constituir um só Estado. Acabou o cisma que opunha os xiitas do Egito aos outros muçulmanos, os sunitas. No lugar de um islã fragmentado, erguia-se agora um Império compacto, governado pela mão firme desse homem. Catastrófica reviravolta da situação!

Porque, nessa mesma ocasião, o reino franco sofria a sua pior prova. É uma página dolorosa, mas é bela como um capítulo de uma gesta, digna de um episódio da Demanda do Santo Graal. O filho de Amaury, *Balduíno IV*, era um adolescente cheio de vivacidade e encanto, uma alma indomável e um caráter singular. Educado como um clérigo, corajoso como o mais audacioso cavaleiro, parecia reunir as melhores promessas. Mas abateu-se sobre ele a má sorte dos reis da Palestina. Um dia em que brincava, a bola caiu no meio de uns espinhos. Foi buscá-la, feriu os braços, que começaram a sangrar, e, como se admirassem, disse com a maior simplicidade que não sentia nada. O sintoma era claro: lepra. O príncipe era um leproso. Unguentos e drogas, tratamentos de todas as espécies, coisa alguma deu resultado. O reinado deste jovem (1174-1185) seria uma longa agonia. A podridão alastrou-se por toda a carne, os olhos perderam-se, os centros nervosos paralisaram-se e a morte aproximou-se terrivelmente. No entanto, com um heroísmo que só a fé cristã pode explicar, este jovem valente, este infeliz rei, enfrentou o inimigo com uma coragem que ultrapassa os limites humanos. Enquanto pôde conservar-se a cavalo, conduziu as suas tropas, alcançando em Montgisard a mais prodigiosa vitória, numa proporção de trezentos contra trinta mil. Depois, quando as forças o traíram, ordenou que o levassem para o meio do combate numa liteira, para que os seus homens o vissem entre eles.

Os seus vassalos inquietavam-no mais do que o inimigo: as loucuras sangrentas de Reinaldo de Châtillon, umas vezes em conflito com os bizantinos, outras atacando caravanas turcas durante a trégua; as intrigas tramadas abertamente pela sua sucessão, em que se opunham sua irmã Sibila com seu marido, o arrivista de Poitou Guy de Lusignan, e o seu antigo tutor Raimundo III de Trípoli — tudo isso o afligia... Uma última vez, correndo em auxílio do Krak do Moab, fez recuar Saladino; mas a vida extinguia-se nele cada vez mais e o seu corpo aguardava a hora da libertação. Morreu com vinte e quatro anos e foi enterrado junto do Santo Sepulcro. Dir-se-ia que só viveu para, como imagem pura, resgatar as baixezas e infâmias dos que o rodeavam. Admira-nos que a Igreja não tenha reconhecido oficialmente a sua santidade.

Depois deste herói, acelerou-se a corrida para o abismo. Um ano após morreu o seu sobrinho, o pequeno Balduíno V, "Balduininho", aos 6 anos de idade, e reinaram Guy de Lusignan, um belo rapaz insignificante, e Sibila, mulher formosa, mas um pouco louca. Entre eles e Raimundo III de Trípoli travou-se imediatamente uma luta em que se envolveram todos os ambiciosos do tempo, o patriarca de Jerusalém, o grão-mestre do Templo, Jocelino III de Courtenay e, é claro, Reinaldo de Châtillon. Saladino cuidou de não perder uma ocasião dessas. Em 4 de julho de 1187, nas agrestes colinas que dominam *Tiberíades*, num lugar que hoje se chama Hattin, os francos, que não bebiam havia horas — nem eles nem os seus cavalos, que ofegavam sob as pesadas armaduras —, viram-se cercados pelo exército móvel do curdo. Cegados pela poeira e pela fumaça que o vento lhes atirava contra os olhos — os turcos tinham posto fogo em ervas secas —, os cavaleiros só puderam salvar a honra. Os que não tombaram foram feitos prisioneiros e, entre eles, o rei Guy, que Saladino tratou com bondade, e Reinaldo de Châtillon, que, pelo contrário, o curdo abateu com a sua própria espada. Nada podia deter o conquistador. Um a um caíram São João d'Acre, Sidon, Áscalon e Nazaré. Apenas Tiro, sobre o seu rochedo, lhe opôs resistência, mas, em 2 de outubro de 1187, *Jerusalém abria-lhe as suas portas*[15]. No cimo do zimbório da ex-mesquita de Omar, transformada em igreja, erguia-se uma cruz dourada: os muçulmanos deitaram-na abaixo. "Alá é grande"...

O Ocidente contra Saladino: a terceira cruzada

Jerusalém conquistada, os cristãos reduzidos às margens da Síria, de Tiro, de Antioquia e de Trípoli, o porto de São João d'Acre interditado aos barcos de peregrinos... Era um século de esforços inutilizado. E um grande grito de tristeza e de cólera ecoou por toda a cristandade.

O primeiro que soltou esse grito em altos brados foi o marquês italiano *Conrado de Montferrat*, que, chegando por acaso a São João d'Acre no momento em que Saladino acabava de tomar a cidade, surpreendido por não ser recebido ao som de sinos, reconheceu de repente a bandeira do islã tremulando no alto das torres. Refugiando-se em Tiro, alevantou os corações, preparou imediatamente uma contra-ofensiva e mandou mensageiros com o pedido de que os cristãos viessem salvar a pátria de Cristo. Em Roma, o golpe desfechado pelo desastre atingira em cheio o coração. Urbano III soube da notícia em 18 de outubro, e morreu dois dias depois. O seu sucessor, Gregório VIII, lançou um apelo veemente, mas morreu no dia 17 de dezembro. Clemente III assumiu a tarefa de pôr em marcha a nova cruzada, o que fez de modo admirável. Instituiu-se um imposto de dez por cento, o *dízimo saladino*, sobre todos os rendimentos, incluídos os dos bens eclesiásticos, para financiar o empreendimento. E os maiores soberanos foram convidados pessoalmente a alistar-se como cruzados.

Esses reis eram então Frederico Barba-Roxa, Filipe Augusto e Henrique II da Inglaterra, a quem pouco depois sucedeu o seu filho Ricardo. Os três responderam afirmativamente, mas por razões não exclusivamente religiosas. Como os reis da França e da Inglaterra levantavam contra a sua política autoritária muitos senhores feudais, Frederico Barba-Roxa, apressando-se a participar da cruzada, fazia figura de chefe da nobreza, o que estava bem na linha do seu grande desígnio[16]. Quanto aos outros dois reis, decidiram partir, de boa ou má vontade, para evitar que a aliança "carolíngia" entre o papa e o imperador agrupasse contra eles todas as forças do feudalismo. Três coroas eram muito, eram demais.

Esta *terceira cruzada* — 1189 — foi a mais bem organizada de todas. Os três homens que a comandavam eram verdadeiros chefes de guerra. A mobilização dos corpos expedicionários operou-se com método; os itinerários estratégicos foram estudados com antecedência. Os alemães, em particular, empregaram em preparar a expedição todo o senso organizativo que caracteriza a sua raça. O Oriente — não apenas Saladino, mas todo o Império bizantino — tremeu ante a ideia de ver aparecer essas enormes colunas blindadas. O Império bizantino, depois dos cinco anos de dramas que havia atravessado após a morte de Manuel Comneno, acabava de cair nas mãos de Isaac o Anjo. Aparentemente, as suas relações com Frederico Barba-Roxa eram boas, mas, no fundo, desconfiava do homem que tinha casado o seu filho com a herdeira da Sicília. Entendeu-se com Saladino para expulsar os latinos de Constantinopla, abrir as portas aos *muezzins* e dificultar o avanço dos cruzados. Em troca, os turcos prometiam-lhe — bastante vagamente — restituir os Lugares Santos. Este maquiavelismo, imediatamente descoberto, esteve prestes a desencadear a catástrofe: Frederico lançou contra Bizâncio os sérvios e os valáquios, que se apoderaram de várias cidades gregas, e, quando soube que o basileu acabava de lançar na prisão os seus embaixadores, falou em tomar Constantinopla. Isaac cedeu, prometeu-lhe tudo quanto quis e entregou-lhe reféns.

O avanço de Barba-Roxa pelas terras da Ásia Menor foi fulminante. Uma primavera de vitórias pareceu coroar de flores o invencível imperador. Konyeh, a capital seldjúcida, caiu em cinco dias. O Tauro foi atravessado sem obstáculos. Saladino mandava desmantelar as praças que se preparava para abandonar. “E escrever-se-ia: outrora a Síria e o Egito pertenceram ao islã, diz o cronista Ibn-al-Athi, porque Alá se dignou mostrar a sua clemência aos seus fiéis fazendo perecer o rei dos alemães”. Porque, estupidamente, no dia 10 de junho de 1190, quando se banhava nas águas geladas do Selef, o antigo Cidno, Frederico sofreu uma congestão e morreu afogado. Os seus homens recusaram-se durante muito tempo a admitir esse miserável fim; dizia-se que ele não morrera, que estava escondido numa caverna do Tauro, sentado diante de uma mesa — talvez a do Graal —, que esperava o momento oportuno para empunhar de novo a espada e salvar o Santo Sepulcro, e que a sua bela barba dava três vezes a volta ao planalto de pedra... A realidade era menos poética. Morto Frederico, o seu exército desmembrou-se e alguns elementos juntaram-se em São João d’Acre a outros corpos expedicionários.

Filipe Augusto e Ricardo — que ganharia no Oriente o merecido cognome de Coração de Leão — tinham, por sua vez, preparado a sua cruzada. Tinham sido amigos, pois Filipe apoiara Ricardo contra seu pai Henrique II. Mas o jovem príncipe, uma vez rei, mostrou-se tão rude defensor dos interesses ingleses como o seu predecessor, e a ruptura do noivado com Alice de França acabou por indispô-lo contra o Capeto. Foi, portanto, como rivais e como aliados que os dois reis entraram em campanha. Reunidos, em julho de 1190, em Vézelay, os dois exércitos[17] prepararam-se; depois, voltaram a encontrar-se na Sicília, onde passaram todo o inverno envolvidos em intrigas confusas. Na primavera, deixando que Filipe atacasse sozinho São João d'Acre, Ricardo foi acertar umas contas pessoais com os bizantinos, tomando-lhes a ilha de Chipre com a ajuda do rei de Jerusalém, Guy de Lusignan, que Saladino tinha libertado[18]. Só depois é que se ocupou da Terra Santa.

O cerco de São João d'Acre arrastou-se durante meses. Os cristãos não eram suficientemente numerosos para se apoderarem da praça, nem mesmo para paralisar o seu reabastecimento. Saladino, por sua vez, não se sentia com envergadura para vencer aquela massa de guerreiros de aço. O campo tornou-se uma feira, onde mercadores e banqueiros negociavam, ao mesmo tempo que se multiplicavam as diversões, a que os muçulmanos vinham assistir no intervalo entre dois combates. Por fim, em 12 de julho, Filipe e Ricardo, depois de terem estabelecido uma trégua em relação às suas querelas, tomaram a praça de assalto. A seguir, o rei da França declarou que, tendo cumprido a sua promessa, regressava.

Ricardo Coração de Leão ficou, portanto, com as mãos livres para conduzir a guerra à sua maneira, epicamente. Político medíocre, caráter exaltado, era, no combate, um verdadeiro super-homem, com golpes de audácia que fizeram dele um herói lendário. Nada mais incoerente do que o seu comportamento: tanto mandava degolar barbaramente três mil cativos sarracenos, como se aproximava de Saladino e se tornava seu amigo. Entre os cristãos, uns admiravam-no, ao passo que outros o odiavam por causa da sua arrogância. Passavam-lhe pela cabeça ideias estranhas como a de sagrar cavaleiro o irmão de Saladino, convidá-lo a receber o Batismo, oferecer-lhe a mão da irmã e a coroa de Jerusalém. As suas brilhantes vitórias foram inúteis, mas as suas relações com o curdo eram tão cordiais que conseguiu dele um tratado que garantia a todos os cristãos livre acesso aos Lugares Santos. Depois disso, partiu. O seu regresso foi assinalado por uma infeliz aventura. Caiu em poder do duque Leopoldo da Áustria, a quem ofendera não havia muito tempo, e foi entregue ao imperador Henrique VI que, ao arrepio de todo o direito, o manteve cativo durante trinta meses.

Assim, a cruzada mais bem organizada de todas terminou, se não com um fiasco, pelo menos com um fracasso a meias. Os francos voltaram a instalar-se ao longo de toda a costa da Síria e da Palestina. Aliás, a morte de Saladino, em 1192, levantara a mais pesada hipoteca que pesava sobre a Terra Santa. Mas Jerusalém não foi libertada e Ricardo Coração de Leão, que não venceu essa batalha, não teve a coragem de lá ir rezar. Continuaria vivo o espírito da cruzada? Sem dúvida. Apesar de tantas desilusões, havia ainda muitos homens, grandes cristãos ou ambiciosos, e às vezes as duas coisas juntas, que queriam reanimar a chama. Na própria Palestina, esse espírito encarnava-se no corajoso e sábio Henrique da Champagne. No Ocidente, o jovem Henrique VI retomava as pretensões paternas e sonhava em fazer da Sicília a plataforma de um assalto contra o islã e contra Bizâncio[19]. Mas a desconfiança entre germano-sicilianos e franceses da Síria não permitiu efetivar essa vontade comum; a morte prematura do imperador pôs ponto final a esse plano. O Ocidente teria ainda um chefe capaz de retomar essa imensa tarefa? A reposta da história foi: *Inocêncio III*.

A cruzada desviada dos seus fins: a quarta

Seria impossível que o pontífice que havia de elevar o papado ao seu maior nível de poder não se consumisse em desejos de promover a nova cruzada. Ser o papa da libertação do Santo Sepulcro! Os seus adversários gibelinos acusaram-no de ter visto na cruzada sobretudo um meio cômodo de impor a sua autoridade por toda a parte, de se imiscuir em todos os reinos e de arrecadar contribuições exorbitantes. Muito mais do que isso, deve-se reconhecer nele o desejo legítimo e sagrado de libertar a Terra Santa e de dar à Igreja um êxito decisivo. Nesse homem, a ambição pessoal era parte integrante do seu sentimento da grandeza da Sé Apostólica. Com que veemência não censurou o grande papa os príncipes egoístas "que têm medo de sofrer por Cristo menos do que Ele sofreu por eles", e o clero que recusa ao Senhor o copo de água que Ele reclama!

O entusiasmo já não foi o de Clermont, nem mesmo o de Vézelay. Os reis hesitavam em lançar-se numa aventura que sabiam quanto lhes poderia custar; por outro lado, Ricardo e Filipe Augusto mal tinham acabado de bater-se entre eles, e este último estava excomungado por razões matrimoniais. Apenas o feudalismo decadente, em busca de feudos, se sentiu tentado a corresponder ao apelo. Aproveitando-se de um torneio, Foulques, pároco de Neuilly, arrancou o juramento de cruzada de um grupo de nobres da Champagne; em Basileia, o abade Martinho de Pairis obteve um resultado análogo. Em abril de 1201, organizou-se a expedição sob o comando de Thibaut III, conde da Champagne; os principais chefes eram Balduíno de Flandres, o conde de Saint-Pol, Simão de Montfort, futuro herói da cruzada dos albigenses[20], Godofredo de Villehardouin, que, numa linguagem tão saborosa, escreverá a história desta aventura, e Bonifácio de Montferrat, que substituiria Thibaut, morto dez meses mais tarde.

Surgia, porém, uma grave questão: como chegar à Terra Santa? A experiência da terceira cruzada provara que a via marítima era a melhor. Foi preciso, portanto, conseguir os navios. Para isso, dirigiram-se à primeira potência marítima, os venezianos, que se mostraram extremamente desagradáveis. O doge, Henrique Dandolo, um vigoroso octogenário, embora ostentasse no barrete uma cruz mais flamante que nenhuma outra, deu a entender rapidamente que encarava a cruzada como um negócio. 85 mil marcos de ouro e metade das terras a serem conquistadas foi o que lhe pareceu o mínimo que poderia cobrar pelo empréstimo dos barcos. E quando, passadas algumas semanas, restavam ainda 36 mil marcos por pagar, arrumou as coisas de forma que, encerrados na ilha de São Nicolau do Lido, os cruzados tivessem fome suficiente para compreender que não tinham alternativa... Mas os venezianos acabaram por dar quitação aos seus amigos dessa maldita dívida. Com que condição? Bem simples: irem tomar para Veneza a cidade dálmata de Zara, sua concorrente no Adriático. E assim se fez. "Em vez de conquistar a Terra Prometida", rugiu Inocêncio III, "tivestes sede do sangue dos vossos irmãos! Satanás, o sedutor universal, também vos seduziu!" E fez saber aos chefes cruzados que estavam excomungados!

Nesse momento, juntou-se à cruzada o jovem Aleixo, filho do basileu destronado Isaac o Anjo[21], a quem Aleixo III mandara vazar os olhos. Seria mero acaso? Agiria o rapaz por iniciativa própria, vindo suplicar aos cruzados que restituíssem o trono a seu pai e prometendo-lhes dinheiro — 200 mil marcos —, víveres, soldados e o reembolso de todas as dívidas, sem falar no fim do cisma? Como era cunhado de Filipe da Suábia, adversário do papa[22] e excomungado, é razoável perguntar se o golpe não foi preparado entre eles e Bonifácio de Montferrat, gibelino notório, para impedir que uma vitória da cruzada na Palestina elevasse

Inocêncio III aos píncaros da glória. Além disso, mobilizar as tropas contra os bizantinos não era difícil; esses traidores, esses ladrões, esses criminosos que se tinham entregue a um horrível massacre dos latinos em 1182, não mereciam um castigo exemplar? Os venezianos, por sua vez, pensavam no mercado oriental que lhes podia vir às mãos... Raros foram, portanto, os cruzados que se opuseram a semelhante desvio do empreendimento: entre os grandes, Simão de Montfort foi quase o único a indignar-se.

Inocêncio III não fora posto ao corrente do que se passava, mas pressentia a má jogada. Concordando em levantar a excomunhão, escrevera aos cruzados: "Praza a Deus que o vosso arrependimento seja sincero e vos impeça de cometer as mesmas faltas! Porque todo aquele que reincide naquilo de que se arrependeu não é um penitente; é um cão que volta ao seu vômito". Quando esta advertência chegou a Zara, a expedição já singrava em direção a Bizâncio, e o papa, desesperado, não teve outro remédio senão preparar uma nova excomunhão.

A impressão que os cruzados experimentaram à vista de Constantinopla foi descrita por Villehardouin numa página célebre, em que Delacroix se inspiraria para o seu quadro: "Então, os das naus, das galeras e dos *huissiers*[23] avistaram Constantinopla em cheio, e podeis imaginar como a olharam, eles que nunca a tinham visto; pois não podiam pensar que houvesse no mundo uma cidade tão rica quando viram aquelas muralhas, aquelas ricas torres que a cercavam, aqueles ricos palácios e aquelas altas igrejas, onde tanta coisa era incrível, e a largura e extensão dessa cidade que sobre todas era soberana". E o honesto cronista acrescenta que "não houve homem tão intrépido que não sentisse tremerem-lhe as carnes". Mas a resistência durou pouco. Em 17 de julho de 1203, o assalto concluía-se com êxito. Aleixo fugiu, cedendo o lugar a Isaac e a seu filho Aleixo IV.

Mas as relações entre ocupantes e ocupados foram as que se podiam prever: arrogantes e vexatórias de um lado, cheias de ódio do outro. Os súditos de Isaac II e Aleixo IV acharam, não sem razão, que os seus governantes os exploravam em benefício dos latinos. Daí rebentou a explosão de cólera que, em princípios de 1204, proclamou imperador, sob o nome de Aleixo V, o agitador *Ducas*, cognominado *Murzuflo*, que liquidou os dois basileus. Os cruzados, furiosos, decidiram reagir.

Em 13 de abril de 1204 teve lugar o segundo cerco de Constantinopla, o segundo assalto. Bastaram três dias, mas foi atroz. É preciso ler a narrativa de Nicetas Acominato para avaliar toda a lama que maculou a cruzada. "Quebraram as santas imagens adoradas pelos fiéis. Lançaram as relíquias dos mártires em lugares infames que eu tenho vergonha de nomear. Na grande igreja (Santa Sofia), quebraram o altar feito de materiais preciosos e dividiram entre eles os fragmentos. Entraram lá com os seus cavalos, roubaram vasos sagrados, ouro e prata cinzelados que arrancavam do púlpito e das portas. Uma mulher pública sentou-se na cadeira patriarcal e entoou uma canção obscena..." E o grego não exagera, porque Inocêncio III, quando soube desse saque odioso, deu largas à sua indignação e escreveu: "Esses defensores de Cristo, que não deviam voltar as suas espadas senão contra os infiéis, banharam-se no sangue cristão. Não pouparam nem a religião, nem a idade, nem o sexo. Cometeram a céu aberto adultérios, fornicações e incestos... Viram-nos arrancar os revestimentos de prata dos altares, violar os santuários, levar ícones, cruzes e relíquias". Eis no que terminava o que o papa sonhara como algo sublime.

No plano político, a tomada de Constantinopla não era uma catástrofe menos desastrosa. Com um golpe do seu formidável punho de aço, os latinos acabavam de derrubar Bizâncio, o supremo baluarte da resistência à ameaçadora Ásia; poderiam eles assegurar a defesa nas margens do Bósforo? Com a desaparição do Murzuflo, os cruzados decidiram que um dentre eles se sentaria no trono do basileu. E quem seria? Dandolo bem o desejava, mas não era nele que se pensava; Bonifácio de Montferrat era demasiado forte, tanto mais que achava ter direitos por ter desposado a viúva de Isaac e assumido a tutela do filho desta, Manuel. Balduíno de Flandres parecia não oferecer perigo: elegeram-no "imperador da România" e recebeu a sagração do legado pontifício.

A ideia absurda foi querer transpor para o Oriente o sistema feudal do Ocidente. Sem raízes no país, o regime não podia passar de uma simples legalização do saque. Cada um quis ter o seu quinhão: Montferrat foi feito rei de Tessalônica; Villehardouin fundou o principado da Acaia; houve condes de Tebas, marqueses de Corinto, senhores e, depois, duques de Atenas, todos vassalos teóricos do imperador, mas na realidade independentes. Veneza, nem é preciso dizê-lo, ficou muito bem servida; ocupou em todas as costas os pontos que lhe interessavam, e o seu doge assumiu orgulhosamente o título, que usaria até o século XV, de "Senhor de um quarto e meio do Império grego"; os cavalos de bronze, que tinham feito a glória do Hipódromo, foram expedidos para São Marcos, onde se encontram até hoje, e, como era de esperar, a Sereníssima recusou ao imperador Balduíno todo o direito de suserania. Este esmigalhamento das forças ocidentais não foi o único resultado deplorável da partilha; suscitando uma corrente de colonização para a Grécia e Bizâncio, o Império latino pôs fim totalmente àquela que, embora modesta, tinha sustentado com homens a Terra Santa, agravando, portanto, a situação do reino franco de Jerusalém. Esta quarta cruzada era um desastre.

A história do Império latino não foi senão a história de uma decadência. Em menos de quarenta anos, sucederam-se sete imperadores, varridos um após outro pela onda crescente dos inimigos. Todos os povos vorazes que os Comnenos tinham mantido à distância com tanto trabalho levantaram a cabeça. Os búlgaros lançaram-se ao assalto em 1206 e Balduíno I foi aprisionado por eles e morreu na prisão. Por outro lado, os gregos não tinham aceitado o fato consumado. Houve membros das famílias Anjo e Comneno que se instalaram nos planaltos da Ásia Menor ou nos Bálcãs e dificultaram a vida dos latinos. Os "déspotas do Épiro", em particular, importunaram o reino de Tessalônica com frequentes escaramuças, até que, em 1227, lhe tomaram a capital. Em Niceia, *Teodoro Lascaris*, parente ao mesmo tempo dos Anjos e dos Comnenos, tomou o título imperial e em breve reuniu à sua volta todos aqueles que, em Constantinopla, se irritavam com a presença dos latinos. E assim se ergueu um Estado próspero e bem governado contra o fantoche da "România". Depois, *João Vatatzes*, genro de Teodoro Lascaris (em 1222), apoderou-se da Trácia, substituiu os Epirotas em Tessalônica e, aliado aos búlgaros, veio atacar Constantinopla. Entretanto, Balduíno II (1237-1261) passava o tempo mendigando socorros ao Ocidente, que não lhe respondia. Quando, em 1258, um general de grande valor, *Miguel Paleólogo*, assumiu o império de Niceia, bastou-lhe apresentar-se diante de Constantinopla, em 25 de julho de 1261, para que a cidade lhe abrisse as portas e Balduíno II tivesse de fugir. É certo que, dispersos pela Grécia, ainda restaram alguns senhorios latinos, os mesmos cujas fortalezas — como as de Mistra — farão bater o coração nacionalista de Barrès; mas, nascido de uma infidelidade à palavra dada a Deus, o Império latino tinha voltado a submergir no nada.

Se ao menos do ponto de vista religioso a ocupação tivesse sido benéfica! Inocêncio III teve essa esperança por um momento. Passada a indignação, pensou que, como tudo o que acontece é providencial, deveria existir um lado bom naquele desastre: o fim do cisma, que todos os seus antecessores tinham desejado. Realmente, o imperador Balduíno pediu-lhe que viesse celebrar "na cidade imperial" a reconciliação dos cristãos; foi eleito um patriarca latino, o veneziano Tomás Morosini (sem que o papa fosse consultado, o que o deixou descontente), e por todo o Oriente se instalaram conventos de cistercienses e comendadorias de templários e hospitalários.

Em breve, porém, a situação se complicou de modo inesperado. Os padres latinos, instalados em países gregos, não tinham autoridade nenhuma sobre as suas ovelhas nativas. Por outro lado, entendiam-se mal entre eles: o arcebispo de Patras e o de Tessalônica recusavam-se a obedecer ao patriarca, sob o pretexto de que as suas sés eram mais antigas do que a dele. As ordens militares, aqui como em toda a parte, disputavam entre si e com os padres e monges. Algumas negociações conduzidas pelo prudente legado pontifício, o cardeal de Santa Susana, não deram resultado. O arcebispo grego de Atenas, Miguel Acominato, dirigia a resistência, apoiado à socapa pela população de Niceia. Quando um novo legado, o cardeal Pelágio, quis tentar uma atitude mais enérgica, e encarcerou os padres gregos rebeldes, fechou igrejas e expulsou os monges dos seus conventos, foi o próprio imperador, Henrique de Flandres, que o mandou ficar quieto. Tentou-se ainda uma nova aproximação, iniciaram-se discussões teológicas, houve até um casamento entre um Lascaris e uma Courtenay, sobrinha do imperador latino, mas foi tudo em vão. Inocêncio IV fez uma última tentativa, por volta de 1250. Vendo decompor-se o Império latino, mandou o geral franciscano João de Parma a Niceia negociar uma aproximação a que João Vatatzes, de olhos postos no trono de Bizâncio, se prestou de bom grado; mas os dois hábeis políticos morreram. Alexandre IV não soube aproveitar a ocasião que lhe podia oferecer a chegada ao poder de Miguel Paleólogo, já que o usurpador procurava apoios. Nada mais se podia esperar; ia prevalecer a solução da força. Dois anos depois, os gregos voltavam a entrar em Bizâncio, entenebrecendo-se assim, por longo tempo, as perspectivas de uma união.

O terror mongol

Nesse meio tempo, produziu-se um acontecimento que não afetava diretamente a Terra Santa, mas que repercutiria sensivelmente sobre a cruzada — um acontecimento terrível e monstruoso. No exato momento em que os cruzados se apoderavam de Constantinopla, jogava-se nas profundezas da Ásia uma partida em que a Europa esteve a ponto de se tornar um dos lances do jogo. Como outrora os hunos, outros cavaleiros das estepes tinham partido para assaltar as cidades de ouro da China, da Pérsia e do Ocidente. Um novo povo retomava os antigos sonhos que Átila acalentara: *os mongóis*. E o seu chefe era de uma talha ainda maior do que a do conquistador do século V. Tratava-se de *Temudjin*, que a história notabilizaria sob o nome de *Gêngis Khan* (1155-1226).

Partindo das altas montanhas vizinhas do lago Baikal, os mongóis tinham obedecido ao misterioso instinto que lançava periodicamente um desses povos amarelos na aventura de uma conquista ilimitada. Baixos e rechonchudos, robustos, de rosto largo, nariz achatado, olhos rasgados e "tão poucos pelos na cara que se poderiam facilmente contar", conforme diz uma testemunha, a cabeça raspada, com exceção de uma coroa de cabelos atada em trança por trás das orelhas, vestidos com peles de animais pouco curtidas e uma espécie de túnica que nunca lavavam, esses homens eram certamente hóspedes pouco amáveis que ninguém quereria ver surgir no seu horizonte. Montados sobre cavalos atarracados, despidos de graça, mas rápidos e de uma incrível resistência, estes cavaleiros de flechas infalíveis pareciam estar dotados de uma estranha ubiquidade, pois surgiam subitamente em lugares separados por enormes distâncias. Precedia-os uma reputação sinistra, mas justificada, porque por vezes massacravam populações inteiras até o fim, compreendendo mulheres, crianças e até gatos e cães! Além disso, eram organizadores metódicos e iriam mostrar-se capazes de estabelecer um sólido sistema financeiro — utilizavam papel-moeda —, uma perfeita rede de correios e excelentes serviços de reabastecimento. Com eles, o sonho de um domínio asiático tinha probabilidades de tornar-se uma realidade.

Em 1202, no momento em que a cruzada partia de Veneza, Gêngis Khan ajustava contas com os tátaros da Manchúria, esses tátaros cujo nome — deformado para tártaros — o Ocidente aplicaria por uma singular confusão aos próprios mongóis. Em 1209, concluía a conquista da Mongólia. Dois anos depois, lançava as suas hordas sobre a fértil China, submetia a dinastia Song, arrasava Pequim e somente renunciava ao plano de chacinar dez milhões de bravos agricultores por se ter lembrado de que podia extorquir-lhes impostos e requisições. Voltando-se para o Oeste, lançou-se sobre o Turquestão, Afeganistão e Pérsia, tomou Bukara e Samarkand no meio de indizíveis horrores, atravessou o Ural e contornou o Cáspio. Um último *raid* — felizmente sem continuação — lançou-o em 1224 através do Sul da Rússia, onde varreu os polovtsianos e esmagou a cavalaria dos príncipes de Kiev. Só a morte o deteve em 1226. Da Coreia ao Volga, do Baikal ao Tibete, deixava o mais gigantesco império que a Ásia já conheceu, e diante do qual nem o de Bizâncio nem o germânico valiam alguma coisa.

Depois dele, os seus filhos prosseguiram a sua obra, obcecados pela mesma ideia de que o universo era para os mongóis e de que Karakorum, a sua capital, era a capital do mundo! Um deles, Batu, retomando a última iniciativa do pai, partiu em direção à Europa. Em 1236-1237, caiu sobre Kiev, devastou-a, varreu a Volínia e a Galícia, e depois parou para instalar um confortável império que se estendia do Ural ao Danúbio — o império da *Horda de Ouro*. Quatro anos mais tarde, voltando a montar, os cavaleiros amarelos partiam sob a direção do invencível Subutai, o chefe que nunca entrava no campo de batalha, mas que a dirigia infalivelmente de longe. A Polônia, a Ucrânia e a própria Hungria foram atacadas, e Viena ameaçada. Os amarelos roçaram o Adriático. A Europa esperava o golpe mortal. Mas não apenas a Europa ocidental, porque outros filhos de Temudjin governavam, um as estepes da Ásia, outro o Turquestão e outro a Pérsia, tudo isso arrancado ao islã. O império bizantino de Niceia, o reino franco e o próprio império de Maomé sentiam pesar sobre eles a mesma ameaça. Como pano de fundo de toda a política oriental, erguia-se agora a silhueta enigmática do cavaleiro das estepes, de arco em punho e firme sobre o seu pônei de combate.

A intervenção deste terrível poder no complicado jogo de gregos, latinos e muçulmanos ainda se tornaria mais espantosa devido a um elemento inesperado. Alguns desses terríveis nômades, desses chacinadores armados de lâminas infatigáveis, eram cristãos. Lembremo-nos da estranha aventura vivida a partir do século VII pelos hereges nestorianos, cujas missões se tinham lançado através da Ásia e obtido admiráveis resultados[24]. Missionários nestorianos tinham conquistado hunos, turcos, chineses e mongóis para o Evangelho. Muitos se tinham tornado secretários dos chefes amarelos, inventando até alfabetos para os seus dialetos. Entre os auxiliares de Gêngis Khan, havia nestorianos de pura raça mongólica e perfeitamente batizados. E a influência nestoriana exercia-se também em volta dos filhos de Tamudjin, nas diversas cortes; por exemplo, o conquistador mongol da Pérsia, Tchormagan, tinha dois cunhados nestorianos, motivo pelo qual, nas suas campanhas, sempre procurou poupar os cristãos. Em contrapartida, todos detestavam os muçulmanos, inimigos do nome de Cristo, que, aliás, eram as únicas forças que tinham tentado seriamente enfrentá-los na sua expansão para o Sul e para o Oeste. Surgia, portanto, uma pergunta: poderia a solidariedade cristã desempenhar algum papel entre os europeus e estes surpreendentes batizados vindos da pior Ásia? Assim pensavam alguns nos dois campos.

Cruzadas frustradas e falsa cruzada

O lamentável fracasso da quarta cruzada não desencorajou todas as boas vontades. O grande sonho cristão havia de ser no início do século XIII uma simples astúcia de traficantes ou de políticos? A resposta mais tocante a essa pergunta seria dada por uma das mais surpreendentes formas que o espírito da cruzada assumiu em 1212 — *a cruzada das crianças*. Ao apelo do pequeno pastor Estevão de Cloyes, perto de Vendôme, milhares de adolescentes se levantaram e tomaram a cruz. Ninguém duvidava: o Senhor aparecera a Estevão e entregara-lhe por escrito a ordem de libertar o Santo Sepulcro. Aquilo que os guerreiros se mostravam incapazes de fazer, fá-lo-iam as crianças com as suas mãos inocentes. Como nos dias de Pedro o Eremita, Estevão de Cloyes viu-se rodeado de multidões. Apesar das proibições de Filipe Augusto, a cruzada organizou-se, atravessou toda a França e chegou a Marselha, onde Estevão entrou numa charrete magnífica. Sete galeras transportaram os jovens cruzados: duas naufragaram e outras duas — erro ou traição? — foram parar à Argélia, onde os adolescentes foram vendidos como escravos. Na Alemanha, arrastados por um jovem de Colônia chamado Nicolau, organizou-se outra cruzada de crianças, que atravessou os Alpes e se dispersou, exausta e faminta, pelas estradas da Itália. "Essas crianças dão-nos vergonha", murmurou Inocêncio III, quando lhe contaram o que se passava; "nós dormimos, mas elas partem!..."

Porque ele, o papa, não renunciava! Cansado, doente, mostrava, mesmo assim, quando se tratava da cruzada, uma energia sobre-humana, multiplicando os apelos, ordenando preces públicas e decretando, no grande Concílio de Latrão de 1215, medidas excepcionais, principalmente a proibição de todas as guerras e torneios entre cristãos, além de um novo imposto que ele próprio pagou, assim como todos os cardeais. O jovem Frederico II, João Sem-Terra e o rei da Hungria, André, prometeram alistar-se.

A morte do grande papa, em julho de 1216, barrou esses projetos, mas o seu sucessor, Honório III, estimulado pelo arcebispo Guilherme de Tiro, que lhe veio suplicar que agisse, retomou-os. Um sacerdote santo, Jacques de Vitry, foi enviado como arcebispo de Acre, para galvanizar as energias dos francos do Oriente — dos *poulains* — que, segundo parecia, se afundavam na pior decadência. E a cruzada — *a quinta* — pôs-se em marcha.

Como João Sem-Terra morreu e Frederico II, cheio de segundas intenções, tergiversava, partiu apenas André da Hungria, em setembro de 1217, acompanhado pelo duque Leopoldo da Áustria. O rei de Jerusalém, João de Brienne, o rei Hugo de Lusignan-Chipre e o príncipe Boemundo IV de Antioquia-Trípoli já tinham mobilizado as suas tropas. O único chefe que teria podido conduzir as operações era *João de Brienne*, estrategista e político de grande classe, mas o rei da Hungria recusou-se a obedecer-lhe e, durante quatro meses, lutou sozinho e inutilmente do lado do monte Tabor; depois, desiludido por não poder lançar ofensivas heroicas, porque os muçulmanos continuavam inacessíveis, reembarcou, perseguido pela excomunhão com que o papa o fulminou.

Foi então que Brienne aventou a ideia de um ataque ao Egito. Era uma ideia excelente, que Amaury já tivera e que era preciso realizar agora. Tomar como penhor Alexandria ou Damieta, e depois negociar a restituição de Jerusalém em troca, era uma manobra que podia dar bons resultados. Em maio de 1218, depois de um brilhante desembarque, os cruzados sitiaram Damieta. Todos os contra-ataques foram repelidos em toda a linha pela bravura de João de Brienne. Em fevereiro de 1219, o sultão propôs entregar Jerusalém se o cerco fosse levantado, mas surgiu então outro mau gênio, tão rebelde à ideia de um comando único como o fora o húngaro. Era Pelágio, o legado do papa que já cometera tantas tolices em Constantinopla. Deixar escapar Damieta? Trocá-la por Jerusalém? Em nome da Igreja dizia: é preciso ter Damieta e Jerusalém! Seria desleal e traidor quem ousasse pensar de outra maneira! João de Brienne, desolado, inclinou-se perante o que ele julgava ser a vontade do papa, mas quando Honório III soube do que se passava, repreendeu o seu representante. Damieta foi tomada em 5 de novembro de 1219, mas o cardeal, que comandava as operações, deixou-se encerrar ali estupidamente. Separado do reino franco pelos corsários egípcios e depois bloqueado pela inundação anual, tentou libertar-se marchando sobre o Cairo, mas, detido diante da praça forte de Mansurá, teve de bater em retirada em pleno verão, com água até os joelhos e tremendo de febre. Para sua felicidade, o sultão permitiu-lhe que, em troca de Damieta, salvasse as suas tropas. Mais uma vez uma cruzada fracassava por culpa dos seus chefes[25].

A razão que levou o sultão a mostrar-se um tanto ou quanto transigente foi que corria o rumor de que o maior soberano ocidental, Frederico II, pensava embarcar para o Oriente[26], e o muçulmano de modo algum queria indispor-se com ele.

Havia já quinze anos que o singular imperador tinha jurado a cruzada, mas tais juramentos pesavam-lhe pouco. O seu padrinho Inocêncio III e o seu antigo preceptor Honório III tinham depositado nele uma confiança cega, e ele aproveitara-se disso. Não lhe tinham faltado razões plausíveis e motivos falaciosos para não se comprometer. Este homem que, na sua corte de Palermo, vivia mais como um déspota oriental do que como um rei cristão, rodeado de sábios e de artistas muçulmanos, sem falar das suas mulheres orientais, experimentava por tudo quanto se referia ao islã uma atração sentimental. Podia a fé em Cristo entusiasmá-lo? Acreditava? Era um ateu? Nunca ninguém pudera sabê-lo claramente. O certo é que estabelecera relações de verdadeira amizade com o sultão Melek-al-Kamil do Egito; trocava com ele embaixadas gloriosas e presentes suntuosos, e chegara mesmo a armar cavaleiro um dos ajudantes de campo do seu amigo mouro. Como é que um islamófilo dessa natureza teria podido ir ao Oriente senão como um visitante cordial, para escutar o *muezzin* cantar nas belas noites claras?

Para interessá-lo pelos assuntos da Terra Santa, os barões pensaram em oferecer-lhe a coroa de Jerusalém. Todos os seus antepassados normandos tinham sonhado com ela e Frederico II esteve longe de recusar a proposta. João de Brienne, agora velho, tinha no entanto uma filha muito jovem, Isabel. Ficou combinado que o imperador a desposaria e sucederia a João. A sua primeira preocupação, vergonhosamente, foi eliminar o sogro para tornar-se senhor único do reino. Mas nem por isso se alistou na cruzada, e o novo papa, Gregório IX, menos indulgente ou menos ingênuo do que os seus antecessores, acabou por excomungá-lo.

Diante disso, Frederico II embarcou em 28 de julho de 1228. A situação beirava os limites do paradoxo: um cruzado excomungado! A sombra de Godofredo de Bulhões deve ter gemido. Mas o mais espantoso é que esta cruzada ímpia — *a sexta cruzada* dos manuais— chegou a bom termo! "Não é um cruzado, é um pirata!", gritava o papa, mas a verdade é que, onde todos tinham fracassado, Frederico conseguiu alcançar plenamente o seu objetivo. Condenado pela Igreja, que enviou franciscanos à Palestina para proclamarem a excomunhão, de mal com os barões francos, exasperados pela sua arrogância, conseguiu levar a cabo superiormente a mais estranha operação diplomática. Seu amigo Melek-al-Kamil, pelo tratado de fevereiro de 1229, entregou-lhe Jerusalém inteira exceto a mesquita de Omar, Nazaré e todas as localidades ao longo da estrada que ligava a Cidade Santa a São João d'Acre e a Jafa; ao mesmo tempo, libertou os prisioneiros cristãos. Os fiéis das duas religiões teriam o direito de ir rezar aos Lugares Santos. Os dois soberanos assinaram também uma aliança ofensiva e defensiva contra todos os inimigos presentes e futuros. No dia 17 de março, Frederico II entrava em Jerusalém; no dia seguinte, o patriarca lançava o interdito sobre a capital do excomungado, e, no terceiro, o imperador coroava-se a si mesmo, "apenas ao som das armas", no Santo Sepulcro. A situação era verdadeiramente insana.

Poderia realmente criticar-se o homem, sob tantos aspectos extraordinário, que reconduzira a Cruz a Jerusalém? Se já não era possível obter a solução por meio das armas, devia-se condenar a diplomacia? Além disso, a invasão mongólica, que acabava de apossar-se da parte oriental do mundo muçulmano e começava a ameaçar a Europa, obrigava os responsáveis pelos dois maiores impérios civilizados a unir-se contra a barbárie em marcha. Mas a política de tolerância religiosa imaginada por Frederico II mostrava-se muito adiantada para o seu tempo e pareceu traição, impiedade e sacrilégio. No momento em que restituía Jerusalém aos cristãos, as tropas pontifícias e as do seu sogro João de Brienne avançavam sobre a sua Sicília, e o imperador teve de voltar apressadamente. Melhor informado sobre os resultados obtidos na Terra Santa, Gregório IX compreendeu por fim o interesse da nova política e, no tratado de San Germano, em julho de 1230, levantou a excomunhão[27]. A falsa cruzada terminava bem.

Seria possível manter por muito tempo uma situação tão ambígua? O velho papa — estava já com cerca de cem anos — pensava que não, e resolveu preparar uma nova cruzada. Foi uma cruzada de poetas, dirigida em 1239 por dois reputados trovadores: Filipe de Nanteuil e esse encantador Thibaut IV da Champagne, que escrevia tão lindos versos em honra de Branca de Castela: "Aquela que eu amo é tão senhoril que a sua beleza me torna vaidoso". Foi uma cavalgada romanesca, em que os barões se entregaram de coração alegre a uma audácia louca, mas que teve também um episódio que terminou com a chacina de um corpo de tropas francesas, guiado de maneira absurda pelo seu chefe Henrique de Bar. O mais espantoso foi que, num islã novamente dividido entre dois sobrinhos de Saladino, Eiyub, sultão do Egito, e Ismail, sultão de Damasco, o exército franco, jogando sucessivamente em dois tabuleiros, conseguiu retomar vastas terras palestinas, principalmente a Galileia e Áscalon, e em 1240 praticamente reconduziu o reino aos seus maiores limites históricos.

Mas isso não duraria muito. Depois de os trovadores terem voltado para o Ocidente, Eiyub conseguiu sobrepor-se ao seu rival e o islã começou a impacientar-se com a presença dos latinos e com as suas perpétuas intervenções nos seus negócios. Como os templários tinham apoiado contra ele um dos seus vassalos, o sultão do Egito atacou. O reino franco estava em plena decadência, sem líderes e mergulhado na anarquia. Eiyub lançou sobre ele umas tribos turcas extremamente selvagens, os khwarizmianos, que o avanço mongol afugentara. A cristandade encontrava-se nesse momento envolvida na pior confusão. Os cavaleiros amarelos surgiam na Polônia, na Silésia e até na Hungria e na Croácia. Os próprios papas estavam desorientados. Gregório IX, na véspera da sua morte, ordenara uma cruzada... contra João Vatatzes e contra os bizantinos de Niceia que dificultavam a vida dos débeis imperadores de Constantinopla; Inocêncio IV, chegando ao poder, pensava numa aproximação com Bizâncio e anunciava uma nova cruzada contra o islã. Na própria Itália, a luta entre guelfos e gibelinos causava agitações violentas e era fecunda em incidentes inexpiáveis. A tomada de Jerusalém em 23 de abril de 1244 pelos khwarizmianos, logo seguida pelas de Tiberíades e de Áscalon, deu a impressão de que se anunciava o próprio fim do mundo. Foi então que apareceu São Luís.

A cruzada de um santo

O homem que desde a sua infância quisera viver sob o olhar de Deus[28] podia conservar-se à margem do mais admirável empreendimento cristão que se levou a cabo no seu tempo? Ele sempre pensara que os negócios de Deus lhe diziam respeito diretamente. Era o rei da catedral e, com o mesmo coração, seria o rei da cruzada. Com ele, a grande aventura voltaria a encontrar uma dignidade, uma santidade de intenções e de comportamento que, infelizmente, se tinham perdido há muito tempo. E se as cruzadas de São Luís terminaram com um fracasso, ao menos deram a Deus o que esse verdadeiro cristão sempre sonhara em dar-lhe: o testemunho do sangue.

No fim do ano de 1244, São Luís, gravemente doente, fez voto de participar da cruzada caso se restabelecesse. Curou-se e imediatamente tratou de cumprir o seu voto. O novo papa, Inocêncio IV, eleito havia dezoito meses, era um partidário convicto da cruzada. No famoso Concílio de Lyon de 1245, fez com que se tomasse a decisão de promovê-la e de financiá-la com novos impostos. Quem tomaria parte nela? Não Frederico II, que o concílio mais uma vez excomungava, depunha e procurava substituir no governo dos seus estados. Não Henrique III da Inglaterra, que esperava pela partida do Capeto para ter oportunidade de uma desforra. Nas conversas secretas de Cluny, onde o papa e o rei estudaram a situação da cristandade apenas na presença de Branca de Castela, São Luís compreendeu que ele era o único — ou quase o único — que podia tomar sobre os seus ombros o peso da cruzada. Mas isso não era coisa que o pudesse deter.

No Oriente, entretanto, o tabuleiro político não parecia oferecer tão más perspectivas aos cristãos. O islã estava em crise. Os mongóis, que tinham ocupado toda a Pérsia entre 1235 e 1239 e imposto a sua autoridade às regiões caucasianas — Erzerum caíra em 1242 —, ameaçavam a Ásia Menor, onde os armênios do Tauro, prudentemente, se reconheciam seus vassalos. Por outro lado, a luta fratricida entre Damasco e o Cairo continuava encarniçada; na primavera de 1245, as tropas egípcias, com os seus terríveis mercenários khwarizmianos, cercavam a capital síria. O papado estava informado dessa situação, mas um homem como São Luís seria capaz de tirar partido dela? Esse gênero de intrigas orientais não era do seu feitio.

A história da cruzada é-nos dada a conhecer pelo testemunho de um dos que nela tomaram parte como integrantes do alto comando, João, senhor de *Joinville*, senescal da Champagne. O *Livre des saintes paroles et des bons faits de notre saint roi Looïs* faz reviver o herói em termos os mais comoventes, porque Joinville, cavaleiro da corte e narrador eloquente, sabia também reconhecer a verdadeira grandeza. Para falar a verdade, quando se segue com ele a narrativa da cruzada e das suas dramáticas peripécias, a impressão que nos fica é que ela foi, pelo menos no plano estratégico e diplomático, muito mal preparada.

Materialmente, foi melhor: os genoveses e venezianos levaram para a ilha de Chipre, escolhida como base das operações, um abundante reabastecimento. Para dispor de um porto de partida, foi acondicionado o de Aigues-Mortes, apesar dos pântanos circunvizinhos. Quanto ao resto, entregaram-se nas mãos de Deus...

Em março de 1247, o legado papal Eudes de Châteauroux pregou a cruzada. Três irmãos do rei, inúmeros grandes senhores de França, de Flandres, da Bretanha e da Borgonha, bem como o rei Haakon da Noruega, alistaram-se. A nobreza seguiu-lhes o exemplo, mas por vezes com hesitações... Num impulso místico, São Luís encarou a expedição como uma verdadeira peregrinação e foi ao ponto de criar uma comissão encarregada de receber as queixas dos seus súditos, a fim de partir para o Santo Sepulcro seguro de que não deixava atrás de si nenhuma iniquidade. Descalço, vestido de burel, com a romeira e o bordão de peregrino, foi a muitas abadias pedir aos santos da França que protegessem o seu empreendimento. Depois organizou tudo para que, durante a sua ausência, Branca de Castela, assistida nas questões militares pelo conde de Poitiers, exercesse a autoridade sobre o reino, que ficaria assim em boas mãos. Em 25 de agosto, a armada real, composta por trinta e oito navios, saiu de Aigues-Mortes, ao som mil vezes repetido do cântico *Veni Creator*.

Depois de uma travessia muito acidentada — segundo Joinville, a armada deu voltas durante três dias e três noites em torno do Stromboli —, chegaram a Chipre. Em Nicásia, o rei Henrique I recebeu o rei da França com o fausto que se tornara um costume dos Lusignan, mas perdeu-se muito tempo discutindo se deviam ir diretamente à Palestina ou primeiro ao Egito. Foi durante esta permanência em Chipre que aconteceu algo inesperado:

o santo rei de Cristo entrou em contato com os mongóis e pensou em negociar com eles. Já o próprio papa tentara estabelecer relações com os terríveis conquistadores da Ásia; um missionário franciscano, João de Piano-Carpini, e um dominicano, Ascelino, portadores de mensagens pontifícias, tinham ido procurar o Khan do Volga, o da Pérsia e mesmo o Grande Khan na sua capital de Karakorum[29]. Na mesma ocasião, o rei da Armênia enviava o seu próprio irmão de visita ao grande mongol. São Luís recebeu, pois, trazida por dois cristãos orientais, uma proposta de colaboração da parte de Eidjigidai, comissário mongol da região caucasiana, para atacarem em conjunto os muçulmanos. A oferta não foi tratada com desdém, visto que o rei mandou imediatamente ao mongol três missionários com ricos presentes, dentre os quais se destacava uma tenda em forma de capela, ornada com imagens da Virgem e de santos; neste homem de Deus, a intenção apologética não se separava da política. Que teria valido essa aliança dos nestorianos mongóis com os cristãos de Roma? Não se sabe. Ao vencer os turcos, não teria ela contribuído para arruinar uma civilização em benefício da barbárie? São Luís tomou consciência disso? De qualquer modo, a negociação durou pouco.

Finalmente, em 4 de junho de 1249, o exército de desembarque[30] — com numerosas mulheres e, entre elas, a rainha Margarida —, transportado por uma verdadeira armada, chegou diante de Damieta. Sem mesmo esperar que todas as forças estivessem reunidas, São Luís lançou-se ao ataque, tão desejoso de pisar o solo inimigo que, com o escudo ao pescoço e o elmo na cabeça, marchou em direção à margem com a água à altura do peito. Só por milagre é que um desembarque tão loucamente realizado foi bem sucedido. Surpreendidos pelo ataque, os muçulmanos só travaram algumas escaramuças e Damieta caiu. Os cruzados pensaram que a Providência estava com eles.

Mas a espantosa conquista não foi explorada. Não se marchou nem sobre Alexandria nem sobre o Cairo. Sob o pretexto de esperar os reforços que lhe traria seu irmão Afonso de Poitiers, São Luís deixou que os meses passassem e que os seus barões esfriassem. Depois, quando esses reforços chegaram, no dia 20 de novembro, ordenou que marchassem sobre o Cairo — que os cruzados chamavam Babilônia —, apesar das dificuldades que a travessia do Delta lhes oporia, porque lhe tinham dito que era a capital dos muçulmanos. Entretanto, os egípcios reorganizavam-se. O seu melhor general, o emir Fakhr-ed-Din, estabelecera como base a cidadela de Mansurá, da qual vigiava o Delta. Esta zona úmida, cortada por canais, era um lugar privilegiado para a resistência. Sem contarem na expedição com nenhum corpo de engenharia ou de pontoneiros, os cruzados só podiam atravessar os braços de água erguendo barragens. Na parte mais larga, diante de Mansurá, o inimigo concentrara-se em massa na outra margem. Os cruzados tentaram então algo de uma dificuldade inaudita: represar o rio debaixo de uma chuva de flechas e de um bombardeio de toneladas de "fogo grego" (porque os muçulmanos tinham conseguido dos bizantinos o segredo dessa arma terrível), ao mesmo tempo que os egípcios cavavam novas trincheiras do outro lado. Ali se perderam meses e muitos homens. As epidemias fizeram a sua parte. Por fim, um espião beduíno revelou a existência de um vau. Surpreendidos e morto o emir Fakhr-ed-Din, os egípcios abandonaram Mansurá e o acampamento, onde os cruzados se instalaram cheios de alegria, julgando-se vitoriosos.

Mas não foi por muito tempo. Contra-atacados logo em seguida, os cristãos ficaram encurralados na região conquistada e imediatamente privados de toda a comunicação com Damieta, que estava exposta a incessantes assaltos. Por mais que multiplicassem os feitos de armas, a situação em que se encontravam era crítica. A fome, o escorbuto e o tifo arremataram "as grandes misérias". Experimentaram negociar com o inimigo, mas as exigências que lhes apresentaram eram inaceitáveis. Foi preciso tentar bater em retirada para Damieta. Atacado de disenteria a ponto de não poder manter-se em pé, São Luís continuava a ser o que era — sereno, enérgico, sublime. Recusou-se a embarcar num dos barcos que tentariam reconquistar Damieta: queria comandar pessoalmente a terrível retirada. E foi o desastre. Por uma ponte de barcas, que os cruzados em fuga se esqueceram de cortar, o novo chefe mouro, o emir Baibars, cognominado o Besteiro, um turco da Rússia, colosso de olhos azuis, lançou as suas tropas em perseguição. Inutilmente a retaguarda se deixou matar: o exército estava perdido, e os irmãos do rei, assim como os altos barões, acabaram por render-se. Os vencedores foram encontrar São Luís, deitado e exânime, numa pobre casa de aldeia; fizeram-no prisioneiro, ao mesmo tempo que, nas margens do Nilo e na planície, concluíam a 8 de fevereiro de 1250 a chacina e o saque daquilo que fora a gloriosa *sétima cruzada*.

A prova era terrível; mas não é nas provas que o cristão revela toda a medida do seu valor? São Luís ia demonstrá-lo. Prisioneiro em Mansurá, curado pelos médicos do sultão, teve a dor de conhecer a extensão do seu desastre e a morte de um imenso número dos seus — de todos aqueles de quem os egípcios não podiam esperar um pesado resgate. Mas não se desesperou. No plano sobrenatural, restava-lhe Deus, em quem vivia mais que nunca, porque o Senhor está junto daqueles que sofrem. Recitava as suas horas como um monge, impressionando os muçulmanos com a sua calma e piedade. No plano político, tinha um penhor — Damieta —, onde a rainha, essa bela mulher, talvez um pouco fútil, decidira permanecer e agora se elevava à altura dos acontecimentos, comandando os barões do seu leito de parturiente, resolvida a morrer antes que capitular.

Mas os egípcios não se mostraram ferozes. Chegaram até a estabelecer contatos amigáveis com os prisioneiros e a interessar-se pela sua religião. Joinville, por exemplo, viu um dia chegar à sua tenda um ancião que o interrogou longamente sobre os mistérios da Redenção e da Ressurreição. Mas isso não impediu que, de tempos em tempos, os vencedores se deixassem levar pela cólera e ameaçassem São Luís com as piores torturas, se ele não ordenasse à sua esposa que entregasse Damieta. Ameaças que o santo recebia com a mais total indiferença. Foi graças a esse sangue-frio que, por fim, conseguiu impor-se aos vencedores. Falaram em negociações: em troca de Damieta e de um resgate de cem mil besantes de ouro, libertariam o rei e os sobreviventes do exército. Em fins de abril de 1250, o que restava da cruzada, depois de libertado, embarcava para São João d'Acre.

Durante ainda quatro anos, São Luís ficou no Oriente, pois julgava não ter cumprido o seu voto. Durante quatro anos, foi o verdadeiro chefe do reino franco e, em todos os países vizinhos, consideravam-no uma personagem lendária, a própria imagem do rei justo e sábio — o São Luís do carvalho de Vincennes. O sultão aceitava os seus conselhos e considerava-o quite da sua dívida; o "Velho da Montanha", o Mestre dos Assassinos — a terrível seita de fanáticos que manejavam o punhal com tanta facilidade —, desejou tê-lo como amigo. Para o rei, essas tarefas administrativas nada significavam; o essencial era a peregrinação que fazia pisando, onde ainda era possível, os locais em que Cristo pisara, e a comunhão que recebia em Nazaré. Por momentos, pensou que a dissensão entre os muçulmanos lhe permitiria recuperar Jerusalém, intervindo entre Alepo e o Cairo, mas os dois sultões reconciliaram-se e não concederam nada. São Luís ficou desesperado. Recusou o salvo-conduto que lhe ofereciam para a Cidade Santa, não querendo dever aos infiéis a felicidade de rezar junto do Túmulo que não soubera libertar.

Desde então, pensou no regresso. As notícias da França não eram boas. Um estranho movimento popular, uma espécie de sublevação no campo sob o pretexto da cruzada — a *cruzada dos Pastorinhos* —, dirigida por um tribuno semilouco, o "Mestre da Hungria", acabava de agitar o país. Morrera Branca de Castela, a sábia regente que governara tão bem o país enquanto seu filho estava longe. A trégua com os ingleses podia ser rompida da noite para o dia. Os irmãos do rei enviaram-lhe cartas e mais cartas, pedindo-lhe que voltasse, e São Luís, por fim, resolveu partir.

Antes, porém, quis ainda preparar o futuro. Em maio de 1253, enviou aos mongóis um novo mensageiro, o franciscano Guilherme de Rubrueck, incumbido de efetuar uma missão e, ao mesmo tempo, colher informações. Mandou fortificar de novo as melhores praças do pequeno reino e embarcou em abril de 1254, convencido de que voltaria à Terra Santa em breve, à frente de uma nova cruzada, que desta vez alcançaria a vitória.

O fim de um grande sonho

O sonho que São Luís trouxe da Terra Santa nunca mais o abandonou. Todos os seus parentes notavam claramente que, no pano de fundo das suas determinações, havia sempre a vontade de retornar o mais cedo possível, com a cruz costurada no manto, para lutar e talvez morrer pelo Senhor. Para esta alma mística, tudo constituía um chamado de Deus, tanto as notícias que recebia da Palestina, onde venezianos e genoveses ajustavam as suas contas em combates ferozes, arrastando os barões para as suas querelas sob o olhar dos muçulmanos, como as que chegavam de Bizâncio, onde em 1261 o imperador latino Balduíno II era deposto e substituído pelo vigoroso Miguel Paleólogo. Mas o toque de trombeta decisivo soou para ele pouco depois da retomada de Constantinopla pelos gregos, quando todo o Oriente Próximo tremeu.

Em 1260, os mongóis, comandados pelo Khan da Pérsia, Hulagu, neto de Gêngis Khan, partiram de novo para o assalto ao islã. Em 1258, tinham-se apoderado de Bagdá e da Mesopotâmia. Em três meses — janeiro a março de 1260 —, ocuparam a Síria e a dinastia de Saladino desapareceu no ciclone. Muito astuciosamente, o príncipe de Antioquia-Trípoli, Boemundo VI, e o rei do Tauro armênio, Hethum o Grande, juntaram as suas tropas às dos amarelos, cujo generalíssimo Kitbuca era, aliás, cristão nestoriano. Ir-se-ia libertar Jerusalém graças a uma aliança dos francos com os nômades da Ásia? Certos historiadores falaram de uma "cruzada mongólica", mas a verdade é que os barões de São João d'Acre, por medo dos amarelos ou por inveja dos homens do Norte, se opuseram a essa política; um deles, um jovem louco, chegou até a desafiá-los: todos preferiam entender-se com os muçulmanos do Egito. O resultado foi que os soldados mamelucos, conduzidos por Baibars o Besteiro, detiveram o ataque na Galileia, perseguiram os mongóis até a Mesopotâmia e os repeliram para a Pérsia. As consequências não se fizeram esperar: Baibars, na posse do Egito e da Síria, e proclamado sultão no lugar do seu chefe, que acabava de assassinar, não demorou a voltar-se contra os cristãos. Ocupou a Armênia do Tauro e depois Cesareia, Arsuf, as principais fortalezas dos templários, Jafa e, finalmente, Antioquia. Quando São Luís morrer em frente de Túnis, Baibars tomará aos hospitalários, muralha por muralha, o inexpugnável "Krak dos Cavaleiros". Acre, onde Jaime I de Aragão se instalara em 1268, será o único ponto de apoio sólido que restará aos cristãos.

A investida dos mamelucos através da Terra Santa deixou a cristandade desolada. Alexandre IV e Urbano IV falaram em retomar a cruzada, mas sem uma convicção total, porque o promotor da cruzada seria o rei Manfredo da Sicília, de quem desconfiavam. São Luís, pessoalmente, estava decidido, embora se encontrasse doente, exausto e ainda mal recuperado dos sofrimentos do Egito. Mas que lhe importava a vida, quando um desígnio tão nobre animava a sua alma de cristão? Durante a Quaresma de 1267, pondo as mãos sobre as mais santas relíquias que houve em Paris — a coroa de espinhos e um fragmento da Santa Cruz —, anunciou a sua decisão de tornar a partir. As opiniões contrárias dos seus conselheiros, como Joinville, não o abalaram, e os seus barões, resignados, acabaram por ceder à sua adjuração.

Foi então que entrou em cena *Carlos de Anjou*, irmão de São Luís. Era um homem de extraordinário encanto e inteligência, um político hábil, um ambicioso e um místico; os seus planos eram dignos de um César ou de um Napoleão. Investido na coroa da Sicília pelo papado e após vencer Manfredo em Benevento, arquitetou uma vasta combinação matrimonial e estratégica cujo fim era nada menos do que fazer dele o sucessor de Balduíno II, o basileu católico de

Bizâncio. A cruzada que o angevino queria retomar era a quarta! Perante esse perigo, Miguel VIII Paleólogo apressou-se a enviar mensageiros a Roma para pedir ao papa que não o deixasse atacar. "Se tens medo dos latinos", respondeu-lhe Clemente IV, "volta para o seio da Igreja!" Entabularam-se negociações e mais uma vez se falou no fim do cisma. Mas Clemente IV morreu em 28 de novembro de 1268 e Carlos de Anjou-Sicília trabalhou — contando com os germânicos — para prolongar por três anos o interregno pontifício. Vendo que a tempestade se aproximava e que o angevino negociava com todos os inimigos de Bizâncio — sérvios, húngaros, búlgaros —, Miguel Paleólogo voltou-se para o rei da França e propôs-lhe que interviesse como árbitro na questão da união das igrejas. Para São Luís, uma cruzada contra Bizâncio era um desvio inadmissível. Carlos recebeu do irmão mais velho a ordem de pôr ponto final às suas manobras e juntar-se à verdadeira cruzada.

Que aconteceu então? Houve entre os dois irmãos uma espécie de negociação? Depois das felizes intervenções dos reis normandos na África do Norte, o sultão de Túnis tornara-se vassalo de Palermo, mas devia um grande tributo atrasado. Carlos, herdeiro dos direitos dos reis normandos, teria pedido ao seu irmão que, em troca da sua intervenção, lhe resolvesse esse assunto? Mostrou-lhe que a rica Tunísia podia constituir uma excelente base de operações? Valeu-se dos sentimentos cristãos do santo para o convencer de que o sultão de Túnis só esperava uma ocasião para se fazer cristão, com todo o seu povo? "Ah!", exclamou São Luís, "venha o dia em que eu me veja padrinho e segundo pai de afilhado como esse!" O certo é que foi em direção a Túnis que a cruzada — a *oitava*, segundo a contagem tradicional — se pôs em marcha, no dia 11 de julho de 1270[31].

Foi um fracasso, uma desgraça. Muito bem iniciada, como a do Egito, como um desembarque fácil que iludiu os participantes; mas logo a seguir enterrou-se na planície úmida de Cartago, incapaz de marchar sobre Túnis, e, mantida à distância pelos cavaleiros berberes, em breve se afundou numa inércia total sob o acabrunhante calor do verão tunisino. A epidemia reapareceu, como nas margens do Nilo. O pequeno João Tristão, filho de São Luís, morreu. O legado pontifício teve a mesma sorte pouco depois. O acampamento dos cruzados era pasto do cólera. O próprio rei foi atingido pelo mal.

Faltam-nos palavras para descrever o que foi a sua morte. Certo de que não voltaria a levantar-se, o santo preparou-se para o inelutável com a serenidade de um mártir. Tomou todas as providências para que, após a sua morte, tudo transcorresse em ordem. Ditou para o seu filho essa página sublime que conhecemos pelo nome de *Ensinamentos*, em que todos os seus descendentes encontrariam os preceitos do governo dos homens. Demorou quase um mês a morrer. No fim, já não podia falar, mas os seus lábios mexiam-se debilmente quando os sacerdotes, junto do seu leito, repetiam as orações. Na véspera da sua morte, articulou algumas palavras; desejava a Santa Comunhão e queria também que o colocassem no chão, sobre uma camada de cinzas e com os braços em cruz. Ouviram-no ainda murmurar com uma voz estranhamente nítida: *Introibo in domum tuam, adorabo ad templum sanctum tuum et confitebor nomini tuo*. Depois a sua cabeça caiu para trás. Era o dia 25 de agosto de 1270, dia que a Igreja viria a escolher para festejar a sua memória. Conforme quisera, Luís de Poissy morria ao serviço de Deus, como cruzado — o último.

O fracasso de Túnis — que somente a chegada de Carlos de Anjou e a sua habilidade diplomática impediram de transformar-se num desastre — foi o dobre de finados da cruzada. A partir de então, a história do reino franco do Oriente não é senão a história de uma marcha para a morte. A decadência moral progredia a passos largos. Aumentavam cada vez mais as rivalidades entre genoveses e venezianos, templários e hospitalários, partido *poulain* e partido romano, comunas e senhores: havia dissensões em toda a parte. Desenrolaram-se verdadeiras e imperdoáveis guerras civis: viu-se, por exemplo, Boemundo VI de Antioquia mandar emparedar vivo um dos seus vassalos, que se revoltara.

O islã esperava a sua hora. O Ocidente, desanimado, parecia desinteressar-se da Terra Santa. A enérgica intervenção do príncipe Eduardo, o futuro Eduardo I da Inglaterra, trouxe alguns anos de respiro, mas ninguém soube aproveitar-se deles. Em vão o Khan mongol da Pérsia, Abaka, multiplicou as embaixadas à Europa, suplicando a Eduardo I, a Gregório X e aos padres do Concílio de Lyon de 1274 que lançassem a cristandade ao ataque em aliança com ele. Ninguém se atreveu a tomar a iniciativa. Jaime I tinha evacuado Acre para só se ocupar de atacar os mouros na Espanha. Carlos de Anjou, muito retraído, mandou apenas um contingente irrisório. Mesmo a morte do grande adversário, Baibars, em 1277, não sacudiu as energias dos cristãos. Quando, em 1281, Abaka retomou a ofensiva contra a Síria, não tinha ao lado dos seus mongóis senão cristãos nativos, armênios e francos; o sultão Kalaum repeliu-os para o outro lado do Eufrates. Alguns meses mais tarde, as Vésperas Sicilianas (1282) punham fim ao domínio angevino e cortavam as asas ao único homem que ainda teria podido promover uma cruzada...

Restavam aos latinos Sidon, Caifa, Beirute, Trípoli e Acre, que Kalaum resolveu conquistar. A única possibilidade de salvar essas terras seria, sem dúvida, recorrer à aliança mongólica, e o sucessor de Abaka, Argum, fez uma proposta explícita nesse sentido ao papa Honório IV e a Filipe o Belo, em 1284-1285. O seu enviado, o monge nestoriano Raban Çauma, foi admiravelmente recebido na Europa, mas nada conseguiu. Dois anos depois, os muçulmanos voltavam ao ataque. Em 1289, tomavam Trípoli, depois de um cerco terrível que acabou numa espantosa carnificina. O último baluarte era São João d'Acre.

Foi a última página de glória dos cruzados. Cercados por todos os lados, bombardeados sem descanso por uma terrível artilharia de balistas, esfomeados, privados de qualquer socorro, resistiram seis semanas sem outra esperança que a de salvar a honra. O fim deste último ilhéu cristão, invadido pela vaga do islã, foi digno do passado que os mais velhos tinham vivido nesses lugares. Contra-atacando sem cessar, tentando surtidas loucas, tudo foi uma série de proezas épicas, de torneios mortais. Reconciliados por fim perante a morte próxima, templários e hospitalários comportaram-se como verdadeiros heróis. Quando, em 18 de maio de 1291, as trombetas árabes soaram para o ataque final, o grão-mestre do Hospital, João de Villiers, e o grão-mestre do Templo, Guilherme de Beaujeu, estavam lado a lado defendendo a porta de Santo Antônio. E, lado a lado, ali caíram. O marechal do Templo, Mateus de Clermont, subia e descia sobre a onda dos atacantes, ferindo a torto e a direito e abrindo passagem por entre cadáveres, até que também caiu. Dos templários, restaram dez; dos hospitalários, sete; e dos teutônicos, zero. Os mamelucos vencedores massacraram todos os que encontraram, principalmente os padres. E será bom que todos os cristãos conheçam o exemplo edificante dos dominicanos, que morreram de joelhos, cantando em coro a Salve Rainha. Daquilo que fora o reino dos cruzados, não restou senão a ínfima ilhota de Ruad, em frente de Tortosa, que os templários conservariam até 1303[32].

Balanço da cruzada

A cruzada deixava como saldo um fracasso. Mas um fracasso completo? Aparentemente, o balanço era desastroso: tantos sofrimentos, tantos sacrifícios, para tão pouco! Só a França perdeu certamente milhares de homens[33]. E os seus tesouros ficaram esgotados. No plano concreto, nenhum dos fins em vista foi alcançado. O Santo Sepulcro não foi libertado. É certo que os cristãos dispunham agora de estabelecimentos religiosos na Terra Santa e que as peregrinações podiam ir a Jerusalém com um pouco mais de facilidade; mas não se poderia ter chegado a esse resultado com menos despesas, por meio de negociações? Foi esse, aliás, o método que o papado pôs em prática no século XIV, quando levou Rolando de Anjou a comprar os Lugares Santos dos muçulmanos e quando Clemente IV, em 1342, confiou a guarda desses Lugares aos franciscanos.

A união das igrejas também não se efetivou. Houve um momento em que pareceu que sim. Miguel VIII Paleólogo, ameaçado por Carlos de Anjou — que, logo depois do caso de Túnis, se lançara sobre a Albânia —, enviou a Gregório X o patriarca Beccos para acabar com o cisma. Declarava aceitar o Credo romano, incluído o *Filioque*, o uso dos ázimos e o primado do Papa. No Concílio de Lyon de 1274, a reconciliação parecia selada. Na catedral de São João, os prelados gregos, durante a Missa cantada, repetiram três vezes o *Filioque*, para que todos o ouvissem bem. Mas, no fundo, isso não passava de uma operação política. O clero grego continuava hostil aos latinos, a esse pontífice que "fomentava a impiedade", a esse "verdadeiro lobo no redil". Nas igrejas do Oriente, exaltava-se no púlpito Fócio e Cerulário... A partir de 1278, Nicolau III notou uma evidente má vontade em pôr em prática as decisões dos acordos de Lyon. Com Martinho IV, inteiramente devotado à política angevina, o equívoco desfez-se; Carlos, Filipe de Courtenay e Veneza, com o apoio de Roma, voltaram a fazer uma aliança contra o "pretenso imperador dos gregos". O imperador Andrônico II, quando sucedeu a seu pai, tirou a conclusão que se impunha: exilou Beccos e os partidários da união, ao mesmo tempo que financiava a revolta anti-francesa que culminaria com as *Vésperas Sicilianas*. Perante o islã vencedor, o escândalo do cisma continuava.

No entanto, poderíamos dizer que essa grande aventura da cruzada, tão decepcionante em diversos aspectos, foi inútil e perniciosa? Não. *A cruzada permitiu, mais do que qualquer outro acontecimento da história medieval, que a cristandade tomasse consciência da sua unidade.* Os homens tiveram o sentimento de que, acima dos diferentes povos, existia uma realidade superior, uma espécie de etnia segundo o espírito, da qual o Papa era o único chefe e cujo minúsculo reino da Terra Santa era simultaneamente a pátria concreta e o laço simbólico. É por isso que a cruzada — esse fracasso — pode ser considerada um dos grandes êxitos da Igreja medieval. E da mesma forma, apesar de todas as misérias e fraquezas de que muitos protagonistas desse drama deram um triste exemplo, o testemunho prestado pelos melhores foi um autêntico testemunho cristão.

Esse gigantesco deslocamento de massas, essa prodigiosa agitação, levaria a toda a espécie de consequências. Do ponto de vista étnico, houve no Oriente uma importação de elementos europeus e uma grande miscigenação: nos cemitérios turcos de Konyeh e de Antakya, veem-se ainda hoje túmulos que têm nomes da França e de Flandres. O Oriente e o Ocidente, a cristandade e o islã aprenderam a conhecer-se, e a estima e a amizade que os turcos, adversários cavalheirescos, despertaram nos latinos mantiveram-se até os nossos dias. A França, que fora "a espada de Cristo" e dera o melhor do seu sangue, colheu a vantagem moral dos seus sacrifícios. O seu prestígio na Síria e no Egito, bem como o desenvolvimento da sua língua nesses países, têm aí a sua origem.

Do ponto de vista prático, as cruzadas introduziram certamente no Ocidente uma imensidão de coisas novas; sob este aspecto, fizeram-se sentir grandes convulsões até nos menores detalhes da vida social e cotidiana. Acessórios de vestuário, alimentos e muitos costumes provêm daí. O açafrão, o alho (de Áscalon), os tecidos de pelo de camelo, as tendas, os ferros "damasquinados" e as peliças parecem ter a mesma origem. Foi também no Oriente que se estabeleceu definitivamente o emprego dos brasões hereditários; a terminologia heráldica conserva ainda hoje muitas palavras de origem árabe. A arte, principalmente a arquitetura[34], como também a música, ficaram devendo muito a estas novas influências, que, no entanto, não convém exagerar[35]. Para dizer tudo, as expedições longínquas contribuíram para abrir aos ocidentais um horizonte mais vasto. Tudo isso redundou apenas em bem da cristandade? Ao descobrir outra civilização, outra religião e outra moral[36], a sociedade feudal e cristã não sofreu a ação de terríveis forças de desarticulação? Foi só depois das cruzadas que apareceram os primeiros sintomas da grande crise de infidelidade.

A cruzada contribuiu também de outras formas para preparar o mundo moderno, a Europa do Renascimento e da Reforma. A grande manipulação de dinheiro, o gosto pelo luxo adquirido no Oriente, o desenvolvimento comercial dos portos italianos modificariam profundamente o ritmo da sociedade. Estabeleceram-se novas correntes econômicas, deixando Bizâncio arruinada e a Rússia de Kiev a braços com os mongóis, para seguirem os itinerários Gênova-Marselha-Lyon ou Veneza-Suíça-Champagne, em direção a Bruges e depois a Londres. Socialmente, as cruzadas contribuíram para o fim da nobreza; os cruzados endividaram-se para financiar a sua partida e muitas vezes tiveram de vender terras aos seus vassalos e a alforria aos servos. Por vezes, os mesmos resultados foram obtidos de um modo mais tocante, como no caso de um nobre dos arredores de Sens, o senhor de Saint-Phalle, que, feito prisioneiro com São Luís, foi resgatado por cotização espontânea dos servos das suas glebas, aos quais deu a liberdade quando regressou. Por fim, os reis aproveitaram-se da ausência dos grandes para ampliarem a sua autoridade. O mundo moderno, portanto, saiu em certa medida do empreendimento mais tipicamente medieval...

E, no entanto, durante muito, muito tempo, o Ocidente conservaria a nostalgia da cruzada. Nos começos do século XIV, alguns príncipes alimentarão ainda o sonho de retomar a mesma rota famosa, como Carlos de Valois, marido de Catarina de Courtenay, o basileu *in partibus*. Certos escritores publicarão trabalhos sobre a *Recuperação da Terra Santa*, como o franciscano Fidenzio de Pádua e Pierre Dubois, cujas combinações políticas e financeiras se aliarão a um sentido cristão ainda vivo. Em 1327, o papa de Avinhão João XXII lançará embalde um novo apelo à cruzada[37]. Em 1334, Filipe de Valois assinará um pacto de cruzada com Veneza, Chipre e os hospitalários, projeto de que a guerra dos Cem Anos desviará os Capetos. Mas no Oriente, o último franco, *Pedro de Lusignan*, rei de Chipre, autêntico herói da Távola Redonda, com a sua "ordem da Espada", assestará golpes terríveis contra os turcos, e só cairá sob o punhal de um traidor, e o seu reino com ele (1369). O espírito da cruzada não deveria, portanto, desaparecer. Mesmo em plena crise do grande cisma, insuflará esses jovens cavaleiros que, em 1397, em Nicópolis, morrerão por Cristo. E quando Joana d'Arc escrever a Talbot a sua célebre carta, será ainda a esse espírito que ela se referirá para suplicar ao inglês que ponha fim à luta fratricida e retome, com os franceses, a grande aventura por Deus.

A cruzada ficou no coração de cada homem nascido de Cristo como uma lembrança de glória. É significativo que a própria palavra *cruzada* tenha ainda hoje o sentido de um empreendimento heroico, conduzido com uma intenção pura e nobre, ao serviço de uma grande ideia. Enquanto existir sobre a terra uma cristandade, e mesmo enquanto existir uma civilização em que os princípios cristãos não sejam totalmente abolidos, haverá homens que conservem a memória dessas páginas de santidade e de heroísmo que os cruzados escreveram com o seu sangue, desses dias prestigiosos em que um cavaleiro, com a bandeira vermelha e montado num corcel branco, arrastava homens jovens, altivos como os heróis da lenda, para a libertação do Santo Sepulcro...

Notas

[1] Cf. cap. V, par. *A questão das investiduras*, e cap. IV, par. *A tentativa de Pascoal II*.

[2] Sobre a origem da ideia da cruzada, cf. Karl Erdmann, *Die Entstehung des Kreuzzugsgedankens*, e o artigo de E. Delaruelle, *Essai sur la formation de l'idée de Croisade*, em *Bull. de l'H. ecclésiastique*, 1944, pág. 12.

[3] Cf. cap. X, par. *Inimigos do Norte, inimigos do Leste*.

[4] Cf. cap. X, par. *O século dos Comnenos*.

[5] Cf. cap. VII, par. *A Igreja luta contra a violência.*

[6] Cf. G. Lacourt-Gavet, *Histoire du Commerce*, II, pág. 239. Quanto à preparação psicológica da cruzada, muito se poderia dizer sobre o papel dos trovadores.

[7] É um grande problema averiguar que efetivos foram mobilizados pelas cruzadas e, mais geralmente, de quantos homens se compunham os exércitos da Idade Média. A apuração mais estrita e mais minuciosa encontra-se nos dois volumes de Ferdinand Lot, *L'art militaire et les armées au Moyen Age*, Paris, 1946. É preciso partir da ideia de que os cronistas não se preocupam com a exatidão numérica, mas, pelo contrário, tendem a exagerar. São documentos como os cômputos ou certas verificações que permitem uma apreciação mais exata da realidade — sem que, no entanto, se possa apresentar uma cifra absolutamente segura. Chega-se a ordens de grandeza muito afastadas das fornecidas pelos contemporâneos e muito mais modestas! A diferença é notória no que se refere particularmente às cruzadas, que impressionaram muito os observadores e lhes fizeram perder todo o sentido da medida.

Em relação à primeira cruzada, as poucas cifras mencionadas pelos cronistas por ocasião das batalhas, o estudo dos feudos de cavaleiros distribuídos pelos senhores cruzados nas suas terras, os modestos recursos financeiros postos à disposição dessa cruzada, que não recebeu qualquer subvenção do papado, conduzem a cifras diferentes. O número de cavaleiros envolvidos nos combates da Ásia Menor e da Síria oscila entre 500 e 1200, e o dos peões não passa de 9000. Sabe-se que Balduíno se apoderou de Edessa com 80 cavaleiros, que Boemundo não reuniu mais de 500 barões e que Hugo de Vermandois esteve quase sozinho. O mais rico dos barões, o duque da Normandia, não dispunha no seu ducado de mais de 600 cavaleiros, e não os embarcou a todos!... É preciso considerar excessivamente exagerado o cálculo de Ana Comneno que afirma que a cruzada contava dez mil cavaleiros e 70 mil soldados de infantaria.

[8] É preciso notar — e isto mostra até que ponto era complicada a situação da cristandade em plena algazarra provocada pela Questão das Investiduras — que Godofredo de Bulhões tomara o partido de Henrique IV contra o papa. Participou da tomada de Roma, o que, como diz a crônica de Alberico de Trois-Fontaines, lhe causou uma vergonha tão grande que esteve vários dias ardendo em febre e resolveu então fazer o voto de ir à Terra Santa.

[9] Cf. cap. X, par. *Inimigos do Norte, inimigos do Leste: os turcos*, a história da ruína da Armênia e a instalação dos fugitivos no Tauro.

[10] Cf. cap. III, par. *Bernardo, o cavaleiro.*

[11] A ordem teutônica, fundada em 1122 como instituição de caridade pelos burgueses de Bremen e Luebeck, tornou-se também militar em 1190, mas trabalhou pouco na Terra Santa; encontrá-la-emos em luta com os bárbaros do Leste europeu (capítulo seguinte, par. *Expansão cristã para Norte e para Leste*). Igualmente relacionada com a época de Godofredo de Bulhões, temos a Ordem do Santo Sepulcro, cujas tradições asseguram que data de uma época muito mais antiga, da época carolíngia, e até do reinado da imperatriz Helena, mas que teria recebido a sua constituição definitiva do papa Urbano II.

[12] A atividade militar e a atividade financeira — menos gloriosa — dos templários não nos devem fazer perder de vista a sua contribuição no campo da atividade agrícola. Os templários foram os iniciadores de um grande movimento de colonização agrícola; fundaram domínios e aglomerados em regiões até então selvagens (*La Neuville-au-Temple*, perto de Châlons). As *Comendadorias* eram casas da ordem dispersas pelo campo, centros de exploração agrícola. Cf. Victor Corrière, *Histoire et Cartulaire des Templiers de Provins*, 1919, Introdução.

Sabe-se como os templários terminaram (cf. cap. XIV). O que deles restou foi recolhido em grande parte pelos hospitalários que, sob o nome de Ordem de Malta, duraram até os nossos dias.

[13] Sobre a pregação da cruzada por São Bernardo, cf. cap. III, par. *O homem de ação.*

[14] Cf. cap. X, par. *O século dos Comnenos.*

[15] Durante as negociações da rendição da praça, os templários e os hospitalários deram provas de uma incrível dureza de coração, recusando o seu ouro aos infelizes cativos que Saladino estava disposto a libertar em troca do resgate. Outro incidente penoso foi o que ocorreu em Alexandria, onde os marinheiros venezianos e pisanos se recusaram a receber a bordo os refugiados cristãos que Saladino libertava. Só obedeceram quando o turco os tornou pessoalmente responsáveis pela sorte dos seus irmãos em Cristo. Tristes coisas humanas...

[16] Cf. cap. V, par. *Frederico Barba-Roxa e o seu sonho de domínio universal.*

[17] Assegurou-se que se reuniram cem mil franco-ingleses em Vézelay. Ora, sabemos com precisão que Filipe Augusto pagou aos genoveses a passagem de 650 cavaleiros, do dobro de escudeiros e de três ou quatro vezes mais de peões, o que dá 1950 cavaleiros e 6 a 8000 soldados de infantaria. Quanto a Ricardo Coração de Leão, calcula-se que tenha mobilizado entre 11 e 15 mil homens, dos quais a décima parte cavaleiros, não mais. Pelo que se refere a Frederico Barba-Roxa, não podemos aceitar mais de 2000 cavaleiros e o dobro de escudeiros, e sabe-se que o imperador reduziu ao mínimo o número de soldados a pé, conservando apenas os lacaios, cozinheiros e palafreneiros indispensáveis.

[18] Guy de Lusignan recebeu de Ricardo, um pouco mais tarde, o trono de Chipre. A dinastia que descendeu dele reinaria por muito tempo na ilha, fazendo prosperar ali uma civilização muito requintada de artistas e letrados. O reino de Chipre sobreviveria até 1378, data em que se desfez sob os ataques dos genoveses.

[19] Cf. cap. V, par. *O apogeu do papado.*

[20] Cf. cap. XIII, par. *A cruzada dos albigenses.*

[21] Cf. cap. X, par. *O século dos Comnenos.*

[22] Cf. cap. V, par. *O apogeu do papado.*

[23] Barcos munidos de grandes portas ou *huis*, que fazem pensar nos barcos de desembarque utilizados na Normandia em 1944.

[24] *A Igreja dos tempos bárbaros*, cap. VI, par. *A irradiação cristã do Oriente.*

[25] Foi durante a quinta cruzada que São Francisco de Assis deslocou-se para o Egito a fim de pregar o Evangelho como missionário. O santo queria substituir o método da força pelo método do amor (cf. cap. XII, par. *São Francisco de Assis, pai da missão*).

[26] Cf. cap. V, par. *O apogeu do papado.*

[27] Mas não foi por muito tempo. A luta do papa contra o imperador recomeçaria e terminaria, como se sabe, com a derrocada de Frederico II (cf. cap. V, par. *O apogeu do papado*).

[28] Cf. cap. VII, par. *Um cristão leigo: São Luís.*

[29] Sobre João de Piano-Carpini e outros missionários da Ásia, cf. cap. XII, par. *Viagens e aventuras dos missionários na Ásia.*

[30] Desconhecemos as forças da expedição. Um menestrel residente em Reims fala em 36 mil homens, mas sem aduzir nenhuma prova. O exército feito prisioneiro com o rei teria contado 12 mil homens. Tudo isso parece muito para aquela época! Sabe-se que, em Bouvines, Filipe Augusto tinha 7000 homens ou, quando muito, 12 mil, e que o imperador Otão tinha 1500 cavaleiros e, provavelmente, 9 a 10 mil escudeiros e peões.

[31] As negociações entabuladas com Veneza — que, aliás, fracassaram — permitem-nos saber com relativa precisão os efetivos da segunda cruzada de São Luís: elevavam-se a uma dezena de milhares de homens, dos quais 7300 eram combatentes, porque nem os escudeiros nem os pajens combatiam nessa época.

[32] O cerco de Acre deu azo às mais extraordinárias avaliações por parte dos cronistas: 25 a 40 mil defensores contra 120 a 600 mil atacantes! O que se pode dizer é que Acre não devia ter mais de 20 mil habitantes, um total já notável para a época; é aceitável que dois terços desses habitantes tenham tomado parte na defesa, mas os muçulmanos, certamente superiores em número, também não tinham, de forma nenhuma, as forças que lhes querem atribuir.

[33] Toda a avaliação é arriscada. Salvo no princípio, a grande massa do povo não se mexeu, os próprios chefes não se interessaram muito e a emigração do Ocidente para o Oriente latino foi fraca. Em todo o caso, a classe que sofreu as mais pesadas perdas foi a nobreza; quando sobrevierem as hecatombes da guerra dos Cem Anos, a classe dos guerreiros ficará quase aniquilada e deverá surgir uma nova nobreza.

[34] Recordemos que, em sentido inverso, a arte ocidental implantada no Oriente exerceu ali uma grande influência. As igrejas do Santo Sepulcro, de Santa Ana de Jerusalém e de Tortosa lembram os estilos da Borgonha e da Auvergne. As mesquitas ali iriam buscar mais tarde alguns dos seus elementos. A arquitetura militar muçulmana também se beneficiou com a técnica dos francos.

[35] Durante muito tempo, exageraram-se as consequências imediatas do grande acontecimento. Julgou-se, por exemplo, que a lepra foi trazida pelos cruzados. Pretendeu-se também que o milho, o trigo mourisco, os damascos e até os gatos vieram para o Ocidente nas bagagens dos cruzados. Trabalhos recentes mostraram que nada disso é verdade. Esses erros prosperaram numa época em que se conhecia mal a importância das permutas que existiam antes dos cruzados entre a bacia oriental do Mediterrâneo e as costas da Itália e da Provença. Aquilo que se julga que os cruzados trouxeram podia também ter sido trazido pelos peregrinos e marinheiros nos seus alforjes. Um texto de 1204, que se aduziu durante muito tempo para afirmar que o milho fora introduzido na Europa pelos cruzados, acabou por mostrar-se falso. O milho foi trazido da América, depois de Colombo, e o damasco foi levado pelos árabes para a Espanha. O primeiro documento que fala do trigo mourisco data de 1436 (cf. R. Grand, *L'agriculture au Moyen Age*, Paris, 1951). Quanto a uma tradição que pretende relacionar o terço com esses colares de grãos de âmbar que os orientais fazem deslizar entre os dedos, o verbete *Chapelet* de Dom Leclercq, no seu *Dictionnaire d'archéologie*, mostra que esse método de oração existia na Inglaterra antes de 1095. Por outro lado, estamos muito mal informados sobre os resultados propriamente religiosos das cruzadas. No campo da liturgia, só parece haver certeza de terem provindo do Oriente alguns ritos da liturgia dos carmelitas. É pouco. Desta tendência para exagerar o contributo das cruzadas pode-se, no entanto, aproveitar o testemunho de que a imensa agitação provocada por elas teve inúmeras consequências, que impressionaram os contemporâneos. Não se empresta senão aos ricos!

[36] Passamos por alto a moda da depilação, que talvez tenha vindo então do Oriente e que sugere muitas coisas.

[37] Pormenor curioso e comovente: os cristãos da Groenlândia responderam a esse apelo e enviaram um carregamento de peles de foca para ajudar a financiar a expedição.

XII. DA GUERRA SANTA ÀS MISSÕES

A expansão cristã do Ocidente

A cruzada do Oriente não foi a única forma de que se revestiu a Guerra Santa por Cristo. Outros empreendimentos a tinham precedido e haviam de durar e ser bem-sucedidos enquanto se virava para a cruzada a página da história e os tempos deixavam de ser favoráveis às expedições empreendidas sob o signo da Cruz, dessa mesma cruz que continuaria a ampliar o seu campo de ação, não já por meio da espada dos guerreiros, mas dos arautos de Cristo, pobres e desarmados.

Esta expansão do cristianismo explica-se de diversas maneiras. Por um lado, traduz, no duplo plano espiritual e político, a vitalidade da sociedade medieval[1]. O que a colonização e a emigração viriam a representar para o Ocidente moderno e contemporâneo, representaram-no as diversas formas da Guerra Santa para os europeus dos séculos XI a XIII, como também o representaram as expedições estritamente militares que levaram à conquista da Inglaterra pelos normandos de Guilherme ou à instalação de Roberto Guiscard e dos seus homens na Itália do Sul e na Sicília.

Por outro lado, traduz também um aspecto menos compreensível para nós e que teve nas peregrinações outra das suas manifestações: a impaciência com os limites.

O homem medieval, que normalmente é visto como alguém agarrado ao solo, enraizado num pedaço de terra ou num feudo, partia, no entanto, para longe com uma facilidade desconcertante. Sem se preocupar com o conforto da viagem, lançava-se a caminho de Compostela ou alistava-se numa cruzada, e, mesmo que o número dos que partiam fosse pequeno em relação ao conjunto, todas as classes e todos os países eram atingidos pelo movimento. A história das viagens na Idade Média está apenas esboçada, e talvez nunca venha a escrever-se completamente, mas os episódios que se conhecem são elucidativos. Na corte do Grande Khan mongol, Guilherme de Rubrueck encontrará um ourives de Paris cujo irmão tinha uma loja no Pont-Neuf, e quando Jacques Cartier chegar ao Canadá descobrirá, estupefato, um grupo de peles-vermelhas que faziam o sinal da cruz, aprendido, conforme lhe disseram, dos seus antepassados.

A intenção cristã nunca esteve ausente das viagens e deslocamentos. Ganhar almas para Cristo e obedecer ao seu derradeiro preceito — "Ide e evangelizai todos os povos!" — era um desígnio que acompanhava sempre os outros, menos desinteressados. A extensão da cristandade foi, em última análise, o resultado dessas expansões dispersas, mesmo que os meios utilizados nem sempre nos pareçam muito cristãos.

A Reconquista

É uma apaixonante história a luta que os cristãos de Espanha, ajudados por muitos dos seus irmãos de todo o Ocidente, travaram durante toda a Idade Média e mesmo depois de começada a Idade Moderna, para retomarem ao islã a sua península. Esta história é cristã? Por muitas das suas características parece-o pouco, pois está cheia de violências selvagens e de apetites saciados, de dureza e de ferocidade. Os dois adversários mostraram-se com demasiada frequência de uma crueldade quase inacreditável: houve um emir que guardava num cofre as cabeças cortadas dos seus inimigos para se divertir com o espetáculo; mas também se conhece o caso de um infeliz alcaide que Cid o Campeador mandou literalmente assar vivo, lançando-o num fosso cheio de carvões em brasa. Ao lado destes horrores, a história da *Reconquista* abunda em episódios sublimes, em que andam a par o heroísmo e o espírito de sacrifício, e em que o mais alto ideal anima homens para quem a vida é menos preciosa do que a honra de Deus. Todas as paixões, as mais nobres e as mais baixas, o idealismo cavalheiresco assim como o sórdido realismo e o desregramento sexual, acharam com que satisfazer-se nestas guerras; mais ainda que na cruzada oriental, podemos avaliar aqui o que o cristianismo medieval tinha simultaneamente de sobre-humano e de demasiado humano.

Na base do empreendimento, encontra-se a intenção propriamente religiosa. Para os dois adversários, tratava-se de tomar ou conservar terras, mas mais ainda de expandir ou proteger o campo em que se afirmava uma fé. "Os mouros gritavam: Maomé! Os cristãos gritavam: São Tiago!", diz o poema do Cid. A história da Reconquista — como a das expedições do Oriente e talvez mais — é a história de um confronto entre duas religiões, a luta de uma Guerra Santa contra outra Guerra Santa, da Cruz contra o Crescente do islã.

A Igreja compreendeu-a como tal. Desde que começou, a Reconquista foi encorajada, abençoada e ajudada por ela. Em 1063, Alexandre II concedia uma indulgência geral aos cavaleiros franceses que fossem ajudar os seus irmãos espanhóis[2]. Antes de a cruzada existir, a guerra da Espanha foi o seu anúncio, e quando desenrolou os seus episódios, essa guerra foi como que o seu anexo, a sua asa direita, onde era tão meritório combater como na Palestina. O papado, aliás, não era o único a alimentar esse interesse ativo pela Reconquista: as grandes ordens religiosas quiseram associar-se ao empreendimento e ajudar a enraizar a Cruz nas terras conquistadas pelos soldados; os monges de Cluny, a partir de 1033, e os de Cister, cem anos mais tarde, instalaram-se na Península, fornecendo os titulares para os cargos episcopais. E como poderia todo o povo cristão desinteressar-se desses combates, se neles se jogava a sorte de um dos lugares de peregrinação mais queridos ao seu coração? À frente dos exércitos da Reconquista, não era o "barão São Tiago" que dirigia os ataques contra os inimigos? O próprio êxito de Compostela não estava estritamente ligado ao prosseguimento da guerra santa contra o islã?[3]

Ao apelo da Igreja, serão muitos os voluntários que irão combater o mouro na Península. Desejo de ganhar indulgências, esperança de ocupar algum pedaço de terra, gosto pela aventura e paixão guerreira, tudo contribuirá para alimentar uma corrente que não se extinguirá durante três séculos. Os franceses, vizinhos imediatos, ocuparão um lugar de destaque, a tal ponto que os espanhóis os verão como um certo estorvo. Foram para lá de todos os meios e de todas as regiões e, assim, vamos encontrar entre eles grandes nomes como os Talleyrand, os Turenne, os d'Abret. Os senhores do Sul, do Languedoc e provençais, figuraram na primeira linha, pois muitas vezes tinham interesses territoriais e matrimoniais para além dos Pireneus. Empreendimento cristão e ao mesmo tempo obra do patriotismo espanhol, com uma grande participação francesa, assim foi a Reconquista, em que a Península e os seus povos, ao escreverem uma gesta magnífica, tomaram consciência de si próprios e do seu destino.

Havia já trezentos e cinquenta anos que a terra ibérica era dominada pelo islã[4]. A terrível vaga que avançara até o limiar do Poitou, onde Carlos Martel a detivera, imobilizara-se em quatro quintos do país. Mas, alagada pela maré infiel, a cristandade da Espanha, nascida do sangue do mártir Hermenegildo, nunca se resignara a deixar-se afogar. Mesmo nas regiões em que Maomé triunfara, os cristãos "moçárabes" mantinham a sua fé viva, e, por volta de 850, tiveram os seus mártires: o arcebispo Eulógio, o padre Perfecto e essas duas encantadoras jovens de vinte anos, Maria e Flora, que derramaram o seu sangue em Córdova. Subsistira, pois, uma vida cristã, e os vencidos tinham conseguido que se observasse o seu estatuto, "a lei dos visigodos", e se garantisse a sua aplicação por meio de "defensores". Havia bispos que chegavam a reunir os seus concílios, e houve comunidades monásticas que subsistiram, algumas delas ligadas a Saint-Germain-des-Prés e a Gorze. No entanto, não nos façamos ilusões: aqueles núcleos cristãos estavam em baixa constante, contaminados pelos costumes muçulmanos, divididos entre os exaltados, que sonhavam com o martírio, e os prudentes, que tendiam à submissão. Era tempo de que a cristandade viesse ajudá-los a sobreviver.

Entretanto, escondidos nas montanhas do Norte, conforme o exemplo dado outrora pelo heroico rei Pelágio, pequenos reis, mais ricos de coragem que de dinheiro ou tropas, tinham conseguido salvar a sua independência, preparando assim as bases de partida para as futuras ofensivas da Reconquista. No limiar do século XI, a fronteira entre a zona muçulmana e a zona cristã, partindo do Atlântico, seguia o curso do Douro até os arredores de Osma, dali subia para as imediações do Sul de Pamplona, e depois dirigia-se para o Mediterrâneo, que alcançava em Barcelona. Ao norte, alongava-se a cadeia dos Estados católicos: Astúrias, criação de Pelágio, estendida depois até o Douro e unida à Galiza, tendo por capital Leão; o condado de Castela, prestes a tornar-se um Estado; Navarra, que englobava os condados pirenaicos e se estendia até o Ebro superior; Aragão, durante muito tempo ligado a Navarra e que se tornou reino por via de sucessão; e, finalmente, a Catalunha, antiga "marca" de Carlos Magno, que se tornara condado feudatário do rei da França. Muito enérgicos e decididos, todos estes pequenos Estados tinham apenas um defeito, mas grave: estavam frequentemente desunidos. As suas histórias dinásticas, prodigiosamente emaranhadas, estavam e estariam recheadas de guerras fratricidas. E essa desunião teria sido fatal para a Reconquista se a desunião do islã não tivesse sido ainda pior.

A Espanha muçulmana tinha atingido o seu apogeu quando, em 929, a dinastia árabe-síria dos Omíadas tomara o título imperial de Califa e, através do estreito de Gibraltar, passara a dominar quase toda a África do Norte. A sua capital era Córdova, magnífica, célebre pelas suas escolas e artistas, de um esplendor que ainda hoje nos é testemunhado pela sua admirável mesquita. Granada e Sevilha não ficavam atrás. Pouco agressivo durante muito tempo, limitando-se a vigiar a fronteira por meio da cadeia dos *ribats*, espécie de conventos-fortaleza, o califado de Córdova tinha no entanto causado graves preocupações aos cristãos do Norte pouco antes do ano mil, quando o terrível Almançor lançara, golpe sobre golpe, constantes investidas em leque de Coimbra a Barcelona, chegando em 997 a tomar e arrasar Santiago de Compostela, onde poupara apenas o santo túmulo. Mas, por volta de 1050, a situação já não era tão perigosa. Diversas províncias tinham-se separado de Córdova, onde os califas dormitavam na poesia e na sensualidade. Em 1031, o califado era abolido e substituído por uma federação de vinte e três pequenos estados, os *taifas*. Os cristãos tinham a partida ganha, se o quisessem.

E houve um homem que o quis: Fernando I o Grande, rei de Castela (1033-1065). Aproveitando-se das dissensões muçulmanas, põe sítio sucessivamente aos pequenos taifas de Toledo, de Saragoça, de Badajoz, amedrontando o voluptuoso rei de Sevilha, Motamid, que acaba por prestar-lhe submissão. Com a sua morte, um dos seus três filhos, Afonso VI, depois de resolver com guerras fratricidas a questão da herança (1065-1109), retoma a ofensiva: chama cavaleiros da Borgonha, compatriotas de sua mulher Constança, e apoia-se também nos monges de Cluny e no papa Gregório VII, que prega uma verdadeira cruzada a seu favor. A vida dos muçulmanos torna-se terrivelmente dura. Durante sete anos, os cavaleiros blindados do rei, irmãos daqueles que vemos na tapeçaria de Bayeux acompanhando Guilherme à Inglaterra, atacam os taifas. Saragoça, Valença, Sevilha e mesmo Granada são alvo das suas investidas. *Toledo*, a cidade tão amada dos cristãos, cai em 1085, depois de um cerco de vinte e cinco meses. Afonso ocupa toda a meseta castelhana entre o Douro e o Tejo. *Toleti Imperii rex et magnificus triumphator*: que belo título usa agora o ex-pequeno rei das regiões do Norte! Na praia de Tarif, no mesmo lugar onde tinham desembarcado os primeiros esquadrões do islã no século VIII, impele o seu cavalo para o mar, como se quisesse lançá-lo ao ataque contra a África, exclamando: “Atingi o extremo da Espanha!”

Belos feitos de armas, embora esporádicos e desconexos. O islã sofreu um abalo terrível, e os emires cederam por toda a parte: navarros e aragoneses avançaram sobre Tudela, e os castelhanos sobre Saragoça. O domínio muçulmano na Espanha parecia prestes a desmoronar. E foi então que uma peripécia dramática mudou totalmente o rumo dos acontecimentos. A três mil quilômetros da Europa, na ponta sul do Saara, tivera lugar por volta de 1035 uma revolução religiosa. Peregrino de Meca, *Abd-Allah-ibn-Yasin* empreendera uma reforma entre os tuaregues, esses nômades do deserto, semelhantes quanto aos costumes e à ferocidade aos beduínos de Maomé ou aos mongóis de Gêngis Khan. Usando um véu azul na parte inferior do rosto para se defenderem das areias, enigmáticos, fanáticos, perfeitos cameleiros e cavaleiros invencíveis, esses homens tinham atravessado o deserto e marchado sobre as boas terras do Magreb. Para eles, a guerra era acima de tudo uma questão religiosa, um ato de fé. Queriam reconduzir os muçulmanos à estrita religião do Profeta, castigar os relaxados e os impuros. Puritanos do deserto, agrupavam-se em verdadeiras comunidades religiosas e militares. "Templários islâmicos", chamou-lhes alguém[5], mas o seu nome era *al-mourabitun*, os marabus, que os cristãos iriam conhecer por *almorávidas*, deformando a palavra. Em 1055, o Tafilé caiu-lhes nas mãos; depois, foi a vez do Sus e de todo o Sul de Marrocos. Em 1059 morreu Ibn-Yasin e o novo chefe, *Yusuf-ibn-Tachfin*, mostrou-se ainda mais empreendedor. Atravessou o Atlas, e o Marrocos do Norte caiu totalmente em seu poder, logo seguido por Udja, Tlemcen, Orão e Uarsenis. Em 1082, alcançava as muralhas de Argel.

No extremo perigo em que se encontravam, devido a Afonso VI, os emires da Espanha lançaram os olhos amedrontados para os gloriosos homens do véu. Não sem inquietação, pois perceberam bem o perigo que podiam fazer correr aos seus pequenos Estados com aliados tão terríveis. Motamid, no entanto, resumiu a opinião dos companheiros, declarando: "Antes quero guardar camelos no Magreb do que porcos em Castela".

A partir desse momento — fins de junho de 1086 —, a situação na Península experimentou uma reviravolta. Em vez da poeira dos taifas, os cristãos teriam pela frente um povo magnificamente guerreiro, exaltado pela convicção de ser o verdadeiro arauto do Profeta e que não se embaraçaria com as combinações de negócios e de casamentos que os emires espanhóis tinham todos mais ou menos ajustado com os cristãos. Em alguns anos, os almorávidas liquidavam os taifas e impunham à Espanha a sua autoridade rígida e o seu puritanismo. Quanto aos cristãos, o primeiro embate foi-lhes fatal. Ocupado imprudentemente no outro lado do Tejo, Afonso VI foi surpreendido por Yusuf em *Zalaca* (entre Badajoz e Albuquerque) no dia 23 de outubro de 1086. Desorientados pelo ataque dos cavaleiros velados, de negros cheios de cicatrizes, de beduínos da Argélia, e vendo os seus cavalos apavorados com o ruído dos tantãs e a presença dos camelos, os cristãos debandaram. Afonso e os homens que lhe restavam refugiaram-se em Toledo, enquanto os tuaregues erguiam enormes pirâmides com as cabeças cortadas dos vencidos, e os *muezzins*, do alto delas, chamavam os crentes para a oração da tarde.

Já não se tratava de expulsar os muçulmanos, mas de salvar o que ainda restava da Espanha cristã. Organizou-se a resistência, que iria ser resumida por um nome e encarnada por um homem, aquele que a história e o poema conhecem por *Cid o Campeador*. A literatura, idealizando-a, deformou completamente a sua personagem. O herói puro, nimbado de paixões nobres e de juventude, que Corneille nos ensinou a amar, era na realidade Rodrigo de Bivar, pequeno fidalgo de Castela, certamente um herói, de uma bravura louca e de um inexcedível pendor para a guerra, mas também um aventureiro que distinguia muito mal os interesses pessoais dos da cristandade, uma alma repleta de contrastes, em quem os ímpetos da pior violência conviviam com um sincero amor aos pobres e uma real humildade. Indisposto com Afonso VI, sobre o qual lançara publicamente a suspeita de ter sido o assassino de seu irmão, e pondo-se a serviço do emir de Saragoça contra o rei muçulmano de Lérida, este homem, aliado também do conde de Barcelona, revelou-se quando assumiu o comando da luta contra os almorávidas e passou a desferir contra eles golpes terríveis. O mais notável foi a tomada de *Valência* em 1094, depois de vinte meses de cerco. Rodrigo transformou a mesquita em catedral e colocou lá um bispo. O seu valor, as suas proezas galvanizaram a Espanha: tornou-se o símbolo vivo da resistência aos homens de véu. *Campidoctor*, mestre da guerra, diziam os cristãos latinos; o *Sid*, o senhor, diziam os muçulmanos. Mais uma vez ainda, em Bairen, embora com dificuldade, deteve uma ofensiva. Quando morreu — em 10 de julho de 1099, no momento em que os cruzados tomavam Jerusalém —, toda a Península chorou, incluído o rei Afonso. E quando, um pouco mais tarde, a sua corajosa viúva, Ximena, tendo de evacuar Valência, conduzia num caixão guarnecido de ouro os restos mortais do grande soldado, conta-se que a simples visão do cortejo foi suficiente para dispersar o inimigo.

O impulso dado pelo Cid fez-se sentir em toda a Península. Inicialmente desconcertados pelos ataques almorávidas, os cristãos, espanhóis e numerosos franceses, contra-atacaram. Marcharam sobre Huesca, sobre Balaguer, e chegaram até a embocadura do Tejo, onde, em 1093, recuperaram Santarém, Lisboa e Sintra. Grandes investidas começaram de novo a varrer o país muçulmano, até Almeria e Múrcia. Mas a situação continuava incerta; os velados lançavam também grandes *razzias* através da Espanha; em 1108, Temim, filho do velho Yusuf, tomava Ucles e, em 1111, estendia uma vasta rede por todo Portugal, de Évora a Lisboa e ao Porto, arrancando ao conde Henrique de Borgonha o fruto de vinte anos de luta. Em 1114, os mouros apoderavam-se das Baleares e atacavam Barcelona, que só foi salva pela intervenção de um exército vindo do outro lado das montanhas. Houve, assim, uma terrível sobreposição de operações, desastrosas para toda a Península: parecia ter-se atingido um equilíbrio entre os adversários.

Um novo chefe cristão, porém, iria alterá-lo: *Afonso I*, rei de Aragão, cognominado o Batalhador (1104-1134). Impôs-se aos seus compatriotas pela sua coragem e ardor nos combates. Estrondosas vitórias balizaram o seu caminho: Saragoça foi retomada em 1118 e o inimigo esmagado em Cutanda, em 1120. Um *raid* prodigioso, em 1125 e 1126, levou-o por Valência e Múrcia até o coração do reino andaluz, a Córdova e Granada. Como o seu antepassado, ele também entrou com os seus cavalos no mar, diante da África. Quando morreu, pouco depois da sua única derrota, tinha ensinado definitivamente à Espanha que o poder dos almorávidas não era invencível.

Mas, uma vez mais, uma peripécia religiosa e política veio mudar a situação. Da mesma forma que tinham nascido de uma reforma religiosa, os almorávidas iriam morrer de outra. Muitos muçulmanos os acusavam de serem puritanos em excesso, formalistas, uma espécie de materialistas que esvaziavam a revelação do Alcorão do seu conteúdo espiritual. Um mahdi, *Mohammed-Ibn-Tumart*, cristalizou essa oposição, e os seus "confessores da Unidade divina", os *almóadas*, pregaram a guerra santa contra os velados. A partir de 1122, o Marrocos mergulhava em fogo e sangue, e, em 1146, todo ele se tornou almóada, no meio de uma avalanche de horrores.

Os cristãos da Espanha teriam podido aproveitar essa situação se tivessem sido capazes de se unir. Os almorávidas minados pelos seus inimigos almóadas, estavam em baixa; aliás, encontravam-se também singularmente mais gordos e amolecidos, por sua vez, pela doce vida andaluza. O rei de Castela Afonso VII chegou a proclamar-se "Imperador da Espanha" e a obter vagos juramentos de fidelidade de Aragão e de outros grandes; pôde mesmo recomeçar algumas investidas e chegar até Córdova, mas a ofensiva que podia ter sido decisiva não foi levada a cabo e os cristãos, no decurso do ano de 1145, deixaram que a Espanha almorávida passasse para as mãos dos puros e intransigentes almóadas.

A guerra assumiu então um caráter de maior violência. Enquanto os almóadas encontravam sérias dificuldades para arrematarem as suas conquistas sobre o que restava dos almorávidas, os cristãos retomavam a ofensiva. A oeste, Portugal entrou gloriosamente na história com *Afonso Henriques*, neto do duque de Borgonha, bisneto de Roberto, rei da França, e neto de Afonso VI por parte de mãe, o qual, vencedor dos mouros em Ourique em 1134, e proclamado rei pelos seus homens, tomou definitivamente *Lisboa*, em 1147, com a ajuda de uma armada de cruzados ingleses e franceses; em seguida, atravessando o Tejo, estendeu o seu domínio até as fronteiras do Algarve, e foi reconhecido rei pelo papa Alexandre III em 1170. A nordeste, os aragoneses, os catalães e os castelhanos, agora quase aliados ou pelo menos de acordo sobre a futura partilha da Espanha libertada dos mouros, atacaram por toda a parte, e foi necessário que o chefe almóada, Yacub, pusesse em jogo toda a sua habilidade estratégica para deter essa ofensiva com a vitória de Alarcos, em 1195.

Mas Alarcos seria a última página de glória dos almóadas na Espanha. Iniciava-se o décimo terceiro século e o reinado de Inocêncio III. Sob o impulso do arcebispo Rodrigo Jiménez, de Toledo, reuniu-se um poderoso exército: de novo a cristandade inteira enviava os seus voluntários; o grande pontífice patrocinava a cruzada espanhola, como a do Oriente. Três reis — Sancho VII de Navarra, Pedro II de Aragão, Afonso VIII de Castela — assumiram o comando. Depois de concentrar-se em Toledo, em junho de 1212, o exército atravessou a Serra Morena e foi encontrar o islã em posição de batalha, pronto para lutar até a morte. Sentado sobre um escudo, com a fronte cingida por um turbante verde, Yacub dirigia as operações do alto de uma elevação. Ao som ritmado dos tambores, os muçulmanos atacaram. A muralha blindada dos cavaleiros cedeu um momento, refez-se, pôs-se em movimento, e seguiu-se então a formidável carga dos cavaleiros de ferro sobre os lanceiros almóadas; logo se estabeleceu a desordem nas fileiras do islã, com a derrota e uma terrível carnificina. Entre os imensos despojos, encontrou-se o estandarte azul estrelado a ouro dos califas, que foi içado na catedral de Toledo. Era o dia 16 de julho de 1212, em *Navas de Tolosa*. A cristandade inteira exultou de alegria com a notícia e a igreja de Espanha celebraria todos os anos este "triunfo da Cruz".

A Igreja... Devemos admirar-nos de vê-la participar de batalhas tão selvagens? A imagem do arcebispo de Narbonne e do primaz de Toledo assistindo à carnificina de

Navas e dando graças a Deus, enquanto percorriam o campo de batalha onde os cadáveres muçulmanos apodreciam, é algo que choca as nossas sensibilidades modernas. Mas eram assim os costumes do tempo, e os combates da Terra Santa dão-nos muitos outros exemplos disso. É preciso até reconhecer o lugar preeminente que a Igreja ocupou nesta luta mais de duas vezes secular. Sem ela, teria a Reconquista chegado a bom termo? Tantos príncipes cristãos, mais ou menos arabizados, estavam prestes a entender-se com os mouros! Tanta gente boa teria preferido uma semiapostasia a um heroísmo desastroso! Clérigos, bispos, monges atiçaram sem cessar o zelo dos nobres e das tropas, e os chefes da Igreja, à custa de incríveis dificuldades, conseguiram que os chefes políticos e militares se pusessem de acordo e se unissem numa santa intenção.

O testemunho mais categórico desta profunda ação da Igreja na tarefa da Reconquista foi-nos dado pela criação das *ordens militares* da Espanha. Foram elas inicialmente inspiradas a Afonso o Batalhador pelos *ribats* do islã? É o que se tem sustentado. O certo é que fundou a ordem dos Cavaleiros de São Salvador, com uma cruz de oito raios sobre o manto branco. Mas em breve se espalhou pela Espanha a glória das ordens militares da Terra Santa. Um rei de Barcelona quis ser sepultado com o hábito de templário. Dois senhores de Salamanca reuniram-se com amigos num terreno murado cheio de pereiras para fundarem uma ordem semelhante: a dos Cavaleiros de São Julião da Pereira. Alguns anos mais tarde, em 1156, nas margens do Tejo, sobre o rochedo de *Alcântara*, esta ordem, transplantada, experimentava um considerável desenvolvimento, e o seu escudo de ouro com a cruz ornada de sinople aparecia gloriosamente em todos os combates. Mais ou menos na mesma ocasião, em 1158, como os templários que ocupavam a praça de *Calatrava* entenderam que não a podiam conservar, dois monges — São Raimundo de Fitero, abade, e o irmão Diogo Velasquez — propuseram-se defendê-la, e logo se formou à sua volta um grupo de cavaleiros de fé ardente, cujo escudo de ouro, com a cruz ornada de fauces, acompanhada por duas listas negras verticais e horizontais, brilhou no combate. Quanto aos Cavaleiros de São Tiago, nascidos em 1161 e organizados pelo papa em 1175, sabe-se que a sua vocação era proteger os peregrinos nas estradas de Santiago de Compostela e manter os albergues; mas tiveram muitas vezes de tomar parte também em batalhas e sempre se comportaram com bravura. Cavaleiros de Alcântara, de Calatrava, de São Tiago, estritamente submetidos ao seu grão-mestre, ao seu conselho supremo e aos seus comendadores, tais foram as ordens militares que desempenharam um papel capital na página decisiva da Reconquista, no limiar do século XIII[6]. Todos eles encarnaram o heroísmo cristão da Espanha no que teve de mais puro, de mais belo.

A vitória cristã de Navas de Tolosa foi o dobre de finados do poder almóada. Enquanto Jaime I de Aragão, o Conquistador, retomava do islã as Baleares e, em 1238, com a ajuda de uma multidão de cruzados ingleses e franceses, o expulsava de Valência, a cidade do Cid, em Castela e Leão reunidos um grande rei, um homem de ferro que era também um verdadeiro cristão, *Fernando III o Santo* (1217-1252), travava a luta pela retomada da Andaluzia. Proclamando-se "cavaleiro de Cristo, servidor de Deus e porta-bandeira de Monsenhor São Tiago", daria à Reconquista todo o seu caráter de guerra santa cristã. Em 1236, caía Córdova, após um cerco de vários meses: havia quinhentos e vinte e cinco anos que pertencia ao islã, mas os cristãos não voltariam a perdê-la. Os sinos de

Santiago de Compostela, que Almançor, em 997, levara para lá às costas de prisioneiros cristãos, foram de novo transportados para o santuário da Galiza às costas de cativos mouros. O comandante almóada da praça de Granada só conseguiu evitar a morte declarando-se de joelhos vassalo de Fernando e ajudando o cristão a apoderar-se de Sevilha (1248). O vencedor tinha na sua frente apenas o irrisório e encantador pequeno reino de Granada, no sopé da Serra Nevada, que já lhe prestara vassalagem. Pensava em atacar o inimigo na África quando a morte o surpreendeu, em 1252, ou antes o encontrou pronto a acolhê-la, sereno, despido de todas as insígnias reais, com a corda de penitente ao pescoço, um círio bento na mão e murmurando o *Te Deum* na agonia.

A nobre e alta figura de Fernando III arrematava o capítulo medieval da Reconquista, que viria a ser concluída, dois séculos e meio mais tarde, por outras duas belas figuras cristãs: outro Fernando e sua esposa Isabel. Construindo catedrais, recolhendo nas suas universidades a herança dos intelectuais árabes, dando à cristandade um dos seus melhores filhos — São Domingos —, a Espanha de Fernando III atingia a dignidade de grande potência cristã. É significativo que o último chefe do heroico e sangrento esforço por ela realizado para libertar a sua terra tenha sido um santo.

Expansão cristã para Norte e para Leste

A mesma força de expansão que permitiu à cristandade encurralar os muçulmanos no último extremo da Península, impeliu-a também na direção do Leste, com o propósito de estabelecer o seu domínio em regiões ainda pagãs. Aquilo que os alemães chamam o *Drang nach Osten* começara havia já muito tempo, desde a hora em que os missionários celtas tinham penetrado pouco a pouco na selva pagã, onde em seguida o admirável São Bonifácio derramara o seu sangue para que a Germânia entrasse no seio da Igreja. As campanhas vitoriosas de Carlos Magno, em que os clérigos se instalavam nos espaços abertos pelos guerreiros, tinham constituído uma decisiva etapa na mesma direção, embora se tornasse necessário mudar os discutíveis métodos de força. A Germânia batizada serviu de ponto de partida para novas conquistas; a marcha para o Leste iria tornar-se um assunto propriamente germânico, e os processos de evangelização seriam com muita frequência semelhantes àqueles que o terrível Carlos tinha utilizado para incorporar os saxões ao seu império cristão. À cruzada do Oriente e à cruzada da Espanha correspondeu, pois, uma cruzada em direção ao nordeste da Europa, com tudo o que essas piedosas e temíveis expedições podiam comportar de violências e erros.

Houve, no entanto, uma exceção a esta preponderância dos alemães na obra da evangelização, bem como a este recurso à força: a dos países escandinavos. Depois do malogro do missionário Santo Anscário em meados do século IX[7], a conversão das regiões nórdicas foi obra dos seus reis. Muito inteligentemente, esses antigos vikings compreenderam que o Batismo os levaria a realizar uma verdadeira promoção na ordem da civilização. Harald "dente-azul" na Dinamarca e Olavo o Santo na Noruega ligaram os seus países à cristandade. Knut o Grande (1017-1035), cujo império abrangia toda a Escandinávia e uma parte das Ilhas Britânicas, trabalhou também para o desenvolvimento do cristianismo. Por volta do ano 1000, a nova religião era recebida oficialmente na Islândia.

Isleifr Gissudarson foi ali sagrado bispo por Adalberto de Bremen, em 1056. Embora mais lenta, a conversão da Suécia seguiu os mesmos passos e, por volta do ano 1080, o rei Ingo entrava em relações com o papado para que fossem criadas sés episcopais no seu país.

O papel preponderante desempenhado pelos próprios escandinavos na conversão do seu país teve o feliz resultado de não provocar nenhuma ruptura na sua história; as suas tradições nacionais, em vez de desaparecerem, como aconteceu com os germânicos, incorporaram-se aos novos costumes. Poemas cristãos, vidas de santos e guias de peregrinações, tudo escrito nas línguas populares, conviveram bem com a *Edda* e as Sagas. As libações de inverno foram identificadas com as festas de Natal, e chegou-se até a dar nomes de antigos deuses pagãos, como Thor ou Odin, aos que se batizavam.

Tornando-se cristã pelo caminho da mansidão, a Escandinávia foi levada a aproximar-se do Ocidente. O gesto de mau-humor do rei norueguês Harald o Severo que, em 1060 — descontente com o arcebispo de Bremen e lembrando-se dos tempos em que servira na guarda real em Constantinopla —, chamou prelados gregos, cujo rasto se segue até a Islândia, não teve sequência. As jovens igrejas do Norte uniram-se a Roma. Muitos suecos, noruegueses ou dinamarqueses iam em peregrinação a Compostela, a Roma, ao Mont Saint-Michel; nos registros dos visitantes da abadia de Reichenau, encontraram-se 670 nomes escandinavos em menos de dois séculos; na Universidade de Paris, os estudantes originários desses países eram numerosos e, em 1183, o Norte enviava voluntários para ajudar os portugueses contra os mouros. Alguns anos mais tarde, no momento em que Saladino acabava de conquistar Jerusalém, uma cruzada escandinava chegou à Terra Santa, desempenhou um grande papel na retomada de Sidon e, passando por Constantinopla e pela Alemanha, regressou ao seu país no momento em que o rei Sigurd acabava de fundar Estocolmo. Os países nórdicos tornaram-se, portanto, centros cristãos, com as suas metrópoles — primeiro *Lund*, elevada a arcebispado em 1104, depois Drontheim (1152) e Upsala (1164) —, e nelas os padres desempenharam um papel de relevo, como o desse prelado chamado Absalão que, de 1182 a 1201, foi o verdadeiro árbitro da política dinamarquesa. Esta orientação "ocidental" da Escandinávia viria a ter uma importância decisiva para o futuro da região.

Os cristãos escandinavos, por sua vez, quiseram levar a palavra de Cristo até longínquas terras. Na Groenlândia, os caçadores de ursos e de focas criaram uma pequena cristandade que, a partir de 1126, teve um bispo em Gardhar (a catedral tinha vinte e cinco metros de comprimento) e contava cerca de 3000 batizados. Encontraram-se vestígios dessas longínquas testemunhas de Cristo bem ao norte, até o 72º grau. Quanto ao "Vinland" das tradições escandinavas — esse país misterioso que nunca pôde ser identificado (é a Terra Nova ou o Labrador?) —, sabemos com certeza que contava uma pequena colônia cristã, pois para ali partiu um bispo em 1121. Mas os escandinavos intervieram ainda em outra direção, desta vez já não pacificamente: foi na costa da Finlândia, de onde partiam terríveis piratas. Por volta de 1157, o santo rei Eric da Suécia deixava a ilha de Gotland à frente de uma verdadeira cruzada, acompanhado pelo bispo Henrique de Upsala que, martirizado e sepultado em Abo, se tornou o padroeiro da jovem comunidade finlandesa. No século XIII, os dominicanos concluiriam a implantação do cristianismo nesse país.

Entretanto, nas margens do Báltico, da Jutlândia ao golfo de Riga, passavam a empregar-se outros métodos, pois o problema não se punha nessas regiões da mesma forma que na Escandinávia. O mundo germânico, que dependia do Sacro Império, era limitado a leste por uma linha que, a traços largos, se pode definir assim: curso inferior do Elba, curso médio do Oder, Riesengebirge e Sudetos; estes limites englobavam a Boêmia que, povoada por tchecos, ligara-se à Alemanha depois da sua conversão (Praga era sufragânea de Mogúncia) e, mesmo transformada em reino com Ottokar I (1198), continuara incluída no Império, no qual o rei boêmio era um dos príncipes eleitores[8]. Para além dessa fronteira, tinham-se constituído dois Estados católicos: a Polônia, estendida do outro lado do Vístula, convertida por influência da sua rainha Santa Dombrowka e desenvolvida pelo seu grande príncipe Boleslau o Valente (992-1055), era um baluarte avançado do cristianismo; e, por outro lado, o Batismo querido pelo rei Santo Estêvão (995-1038) integrara no Ocidente os povos finlandeses ou turco-mongóis da Hungria. Estabelecera-se assim no Danúbio médio um Estado muito ativo, que procurará expandir-se até a Croácia, a Dalmácia, a Transilvânia e a Valáquia, formando mais um baluarte do cristianismo voltado para o leste.

Para além destas regiões onde o catolicismo estava solidamente implantado, encontravam-se grandes zonas pagãs, principalmente todo o nordeste da atual Alemanha, onde, confundidos pelos ocidentais sob o nome de vênedos, se alinhavam os vênedos propriamente ditos, os obotritas do Meclemburgo, os pomerânios, os prussianos entre o Vístula e Niemen, os livônios, os letões e os lituanos, e, por fim, os finlandeses, enquanto para leste se estendia, num espaço tão grande como quatro vezes a França, o principado de

Novgorod-Kiev, povoado por esses eslavos que se chamariam russos.

Convertida no século X pela princesa Olga e por seu neto, o terrível São Vladimir[9] (937), a futura Rússia tivera o seu Carlos Magno em *Jaroslav o Grande* (1015-1054), que tão bem casara as suas filhas com reis do Ocidente[10] e fizera do seu reino uma potência: Kiev, a sua metrópole, centro de comércio na rota do Báltico para os Dardanelos, tinha o aspecto de uma verdadeira capital, de uma rival de Bizâncio, orgulhosa — como a ilustre cidade do Bósforo — da sua Santa Sofia, das suas centenas de igrejas, dos seus conventos repletos de tesouros sem preço.

Foram os missionários bizantinos que levaram o Evangelho aos russos; era a Constantinopla que os príncipes de Kiev pediam funcionários, prelados e, muitas vezes, esposas. O cristianismo russo evoluiu, portanto, à margem do Ocidente, e o cisma de 1054, consagrando a ruptura entre Roma e Bizâncio, viria a consolidar pouco a pouco esse isolamento. Ainda no início do século XI, nas regiões de contato entre gregos e católicos, a rivalidade opusera os missionários das duas obediências; os monges alemães enviados pelo imperador Otão I tinham tido que ceder perante o ardor dos enviados bizantino-russos. Esta rivalidade no zelo apostólico esmoreceu e quase desapareceu quando os acontecimentos políticos impediram que a Rússia continuasse a desempenhar um papel de primeiro plano. O império de Jaroslav desmoronou-se ainda mais depressa do que o de Carlos Magno. A Rússia do Norte esmagou a Rússia do Sul; Kiev foi saqueada em 1169 e depois devastada uma segunda vez, em 1202, pelos polovtsianos. O principado de Sudzal — futuro principado de Moscou — declarou-se independente e a Galícia fez o mesmo. E sobretudo a invasão mongólica do século XIII[11]

tropas de Bela IV — mais ou menos três anos antes da tomada de Jerusalém pelos khwarizmianos. Era necessário, portanto, reagir.

Parece não haver dúvida de que o homem que levou o Ocidente a atacar os pagãos do Norte não foi outro senão *Frederico II*, o mesmo que se envolveria numa luta feroz com a Santa Sé, o mesmo que, embora estivesse excomungado, conduziria a bom termo a quinta cruzada. Mas como nessa época não estava ainda indisposto com o papa, pôde contar com a sua ajuda. Uma bula de 1230 ordenou a pregação da cruzada nórdica, confiada aos franciscanos e dominicanos, bem como aos cistercienses e premonstratenses. O elemento mais ativo dessa iniciativa cristã para liquidar os pagãos do Norte foi a *ordem dos cavaleiros teutônicos*.

Esta ordem nascera na Terra Santa como ordem hospitalária, destinada a ajudar os peregrinos germânicos. O seu título inicial fora "ordem de Nossa Senhora dos alemães em Jerusalém", mas, ao lado dos templários e dos hospitalários, era o primo pobre. Quando, depois da morte de Barba-Roxa, Frederico da Suábia veio unir-se a Guy de Lusignan, em 1190, diante de São João d'Acre, teve a ideia de transformar essa ordem numa ordem militar, à semelhança dos hospitalários. Henrique von Walpot, seu primeiro grão-mestre, conseguiu que Roma aprovasse a transformação e, a partir dali, viu-se nos campos de batalha, ao lado dos hospitalários e templários, o manto branco com a cruz negra dos cavaleiros teutônicos.

Até 1225, a ordem interessou-se apenas pelas questões do Oriente, onde, aliás, combateu tão denodadamente que os seus efetivos se reduziram a apenas doze cavaleiros e se teve que tomar a decisão de, a partir daí, ficarem obrigatoriamente dois de reserva para que a ordem não se extinguisse. Foi o novo grão-mestre, *Hermann von Salza*, amigo pessoal de Frederico II, quem enviou a ordem para o Norte. Terá percebido que, mais cedo ou mais tarde, a Palestina cairia perante o islã? O certo é que preparou um novo campo para os seus cavaleiros. Ao lado deles, os *cavaleiros porta-gládios* — calcados nas ordens da Palestina e fundados em 1208, em Riga, pelo bispo Alberto, para lutarem na Letônia e na Kurlândia — escreveriam também uma bela página, embora menos relevante, até se fundirem com os teutônicos, depois de terem sido vencidos em 1237 por um ataque russo.

Chamada pelo bispo Cristiano, a ordem teutônica assumiu o comando das operações, mas precisou nada menos do que de cinquenta e sete anos para vencer a resistência do povo prussiano. Foi uma guerra de extermínio, para a qual os teutônicos convocaram todos os alemães e até os tchecos. A partir de 1230, pôs-se em marcha uma verdadeira cruzada. Em cada ponto conquistado, os cavaleiros mandavam os vencidos edificarem esses pesados castelos tão impressionantes que ainda hoje se podem ver: Marienburgo, sua capital, Marienwerder, Thorn, Könisberg e tantos outros. Essa linha de fortalezas impediria qualquer contra-ataque futuro. Era uma sábia medida, como se verificou quando, de 1251 a 1273, a Prússia se revoltou; de novo os cavaleiros teutônicos se puseram em ação e a sua terrível luva de aço abateu-se sobre os revoltados. O duque da Pomerânia, que cometera a imprudência de ajudar os pagãos sublevados, foi castigado sem piedade. Os lituanos, que, num duro combate, tinham matado cento e cinquenta cavaleiros, foram também dizimados. Todos os meios foram bons para quebrar a resistência, mesmo a traição e a chacina de adversários convidados para um banquete, durante o qual se deveriam entabular negociações de paz. Sobrepondo-se a todos os malogros e dando provas de uma resistência e de uma tenacidade extraordinárias, a ordem teutônica acabou por impor-se enfim, e o grão-mestre Hartmann von Heldrungen lançou o ataque decisivo contra o último chefe da resistência prussiana, Skurdo, que pediu o Batismo e, segundo se afirma, chegou a entrar para a ordem. A Pomerânia passava assim para as mãos dos cavaleiros vencedores.

Que devemos pensar desta terrível operação de limpeza conduzida pela grande ordem militar alemã? O heroísmo dos seus cavaleiros está fora de dúvida; foi admirável, não só na região pagã do Báltico, mas também na luta contra os mongóis, onde muitos deles encontraram a morte, e até na Transilvânia, para onde foram chamados pelos reis da Hungria. Mas não se pode também duvidar da sua ferocidade. Sob os seus golpes, desapareceu um povo inteiro, esses prussianos dos quais não restou entre nós nenhum sobrevivente, substituídos por colonos alemães. Esse método era o único possível? Havia necessidade de aniquilar os pagãos para suprimir o paganismo? Não é sem angústia que viramos esta página da história "cristã".

O pai da missão: São Francisco de Assis

Em todo o caso, houve um homem que pensou que os métodos de força não eram os melhores. O grande santo que, nos começos do século XIII, tanto trabalhara para reconduzir o cristianismo à santa pureza das suas origens, poderia acaso não desejar que a Palavra de Deus fosse levada pelo amor, e não pela espada em punho, àqueles que a ignoravam? Retomar a verdadeira tradição dos conquistadores de Cristo, dos missionários de mãos nuas, mas com o coração repleto de caridade e de ternura — essa foi a ideia de *São Francisco de Assis*[15].

Os cruzados que, em 1219, cercavam Damieta, viram chegar em meados de julho, como referiu Jacques de Vitry na sua *Histoire occidentale*, "um homem simples e sem letras, mas muito amável e querido de Deus como dos homens, o padre Francisco, fundador da Ordem dos Menores". Fora no capítulo de 1219 que se decidira enviar irmãos aos países infiéis; o irmão Egídio embarcara para Túnis e outros tinham tomado a direção do Marrocos, onde encontrariam a palma do martírio. Desejoso também de derramar o seu sangue por Cristo, o próprio Francisco partiu para o Oriente. Eram tantos os amigos que queriam acompanhá-lo que foi preciso tirar à sorte os doze que seriam escolhidos. Entre estes, contavam-se o irmão Iluminado, o irmão Pedro de Catânia, o irmão Leão e o irmão Bárbaro, um dos seus primeiros discípulos.

O espetáculo que o exército dos cruzados oferecia não era de molde a cumular de felicidade a alma do santo; entre os chefes, a desunião era completa; entre as tropas, reinava a pior licenciosidade e o acampamento estava cheio de meretrizes. Além disso, os cristãos amontoavam um fracasso atrás do outro. Quando, em 29 de agosto, quiseram tentar um assalto definitivo, o *Poverello* avisou-os de que corriam novamente para uma catástrofe e, realmente, perderam-se seis mil homens.

Permaneceu entre os cruzados durante longos meses, e o seu apostolado teve a princípio resultados maravilhosos. Depois do episódio do ataque frustrado, consideravam-no inspirado por Deus. Corajoso e cheio de generosidade, aparecia entre os cavaleiros como o próprio modelo da cavalaria. Em breve ganhou seguidores. "Esta ordem que se desenvolve enormemente", diz ainda Jacques de Vitry, "lembra a primitiva Igreja, pois os seus membros vivem exatamente como viviam os apóstolos. Mestre Régnier, prior de Saint-Michel, entrou para lá, assim como Colin o Inglês, nosso clérigo, e Dom Mateus, a quem eu tinha confiado o cuidado da Santa Capela; Miguel, Henrique o Chantre e muitos outros, cujos nomes me escapam, fizeram o mesmo". Mas esses felizes resultados, obtidos apenas entre os cristãos, não podiam satisfazer o coração de apóstolo do santo.

Não demorou a saber-se no acampamento que aquele homem pequeno, vestido de cinza, que tão gentilmente exaltava Cristo, se propunha nada menos do que entrar em contato direto com os próprios infiéis. A maior parte dos guerreiros caiu na gargalhada: falar de caridade e de fraternidade a esses mouros que acabavam de anunciar que, para cada cabeça de cristão cortada, o feliz vencedor receberia um besante de ouro, era uma verdadeira loucura. O autoritário cardeal Pelágio, que chegara com reforços, não ocultou a Francisco que pensava da mesma maneira. Não ousou proibir-lhe o projeto, porque sabia que Francisco era bem visto em Roma, mas declinou toda a responsabilidade.

O santo tomou com ele o irmão Iluminado e dirigiu-se para as linhas inimigas cantando os versículos do Salmo XXII: "Mesmo que esteja entre as sombras da morte, nada temerei, Senhor, porque Tu estás comigo". É desnecessário dizer que, assim que viram os dois monges, os muçulmanos se precipitaram sobre eles para matá-los. "Sultão! Sultão!", gritava Francisco com todas as forças. Os guardas julgaram que se tratava de homens que vinham parlamentar e, depois de acorrentá-los, conduziram-nos ao acampamento. Submetido a interrogatório, o santo respondeu com toda a simplicidade que queria ver o sultão para lhe explicar a doutrina de Cristo.

O sultão do Egito era então Melek-al-Kamil, o mesmo que mantinha relações amistosas com Frederico II. Curioso e um pouco cético, não lhe desagradava discutir com um sábio cristão os méritos comparados do Alcorão e do Evangelho. Ordenou, pois, que trouxessem à sua presença os inesperados parlamentares e, para se divertir um pouco, mandou estender na sua frente um tapete cheio de cruzes desenhadas, para obrigar os dois cristãos a pisarem o símbolo sagrado, o que Francisco fez sem a menor hesitação. "Como? Tu caminhas sobre a Cruz de Cristo?", exclamou o muçulmano, troçando. "Não sabes", respondeu-lhe o santo, "que no Calvário havia várias cruzes, a de Cristo e a dos ladrões? Nós adoramos a primeira, mas, quanto às outras, deixamo-las com todo o gosto para vós, e, se vos apraz semear o chão com elas, por que havemos de ter escrúpulo em pisá-las?"

Assim iniciado, o relacionamento entre os dois homens logo se tornou cordial. Melek-al-Kamil chegou a propor a Francisco que viesse morar em sua casa. "Com muito prazer", respondeu o santo, "se te fizeres cristão!" E, para provar ao sultão a incontestável superioridade do seu Deus, propôs-lhe submeter-se a uma prova. "Manda acender uma grande fornalha. Os teus padres e eu entraremos nela e, pelo que acontecer, poderás saber qual das duas religiões é a mais santa e mais verdadeira!" Surpreendido, mas com poucas ilusões sobre a heroicidade das virtudes dos seus, Al-Kamil respondeu: "Duvido de que os meus padres tenham vontade de entrar na fornalha". "Então eu entrarei sozinho", respondeu Francisco. "Se eu morrer, atribuirás isso aos meus pecados; mas se o poder divino me proteger, juras reconhecer Cristo como verdadeiro Deus e Salvador?" A muito custo o sultão conseguiu convencê-lo de que, como chefe dos crentes do islã, lhe seria difícil batizar-se. Depois, quis cumular de presentes aquele homem maravilhoso, mas Francisco recusou-os todos, aceitando apenas uma pequena corneta que lhe serviria para chamar a sua gente para o sermão.

Foi com as maiores atenções que Melek-al-Kamil o mandou reconduzir ao acampamento dos cruzados. "Não te esqueças de mim nas tuas orações", disse-lhe ao despedir-se, "e possa Deus revelar-me por tua intercessão a crença que lhe é mais agradável".

Viagens e aventuras dos missionários na Ásia

Esta primeira tentativa de evangelização num país infiel não foi, evidentemente, bem-sucedida, mas não constituiu propriamente um fracasso. Como sintoma, teve uma importância capital. O exemplo do *Poverello* e o seu ensinamento iriam despertar o zelo por difundir a Palavra de Deus entre os povos que a ignoravam, um zelo que outrora fora tão ardente e que depois esfriara. Os beneditinos permaneciam nos seus conventos? Muito bem, mas as novas ordens retomariam a grande obra missionária: não só os franciscanos, mas também os dominicanos, porque, como São Francisco, São Domingos tinha também esse ideal; não se dirigira ele em pessoa à Dinamarca? E, quando fora a Roma pela primeira vez, não o fizera para submeter ao papa Inocêncio III o projeto de evangelizar os cumanos? Todos os seus sucessores à frente da ordem estiveram animados da mesma intenção.

Os mendicantes tiveram a ideia de dar bases sólidas, doutrinais e científicas, ao trabalho missionário; a *Suma contra os gentios* e as *Razões da fé contra os sarracenos* de São Tomás de Aquino testemunham bem esse desejo no genial dominicano. Entre os franciscanos, Roger Bacon, no seu *Aspecto geográfico da Terra Santa* e, mais tarde, Raimundo Lúlio na sua *Ars generalis*, suma destinada à conversão dos infiéis, trabalharam no mesmo sentido. Este empenho dos mendicantes, dado o lugar eminente que iam ocupar na Igreja, devia ter imensas consequências. Continuando a estimular a cruzada, os papas apoiariam as missões, esperando dar mais tarde a sua preferência a estas sobre àquela: "Julgamos", escreve Gregório IX em 1238, "que, aos olhos do Redentor, é tão bom levar os infiéis a confessar o Verbo divino como reprimir pelas armas a sua perfídia".

Este primeiro capítulo do livro das missões, que poderíamos chamar modernas porque anunciam as nossas, foi, portanto, essencialmente dominicano e franciscano. Na Europa, entre os cumanos, fixados entre os Cárpatos e o Volga, os filhos de São Domingos, sem desanimarem depois de um primeiro malogro, deram cumprimento ao sonho de seu pai e conseguiram, por volta de 1227, estabelecer uma cristandade que, doze anos mais tarde, seria tragicamente destruída pela invasão mongólica. Paralelamente às "cruzadas" dos guerreiros, instalaram-se missões em países bálticos, e o papa Inocêncio IV enviou um legado especial para as guiar e vigiar. Mesmo na Rússia, um grande dominicano, *São Jacinto*, instalado em Kiev desde 1222, fez do seu convento um centro de irradiação tão importante que o papado julgou poder criar um bispado da Rússia; mas era uma temeridade e, em 1238, clérigos e monges católicos foram obrigados a partir. Descendo para a Rússia do Sul e para a Ucrânia, trabalharam ali com zelo entre as populações ainda pagãs e prepararam o futuro daquilo que viria a ser a igreja uniata ucraniana. Igualmente entre os mongóis do Baixo Volga, do Don e do

Donetz, os missionários não pouparam esforços. Em torno de 1290, havia nessas regiões princesas batizadas católicas por franciscanos, e deu-se o caso de um Khan que interveio para que os muçulmanos restituíssem um sino roubado de uma igreja católica. Em 1333, o papa João XXII escreverá ao Khan Ozberg, convertido ao islã, para lhe agradecer a sua benevolência para com os cristãos, e, em 1340, Bento XII enviará ao mesmo Khan o franciscano João de Marignolli, à frente de uma embaixada carregada de suntuosos presentes.

Mas foi sobretudo na Ásia que as novas ordens se distinguiram, a começar pela Ásia mediterrânea e suas imediações. Logo após a "missão" do seu fundador, os franciscanos instalaram-se solidamente na Palestina, onde São Francisco deixara o irmão Bento de Arezzo à frente da província de "România", e de lá espalharam-se por todo o Oriente; houve um convento franciscano em Jerusalém e outro em Constantinopla. Entretanto, os seus êmulos dominicanos seguiam-lhes as pegadas, criavam a província de Chipre e fundavam comunidades na Grécia e em Constantinopla. Bem cedo os mendicantes se embrenharam em pleno continente asiático, dirigindo-se a Alepo, Damasco, Bagdá, Armênia, Pérsia. O zelo destes novos apóstolos parecia ilimitado. Trabalhavam tão bem os muçulmanos como os cristãos cismáticos ou hereges, pondo-se em contato com os jacobitas, nestorianos e armênios. Os maronitas[16], esses cristãos do Líbano que tinham enfrentado tão corajosamente o islã, mas que, depois do VI° Concílio ecumênico de Constantinopla, em 681, se tinham afastado ao mesmo tempo de Bizâncio e de Roma, voltaram a aproximar-se desta última pouco depois de os cruzados terem passado pelas suas terras. Reentrados na obediência em 1182, foram reconhecidos por Inocêncio III como comunidade independente, com o seu primaz, dois arcebispos e três bispos. Em 1237, o prior dominicano de Jerusalém, que mantinha relações com eles, declarava-os fiéis perfeitos da Igreja católica e romana. Tais resultados pareciam animadores.

Foi também paralelamente à história das cruzadas que se abriu uma página surpreendente na história das missões, singularmente rica em acontecimentos pitorescos e aventuras: a das *viagens às regiões dos mongóis*[17].

Quando os cavaleiros asiáticos chegaram à Europa, sobretudo quando esmagaram em *Liegnitz*, em 1241, a última resistência cristã, o papado, abalado com o sangrento desastre, pensou em lançar contra eles uma cruzada, que Gregório IX mandou pregar. Dominicanos e franciscanos empenharam-se nela, tentando atrair os alemães por meio do landgrave da Turíngia e do rei da Boêmia. Inocêncio IV começou por seguir essa política e, no Concílio de Lyon de 1245, bem como numa carta dirigida aos cavaleiros teutônicos em 1248, falou ainda da "cruzada contra os tártaros". Mas mais debilmente, porque, entretanto, recebera certas informações. Como? Havia cristãos, e sobretudo cristãs, entre esses terríveis nômades? Eram, sem dúvida, hereges, mas, de qualquer forma, batizados. A cristandade começou então a pensar nessas princesas bárbaras que tinham trazido os seus maridos para a fé e nesses reis germânicos que tinham levado os seus povos a batizar-se. Não haveria entre os mongóis uma Clotilde ou um Clóvis? A esta intenção santa juntou-se outra estratégica, ou seja, a de atacar os muçulmanos pelos flancos, e assim tentou-se uma política nova, visando a conversão dos "tártaros".

Enviaram-se aos mongóis embaixadas cristãs, semiapologéticas, semidiplomáticas. A primeira foi a do franciscano *João de Piano del Carpino* ou Piano-Carpini. Tendo partido de Lyon em abril de 1245, atravessou a Alemanha, a Polônia, a Rússia, foi recebido na capital do Khan do Baixo Volga, Batu, embrenhou-se na Ásia, passou ao sul do lago Balkach e chegou finalmente, em julho de 1246, ao acampamento do Grande Khan Guyük, muito perto de Karakorum. Bem recebido pelo senhor dos mongóis, que era simpático aos nestorianos, pôde conversar com diversos cristãos da Mongólia, mas a resposta foi decepcionante; numa carta que os arquivos do Vaticano conservaram, o Grande Khan convidava imperativamente o papa a submeter-se a ele, "senhor por direito divino de toda a terra". Uma outra missão-embaixada, igualmente franciscana, conduzida no mesmo momento pelo irmão Lourenço de Portugal, não parece ter tido melhor acolhida. No entanto, a Igreja não desanimou. Um cônego de Lyon, Ascelino, partiu por sua vez ao encontro do governador mongol da Transcaucásia e foi um pouco mais bem sucedido, porque trouxe dois emissários portadores de uma carta em que se encarava a possibilidade de uma união contra o islã. Era a mesma proposta que o condestável da Armênia, Sempad, transmitia a Guyük em 1245, da parte do seu irmão, o rei Hethum I o Grande.

Tudo isso ficava no plano da diplomacia e da estratégia. E assim continuou no curioso incidente das relações do mais santo dos cruzados com os mongóis[18]. Os embaixadores que, em dezembro de 1248, foram recebidos por São Luís em Chipre, traziam outra coisa além de um projeto de entendimento contra o islã? Seja como for, o Capeto deve ter tomado esse projeto a sério, porque resolveu redigir uma resposta, mas obedeceu também a uma preocupação mais cristã, porque enviou, não diplomatas, mas monges, três dominicanos, *André de Longjumeau*, seu irmão Guy e João de Carcassonne. O resultado não foi mais feliz. A viúva de Guyük fingiu crer que lhe levavam a submissão do rei da França. Respondeu enviando ricos presentes e uma carta em que exigia o juramento de vassalagem. Quando os dominicanos voltaram a juntar-se a São Luís, em Cesareia, em abril de 1251, foram obrigados a confessar o seu fracasso.

Desta infrutífera embaixada, o irmão André de Longjumeau trazia, porém, novas informações sobre a influência cristã no país mongólico. A mãe do novo Khan era nestoriana, assim como várias das suas mulheres, e nestoriano era também, segundo se afirmava, o jovem Khan do Baixo Volga, Sartaq. São Luís viu logo a Cruz erguer-se, no meio das tendas dos nômades, abençoada pelos missionários de Roma. Em vez de embaixadores, mesmo que fossem monges, não conviria antes enviar verdadeiros missionários, sem mandatos oficiais, munidos apenas de cartas de apresentação? Assim se decidiu a viagem missionária mais espantosa do século XIII, a de *Guilherme de Rubrueck*, robusto franciscano nascido perto de Saint-Omer, e de seu companheiro Bartolomeu, pálido e seco italiano de Cremona. A narrativa é um curioso documento sobre as reações dos dois ocidentais, lançados à aventura tão longe do seu país.

Partindo de Constantinopla em maio de 1253, não sem terem estudado com cuidado os geógrafos mais sérios do tempo, isto é, Ptolomeu e Isidoro de Sevilha, os dois franciscanos lançaram-se através da Ásia com o sentimento, que eles confessavam sem rebuços, de que "as portas do inferno se fechavam atrás deles". Tudo lhes pareceu estranho nesse povo que eles tinham recebido a missão de batizar: a cor da pele, a estrutura física, a vestimenta, a língua e até a alimentação — esse leite fermentado de jumenta, a respeito do qual o bom flamengo, apreciador de cerveja, dizia que a primeira xícara o fez suar em bicas. Chegados ao acampamento do Baixo Volga, foram recebidos por Sartaq e ficaram muito surpreendidos de vê-lo tão bem informado sobre as coisas do Ocidente. Sartaq conduziu-os à capital do Grande Khan Mongka. Foi uma viagem muito curiosa, em que os nossos bons franciscanos respigaram mil observações: uma cidade em que se falava persa, uma comunidade budista, desertos infinitos, rios prodigiosos e (o que muito os impressionou), em toda a parte, nas mais terríveis solidões, sentinelas mongólicas vigiando os caminhos, prova tangível do poder do Grande Khan.

Por fim, em janeiro de 1254, chegaram à tenda do poderoso senhor. Estava atapetada de ouro e lá dentro ardia um fogo alimentado por espinheiros, raízes de absinto e excremento de vaca. Em volta do senhor das estepes, estendia-se uma cidade de tendas, na qual os ocidentais tiveram a surpresa de encontrar uma lorena de Metz chamada Pâquette, casada com um arquiteto russo, e um ourives de Paris, Guillaume Boucher, que fabricava para o mongol toda a espécie de maravilhosos objetos de ouro. O acolhimento do Khan foi cortês, bem como o dos nestorianos da corte que, na Páscoa, pediram aos franciscanos que celebrassem a Missa diante da bela Virgem "à moda da França" que o ourives lhes fizera. Depois organizaram-se em Karakorum discussões públicas, nas quais os dois monges foram convidados a expor as suas teses perante doutores muçulmanos, padres nestorianos e filósofos budistas. Dos três, os nestorianos foram os que se mostraram menos amistosos. Ao ouvirem os católicos, compreenderam melhor o que os separava deles. Um tecelão armênio, Sérgio, que se fazia passar por padre, receou perder os lugares que conseguira ocupar e armou intrigas contra os franciscanos. Por outro lado, a vida que esses nestorianos levavam estava muitas vezes longe de ser exemplar, e os chefes mongóis tendiam, evidentemente, a confundir todos os cristãos no mesmo desprezo. "Deus vos deu uma regra", disse um dia o grão-Khan aos dois missionários, "mas vós, cristãos, não a seguis. Nós, porém, temos adivinhos e fazemos tudo o que eles nos dizem..." A discussão foi curta e com ela terminou a esperança de convencer os nômades. Mongka despediu os dois franciscanos amigavelmente, deu-lhes mantimentos para a viagem e assegurou-lhes que podiam voltar quando quisessem, pois seriam sempre bem recebidos. Entregou-lhes também a carta ritual em que convidava o rei dos cristãos a reconhecer "como senhor o único soberano da terra, Gêngis Khan, filho de Deus". No decurso do verão de 1254, Rubrueck, e Bartolomeu retomaram o caminho de volta à Europa, desolados com o mesquinho resultado da sua missão.

Em última análise, portanto, estas tentativas de penetração católica na Ásia não foram coroadas de êxito. No entanto, não foram inúteis. Contribuíram para acostumar o Ocidente a considerar a profunda Ásia, não como uma *terra incognita*, onde era impossível penetrar, mas como um possível campo para o Evangelho — e também para o comércio! As relações entre mongóis e cristãos tiveram prosseguimento, e assim, em 1285, o Khan da Pérsia escreveu ao papa Honório IV convidando-o a retomar a cruzada e lembrando-lhe que os mongóis tinham sido sempre os amigos dos cristãos. E, lá do fundo da China, um outro Khan, em 1287, mandou ao Ocidente um monge nestoriano de origem uígure, Raban Çauma, que foi primeiro a Paris, onde viu Filipe o Belo, depois a Bordeaux, onde encontrou Eduardo I, e por último a Roma, onde o papa Nicolau IV o recebeu e lhe reservou um lugar de honra nas cerimônias da Semana Santa, ministrando-lhe a comunhão por suas próprias mãos. Esses contatos podiam não produzir frutos imediatos, mas demonstravam, em qualquer caso, que a Ásia não estava fechada aos ministros de Cristo.

Quem afinal não se convenceria disso quando, em 1295, regressou a Veneza uma família de comerciantes que, durante trinta e cinco anos, desde 1260, percorrera o imenso continente e atingira os seus limites extremos sem outro desígnio que o de tratar de negócios? Prodigiosos exploradores, *Marco Polo*, seu pai e seu tio tinham, com efeito, atravessado a Mesopotâmia, a Pérsia, o Khorassan e, não sem custo, o gigantesco Pamir; pela estrada da seda, tinham chegado a Kachgar, "a cidade dos belos jardins", seguido para Lob-Nor, atingido as estepes dos ongutes e penetrado enfim na China, o Cathay, como lhe chamavam, onde o Khan mongol ganhara amizade por eles. Tinham participado de operações de guerra mongólicas e explorado o imenso império até Yunnan e Fu-kien. E, mais ainda, Marco Polo chegara a tomar parte numa embaixada enviada pelo Khan da China ao Ceilão! A sua reportagem, escrita de forma muito viva, descobria aos ocidentais os tesouros e as miragens da Ásia.

A inclinação dos cristãos pelo continente amarelo não afrouxou, portanto. Enquanto os comerciantes, principalmente italianos, iam estabelecer-se na China e faziam fortuna, a evangelização recomeçava. Em 1289, Nicolau IV, a quem Raban Çauma revelara a importância das cristandades nestorianas, resolveu mandar para lá uma nova missão, tendo à frente *João de Montecorvino*, franciscano italiano. Esta missão experimentou um triunfo inesperado. Começando por desembarcar nas Índias, na região de Meliapur, batizou milhares de pessoas e fundou até alguns bispados. Chegando em 1294 a Pequim, onde um compatriota que era comerciante lhe deu terrenos, construiu duas igrejas, converteu mais de 10 mil tártaros, notadamente o príncipe dos ongutes, que se fez seu protetor, e o filho deste, que tomou o nome de João. O saltério foi traduzido para o idioma mongol. Em 1307, Clemente V nomeou o hábil missionário arcebispo de Pequim, e pouco depois enviou para lá outros franciscanos destinados a tornar-se seus sufragâneos. Parecia que todo o país mongol estava em vias de se deixar penetrar pelo catolicismo. Quando partia para a guerra, o imperador da China pedia ao arcebispo que o abençoasse e beijava devotamente a Cruz. Havia bispos católicos instalados um pouco por toda a parte, desde a Crimeia até Fu-kien, e os Khans chegavam até a conceder-lhes pensões.

O papado enviava incessantemente novos grupos de missionários. A missão mais célebre foi chefiada por *Tomás de Pordenona* (1265-1331), que trabalhou na Pérsia, e depois na Índia, onde recolheu as relíquias de São Tomás de Tolentino e de três outros frades franciscanos que os muçulmanos tinham acabado de assassinar, em 1322. Visitou em seguida o Malabar, onde encontrou uma comunidade desses "cristãos de São Tomé"[19] cujas raízes mergulham nas origens do cristianismo. Percorreu o Ceilão e Java, desembarcou em Cantão, onde ficou impressionado ao encontrar uma catedral erigida pelos seus irmãos franciscanos, e chegou finalmente a Pequim, onde o esplendor do palácio imperial o cumulou de admiração. Sabemos por ele que se organizavam procissões católicas na própria corte imperial, que o imperador assistia a missas em que o arcebispo não deixava de incensá-lo e que os missionários eram convidados para as caçadas imperiais, acompanhando o Khan que ia montado no seu elefante. Por volta de 1350, os esforços de evangelização pareciam coroados de êxito. Enquanto os franciscanos tinham a China e as estepes, os dominicanos tinham a Armênia e a Pérsia, com a sua *Societas Peregrinorum propter Christum*, fundada em 1321, e o seu anexo, os *Irmãos Unidos*, congregação de antigos basilianos que haviam adotado a regra dominicana.

Mas pouco depois — 1363-1368 —, o fim do domínio mongólico na China ia desferir um golpe mortal nas missões católicas. A dinastia dos Ming, na sua reação nacionalista, opôs-se a tudo o que tinha sido fomentado pelos ocupantes que acabava de vencer. Urbano V, em 1370, nomeará ainda um arcebispo de Pequim — um professor da Sorbonne — e um legado para a China. Mas toda a Ásia, abalada pelo choque do desmoronamento mongólico, afastava-se agora do cristianismo. Virava-se a curiosa página escrita durante cento e cinquenta anos.

Missões na África: Raimundo Lúlio

Como aconteceu com a Ásia, os ocidentais voltaram também o olhar para a África do Norte. As lembranças cristãs desse continente ainda estavam vivas nas almas. Não se nutriam estas de Santo Agostinho, o grande africano? Não se evocava com tanta frequência a memória dos mártires da África, São Cipriano, Santa Perpétua e Santa Felicidade? Iriam os cristãos resignar-se a considerar como algo definitivo que terras outrora batizadas tivessem sido tragadas pela maré islâmica?[20] Sabia-se que subsistiam pequenos núcleos fiéis em Tlemcen, em Ceuta, em Cartago e na Tripolitânia, mas pouca luz se desprendia desses núcleos...

Dois países estavam bem colocados para se interessarem pela África: a Espanha, cuja história estava intimamente ligada à do islã do Maghreb, e de onde partirá o maior missionário da época, e o reino da Sicília, onde os normandos tinham sucedido aos muçulmanos, e cujas costas davam para a Tunísia. Com efeito, foi da Sicília que se lançaram, desde os começos do século XII, as primeiras expedições de cavaleiros cristãos contra a África. Rogério II organizou uma em 1118-1123, com pouco êxito; sem desanimar, recomeçou em 1135 e conseguiu pôr o pé na Tunísia e na Tripolitânia, onde encontrou alguns núcleos cristãos. No entanto, não pôde resistir ao contra-ataque dos almóadas em 1152, e viu-se obrigado a embarcar de volta. Seu neto, Guilherme II o Bom, retomando a sua política, lançou incursões sucessivas contra a Tunísia, e em 1180 chegou a arrancar-lhe o pagamento de um tributo[21].

Em todas estas operações, as intenções eram mais políticas e mercantis do que religiosas. Mas não se pode dizer que, reaparecendo na África, os reis normandos não tivessem a ideia de que estavam trabalhando para a cristandade, ao mesmo tempo que para si próprios. Eugênio III estimulou Rogério II nesse sentido. Estes contatos com o islã africano contribuíram para manter a atenção dos cristãos voltada para esse continente. Muitos teólogos, tanto na Itália como na Espanha e em Portugal, consideravam o islã como uma seita transviada do cristianismo, à semelhança do arianismo[22]: esta concepção contribuiria para impelir os missionários rumo à África.

No seu zelo de evangelização, São Francisco esteve muito longe de esquecer-se do continente africano. Em 1214, falou em partir pessoalmente para Marrocos e realmente pôs-se a caminho, a pé, mas a doença obrigou-o a regressar. Quando, cinco anos mais tarde, embarcou para a Terra Santa, enviou para a Tunísia dois irmãos, Egídio (ou Gil) e Elias, que, aliás, foram muito mal recebidos pelos comerciantes cristãos estabelecidos em Túnis; receosos de que a pregação dos mendicantes desencadeasse um movimento hostil e lhes arruinasse o negócio, obrigaram-nos a reembarcar. E o irmão Egídio regressou muito triste por ver a coroa do martírio fugir-lhe das mãos.

Mas não tardou que a África desse mártires à grande ordem de São Francisco. Pouco depois de seu pai ter partido para o Oriente, cinco irmãos deixaram a Porciúncula para irem a Marrocos realizar o seu outro sonho; chamavam-se Otão, Berardo, Pedro, Acúrsio e Adjuto, e eram todos de uma fé heroica. Pelo que lhes aconteceu quando passavam pela Espanha, viu-se o que valiam esses impávidos candidatos ao martírio. Chegando a Sevilha, ainda nas mãos dos muçulmanos, entraram na mesquita e puseram-se a pregar contra o Alcorão, o que lhes valeu serem imediatamente espancados. Dirigindo-se então ao palácio, conseguiram ser recebidos pelo rei, a quem anunciaram com a mesma tranquilidade que tinham vindo ali ordenar-lhe que "renunciasse a Maomé, vil escravo do demônio". Foi por um triz que escaparam de diversos suplícios, da forca, da decapitação ou da defenestração. Na prisão onde foram encerrados, tentaram ainda converter os seus carcereiros. Por fim, o rei mouro declarou que não daria a esses cinco fanáticos a felicidade de morrerem mártires. E expediu-os para Marrocos.

Ali recomeçaram as mesmas heroicas loucuras. O miramolim Abu-Yakub, que representava o sultão almóada, chamou-os à sua presença. Seminus e acorrentados, os cinco humildes monges não perderam nada da sua audácia. "Quem sois? — Os discípulos do irmão Francisco. — Por que estais aqui? — Ele nos mandou pelo mundo para ensinar o caminho da verdade. — Qual é então esse caminho?" E o irmão Berardo, que era sacerdote, começou a recitar o *Credo*, comentando-o ponto por ponto. Mas, quando disse que Jesus era o Filho de Deus e se tinha encarnado, o miramolim ficou possuído de grande furor: "Foi o diabo que vos mandou para que ouça tais coisas!", exclamou, chamando os carrascos. Durante uma noite inteira, os cinco infelizes foram flagelados até estarem cobertos de sangue, arrastados pelo pescoço sobre pedras, regados com azeite fervente e depois com vinagre, enquanto rezavam em voz alta, animando-se uns aos outros. No dia seguinte, 16 de fevereiro de 1220, o muçulmano chamou de novo os pobres farrapos; alguns tinham o ventre aberto e as entranhas à vista. Continuavam a desprezar o Alcorão? Tinham ainda fé no seu Deus? Unânimes, responderam que havia apenas uma verdade, o Evangelho. "Vou matar-vos!", gritou o mouro. "Tu dispões dos nossos corpos, mas as nossas almas estão em poder de Deus", responderam eles. Foram as últimas palavras que pronunciaram. O muçulmano mandou buscar um sabre e ele mesmo os decapitou. Quando, em Damieta, Francisco soube o que se passara, exclamou: "Louvado seja Deus! Agora sei verdadeiramente que tenho cinco Irmãos Menores!"

Quase na mesma ocasião em que os franciscanos escreviam esta nova página na gesta dos mártires da África, os dominicanos, aqui como em toda a parte seus êmulos no zelo apostólico, chegavam também ao continente. Vemo-los em Túnis antes de 1230, e em Marrocos por volta de 1225, ano em que uma bula de Honório III lhes dava poderes para excomungar e absolver nesse país. Um deles, o irmão Domingos de Fez, designado como bispo dessa cidade, ali morreu mártir em 1232. O sangue destes primeiros pioneiros não foi derramado em vão. Os muçulmanos compreenderam que era impossível eliminar esses homens, pois, se um caía, logo outro o substituía com a mesma coragem. A partir de 1233, passaram a tolerar bispos, e Gregório IX achou a penetração tão bem começada que dirigiu ao sultão de Marrocos uma bula em que lhe propunha que se convertesse. Mas, na realidade, a penetração foi extremamente lenta. Compreender o islã, responder aos seus argumentos e ganhar a sua confiança eram coisas que demandavam gerações. O heroísmo e a audácia não podiam bastar; era preciso ainda ter muita ciência e muita inteligência.

Um espanhol assim o compreendeu. A Península Ibérica era então o lugar privilegiado para que se difundisse a ideia da conversão por meio da pregação, porque se tratava de uma terra composta por um mosaico de povos e religiões que se viam obrigados a procurar uma plataforma de entendimento. Era revelador que, na capela real de Sevilha, se lesse por cima do túmulo do grande rei Fernando uma quádrupla inscrição em latim, árabe, hebreu e espanhol. Dirigir-se aos muçulmanos, mas conhecendo-os bem, amando-os e falando a sua língua, essa foi a ideia de *São Raimundo de Peñafort*. Eminente jurista, espírito universal[23], era também uma alma radiante e um coração generoso. Decidiu fundar em Múrcia e em Túnis — onde o bei era mais ou menos controlado pelos cristãos, como se acaba de ver — dois conventos dominicanos onde se formariam missionários que fossem para os países muçulmanos falando o árabe e conhecendo o Alcorão. A sua ideia foi aproveitada e desenvolvida por uma das personalidades mais apaixonantes de toda a história das missões na Idade Média: *Raimundo Lúlio* (1235-1316).

A vida de Raimundo Lúlio é uma imensa epopeia em mil atos. Nada lhe falta para torná-la patética: nem a aventura, nem o perigo, nem o amor, tanto à terra como a Deus. O herói: uma inteligência prodigiosa, um espírito enciclopédico, pronto a lançar-se em todas as direções em busca do mistério, um gênio talvez incompleto e mal ordenado, mas, de qualquer modo, um gênio, orientado para a apologética prática e para a expansão do reino de Deus.

Este homem que medita à proa de um navio ancorado em Palma de Maiorca, na vigília da Assunção de 1314, este belo ancião de barba branca, vestido com o burel de terciário franciscano, é olhado pela multidão de curiosos reunida no cais como alguém muito ilustre pela sua ciência e pela sua santidade. Dele se diz correntemente: "o Bem-aventurado Raimundo" ou "o Doutor iluminado". Envolve-o uma auréola em que a verdade e a lenda se misturam. Que idade tem? Oitenta anos? Cem? Há quem afirme que, com a pedra filosofal, descobriu o segredo de prolongar a vida. Sabe-se que, antes da sua conversão, escreveu muitos livros das mais variadas espécies — romances, poesias ligeiras —, e depois hinos piedosos, tratados de teologia, de mística, de filosofia. Diz-se que correu o mundo inteiro: foi recebido por reis nos quatro cantos da Europa, incluindo os da brumosa Inglaterra. Avistou-se cinco vezes com o Santo Padre. Fez peregrinações, não só a Compostela e outros lugares da Europa, mas também ao Santo Sepulcro. E eis que volta agora para a sua querida África, onde já sofreu tanto pelo nome de Cristo e onde, sem dúvida, sonha morrer mártir.

Era uma verdadeira natureza de fogo este catalão que, nascido em Palma em 1235, manifestara desde a adolescência os mais brilhantes dotes e uma verdadeira paixão por gozar intensamente da vida. A princípio, não se podia pensar que semelhante febre o levaria aos caminhos de Deus. Trovador, amigo das canções e da galantaria, nem os conselhos dos príncipes nem o amor de sua mulher puderam impedi-lo de comportar-se bastante à margem da moral. No seu romance *Blanquerna*, conta que, certa noite, a moça que pretendia conquistar se voltou de repente e lhe descobriu um rosto horrível, devorado por um câncer. O incidente é verdadeiro ou apenas imaginário? O certo é que, de um momento para o outro, renunciou às suas aventuras, aos seus versos galantes, à sua conduta frívola. Durante uma noite dolorosa, pascaliana, resolveu mudar de vida e, durante meio século, cumpriria a sua palavra. A sua poesia só lhe servia agora para manifestar o seu arrependimento. "Serei digno de Vos louvar, ó meu Deus, eu que fui tão grande pecador? Não passo de um trovador e, no entanto, eu Vos amo". Mesmo no meio dos seus extravios, "Raimundo o Louco" amara o Deus do perdão. Dali por diante, surgiu nele um irresistível impulso sobrenatural que o levava com todas as forças para Aquele que o ferira em cheio no coração, como fizera com Saulo na estrada de Damasco. Páginas e mais páginas suas descrevem essa atração, num tom em que nos parece reconhecer o da grande Santa Teresa: "Diz, louco: se o teu Amado te desamasse, que farias tu? — Continuaria a amá-lo para não morrer, porque o desamor é a morte e o amor é a vida".

O trovador de Deus entrega-se, portanto, ao serviço do Amor. Ao alcance da sua mão, nessa Espanha há pouco reconquistada pelas armas cristãs, bem como nessa África que se ergue à sua frente, há homens que esperam o Evangelho. O desígnio a que vai consagrar a sua vida é claro; aliás, por várias vezes, em êxtases, o próprio Senhor lhe fixara o caminho. Conhece bem os muçulmanos: relacionou-se com muitos e aprendeu tão bem a língua deles que se tornou capaz de escrever livros em árabe. Forja-se nele um plano grandioso: seguindo os passos de São Raimundo de Peñafort, de quem recebeu conselhos, resolve formar missionários em escolas e colégios onde eles aprendam as línguas orientais, redigir resumos da fé cristã nos idiomas dos povos a serem conquistados e, por fim, expor-se pessoalmente ao martírio (porque este intelectual bem sabe que *sine sanguine non fit remissio*), dando aos infiéis o testemunho da suprema fidelidade a Cristo.

Durante anos, propõe esse plano aos reis e aos pontífices, batendo a todas as portas imagináveis, e ora é bem recebido, ora mal. O rei Jaime II de Aragão cria o Colégio de Miramar, onde treze irmãos menores se formarão segundo a orientação de Raimundo Lúlio. Em Roma, o iluminado submete à apreciação de Nicolau IV um ousado questionário do qual conclui que "os cristãos são responsáveis pela ignorância dos infiéis em relação à sã fé católica". Da mesma maneira, expõe a Celestino V todo o interesse que haveria em converter os tártaros, porque este homem universal está informado das relações esboçadas entre os mongóis e o Ocidente, e o plano que apresenta para "recuperar a Terra Santa" tem em conta a aliança mongólica. Bonifácio VIII e Filipe o Belo, precisamente no momento em que iam travar o seu duelo de morte, recebem uma espécie de intimação para se unirem e conquistarem para a luz os povos mergulhados na noite. O movimento lançado por este homem extraordinário obtém resultados: Paris, Oxford, Bolonha e Salamanca decidem criar cadeiras de árabe, de grego, de caldeu e de hebraico nas suas respectivas universidades. Raimundo Lúlio pode agora pensar que já realizou, pelo menos em parte, os dois primeiros pontos do seu programa. Resta o terceiro, isto é, o do testemunho. E empenha-se nisso.

Em 1292, embarca para Túnis. Sabe que encontrará lá núcleos cristãos, principalmente de comerciantes. Mas o incidente com os franciscanos provou que esses homens são hostis a uma pregação audaciosa: conservam-se à margem e as relações que mantêm com os mouros são apenas de negócios, sem a menor preocupação de ganhar as suas almas. Raimundo quer fazer o contrário. Vestido como um sábio do islã, vai misturar-se com as multidões muçulmanas que, nos cantos das ruas ou praças, se reúnem para ouvir um poeta ou um pregador.

Procede assim durante semanas. Aproveita todas as ocasiões para falar. Chega até a travar discussões com sábios muçulmanos nas próprias escolas deles. Mas num dia em que triunfou visivelmente sobre um adversário, este, cheio de rancor, resolveu vingar-se. Correu a denunciá-lo às autoridades como cristão. Raimundo Lúlio é levado perante o tribunal como blasfemo e condenado à morte. Chegaria para o terciário franciscano a hora de dar ao Senhor a prova de sangue da sua fidelidade? Não. Cristo, sem dúvida, ainda tem necessidade dele. Um poderoso personagem de Túnis, que o ouviu, intervém em seu favor, e a vida de Raimundo é salva. No entanto, é submetido a uma terrível flagelação — com a qual se regozija, lembrando-se da de Cristo — e, com a respiração entrecortada, é atirado para dentro de um navio genovês que ia partir. O cristão estava expulso. Mas não conheciam bem esse homem indomável. Mal a noite chegou, atirou-se à água e nadou até a costa, decidido a recomeçar a sua tarefa de evangelização.

Estava resolvido a reiniciar aquilo que tentara uma primeira vez. E, mesmo que tivesse hesitado por uma questão de prudência humana, Deus não o teria constrangido nesse sentido? Tendo regressado a Maiorca, para descansar e refazer as forças, perguntava-se a si mesmo se não seria preferível escrever livros a viver aventuras na África. Mas um dia em que estava entregue à meditação num pequeno bosque, apareceu-lhe um eremita e os dois conversaram acerca daquilo que o preocupava. Que não se importasse com as dificuldades nem com os aparentes fracassos! Deus queria apenas o seu testemunho; o resto ser-lhe-ia dado por acréscimo.

Voltou, portanto, a partir. Nenhum companheiro quis compartilhar os seus riscos. Jaime, o seu rei, aconselhou-o a ficar nas Baleares ou na Espanha, onde havia bom trabalho para ele. Mas não, não era isso o que Deus lhe ordenara na sua iluminação. Desta vez desembarca na Argélia, em Bugia. Nenhuma prudência! Nenhuma moderação! Dir-se-ia que tem pressa em ser martirizado. Nas praças públicas, ataca a doutrina de Maomé e acaba por ser preso. Os negociantes genoveses e catalães conseguem que não o tratem muito mal, e aproveita essa oportunidade para escrever um longo tratado, em árabe, contra a religião islâmica. Expulso após seis meses de prisão, o barco naufraga quando vai desembarcar na Itália, e tudo o que tinha se perde, incluído o famoso manuscrito... Dir-se-ia que a Providência se encarniça contra ele...

Volta a partir ainda mais duas vezes. Agora é aquele homem muito velho que vimos na proa de um barco ancorado em Palma, pronto para seguir viagem pela última vez. O aspecto é ainda nobre e belo, mas ele sabe que as suas energias estão esgotadas. Fez o seu testamento e deu instruções para que os seus livros fossem traduzidos para as principais línguas do Ocidente. A bordo da nau catalã carregada de mercadorias, vai mais uma vez desembarcar na sua querida África, sempre com a esperança de lhe ensinar a Boa-nova. O rei Jaime compreendeu a importância da sua missão e escreve ao bei de Túnis pedindo-lhe que o acolha bem. Graças a este apoio, Raimundo é constituído "Procurador dos infiéis" e pode falar em paz durante um ano. Pouco depois, enviam-lhe um dos seus antigos alunos para o ajudar. Obstinado, heroico, embora não faça ilusões a respeito do seu estado e veja a morte aproximar-se, o velho lutador continua a falar, a escrever, a multiplicar os seus tratados para discutir a doutrina muçulmana e anunciar Cristo. Por fim, num dia de junho de 1316, a populaça, amotinada por qualquer contraditor, precipita-se sobre ele, espanca-o e deixa-o praticamente morto. Se não fosse a intervenção de uns marinheiros genoveses, teria expirado ali mesmo.

A única mágoa que sentiu no navio em que o trouxeram foi não ter morrido mártir nas terras de África. Pouco a pouco, foi-se debilitando e não houve cuidados que lhe restituíssem as forças. Morreu quando Maiorca aparecia no horizonte. E foi na sua ilha natal que repousou, como testemunha heroica da paixão que queimava o coração dos missionários, como precursor daqueles que, muito tempo mais tarde, dariam à África a Cruz de Cristo e o seu amor.

Assim foi Raimundo Lúlio, "Raimundo o Louco", o Doutor iluminado, o louco de Deus. Ele próprio definiu o lugar que ocupou na história da expansão cristã. No momento em que o espírito da cruzada abdicava, a substituição da força por outro método, pressentido por São Francisco, teve o seu princípio formulado pelo franciscano de Maiorca: "Vejo os cavaleiros mundanos partirem para a Terra Santa com a ideia de poderem retomá-la pela força, para afinal se esgotarem, sem atingirem o seu desígnio. Por isso, pensei que essa conquista não se deve realizar senão como Tu, Senhor, a fizeste com os teus apóstolos, isto é, pelo amor, pelas orações e pelo derramamento de lágrimas. Portanto, tem que haver santos cavaleiros religiosos que se ponham a caminho e vão pregar aos infiéis a verdade da Paixão, fazendo por amor de Ti o que Tu fizeste por amor deles".

A Igreja de Cristo não é somente o Ocidente

Uma doutrina como essa reconduz o cristianismo às suas mais puras origens e estará vigente até os nossos dias. Só ela é verdadeiramente universal, só ela é fiel aos preceitos do Senhor. As cruzadas, nas suas diversas formas, tinham sido tanto operações de expansão ocidental como empreendimentos de conquista para Deus, e este caráter ambíguo explica suficientemente que tenha havido nelas tantas manchas ao lado de tanta grandeza. Doravante, o ideal missionário será inteiramente outro e, de qualquer país de onde venham, os arautos do Evangelho considerar-se-ão apenas instrumentos a serviço da Igreja, una em Cristo, não obstante os seus rasgões e através das suas diversidades.

De resto, a cristandade ocidental não foi a única que trabalhou com um coração ardente pelo reino de Deus. Um quadro da expansão cristã ficaria incompleto se não incluísse essas igrejas não-romanas que, saindo da casa da *Ecclesia Mater* e mantendo-se à margem dela pelo cisma e muitas vezes pela heresia, nem por isso deixaram de ser os rebentos da grande árvore nascida do grão de mostarda.

Bizâncio, que tanto fizera na época anterior para espalhar a palavra de Deus, e que fora responsável pela conversão de tantos países (entre os quais a Rússia), embora enfraquecida, continuou a sua obra de evangelização. Mesmo depois do drama de 1204, muitas missões partiram de Niceia, onde o embrião do Império se refugiara. Criavam-se bispados de rito grego até o extremo das províncias mais longínquas. Missionários bizantinos, em ligação com os russos, chegaram a alcançar os países bálticos, onde a rude concorrência dos germânicos lhes impediu a permanência. O monaquismo, que sempre fora o mais maravilhoso instrumento de propagação da fé no Oriente, não cessou de alargar o campo dos seus conventos, dos seus eremitérios, das suas capelas. Mesmo na Itália do Sul, submetida aos normandos, e depois ao Sacro Império germânico, existiam ainda conventos gregos em pleno século XII.

Na zona de influência da igreja bizantina, apesar das dificuldades políticas que, em muitas ocasiões, opuseram os chefes locais aos basileus, numerosos países hauriam nas raízes do cristianismo grego a sua seiva espiritual. A *Bulgária*, cujo rei Bóris fora batizado em 863[24], e que hesitara algum tempo entre Bizâncio e Roma, fora incluída na obediência grega depois de o país se ter integrado no Império do Oriente com Basílio II (1019). Após várias tentativas feitas para sacudir o jugo bizantino, os búlgaros, ajudados pelos romenos e pelos sérvios, conseguiram a liberdade, sob a chefia de Caloiano, por volta de 1185; e o novo Estado pensou também em subtrair a sua igreja ao patriarcado de Constantinopla. Por um momento, julgou-se que se vincularia a Roma e entabularam-se negociações com Inocêncio III, que levaram em 1204 à instalação, por um legado pontifício, do novo patriarca búlgaro de Tirnovo. Esta aproximação não durou muito; inquieto com a presença dos latinos em Constantinopla e bem cedo em guerra com eles, o czar João Asen afastou-se de Roma a partir de 1235, e a Bulgária retomou as suas relações com Bizâncio. Voltou-se a tratar da aproximação no Concílio de Constantinopla de 1277, que proclamou a união das igrejas, mas a ortodoxia tinha agora na Bulgária os seus fanáticos e, até a sua destruição pelos turcos em 1393, foi de Bizâncio que o patriarcado independente recebeu o seu impulso espiritual.

Instalados no século VII no Norte dos Balcãs, os *sérvios* tinham sido batizados por missionários romanos no século

IX, mas esta conversão fora pouco sólida e os missionários gregos retomaram-na. No século XI, sofriam duas influências: o Leste dependia de Bizâncio e o Oeste de Roma, e foi Gregório VII quem, em 1087, deu a coroa real ao príncipe Miguel de Diocleia. Um pouco mais tarde, teve lugar a unificação dos pequenos principados rivais, levada a cabo por *Estêvão I Nemania*, que adotou o rito bizantino para a sua igreja e que, aliás, veio a morrer tão piedosamente no mosteiro de Khilandar, no Athos, que os sérvios o veneram sob o seu nome monástico de São Simeão. Mas ele não aceitou o cisma e manteve relações de fidelidade com o papa. Apesar disso, a influência grega penetrou cada vez mais no reino sérvio, e o terceiro filho de Estêvão, monge também em Khilandar, exerceu uma enorme influência no seu país. Proclamado patriarca da Sérvia pelo basileu de Niceia, Teodoro Lascaris, declarou-se independente e decidiu que o patriarca da Sérvia só seria sagrado pelos seus sufragâneos. A disputa entre o Oriente e o Ocidente continuou na Sérvia; foi só na segunda metade do século XIII que este país entrou definitivamente no cisma, ao passo que, mais a oeste, os croatas, povo primo dos sérvios, continuavam a ser fervorosos católicos. Ainda aqui o papel espiritual do Oriente grego foi considerável, e o Monte Athos continuou a ser um dos mais elevados centros de espiritualidade para os sérvios.

Essa espiritualidade será encontrada ainda em muitas dessas "pequenas igrejas", de aspecto por vezes estranho, que, em regiões perdidas, através de inauditas dificuldades e também muitas vezes de graves erros, mantiveram contudo o testemunho cristão. Os cristãos do Ocidente ignoram quase totalmente as páginas de história cristã que esses esquecidos irmãos escreveram com o seu sangue. Todas essas pequenas igrejas tiveram os seus mártires, e não há nenhuma que não tenha deixado textos em que, não obstante a heresia, o amor de Cristo não esteja expresso em termos admiráveis.

Foi o caso da *igreja georgiana*, tão ameaçada pela incessante invasão dos bizantinos, dos persas, dos árabes, dos turcos, e por um momento seduzida pela heresia monofisita[25]. Reconduzida rapidamente à verdadeira doutrina, reformada no século XI pelo seu grande rei Davi o Restaurador, destacou-se pela sua fé intensa, de que ainda hoje dá testemunho o belo mosteiro de Ivirão, ou dos Iberos, por ela construído no Monte Athos. Os seus monges enxamearam por toda a parte no Oriente, até o Sinai, e os seus conventos foram centros de vida espiritual e de estudos teológicos extremamente ricos. Tendo permanecido em contato com Roma até meados do século XIII, esta igreja deslizou insensivelmente para o cisma a partir dessa data.

Assim foi também a *igreja armênia* que, ligada ao monofisismo, terrivelmente maltratada pelos árabes no século IX, sujeita depois ao mau humor dos bizantinos, que retomaram uma grande parte do país em 1045, deu ao mundo a mais heroica lição de resistência. Quando, expulsos pelos turcos em 1064, muitos armênios se instalaram no Tauro, fundando o pequeno reino cujo papel seria tão importante durante as cruzadas, mantendo relações cordiais com Roma e falando várias vezes de união, a igreja armênia continuou independente. A influência grega foi nela contrabalançada pela da igreja do Ocidente, principalmente pela das novas ordens, sobretudo dos dominicanos.

É comovente ver assim como estas comunidades, isoladas do resto da Igreja, continuaram a manter-se fiéis, quando à sua volta se levantavam muitos adversários e a maré do islã tentava submergi-las. Na Mesopotâmia, a *igreja jacobita*[26], monofisita, que havia acolhido como amigos os muçulmanos que a haviam desembaraçado dos bizantinos, logo se viu perseguida e resistiu. Dilacerada pelas crises e imobilizada entre gregos e turcos, viu na chegada dos cruzados a sua libertação e deu-lhes o seu apoio, mas, quando a sorte se virou contra ela, pagou cruelmente por essa amizade. No entanto, perseguida, desarticulada por rivalidades internas, devastada pela apostasia, não desapareceu e, em fins do século XIII, contava ainda perto de cem bispados, da Síria à Mesopotâmia, que dependiam do patriarca ou *mafrian* de Mossul.

No Egito, a *igreja copta*, monotelita[27], também inicialmente favorável aos muçulmanos, não tardou a ver-se envolvida em complicações, principalmente com Saladino, que expulsou os cristãos de todas as funções públicas e proibiu o uso da cruz e dos sinos. Desde então, as perseguições não cessaram de crescer: os assassinatos e os saques e destruições de igrejas tornaram-se práticas correntes, para terminarem, sob o domínio mameluco, em 1320, numa verdadeira carnificina de cristãos. E no entanto, embora perseguidos, obrigados a trazer na roupa um sinal distintivo que os marcava com uma nota infamante, os cristãos coptas não desapareceram e subsistem até hoje. No coração da África, ainda se mantém uma igreja cristã, a da Etiópia, muito à margem do resto da cristandade, evoluindo de uma forma por vezes estranha, mas na qual a vida religiosa chegou a ser intensa. Os mosteiros, onde existiam monges aos milhares, eram tão importantes que o seu abade supremo, o *etcheguiê*, era o chefe de toda a igreja. Desses mosteiros partiam sem cessar missionários que iam evangelizar os pagãos no interior do continente negro. O "reino do Preste João", cuja atraente lenda seduzirá as almas ocidentais, pode ter tido aqui a sua origem.

A menos que se deva procurá-la na *igreja nestoriana*, herdeira da heresia de Nestório[28], cujo prodigioso desenvolvimento na Ásia já tivemos ocasião de referir. No século XII, esta igreja não contava com menos de vinte metrópoles e duzentos bispados, estendendo-se pela Pérsia, Mesopotâmia, Turquestão, Índia, China e Mongólia. A vitória dos Ming na China e a invasão de Tamerlão, muçulmano fanático, no século XIV, aniquilou-a. Era uma igreja discutível, não só quanto ao dogma, mas também quanto à moral; mesmo assim, o cristianismo ficou a dever-lhe alguma presença em regiões do planeta onde hoje já não existe.

Maravilhosa fecundidade da sementeira cristã! A semente lançada pelo Senhor tinha germinado, mais ou menos livre do joio, em muitos pontos da terra! Ao lado das grandes messes levadas a cabo pelo Ocidente, ao lado das colheitas enceleiradas por Bizâncio, como não guardar um pensamento de gratidão para com esses pequenos feixes de espigas dispersas pelo mundo, entre as pedras dos caminhos e as silvas dos espinhais?

Notas

[1] Cf. cap. I, par. *A primavera da cristandade* e o seguinte.

[2] É o que se chama a "Bula da Cruzada" ou a bula *Eos qui in Ispaniam* (essas são as suas primeiras palavras). Encontrar-se-á um comentário muito interessante no *Dictionnaire de droit canonique*, de R. Naz, fascículo XXII, coluna 774 e seguintes.

[3] Cf. cap. II, par. *Um povo que caminha: as peregrinações.*

[4] Sobre a Espanha de cerca do ano mil, cf. *A Igreja dos tempos bárbaros.*

[5] J. Béraud-Villars.

[6] Tão decisiva como a primeira preocupação de Fernando o Católico, quando expulsar em 1492 os últimos mouros da Espanha, será a de submeter as ordens militares ao poder real: daí por diante, terão por grão-mestre o próprio rei.

[7] Cf. *A Igreja dos tempos bárbaros*, cap. VIII, par. *Os homens do Norte.*

[8] Sobre as origens católicas da Boêmia, da Polônia e da Hungria, cf. *A Igreja dos tempos bárbaros*, cap. X, par. *Novas conquistas para a Cruz.*

[9] Cf. *A Igreja dos tempos bárbaros, loc. cit.*

[10] Cf. o cap. I, par. *A Europa cristã em 1050.*

[11] Cf. o cap. XI, par. *O terror mongol.*

[12] Cf. cap. IV, par. *O retorno às fontes e as novas ordens.*

[13] Os prussianos, irmãos dos letões e dos lituanos, não eram germanos. O hábito de confundir os prussianos com os alemães é moderno e data da passagem da Alemanha para as mãos da família de Brandenburgo, os Hohenzollern. Os verdadeiros prussianos foram dizimados e substituídos por alemães.

[14] Cf. *A Igreja dos tempos bárbaros*, cap. X, par. *Novas conquistas para a Cruz.*

[15] Para situar o episódio da viagem ao Oriente na vida de São Francisco, cf. cap. IV, par. *São Francisco, "a imagem perfeita de Cristo"*; e para situá-lo na história das cruzadas, cf. cap. XI, par. *Cruzadas frustradas e falsa cruzada.*

[16] Sobre as origens dos maronitas, cf. *A Igreja dos tempos bárbaros*, cap. VI, par. *As dissensões religiosas e o despertar dos nacionalismos.*

[17] Sobre as origens dos mongóis, cf. cap. XI, par. *O terror mongol.*

[18] Cf. cap. XI, par. *A cruzada de um santo.*

[19] Cf. *A Igreja dos tempos bárbaros*, cap. VI, par. *A irradiação cristã do Oriente.*

[20] Cf. *A Igreja dos tempos bárbaros*, cap. VI, par. *O fim da África cristã.*

[21] O direito ao tributo, que passou com a herança normanda para as mãos de Carlos de Anjou, foi a causa imediata da cruzada de São Luís na Tunísia (cf. cap. XI, *O fim de um grande sonho*).

[22] A ideia sobrevivia ainda em 1578, como se nota numa proclamação feita por D. Sebastião, rei de Portugal, aos habitantes de Marrocos.

[23] Cf. cap. VI, par. *A justiça da Igreja e o direito canônico.*

[24] Cf. *A Igreja dos tempos bárbaros*, cap. IX, par. *A conversão dos eslavos.*

[25] Cf. *A Igreja dos tempos bárbaros*, cap. III, pars. *Os grandes debates sobre a natureza de Cristo* e *Constantinopla ou Roma?*

[26] Cf. *A Igreja dos tempos bárbaros, ibid.*

[27] Cf. *A Igreja dos tempos bárbaros, ibid.*

[28] Cf. *A Igreja dos tempos bárbaros, ibid.*

XIII. A HERESIA, FISSURA NA CRISTANDADE

A heresia: seu sentido e alcance

Nesse monumento que era a cristandade medieval, por mais grandioso, bem equilibrado e sólido que fosse, havia, no entanto, fissuras secretas que, sem a devida vigilância, teriam podido abalá-lo seriamente: eram as *heresias*. Desvios doutrinais, sedições e revoltas contra a autoridade da Santa Igreja fenderam em muitas ocasiões, mais ou menos profundamente, o edifício da sociedade cristã, que teve que defender-se com vigor das suas ameaças.

A heresia era tão velha como a Igreja; assim que o grão evangélico foi lançado à terra, apareceu imediatamente o joio, misturando-se com ele. O sangue dos mártires ainda não fora bebido pela areia dos anfiteatros, e já ao horror da perseguição se juntavam as rupturas entre cristãos[1]. Desde os gnósticos e montanistas até os donatistas e maniqueus, foi longa a lista destes penosos erros durante os quatro primeiros séculos. Durante os tempos bárbaros, pareceu que a heresia preferia acantonar-se no Oriente, onde multiplicou os seus estragos: monofisismo, monotelismo, nestorianismo, tantas doutrinas que pretenderam opor a sua verdade àquela cujo depósito estava confiado à Igreja! À custa de grandes decisões conciliares, de decretos e de bulas, e até pelo recurso à força laica, foi necessário combater essas doutrinas aberrantes, sempre novas na formulação dos seus erros, sempre iguais na sua recusa de uma humilde obediência à autoridade e à tradição. O Ocidente que, durante esse tempo, só conhecera o pelagianismo[2], começou, no entanto, por volta dos fins do século X, a ver fermentar algumas heresias, ainda de forma rudimentar[3]. A partir do século XI, o problema ganhou consistência.

As causas das heresias foram múltiplas. Algumas conservaram o caráter de que se tinham revestido nos primeiros tempos: doutrinal e filosófico. Discutir questões de religião, como aliás quaisquer outros conceitos, era uma tentação para os espíritos, que começavam a descobrir o jogo apaixonante dos debates de ideias. Mas, a estas causas intelectuais, outras se acrescentaram: as heresias tomaram um caráter de reivindicação moral, de juízo lançado contra a Igreja docente, um juízo quase totalmente novo. Os desvios de conduta de uma parte do clero foram a causa próxima. A clara e dolorosa consciência que os papas, bispos e monges reformadores tiveram dos perigos que a Igreja corria, em vez de desembocar — como sucedeu com Gregório VII, São Bernardo, São Francisco de Assis ou São Domingos — numa vontade firme de trabalhar energicamente para a salvação da barca de Pedro, sem sair do seu quadro sagrado, levou espíritos fracos e temperamentos exaltados a rejeitar a disciplina e a obediência a esse depositário infiel, em busca de um retorno ao que lhes parecia a verdade de Cristo. Assim, muitas dessas correntes heréticas tiveram a sua origem numa intenção generosa, semelhante àquela que animava os santos da Igreja, o que as tornaria tanto mais perigosas quanto mais se desviassem.

Impelida por uma espécie de instinto, a sociedade cristã reagiu muito rapidamente contra essas doutrinas e contra os movimentos que delas derivavam. Quase se pode dizer que a massa dos fiéis reagiu mais depressa e mais violentamente do que a própria Igreja na pessoa dos seus chefes. Não é verdade que a heresia se apresentava a esses homens como um insulto àquilo que constituía o melhor e o mais essencial da sua vida — a sua fé? Visto que a religião fazia parte integrante da existência humana, tudo o que a atingisse não podia deixar de ferir o homem nas suas forças vivas e de ameaçar essa existência. Esses homens de fé, para quem ganhar o céu e evitar o inferno era a única questão verdadeiramente fundamental, não podiam evidentemente tolerar as blasfêmias dos hereges, que traziam o risco de atrair sobre todos a cólera de Deus. Foi, portanto, a opinião pública que exigiu com muita frequência das autoridades um castigo exemplar para os culpados, chegando às vezes até a substituí-las nessa tarefa; assim aconteceu em Soissons, em 1120, onde o bispo, que hesitava em queimar uns hereges, os viu serem arrastados pela própria multidão para a fogueira; em Colônia, onde São Bernardo não pôde impedir que o povo arrancasse da prisão alguns cátaros e os chacinasse; ou em Saint-Gilles, onde Pedro de Bruys foi literalmente linchado. Conhecemos centenas de casos semelhantes.

A esta razão que levava a insurgir-se contra a heresia, acrescia, para a sociedade cristã, uma outra, menos consciente, mas também determinante. Todo o regime, político e social, estava alicerçado sobre a fé; as instituições apoiavam-se nos artigos do Credo. A heresia, portanto, surgia como um atentado, não só contra a razão de viver da humanidade, mas também contra a ordem estabelecida. Quando, por exemplo, os albigenses se declaravam contra o juramento, punham em xeque todo o regime, pois, como se viu, esse regime tinha por base o juramento.

A concepção da cristandade, essa concepção do agostinismo político comprimida e simplificada no marco do grande sonho teocrático, levava em última análise a considerar a heresia como a mais perigosa das anarquias. "Nada há de estranho", diz muito bem Arquillière, "em que essa cidade cristã tenha visto na heresia o espectro da sua própria destruição, porque a heresia é a pessoa de Cristo mutilada, é a doutrina da Igreja travestida, é o desprezo da autoridade de Deus vivo na Igreja, é a sociedade atingida nas suas forças vivas, é o mundo cristão ameaçado de ruína"[4]. Contra esses revolucionários, esses rebeldes, nenhuma pena podia parecer suficientemente severa: a fogueira, a fogueira dos envenenadores e dos feiticeiros, iria acender-se para eles a partir de agora[5].

As pequenas seitas

A bem dizer, algumas dessas perigosas doutrinas não ultrapassaram o âmbito dos meios eclesiásticos e não agitaram senão círculos restritos. Tal foi, logo nos começos do período, por volta de 1050, a do professor de teologia de Tours, *Berengário*, um cônego piedoso, de vida austera, inimigo encarniçado dos simoníacos e, além disso, brilhante teólogo, que foi um dos primeiros a pensar, muito antes de São Tomás, que era possível utilizar a razão no campo da teologia. A aplicação que fez dessa ideia à Eucaristia foi perigosa. Ensinava que o pão e o vinho dispostos sobre o altar depois da consagração eram apenas um símbolo, e não o verdadeiro Corpo e o verdadeiro Sangue de Cristo; negava, portanto, a Presença Real no sacramento. Denunciado, perseguido pelo severo Hildebrando (mesmo antes de este se ter tornado o papa

Gregório VII), levado à presença do concílio de Verceil e à do de Latrão de 1059, combatido violentamente pelo sábio Lanfranc, o cônego de Tours conseguiu — com um jogo extremamente hábil de argumentações, de evasivas, de submissões sinceras ou suspeitas —, se não esquivar-se à condenação, pelo menos evitar o pior. Morreu reconciliado com a Igreja, depois de uma penitência exemplar. A agitação que causou entre os fiéis foi, aliás, limitada. Como aconteceu mais tarde com as ideias de Abelardo[6], que, como sabemos, beiraram a heresia, as teorias de Berengário não podiam agitar as multidões, pois não passavam de jogos e batalhas entre especialistas.

O mesmo não aconteceu com inumeráveis doutrinas (se assim se podem classificar conjuntos de noções e de ideias que em muitos casos eram pueris e incongruentes), cujos promotores souberam impressionar a sensibilidade das massas do tempo, uma sensibilidade que, como já vimos, era quase infantil. Além disso, é difícil orientarmo-nos bem no meio desses movimentos que se interpenetravam e se contaminavam uns aos outros, que empregavam terminologias análogas e revelavam todas, como traço mais ou menos comum, uma atitude desmedidamente exaltada, aliás bem ao estilo da época.

No entanto, podemos distinguir três tipos: o último será o das seitas apocalípticas propriamente ditas, que apareceram sobretudo no século XIII e às quais voltaremos mais adiante; o segundo compreendia os sistemas panteístas de todos os gêneros, alguns dos quais levavam a comportamentos muito pouco religiosos; por fim, e sobretudo, o gênero mais numeroso era o dos movimentos que num certo sentido anunciavam a reforma protestante, à maneira de temíveis rebentos saídos do caule da roseira cristã, que precisava de poda e reforma.

Era panteísta o antigo professor parisiense de teologia, *Amaury de Bène*, que no fim do século XII ensinava que, como Deus é tudo, cada homem participa da divindade de Cristo e é a encarnação viva do Espírito Santo, o que evidentemente o dispensa de recorrer aos sacramentos e, mais ainda, lhe garante que, sendo Deus, não pode pecar. Inquieto com os progressos que fazia entre os estudantes uma moral tão indulgente, o bispo de Paris perseguiu Amaury, que, condenado por Inocêncio III, se retratou; mas os seus discípulos sobreviveram-lhe, e Filipe Augusto mandou condená-los em 1210. Perseguida na França, esta heresia alcançou a Suíça e as margens do Reno, onde, sob o impulso do professor *Ortlieb*, da Universidade de Estrasburgo, se desenvolveu sob o nome de *Irmãos do Livre Espírito*. Desenvolveu-se e exacerbou-se! Já não havia necessidade de sacramentos, de autoridade, de leis morais! O Espírito Santo supria tudo. Tudo era permitido a esses depositários da verdade. Chegaram a pregar a comunidade de esposas, ao mesmo tempo que a seita se ramificava em pequenas heresias de heresia: os *turlupins* de Paris, os *adamitas* da Áustria, antepassados dos nudistas, e os *luciferinos* de Magdeburgo, que se entregavam à feitiçaria. Tudo isso em nome do versículo em que São João afirma que "é preciso adorar a Deus em espírito e verdade" (Jo 4, 24). Foram severamente perseguidos por toda a parte pelas autoridades.

O excesso dessas aberrações e o seu caráter chocante restringiam o seu alcance. Mais graves, porque se enquadravam na corrente viva do tempo, e porque, muitas vezes, os seus protagonistas tinham um comportamento irrepreensível, eram as heresias que pretendiam resolver o problema da Igreja fora da Igreja, rejeitando a sua disciplina e as suas hierarquias, pondo em evidência uma Igreja manchada pelos abusos para clamar por uma Igreja pura, sublime, verdadeiramente divina, isto é, evidentemente, a própria. Este tipo de lance mais alto encontra facilmente ouvidos complacentes.

O primeiro desses "reformadores" fora da Igreja foi, nos fins do século XII, um antigo monge brabantês chamado *Tanchelin*. Embora fosse quase um iletrado, era, no entanto, bom conversador, hábil em galvanizar as multidões. Além disso, não se coibia de lançar mão dos meios mais teatrais para impressionar; apresentava-se como um bispo expressamente comissionado pelo papa, mostrava-se em público coberto de faixas de ouro e escoltado por guardas brilhantemente engalanados. Aproveitava todas as ocasiões para se proclamar modestamente "o noivo da Virgem, o filho de Deus, o irmão gêmeo de Cristo". Obviamente, também ele reivindicava a inspiração direta do Espírito Santo e rejeitava os sacramentos; mas encontrava auditórios favoráveis sobretudo quando denunciava o evidente mau comportamento de certos clérigos, e via o entusiasmo atingir o auge quando encorajava os ouvintes a não pagar os dízimos. No entanto, parece que os seus costumes e os dos seus amigos não eram nada superiores aos do clero que fustigava, e que, para sustentar o fausto das suas viagens, sabia arranjar dinheiro como qualquer outro. A sua seita fez progressos nos países renanos, na Holanda e na Bélgica. Acabou por ser morto em 1115 por um dos discípulos cujo comportamento criticara. A sua seita foi combatida por São Norberto. E o seu movimento carecia de bases doutrinais, razão por que não tardou a desaparecer.

Mas essas ideias estavam no ar e esse gênero de homem não era raro na época. Na Bretanha, Éon de l'Étoile lançou-se pouco depois numa aventura análoga. Para persuadir as multidões, encontrou um meio seguro: não diz o Credo *"per eum qui venturus est judicare vivos et mortuos"*? *Eum* era evidentemente ele — *Éon!* Da Bretanha à Gasconha, esse argumento conquistou-lhe muitos adeptos, até que, tendo tentado pregar em Reims, foi preso e mantido na prisão até o último dos seus dias.

Bem mais séria foi, quase na mesma ocasião, nos começos do século XII, a heresia de *Pedro de Bruys*. Este padre instruído, belo orador, de vida inatacável, era um fanático, um temível sectário, cujas calorosas violências causavam grande impressão nas multidões. O que ensinava era complexo e muito pouco coerente: que o Batismo das crianças não tinha sentido e que era preciso rebatizar os adultos (coisa que, mais tarde, os anabatistas também afirmarão); que o pão e o vinho da Eucaristia só foram verdadeiramente transubstanciados uma única vez, na Última Ceia, por Cristo; que os defuntos não obtêm nenhum proveito das orações e esmolas dos vivos; que as imagens, as cruzes e as igrejas não servem para nada. Pergunta-se o que ficava do cristianismo, de que este exaltado dizia ser o autêntico representante. Mas, como condimentava a sua estranha teologia com ataques contra o clero e contra a sua autoridade, os seus bens e dízimos, conheceu um certo êxito da Provença à Gasconha. São Bernardo, Pedro o Venerável e o próprio Abelardo denunciaram-no como o mais perigoso dos hereges. A sua vida terminou muito mal. Na Sexta-Feira Santa de 1124, em Saint-Gilles du Gard, julgou que podia insultar os católicos fazendo assar carne numa fogueira alimentada por todas as cruzes de que pôde apoderar-se. Os fiéis, indignados, precipitaram-se sobre ele, esquartejaram-no, e ele é que foi assado no fogo.

As suas doutrinas, porém, não morreram com ele. O seu amigo *Henrique de Lausanne* retomou-as e difundiu-as ainda mais. Era um homem bem feito, de palavra fácil e persuasiva; afetava — São Bernardo assegura que era pura hipocrisia — um porte digno e um comportamento austero e desprendido; vestia-se com um simples burel, andava descalço e dormia sobre o chão duro. O essencial da sua pregação era um ataque virulento à Igreja, acusada de ser um amontoado de sujidades, uma sentina de fornicação. Por onde passava, os edifícios do culto ardiam em chamas, as cruzes eram derrubadas, os padres maltratados. Admiramo-nos de que este sectário tenha podido, durante cerca de vinte anos, prosseguir nas suas proezas, apesar de diversas condenações, retratações e posteriores reincidências... Por fim, foi derrubado por São Bernardo e morreu na prisão. Mas o próprio êxito que alcançou mostra bastante bem o perigo que a Igreja corria, e como, para o bom povo crédulo, a margem entre o verdadeiro ideal de reforma e as suas aberrações podia ser muito estreita.

Foi o que se pôde verificar melhor no movimento desencadeado pelo célebre *Arnaldo de Bréscia*. A princípio, este piedoso cônego, antigo aluno de Abelardo, encheu os cristãos de admiração com a pureza dos seus costumes e com o seu sincero gosto pela pobreza. Como foi que deslizou para a rebelião e para a heresia? Não é fácil dizê-lo, de tal modo a sua personalidade escapa a uma definição. Talvez a paixão pela política e o orgulho expliquem a sua atitude. Insurgindo-se contra as riquezas da Igreja, reivindicando a supressão de toda a propriedade eclesiástica, entrou em luta aberta até contra aqueles que, embora partidários da reforma e amigos da pobreza, não achavam viável uma solução que, em vista das circunstâncias, teria arruinado a Igreja. O conflito atingiu rapidamente o cúmulo da violência. Na própria Bréscia, Arnaldo sublevava o povo contra o bispo. Expulso da Itália para a França, da França para a Boêmia, arrastando multidões por toda a parte, numa espécie de movimento revolucionário da pobreza, Arnaldo, como sabemos[7], acabou por tornar-se o ídolo dos romanos, o líder da comuna insurrecional antipontifícia, até que a intervenção de Frederico Barba-Roxa o abateu.

Pedro de Bruys, Henrique de Lausanne, Arnaldo de Bréscia: a ação destes agitadores pode ter sido limitada, mas não deixou de ser sintomática. Demonstra como era indispensável a verdadeira reforma na Igreja e explica o sucesso de duas grandes heresias que deram a aspirações análogas uma difusão infinitamente maior, e para as quais confluíram os restos dos petrobruisenses, henriquianos e arnaldistas: a heresia dos valdenses e a dos cátaros.

Os valdenses

Pedro Valdo era um homem honesto e um cristão fervoroso que, em meados do século XII, como tantos outros, se sentia invadido pelo desejo angustiante de promover um retorno às fontes vivas do Evangelho, de reconduzir a Igreja de Cristo ao seu fervor original e à sua pureza. Delfinês instalado em Lyon, comerciante muito bem sucedido, apaixonou-se pela Sagrada Escritura, então deploravelmente desconhecida pelo fiel comum, e decidiu consagrar tempo e dinheiro a dá-la a conhecer melhor. Com dois amigos padres, entregou-se à vasta tarefa de traduzir a Bíblia para a língua vulgar, e, nas frequentes conversas que os três homens mantinham, chegaram a lamentar muitas vezes que a Igreja não fosse a mesma da época dos apóstolos, e que não escutasse os conselhos dados pelo Mestre sobre a renúncia. Não os tinham posto em prática os maiores santos, como Santo Aleixo, cuja vida eles liam com paixão no célebre poema da época? Portanto, na sua origem, o valdismo assemelhava-se muito a esses grandes movimentos de generosidade e de fé que lançariam na sua sublime aventura figuras como Domingos de Gusmão e o *Poverello* de Assis. Em breve, porém, esse impulso se desviou.

Por volta de 1170, deu-se na vida de Valdo um episódio no qual ele julgou ver um sinal de Deus. Um dos cônegos que trabalhavam nas traduções da Bíblia morreu devido a um acidente. Não quereria o Senhor mostrar com essa tragédia que, para lhe agradar, não bastava fazer correr uma pena de pato sobre o pergaminho? Imediatamente, Pedro vendeu os seus bens, distribuiu o dinheiro pelos pobres, abandonou a esposa e resolveu consagrar-se a Cristo. Passaram a vê-lo vestido à maneira de São João Batista, calçado com tamancos — foi por isso que os seus discípulos foram muitas vezes chamados *insaibatati* —, pregando pelas praças de Lyon e das cidades vizinhas uma mensagem de pobreza e de penitência, ao mesmo tempo que clamava contra as riquezas excessivas da Igreja e a má conduta do clero. Semelhante linguagem, como sabemos, encontrava grande audiência, e esse gênero de profetas sem mandato pululava por toda a parte. Não demoraram a formar-se em torno do pregador grupos que viviam como ele e que repetiam os seus apelos; chamavam-se os *Humilhados* ou os *Pobres de Lyon*; o povo conhecia-os pelo nome do seu fundador: eram os *valdenses*.

Este movimento poderia ter sido útil para a Igreja? Talvez, e Inocêncio III, com efeito, lamentou que isso não tivesse acontecido. Mas as questões pessoais, as faltas de tato de parte a parte tornaram impossível o entendimento. O arcebispo de Lyon inquietou-se ao ver simples leigos sem mandato, e frequentemente pouco formados, aventurarem-se a comentar a Escritura, e proibiu-os de pregar. Pedro Valdo apelou para o papa Lúcio III que, em 1184, confirmou a sentença episcopal. Foi então que tudo se estragou. O herege recusou-se orgulhosamente a reconhecer uma autoridade superior àquela em que ele julgava residir a sua verdade. Até então, talvez só tivesse havido um mal-entendido. A partir daquele momento, havia uma revolta. O fundador da nova seita declarou que os clérigos não tinham nenhum direito de falar em nome do Senhor; que todo o fiel era depositário do Espírito Santo (era um erro comum a muitas heresias da época); que, por conseguinte, cada um podia comentar a Escritura; que não se encontravam vestígios do sacerdócio no Evangelho; que, além disso, o homem não se santifica coletivamente, por pertencer a uma Igreja, mas individualmente, apenas sob o olhar de Deus. Assim, sob muitos aspectos, o valdismo anunciava o que mais tarde seria o protestantismo.

É próprio de todas as heresias que, uma vez erigido em dogma o primeiro erro, elas se extraviem cada vez mais. Os valdenses queriam certamente conservar-se cristãos; tinham até a pretensão de serem os únicos cristãos fiéis ao ideal primitivo. Mas, pouco a pouco, chegaram a rejeitar a Presença Real na Eucaristia, a abandonar a Missa — exceto uma vez ao ano, na Quinta-Feira Santa, em memória da Última Ceia —, e a só reconhecer uma oração, o *Pater*. Ao mesmo tempo, ia-se acentuando o caráter antissocial da sua doutrina; não só negavam à Igreja o direito de possuir bens, mas assimilavam todo o juramento a uma blasfêmia, condenavam todas as guerras, mesmo as defensivas, e recusavam aos poderes constituídos o direito de castigar os criminosos, cujas faltas, aos seus olhos, dependiam apenas de Deus. Este puritanismo desembocava na anarquia.

A fermentação provocada por semelhantes questões era então de tal modo viva que muitas pessoas boas se deixaram seduzir pelos missionários valdenses. O movimento organizou-se como seita. Teve os seus chefes, homens particularmente venerados, que praticavam a castidade absoluta e viviam de esmolas: chamavam-lhes "Barbas", mas depois, por influência dos cátaros, deram-lhes o nome de "Perfeitos" ou de "Puros". Reuniam-se duas vezes por ano num capítulo ou "maioral". Eram os Barbas que concediam a remissão dos pecados, numa espécie de sacramento que já não se chamava confissão, mas *melioramentum*. Os demais membros, os "crentes", eram convidados a seguir o exemplo dos seus chefes e, no conjunto, todos viviam uma vida austera e digna, inteiramente a salvo das acusações de licenciosidade que eram lançadas contra os cátaros.

A seita espalhou-se a princípio pelas regiões de Lyon, do Dauphiné, da Provença e até do Languedoc, onde foram muitas vezes confundidos com os cátaros, pelo menos pelo grande público, porque os chefes da Igreja sempre reconheceram a diferença e, segundo o legado Pedro de Vaux-de-Cernay, os julgaram "muito menos perversos". Instalaram-se nos vales dos Alpes, em comunidades sólidas, pequenas e fervorosas. Expulsos de Lyon, foram para a Itália, onde formaram os *Pobres da Lombardia*, que, aliás, por questões de dogma, se separaram da seita francesa. Foram também para a Alemanha e para a Espanha, onde o rei Afonso II de Aragão lhes dificultou a vida. Por último, alcançaram a Boêmia e a Polônia.

No entanto, a Igreja, pelo menos até o século XIV, não os combateu de modo verdadeiramente sistemático, como fez contra os cátaros. Os mais generosos dos seus chefes, como Inocêncio III, não abandonaram a esperança de os reconduzir ao bom caminho. Não incentivou o grande papa esses *humilhados* que, na Lombardia, se assemelhavam tanto aos valdenses pela sua vida exterior que o povo os confundia com eles? Não apoiou ele Durand de Huesca, antigo valdense que permanecera na Igreja católica depois da condenação, animando-o a fundar essa espécie de comunidade leiga que se chamou os "Pobres católicos"[8]? A Igreja só agiu com severidade onde a propaganda dos valdenses se mostrou agressiva e ameaçadora para o clero. Durante todo o século XIII, houve nesse sentido uma repressão antivaldense: na Provença, na Tarentaise, no Embrunois, no Piemonte, na Lombardia, nas margens do Reno e na Boêmia.

Na verdade, o puritarismo valdense nunca chegou a ser extirpado, como aconteceu com o catarismo albigense. Em meados do século XIV, ocupava uma posição tão forte em muitos dos altos vales dos Alpes que os inquisidores esbarravam muitas vezes com uma resistência armada. E sobreviverá até os nossos dias, nessas comunidades valdenses dos Alpes que mais tarde se fundiriam com o protestantismo. Da mesma forma, na Boêmia, os Pobres de Lyon irão juntar-se aos hussitas. E ainda hoje se fala, nos cantos populares da alta Lombardia e dos vales romances, do "homem de Deus que tinha querido viver pobre e nu como Jesus". Como nada se ficou sabendo do fim de Valdo, depois da sua expulsão do Delfinado por volta de 1185, assegura-se que o Senhor simplesmente o chamou para o céu.

Dos maniqueus aos cátaros

A heresia valdense ainda podia estar ligada ao cristianismo; a sua doutrina refletia essas "verdades cristãs tresloucadas" de que o mundo está cheio, na opinião de G. K. Chesterton. Mas o mesmo não acontecia com outra heresia, a mais perigosa que a Igreja encontrou na Idade

Média, aquela que ficou dolorosamente célebre sob o nome de heresia *cátara* ou *albigense*.

Nesse caso, o essencial das ideias e dos princípios nada tinha de cristão. Era o ressurgimento, depois de muitos séculos de curso subterrâneo, da velha corrente dualista cuja origem se encontra nos tempos longínquos e na profundidade da Ásia, no Irã dos mazdeus.

No século III da nossa era, a antiga doutrina dos dois princípios inimigos recebera um novo impulso de um profeta chamado *Mani* ou *Manes*[9] que, segundo a moda do tempo, fizera dela um sincretismo de toda a espécie de dados díspares, expressos numa poesia que não deixava de ter o seu encanto. Integrados nesse conjunto, havia uns laivos de judeocristianismo que podiam iludir os espíritos simples. Manes morreu em 276, provavelmente supliciado pelo rei Sapor II do Irã, a pedido do clero zoroastrino, mas a sua seita espalhou-se por vastas regiões do Império Romano. Diocleciano, em 290, desencadeou contra ela uma severa perseguição. Severa, mas ineficaz, porque os progressos continuaram: a simplicidade dos dogmas essenciais do maniqueísmo, a forma como pretendia dar respostas claras a todos os problemas, bem como a facilidade da sua moral contribuíam para esses progressos. No momento em que a Igreja cristã, no primeiro quarto do século IV, acabava de vencer o paganismo, viu-se seriamente ameaçada por essa "peste vinda do Oriente". Santo Agostinho, que na sua juventude fora maniqueu, dedicou rudes esforços a refrear o impulso da seita na África, sem conseguir extirpá-la.

No decorrer dos tempos bárbaros, o maniqueísmo continuou a circular mais ou menos por toda a parte. O Império do Oriente, principalmente, viu-o reaparecer várias vezes sob diversas modalidades. Primeiro no século VII, com os *paulicianos*, que se chamaram assim talvez por se terem inspirado no nome de um dos seus fundadores, Paulo de Samosata, cuja mãe era maniqueia. A sua doutrina pretendia ser cristã, afirmava até ser o único cristianismo autêntico, mas, na realidade, era dualista à maneira iraniana. Assegurava que o mundo é o campo de batalha onde se enfrentam as duas potências, de um lado o Pai Celeste em três pessoas, senhor do céu e dos anjos, e, do outro, o Criador ou Demiurgo, deus do mal e senhor de tudo o que existe sobre a terra. Em plena expansão no século IX, sob a direção de um certo Sérgio chamado Tíquico, contando então sete dioceses com Corinto por igreja-mãe, tendo talvez entre os seus membros o imperador Miguel o Gago, a seita foi vigiada de perto pela dinastia macedônia. Como os paulicianos, na sua maior parte de origem montanhesa, eram rudes guerreiros, os basileus hesitaram entre duas táticas: ou transferi-los para as fronteiras, para se servirem deles como mercenários, ou destruí-los pela força. A primeira solução mostrou-se perigosa quando os paulicianos se aliaram aos bárbaros que iam combater; recorreu-se então à segunda, e, no século XI, os núcleos dualistas que havia na Ásia Menor foram virtualmente aniquilados.

Entretanto, a heresia dualista fez brotar um novo rebento nos países balcânicos, entre os elementos búlgaros ou gregos eslavizados; era a heresia *bogomila*. Recebeu o seu nome do *pope* russo Bogomilo, que vivera no século X, durante o reinado do czar Pedro da Bulgária; esse nome significava "amigo de Deus". A sua doutrina era uma mistura de dualismo pauliciano com velhos elementos do paganismo eslavo, que também reconhecia dois princípios: Bielogob e Tchernogob, o deus branco e o deus negro. Embora empregando um vocabulário cristão, os bogomilos não reconheciam nem a Trindade, nem a Encarnação, nem a Eucaristia, nem o Batismo, nem a Cruz. Para eles, só a oração contava e, entre todas, o *Pater*. O seu ideal era ajudar o deus branco, que está no céu, contra o deus negro, criador da terra, e condenavam o casamento e a obra da carne, que prolonga a criação aqui em baixo.

Os progressos da seita foram rápidos e a jovem igreja búlgara não tinha meios de detê-los. Os basileus começaram então a ficar preocupados, principalmente Aleixo Comneno, que foi o herói de um dos mais divertidos episódios da luta contra a heresia. O *pope* Basílio tinha sucedido a Bogomilo na liderança da seita. Aleixo chamou-o ao palácio imperial e confiou-lhe a toque de caixa que, seduzido pela beleza da sua doutrina, pensava em aderir a ela. Comovido, maravilhado, o *pope* ficou radiante de alegria. Explicações pormenorizadas sobre os dogmas e sobre a organização da sua igreja, enumeração dos amigos e simpatizantes, nada faltou ao seu entusiástico sermão, entremeado de execrações contra a Igreja cristã e os ícones. Mas, por trás de uma grande cortina, os membros de um tribunal escutavam-no, enquanto os secretários tomavam notas. Quando se correu a cortina, o bogomilo, desmascarado, não se deixou abater: os anjos de luz o protegeriam; nem os golpes nem o fogo poderiam atingi-lo.

Aleixo Comneno não era um sanguinário; não ordenou que se executasse o idiota, mas limitou-se a mandá-lo para a prisão, com os principais da sua seita. Só alguns anos mais tarde, sob a pressão da opinião pública e do clero, e perante a teimosia de Basílio em perseverar nas suas ideias, é que permitiu que queimassem o herege. Pessoalmente, achava que era preferível persuadir os bogomilos, razão por que mandou missionários para o meio deles e fez redigir um tratado em que se refutavam os seus erros e que se denominou *A armadura dogmática*.

Mas, não sem razão, esses bogomilos eram acusados de estarem em ligação com todos os inimigos do Império. O fim do século XII viu então desencadear-se contra eles uma terrível perseguição, não só nos países bizantinos, mas também na Bulgária e na Sérvia, durante a qual muitos morreram queimados. Refugiaram-se então na Bósnia, onde converteram, por volta do ano 1200, o *ban* Kulin e dez mil dos seus súditos. Constituíram ali uma igreja oficial, que, declinando pouco a pouco, resistiria até o século XV. Ainda hoje se veem, da Bósnia a Montenegro e da Herzegovina à Dalmácia, igrejas construídas pelos bogomilos, onde diversos afrescos e esculturas testemunham uma estranha inspiração, grandiosa e bárbara ao mesmo tempo, que parece mergulhar as suas raízes em alguma Ásia cítica, cheia de gigantes e de animais fabulosos[10].

Da Dalmácia, a heresia penetrou no Ocidente, pela Provença, Aquitânia e o Languedoc. É a esta origem oriental que se atribui o nome de búlgaros ou *bugres* que se dá com frequência aos hereges albigenses. Passando pela Itália do Norte, a heresia foi confundida com o movimento popular, inteiramente cristão, mas na verdade um pouco inquietante, conhecido sob o nome de *Pataria*[11], de onde vem o nome de "patarinos" que se deu aos seus membros. Mas há outra palavra que os designa e que mostra que se estava informado sobre os seus longínquos ascendentes: a palavra *populicianos*, visível deformação de *paulicianos*.

Isto significa que todas as correntes maniqueias que reapareceram no Ocidente tinham essa mesma origem oriental? É muito provável que o velho dualismo tenha ressurgido quase espontaneamente, porque corresponde a uma inclinação natural do espírito humano, ou talvez também por influência de árabes que tivessem conservado tradições do maniqueísmo africano. Por volta do ano mil, alguns processos instaurados em Mogúncia, em Arras, em Limoges e em Toulouse haviam revelado que o velho dualismo tornava a ter adeptos; o mais retumbante desses processos fora, em 1022, o dos cônegos de Orléans, a que já aludimos antes. No decurso do século XI, a heresia dualista esteve prestes a ocupar no Ocidente inteiro um lugar considerável e ameaçador para a Igreja. Já tinha definido os seus dogmas e sistematizado as suas doutrinas, organizando-se como uma verdadeira igreja, uma contra-Igreja, com os seus quadros e métodos. E seria por meio de um terrível drama que se desfaria o nó criado por essa situação.

O catarismo, anarquismo transcendente

No momento em que a heresia que a história conheceria pelo nome de "cátara" ou "albigense" aparece à luz do dia, isto é, nos princípios do século XII, como nos é apresentada a sua doutrina? Impõe-se uma reserva preliminar: estamos certos de que a conhecemos com exatidão? Os últimos partidários dos cátaros sublinham, com razão, que dificilmente se pode abarcar a verdade sobre um movimento religioso quando só se têm em mãos documentos que foram escritos pelos seus adversários, como é o caso. Aceitaríamos como verdadeira a pintura do cristianismo que se pudesse fazer apenas de acordo com os textos muçulmanos? Ou segundo os textos protestantes? No que se refere aos cátaros, as fontes que nos informam sobre eles são as atas dos seus interrogatórios e as bulas e os cânones conciliares que os condenaram, o que, na verdade, não deixa de inquietar. É preciso observar, no entanto que, no conjunto, todos esses documentos coincidem, sem que, em muitos casos, possa tratar-se de um acordo prévio ou de uma interpenetração. E alguns dos mais violentos inimigos da seita deviam conhecer bem esses documentos, pois tinham pertencido a ela, como os inquisidores Raynier Sacconi ou Bonarcosi, que tinham sido bispos cátaros.

Tal como a podemos conhecer dessa forma, a heresia apresenta-se como um estranho sincretismo em que, ao fundo dualista, maniqueu, se sobrepõem elementos herdados de muitas outras heresias. Encontramos nela o docetismo, essa heresia dos primeiros tempos que negava a realidade da Encarnação; encontramos também a gnose, esse sistema misterioso, cheio de altas e estranhas especulações, que estivera em voga no Egito e em todo o Oriente Próximo durante os primeiros séculos[12]. Distinguimos ainda alguns traços de hinduísmo, principalmente na crença na metempsicose, porque, diz um inquisidor, "os cátaros nunca matam nenhum animal ou ave, pois estão persuadidos de que nos animais privados de razão residem os espíritos dos homens que morreram fora dos seus ritos". Não é fácil, portanto, determinarmos o perfil de um conjunto doutrinal em que os mitos e os dogmas se misturam profusamente.

O essencial continua a ser o dualismo. No mundo tal como o vemos, debatem-se dois princípios: Perfeito e Imperfeito, Absoluto e Relativo, Eterno e Temporal, Bem e Mal, Espírito e Matéria. Por que esta oposição? Porque o mundo é o campo de batalha onde lutam dois deuses, o do Bem e o do Mal, aqueles que os iranianos chamavam Hormuz e Ahriman. Sobre a natureza do primeiro, todos estão de acordo: é infinitamente puro, infinitamente perfeito, infinitamente bom, Espírito na sua plenitude. Quanto à do segundo, que eles chamam Satanás, Lucibel ou Lúcifer, as opiniões divergem: uns afirmam que é verdadeiramente outro deus, totalmente estranho ao deus bom, mas outros concebem-no como uma criatura que o orgulho lançou na revolta e no mal.

Uma dupla criação corresponde a esta dualidade essencial, onde voltamos a encontrar os dados do maniqueísmo depois de passarem pelos paulicianos e bogomilos. O Deus bom criou o mundo invisível dos espíritos perfeitos; o deus mau criou o mundo visível da matéria, onde reside o pecado. E como nasceu o homem? Tendo feito surgir a terra do nada, Lucibel quis povoá-la; fabricou corpos com barro e, depois de uma longa caçada pelos densos bosques do céu, conseguiu capturar e seduzir alguns espíritos puros, para os encerrar dentro desses invólucros de terra. Pelo atrativo da concupiscência, deu a conhecer às primeiras dessas criaturas o ato da carne, e, cada vez que uma criança nasce, o espírito mau encerra no seu corpo a alma de um anjo decaído.

Entretanto, o Deus bom apiedou-se dos anjos acorrentados na terra. Resolveu enviar-lhes a sua Palavra, pela voz de um mensageiro. Reuniu os anjos fiéis e propôs-lhes essa difícil missão. Todos recusaram, exceto um, Jesus, a quem Deus chamou desde então seu filho. Jesus desceu à terra, mas sendo um puro espírito, não devia ter nenhum contato com a matéria; foi só na aparência que tomou o corpo de um homem no seio de uma mulher, e só aparentemente é que viveu, sofreu e morreu (é o que diz o docetismo). Antes de Jesus, os homens tinham vivido no meio de densas trevas, nutridas pelos profetas da Antiga Lei, servidores do deus que fabricou o mundo, do deus cruel, Javé. Mas Jesus ensinou a todos que é preciso renunciar à terra, à carne, à vida, para se poder voltar a ser um espírito puro e reencontrar a pátria perdida ou céu.

O mundo, campo de batalha entre os dois deuses, é portanto para o homem o lugar onde ele deve trabalhar para se desprender de tudo o que é real, carnal, terrestre; é assim que ele servirá o Deus bom. No fim dos tempos, quando a última criação de Lucibel tiver rejeitado o seu invólucro carnal, tudo o que era impuro terá desaparecido; todos os espíritos terão retomado o seu lugar na harmonia celeste. Não haverá inferno, nem almas perdidas, mas todos serão salvos, depois de um certo número de reencarnações purificadoras.

Não é necessário sublinhar até que ponto uma doutrina como esta se opõe ao cristianismo. Tudo o que faz a grandeza da Revelação cristã se desmorona. A Encarnação, a Paixão e a Ressurreição já não têm sentido; a vida humana deixa de ser santificada e exaltada pelo exemplo do divino modelo, o Filho de Deus encarnado; o corpo é um simples trapo de que temos de nos desembaraçar. A exigência espiritual atinge uma violência desumana, que atenta contra a vida. As bases escriturísticas afundam-se com as bases teológicas, visto que o Antigo Testamento é apenas o ensinamento de Satanás. Sob uma terminologia que conserva elementos cristãos, o anticristianismo é total.

O ideal, portanto, é estar inteiramente voltado para o céu, recusando a carne e a terra. Muitos homens aderem totalmente a esse ideal: são os chamados *Puros, Perfeitos* ou, conforme a raiz grega, *Cátaros*, palavra que passa a ser usada para designar a seita no seu conjunto — o *catarismo*. Os Perfeitos praticam o desprendimento absoluto dos bens da terra, da propriedade, do casamento, de toda a alegria carnal. Vivem numa rigorosa ascese e nunca comem carne ou qualquer produto animal. Se são casados, repudiam a esposa e guardam continência absoluta. Alguns vivem à maneira dos faquires e dos eremitas hindus, perdidos num sonho transcendente, "imóveis como um tronco de árvore, insensíveis a tudo o que os rodeia". A maioria exerce um apostolado pela palavra e pelo exemplo, que sem sombra de dúvida impressiona as massas. Só os Perfeitos estão certos da salvação imediata; só eles escaparão à servidão da matéria; só eles voltarão a encontrar, depois da morte, a esfera do Espírito puro e do Deus bom. Alguns dentre eles têm um desejo tão vivo de alcançar mais cedo este estado de felicidade que suspiram pela morte: é — não expressamente aconselhado pela seita, mas muito admirado — o suicídio sagrado, o *enduro*, que se pratica por envenenamento, pelo jejum ilimitado ou ainda pela pneumonia voluntariamente provocada pela exposição do corpo a um frio intenso depois de um banho muito quente.

Como se chega a ser um Perfeito? Por uma espécie de sacramento chamado *consolamentum*, ministrado pela imposição das mãos e do livro dos Evangelhos sobre a cabeça do impetrante. Constitui um compromisso definitivo, depois do qual não é possível qualquer regresso ao passado; uma vez "consolada", a pessoa tem de viver como um Perfeito, já que, a partir desse momento, o Espírito de Deus desceu sobre o ser e destruiu as aparências carnais, para deixar apenas a realidade sobrenatural. Por isso, muitos zeladores da seita hesitam perante uma renúncia tão radical e preferem esperar o instante da morte para serem "consolados"...

Enquanto espera este último sacrifício — na verdade, bastante gratuito —, o membro da seita que não é um Perfeito figura na categoria dos "crentes". Estes podem fazer quase tudo o que lhes agrade nesta triste terra, de onde não têm a coragem — esses inconscientes — de evadir-se. Podem comer carne, e até se conhecem açougueiros cátaros. Podem mesmo continuar a frequentar as igrejas católicas e receber os seus sacramentos. Podem casar-se e cumprir a obra da carne; podem, aliás, cumpri-la também fora do casamento, o que talvez seja preferível, visto que o concubinato, não tendo em vista a procriação, não prolonga a obra de Satanás criador. A moral, não apenas cristã mas simplesmente humana e elementar, não resiste mais do que a fé a semelhantes concepções. Aos "crentes", apenas se pede que não participem daquilo que poderia associá-los ao desenvolvimento da sociedade terrestre, filha de Satanás; por exemplo, deverão recusar qualquer juramento, pois o juramento é prestado em nome de um Deus que não é o verdadeiro. Deverão também esquivar-se a toda a obrigação militar.

Quanto ao culto, é claro que se prende com a metafísica, a teologia e a moral que professam. Todas as manifestações externas do culto cristão são proscritas: nem cruz, nem imagens, nem relíquias. Há uma cerimônia que reúne os fiéis pelo menos uma vez por semana, e nela um Perfeito lê uma passagem do Novo Testamento e passa a comentá-la no sentido que podemos imaginar. Depois a assembleia recita a única oração "espiritual", o *Pater*. De tempos a tempos, um banquete sagrado — que imita mais o ágape primitivo do que a Eucaristia — pretende repetir a Santa Ceia. Cada assistente recebe um pedaço de pão assim abençoado e leva-o para casa, conservando-o num vaso precioso. Pouco lógicos em muitos aspectos, os cátaros, à imitação da Igreja católica, instauraram até uma espécie de confissão, o *appareillamentum*, em que os fiéis se acusam das faltas que cometeram contra os dogmas ou a disciplina da seita.

É evidente a intenção de imitar a Igreja para melhor combatê-la. E o mesmo acontece do ponto de vista da organização; a seita está dividida em "igrejas", em dioceses, dirigidas por bispos cátaros, assistidos cada um por um "filho maior" e um "filho menor", dentre os quais se designa o sucessor na sé. Estes chefes reúnem-se em verdadeiros concílios e mantêm relações ecumênicas com todas as igrejas maniqueias, não só do Ocidente, mas também do Oriente. Localmente, os "crentes" são dirigidos por "diáconos", que desempenham um papel análogo ao dos párocos católicos. Mesmo as festas cristãs são conservadas, embora mudem de significado: o Pentecostes, por exemplo, é a festa da fundação por Deus da igreja da verdade espiritual; o Natal é a festa da vinda do Espírito de Deus a este mundo.

Como julgar um tal conjunto de doutrinas? É bem difícil ser equitativo na apreciação de ideias e homens que nos desconcertam sob tantos aspectos. Não há dúvida de que a casta dos Perfeitos aspirava ao espírito com muita nobreza e elevação, e que muitos dentre eles tomaram a sério o apelo que pretendiam ter ouvido de Deus. Não é menos certo que a renúncia praticada por muitos, a sua ascese e a sua vida realmente fraternal e caritativa tinham um valor de testemunho e de julgamento em face de certos membros do clero católico que estavam longe de cumprir os preceitos de Cristo. Mas isto significa que o catarismo trazia a solução para os problemas da Igreja? É evidente que não.

O duplo caráter desta heresia era ser anticristã e antissocial. Era um anarquismo transcendente. Anticristã, erguia-se, não para reformar a Igreja de Cristo, mas para abatê-la, já que a tratava como "serva do mal" e "sinagoga de Satanás". Além disso, rejeitava todas as bases sólidas de tradições, de leis morais, de práticas e de instituições que o cristianismo estabelecera na sociedade. Depois, condenava em bloco, sem distinguir entre bons e maus, todos os membros do clero, "que não podem arrancar a imundície do mundo porque eles mesmos têm as mãos sujas". Antissocial, esta heresia negava, aniquilava toda a sociedade. "Tudo o que está sob o sol e sob a lua é simplesmente confusão e corrupção", dizia o Perfeito Limosus Negro. Se fosse viável uma sociedade de Perfeitos, seria instantaneamente aniquilada pelo suicídio ritual e pela virgindade total. E, como não era viável, porque os Perfeitos constituíam uma minoria (o que, em última análise, limitava o perigo da seita), a indiferença radical por tudo o que é da terra acabava por negar todo o princípio moral e por abandonar o ser humano às suas paixões desenfreadas. É verdadeiramente o caso de dizer com Pascal que, quando se quer fazer de anjo...

O historiador americano da Inquisição, H. C. Lea, cujo livro é tudo menos suspeito de parcialidade a favor do catolicismo, escreveu sobre os cátaros: "Se essa crença tivesse atraído maior número de fiéis, teria reconduzido a Europa à selvageria dos tempos primitivos; não teria sido apenas uma revolta contra a Igreja, mas também a abdicação do homem perante a natureza". Outro protestante, Paul Sabatier, na sua célebre *Vida de São Francisco de Assis*, é ainda mais duro: "O papado", diz ele, "nem sempre esteve do lado da reação e do obscurantismo; quando esmagou os cátaros, a sua vitória foi a do bom senso e da razão". E acrescenta: "É necessário que as perseguições sofridas pelos hereges não no-los tornem tão interessantes que perturbem o nosso julgamento". É sob este ângulo que devemos avaliar os terríveis acontecimentos no meio dos quais a heresia cátara se afundou no Sul da França. Ao derrubá-la, a Igreja abateu uma temível potência que, se tivesse triunfado, a teria arruinado e, ao mesmo tempo, arruinaria também a civilização de que ela era o sustentáculo.

O Sul da França em luta com a heresia

O perigo não era imaginário; no século XII, era mesmo muito grande. A heresia ganhava terreno em vastas zonas cristãs e nada parecia poder detê-la. As duas regiões mais atingidas eram a Itália e o Sul da França. Na Península, saindo da Lombardia, os "patarinos" espalhavam-se por toda a parte, até nos Estados pontifícios e na Calábria. Eram poderosos em Ferrara, Verona, Rimini e Treviso; em Piacenza, expulsaram o clero católico. Nos começos do século XII, quando Otão IV foi a Roma para ser sagrado, ficou extremamente surpreendido ao saber que existia na própria cidade uma escola onde se ensinava à luz do dia o catarismo. E, na mesma ocasião, o *podestá* de Assis era um patarino!

A situação era ainda mais grave no Sul da França e especialmente no que chamamos hoje o Languedoc, o Toulousain e as suas imediações, até os confins pirenaicos, e nessa região chamada Albi, que daria o seu nome à heresia. Em todo o Sul "requintado e fútil", o cristianismo estava longe de ter conservado a intensidade de vida que possuía no Norte. As cidades eram muito ricas, a existência muito fácil. Em matéria religiosa, prevalecia um verdadeiro descaso, uma tolerância feita sobretudo de indiferença. Os judeus eram admitidos em toda a parte, muitas vezes em funções públicas de alta responsabilidade. Havia maior preocupação com as coisas do amor e da poesia galante do que com as certezas metafísicas.

A Igreja, num clima desse gênero, estava em plena decadência. Em parte alguma os vícios se manifestavam tão abertamente. A simonia alastrava-se por toda a parte. A vida dos clérigos era com frequência motivo de escândalo, e os princípios da reforma tinham penetrado muito pouco. A Universidade de Paris não tinha na de Toulouse um equivalente que preparasse as pessoas para os cargos eclesiásticos, e muitos prelados mundanos levavam para os tronos episcopais os defeitos da sua casta. Como é que o catarismo não havia de fazer progressos? A simples comparação da vida de certos padres com a dos Perfeitos bastava para lhe atrair adeptos. Além disso, o clero, de cima a baixo da escala social, estava muitas vezes ligado aos hereges pelo parentesco ou por uma espécie de camaradagem. Um abade do mosteiro de Alet declarou-se cátaro por imposição do seu senhor feudal; outro de Saint-Volusein em Foix tinha um irmão e uma irmã cátaros, e o mesmo acontecia com o de Saint-Papoul, como também com muitos bispos. Os párocos, evidentemente, seguiam tão altos exemplos; muitos aceitavam os convites e a hospitalidade dos Perfeitos, e às vezes assistiam às suas cerimônias. Cita-se o caso de um sacerdote tolerante que, tendo imposto na confissão uma penitência a um "crente" desejoso de voltar para a Igreja, lhe propôs a seguir uma partida de xadrez; apostou e perdeu tudo o que tinha e, por fim, sugeriu ao seu parceiro que apostassem a penitência, que também perdeu! Minada interiormente, encurralada numa frouxa defensiva, a igreja do Sul tinha abdicado. Jean Guiraud chega a dizer: "Estava morta".

O mais grave era que os poderes públicos estavam contaminados pela heresia, o que acabava por desencorajar os elementos sadios. A quase totalidade dos senhores era cúmplice dos cátaros. Não havia família nobre que não os contasse entre os seus membros. Os filhos das classes ricas eram educados em escolas maniqueias, as viúvas e as jovens sem marido retiravam-se para os conventos dos Perfeitos. O frêmito espiritual que agitava a cristandade inteira, o desejo de uma vida mais pura, parecia beneficiar unicamente a heresia. Outras razões menos nobres intervinham também, como intervirão mais tarde na expansão da reforma protestante: passar para a heresia não seria, para os barões, um excelente pretexto para se apoderarem dos bens do clero?

Os mais altos senhores, geralmente, não se declaravam hereges; para evitarem uma excomunhão, jogavam dos dois lados do tabuleiro. Assim acontecia com Raimundo VI de Toulouse, príncipe requintado e cético, amigo do prazer e cruel quando se apresentava a ocasião, que se fazia acompanhar por padres e Perfeitos a fim de ter toda a certeza de ir para o céu. No entanto, nem ele nem os seus vassalos tinham o menor escrúpulo em saquear conventos, incendiar igrejas (às vezes, com os fiéis lá dentro) e expulsar das suas sés os bispos recalcitrantes. O mesmo sucedia com Raimundo Rogério de Foix, cuja mulher fora "consolada", cuja irmã Esclarmonda tinha transformado o seu castelo de Fanjeaux num seminário cátaro e que, continuando a dizer-se católico, saqueava sem o menor escrúpulo os bens da Igreja. Os viscondes de Béziers e Carcassonne, os Trencavel, eram considerados hereges, e ocultavam-no tão pouco que chegaram a confiar a cátaros os bens do bispo de Albi, de que acabavam de apoderar-se. Quanto aos pequenos senhores, quase todos estavam ligados à heresia. E, como não existia no Sul o antagonismo tradicional entre cidades e nobreza, todos os centros urbanos estavam impregnados de catarismo, com exceção de Montpellier, Narbonne e Nîmes, onde os católicos continuavam a predominar.

A gravidade da situação foi bem caracterizada pelo abade de Claraval, Henrique: "Era opinião geral em Toulouse que, se tivéssemos adiado apenas três anos o nosso ato de presença, a custo se encontraria no país alguém que ainda ensinasse o nome de Jesus Cristo". Isto foi escrito em 1177: imagine-se qual não seria o perigo trinta anos depois, quando, cansada de contemporizar com mansidão, a cristandade resolveu atacar!

Porque — e aqui é preciso sublinhar algo que ordinariamente se esquece — a Igreja usou para com os albigenses de uma admirável paciência. Durante meio século, só utilizou contra eles as armas da caridade, da pregação, da discussão pública. Uma cruzada espiritual precedeu a dos guerreiros e foi só porque a primeira malogrou que o papado se viu literalmente obrigado a recorrer à segunda.

Foi em 1119, num concílio realizado em Toulouse, que se denunciou o perigo da heresia: os zeladores da seita foram excomungados. Mas não parece que esta medida tenha conseguido conter o seu avanço, porque, em 1147, Eugênio III, que fora à França pregar a segunda cruzada, declarou-se espantado com o que soube sobre a questão. Organizou-se uma missão com a dupla tarefa de reconduzir os hereges à verdadeira fé e o clero à boa conduta. Faziam parte dessa missão Alberico Geoffroy, bispo de Chartres, e *São Bernardo*. "As basílicas estão sem fiéis, os fiéis sem padres, os padres sem honra; só existem cristãos sem Cristo!", gemia o grande cisterciense quando chegou ao Languedoc. Lançou-se corajosamente ao trabalho, falou por toda a parte e parece que o seu prestígio pessoal e o brilho da sua palavra obtiveram alguns resultados, na realidade bastante fracos. Depois que partia os hereges voltavam a levantar a cabeça, e em Verfeil até conseguiram impedi-lo de falar. Instalou cistercienses nas províncias contaminadas — Grandselve e Fontfroide —, que seriam diques contra a onda cátara. E se tivesse podido permanecer nessas regiões, talvez tivesse desfechado um golpe sério contra a heresia. Mas partiu, chamado por outras tarefas. E nem a lembrança dos seus milagres nem a das suas palavras foram suficientes para restabelecer a situação.

Em 1163, no concílio de Lyon, essa situação foi evocada por Alexandre III em termos patéticos. Proibiu-se aos bispos e aos príncipes das regiões *albigenses* que protegessem ou tolerassem os hereges e chegou-se a intimá-los a confiscar-lhes os bens. Raimundo VI de Toulouse respondeu a essas indicações com uma carta tão sincera quanto aflitiva, dizendo que, perante o poder já adquirido pelos hereges, "não podia nem ousava reprimir o mal". Em 1179, o terceiro Concílio de Latrão lançava um novo grito de alarme; os fiéis foram convidados a armar-se contra os hereges em troca de indulgências! O legado Henrique de Albano, antigo cisterciense, dirigiu pessoalmente uma operação militar contra Rogério II Trencavel, para obrigá-lo a pôr em liberdade o bispo de Albi, mas logo que partiu o catarismo intensificou-se. Os cinco sucessores de Alexandre III evocaram um após outro o perigo cátaro, mas nenhum deles esteve em condições de agir seriamente.

Neste ponto, como em tantos outros, quem tomou medidas decisivas foi *Inocêncio III*. Desde o primeiro ano do seu pontificado (1198), anunciou o seu propósito de combater a heresia. Na Itália, ordenou que excluíssem os cátaros das funções públicas e que lhes confiscassem os bens, mas viu-se tolhido por causa das suas desavenças com o Império e da necessidade que tinha de conseguir aliados nas cidades onde os hereges pululavam. No Languedoc, sentiu-se mais livre e agiu com vigor. Os primeiros legados que enviou, Reynier e Guy, dois cistercienses, esbarraram com tantas dificuldades que foi necessário chamá-los de volta. Sem se deixar abater por este primeiro fracasso, o grande papa substituiu-os imediatamente por outros dois cistercienses do mosteiro de Fontfroide, *Pedro de Castelnau e Raul*. Novo fracasso. A má vontade dos senhores e de vários bispos tornava inúteis os esforços dos legados, que falaram em abandonar a tarefa. Com tenacidade, Inocêncio III ordenou-lhes que ficassem e acrescentou-lhes um terceiro, Arnaldo Amalrico, abade de Cister. Reforçaram-se as medidas anticátaras; ordenou-se aos cistercienses que combatessem a heresia por meio de sermões públicos e discussões, e, ao mesmo tempo, que os grandes senhores fossem advertidos de que, se continuassem a ser cúmplices da heresia, o papa incitaria o rei da França a apoderar-se dos seus bens. Até esta ameaça se revelou ineficaz: Raimundo VI jurou expulsar os hereges, mas não fez nada.

Foi então que entrou em cena um novo homem, um espanhol, o cônego regrante de Osma, *São Domingos*[13]. Passando pelo Sul da França a caminho de Roma, este gênio compreendeu que os métodos empregados pela Igreja tinham de ser mudados. Para realizarem a sua missão, os legados achavam que era próprio da sua dignidade apresentarem-se com um séquito poderoso. Chegavam às discussões públicas, onde deviam enfrentar os Perfeitos, com belos cavalos e numerosos lacaios, ao passo que os seus adversários se apresentavam pobremente e a pé. Nas conversas que São Domingos teve com os legados, vendo-os muito desanimados, aconselhou-lhes que talvez obtivessem melhor resultado se também se apresentassem, "a exemplo do Divino Mestre, com toda a humildade, a pé, sem fausto e sem dinheiro, como os apóstolos". Era uma ideia revolucionária, admirável, animada por uma intenção de absoluta fidelidade aos preceitos do Senhor, e o santo pôde expô-la ao papa, que a aceitou com entusiasmo.

No concílio de Montpellier de 1206, o grande espanhol apresentou a sua tese e, imediatamente, pregando com o exemplo, pôs de parte todos os cavalos e lacaios e lançou-se pelas estradas a pé, descalço e mendigando o seu pão. O resultado foi excelente. As conferências contraditórias em que os legados cistercienses não conseguiam impor-se passaram a ganhar amplitude. Nesses torneios de eloquência teológica, os primeiros monges brancos de São Domingos começaram pouco a pouco a sair vitoriosos.

Em Montreal, por exemplo, após quinze dias de debates, conseguiram cento e cinquenta conversões. O próprio Senhor parecia vir em auxílio dos seus, porque em Fanjeaux — como se vê no célebre quadro de Fra Angélico no Louvre —, tendo sido proposta a prova do fogo, os livros cátaros foram devorados pelas chamas, ao passo que a "memória" escrita por São Domingos foi rejeitada por elas com tal violência que saltou até o teto e o queimou. A conferência mais importante realizou-se na primavera de 1207, em Pamiers, centro de cátaros e valdenses, com nítida vantagem para os católicos.

Apesar dos esforços do santo, os resultados não foram satisfatórios; os cronistas Pedro de Vaux-de-Cernay e Guilherme de Puylaurens não ocultam que foram medíocres, e o trovador da *Canção da cruzada* diz claramente: "Toda essa gente importa-se tanto com sermões como com maçãs podres!" Perante o fracasso parcial da pregação e a evidente teimosia das populações em perseverar na heresia, os grandes senhores — sobretudo, não sem astúcia, Raimundo de Toulouse — jogaram todos a carta dos cátaros. A cristandade perguntava-se se não teria de recorrer à força, quando um trágico incidente a obrigou subitamente a dar esse passo.

A cruzada dos albigenses

Em 13 de janeiro de 1208, o legado pontifício Pedro de Castelnau e o bispo de Conserans deixaram a pequena cidade de Saint-Gilles, onde, uma vez mais, tinham tentado convencer Raimundo VI de Toulouse a deixar de proteger os hereges. A entrevista fora inútil. Os dois altos prelados retiraram-se, ouvindo estas palavras de despedida do rebelde: "Em qualquer parte onde estiverdes, na terra ou no mar, tende cuidado: estarei com os meus olhos postos em vós!" Tendo passado a noite numa hospedaria, e celebrado a Missa no dia 14 logo ao amanhecer, dispunham-se a atravessar o Ródano quando um soldado os atacou, de lança em riste. Pedro de Castelnau foi trespassado e morreu pouco depois, só tendo tempo para perdoar o seu assassino, um cavaleiro originário de Beaucaire, pequeno vassalo de Raimundo.

Este assassinato, como o de São Tomás Becket, praticado trinta e oito anos antes por homens de Henrique II da Inglaterra, levantou a cristandade inteira contra aquele que parecia ser o instigador. Raimundo VI era um personagem bastante mesquinho; do bisavô — esse Raimundo IV de Saint-Gilles que desempenhara um papel tão complexo por ocasião da primeira cruzada —, herdara os defeitos, a impulsividade, a instabilidade e, é preciso confessá-lo, a falta de franqueza. Mas estava longe de possuir a coragem e a energia do seu antepassado; a maneira como, em muitas ocasiões, abandonou os seus melhores amigos lança sobre a sua personalidade uma luz bastante deplorável. Ninguém duvidou de ter sido ele o responsável pelo drama, e Inocêncio III menos ainda, embora na verdade não se pudesse provar que as suas mãos estavam manchadas com o sangue do legado. O papado resolveu agir.

Uma cruzada contra os hereges! Durante todo o ano de 1208, os emissários do papa pregaram-na na França do Norte. Os mesmos direitos, as mesmas indulgências, as mesmas honras dos cruzados da Terra Santa seriam concedidos àqueles que pegassem em armas contra os cátaros e seus aliados feudais. Se esta expedição não podia certamente ser considerada um passeio pelo campo, porque os senhores meridionais saberiam defender-se, parecia, no entanto, bem mais fácil do que as do Oriente. Decidiu-se que não deveria durar mais de quarenta dias. Além disso, seria muito lucrativa, porque os bens dos hereges passavam à condição de "presa", isto é, eram prometidos a quem pudesse apoderar-se deles. Com esta perspectiva, muitos pequenos senhores do Norte, possuidores de poucas terras, sentiram um ardente desejo de combater pela fé.

Perante a terrífica tempestade que se formava no seu horizonte, Raimundo de Toulouse julgou prudente ceder. Fez saber ao papa que, se lhe enviasse um legado mais equitativo do que o abade Arnaldo Amalrico, se submeteria; e, realmente, quando foi nomeado o bispo Milon, o conde, com uma humildade muito edificante, deixou que ele decidisse o que fazer para solucionar a questão. Prometer fidelidade ao papa, entregar sete dos seus castelos, comprometer-se a lutar na cruzada contra os hereges do seu próprio condado — aceitou tudo o que o legado quis, para que a sua excomunhão fosse levantada. Mas, nesses meados de junho de 1209, era já muito tarde para impedir que a tempestade desabasse, e o principal resultado da manobra foi deixar sozinhos diante da cruzada vinda do Norte o visconde de Béziers, Albi e Carcassonne, Raimundo II Trencavel, e o conde de Foix, Raimundo Rogério I.

O exército dos cruzados concentrara-se em Lyon; a partida estava marcada para o dia de São João, no verão. Muito preocupado com a guerra contra João Sem-Terra, o rei da França, Filipe II, Augusto, fizera ouvidos de mercador aos convites do papa, limitando-se a autorizar os seus vassalos a participar da cruzada. Era, portanto, apenas uma expedição de senhores, grandes e pequenos, de bispos e arcebispos, na qual as personalidades mais notórias eram o duque da Borgonha, o conde de Nevers e o conde de Saint-Pol, além de alguns vassalos de Raimundo VI, como o conde de Poitiers e de Valentinois. Quantos havia nesse exército? Os cronistas mencionam números que variam entre 50 mil e 500 mil homens; a primeira dessas cifras parece mais verossímil, mas, sem dúvida, incluía mais não-combatentes do que soldados.

A chegada dessa massa era uma terrível ameaça para todo o Sul da França. Perante uma civilização mais refinada que a deles, perante essas opulentas cidades e esses belos castelos, perante essas populações cujo tipo físico os enchia de admiração e cuja língua não compreendiam, os homens do Norte mostrariam uma excessiva inclinação para se comportarem como em país conquistado. As instruções do papa eram formais: tratava-se de extirpar a heresia, expulsar os albigenses dos pontos que ocupavam e restabelecer a autoridade da Igreja, mas de forma alguma de resolver a questão cátara com massacres nem de roubar as riquezas da região. Contudo, em breve se compreendeu que as autoridades religiosas eram incapazes de controlar a corrente de violência que haviam desencadeado. Em teoria, o comando supremo pertencia aos legados Arnaldo Amalrico e Milon, mas, na realidade, quem comandava? O instinto do crime e as paixões mais baixas.

Estava aberto o capítulo mais doloroso talvez da história da Igreja neste período, aquele que mais nos inquieta. Tendo-se tornado necessária, em vista dos progressos aterrorizantes da heresia, a repressão não poderia ter sido menos feroz, menos devastadora? É certo que os horrores desta cruzada têm sido muitas vezes exagerados por certos historiadores e panfletários que, através dos crimes dos "bárbaros do Norte", têm procurado atingir a Igreja. Mas foram tantos os episódios abomináveis a que deu lugar esta operação de salvação da cristandade, que não se pode considerá-la de ânimo leve.

O verão de 1209 presenciou, portanto, uma "cruzada-relâmpago"[14]. Ao longo do Ródano e para além de Nîmes, tomou a princípio a feição de um simples passeio militar. Não houve qualquer resistência; abriam-se burgos e cidades; festejava-se o "cruzado" Raimundo VI, incorporado ao grosso do exército, com uma grande cruz sobre o peito. O drama começou em Béziers. A praça pertencia ao jovem herdeiro dos Trencavel, Raimundo Rogério, de vinte e quatro anos de idade, que talvez também quisesse submeter-se. Mas como licenciar esse exército sem se ter desferido um golpe definitivo contra a heresia? Recusaram-se a aceitar a sua submissão e, enquanto o jovem se apressava a preparar a defesa de Carcassonne, sua capital, a cruzada atacou Béziers. Foi terrível. Entraram na cidade de surpresa, e os mais implacáveis do exército iniciaram uma mortandade que os nobres não conseguiram sustar. Nada conteve as tropas sedentas de carnificina; mulheres e crianças, católicos fiéis, clérigos e mesmo cônegos, todos foram mortos indiscriminadamente[15]. A cifra do massacre pode ter sido exagerada[16], mas foi certamente enorme, e o saque de Béziers tornou-se uma das mais terríveis recordações desta guerra travada em nome de Cristo.

Felizmente, este seria o único exemplo de tão desmedidas crueldades. Em Carcassonne, não se passou nada de semelhante. A praça, muito fortificada, foi tomada de surpresa, depois de um episódio deveras obscuro em que o jovem Raimundo Rogério foi aprisionado, sem que se soubesse ao certo se foi capturado por traição durante uma negociação ou se se entregou voluntariamente como refém para salvar o seu povo. Em todo o caso, não houve nenhum massacre, mas apenas essa espécie de pilhagem que nos nossos dias se chama "requisição". Dois dos núcleos da heresia estavam derrubados e o catarismo sofreu um golpe terrível. Mas o acordo dos quarenta dias caminhava para o seu fim. Era preciso escolher um cruzado para administrar os bens do infeliz Trencavel. Depois de algumas negociações, a escolha recaiu sobre *Simão de Montfort*.

Era um senhor da região parisiense, um normando do Vexin, suserano de Conflans, Épernon e Houdan, e desse "Montfort-l'Amaury" cujo nome a sua família usava. Conde também de Leicester, na Inglaterra, por parte de mãe, nada tinha do aventureiro que vive atrás de uns tostões. Com quarenta e cinco anos, vigoroso, corajoso até a loucura, era um cristão de uma fé exemplar, sempre pronto a dar a vida pela Igreja. Não era mais cruel do que os homens do seu tempo, mas também não era o mais meigo. Quiseram fazer dele um monstro, perseguido pela apetência do crime, mas foi antes "um soldado que lutou pela sua fé, sem pensar em si e nos outros". Instalado legitimamente, segundo as leis feudais, nas terras de Raimundo Rogério, assumiu sozinho, rodeado apenas por um pequeno número de fiéis e uns quatro mil homens, a responsabilidade da cruzada e da luta contra a heresia.

A sua primeira tarefa foi concluir a conquista do viscondado de Béziers; Albi caiu. Depois, Simão atacou o outro amigo dos cátaros, o conde de Foix, tomando-lhe sucessivamente Pamiers e Mirepoix, onde instalou o seu amigo Guy de Levis, marechal do seu pequeno exército. Nesse momento, em princípios de setembro de 1209, ocorreu um novo episódio: Raimundo VI mudou de campo. Das promessas que fizera, não tinha cumprido quase nenhuma; um concílio reunido em Avinhão excomungou-o e interditou-lhe as terras. Correu a Roma a fim de apelar para o papa, e conseguiu comovê-lo ao contar-lhe os horrores de que fora testemunha. Levado à presença de dois novos concílios, foi novamente condenado. Desta vez, com o apoio dos condes de Foix, de Béziers e de Comminges, tomou a decisão de resistir. O caso tomava uma nova feição: era agora a luta da gente do Sul contra os "convertedores" do Norte.

Começou então uma verdadeira guerra, para a qual Simão de Montfort recebeu reforços de Flandres, da Lorena e da Alemanha. Depois de ter tomado Lavaur (1211) e diversos castelos, entregando-se nessas ocasiões a pequenas chacinas de hereges, tentou em vão entrar em Toulouse, voltou-se contra o exército inimigo, que esmagou em Castelnaudary, e veio apoderar-se de Saint-Gaudens. Em fins de 1212, o Quercy, o Agenais, as terras de Foix e de Comminges haviam caído em seu poder. Na prática, Raimundo VI ficava somente com Toulouse e Montauban.

Era inquietante o enorme êxito do senhor de Yveline. Inocêncio III perguntava a si mesmo se o terrível soldado de Cristo trabalhava apenas para a glória da Igreja e se os seus métodos podiam dar bons resultados. O rei Pedro II de Aragão, cunhado do conde de Toulouse, receoso de que se formasse junto da sua fronteira um Estado tão poderoso, propôs servir de intermediário entre os adversários, o que o papa encorajou vivamente. E quando as negociações malograram e Pedro II, vassalo muito querido de São Pedro, puxou da espada para apoiar Raimundo, o amigo dos hereges, Inocêncio III não o impediu.

Mas a coligação entre Aragão e o Languedoc nada pôde contra o ímpeto de Simão, que estava galvanizado pela vitória. A catástrofe deu-se em *Muret*, em três dias terríveis, 10, 11 e 12 de setembro. As negociações foram em vão, e tornou-se necessário recorrer ao julgamento das armas, que se mostrou cruel para o rei Pedro, caído no campo de batalha, e para os seus aliados, que tiveram de fugir em carreira desabalada. Simão de Montfort acabou de limpar a região: Marmande, Montauban, Narbonne e Toulouse foram finalmente tomadas. Em 8 de janeiro de 1215, um concílio reunido em Montpellier proclamou o vencedor príncipe dos territórios conquistados e pediu ao papa que confirmasse essa legitimação.

Inocêncio III, evidentemente, achava que as coisas tinham ido longe demais. Adiou a decisão até o *Concílio de Latrão*, que convocara para o mês de novembro seguinte. Entretanto, opôs-se à expropriação dos vencidos e, quando o conde de Toulouse chegou a Roma, acolheu-o o mais paternalmente possível. O seu caráter nobre levava-o a não aceitar medidas que se assemelhassem a uma espoliação e, sem dúvida, pensava também que não se devia piorar a situação dos infelizes senhores do Sul. Parecia-lhe melhor uma política de pacificação, mas os bispos asseguraram-lhe que restituir os bens aos senhores autóctones seria o mesmo que restabelecer a heresia. O papa cedeu ao argumento, mas tomou medidas para garantir os direitos da mulher e do filho de Raimundo de Toulouse.

O grande pontífice tinha visto com clareza. A decisão do Concílio de Latrão, que instalava para sempre os senhores do Norte no lugar dos antigos proprietários, provocou um sobressalto de cólera no Sul. Por cada um desses "franceses" que sabiam fazer-se aceitar e amar — como o marechal Levis-Mirepoix, que foi um verdadeiro pacificador nos seus domínios —, quantos não eram odiados! "Faças o que fizeres", dissera o velho papa a Raimundo VI, que viera despedir-se dele depois do concílio, "Deus te permita começar bem e acabar melhor!" Era um convite para que voltasse a pegar em armas? Logo que Inocêncio III morreu, o Sul inteiro se sublevou. Simão, nesse momento, estava ocupado em aumentar as suas conquistas na margem esquerda do Ródano. O velho conde, ajudado por seu filho, o jovem Raimundo VII, tomou a ofensiva em toda a linha.

Monfort ripostou com um ataque direto contra a capital, mas uma pedra arremessada de uma catapulta quebrou-lhe a cabeça, em 25 de junho de 1218. Seu filho Amaury era incapaz de suceder-lhe num comando tão difícil e o exército retirou-se para Carcassonne.

Recomeçaria tudo? Novamente na posse da maioria dos seus bens, voltariam os senhores do Sul a patrocinar a heresia? Os cátaros levantavam a cabeça por toda a parte. O novo papa, Honório III, assustado, pediu a Filipe Augusto que interviesse. A situação tinha mudado para o rei da França; João Sem-Terra e os seus aliados, vencidos em Bouvines, já não causavam temor. Chegara talvez o momento de trincar as castanhas que outros tinham tirado do fogo. Esta operação religiosa iria converter-se numa operação política, uma das mais frutuosas que a dinastia dos Capetos levou a cabo. Pela primeira vez, em 1219, as tropas comandadas pelo príncipe herdeiro Luís — o futuro Luís VIII — chegaram ao Sul e, durante mês e meio, tentaram em vão tomar Toulouse. Quando se retiraram, Amaury de Montfort, expulso de toda a parte, reduzido a defender-se em Carcassonne e muito desgostado, propôs ao rei da França ceder-lhe todos os seus direitos sobre o Sul.

Filipe Augusto morrera (1222), e Luís VIII aceitou a oferta. Os legados do papa e os concílios reunidos em Paris e em Bourges pediram-lhe que voltasse a empreender uma verdadeira cruzada contra Raimundo VII de Toulouse, mais amigo ainda dos hereges do que seu pai e excomungado. Em junho de 1226, pela segunda vez, os cruzados puseram-se a caminho em direção ao Sul. Avinhão, que se tornara um refúgio de valdenses e albigenses, acabou por cair, e depois Béziers e Carcassonne. Uma multidão de clérigos e monges, originários do Sul, avançava à frente do exército real, convidando a população a submeter-se. Em algumas semanas, tudo estava regularizado; a assembleia de Pamiers devolveu ao rei da França todas as terras pertencentes aos hereges. A morte de Luís VIII arrastou as coisas, mas o Sul estava esgotado e os seus príncipes compreenderam que o domínio real era a melhor solução. Raimundo VII desejava reconciliar-se com a Igreja; sua filha Joana desposou Afonso, irmão de Luís IX, que viria a suceder-lhe. Além disso, ofereceu o Comtat-Venaissin ao papa e uma parte dos seus bens à coroa. Branca de Castela e o legado, o cardeal de Saint-Ange, assinaram o acordo, em Paris, no dia 12 de abril de 1229.

Vinte anos depois de uma luta, se não ininterrupta, pelo menos continuamente renovada, a "cruzada dos albigenses" terminava com a vitória da Igreja e, mais ainda, da realeza capetíngia. O cristianismo tinha afastado o grave perigo que a heresia lhe fizera correr. O catarismo cessara de se considerar orgulhosamente como o senhor do Sul francês; os seus chefes, encurralados pela nova instituição eclesiástica que resultara do próprio drama — a Inquisição —, tinham de esconder-se ou fugir. O objetivo fora atingido; a operação de salvação pública fora bem sucedida. Mas por que fora necessário tanto sangue, tantas lágrimas e tantas ruínas? O Sul da França nunca se recuperou por completo do esmagamento a que foi submetido.

A Inquisição, tribunal cristão de salvação pública

A Inquisição... A simples menção desta palavra traz à memória as imagens mais atrozes; os corações mais fortes e as consciências mais retas sentem-se atormentados. De resto, não disse Mons. d'Hulst do alto do púlpito de

Notre-Dame de Paris, que o catolicismo deveria lançar a Inquisição pela janela fora, porque, neste ponto capital, a Igreja era indefensável? A bem dizer, dentro do horror que esta instituição inspira, é preciso levar em conta as muitas imagens estereotipadas que nos foram impostas pela propaganda e as confusões, mais ou menos voluntárias, de tempo e de lugar. Os "emparedados de Carcassonne", tal como se evocam num quadro bem conhecido, não foram de forma alguma encerrados vivos; o número de fogueiras, mesmo que tenha sido excessivo, nunca atingiu a casa dos milhares, como alguns pretendem; e a Inquisição medieval nada teve de Torquemada. A Inquisição foi, no sentido exato do termo, um tribunal de salvação pública da cristandade. Assim se explicam facilmente os seus rigores.

Não foi a Igreja que inaugurou a repressão da heresia por meio da violência. Se a considerou em todos os tempos como um crime de "lesa-majestade" divina, nunca pediu a aplicação dessas penas severas que castigavam toda a lesa-majestade no direito imperial romano. No decurso dos três primeiros séculos, recorreu apenas à persuasão e às punições espirituais. Foram os imperadores cristãos, Constantino e seus sucessores, que, como "bispos do exterior", castigavam com penas temporais — multas, prisão e flagelação — os rebeldes contra a verdadeira fé, maniqueus ou donatistas. O primeiro grande processo por heresia que terminou com uma execução capital, o do espanhol Prisciliano, provocou veementes protestos do papa Sirício, de Santo Ambrósio e de São Martinho de Tours. Com Santo Agostinho, a perspectiva mudou um pouco: partidário resoluto dos métodos de tolerância para com os hereges, sobretudo maniqueus, compreendeu que a heresia constituía um atentado fundamental contra a sociedade cristã e que esta devia defender-se. Desejava que ela o fizesse com moderação, mas admitia que se aplicasse a pena de morte em caso de perigo social evidente. Ao contrário, São João Crisóstomo dizia que "matar um herege é introduzir na terra um crime inexpiável".

Coisa curiosa: a época merovíngia e mesmo a época carolíngia, que não passam por muito benévolas, não conheceram repressões sangrentas da heresia. A razão é simples: o não-conformismo religioso era então muito pequeno para constituir um perigo real, e o que restava dos arianos podia ser considerado como prestes a converter-se. O monge Gottschalk, acusado de heresia em meados do século IX, foi condenado apenas à flagelação. Foi a reaparição da heresia dualista, maniqueia, cujo caráter antissocial já referimos, que provocou uma reação mais viva. Esta reação foi obra dos príncipes: Roberto o Piedoso, em 1022, mandou queimar os hereges de Orléans; o imperador Henrique III, em 1052, mandou enforcar outros em Goslar. Até meados do século XII, todas as condenações à morte de hereges foram decididas pelas autoridades civis, muitas vezes impelidas pelas multidões fanatizadas. A Igreja levantou-se contra essas mortes, principalmente contra as execuções sumárias. Foram inúmeros os doutores e pontífices que fizeram ouvir os seus protestos. "A fé é uma obra de persuasão", exclamava São Bernardo, "não se impõe!", e, quando soube da execução pelo fogo de alguns hereges em Colônia, acrescentou sabiamente que era absurdo fazer "falsos mártires" desse modo. Foram numerosos os cânones dos concílios que, excomungando os hereges e proibindo os cristãos de lhes darem asilo, não admitiam que se utilizasse contra eles a pena de morte. Deviam bastar as penas espirituais ou, quando muito, as penas temporais moderadas.

Como se explica então que, a partir de fins do século XII, vejamos a Igreja organizar uma instituição especialmente destinada a caçar os hereges e que essa instituição tenha recorrido tão rapidamente aos métodos da força? O súbito desenvolvimento da heresia tornou o perigo mais temível. Numa época em que a sociedade cristã estava indissociavelmente ligada à Igreja, segundo uma concepção ao mesmo tempo espiritual e temporal da "cristandade", era o cristianismo que assumia a responsabilidade de toda a vida coletiva, da ordem pública, dos fundamentos da civilização. Mas a sua justiça não estava apetrechada para realizar essa tarefa de modo satisfatório[17]. Para *investigar* e *reprimir* a anarquia espiritual, a cristandade instituiu, pois, um organismo especial: a *Inquisição*.

A ideia tomou forma em 1139, no segundo Concílio de Latrão. A hora era grave: o maniqueísmo cátaro ganhava terreno em toda a parte; Henrique de Lausanne agitava-se na França e Arnaldo de Bréscia na Itália; e Abelardo provocava entre os estudantes de Paris uma agitação que inquietava. A ideia foi que, dali por diante, a Igreja apontaria aos poderes públicos esses fautores de perturbações, para que o "braço secular" os impedisse de incomodar. No terceiro Concílio de Latrão, em 1179, a ideia ganhou força. Cinco anos mais tarde, em 1184, uma assembleia especialmente reunida em *Verona*, sob a presidência de Lúcio III e com o apoio de Frederico Barba-Roxa, elaborou uma verdadeira constituição que encarava todos os aspectos do problema, enumerando as diversas categorias de hereges, precisando as modalidades das medidas jurídicas que deveriam ser aplicadas, definindo as penas para os culpados e seus cúmplices. Cada bispo deveria ter na sua diocese clérigos de confiança encarregados de descobrir a heresia e de avisar os poderes públicos. *A Constituição de 1184 é geralmente considerada como o documento que instituiu a Inquisição*.

Tratava-se ainda de uma forma rudimentar. Podia esta *Inquisição episcopal* ser eficaz? Que aconteceria se os próprios bispos fossem indulgentes com a heresia? O papado apercebeu-se em breve da ambiguidade da situação e substituiu pouco a pouco a Inquisição dos bispos pela dos legados. A partir do pontificado de Inocêncio III, foi a *Inquisição dos legados pontifícios* que começou a agir, confiada sobretudo aos cistercienses. Entregues aos poderes públicos, os hereges foram tratados por eles com extrema severidade. Filipe Augusto, na França do Norte, mostrou-se um devotado auxiliar da justiça inquisitorial e Frederico II, semiateu, notabilizou-se ainda mais paradoxalmente por uma lei que mandava queimar os hereges condenados pela Igreja e cortar a língua aos que tivessem a vida salva!

A questão dos albigenses reforçou de modo decisivo a Inquisição. Dois concílios locais, reunidos em Avinhão, em 1209, e depois em Montpellier, em 1215, voltaram a tomar as medidas de Verona; o quarto Concílio de Latrão, de 1215, desenvolveu-as ainda mais, tornando obrigatório o recurso ao braço secular. Ao mesmo tempo, a intervenção armada dos cruzados selava a colaboração entre as autoridades religiosas e os poderes civis. Mas o catarismo, tão terrivelmente atingido, escondeu-se, dissimulou-se, transformou-se numa sociedade secreta cujos mil fios se estendiam através do país, tornando-se infinitamente difíceis de encontrar. Bem se podia lembrar aos bispos, aos abades e aos legados, assim como a todo o clero, que deviam vigiar, descobrir os suspeitos, denunciá-los; bem se podiam tomar as mais terríveis medidas, como a destruição imediata de toda a casa em que fosse apanhado um herege, a demissão de todos os magistrados que se mostrassem menos zelosos, ou ainda a responsabilidade coletiva das famílias e das aldeias: a verdade é que era difícil descobrir um cátaro, que se comportava aparentemente como um cristão e estava acobertado por mil cumplicidades.

Foi então, logo depois da cruzada dos albigenses, em 1231, que Gregório IX teve a ideia de transformar a Inquisição num organismo especial, independente dos bispos e até dos legados, e de constituir *tribunais permanentes*, cuja única tarefa seria lutar contra as forças secretas da heresia. Na mesma ocasião, duas novas milícias religiosas acabavam de nascer na Igreja e de dar provas da sua eficácia no Sul da França: a dos dominicanos e a dos franciscanos. A autoridade de que desfrutavam sobre as massas era enorme. Os elementos mais vivos do cristianismo afluíam às suas fileiras. Foi a eles que uma série de decretos, entre 1231 e 1234, confiou a nova jurisdição. Estava constituída a *Inquisição monacal*. Em 1235, foi nomeado pela primeira vez um Inquisidor geral para o reino da França, o dominicano Roberto le Bougre, assim chamado porque ele próprio tinha sido "búlgaro", isto é, cátaro.

É sob a forma monacal que a Inquisição irá trabalhar a partir de agora, e é sob essa forma que adquirirá a reputação que lhe conhecemos: uma justiça que aceita indiscriminadamente todas as acusações e denúncias, que recusa aos acusados toda a garantia, que, para obter confissões, utiliza as piores torturas e que, em última análise, condena automaticamente as suas vítimas, e com que terríveis penalidades! Esta é a imagem que se tem comumente da Inquisição, mas a verdade não é essa. Sob muitos aspectos, é atroz, dolorosa; no entanto, existem matizes. Os trâmites do processo inquisitorial são-nos bem conhecidos, graças a um conjunto de textos, bulas pontifícias, decisões de bispos, legados e concílios, e sobretudo devido a formulários e manuais redigidos por inquisidores como São Raimundo de Peñafort, o grande canonista espanhol, e Bernardo Guy, um dos mais célebres inquisidores dos princípios do século XIV. Debruçando-nos sobre esses documentos, somos levados a emitir um juízo menos uniforme e menos acabrunhante.

Tentemos descrever como é que a Inquisição atuava. A uma região em que se suspeita que o perigo herético é grave, chegam um dia os inquisidores dominicanos ou franciscanos. São três ou quatro, no mínimo, sob a direção de um chefe. Reunindo na igreja toda a população, na presença dos prelados e dos clérigos, começam por dirigir-lhe uma *prédica solene*, intimando cada um a ajudá-los e convidando os rebeldes a pedir perdão a Deus. A princípio, portanto, a Inquisição aparece quase como uma extensão do tribunal da penitência, cujas intenções misericordiosas e sobrenaturais também possui[18]. Juridicamente, estas intenções exprimem-se em dois textos que os inquisidores fazem proclamar: *o edito de fé* e o *edito de perdão*. O primeiro ordena que todo o cristão, sob pena de excomunhão, denuncie qualquer pessoa que seja considerada herege, incluindo os simples suspeitos. O segundo oferece aos rebeldes um prazo, que varia entre duas e quatro semanas, para virem confessar a sua falta. Se a sua heresia nunca causou escândalo, ser-lhes-á imposta uma simples penitência secreta; se é notória, beneficiarão de uma indulgência e só serão condenados a uma peregrinação ou, quando muito, a alguns dias de reclusão, muitas vezes num convento.

Findo o prazo de graça, a questão passa para outro plano. Após o apelo do "edito de fé", surgem as denúncias, e os inquisidores, para estudarem a região, entram em contato com gente que Gregório IX chama "pessoas discretas", de costumes e doutrina irrepreensíveis. Recomenda-se, porém, muito cuidado para que "a heresia não seja um falso pretexto para fazer condenar um inimigo". Em tais circunstâncias, deviam desencadear-se muitas paixões mais ou menos inconfessáveis, e os inquisidores tinham, sem dúvida, dificuldade em separar o joio do trigo. Tanto mais que em breve — quando muitos dos que tinham ajudado os inquisidores acabaram com um punhal cravado nas costas ou lançados num despenhadeiro durante a noite — passou a ser necessário manter em segredo os nomes dos denunciantes.

Apontado pelo rumor público ou denunciado, o suspeito é conduzido ao tribunal que vai interrogá-lo. E surge aqui uma questão delicada. O suspeito tinha direito a um advogado? A maior parte dos historiadores da Inquisição responde negativamente, apoiando-se na bula *Si adversus vos* de Inocêncio III, que proibia aos advogados e notários que prestassem a sua colaboração aos hereges. No manual de Bernardo Guy, lê-se igualmente que os inquisidores deviam proceder "sem clamores de advogados". Parece, no entanto, que houve frequentes exceções a esta regra e que não raras vezes o tribunal autorizou o acusado a ser assistido. São numerosos os casos de processos inquisitoriais em que se sabe da presença de advogados; no de Joana d'Arc, os juízes, entre os quais havia um inquisidor, perguntaram-lhe se queria ser assistida, ao que ela respondeu negativamente; e noutro manual do inquisidor, o de Eymeric, podemos ler esta passagem que desmente Bernardo Guy: "Não se devem privar os réus das defesas de direito, mas, pelo contrário, conceder-lhes procuradores e advogados, desde que sejam probos, não suspeitos de heresia e bons zeladores da fé".

Trazido ao tribunal, o acusado é interrogado longa e minuciosamente. Os nomes das testemunhas que foram ouvidas contra ele permanecem em segredo — sempre por medo de represálias sangrentas —, mas relatam-lhe os depoimentos e ele pode refutá-los. Se as suas provas são pertinentes, o processo corre o risco de voltar-se contra o denunciante ou falsa testemunha, porque se prescreve que, em caso de má intenção devidamente comprovada, o caluniador seja condenado à mesma pena que o acusado teria recebido. Em princípio, todo o acusado tem o direito de apresentar testemunhas de defesa, mas bem sabemos que são raros os heróis que, expondo-se por outrem, queiram arriscar-se a ser acusados por sua vez de heresia...

Sobre que versa a acusação? São muitas as razões pelas quais se pode ser chamado ao tribunal inquisitorial. Em primeiro lugar, quando se é abertamente herege, como acontecia, entre os cátaros, com os Perfeitos ou mesmo com os simples "crentes"; quando, embora não se pertença à seita, se manifesta por ela certa simpatia, como no caso de alguém que dobrasse o joelho diante de um Perfeito; quando se abrigou pelo menos duas vezes um herege conhecido como tal, ou se defendeu publicamente um rebelde; finalmente, quando — esta circunstância agravava o caso —, depois de se ter abjurado o erro, se volta ao vomitado e se é, portanto, relapso. Este é de todos os casos o pior.

A qualquer categoria de acusado que se pertença, sempre se pode tentar abrandar a severidade do tribunal confessando a culpa. É até o que se aconselha. A confissão, a "culpa", reconduz praticamente o processo ao da confissão sacramental e limita frequentemente a penalidade à das penitências canônicas. Mas se o acusado nega, os inquisidores devem obrigá-lo a contradizer-se ou a rejeitar a sua fé herética. Podem também pô-lo na presença de provas que o obriguem a desmascarar-se; assim, por exemplo, visto que os cátaros acreditam na metempsicose, trarão ao acusado um animal (um cão, por exemplo) e pedir-lhe-ão que o degole, colocando-o assim no dilema de se denunciar, recusando, ou de violar as suas convicções, submetendo-se. Usam-se também outros meios de pressão: evoca-se perante o acusado a terrível sorte que o espera, se ele perseverar no seu erro: a prisão perpétua ou a morte pelo fogo; deixa-se o acusado meditar durante muito tempo numa cela, alimentado a pão e água. Por fim, se todos esses meios se mostram ineficazes, recorre-se ao meio supremo: a *tortura*.

É este um dos aspectos da Inquisição que os adversários da Igreja mais violentamente têm explorado contra ela. O espetáculo de monges presidindo a terríveis suplícios para arrancarem confissões a acusados já exaustos é, com efeito, daqueles que mais revoltam. Seria inútil negar que a Igreja — durante muito tempo hostil à tortura, como se sabe — cedeu a partir do século XIII à corrente que, sob a influência do direito romano renascente, infelizmente recolocou essa prática num lugar de honra da justiça civil. A tortura preventiva, destinada a coagir o acusado a confessar, figura nas leis italianas a partir de 1220; em 1252, pela bula *Ad extirpanda*, Inocêncio IV autorizou e regulamentou o seu emprego nos tribunais da Igreja; por fim, Alexandre IV, em 1260, e Urbano IV, em 1262, decidiram que os inquisidores estivessem pessoalmente presentes. Mas, seguindo embora os passos da jurisdição civil, teria a Igreja o direito de recorrer a meios tão evidentemente desumanos? Muitos inquisidores formulavam essa pergunta a si mesmos, como aconteceu com Eymeric que, muito prudentemente, observa que a tortura, embora leve os fracos a confessar qualquer coisa, não serve para nada contra os hereges de têmpera. E H.C. Lea, o historiador americano, declara "digno de observação que, nos fragmentos de processos inquisitoriais que nos chegaram às mãos, são raras as alusões à tortura".

Se, para sua infelicidade, o acusado recalcitrante cai nas mãos de um tribunal decidido a recorrer à tortura, que sofrimentos o esperam? Geralmente, os inquisidores escolhem entre quatro suplícios. O das vergastadas — a simples flagelação — é considerado o mais benigno. O cavalete é pior, pois consiste em imobilizar o homem sobre uma peça triangular de madeira, com os quatro membros amarrados por cordas a um aparelho movido a manivela, cujo menor movimento lhe desloca as articulações. A estrapada é uma espécie de jogo terrível, em que o acusado, preso como um frango que vai ser assado, é içado por uma corda até o cimo de um poste muito alto, de onde é precipitado várias vezes até poucos centímetros do chão. Por fim, na tortura por meio de carvões incandescentes, não há necessidade de precisar em que consiste o suplício; é aquele a que recorrerão os *chauffards* para obrigarem as suas vítimas a revelar onde esconderam o seu pé-de-meia. Tudo isto é horrível, e mais horrível ainda pelo aparato de justiça que acompanha essas crueldades, pela presença desses monges que espiam as confissões, desses notários que as registram por escrito. Queremos crer, para honra da Igreja, que esses casos não tenham sido muito numerosos e que muitos inquisidores tenham pensado como Eymeric.

Obtida a confissão de uma forma ou de outra, chega o momento de pronunciar a sentença. Mas aqui é preciso frisar, em benefício do processo inquisitorial, que existia uma instituição bastante importante: a dos *boni viri*, dos jurados. O mesmo Inocêncio IV que autorizou a tortura foi, em sentido inverso, o instigador desse "júri", que devia participar dos interrogatórios e dar a sua opinião sobre o julgamento. "Em acusações tão graves", diz o papa, "é preciso proceder com a maior precaução". Em número variável entre dois e vinte, católicos conhecidos pela pureza da sua fé, deviam ser os colaboradores, os fiadores da justiça eclesiástica. O júri existiu, portanto, quinhentos anos antes de 1789, junto dos tribunais da Inquisição.

Chegou finalmente o dia em que se vai proclamar o veredito. Essa proclamação rodeia-se de grande pompa, de uma solenidade destinada a impressionar os espíritos. A cerimônia realiza-se geralmente numa grande praça, diante de uma multidão imensa. O chefe dos inquisidores pronuncia um sermão que é ao mesmo tempo uma sentença, e que ele interrompe de tempos em tempos para pedir à assistência que proclame essa fé que a heresia insulta. É o *auto-de-fé*, que passará a ter uma conotação tão terrível.

A que penalidade será condenado o herege? Estão previstos três tipos: a prisão, temporária ou perpétua, que será cumprida de modos diferentes, conforme a gravidade das faltas; o *murus strictus*, detenção numa cela estreita e escura, muitas vezes agravada com o acorrentamento, que é considerado o castigo mais penoso; e, se o crime é ainda pior e o escândalo foi grande, a entrega do condenado ao "braço secular". Esta pudica fórmula não deve iludir-nos nem levar-nos a afirmar, como faz Joseph de Maistre, que só o poder civil era responsável pela morte daqueles que lhe eram entregues; os inquisidores sabiam perfeitamente que, ao entregaram um homem ao braço secular, o enviavam para a morte. Por horror ao sangue, a Igreja preferia proceder assim, mas o resultado era conhecido de antemão. Mais ainda: diversas bulas pontifícias impunham expressamente aos poderes públicos a obrigação de executar os hereges que lhes fossem entregues...

A forma comum de execução era a fogueira, essa pena que os imperadores romanos tinham inventado contra os maniqueus, que Roberto o Piedoso tinha ressuscitado no famoso processo de Orléans, e que se incorporara tão bem aos costumes que a maior parte dos tratados jurídicos e das constituições a citavam como normal. A Igreja aceitou-a, e esse rigor atroz causa-nos aflição; é preciso dizer, no entanto, que ela proibia que se aplicassem aos seus condenados as penas acessórias que a justiça civil costumava acrescentar: marcas com ferro ao rubro, despedaçamento do corpo na roda, etc. Por fim, a essas penalidades principais, somava-se quase sempre, em princípio, a confiscação dos bens do condenado e de todos os membros da família. Mas parece que, devido ao excessivo rigor deste castigo, que podia atingir inocentes, se admitiram muitas exceções.

Tal como se apresenta diante de nós, no seu conjunto, com os seus terríveis rigores e com os seus métodos próprios da época, a Inquisição medieval não constituiu certamente o aspecto do cristianismo que mais se pode admirar. Devemos por isso recriminar a Igreja? Devemos condenar sem apelo essa instituição como um barbarismo? É na perspectiva do tempo e do momento histórico que devemos tentar situá-la para compreendê-la, pois trata-se de uma época em que, como diz São Tomás, cada um pensava que "corromper a fé, a vida da alma, é bem mais grave do que falsificar moeda". Ora, os Estados não castigam severamente os falsos-moedeiros? Uma época ainda, cuja sensibilidade era muito diferente da nossa, em que o homem era certamente mais rude, mais resistente à dor, e em que a vida não estava cercada desse respeito hipócrita que o nosso século XX proclama tão alto, ao mesmo tempo que a insulta de mil maneiras. A Inquisição, mesmo tomada nos seus piores aspectos, nem se compara com os regimes totalitários modernos; as suas prisões não atingem o número dos campos de concentração, e as suas fogueiras são largamente ultrapassadas pelas câmaras de gás...

E se houve incontestavelmente abusos no emprego da justiça inquisitorial — sobretudo, aliás, quando ela foi confiscada pelos poderes civis, como no tempo de Filipe o Belo e sob os reis da Espanha —, não é menos certo que são numerosos os documentos que provam o cuidado com que os chefes da Igreja procuraram reprimir os abusos. Muitas instruções pontifícias ordenam aos provinciais das ordens mendicantes que demitam os inquisidores cuja crueldade revolte a opinião pública. Muitos apelos dirigidos a Roma terminaram com a absolvição dos condenados e com sanções contra os juízes. Por outro lado, as próprias cifras são eloquentes e provam que os acusados estavam bem longe de terem a fogueira como um destino antecipadamente certo. Em 930 sentenças que Bernardo Guy pronunciou em quinze anos, houve 139 absolvições, 132 penitências canônicas ou imposições de cruz, 152 obrigações de peregrinação, 307 prisões e apenas 42 "entregas ao braço secular". É muito; é talvez demasiado, mas desejaríamos saber se, em alguns julgamentos por tribunais de exceção que os tempos modernos conheceram, a proporção das condenações à morte não foi muito maior. Arma de circunstância entre as mãos da Igreja, cujo emprego foi exigido pelo perigo, a Inquisição aparece como uma necessidade penosa que, pelo menos na Idade Média, só raramente degenerou em abuso. É difícil alegrar-se com ela e exaltá-la, mas, pelo menos, pode-se compreendê-la e apreciá-la no seu justo valor.

Falta formular uma pergunta: foi eficaz? A resposta varia segundo os casos e as regiões. Não há dúvida de que a Inquisição acabou com a heresia cátara não só no Sul da França como na Itália, à exceção de alguns vestígios ínfimos. Já a heresia valdense foi, como já vimos, infinitamente mais tenaz. Apesar dos esforços desenvolvidos por uma série de inquisidores, aninhou-se tão bem nos altos vales dos Alpes que nunca pôde ser completamente extirpada. Mas como instrumento de investigação e repressão, a Inquisição foi sobretudo incapaz de se opor ao nascimento de novas heresias, cujas causas profundas estavam fora do seu alcance. No início do século XIV, alcançará uma enorme importância, será introduzida em toda a parte, e os reis serão seus eficazes aliados. Mas não poderá impedir que a temível fermentação dos espíritos trabalhe contra a fé e determine novas dissidências. Pois não há dúvida de que a heresia, como São Paulo já tinha visto, faz parte do desenvolvimento histórico normal de uma religião, na medida em que resulta de um terrível e necessário privilégio que se chama liberdade. E contra esta perpétua possibilidade de errar, que procede das prerrogativas concedidas por Deus ao homem, os métodos de força, em última análise, não têm nenhum poder.

Notas

[1] Sobre as primeiras heresias, cf. *A Igreja dos apóstolos e dos mártires*, capítulos VI, VII, e X. Depois, em *A Igreja dos tempos bárbaros*, cap. I, par. *O combatente da verdade* e, cap. III, par. *Os grandes debates sobre a natureza de Cristo.*

[2] Cf. *A Igreja dos tempos bárbaros*, cap. I, par. *O combatente da verdade.*

[3] Cf. *A Igreja dos tempos bárbaros*, cap. X, par. *Cristãos do ano mil: o lamaçal.*

[4] O caráter antissocial e revolucionário da heresia explica que tenha havido soberanos excomungados, e até príncipes muito pouco crentes, como o imperador Frederico II ou Manfredo da Sicília, que perseguiram ferozmente os hereges.

[5] A pena da fogueira foi aplicada pela primeira vez aos hereges por ocasião do processo dos cônegos de Orléans em 1022 (cf. *A Igreja dos tempos bárbaros*, *ibid.*); a partir de 1050, tornou-se de uso corrente.

[6] Sobre Abelardo, remetemos para o que se disse no cap. III, par. *O defensor da fé*, e cap. VIII, par. *O primeiro período da Escolástica.*

[7] Cf. cap. V, par. *Frederico Barba-Roxa e o seu sonho de domínio universal.*

[8] Cf. cap. IV, par. *Inocêncio III, reformador.*

[9] Sobre as origens do *maniqueísmo*, cf. *A Igreja dos apóstolos e dos mártires*, cap. X, par. *O maniqueísmo, peste vinda do Oriente*, cap. IX, par. *A glória dos macedônios* e *A Igreja dos tempos bárbaros*, cap. I, pars. "*Eu amava amar...*" e *O combatente da verdade*, e cap. IX, par. *A glória dos macedônios.*

[10] A exposição de arte iugoslava de Paris 1951 mostrou espécimes extraordinários (cf. catálogo dessa exposição).

[11] Cf. *A Igreja dos tempos bárbaros*, cap. X, par. *O espírito da reforma conquista a Igreja.*

[12] Sobre o *docetismo* e a *gnose*, cf. *A Igreja dos apóstolos e dos mártires*, cap. VI, pars. *A obra de São João* e "*Oportet haereses esse*"; e cap. X, par. *O maniqueísmo, peste vinda do Oriente.*

[13] Cf. cap. IV, par. *São Domingos, atleta e construtor de Deus.*

[14] Pierre Belperron, *La Croisade contre les Albigeois.*

[15] A famosa frase atribuída a um legado: "Matai-os todos; Deus reconhecerá os seus" é falsa como a maior parte das frases históricas. Foi inventada pelo monge Cesário de Heisterbach, perto de Bonn, na narrativa que fez da "milagrosa" tomada de Béziers.

[16] Por exemplo, Pedro de Vaux-de-Cernay diz que foram mortas 7000 pessoas na igreja da Madalena. Ora, essa igreja dificilmente conteria 1000 fiéis, e, aliás, mesmo 1000 cadáveres são já de per si um exagero.

[17] Cf. cap. VI, par. *A justiça da Igreja e o direito canônico*, cap. VI.

[18] A observação é de Léon E. Halkin, *Initiation à la critique historique*, Paris, 1951, cap. *Intolerância e Inquisição.* Toda a obra tem pontos de vista originais e justos.

XIV. FIM DA CRISTANDADE?

O eremita no trono de São Pedro

Foi estranha a história do pontificado de *São Celestino V*, e, se não houvesse documentos sérios que garantem a sua autenticidade, talvez nos inclinássemos a considerá-la lendária. Estamos em julho de 1294. A Sé de São Pedro está vaga há mais de dois anos — desde a morte de Nicolau IV, o papa franciscano. Os onze cardeais que formam o Sacro Colégio não chegam a acordo. Obrigados a fugir de Roma, alvo de facções assassinas, instalam-se no austero palácio episcopal de Perugia. Mas os clãs romanos Colonna e Orsini transferem as suas disputas para o velho outeiro etrusco e o Conclave não chega a nenhuma conclusão. Uma angústia torturante toma conta de toda a Igreja. Que sorte funesta se encarniça contra a Esposa mística desde o desaparecimento do rude Inocêncio IV (1254), há quarenta anos?[1]

De repente, a multidão que esperava a grande notícia vê saírem do palácio três cardeais. Com um séquito de clérigos e soldados, passam pela porta da cidade e tomam o caminho das montanhas. Aonde vão? O boato corre num instante. Em algum ponto do matagal dos Abruzzi, ao lado do monte Majella, vive um eremita: chama-se Pedro de Morrone e é o décimo primeiro filho de uma família de camponeses. Tendo entrado muito jovem na ordem de São Bento, fundou com alguns amigos um novo ramo da grande árvore beneditina, dedicado especialmente à contemplação, sob o nome de celestinos. Quase toda a sua longa existência — oitenta anos — desenrolou-se numa casa miserável, quase de troglodita; nutre-se de ervas, só bebe água, não tem outra roupa além do seu hábito de burel. Assegura-se que o Senhor o visita em seus êxtases. É um coração puro. É um santo...

Por que esses onze cardeais, dos quais o mínimo que se pode dizer é que estavam muito longe de seguir semelhante regra de vida, tiveram a ideia de ir procurar esse homem para oferecer-lhe a tiara? Não se sabe bem: devem ter intervindo razões simultaneamente ambíguas e contraditórias. Cada um dos clãs em luta pensaria ser-lhe fácil manejar esse ancião indefeso? Influiria também sobre a decisão do Conclave o medo da cólera e do castigo — cólera do povo, que começava a inquietar-se, mas também cólera de Deus, pois se ouvia dizer que o eremita de Majella tivera uma visão terrível, em que teria visto os onze culpados ardendo no inferno? Ou não seria que a vontade reta da consciência cristã continuava a ser tão poderosa que mesmo os prelados políticos se viam obrigados a mostrar-se sensíveis a ela? Do fundo da alma fiel, surgiam mil vozes desejosas de ter um pastor santo, um chefe justo, esse "pastor angélico" de que fala Bacon, esse "papa evangélico" que era esperado desde os devaneios de Joaquim de Fiore. Quem poderia responder melhor a essa expectativa do que o santo asceta dos Abruzzi?

E foi assim que, no dia 27 de julho de 1294, um cortejo impressionante entrou na pequena cidade de Áquila. Cardeais, bispos, numerosos clérigos escoltavam um ancião de aspecto lastimoso que, montado num asno, avançava com os olhos semicerrados e entregue à oração. O rei Carlos II de Anjou e seu filho Carlos Martel, recentemente coroado rei da Hungria, conduziam o animal pela rédea. Estavam ali mais de vinte mil pessoas, gritando, aclamando, cobrindo o caminho de panos e ramos, como naquela manhã de domingo em que Jesus entrara em Jerusalém. Parecia abrir-se um novo capítulo da história, em que a santidade viva dirigiria as coisas da terra. Falava-se muito, agora que o *Evangelho eterno* era lido por milhares de pessoas, de uma era em que o Espírito Santo regeria o mundo: ei-la, portanto, inaugurada!

Na realidade, porém, este pontificado paradoxal foi um fiasco. Logo que o infeliz eremita foi coroado, sob o nome de Celestino V, tornou-se um joguete de forças políticas que esse coração muito simples não podia adivinhar. Sob o pretexto de garantir-lhe proteção, Carlos II convidou-o a instalar-se em Nápoles, prometendo dar-lhe uma cela que lhe lembrasse a do monte Majella: o Capeto queria utilizá-lo para domar a Sicília rebelde[2]. Que poderia fazer o santo pontífice nessas condições? Num desses fulgurantes poemas em tom profético, de que só ele tinha o segredo, o franciscano Jacopone de Todi, autor do admirável *Stabat Mater*, gritava-lhe: "Que vais fazer, Pedro de Morrone? Estás submetido a uma prova e nós queremos ver o fruto preparado pelas contemplações da tua cela! Se decepcionares a expectativa do mundo, seguir-se-á a maldição..." Mas o infeliz estava praticamente acorrentado.

Por muito cândido que fosse, apercebeu-se da situação. E não demorou a deixar-se dominar pela angústia, misturada com a saudade da sua querida solidão e o medo de comprometer a salvação da sua alma. Um dos cardeais, Bento Gaetani, encorajou-o no seu santo arrependimento. Era um homem forte, inteligente e decidido, um realista que sabia ser impossível salvar a Igreja através do governo de um mito. A ditado do santo — pelo menos assim o afirma —, redigiu um texto, aliás muito elevado, em que, por humildade, o papa pedia ao Sacro Colégio que lhe desse um sucessor. Em 13 de dezembro de 1294, envolvido pelo brilho dos paramentos pontifícios, Celestino V leu esse texto perante uma vasta assistência; depois desceu do trono, despojou-se das suas insígnias, retirou a tiara e o anel do Pescador e sentou-se no chão como um mendigo. “Foges, portanto, deste lugar que tantos sábios e loucos desejaram alcançar!”, gritou-lhe o cardeal Mateus Orsini.

Onze dias depois, em 24 de dezembro, o Conclave reunido em Nápoles proclamava papa Bento Gaetani, sob o nome de Bonifácio VIII. Quanto ao demissionário — “o covarde da grande recusa”, como injustamente lhe chamou Dante —, pediu que o deixassem voltar à sua montanha. Mas não lho permitiram. Não agradava a Bonifácio VIII que as facções se servissem daquele bom homem. Também não lhe consentiram que embarcasse para a Grécia. Deram-lhe uma estreita cela no castelo de Fumone, na Campânia, onde morreu em 1296. Doze anos mais tarde, Clemente V conferia-lhe as honras do altar. Já não incomodava.

Uma intensa e dolorosa fermentação

Este estranho episódio, em que se misturam de modo inextricável uma autêntica aspiração espiritual e evidentes intrigas, é revelador da crise em que se encontrava a cristandade nos fins do século XIII. Uma crise que iria agravar-se de ano para ano e tornar-se tão profunda que, por volta de 1350, todas as bases sobre as quais a cristandade se edificara pareceriam seriamente abaladas.

A Igreja já tinha atravessado um bom número de crises e todas tinham sido superadas. Por que razão, portanto, havia esta de ser mais séria, tão séria que marcaria o fim de um período?

É que, na verdade, tudo era questionado. Estava a Igreja fatigada pelos esforços que fizera para manter e reforçar a sua autoridade no Ocidente? Tinha esgotado a sua seiva ao multiplicar os grandes empreendimentos? Seja como for, era visível em todos os terrenos que o seu impulso interior já não era o de antes e que havia menos vibração, menos fervor. Bastava olhar em volta para comprová-lo.

Não era só o papado que estava em causa, embora os pontífices se sucedessem, há bastante tempo, a um ritmo demasiado rápido para poderem ser eficazes, e embora as vacâncias da Santa Sé se prolongassem de forma inquietante (dez anos de vacância entre 1241 e 1305), e em breve o papado se transferisse de Roma para Avinhão. A cruzada pertencia agora ao passado; tanto sangue derramado não tinha evitado que o Santo Sepulcro permanecesse em poder dos infiéis. Em 1291, caía São João d'Acre. O zelo dos construtores de catedrais declinava; continuava-se a trabalhar para concluir grandes obras em andamento, mas já não era com o entusiasmo do tempo em que voluntários de todas as classes sociais se ofereciam para transportar pedras e em que os pedidos de contribuição para as catedrais eram acolhidos em toda a parte com grande alegria. É certo que existia um testemunho do constante vigor da cristandade: as missões, que, nesse mesmo período, penetravam nas regiões mais difíceis da África e da Ásia; mas essa admirável aventura era pouco conhecida do grande público cristão.

Havia algo mais grave. Mais uma vez entrava em cena aquela lei humana, demasiado humana, de perpétuo deslizamento, de incessante decadência, que quer que a todo o grande esforço de restauração suceda um período de negligência e abandono. A massa informe que as ordens mendicantes tinham trabalhado tão bem voltava a cair. O clero retornava aos velhos erros de que, por várias vezes, os reformadores o tinham desviado. É certo que se tinham obtido alguns resultados duráveis e já não havia padres casados; mas, como consequência necessária de uma seleção defeituosa numa sociedade em que os costumes tendiam a relaxar-se, havia muitos cujo teor de vida desprovido de dignidade escandalizava mais do que os verdadeiros desregramentos. A negligência no cumprimento dos deveres de estado era outro mal extremamente espalhado; havia muitos bispos cheios de privilégios, muitos cônegos prebendados que não residiam onde deviam e só celebravam Missa vez por outra. Quando um príncipe da Igreja possuía quatro ou cinco bispados e três ou quatro abadias, era de duvidar que pudesse cuidar convenientemente, em toda a parte e ao mesmo tempo, dos interesses espirituais das suas ovelhas.

Ali estava o verdadeiro perigo: o gosto pelo lucro gangrenava o clero. Era o vício do tempo, aquele que os grandes burgueses das cidades tinham elevado à categoria de um princípio e que penetrava em todas as classes da sociedade. E isso começava no palácio pontifício, onde não se podia entrar sem que se vissem dezenas de clérigos ocupados em contar peças de ouro, e onde a administração se engenhava em multiplicar taxas que os cobradores recolhiam sem contemplação. O mesmo acontecia com os altos prelados, muitos dos quais tinham como principal preocupação caçar benefícios: cita-se um cardeal que possuía vinte e três. E no degrau mais baixo da escala, agitava-se um proletariado de vigários, de "altaristas", que viviam miseravelmente da côngrua e que, roídos também pela lepra do lucro, disputavam entre si os restos da mesa dos grandes.

Existem abundantes testemunhos desta rapacidade do clero. É Jacopone de Todi que grita a Celestino V: "Desconfia dos beneficiados, sempre famintos de prebendas; a sua sede é tal que nenhuma bebida a extingue!" É Dante que lança aos papas do seu tempo esta apóstrofe: "Modelastes um Deus de prata e ouro: a diferença que há entre vós e o idólatra é que este adora um deus e vós adorais cem" (*Inferno*, canto XIX, 112-114). É o cardeal João le Moyne que faz este severo juízo sobre os prelados: "Hoje nenhum dentre eles, ou infelizmente muito poucos, cuidam de levar os seus rebanhos ao pasto. Pelo contrário, todos pensam em tosquiá-los e ordenhá-los; importam-se com a lã e com o leite, não com as ovelhas". São testemunhos dolorosos de que se faz eco, de forma irônica, a literatura popular das trovas e do *Roman de Renart*.

O pior é que a crise não poupava as ordens que, nos começos do século XIII, tinham arrancado tão corajosamente a Igreja da rotina. Quando o terrível Jacopone dizia aos seus irmãos em São Francisco: "Ó pobreza pouco amada, poucos homens te desposaram a ponto de renunciarem a um bispado que lhes oferecem!", todos compreendiam o que ele queria dizer. A virtude do grande ideal de pobreza que permitira a renovação monástica esgotava-se; os religiosos encontravam-se envolvidos no século por exigência da sua própria atividade. Anunciava-se uma crise de novas vocações que se tornaria séria a partir de 1350. E, mais grave, abria-se uma crise de autoridade, de que era um exemplo claro o caso dos *espirituais* na ordem de São Francisco, mas que existia mais ou menos por toda a parte, principalmente entre os premonstratenses, cujos membros se faziam "isentar da obediência" aos superiores. O êxito das grandes ordens expunha-as a essa tentação da riqueza contra a qual o *Poverello* tivera de lutar: muitos conventos suntuosos, muitas igrejas que pretendiam igualar-se em fausto às dos seculares. Era por causa disso, aliás, que nasciam as mais violentas querelas entre as diversas ordens e dentro de cada uma delas. Subitamente, o prestígio dos monges, que fora tão grande, encontrava-se muito em baixa. Para nos convencermos disso, bastará ver como o publicista Pierre Dubois os critica nos começos do século XIV.

A situação resumia-se assim: durante séculos, a Igreja tinha sido a mentora da civilização da cristandade. Mas estava ameaçada de ser absorvida por essa civilização profana avassalada pelo dinheiro dominador, como estivera a ponto de ser absorvida pelo feudalismo antes da reforma gregoriana. Rompia-se o equilíbrio entre o esforço criador da civilização e o ideal cristão de renúncia à terra com vistas ao céu. Era indispensável uma reforma. Assim o diziam os melhores espíritos, como Guilherme, o prefeito de Angers: "A Igreja tem de ser reformada de alto a baixo, tanto na cabeça como nos membros". Ou o bispo Guilherme Durand, de Mende, que escrevia em 1311: "Se não se realizar uma reforma urgente, as coisas irão de mal a pior, e todo esse mal será imputado ao Santo Padre, aos seus cardeais, ao Concílio". Apelos que, em breve, ecoariam como um trovão na voz inspirada de Catarina de Sena. Era necessária uma reforma, mas seria ela possível?

Esta crise na Igreja teve graves consequências. Provocou uma fermentação geral, um borbulhar semelhante ao que se produz nos mostos que se decompõem. Aqui e ali reapareciam os velhos erros, mesmo sem que houvesse relações entre os diversos grupos dos seus promotores. Os Irmãos do Livre Espírito não tinham morrido; reviviam na

Alemanha, na Itália e por toda a parte, tal como inúmeras pequenas seitas de doutrinas aberrantes: os *turlupins*, os adamistas e outros. "Toda a mulher casada que não chore a sua virgindade perdida será condenada!", ensinavam uns. "Há duas palavras funestas: o teu e o meu. É preciso suprimi-las!", afirmavam outros, partidários de um comunismo integral. Os *begardos*[3], movimento que se dedicara a uma autêntica piedade, abrigava agora muitos exaltados que perambulavam gritando: *"Brot durch Gott!"*: pão por Deus! Os valdenses, que a Inquisição não conseguira submeter, levantavam a cabeça e saíam dos seus vales alpinos. Eclodiam novas heresias, como por exemplo, a dos *Irmãos apostólicos*, fundada por um franciscano expulso da sua ordem, Segarelli, que se insurgia contra a Igreja, "refúgio de Satanás, antro do demônio do dinheiro", e anunciava a sua queda próxima. Toda a região de Parma ficou infestada por esta heresia e, embora prendessem e queimassem o seu fundador e os discípulos mais fervorosos, o movimento continuou a propagar-se, sob a direção de Frei Dolcino, e fez tantos estragos na província de Verceil que o bispo local se viu obrigado a organizar contra esses exaltados uma verdadeira cruzada, que só teve êxito após dois anos de luta armada (1307).

Tais sintomas eram graves: mostravam que esses erros correspondiam a uma expectativa. Muitos bons cristãos perguntavam a si mesmos se os males de que a cristandade sofria não teriam o valor de sinais; se não anunciavam castigos próximos; se a Igreja, tal como estava organizada temporalmente, não tinha traído a sua missão, e se não seria necessário promover outra coisa, uma sociedade mais pura, mais próxima de Deus, na qual já não seria por meio de uma hierarquia clerical que o Espírito Santo governaria o mundo, mas diretamente, encaminhando as almas fiéis para a sua lei. Um mundo inteiro de devaneios, mais ou menos apocalípticos, bebia nessas fontes, que exaltavam perigosamente os espíritos fracos. E estes encontrariam inesgotáveis alimentos num monge chamado *Joaquim de Fiore*.

Este Joaquim era, como devemos lembrar-nos[4], um honesto e piedoso cisterciense que dera provas das mais altas virtudes, mas que tinha uma imaginação excessivamente viva, com uma terrível tendência para o iluminismo. Muitos dos seus contemporâneos o tinham por santo e se interessavam pelas suas teorias, embora o quarto Concílio de Latrão tivesse condenado as suas ideias sobre a Trindade. As suas profecias, porém, não foram condenadas... Segundo a concepção tripartida que tinha da história da humanidade, anunciava que, após a revelação do Pai e depois da do Filho, viria a do Espírito Santo, a última, em que tudo seria perfeito, em que desapareceriam todas as manchas e em que se cumpririam os preceitos do *Evangelho eterno*. Com precisão, Joaquim fixara para o ano de 1260 o começo do reinado da Terceira Pessoa, que só terminaria no fim do mundo.

Essas ideias, que, aliás, concluíam muito santamente com a necessidade da penitência, percorreram a cristandade inteira. Como estavam em sintonia com o sentido da reforma, as autoridades não as combateram. Mas a partir da data fatídica, 1260, foram retomadas e ampliadas por certos franciscanos que se intitulavam os *Espirituais*. Sabe-se que, já em vida de São Francisco e sobretudo depois da sua morte, surgira o seguinte problema: era possível que uma congregação tão numerosa como a franciscana subsistisse nesse sublime anarquismo que fora o ideal do fundador? Não era preciso introduzir na Regra algumas modificações? Foi o que aconteceu. Mas persistiu na ordem uma tendência que preconizava a aplicação estrita da

Regra, da renúncia total, da heroica e santa pobreza — a dos "espirituais". O seu principal porta-voz era, em meados do século XIII, Gerardo de Borgo San Donnino, que, levando essas ideias ao extremo, insurgia-se contra toda a propriedade eclesiástica dos religiosos e, principalmente, fazia uma estranha mistura dos temas franciscanos com os de Joaquim de Fiore. No seu livro *Introdução ao Evangelho eterno*, anunciava que a terceira idade da humanidade seria a de São Francisco, que o *Poverello* era "o anjo do sexto selo" de que fala o Apocalipse, e que eles, os franciscanos espirituais, em breve governariam a terra inteira e instalariam nela o reino de Deus.

Embora Alexandre IV tivesse condenado esses devaneios desde 1255, e o sábio São Boaventura se tivesse esforçado por manter a ordem num termo médio, o movimento espiritual ganhou terreno. Os principais focos foram o Languedoc, com Pedro João Oliva, a Toscana, com Ubertino de Casale, e a Marca de Ancona, com Ângelo Clareno. Durante o seu breve pontificado, Celestino V autorizou os espirituais a formarem um ramo à parte na ordem franciscana, mas Bonifácio VIII anulou a autorização e mandou recolhê-los ao redil. Muitos recusaram. Os espirituais (designados agora com a alcunha desdenhosa de *fraticelli*) estavam possuídos de uma extraordinária exaltação, uma exaltação que Jacopone de Todi traduzia em *laudes* sublimes e veementes. A sincera e generosa aspiração por um cristianismo mais puro transformava-se numa penosa rebelião, de onde derivavam os maiores insultos contra a Igreja. E, o que é pior ainda, no seu conflito com o papado, estes espirituais aliaram-se aos Colonna contra Bonifácio VIII e, mais tarde, a Luís da Baviera contra João XXII.

Desde então, tratados como rebeldes e como hereges, os espirituais tornaram-se caça da Inquisição. Os primeiros a serem condenados foram os de Ancona, apesar da santidade real de vários deles, e apesar de o ministro-geral Gaufredi ter murmurado, ao ler o veredito que os castigava: "Possamos todos nós ser culpados deste mesmo crime..." Mas era pelo crime de amar a pobreza que os censuravam? A seguir, foram castigados os da Toscana. O caso mais grave ocorreu no Languedoc, onde numerosos elementos do antigo catarismo se tinham infiltrado entre os *fraticelli*. A partir de 1316, organizaram-se processos-monstro em Narbonne, Béziers e Marselha, e uma das vítimas mais ilustres foi o franciscano Bernardo Délicieux, que aproveitou a ocasião para criticar abertamente a Inquisição, antes de ser condenado à prisão perpétua. Alguns dos irmãos foram queimados.

Mas o movimento não desapareceu. Orientando-se cada vez mais no sentido de uma recusa da Igreja estabelecida, para a qual se pedia a destruição vinda do céu, a corrente espiritual, nos princípios do século XIV, continuava a rebrotar aqui e acolá, sempre ameaçadora. Assim, em 1322, dava origem nas margens do Reno à seita dos *lollards*, fundada pelo holandês Lollard Walter, que foi preso e queimado. E esta fermentação não cessaria até o aparecimento do protestantismo.

Mas nem tudo foi prejudicial para a Igreja nesta dolorosa agitação. Na própria ordem de São Francisco, houve almas santas que se aplicaram a realizar o ideal dos espirituais sem caírem nos seus erros. Por volta de 1334, esboçou-se o movimento da *Observância* com João de Valle, e sobretudo com o bem-aventurado *Paoluccio de Trinci*, movimento ao qual São Bernardino de Sena imprimiria um maravilhoso impulso sessenta anos mais tarde. De maneira mais ampla, esta fermentação contribuiu para uma renovação mística de grande importância nesta época, como veremos. Mas nem por isso podemos deixar de notar que se tratou de uma crise profunda, que revelava até que ponto a alma da cristandade estava perturbada e mergulhada na incerteza, se não quanto ao seu objetivo, pelo menos quanto aos seus métodos. E isso era grave. Tanto mais que, simultaneamente, se produzia uma crise ainda pior — a do espírito.

A crise do espírito

A causa imediata desta crise deve ser procurada na história da cultura e no próprio papel que a Igreja assumira em relação a ela. Pedagoga da inteligência, a *Mater Ecclesia* tinha, como já vimos, ensinado os seus filhos a refletir, a aprofundar os grandes problemas, a construir sistemas do mundo; mas acontecia-lhe o mesmo que acontece à maior parte dos pedagogos, que veem os seus discípulos, já adultos, voarem com as suas próprias asas, muitas vezes em direções opostas àquelas que lhes foram designadas[5]. A razão, que a própria Igreja ensinara a usar, tendia a rebelar-se contra os princípios a serviço dos quais fora posta inicialmente. O direito, que a Igreja tanto ajudara a reconstituir, opor-lhe-ia teses em que ela já não teria nenhum papel a desempenhar. Observava-se, portanto, em todos os terrenos um movimento de rebelião — embora continuassem a respeitar-se as formas exteriores da obediência. E muitas forças novas da época cooperavam com esse movimento: as dos orgulhosos burgueses, cujas riquezas os impeliam a presumir de ateus vociferantes (*esprits forts*), e as das jovens monarquias, que não conseguiam satisfazer as suas ambições sob a incômoda tutela da Igreja.

O perigo poderia ter sido ultrapassado, como outros o tinham sido, se a Igreja, no dobrar dos anos 1300, tivesse contado no seu seio com cérebros bastante poderosos para arrostar as forças antagonistas, rebater os argumentos dos adversários e integrar o que neles podia existir de válido numa nova síntese cristã. Infelizmente, também neste domínio a seiva parecia escassa. A ausência de um São Tomás de Aquino fazia-se sentir cruelmente. A teologia, que fora a mestra de todas as disciplinas, estava num estado que um especialista[6] qualifica de "decadência geral". A filosofia e a teologia continuavam a ser cultivadas nas universidades, mas as ciências especulativas cristãs já não possuíam nada que se assemelhasse à alta mestria da época precedente. As escolas defendiam sempre as suas posições — albertismo, tomismo, escotismo — e faziam finca-pé no seu dogmatismo, mas tratava-se cada vez mais de um mero dogmatismo, de argumentos cristalizados. No tomismo, a mais completa das doutrinas, além de Hervé de Nedellec, quem poderia ser considerado um mestre? Muitos defensores da verdade eram fanáticos do passado, tão convencidos de que os seus predecessores haviam dito tudo, que não ousavam acrescentar uma vírgula sequer ao seu corpo de doutrina, limitando-se a completá-lo em pontos secundários e a fazer valer a sua própria erudição e o seu virtuosismo dialético. A seiva desviara-se para o clã de todos aqueles que, embora professassem o cristianismo, tinham deixado de inspirar-se nos seus princípios e buscavam fora do quadro das verdades reveladas as respostas aos grandes problemas.

Fixavam-se novas posições, que seriam as posições dos "tempos modernos". Até então, admitia-se que os esforços da inteligência deviam ser pautados por uma verdade transcendente e ordenados para um fim supremo, o conhecimento de Deus. As opiniões podiam diferir quanto aos métodos, e principalmente quanto ao lugar que a razão ocuparia, mas os princípios estavam firmemente estabelecidos e a teologia protegia com a sua muralha todas as disciplinas da cultura. Contudo, no interior desse belo edifício, certos espíritos tinham contribuído — muitas vezes sem o perceberem — para abalar as suas bases. Um Duns Escoto, insistindo nos dados intuitivos e místicos do conhecimento em detrimento da razão, um Roger Bacon, aprofundando o papel da crítica na pesquisa[7] como ninguém o fizera até então, tinham acabado por comprometer o equilíbrio entre a razão e a fé, tal como São Tomás o estabelecera. Durand de Saint-Pourçain, bispo de Puy e depois de Meaux, era quase um racionalista. A vida do pensamento voltava a ser posta em discussão, de um modo mais radical do que nunca. A inteligência pode apreender o real? Qual o valor dos raciocínios? A fé é realmente o alfa e o ômega de todo o esforço intelectual? Não há contradições entre as verdades reveladas e as que a ciência nos permite atingir? Tais eram as questões que agitavam muitos espíritos neste fim do século XIII, criando um certo mal-estar. Mas, bem longe de se agarrarem a uma crítica negativa, os espíritos mais eminentes procuravam sair dela para fundar uma doutrina geral do conhecimento.

De todos estes defensores da "via moderna", como se começava a dizer, o mais notável foi *Guilherme de Ockham* (1298?-1349). Franciscano inglês, aluno de Oxford e depois professor assistente, era um espírito dotado de uma singular acuidade, devorado pela paixão de compreender, uma inteligência ao mesmo tempo analítica e sintética que beirava a genialidade. Mas faltava-lhe o sentido da disciplina e da constância. O seu esforço consistia em pôr em discussão todas as coisas. Mais ou menos ligado aos espirituais e envolvido na luta contra a Santa Sé ao lado de Luís da Baviera, este profundo pensador desempenharia um papel desagregador em todos os domínios em que interveio. As suas ideias, embora tomasse geralmente a precaução de dissimular o seu pensamento no gênero ambíguo do *Diálogo*, foram censuradas pelo papado, o que, aliás, não impediu Ockham de continuar a difundi-las. Em que consistiam essas ideias?

Formara-as segundo os princípios de Duns Escoto, mas em breve os repudiara em parte, exagerando os pontos que considerava válidos. Outros mestres de Oxford, apaixonados pelas ciências físicas e matemáticas, também exerceram sobre ele uma notável influência. Não há nada, pensava ele, que possa servir de base ao conhecimento, a não ser o que é evidente aos sentidos ou deriva necessariamente das suas comprovações. Portanto, o concreto, o singular, o individual devem ocupar um lugar preponderante; as ideias gerais, os gêneros, os universais são apenas palavras e sinais. Este empirismo arruinava toda a metafísica tradicional, privando-a do seu objeto próprio: o universal. Segundo Ockham, a espiritualidade da alma era tão indemonstrável como a existência de Deus. A moral dependia unicamente da vontade do homem, que não devia deixar-se influenciar por conceitos sem base no real. É o caso de perguntar o que ainda restava do cristianismo! No entanto — seria para ele apenas um verniz? —, Ockham considerava-se um verdadeiro cristão; todas essas verdades que, no seu sistema, eram inacessíveis, declarava ele alcançá-las pela fé; uma teologia sobrenatural, sem relação com as atividades da inteligência, explicava tudo pela vontade de Deus. De um lado, portanto, empirismo absoluto, próximo daquilo que hoje se pode entender por existencialismo; do outro, fideísmo. Onde estavam as belas sínteses de antanho?

A influência do ockhamismo foi considerável. Dir-se-ia que a inteligência cristã experimentava como que um gosto amargo em rejeitar tudo aquilo de que até então tinha vivido. Oxford, naturalmente, foi ockhamista. Mesmo em Paris, o reitor João Buridan (+ 1358) implantou essa doutrina na Sorbonne. As ordens religiosas deixaram-se influenciar e as repetidas condenações mostraram-se pouco eficazes. As teses de Ockham, e especialmente as aplicações que fazia dos seus princípios aos sacramentos e à Igreja, seriam assumidas por correntes ainda mais nitidamente heréticas, como a do seu compatriota *Wiclef* (1324-1384), anunciador da reforma protestante[8]. João Hus acolhê-las-á e Lutero virá a proclamar-se ockhamista.

Por mais prejudicial que esta corrente de pensamento tenha podido ser para a fé, não há dúvida de que, quanto ao progresso do espírito humano, teve resultados que estiveram longe de ser totalmente maus. As ciências foram fecundadas por ela, e as suas disciplinas, submetidas até então às autoridades, sentiram-se livres. Bacon e Ockham ensinaram-nas a observar, a experimentar, a não fazer intervir pressupostos filosóficos nas suas pesquisas. Sob esta influência, esboçou-se, portanto, um grande movimento rumo às descobertas científicas experimentais. Buridan, perscrutando as teorias mecânicas de Aristóteles, fez a física moderna dar os seus primeiros passos e pressentiu a solução do problema da gravidade; vinte anos mais tarde, o bispo Albrecht von Halberstadt, e depois o bispo de Lisieux, Nicolau Oresme, empenharam-se a fundo nesse sentido, anunciando já a astronomia moderna e mesmo a geometria analítica. Simultaneamente, excitadas pelas narrativas de viajantes como Marco Polo, as ciências da natureza e a geografia entraram em plena atividade.

Estava-se, portanto, em plena crise do espírito, que, como todas as grandes crises humanas, comportava possibilidades criadoras e, ao mesmo tempo, grandes perigos. A arte também era testemunha disso. As obras-primas diminuíam em número. A inspiração profunda mudava. Insinuava-se nas veias dos artistas certa tendência para o artificial, para o afetado e, depois, para o preciosismo. A arquitetura dava o tom. Ao invés dos admiráveis conjuntos em que a própria complexidade do pormenor não prejudicava o sentido profundo da unidade e da simplicidade, tendia-se para o "flamejante", para o virtuosismo pelo virtuosismo, quando não se caía no excesso. Os mestres-de-obras, possuidores de uma técnica impecável, queriam manifestá-la a propósito de tudo e de nada: daí esses edifícios secos, que tinham o aspecto de desenhos geométricos audaciosamente lançados no espaço, e daí também essa proliferação de curvas e contracurvas, de múltiplos elementos decorativos em volta dos pórticos e das janelas, das balaustradas e dos campanários. Era tudo maravilhoso e sofisticado, mas já não era a arte de uma grande época de fé.

As artes que tinham estado sob a tutela da arquitetura tendiam agora a separar-se dela. Igualmente senhores da sua técnica, os "imaginários" já não queriam ser simples colaboradores dos "pedreiros". Os escultores, em vez de trabalharem só para a catedral, punham-se a serviço da clientela particular, a das belas construções residenciais e dos túmulos faustosos. Os pintores, abandonando as paredes dos santuários, consagravam-se agora aos quadros de cavalete. A própria inspiração evoluiu: já não era o impulso místico ou a grandeza que triunfava, mas o gosto pelo real e pelo pitoresco[9].

A esta "laicização" da vida do pensamento é necessário ligar um fenômeno de capital importância: *o renascimento do direito romano*. Já vimos[10] como a Igreja, nas suas universidades ou servindo-se de uma forma ou de outra, do trabalho dos seus mestres, colocara num lugar de honra os antigos estudos jurídicos, os *Códigos*, *Novelas*, *Digesto* e *Institutas* que os imperadores do Oriente tinham mandado compilar. Bolonha tornara-se a capital desses estudos. Mas esse renascimento comportava graves perigos, os mesmos que já encontramos em outros terrenos. Ao passo que o direito canônico se baseava nas leis divinas e na tradição da Igreja, o direito romano pretendia ser autossuficiente e nada pedir à Escritura para estabelecer o seu Código. *Acúrsio*, o mestre bolonhês (+ 1260), assim o declarava sem rodeios. Subitamente, todos os elementos jurídicos da sociedade deixavam de ser irrigados pela seiva do Evangelho. Por exemplo, no matrimônio, à noção de sacramento, que implicava a união de duas vontades livres para a realização do seu fim, acrescentava-se — em certo sentido substituía-se — a noção puramente humana de contrato, que abrangia acordos materiais. E esta mesma laicização acarretaria consequências piores noutro campo: o das relações entre a Igreja e os poderes públicos. Quando os juristas resolveram substituir pelos seus princípios — os do Império romano — aqueles que a cristandade considerava os únicos válidos, deram lugar a uma crise extremamente violenta, em que a Igreja teve de enfrentar novos poderes em pleno desenvolvimento.

A unidade cristã abalada

A crise política foi parcialmente determinada, e com certeza agravada, pela ruptura que começou a produzir-se na própria unidade da cristandade. A crise do espírito causava a ruína da vigorosa unidade orgânica que a inteligência medieval conhecera, com as suas hierarquias estritas e a sua disciplina bem organizada. Ao mesmo tempo que se afastava dos seus princípios, a inteligência tendia a desarticular-se[11].

A grandiosa imagem de uma sociedade intelectual unida, atravessada de um extremo ao outro da cristandade por correntes de vida, em que o intercâmbio de homens e de ideias era constante e singularmente profundo, em que a língua litúrgica, o latim, servia de veículo internacional para o pensamento, essa imagem que correspondera à realidade durante três séculos, estava agora em pleno declínio. Não é que tivessem deixado de existir testemunhos vivos desse estado de espírito, que subsistiriam durante muito tempo. Basta citar o caso de Jerônimo de Praga que, da universidade da sua cidade natal, passará para as de Paris, Oxford, Colônia e Heidelberg, e prosseguirá a sua formação na Hungria, na Áustria, na Polônia e até na Lituânia. De um outro ponto de vista, a pintura a óleo, que iria desenvolver-se extraordinariamente, terá um evidente caráter internacional. Mas não se tratava já dessa bela unidade geográfica da inteligência, em que cada grande centro tinha o seu papel determinado, e em que, de um para outro, as permutas eram reguladas como numa intenção sinfônica.

Nota-se agora, como algo característico, a rápida queda da Universidade de Paris. Continuava a atrair espíritos de elite, como o Mestre Eckhart, mas a sua estrela empalidecia. Corriam rumores desagradáveis contra a seriedade com que eram conferidos os seus graus. E, sobretudo, já não era a única a ocupar um lugar de relevo, como já não era apenas do *Quartier latin* que partiam as ideias novas, as teses que revolucionavam o pensamento. A Inglaterra e Oxford faziam-lhe sombra com Bacon, Duns Escoto e Ockham. Praga, erigida em universidade em 1348, não tardaria a desempenhar um papel de destaque na Europa central, e Coimbra, assim como Salamanca, na Península

Ibérica, encontravam-se em pleno crescimento. O declínio de Paris viria a acentuar-se quando a França perdesse a preponderância que possuía há dois séculos atrás e fosse dolorosamente abalada pela Guerra dos Cem Anos.

A unidade intelectual modificava-se ainda de outro modo. Durante toda a Idade Média, o seu corpo docente proviera quase exclusivamente do clero. Com efeito, desde 1050 até os começos de 1300, o que havia de significativo na vida do pensamento devia-se a padres e monges. A partir do século XIV, operou-se uma mudança, fraca, mas cada vez mais evidente; viam-se leigos, na sua maior parte burgueses, entrarem para o campo intelectual; Buridan foi o primeiro reitor da Universidade de Paris que não era clérigo. Para os leigos cultos, começaram a ser escritas obras que já não se deviam a especialistas, incluindo mesmo tratados de teologia. A perspectiva alterava-se.

Outro fenômeno de "laicização": *a definitiva entrada em cena das línguas nacionais*. A partir de meados do século XIII, o latim começou a sofrer a concorrência das línguas nacionais, e esse movimento acentuou-se irresistivelmente, como se obedecesse a uma força profunda da história. Mesmo aqueles que lamentavam que a língua de Virgílio deixasse de ser o símbolo vivo da unidade ocidental contribuíam para desvalorizá-la, como aconteceu com Dante, que fundou a língua italiana. No país germânico, o alemão foi também ganhando terreno, e a *Grande Crônica Saxônia* de 1248 já estava escrita em velho alemão. Na França, as crônicas de Villehardouin e de Joinville mostraram o belo uso literário que se podia fazer dessa língua que o italiano Brunetto Latini declarava "a mais deleitável". Trovas, *Roman de la Rose* e *Roman de Renart*, são outras tantas obras que testemunham a jovem vitalidade do francês. Na Inglaterra, o primeiro escrito oficial em inglês foi a proclamação de Henrique III em 1258. Na Espanha, desde 1150, muitos textos reais utilizavam o espanhol que, por volta de 1300, era quase o único idioma em uso. No início do século XIV, a causa das línguas nacionais parecia estar ganha: em breve, Nicolau Oresme escreveria em francês, López de Ayala em espanhol e o místico Ruysbroeck o Admirável em holandês.

Esta revolução linguística não era senão o sinal de uma outra, ainda mais grave e profunda: *o despertar dos nacionalismos*. Vencedores do feudalismo, os reis procuravam criar Estados fortes, apoiados numa sólida consciência nacional. As burguesias, empenhadas em concorrências comerciais muitas vezes violentas, opunham-se a outras para além das fronteiras. Muitas causas, umas mais nobres, outras menos, reforçavam em cada povo o sentimento das suas particularidades, quer se tratasse de interesses comuns ou de comuns fidelidades. Esta compartimentação não só política, mas cultural e até religiosa, ameaçava a Europa e iria despedaçá-la no dia de amanhã.

Assim, a cristandade, no limiar do século XIV, encontrava-se prisioneira de terríveis forças de desarticulação. Iria desabar, vítima ao mesmo tempo das suas próprias infidelidades e dessas forças hostis? Muitos espíritos lúcidos tinham esse pressentimento. Escrevendo, entre 1308 e 1313, um livro sobre o fim do Império Romano em que encarava o futuro, o abade Engelbert d'Amont apontava três espécies de rupturas segundo o pensamento de São Paulo (2 Ts 2, 3): o espírito desligara-se da fé; a comunidade cristã desligara-se da Sé apostólica; os reinos tinham renunciado à antiga ordem unitária, seguindo cada um isoladamente o seu caminho. Estes sintomas pareciam-lhe anunciar a vinda do Anticristo, o fim do mundo. De qualquer modo, era o fim de *um* mundo.

A luta pelo primado: Bonifácio VIII

É neste clima que precisamos situar, para compreendê-la, a nova luta que se travou então, no duplo terreno da ideologia e da política, entre o papado e os poderes civis. Nova apenas quanto ao seu ponto de partida, porque toda a Idade Média já tinha assistido a esse debate em que estava em jogo o primado[12]. A ideia fundamental, a que os papas sempre tinham afirmado com energia, era, substancialmente, a seguinte: desde que o fim da sociedade é o reino de Deus e o critério último de toda a atividade humana é a Palavra de Deus, o Papa, Vigário de Deus, exerce legitimamente um direito de vigilância sobre aqueles que têm a tarefa de governar os homens. Mas esse direito seria unicamente de natureza espiritual? Em que medida não devia ser exercido no plano temporal, que era exatamente onde os poderes civis podiam transgredir os mandamentos de Deus e lesar os interesses superiores da Igreja? A teoria das "duas espadas" tinha levado a uma certa confusão entre as duas ordens, espiritual e temporal, e Inocêncio III não hesitara em escrever: "Em parte alguma a liberdade da Igreja está mais assegurada do que onde ela mantém intacto o seu poder, tanto nos assuntos temporais como nas coisas espirituais". No Concílio de Lyon de 1245, Inocêncio IV proclamara que Cristo, verdadeiro Rei e verdadeiro Sacerdote segundo a ordem de Melquisedec, transmitira a Pedro e aos seus sucessores a monarquia sacerdotal e real, que estes apenas delegavam nos soberanos, e o canonista Henrique de Susa difundiria essa doutrina na sua *Summa aurea*.

Nesse debate, o papado enfrentara até então apenas os imperadores, e depois do desmoronamento da dinastia Hohenstaufen a coroa imperial germânica deixara de ser uma rival perigosa para Roma. A situação mudou com a aparição dos jovens Estados ocidentais. Os seus reis açaimaram a nobreza e estabeleceram a sua autoridade tanto nas cidades como nas aldeias. Os cleros nacionais eram seus aliados; as missões civilizadoras que a Igreja assegurara até pouco tempo antes e que tinham contribuído para a sua superioridade, eram agora reivindicadas pelo Estado, o que é o mesmo que dizer pelos seus servidores, uma classe de leigos cultos, mais ou menos invejosos da Igreja, e para quem o sucesso do Estado se confundia com o seu próprio triunfo. Estes jovens Estados — entre os quais o mais avançado era o reino da França — já não tinham em vista, evidentemente, o domínio da cristandade, mas apenas a liberdade total. Os seus chefes já se consideravam suficientemente adultos para não aceitarem nenhuma sujeição dos seus poderes à Igreja.

Estabeleceu-se então uma doutrina nova, baseada simultaneamente em noções da Sagrada Escritura e no direito romano. Fez-se remontar o poder diretamente a Deus, sem passar pela mediação do papa; por outro lado, buscou-se nos antigos a sua concepção do Estado e da plenitude do seu poder. Estas ideias surgiram em diversos lugares, mas começaram a ser formuladas por teólogos de Paris desejosos de resistir à Cúria romana. Um opúsculo de mais ou menos 1280, *Questio in utramque partem*, afirmava com um grande estendal de argumentos que o rei da França em nada dependia do papado. Outro libelo assegurava: "Antes de haver clérigos, já existia um rei da França que tinha a guarda do seu reino e podia fazer leis". Pouco depois, um eminente dominicano de Paris, *Jean Quidort*, sustentava que o fundamento do Estado remonta ao direito natural e que o seu fim pode ser atingido mesmo sem uma diretriz cristã: basta aplicar-lhe os mandamentos da razão e da moral elementar; quanto à Igreja, cabe-lhe ocupar-se dos fins sobrenaturais do homem. E ia mais longe, perguntando se o povo cristão não deveria intervir diretamente na condução da Igreja, e se a soberania popular não era a base de todo o poder, incluído o eclesiástico!

No dobrar do ano de 1300, este gênero de discussões apaixonava os espíritos. Um pequeno livro escrito por um leigo — *Disputa entre um clérigo e um soldado* — ateava poderosamente a polêmica ao declarar que "o rei está acima das leis, dos costumes e das liberdades; depende apenas de Deus". *Pierre Dubois*, espírito fértil mas trapalhão, desenvolvia ideias análogas, indo ao ponto de afirmar que é a Igreja que deve ser orientada pelo Estado, porque só o Estado pode levar a cabo a necessária reforma! E sobretudo os *legistas*, juristas profissionais e conselheiros dos reis, transpunham essas teses para fórmulas bebidas no direito romano, que, por definição, ignorava os direitos da Igreja. Os ministros de Filipe o Belo, Pierre Flotte e Guilherme de Nogaret, os primeiros legistas que se tornaram chanceleres, eram professores de direito romano.

Perante esses assaltos de adversários que procuravam minar a sua autoridade e proibir-lhe toda a ação que não fosse estritamente espiritual, o papado reagiu. Aos polemistas do poder do Estado responderam polemistas do poder pontifício. A discussão tornou-se cada vez mais viva. Era Gilles de Roma que escrevia: "Ninguém pode obter um campo ou vinha, de quem quer que seja, com toda a justiça, se não for em submissão à Igreja e pela Igreja". Era Tiago de Viterbo, mais equilibrado, mais moderado, que reconhecia um direito natural na base dos poderes civis, afirmando, porém, que esses poderes só adquirem o seu verdadeiro sentido quando submetidos ao espiritual, porque a Igreja, guardiã das verdades, tem *plenitudo potestatis* sobre todo o poder temporal. Era, mais categórico, Agostinho Trionfo, que escrevia: "O próprio Soberano Pontífice não sabe até onde pode estender-se a sua suprema autoridade". E foi sobretudo o franciscano espanhol Álvarez Pelayo quem, no *De planctu Ecclesiae* (1330), deu a essas teses a formulação mais categórica: "O Papa governa tudo, regula tudo, dispõe de tudo, decide sobre tudo como quiser. Pode privar do seu direito quem quiser. Todos os cargos, todos os benefícios são repartidos por ele. Todas as coisas temporais, bem como as espirituais, estão sob o domínio da Igreja". Todos esses defensores das prerrogativas pontifícias tinham certamente em vista a salvaguarda do espiritual, mas a sua linguagem era pouco hábil, e eles não se livravam suficientemente das condições sociais e políticas da época. Nem o Concílio de Trento nem Leão XIII reivindicarão nada de semelhante, quando precisarem a concepção católica da preeminência da Igreja.

Este endurecimento das posições pontifícias acarretaria consequências. Era muito fácil explorar certas linguagens. Surgiram no outro campo teóricos infinitamente mais perigosos do que os dos primeiros tempos. O mais terrível foi *Marsílio de Pádua*, cujo livro *O defensor da paz* (1324) causou muito barulho no momento em que o papa João XXII lutava contra Luís da Baviera. Reformulando numa síntese, aliás notável, todos os argumentos antipontifícios, propunha um sistema do mundo em que a Igreja só teria poder sobre o espiritual, e em que a autoridade residiria no povo; este, por sua vez, delegá-la-ia por meio do voto em quem bem lhe parecesse, o que equivalia a dizer que o Concílio — de que os simples fiéis deveriam participar — era o juiz da fé, e não o Papa. Além disso, Marsílio acrescentava que o Papa não era de modo algum o sucessor de São Pedro, e que todos os padres eram igualmente depositários dos poderes de Cristo. Esta concepção da Igreja unicamente como uma doutrina e acima de tudo como uma sociedade, acabava por arruinar tudo aquilo de que a cristandade tinha vivido até então. No entanto, as condenações não impediram que ela se espalhasse. Mais moderado, pelo menos na sua formulação, *Ockham*, que interveio também nesta questão como em tantas outras, admitia um primado de jurisdição do Papa sobre o temporal, mas afirmava igualmente que os príncipes recebem o seu poder do direito natural; e que, em caso de conflito entre os dois poderes, se a autoridade do Papa se desvia do caminho correto e se torna prejudicial, deve ser modificada pela Igreja inteira, isto é, pelo conjunto dos fiéis. Também ele chegava, pois, a essas teorias conciliaristas que assumiriam uma importância tão grande na segunda metade do século XIV.

O crédito que estas doutrinas mereceram é a prova do declínio em que entrou a autoridade pontifícia e, com ela, a concepção da cristandade. De resto, ao lado do destruidor debate de ideias, ocorreram graves acontecimentos políticos que revelavam de outra forma como era séria a decadência. O protagonista e vítima foi o papa *Bonifácio VIII*[13] (1294-1303), isto é, o antigo cardeal Bento Gaetani, que sucedera a Celestino V.

É difícil compreender e retratar esse homem, cujo caráter era evidentemente complexo e que muitos adversários cobriram de lama para ocultar os seus verdadeiros traços. Fisicamente, esse descendente de uma nobre família da Espanha, parente de Inocêncio III, de Gregório IX e de Alexandre IV, era de estatura elevada e de porte altivo. Moralmente, a pureza dos seus costumes não levantava qualquer dúvida, apesar das calúnias que afirmam o contrário; era um espírito decidido, cheio de firmeza e de coragem, capaz de grandeza de alma nas adversidades e certamente mais um homem de ação do que um místico. Mas era também um temperamento apaixonado, dominador, pouco talhado para a diplomacia e inclinado a impor as suas ideias agressivamente. Pensava em geral com moderação, mas agia quase sempre com exagero. Fascinado pela glória, não percebia suficientemente a importância dos poderes que se erguiam agora diante do seu trono, e que já não estava nos tempos de Gregório VII ou de Inocêncio III.

Era um vigoroso sexagenário quando assumiu os destinos da Igreja. Coroado em Roma em 23 de janeiro de 1295, deu a entender logo de entrada, pelo fausto de que rodeou a cerimônia, que pretendia ter um grande pontificado. Mas a situação era má; os "espirituais" agitavam-se, sussurrando que a abdicação de Celestino V era nula e que, por conseguinte, também era nula a eleição do seu sucessor. O rei de Nápoles queria exercer sobre a Sé de São Pedro uma indiscreta tutela; mesmo em Roma, o clã dos Colonna, dirigido por dois cardeais, armava tantas intrigas que veio a ser preciso depor esses dois membros do Sacro Colégio; o rei da França empreendia uma política financeira prejudicial aos interesses da Igreja; na Dinamarca, o rei Eric perseguia os clérigos. Além disso, a cristandade ardia em fogo e sangue: a França contra a Inglaterra; na Alemanha, Adolfo de Nassau contra Alberto da Áustria; na Itália, Gênova contra Veneza, Pisa contra Florença, Anjou contra Aragão por causa da Sicília, e, por toda a parte, guelfos contra gibelinos.

Numa situação tão conturbada, e tendo verificado em breve prazo que todos os seus esforços para estabelecer a paz eram inúteis, Bonifácio VIII teve uma ideia: restituir à Igreja todo o seu prestígio, a fim de que assumisse de novo o seu papel de árbitro. Fez-se um sério esforço no sentido da reforma moral, trabalhou-se na reorganização da administração pontifícia, tratou-se de reivindicar os direitos da jurisdição eclesiástica que muitos poderes públicos tendiam a violar. A fim de que este esforço adquirisse todo o seu verdadeiro sentido e alcance, Bonifácio VIII quis reunir em Roma um grande concílio — como fizera Inocêncio III — e resumir numa bula os princípios de sua ação. Foi a célebre bula *Unam Sanctam* (1302). As conclusões que se deduziam dela eram as seguintes: só existe uma Igreja e, fora dela, não há salvação. A Igreja só tem um chefe, Cristo, que delega a sua autoridade no seu Vigário, o sucessor de São Pedro. O chefe tem na sua mão duas espadas, uma espiritual e outra temporal; a primeira é utilizada pela Igreja, isto é, pelo Papa, para o bem das almas; a segunda é manejada pelos reis, que só podem servir-se dela a serviço dos interesses superiores do cristianismo e sob a vigilância do Papa. O temporal está submetido ao espiritual, que poderá julgá-lo, caso se desencaminhe. Em consequência, ninguém pode salvar-se sem se submeter ao Papa de todo o coração.

A bula não trazia nada de novo, nem na forma nem no conteúdo. Dava, em termos moderados, uma definição dogmática (a primeira) da doutrina que era tradicional, de São Bernardo a São Tomás de Aquino. Não falava de forma alguma em intervenções diretas do Papa nos assuntos temporais; nem sequer condenava o direito natural do Estado. Em resumo: os seus termos eram tão contidos e tão gerais que os teólogos modernos não têm tido nenhuma dificuldade em conciliar com eles as suas doutrinas. Se bem que num clima inteiramente diferente, o documento continua a obrigar os católicos de hoje.

Mas as circunstâncias em que foi promulgado modificaram-lhe o alcance. Em 1300, reatando a antiga tradição de Israel, Bonifácio VIII proclamou que o ano inteiro seria um ano de graças excepcionais, de remissão dos pecados para todo aquele que viesse rezar a Roma, nas grandes basílicas. Esse primeiro *Jubileu* teve um sucesso extraordinário[14], e as multidões comprimiam-se na Cidade Eterna. Parecia que a cristandade inteira, restaurada, se apinhava em torno do papa. No entanto — tê-lo-á observado o Sumo Pontífice? —, nenhum rei figurou entre os peregrinos. Os cronistas asseguram que o pontífice se mostrou várias vezes em público revestido das insígnias imperiais, levando na sua frente duas espadas, enquanto os arautos gritavam: "Eu sou César! Eu sou o Imperador!" De qualquer modo, foi nessa ocasião que ele regulamentou a tiara: teria uma vara de altura, em memória da medida de que Noé se servira para construir a arca da salvação; seria circular, como a terra, como o macrocosmo; à orla de ouro e ao recorte dentado coroado de lis que já tinha na parte de baixo, acrescentar-se-ia um diadema a meia altura para significar os dois poderes. Com essas perspectivas, como é que a sábia bula *Unam Sanctam* não havia de parecer um instrumento de imperialismo pontifício?

Foi assim que se entendeu na França, onde, havia cinco anos, se iniciara um penoso conflito entre a realeza e o papado.

Filipe o Belo e o atentado de Anagni

Filipe IV (1285-1314), que, pela sua boa presença e pela perfeição dos seus traços fisionômicos, foi cognominado *o Belo*, assemelhava-se muito, tanto física como moralmente, ao seu avô São Luís, que ele assegurava querer tomar como modelo. Nada seria mais falso do que ver nele um agnóstico requintado à maneira de Frederico II. A sua fé era viva; assistia à Missa todos os dias, usava cilício e disciplinas. Era por natureza caridoso e benevolente para com os pobres. Mas, sob uma aparência impassível, era um temperamento violento e tinha acessos de cólera implacáveis, devido exclusivamente ao seu orgulho. Quanto à sua inteligência, nunca ninguém pôde avaliá-la com exatidão, nem decidir se ele foi um joguete nas mãos dos que o rodeavam ou se os seus ministros foram peões no seu jogo complicado e audacioso.

Seja como for, quem ele pôs à frente do reino e pareceu deixar governar foram os seus legistas: *Pierre Flotte, Guilherme de Nogaret* e *Enguerrand de Marigny*, todos formados nas disciplinas do direito romano, todos de origem modesta e devendo tudo ao rei, todos fanáticos servidores do Estado. Foi este reinado, em certo sentido grande, que deu à França várias instituições de importância: o Supremo Tribunal ou Parlamento, o Grande Conselho, a Câmara dos Dinheiros, antepassada do nosso Tribunal de Contas, o embrião de um exército nacional, a primeira marinha e até o esboço dos Estados Gerais. Mas, em consequência dessas mesmas iniciativas, deu-lhe também uma política financeira de instabilidade monetária que a deixou pouco satisfeita, sobretudo quando em breve se instituíram os primeiros impostos reais. De resto, ninguém pedia ao país a sua opinião sobre essas questões. A fórmula dos legistas era: "O que agrada ao príncipe tem o valor de lei".

Entre uma monarquia imbuída de tais princípios e tão forte que Dante perguntava se Deus não teria por armas as flores-de-lis, e um papa cuja notória ambição se exprimia nas fórmulas que já conhecemos, o duelo era fatal. Mas Bonifácio VIII subestimou o poder do Capeto. Os conflitos que até então tinham oposto a Sé de São Pedro a vários reis não tinham terminado mal para Roma. Na Inglaterra, quando

João Sem-Terra tinha atormentado o arcebispo de York, recusando-se a reconhecer Estêvão Langton e apoderando-se dos bens temporais do clero, o papado acabara por sair vencedor e o drama terminara pela transformação da Inglaterra num feudo de São Pedro. Bonifácio deveria ter desconfiado de que os Capetos não tinham nada de João Sem-Terra e de que, por excelentes cristãos que fossem, não estavam nada inclinados a permitir que Roma interviesse nos seus assuntos: Filipe Augusto e mesmo São Luís já o tinham dado a entender[15]. *A fortiori* um homem do temperamento de Filipe o Belo.

O primeiro incidente ocorreu por uma questão de dinheiro. Como o rei tivesse ordenado e feito votar em sínodos provinciais um imposto do dízimo sobre os rendimentos do clero, alguns descontentes queixaram-se a Roma e Bonifácio VIII, lançando fogo e chamas, promulgou a bula *Clericis laicos*, na qual proibia que os príncipes exigissem e os clérigos pagassem impostos sem autorização da Santa Sé, sob pena de excomunhão (fevereiro de 1296). Ofensiva nos seus termos, mal fundamentada na sua doutrina jurídica, que não distinguia entre as contribuições reais e as legitimamente devidas pelos clérigos a título dos feudos que detinham, a bula irritou Filipe e os seus legistas. A resposta foi imediata. Foram publicadas duas ordenações (agosto de 1296): a primeira proibia exportar dinheiro e objetos preciosos sem permissão do governo, o que secava o caudal de oferendas para a Santa Sé; a segunda proibia todos os estrangeiros de residirem no reino sem autorização, o que visava evidentemente os legados, os que arrecadavam doações e todos os italianos que possuíam benefícios no reino. Por meio de uma nova bula, Bonifácio VIII protestou, indignou-se, mas não conseguiu impressionar Filipe. Mais ainda: o clero francês, reunido em Reims, escreveu ao papa pedindo-lhe que retirasse a bula. Roma tomou consciência do perigo; era, aliás, o momento em que as intrigas dos Colonna atingiam o auge e em que Bonifácio VIII não tinha a menor necessidade de aumentar o número dos seus adversários. Cedeu, atenuou por meio de diversas glosas o alcance da *Clericis laicos* e chegou a convidar o clero da França a pagar o imposto real. Filipe suspendeu as ordenações. A canonização de São Luís, em 11 de abril de 1297, selou a reconciliação.

No fundo, porém, nada mudara. Os dois adversários observavam-se. Bonifácio VIII permitia que os flamengos, em dificuldades com a França, lhe escrevessem nestes termos: "Vós que sois soberano do reino da França, tanto no espiritual como no temporal..." Escutava com complacência um cardeal dizer-lhe do alto do púlpito de São João de Latrão que ele era o senhor temporal e espiritual de todos os senhores. Por sua vez, Filipe, ao receber dois legados que vinham sugerir-lhe que estabelecesse uma trégua com o rei da Inglaterra, declarava-lhes "que o governo temporal do reino lhe pertencia exclusivamente a ele, e que, nessa matéria, não reconhecia nenhum superior; quanto ao mais, no domínio espiritual, era um verdadeiro filho da Igreja, como os seus predecessores". Não se podia distinguir com maior precisão o rei do homem privado, o domínio do Estado do da Igreja.

Mas já fumegava outro facho de discórdia. Em julho de 1295, por razões administrativas, Bonifácio VIII desvinculara de Toulouse a região de Pamiers, erigindo-a em diocese, e dera esse passo sem consultar o rei da França, o que não era de bom aviso. Pior ainda: nomeou para a sé um padre chamado Bernard Saisset, cujos sentimentos antifranceses eram notórios: corria o boato de que conspirava com os condes de Foix e Comminges para separar o Sul pirenaico da França, e de que, além disso, falava do rei em termos injuriosos, dos quais os mais brandos eram os de moedeiro falso e bastardo. Embriagado com o êxito do Jubileu de 1300, Bonifácio VIII manteve Saisset. Contrariamente ao direito canônico em uso, Filipe mandou prendê-lo em julho de 1301 e levá-lo a Senlis. Depois, como o seu prisioneiro apelasse para o papa, os legistas reais expediram para Roma um requisitório em que o acusavam de todos os vícios e de todas as faltas, incluindo — o que nunca foi verdade — as de ensinar doutrinas heréticas e de insultar o papa em público. O exagero do memorial era suficiente para anulá-lo.

Bonifácio VIII respondeu com a bula *Ausculta fili*, em que reclamava a libertação do bispo e ordenava ao rei que se apresentasse ou se fizesse representar num concílio que se reuniria em Roma. O tom da bula era moderado, mas o papa abordava o ponto nevrálgico nestes termos: "Aqueles que te persuadem de que não tens superior e de que não estás submetido ao hierarca supremo da Igreja enganam-te. Esses estão fora do redil do Bom Pastor". Os legistas acusaram duramente o golpe. Um cronista assegura que a bula foi arrancada pelo conde de Artois das mãos do legado no momento em que este ia entregá-la ao rei. Os ministros arranjaram as coisas para que ela não fosse conhecida na França. Em seu lugar, fizeram circular dois documentos apócrifos, tão arrogantes que a opinião francesa não podia deixar de se indignar; uma campanha de libelos acabou de lançá-la contra Roma. Por fim, Pierre Flotte reuniu em Reims uma assembleia de todas as classes da nação — incluindo o Terceiro Estado —, os primeiros Estados Gerais, para receber dela apoio contra a Santa Sé. O clero, por mais constrangido que estivesse, aderiu apesar de tudo à causa do rei.

Era a luta aberta. Bonifácio VIII estava decidido a ir até o fim. Tanto mais que, nessa ocasião (julho de 1302), Filipe era derrotado em Courtrai pelas milícias flamengas e — castigo do céu — Pierre Flotte e o conde de Artois eram mortos. Em pleno Consistório, o papa chegou a declarar que, "se o rei da França não se arrependesse, teria o desgosto de depô-lo como se fosse um garotinho". Algumas semanas mais tarde, realizava-se em Roma o anunciado concílio e, apesar da obstrução feita pelos funcionários reais, estiveram presentes quatro arcebispos, trinta e cinco bispos e seis abades franceses. A bula *Unam Sanctam*, promulgada nesse clima, só podia parecer um manifesto de imperialismo pontifício dirigido contra o Capeto. Era fatal que Filipe o Belo reagisse.

Mas a sua reação foi atroz. Nogaret foi o executor. Não bastava invocar contra o pontífice o direito feudal e o direito natural; era preciso denunciá-lo como indigno de ocupar o trono de Pedro, desprezível nos seus costumes, fraco na sua fé e, uma vez esclarecida a opinião pública, levá-lo perante um concílio que o depusesse. Todos os inimigos do papa — o clã dos espirituais e o bando dos Colonna — colaboraram nesta manobra na Itália. Na França, na primavera de 1303, reuniram-se duas assembleias em que Nogaret, já chanceler, não se cansou de difamar Bonifácio VIII, pedindo ao rei que prendesse esse falso profeta, esse simoníaco, esse blasfemo. O papa tentou defender-se chamando em seu auxílio os aragoneses da Sicília e Alberto da Áustria, mas já era muito tarde; o golpe estava muito bem montado. A nação francesa, enganada pela propaganda dos legistas, cerrava fileiras em torno do rei; na Itália, todos os gibelinos se aliavam; até na corte pontifícia os conjurados tinham cúmplices entre os cardeais.

O atentado foi perpetrado pessoalmente por Guilherme de Nogaret e por Sciarra Colonna. *No dia 7 de setembro de 1303*, 600 cavaleiros e 1500 infantes invadiram a pequena cidade de Anagni, onde o papa se refugiara. O estandarte com a flor de lis flutuava acompanhado pelo pendão de São Pedro, para frisar que a França se preocupava com a salvação da Igreja. A tropa atacou o castelo, pôs fogo às portas da catedral para por ali penetrar no recinto e, enquanto os soldados começavam a pilhagem, Nogaret e Sciarra corriam para os aposentos pontifícios. Abandonado por todos, exceto por dois cardeais, o pontífice esperava os seus agressores revestido dos paramentos litúrgicos, a tiara na cabeça e rezando. Uma tradição, mais do que discutível, afirma que Sciarra o esbofeteou; na verdade, foi apenas uma bofetada simbólica, mas abominável. "Eis o meu pescoço, eis a minha cabeça...", disse simplesmente Bonifácio VIII. Nogaret, interveio e, com voz de procurador, intimou-o a convocar um concílio em que seria julgado. O papa recusou. Os conjurados comunicaram-lhe então que permaneceria preso no seu palácio, à espera de ser transferido para a França.

Mas o plano de Nogaret fracassou. Enquanto os soldados se retiravam de Anagni para pôr a salvo o produto do saque, um cardeal, que se conservara fiel, levantou a população. Aos gritos de "Viva o papa! Morte aos estrangeiros!", os franceses foram obrigados a fugir. Surgiram quatrocentos cavaleiros romanos para conduzirem Bonifácio VIII à Cidade Eterna. Mas o atentado abalou de tal maneira o velho pontífice que chegou a Roma arrasado. Um mês depois, em 11 de outubro de 1303, estava morto.

Com este drama, a ideia da cristandade acabava de sofrer um golpe definitivo. A antiga ordem, fundada sobre a supremacia da Igreja, árbitro dos poderes laicos como das consciências, desmoronava-se com o golpe de Nogaret. Chegou-se a censurar Bonifácio VIII pela sua intransigência excessiva, pelas suas faltas de tato, mas a verdade é mais grave: o seu erro foi ter querido continuar a ser um papa da Idade Média, o herdeiro de Inocêncio III, num tempo em que forças impetuosamente jovens e ambiciosas faziam surgir uma outra concepção do mundo. Daqui por diante, o papado teria de levar em conta essa nova ideologia e, sem nada abandonar dos seus princípios, aplicá-los com métodos absolutamente diferentes. Abria-se a era dos nacionalismos.

Um santo homem, *Bento XI* (1303-1304), apressou-se a tratar da reconciliação. Foi levantada a excomunhão lançada sobre Filipe o Belo e os seus homens, com exceção de Nogaret; os próprios Colonna foram objeto de medidas de clemência; a bula *Clericis laicos* foi emendada num sentido favorável aos príncipes. Mas, quanto ao ponto essencial — a reunião de um concílio que condenasse Bonifácio —, Bento não transigiu e preferiu abandonar Roma a capitular perante as facções. Quando morreu, depois de oito meses de pontificado, venerado pelos cristãos, correu o boato de que os figos que lhe causaram o desarranjo estomacal e a morte poderiam perfeitamente estar envenenados. Três anos mais tarde, outro drama acabaria de ensinar ao mundo quantas crueldades se podiam esperar no futuro da chamada "razão de Estado".

O drama dos templários

O caso dos templários começou no ano seguinte, em 1305. Um certo Esquieu de Floryan, originário de Béziers, foi procurar alguns conselheiros reais e fê-los tomar nota de um punhado de denúncias contra a ordem do Templo. Nogaret arrebitou as orelhas. O Templo era rico, suficientemente rico para interessá-lo. Dois anos mais tarde, em 13 de outubro de 1307, no dia seguinte ao das exéquias da esposa de Carlos de Valois, a que assistira o grão-mestre sem desconfiar de nada, foram presos todos os templários da França, com o grão-mestre à cabeça. A polícia real podia orgulhar-se da forma como lançara a rede.

Logo a seguir, desencadeou-se uma campanha visando a opinião pública, na qual se reconhecia o estilo legista. Espalharam-se aos quatro ventos as acusações mais monstruosas contra os cavaleiros do Templo: eram profanadores que cuspiam no crucifixo no dia em que eram recebidos, adoradores de ídolos, libertinos, adeptos desses costumes por causa dos quais Sodoma fora castigada por Deus e, por fim, especuladores sem vergonha e terríveis traficantes. Estas últimas acusações, as únicas que podiam ter uma base de verdade, punham à mostra a ponta da orelha dos ministros reais. Quanto a todas as outras, a história fez justiça: nenhum documento, nem a menor prova apareceu para apoiá-las. Como é que a gloriosa milícia nascida ao calor da cruzada e com a caução de São Bernardo podia ter descido tão baixo? Apenas vinte anos atrás, em São João d'Acre, não tinham os templários dado provas do mais puro heroísmo?

Mas a Ordem dos Templários tinha agora má fama em quase toda a parte. Sabiamente administrada, conseguira em dois séculos acumular enormes riquezas e, durante as últimas cruzadas, desempenhara o papel de um banqueiro providencial. Perdida a Terra Santa, continuara a realizar as suas operações bancárias, e muitos senhores, muitos comerciantes e até muitos Estados eram seus devedores. E é raro que um devedor sinta grande ternura pelo seu credor... Para atacarem o Templo, os legistas de Filipe o Belo contavam, portanto, com a cumplicidade da opinião pública. Cada uma das últimas cruzadas cavara o fosso que separava a ordem da cavalaria do Ocidente. Acostumados à luta contra os infiéis, os templários não tinham poupado críticas à estratégia muitas vezes insana dos cruzados. Por outro lado, obrigados a manter relações diplomáticas com os infiéis, eram suspeitos de compromissos e até de traição. O seu orgulho, incontestável, bem como a sua tendência para a desobediência eram coisas que irritavam, e por isso São Luís e Frederico II os tinham criticado severamente várias vezes. Por fim, a sua vã preocupação por rodear de mistério as suas cerimônias e ritos — "por simples tolice", dizia um deles — dava à sua ordem um ar de sociedade secreta que tornava plausíveis todas as histórias, especialmente as mais atrozes, as mais obscenas. Era o momento propício para a intervenção da polícia real.

Desconcertados pela prisão inesperada, totalmente desarmados perante os retorcidos legistas, estes homens de espada deixaram-se manobrar como crianças. Diziam-lhes que o papa os abandonara, mas que o rei era seu amigo e só queria o bem deles; mas encontravam pela frente não só os inquisidores, mas os agentes reais. Que deviam, que podiam fazer? Colocados ante o dilema de confessar para obter o perdão ou serem condenados à morte depois de entregues a abomináveis torturas, muitos, com o grão-mestre Jacques de Molay à frente, julgaram mais hábil reconhecerem-se culpados. Os legistas não esperavam outra coisa: essas confissões permitir-lhes-iam aniquilar definitivamente a ordem.

O caso, porém, arrastou-se: duraria sete anos. Passado o primeiro momento de surpresa, alguns templários retrataram as suas confissões. O papa Clemente V, embora fraco e fatigado, protestou contra a justiça real que tinha desprezado o "foro eclesiástico" e anunciou que, chamando a si a causa, confiava a instrução a bispos e inquisidores ordinários que ele próprio nomearia, e reservava a um concílio a decisão geral sobre a ordem. Perante a justiça da Igreja, que se recusava a empregar a tortura, os acusados retrataram-se em massa.

Filipe o Belo e os seus legistas mostraram-se muito irritados com a feição que as coisas iam tomando. Essa instrução lenta e moderada não lhes convinha de maneira nenhuma; precisavam de um grande processo espetacular. Recorreram então ao mesmo método que fora utilizado contra Bonifácio VIII. Uma assembleia dos Estados Gerais, convocada para Tours e insuflada pelos seguidores do rei, decretou a destruição da ordem. Com esse apoio, Nogaret fez pressão sobre o papa; lembrou-lhe tudo o que a coroa francesa fizera pela Igreja e, *mezzo voce*, disse-lhe que era inútil tentar opor-se à vontade do soberano, pois "caso contrário, a linguagem seria outra". Clemente V hesitava ainda, com a branda resistência dos homens fracos. No momento certo, levaram à sua presença alguns templários escolhidos, que repetiram as suas confissões. Subitamente, o papa concordou em convidar todos os governos a instruir o processo contra o Templo.

Mas ainda não era o que o governo real queria. Nos inumeráveis processos que se organizaram em toda a parte, a verdade começou a surgir; os chefes tinham batido em retirada, mas muitos cavaleiros mostravam perante os juízes a inocência da sua ordem e outros comoviam a assistência, falando das torturas durante as quais lhes tinham extorquido as confissões. Era necessário desferir um grande golpe. Foi Enguerrand de Marigny quem se encarregou disso. Seu irmão, arcebispo de Sens, reuniu um concílio provincial, perante o qual foram trazidos cinquenta e quatro templários que, sem terem podido defender-se, foram condenados como relapsos por terem retratado as suas confissões anteriores. Logo no dia seguinte, na orla do bosque de Vincennes, esses desgraçados foram queimados a fogo lento, protestando até o fim a sua inocência. Aterrorizados, os outros detidos — com exceção de quatro — optaram pela confissão. "Eu confessaria ter matado o próprio Deus", gritaria um deles (1310).

Foi neste clima de terror que se reuniu em Vienne, no Dauphiné, o Concílio que deliberaria sobre a sorte da ordem (1311). Na Inglaterra, na Espanha, na Alemanha e em Portugal, os tribunais eclesiásticos tinham decidido pela não-culpabilidade. Mas Filipe compareceu pessoalmente às reuniões para controlar os debates. Clemente V estava no limite das suas forças e cedeu. A bula *Vox in excelsis* pronunciou a dissolução da ordem, "culpada de escândalos confessados, odiosa ao rei Filipe (sic!) e inútil para a Terra Santa". Os governos cristãos eram convidados a suprimi-la[16]. Filipe o Belo tinha ganho a partida.

Mas os legistas ainda não se davam por satisfeitos. A maior parte dos templários estavam presos ou então "reconciliados", isto é, desligados da ordem e, às vezes, incorporados em outra congregação. Faltava definir o destino dos chefes para que, perante a opinião pública, o rei dissesse a última palavra e nada restasse dessas retratações e dessas suspeitas lançadas sobre os métodos da justiça. Em vão Jacques de Molay e Geoffroy de Charnay apelaram para o papa; Clemente V não se atreveu a responder-lhes. Em 19 de março de 1314, conduzidos a Notre-Dame de Paris, na presença de três cardeais, de muitos prelados e de uma enorme multidão, ouviram a sentença que os condenava à prisão perpétua. Então, esses

perpetrado por bandos da Gascogne a serviço do clã Got. Penosamente reagrupado em Lyon, acabou por escolher um prelado septuagenário e franzino, que parecia incapaz de incomodar quem quer que fosse. Mas, sob um corpo débil, feito de ossos e nervos, ocultava-se uma alma de líder, dotada de um sentido de organização, de uma amplidão de vistas e de uma energia admiráveis. Este ancião reinou durante dezoito anos e desenvolveu uma atividade que confunde a imaginação. Logo que foi eleito, ordenou que lhe mobiliassem o palácio episcopal de Avinhão e que se estabelecessem todos os serviços nessa cidade. Era uma decisão bem compreensível; os guelfos acabavam de ser derrotados em Montecatini e não havia necessidade de voltar imediatamente para Roma. Avinhão, rodeada das terras pontifícias do condado, dependente dessa família da Provença com quem João XXII mantinha excelentes relações, ligada à França pela célebre ponte Saint-Bénezet, era um posto de observação muito útil.

A casa do bispo ocupava a vertente meridional do Rocher des Doms, colina calcária escarpada que dominava o Ródano e sobre a qual se erguiam também a catedral de Nossa Senhora e o velho castelo da comuna. A cidade agachava-se ao sul. Para dispor de mais espaço, João XXII adquiriu um pomar e alguns edifícios sobre a colina, assim como a pequena igreja de Santo Estêvão, transformada em sua capela privada. As torres nos ângulos e as muralhas que enquadravam uma galeria coberta deram ao conjunto a forma de um quadrilátero irregular, mais parecido com uma fortaleza do que com um palácio. Os modestos aposentos do papa eram exíguos e os serviços alojaram-se o melhor que puderam na cidade, à espera de que fossem restaurados ou construídos os indispensáveis edifícios em Bédarrides, Noves, Barbentane, Sorgues e Châteauneuf.

Tudo isso era muito pouco confortável e tinha qualquer coisa de provisório. João XXII, com certeza, não perdia as esperanças de voltar para a Península.

A prova é que não se desinteressou de forma alguma da política italiana, que lhe trouxe as piores desilusões. Para restabelecer a ordem nos Estados pontifícios, era necessário reduzir à obediência o partido gibelino, senhor das cidades lombardas e sobretudo de Milão, onde Mateus Visconti instaurara uma verdadeira ditadura. O papa julgou que conseguiria alguma coisa e mandou um legado à frente de um exército de mercenários e de napolitanos, ao mesmo tempo que a Cúria fulminava condenações por heresia contra os seus inimigos. Mas Luís IV da Baviera, rei da Germânia (1314-1347), que acabava de estabelecer a sua autoridade sobre a Alemanha derrotando o seu rival de Habsburgo, Frederico o Belo, retomava as pretensões dos seus predecessores. O conflito entre o sacerdócio e o Império entrava, pois, numa nova fase. Os teorizadores da independência dos Estados perante a Igreja, sobretudo Marsílio de Pádua e Ockham, preparavam-se para justificar com argumentos essa política. Por seu lado, os "espirituais", condenados pela Santa Sé, empenhavam-se ardorosamente em sublevar as massas contra ela.

Excomungado, Luís IV desceu à Itália, reagrupou os gibelinos, fez-se sagrar e coroar em Roma e concedeu a tiara a um monge chamado Pedro de Rieti, que veio a ser o antipapa Nicolau V. Ao mesmo tempo, uma querela que surgira no tempo de Clemente V entre o papado e Eduardo III da Inglaterra, a propósito de uma coleta de impostos, ia de mal a pior. A situação era grave. Mas arrumou-se pouco depois. Os gibelinos da Itália não demoraram a indispor-se com os germânicos, e o antipapa, expulso de Roma a pedradas, só pensava em obter o perdão. João XXII, infatigável, preparava uma nova campanha na Itália quando morreu. Tinha noventa anos.

Voltava a pôr-se a questão: era necessário continuar essa política e pensar num regresso à Itália? Os dois sucessores de João XXII interrogaram-se a esse respeito. O pacífico e parcimonioso *Bento XII* (1334-1342) teria querido reconciliar-se com os gibelinos e confiar a Tadeu Pepoli, que acabava de se apoderar de Bolonha, a tarefa de defender os interesses da Igreja. Mas a desordem aumentava por toda a parte; a Romagna e a marca de Ancona estavam mergulhadas em plena anarquia. Em Roma, as grandes famílias instaladas nas antigas ruínas, que haviam convertido em fortalezas — Coliseu, Palatino, Arco de Tito e teatro de Marcelo —, entregavam-se a verdadeiras guerras.

Com *Clemente VI* (1342-1352), a situação piorou ainda mais. Os Malatesta ampliavam os seus domínios em volta de Rimini; João Visconti, senhor e arcebispo de Milão, cético e faustoso, entrava em negociações para comprar Bolonha, e, nos Estados pontifícios, os "reitores" franceses eram vilipendiados. Uma prodigiosa aventura, que teve a própria Roma por cenário, deixou os espíritos estupefatos. Um certo *Cola di Rienzo*, legalmente filho de um taberneiro, mas provavelmente filho bastardo de Henrique VII, declarou-se inspirado pelo Espírito Santo para regenerar a Cidade Eterna. Excelente tribuno, "humilde enviado do povo contra os cães e as serpentes do Capitólio", como se autodenominava, conseguiu apoderar-se do poder em 19 de maio de 1347 e chamar à ordem os aristocratas. Organizou-se uma grandiosa representação, no meio das aclamações da multidão: Cola instalou-se faustosamente no Capitólio e declarou-se o único imperador. Foi à pia de basalto onde, segundo a tradição, Constantino fora batizado por Silvestre, e, depois de mergulhar na água, anunciou que nele Roma se lavara das suas faltas. Depois, ordenou que sete dos mais altos prelados lhe pusessem solenemente sobre a cabeça sete coroas, símbolo dos sete dons do Espírito Santo. Em seguida, estendendo sucessivamente a espada para os quatro pontos cardeais, exclamou: "O mundo inteiro é meu!" Mas os barões romanos, que Cola tratara com uma estranha mansidão e não chacinara, voltaram a si. A massa cansou-se daquelas exibições, aliás caras, e o sedutor aventureiro não tardou a descobrir a ingratidão das multidões. Foi deposto em 1354, esquartejado pela populaça e finalmente queimado sobre o túmulo de Augusto. Decididamente, as lembranças da Antiguidade perseguiam os romanos.

É compreensível que, em tais circunstâncias, os papas não quisessem correr riscos na Itália. Foi nessa ocasião, portanto, que negociaram a compra de Avinhão com a rainha Joana de Nápoles, herdeira da Provença (1348), e decidiram instalar o palácio em termos mais definitivos. Em abril de 1335, Bento XII encomendou ao seu compatriota dos Pireneus, Pierre Poisson, uma nova torre onde queria habitar com os seus camareiros: a torre dos Anjos, com quarenta e três metros de altura e ligada à ala oriental por duas edificações. Até então, a residência pontifícia de João XXII tinha sido modesta, mas Pierre Poisson demoliu-a em grande parte para começar a construir o majestoso conjunto que vemos hoje. Metade mosteiro e metade fortaleza, o edifício não deixava de ter a sua grandeza; o pátio central tinha um claustro em volta; a decoração interior era sóbria, com ornatos de vinhas e flores que sobressaíam sobre um fundo azul. Dentre as torres que se levantavam nos ângulos, destacavam-se a Torre Campana, assim chamada por ter um sino, e a Torre de Trouillas, com cinquenta e três metros de altura, que acabavam de assegurar uma sólida proteção ao palácio.

Esse conjunto austero trazia a marca do homem que o concebera, Jacques Fournier, filho de uma humilde família do condado de Foix, antigo cisterciense e grande perseguidor dos hereges, duro consigo próprio e com os outros, intransigente e parcimonioso, que, uma vez eleito como Bento XII, conservou na Sé Apostólica os costumes de um monge. O seu sucessor, Clemente VI, o limusino Pierre Roger, possuía uma personalidade completamente diferente; todo ele era amabilidade e condescendência, e as suas maneiras eram de grande senhor. Abade de Fécamp, bispo de Arras, e depois arcebispo de Sens e de Rouen, fora conselheiro do rei e diplomata. "Os meus predecessores", dizia, "não souberam ser papas!" De uma inteligência brilhante, trabalhador e dotado de uma cultura imensa, seria o mais "magnífico" dos papas de Avinhão. Subitamente, porém, renunciou à esperança de voltar para Roma.

Foi então que decidiu concluir e embelezar o palácio. Como fortaleza, não era bastante seguro, e, como residência pontifícia, carecia de elegância e fausto. O arquiteto Jean de Loubières remediou esses inconvenientes. Construíram-se então as torres do Guarda-Roupa e de São Lourenço, bem como o edifício com cinquenta e dois metros de comprimento que se estende entre a sala da audiência e a nova capela, abobadada em ogivas. A fachada ocidental passou a enquadrar a grande entrada, com o corpo de guarda e a sala das grades. O interior foi profusamente decorado, mas, infelizmente, grande parte dessa decoração se perdeu. Matteo di Giovanetti, de Viterbo, foi o principal mestre-de-obras, rodeado de uma plêiade de artistas italianos e franceses, entre os quais se encontrava, sem dúvida, Simone Martini. O que ainda hoje podemos ver é suficiente para dar uma ideia da beleza do conjunto: cenas da vida de São Marçal e São João Batista, figuras de profetas e de sibilas, e, sobretudo no terceiro andar da Torre do Guarda-Roupa, o maravilhoso conjunto do teto estrelado, com cenas de caça aos pássaros, com falcões, armadilhas, perseguições aos veados e um viveiro multicolor que evoca as miniaturas persas. Esta delicada arte, de um estilo tão original, influenciaria sobretudo a tapeçaria.

É preciso imaginar o que era a corte pontifícia nesse quadro austero e suntuoso. Contrariamente ao que asseguram lendas persistentes, o luxo não tinha nada de exagerado, e as mais belas pompas estavam reservadas para as cerimônias litúrgicas. Mas em torno destes papas de Avinhão, mais ou menos formados nos hábitos administrativos da monarquia capetíngia, desenvolveram-se os serviços da Igreja, a cargo de clérigos na sua maior parte notáveis, mas espantosamente numerosos. Ao lado de todos esses funcionários, havia também uns quatrocentos empregados, escudeiros nobres, homens de armas, porteiros, camareiros e até caçadores e outros especialistas em animais. A isso era ainda preciso acrescentar inúmeros parentes do papa, parentes dos parentes e amigos dos parentes. Tudo isso constituía um pequeno mundo que fervilhava, intrigava, tagarelava, mas apesar de tudo não deixava de trabalhar. A cidade de Avinhão deveu-lhe o seu desenvolvimento, reforçado com a vinda de um grande contingente de artesãos desejosos de servir a corte pontifícia. O mesmo acontecia com todos os comerciantes que lhe vendiam produtos e víveres: madeira de Gênova e vinhos da Borgonha, sal do Languedoc e trigo da França; tudo isso era desembarcado ao pé dos Doms, à beira do Ródano, e armazenado em entrepostos prodigiosamente movimentados.

Essa foi a história da instalação dos papas em Avinhão. O seu governo foi prejudicial à Igreja? A resposta justa não é aquela que se costuma dar. Não há dúvida de que, afastando o papado do terrível caldeirão em que a Itália fervia, o puseram ao abrigo de graves perigos. Bem longe de serem "bispos de corte franceses", todos eles tiveram o sentido da universalidade da Igreja e da sua grandeza. De Clemente V a Clemente VI, nenhum deixou de encorajar eficazmente os missionários que propagavam a fé católica nos países mais longínquos, e foram os papas de Avinhão que estabeleceram a hierarquia católica na Pérsia e na China. Todos nutriram a ideia, a mais nobre do tempo, de reatar a cruzada, e vários tentaram até pô-la em prática; se os resultados obtidos foram mínimos — alguns *raids* de galeras e a ocupação de Esmirna —, a culpa não foi dos pontífices, mas da cristandade inteira. E se a diplomacia que desenvolveram acompanhou muitas vezes a diplomacia francesa, não se confundiu com ela. Nos esforços que empregaram para evitar a explosão da guerra dos Cem Anos, deixaram-se guiar apenas por altos princípios cristãos.

A sua independência manifestou-se ainda em outro domínio. Quer contra os reis da França, quer contra os da Inglaterra, opuseram-se quanto puderam ao desenvolvimento do direito de *régale*, isto é, ao costume de os reis receberem os rendimentos dos bispados vacantes e disporem de certos benefícios que dependiam deles — a "regalia" espiritual. Em 1337, dirigiu-se um vigoroso protesto de Avinhão a Paris e, embora em 1351 e 1353 o "estatuto dos provisores" e o de *praemunire* tivessem afirmado o ponto de vista da coroa inglesa em matéria de benefícios, o papado obteve de Eduardo III que não lhe fossem aplicadas as medidas decretadas pelo Parlamento. Quanto às pretensões germânicas, todos os papas de Avinhão usaram da linguagem altiva que se podia esperar dos herdeiros de Inocêncio III: na nova luta entre o sacerdócio e o Império, foi o papado quem, em última análise, saiu vencedor, pois Luís da Baviera foi derrotado — "para honra da Igreja", diz Clemente VI — e Carlos da Morávia, amigo dos pontífices, foi eleito e depois reconhecido por toda a Alemanha. Esta política acarretou outras consequências inquietantes para o papado, agora abandonado à anarquia italiana e em breve excluído da Alemanha pela *Bula de Ouro* de 1356; mas, dada a mentalidade da época, não se vê que outra coisa poderiam ter feito os papas de Avinhão.

Podemos sobretudo creditar-lhes o enorme esforço que desenvolveram para tornar mais eficaz a administração da Igreja, no que seguiam a prática de todos os governos do tempo. Os serviços reorganizaram-se, aperfeiçoaram-se e concentraram-se. As quatro grandes administrações tiveram os seus papéis definidos: a Chancelaria, a Câmara, que era uma espécie de Ministério das Finanças, o Tribunal da Rota e a Penitenciaria. Podemos ver no Vaticano os arquivos do papado de Avinhão: 456 volumes de cartas, 43 de súplicas, livros de contas e maços de documentos: tudo isso dá uma grande impressão de ordem e de método.

Apoiados assim por uma forte administração, os papas esforçaram-se para que o papado interviesse o mais possível nas nomeações eclesiásticas e na atribuição dos benefícios. O princípio de que todo o cargo eclesiástico está à disposição da Santa Sé tinha sido proclamado em 1265 por Clemente IV. Mas foi sobretudo a partir de Avinhão que o papado aproveitou todas as ocasiões para se substituir aos eleitores dos bispos e dos abades, bem como aos coletores de benefícios. O sistema das "reservas", praticado automaticamente em determinadas sés, e que se estendeu a outras, levou a autoridade pontifícia a impor cada vez mais as suas escolhas. Nesta matéria, nada mais significativo do que estes três dados: só na diocese de Liège,

João XXII interveio 496 vezes; Bento XII, em menos de oito anos (1334-1342), distribuiu na França mais de 4000 benefícios; os cabidos das catedrais não puderam eleger nesse país senão nove bispos dos cinquenta e oito que foram nomeados. É justo dizer, portanto, que esta maneira de agir — que um papa de Avinhão, Gregório XI, erigiria como princípio absoluto para os arcebispados e abadias — reforçava consideravelmente o poder do papado e preparava-lhe os caminhos do futuro.

É claro que essas atitudes não podiam deixar de criar descontentamentos. Em muitas ocasiões, os cargos e benefícios foram dados a clérigos da corte pontifícia, o que causava irritação. Assim, por exemplo, os espanhóis viam com cólera os franceses tornarem-se cônegos beneficiários entre eles. Além disso, estas nomeações eram acompanhadas pelo pagamento de taxas ao papado: *serviços comuns* dos prelados, iguais ao terço dos seus rendimentos; *anatas* ou frutos de um ano para os benefícios menores, e *direitos de espólio*, isto é, confisco dos bens móveis dos clérigos falecidos. E era necessário acrescentar ainda os dízimos, procurações, censo e óbolos de São Pedro. Para arrecadar estes impostos, foram nomeados cobradores e instituiu-se uma administração fiscal, com circunscrições ou "recebedorias", e também uma administração financeira central, com a complexa contabilidade das companhias bancárias. Tudo isso, evidentemente, contribuiu para que os papas de Avinhão fossem acusados pelos seus inimigos de rapacidade e de cupidez sórdida[20].

As críticas contra eles foram inumeráveis e de uma extrema violência. Em grande parte, provieram dos italianos, irritados por verem o papado longe de Roma. Dante acusava Clemente V de ter casado a Igreja com o reino da França, e ninguém ignora o requisitório de Petrarca contra "o inferno dos vivos, a latrina dos vícios, o esgoto da terra, a mais fétida das cidades"[21]. Um dia, à porta de um cardeal, encontrou-se afixada uma "carta de Lúcifer" em que o senhor dos infernos felicitava os membros do Sacro Colégio por trabalharem tão bem para ele... É necessário certamente levar em conta as intenções polêmicas em todas essas diatribes, mas devemos reconhecer que havia nelas algo de verdadeiro.

Mas sobretudo, aos olhos da cristandade, a ausência do papado de Roma parecia uma traição. A cidade de São Pedro podia estar mergulhada na anarquia, mas continuava a ser a sede de uma rica tradição e de um poder de símbolo contra os quais nada devia prevalecer. A Cidade Santa, cujo santuário vira desfilar as multidões por ocasião do Jubileu de 1300, não podia continuar viúva do sucessor do apóstolo. Impôs-se facilmente aos espíritos a imagem de um "novo cativeiro da Babilônia", de um papado prisioneiro de forças obscuras e terríveis. Santa Brígida da Suécia e Santa Catarina de Sena, com as suas grandes vozes inspiradas, denunciaram esse cativeiro diante do mundo cristão. Por muito compreensível e defensável que tenha sido a permanência dos papas em Avinhão, constitui na verdade um sintoma da decadência da Igreja em meados do século XIV, e, para os contemporâneos, foi um sinal da ira do céu.

A grande angústia de meados do século

Esses sinais eram abundantes em torno de 1350. O despedaçamento da cristandade, que se fazia sentir nas consciências havia anos, passava agora para o plano dos acontecimentos. Não bastava que a luta ímpia do Império contra o sacerdócio tivesse reaparecido; que o Anjou e Aragão devastassem o Sul da Itália, intensamente disputado entre os dois, enquanto a Península estava entregue aos horrores da guerra civil; que a Alemanha se tivesse transformado num caos, que os camponeses suíços lutassem com todas as suas forças contra os cavaleiros germânicos e que a nobreza espanhola abalasse a autoridade real. Como se tudo isso não bastasse, começara entre a França e a Inglaterra uma guerra que ultrapassaria todas as outras nos seus desastrosos resultados: a guerra que a história conhece sob o nome de *Guerra dos Cem Anos*.

Aparentemente, essa guerra teve como causa uma disputa dinástica como tantas outras que, nos séculos anteriores, tinham oposto os dois países: os três filhos de Filipe o Belo — Luís X o Teimoso, Filipe o Longo e Carlos IV o Belo — morreram jovens sem deixar filhos, e por duas vezes a assembleia plenária dos barões se recusou a dar a coroa a Eduardo III da Inglaterra, filho de Isabel de França, a filha de Filipe o Belo; declararam a sua candidatura contrária ao "costume da França segundo o qual a mulher não deve suceder no reino". Teria o rei inglês pensado em insurgir-se contra essa recusa? A princípio, não: em 1328, quando Filipe VI de Valois, sobrinho de Filipe o Belo e bisneto de São Luís, foi sagrado, Eduardo III prestou-lhe homenagem pela Guyenne e pelo Ponthieu.

Mas existiam causas mais profundas de antagonismo, que não tardaram a levantar uma contra a outra as duas jovens monarquias do Ocidente. Em primeiro lugar, havia esses domínios ingleses em terra francesa, que se compreendiam e se podiam aceitar quando o laço feudal era uma realidade, mas que apareciam como algo não natural, agora que prevaleciam novas fórmulas políticas que tendiam para a centralização. Existiam também violentas causas econômicas para o antagonismo. A França irritava-se por ver o porto de Bordeaux, mercado de vinho e de trigo, controlado por Londres. Além disso, as duas potências tinham as suas pretensões sobre Flandres, grande centro de negócios, onde desembocavam — em Bruges — as vias de tráfico para Veneza, para o Báltico e para a Espanha. Mais profundamente ainda, defrontavam-se duas vontades de hegemonia sobre o Ocidente.

Iniciada em 1337, a guerra tomou imediatamente uma nova feição de extrema violência. Não se tratava já de um simples conflito feudal, em que dois senhores lutavam num torneio sangrento. Eram os próprios povos que agora se empenhavam a sério nessa luta, apoiando-se num sentimento nacional inteiramente novo. Por outro lado, uma grande parte do Ocidente também se encontrava envolvida no conflito: do lado inglês, o imperador Luís da Baviera e os condes da Holanda e Zelândia; do lado francês, o rei da Boêmia João o Cego, o conde de Luxemburgo, o príncipe-bispo de Liège e diversos senhores. Flandres, que era a parada em disputa nesse jogo, lançou-se no campo da Inglaterra, seu fornecedor de lã, quando Jacob van Artevelde a sublevou, aproveitando-se da miséria causada pela paralisação das importações. Mas a situação estava longe de ser clara: terríveis ressacas sociais derrubaram o tribuno.

O reino da França acusou imediatamente os golpes do seu adversário. Conduzido por um chefe dotado de muito pouco senso político e de uma bravura irracional, sofreu graves reveses em doze anos. Em *Écluse*, em 1340, a sua armada foi destruída e o mar passou para as mãos dos ingleses. A partir desse momento, todos os anos, incursões britânicas começaram a varrer diversas províncias francesas; a mais séria, em 1346, resultou na batalha de *Crécy*, em que a infantaria nacional inglesa, apoiada pela nova arma — a artilharia —, esmagou a arcaica cavalaria francesa. *Calais* foi tomada, e só a piedade da rainha Filipa de Hainaut impediu Eduardo III de executar Eustáquio de Saint-Pierre e os heroicos reféns burgueses. Nenhum esforço dos papas conseguiu deter o conflito. Quando Filipe VI morreu, em 1350, a França parecia ter entrado numa via dolorosa, exposta a ataques e inumeráveis misérias, em pleno declínio.

A inquietação que esse espetáculo podia causar nos corações cristãos não era infelizmente a única. Tanto como o Ocidente, embora por outros motivos, o Oriente estava gravemente ameaçado. Desde que Miguel VIII Paleólogo (1261-1282) expulsara de Constantinopla o irrisório domínio latino[22], o Império bizantino era apenas uma sombra de si mesmo. A reconstituição do cerimonial tradicional não era suficiente para alimentar ilusões. Reduzida ao nordeste da Ásia Menor, à Trácia e a uma parte da Macedônia, com algumas praças fortes no Peloponeso e uma suserania nominal sobre o Epiro, Bizâncio via surgir nos seus antigos territórios jovens potências devoradoras: búlgaros, sérvios e sobretudo turcos otomanos. Não conseguia sequer exercer o seu domínio sobre todos os gregos: o Estado de Trebizonda rejeitava a sua autoridade; Veneza ocupava o arquipélago; Gênova tinha Quios e muitas escalas no Mar Negro e na Anatólia. Era o declínio, sob as aparências do antigo fausto.

A nova dinastia, a dos Paleólogos, tentou durante noventa anos lutar contra as forças do destino, num desespero heroico, mas as crises e as discórdias reapareceram sempre mais violentas. A Miguel VIII, que tivera a glória de deter a ambição de Carlos de Anjou e da Sicília, sucedeu Andrônico II o Velho (1282-1328), que não estava à altura daquele. Teve de lutar contra o seu neto Andrônico III o Jovem, que, com o apoio de um alto funcionário, João Cantacuzeno, se apoderou de Constantinopla e se fez coroar em 1328. Quando morreu, em 1341, Cantacuzeno tentou fazer-se reconhecer como único herdeiro no lugar do pequeno Paleólogo, de dez anos, com o que houve simultaneamente João V Paleólogo e João VI o Usurpador. Uma anarquia dessas — que se prolongaria ao longo de todo o reinado de João V, com episódios dignos de um romance de aventuras —, terminou, como é óbvio, com um desmoronamento quase total da autoridade. O trono era disputado a golpes de comandos búlgaros, sérvios, turcos e até espanhóis.

Os perigos exteriores multiplicavam-se a olhos vistos. Em primeiro lugar, os sérvios. Dominados em 1331 por um homem de primeiro plano, *Estêvão Douchan*, vencedor dos búlgaros, constituíram, passo a passo e em detrimento do Império, uma "grande Sérvia" que ia do Danúbio ao Adriático e ao Egeu. A praça de Seres, entre Tessalônica e Constantinopla, caiu em poder do *Kral* sérvio que, subitamente em 1346, em Uskub, se fez sagrar "imperador dos sérvios e dos romenos", com o assentimento dos higúmenos do Monte Athos, ao mesmo tempo que proclamava o bispo de Ácrida patriarca de uma igreja autônoma sérvia. Por volta de 1350, ninguém podia prever que tão prodigiosa construção era frágil e que se desagregaria cinco anos mais tarde, com a morte de Douchan.

Mas bem mais grave era o perigo turco. Aos seldjúcidas, desarticulados pelos ataques mongóis, sucederam seus primos, os otomanos. Da categoria de pequenos emires, souberam elevar-se a verdadeiros chefes até o final do século XIII. *Osman*, o fundador da dinastia osmanli, que morreu em 1326, fez da Ásia Menor um baluarte turco; seu filho, *Orkhan*, seguiu-lhe as pegadas e inventou — o primeiro de todos os soberanos — um exército de profissionais sempre mobilizado, o célebre corpo dos "janízaros". Brussa em 1326, Niceia em 1329, Nicomédia em 1337, foram cidades que caíram em poder dos otomanos, os quais podiam ser vistos, do alto das muralhas de Bizâncio, instalados na outra margem dos Dardanelos e prestes a atravessá-los de um salto. Os imperadores Paleólogos tentaram enfrentá-los, mas faltava-lhes para isso o mais importante — os soldados. O jovem basileu Miguel IX, associado ao trono por seu pai Andrônico II, foi vencido; a única contraofensiva coroada de êxito foi a do *condottiere* alemão Rogério de Flor que, à frente de mercenários da Catalunha, fez recuar os osmânlios, mas cujas pretensões se tornaram tão exorbitantes que o imperador se viu obrigado a desembaraçar-se dele, mandando-o degolar durante um banquete. Por volta de 1350, os turcos otomanos atravessavam os Dardanelos, aliás com a ajuda de João VI Cantacuzeno, que pretendia utilizá-los contra o outro João. A Trácia estava invadida; Calípolis ia tornar-se uma fortaleza turca; a Europa inteira perguntava onde iria parar essa ofensiva e se a Sérvia e a Hungria não seriam também engolidas. Mais uma vez o perigo asiático apavorava os espíritos.

O único resultado benéfico desta nova tragédia foi aproximar um pouco os bizantinos do Ocidente, isto é, do papado. Desde a tentativa feita por Miguel VIII, que levara às decisões do Concílio de Lyon[23], todos esses belos projetos tinham ruído. Até o fim, o heroico Beccos gritara que era preciso refazer a união. Aliás, havia em Bizâncio um grupo nutrido que a desejava: homens políticos lúcidos, que julgavam indispensável o apoio do Ocidente para deter o avanço otomano; intelectuais que tinham lido os pensadores católicos e mesmo traduzido São Tomás de Aquino; imperatrizes de origem ocidental que tinham renegado a fé romana a contragosto, como Ana de Saboia, regente em nome do pequeno João V. No próprio palácio se exerciam influências religiosas católicas, como, por exemplo, a do monge calabrês Barlaam, ou a do carmelita francês Pedro Tomás, que conseguiu converter o jovem imperador. Mas os partidários da união esbarravam na resistência do clero grego e, sobretudo, na dos monges: "Antes o turbante do que a tiara!", gritavam esses fanáticos. Por outro lado, as embaixadas enviadas para tratar da união no Ocidente — em Nápoles com Roberto de Anjou, em Paris com Filipe o Belo, e em Avinhão com Bento XII — apresentaram condições difíceis de aceitar: a reunião de um novo concílio (onde haveria delegados do clero bizantino), o que parecia pôr em xeque as decisões do Concílio de Lyon, e a preparação de uma expedição contra os turcos, o que, na situação internacional do momento, era irrealizável. Ainda em 1337, para legitimar o seu poder, João Cantacuzeno multiplicava em Avinhão os seus protestos de dedicação, mas seria isso mais do que uma torrente de palavras? A cisão entre o Oriente e o Ocidente subsistia, dolorosa, mais ainda nos corações do que nas intenções políticas, e era outra das manifestações do grande despedaçamento da cristandade.

A ameaça turca ainda estava longe e a guerra franco-inglesa, pelo menos no início, só causava estragos em determinadas regiões do Ocidente. Mas existiam outras causas de inquietação que afetavam todos os países e classes. Havia uma crise econômica geral, que não parara de se agravar ao longo dos últimos cinquenta anos. Findava o período de expansão da economia medieval; os progressos, que até então tinham sido contínuos em todos os terrenos, detinham-se, não só na agricultura, onde a libertação dos servos levara anteriormente ao desbravamento de terras não cultivadas, mas também no comércio e na indústria, que tinham dado a impressão de uma vitalidade tão grande no século XIII. O forte impulso colonizador parecia esgotado. As feiras da Champagne começavam a declinar, mais ou menos como todas as outras. Sucediam-se as falências retumbantes; só na Itália podia-se registrar entre 1327 e 1343 uma boa dúzia de banqueiros de primeira fila completamente arruinados, como os Scali, os Bonaccorsi, os Usani, os Corsini, os Bardi e outros. Com exceção de Bruges, as grandes cidades flamengas declinavam. Florença, Gênova e Veneza, que se defendiam melhor, não tardariam a ser atingidas no seu comércio pelos golpes dos otomanos e pelas perturbações causadas pela guerra franco-inglesa. Em toda a parte, portanto, havia marasmo e dificuldades.

Esta situação inquietante, agravada de década em década pelas despesas de guerra, levaria a lançar mão de paliativos análogos àqueles de que se valem os Estados modernos quando a sua economia sofre de saturação e perde o fôlego. Pertenciam a esse número as tão censuradas manipulações monetárias de Filipe o Belo que, não podendo imprimir notas de banco, chegava ao mesmo resultado — a inflação — alterando o valor das moedas de ouro. Recorria-se também a uma regulamentação por demais minuciosa: os governos multiplicavam as ordenações, e os organismos profissionais as proibições e prescrições. Os burocratas dedicavam-se de corpo e alma a disciplinar a repartição das matérias-primas, a dimensão máxima das empresas, os salários e a duração do trabalho, os processos de fabricação. A liberdade do comércio internacional estava entravada pelo medo da concorrência. O sistema corporativo tornava-se rígido, fossilizando-se na hierarquia social. E este excessivo dirigismo da economia tinha como resultado o que sempre acontece em situações semelhantes: a esclerose.

Esta estabilização da sociedade, este declínio de uma economia que já atingira o apogeu, corria de mãos dadas com outro fenômeno que contribuía para agravar ainda mais a situação: a queda da taxa demográfica. Depois do ano mil, a onda de crescimento da população[24] erguera toda a sociedade medieval. A partir de fins do século XIII, estaciona e não tarda a baixar. A Inglaterra, que tinha estatísticas bem feitas, mostra claramente uma queda de natalidade a partir de 1250; durante todo o princípio do século XIV, até 1328, a cifra da população aumentou muito pouco, e caiu para metade entre 1328 e 1420. Quanto à França, basta-nos uma simples comparação: em 1328, o reino contava 4.400.000 lares; em 1789, no mesmo território, 4.800.000.

Sob muitos aspectos, esta queda demográfica é tão pouco explicável como o impulso anterior; resultou provavelmente de leis fisiológicas que não conhecemos bem. Mas intervieram também causas ocasionais, algumas delas de uma terrível violência. O começo do século XIV foi, com efeito, uma época de grandes e espetaculares calamidades, e não apenas em decorrência das loucuras dos homens, das guerras externas e intestinas, tão prejudiciais para a gente humilde. Parece que o próprio céu quis também tomar parte nisso. A partir do outono de 1315, logo depois de uma má colheita geral, a fome começou a fazer-se sentir e, como os períodos de estio de 1316 e 1317 foram igualmente lamentáveis, tomou proporções enormes. Reviveram-se cenas como as que Raul Glaber descrevera três séculos atrás: crianças esqueléticas, camponeses roendo as cascas das árvores e até casos de canibalismo. Uma cifra, conservada por acaso pela cidade de Ypres, dá uma ideia da extensão do flagelo; nessa cidade de vinte mil habitantes, enterraram-se perto de três mil mortos de 1º de maio até meados de outubro de 1316.

Mas o drama da fome não foi nada perto da tragédia de que a Europa foi palco a partir de 1347 e durante cerca de trinta meses. Entrou em cena a *peste negra*, que gravaria nas memórias uma duradoura lembrança de horror. Boccaccio, no *Decamerão*, deixou-nos uma descrição alucinante. A doença surgira no Oriente, onde fizera enormes estragos; chegou ao Ocidente com a mesma virulência, e nem as preocupações de higiene nem as preces públicas foram suficientes para detê-la. Os que eram atacados pelo mal começavam a sentir sob as axilas o aparecimento de tumores que logo alcançavam o tamanho de um ovo. Cedo surgiam novas protuberâncias em outras partes do corpo, ou então a pele cobria-se de terríveis manchas negras e brancas. Nos dois casos, a morte era certa e sobrevinha no terceiro dia, geralmente sem o menor sintoma de febre. O contágio era fulminante: bastava tocar as roupas de um doente para ficar contaminado; os próprios animais eram atingidos, e de modo ainda mais rápido; citava-se o caso de uns porcos que, tendo remexido com o focinho alguns resíduos contaminados, tinham morrido em menos de uma hora. A Europa inteira viveu no meio desse terror durante quase três anos.

Inúmeros documentos do tempo dão-nos uma ideia pavorosa dos resultados demográficos desta calamidade. Em cinco meses, afirma Boccaccio, Florença e os seus arredores perderam cem mil almas. Na aldeia borgonhesa de Givry, onde a média dos falecimentos era de quarenta por ano, houve, em 1348, seiscentos e cinquenta. Em Soisy-sur-Seine, de cento e quarenta famílias, teriam subsistido seis. Em Amiens, registraram-se dezessete mil óbitos. Em

Avinhão, de 25 de janeiro a 27 de abril de 1348, houve sessenta e duas mil vítimas, metade da população; e quando deixou de haver lugar para os túmulos, o papa autorizou os enterros no cemitério pontifício, onde, em março e abril, foram sepultados onze mil cadáveres. Esta sinistra enumeração poderia continuar por muito tempo. Nenhum país escapou ao desastre, e até a Islândia foi atingida. Mesmo levando em conta os habituais exageros dos cronistas[25], podemos admitir que um terço da população europeia foi exterminada.

A peste negra de 1348-1350 foi um divisor de águas na história da Europa. Pôs termo ao magnífico impulso de vitalidade que levara a sociedade até os seus cumes mais altos. Dali para a frente, a cristandade teria os rins quebrados. A grande época das catedrais e das cruzadas afundava-se na putrefação e no horror.

Mudanças profundas na alma cristã

Esta conjunção de infelicidades não repercutiu menos gravemente na sensibilidade. A humanidade medieval fora alegre, confiante na vida, profundamente esperançosa; agora deixava de sê-lo[26]. Tinha sido também — apesar de todas as suas violências — uma sociedade fraterna, e isso também terminava. Perante perigos tão terríveis, a caridade, a amizade, os sentimentos mais íntimos, como o amor filial, perdiam os seus direitos. "Os doentes morriam sem parentes e sem sacerdotes", diz um cronista, "e, se se apressavam a enterrar os cadáveres, não era por piedade, mas por medo do contágio". As guerras, a anarquia crescente, as complexidades das relações internacionais, em que muitos homens não sabiam exatamente qual era o seu dever, compunham um clima em que as paixões humanas não encontravam freio algum.

Crescia por toda a parte um sentimento de exasperação generalizada. Os judeus foram as suas vítimas em muitos lugares. Em 1336-1338, a Alemanha foi varrida por uma onda de antissemitismo, provocada, sem dúvida, por dificuldades econômicas. Durante a peste negra, acusaram-nos de envenenar os poços e de contaminar os alimentos; houve tantos *pogroms*, sobretudo na Renânia e na Itália, que o papa foi obrigado a excomungar todo aquele que queimasse um judeu. Mas a exasperação não se limitou a voltar-se contra os negociantes dos guetos judaicos; traduziu-se também numa fermentação social que, pelo menos durante um século, se manifestou no pulular de elementos perigosos, de mendigos ladrões, de vagabundos e tratantes que infestaram a França logo após a Guerra dos Cem Anos, de párias e facínoras de todas as espécies, que terão em François Villon o seu imortal intérprete.

E quantos outros sinais desta fermentação poderiam ser apontados! O universo ordenado, lúcido, coerente, sentia-se abalado e invadido pela angústia. A passagem de um cometa no ano de 1315 aterrou as populações. Depois, em 1325, foi a conjunção de Saturno e Júpiter, sinal bastante inquietador; por fim, em 1341, houve um eclipse solar total. Tudo isto levava, naturalmente, a falar no fim do mundo. Nada é mais significativo desta mudança de estado de espírito do que a transformação da arte. A amena simplicidade da escultura romana e gótica foi substituída por novas intenções patéticas. Os anjos desolados que estavam de guarda no Calvário ou na deposição da Cruz na capela da Arena de Pádua passaram a fazer escola. Pela primeira vez, em 1310, aparece a Paixão no tímpano de uma catedral, em Rouen. Em breve, os artistas confessam a sua obsessão pela morte. As serenas estátuas jacentes dos antigos túmulos são substituídas por odiosas imagens de cadáveres apodrecidos, com as órbitas vazias, as entranhas devoradas pelos vermes. As "danças macabras" tornam-se moda, tanto na literatura como na pintura, e a morte começa a ser representada sob a forma de um esqueleto com uma foice na mão. No cemitério de Pisa, na Chaise-Dieu, em Basileia e em Estrasburgo, o tema suscita obras-primas. Mas como tudo isso estava longe da inspiração dos artífices de imagens que tinham vivido na grande época![27]

Do ponto de vista religioso, a angústia de meados do século XIV teve consequências importantes. É no seio da aflição que o homem sente crescer em si o fervor e grita com uma voz mais convicta: *O crux, ave, spes unica...* Sem dúvida, esta época assistiu à irrupção de uma labareda de fé. O cronista Gilles le Muisis, falando da vida em Tournai durante a peste, observa, não sem malícia, que "muitas pessoas que viviam maritalmente regularizavam às pressas a sua situação" e que "os jogadores transformavam os dados em contas para rezar pai-nossos"[28]. O interesse que a Paixão de Cristo despertava desde a época de São Francisco de Assis assumiu proporções enormes. As *Meditações sobre a Paixão*, de São Boaventura, traduzidas em muitas línguas, e a *Vida de Jesus*, do cartuxo Ludolfo da Saxônia, conheceram um êxito imenso. A mística fez progressos notáveis no grande público cristão com um Mestre Eckhart, pouco mais tarde com um Tauler, precursor dessa poderosa corrente que, nos séculos XIV e XV, invadiria a alma cristã para desabrochar nessa obra-prima que é a *Imitação de Cristo*. Mas até essa mística se mostrava diferente daquela que a bela época da Idade Média conhecera. Anteriormente, havia equilíbrio entre aspiração mística e ação, como num São Bernardo, entre conhecimento místico e teológico, como num São Tomás de Aquino; agora, a mística tenderá a bastar-se a si própria, a fechar-se no claustro, a ser o seu próprio fim. Observava-se também neste terreno uma profunda transformação[29].

Ainda por cima, nem todos os resultados desta crise da sensibilidade foram felizes. Não eram poucos os espíritos fracos que reagiam numa linha que nada tinha a ver com uma recuperação da fé, ou tendiam antes para um fervor aberrante. As antigas heresias do gênero "Irmãos do Livre Espírito" conheceram uma nova fase de sucesso por volta de 1350. Propagaram-se erros entre alguns beguinos e dentro de algumas das suas comunidades. As superstições, que sempre foram uma das chagas da alma medieval, encontravam agora um clima propício. A partir do século XIV, a feitiçaria começou a fazer os seus estragos, mesmo nas classes mais altas da sociedade, e uma abundante literatura, tal como o *Manual da luta contra os malefícios*, de Arnaldo de Villeneuve, médico dos papas, denunciava os feiticeiros e as feiticeiras. Os próprios inquisidores praticavam a astrologia! A desorientação era geral.

E se quisermos uma última prova, encontrá-la-emos na aparição dos *penitentes* e *flagelantes*, que conheceram uma difusão verdadeiramente demencial. Froissart, que fala deles, assegura que surgiram logo depois do início da peste negra; na verdade, o movimento começou um pouco antes, mas a epidemia deu-lhe um enorme impulso. A cólera divina estava sobre o mundo. Penitência! Penitência! Expiação, sacrifício! E bandos de exaltados iam pelas estradas, proibindo-se a si próprios de dormir duas noites seguidas no mesmo lugar. Caminhavam de dois em dois, usavam um manto ornado com duas cruzes vermelhas e avançavam com um crucifixo e estandartes na cabeça, e de chicote na mão. Quando chegavam a uma praça pública, paravam, despiam-se até a cintura, prostravam-se por terra, formando um círculo, e, todos ao mesmo tempo, a um sinal, começavam a flagelar-se com o chicote feito de tiras de couro munidas de pequenas cruzes de bronze nas pontas, até que o corpo lhes sangrasse. Enquanto se flagelavam, gritavam sem parar: *Kyrie eleison*. Estas sessões repetiam-se duas vezes por dia e uma de noite, e essa estranha peregrinação durava trinta e três dias! Todo o Ocidente foi percorrido por esses bandos fanáticos; causavam uma perturbação tão grande que Clemente VI condenou as companhias de penitência e mandou que prendessem os seus chefes. Mas essas medidas foram pouco eficazes, e os flagelantes persistiram nas suas práticas ainda por muito tempo.

Tal era o espetáculo — tão característico da angústia — que a cristandade oferecia em meados do século XIV. Decididamente, estava-se longe da época em que as grandes almas de fé se confiavam serenamente a Deus.

Balanço da cristandade até 1350

Imagens tão inquietantes não devem, no entanto, induzir-nos em erro. Podem lançar sombras sobre a cristandade medieval, mas não podem ofuscar a sua grandeza. O incontestável enfraquecimento e a perturbação que se observam na Igreja por volta de 1350 deixam intactos os resultados adquiridos por dez gerações de almas fiéis, já inscritos para sempre no balanço da história.

Só no que diz respeito à extensão geográfica, esses resultados foram impressionantes. Em três séculos, o cristianismo alcançou o domínio de quase toda a Europa e fez germinar a semente do Evangelho em regiões onde, em 1050, nem sequer se pensava que pudesse ser semeado.

No próprio continente, o islã, o mais terrível inimigo da Cruz na época anterior, foi vigorosamente repelido. Na Espanha, só ocupa agora, ao sul do Guadalquivir, os altos montes da Serra Nevada, que dominam Granada e o seu colar de jardins irrigados, de Almeria até Málaga. A Sicília, sucessivamente possuída pelos normandos, angevinos e aragoneses, está há mais de dois séculos ao abrigo de toda a contraofensiva muçulmana. Nesses dois países, só restou do domínio árabe o que podia servir para o progresso do pensamento e da arte, a recordação da filosofia e da ciência antiga, bem como técnicas aperfeiçoadas.

Para o Norte, a expansão cristã levou a cabo conquistas impressionantes. Os pontos de partida, firmados no século XI, limitavam-se à margem oeste do Elba e ao sul da Escandinávia; agora, todo o Báltico está cercado de postos cristãos. Do Elba ao Vístula, uma arrancada irresistível lançou o cristianismo para a frente, submergiu os temíveis pagãos vênedos, alcançou a Polônia, anexou a Prússia, atingiu a Finlândia. Instalado, desde 1309, em Marienburgo, no baixo Vístula, o grão-mestre da ordem teutônica prepara a ofensiva futura contra a Lituânia, esse couto pagão em terras cristãs. Toda a Escandinávia está batizada e possui uma vigorosa rede de paróquias; a sua hierarquia engloba todo o território habitado, chegando às solidões geladas percorridas por algumas tribos de lapões. As ilhas ao norte da Escócia, as margens da Islândia e da Groenlândia receberam ao mesmo tempo os colonos e o cristianismo. Existem bispos que residem entre brumas polares, em Hôlar, Skâpholt e Gardhar.

A futura Rússia, convertida para Cristo pelos missionários de Bizâncio, encontra-se desde meados do século XIII numa situação penosa; está dominada pelos mongóis da Horda de Ouro, e o primeiro Estado russo, o principado de Kiev, está arruinado. Mas a vida religiosa e a vida nacional refugiaram-se na Rutênia, nas repúblicas de Pskov, junto do lago Peipus, e de Novgorod-a-Grande, nas margens do lago Ilmen. Ao mesmo tempo, nas clareiras da floresta, onde os colonos novgorodianos se misturaram com os indígenas para formar o tipo "grão-russo", constituíram-se pequenos principados: Vladimir, onde o patriarca Máximo se estabelece em 1300, depois de abandonar Kiev, e sobretudo Moscou, chamada a conhecer um destino único, para onde se transfere definitivamente a sé patriarcal.

A situação do cristianismo parece menos favorável no Sudeste, pois Bizâncio, sem que o Ocidente o soubesse substituir, deixa que o islã progrida com os esquadrões otomanos. Está ali o maior perigo para o futuro próximo. A Bulgária cristã já está reduzida a um papel apagado, e a Grande Sérvia de Estêvão Douchan parece constituir um baluarte contra o avanço turco, o que é uma pura ilusão, embora só se venha a sabê-lo trinta anos mais tarde.

A Europa é, pois, quase inteiramente cristã. Dentro dos limites que acabamos de ver, o paganismo está praticamente aniquilado. Já não é preciso temer os seus regressos ofensivos, a não ser, sem dúvida, sob a forma de superstições que ressurgem, de costumes pouco cristãos e até de heresias que renascem continuamente. Mas a Igreja está agora alerta contra esses perigos mais insidiosos, e dispõe da Inquisição como arma eficaz.

Mesmo fora da Europa, o cristianismo ocupou bases novas. É verdade que o seu empreendimento mais audacioso — a cruzada — foi um fracasso. A última praça forte da Terra Santa, São João d'Acre, caiu em 1291. A derradeira posição continental mantida pelos batizados é o reino da Pequena Armênia, no sopé do Tauro, que a aliança mongol defenderá por mais vinte e cinco anos da avidez muçulmana.

Chipre, nas mãos dos Lusignan, Rodes, ocupada desde 1310 pelos hospitalários, as escalas venezianas do Arquipélago e de Moreia, as genovesas de Quios e Lesbos, o Peloponeso, onde reina um jovem angevino, o ducado de Atenas, ocupado por um bando de aventureiros da Catalunha — são os últimos bastiões perante a ameaça turca.

Mas não é no plano da força que a Igreja de Cristo pode olhar o seu futuro com otimismo. A grande ideia das missões, ressuscitada pelo gênio do *Poverello* de Assis, rasga-lhe horizontes imensos. A espantosa aventura dos missionários nestorianos entre os mongóis parece abrir caminhos aos missionários católicos. O papado, secundado pelas ordens mendicantes, pode enumerar resultados surpreendentes. Lançou arautos de Cristo no rastro dos mercadores e encorajou o estudo das línguas orientais. Na Pérsia, onde nestorianos e romanos se tinham reconciliado em 1288, a cidade de Sultanich tornou-se, em 1318, uma sé arquiepiscopal, confiada ao dominicano Franco de Perúgia, e criaram-se seis dioceses sufragâneas. Há também bispos no sopé do Ararat, como em Tíflis, na Geórgia. Mais ainda: a China abriu-se a Cristo e Clemente V nomeou João de Montecorvino arcebispo de Pequim, auxiliado por seis bispos. Na Índia, os dominicanos estão em plena atividade: em 1330, o padre Jordão de Sévérac recebe a diocese de Gulam. Que gloriosos sonhos não se podem alimentar! Na África, depois dos mendicantes mártires e de Raimundo Lúlio, o grão de mostarda parece também querer germinar.

Esses resultados falam por si. Dizem como foi grandioso o esforço realizado, o extraordinário trabalho desenvolvido, durante três séculos, para alargar o campo das futuras messes. No entanto, esses resultados não se comparam aos obtidos num plano diferente do geográfico e de que dão testemunho todos os aspectos da época.

Em três séculos, a Igreja firmou-se como a primeira força da sociedade, como seu guia e árbitro. Este papel, que começara a desempenhar durante os tempos bárbaros com tão meritória coragem, mas de uma forma ainda difícil e controvertida, foi assumido depois por ela com uma desenvoltura soberana e com a adesão unânime dos espíritos. Mesmo neste fim de uma época, em que foi criticada nos seus chefes e em muitos dos seus membros, em que se manifestaram violentas rebeliões contra a sua autoridade, em que esteve a ponto de deixar de se identificar com o Ocidente, continuou a ser uma grande potência, e as próprias exigências que os homens lhe faziam eram a prova de que estes continuavam a experimentar a necessidade — talvez a nostalgia — da sua grandeza.

Essa potência apoia-se agora numa organização que se compara — se não ultrapassa — à dos Estados civis mais aperfeiçoados. Aquilo que havia anteriormente de aproximativo e empírico nos seus métodos foi substituído por um conjunto de instituições sólidas. O papado liberta-se das inquietantes pressões dos poderes laicos com a criação do Sacro Colégio, supervisiona toda a Igreja por meio dos seus legados, atua em toda a parte com o auxílio das ordens mendicantes, e em breve chama a si as nomeações episcopais: são progressos que dificilmente podemos avaliar e que se estenderão até os nossos dias.

A Igreja tem agora os seus princípios jurídicos plasmados no direito canônico e possui na Inquisição um meio de vigilância permanente, talvez inquietante, às vezes odioso, mas eficaz. Tem as suas finanças e as suas obras sociais; a sua diplomacia é de primeira qualidade e os seus arquivos estão entre os melhores do tempo.

Mas os meios de que ela se beneficiou não foram usados simplesmente para satisfazer o seu poder. Mesmo levando em conta as fraquezas destes ou daqueles, temos o direito de dizer que a Igreja pôs esses meios a serviço dos mais altos princípios, daqueles que fazem que o homem seja totalmente homem. Criou tipos humanos superiores — o santo e o cavaleiro — e conseguiu que a sociedade os reconhecesse como modelos. Obteve este resultado por meio das grandes leis da vida moral que o homem, mesmo quando as violava, reconhecia no íntimo da sua consciência como intangíveis e sagradas. Desta forma, passando por crises terríveis, a Igreja conseguiu suavizar em certa medida os costumes e implantar na terra um pouco mais de justiça e de amor. Uma das maiores consequências do seu esforço traduziu-se no plano social, pois talvez tenha sido ela quem mais contribuiu para a libertação do trabalho servil e para o reconhecimento dos direitos da pessoa humana[30].

Prosseguindo a tarefa — iniciada desde as suas origens — de pensar o mundo, ao mesmo tempo que procurava transformá-lo, a Igreja realizou durante estes três séculos as grandes sínteses com que os intelectuais cristãos sonhavam desde a época dos Padres. Pôde agora propor um sistema de pensamento e uma concepção do mundo tão ricos e tão válidos como os que os mestres tinham legado. Aliás, não absorveu toda a herança do pensamento antigo, que se tornou fecundante depois de ter sido renovada pela seiva cristã? Todo o trabalho do conhecimento moderno sairá das universidades que a Igreja criou e dos métodos que os seus filhos encontraram.

A arte cristã alcançou também, de forma admirável, a plenitude da sua realização. A princípio, caminhou tateando; afora o Oriente, que seguiu o caminho traçado por Roma, conservou em toda a parte um caráter de evidente timidez. Mas 1050-1350 foi o período das grandes audácias criadoras, em que a alma cristã se expressou em formas de uma originalidade tão profunda, de um tal poder de invenção e de síntese que a humanidade ocidental nunca mais conseguiu repeti-las. Com impulsos verticais semelhantes aos de uma alma em oração, com os seus cálculos precisos e os seus desenhos rigorosos, com a sua diversidade de formas todas ordenadas por um plano único, divino e humano, a catedral foi a expressão plástica da grandeza da Igreja e é ela que ergue ainda hoje entre nós o seu símbolo tangível[31].

Todos estes resultados situam-se num quadro único; todos eles dimanam de uma ideia-força cuja importância já destacamos: a ideia da *cristandade*[32]. Se a humanidade da Idade Média erigiu as catedrais, elaborou as *Sumas*, empreendeu as cruzadas e difundiu o Evangelho no espaço e nas consciências; se a Igreja de Cristo viu o seu poder atingir cumes nunca antes alcançados, se chegou a ser a pedagoga do pensamento, foi porque os homens desse tempo acreditaram com todas as suas forças que era possível realizar um cristianismo encarnado, cujos princípios impregnariam as instituições, em que as hierarquias sobrenaturais se refletiriam nas da vida social e política, em que a raça dos batizados, consciente da sua unidade, assumiria as responsabilidades que os seus ideais lhes impunham; em suma, que a cidade da terra devia ser uma prefiguração da cidade de Deus.

Em meados do século XIV, esta imagem já não correspondia à realidade. A ideia-força deixou de exaltar a consciência coletiva dos cristãos e de congregá-los na busca unânime desse grandioso objetivo. A cristandade não morrera, mas estava ferida nas suas forças vivas e precisaria de um pouco mais de um século para que viesse a alcançar uma nova concepção do mundo.

Explica-se que tivesse chegado ao fim? De certa forma, sim, mas não completamente. Não há dúvida de que muitos cristãos, mesmo entre os responsáveis da Igreja, eram, no dobrar dos anos 1300, medíocres e infiéis à sua vocação. A busca desenfreada dos benefícios, o incremento dos gastos financeiros da Cúria e a crescente intromissão do clero na civilização profana eram sinais de declínio. Mas a Igreja já tinha experimentado crises semelhantes e, graças a um esforço incansavelmente renovado, saíra delas cada vez mais jovem e mais eficaz. Por que as reformas iniciadas desde o começo do século XIV e continuadas depois de 1350 não conseguiram regenerar o corpo do cristianismo e prevenir os terríveis abalos da crise protestante?

Tem-se incriminado também a própria concepção de cristandade, que, como vimos[33], continha em si um perigo — o de associar excessivamente a Igreja ao destino da sociedade temporal e impelir o espiritual a aventurar-se em questões que não lhe diziam respeito. Muitos homens sinceros confundiam os interesses de Cristo com os do complexo histórico-social que compunha a cristandade. No entanto, não faltavam almas santas para avaliar esse perigo e tentar detê-lo; por que não foram eficazes? Nos séculos anteriores, um São Bernardo, um São Francisco e um São Domingos tinham conseguido libertar a Igreja dos laços que a tolhiam; por que esses santos não tiveram os seus homólogos nos começos do século XIV? E por que os movimentos que falavam de reforma degeneraram numa rebelião anarquizante e até na heresia?

A terceira causa do declínio da cristandade foi a revolta do espírito contra as certezas da Revelação, contra a própria ideia de uma unidade orgânica da humanidade ordenada pela fé. O desenvolvimento do racionalismo em todos os domínios do pensamento e o aparecimento do nacionalismo — que, em certa medida, foi consequência desse desenvolvimento — minavam as próprias bases em que assentava o edifício da cristandade. Não basta atribuir a culpa ao orgulho do homem e ver nesse fenômeno uma aventura luciferina. Por que a verdade cristã — contra a qual, segundo fora prometido, as portas do inferno não prevaleceriam — não conseguiu opor-se imediatamente às doutrinas adversas e confundi-las? Por que a humanidade sentiu necessidade de outros alimentos espirituais, diferentes daqueles de que tinha vivido até então?

É aqui que se torna necessário recorrer a uma explicação que transcende aquelas que a imediata observação histórica propõe. Nos três fatos que acabamos de mencionar, distingue-se uma incontestável queda de vitalidade da alma cristã; faltaram-lhe finalmente forças para se reformar mais uma vez, para se libertar dos poderes da civilização profana e para incutir nos espíritos as suas certezas. Talvez tenha acontecido muito simplesmente que a sociedade cristã "medieval", nascida da difícil prova dos tempos bárbaros, depois de três séculos de admirável fecundidade, perdeu muito da sua seiva. É regra que os grandes êxitos da terra sejam frágeis e que, depois de terem atingido o apogeu, estejam próximos do declínio. E essa regra é muito mais válida para uma sociedade humana cujo fim não é o sucesso temporal e cujo Mestre quis vencer o mundo pela derrota e pela morte. Os filósofos da história como Spengler, Toynbee e Sokorin, para quem as sociedades obedecem a leis fisiológicas análogas às dos seres, os quais, após um tempo de juventude e plenitude, experimentam necessariamente a velhice e a morte, têm talvez razão, sobretudo quando associam a cada uma dessas idades das sociedades um determinado comportamento espiritual. A cristandade medieval, depois de um longo período de juventude e de fé, de impulso vital e espiritual ao mesmo tempo, entrou numa idade diferente sob muitos aspectos, e era necessário que encontrasse um novo equilíbrio.

A Igreja de Cristo terá um papel a desempenhar nesse mundo novo. Instituição divina, à qual foi prometida a eternidade, pode parecer em certos momentos ligada a estas ou aquelas formas de sociedade humana, mas, na sua essência, transcende-as todas. Não teve a sua sorte ligada a esse Império Romano que, na sua velhice, se apoiou nela; e quando Roma soçobrou, soube perfeitamente conduzir o seu destino por entre o caos do mundo bárbaro. Também agora não era prisioneira desta outra nova forma de civilização que dela recebera o melhor da sua seiva.

Depois de um período de doloroso despedaçamento, a Igreja encontrará novamente, num mundo transformado, o modo de cumprir o seu papel de guia. Operar-se-á uma nova síntese entre os dados transitórios da história e os princípios eternos de Cristo. A agitação pouco coerente dos "espirituais" e o novo esforço dos místicos acabarão por renovar o sentimento cristão e por fazê-lo corresponder ao homem novo, o homem dos tempos modernos, menos comunitário, mas mais interior, mais refinado, e igualmente homem de fé. Depois que as nações, tomando consciência de si próprias, se tiverem desembaraçado do sonho da unidade formal, a Igreja terá em vista uma unidade mais espiritual e, no quadro dos patriotismos, prosseguirá a sua tarefa, batizando o jovem sentimento nacional com o sangue de Joana d'Arc. Quando a humanidade moderna, sacudida pela impaciência dos limites, se lançar na conquista do mundo, a Igreja acompanhará os "conquistadores" com os seus missionários, e encontrará no fervor das novas comunidades cristãs uma compensação para aquilo que o protestantismo a fizer perder. E quando, finalmente, a inteligência crítica tiver renovado as suas bases e transformado os seus meios de conhecimento, a Igreja saberá integrar o que houver de válido nessa apaixonante agitação, para precisar os seus dogmas, aperfeiçoar os seus métodos, reforçar os seus quadros. Se a cristandade estava para morrer, o Concílio de Trento fazia-se anunciar no futuro como uma certeza.

A verdadeira infelicidade foi que este esforço por realizar uma nova síntese começou com dois séculos de atraso. Que teria acontecido se um santo como Pio V tivesse assumido a responsabilidade de restaurar os valores cristãos por volta de 1350? Se o Catecismo do Concílio de Trento tivesse barrado o passo às audácias da Reforma? Se Santo Inácio de Loyola tivesse sido contemporâneo de Jacopone de Todi, de Ockham e de Wiclef? A semente lançada por Cristo nas terras fiéis não se perde, porque essa foi a promessa; mas os erros dos homens fazem às vezes que ela só germine depois de terríveis sofrimentos.

A voz da última testemunha: Dante

Entretanto, no momento em que a cristandade medieval deslizava para o abismo, elevou-se do seu seio uma voz, mais forte talvez e mais patética do que todas aquelas que até então tinham sido ouvidas, para exprimir, numa obra atravessada pelo bater das asas do espírito, tudo aquilo que ela tinha trazido em si de mais sublime — a própria mensagem que entregara à história.

O homem cujo grito deveria transpor os séculos e trazer até nós o testemunho dessa civilização, encontrou-se, como todos os criadores, no eixo do seu tempo, com uma parte do seu ser fortemente enraizada no passado e a outra audaciosamente voltada para o futuro. Da sua obra sairá uma língua, uma das mais perfeitas entre essas línguas nacionais que então aspiravam a desabrochar. Graças a ele, a literatura dará um passo decisivo em direção ao seu desígnio moderno: a análise da alma individual, o conhecimento da vida psicológica mais oculta. Mas, ao mesmo tempo, a matéria de que a sua obra brotará será a do passado imediato que ele exprime e glorifica: nada de essencial terá lugar nela se não proceder em substância do ideal afirmado, da experiência adquirida pelas gerações cristãs da grande época. As duas correntes poéticas que tinham surgido no decurso da Idade Média — a popular, da tradição franciscana, e a erudita, dos trovadores e das cortes de amor — confluirão no *dolce stil nuovo* que ele imporá à admiração do mundo por meio dos seus versos imortais. Às sumas teológicas, às sumas filosóficas realizadas na Idade Média, e a essas outras sumas plásticas que são as catedrais, teremos de acrescentar, para que o quadro fique completo, uma suma poética. E foi esse homem quem a edificou.

Chamava-se *Dante Alighieri*. Nasceu na primavera de 1265, em Florença, numa humilde casa da praça de São Martinho o Bispo, ao lado da abadia. A sua infância transcorreu na cidade do lírio vermelho, bem cedo anuviada pela morte da mãe e pelo segundo casamento do pai, e tendo sob os olhos as guerras civis que ensanguentavam a sua pátria. Tudo era ocasião para discórdias na Toscana, imagem da pequena Itália da época: guelfos e gibelinos reacendiam as suas querelas; os burgueses oportunistas e os clãs aristocratas disputavam o poder e as suas vantagens; o povo, desesperado, agitava-se sem cessar, prestes a amotinar-se. E o poeta encontrará no mais profundo das suas recordações de infância a imagem do Arno, "que faz correr menos água do que sangue".

No entanto, certo dia, essa dolorosa infância foi trespassada por uma luz de paraíso. Mais tarde, na *Vita nuova*, o livro dos seus trinta anos (1292), Dante contará como, aos nove anos, num primeiro de maio todo perfumado de graça, encontrou uma menina da sua idade, Beatriz, e logo a amou para toda a eternidade. "Foi como se tivesse vindo do céu para a terra, a fim de nos mostrar o que pode ser um milagre...", murmura ele. Este amor pueril invadiu de tal forma a sua alma de criança que, desde então, nada pôde arrancá-lo de si. Mas esse amor não teve de sofrer a degradação da vida, o irremediável desgaste que procede da rotina e do contato diário. Beatriz, cedo levada da terra, tornou-se uma imagem imperecível, o símbolo de tudo aquilo que a alma de um homem traz em si de mais puro e mais elevado, confundindo-se até com a Sabedoria incriada que, por vezes, se dá a conhecer aos sentidos das criaturas mortais na revelação mística, na iluminação do gênio ou na lacerante doçura de uma manhã de primavera.

Foi para se unir a Beatriz no empíreo, onde a sua juventude eterna se confundia com o conhecimento inefável, que Dante se entregou inteiramente ao estudo de tudo o que a inteligência podia abranger naquela época. Artes e ciências, filosofia e teologia, nada escapou ao seu bem-aventurado apetite. Preciosas amizades o guiaram nessa infatigável pesquisa: o encantador e melancólico poeta Guido Cavalcanti, o músico Casella, o incomparável Giotto, gênio da cor e da forma, o teólogo frei Remígio de Girolami, discípulo de São Tomás, e sobretudo o bom velho mestre Brunetto Latini, a quem ele, no canto XI do *Inferno*, agradece com palavras emocionadas o ter-lhe ensinado "como o homem se eterniza". Aos vinte e quatro anos, estava formado.

Mas, na Florença dos fins do século XIII, não era muito fácil a um jovem intelectual prosseguir calmamente a sua tarefa de aperfeiçoamento pessoal sem se ver, quer quisesse ou não, envolvido nos acontecimentos. De resto, Dante não era homem para permanecer à margem de lutas em que a verdade estivesse em jogo. Para ele, os princípios se encarnavam e os erros tinham rostos humanos. Já aos vinte e quatro anos, como bom guelfo que era, combatia os gibelinos de Arezzo e depois alistava-se na campanha contra Pisa. O seu temperamento apaixonado e as suas exigências abruptas nunca o deixariam encolher-se diante das batalhas políticas. Casado aos trinta anos com uma certa Gemma Donati, a quem pediu somente que fosse a mãe dos seus filhos e a quem nunca se referiu na sua obra, e inscrito na corporação dos médicos, uma das mais honrosas na escala das Artes, Dante teria talvez, em outro tempo e lugar, levado a vida de um burguês tranquilo, dedicando as suas noites e sonhos a escrever, e bem podemos imaginar o que a sua obra teria ganho com isso. Mas os acontecimentos — essa manifestação da Providência — arrancaram-no de uma tal facilidade para entregá-lo a todos os riscos de uma existência patética.

Eleito em 1300 "prior" da cidade, isto é, membro do conselho de seis pessoas que a administrava, encontrou-se envolvido num *maelstroem* de intrigas e violências. Os guelfos florentinos dividiam-se então em dois clãs rivais. Embora, como se sabe, todo o partido guelfo fosse da Igreja e tradicionalmente oposto às pretensões imperiais na Itália, uma parte, os "brancos", consideravam excessiva a pressão que o autoritário Bonifácio VIII exercia sobre a sua cidade por intermédio do seu legado, o cardeal Mateus de Aquasparta. Os "negros", por sua vez, queriam jogar a fundo a cartada do papa e sobretudo ajudar o seu aliado Carlos II de Nápoles a recuperar a Sicília. Sendo esse ano o do Jubileu, Florença resolveu fazer-se representar em Roma por uma solene delegação, e Dante foi indicado para participar dela. Acabou por aceitar, talvez para conhecer e julgar melhor Bonifácio VIII e a Cúria, ou talvez para não parecer que tinha medo, pois os seus inimigos poderiam aproveitar-se da sua ausência. "Se eu fico, quem irá?", disse ele simplesmente. "Mas, se vou, quem ficará?" Não alimentava ilusões. Com efeito, quando os "negros" tomaram o poder e chamaram Carlos de Valois, a pacificação fez-se à custa de decretos, de exílios e de prisões de "brancos". Em janeiro de 1302, Dante era expulso da sua pátria, lançado para fora do "belo redil onde vivera quando era um cordeiro" (*Paraíso*, XXV, 2).

Começava para ele a vida errante, numa permanente agitação. "Este gosto amargo que tem o pão dos outros, este duro caminho que é subir e descer as escadas de outrem", foi o que ele experimentou durante vinte anos, até morrer. Terrível é o destino daquele que é arrancado da sua pátria e lançado ao acaso pelas estradas do mundo! Uma pessoa deslocada conhece a humanidade sob os seus aspectos mais insensíveis e mais cruéis. Foi essa a sorte de Dante, que a sofreu até o mais profundo do seu ser. E assim conheceu a incurável baixeza das lutas políticas. "Fazer um partido só para ele!", tal era o seu sonho; mas essa é uma felicidade pela qual os políticos têm o costume de cobrar caro. Passando por Verona, Lucca, Ravena e talvez até Paris, peregrinou pela terra, sem outra pátria que não a interior, aquela em que se elaborava a obra do seu gênio. Certa vez, Florença propôs-lhe que voltasse, mas em troca de uma grande humilhação — uma penitência pública na catedral. "Não é esse o caminho de volta para a minha pátria", foi o que ele respondeu a essa oferta.

Fixou-se em Ravena, a doce e sonolenta cidade dos mosaicos, onde um homem de bem, Guido Novello da Polenta, o próprio sobrinho de Francesca de Rimini, pecadora que ele imortalizara, o acolheu sob a sua proteção. Os sofrimentos do exílio, as privações, a angústia e talvez a febre insidiosa dos pântanos haviam burilado os seus traços, agora de uma beleza fascinante, e, como a sua obra literária começava a ser conhecida, os habitantes da cidade, ao vê-lo passar, sombrio e trágico — no dizer de Boccaccio —, exclamavam uns para os outros: "Eis o homem que vai ao inferno e de lá regressa". Sim, o poeta abdicara de todas as alegrias da vida. Vira o seu inimigo Bonifácio VIII afundar-se sob o golpe de Nogaret e sofrera com isso, admirado de ver a Sé de Pedro desmoronar-se tão depressa. Vira também o imperador Henrique VII entrar na Itália e, em vez de ali restabelecer a paz, como era o seu sonho, aumentar ainda mais a anarquia. Nada lhe restava no coração a não ser uma esperança que transcende a terra e — como diz no último verso do seu poema — "esse amor que move o sol e as estrelas". Convidaram-no a partir para Veneza como embaixador e ele aceitou, embora já no limite das suas forças. Servir a paz não seria ainda servir a Deus?

Morreu em 14 de setembro de 1321, em Ravena, e essa nobre cidade que fora tão doce para o seu exílio, quis conservar o seu corpo. Florença, a pátria ingrata, tentou levá-lo para lá quando o seu nome se tornou célebre, mas nada conseguiu. Repousa a dois passos da igreja de São Francisco, onde tantas vezes rezou, dessa comunidade de irmãos mendicantes cujo burel vestiu no leito de morte. A sua última morada é um minúsculo jardim, feito de sombras frescas e silêncio. Para além dos sofrimentos e das violências da terra, como na sublime visão criada pela sua imaginação, e para além dos círculos do inferno e da montanha das expiações, terá ele alcançado a paz definitiva, os sete andares do céu, em cujo cimo reina o Cordeiro?

A sua obra principal, o testemunho gigantesco que deixou ao mundo, *A Divina Comédia*, foi escrita nos últimos anos da sua vida, depois dos cinquenta anos, quando o amargo conhecimento dos homens e a experiência dos acontecimentos tinham acabado por despertar nele apenas a esperança em Deus. Com as suas três célebres partes — *Inferno, Purgatório* e *Paraíso* —, constitui um dos mais prodigiosos conjuntos literários que a humanidade criou em todos os países e em todos os tempos. Como acontece com os monumentos do pensamento, tem os seus fanáticos e os seus comentaristas infatigáveis, mas o público comum admira-a de longe, sem querer penetrar nos seus arcanos, limitando-se a conhecer alguns episódios que fazem parte do patrimônio comum da cultura ocidental.

A *Divina Comédia* — temos de confessá-lo — é uma obra bastante difícil. Isso porque Dante quis incluir nela todos os conhecimentos — imensos para o seu tempo — que pôde adquirir, acumulando-os em dissertações áridas sobre botânica, alquimia, mineralogia e fisiologia, quando não em discussões abstratas sobre escolástica e teologia. É difícil também por causa das inúmeras alusões que faz a acontecimentos e indivíduos da sua época, cujas chaves não têm segredos para os eruditos, mas escapam àqueles que não estão familiarizados com a história do *Trecento*. E, enfim, por causa do uso constante de alegorias, do propósito de dissimular o seu verdadeiro pensamento — "esse difícil enigma", diz ele no canto XXXIII do *Purgatório* — por meio de uma preocupação esotérica que inúmeros comentaristas vêm pretendendo há seis séculos tornar compreensível, ao longo de sistemas que se contradizem.

Mas a verdade é que, apesar das suas obscuridades, das suas monotonias, a *Divina Comédia* continua a ser uma obra fascinante, onde o espírito penetra como num universo, admirado de que um homem tenha podido concebê-la. A beleza da língua, a cadência do ritmo, a exatidão definitiva de tantas fórmulas e essa espécie de sopro interior, de impulso vital que percorre sem tréguas o poema e, depois de umas longas tiradas, o faz subitamente desembocar em países de luz e de incomparável plenitude — tudo isso faz da *Divina Comédia* uma obra única, um dos três ou quatro florões da coroa do Ocidente.

Através da floresta de obscuridades e símbolos, o sentido geral do poema é claro. É a descrição da viagem — imaginária? Dante apresenta-a como verdadeira — que o autor realizou, numa data bem determinada, no ano de 1300, a partir da noite da Quinta-Feira Santa, percorrendo sucessivamente o Inferno, o Purgatório e o Paraíso. Narra os encontros que teve no caminho, as observações que respigou e as suas meditações durante a extraordinária experiência. Os alicerces desta documentação são de uma minúcia extrema, a tal ponto que se pôde desenhar os planos e construir a maquete desse país do além-túmulo. Mas, ao mesmo tempo, um jorro perpétuo de imagens, de alusões e de episódios vem recobrir os dados da estranha geografia e transformar as suas regiões em florestas de sonhos, onde as mais deslumbrantes imagens se sucedem a visões de pesadelo.

O tema não era original. Já muitos antigos, de Homero a Virgílio, tinham imaginado descidas de vivos à região dos mortos e havia também poemas muçulmanos em que se relatavam viagens ao céu e ao inferno; entre os monges celtas dos tempos bárbaros, na solidão febril dos conventos, tinham-se produzido muitas histórias análogas, tendo como heróis São Patrício ou São Brendan. Mas, a partir desse elemento que pertencia ao fundo comum do maravilhoso cristão, o poeta criaria uma obra de gênio, porque soube incluir nela a verdade profunda do destino humano e dar corpo a tudo aquilo que a Idade Média descobrira sobre as realidades eternas, fazendo repousar a história romanesca sobre as bases da teologia.

O herói da *Divina Comédia* é o próprio Dante; o roteiro é a sua própria experiência, a história da sua conversão. Perdido na "selva escura" do vício, esteve prestes a cair nos círculos do inferno, onde tantos infelizes expiam as suas infidelidades. Arrancado à condenação graças à intercessão da Virgem Maria, pouco a pouco foi descobrindo o caminho da luz, subindo a penosa montanha do purgatório. Dois seres providenciais o ajudaram nesse itinerário: Virgílio, a razão humana libertada do jugo das paixões, e Beatriz, que é ao mesmo tempo o amor inefável e a verdade revelada. Graças a eles, pôde alcançar o lugar de toda a paz e de toda a justiça — o Paraíso.

Essencialmente, trata-se, portanto, de uma autobiografia. É um homem semelhante a nós que vamos acompanhando na sua estranha caminhada. Com ele somos sacudidos pelas rajadas dos ventos infernais e sentimos o calor do fogo onde ardem os condenados; com ele participamos da orgulhosa dor dos amores pecaminosos; com ele subimos também à luz da certeza. É um homem que fala a homens, com uma voz de homem; desse modo, assume uma das características fundamentais da catedral — a de ficar à altura do homem —; da catedral que, como a *Divina Comédia*, depois de ter, no Juízo Final do tímpano, mostrado à alma os seus riscos, a conduz, acompanhada de coortes de santos, até a Grande Rosácea luminosa, onde os coros dos anjos se alinham em volta da Majestade de Deus.

Assim, esta autobiografia tem um sentido diferente do de uma simples confissão. Tem um valor de exemplo; foi para a salvação do mundo que Dante a escreveu. O poeta recebeu do próprio Senhor a missão de "arrancar ao estado de miséria aqueles que vivem nesta vida e conduzi-los ao estado de felicidade". É a todos os seus irmãos mortais que ele lança os seus terríveis avisos. Não é somente o florentino exilado em Ravena que se nos mostra com os seus rancores e ódios; é a alma humana, no seu périplo desde as terras servis do pecado até a liberdade dos filhos da luz; é a inteligência esclarecida pela fé que, sob todas as mortais aparências, descobre a verdade imortal.

O marco histórico dentro do qual se desenrola a prodigiosa aventura não é senão o da sociedade cuja experiência o poeta possuía: a *cristandade*. Os acontecimentos a que se refere são os da história cristã, e os protagonistas da sua fantástica epopeia são os homens que desempenharam um papel na história do Ocidente cristão. Os problemas cuja solução procura apaixonadamente são aqueles que a cristandade enfrentara com angústia. O ideal que ele serve não é outro senão o dos papas reformadores, dos santos, dos cruzados e dos mestres do pensamento, o ideal de uma ordem hierárquica que corresponderia na terra às perfeitas harmonias do céu. Dante quis ser a testemunha da civilização da cristandade, no preciso momento em que ela já vergava à beira da ruína, como testemunha foi também o seu contemporâneo, o pintor Andrea de Firenze, no seu afresco de Santa Maria Novella.

E porque a cristandade é a sua matéria e a sua preocupação, o poeta é levado a aplicar fervorosamente a sua atenção à Igreja, guia sobrenatural da sociedade, por meio da qual esta encontra o seu verdadeiro sentido. Nenhuma obra literária foi sem dúvida mais totalmente da Igreja do que a *Divina Comédia*. Ninguém falou com mais ardor e mais ternura da Esposa de Cristo do que aquele de quem se citam frequentemente, com certa complacência, as invectivas contra alguns dos seus chefes e algumas das suas instituições. Fazia-o porque experimentava por ela sentimentos filiais de uma imperiosa exigência. Queria vê-la infinitamente pura, infinitamente bela, rigorosamente fiel aos preceitos do seu Mestre, livre de todas as crostas com que a miséria do homem recobre esse vaso de eleição do Espírito Santo.

O gênio que ele era avaliou com uma lucidez profética os perigos em que a Igreja se encontrava. No sangrento dilaceramento do seu próprio ser, apercebeu-se de que a cristandade vivia então um drama e de que a sua existência estava em perigo. A Igreja que tinha sob os seus olhos parecia-lhe já não obedecer à lei de Cristo. Envolvido como estava em atrozes desordens, era-lhe evidentemente difícil manter-se justo, e foi por isso que atacou com frequência homens que não mereciam a sua ira. Mas, vendo o problema em profundidade, não tinha ele razão? O seu protesto unia-se ao dos "espirituais" — a cuja seita nunca aderiu —, mas também ao dos melhores cristãos do seu tempo. O seu protesto anunciava o de Santa Catarina de Sena.

O drama, para ele, era que a Igreja, ao invés de permanecer como uma inatacável testemunha do espiritual, como a mensageira das exigências de Deus, se deixava seduzir pelas coisas da terra: "A Esposa de Cristo não foi alimentada pelo sangue que derramamos Lino, Cleto e eu, para ser um meio de acumular ouro!", diz São Pedro a Dante, no canto XXVII do *Paraíso*. É contra esta traição fundamental que ele se levanta infatigavelmente, mesmo no meio das suas injustiças.

Assim, ergue-se da sua obra um imenso clamor contra aqueles que atraiçoam o ideal do cristianismo, contra os "lobos vorazes com vestes de pastores", contra aqueles que fabricam "um deus de ouro e de prata", contra os prelados com cavalos ricamente ajaezados, bem como contra todos aqueles que, pelo seu silêncio, são cúmplices dessas infâmias ou que, nas suas prédicas, proferem apenas "ditos espirituosos e gracejos", em vez de lembrarem aos fiéis os seus deveres sagrados. Os papas e a Cúria, especialmente designados, parecem-lhe ser os responsáveis pela situação: Roma, "onde todos os dias se trafica com Cristo" (*Paraíso*, XVII, 51), e mais tarde Avinhão, onde os pontífices, vassalos dos reis da França, permitem que se cometam à sua volta todas as infâmias. Isto significa que o guelfo Dante era um inimigo do papado? De forma alguma. Ele sente "respeito pelos chefes soberanos". No pontífice, venera o representante do Senhor na terra, e até compara Bonifácio VIII, insultado por Nogaret, a um novo Cristo. Num dos seus versos, chegou-se a ver formulada a doutrina da infalibilidade pontifícia[34]. Mas o que ele quer é um papado que, para ser mais plenamente o guia de todos os batizados, se liberte de todas as contingências da terra. (Já se disse que, com seis séculos de antecedência, Dante concebeu um papado purificado, sobrenaturalmente eficaz, que é o da nossa época). Para ele, o erro fundamental consistiu na aceitação, por parte da Igreja, da "doação de Constantino", em cuja existência acreditava, como a maior parte dos seus contemporâneos[35]. "Ah! Constantino, de quantos males foste mãe, não pela tua conversão, mas por esse dote que de ti recebeu o primeiro papa que foi rico!" (*Inferno*, 115, 118). O envolvimento no temporal levou o papado a intervir nos negócios do mundo e a comprometer a sua própria integridade. "A Igreja de Roma, que enfeixou nas mãos os dois poderes, caiu na lama, suja-se e degrada-se..." Assim, a grande inquietação que atormentava a cristandade, no momento em que se sentia ameaçada nas suas obras vivas, encontrava, para se exprimir, o grito do gênio que ecoaria através dos séculos.

Existia uma solução para esse grave problema? Durante algum tempo, o poeta pensou que o mundo retornaria à ordem se as duas espadas se separassem, se a Igreja se circunscrevesse ao seu legítimo campo de ação, confiando o domínio do temporal ao homem que encarnava tradicionalmente a ideia da unidade — o imperador. Foi por isso que, guelfo como era, Dante achou que devia pedir a intervenção do imperador germânico na Itália, não porque, como se disse, fosse partidário de um Henrique VII qualquer, mas porque o fim que esperava lhe parecia justificar esse meio. O desenrolar dos acontecimentos encarregou-se de elucidá-lo. Da parte do imperador, em vez do sentido superior da responsabilidade, não havia senão sede de poder, ambição de lucro, fraqueza e incapacidade de lutar contra o *Got* — o papa de Avinhão, Clemente V. A grandiosa imagem com que o poeta sonhava era, portanto, uma ilusão?, a mesma que tinha obcecado tantos espíritos, desde a época carolíngia, a de uma monarquia universal, de um mundo governado espiritualmente pelo Papa e temporalmente por um César submetido aos preceitos de Cristo?... E se essa esperança se desfizesse, que restava?

Restava a convicção de que, perante a eternidade, todas as combinações feitas na terra são inúteis e de que a política última do cristão diz respeito a um reino que não é deste mundo. Por isso, os verdadeiros mediadores, os verdadeiros guias, aos quais o poeta se confia em última análise, não são as potências deste mundo, mas as almas privilegiadas sobre as quais pousou o Espírito de Deus. É Virgílio, a pureza da razão; é Beatriz, o conhecimento místico; são todos aqueles e todas aquelas que escaparam às servidões da natureza pecadora para darem o testemunho pleno do homem — os santos e as santas, que são os autênticos condutores da Igreja[36]. Serão eles que levarão a Esposa de Cristo para a luz; e é porque eles existem em tão grande número que a esperança permanece viva nos corações. A parte humana da Igreja pode estar manchada, mas que importa isso, se do seu seio ainda jorram mensagens vivas? Acabará por surgir um libertador, cuja vinda Dante profetiza num personagem muito misterioso, o *Veltro*, o "Galgo", cuja identidade tem sido objeto de infinitas discussões, mas que talvez seja o próprio Cristo intervindo pessoalmente na história.

Desta maneira, a suprema lição da *Divina Comédia* que depreendemos de todo o complexo de imagens e de paixões que mais ou menos a mascara, é simplesmente um apelo à consciência cristã. "Se o mundo atual se extravia", diz Marco Lombardo a Dante no terceiro patamar da montanha das expiações, "a causa está em vós; é unicamente em vós que será necessário procurá-la" (*Purgatório*, XVI, 82-83). O drama da cristandade tem de ser descoberto na alma dos batizados, precisamente onde cada um de nós se sente dilacerado entre a sua aspiração para a luz e as suas conivências com as trevas, que é onde o Galgo celeste realiza a grande caça das almas. O verdadeiro fim, o esforço mais necessário de todos, é lembrar aos homens que eles estão na terra para algo de muito diferente das satisfações dessa terra, e despertar neles a consciência, sempre pronta a mergulhar nas trevas do sono.

Sede, cristãos, mais graves, mais firmes;
não sejais como plumas ao sabor de qualquer vento
e não julgueis que toda a água vos lava.

Tendes o Antigo e o Novo Testamento
e o Pastor da Igreja que vos guia:
Que isso vos baste para a vossa salvação!
E se uma maligna cupidez vos grita outra coisa,
sede homens e não ovelhas loucas!

(Paraíso, V, 73-80)

Simples e pura lição. A mesma que, durante toda a época da catedral e das cruzadas, a Igreja repetira aos seus filhos, como, aliás, a ensinara na noite do caos bárbaro e nos tempos heroicos dos apóstolos e dos mártires. Como um eco, o poeta traduzia na sua admirável linguagem o que tinham dito os místicos nas suas orações, os mestres-de-obras ao levantarem as suas naves para o céu, os teólogos ao construírem os monumentos da sua especulação, os cruzados ao oferecerem o seu sangue. *Metanoieté!* Transformai-vos! Esta é a última palavra da fé cristã, aquela pela qual o homem se ultrapassa e se "eterniza"; esta é a palavra que não passa. E é nela que, em última análise, se resume toda a história da Igreja. Na verdade, desde que recebeu o seu segredo numa colina da Galileia, resumido nos versículos das Bem-Aventuranças, que outra coisa fez a Igreja no decorrer dos séculos senão repetir essa palavra ao mundo, lembrando ao homem, para além das formas transitórias de que se revestem as sociedades da terra, as permanentes exigências das suas fidelidades?

Tresserve, abril de 1950.
Neuilly, abril de 1952.

Notas

[1] Cf. cap. V, par. *A perigosa vitória.*

[2] Sobre as *Vésperas sicilianas*, cf. cap. V, *loc. cit.*

[3] O movimento dos *begardos* ou *beguinos*, bastante mal conhecido, com o seu ramo feminino das *beguinas*, foi certamente muito amplo na Idade Média, e só degenerou em heresia depois de uma história que já era longa. Nos fins do século XII, aparecem nos Países Baixos comunidades de mulheres, semileigas e semirreligiosas, cujos membros fazem voto de castidade, dedicam-se à oração ou ao cuidado dos doentes, usam um hábito cinzento, mas têm a liberdade de sair da associação. Chamam-se "beguinas" e espalham-se pela França, Alemanha e Itália. Os homens seguem-lhes o exemplo: são os "beguinos" ou "begardos". O seu gênero de vida é bastante mal conhecido; uns entregam-se ao trabalho manual, outros à mendicância. A Igreja chama-lhes "continentes". Algumas dessas comunidades filiam-se nas ordens terceiras dominicanas e franciscanas para contarem com uma direção espiritual. Mas, nos fins do século XIII, orientam-se para os "espirituais" franciscanos no Sul francês e na Itália, ao passo que, na região renana, em breve se deixam contaminar pelas doutrinas heterodoxas dos Irmãos do Livre Espírito, de tendência panteísta. Inquieto, o Concílio de Vienne (1311) ordenou a supressão de todas as comunidades de begardos e beguinas. Mas, dez anos mais tarde, as investigações realizadas sobretudo pelos bispos belgas reabilitaram a maior parte das comunidades de beguinas, e o papa João XXII limitou-se a ordenar o encerramento das associações que se tivessem deixado contaminar por ideias heréticas. Continuaram a existir beguinas e begardos durante os séculos XIV e XV. Quem não conhece o famoso *béguinage* de Bruges? Mas não estiverem ao abrigo de contágios heréticos e a Igreja sempre os vigiou, com uma certa perplexidade.

[4] Cf. cap. IV, par. *Erros antigos, problemas novos.*

[5] Já o sublinhamos várias vezes ao longo do cap. VIII. "O melhor dos meus alunos, dizia Renan, será aquele que primeiro se soltar da minha mão".

[6] Cayré, no seu conhecido manual de Patrologia.

[7] Sobre Duns Escoto, cf. cap. VIII, par. *A favor ou contra o tomismo: a terceira geração escolástica e Duns Escoto*; sobre Bacon, *ibid*, par. *Houve uma ciência medieval?*

[8] Cf. *A Igreja da Renascença e da Reforma*, vol. I, cap. sobre as origens do protestantismo.

[9] A arquitetura "flamejante" e as outras formas de arte deste período de transição são estudadas em *A Igreja da Renascença e da Reforma*, vol. I.

[10] Cf. cap. VIII, par. *Do direito canônico ao direito romano.*

[11] O despedaçamento da unidade espiritual não destruiu uma certa unidade cultural, cujo segredo, porém, se iria atribuir muito menos à tradição cristã do que à da Antiguidade redescoberta. O movimento que, a partir de fins do século XII, levou a redescobrir os grandes clássicos ganhou terreno nos princípios do século XIV, e tomou a feição de uma campanha contra "as produções bárbaras" da Idade Média. Assim o entendeu Petrarca (1304-1374), mestre das letras latinas. Mas até essa unidade cultural estava já ameaçada.

[12] Cap. V, par. *Para quem o primado?*

[13] Este papa, cuja memória foi vilipendiada durante tanto tempo (era a besta negra dos enciclopedistas), encontrou um defensor autorizado em Gabriel Le Bras, *Boniface VIII, symphoniste et modérateur* (Melanges Halphen, 1951, pág. 383).

[14] Cf. cap. II, par. *Um povo que caminha: as peregrinações.*

[15] A propósito desta política na Inglaterra e na França, cf. cap. V, par. *Os reis: aliados, vassalos ou adversários da Igreja.*

[16] Apenas Portugal se recusou, e os templários puderam sobreviver nesse país sob o nome de "Ordem de Cristo". Foi ela que, mais tarde, ajudou Henrique o Navegador a empreender as grandes viagens dos descobrimentos.

[17] Aliás, a operação só foi proveitosa a meias, porque a Ordem dos Hospitalários recebeu a sua parte do espólio.

[18] O drama dos templários constitui mais um episódio no declínio da sociedade feudal e dessa cavalaria nobre, cada vez mais inútil, que, na mesma ocasião, em Courtrai de Flandres (1302), em Morgarten na Suíça (1315), em Crécy (1346) e em todas as primeiras batalhas da Guerra dos Cem Anos, se revelou incapaz de vencer a nova arma, a infantaria armada.

[19] O caso dos templários mostraria até onde iria a fraqueza deste homem doente, que tinha reações saudáveis perante os abusos da autoridade real, mas não a coragem de resistir à fria violência do rei. Além disso, não podemos excluir a ideia de que o abandono dos cavaleiros do Templo pelo papado não tenha sido a contrapartida de uma operação política. Filipe acabou por desistir do processo contra a memória de Bonifácio VIII e o penoso caso foi enterrado.

[20] É preciso, no entanto, sermos justos: em comparação com os 228 mil florins que, em média, João XXII arrecadava por ano, devemos lembrar-nos dos 546 mil de Eduardo II da Inglaterra, dos 600 mil de Roberto de Nápoles e dos 785 mil de Filipe VI da França. Mas todo esse aparato fiscal não convinha muito à Igreja. (Sobre as questões de dinheiro na corte de Avinhão, cf. Yves Renouard, *As relações entre os papas de Avinhão e as companhias comerciais e bancárias*, Paris, 1941).

[21] Alguns dos ataques provieram de teóricos dos direitos do Estado, como Marsílio de Pádua, que acusavam os papas de Avinhão e a sua corte de todos os vícios para melhor atacarem o poder pontifício.

[22] Cf. cap. XI, par. *A cruzada desviada dos seus fins: a quarta.*

[23] Cf. cap. XI, par. *Balanço da cruzada.*

[24] Cf. cap. I, *Quando a árvore produzia frutos*. Pode-se ver o que diz Lacourt-Gayet a este respeito na sua *Histoire du Commerce.*

[25] Serão as estimativas contemporâneas da peste mais dignas de crédito do que as relativas aos efetivos militares? A mortalidade acima apontada em relação a Florença e Avinhão ultrapassa provavelmente a população total dessas cidades. Em Avinhão, especialmente, não temos elementos para pensar que toda a sua população fosse de 120 mil. Pelo contrário, os documentos de arquivos dão informações precisas, como é o caso do registro paroquial de Givry. Sabe-se ainda que, de 450 membros da Cúria, 94 morreram; nos conventos, onde o contágio era rápido, foram dizimados: 133 dominicanos de 140 em Montpellier, 153 de 160 em Maguelonne, e os franciscanos de Marselha e de Carcassonne desapareceram todos. Mas os campos foram muito menos atingidos; certas regiões foram até poupadas (cf. S. Renouard, *La peste noire de 1348-1350*, na *Revue de Paris*, março de 1950, pág. 107-11). Na sua *Histoire artistique des Ordres mendiants* (2ª ed, Paris, 1939), Luís Gillet aponta em termos

impressionantes as imensas consequências da peste, um acontecimento aparentemente de pequenas dimensões: "A humanidade foi subitamente decapitada da sua flor. Duas gerações inteiras foram suprimidas. Houve uma lacuna, um hiato na história. A Inglaterra mudou de língua e o francês, língua dos barões, recuou e foi riscado do idioma materno. Por toda a parte as construções pararam, quando estavam em pleno desenvolvimento. Esta dilaceração dos tempos marca o fim da Idade Média". Foi — escreve um cronista — como o começo de uma outra idade do mundo.

[26] Seria inútil procurar em toda a literatura da Idade Média uma nota pessimista: Hamlet, Alceste, o "Mal do século" e, obviamente, os sonhos negros do existencialismo ateu são produtos modernos.

[27] A arte do século XIV será estudada mais a fundo em *A Igreja da Renascença e da Reforma.*

[28] Acrescenta, porém, que, depois da epidemia, houve "uma vertigem de aturdimentos e de festas".

[29] Sobre as transformações da mística, cf. *A Igreja da Renascença e da Reforma.* A própria música sofreu uma transformação importante nesta época. A decretal *Docta sanctorum*, de 1322, condenando os abusos da nova arte, é, por assim dizer, a sua certidão de nascimento (Jacques Chailley, *Histoire musicale du Moyen Âge*, pág. 240).

[30] Nós, que gememos sob os rigores do custo de vida, não podemos deixar de apreciar o esforço desses teólogos sociais que formularam a noção de "preço justo". E não esqueçamos que foi o nosso tempo, tão pouco religioso, que instituiu o "oitavo sacramento": o da propriedade. A Idade Média desconhecia-o.

[31] O próprio urbanismo se deve à Igreja. Foi ela que, com os jardins dos seus conventos, salvou os poucos espaços livres que as muralhas das cidades toleravam.

[32] Cf. cap. I, par. *Cristandade.* É preciso notar que a ideia da unidade sobreviveu à própria noção de cristandade, da qual emanou. Assim, Pierre Dubois, verificando o fim da cristandade, propõe uma sociedade civil das nações da Europa, os Estados unidos europeus (cf. Bernard Voyenne, *Petite histoire de l'idée européenne*, Paris, 1912).

[33] Cf. *ibid.*

[34] Na passagem citada no fim deste cap.

[35] Cf. *A Igreja dos tempos bárbaros*, cap. VII, par. *Os filhos de Pepino e o nascimento do Estado pontifício.*

[36] E é significativo que, na primeira linha daqueles que o conduzirão à Virgem Maria, Dante tenha colocado São Bernardo de Claraval, o mesmo em quem nós vimos a expressão mais perfeita das virtudes que a cristandade medieval exaltou.

Quadro cronológico

Data	História da Igreja	Acontecimentos Políticos e Sociais	Artes e Letras
1050	O *cisma grego*, 1054 Morte de São Leão IX, papa, 1054 O Concílio de Narbonne codifica a *Trégua de Deus*, 1054	Os turcos invadem a Ásia Menor Henrique I, rei da França, 1031-1060 Henrique III, imperador, 1039-1056 Fernando I o Grande, rei de Castela, 1035-1065 Jaroslav, príncipe de Kiev, 1019-1065	Construção da igreja abacial de Conques, 1030-1080, de Saint-Hilaire de Poitiers, 1045-1080, e de Santa Maria de Ripoll, 1031
1055	Vítor II, papa, 1055-1057 O cardeal Humberto publica o *Contra os simoníacos*, 1057 Estêvão IX, papa, 1057-1058 Bento X, antipapa, 1058-1059 Nicolau II, papa, 1059-1061 *Decreto sobre a eleição dos papas pelos cardeais*, 1059	Morte de Zoé, imperatriz do Oriente; queda da dinastia macedônia Henrique IV, imperador, 1056-1106 Isaac I Comneno, basileu, 1057-1059 O normando Roberto Guiscard, duque da Apúlia, 1057-1085 Constantino X Ducas, basileu, 1059-1067 Os almorávidas em Marrocos	

1060	Alexandre II, papa, 1061-1073 Honório II, antipapa, 1061--1069 Alexandre II concede indulgência aos cruzados da Espanha, 1063	Filipe I, rei da França, 1060-1108 Os turcos tomam a Armênia, 1064	Construção da Trinité de Caen, 1062-1083 Consagração de São Miniato de Florença, 1063 Construção da catedral de Pisa, 1063-1119 Construção de Saint-Étienne de Caen, 1064--1087
1065		Afonso VI, rei de Castela, 1065-1109 Revolta pagã nos países bálticos, 1066 Conquista da Inglaterra pelos normandos, 1066 Guilherme I o Conquistador, rei da Inglaterra, 1066-1087 Romano IV Diógenes, basileu, 1067-1071	Consagração de Santa Maria de Colônia, 1065

1070	*São Gregório VII, papa*, 1073-1085. Eleito a 29 de junho *Decreto contra a simonia e o nicolaísmo*, 1074 Estêvão de Muret funda a futura ordem de Grandmont, 1077	Vitória turca sobre os bizantinos em *Mantzikert*, 1071	Construção da catedral de Lincoln, 1072--1092
1075	São Roberto funda Molesmes, 1075 Gregório VII condena a investidura laica, 1075	Henrique IV revolta--se contra o papa, 1076 *Os turcos tomam Jerusalém*, 1076 Humilhação de Henrique IV em *Canossa*, 25 de janeiro de 1077 Os turcos instalam-se na Ásia Menor, 1078	Construção de Saint-Sernin de Toulouse, 1076--1119 Construção da catedral de Santiago de Compostela, 1078-1128, e de Saint-Trophime de Arles, 1078--1220
1080	Conversão da Suécia São Bruno funda a Cartuxa, 1084 Clemente III, antipapa, 1084	Aleixo Comneno, basileu, 1081-1118	Construção de Saint-Benoît du Loire 1080--1108

1085	Morte de São Gregório VII, 1085 São Vítor III, papa, 1086-1087 Santo Urbano II, papa, 1088-1099	Toledo é retomada ao islã, 1085 Os almorávidas na Espanha, 1086 Guilherme II o Ruivo, rei da Inglaterra, 1087-1100	Construção da igreja abacial de Cluny, 1088--1109
1090	Nascimento de *São Bernardo*, 1090--1153	Tomada de Valência por Cid o Campeador, 1094	Construção da catedral de Durham, 1093--1130 Construção da Abadia de Maria Laach, 1093-1156
1095	Urbano II, em Clermont, prega a primeira cruzada, 1095 Fundação dos antoninos, 1095 Roberto de Arbrissel funda a ordem de Fontevrault, 1096 Fundação de Cister, 1098 Pascoal II, papa, 1099-1118	A "cruzada popular", de Pedro o Eremita, 1096 *Primeira cruzada*, com Balduíno de Flandres, Boemundo de Tarento, Godofredo de Bulhões, Hugo de Vermandois, Roberto II de Flandres, 1096--1099 *Tomada de Jerusalém pelos cruzados*, 1099 Fundação do reino franco de Jerusalém, 1099	Construção da catedral de São Marcos em Veneza, 1095--1500 Construção de Vézelay, 1096--1132 São Clemente de Roma, 1099--1118

1100	Teodorico, antipapa, 1100-1102	Henrique I Beauclerc, rei da Inglaterra, 1100-1135	Construção do claustro de Moissac, 1100 Construção da catedral de Mogúncia, 1100-1234
1101	Alberto, antipapa, 1102 Silvestre IV, antipapa, 1105-1111	Rogério II da Sicília, 1101-1154 Boleslau III Boca-Torta, rei da Polônia, 1102-1138 Campanha polonesa contra os pomerânios, 1103 Afonso I o Batalhador, rei de Aragão, 1104-1134	Construção da catedral de Angoulême, 1101-1128
1105	Guilherme de Champeaux funda São Vítor, 1108	Henrique V, imperador, 1106-1125 Luís VI, rei da França, 1108-1137	
1110	São Bernardo entra em Cister, 1112	*A comuna de Laon*, 1112 Vladimir II, príncipe de Kiev, 1113-1125	

1115			
	São Bernardo funda Claraval, 1115 Gelásio II, papa, 1118-1119 Gregório VIII, antipapa, 1118-1121 Fundação dos templários, 1118 Calisto II, papa, 1119-1124	João II Comneno, basileu, 1118-1143	Primeiros ensaios góticos em Marienval, 1115 Construção de Saint-Gilles du Gard, 1116-1180
1120			
	Fundação dos hospitalários São Norberto funda os premonstratenses, 1121 Pedro o Venerável, abade de Cluny, 1122-1136 Suger, abade de Saint-Denis, 1122 *Concordata de Worms*, 1122; fim da *Questão das Investiduras*	Os almóadas em Marrocos A *Trégua de Deus* é tornada obrigatória em toda a Igreja, 1123	*Canção de Rolando*, c. 1120 As esculturas de Vézelay, c. 1120 Construção de Saint-Front du Périgueux, 1120-1173, da catedral de Autun, 1120-1178, de São Zenão de Verona, 1120-1178 e da catedral de Salamanca, 1120-1178

1123	IX Concílio ecumênico, I do Latrão, 1123 Morte do herege Pedro de Bruys, 1124 Honório II, papa, 1124-1130 Celestino II, antipapa, 1124		
1125	Criação de um bispado na Groenlândia, 1126	Lotário da Saxônia, imperador, 1125-1138 Afonso Henriques, rei de Portugal, 1128--1185	
1130	Inocêncio II, papa, 1130-1143 Anacleto II, antipapa, 1130--1138; *Cisma de Anacleto*	Vitória de Afonso Henriques sobre os mouros em *Ourique*, 1134	Abadia gótica de Fontenay, 1130-1147 Construção da catedral românica de Parma, 1130--1150 Construção da catedral de Santo Estêvão de Sens, 1130--1164. Capela palatina de Palermo, 1133

1135	Vítor IV, antipapa, 1138. Fim do Cisma de Anacleto X Concílio ecumênico, II de Latrão, 1139	Estêvão de Blois, rei da Inglaterra, 1135-1154 Luís VII, rei da França, 1137-1180 Conrado III, imperador, 1138-1152	Esculturas de Moissac, c. 1135 Construção da igreja abacial de Saint-Denis, gótico primitivo, 1137-1189 Morte do jurista Irnénio, 1139
1140	Concílio de Sens; São Bernardo vence Abelardo, 1141 Celestino II, papa, 1143-1144 Lúcio II, papa, 1144-1145	Balduíno III, rei de Jerusalém, 1142-1160 Manuel Comneno, basileu, 1143-1180 Edessa é retomada pelos turcos, 1143	Esculturas do Pórtico Real de Chartres, 1140 Graciano publica o *Tratado de direito canônico*, 1142 São Bernardo escreve o *De consideratione*, 1144
1145	Eugênio III, cisterciense, papa, 1145-1153 São Bernardo prega a segunda cruzada em Vézelay, no dia da Páscoa de 1146	*Segunda cruzada*, com Conrado III, e Luís VII, 1146-1148 Arnaldo de Bréscia instala uma ditadura em Roma, 1146 Retomada de Lisboa por Afonso Henriques de Portugal, 1147 Início da cruzada nos países bálticos	Construção da catedral de Angers, 1145-1230 Constroem-se diversas abaciais cistercienses em gótico primitivo, 1148 em diante

1150	São Bernardo morre a 20 de agosto de 1153 Anastácio IV, papa, 1153-1154 Adriano IV, papa, 1154-1159	Alberto o Urso avança no Brandenburgo e Henrique o Leão chega até Lübeck, 1150 *Frederico I Barba-Roxa, imperador,* 1152-1190 Guilherme II, rei da Sicília, 1153-1189 Henrique II Plantageneta, rei da Inglaterra, 1154-1189	Construção da catedral de Le Mans, 1150-1300, e da sé românica de Zamora, 1150-1174 Construção da catedral de Noyon, 1151-1220 Construção da catedral de Senlis, 1153-1191
1155	Fundação da ordem de Alcântara, 1156 Fundação da ordem de Calatrava, 1158 Alexandre III, papa, 1159-1181 Vítor IV, antipapa, 1159-1164	Adriano IV proclama o direito de os servos se casarem livremente, 1155	
1160	Fundação da ordem de Santiago, 1161		Construção da catedral de Laon, 1160-1207 Construção da abadia cisterciense de Pontigny, 1160-1180

1162	Pascoal III, antipapa, 1164-1168		Construção da catedral de Poitiers, 1162-1271 Construção de Notre-Dame de Paris, 1163-1260
1165	Avanço da heresia cátara no Languedoc Calisto III, antipapa, 1168-1178	Saque de Kiev, 1169	Sucessivas redações de *Tristão e Isolda*, 1150-1200 Construção da catedral de Sens, 1168 em diante
1170	Martírio de São Tomás Becket, 1170 Nascimento da heresia valdense Nascimento de *São Domingos*, c. 1171-1221 São Bernardo é canonizado, 1174	Balduíno IV o Leproso, rei de Jerusalém, 1174-1185	Construção da catedral românica de Tournai, 1171 em diante Construção da basílica de Monreale, Sicília
1175	XI Concílio ecumênico, III de Latrão, 1179 Decreto exigindo a maioria de dois terços para a eleição dos papas, 1179 Apelo contra os cátaros, 1179	Frederico I Barba-Roxa é vencido em *Legnano* pelas ligas urbanas italianas, 1176 Derrota veneziana em *Mirioképhalon*; a Ásia Menor torna-se definitivamente turca, 1176 Portugal torna-se reino, 1179 A Igreja condena os torneios, 1179 O ensino torna-se obrigatório em todas as dioceses	Construção das catedrais de Soissons, 1175-1212, e da Cantuária, 1175-1192

1180	Lúcio III, papa, 1181-1185 Nascimento de *São Francisco de Assis*, 1182-1226 Os maronitas regressam à Igreja romana, 1182 A assembleia de Verona institui a inquisição episcopal, 1184	Filipe II Augusto, rei da França, 1180-1223 Andrônico Comneno, basileu, 1182-1185	Construção das catedrais de Agde, 1180--1300, e de Wells, 1180--1239 São Bénézet constrói a ponte de Avinhão, 1184
1185	Urbano III, papa, 1185-1187 Gregório VIII, papa, 1187 Clemente III, papa, 1187-1191	Isaac II o Anjo, basileu, 1185-1195 Derrota dos cristãos em *Tiberíades*; Saladino retoma Jerusalém, 1187 Ricardo Coração de Leão, rei da Inglaterra, 1189-1199 *Terceira cruzada*, com Frederico I Barba--Roxa, Filipe Augusto e Ricardo Coração de Leão, 1189	Construção da catedral de Palermo, 1185
1190	Fundação dos cavaleiros teutônicos na Terra Santa, 1190 Celestino III, papa, 1191-1198	Morte de Frederico Barba-Roxa, 1190 Henrique VI, imperador, 1190-1197	Construção da abadia de Alcobaça, 1190--1220 Construção das catedrais de Lyon, 1190--1271, e de Bamberg, 1190--1274 Construção da catedral de Bruges, 1192--1270 Construção da catedral de *Chartres*, 1194--1260

1195		Multiplicam-se as libertações de servos por parte da Igreja Aleixo III o Anjo, basileu, 1195-1203	
1197	*Inocêncio III, papa*, 1198-1216; eleito a 8 de janeiro de 1198 São João da Mata funda a ordem da Trindade, 1198	Frederico II, rei dos romanos, 1197 João Sem-Terra, rei da Inglaterra, 1199-1216	
1200	A Inquisição é confiada aos legados pontifícios, 1201 Morte de Joaquim de Fiore, 1202	Inocêncio III lança a quarta cruzada, 1201 *Quarta cruzada*, com Balduíno de Bourges, Bonifácio de Montferrat, Godofredo de Villehardouin, Simão de Montfort e Thibaut III de Champagne Fundação de Riga pelos cavaleiros teutônicos, 1202 Decadência da família dos Anjos em Bizâncio *Tomada de Constantinopla pelos cruzados*. Fundação do Império Latino de Constantinopla, 1204	

1205	Inocêncio III encaminha o bispo Diogo e São Domingos para o Languedoc, 1205 São Domingos funda Notre-Dame de la Prouille, 1207 Fundação dos carmelitas, 1209	Teodoro Láscaris, basileu de Niceia A Polônia torna-se reino, 1205 Assassinato do legado pontifício Pedro de Castelnau por Raimundo VII de Toulouse, 1208 Início da cruzada contra os albigenses, 1209 Otão de Brunswick, imperador, 1209	
1210	Inocêncio III aprova verbalmente a obra de São Francisco Santa Clara funda as clarissas, 1212 Fundação da ordem do Espírito Santo, 1213	Cruzada das crianças, 1212 Vitória decisiva dos cristãos sobre os muçulmanos na Espanha em *Navas de Tolosa*, 1212 Vitória de Simão de Montfort sobre Pedro de Aragão em *Muret*, 1213 Vitória de Filipe II Augusto sobre o imperador Otão IV em *Bouvines*, 1214	Redação dos *Miracles de Notre-Dame*, c. 1210 Construção de Notre-Dame de *Reims*, 1214-1300 Nascimento de Roger Bacon, 1214-1284

1215	XII Concílio ecumênico, IV de Latrão, 1215 Aprovação dos Irmãos Menores ou franciscanos, 1215 Morte de Inocêncio III, 1216 *Honório III, papa*, 1216-1227 Fundação da ordem dos Irmãos Pregadores ou dominicanos, 1216 Revolta pagã nos países bálticos	*A Magna Carta* na Inglaterra, 1215 A Igreja condena o duelo judiciário Henrique III, rei da Inglaterra, 1216-1272 Fernando III o Santo, rei de Castela, 1217-1252 *Quinta cruzada*, com André, rei da Hungria, Jacques de Vitry, João de Brienne e o cardeal Pelágio, 1217-1219 *Frederico II, imperador*, 1218-1250 Simão de Montfort é morto diante de Toulouse, 1218 São Francisco de Assis no Egito, 1219	Fundação da Universidade de Paris, 1215 Construção da catedral de Le Mans, 1217-1254
1220	Os mártires franciscanos do Marrocos, 1220		Construção das catedrais de Notre-Dame de Amiens, 1220-1270, Salisbury, 1220-1266, e Bruxelas, 1220-1273

1221	São Domingos morre a 6 de agosto de 1221 O dominicano São Jacinto funda um convento em Kiev, 1222 Fundação dos servitas, 1223 São Pedro Nolasco funda os mercedários, 1223 São Francisco recebe os estigmas, 1224	João Vatatzés, basileu de Niceia, 1223 Luís VIII, rei da França, 1223-1226 Invasão de Gêngis Khan na Rússia, 1224	Construção das principais partes góticas do Monte Saint-Michel, 1224 em diante
1225	São Francisco morre a 3 de outubro de 1226 Nascimento de *São Tomás de Aquino*, c. 1226-1274 Morte de Honório III, 1227 *Gregório IX, papa*, 1227-1241 Canonização de São Francisco, 1228	Os cavaleiros teutônicos deslocam-se para o Ocidente, 1225 *Luís IX, rei da França*, 1226-1270 Morte de Gengis Khan, 1226 *Sexta cruzada*, de Frederico II; Jerusalém é parcialmente restituída aos cristãos, 1228-1230 O Sul da França é anexado pelos capetos	Princípio do *Roman de la Rose* Construção das catedrais de Trier, 1227-1253 e de Toledo, 1227-1418 Construção da basílica de São Francisco em Assis, 1228-1233

1230	Gregório IX confia a Inquisição às ordens mendicantes, 1231 Ano da "Grande Devoção", 1233 Canonização de São Domingos, 1234	Início da cruzada dos cavaleiros teutônicos no Báltico, 1230	Renascimento do direito romano São Raimundo de Peñafort publica o seu *Tratado sobre direito canônico*, 1234
1235		Os mongóis instalam-se no Sul da Rússia, 1237 Grande invasão mongol no Turquestão e na Pérsia, 1238	As esculturas de Reims, 1236 em diante
1239		"Cruzada dos poetas", com Filipe de Nanteuil e Thibaut IV da Champagne, 1239-1240	
1240	Morte de Gregório IX, 1241 Celestino IV, papa, 1241 Vacância da Sé pontifícia, 1241-1243 Inocêncio IV, papa, 1243-1254	Os mongóis invadem a Europa central; derrota cristã em *Liegnitz*, 1241 *Jerusalém cai definitivamente nas mãos dos turcos*, 1244	Nascimento de Cimabue, 1240-1301 Villard d'Honnecourt trabalha na Hungria Construção da Sainte-Chapelle de Paris, 1243-1248

1245	XIII Concílio ecumênico, I de Lyon, 1245; deposição do imperador Francisco II João de Piano-Carpini viaja à Ásia, 1245 Embaixada de Guy e André de Longjumeau aos mongóis, 1248	*Sétima cruzada*, de São Luís, 1248-1254	Construção da abadia de Westminster, 1245-1268 Construção da catedral de Beauvais, 1247-1272 Tomas de Cantimpré escreve o *De apibus*, 1248 Construção da catedral de Colônia, 1248 em diante
1250	Inocêncio IV autoriza o emprego da tortura pela Inquisição, mas institui um júri fiscalizador, 1252 Guilherme de Rubrueck visita os mongóis, 1253 Alexandre IV, papa, 1254-1261	São Luís, cativo no Egito, 1250 O *Grande Interregno* no Império, 1250-1277	Expansão do gótico inglês, 1250 em diante Construção das catedrais de Sens, 1250-1326, de Upsalla na Suécia, 1250-1435, e de Estrasburgo, 1250-1318 Acabamento gótico da catedral de Tournai, 1254

1255	Condenação dos "espirituais" franciscanos, 1255 Reunião dos agostinhos numa ordem única, 1256 São Boaventura, ministro geral dos franciscanos, 1257-1274	Miguel VIII Paleólogo, basileu de Niceia, 1258 Os mongóis tomam Bagdá, 1258 As *Provisões de Oxford*, 1258	
1260	Urbano IV, papa, 1261-1264	São Luís proíbe formalmente o duelo judiciário na França, 1260 Os mongóis na Síria, 1260 Retomada de Constantinopla pelos gregos; fim do Império Latino, 1261 Miguel VIII Paleólogo, basileu, 1261-1282 Revolta anticlerical em Colônia, 1263	Morte de Acúrsio, o jurista bolonhês, 1260
1265	Clemente IV, papa, 1265-1268 Vacância da Sé pontifícia, 1268-1271	Viagens de Marco Polo na Ásia, 1265-1295 Conradino, último descendente de Frederico II, morre no cadafalso, 1268	São Tomás de Aquino começa a redação da *Suma teológica*, 1265 Nascimento de Dante Alighieri, 1265-1321 Roger Bacon publica o *Opus majus*, 1266 Nascimento de Giotto, 1266-1337

1270	Gregório X, papa, 1271-1276 XIV Concílio ecumênico, II de Lyon, 1274 Morte de São Boaventura e de São Tomás de Aquino, 1274 Decreto que regulamenta o Conclave dos Cardeais	*Oitava cruzada*; morte de São Luís em Túnis, 1270 Filipe III o Ousado, rei da França, 1270-1285 Eduardo I, rei da Inglaterra, 1272-1307 Rodolfo de Habsburgo, imperador, 1273-1291	Construção da catedral de Exeter, 1270-1370 Construção da catedral de Limoges, 1273-1329 Nascimento de Duns Escoto, 1274-1308
1275	Inocêncio V, papa, 1276 Adriano V, papa, 1276 Nicolau III, papa, 1277-1280		Construção da catedral de Ratisbona, 1275-1524 Morte de Nicolau Pisano, 1278
1280	Martinho IV, papa, 1281-1285	Último ataque mongol contra a Síria muçulmana, 1281 As *Vésperas Sicilianas*, 1282 Andrônico II o Velho, basileu, 1282-1328 A Prússia rende-se aos cavaleiros teutônicos, 1283	Construção da catedral de Albi, 1282-1480 Desmoronamento da catedral de Beauvais, 1284

1285	Honório IV, papa, 1285-1287 Nicolau IV, papa, 1288-1292 João de Montecorvino parte para a China, 1288	Filipe IV o Belo, rei da França, 1285-1314 Embaixada mongol no Ocidente, 1287	
1290	Vacância da Sé pontifícia, 1292-1294 São Celestino V, o papa eremita, 1294 *Bonifácio VIII, papa*, 1294-1303	*Tomada de São João de Acre*; fim do Reino Latino de Jerusalém, 1291 Alberto I, imperador, 1291-1308	Construção da catedral de Orvieto, 1290-1320 Construção da catedral de York, 1291-1342 Dante escreve a *Vita Nuova*, 1292 Construção de Santa Maria de Fiore em Florença, 1296 Nascimento de Guilherme de Ockham, 1298-1349

1300	Primeiro "ano santo", Jubileu, 1300 Bula *Unam Sanctam*, 1302 Viagens missionárias de Raimundo Lúlio na África, 1303-1316 Bento XI, papa, 1303-1304	Derrota de Filipe o Belo em Courtrai, pelos flamengos *Atentado de Anagni* e morte de Bonifácio VIII, 1303	Parte final do *Roman de la Rose*, terceiro ciclo do *Roman du Renart* Por volta de 1300, numerosas obras a favor ou contra o primado do Papa Petrarca, 1304-1374
1305	Clemente V, papa, 1305-1314 João de Montecorvino é nomeado primeiro arcebispo de Pequim, 1307 Prisão e processo dos templários na França, 1307-1314 O papado instala-se em Avinhão, 1309	Eduardo II, rei da Inglaterra, 1307-1327 Henrique VII de Luxemburgo, imperador, 1308-1314	Morte de Duns Escoto, 1308
1310	XV Concílio ecumênico, de Vienne, 1311-1312 Execução dos templários, 1314 Morte de Clemente V, 1314	Luís IV da Baviera, imperador, 1314-1347 Luís X, rei da França, 1314-1316	Primeira representação da Paixão no tímpano da catedral de Rouen, 1310

1315	João XXII, papa, 1316-1334 Repressão dos "espirituais" pela Inquisição, 1316 em diante Constituição da hierarquia católica na Pérsia, 1318	A grande fome de 1315-1316 Filipe o Longo, rei de França, 1316-1322	Dante escreve a *Divina Comédia*, 1316 O *Corpus juris canonici* fixa, por seiscentos anos, o estatuto jurídico da Igreja Construção de Saint-Ouen de Rouen, 1318-1537
1320	Aparecimento da seita dos *lollards*, 1322 Nascimento de João Wiclef, 1324 Instalação do patriarcado russo de Moscou, 1326 Nicolau V, antipapa, 1328-1330	Carlos IV o Belo, rei da França, 1322-1328 Morte de Osman e aclamação do sultão Orkhan, 1326 Eduardo III, rei da Inglaterra, 1327 Filipe VI de Valois, rei da França, 1328-1350 João VI Cantacuzeno, basileu, 1328-1341, e João V Paleólogo Niceia é tomada pelos turcos otomanos, 1329	Morte de Dante, 1321 Marsílio de Pádua escreve o *Defensor pacis*, 1324

1330	Criação das primeiras dioceses católicas na Índia, 1330 Bento XII, papa, 1334-1342	Estêvão Douchan, rei da Sérvia, 1331 Princípio da *Guerra dos Cem Anos*, 1337	Álvarez de Pelayo escreve o *De Planctu Ecclesiae*, 1330 Construção do palácio dos papas em Avinhão, 1335 Morte de Giotto, 1337 Construção da catedral de Viena, 1339-1359
1340	Clemente VI, papa, 1342-1352	Derrota naval francesa em Écluse, 1340 Carlos da Morávia, imperador, 1346	Construção da catedral de Praga, 1344-1386
1346	O papado compra a cidade de Avinhão, 1348	Derrota francesa em Crécy, 1346 Golpe de estado de Cola de Rienzo em Roma, 1347 A peste negra grassa durante 30 meses, 1347-1349	Fundação da Universidade de Praga, 1348

1350	Inocêncio VI, papa, 1352-1362	Os turcos invadem a Europa, 1350 A *Bula de Ouro* afasta o papa de qualquer papel na eleição imperial, 1356	Andrea de Firenze pinta os afrescos de Santa Maria Novella, 1353

ÍNDICE BIBLIOGRÁFICO

Obras de caráter geral

História geral

Da *Histoire générale* de G.Glotz usaram-se os seguintes tomos: Jordan, *L'Allemagne et l'Italie de 1125 à 1273*; Ch.Petit-Dutaillis e M.Guinard, *L'essor des États d'Occident*; R.Fawtier e A.Coville, *L'Europe occidentale de 1270 à 1380*, dois volumes, e H.Pirenne, G.Cohen e H.Focillon, *La civilisation occidentale du XIIème siècle à la fin du XVème*. Na coleção *Peuples et civilisations*, vale a pena consultar Louis Halphen, *L'essor de l'Europe*, 3ª ed, Paris, 1948, e, para os começos do século XIV, H.Pirenne, A.Renaudet, E.Perroy, M.Handelsman e L.Halphen, *La désagrégation du monde médiéval*. Bons manuais são Ch.Bémont e S.Monod, *Histoire de l'Europe au Moyen Âge*, 2ª ed, Paris, 1923, e Léopold Génicot, *Les lignes de faîte du Moyen Âge*, Tournai-Paris, 1961, que contém uma visão de conjunto notavelmente clara, com valiosas observações. Jacques Pirenne, *Les grands courants de l'Histoire universelle*, v. II, Neuchâtel, Paris, 1946, situa os acontecimentos da Idade Média no quadro da história mundial, e Henri Pirenne, *Histoire économique de l'occident médiéval*, Paris, 1951, é uma verdadeira mina de informações. Dois pequenos volumes merecem ser citados especialmente: Gustave Cohen, *La grande clarté du Moyen Âge*, 7ª ed, Paris, 1945, e Régine Pernoud, *Lumière du Moyen Âge*, Paris, 1944.

Para as histórias nacionais, ver principalmente: K.Hampe, *Le haut Moyen Âge*, Paris, 1943, centrado na Alemanha, e J.Descola, *Espagne chrétienne*, cit. adiante. Quanto à França, além dos já citados, ver o volume dedicado à Idade Média em J.Calmette, *Trilogie de l'histoire de France*, Paris, 1948; Pierre Gaxotte, *Histoire des Français*, Paris, 1951; e R.Pernoud, *Histoire du peuple français*, v.I, Paris, 1951. Para histórias locais, ver: Sauvage, *Histoire de l'abbaye de Troarn (Calvados)*, Caen, 1911; Porée, *Histoire de l'abbaye du Bec*, Évreux, 1901; e Alfred Hansay, *Étude sur la formation et l'organisation des domaines de l'abbaye de Saint-Troud*,

Gand, 1899; a *Collection d'histoire des diocèses de France*, Strasbourg, principalmente Limouzin-Lamothe, *Le diocèse de Limoges*.

História religiosa

Da coleção Fliche-Martin, *Histoire de l'Église*, ver os seguintes tomos: VII: E.Amann e A.Dumas, *L'Église au pouvoir des laïques*, Paris, 1942; VIII: Augustin Fliche, *La Réforme grégorienne et la Reconquête chrétienne*, 1057-1123, Paris, 1942; IX: A.Fliche, R.Foreville e J.Rousset, *Du premier Concile de Latran à l'avènement d'Innocent III*, 1123-1198, Paris, 1946; X: A.Fliche, C.Thouzellier e Y.Azais, *La Chrétienté romaine*, 1198-1274, Paris, 1950. De Poulet, *Histoire du Christianisme*, ver especialmente as partes sobre a vida espiritual e sobre a liturgia. Para uma boa visão de conjunto, G. de Plinval e R.Pittet, *Histoire illustrée de l'Église*, Genebra-Paris, 1945-1947. Um bom resumo até o século XII é A.-M.Jacquin, *Histoire de l'Église*, t.II, 1936, e t.III, 1948. Para uma exposição extremamente clara de todo o período, ver A.Boulenger, *Histoire générale de l'Église*, Lyon-Paris, 1935. Citemos também os conhecidos manuais de F. Mourret e A. Dufourcq, e especialmente Gustav Schnürer, *Église et civilisation au Moyen Âge*, t.II, Paris, 1935, e t.III, Paris, 1938.

Para o estudo dos concílios e do papado, Hefele-Leclercq, *Histoire des Conciles*, 22 vols, e os resumos de Ferdinand Hayward, *Histoire des Papes*, Paris, 1942, e de C.Pichon, *Histoire du Vatican*, Paris, 1947. Para a história da doutrina, J.Tixeront, *Histoire des dogmes*, Paris, 1931; R.Draguet, *Histoire des dogmes catholiques*, Paris, 1946; Cayré, *Patrologie et histoire de la théologie*, t.II, 1940; Gabriel Le Bras, *Histoire de la pratique religieuse*, Paris, 1952.

Para os aspectos nacionais da história religiosa, P.Moreau, *Histoire de l'Église en Belgique*; A.Hauck, *Kirchengeschichte Deutschlands*; Georges Goyau, *Histoire religieuse de la France*, brilhante, mas muito sucinta; e J.Descola, *Histoire de l'Espagne chrétienne*, viva e ágil. Merece menção especial H.-X.Arquillière, *Église au Moyen Âge*, Paris, 1939. Por fim, citemos também Baudrillart, *Dictionnaire d'histoire ecclésiastique*.

I. Três séculos de cristandade

Sobre a noção de "Idade Média" e sobre o legado desse período: Johann Nordström, *Moyen Âge et Renaissance*, Paris, 1933; G.-L.Burr, *How the*

Middle Ages got their name, em *American historical review*, XIX, XX; Giorgio Falco, *La polemica sul Medio Evo*, Turim, 1933; C.G.Crump e E.-F.Jacob, *The legacy of the Middle Ages*, Oxford, 1943, e G.Cohen e R.Pernourd, *cit.* Sobre o feudalismo: F.L.Ganshof, *Qu'est-ce que la féodalité?*, Bruxelas, 1944; J.Calmette, *La societé féodale*, Paris, 1923, e Marc Bloch, *La société féodale*, Paris, 1939-1940. Sobre a noção de cristandade, Jean Rupp, *L'idée de Chrétienté dans la pensée pontificale*, Paris, 1939; Landry, *L'idée de Chrétienté chez les scolastiques*, Paris, 1929; Gay, *Les Papes du XIème siècle et la Chrétienté*, Paris, 1926; Leib, *Rome, Kiev et Byzance au XIème siécle*, Paris, 1924; J.Maritain, *L'idéal historique d'une nouvelle Chrétienté*, em *La vie intelectuelle*, janeiro,1925, e também Arquillière, *op.cit.*

II. A fé que tudo sustenta

Sobre a importância dos apócrifos, o culto dos santos, a devoção à Humanidade de Cristo e a piedade mariana, ver Émile Mâle, *L'art religieux en France au XIIème siècle* e *L'art religieux en France au XIIIème siècle.* Sobre o desenvolvimento da piedade mariana, ver as obras de M.Vloberg e de J.Guitton, e Pie Régamey, *Les plus beaux textes sur la Vierge Marie*, Paris, 1942. Sobre a vida espiritual, além de Cayré, *op. cit,* ver: F.Vernet, *La spiritualité médiévale*, Paris, 1929; P.Pourrat, *La spiritualité chrétienne*, v.II: *Moyen Âge*, Paris, 1925; Louis Gongaud, *Dévotion et pratiques ascétiques du Moyen Âge*, Paris, 1925, e Auguste Saudreau, *La piété à travers les Âges*, Paris, 1929.

Sobre o sermão, cf. L.Stinglhamber, *Prédicateurs au Moyen Âge*, na *Nouvelle revue théologique*, Louvain, junho,1947. A propósito da liturgia, consultar E.Dumoutet, *Le désir de voir l'Hostie et les origines de la dévotion au Saint-Sacrement*, Paris, 1926, e *Le Christ selon la chair et la vie liturgique au Moyen Âge*, Paris, 1932. Sobre as origens do drama litúrgico, ver G.Cohen, *Le théatre en France au Moyen Âge*, Paris, 1929. Sobre as peregrinações, J.Madaule et al, *Pèlerins comme nos pères*, Paris, 1950; Émile Baumann, *Histoire des pèlerinages de la Chrétienté*, Paris, 1941, e *Histoire des pèlerinages de la Sainte Vierge*, Paris, 1941. Sobre Santiago de Compostela: Luís Vasquez de Parga, *Las peregrinaciones a Santiago de Compostela*, 3 vols, Madri, 1948-1949; H.Aurenche, *Chemins de Compostelle*, Paris, 1948; J.Vieillard, *Guide du Pèlerin de Compostelle*, Mâcon, 1938; Daniel-Rops e J.M.Marcel, *Sur le chemin de Compostelle*, Paris, 1952, e o artigo de M.Ochsé, *Le Pèlerin de Compostelle*, em *Ecclesia*, agosto,1949. Sobre Roma e o Ano Santo de 1300, ver artigo de

Léon Homo, *ibid,* janeiro,1950. Por fim, A.Gardin, *Histoire illustrée du Mont Saint-Michel*, Avranches, 1950, e os livros de Étienne Dupont sobre o Mont Saint-Michel.

III. Uma testemunha do seu tempo perante Deus

Sobre São Bernardo, a obra mais completa é o antigo de E.Vacandard, *Vie de saint Bernard, Abbé de Clairvaux*, 2 vols, Paris, 1895. Há também W.Williams, *Saint Bernard of Clairvaux*, Manchester, 1935; G.Goyau, *Saint Bernard*, Paris, 1927; P.Miterre, *Saint Bernard de Clairvaux, un moine arbitre de l'Europe au XIIème siècle*, Genval, 1929; *Saint Bernard et son temps*, Dijon, 1928, nas memórias da *Ass. bourguignonne des Sociétés savantes*, e a obra comemorativa do centenário da proclamação de São Bernardo como Doutor da Igreja, Abadia de Cister, 1932.

Antologias de São Bernardo: Vacandard, Paris, 1904; Béguin e Zumthor, Friburgo, 1944; Dom Alexis Presse, Paris, 1947; M.M.Davy, 2 vols, Paris, 1945; Gilson, Paris, 1949, e Leclercq, cit. adiante. Sobre a espiritualidade de São Bernardo, além de Vernet, Cayré, Pourrat, etc, ver: G.Salvayre, *Saint Bernard, maître de la vie spirituelle*, Avignon, 1909; E.Gilson, *La théologie mystique de Saint Bernard*, Paris, 1934; Jean Leclercq, *Saint Bernard mystique*, Paris, 1948; Despinay, *L'âme embrasée de Saint Bernard*, Paris, 1950; J.-Ch.Didier, *La dévotion à l'Humanité du Christ dans la spiritualité de Saint Bernard*; Aubron, *L'oeuvre mariale de Saint Bernard*, e Anselme Dimier, *Saint Bernard et le recrutement de Clairvaux*, em *Revue Mabillon*, abril-junho.1952.

Sobre a atitude de São Bernardo perante a arte, Émile Mâle e L.Lefrançois-Pillion, citados adiante; N.B.Warren, *Saint Bernard et les premiers cisterciens face au problème de l'art*, Paris, 1953; Anne-Marie Armand, *Saint Bernard et la cathédrale gothique*, Paris, 1943, *Saint Bernard et le renouveau de l'iconographie au XIIème siècle*, Paris, 1944, e *Les cisterciens et le renouveau des techniques*, Paris, 1947.

IV. O fermento na massa

Sobre as "reformas" na Igreja medieval, para as ordens religiosas, ver: Élie Maire, *Histoire des Instituts religieux et missionaires*, Paris, 1929; Pierre Baron, *Ce que sont les religieux*, Paris, 1946; H.Marc-Bonnet, *Histoire des ordres religieux*, Paris, 1949. Sobre a reforma gregoriana,

A.Fliche, *Réforme grégorienne*, Louvain-Paris, 1924, e H.-X.Arquillière, *Saint Grégoire VII, sa conception du pouvoir pontifical*, Paris, 1934. A propósito de São Bernardo, além dos já citados, ver: Berthold Mann, *L'ordre cistercien et son gouvernement des origines au milieu du XIIIème siècle*, Paris; D.-J.Othon, *Les origines cisterciennes*, Ligugé, 1933, e *La réforme de Citeaux*, Alexis Presse, Dijon, 1932. A reforma dos cônegos regrantes e especialmente a dos premonstratenses foi estudada François Petit, *La spiritualité des Prémontés au XIIème et XIIIème siècles*, Paris, 1947, e por Yves Bossière.

Sobre São Francisco de Assis, ver as biografias de Omer Englebert, Paris, 1947; Renée Zeller, Paris, 1944; Jean Vignaud, Paris, 1950; e Gratien, *Histoire de la fondation et de l'évolution des frères mineurs au XIII siècle*, Paris, 1928. Sobre São Domingos, ver as biografias de Mandonnet, Paris, 1938, e Lacordaire, reeditada em 1950, além dos estudos de J.Guiraud e de Gillet. Por fim, sobre Inocêncio III, ver A. Luchaire, 6 vols, Paris, 1904-8, e E.Binns, Londres, 1931.

V. A Igreja perante os poderes

Sobre conflitos políticos em que a Igreja medieval se envolveu: Arquillière, *L'augustinisme politique*, Paris, 1934; *Étude sur la formation de la théocracie pontificale*, Paris, 1926, e *Saint Grégoire VII*, cit.; J.Gay, *Les Papes du XIème siècle et la Chrétienté*, Paris, 1926; A.Luchaire, *Innocent III*, cit.; A.Fliche, *La Querelle des Investitures*, Paris, 1946.

A propósito das cidades, os livros fundamentais são H.Pirenne, *Les villes au Moyen Âge*, Bruxelas, 1927, e C.Petit-Dutaillis, *Les communes françaises*, Paris, 1947. Cf. também o artigo de Roger Grand, *La genèse du mouvement comunnal en France*, na *Revue historique de droit*, 1948, pág. 149. Sobre as relações da Igreja com a realeza, Jean de Penge, *Le roi très chrétien*, Paris, 1949, e Robert Speaight, *Thomas Becket*, Paris, 1950.

VI. Uma sociedade na sociedade

Sobre o papado: L.Lector, *Le Conclave, origine, histoire*, Paris, 1894, e E.Jordan, *Le Sacré-Collège au Moyen Âge* na *Revue des Cours et Conférences*, 1921-22. Sobre o Latrão e São Pedro, cf. M.-D.Boullet, *Romée*, Paris, 1950. Sobre o alto clero, E.Fournier, *Les origines du Vicaire général*, Paris, 1922; E.Roland, *Les chanoines* e *Les élections episcopales*, Aurillac,

1909, e Michel de Grand, *Le Chapitre Cathédral de Langres*. Sobre o baixo clero, O.Dobiaché-Rodjestvensky, *La vie paroissiale en France au XIIIème siècle*, Paris, 1911, e Vassière, *Curés de campagne de l'ancienne France*, Paris, 1933.

Sobre a justiça da Igreja e o direito canônico: Paul Fournier, *Les Officialités au Moyen Âge*, Paris, 1985; E.Fournier, *Comment naquit l'Official?*, Paris, 1922; R.Genestal, *Le Privilegium fori en France*, Paris, 1924; P.Fournier e G.Le Bras, *L'Histoire des Collections canoniques*, 2 vols, Paris, 1931, e G.Le Bras, *Legacy of the Middle Ages*, Oxford, 1926. Sobre os recursos da Igreja, ver Lesne, citado adiante; Pierre-Paul Viard, *Histoire de la dîme*, Dijon, 1909, e G.Mollat, *Dîme*, no *Dictionnaire apologétique de d'Alès*. Quanto ao papel econômico da Igreja, J.Leclercq, *La vie économique des monastères au Moyen Âge*, em *Inspiration religieuse et structures temporelles*, e E.Lesne, *Histoire de la propriété ecclésiastique au Moyen Âge*, 6 vols, Lille, 1910-43, principalmente o vol.VI, *Les Églises et les monastères, terres d'accueil, d'exploitation et de peuplement*, bem como Schmitz, *Histoire de l'ordre de Saint Benoît*, Maredsous, 1942, e H.Pirenne, *Histoire économique de l'Occident médiéval*, Bruxelas, 1951.

O estudo mais completo sobre a ordem social cristã é Van Houtte, *Gedachten over de oeconomische Geschiedenis van de middeleeuwsche Kerk*, Louvain, 1946. Para o aspecto institucional da cristandade medieval, cf. Oliver-Martin, Dumas ou Jean Imbert, *Histoire du droit privé*. Sobre as obras de caridade: Lallemand, *Histoire de la Charité*, Paris, 1906; Chénon, *Le rôle social de l'Église*; Jean Imbert, *Les Hôpitaux en droit canonique*; e as obras locais: Le Cacheux, *Essai historique sur le Hôtel-Dieu de Coutances*; as notas de Fliche sobre os albergues de Montpellier, em *La vie religieuse à Montpellier sous le pontificat d'Innocent III*, Mélanges Halphen, 1951; Léon le Grand, *Pour composer l'histoire d'un établissement hospitalier*, em *Introduction aux études d'Histoire ecclésiastique locale*, t.II, pág. 409. Sobre as ordens redentoristas: P. Deslandres, *L'Église et le rachat des captifs*, Paris, 1902; Antonin de l'Assomption, *Origines de l'Ordre de la Très Sainte Trinité*, Roma, 1925, e Even, *L'Ordre de la Merci*, Roma, 1918. Por fim, sobre o direito de asilo, ver Timbal Duclaux de Martin, *Le Droit d'Asile*, Paris, 1939.

VII. O homem sob o olhar de Deus

A propósito dos servos, ver Lefebvre des Noëttes, *L'attelage, le cheval de selle à travers les âges*, 2ª ed, 2 vols, Paris, 1931. Sobre as instituições de paz, cf. Delos em *La Société internationale*, Paris, 1928, e G.Drouard, *La Paix Médiévale*, em *Cahiers du Monde Nouveau*, ns. 1, 2 e 4, Paris, 1945. Sobre a organização medieval do trabalho: E.Martin de Saint-Léon, *Histoire des Corporations*, 2ª ed, Paris, 1940; E.Coornaert, *Les Corporations en France avant 1789*, Paris, 1941; Prosper Boissonnade, *Le travail dans l'Europe chrétienne au Moyen Âge*, Paris, 1930; H.Pirenne, *Histoire économique de l'Occident médiéval*, cit, e Étienne Borne, *Le travail et l'homme*, Paris, 1937.

Sobre a cavalaria, há a obra clássica de L.Gautier, 1895, e principalmente G.Cohen, *Histoire de la chevalerie en France au Moyen Âge*, Paris, 1949, bem como Denis de Rougemont e Pierre Belperron, cits. Sobre São Luís, basta indicar a biografias de G.Goyau, 1928, Jacques Madaule, 1943, Henry Bordeaux, 1951, bem como o artigo de Louis Madelin sobre a política de São Luís em *La couronne d'épines au royaume de saint Louis*, Paris, 1939.

VIII. A Igreja, guia do pensamento

Sobre o ensino medieval, cf. G.Paré, A.Brunet e P.Tremblay, *La Renaissance du XIIème siécle. Les écoles et l'enseignement*, Paris, 1933; E.Lesne, *Les écoles du IXème au XIIème siècles*, t.V da *Histoire de la propriété ecclésiastique en France*, Lille, 1940; Léon Maître, *Les écoles episcopales et monastiques*, Paris, 1924; Jean Bonnerot, *L'Université de Paris*, Paris, 1936; Henri Bourrelier, *La vie du quartier latin*, Paris, 1936, e L.Halphen, P.Glorieux, G.Le Bras, G.Dupont-Ferrier, C.Samaran, *Aspects de l'Université de Paris*, Paris, 1949.

Para uma visão de conjunto do pensamento medieval, ver M.de Wulff, *Histoire de la philosophie médiévale*, Louvain, 1943-47; Paul Vignaux, *La pensée au Moyen Âge*, Paris, 1938; É.Bréhier, *La philosophie du Moyen Âge*, Paris, 1937, e sobretudo Étienne Gilson, *L'esprit de la philosophie médiévale*, Paris, 1932. Cfe. também Cayré, *Manuel de Patrologie*, cit, que contêm alguns resumos de grande clareza, e Fliche-Martin, *Le mouvement doctrinal du IXème au XIVª siècles*, Paris, 1952.

Quanto a Santo Anselmo, ver a biografia de Domet de Vorges, Paris, 1901; M.Filliâtre, *La philosophie de Saint Anselme*, Paris, 1920, e A.Koyré, *L'idée de Dieu*, Paris, 1923. Sobre Abelardo, há estudos sólidos de Vacandard e Gilson. Sobre São Boaventura, o livro fundamental é o de Gilson, *La philosophie de Saint Bonaventure*, Paris, 1924. Quanto a São Tomás de Aquino, ver Sertillanges, Paris, 1920; de É.Gilson, *Le thomisme*,

Paris, 1923; Gonzague Truc, *La pensée de Saint Thomas*, Paris, 1924; L. Jugnet, *Idem*, Paris, 1949; Webert, *Saint Thomas, le génie de l'ordre*, Paris, 1934. Sobre Duns Escoto, B.Landry, Paris, 1922, e E.Longpré, Paris, 1924. Sobre a literatura medieval, basta ver G.Cohen, *La vie littéraire en France au Moyen Âge*, Paris, 1949; o artigo de R.Bossuet em J.Calvet, *Histoire de la littérature française*, Paris, 1931, e Élie Decahors, Paris, 1949. Sobre o teatro, ver as obras acima citadas de G.Cohen.

IX. A Catedral

Obras gerais: M.Aubert, ed, *Les Églises de France* e *La sculpture française au Moyen Âge*, Paris, 1947; L.Bréhier, *L'art chrétien et son développement iconographique*, Paris, 1929; D.Duret, *L'architecture religieuse*, Paris, 1950; Élie Faure, *L'art médiéval*, em *Histoire de l'art*, Paris, 1924; P.du Colombier, *Histoire de l'art*, Paris, 1942; H.Focillon, *Art d'Occident. Le Moyen Âge roman et gothique*, Paris, 1938; A.Michel, *Histoire de l'art*, vols. sobre o românico e o gótico, Paris, 1905-1927; L.Bréhier e G.Cohen, *L'Art du Moyen Âge*, Paris, 1934, excelente síntese; L. Reaux, *L'art religieux du Moyen Âge*, Paris, 1946. Também merecem citar-se as seguintes obras de divulgação: Louis Gillet, *La Cathédrale vivante*, Paris, 1936; e L.Lefrançois-Pillion, *L'esprit de la Cathédrale*, Paris, 1946, e *Maîtres d'oeuvres et tailleurs de pierre*, Paris, 1949.

Sobre o românico: L.Bréhier, *Les Églises romanes*, Paris, 1960, e *Le style roman*, Paris, 1941; L.Lefrançois-Pillion, *L'art roman em France*, Paris, 1943; E.Corroyer, *L'architecture romane*, Paris, 1888; P.Deschamps e Marc Thibout, *La peinture murale en France. Haut Moyen Âge et époque romane*, Paris, 1951; H.Focillon, *L'art des sculpteurs romans*, Paris, 1930; R.Rey, *L'art roman et ses origines*, Paris, 1945; e sobretudo É.Mâle, *L'art religieux du XIIème siècle en France*, v.I, Paris, 1928-1947. Sobre o gótico: M.Aubert, *L'architecture cistercienne en France*, Paris, 1943; Aubert et Verrier, *L'architecture française à l'époque gothique*, Paris, 1943; L.Bréhier, *Les Églises gothiques*, Paris, 1906; E.Bruley, *L'architecture gotique*, Paris, 1932; R.Rey, *L'Art gothique du midi de la France*, Paris, 1934; H.Stern, *Les architectes des cathédrales gothiques*, Paris, 1929, e É.Mâle, *op. cit*, Paris, 1931, 1948. Vale a pena também ver V.Mortet e P.Deschamps, *Recueil de textes relatifs à l'histoire de l'Architecture en France au Moyen Âge*, Paris, 1911 e 1929.

Sobre Giotto, há as biografias de J.Alazard, 1937; M.Florisoone, 1950, e Jean Leymarie, 1950, além das obras clássicas dos italianos Venturi, Cecchi, Salvini, Coletti e Toesca.

X. Bizâncio cismática caminha para a queda

Para estudar a história bizantina, ver L.Bréhier, *Le monde byzantin*: I, *Vie et mort de Byzance*, Paris, 1947; II, *Les instituitions de l'Empire Byzantin*, Paris, 1949, e III, *La civilisation byzantine*, Paris, 1950; as histórias de Bizâncio de Charles Diehl, Vasiliev, N.Iorga, Auguste Bailly; e, para uma visão de conjunto do período, Lagier, *L'Orient chrétien*, t.II. Paris, 1950. Cf. também Bernard Leib, *Rome, Kiev et Byzance à la fim du XIème siècle*, Paris, 1924. Sobre os turcos, ver: René Grousset, *L'Empire du Levant*, Paris, 1946, e a introdução à sua *Histoire des Croisades*, citada adiante. Sobre os normandos, ver Jean Beraud-Villars, *Les Normands en Méditerranée*, Paris, 1921, e P.Andrieu-Guitrancourt, *Histoire de l'Empire normand*, Paris, 1952. Sobre o cisma e as suas consequências, ver Jugie, Paris, 1941, Léon Bréhier, Paris, 1899, e sobretudo W.Norden, *Das Papsttum und Byzanz*, Berlim, 1903, bem como Oeconomos, *La vie religieuse dans l'Empire byzantin au temps des Comnène et des Ange*, Paris, 1918. Sobre os Comnenos, ver Chalandon, Paris, 1912. Finalmente, sobre a arte bizantina e sua difusão: C.Diehl e Bréhier, *op. cit.*; o capítulo correspondente de G.Millet em A.Michel, *Histoire de l'art*, Paris, 1905-1908, e Jean Ebersolt *Orient et Occident, recherches sur les influences byzantines et orientales en France avant les croisades*, Paris-Bruxelas, 1928.

XI. A Cruzada

A obra decisiva é R.Grousset, *Histoire des Croisades et du Royaume franc de Jérusalem*, vols.I-III, Paris, 1934-38, resumida pelo autor em *L'Epopée des Croisades*, Paris, 1939. Cf. também: L.Bréhier, *L'Église et l'Orient au Moyen Âge. Les Croisades*, 5ª ed, Paris, 1928; F.Funk-Brentano, *Les Croisades*, Paris, 1934, e os resumos de J.Madaule ou E.G.Ledos. Sobre o reino franco: João Longnon, *Les Français d'Outre-Mer au Moyen Âge*, Paris, 1929; id, *L'Empire latin de Constantinople*, Paris, 1949, e F.Charles-Roux, *France et chrétiens d'Orient*, Paris, 1939. Sobre os mongóis, R.Grousset, *L'Empire des steppes*, Paris, 1939. Por fim, cf. também os trabalhos de Rechid S.Atabineh, Istambul, 1952, que mostram o lado turco da questão.

XII. Da guerra santa às missões

O tema da Reconquista é tratado em todas as histórias gerais da Espanha: cf. as de R.Altamira, A.Balesteros e Sandoval, em espanhol, e em francês as de Louis Bertrand e de Jean Descola, *Histoire de l'Espagne chrétienne*, Paris, 1951; a obra central a tratar desse tema é Menéndez Pidal, *La España del Cid*, Madri, 1939. Sobre a Reconquista em Portugal, cf. Miguel de Oliveira, *História eclesiástica de Portugal*, Lisboa, 1948. A perspectiva islâmica é mostrada por J.Béraud-Villars, *Les touareg au pays du Cid*, Paris, 1946. Por fim, cf. também P.Boissonade, *Du nouveau sur la chanson de Roland*, Paris, 1923.

Sobre o cristianismo no Norte da Europa, ver L.Musset, *Les peuples scandinaves au Moyen Âge*, Paris, 1951; Henri de Montfort, *La Pologne*, Paris, 1946, e *La Prusse au temps des prussiens*, Paris, 1946, que expõe de modo empolgante a história dos cavaleiros teutônicos. Sobre a Rússia, há numerosas histórias gerais, a mais recente das quais é a de Michel Lhéritier, Paris, 1936.

Sobre as missões, além da obra de Olichon, ver: du Mesnil, *Les missions*, Paris, 1948; Paul Lesourd, *Histoire des missions catholiques*, Paris, 1937; Baron Descamps, *Histoire comparée des missions*, Paris, 1932; G. Goyau, *La France missionaire dans les cinq parties du monde*, Paris, 1948, e B.de Vaulx, *Histoire des missions catholiques françaises*, Paris, 1951. Sobre o episódio de São Francisco de Assis no Egito, ver as biografias acima citadas, principalmente Omer Englebert; sobre os normandos na África, J.Béraud-Villars, *op. cit.*; sobre as missões asiáticas, R.Grousset, *L'Empire des steppes*, cit. Quanto a Raimundo Lúlio, ver a biografia de J.Soulairol, Paris, 1951, e Daniel-Rops, *Les aventuriers de Dieu*, Paris, 1951.

XIII. A heresia, fissura na cristandade

Sobre os valdenses, ver Jean Marx, *L'Inquisition en Dauphiné*; sobre os cátaros, Deodat Roché, *Le catharisme*, Toulouse, 1947, uma apologia dessa seita, e a obra coletiva *Spiritualité de l'hérésie: le catharisme*, 1953. A cruzada albigense é tratada em P.Belperron, *Croisade contre les albigeois*, Paris, 1942. Sobre a Inquisição, ver Jean Guiraud, *Histoire de l'Inquisiton au Moyen Âge*, Paris, 1935-1938; Vacandard, *L'Inquisition*, Paris, 1912; Douais, *id*, Paris, 1906; H.C.Lea, *Histoire de l'Inquisition au Moyeu Âge*, trad, Paris, 1900-1902, e a crítica desta obra publicada por Paul Fournier em *Revue d'histoire ecclésiastique*, Louvain, 1902.

XIV. Fim da cristandade?

Obras gerais sobre este período são H.Pirenne, A.Renaudet, E.Perroy, M.Handelsman e L.Halphen, *La désagrégation du Monde médiéval*, Paris, 1931; P.Moreau, *Histoire de l'Église en Belgique*, t.III, *op. cit*, e principalmente J.Huizinga, *Le déclin du Moyen Âge*, trad, Paris, 1932. A crise das ideias é estudada nas obras gerais sobre teologia e filosofia; ver Cayré e, mais particularmente, A.Hamman, *La doctrine de l'Église et de l'État chez Occam*, Paris, 1942, e G.de Lagarde, *La naissance de l'esprit laïc au déclin du Moyen Âge: t.II: Marsílio de Pádua*, Saint-Paul-Trois-Châteaux, 1934, e t.IV: *Ockham*, Paris, 1942.

Sobre o conflito entre Filipe o Belo e Bonifácio VIII, ver os estudos de C.-V.Langlois em E.Lavisse, *Histoire de France*, e de R.Fawtier em Glotz, *Histoire Générale*, e as biografias de Filipe o Belo, como a de Levis-Mirepoix, Paris, 1936. Cf. também G.Le Bras, *Boniface VIII, symphoniste et modérateur*, em Mélanges Halphen, Paris, 1951; R.Fawtier, *L'attentat d'Anagni*, em *Mélanges d'archéologie de l'École de Rome*, 1948; Marion Melville, *Guillaume de Nogaret et Philippe le Bel*, na *Revue d'Histoire de l'Église de France*, 1950; J.Rivière, *Le problème de l'Église et de l'État au temps de Philippe le Bel*, Louvain, 1926, e Georges Digard, *Philippe le Bel et le Saint-Siège de 1285 a 1304*, Paris, 1936. Quanto aos templários, ver Marcel Lobet e, sobretudo, Marion Melville, *La vie des Templiers*, Paris, 1951, bem como Léopoldo Delisl, *Mémoire sur les opérations financières des Templiers*, Paris, 1899, e G. Roman, *Le procés des Templiers*, Montpellier, 1943.

Sobre o papado em Avinhão, ver: G.Mollat, *Les Papes d'Avignon*, 9ª ed, Paris, 1950; Pélissier, *Clément VI le magnifique*, Paris, 1952; E.Deprez, *Préliminaires de la Guerre de Cent Ans: la Papauté, la France et l'Angleterre*, Paris, 1902, bem como os estudos particulares como L.H.Labande, *Le Palais des Papes*, Aix-Marseille, 1925, ou os de G.Lizarand, Noël Valois, Y.Renouard, J.Girard, Bernard Guillemain.

Sobre a peste negra, cf. Gasquet, *The Black Death of 1348*, Oxford, 1908; Yves Renouard, *Conséquences et intérêt démographiques de la Peste Noire*, em *Population*, 1948; Marie-Antoinette Olivier, *La Peste Noire dans la région lyonnaise*, em *Annales de Bourgogne*, 1952; P.Gras, *Le registre paroissial de Givry et la Peste Noire en Bourgogne*, em *Bibliothèque de l'École des Chartres*, 1939. Sobre as consequências econômicas, cf. E.Perrov, *Les crises du XIVème siècle*, em Annales, 1949; sobre as consequências religiosas e artísticas, cf. Louis Gillet, *Histoire artistique des Ordres mendiants*.

Por fim, sobre Dante citemos apenas: Alexandre Masseron, *Pour comprendre la «Divine Comédie»*, Paris, 1939, e as biografias de G.Papini, H.Hauvette, M.Paléologue, L.Gillet, bem É.Gilson, *Dante et la philosophie*, e P.Mandonnet, *Dante le théologien*. Para uma exposição de conjunto da sua obra, C.Navarre, *Grands écrivains étrangers*, Paris, 1946. A edição clássica das obras do poeta é a de Michele Barbi.

ÍNDICE ANALÍTICO

ESTE LIVRO ACABOU DE SE IMPRIMIR
A 5 DE NOVEMBRO DE 2024,
EM PAPEL IVORY SLIM 65 g/m².